Klaus Hammel

Der Krieg in Italien
1943 – 45
Brennpunkt Cassino-Schlachten

Meinem Freund Jochen Philipp in Verbundenheit

Klaus Hammel

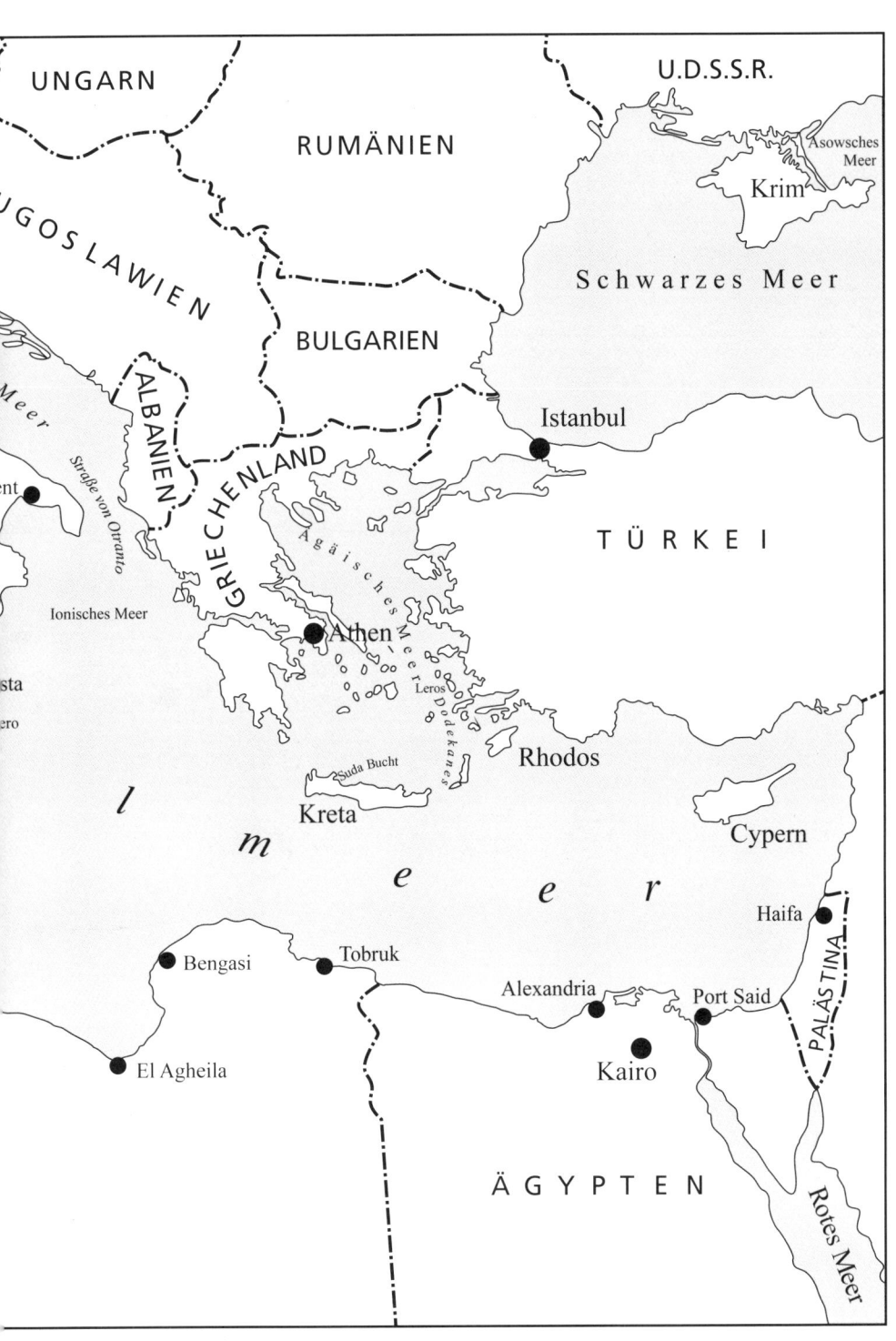

Klaus Hammel

Der Krieg in Italien 1943 – 45

Brennpunkt Cassino-Schlachten

© Osning Verlag GmbH
Bielefeld – Garmisch-Partenkirchen

ISBN 978-3-9814963-1-4

Herausgeber für den Osning Verlag: Gerhard Hubatschek
Grafik und Satz: davis creativ media GmbH Bonn
Druck und Verarbeitung: Westermann Druck Zwickau GmbH

Printed in Germany 2012

www.osning-verlag.de
info@osning-verlag.de

Inhalt

Vorwort   9

1 Der Weg der USA in den europäischen Krieg   11
Diskussion um Mittelmeerstrategie   11
Britischer Strategieansatz   12
Selbstverständnis der US-Politik   14
Revision der US-Militärstrategie   16
Auf dem Wege zu einer gemeinsamen Militärstrategie USA – Großbritannien   17
Deutschland zuerst!   21
Bis zum japanischen Angriff auf Pearl Harbour   22
Entscheidung für Nordafrika   26
Alliierter Erfolg in Nordafrika   29

2 Der Mittelmeerraum im strategischen Konzept der Achsenmächte   40
Strategie zur Ausschaltung Großbritanniens   40
Sowjetunion: Vorrang vor Großbritannien?   43
Entscheidungsfaktoren für eine Mittelmeer-Strategie auf deutscher Seite   46
Zwänge durch den italienischen Bündnispartner   48
Vorteile oder Nachteile eines Feldzuges im Mittelmeer-Raum   51
Operationen auf dem Balkan und in Nordafrika   54
Operation „Torch" und die Räumung Nordafrikas   58
Ausblick   60

3 Die Invasion von Sizilien – Italien vor dem Zusammenbruch   65
Militärstrategische Überlegungen der Alliierten: Fortsetzung   65
Militärstrategische Konzeption der Achsenmächte   68
Operationsplanung und Kräfte der Alliierten   70
Planung der Verteidigung und Kräfte der Italiener/Deutschen   71
Landung am 9./10. Juli 1943   72
Eroberung der Insel   73

4 Der Feldzug in Süditalien bis zum Auftreffen der Alliierten
**   auf die Gustav-Linie im Januar 1944**   83
Dissens über den Italien-Feldzug   83
Entscheidungssuche auf deutscher Seite   87
Geografische Merkmale der italienischen Halbinsel   90
Alliierter Operationsplan und Kräfte   91
Verantwortliche Führer: Alexander und Clark   92
Kalabrien, Apulien und Salerno   94
Grundlegende Weisungen   98
Die Einnahme von Neapel und der Flugbasen von Foggia   100

Italien: Auf beiden Seiten   104
Bis zum Volturno und Sangro   105
Kesselring wird OB Südwest/Hitlers Weisung Nr. 51   110
Durchbruch der Bernhard-Linie   111
Die Konferenzen von Kairo und Teheran   123
Das Französische Expeditionskorps – CEF   126
Zur Gustav-Linie   129

5 Operative Planungen und Absichten auf deutscher   143
**   und alliierter Seite nach der Jahreswende 1943/44**
Die Lage bei der deutschen HGr C   144
Verantwortliche Führer: Kesselring und v. Senger   145
Der Plan zur Einnahme von Rom   147
Kräfteüberblick   151
Die Gustav-Linie   153
Unvergängliches Montecassino?   156

6 Die alliierte Seelandung bei Anzio und Nettuno im Januar 1944   162
Landungskräfte und Landeraum   162
Die erste Phase der Landung   165
Vorbereitungen zur Abwehr feindlicher Seelandungen bei der HGr C   167
Deutsche Reaktion auf die Operation „Shingle"   169
Sicherung des Landeraums oder Stoß in den Rücken der 10. dt. Armee?   173
Vergebene Gelegenheiten?   176
Kräfteaufbau und erste Versuche zur Ausweitung des Landeraumes   178
Deutsche Planungen zur Zerschlagung der alliierten Kräfte   180
Angriffe des VI. (US) Korps   182

7 Die 1. Cassino-Schlacht – Januar/Februar 1944   190
Über den Garigliano   190
Das Desaster am „Rapido"   195
Bilanz und neue Pläne   204
Der Kampfraum Cassino   206
Der Angriff der 34. (US) Inf Div   207
Einbruch in die Gustav-Linie durch das CEF   210
Die 34. (US) Inf Div vor dem Durchbruch   215
Das NZ-Korps   222
Die Zerstörung des Klosters Montecassino: Vorgeschichte   226
Die Bombardierung des Klosters   235
Der Angriff des NZ-Korps   241
Bewertung   247

Inhalt

8 Deutsche Angriffe gegen den alliierten Brückenkopf bei Anzio;   258
   die 2. Cassino-Schlacht im März 1944

Einführung in das Kapitel   258
Die Lage der HGr C und der 14. Armee Anfang Februar 1944   258
Lage des VI. (US) Korps Anfang Februar 1944   261
Vorüberlegungen   262
Deutsche Angriffe vom 3. bis 12. Februar 1944   264
Der Großangriff ab dem 16. Februar 1944   267
Der zweite Angriff   276
Der Kampf um den Brückenkopf, Gründe für Erfolg oder Misserfolg   279
Weitere Absichten: 5. (US) Armee …   280
… und Heeresgruppe C   281
Die 1. Fallschirmjägerdivision im Raum Cassino   283
Der Operationsplan des NZ-Korps zur 2. Cassino-Schlacht   285
Operative Probleme   287
Die Bombardierung der Stadt Cassino am 15. März 1944   289
Der Angriff des NZ-Korps am 15./16. März 1944   291
Festlaufen des Angriffs; der Höhepunkt der 2. Cassino-Schlacht im Zeitraum
16. bis 19. März 1944   294
Das endgültige Scheitern des neuseeländischen Korps   297
Impressionen   298
Das Ergebnis der 2. Cassino-Schlacht   302
Auswirkungen der alliierten Dominanz in der Luftkriegführung   306

9 Der alliierte Durchbruch auf Rom – die 3. Cassino-Schlacht   319
Die Neuordnung der Kräfte bei der HGr C bis zum Mai 1944   319
Planung und Vorbereitungen für die alliierte Frühjahrsoffensive –
Operation „Diadem"   321
Der Angriffsbeginn am 11. Mai 1944   324
Das Unternehmen „Südstern"   325
Das II. (POL) Korps gegen die 1. dt. FschJg Div   327
Angriff der 8. (BR) Armee im Liri-Tal   330
Durchbruch des CEF durch die deutschen Stellungen,
Vorstoß des II. (US) Korps entlang der Küste   332
Massaker in den Aurunci-Bergen   335
Die Polen auf dem Cassino-Berg   337
Durchbruch des Senger-Riegels   340
Der Ausbruch des VI. (US) Korps aus dem Brückenkopf   341
Rücknahme der 10. Armee   343
Kampf durch die Albaner Berge; die Einnahme von Rom   344

10 Fortsetzung des Krieges in Italien   350

    Lagebewertung zur Fortsetzung des Krieges in Italien   350

    Neuaufbau der Front HGr C, Nachstoßen der Alliierten   351

    Die Anvil-Debatte   354

    Der Partisanenkampf   356

    Zur Apennin-Stellung, Kampf um die Apennin-Stellung   359

11 Die Wehrmacht auf dem Kriegsschauplatz Italien –   364
Verhältnis zur Bevölkerung, Kriegsverbrechen

    Vorwürfe …   364

    … und ihre Exponenten   365

    Einschätzung durch den Gegner   367

    Die deutsche militärische Führung in Italien und ihre Einstellung   369
    zur italienischen Geschichte und Kultur

    Der Umfang deutscher Kriegsverbrechen   377

    Wertung   387

12 Schlussbetrachtung   395

    Das Kriegsende in Italien   395

    Stellenwert des Krieges in Italien   396

    Operative Betrachtung   400

    Andere entscheidende Faktoren   402

    Eine alternative militärpolitische und militärstrategische Option?   404

    Der Krieg in Italien – siebzig Jahre danach   405

Abkürzungsverzeichnis, Personenregister, Quellen- und Literaturverzeichnis,   410
Bildnachweis, Danksagung

Anhang: Übersichten, Befehlsbeispiele, Meldungen   427

Vorwort

Am 10. Juli 1943 landeten die Armeen der westlichen Alliierten – Amerikaner und Briten – auf Sizilien. Die Kapitulation der Wehrmacht in Italien erfolgte mit Wirkung vom 2. Mai 1945. Fast volle zwei Jahre standen sich auf dem italienischen Territorium Anglo-Amerikaner und Deutsche gegenüber. Bis zum 6. Juni 1944, dem Tag der Invasion in Nordfrankreich, war Italien – abgesehen vom Einsatz der Luft- und Seestreitkräfte – der einzige Kriegsschauplatz, auf dem Amerikaner und Briten mit Landstreitkräften gegen die deutsche Wehrmacht kämpften.

Im Rahmen der größeren Darstellungen über den 2. Weltkrieg hat der Krieg in Italien auf britischer und amerikanischer Seite eine angemessene Darstellung erfahren. Das amtliche Generalstabswerk „United States Army in World War II" behandelt allein den Ablauf der Operationen im Mittelmeerraum in vier Bänden. Auf britischer Seite wird der Kriegsschauplatz Mittelmeer und der Krieg in Italien im Generalstabswerk „History of the Second World War", in der Reihe „Grand Strategy" ausführlich behandelt, im Teil „Campaigns" werden die Operationen in Italien in zwei Bänden umfassend beschrieben. Hinsichtlich des Ablaufs der Operationen auf Seiten der Alliierten kann der Krieg in Italien als ausreichend dokumentiert angesehen werden. Das Geschehen auf deutscher Seite wird in den genannten Werken zwar behandelt, aber nur im Rahmen und mit den Einzelheiten wie es zur Darstellung des Geschehens auf alliierter Seite nötig ist. Auf amerikanischer mehr als auf britischer Seite, aber auch dort, wird die gewählte und praktizierte Strategie mit dem erzielten Erfolg gerechtfertigt. Andere strategische Optionen, die wahrscheinlich zu weitreichenden positiven politischen Folgen geführt hätten, werden in der Bewertung verworfen oder vernachlässigt. Dabei ist zuzugeben, dass die Bewertung anderer Alternativen auch immer einen spekulativen Aspekt einschließt. J.F.C. Fuller, einer der schärfsten Kritiker des gewählten Strategieansatzes in Italien, schreibt darüber: „Durch Mr. Churchills Hartnäckigkeit, die Eroberung Italiens mit allen Kräften voran zu treiben, nachdem Sizilien besetzt worden war, wurde die Initiative, die zu erringen die Alliierten solche Mühen gekostet hatte, zum Teil an einen Feldzug verschwendet, der wegen seines Mangels an einem strategischen Sinn und der Unfähigkeit, erfolgreiche taktische Konzepte anzuwenden, einzigartig in der Militärgeschichte dasteht." Diese harte Kritik wird von den meisten Autoren und auch von mir nicht geteilt. Ein Zweck dieses Buches ist es also, neben einer Gesamtdarstellung der Operationen auf alliierter Seite eine Bewertung alternativer strategischer Ansätze vorzunehmen.

Auch wenn die alliierte militärische Führung andere strategische Zielsetzungen verfolgt hätte, bis zur Einnahme von Rom im Juni 1944 wären sie ihr in jedem Falle durch die Operationsführung der deutschen Heeresgruppe C und den Einsatz deutscher Soldaten bis auf die Ebene der Züge und Kompanien verwehrt worden. Die gewählte deutsche Strategie war richtig, die Zielsetzung des Zeitgewinns, damit eine Kriegsentscheidung an anderer Stelle gesucht werden konnte, wurde uneingeschränkt erfüllt. Eine Gesamtdarstellung des Krieges in Italien für die deutsche Seite aber fehlt. Die vorzügliche Ausarbeitung von Karl-Heinz Golla, der die Operationen von der Landung in Kalabrien im September 1943 bis in das Vorfeld von Cassino im Januar 1944 abhandelt, deckt eben nur einen Zeitausschnitt ab. Karl-Heinz Frieser, der Leiter des Autorenkollektivs, das den Band 8 der Reihe des Militärgeschichtlichen Forschungsamtes über den Zweiten Weltkrieg verfasst hat – in den die Darstellung des Krieges eigentlich gehörte -, ordnet das Kriegsgeschehen in Italien an eine „Nebenfront" ein und verspricht eine vom Umfang her angemessene Darstellung in einer eigenständigen Monografie außerhalb der Reihe über den Zweiten Weltkrieg. Als Folge wird mit dem vorliegenden Buch als Hauptzweck angestrebt, eine Darstellung über den Kriegsablauf auf deutscher Seite vorzunehmen und diese in den Zusammenhang mit dem Geschehen auf der Gegenseite zu setzen.

Dabei waren mir als Verfasser Grenzen auferlegt: Um das Volumen dieses Bandes nicht zu sprengen, war es unverzichtbar, sich in der Schilderung der operativen Abläufe auf die Schlachten südlich von Rom im Zeitraum Januar-Juni 1944 zu konzentrieren. Dies war auch gerechtfertigt, weil die Heeresgruppe C in diesem Zeitraum im Wesentlichen ihren militärstrategischen Auftrag sicher stellte, und die Diversionsabsicht auf alliierter Seite nach der Landung in der Normandie zu einem Nebenzweck wurde. Nach einer ausführlicheren Schilderung des Vorlaufs zur „Schlacht um Rom" wird das weitere Geschehen bis zum Kriegsende im Mai 1945 nur in einem Überblick dargestellt.

Von alliierter Seite wurde und wird der Einsatz der Wehrmacht in Italien als außerordentliche militärische Leistung gewürdigt, darüber hinaus wird der Wehrmacht in Italien bezeugt, einen „sauberen" Krieg geführt zu haben. Diese Einschätzung ist in den letzten Jahrzehnten durch den Vorwurf umfangreicher deutscher Kriegsverbrechen, vor allem begangen an der italienischen Bevölkerung, überdeckt worden. „Mortui viventes obligant" – „Die Toten verpflichten die Lebenden" – in diesem Sinne sah ich es auch als meine Aufgabe an, einen objektiven Beitrag zum tatsächlichen Geschehen in dieser Hinsicht und zu den tatsächlichen Relationen zu leisten.

Rohrbach/Ilm, November 2012   Klaus Hammel

1

Der Weg der USA in den europäischen Krieg

Diskussion um Mittelmeerstrategie

Die Landung der Alliierten auf dem italienischen Festland im September 1943 und die sich ab dem Januar 1944 daraus entwickelnden Kämpfe um die Gustav-Linie südlich von Rom beruhten auf der Entscheidung der politischen Führer auf Seiten der westlichen Alliierten, Premierminister Churchill und Präsident Roosevelt, im Falle eines weltweiten Krieges gegen eine Koalition, die aus dem Deutschen Reich, Japan und Italien bestehen würde, im strategischen Ansatz dem Kriegsschauplatz Europa, und damit dem Ausschalten Deutschlands als Kriegsgegner, Vorrang einzuräumen. Eine Reihe von Gründen veranlassten die anglo-amerikanische Führung dann, als es um die Ausgestaltung dieser strategischen Idee ging, neben den Operationen zur See und dem Luftkrieg gegen Deutschland und Italien, die unmittelbaren Kampfhandlungen ab 1942 gegen die beiden europäischen Achsen-Partner mit der Invasion von Landstreitkräften im Mittelmeer-Raum zu beginnen.

Während hinsichtlich der Zielsetzung „Germany first" zwischen Briten und Amerikanern uneingeschränkt Einigkeit bestand, hatte sich die Entscheidung, zunächst im Mittelmeer-Raum die Offensive mit Bodentruppen zu beginnen, im Verlauf eines Strategie-Streites entwickelt. Premierminister Churchill und die britische militärische Führung gaben im Rahmen einer peripheren Strategie einem indirekten Vorgehen gegen das Deutsche Reich den Vorzug. Dagegen wollten die US-Generalstabschefs Deutschland durch einen direkten strategischen Ansatz, das heißt mit einem Angriff über Nordfrankreich auf das Reich niederwerfen. Hätte es nicht überzeugende Gründe gegeben für die britische Position, denen sich zunächst der amerikanische Präsident, nach heftigen Einwänden auch die amerikanischen Generalstabschefs öffneten, dann wäre es in dieser Form gar nicht zum Italien-Feldzug gekommen. Mit der Entscheidung zur Landung in Nordafrika im Herbst 1942 war der Strategie-Streit nicht ausgestanden. Jeweilige Zwischenentscheidungen galten nur für zeitlich begrenzte Phasen, im Prinzip blieb der grundlegende Dissens bis zur Konferenz von Teheran im Dezember 1943 bestehen. Er führte dazu, dass weder die eine noch die andere Strategie konsequent umgesetzt wurde. Dies wiederum hatte einerseits zur Folge, dass die vorgesehene Landung in Nordfrankreich schließlich bis in das Frühjahr 1944 (also zweieinhalb Jahre nach dem Kriegseintritt der USA!) verschoben wurde, auf der anderen Seite wurden die Zielsetzungen für den Feldzug im Mittelmeer-Raum und damit auch der Einsatz von Kräften und Mitteln begrenzt. Politische und militärstrategische Optionen, die im Gegensatz zu Fullers im Vorwort ausgeführter harter Kritik durchaus gegeben waren, blieben auf diese Weise ungenutzt.

Der nicht mit einer eindeutigen Entscheidung gelöste Strategiestreit beeinflusste immer wieder nachhaltig die Absichten der Alliierten für den Feldzug auf der italienischen Halbinsel.

Zum besseren Verständnis des Drucks, der auf den anglo-amerikanischen Führern auf dem Kriegsschauplatz lastete, schließlich noch im Frühjahr 1944 zu einem herzeigbaren Erfolg zu kommen, zum besseren Verständnis aber auch, ob es vorteilhaftere Alternativen zu der gewählten Strategie gegeben hätte, ist es nötig, die jeweiligen Ausgangspositionen auf britischer und amerikanischer Seite zu beschreiben, ihre Kriegsziele und strategischen Ansätze zu erörtern sowie die einzelnen Phasen in dem erwähnten Strategie-Streit nachzuvollziehen. Dies kann nicht nur im einführenden Kapitel geschehen, sondern muss immer wieder, wenn im Zusammenhang mit einer Entscheidung über die Fortführung der Operationen der strategische Dissens wieder auflebte, in nachfolgenden Kapiteln aufgegriffen werden.[1]

Britischer Strategieansatz (Lagekarte 1)

In den ersten Kapiteln seiner mit gewissen Einschränkungen immer noch bedeutsamen Darstellung über „Hitlers Strategie" schreibt Andreas Hillgruber: „Der europäische Krieg seit dem Herbst 1939 … stand auf deutscher wie auf alliierter Seite von Anfang an unter dem Zeichen weitgehender strategischer Improvisation."[2] Mit dieser Feststellung verweist er auf die Tatsache, dass Hitler fraglos dazu bereit war, seine politischen Vorstellungen mit Gewalt durchzusetzen und dabei einem Krieg zu späterer Zeit weder mit den westlichen Demokratien noch mit der Sowjetunion aus dem Wege zu gehen, dass er aber diesen Krieg, wie er sich letztendlich um die „polnische Frage" entwickelte, nicht gewollt hat.[3]

Vergleichbares gilt für Frankreich und Großbritannien. Ohne Zweifel waren nach dem voran gegangenen Hin- und Herlavieren insbesondere die Briten entschlossen, weiteren Expansionsplänen Hitlers entgegen zu treten. Die praktizierte Politik ab der Zerschlagung der Rest-Tschechoslowakei im März 1939 bis in den August 1939 war aber nicht zwangsläufig auf Krieg ausgerichtet und schon gar nicht auf einen Krieg unter den Konstellationen vom August 1939, das heißt nach dem Abschluss des deutsch-sowjetischen Nichtangriffspakts. Auf der politischen Ebene sollte vor allem dem Deutschen Reich deutlich gemacht werden, dass ein Ende der Apeasementpolitik erreicht war.

Im Rahmen der „Improvisation" einige Monate vor und dann nach dem tatsächlichen Kriegsausbruch im September 1939 stützte man sich auf einige Konstanten ab, welche durch Großbritannien, dem dominierenden Partner innerhalb der Koalition mit Frankreich, über Jahrhunderte und insbesondere während des 1. Weltkrieges schon verfolgt worden waren. Sie wurden vom Status Großbritanniens als einer Seemacht geprägt. An erster Stelle standen das Offenhalten und die Sicherung der atlantischen Seeverbindungen, die das Vereinigte Königreich mit den Kolonien in Übersee, den Commonwealth-Staaten und nicht zuletzt mit den USA verbanden. Im Rahmen eines beabsichtigten Wirtschaftskrieges sollte andererseits das Deutsche Reich und gegebenenfalls dessen Achsenpartner Italien durch eine Blockade der Seewege von der Zufuhr lebenswichtiger Rohstoffe aus Übersee abgeschnitten werden. Mit einer hohen Priorität – wenn auch nicht mit der gleichen wie bei den atlantischen Seeverbindungen – kam es für die britische Führung darauf an, die imperiale Stellung Großbritanniens im Mittelmeer, durch das entscheidende Verbindungslinien liefen, aufrecht zu erhalten. Angesichts der möglichen Beteiligung Italiens am Kriege wurde allerdings schon zu diesem Zeitpunkt vorgesehen, den Seeverkehr in den Mittleren und Fernen Osten über Südafrika umzuleiten.[4]

Entsprechend der traditionellen britischen Politik benötigte die britische Strategie einen starken kontinentalen Partner, wieder einmal war dies Frankreich. Auf Grund des Standes in der Aufrüstung der britischen und französischen Streitkräfte und des angenommenen (überschätzten!) Rüstungszustandes der Wehrmacht einigten sich die britisch-französischen Koalitionspartner während gemeinsamer Generalstabsbesprechungen im Frühjahr 1939 darauf, im Kriegsfalle eine strategische Defensive gegenüber den europäischen Achsenpartnern einzunehmen. Da erwartet wurde, dass angesichts der Dislozierung nur schwacher britischer Landstreitkräfte im Mittelmeer-Raum Italien aus seinen nordafrikanischen Territorien (Libyen) heraus zum Angriff in Richtung Ägypten antreten würde, sollte als Gegenreaktion die Offensive gegenüber dem offensichtlich schwächeren Achsenpartner ergriffen werden. Im Hinblick darauf und auf weitere Strategieelemente hieß es in einem gemeinsamen britisch-französischen Strategiepapier: „Im Allgemeinen sollten wir darauf vorbereitet sein, jede Gelegenheit zu ergreifen – bei angemessenem Einsatz eigener Kräfte und Mittel – gegenüber Italien solche Erfolge herbeizuführen, die dazu beitragen könnten, dessen Willen, den Krieg fortzusetzen, zu mindern. Unsere nachfolgende Strategie sollte darin bestehen, bei einer Bindung Deutschlands eine Entscheidung gegenüber Italien zu suchen, während gleichlaufend dazu unser militärisches Kräftepotential so aufzubauen ist, dass schließlich gegenüber Deutschland zur Offensive übergegangen werden kann. (…) Währenddessen sollten sowohl noch im Frieden wie später im Krieg alle diplomatischen Mittel genutzt werden, entweder die wohlwollende Neutralität oder die aktive Unterstützung anderer Mächte, insbesondere aber die der Vereinigten Staaten, zu sichern."[5]

Fasst man die verschiedenen Elemente der vorwiegend durch britische Interessen geprägten Strategie zusammen, dann lässt sich folgender Ansatz herausarbeiten:

- Zunächst war eine strategische Defensive gegenüber den europäischen Achsenmächten vorzusehen.
- Zusammen mit der Blockade der Achsenmächte zur See und der Unterbrechung der Zufuhr von Rohstoffen stellte der zentrale Punkt in der Strategie Großbritannien und Frankreichs das Offenhalten beziehungsweise die Sicherung der atlantischen Seeverbindungen sowie die Aufrechterhaltung der britischen imperialen Stellung im Mittelmeer dar.[6]
- Nach der Schaffung entsprechender Voraussetzungen sollte die Reduzierung des gegnerischen Wirtschaftspotentials durch den Einsatz strategischer Luftkriegsmittel erfolgen.
- Die territoriale Integrität Frankreichs war sicherzustellen. Hierzu konnte wegen des Einsatzes britischer Heereskräfte im Mittelmeer-Raum und im Mittleren Osten nur ein britisches Expeditionskorps in der Stärke von vier Divisionen bereitgestellt werden.
- Gleichlaufend sollten die italienischen Positionen in Nordafrika sowie in Abessinien/Somalia reduziert und – als Zwischenschritt – Italien als Kriegsgegner ausgeschaltet werden.
- Bezüglich der USA war zumindest deren wohlwollende Neutralität herbeizuführen, letztendlich aber die Beteiligung der USA am Kriege auf Seiten der Koalition gegen Deutschland anzustreben.
- Schließlich sollte nach dem Aufbau eines entsprechenden Potentials der Übergang zur strategischen Offensive gegenüber dem Deutschen Reich erfolgen.

Butler bemerkt zu dieser Strategie, dass sie zumal angesichts des ursprünglichen Improvisations-charakters im Verlauf des Krieges trotz erheblicher Rückschläge – hier wäre an erster Stelle das Ausscheiden Frankreichs aus der Kriegskoalition nach dem verlorenen Westfeldzug zu nennen – in einem erstaunlichen Maß konsequent umgesetzt wurde.[7]

Selbstverständnis der US-Politik

Es war nur logisch, dass Großbritannien wegen der unmittelbaren Konfrontation mit dem Deutschen Reich alles daran setzte, trotz der Gefährdung britischer Positionen im Fernen Osten durch Japan, Deutschland zuerst auszuschalten. Warum aber entschlossen sich die USA zur Strategie „Germany first", wo sie doch als Seemacht und getrennt durch den Atlantik und damit durch eine kontinentale Insellage außerhalb der Reichweite einer militärischen Bedrohung durch Deutschland lagen und Japan auf Grund seiner Politik im pazifischen Raum und im Fernen Osten eine viel wahrscheinlichere Bedrohung der USA darstellte als das Deutsche Reich? Hier gilt es, eine Reihe von Aspekten zu erörtern, die ebenfalls auf langfristigen politischen Konstanten beruhten, wie sie sich beim Prozess der historischen Entwicklung der USA herausgebildet hatten. Neben der Wahrung berechtigter Sicherheitsinteressen gehörten hierzu die Durchsetzung und Aufrechterhaltung machtpolitischer Positionen auch außerhalb des eigenen Kontinents, aber auch irrationalen Grundeinstellungen, die auf dem puritanisch-geprägten Auserwähltseins-Anspruch und dem Sendungsbewusstsein amerikanischer Bevölkerungsgruppen und Führungsschichten beruhten.

Ihren politischen, wirtschaftlichen und militärischen Aufstieg während des 18. und 19. Jahrhunderts hatten die USA zum Aufbau der Vorherrschaft auf dem amerikanischen Kontinent genutzt. Sichtbarer Ausdruck dafür war nicht nur die Erklärung sondern auch die praktische Umsetzung der Monroe-Doktrin sowie der Bau und die Kontrolle des Panama-Kanals durch die USA. Mit dem Krieg gegen Spanien 1898 hatten die USA quasi ein eigenes Kolonialreich geschaffen (u.a. Philippinen, Puerto Rico, Kuba). Durch die fortlaufende Industrialisierung, durch den Zugang zu Rohstoffquellen und ihre Ausbeutung, durch die weltweite Lenkung von Kapitalströmen und den dominierenden Einfluss auf die Absatz- und Finanzmärkte, den sich die USA als Folge des 1. Weltkriegs geschaffen hatten, waren die USA zu einer Weltmacht aufgestiegen, die das Britische Empire in seiner Bedeutung bereits hinter sich gelassen hatte. Ihren Vorstellungen vom Freien Handel, vom „freien Zugang" zu den Rohstoff- und Absatzmärkten und die „Freiheit der Meere" folgend, waren die führenden Schichten im Bereich der Politik, der Wirtschaft und der Finanzen davon überzeugt, die dominierende Stellung der USA wahren und ausbauen zu können.

Der Aufstieg des Deutschen Reiches zu einer modernen Großmacht ab der Mitte des 19. Jahrhunderts durch die enormen Fortschritte auf dem Gebiet der Technik und Industrieproduktion, des Handels und der Wirtschaft sowie seiner Vorrangstellung auf dem Gebiet der Wissenschaften (Nobelpreise, Patente) stellte nicht nur für Großbritannien eine Herausforderung dar. Dieser Aufstieg bedeutete auch eine Konkurrenz für die USA. Obwohl sich der amerikanische Fortschrittsglaube und der Anspruch auf freien Handels- und Finanzverkehr auch gegen den Kolonialismus und gegen die Macht des Empire richtete, musste bei einer realistischen Lagebewertung klar sein, dass die USA niemals Partei für die deutsche Seite ergreifen würden und auch aus anderen Gründen schon die Beibehaltung der Neutralität in einem Konflikt äußerst fraglich war.[8] Das Verhalten der USA während des 1. Weltkrieges war hierfür eine Bestätigung.

Für bestimmte Führungskreise in den USA, als Beispiel sei Roosevelts Außenminister Cordell Hull genannt, nahm die Freihandelsdoktrin den Rang eines religiösen Bekenntnisses ein. Entstandene bzw. angestrebte „geschlossene Wirtschaftsräume", wie sie Japan ab 1931 in Ostasien und Südostasien zu errichten suchte, deren Absatzmärkte dem unmittelbaren Zugriff der USA nicht mehr offen standen, konnten nach diesem Verständnis durch die Amerikaner nicht hingenommen werden. Auch geschlossene Märkte, wie sie das Deutsche Reich ab den dreißiger Jahren mit Hitlers Autarkie- und Lebensraumprogramm verfolgte, mussten für die Dominanz der USA eine Kampfansage darstellen und – unabhängig von eventuell weiteren Ursachen – zu einer Konfrontation führen.[9]

Anthony Eden, britischer Außenminister unter Churchill, hat zum Stellenwert politischer und moralischer Prinzipien der Amerikaner angemerkt, dass „die US-Politik übertrieben moralisch (sei), zumindest so lange keine amerikanischen Interessen betroffen sind".[10] Sicherlich hat Eden hier etwas vordergründig geurteilt. Für die puritanisch-presbyterianisch geprägte Religions- und Lebensauffassung unter den protestantischen „Weißen" der USA bestand und besteht zwischen dem Einhalten moralischer Prinzipien und dem Streben nach Profit, Macht oder Einfluss, dem Eintreten für die Wahrnehmung eigener Interessen, kein Widerspruch – es sind dies vielmehr zwei Seiten derselben Medaille. Dem Außenstehenden mag die Überzeugung, dass „Erfolg auf Erden" der Beweis für ein gottgefälliges Leben sei, als Heuchelei erscheinen. Für Horst Boog macht der „bis zum militanten Moralismus gehende, rational aufklärerische Fortschrittsglaube … zusammen mit dem puritanischen Auserwähltheitsglauben, den amerikanischen Idealismus aus."[11] Nach dem Maßstab dieses Auserwähltseins musste die amerikanische Dominanz über andere Mächte nicht nur für die USA gut und richtig sein, sondern auch für diejenigen, die der Dominanz unterworfen wurden. In letzter aber logischer Konsequenz wird das Vorgehen gegenüber den Widersachern dieser Dominanz zum politisch und moralisch gerechtfertigten „Kampf gegen das Böse".

Sicher ist es so, dass es bei den totalen Diktaturen Hitlers und Mussolinis und dem imperialen Japan genügend Merkmale des „Bösen" festzustellen gab. Dies waren aber nicht die entscheidenden Gründe, warum diese Mächte von den vom „american way of life" überzeugten US-Führungsschichten als Herausforderung begriffen wurden. Wenn in zunehmendem Maße „amerikanische Interessen als Ausdruck einer transzendenten Moral" angesehen wurden[12], dann musste die Gefährdung amerikanischer Machtpositionen durch die Achsenmächte als „Aggression" angesehen werden, unabhängig davon, wie sich die Bedrohung des amerikanischen Kontinents im materiellen Sinne aktuell oder in absehbarer Zeit ausdrücken konnte.

Die – vielleicht – berechtigte Annahme einer so interpretierten „Aggression" war aber nur ein Beweggrund der US-Politik: „Hull und Roosevelt sahen den Krieg gegen den vollendeten autarken Staat, Nazi-Deutschland, als Gelegenheit, nicht nur ihre Feinde zu besiegen, sondern die geopolitische Grundlage für eine Weltordnung zu schaffen, die sie sowohl aufbauen als auch beherrschen würden.'"[13]

Manche Autoren führen Roosevelts „Besessenheit", den totalitären Staaten entgegen zu treten, auch auf Umstände in seinem Lebenslauf zurück: Franklin D. Roosevelt entstammte einer großbürgerlichen Familie Neu-Englands. Ähnlich wie Woodrow Wilson wurde ihm in seinem stark religiös geprägten Elternhaus eine tiefgehende moralische Rigorosität vermittelt, die durch die puritanisch-christliche Erziehung in einem Elite-Internat nur noch verstärkt werden konnte. Zunächst als Rechtsanwalt tätig, ging Roosevelt bald in die Politik, er stand unter dem Einfluss seines Mentors Wilson und dessen „visionärem Erlöserpathos", gleich ihm war er „erfüllt vom Glauben an die Mission Amerikas im Leben der Völker." Ab 1913 war Roosevelt stellvertretender Marineminister im Kabinett Wilson gewesen. Hier nahm er nicht nur die Thesen Mahans auf (siehe unten), er erkannte – im Gegensatz zu vielen späteren Isolationisten – auch die Bedeutung internationaler Beziehungen und über den eigenen Kontinent hinaus reichender Machtkonstellationen. Angeblich bedingt durch kurze Studienaufenthalte und Besuche entwickelte Roosevelt starke Ressentiments gegenüber Deutschland. Diese wurden später noch gesteigert durch die Erfolge Hitlers bei der Ankurbelung der deutschen Wirtschaft sowie seinen sozialen Programmen, wohingegen seinem Programm des „New Deal" der Erfolg versagt blieb.[14]

Revision der US-Militärstrategie

Das militärstrategische Denken führender Militärs und Politiker der USA war durch die Theorien des Admirals Alfred Thayer Mahan (1840-1914) bestimmt.[15] Als Lehrer am Naval War College hatte er das Buch „The Influence of Seapower upon History" geschrieben, sein Referenzobjekt für die in die Zukunft zu projizierende Theorie über den Einfluss von „seapower" war Großbritannien, die bislang dominierende Seemacht. Sein Ausgangspunkt war die These, dass die Machtpotentiale bedeutender moderner Staaten immer stärker von der Industrieproduktion und von der Wirtschafts- und Finanzkraft abhingen und diese wiederum in gleicher Weise vom Export von Industriegütern wie vom Import von Rohstoffen und von Nahrungsmitteln. Aufgabe der Seestreitkräfte einer Nation sei es daher, diese gegenläufigen Ströme für die eigene Seite aufrecht zu erhalten und die des Gegners zu unterbinden. Umgesetzt in militärische Aufgaben bedeutete dies zum einen die Unterbrechung feindlicher Seeverbindungen durch Angriffe auf die gegnerische Handelsschifffahrt sowie auf die zu deren Schutz eingesetzten Kriegsschiffe und zum anderen den Schutz für die eigene Handelsschifffahrt sowie die Abwehr feindlicher Seestreitkräfte. In der Fortentwicklung seiner Gedanken ging Mahan so weit zu fordern, den Umweg über das „commerce raiding" und die Eskortierung der eigenen Handelsschifffahrt gar nicht zu gehen, sondern eine möglichst überlegene Kriegsflotte zu bauen und damit die gegnerische Kriegsflotte zu schlagen. Wäre die Herrschaft zur See errungen, dann ergäbe sich die Sicherstellung der eigenen Seeverbindungen und die Unterbrechung der gegnerischen ganz von selbst.[16] Zusammen, so lautete ein Kernsatz der Mahan'schen Lehre, könnten die Flotten der USA und Großbritanniens alle bedeutenden Seeverbindungen auf den Ozeanen der Welt beherrschen.

Die nationalen Interessen der USA konnten sich nach den vorstehenden Ausführungen nicht auf den Schutz der Westlichen Hemisphäre beschränken. Sie bezogen das Aufrechterhalten der weltweiten Seeverbindungen, den unbeschränkten Zugriff auf die Wirtschaftspotentiale sowie die Bewahrung ideeller Prinzipien mit ein. Die strategischen Planungen des US-Generalstabes und der Marine in der Zwischenkriegszeit bis zum Ende der dreißiger Jahre waren im Rahmen der so genannten „Color"-Planungen abgelaufen.[17] Vorrang hatten dabei die „Orange"-Pläne, die sich auf einen Krieg mit Japan bezogen. Dabei war unterstellt worden, die USA könnten sich in diesem Falle auf keine Verbündeten abstützen. Die politischen Entwicklungen in Europa veranlassten die politische und militärische Führung der USA dann, neue Planungen vorzunehmen, die auch einen kriegerischen Konflikt mit den „faschistischen Mächten" in Europa berücksichtigten bzw. auf einen Krieg ausgerichtet waren, der gleichzeitig im pazifischen wie im atlantischen Raum auszutragen war. Die Planungsarbeiten begannen 1938, sie wurden bis Juni 1939 abgeschlossen. Als Deckname für diese strategischen Planungen war nun „Rainbow" gewählt worden. Hierbei wurden fünf Alternativen entwickelt, die sich voneinander durch die räumliche Ausdehnung des Schutzes der Westlichen Hemisphäre, den jeweiligen Schwerpunkt im Kräfteansatz entweder im pazifischen oder atlantischen Raum sowie der Annahme oder des Ausschließens einer Allianz mit Frankreich und Großbritannien unterschieden. Für unsere Betrachtung ist bedeutsam, dass im Atlantik die Beherrschung der Seewege durch die USA bis zum 30. Längengrad für notwendig erachtet wurde, d.h. bis hart westlich von Island, den Azoren und den kapverdischen- Inseln.[18]

Für alle fünf schließlich definierten Optionen war der mit erster Priorität sicherzustellende Schutz der Westlichen Hemisphäre bis zum 10. Breitengrad südlicher Breite der Ausgangspunkt für alle weiteren Maßnahmen. Der Plan „Rainbow 5" war für die ab 1941 eingeschlagene Strategie ausschlaggebend: Hierbei war vorgesehen, „die Streitkräfte der Vereinigten Staaten im Ost-Atlantik sowie auf dem europäischen oder afrikanischen Kontinent (ggf. auf beiden) so schnell wie möglich zum Einsatz zu bringen ... um die entscheidende Niederlage Deutschlands oder Italiens oder von beiden zusammen herbeizuführen. Dieser Plan setzt abgestimmte Aktionen zwischen den Vereinigten Staaten, Großbritannien und Frankreich voraus." Im Pazifik sollte in diesem Falle bis zur Niederlage der europäischen Achsenmächte eine Defensivposition im Zuge der Linie Alaska – Hawaii – Panama eingenommen werden.[19] In der Theorie standen die Pläne „Rainbow 1-5" gleichberechtigt nebeneinander, die praktische Umsetzung musste von der Weiterentwicklung der politischen und militärstrategischen Lage abhängen.

Auf dem Wege zu einer gemeinsamen Militärstrategie USA – Großbritannien

Aus naheliegenden Gründen wird in der amtlichen US-Geschichtsschreibung der eigene imperiale Ansatz bei den Kriegszwecken durch die Betonung der notwendigen Abwehr einer existentiellen Bedrohung der Westlichen Hemisphäre durch die Achsenmächten überdeckt. Eingangs hatten wir erwähnt, dass der amerikanische Kontinent von den gegebenen geographischen Bedingungen her, im Rahmen der konkreten Mächtekonstellation, vor allem aber angesichts der Mittelausstattung vollkommen außer Reichweite des Deutschen Reiches lag. Um die Tatsächlichkeit einer Bedrohung einordnen zu können, müssen die zuvor erwähnten nationalen Interessen der USA (= Sicherheitsinteressen) zu Grunde gelegt werden und hierbei ist zu wiederholen, dass die Definition der US-Sicherheitsinteressen weltweit angelegt war und die Gefährdung möglicher Bündnispartner einschloss.

Es war ein Grundprinzip im amerikanischen Sicherheitsdenken, „jedem potentiellen Gegner die Beherrschung der Zugänge zur Westlichen Hemisphäre über den Atlantik zu verwehren."[20] So lange das Machtpotential Großbritanniens (und Frankreichs) intakt blieb, war die atlantische Flanke der USA geschützt. Über diesen defensiven Aspekt hinaus boten Großbritannien und Frankreich als Bündnispartner den USA die Option, im pazifischen Raum selbst offensiv werden zu können. Eine kurze Betrachtung der jeweiligen Seestreitkräfte ist an dieser Stelle weiterführend.

Eine Aufstellung des Umfangs der Kriegsflotten der beteiligten Mächte nach den Tonnagezahlen zeigt, dass Großbritannien und die USA mit ihren Flotten weit an der Spitze lagen.[21] Die Stärke der Kriegsflotte Japans betrug 80 Prozent der Stärke der US-Kriegsflotte, die Stärke der Deutschen Kriegsmarine umfasste nach der Tonnage-Zahl nur knapp 20 Prozent der Flotte Großbritanniens. Nimmt man als einen Indikator die Anzahl der Großkampfschiffe (Schlachtschiffe, Schlachtkreuzer, Flugzeugträger, auf deutscher Seite die Panzerschiffe des Typs „Graf Spee") und projiziert die Umfangszahlen auf das Jahr 1941[22], dann verfügte die deutsche Kriegsmarine über vier Schlachtschiffe/-kreuzer und zwei Panzerschiffe.[23] Die Marine des Achsenpartners Italien konnte ab 1940 sechs Schlachtschiffe/-kreuzer einsetzen. Die britische Kriegsflotte konnte den Stand von 1939 von 15 Schlachtschiffen/-kreuzern und sechs Flugzeugträgern mindestens halten. Berücksichtigt man jedoch, dass die britische Marine außer ihrem Einsatz im Atlantik und im Mittelmeer einen wesentlichen Teil der Kriegsflotte aber im Fernen Osten einsetzen musste, dann konnten die deutsche und die italienische Flotte zusammen bereits als eine erhebliche Gefährdung der britischen Flotte angesehen werden.

Bei der Kapitulation Frankreichs im Juni 1940 setzten Churchill und Roosevelt alles daran, die französische Flotte keinesfalls unter deutsche Verfügungsgewalt fallen zu lassen. Zu dieser Zeit verfügte die französische Marine über sieben Großkampfschiffe, zwei weitere Schlachtschiffe waren noch nicht in den Dienst gestellt.[24] Die französische, italienische und deutsche Flotte wären zusammen stärker gewesen als die britische Atlantik- und Mittelmeerflotte, aber auch stärker als diejenigen Anteile der US-Marine (bei einer Gesamtzahl 1939 von 15 Schlachtschiffen und sechs Flugzeugträgern), die im Atlantik eingesetzt werden konnten. Durch den aufgezeigten Vergleich wird deutlich, dass ohne britische Unterstützung die atlantischen Seeverbindungen bei der oben genannten Konstellation allein durch die USA nicht sichergestellt waren.

Aus den vorangegangenen Schilderungen lässt sich folgern, dass ein Krieg in Europa, bei dem eine Anzahl europäischer Mächte Deutschland und Italien gegenüber stehen würde, den politischen Zielen maßgeblicher Führungskreise der USA in Politik, Wirtschaft/Finanzwelt und dem Militär nicht zuwider lief. Auf welcher Seite die USA in einem solchen Krieg stehen würden, dies war von Grund auf klar und bestätigte sich durch eine fortgesetzte Kette von Aktionen und Erklärungen der politischen Führung der USA, angefangen von der „Quarantäne-Rede" Roosevelts 1937 bis zu den Waffenlieferungen der Vereinigten Staaten an Großbritannien und Frankreich auf der Grundlage der „Cash and Carry"-Regelung ab November 1939 oder durch das US/BR-Zerstörer/Stützpunktabkommen vom September 1940.[25]

1. Der Weg der USA in den europäischen Krieg

Verschiedene Faktoren waren bestimmend dafür, dass die Unterstützung der möglichen europäischen Bündnispartner, noch mehr aber eine eigene Beteiligung am Kriege, mit großer Vorsicht in die Wege geleitet und zuerst eine Anzahl von Voraussetzungen geschaffen werden musste. Als wichtigster Einzelfaktor musste die isolationistische Stimmung in der amerikanischen Bevölkerung beachtet werden. Hier offensichtliche Korrekturen vorzunehmen, konnte Roosevelt erst wagen, nachdem seine zweite Wiederwahl zum Präsidenten im November 1940 gesichert war. Ein weiterer wichtiger Faktor war, dass die US-Streitkräfte, vor allem das Heer, noch längere Zeit benötigen würden, um eine ausreichende Kriegsbereitschaft herzustellen.

Nach der Niederlage Frankreichs wurde in den militärischen Führungskreisen über mehrere Monate stark bezweifelt, ob Großbritannien dem Druck Deutschlands widerstehen könne. Trotz der bedeutsamen Rolle Großbritanniens für die Sicherheit der USA sah man die Gefahr, für die eigene Verteidigung benötigte Ressourcen an einen unsicheren Partner zu verschwenden. In diesem Zusammenhang spielte der Charakter Roosevelts eine bedeutende Rolle – ein trickreicher, gerissener Politiker, der von sich selbst sagte, er lasse nie seine linke Hand wissen, was die rechte tue. Er setzte auf die Widerstandskraft und den Widerstandswillen der Briten, und ihm konnte es nur recht sein, dass in dem Zeitraum, in dem sich die USA ohnehin noch nicht am Krieg beteiligen konnten, Deutschland und Großbritannien gegenseitig abnutzten.

Von ausschlaggebender Bedeutung für die weitere Kursbestimmung waren Sondierungsgespräche, die Vertreter des US-Generalstabes im August/September 1940 in London mit Vertretern des britischen Generalstabes abgehalten hatten. Nach der sich abzeichnenden Niederlage der Deutschen in der Schlacht um England waren die Briten von ihrer Durchhaltefähigkeit überzeugt und beeindruckten damit die Amerikaner. Die Briten erklärten mit aller Deutlichkeit, dass sie jedoch auf US-Materialhilfe und Waffenlieferungen angewiesen seien. Trotz ihrer Absicht, zunächst Italien aus dem Krieg zu zwingen, war ihr ultimatives Kriegsziel die Niederlage Deutschlands. Auch hier äußerten sich die Vertreter des britischen Generalstabes wieder sehr eindeutig: Eine solche Niederlage Deutschlands konnte letztlich nur durch den Einsatz von Landstreitkräften auf dem europäischen Kontinent herbeigeführt werden.

Wenn die USA also zur Wahrung der eigenen Interessen eines Bündnispartners in Europa bedurften und dieser sein Kriegsziel in der Niederwerfung Deutschlands sah, dann war damit eine Vorentscheidung darüber gefallen, dass der Schwerpunkt der US-Kriegsstrategie sich auf den atlantischen Raum richten musste.

Als einer der wichtigsten Schritte hin zu einer gemeinsamen britischen und amerikanischen Strategie gilt die Denkschrift, die Admiral Stark, Leiter des Operationsstabes der US-Marine, kurz vor der Wiederwahl von Präsident Roosevelt am 4. November 1940 an Marineminister Knox richtete. Hierin wurde zum ersten Mal in einem amtlichen Dokument zum Ausdruck gebracht, dass eine Beteiligung der USA am Kriege wünschenswert wäre. Der zentraler Punkt war, dass die Sicherheit der USA in einem außerordentlichen Maße vom weiteren Schicksal Großbritanniens abhängen würde. Eine Niederlage Großbritanniens würde weitreichende wirtschaftliche, politische und schließlich auch militärische Folgen (Stark argumentierte tatsächlich in dieser Reihenfolge!) nach sich ziehen. Deswegen müsse das Vereinigte Königreich auf jede mögliche Art und Weise unterstützt werden, schon jetzt sei der Schwerpunkt der US-Maßnahmen in den Atlantik zu verlegen.

Ein Sieg über Japan könne die politische Lage nicht verändern, so lange Deutschland den europäischen Kontinent beherrsche. Allein sei jedoch Großbritannien nicht in der Lage, eine Niederlage Deutschlands herbeizuführen. Auch könne nur durch eine Blockade Deutschlands und eine strategische Luftoffensive keine Entscheidung erreicht werden, eine solche sei nur durch Landstreitkräfte nach einer Landung auf dem europäischen Kontinent zu erreichen. Zu diesem Zwecke müssten aber Absprungbasen nahe des Kontinents gehalten werden: „Ich glaube, … dass die Vereinigten Staaten zusätzlich zur Unterstützung mit Marinekräften umfangreiche Land- und Luftstreitkräfte nach Europa oder Afrika – oder auf beide Kontinente – entsenden und sich mit starken Kräften an dieser Offensive zu Lande beteiligen müssen." Ähnlich wie bei den „Rainbow"-Planungen fasste Stark in seinem Memorandum vier mögliche Strategievarianten in Form von Fragestellungen in vier Abschnitten A-D zusammen. Er ließ keinen Zweifel daran, dass er die Variante im Abschnitt „D" bevorzuge, die eine Offensivstrategie im Atlantik zusammen mit Großbritannien zum Ziel hatte, verbunden mit einer Defensivstrategie im Pazifik. Die Begründung war, dass die USA nicht in der Lage seien, mit ihren Kräften auf beiden Kriegstheatern die Offensive zu ergreifen.[26]

Der Heeresgeneralstab unter General Marshall reagierte äußerst positiv auf die Denkschrift Admiral Starks. In verschiedenen Planungsschritten, die hier nicht erläutert werden, wurde durch den „Joint Board" des Heeres- und Marinegeneralstabes (ein Vorläufer der „Joint Chiefs of Staffs")[27] ein Grundlagenpapier ausgearbeitet, das im wesentlichen Admiral Starks Thesen entsprach. Es wurde am 21. Dezember 1940 Kriegsminister Stimson und Marineminister Knox vorgelegt. Beide stimmten zu. Eine gemeinsam zusammen mit dem Außenministerium geplante Vorlage an den Präsidenten scheiterte an Einwänden von Außenminister Hull. Entsprechend seiner vorsichtigen Art hatte Roosevelt die Generalstäbe bei ihren Arbeiten „gewähren lassen", eine offizielle Zustimmung zu dem Grundlagenpapier erfolgte aber nicht. Als wesentlichen weiteren Schritt hatte Stark geheime Besprechungen mit dem britischen Generalstab vorgeschlagen. Diese Besprechungen begannen am 29. Januar 1941. Zuvor musste jedoch der US-Delegation eine Richtlinie für die Verhandlungen gegeben werden. Nach bestimmten Vorgaben, die Präsident Roosevelt in einer Besprechung am 16. Januar 1941 mit seinen engsten Mitarbeitern festgelegt hatte[28] war nun die nationale Grundposition der USA wie folgt definiert:

- Schutz der Westlichen Hemisphäre gegen jegliche politischen oder militärischen Eingriffe durch eine andere Macht,
- Unterstützung des Britischen Empire,
- Eindämmung der japanischen Expansionsbestrebungen mit diplomatischen Mitteln sowie
- im Falle des Kriegseintritts der USA Herbeiführung der Niederlage Deutschlands als gemeinsames Ziel mit den Briten, durch das Setzen des militärischen Schwerpunkts im Atlantik und mit Seestreitkräften im Mittelmeer.[29]

So wichtig diese Generalstabsbesprechungen waren, so mussten sie doch als „heißes Eisen" angesehen werden. Um innen- und außenpolitische Folgen möglichst gering zu halten, waren die Verhandlungsdelegationen von der dienstlichen Stellung ihrer Mitglieder her bewusst niedrig gehalten, jeder protokollarische Aufwand wurde vermieden, die Verhandlungsergebnisse unterlagen zuerst dem Vorbehalt der Generalstabschefs und danach der Zustimmung der jeweiligen Regierungen.[30] Die Delegationen tagten in 14 Sitzungen zwischen dem 29. Januar und dem 29. März 1941.

Deutschland zuerst!

Bei unterschiedlichen Ausgangspositionen – Großbritannien befand sich im Krieg, auf amerikanischer Seite wurde als Annahme unterstellt, die USA wären „genötigt", in den Krieg einzutreten – und durchaus unterschiedlichen Interessen beider Seiten gelang es, zu einem gemeinsamen Ergebnis zu kommen. Dabei waren sich die Vertreter der USA durchaus der künftigen dominierenden Rolle ihres Landes bewusst. Großbritannien war mehr auf die USA angewiesen, als umgekehrt diese auf Großbritannien. Das Ergebnis der Konferenz, das in einem Bericht „ABC-1" (abgeleitet von „American-British-Conversations") festgehalten wurde, bestimmte die Grundzüge einer gemeinsamen Militärstrategie wie folgt:
- Das Herbeiführen einer frühzeitigen Niederlage des Deutschen Reiches als bedeutendster Macht in der gegnerischen Koalition. Hierzu würden die USA ihren militärischen Schwerpunkt in den atlantischen Raum und nach Europa legen. Operationen in anderen Kriegstheatern waren nur in dem Umfang vorzusehen, wie durch sie das Erreichen des Hauptzwecks begünstigt werden konnte.
- Die Aufrechterhaltung britischer und alliierter Positionen im Mittelmeer-Raum.
- Die Einnahme einer strategischen Defensive im Fernen Osten mit dem offensiven Einsatz der US-Flotte, um auf die bestmögliche Weise die japanische Wirtschaftskraft zu schwächen und die Verteidigung der „Malaiischen Barriere" zu unterstützen.

Zur Erreichung der strategischen Ziele wurde eine Reihe von Einzelmaßnahmen beschlossen. Sie reichten von der Fortsetzung des Wirtschaftskrieges gegen Deutschland und einer strategischen Luftoffensive zur Abnutzung des deutschen Kräftepotentials über die frühzeitige Eliminierung Italiens als Kriegsteilnehmer bis zur Unterstützung von Aufstandsbewegungen in besetzten europäischen Ländern. Als Voraussetzung für eine Endoffensive wurde ein entsprechender Aufbau von Landstreitkräften vorgesehen sowie die Sicherung von Basen im Mittelmeer und vor der West- und Nordwestküste Europas.[31] General Marshall und Admiral Stark stimmten dem Dokument ABC-1 vorläufig zu und teilten den britischen Generalstabschefs mit, sie würden zu gegebener Zeit die Zustimmung des Präsidenten einholen.

Auf der Grundlage von ABC-1 wurde damit begonnen, den Plan „Rainbow 5", der im Sommer 1940 mit Blick auf die aktuelle Lage etwas in den Hintergrund getreten war, zu überarbeiten. Als vordringliches Ziel wurde eingebracht, die US-Land- und die US-Luftstreitkräfte so aufzubauen, dass sie für größere Offensivoperationen gegen die Achsenmächte in der Lage sein würden. Nach der Zustimmung durch Knox (28. Mai 1941) und Stimson (2. Juni 1941) – also bereits vor dem Angriff Deutschlands auf die Sowjetunion – wurde der überarbeitete Plan „Rainbow 5" ebenfalls am 2. Juni dem Präsidenten zugeleitet. Roosevelt gab seine Zustimmung zu „ABC-1" nicht, weil die britische Regierung dem Dokument noch nicht zugestimmt hatte. Er gab auch „Rainbow 5" keine formelle Zustimmung, lehnte den Plan aber auch nicht ab und ließ erklären, beide Dokumente sollten ihm „im Falle eines Krieges" zur Zustimmung vorgelegt werden. Damit blieb die Frage offen, ob auf der Grundlage von „Rainbow 5" mit den operativen Planungen begonnen und der Streitkräfteaufbau fortgesetzt werden konnte. Hierbei überzeugte Marshall am 10. Juni 1940 Kriegsminister Stimson, dass Roosevelt den Plan ja nicht abgelehnt habe und so eine Richtlinie für die Kriegsvorbereitungen durchaus gegeben war: „Obgleich der Präsident seine Zustimmung (formell) nicht gegeben hatte, war effektiv die Entscheidung darüber gefallen, welchen Kurs die Vereinigten Staaten einschlagen würden, für den Fall, dass sie sich gezwungen sähen, Zuflucht zum Kriege zu nehmen." [32]

Bis zum japanischen Angriff auf Pearl Harbour (Lagekarte 1 und 2)

Zeitlich parallel zu der ab Sommer 1940 erfolgten Annäherung zwischen den USA und Großbritannien konzentrierte sich die Führung Großbritanniens auf politische und militärische Maßnahmen, um weitere Teilziele der eingangs beschriebenen Strategie in die Realität umzusetzen. Als Ergebnis der Vertreibung vom Kontinent nach der Evakuierung von Dünkirchen bot sich als Raum für Aktionen nur das Mittelmeer an. Über die Behauptung eigener Machtpositionen und – wenn möglich – der Reduzierung italienischer Positionen hinaus, war Churchill vor allem bestrebt, die Bevölkerung und die Führungsschichten der USA von der Durchhaltefähigkeit des Empire und davon zu überzeugen, dass sich „Investitionen" in den Bestand Großbritanniens lohnen würden. Churchill war sich beim Überfall auf die französische Flotte bei Oran am 3. Juli 1940 nicht nur der Zustimmung Roosevelts sicher gewesen, der US-Präsident war nach der Vernichtung der französischen Flotte von der Entschlossenheit der Briten sehr beeindruckt.[33] Je mehr sich Deutschland und Italien auf dem Balkan engagierten,[34] desto mehr bemühte sich die britische Regierung, früher bewährte Lösungen wieder zu beleben. So wurde nach dem Angriff der Italiener in Griechenland ab dem 28. Oktober 1940 die Idee einer Balkanfront aufgegriffen, die sich bereits während des 1. Weltkrieges als vorteilhaft für das Empire erwiesen hatte.

Die Türkei, die aus einem eventuellen Bündnis mit Großbritannien Spannungen mit der mit Deutschland verbündeten Sowjetunion befürchtete, zeigte sich zurückhaltend. Jugoslawien lavierte zwischen den Angeboten des Deutschen Reiches und jenen der Briten. Griechenland, das der begrenzten Stationierung britischer Heeresverbände auf Kreta und von Luftwaffenverbänden auf dem Festland zugestimmt hatte, wollte sich nicht zwischen alle Stühle setzen: Während man sich einerseits bewusst war, dass britische Truppen im Lande einen Vorwand für eine deutsche Intervention bieten konnten, fürchtete man andererseits, der Umfang bereitgestellter britischer Truppen würde nicht stark genug sein, die Deutschen von einer Intervention abzuhalten.

Das Verhältnis Großbritanniens zu Vichy-Frankreich befand sich auf einem Tiefpunkt. Die Hoffnung der Briten auf einen Abfall französischer Kolonien von Vichy hatte sich als eine Illusion erwiesen. So blieb denn Großbritannien der Zugang zur nordafrikanischen Küste verwehrt. Bei den Sympathien Spaniens und Portugals für die Achsenmächte musste es für die britische Diplomatie schon einen Erfolg darstellen, dass diese Staaten neutral blieben und nicht auf die Seite der Achse wechselten. Dabei war klar, dass dieser Zustand keinesfalls als gesichert gelten konnte und von der weiteren Entwicklung der militärischen Lage abhängen würde. Spanien und

22

Portugal würden langfristig die Seite unterstützen, die ihnen bei erfolgreicher Kriegführung die größten Vorteile bot.

Das Schwergewicht der militärischen Operationen im Mittelmeer lastete natürlich auf der britischen Flotte. Dorthin waren vier Schlachtschiffe und ein Flugzeugträger verlegt worden. Für die Präsenz der britischen Flotte waren das Halten der Positionen Gibraltar, Malta und Alexandria als Flottenbasis wesentlich. Die Flottenführung, Admiral Cunningham, wollte sich keinesfalls in das westliche Mittelmeer zurückziehen, eine Präsenz im östlichen Mittelmeer war aber davon abhängig, dass es der italienischen Marine nicht gelang, die enge Passage südlich von Sizilien zu sperren. Durch einen kühnen Raid mit Torpedofliegern gegen die italienische Marinebasis von Tarent gelang es Cunningham am 11. November 1940 („Nacht von Tarent") von den im Hafen liegenden sechs italienischen Schlachtschiffen drei außer Gefecht zu setzen.[35] Der Ausfall dieser Schiffe änderte auf gravierende Weise das Kräfteverhältnis zwischen den Seestreitkräften im Mittelmeer. Die Operationsführung der italienischen Marine war künftig von großer Zurückhaltung gekennzeichnet. Bei einem Vorstoß der italienischen Flotte in das östliche Mittelmeer wurde diese am 28. März 1941 bei Kap Matapan (an der Südspitze des Peloponnes) in einen „Hinterhalt" gelockt, drei schwere Kreuzer und zwei Zerstörer wurden durch die Briten versenkt. Als Folge von Tarent war die italienische Flotte schon in das Tyrrhenische Meer zurückgezogen worden. Für die Niederlage von Matapan wurde als Ursache fehlende Seeluftstreitkräfte auf italienischer Seite angesehen. Nunmehr wurden die Operationen der italienischen Flotte auf eine Entfernung von 120 Seemeilen von Land begrenzt, damit sie unter dem Schutz landgestützter Flugzeuge operieren konnte. Damit hatte die britische Mittelmeerflotte praktisch die Operationsfreiheit zwischen dem westlichen und östlichen Mittelmeer gewonnen, darüber hinaus konnten alle Seetransporte von Italien nach Nordafrika empfindlich gestört werden.[36] Als Gegner für die britische Flotte blieben nur nach und nach eintreffende Verbände der deutschen Luftwaffe übrig.

Am 13. September 1940 hatte der lang erwartete italienische Angriff von Libyen aus nach Ägypten begonnen. Nach drei Tagen wurde dieser Angriff bei einem Raumgewinn von 150 Kilometern angehalten. Gleichwohl stellte dieser Angriff eine große Gefahr für das Halten des Nil-Deltas dar.[37] Dies konnte aus britischer Sicht nicht hingenommen werden. Mit Verzögerungen gelang es den Briten, Verstärkungen heranzubringen, die vor allem aus Commonwealth-Truppen bestanden. Britischer Oberbefehlshaber Mittlerer Osten war General Wavell. Überraschend begann der britische Gegenangriff am 9. Dezember 1940. Die italienischen Truppen der 10. Armee brachen schnell zusammen: Tobruk fiel am 22. Januar 1941, am 6. Februar wurde Bengasi genommen, die britische Offensive lief bis zum 22. Februar aus, dabei standen die Spitzen britischer Truppen bereits vor El Agheila, in Tripolitanien. In wenigen Wochen war die Cyrenaika den Italienern entrissen worden.

Die Vorbereitungen auf deutscher Seite für einen Feldzug auf dem Balkan waren bei den britischen Oberkommandos im Mittelmeer-Raum nicht unerkannt geblieben. Angesichts der begrenzten Kräfte an Truppen des Heeres und der Luftwaffe stand man auf britischer Seite vor einem Dilemma: Balkan oder Nordafrika? Churchill sah nun verstärkt die Möglichkeit, die Pläne zu einer Balkanfront weiter zu verfolgen. Die Überführung eines britischen Expeditionskorps nach Griechenland hatte mehrere Vorteile. Mit der Rückkehr auf den europäischen Kontinent und der Bereitstellung militärischer Kräfte wurde mehr als ein symbolischer Beitrag zur Balkanfront geleistet. Ein Abwehrerfolg gegen die Wehrmacht musste psychologische Auswirkungen auf die möglichen Bündnispartner, aber auch auf die Stimmung in den USA haben.

Inzwischen war es der griechischen Armee nicht nur gelungen, den italienischen Angriff aus Albanien aufzufangen, im Gegenangriff waren ab dem 14. November 1940 die Italiener sogar zurückgeworfen worden. Eine ausführlichere Darstellung hierzu folgt im Kapitel 2. In Italien war die allgemeine Stimmung nie für den Krieg gewesen. Zusammen mit dem Rückschlag in Nordafrika konnte aus der Sicht der Briten dem Durchhaltewillen in Italien bei einer weiteren Niederlage ein entscheidender Schlag zugefügt werden. Schließlich: Von Flugplätzen auf dem Festland, ggf. auch von Kreta aus, konnten die rumänischen Ölfelder bombardiert werden, die so bedeutend für die weitere Kriegführung Deutschlands waren.

Das Balkanabenteuer und die nachfolgende Verteidigung von Kreta endete für die britischen Streitkräfte mit einem Desaster: Der Angriff der Deutschen auf Jugoslawien und Griechenland begann am 6. April, am 17. April kapitulierte Jugoslawien. Das britische Expeditionskorps (das mit Masse aus neuseeländischen und australischen Truppen bestand) wurde in seiner Stellung in Nordgriechenland umgangen, am 21. April forderten die Griechen endgültig die Briten auf, das Land zu räumen. Kreta, am 20. Mai 1941 von deutschen Luftlandetruppen aus der Luft angegriffen, wurde von diesen bis zum 1. Juni genommen. Die angestrebten psychologischen Erfolge kehrten sich ins Gegenteil. In Alexandria wurde für die Abkürzung des Expeditionskorps „BEF" der Slogan gebraucht: „Back every fortnight". Die Verluste der britischen Flotte in der ersten Luft-Seeschlacht der Kriegsgeschichte um Kreta waren erheblich. Neben den schweren Beschädigungen, die der Luftwaffe bei den Hauptkampfschiffen gelangen, wurden vier Kreuzer und sechs Zerstörer versenkt.

Der angeschlagene Achsenpartner Italien hatte die deutsche Führung vor Beginn des Russlandfeldzuges nicht nur veranlasst, selbst etwas für den Schutz der Südflanke dieses Angriffs zu tun – den Feldzug auf dem Balkan – sondern auch deutsche Kräfte zur Stabilisierung der Lage in Nordafrika bereitzustellen. Ab Februar 1941 wurde das „Deutsche Afrikakorps" unter General Rommel in Tripolis gelandet. Aus Aufklärungsvorstößen gegen britische Stellungen bei El Agheila ab dem 24. März 1941 entwickelte Rommel sehr schnell einen allgemeinen Angriff in Richtung Cyrenaika – gegen die Absichten der deutschen Führung. Nun rächte sich, dass die Masse der britischen Heeresverbände nach Griechenland verlegt worden war. Kaum drei Wochen später war Libyen wieder in der Hand der Achse, am 11. April wurde erneut die Grenze nach Ägypten überschritten. Rommel war es nicht gelungen, die Festung Tobruk noch während des Vormarschs einzunehmen, weitere Angriffe scheiterten im April. Andererseits blieb auch allen eilig bis in den Juni 1941 angesetzten Gegenangriffen der Briten an der so genannten Sollum-Front ein Erfolg verwehrt.[38]

Inzwischen hatte sich im Kernbereich der britischen Strategie, dem Aufrechterhalten der Seeverbindungen zu den Britischen Inseln, die Lage sehr ungünstig für Großbritannien entwickelt. Deutschland hatte auf die britische Blockade mit einer Gegenblockade reagiert. Bereits 1940 war es der Deutschen Marine gelungen, im Atlantik und Mittelmeer 3,99 Mio. t Schiffsraum zu versenken. 1941 stiegen die Verlustzahlen an und erreichten allein im April mit fast 690.000 t einen

1. Der Weg der USA in den europäischen Krieg

Höchststand. Dann allerdings zahlte sich die bessere Zusammenarbeit zwischen Luftaufklärung und Geleitschutz sowie der Übergang zum Konvoi-System auf britischer Seite aus. Die dramatische Lageverschlechterung hatte davor auf der anderen Seite des Atlantiks zu großen Besorgnissen geführt. Zug um Zug wurden durch die US-Regierung Maßnahmen verfügt, die zum „unerklärten Krieg auf dem Atlantik" führten. Am 8. April 1941 erweiterten die USA die amerikanische Sicherheitszone, die bisher schon völkerrechtswidrig mehrere hundert Kilometer in den Atlantik hineinreichte, bis zum 26. Grad westlicher Länge. Mit dieser Zone wurden vier Fünftel des Atlantiks zu einem Teil der Westlichen Hemisphäre erklärt. In dieser Zone waren nun auch die Azoren eingeschlossen. Am 7. Juli besetzten amerikanische Truppen Island und lösten dabei britische Truppen ab, die ins Mittelmeer verlegt werden konnten. Gleichzeitig wurde die Sicherheitszone so ausgedehnt, dass auch Island in sie einbezogen war. Die US-Marine übernahm den Geleitschutz der nach Europa laufenden Geleitzüge bis in den Raum Island.[39]

Zu diesem Zeitpunkt hatte sich jedoch aus einem anderen Grund die Gesamtlage für die USA und Großbritannien schlagartig verändert: Am 22. Juni 1941 hatte der deutsche Feldzug gegen die Sowjetunion begonnen. Die Lageentwicklung auf allen Kriegsschauplätzen im ersten Halbjahr 1941 hatte gezeigt, dass Großbritannien allein nicht in der Lage war, dem Deutschen Reich standzuhalten. Nun war durch den Kriegseintritt der Sowjetunion zwar keine direkte Unterstützung zu erwarten, wohl aber eine erhebliche Entlastung dadurch, dass Deutschland sich mit erheblichem Kräfteeinsatz auf den Russland-Feldzug konzentrierte und sich dadurch für die Briten die Lage vor allem im Mittelmeer-Raum entspannte. Anderseits war das Durchhalten der Sowjetunion gegenüber den Deutschen keinesfalls gewiss. Ferner liefen sehr bald umfangreiche Rüstungslieferungen der USA zur Unterstützung der Sowjetunion an, was die Unterstützungsmöglichkeiten der USA für die Briten schmälerte.[40]

In diesen Zeitraum fällt auch die Verkündung der so genannten Atlantik-Charta, mit der der Weltöffentlichkeit am 14. August 1941 mitgeteilt wurde, welche Kriegsziele die angloamerikanischen Bündnispartner verfolgen würden. Im Zusammenhang mit den Antrieben Roosevelts, Deutschland als konkurrierende Macht auszuschalten, ist diese Deklaration insofern bedeutsam, dass ein formell immer noch neutraler Staat zusammen mit einem kriegführenden Staat „die endgültige Zerstörung der Nazityrannei" als Voraussetzung für eine neue, gerechte Weltordnung erklärte, die andererseits ganz eindeutig durch diese beiden Staaten dominiert werden sollte.[41] Von Seiten Deutschlands/Italiens kam es bis in den Herbst 1941 zu keinen größeren Offensivhandlungen in Nordafrika. Dies erlaubte den Briten, die eigene Defensivposition zu behaupten und selbst eine größere Offensive vorzubereiten. Diese Offensive begann unter General Auchinleck – General Wavells Nachfolger – unter dem Namen Operation „Crusader" am 18. November 1941. Dabei ging die Cyrenaika ein zweites Mal für die Achsenmächte verloren.[42]

Nicht nur die militärische Lage Großbritanniens war prekär, auch seine finanzielle. Die unverzichtbaren Waffenlieferungen durch die USA konnten nicht bezahlt werden, so hatte sich Roosevelt die Autorisierung des Kongresses geben lassen, auf der Basis des „Leih-Pacht-Programms" Waffen an Bündnispartner ohne Bezahlung zu liefern. Vom März 1941 bis Ende des Jahres 1941 erhielten die Briten so 2 400 Flugzeuge, 951 Panzer und ca. 13 000 Fahrzeuge geliefert.[43]

Entscheidung für Nordafrika[44]

Am 7. Dezember 1941 führten japanische Seeluftstreitkräfte ihren Überraschungsschlag auf die US-Pazifikflotte in Pearl Harbour. Wie es zunächst schien, war für die USA der Krieg an der falschen Stelle ausgebrochen. Wenige Tage später „korrigierte" Hitler diese Einschätzung mit seiner Kriegserklärung an die USA.[45]

Auf britischer Seite befürchtete man angesichts der Sachlage eine Revision der „Germany first"-Entscheidung durch die USA. Zur Festlegung der künftigen Kriegsstrategie drängte Churchill zu Besprechungen auf der Ebene der Regierungschefs. Diese fanden dann mit dem Code-Namen „Arcadia" vom 24. Dezember 1941 bis zum 14. Januar 1942 in Washington statt. Churchills Befürchtungen erwiesen sich schnell als unbegründet – Präsident Roosevelts zeigte sich entschlossen, an „Germany first" festzuhalten.[46] Es zeigte sich aber sehr bald, dass es bei der Frage, mit welchen strategischen Konzepten diese Absicht verwirklicht werden sollte, zwischen den Amerikanern und Briten zu Differenzen kommen würde. Die US-Generalstabschefs und US-Kriegsminister Stimsons wollten das rapide aufwachsende, überwältigende militärische Potential der USA in einem Schwerpunkt einsetzen, um im Kampf gegen Deutschland möglichst schnell eine Entscheidung herbeizuführen. Dafür musste der direkte und kürzeste Weg ins Zentrum Deutschlands gesucht werden – vordergründig auch, um mit der Sowjetunion zu einem Zusammenwirken zu kommen.[47]

Churchill und seine Stabschefs bevorzugten unverändert eine periphere Strategie, mit der zuerst die Position des Empire im Mittelmeer gefestigt werden sollte. Großbritannien befand sich seit eineinhalb Jahren im Krieg und hatte alle Lasten zum Großteil allein getragen. Nun ging es für die Briten darum, die eigenen Verluste zu reduzieren, auf Abnutzung der deutschen Kräfte zu setzen und das Ausschalten von Verbündeten des Deutschen Reiches anzustreben. Erst wenn Deutschland abgekämpft war, sollte es zum finalen Angriff kommen. Insgesamt beruhte die britische Strategievariante damit auf einem deutlich erweiterten Zeitansatz. Dies entsprach der seit Jahrhunderten gewachsenen Strategie Großbritanniens bei europäischen Konflikten. Hinzu kam nun, dass bisher die britischen Streitkräfte bei fast jeder direkten Konfrontation mit der Wehrmacht den kürzeren gezogen hatten.

Roosevelt zeigte sich viel mehr als seine militärischen Berater auch am Mittelmeer und Nordafrika interessiert. Er wollte noch im Jahr 1942 die US-Streitkräfte im Kampf mit Deutschland sehen. Wie auch Churchill sprach er vom „Umstellen Deutschlands", vom „Closing the ring". Dieser Ring sollte von der russischen Front über das Schwarze Meer, das Mittelmeer, den Atlantik und Norwegen bis nach Archangelsk reichen. Die US-Generalstabschefs stimmten denn auch während „Arcadia" der britischen Forderung zu, die Option Nordafrika als Nebenkriegsschauplatz ergänzend zu anderen Optionen weiter zu verfolgen.

Der sich an „Arcadia" anschließende Planungszeitraum vom Januar 1942 bis zum 25. Juli 1942, als sich Roosevelt endgültig für die Landung in Nordafrika entschied, muss in den einzelnen Zeitschritten nicht nachvollzogen werden. Zusammenfassend sollen aber mehrere Faktoren dargestellt werden, welche diese Entscheidung bestimmten:
• Zunächst muss wiederum auf Präsident Roosevelts Entschlossenheit hingewiesen werden,

der Niederlage Deutschlands unter allen Umständen Priorität einzuräumen und – um diese Priorität auch der amerikanischen Bevölkerung deutlich zu machen – noch 1942 „irgendwo und irgendwie" US-Landstreitkräfte gegen die Deutschen zum Einsatz zu bringen.

- Als zweites ist die nicht geringere Entschlossenheit der britischen Führung zu nennen, im Hinblick auf die kritische Lage im Mittelmeer nach Rommels zweiter Offensive im Frühjahr 1942, insbesondere nach dem Fall von Tobruk am 21. Juni 1942, keinerlei Unternehmungen an anderer Stelle zuzustimmen, bevor nicht die Gefahr für das Empire im Mittelmeer bereinigt war.
- Schon während „Arcadia" hatte sich abgezeichnet – und dies wurde in den folgenden Monaten bestätigt -, dass der Kräfteaufbau der Amerikaner in Europa real keineswegs den optimistischen Annahmen entsprechen würde. Es fehlte an Kräften, Transportraum und Landungsfahrzeugen.
- Schließlich musste der Ausgang der deutschen Sommeroffensive in Russland (sie begann am 28. Juli 1942) von großer Bedeutung sein. Es war eine offene Frage, ob die Sowjetunion dieser Offensive würde standhalten können und wie dringlich die Unterstützung durch ein Offensivunternehmen der westlichen Alliierten zur Entlastung sein musste.

Bis Anfang April 1942 waren durch den US-Generalstab Pläne für eine Invasion in Europa ausgearbeitet worden. Nach dem Kräfteaufbau auf den Britischen Inseln (Deckname „Bolero") sollte die Landung auf dem Kontinent in Nordfrankreich (späterer Deckname „Roundup") etwa im April 1943 erfolgen. Einbezogen in diese Planungen war ein Notfallplan für das Jahr 1942 für den Fall, dass die Lage an den Fronten in Russland eine Landung in begrenztem Umfang nötig machen würde, um deutsche Kräfte gegenüber der Sowjetunion abzuziehen. Diese Option sollte unter dem Namen „Sledgehammer" vorbereitet werden. Am 14. April stimmte der britische Generalstab den Plänen zu. Damit schien eine Landung in Nordafrika (Deckname „Gymnast") vom Tisch zu sein, obgleich Churchill, ohne dies öffentlich weiter zu verfolgen, von einer Landung in Nordafrika aus britischem Interesse nicht abgehen wollte. Die Notwendigkeit, schon 1942 „etwas zu tun", wurde dringlicher durch den Besuch des sowjetischen Außenministers Molotow Ende Mai in London und Washington. Roosevelt gab verbindliche Zusagen zur Bildung einer „zweiten Front" noch in diesem Jahr.

Inzwischen aber hatten sich im Hinblick auf „Sledgehammer" immer größere Friktionen ergeben. Während die Produktion der notwendigen Landungsschiffe für „Roundup" im Jahre 1943 gerade noch gesichert erschien, konnten die Soll-Zahlen für „Sledgehammer" keinesfalls erfüllt werden. Der Umfang der zu landenden Kräfte[48] musste so reduziert werden, dass bei einer tatsächlichen Durchführung unter dem Druck der allgemeinen Lage das Landeunternehmen gegen einen voll abwehrbereiten Gegner schließlich den Charakter eines Opfergangs zugunsten der Sowjetunion annehmen würde. Darüber hinaus wurde deutlich, dass „Sledgehammer" den vorgesehenen Zeitpunkt für „Roundup" im Frühjahr 1943 ausschließen musste.

Mit der 2. Washingtoner Konferenz im Juni 1942 sollte eine Lösung gefunden werden.[49] Auf der Ebene der Vereinigten Stabschefs war klar, dass eine Landung in Nordafrika die Durchführung von „Bolero/Roundup" noch mehr gefährden würde als das Unternehmen „Sledgehammer". Trotz der Vorbehalte der britischen Generalstabschefs wurde nun für den Fall, dass „Sledgehammer" nicht durchgeführt werden konnte, entschieden, 1942 eher von Offensivunternehmen überhaupt abzusehen, als „Roundup" 1943 zu gefährden. Auf der US-Seite waren Befürchtungen aufgekommen, die Briten wollten nach „Sledgehammer" auch „Roundup" zu Fall bringen, um sich danach auf Nordafrika, das Mittelmeer und den Mittleren Osten konzentrieren zu können. Die Vereinigten Stabschefs wurden durch Roosevelt und Churchill übersteuert, die darauf bestanden, noch 1942 Operationen mit Landstreitkräften gegen Deutschland zu beginnen. Eine Entscheidung, wie dies geschehen könnte, wurde bei dieser Konferenz nicht gefunden.

Während der Konferenz war die Nachricht vom Fall Tobruks am 21. Juni 1942 eingegangen. Damit wurde der Dissens zwischen Briten und Amerikanern noch verstärkt, das Argument der Briten, 1942 müsse zuerst die Lage im Mittelmeer bereinigt werden, erhielt noch mehr Gewicht.[50] Anfang Juli 1942 stand die „Panzerarmee Afrika" Rommels bei El Alamein etwa 150 Kilometer von Alexandria entfernt. Unter diesen Umständen stand alleine die Beseitigung der Gefahr in Ägypten im Vordergrund britischer Überlegungen. Churchill kabelte Anfang Juli an Roosevelt: Wenn „Gymnast" nicht doch durchgeführt werden würde, dann käme es 1942 bestenfalls zu einem Stillstand. Alle Zusicherungen an die Sowjetunion würden sich als leere Versprechungen erweisen.

Auf Weisung Roosevelts trafen am 18. Juli Mr. Hopkins, die „graue Eminenz" Roosevelts, General Marshall und Admiral King zu Verhandlungen in London ein, um endlich zu einer Lösung zu kommen. Ihr Verhandlungsspielraum war durch mehrere Faktoren begrenzt: Dies waren vor allem die offensichtliche Undurchführbarkeit von „Sledgehammer", das Wissen um Roosevelts Sympathie für eine Landung in Nordafrika sowie die Vorgabe des Präsidenten im Falle der andauernden Verweigerung der Briten für „Sledgehammer", dennoch ein Operationsgebiet für den Einsatz von US-Landstreitkräften gegen Deutschland zu bestimmen. Es kam, wie es vorherzusehen war: Angesichts der Unnachgiebigkeit der britischen Generalstabschefs stimmte die US-Delegation schließlich einer Landung in Nordafrika zu. Allerdings wurde in dem gemeinsamen Memorandum, der Weisung CCS 94[51], die definitive Festlegung, ob, wann und wie das Landeunternehmen – nunmehr unter dem Decknamen „Torch" – durchzuführen sei, auf den 15. September festgelegt. Bis dahin erwartete man, einen Anhalt über den Ausgang der deutschen Sommeroffensive gegen die Sowjetunion zu haben. Die Vereinigten Stabschefs waren sich im Klaren darüber, dass „Torch" 1942 zur Folge haben musste, dass „Roundup" nicht mehr 1943 stattfinden konnte. Sollte sich im September ein Zusammenbruch der Sowjetunion abzeichnen, dann wären Planungen für „Roundup" ohnehin gegenstandslos.

Aber auch diesmal traf Roosevelt einen anderen Entschluss. Er „unterstellte" eine endgültige Einigung der Vereinigten Stabschefs und legte ohne weitere Diskussionen den Zeitpunkt für „Torch" auf den Zeitraum vor dem 30. Oktober 1942 fest. Damit war eine Kettenreaktion in Gang gesetzt, deren Zwangsläufigkeit wohl nicht allen Beteiligten klar war und die schließlich die Invasion in Nordfrankreich auf das Jahr 1944 verschob. Bei den US-Generalstabschefs blieben bittere Gefühle zurück, sie fühlten sich von ihren britischen Kollegen hintergangen und „über den Tisch gezogen".

1. Der Weg der USA in den europäischen Krieg

Alliierter Erfolg in Nordafrika (Lagekarten 2, 3 und 4)

Auch die Operationsplanungen für „Torch" waren von unterschiedlichen Auffassungen zwischen Briten und Amerikanern gekennzeichnet.[52] Schließlich einigte man sich darauf, sowohl in Französisch-Marokko an der Atlantikküste als auch an mehreren Stellen in Französisch-Nordafrika zu landen. Nach mehrfachen Verschiebungen wurde der Zeitpunkt der Landung auf den 8. November 1942 festgelegt. Schon während des Entscheidungsprozesses für oder gegen „Gymnast/Torch" hatte sich gezeigt, dass folgende Zwecke bei einer Landung in Nordafrika erreichbar schienen:

- Die Wiederherstellung der Seeverbindungen durch das Mittelmeer und damit die Einsparung von Schiffsraum über die Kap-Route.
- Die Verstärkung der Blockade der europäischen Achsenmächte durch die Sicherung des französischen Kolonialgebietes in Nord- und Nordwestafrika.
- Der Wiedereintritt Frankreichs in den Krieg auf der Seite der Alliierten.
- Die Bedrohung der Südflanke der Achsenmächte auf dem europäischen Kontinent und damit der Abzug von Kräften gegenüber der Sowjetunion.

Durch einen Vorstoß nach Osten sollte die deutsche „Panzerarmee Afrika" in Libyen und Ägypten im Rücken bedroht und schließlich durch einen Angriff aus zwei Richtungen geschlagen werden.[53]

Wegen des zerrütteten Verhältnisses zwischen Großbritannien und der Vichy-Regierung[54] legten die Amerikaner Wert darauf, „Torch" als „amerikanisches" Unternehmen erscheinen zu lassen. Man hoffte, dass dadurch der Widerstand der französischen Streitkräfte in Nordafrika weniger nachhaltig sein würde. Dies drückte sich in der Kommandostruktur und in den beteiligten Kräften aus. Die Briten mussten dem notgedrungen zustimmen. Oberbefehlshaber Nordafrika wurde General Eisenhower, sein Stellvertreter war der US-General Clark, der Chef des Stabes der US-General Bedell Smith. Entsprechend der Landeräume wurden drei Heereskampfgruppen (Task Forces) gebildet. Die Westliche Task Force wurde durch Generalmajor Patton jr. geführt, die Marine-Kräfte unterstanden dem US-Konteradmiral Hewitt, die Kampfgruppe war rund 55 000 Mann stark, sie sollte im Raum Casablanca landen. Die Mittlere Task Force führte der US-Generalmajor Fredendall, sie war ca. 37 000 Mann stark und hatte im Raum Oran zu landen. Die Schiffseinheiten unterstanden dem Kommando des britischen Commodore Troubridge. Die Östliche Task Force stand unter dem Befehl des US-Generalmajors Ryder, sie sollte bei Algier landen und bestand aus 23 000 US-Soldaten und 10 000 Briten. Führer der Seestreitkräfte war der britische Konteradmiral Burrough. Die Briten hatten durchgesetzt, dass diese Kampfgruppe nach der Landung unter dem Kommando des britischen Generals Anderson (dann als 1. (BR) Armee) nach Osten angreifen sollte, um Tunis in Besitz zu nehmen. Die Landungsflotte umfasste 300 Kriegsschiffe und 370 Handelsschiffe, ihr Befehlshaber war der britische Admiral Cunnigham, der einzige der höheren Kommandeure, den die Briten stellten.[55]

Seitdem die Kämpfe um die El Alamein-Linie im Juli abgeflaut waren, hatten die Briten alles daran gesetzt, die 8. (BR) Armee in Ägypten so zu verstärken, dass mit einem Gegenangriff gegen Rommels Panzerarmee endgültig die Gefahr für das Nil-Delta beseitigt sein würde. Durch einen

Personalwechsel wollte Churchill dem ganzen Unternehmen neuen Schwung verleihen, General Auchinleck wurde durch General Sir Harold Alexander als Befehlshaber Mittlerer Osten abgelöst, General Montgomery übernahm die Führung der 8. (BR) Armee. Wie es Montgomerys methodischer Art entsprach, beabsichtigte er, erst dann anzugreifen, wenn er annahm, durch eine entsprechende materielle Überlegenheit mit hoher Wahrscheinlichkeit einen Erfolg erzielen zu können. Bis 12. September waren die 300 Sherman-Panzer und 100 Sfl-Artilleriegeschütze der Amerikaner eingetroffen,[56] dazu kamen weitere Waffenlieferungen der USA, vor allem Panzer aus dem „Leih-Pacht"-Programm. Die britischen Truppen waren durch Divisionen aus dem Commonwealth verstärkt worden. Als Montgomery am 23. Oktober 1942 zum Angriff antrat, war das Kräfteverhältnis wie folgt: Die 8. (BR) Armee hatte eine Stärke von beinahe 200 000 Mann. Ihr gegenüber standen ungefähr 50 000 deutsche und 54 000 italienische Soldaten. Den 1 029 Panzern auf britischer Seite standen ca. 530 Panzer gegenüber, darunter aber nur 200 deutsche Panzer. Vom Kampfwert her waren sowohl die italienischen, als auch die in Afrika verwendeten deutschen Panzer den Panzern auf alliierter Seite unterlegen. Das Überlegenheitsverhältnis bei Kampfflugzeugen betrug 530 zu 350 zugunsten Montgomerys, wegen der Nähe der Einsatzbasen konnten die alliierten Flugzeuge noch dazu häufiger am Tage eingesetzt werden.[57] Die „Panzerarmee Afrika" war abgekämpft, das Vertrauen in die eigene Überlegenheit war dahin, die Armee konnte nur unzureichend versorgt werden.

Rommel – auch eingeengt durch die ihm auferlegten Haltebefehle – lieferte Montgomery die von diesem gewünschte Abnutzungsschlacht bis am 4. November der Durchbruch drohte, und er, um der Vernichtung zu entgehen, den großen Rückzug nach Westen einleitete. Gerade noch rechtzeitig war es für Churchill zu dem erhofften Sieg gekommen, mit dem man die französischen Streitkräfte in Nordafrika vor Beginn von „Torch" beeindrucken wollte. Montgomerys vorsichtige, alle Risiken vermeidenden Kampfweise erlaubte es aber Rommel, sich immer wieder drohenden Umfassungen zu entziehen. Am 12. Dezember nahm Montgomery die Marsa el Brega-Stellung. Wiederum einen Monat später hatte er die deutsch-italienischen Kräfte bis zur Buerat-Stellung in Tripolitanien zurückgedrückt. Nach dem Fall von Tripolis am 23. Januar 1943 wurde am 4. Februar 1943 die Grenze nach Tunesien überschritten. Seit dem Angriffsbeginn am 23. Oktober 1942 hatte die 8. (BR) Armee den Gegner über 2 200 Kilometer bis nach Tunis zurückgeworfen. Dazu hatte man aber dreieinhalb Monate gebraucht. Bei seinem Rückzug hatte Rommel fast sein gesamtes Material verloren, der personelle Bestand seiner Armee war aber in einem großen Umfang erhalten geblieben.

Die französischen Kräfte, die sich in Marokko und Nordafrika einer alliierten Landung entgegenstellen konnten, waren nicht unbedeutend. Sie umfassten 120 000 Mann mit 150 Panzern, die Luftstreitkräfte verfügten über etwa 400 Einsatzflugzeuge. Der Esprit de Corps der Truppen, ihre Bereitschaft, alles für das Wiedererstehen Frankreichs zu tun und die schmerzliche Niederlage von 1940 zu überwinden, schweißte sie zusammen. Ein bedeutender Kräftefaktor war die französische Flotte, die in Toulon und teilweise in Häfen in Französisch-Marokko lag. Durch eine kluge Politik hatten die USA den Kontakt mit Vichy nie abreißen lassen. Robert Murphy, als persönlicher Beauftragter des Präsidenten, hielt sich seit Dezember 1940 vorwiegend in Nordafrika auf.

Im Gegensatz dazu standen die Briten, die auf de Gaulle und die freifranzösische Bewegung setzten. Es ist hier nicht der Raum, das Spiel über mehrere Ecken zu schildern, das der Landung zeit-

1. Der Weg der USA in den europäischen Krieg

lich voraus begann, und das darauf zielte, die Franzosen möglichst schnell auf die alliierte Seite zu ziehen.[58] Hierbei waren mehrere Geheimdienste, offizielle Regierungsbeauftragte der Amerikaner und Briten sowie auf französischer Seite neben „Möchtegern-Aktivisten" alle bedeutenden militärischen Führer von den Generalresidenten über den Befehlshaber der französischen Streitkräfte in Nordafrika, General Juin, bis zum Staatschef von Vichy-Frankreich, Marschall Pétain selbst, und natürlich Vertreter de Gaulles beteiligt. Die Vertreter des Vichy-Regimes waren über die Absicht einer Landung informiert. Vom tatsächlichen Zeitpunkt wurden sie dennoch überrascht. Einig waren sich die Franzosen in Nordafrika in der Ablehnung de Gaulles, im Willen, nur die Interessen Frankreichs zu verfolgen und sich nicht auseinander dividieren zu lassen sowie im Bewusstsein der Risiken, die bei einem offensichtlichen Abfall durch entsprechende Reaktionen der Deutschen zu tragen waren. Letztlich hatten sich die Amerikaner durchgesetzt: De Gaulle wurde von den Planungen ausgeschlossen, er wurde nicht einmal über die bevorstehende Landung informiert und erfuhr erst davon, als sie stattgefunden hatte. Die Amerikaner hatten General Giraud aktiviert, der lose mit Vichy in Verbindung stand und der – am Tage der Landung nach Algier gebracht – alle französischen Kräfte koordinieren und zu einem mehr scheinbaren Widerstand bewegen sollte.

Obgleich zwei der großen Konvois durch die Straße von Gibraltar in das Mittelmeer eingelaufen waren, wurde diese Tatsache und die Bedeutung der Landung auf der italienisch-deutschen Seite nicht zutreffend erkannt und bewertet. So wurde der Kampf gegen das Landungsunternehmen durch die Seestreitkräfte und die Luftwaffe erst aufgenommen, als die Truppen bereits an Land waren. Bis zum 15. November konnten die deutsche Kriegsmarine vier Kriegsschiffe und 12 Transporter mit 130 000 t versenken, die Luftwaffe versenkte nochmals einen Hilfskreuzer und Transportschiffe mit einer Gesamttonnage von 67 000 t. Im Verhältnis zum Umfang der eingesetzten alliierten Kriegsschiffe und Transporter waren diese Verluste jedoch unbedeutend.

Die Landung der Alliierten erfolgte in der Nacht zum 8. November 1942 in den verschiedenen Landeräumen zu unterschiedlichen Zeiten. Wegen der unübersichtlichen Lage (man hatte das Landungsdatum vor den französischen Verbindungsleuten geheim gehalten) setzten sich die französischen Truppen zur Wehr, an einigen Stellen entwickelten sich heftige Gefechte, so beispielsweise vor Casablanca, an anderen Stellen wurde dagegen nur pro Forma Widerstand geleistet.

Es hatte gewisse Bedenken gegeben, ob die französischen Kommandeure in Nordafrika Weisungen General Girauds befolgen würden. Einige Tage vor der Landung war Admiral Darlan „zufällig" nach Algier gereist. Darlan war natürlich ein anderes Kaliber als Giraud, er war immer „der starke Mann" in Vichy gewesen, nun war er Oberbefehlshaber aller Teilstreitkräfte des Regimes, vor allem in der Flotte wurde er blind verehrt. Darlan hatte mehr zu bieten als Giraud.[59] Es kann kein Zweifel daran bestehen, dass Darlan in Übereinstimmung mit Pétain handelte. Als nun einheitliches Handeln geboten war, ergriff Darlan – der zuvor mit Murphy verhandelt hatte – die Initiative. Am 10. November schloss Admiral Darlan den Waffenstillstand mit dem alliierten Oberkommando in Nordafrika. Damit war innerhalb von zwei Tagen Französisch-Nord- und Nordwestafrika an die Alliierten gefallen. Nun sollte das fast 600 Kilometer entfernte Tunis besetzt werden, wie erwähnt durch die 1. (BR) Armee. Am 11. November landeten britische Kräfte der 78. (BR) Inf Div bei Bougie, etwa 480 Kilometer von Tunis entfernt, einen Tag später bei Bône, in einer Entfernung von etwa 200 Kilometern vor der tunesischen Grenze. Diese wurde am 15. November überschritten. Am 16./17. November entwickelten sich die ersten Gefechte mit deutschen Truppen, die ihrerseits versuchten, den Brückenkopf Tunis zu erweitern. Bis Mitte Dezember hatte sich durch Angriff und Gegenangriff im Westen, rund 30 Kilometer von Tunis entfernt, eine feste Front gebildet, im Süden hielten Deutsche und Italiener eine Linie stützpunktartig besetzt.

An der westlichen Front standen von Norden nach Süden die 1. (BR) Armee, französische Truppen aus Tunis, die sich am 19. November für die Alliierten erklärt hatten und das II. (US) Korps, das nach und nach eingetroffen war. Ab Mitte Dezember angesetzte Angriffe General Andersons scheiterten aus Witterungsgründen (Beginn der Regenzeit). Am 24. Dezember entschied General Eisenhower, weitere Angriffe voraussichtlich für die Dauer von mehreren Monaten einzustellen.

Mit dem Eintreffen der „Panzerarmee Afrika" in Tunesien und dem Beziehen der Mareth-Stellung hatte sich die deutsche Front um den Brückenkopf gefestigt. Rommels Armee wurde in 1. it. Armee umbenannt. Wegen des Gesundheitszustandes von Rommel sollte der italienische General Messe in nächster Zeit das Kommando über diese Armee übernehmen. Aus den neu in Tunesien gelandeten Kräften wurde die 5. dt. Pz Armee unter General v. Arnim gebildet. Das gemeinsame Oberkommando für die Armeen, die HGr Afrika, übernahm erst am 23. Februar 1943 die Führung.

Als besondere Gefahr für die Achsen-Streitkräfte wurde an der Westfront des Brückenkopfes das II. (US) Korps angesehen, da es bereits tief im Rücken der Mareth-Stellung stand. Zwischen dem 14. Februar und dem 22. Februar griffen in zwei Stoßgruppen, die nur lose koordiniert wurden, Rommel und v. Arnim das II. (US) Korps an, diese Kämpfe wurden unter dem Namen „Schlacht von Kasserine" bekannt. Die überraschten Amerikaner, insgesamt wenig kampferfahrene Truppen, wurden zurückgeworfen und teilweise zersprengt. Letzten Endes scheiterte aber der deutsche Angriff an der mangelnden Koordinierung und insgesamt auch daran, dass in der Relation zu den begrenzten Kräften keine weitreichenden operativen Ziele zu gewinnen waren. Der deutsche Angriff wirkte auf das II. (US) Korps (immerhin geführt durch den später so berühmt gewordenen General Patton!) wie ein Schock. Die Verluste waren beträchtlich: 300 Gefallene, 4 000 Gefangene, 200 zerstörte und 60 erbeutete Panzer.

Ab dem 19. Februar hatte General Alexander als Stellvertreter Eisenhowers mit der Übernahme des Befehls über die 18. alliierte HGr auch die Führung über alle alliierten Landstreitkräfte in Nordafrika übernommen. Er befahl zunächst der 8. (BR) Armee mit dem Angriff nach Norden, zuerst über die Mareth-Stellung, danach auf die „Schott-Wadi Akarit"-Stellung zu beginnen, um Anschluss nach Westen zum II. (US) Korps, das der 1. (BR) Armee unterstand, herzustellen. Montgomerys Angriff begann am 19. März, am 24. März befahl v. Arnim das Ausweichen auf die Schott-Stellung.[60] Am 6. April griff Montgomery die Schott-Stellung an, die italienischen Truppen brachen zusammen und begaben sich massenweise in Gefangenschaft. In der Verfolgung erreichte die 8. (BR) Armee am 13. April die „Enfidaville"-Stellung, die letzte geographisch günstige Stellung vor dem Kernbereich des Brückenkopfes. Im Westen wurde Verbindung mit der 1. (BR) Armee hergestellt.[61] Die alliierten Luftstreitkräfte beherrschten den Luftraum bis einschließlich Sizilien, alle Verbindungen nach Tunesien waren bei Tage unterbrochen, Schiffstransporte in unbedeutender Zahl konnten nachts tunesische Häfen erreichen.[62] Den Hauptstoß gegen die HGr

1. Der Weg der USA in den europäischen Krieg

Afrika setzte Alexander von Norden her mit dem II. (US) Korps und im Zentrum durch das V. (BR) Korps an. Die Endkämpfe begannen am 22. April 1943, die Stadt Tunis fiel am 7. Mai, Generaloberst v. Arnim kapitulierte am 12. Mai, Messe einen Tag später.

Die Kämpfe gegen die Achsen-Streitkräfte waren für die Alliierten hart gewesen. Sie hatten weit länger angedauert, als in den pessimistischsten Einschätzungen angenommen worden war, nämlich über sechs Monate. Die alliierten Streitkräfte hatten 11 100 Gefallene zu beklagen, 40 800 Verwundete und ca. 24 100 Vermisste, von denen ein Großteil Gefangene waren. Die strategischen Ziele des Feldzuges waren alle erreicht worden: „ … die Alliierten konnten in gleicher Weise die Gewissheit haben, dass ihre Siege nicht nur an sich glänzend waren, sondern auch reich an Möglichkeiten, die sie für die Zukunft eröffneten."[63]

Anmerkungen

1   Im Rahmen der Kriegskoalition gegen das Deutsche Reich waren auf dem Kriegsschauplatz Mittelmeer die strategischen Zielsetzungen der Anglo-Amerikaner maßgebend. Verknüpfungen mit französischen strategischen Positionen oder – im Rahmen einer Gesamtstrategie zum Sieg über das Deutsche Reich eigentlich noch wichtiger – mit strategischen Positionen oder Forderungen der Sowjetunion, werden daher nur dann behandelt, wenn sie für den Gesamtzusammenhang wichtig sind. Das gleiche gilt für die praktizierte Strategie gegenüber Japan auf dem pazifischen und fernöstlichen Kriegsschauplatz.
    Auch die auslösenden politischen Beweggründe, Überbau für jede Strategie, werden nur in eingeschränktem Umfang betrachtet. Schließlich – es ist heute üblich geworden, die Beschreibung geschichtlicher Prozesse auch mit moralischen Bewertungen zu verknüpfen. Sicherlich könnte man sowohl die Maßstäbe und Beweggründe Hitler'scher Kriegführung als auch die der Anglo-Amerikaner einer moralischen Bewertung unterziehen. Gerade im Hinblick auf letztere gäbe es Argumente dafür, haben doch diese immer wieder vorgegeben, aus humanitär-moralischen Erwägungen „den Diktaturen" entgegengetreten zu sein. Die nachfolgenden Kapitel werden zeigen, dass es auf beiden Seiten der Kriegsparteien in erster Linie um Sachentscheidungen ging, wie durch eine auf politischen Zielsetzungen beruhende Strategie der Kriegsgegner zu überwinden sei und nicht um die Durchsetzung humaner oder moralischer Prinzipien, beispielsweise die Befreiung der Italiener vom „Faschismus". In diesem wie im folgenden Kapitel werden daher moralische Erörterungen weitgehend ausgespart.
2   Andreas Hillgruber, „Hitlers Strategie. Politik und Kriegführung 1940-1941", Bonn 1993; S. 27.
3   Siehe dazu insbesondere auch Gerd Schultze-Rhonhof, „1939. Der Krieg, der viele Väter hatte. Der lange Anlauf zum Zweiten Weltkrieg", München 2003; im Teil 5 die Kapitel „Letzte Woche vor dem Krieg" und „Kriegsausbruch" sowie Teil 6, insgesamt die S. 468-538.
4   Vorstehendes nach Hillgruber, S. 51 ff. H. stützt sich seinerseits auf J.R.M. Butler, Grand Strategy, Band II „September 1939 – June 1941", London 1957; S. 9-20. Das britische Generalstabswerk „History of the Second World War", United Kingdom Military Series, wurde herausgegeben unter der Verantwortung von J.R.M. Butler. Im Teil „Grand Strategy" (6 Bände) werden die übergeordneten militär-politischen und militär-strategischen Gesichtspunkte, Entscheidungen und Handlungsabläufe behandelt. Im Teil „Campaigns" werden die Abläufe der Operationen dargestellt. Für unser Thema ist hieraus die Reihe „The Mediterranean and Middle East" (6 Bände) ausschlaggebend. Der Ergänzung der beiden vorgenannten Teile dient der Teil „Civil Affairs and Military Government" (4 Bände). Die künftige Zitierung erfolgt mit dem Verweis auf den jeweiligen Teil, die Nummer des Bandes, den Verfasser und den Titel des betreffenden Bandes, die Fundstelle/Seitenzahl oder in der Kurzfassung unter der Nennung des Autors und der entsprechenden Seitenzahl.
5   Butler, S. 10 f.
6   Die Maßnahmen, die zum Schutz des französischen Kolonialreiches getroffen werden sollten, werden hier nicht aufgeführt.
7   Butler, S. 11.
    Auch abenteuerliche Unternehmen, wie die versuchte Invasion Norwegens, mindern diese Feststellung nicht. Häufig beruhten solche Unternehmen auf dem sprunghaften, impulsiven Charakter Churchills, beim Narvik-Einsatz noch Erster Lord der Admiralität und nur Mitglied des Kriegskabinetts.
    Das Norwegen-Unternehmen, das mit dem Desaster des Rückzugs der zwischen dem 14.04. und dem 28.04.40 gelan-

33

deten französischen und britischen Truppen endete, war ursprünglich Bestandteil der viel weiter reichenden Operation „Catherine" gewesen. Dabei sollten über die Sicherung der schwedischen Erzgruben hinaus alliierte Truppen über Norwegen und Schweden nach Finnland verlegt werden, um die Finnen nach dem sowjetischen Überfall vom 30.11.39 zu unterstützen. Churchill war dabei auch bereit, das Risiko einer sowjetischen Kriegserklärung (die Sowjetunion war ja noch Koalitionspartner des Deutschen Reiches) hinzunehmen. Was dies für die weiteren Konstellationen während des 2. Weltkrieges bedeutet hätte, darüber kann kräftig spekuliert werden.

Vorstehendes nach John Charmley, „Churchill: The End of Glory. A Political Biography", London 1993; S. 374-379.

8   Nigel Ferguson sieht in seinem bei Erscheinen Aufsehen erregenden Buch „The Pity of War", London 1998, die Ursache zum Ausbruch des 1. Weltkrieges nicht im beiderseitigen „Militarismus" und schon gar nicht im „preußisch-deutschen Militarismus", sondern im Herausforderung des Empire (und damit implizit der USA) durch die steigende wirtschaftliche Macht des Deutschen Reiches und der gefährlichen Konkurrenz auf den Absatzmärkten der Welt. Auch die tatsächliche „Gefahr" durch die Flottenrüstung des Kaiserreiches wusste man in Großbritannien richtig einzuschätzen. Modris Eksteins dagegen beschreibt in „Rites of Spring", London 1989, den 1. Weltkrieg auch als Kampf unterschiedlicher Kulturen, bei dem Deutschland durchaus die modernistische, fortschrittliche Kultur gegenüber den beharrenden, überholten Auffassungen vor allem in Großbritannien vertreten habe. Ohne den Konflikt des 1. Weltkrieges sei der Aufbruch in die „Moderne" nicht möglich gewesen.

9   Zu den Bestrebungen Japans auf eine Regionalhegemonie siehe u.a. Werner Rahn, „Japan und der Krieg in Europa" in Militärgeschichtliches Forschungsamt (MGFA) (Hrsg.) „Das Deutsche Reich und der Zweite Weltkrieg", Band 6 „Der globale Krieg", Stuttgart 1990; Erster Teil „Politik und Strategie 1941-1943. Vom kontinental-atlantischen zum globalen Krieg"; Abschnitt II 3 sowie im Zweiten Teil „Der Krieg im Pazifik" die S. 173 f., 176, 182, 184-197. Das mittlerweile komplett herausgegebene Werk des MGFA umfasst insgesamt 10 Bände, darunter 3 Doppelbände. Die einzelnen Bände wurden jeweils durch ein Autorenkollektiv erarbeitet. Künftige Zitierungen erfolgen daher wie nachstehend: Verfasser und Titel des jeweiligen Beitrages, MGFA, Nummer und Titel des betreffenden Bandes, Fundstelle, Seitenzahl. In der Kurzfassung werden nur der Verfasser und die Seitenangabe genannt. Siehe ebenfalls Heinz Magenheimer, „Kriegsziele und Strategien der großen Mächte 1939-1945", Bielefeld-Bonn 2006; S. 28. Zu den wirtschaftlichen Herausforderungen der USA durch das Deutsche Reich siehe Horst Boog, „Die Anti-Hitler-Koalition", in MGFA, Band 6, a.a.O., Erster Teil, Abschnitt I, S. 4 ff. und Hillgruber, S. 99. Hitlers Autarkie- und Lebensraumbestrebungen beschreibt überzeugend Rainer Zitelmann in „Hitler. Selbstverständnis eines Revolutionärs", München 1990; Abschnitt V, S. 306-333.

10   John Charmley, „Der Untergang des Britischen Empires. Roosevelt-Churchill und Amerikas Weg zur Weltmacht", Graz 2005; S. 45.

11   Boog, S. 5. Horst Boog hat in seiner glänzend geschriebenen Einleitung zum Band 6 der Reihe des MGFA über den 2. Weltkrieg einen Überblick über das Entstehen der Anti-Hitler-Koalition bis zum Kriegseintritt der USA gegeben, die sich umfassend auf die Motivlage der US-Führungsschichten und die politischen Beweggründe zum Kriegseintritt der USA bezieht. Anders als in sonst üblichen Darstellungen wird die US-Politik dabei nicht als sozusagen erzwungene Reaktion auf die „Nazi-Aggression" beschrieben, sondern als eine eigenständig getroffene Entscheidung, die vorwiegend auf machtpolitischen Traditionen und Bestrebungen in den USA beruhte.

12   Thorsten Hinz, „Junge Freiheit" („JF") 14/07, 30.03.07.

13   Charmley, „Untergang ...", S. 31 f.

14   Charmley, „Untergang ..." gibt in seinem Kap. 2 ein eindrucksvolles Portrait über Roosevelts charakterliche Veranlagung sowie über seine auf Amerikas Weltmachtstellung ausgerichteten politischen Vorstellungen. C. ist dabei besonders kritisch, da er die These vertritt, Roosevelt habe von Anfang an auch die Zerstörung des Britischen Empire als Kriegsziel verfolgt.

Zu Roosevelts religiösen Vorstellungen und seine Beeinflussung durch Wilson siehe Boog, S. 3-5, S. 19 sowie S. 23-27. Ergänzend: Matthias Schickel, „Die Zeit", Nr. 51, vom 04.12.2006.

15   Louis Morton, „Germany First: The Basic Concept of Allied Strategy in World War II" in Kent Roberts Greenfield "Command Decisions", herausgegeben im Auftrag des Office of the Chief of Military History United States Army (OCMH), Washington D.C. 1960; S. 26. Siehe auch Boog, S. 3.

16   Martin van Creveld, „The Art of War. War and Military Thought", London 2000; S. 146-158. Die bei Creveld dargestellte Kritik an Mahans Thesen durch einen anderen Strategen der Seekriegführung in den USA, Julian Corbett, soll hier nicht näher erörtert werden. Corbett hatte auf Grund empirischer Auswertungen gefolgert, dass es sehr schwierig sei, allein durch den Einsatz von Schlachtflotten die absolute Seeherrschaft zu erzwingen. Er empfahl wieder „commerce raiding" und Begleitschutz, gestützt allerdings auf die Präsenz einer Schlachtflotte.

17   Die unterschiedlichen strategischen Alternativen wurden dabei mit einem Farbennamen als Code versehen.

18   Das US-Generalstabswerk „United States Army in World War II" wurde herausgegeben durch das Office of the Chief of Military History, United States Army (OCMH). Es umfasst nahezu 100 Bände. Für das vorliegende Buch waren vor allem folgende Teile heranzuziehen: War Department (8 Bände), The Western Hemisphere (2 Bände), The Mediterranean Theater of Operations (4 Bände), The European Theater of Operations (10 Bände), Special Studies (9 Bände), Pictural Record (3 Bände). Bei erstmaliger Nennung wird wie folgt zitiert: OCMH

1. Der Weg der USA in den europäischen Krieg

(Hrsg.), Teil (beispielsweise War Department), Verfasser und Titel des betreffenden Bandes, Seitenzahl. Folgende Zitierungen: Verfasser, wenn zur Unterscheidung nötig, Titel des Bandes in Kurzfassung, Seitenzahl. Die im Text genannte Aussage wird belegt durch OCMH (Hrsg.), The Western Hemisphere; Stetson Conn/Byron Fairchild, Band 1, „The Framework of Hemisphere Defense", Washington D.C. 1960; S. 9.

19 Einzelheiten zu den „Rainbow"-Planungen finden sich bei OCMH (Hrsg.), War Department, Maurice Matloff/Edwin M. Snell, „Strategic Planning for Coalition Warfare 1941-1942", Washington D.C. 1953; S. 5-8; OCMH (Hrsg.) War Department, Mark S. Watson, „ Chief of Staff: Prewar Plans and Preparations", Washington D.C. 1950; (Herausgeber zu diesem Zeitpunkt war: Historical Division United States Army); S. 5 ff. und 103 f.; bei Conn/Fairchild, S. 7-10 und Morton, S. 20-27.

20 Morton, S. 26.

21 Siehe Übersicht 1 im Anhang.

22 Die im Text vorgenommene zahlenmäßige Gegenüberstellung in Bezug auf die Klasse der Großkampfschiffe soll nur schlaglichtartig am Beispiel weniger Schiffstypen das Überlegenheitsverhältnis der alliierten Kriegsflotten deutlich machen. Damit sind auf verschiedene Weise Unschärfen verbunden. Auf Grund der unterschiedlichen Einsatzkonzeptionen wiesen die Flotten unterschiedliche Schwerpunkte in Bezug auf Schiffstypen auf. Beispielsweise hatte die Kriegsmarine wesentlich mehr U-Boote als die britische Marine. Diese Zahlen lassen sich nicht „gegenrechnen".
Das Gleiche gilt für eingetretene Verluste bis 1941 (z.B. auf deutscher Seite das Panzerschiff „Graf Spee", auf britischer Seite das Schlachtschiff „Royal Oak") in der Relation zu Neubauten oder Indienststellungen. Auf britischer Seite wurden fortlaufend Schlachtschiffe der „King Georg V-Klasse" in den Dienst gestellt. Siehe Bernd Stegemann, „Die erste Phase der Seekriegsführung bis zum Frühjahr 1940" in MGFA, Band 2, „Die Errichtung der Hegemonie auf dem europäischen Kontinent", Stuttgart 1979; Vierter Teil, Übersicht auf S. 162 sowie Carl Dreessen, „Die deutsche Flottenrüstung in der Zeit nach dem Vertrag von Versailles bis zum Beginn des Zweiten Weltkrieges ...", Hamburg 2000; S. 144 und 149.

23 Die Schlachtschiffe-/kreuzer waren die „Scharnhorst", „Gneisenau", „Bismarck" und „Tirpitz", die Panzerschiffe die „Lützow" und die „Admiral Scheer".

24 Durch Admiral Darlan, dem französischen Flottenchef, waren der britischen Seite überzeugende Versicherungen gegeben worden, dass bei einem abzuschließenden Waffenstillstand die französische Flotte keinesfalls an den Gegner ausgeliefert werden würde. Eher würde sich die französische Kriegsflotte selbst versenken. Beim Waffenstillstand Frankreichs am 22. Juni 1940 mit Deutschland verblieb die Flotte in französischen Händen, sollte allerdings demobilisiert werden.
Mit einer kaum vorstellbaren Brutalität entschloss sich die britische Führung unter Churchill jedoch, über die französische Flotte selbst zu entscheiden. Französische Schiffe in britischen Häfen wurden überfallartig in Besitz genommen. Ein französischer Flottenverband in Alexandria wurde interniert. Das französische Geschwader in der Flottenbasis Mers el Kebir bei Oran wurde – nicht einsatzbereit – von einem britischen Geschwader vernichtet. Dabei kamen 1 300 französische Seeleute ums Leben. Dieser Überfall hätte beinahe zum Kriegszustand zwischen Frankreich und Großbritannien geführt.
Es ist mehr als eine Ironie, dass in den kommenden Monaten, als Großbritanniens Schicksal in der Schwebe hing, Roosevelt mehr als einmal darauf drängte, die britische Flotte möge sich in US-Häfen begeben, damit im Falle des Falles die USA die Kontrolle darüber haben würden.

25 Über den Anteil, den die USA am Entstehen des 2. Weltkrieges hatten und über den Weg Roosevelts in den Krieg liegt eine zum Teil sehr kritische Literatur vor (Beispiele: Langer/Gleason, Bavendamm, Stinnett etc., Einzelheiten im Literaturverzeichnis). Im Kontext mit der Zielsetzung dieses Buches ist es jedoch angebracht, zumindest einige „Stationen" dieses politischen Weges in einer Fußnote darzustellen.
Roosevelts „Quarantäne-Rede" vom 05.10.37 richtete sich in erster Linie gegen die aggressive Politik Japans im Fernen Osten, machte aber auch die Ablehnung der totalen Diktaturen in Deutschland und Italien deutlich. Unmittelbar nach Abschluss des Ribbentrop-Molotow-Paktes am 23. August 1939 war die US-Regierung über die Inhalte dieses Paktes und die beabsichtigte Aufteilung Polens zwischen Deutschland und der Sowjetunion informiert. Dennoch wurde Polen nicht gewarnt, da Roosevelt am Ausbruch des Krieges in Europa und damit an der Unnachgiebigkeit der Polen interessiert war. Mit der „Cash and Carry"-Regelung ab dem 04.11.39 wurden US-Embargobestimmungen umgangen. Wer bar bezahlte und die Waffen auf eigenen Schiffen abtransportierte, konnte Waffeneinkäufe in den USA tätigen. Diese Regelung begünstigte einseitig Frankreich und Großbritannien, da Deutschland zu dieser Zeit bereits der britischen Blockade unterlag.
Am 10. Juni 1940 hielt Roosevelt eine Wahlrede in Charlottesville, in der er versicherte, die Ressourcen der USA würden den Mächten zur Verfügung gestellt, die der Aggression totalitärer Staaten widerstehen würden. Schon im Mai hatten umfangreiche Waffenlieferungen (Panzerabwehr- und Artilleriegeschütze mit beträchtlichen Munitionsmengen) an Frankreich und Großbritannien stattgefunden.
Am 27. August ließ sich der Präsident die Befugnis erteilen, Verbände der Nationalgarde in den Bundesdienst zu überführen. Zusammen mit einem Gesetz über die Einführung einer Teil-Wehrpflicht vom 15. September sollte damit der Aufbau einer Armee von 1,4 Millionen Mann bis 1941 ermöglicht werden.

Der Krieg in Italien 1943 - 45

Am 2. September schließlich schlossen die USA mit Großbritannien ein Abkommen, mit dem gegen die Überlassung von 50 Zerstörern an die Royal Navy den USA Stationierungsrechte auf insgesamt acht Stützpunkten in Neufundland, in der Karibik und vor Südamerika eingeräumt wurden. Diese Stützpunkte waren wichtig für die Beherrschung der Seewege im Atlantik. In dieser Aufstellung ist eine ganze Reihe von Maßnahmen, welche die US-Regierung gegen die europäischen Achsenmächte richtete und damit gegen das Neutralitätsgebot verstieß, nicht aufgeführt, vergleiche Lothar Gruchmann, „Völkerrecht und Moral. Ein Beitrag zur amerikanischen Neutralitätspolitik 1939-1941", „Vierteljahreshefte für Zeitgeschichte" (VfZG), Heft 4/1960. G. begründet angesichts dieser angeblich „moralisch" gerechtfertigten Völkerrechtsverstöße nicht, warum die USA dann nicht konsequenterweise von sich aus an der Seite der Gegner in den Krieg gegen die Achsenpartner eingetreten sind.

26 Die Darstellung der US/BR-Generalstabssondierungen vom August/September 1940 und die Inhalte der Denkschrift Admiral Starks richten sich vor allem nach Morton, S. 31-37. Ausführlichere Betrachtungen bei Watson, S. 113-119, Conn/Fairchild, Kap. IV (S. 82-96) sowie Matloff/Snell, S. 22-27. Für die britische Seite siehe Butler, S. 341 f.
    Die oben beschriebene Strategie im Abschnitt „D" wies große Übereinstimmungen mit „Rainbow 5" auf. Nach dem Buchstabieralphabet des US-Militärs wurde der Buchstabe „D" als „Dog" ausgesprochen. So erhielt Starks vorgeschlagene Strategieoption schließlich den Namen „Plan Dog".

27 Nach ihrer Einrichtung im Jahre 1941 gehörten zu den „US-Joint Chiefs of Staff" der Chef des Heeresgeneralstabes, General Marshall, der Chef des Operationsstabes der Marine, Admiral King, sowie als Kommandierender General der „Army Air Force" General Arnold. Wie der Name sagt, waren die US-Luftstreitkräfte zu dieser Zeit noch Teil des Heeres.
    Die Bezeichnung „Joint" drückt aus, dass alle drei Teilstreitkräfte in diesem Gremium vertreten waren. Vorsitzender der US-Generalstabschefs – so werden sie in dieser Ausarbeitung bezeichnet – war Admiral Leahy, Stabschef des Präsidenten.
    Das Pendant auf britischer Seite waren die „Chiefs of the Imperial General Staff" (C.I.G.S.), übersetzt als die Generalstabschefs des Empire. Vorsitzender des Komitees war General Alan Brooke (Heer), Mitglieder waren der Chef des Marinegeneralstabes und Erster Seelord, Admiral Pound, der Chef des Luftwaffengeneralstabes Air Chief Marshall Portal, der Stabschef Churchills (in dessen Eigenschaft als Verteidigungsminister), General Ismay, sowie der Chef „Combined Operations", Lord Mountbatten.
    Nach den ABC-Besprechungen wurden als Planungs- und Koordinierungsinstrument für Roosevelt und Churchill die „Combined Chiefs of Staff" eingerichtet. Ihnen gehörten die Mitglieder der Joint Chiefs of Staff und des C.I.G.S. an. Sie werden künftig als „Vereinigte Stabschefs" bezeichnet. Grand Strategy, Band IV, Michael Howard, „August 1942-September 1943", London 1973; Anhang XI B, S. 699.

28 An dieser Besprechung hatten Außenminister Hull, Kriegsminister Stimson, Marineminister Knox sowie General Marshall und Admiral Stark teilgenommen.

29 Morton, S. 38-41.

30 Zur US-Delegation gehörten Generalleutnant Embick, früher stellvertretender Chef des Heeresgeneralstabes, Konteradmiral (später Vizeadmiral) Ghormley, der als ständiges Verbindungsorgan zur britischen Marine abgestellt war, sowie Brigadegeneral Gerow und Oberst McNarney von der Planungsabteilung des Generalstabes. Gerow stieg später zum Dreisterne-General, McNarney zum Viersterne-General auf. Auf britischer Seite vertrat die Marine Konteradmiral Bellairs, die Luftwaffe Air Commodore J.C. Slessor, der im Laufe des Krieges als Vizeluftmarschall noch hochrangige Verwendungen im Bereich der RAF einnahm.

31 Morton, S. 42 ff.; Matloff/Snell, S. 34-42; Watson, S. 369-382; Butler, S. 423-426.

32 Morton, S. 47; Hillgruber urteilt zur Unterzeichnung des ABC-1-Dokuments am 27.03.41, dass damit „die angelsächsischen Mächte bereits vor dem Beginn des deutschen Angriffs auf die Sowjetunion ... einen umfassenden strategischen Plan für einen globalen Krieg gegen Deutschland und Japan entwickelt (hatten). Es bleibt festzuhalten, dass die Sowjetunion darin keine Rolle spielte." Hillgruber, S. 408.

33 Butler bemerkt zu diesem Ereignis, an dem mitzuwirken nur eine Schande für jeden ehrenwerten Soldaten sein konnte, lakonisch: „Dies lieferte den neutralen Staaten in der Welt und besonders den Vereinigten Staaten den Beweis, dass ein Großbritannien in Notwehr unter seiner neuen Regierung hart zur Unbarmherzigkeit sein konnte.", Butler, S. 227.

34 Siehe Kapitel 2.

35 „Littorio", „Cavour" und „Duilio". Die „Cavour" sank im Hafen und konnte während des Krieges nicht mehr einsatzbereit gemacht werden. Walter Baum/Eberhard Weichold, „Der Krieg der ‚Achsenmächte‘ im Mittelmeerraum. Die ‚Strategie‘ der Diktatoren", Göttingen 1973; S. 67.

36 Seit dem Kriegseintritt Italiens musste, wie erwähnt, der britische Seeverkehr über Südafrika umgeleitet werden. Nur auf diesem weiten Umweg konnten militärische Verstärkungen nach Ägypten gebracht werden. Dabei wurde der knappe Schiffstransportraum noch mehr gebunden. Nach Matapan entschloss man sich – zwar immer noch mit einem hohen Risiko –, besonders dringliche Geleitzüge mit Truppenverstärkungen oder Waffen/Material nach Alexandria „durchbrechen" zu lassen.
    Zur Verlegung des X. dt. Fliegerkorps und seiner Einsätze gegen die britische Flotte ab Dezember 1940 siehe Karl Gundelach, „Die deutsche Luftwaffe im Mittelmeer 1940-1945" (2 Bände), Frankfurt/Main 1981; Band 1, S. 92-101.

1. Der Weg der USA in den europäischen Krieg

37 Hätte der italienische Angriff wenigstens bis Marsa Matruh durchgeschlagen, dann hätte die britische Flotte die Basis von Alexandria räumen müssen, siehe Butler, S. 310. Es muss an dieser Stelle angemerkt werden, dass es sich nicht immer vermeiden lässt, bei der kurz gefassten Darstellung der Operationen im Mittelmeer-Raum – trotz des Bestrebens, sie im Kapitel 1 vorwiegend aus alliierter Sicht und im Kapitel 2 vorwiegend aus deutscher Sicht zu beschreiben – auf bestimmte Ereignisse im Rahmen von Wiederholungen zurückzukommen.

38 Ausführliche Darstellungen über den Balkan-Feldzug und über den Feldzug in Nordafrika geben Detlef Vogel, „Das Eingreifen Deutschlands auf dem Balkan" und Bernd Stegemann, „Die Italienisch-Deutsche Kriegführung im Mittelmeer und in Afrika", beide in MGFA, Band 3, „Der Mittelmeerraum und Südosteuropa", Stuttgart 1984; Dritter Teil, S. 458-511 bzw. Fünfter Teil, S. 591-682.
Siehe auch das nachfolgende Kapitel 2.

39 Zu den Angaben über die US-Maßnahmen im Atlantik vergleiche Karl Dönitz, „10 Jahre und 20 Tage", München 1980; S. 182 ff. sowie Gruchmann, S. 591 f. und S. 594 f. Trotz dieser Maßnahmen wurde für das Jahr 1941 durch die Deutschen eine Versenkungsziffer von 4,39 Millionen t erreicht. Angaben nach Butler, Anhang II, S. 571 f..

40 Auch Probleme der Glaubwürdigkeit waren gegeben – man wusste sehr wohl, auf welchen „Bündnispartner" man sich eingelassen hatte. Auf die offensichtlichen Widersprüche zu den vorangegangenen Einschätzungen der kommunistischen Diktatur angesprochen, äußerte Churchill „...'Wir werden Russland jegliche Hilfe geben, die wir zu leisten im Stande sind', weil dies dazu beiträgt, ,unser einziges Ziel (zu erfüllen) und den einen, einzigen und unumstößlichen Zweck ... Hitler zu zerstören'". Charmley, „End of Glory", S. 453 (Anm.: Hervorhebung K.H.)

41 Burkhard Schöbener, „Die amerikanische Besatzungspolitik und das Völkerrecht" (Frankfurt/Main 1991) bietet eine besonders treffende Darstellung der Bedeutung der Atlantik-Charta für die Entwicklung der Besatzungspolitik, die schließlich gegenüber Deutschland angewendet wurde. Er betont auch, dass wichtige Ziele der Charta für Deutschland ausgeschlossen waren und nur für die von der Achse besetzten Länder galten, z.B. das Selbstbestimmungsrecht. Es bedurfte bestimmter Erklärungen Churchills, dass dieses nicht auch für die Kolonialvölker gelten sollte. Schöbener, S. 25-48.

42 Mehr darüber siehe Kapitel 2.

43 Gerhard Schreiber, „ Politik und Kriegführung 1941", in MGFA, Band 3, a.a.O.; Vierter Teil, S. 523.
Als sich herausstellte, dass die verbündeten Länder, die von den USA Waffenlieferungen erhielten, diese nicht bezahlen konnten (dies gilt wie gesagt vor allem für Großbritannien ab Ende 1940), ließ sich Präsident Roosevelt am 11.03.41 „das Gesetz zur Förderung der Verteidigung der Vereinigten Staaten" genehmigen. Dieses Gesetz ist als „Lend-Lease-Act", auf Deutsch „Leih- und Pachtgesetz", bekannt geworden. Roosevelt hatte die USA als „das große Arsenal der Demokratien" bezeichnet.
Der Lend-Lease-Act beruhte auf einem US-Gesetz, nach dem Kriegsmaterial, das nicht für staatliche Zwecke benötigt wurde, oder eine bestimmte Zeit verliehen werden konnte.
Mit dem Lend-Lease-Act konnten Ländern, „die für die Verteidigung der Vereinigten Staaten lebenswichtig" waren, materielle Hilfe gewährt werden. Einzelheiten siehe wieder Schreiber, S. 518 ff..
Die im Text genannten Zahlen über Waffenlieferungen beziehen sich nicht nur auf den Leih-Pacht-Vertrag, sondern auch auf die Cash-and-Carry-Regelung, lassen sich im Einzelnen aber nicht auseinanderdividieren.

44 Zur Entwicklung des strategischen Ansatzes in Nordafrika siehe Grand Strategy, Band III, J.M.A. Gwyer/J.R.M. Butler, „July 1941-August 1942", London 1964; Kap. XXVII, „Anglo-American Strategy reconsidered: The Decision for ,Torch' ...", S. 617-650; Matloff/Snell, Kap. XII, S. 272-293. Zusätzlich die präzise Zusammenfassung von Leo J. Meyer, „The Decision to invade North Africa (Torch)", in „Command Decisions", a.a.O., S. 173-198 und auch den glänzend geschriebene „Prolog" von Michael Howard, „The Decision for Torch'", Grand Strategy, Band IV, a.a.O., S. XV-XXVII.

45 Bei der Erörterung des ABC-1 Dokuments und der „Rainbow 5"-Planung, die letztlich die US-Strategie bestimmten, wurde mehrfach auf die Absicht verwiesen, Japan mit diplomatischen Mitteln aus dem Krieg heraus zu halten oder im Falle eines japanischen Kriegseintritts gegenüber Japan eine strategische Defensive zu wahren.
Dem stehen die Theorien zahlreicher Autoren entgegen wie Bavendamm, Stinnett, Post u.a.m., dass die USA durch eine aggressive Politik Japan zum Krieg und zum Überfall auf Pearl Harbour geradezu provozierten und auf diese Weise so auch die gewünschte Kriegserklärung Hitlers bekam. Hierzu könnte man anmerken, dass die Provokation Roosevelts gegenüber dem Deutschen Reich (s. Verhalten auf dem Atlantik) mindestens ebenso ausgeprägt war.

46 Obgleich es innerhalb der US-Militärhierarchie hin und wieder Überlegungen gab, den Schwerpunkt in den pazifischen Raum zu verlegen, wurde regelmäßig schnell wieder davon abgesehen. Zuweilen wurden solche Überlegungen auch dazu verwendet, um bei schwierigen Verhandlungen mit den Briten auf diese Druck auszuüben.

47 Während der „Arcadia"-Konferenz hatte im Dezember 1941 die „Wende vor Moskau", das Scheitern des deutschen Angriffs auf die sowjetische Hauptstadt, ihre Auswirkungen gezeigt – der Feldzug „Barbarossa" war im ersten Anlauf nicht geglückt. Diese weitere Stagnation des Krieges Stalins waren die westlichen Alliierten nicht informiert. Es gab auch keine Absprachen. Infolgedessen erscheint das Argument des Zusammenwirkens mit der Sowjetunion als ein Vorwand.

48 Schließlich nur noch 5 Divisionen, davon etwa die Hälfte US-Divisionen und 700 Kampfflugzeuge, siehe Howard, a.a.O., S. XVII.

49 Im Zusammenhang mit den Auseinandersetzungen um die künftige Strategie in Europa sollte eine Ergänzung über die Lage im Pazifik in diesem Zeitraum eingefügt werden: Nach den anfänglichen, beeindruckenden Raumgewinnen der Japaner in Französisch-Indochina, auf Malaya (Fall von Singapur am 15.02.42) und den Philippinen war mit der Schlacht im Korallenmeer (08.05.42) noch mehr aber mit der Schlacht bei Midway am 04.06.42 eine Wende eingeleitet worden. Die japanische Trägerflotte war nahezu vernichtet.

50 Obgleich diese schockierende Nachricht die Amerikaner nicht dazu veranlasste, prinzipiell von ihrer bevorzugten Strategie abzugehen, waren doch auch sie von der Gefahr für die britische Position beeindruckt, vor allem aber von den Möglichkeiten, die sich den Deutschen mit dem Besitz des Nil-Deltas boten. Kurzfristig wurde durch General Marshall erwogen, mindestens eine US-Panzerdivision in den Mittleren Osten zu verlegen. Dies scheiterte an organisatorischen Gründen. Nun entschloss man sich, den Briten neben sechs Fliegergruppen 300 moderne Sherman-Panzer und 100 10,5-cm-Geschütze Sfl zuzuführen. Ab dem 01.07.42 wurden diese mit Schnellkonvois nach Ägypten transportiert. Reinhard Stumpf, „Der Krieg im Mittelmeerraum 1942/43: Die Operationen in Nordafrika und im Mittleren Mittelmeer", MGFA, Band 6, a.a.O.; Fünfter Teil, S. 630 ff.; Gwyer/Butler, S. 562 und 607; Matloff/Snell, S. 246-254.

51 Die Vereinigten Stabschefs führten den Krieg mit Memoranden, Agreements oder strategischen Weisungen, die sich auch an den Befehlshaber eines Kriegstheaters richten konnten. Diese Dokumente wurden mit der Bezeichnung „CCS" und einer fortlaufenden Nummer herausgegeben.

52 Die US-Führung bevorzugte einen „sicheren" Ansatz für das Landeunternehmen, nämlich an der Atlantikküste, außerhalb des Mittelmeers und damit auch außerhalb von Reaktionsmöglichkeiten des Deutschen Reiches – dies hätte aber anschließend einen zeitaufwendigen Vormarsch auf dem Lande und lange Verbindungslinien bedeutet. Die Briten zogen einen „riskanten" Ansatz vor, d.h. mit Landezonen an der französischen Nordafrika-Küste. Die Landeräume sollten dabei weit ostwärts liegen und Tunis einschließen. Damit konnte man besser mit den eigenen Kräften in Lybien/Ägypten zusammenwirken und verwehrte den Achsenmächten Gegenreaktionen, beispielsweise gegen Tunis. Allerdings war man den Marine- und Luftwaffenverbänden der Achse ausgesetzt. Meyer, a.a.O., S. 188-195; Matloff/Snell, S. 284-293; OCMH (Hrsg.), The Mediterranean Theater of Operations, George F. Howe, „Northwest Africa: Seizing the Initiative in the West", Washington D.C. 2002; Kap. II, S. 15-31.

53 Zu den o.a. Zwecken siehe die Weisung der Vereinigten Stabschefs vom 14.08.42, in Howard, Anhang II, S. 600 f.

54 Dieses zerrüttete Verhältnis rührte nicht nur vom Verhalten Großbritanniens im Zusammenhang mit dem Feldzug von 1940 und dem Waffenstillstand vom Juni 1940 her. Hier hatte sich bei den Franzosen der Eindruck verfestigt, von den Briten nur für deren Zwecke ausgenutzt worden zu sein.
Im Hinblick auf die Machtpotentiale, die Vichy-Frankreich in eine Koalition entweder mit Deutschland oder den Alliierten einbringen konnte, erbitterte Pétain, Darlan und andere Führer in Vichy, dass durch die Briten der namenlose Brigadegeneral de Gaulle als offizieller Vertreter Frankreichs akzeptiert wurde.

55 Zum Ablauf der Operationen während „Torch" siehe Howard, Kap. X (S. 171-190) und Kap. XVIII (S. 337-358); Howe, die Teile 2 und 3 („The Amphibious Phase on the Atlantic Coast" bzw. „ ... in the Mediterranean") sowie den Teil 4 („The End of Operation Torch"); United Kingdom Military Series, Campaigns, „The Mediterranean and Middle East", Band IV, I.S.O. Playfair, „The Destruction of the Axis Forces in Africa"; Stumpf, S. 710-739; Georg Schreiber, „Das Ende des nordafrikanischen Feldzuges und des Krieges in Italien" in MGFA, Band 8, „Die Ostfront 1943/44. Der Krieg im Osten und an den Nebenfronten", München 2007; Sechster Teil „Der Krieg an den Nebenfronten", Abschnitt IV, S. 1103-1109; David Irving, „Rommel", Hamburg 1978; S. 371-398; Christian Müller, „Oberst i.G. Stauffenberg", Düsseldorf 1971; S. 281-288; Gundelach, a.a.O., Kap. 10 (S. 450-503) und Kap. 11 (S. 519-584).

56 Vergleiche die Fußnote 50.

57 Howard, S. 62.

58 Die Auseinandersetzungen der untereinander rivalisierenden Gruppen, Geheimdienste, Aktivisten etc. schildert u.a. aus der Sicht eines Zeitzeugen Peter Tompkins, „Mord für Frankreich. Machtkampf um die Tricolore: Darlan, De Gaulle, Giraud, Eisenhower, Pétain, Churchill", Wien-München 1965. Tompkins war als OSS-Agent Handelnder vor Ort. Weiter Howard, Kap. VIII (S. 143-158) sowie Howe, Kap. III (insbesondere die Seiten 54-57). Eine im Vergleich zu Tompkins wissenschaftlich verlässlichere Darstellung über den Seitenwechsel in Nordafrika bietet Elmar Krautkrämer, „General Giraud und Admiral Darlan in der Vorgeschichte der alliierten Landung in Nordafrika", VfZG, Nr. 30 (1982).

59 Darlan war immer gegen die Briten eingestellt gewesen. Seit Mers el Kebir hasste er sie. Dennoch war er Realist. Er wusste, auf welcher Seite nun die stärkeren Bataillone standen und seinen persönlichen Aversionen ging immer die Loyalität zu Frankreich vor. Wie dargestellt (siehe auch Kapitel 2) hatte die deutsche Führung nie etwas dazu getan, Frankreich eine gleichberechtigte Partnerschaft anzubieten. Zur Problematik Darlan siehe Tompkins, 2. Teil „Der Coup", S. 79-155 sowie Krautkrämer, S. 218-224 und S. 246-255.

60 Während des Rückzuges der „Panzerarmee Afrika" nach Tunesien hatten – ungerechtfertigterweise – sowohl das OKW (Hitler) als auch das Comando Supremo das Vertrauen in Rommel verloren. Nach dem Eintreffen in Tunesien wollte man Rommel (der die Einrichtung des Brückenkopfes als eine verlorene Sache ansah) „loswerden". Sein in der Tat angeschlagener Gesundheitszustand gab den Vorwand dafür. Nach der Einrichtung des Stabes „HGr Afrika" übernahm Rommel am 23.02.43 formell noch einmal den Befehl über dieses Kommando. Er war aber angesichts der geschilderten Verhältnisse nicht der Mann, Hitlers Erwartungen zu erfüllen. So gab er am 09.03.43 das Kommando ab und verließ

1. Der Weg der USA in den europäischen Krieg

Afrika. Vom FHQ aus versuchte er jedoch alles, um seinen ehemaligen Soldaten noch Unterstützung zu geben. Die Führung der HGr Afrika übernahm Generaloberst v. Arnim.

61 Als einer der gepanzerten deutschen Großverbände war die 10. Pz Div in den Brückenkopf verlegt worden. Sie nahm an den Gegenangriffen sowohl auf Kasserine als auch auf die Mareth-Stellung teil. Ab Anfang Februar war ihr 1. Generalstabsoffizier (Ia) Oberstleutnant i.G. Graf von Stauffenberg. Beim Rückzug von der Wadi Akarit-Stellung wurde Stauffenberg am 07.04.43 bei einem Tieffliegerangriff sehr schwer verletzt und später nach Deutschland ausgeflogen. Im anderen Falle wäre er wohl am 13. Mai in alliierte Gefangenschaft geraten – wieder ein Anlass, Spekulationen anzustellen.

62 Gundelach schildert die verzweifelten Anstrengungen der Luftwaffe, Verbindung zwischen Tunesien und Italien zu halten sowie die Versuche, wertvolles Personal zurück zu führen, S. 574-583.

63 Howard, S. 355.

2

Der Mittelmeerraum im strategischen Konzept der Achsenmächte

Auch auf deutscher Seite waren keine langfristigen strategischen Planungen für einen Kriegsfall getroffen worden. Dies belegt am besten das Beispiel „Fall Weiß", also des Feldzugplans zur Niederwerfung Polens, dessen Grundzüge erst am 2. April 1939 festgelegt worden waren. Die „Improvisation" dauerte nach dem Polenfeldzug an und wurde fortgesetzt, als nach dem siegreichen Frankreich-Feldzug zwar ein bedeutender Kriegsgegner ausgeschaltet worden war, aber zwei Entwicklungen ein strategisches Dilemma deutlich machten:

Das Verhalten der Sowjetunion während des Frankreich-Feldzuges, das Einfahren der „Ernte" aus dem Geheimabkommen zum Ribbentrop-Molotow-Pakt (Annexion der baltischen Staaten durch die Sowjetunion) zeigten, dass von einer längeren Dauer des Bündnisses zwischen den beiden Diktatoren nicht ausgegangen werden konnte.[1]

Auf der anderen Seite hatte die britische Regierung auf ein Angebot Hitlers vom 19. Juli 1940 zu einem Verhandlungsfrieden ablehnend reagiert. Wegen der Signale, welche die USA gegenüber den Achsenmächten ausgesandt hatten, war davon auszugehen, dass die Vereinigten Staaten früher oder später an der Seite der Briten in den Krieg eintreten würden. Die deutsche Führung hatte nicht über den Frankreich-Feldzug hinaus gedacht. Das Problem war nun, mit welchem strategischen Ansatz Großbritannien baldmöglichst als Kriegsgegner auszuschalten war. Die Festlegung einer Strategie hing natürlich von der Einschätzung ab, wie lange die gegenwärtige Rückenfreiheit gegenüber der Sowjetunion noch andauern würde. Mit anderen Worten: Die Deutschen waren noch auf der Suche nach einer Strategie gegen den Kriegsgegner Großbritannien, während sich schon jetzt die Gefahr eines weiteren Kriegsgegners am Horizont abzeichnete.

Strategie zur Ausschaltung Großbritanniens

Der „Achsenpartner" Deutschlands, Italien, hatte sich beim Kriegsausbruch am 1. September 1939 als nicht kriegführende Macht erklärt. Für das Deutsche Reich bestand zunächst kein Anlass, den Mittelmeer-Raum in strategische Überlegungen einzubeziehen. Dies änderte sich auch dann nicht, als Italien am 10. Juni 1940 in den Krieg eintrat. Die beiden Kriegstheater nördlich und südlich der Alpen fielen jeweils in die Zuständigkeit der beiden Achsenmächte. Von einer abgestimmten Koalitionskriegführung konnte keine Rede sein: Weder waren oder wurden Kriegsziele und Strategien bis fast zum Ende des Jahres 1940 koordiniert, noch wurde der jeweilige Koalitionspartner über eigene Absichten, Entschlüsse oder die Entwicklung der Lage ausreichend informiert. Hitler, Bewunderer Mussolinis und bis Ende der dreißiger Jahre

2. Der Mittelmeer-Raum im strategischen Konzept der Achsenmächte

von Unterlegenheitsgefühlen beeinflusst, ließ dem Bündnispartner freie Hand. So entwickelte der „Parallel-Krieg" der beiden Diktatoren.[2]

Während der Endphase des Frankreich-Feldzuges bekamen die Überlegungen zur Niederwerfung Großbritanniens eine hohe Dringlichkeit. Am 25. Juni wurde der Waffenstillstand mit Frankreich geschlossen. Am 30. Juni legte General Jodl, Chef des Wehrmachtführungsamtes[3], eine Denkschrift über die „Weiterführung des Krieges gegen England" vor. Als Handlungsoptionen waren für ihn zwei Möglichkeiten gegeben: Entweder ein direkter Ansatz „durch den Kampf gegen das englische Mutterland" oder eine „Ausweitung des Krieges an der Peripherie".[4] Hiermit wurde der Mittelmeer-Raum erstmals zum Bestandteil deutscher strategischer Überlegungen. Zur Konkretisierung der direkten Strategie gegen das englische Mutterland sah Jodl drei Möglichkeiten:

*   „Die Belagerung", d.h. „den Kampf zur See und aus der Luft gegen jede Ein- und Ausfuhr, der Kampf gegen die englische Luftwaffe und alle wehrwirtschaftlichen Kraftquellen des Landes",
*   Flächenangriffe durch die Luftwaffe gegen englische Bevölkerungszentren („Terror-Angriffe") und
*   die Invasion der britischen Inseln mit der nachfolgenden Besetzung.

Jodl ging davon aus, dass der „Endsieg" nur noch eine Frage der Zeit sei und empfahl daher, ein Verfahren zu wählen, das die wenigsten Risiken einschließen würde. Eine Invasion könne stattfinden (wenn überhaupt nötig), um dem Gegner „den Todesstoß zu geben". Aus der Denkschrift wird nicht klar, ob Jodl die beiden ersten Alternativen, das heißt die „Belagerung" und die strategischen Luftangriffe gegen die Moral und den Durchhaltewillen der britischen Bevölkerung auch als unabhängige Möglichkeiten angesehen hat, um Großbritannien zu einer Aufgabe zu zwingen, oder ob er die beiden Alternativen nur als Voraussetzung für den Erfolg der Seelandung bewertete. Offensichtlich konnte eine Seelandung nur dann gelingen, wenn zuvor die britische Luftwaffe niedergekämpft war, damit danach ein Zerschlagen der Landungskräfte durch die britische Marine durch die eigene Luftwaffe unterbunden werden konnte.

Die Möglichkeit, das britische wehrwirtschaftliche Potential durch Luftangriffe auszuschalten, wurde überschätzt. Eine Verstärkung des Zufuhrkrieges konnte erst langfristig zu einem Erfolg führen, weshalb Jodl sich auch zeitlich im Hinblick auf die Erfolgsaussichten nicht festlegen wollte. Je stärker andererseits der Erfolg im Zufuhrkrieg bis zur tatsächlichen Unterbrechung der atlantischen Seeverbindungen anwachsen würde, desto eher würde das Gegenteil der durch die deutsche Führung angestrebten Wirkung eintreten, nämlich die USA auf absehbare Zeit von einem Kriegseintritt auf der Seite der Gegner Deutschlands abzuhalten.

Zur Verwirklichung der „peripheren" Strategie wurde in der Denkschrift ausgeführt: „Der Kampf gegen das englische Empire kann nur durch oder über Länder geführt werden, die am Zerfall des englischen Weltreiches interessiert sind ... Das sind (Anmerkung des Verfassers: im Originaltext „ist") in erster Linie Italien, Spanien, Russland und Japan. Die Aktivierung dieser Staaten ist Sache der Politik. Die militärische Unterstützung Italiens und Spaniens in beschränktem Maße ist möglich ... Am wirksamsten ist eine italienische Angriffsoperation gegen den Suez-Kanal, die in Verbindung mit der Wegnahme Gibraltars das Mittelmeer abschließt."[5]

Am 16. Juli 1940 erließ Hitler seine Weisung Nr. 16, mit der „die Vorbereitungen einer Landungsoperation gegen England" befohlen wurden, am 1. August 1940 folgte die Weisung Nr. 17 für „die Führung des Luft- und Seekrieges gegen England." „Terrorangriffe" als Vergeltung behielt er sich dabei vor.[6] Am 13. August 1940, dem so genannten „Adlertag", begann der Kampf der Luftwaffe zur Niederwerfung der britischen Luftwaffe – volle sieben Wochen nach dem Ende des Westfeldzuges. Die nötigen Vorbereitungen der Luftwaffe ließen einen früheren Beginn angeblich nicht zu. Da auch die Kriegsmarine ihre Vorbereitungen für eine Landung nicht vor Mitte September abschließen konnte, sollte auf der Grundlage des Erfolgs der Luftoffensive am 15. September wegen des nötigen Vorlaufs entschieden werden, ob die Operation „Seelöwe" wenige Tage später durchgeführt werden sollte. Eine Überprüfung am 14. September ergab, dass die britische Luftwaffe bisher nicht im angestrebten Umfang ausgeschaltet werden konnte.[7] Das Unternehmen wurde verschoben mit der Maßgabe, am 17. September eine erneute Entscheidung zu treffen. Am 17. September wurde das Landeunternehmen „bis auf weiteres" aufgeschoben. Am 12. Oktober wurde die Verschiebung auf das Frühjahr 1941 befohlen, dies kam einer endgültigen Absage gleich.

Schon Anfang August war im WFSt erörtert worden, welche Maßnahmen für die Kriegführung gegen Großbritannien im Winterhalbjahr 1940/41 in Frage kämen, wenn das Unternehmen „Seelöwe" im Herbst 1940 nicht mehr zur Durchführung kommen sollte. Hierbei wurden Grundgedanken über die periphere Vorgehensweise aus der Jodl-Studie aufgenommen. Am 5. September teilte der Chef WFSt (also Jodl) seinem Stabe mit, dass Hitler im Falle der Absage von „Seelöwe" die Absicht habe, „während des Winters die Lage im Mittelmeer zu bereinigen" und dass er sich auch dahingehend geäußert habe, die Inseln im östlichen Atlantik (Azoren, Kanarische Inseln, Kap Verdische Inseln) zu besetzen, um deren Einnahme durch die Engländer beziehungsweise später durch die Amerikaner auszuschließen.[8]

An den ersten Gesprächen mit Spanien über die Eroberung von Gibraltar und den Kriegseintritt Spaniens auf der Seite der Achse hatte sich Hitler nicht sonderlich interessiert gezeigt. Die Gespräche waren im August begonnen und im September fortgesetzt worden. Es erwies sich, dass der spanische Diktator, General Franco, wegen der Unsicherheiten, die sich über die Fortentwicklung des Krieges abzeichneten und der damit für Spanien verbundenen Risiken, die Hürden für eine Kriegsbeteiligung sehr hoch legen wollte.[9] Hinsichtlich der erwarteten Offensive Italiens aus Libyen heraus in Richtung Ägypten war auf Hitlers Weisung hin den Italienern eine Unterstützung mit Panzerverbänden und Luftwaffenkräften angeboten worden.

Von verschiedenen Autoren wird angeführt, dass weder durch Hitler als Oberstem Befehlshaber der Wehrmacht noch von den Oberkommandos der Teilstreitkräfte die Invasion im englischen Mutterland mit aller Entschiedenheit verfolgt worden sei. Die Risiken für ein Scheitern der Seelandung und die psychologischen Folgen auf die tatsächlichen oder potentiellen Verbündeten beziehungsweise auf die Kriegsgegner standen der deutschen Führung klar vor Augen. Andererseits hatte man immer noch nicht die Erwartung aufgegeben, Großbritannien durch die Fortsetzung der strategischen Luftoffensive, die Verstärkung des Zufuhrkrieges und neuerdings (siehe oben) durch die Einbeziehung des Mittelmeer-Raumes in die eigenen Aktionen davon zu überzeugen, dass ein Ausgleich mit Deutschland einer Fortsetzung des Krieges vorzuziehen sei.[10]

2. Der Mittelmeer-Raum im strategischen Konzept der Achsenmächte

In diesem Zusammenhang sind die Hypothesen einer nicht unbedeutenden Gruppe von Autoren (insbesondere im deutschen Sprachraum) aufzugreifen, die Hitlers „Desinteresse" an der Niederwerfung Großbritanniens sowie sein nachgeordnetes Interesse am Mittelmeer-Raum auf seine ideologischen und machtpolitischen Grundeinstellungen zurückführen: Seit Anfang Juli 1940 sei Hitler entschlossen gewesen, als nächsten Schritt seines „Programms", oder als nächste Stufe seines „Stufenplanes", seinen „eigentlichen" Krieg, nämlich den Krieg gegen die Sowjetunion vorzubereiten, ohne die wesentliche Voraussetzung dazu, die Ausschaltung der westeuropäischen Demokratien, erfüllt zu haben. Zwei Zitate sollen diese in apodiktischer Schärfe vorgebrachte Argumentation deutlich machen: „Das ideologische Endziel Hitlers prägte in jenen Wochen nach dem Sieg im Westen die deutsche Strategie". Und: „Im Sommer 1940 verknüpfte Hitler die Verwirklichung seiner seit den zwanziger Jahren propagierten Lebensraumprogrammatik, in der sich Ostexpansion, Vernichtung des Bolschewismus und Ausrottung des Judentums verbanden ..., mit der strategischen Notwendigkeit, den deutschen Machtbereich gegenüber der zunehmenden Herausforderung durch die angelsächsischen Seemächte abzusichern."[11]

Sowjetunion: Vorrang vor Großbritannien?

In diesem Kapitel sollen keine grundlegenden Erörterungen im Hinblick auf strategische Ansätze für eine Gesamtkriegführung angestellt werden, mit denen die Führung des Reiches übergeordnete ideologische oder machtpolitische Zielsetzungen zu verwirklichen suchte. In der Tat ist es aber so, dass in den deutschen Führungsstäben ab Juli 1940 mehrere Planungsprozesse nebeneinander abliefen: Zunächst die Frage der direkten oder indirekten Strategie gegen Großbritannien – dieser Planungsprozess wurde nach der Absage von „Seelöwe" ab Ende September mehr oder minder nur noch in einer Richtung fortgesetzt: In den Vordergrund rückte der Kriegsschauplatz Mittelmeer/Mittlerer Osten. Gleichlaufend dazu begannen Planungen für die Durchführung eines Feldzuges gegen die Sowjetunion, die auf Grund politischer und militärischer Entwicklungen etwa ab November 1940 Vorrang erhielten.

Für einen Feldzug im Mittelmeer-Raum konnten zwei strategische Zielsetzungen maßgebend sein, die inhaltlich miteinander verbunden waren. Neben der Reduzierung oder Beseitigung der britischen Machtstellung im Mittelmeer-Raum und Mittleren Osten galt es, den Achsenpartner Italien zu stabilisieren, auch um damit zu verhindern, dass Großbritannien seine Machtposition in diesem Raum noch weiter ausbauen konnte und auf diese Weise Bedrohungen entstehen würden, die sich nachteilig auf die Gesamtstrategie auswirken konnten. Zug um Zug unterlagen diese strategischen Zielsetzungen einem Veränderungsprozess, bis sie schließlich den Charakter einer strategischen Abschirmung der Südflanke des Feldzuges gegen die Sowjetunion erhielten.

Zum Planungsprozess für den später so bezeichneten Feldzug „Barbarossa" sollen nur wenige Eckpunkte aufgezeigt werden.[12] Am 3. Juli beauftragte der Generalstabschef des Heeres, General Halder, den Leiter der Operationsabteilung im Oberkommando des Heeres (OKH), Oberst i. G. v. Greiffenberg, mit ersten Überlegungen für einen Feldzug zur Niederwerfung der Sowjetunion. Am 21. Juli berief Hitler die Oberbefehlshaber des Heeres und der Marine zu einer Besprechung ein, bei der es vorrangig um die Weiterführung des Krieges mit Großbritannien ging. Im Rahmen dieser Besprechung gab Hitler den Auftrag, das „russische Problem in Angriff nehmen und gedankliche Vorbereitungen treffen".[13]

Bei einer am 31. Juli 1940 stattfindenden Besprechung über die Gesamtkriegslage mit Vertretern des OKW und den Oberkommandos der Teilstreitkräfte wurde Hitler konkreter. Angesichts der Schwierigkeiten, England direkt auszuschalten, solle nun der „Umweg" über die Sowjetunion zumindest geplant werden: Sei die Sowjetunion zerschlagen, wäre die letzte Hoffnung Englands beseitigt, und in diesem Fall wäre auch mit einem Kriegseintritt der USA nicht mehr zu rechnen. Als Planungsdatum für den Beginn des Feldzuges wurde der Mai 1941 vorgesehen. Als Folge des erteilten Auftrages an Oberst i. G. v. Greiffenberg und weiterer Aufträge an Abteilungen im OKH war in Zusammenarbeit mit Generalmajor Marcks, dem Chef des Stabes der 18. dt. Armee, die in der Grenzsicherung im Osten stand, eine Operationsstudie für einen Ostfeldzug erstellt worden, die – am 5./6. August 1940 vorgelegt – Grundlage für weitere Arbeiten im OKH wurde. Die Studie blieb auch Grundlage der Arbeiten nachdem diese ab dem 3. September 1940 durch General Paulus, dem neuen Oberquartiermeister I im OKH, fortgesetzt wurden. Im Hinblick auf Hitlers angeblich „unabänderlichen" Entschluss sind zwei Bemerkungen erforderlich: Zunächst ist auf den langen Zeitraum zwischen dem „Entschluss" von Ende Juli 1940 bis zum Erlass der Weisung Nr. 21 „Barbarossa" im Dezember 1940 hinzuweisen. Ein Planungszeitraum von fast fünf Monaten spricht nicht gerade für Entschlossenheit und hohe Dringlichkeit. Zum anderen: Dieser „Entschluss" spiegelte sich überhaupt nicht in der Stabsarbeit in der Folgezeit auf der Ebene des OKW/WFSt wider, bei welcher der Schwerpunkt eindeutig auf einen möglichen Kriegsschauplatz Mittelmeer gerichtet war. Ähnliches gilt für die Generalstäbe der Luftwaffe und der Marine.

Wie einleitend angedeutet, war im Sommer/Herbst 1940 deutlich geworden, dass Stalin sich nicht mit dem Interessenabgleich des Geheimvertrags vom 23. August 1939 und der Einverleibung umfangreicher Territorien zufrieden geben wollte. Der Schwerpunkt seiner weiteren Expansionsabsichten lag nun im Raum Südosteuropa und auf dem Balkan. Dies musste die Konfliktfelder mit dem Deutschen Reich zwangsläufig erweitern, da mittlerweile auch für Deutschland der Balkan in den Mittelpunkt des Interesses gerückt war. Ursachen hierfür wiederum waren das erkennbare Bestreben Großbritanniens, auf dem Balkan Fuß zu fassen. Eine ebenso hohe oder noch größere Bedeutung hatte die Sicherung der rumänischen Erdölfelder für die weitere Kriegführung (Lagekarte 1).

Von Rumänien und Ungarn als Schiedsrichter angerufen, verkündeten Deutschland und Italien am 30. August 1940 den Zweiten Wiener Schiedsspruch, mit dem Rumänien zu Gebietsabtretungen zu Gunsten Ungarns gezwungen wurde. Als Ausgleich dafür (und um eine „Brandmauer" gegen weitere Annexionen der Sowjetunion wie im Falle Bessarabiens und der Nordbukowina aufzubauen) garantierten das Deutsche Reich und Italien die neuen Grenzen Rumäniens. Diese Garantie war gegen die Ansprüche der Sowjetunion gerichtet. Ungeachtet dessen strebte Hitler immer noch den Beitritt der Sowjetunion zum „Dreimächtepakt" an. Dieser war am 27. September 1940 zwischen Japan, Italien und Deutschland abgeschlossen worden, um eine strategische Allianz gegen Großbritannien und die USA zu bilden. Zur Klärung dieser Möglichkeit und zur Erörterung des mittlerweile aufgewachsenen Konfliktstoffes zwischen Deutschland und der Sowjetunion wurde der sowjetische Außenminister nach Berlin eingeladen. Dessen Zusage erfolgte für Anfang November.[14]

Parallel zur Gestaltung des deutsch-sowjetischen Verhältnisses hatten sich die Lage auch im Mittelmeer-Raum und damit auch die Bemühungen um die Verwirklichung der „peripheren" Strategie weiter entwickelt. Am 12. November wurde die erste von drei bedeutenden Weisungen Hitlers in den Monaten November/Dezember erlassen. Mit der Weisung Nr. 18 wurden Richtlinien für die Kriegführung in „der nächsten Zeit" an die Oberkommandos gegeben[15]. Überwiegend bezogen sich die Richtlinien auf die fortzuführende Strategie im Mittelmeer-Raum, allerdings ist hier bereits der Zusammenhang dieses Raumes mit einem Ostfeldzug erkennbar, über den noch nicht definitiv entschieden war. Bei der Frage nach der Einordnung des Russlandfeldzugs in Hitlers Strategie wird von zahlreichen Autoren die Formulierung des Absatzes 5 herangezogen, der sich auf Russland bezieht: „Politische Besprechungen mit dem Ziel, die Haltung Russlands für die nächste Zeit zu klären, sind eingeleitet. Gleichgültig welches Ergebnis diese Besprechungen haben werden, sind alle schon mündlich befohlenen Vorbereitungen für den Osten fortzuführen." Während man einerseits interpretieren kann, dass die deutsche Seite skeptisch in diese Verhandlungen hinein ging und für den Zeitraum der Bewertung der Ergebnisse bis zum Vorliegen sowjetischer Reaktionen die eingeleiteten Planungen nicht angehalten werden sollten, ist diese Formulierung für die Befürworter der „Stufenplan-These" die Bestätigung dafür, dass Hitler schon längst zum Krieg gegen die Sowjetunion entschlossen war und die Besprechung mit dem sowjetischen Außenminister nur noch Feigenblatt-Charakter hatte.[16]

Die Gespräche, die der sowjetische Außenminister am 12./13. November 1940 mit Hitler und Außenminister v. Ribbentrop in Berlin führte, sind in der Literatur erschöpfend beschrieben worden, jedoch fällt die Bewertung der Ergebnisse und des Stellenwertes für Hitlers Entschluss, die Sowjetunion anzugreifen, unterschiedlich aus. Überzeugend sind die Darstellungen bei Werner Maser und Heinz Magenheimer.[17] Maser schreibt über die inhaltliche Tragweite der durch Molotow erhobenen Forderungen und die Schärfe, mit der sie vorgebracht wurden, dass Hitler damit zur Erkenntnis kam, nur noch zwischen Kampf oder Unterwerfung wählen zu können.

Als Voraussetzung für eine angebliche Bereitschaft, dem Dreimächtepakt beitreten zu können, nannte Molotow zusammengefasst vier Forderungen:
- In Südosteuropa: Die Abtretung der Südbukowina an die Sowjetunion und damit eine Aufgabe der Garantie der Achsenmächte für Rumänien. Den Abschluss eines sowjetisch-bulgarischen Beistandpaktes.
- Die Einrichtung von sowjetischen Luftwaffen- und Marinestützpunkten im Raum der türkischen Dardanellen, sowie die ungehinderte Passage durch die Meerengen.
- Die Eingliederung Finnlands in die Sowjetunion.
- Anerkennung des sowjetischen „Interesses" (!) an Jugoslawien, Ungarn, Griechenland und am „Westteil" Polens sowie die ungehinderte Passage durch die dänischen Meerengen in die Nordsee.[18]

Förster bewertet die sowjetischen Forderungen nur als Maximalansprüche und Ausgangsbasis für noch kommende Verhandlungen. Die Sowjetunion „wollte zu einer dauerhafteren Interessenabgrenzung als 1939 kommen" und angeblich durch vorteilhafte wirtschaftliche Angebote das

Reich zu politischen Konzessionen veranlassen. Nach Abwägung mehrerer Möglichkeiten als Ursache für die extremen Forderungen der sowjetischen Seite erachtet dagegen Magenheimer die von ihm so bezeichnete „Provokationsthese" als die wahrscheinlichste – sie schloss, da auf sowjetischer Seite im Herbst 1940 umfangreiche Angriffsvorbereitungen gegen das Deutsche Reich angelaufen waren, den militärischen Konflikt in absehbarer Zeit mit ein.

Geht man zeitlich zurück bis zur Besetzung der baltischen Staaten, dann urteilt Magenheimer völlig zutreffend, dass es ebenso vereinfachend wie irreführend sei, „Hitlers Entschluss zum Krieg gegen Sowjetrussland völlig unabhängig von den politischen und militärischen Aktionen Stalins im besagten Zeitraum zu betrachten." Er fährt fort: „Die Forderungen Molotows … waren für Deutschland, wenn es als Großmacht bestehen wollte, nicht nur unannehmbar, sondern mussten den Eindruck einer von Moskau ausgehenden Langzeitbedrohung nachhaltig verstärken."[19] Trotz aller vorherigen Überlegungen, Studien und Planungsarbeiten im Zeitraum Juli bis November 1940 und trotz aller nicht zu bezweifelnden Ausrichtung auch auf sein „Programm" ist festzuhalten, dass Hitler erst jetzt zum Krieg gegen die Sowjetunion entschlossen war. Hillgruber, obgleich ein Befürworter der These vom Russlandfeldzug als Hitlers „eigentlichem Krieg", bestätigt dies an mehreren Stellen seines Werkes über Hitlers Strategie und widerlegt dabei die Behauptung des feststehenden Entschlusses Hitlers zum Krieg gegen die Sowjetunion seit Juli 1940.[20]

Wenn an dieser Stelle zusammenfassend nach den Motiven Hitlers für ein Vorgehen gegen die Sowjetunion zu fragen ist, dann sind neben der soeben genannten Langzeitbedrohung weitere Gründe zu nennen: Nachdem die Formierung des Kontinentalblocks gegen die atlantischen Seemächte nicht zu realisieren war, und er sich in der zu erwartenden Konfrontation mit den Seemächten wirtschaftlich langfristig nicht auf die Unterstützung durch die Sowjetunion verlassen konnte, sollte mit der Eroberung des osteuropäischen Raumes, der Zerschlagung der Sowjetunion und der Sicherstellung ihrer Rohstoffquellen „Blockadesicherheit" gewonnen werden. Natürlich war auch Hitlers ideologische Gegnerschaft gegenüber dem Bolschewismus ein weiterer wichtiger Grund. Wichtig für das Thema des Buches ist, dass mit der Entscheidung für den Ostfeldzug – rationale Überlegungen und Vorgehensweisen vorausgesetzt – der Kriegsschauplatz Mittelmeer nur noch eine unterstützende strategische Funktion erhalten konnte.

Entscheidungsfaktoren für eine Mittelmeer-Strategie auf deutscher Seite

Je mehr die Aussichten für die Durchführung des Unternehmens „Seelöwe" geschwunden waren, desto mehr waren die Absichten der obersten deutschen Führung, Großbritannien durch einen strategischen Ansatz im Mittelmeer-Raum auszuschalten oder friedensbereit zu machen, in konkrete Überlegungen umgesetzt worden. Jedoch wurde der Mittelmeer-Raum nach wie vor als italienischer Kriegsschauplatz angesehen, zudem war eine nachhaltige Reduzierung britischer Positionen nur mit Unterstützung anderer Mittelmeer-Staaten wie Spanien, vorzugsweise auch Frankreich, zu erreichen. Wir erinnern uns: Jodl hatte als Option im Rahmen der peripheren Strategie eine Angriffsoperation gegen den Suez-Kanal durch die Italiener und die Wegnahme Gibraltars erwogen. Ein Angebot an Italien, die Angriffsoperation in Richtung Ägypten mit deutschen Panzerverbänden zu unterstützen, hatten unter anderem den ganzen August und September über die Planungsarbeiten im Wehrmachtführungsstab und im OKH mit bestimmt. Die hinhaltenden Ausflüchte der Italiener auf allen Gesprächsebenen, sich diesem Angebot zu entziehen, wurden im September immer deutlicher.[21] Mussolini wollte die Umgestaltung des Mittelmeer-Raumes zum neuen „mare nostrum" selbst verwirklichen: „Non con la Germania, ne per Germania, ma solo per l'Italia a fianco delle Germania."[22]

Der deutsche Fehlschlag in der „Schlacht um England" hatte den spanischen Staatschef General Franco zu noch mehr Zurückhaltung bewogen, sich an riskanten Unternehmungen, wie der Wegnahme von Gibraltar, zu beteiligen. Wegen der Forderungen, die der spanische Außenminister Serrano Suner mit einem eventuellen Kriegseintritt an der Seite der Achsenmächte verbunden hatte, wurde im WFSt am 1. Oktober die Weisung gegeben, die Operationsplanungen für Gibraltar in der bisherigen Form nicht weiter zu verfolgen.[23]

Inzwischen hatte sich die militärische Lage im Mittelmeerraum wie folgt entwickelt: Durch ihre Präsenz stellte die starke italienische Marine für Großbritannien im Mittelmeer zunächst eine beträchtliche Bedrohung dar. Die Operationsfreiheit der britischen Marine war eingeschränkt. Der britische Handelsverkehr wurde seit dem Kriegseintritt Italiens über Südafrika umgeleitet. In einer Reihe von Seegefechten vom März bis zum August 1940 hatte die britische Mittelmeer-Flotte den Italienern empfindliche Verluste zugefügt, die psychologischen Auswirkungen waren noch weitreichender. Wir haben bereits beschrieben, wie der Angriff auf die italienische Marinebasis Tarent am 11. November 1940 die italienische Führung zur Zurückhaltung bei ihren Operationen zur See veranlasst hatte.[24] So waren alle Aktionen gegen Malta, mit dessen Besitz die Seewege zwischen Sizilien und der nordafrikanischen Küste beherrscht werden konnten, zurückgestellt worden. Der Nachschub für die italienische 5. und 10. Armee in Libyen war ständig gefährdet.

Am 13. September 1940 hatten die Italiener ihren Angriff über die italienisch-ägyptische Grenze in Richtung Suez-Kanal begonnen (Lagekarte 2). Am 16. September wurde Sidi Barrani eingenommen – die Briten waren verzögernd kämpfend ausgewichen. Das weitere Vorgehen wurde am 17./18. September eingestellt, Marschall Graziani, der italienische Oberbefehlshaber in Nordafrika, machte Nachschubprobleme geltend. Für den Aufbau einer entsprechenden Infrastruktur wurden etwa drei Monate veranschlagt. „Die ganze italienische Offensive hatte also nur dazu gedient, die Ausgangsbasis für den Angriff gegen das Nildelta um ein 150 Kilometer nach Osten zu verschieben."[25] Ein wichtiges Element der „peripheren" Strategie war hinsichtlich seiner Verwirklichung in weite Ferne gerückt. Wie stand es um die Einnahme von Gibraltar?

Um bei den bestehenden Interessenskonflikten Italien, Spanien und Frankreich zusammen für ein möglichst gemeinsames Vorgehen gegenüber Großbritannien an einen Tisch zu bekommen, hätte es eines integren Mittlers bedurft, der Hitler von Grund auf aber nicht war. So versuchte er mittels eines „grandiosen Betrugs" (eine Bemerkung von Halder), alle gegeneinander auszuspielen, vor allem Frankreich zu Gunsten Italiens, Spaniens und Deutschlands. Im Prinzip waren jedoch die entgegenlaufenden Interessen nicht auszugleichen. Dazu scheuten sich Marschall Pétain, der Staatschef Frankreichs, und General Franco, beide Staatsmänner mit einem Gespür für Langzeitwirkungen, sich frühzeitig festzulegen, so lange eine Tendenz für den Ausgang des Krieges Deutschland-Großbritannien und der darauf folgenden Entwicklung nicht erkennbar waren.

Berichte des deutschen Militärattachés in Rom (General v. Rintelen) hatten schon bald die weitreichenden Kriegsziele und Ansprüche Italiens klar gemacht: Die Vorherrschaft im Mittelmeer, die Annexion von Nizza, Korsika, Tunis, eines Teils von Algier mit den Erzgruben von Constantine sowie in Afrika Französisch-Somaliland.[26] Spanien forderte den Besitz von Französisch-Marokko sowie Stützpunkten entlang der Westküste Afrikas. Wie sollte da ein Einvernehmen und Zusammenwirken zwischen Spanien und Frankreich herzustellen sein? Je nach Entwicklung der politischen Lage lavierte Hitler und war zu echten Zugeständnissen an Frankreich, um dieses Land aus dem Status des Besiegten zu entlassen und zu einem Verbündeten zu machen, nicht bereit. Hitler führte die Gespräche mit den Staatsführern Italiens, Frankreichs und Spaniens selbst. Am 4. Oktober traf er sich mit Mussolini am Brenner, am 22. Oktober mit Pierre Laval, dem stellvertretenden Ministerpräsidenten in Montoire, am 23. Oktober mit Franco in Hendaye und am 24. Oktober wiederum in Montoire mit Pétain. Zu verbindlichen Absprachen kam es nicht, nur zu vagen Versprechungen, die aber alle Ausflüchte offen ließen. Dennoch wurden bis Ende November, Anfang Dezember die Verhandlungen mit Frankreich und Spanien fortgesetzt.

Zwänge durch den italienischen Bündnispartner

Italien wollte sich bei dem Ziel, das Mittelmeer zum „mare nostrum" zu machen, nicht auf die Beseitigung britischer Positionen beschränken. Sozusagen „vor der Haustür" Italiens, am jenseitigen Ufer der Adria, lagen von den Italienern beanspruchte Interessenszonen, die im Rahmen des sich entwickelnden Parallel-Krieges sehr frühzeitig zum Gegenstand der italienischen Planungen wurden. Albanien war schon im April 1939, also weit vor Kriegsbeginn, besetzt worden. Nach dem Kriegseintritt Italiens waren mehrfach deutsch-italienische Gespräche auf politischer Ebene (z.B. Hitler mit dem italienischen Außenminister Ciano) geführt worden, die das Thema Jugoslawien und Griechenland zum Inhalt hatten. Von deutscher Seite wurde das Interesse Italiens an diesen Ländern zwar anerkannt, hinsichtlich konkreter Schritte aber wurde den Italienern Zurückhaltung nahegelegt. Obgleich im August 1940 nochmals der italienischen Seite deutlich gemacht worden war, dass „Ruhe auf dem Balkan" im deutschen Interesse liegen würde, liefen die Aufmarschbewegungen für einen italienischen Angriff im September 1940 an. Auf deutscher Seite waren die britischen Bemühungen, unter einem Vorwand auf den Kontinent zurückzukehren und mit einer Koalition, die Jugoslawien, Griechenland und die Türkei einschloss, eine „Balkanfront", vergleichbar mit der Mazedonien-Front im 1. Weltkrieg, zu bilden und hier einen neuen Kriegsschauplatz zu eröffnen nicht unbemerkt geblieben.[27] Kurz vor dem Treffen mit Hitler auf dem Brenner ordnete Mussolini an, die Angriffsvorbereitungen gegenüber Jugoslawien einzustellen, jedoch den Aufmarsch gegenüber Griechenland fortzusetzen. Beim Treffen Hitler-Mussolini am 4. Oktober wurde jedoch über den Balkan nicht gesprochen. Als Mussolini am 8. Oktober den Termin für den Angriffsbeginn auf den 26. Oktober festlegte, wurde die bisher angestrebte teilweise Besetzung griechischen Territoriums auf ganz Griechenland ausgedehnt.[28]

2. Der Mittelmeer-Raum im strategischen Konzept der Achsenmächte

Die Anzeichen für den bevorstehenden Angriff blieben der deutschen Seite nicht verborgen. Dennoch kam die Nachricht von seinem tatsächlichen Beginn am 28. Oktober überraschend. Der Angriff gab Großbritannien den Vorwand, ab dem 29. Oktober mit Heeresverbänden auf Kreta zu landen, mit Fliegerverbänden ab Anfang November auf dem griechischen Festland. Griechenland war durch die Briten zu einer Zustimmung gedrängt worden. Kreta sollte als zentraler britischer Flotten- und Luftwaffenstützpunkt im östlichen Mittelmeer ausgebaut werden. Die von Hitler befürchtete Gefährdung der rumänischen Ölfelder war damit Wirklichkeit geworden. Die italienischen Angriffe kam bereits Anfang November zum Stehen, kurz danach setzten griechische Gegenangriffe ein, die am 21. November einen ersten Höhepunkt erreichten mit einem Vorstoß auf albanisches Gebiet. [29]

Die deutsche Seite fühlte sich durch den italienischen Angriff hintergangen – wobei diesmal die Italiener lediglich den Spieß umgedreht hatten – hatte doch Hitler seinen engsten Verbündeten Mussolini schon häufiger, in zum Teil brüskierender Weise vor vollendete Tatsachen gestellt. Bei einer Lagebesprechung im WFSt am 1. November wurde festgestellt, dass der „Führer" jegliche Neigung zu einer engen militärischen Zusammenarbeit mit Italien verloren habe: „Infolgedessen sei es fraglich, ob es noch zu dem bisher beabsichtigten Einsatz deutscher Truppen in Libyen kommen würde." Bei einer weiteren bedeutenden Lagebesprechung drei Tage später wurde dieser angedeutete Entschluss bestätigt.[30] Andererseits hatte das OKH die Weisung erhalten, nunmehr Vorbereitungen zu treffen, um gemeinsam mit Bulgarien und abgestimmt auf die italienischen Operationen in Griechenland, Teile Nordgriechenlands in Besitz zu nehmen.

Mit den Vorgaben in der schon erwähnten Weisung Nr. 18 reagierte das deutsche Oberkommando auf die mittlerweile eingetretene Lage. Neben die Anordnungen zur Weiterführung der „peripheren Strategie" traten defensive Elemente, die in erster Linie der Stützung des Koalitionspartners Italien dienen sollten.

Folgende Elemente müssen herausgestellt werden:

- Frankreich sollte stärker in die Kriegführung gegen Großbritannien einbezogen werden. Primäre Aufgabe der Franzosen sollte die defensive und offensive Sicherung ihrer afrikanischen Kolonialbesitzungen sein. Eine künftige volle Beteiligung am Krieg gegen England wurde als Möglichkeit erachtet.
- Trotz aller Unsicherheiten im Hinblick auf das Verhalten Spaniens waren die Vorbereitungen zur Einnahme Gibraltars wieder aufzunehmen. Die Inbesitznahme der atlantischen Inseln als Stützpunkte für die Seekriegführung sollte geprüft werden.
- Das Heer hatte Vorbereitungen zu treffen, „das griechische Festland nördlich des ägäischen Meeres in Besitz zu nehmen", um damit Voraussetzungen für den Einsatz deutscher Fliegerverbände gegen solche englische Luftstützpunkte zu schaffen, von denen aus das rumänische Ölgebiet bedroht werden konnte.
- Der Einsatz deutscher Heeresverbände zur Unterstützung der italienischen Offensive gegen Ägypten kam – wenn überhaupt – erst in Frage, wenn sich bei der Fortsetzung der italienischen Offensive bestimmte Erfolge eingestellt haben würden.[31]

Für einen zu planenden Feldzug zur Besetzung von Nordgriechenland galt es, sowohl die diplomatischen Verhandlungen zu intensivieren – darauf kam es auch an, wenn man eine gegnerische „Balkan-Front" verhindern wollte –, als auch die militärischen Vorbereitungen einzuleiten. Für einen Balkanfeldzug gleich welchen Umfangs benötigte Deutschland die Unterstützung Bulgariens. Es lag im deutschen Interesse, wenigstens eine unmittelbare Verwicklung Jugoslawiens und der Türkei zu verhindern; auch gegenüber Griechenland setzte man gleichlaufend zu den operativen Planungen immer noch auf Verhandlungen.[32]

In einer Wechselwirkung musste das verstärkte Eingreifen Deutschlands auf dem Balkan und im südosteuropäischen Raum die Spannungen mit der Sowjetunion erneut erhöhen, da es deren Bestrebungen, ihr strategisches Vorfeld in diesen Räumen auszudehnen, zuwider lief. Im Detail sollen die diplomatischen Bemühungen, die noch im Frühjahr 1941 anhielten, nicht geschildert werden. Die deutschen diplomatischen Verhandlungen zur Erweiterung des Drei-Mächte-Paktes, nunmehr auch mit einer anti-sowjetischen Ausrichtung, führten zu ersten Erfolgen mit dem Beitritt Ungarns (20. November), Rumäniens (23. November) und der Slowakei (24. November) zu diesem Pakt. Bulgarien zeigte sich zurückhaltend.

Die Haltung der Türkei konnte bei einem stärkeren Aufmarsch deutscher Truppen nach Bulgarien hinein beziehungsweise bei einem nachfolgenden Angriff auf Griechenland nicht mit letzter Sicherheit vorhergesehen werden. Immerhin hatte die Türkei schon Ende Oktober erklärt, sie würde von dem italienisch-griechischen Krieg nicht berührt, so lange Griechisch-Thrazien nicht bedroht sei. Ende des Monats November verschlechterte sich die Lage der italienischen Armee in Albanien. Um der enttäuschten Stimmung in der Bevölkerung entgegenzuwirken, wurde Marschall Badoglio am 26. November als Generalstabschef abgelöst und durch General Graf Cavallero ersetzt.[33]

Bemerkenswerterweise erhielten die deutschen Planungen zur Wegnahme Gibraltars im November 1940 nochmals Aktualität. Admiral Canaris, Chef der Auslandsabwehr im OKW, der schon im Sommer 1940 die Gespräche mit den Spaniern geführt hatte, war erneut zu Absprachen mit der spanischen Staatsführung nach Madrid gereist. Offensichtlich lag am 3. Dezember die Zustimmung Francos zur Operation „Felix" (Wegnahme Gibraltars) vor. Am 27. November war durch den Wehrmachtführungsstab eine Weisung zur Vorbereitung erlassen worden, am 5. Dezember wurde als Zeitpunkt für die Durchführung Anfang Februar 1941 vorgesehen.[34]

Umso überraschender meldete Canaris am 8. Dezember, dass Franco erklärt habe, er könne „zum vorgegebenen Zeitpunkt" nicht in den Krieg eintreten. Auf Nachfrage aus Berlin lag am 10. Dezember die Meldung vor, dass der spanische Staatschef auch einen späteren Termin für einen Kriegseintritt nicht nennen könne, vielmehr „habe (er) klar zu verstehen gegeben, dass Spanien erst dann in den Krieg eintreten könne, wenn England unmittelbar vor dem Zusammenbruch stehe." Die Weisung Nr. 19 Unternehmen „Felix", die am 7. Dezember vorgelegt, aber nicht unterzeichnet worden war, wurde mit der Weisung Nr. 19a aufgehoben. Das Unternehmen „Felix" wurde nicht durchgeführt. Damit hatten sich auch die Überlegungen, die Atlantischen Inseln in Besitz zu nehmen, erledigt.[35]

Zwischen Mitte und Ende November 1940 hatte sich Hitler definitiv zum Angriff auf die Sowjetunion entschlossen. Dies geht aus der Besprechung hervor, die er am 5. Dezember mit Vertretern der Oberkommandos und des OKW durchführte. Die Monate November und Dezember waren von einem außerordentlich dichten Planungsprogramm gekennzeichnet gewesen, bei dem nach und nach der für Mai 1941 geplante Russlandfeldzug Vorrang vor allen anderen strategischen Alternativen erhielt. Gleichzeitig wurde an den Weisungen „Barbarossa", „Marita" (Balkan-Feldzug) und „Felix" gearbeitet. Mit der Absage des Unternehmens „Felix" wurde auch der letzte Baustein einer im ursprünglichen Sinne peripheren Strategie zur Ausschaltung Großbritanniens aufgegeben. Aus der Wortwahl bei den Besprechungen über dieses Unternehmen lässt sich ableiten, dass sich zuvor schon dessen Bedeutung geändert hatte und nunmehr unter dem Gesichtspunkt der strategischen Absicherung gesehen wurde. Die gleiche Zielsetzung ergibt sich aus dem operativen Zweck des Balkan-Feldzuges, der mit der Weisung „Marita" am 13. Dezember 1940 vorgegeben wurde: Angesichts der bedrohlichen Lage auf dem Balkan (Albanien!) wurde es als doppelt wichtig erachtet, „dass englische Bestrebungen unter dem Schutz einer Balkanfront eine vor allem für Italien, daneben für das rumänische Ölgebiet, gefährliche Luftbasis zu schaffen, vereitelt werden."[36]

Der Mittelmeer-Raum, einschließlich der nordafrikanischen Gegenküste, dient nun der Absicherung des Feldzuges gegen die Sowjetunion, Offensivunternehmen auf operativer Ebene dienen der strategischen Defensive. Strategische Zwecke, räumliche Zielvorstellungen und Zeitvorgaben wurden nun an den planerischen Vorgaben für „Barbarossa" ausgerichtet. Unverändert stand in erster Priorität die Stärkung des Achsenpartners Italien, vor allem nach dem Beginn der britischen Gegenoffensive in Ägypten am 9. Dezember 1940: Innerhalb weniger Tage wurden vier italienische Divisionen vernichtet, am 15. Dezember waren die Italiener aus Ägypten vertrieben, nach einer Belagerung fielen nacheinander Bardia und Tobruk, am 6. Februar wurde Bengasi von britischen Truppen erobert. Von den zehn in der Cyrenaika eingesetzten italienischen Divisionen entkamen nur 7 000 Mann nach Tripolitanien.[37]

Mit dieser Entwicklung war das Ende einer selbstständigen Kriegführung für Italien im Mittelmeer-Raum gekommen. Deutschland war nun auch hier der dominierende Partner, dessen strategische Ziele die künftige Kriegführung bestimmen würden. Auch die Zuführung und der Einsatz deutscher Truppen nach Nordafrika (des späteren „Afrika-Korps") hatte ausschließlich defensiven Charakter. Ausschlaggebend war die Hilfeleistung für den italienischen Verbündeten: „Tripolitanien muss behauptet, die Gefahr eines Zusammenbruchs der Albanischen Front beseitigt werden." Die Weisung Nr. 22 vom 11. Januar 1941 trug bezeichnenderweise den Titel „Mithilfe deutscher Kräfte bei den Kämpfen im Mittelmeerraum."[38]

Vorteile oder Nachteile eines Feldzuges im Mittelmeer-Raum (Lagekarten 1 und 2)

Die Entscheidung, den Mittelmeer-Raum als einen Kriegsschauplatz einzuordnen, auf dem strategisch die Defensive gewahrt werden sollte, ist von verschiedenen Seiten nachdrücklich kritisiert worden. Zudem ließ sich die deutsche Führung in der Folgezeit unter dem Eindruck von Augenblickserfolgen dazu bewegen, selbst von diesem Grundsatz abzuweichen. In der Tat lassen sich auf den ersten Blick auch positive Argumente herausarbeiten, die für eine deutsche Schwerpunktsetzung und ein offensives Vorgehen im Mittelmeer-Raum vom Herbst 1940 bis in den Sommer 1941 gesprochen hätten.

Ein Vorstoß bis zum Suez-Kanal in Verbindung mit der Wegnahme von Gibraltar und Malta hätte die Vertreibung der Briten, insbesondere der britischen Flotte, aus dem Mittelmeer zur

Folge gehabt. Damit hätte die italienische Flotte in den Kampf um die atlantischen Seeverbindungen eingreifen können. Mit der Inbesitznahme des Balkans, oder noch besser mit der Bildung einer Koalition aus Staaten, die der „Achse" positiv gegenüber standen, konnte nicht nur der Versuch Churchills, im östlichen Mittelmeer eine Landfront aufzubauen, unterbunden werden, damit wäre auch eine eigene Machtposition errichtet worden, die weitreichende psychologische Konsequenzen auslösen würde: Churchill kämpfte zu dieser Zeit darum, die USA davon zu überzeugen, dass Großbritannien in der Lage sei, bis zum möglichen Kriegseintritt der USA den Achsenmächten standzuhalten. Die konkrete Lageentwicklung konnte die Türkei veranlassen, entweder auf der Seite Deutschlands oder einer sich bildenden anglo-amerikanischen Koalition in den Krieg einzutreten.

Der Aufbau dieser erweiterten Machtposition in Verbindung mit der Vertreibung der Briten aus dem Mittelmeer würde die Stabilisierung Italiens auf absehbare Zeit zur Folge haben. Gelang es, Vichy-Frankreich auf die Seite der Achse zu ziehen, dann konnten mit der mittelbaren Beherrschung des französischen Kolonialreichs in Afrika mehrere Wirkungen erzielt werden: Die Blockade durch die britische Marine war nicht nur unterlaufen, vielmehr würden auch der Unterbrechung der britischen Seeverbindungen neue Möglichkeiten eröffnet. Schließlich konnte mit der Beherrschung der französischen westafrikanischen Küste in Verbindung mit den spanischen Besitzungen in Westafrika den USA der Zugriff auf einen Teil der „Gegenküste" verwehrt werden, falls diese auf der Ostseite des Atlantiks in den Krieg eingreifen wollten.

Schon bei einem ersten Bewertungsschritt erweist sich aber, dass ein solch weitreichendes strategisches „Programm" nur bei der Bildung einer Koalition möglich gewesen wäre, die Italien, Spanien und Frankreich einschloss. Dass dies wegen der unüberwindbaren Interessengegensätze dieser Staaten ausgeschlossen war, haben wir bereits dargestellt.

Zu den Befürwortern einer „Mittelmeer-Strategie" gehörte an erster Stelle das Oberkommando der Marine, an seiner Spitze Großadmiral Raeder. In der bis heute anhaltenden Diskussion um diese Frage wurde und wird Hitler und der militärischen Führung vorgeworfen, sie seien in den Vorstellungen der Landkriegführung verhaftet und zu „maritimem Denken" nicht fähig gewesen. Für eine Entscheidungssuche im Mittelmeer-Raum treten vor allem Baum/Weichold ein, wobei sie eine erfolgversprechende Strategie noch bis in das Jahr 1942, also zum zweiten Vorstoß Rommels auf das Nil-Delta, für möglich halten.[39] Eine ähnlich exponierte Auffassung vertritt Feldmarschall Kesselring: „Dagegen bot sich das Mittelmeer an, dessen Inbesitznahme und Beherrschung Großbritannien tödlich treffen konnte."[40] Diese Einschätzung überrascht, war Kesselring doch als Oberbefehlshaber Süd lange Zeit für die Unterstützung der Italiener durch deutsche Truppen verantwortlich und musste daher die begrenzten Möglichkeiten Deutschlands aus eigener Erfahrung kennen.

Der Hypothese von der Suche nach einer Kriegsentscheidung im Mittelmeer-Raum wird von sachkundiger Seite widersprochen. In einer brillant geschriebenen Passage widerlegt Erich von Manstein in seinen Erinnerungen mit einer Reihe überzeugender Argumente den Entscheidungscharakter einer solchen Strategie: Zunächst ist für ihn zweifelhaft, ob der Verlust des Mittelmeer-Raumes für Großbritannien die militärische Niederlage in der Auseinandersetzung mit den Achsenmächten bedeutet hätte, da die Überlebensfähigkeit des Empire nicht von der

2. Der Mittelmeer-Raum im strategischen Konzept der Achsenmächte

Beherrschung dieses Raumes, sondern vom Kriegseintritt der USA abhängig war. Ein weiteres Argument ist für Manstein, dass die Lasten, die mit einem solchen strategischen Ansatz zwangsläufig verbunden waren, nur von Deutschland zu tragen und damit „starke deutsche Kräfte auf Dauer gebunden" gewesen wären. Ferner argumentiert Manstein, dass selbst nur bei Verwirklichung eines Teiles der zuvor beschriebenen möglichen Erfolge dieser Strategie die Sowjetunion dies nicht hingenommen hätte.[41]

Andreas Hillgruber bewertet ebenfalls die „entscheidungssuchende Mittelmeer-Strategie" in Bezug auf mehrere mögliche Zeitabschnitte und widerlegt die angeführte Hypothese insgesamt: Ausgehend vom angestrebten Kurs der deutschen Marineführung lautet sein erstes Argument gegen eine Ausschaltung Großbritanniens, dass Raeder nur von einer „Duell-Situation" zwischen Großbritannien und dem Reich ausging und den Aspekt unberücksichtigt ließ, dass weder die USA noch die Sowjetunion eine derartige Niederlage Großbritanniens und die Erringung einer solchen Machtpositionen durch Deutschland hingenommen hätten. Ähnlich wie Manstein bezweifelt er, dass für die Achsenmächte eine Kriegsentscheidung im Mittelmeer erzwungen werden konnte, darüber hinaus konstatiert er, dass um die Wende 1940/41 bereits ein bündnisartiges Verhältnis zwischen den USA und Großbritannien eingetreten war und dass damit Großbritannien selbst beim Verlust der imperialen Stellung im Mittelmeer nicht zu einem Friedensschluss veranlasst werden konnte.[42]

In der Würdigung der Gründe, die einer mögliche Verlegung des deutschen Schwerpunktes in den Mittelmeer-Raum entgegen standen, ist oben nur auf das wahrscheinliche reaktive Verhalten der Sowjetunion verwiesen worden.

Seit einigen Jahren jedoch gibt es einen Fachstreit unter Historikern darüber, ob Stalin nicht unabhängig von den deutschen „Barbarossa"-Planungen und zeitgleich mit dem Planungsablauf auf deutscher Seite aus eigenem machtpolitischen Bestrebungen selbst ab dem Sommer 1940 einen Angriff gegen das Deutsche Reich vorbereitet habe. Überzeugende Argumente für diese These sind seit Jahrzehnten in der renommierten „Österreichischen Militärzeitung" vorgebracht worden, häufig durch russische Autoren, die zumindest zeitweise Einblick in die verschlossenen sowjetischen Archive hatten. Unter einer Reihe deutschsprachiger Autoren, wie Ernst Topitsch, Joachim Hoffmann, Werner Maser oder Walter Post, die ebenfalls von einem von deutschen Absichten unabhängigen Angriff der Sowjetunion ausgehen, ist besonders Heinz Magenheimer zu erwähnen, der mit nicht zu widerlegenden Begründungen folgende These vertritt: Als Ergebnis von Planungen seit Juni 1940 war die Rote Armee im Juni 1941 auf der Grundlage einer Aufmarsch- und Operationsweisung vom 15. Mai 1941 in einer Offensivgliederung aufmarschiert und wurde in dieser Angriffsgliederung durch den deutschen Angriff überrascht. Definitive Aussagen über einen möglichen sowjetischen Angriffsbeginn seien nicht möglich. Weder auf deutscher noch auf sowjetischer Seite hätten präventive Absichten vorgelegen.[43]

Auf diesen Fachstreit soll hier nicht näher eingegangen werden. Aber in Bezug auf die geforderte deutsche Mittelmeer-Strategie ergeben sich doch einige Überlegungen: Es steht fest, dass im ersten Halbjahr 1941 auf deutscher Seite die sowjetischen Angriffsvorbereitungen nicht erkannt worden waren. Bei einer strategischen Schwerpunktsetzung in den Mittelmeer-Raum und den Mittleren Osten sowie dem Einsatz entsprechend starker Kräfte hätte die Wehrmacht eine Defensivaufstellung gegenüber der Sowjetunion eingenommen? Dabei stellt sich die Frage, ob die dann hier verfügbaren Kräfte, insbesondere bei den Luftstreitkräften, einem Angriff der stark überlegenen Roten Armee hätte standhalten können. Zugespitzt lautet die Frage: Hätte der Erfolg gegen Großbritannien im Mittelmeer-Raum – von der Gesamtkriegführung her gesehen – nicht mit hoher Wahrscheinlichkeit ein Angriff in den Rücken des deutschen strategischen Dispositivs mit einer nachfolgenden Bedrohung der Grenzen des Reiches zur Folge gehabt?

Operationen auf dem Balkan und in Nordafrika

Als Beginn des Balkan-Feldzuges war der März 1941 vorgesehen. Im Januar/Februar wurden die diplomatischen Schritte fortgesetzt, um Jugoslawien und Bulgarien zum Beitritt zum Dreimächtepakt zu bewegen und gegenüber der Türkei, um diese davon abzuhalten, im bevorstehenden Feldzug Partei für die Gegenseite zu nehmen.[44] Der Aufmarsch der deutschen Truppen erfolgte zunächst in Rumänien. Am 1. März 1941 trat Bulgarien dem Dreimächtepakt bei, die Verlegung der Angriffskräfte von Rumänien nach Bulgarien begann ab dem 2. März.[45] Am 7. März wurde ein britisches Expeditionskorps in der Stärke von zweieinhalb Divisionen nach Griechenland verlegt.

Am 25. März 1941 gab die jugoslawische Regierung dem deutschen Druck nach: Auch Jugoslawien erklärte den Beitritt zum Dreimächtepakt. Um ein Bild von der politischen „Kungelei" zu bekommen, die bei dem Gezerre auf diplomatischer Ebene auf allen Seiten praktiziert wurde, ist zu erwähnen, dass Jugoslawien neben anderen Bedingungen für den Beitritt nach der Niederwerfung Griechenlands die Annexion des Beckens von Saloniki gefordert hatte und dies von Deutschland zugestanden worden war.[46] Durch den Putsch vom 27. März wurde die deutschlandfreundliche Regierung Jugoslawiens aber gestürzt. Noch an diesem Tage erging die Weisung Nr. 25 Hitlers, gleichzeitig mit dem Feldzug gegen Griechenland „Jugoslawien so schnell wie möglich zu zerschlagen".[47]

Am Angriff gegen Jugoslawien und Griechenland ab dem 6. April 1941 beteiligten sich schließlich Italien und Ungarn. Wie im Kapitel 1 ausgeführt kapitulierte die jugoslawische Armee schon am 17. April. Bereits jetzt konnten Truppen, die für „Barbarossa" vorgesehen waren, wieder abgezogen werden. Die griechische Befestigungslinie an der Nordgrenze des Landes wurde von den deutschen Truppen mit einem Vorstoß über jugoslawisches Gebiet umgangen. Zuerst kapitulierte die griechische Mazedonien-Armee, am 23. April schließlich die griechische Epirus-Armee. Am 16. April hatte die griechische Regierung dem britischen Expeditionskorps die Räumung Griechenlands nahegelegt. Der König ging außer Landes, der Krieg wurde an der Seite der Alliierten fortgesetzt. Ende April war die Evakuierung der britischen Truppen – überwiegend nach Kreta – beendet.

Auch die Wegnahme der Insel Kreta (seit einiger Zeit diskutiert) war in den Rahmen der strategischen Defensive – Sicherung der Südflanke von „Barbarossa" – eingeordnet. Mit der Weisung „Unternehmen Merkur" vom 24. April 1941 wurde als operativer Zweck vorgegeben: „Als Stützpunkt für die Luftkriegführung gegen England im Ost-Mittelmeer ist die Besetzung der Insel Kreta vorzubereiten."[48] Die Luftlandung zur Wegnahme Kretas begann am 20. Mai 1941. Am 1.

Juni war die Operation mit der Evakuierung letzter britischer Verbände abgeschlossen. Die propagandistischen Auswirkungen der beiden „Blitz-Feldzüge", insbesondere der Erfolg in der ersten Luft-See-Schlacht der Kriegsgeschichte bei der Eroberung von Kreta, auf die eigene Bevölkerung wie auf die Bevölkerung und die Armeen der Kriegsgegner waren von großer Tragweite. Die Wehrmacht schien unbesiegbar zu sein. Umso verheerender war anschließend die deutsche Besatzungspolitik in Jugoslawien und Griechenland, die damit eingeleitet wurde, dass Italien große Anteile des eroberten Territoriums als Besatzungsgebiet überlassen wurden. Der Vorteil, damit deutsche Truppen für „Barbarossa" verfügbar gemacht zu haben, wiegt demgegenüber gering.[49]

Das italienische Oberkommando hatte sich am 19. Dezember 1940 endgültig dazu durchgerungen, die deutsche Seite um eine Unterstützung von Bodentruppen mindestens in Stärke einer Panzerdivision zu bitten. Mitte Dezember war bereits das X. Fliegerkorps nach Sizilien verlegt worden, um in Nordafrika zu unterstützen. Auf der Grundlage der Weisung Nr. 22 wurde beginnend ab Februar 1941 ein Korpsstab und zunächst ein „Sperrverband", die speziell für diesen Zweck aufgestellte 5. le Div, nach Nordafrika verlegt. General Rommel, der Führer des Korps, das bald darauf „Deutsches Afrikakorps" genannt wurde, landete am 12. Februar 1941 in Tripolis. Wie es seiner dynamischen Art entsprach, entschloss er sich, Kräfte der 5. le Div aus der Landung heraus nach Osten vorzuschieben, am 31. März besetzten Vorauskräfte die Stellung Marsa el Brega. Damit war der Auftrag, Tripolitanien muss „behauptet" werden, im Wesentlichen erfüllt. Aufklärungsergebnisse ergaben, dass Rommel nur schwache britische Kräfte gegenüberstanden. Die Wahl zwischen Warten auf weitere Verstärkungen – die 15. Pz Div sollte bis Anfang Mai gelandet werden – oder die Ausnutzung eines Anfangserfolges wurde im Stile Rommels gelöst. Am 2. April nahmen Teile der 5. le Div Agedabia, und innerhalb einer Woche eroberten die deutsch-italienischen Truppen Rommels die gesamte Cyrenaika wieder zurück. Am 13. April 1941 wurde Bardia eingenommen, damit stand man wieder an der ägyptischen Grenze.

Angriffe auf Tobruk, an dem man vorbei gestoßen war, wurden von Mitte April bis Anfang Mai vorgetragen. Sie scheiterten, weil sie übereilt und mit unzureichenden Kräften angesetzt worden waren. Das Afrikakorps hatte enorme logistische Schwierigkeiten, die Basis in Tripolitanien lag zu weit zurück, die Hafenkapazitäten, beispielsweise in Bengasi, waren unzureichend. Rommels Hilferufe kamen in Berlin an. Für eine Lage, die er selbst hervorgerufen hatte, machte er andere verantwortlich. Die Luftwaffe konnte nicht helfen, da mittlerweile die Vorbereitungen für den Angriff auf Kreta liefen. Um Rommel von weiteren Unternehmungen abzuhalten, wurde General Paulus – wie angesprochen mittlerweile im OKH der Stellvertreter Halders – Ende April nach Afrika entsandt. Er sollte Rommel deutlich machen, dass der in naher Zukunft beginnende Russland-Feldzug absoluten Vorrang einnahm und mit weiteren Kräften nicht zu rechnen sei. Paulus, am 27. April bei Rommel eingetroffen, übermittelte diesem „dass (es) Hauptaufgabe des Afrikakorps sei, ‚die Cyrenaika zu halten, gleichgültig ob mit oder ohne Tobruk, Bardia, Sollum …'"[50]

Bereits im Mai hatten die Briten begrenzte Gegenangriffe angesetzt. Im Juni erfolgte der größere Angriff „Battleaxe" an der Sollum-Front (also an der ägyptischen Grenze), der durch die Führungskunst Rommels bis Ende Juni abgewiesen werden konnte. Auf absehbare Zeit war die Bedrohung Libyens abgewendet worden, wenn auch Tobruk noch in britischer Hand war.

Vor Herbst 1941, so wurde Rommel vorgegeben, würde eine Wegnahme Tobruks nicht infrage kommen, der Besitz Tobruks war wiederum Voraussetzung für einen Angriff auf das Nil-Delta. Die Wiederaufnahme seines Angriffs plante Rommel für den 21. November 1941. Das Afrika-korps war inzwischen erheblich verstärkt worden und in „Panzergrupppe Afrika" umbenannt.[51]

Sowohl diese Verstärkung als auch die Absicht einer neuen Offensive können angesichts der Defensivabsichten auf dem Kriegsschauplatz Nordafrika nur verwundern: Der Feldzug in Russland war zum Stehen gekommen, ab Dezember 1941 kämpfte das Ostheer um das Über-leben. Auch die Briten hatten sich mittlerweile erheblich verstärkt, ihre Kräfte waren in der 8. (BR) Armee zusammengefasst worden. Sie kamen Rommels vorgesehenem Angriff zuvor: Am 18. November 1941 begann die 8. Armee ihre „Operation Crusader", die sich Zug um Zug trotz wechselhafter Kämpfe zu einer bedeutenden Niederlage Rommels ausweitete. Am 5./6. De-zember ging die Panzergruppe auf die Gazala-Stellung zurück, die Belagerung Tobruks wurde aufgegeben – ab dem 16./17. Dezember erfolgte nach und nach die Aufgabe der Cyrenaika, bis 13. Januar 1942 wurde die Marsa el Brega-Stellung bezogen, von wo aus im Mai 1941 die Of-fensive begonnen worden war.

Völlig zu Recht wird die Frage aufgeworfen, „ob die Eroberung der Cyrenaika durch Rom-mel im April 1941 nicht ein schwerer Fehler war." Rommels Eigenwilligkeiten gaben dem Feld-zug ein Gewicht, das weder vorgesehen noch angesichts der Gesamtlage zu rechtfertigen war. Hitler und das OKW ließen Rommel dennoch gewähren.

Die Operationen beim Feldzug in Nordafrika weisen einige besondere Merkmale auf: Sie waren in der Regel auf einen maximal 200 Kilometer breiten, bewegungsgünstigen Streifen entlang der Küste des Mittelmeeres beschränkt. Waren Stellungen durchbrochen oder Gefechte entschieden, kam es sehr schnell zu weiträumigen Bewegungen, die durch die Entfernung zur eigenen logistischen Basis und die Empfindlichkeit der oft überdehnten Verbindungslinien be-stimmt wurden. Insgesamt kann von einem Hin- und Herwogen der Operationen gesprochen werden.

Mit dem Beziehen der Marsa el Brega-Stellung am 13. Januar hatte sich Rommel der eigenen logistischen Basis in Tripolitanien genähert (Entfernung ungefähr 700 Kilometer), die Briten sich von ihrer in Ägypten um mehrere Hundert Kilometer entfernt. Deutschen und Italienern gelang es, mehrere bedeutende Versorgungsgeleitzüge nach Tripolitanien durchzubringen, nach kurzer Zeit verfügte Rommel wieder über etwa 120 einsatzbereite Panzer.[52] Der britische Vor-marsch lief vor der Marsa el Brega-Stellung aus. Am 21. Januar 1942 trat Rommel überraschend für den Feind, den Verbündeten und für die eigene vorgesetzte Führung erneut zum Vorstoß an. Der Hafen von Bengasi wurde am 29. Januar wieder eingenommen, am 6. Februar kam sein Angriff an der Gazala-Stellung (knapp 80 Kilometer westlich von Tobruk) zum Halten. Über die Weite des Vorstoßes hatte es ständig Differenzen zwischen Rommel und seinen vorgesetz-ten italienischen Führern gegeben. Nach der Einnahme der Marsa el Brega-Stellung wären die Italiener zufrieden gewesen, diese auf Dauer zu halten. Nun setzten sie alles daran, wenigstens in der Gazala-Stellung zur Defensive überzugehen, während sich abzeichnete, dass für Rommel nur ein Zwischenhalt in Frage kam. Für die nächsten Monate lagen sich beide Gegner im Zuge der Gazala-Stellung gegenüber und bauten ihre Kräfte auf.

2. Der Mittelmeer-Raum im strategischen Konzept der Achsenmächte

Zur Bewertung des weiteren Geschehens ist erneut ein Hinweis auf die Gesamtlage aus deutscher Sicht nötig. Bis in den März hinein war es dem deutschen Ostheer gelungen, die Front in Russland zu stabilisieren. Am 5. April 1942 gab Hitler seine Weisung für die Fortsetzung des Feldzuges in Russland im Sommer 1942 heraus. Der Inhalt zeigte, dass an eine Weiterführung des Ostfeldzuges im ursprünglichen Sinn nicht zu denken war. Das Ostheer konnte nur noch auf seinem Südflügel die strategische Offensive ergreifen – zur Inbesitznahme der kaukasischen Erdölgebiete. Der Zweck des Sommerfeldzuges war auf kriegswirtschaftliche Ziele gerichtet. Der Sowjetunion sollten wichtige kriegswirtschaftliche Kraftquellen entzogen werden, um sie selbst nutzen zu können. Von einer Zerschlagung der Sowjetunion war nicht mehr die Rede.[53] In dieser Lage musste alles darauf ausgerichtet sein, den Hauptzweck des Sommerfeldzuges in Russland sicherzustellen und Nebenoperationen zu vermeiden.

Verschiedene Autoren führen aus, dass im Afrikakorps (bzw. der Panzerarmee Afrika) einschließlich der Verbände der Luftwaffe zu keiner Zeit mehr als 60 000 deutsche Soldaten eingesetzt waren. Doch dieses Argument greift zu kurz: Schon am 28. November 1941, als die „Winterkrise vor Moskau" sich abzeichnete, hatte sich das OKW veranlasst gesehen, die Luftflotte 2 (einschließlich eines Fliegerkorps) aus Russland abzuziehen und in den Mittelmeer-Raum zu verlegen, da das Afrikakorps im Hinblick auf „Crusader" dringend der Unterstützung bedurfte. Nachdem Admiral Dönitz, der Befehlshaber der U-Boote, den Auftrag erhalten hatte, schon bis November 1941 insgesamt zehn U-Boote in das Mittelmeer zu verlegen, um dort gegen die britische Mittelmeerflotte und Geleitzüge zu operieren, erhielt er am 22. November 1941 den Befehl zum „schwerpunktmäßigen Einsatz der gesamten Front-U-Bootwaffe im Mittelmeer und westlich der Straße von Gibraltar." Als Folge eines weiteren Befehls (29. November), mit dem ihm noch die Anzahl der einzusetzenden U-Boote vorgegeben wurde, „hörte die Kriegführung auf dem Hauptkriegsschauplatz Atlantik auf", zugunsten „der Erhaltung eigener Mittelmeer-Positionen für die Gesamtkriegführung."[54]

Wenn es im Herbst 1940 richtig war, auf dem Kriegsschauplatz Mittelmeer-Raum eine strategische Defensive einzunehmen, dann war es nun eindeutig falsch, sich 1942 in einem Feldzug zu verzetteln, der selbst bei einem Erfolg keine Auswirkung auf eine Kriegsentscheidung haben würde. Trotzdem wurde am 4. Mai 1942 durch das OKW die Weisung zur Operation „Theseus" erteilt, die als erstes die Wegnahme von Tobruk zum Ziel hatte und deren weitere Absicht eine Fortsetzung der Offensive aber in Richtung ägyptische Grenze war. Der Angriff der Panzerarmee Afrika begann am 26. Mai 1942, Mitte Juni war die Gazala-Stellung eingenommen, am 21. Juni fiel die Festung Tobruk.

Auf Seite der Achsenpartner verdrängte die propagandistische Nutzung des Erfolgs von Tobruk alle rationalen Überlegungen. In einem „Alles ist möglich"-Schreiben drängte Hitler Mussolini, auf das Nil-Delta zu marschieren, am 26. Juni erklärte Rommel, in zehn Tagen in Kairo zu sein. Rommels Einfluss auf Hitler wird zu dieser Zeit als „hypnotisch" bezeichnet. Nur die Generale des Comando Supremo blieben realistisch: Sie wollten in der Bardia-Sollum-Stellung stehen bleiben und zur Defensive übergehen. Am 24. Juni begann Rommel seinen weiteren Vormarsch, am 30. Juni kam dieser vor der El Alamein-Stellung zum Erliegen. Die Panzerarmee Afrika hatte in zehn Tagen 500 Kilometer zurückgelegt. Sie stand nur noch 160 Kilometer vor

Alexandria. Die Kräfte auf beiden Seiten waren erschöpft. Die erste Schlacht von El Alamein klang Ende Juli 1942 ohne Ergebnis für beide Seiten aus.[55]

Operation „Torch" und die Räumung Nordafrikas (Lagekarten 3 und 4)

Im Laufe des 8. November 1942 gingen auf deutscher Seite die Meldungen über die anglo-amerikanische Landung in Nordafrika, „Operation Torch", ein. Einige Zeit später wurde klar, dass die Alliierten auch in Französisch-Marokko gelandet waren. Wohl hatte man auf deutscher Seite die Zusammenführung größerer Geleite in Gibraltar erkannt, hinsichtlich möglicher Landeräume aber sehr unterschiedliche Hypothesen angenommen. Eine mögliche Landung in Nordafrika wurde als nicht sehr wahrscheinlich angesehen, eher vermutete man eine Landung stärkerer Kräfte – vier bis fünf Divisionen – im Rücken der Panzerarmee Afrika im Raum Tripolis oder Bengasi. Erst spät am Abend des 7. November war ein Landungsunternehmen an der französischen Nordafrika-Küste als wahrscheinlich erachtet worden.[56]

Hitler und das OKW reagierten einigermaßen konfus. Überlegungen, Nordafrika ganz aufzugeben, wurden nach kurzer Beratung beiseite geschoben. Neben dem Verlust der Panzerarmee Afrika (angeblich konnte diese nicht zurückgeführt werden) fürchtete man, dass „Die strategischen Vorteile einer völligen Beherrschung des Mittelmeerkriegsschauplatzes … damit um die Wende des Jahres 1942/43 an die Alliierten übergegangen sein (würden); die moralische Widerstandskraft des italienischen Volkes wäre bis ins Mark erschüttert und den Alliierten alle Freiheit zur weiteren strategischen Initiative überlassen worden …"[57] War aber mit der Landung anglo-amerikanischer Kräfte nicht schon die strategische Initiative an die Alliierten verloren gegangen?

Frankreich gegenüber hatte man über zwei Jahre hinweg eine Politik als Sieger zum Besiegten betrieben, nun wurde in aller Eile der Vichy-Regierung ein Bündnis angeboten. Aber es war zu spät: Am 10. November schloss Admiral Darlan in Algier mit der insgeheimen Zustimmung Pétains einen Waffenstillstand mit General Eisenhower. Nur Tunesien verblieb nach schnellem Zugriff im Besitz der Achsenmächte. Nun wurde wieder umgesteuert: Am 11./12. November wurden der bisher nicht besetzte Teil Frankreichs und die Insel Korsika durch deutsche und italienische Truppen besetzt.

Welche Möglichkeiten blieben den Achsenmächten überhaupt noch, um die Beherrschung des Mittelmeer-Raumes durch die Alliierten zu verhindern? Bei dieser Frage waren Ägypten, Libyen und Tunesien als Gesamtkriegsschauplatz zu betrachten. Seit Juli 1942 stand die Panzerarmee Afrika in ihrer exponierten Stellung bei El Alamein. Ihr Nachschub für umfangreiche Operationen war nicht gesichert. Eine britische Gegenoffensive war zu erwarten, da Churchill eine deutsche Armee vor den Toren Kairos nicht hinnehmen würde. Ein letzter Offensiv-Versuch Rommels, im Rahmen der Schlacht von Alam Halfa (30. August bis 2. September 1942) die El Alamein-Stellung zu durchbrechen, endete mit einer Niederlage. Am 23./24. Oktober 1942 eröffnete Montgomery seinen Angriff mit Bodentruppen. Um die Zerschlagung seiner Truppen beim bevorstehenden Durchbruch zu verhindern, gab Rommel am 4. November den Befehl zum Ausweichen. Über die Sollum-Stellung ging er nun bis zum 24. November wieder einmal auf die

Marsa el Brega-Stellung zurück, zuvor war am 12./13. November Tobruk gefallen. Auch hier ist wieder ein Blick auf die Gesamtlage angebracht, um das Dilemma der deutschen Führung deutlich zu machen: Am 22. November 1942 hatte sich der Einschließungsring am die 6. deutsche Armee bei Stalingrad geschlossen, am 24. November verbot Hitler den Ausbruch aus dem Kessel.

Bei einem Blitzbesuch am 28. November im Führerhauptquartier forderte Rommel den weiteren Rückzug seiner Armee und die Aufgabe Nordafrikas. Was würde im Hinblick auf die Gesamtkriegführung der Achsenmächte die Aufgabe Nordafrikas tatsächlich bedeuten? Neben dem Zusammenfallen so hoch gesteckter Ziele wie die des „mare nostrum" musste nach den vorangegangenen Ankündigungen der bevorstehenden Einnahme des Nil-Tales der Verlust der nordafrikanischen Besitzungen auf die italienische Bevölkerung wie ein Schock wirken. In der Tat war es nicht zu verhindern, dass die Initiative im Mittelmeer-Raum auf die Alliierten überging. Zusammen mit der Niederlage von Stalingrad, die sich zu diesem Zeitpunkt schon abzeichnete, war die Initiative im Gesamtkrieg auf die Seite der gegnerischen Kriegskoalition insgesamt übergegangen. Die alliierten Seeverbindungen durch das Mittelmeer würden geöffnet, nachdem die Achsenmächte bisher schon nicht in der Lage gewesen waren, den Seeverkehr zwischen dem westlichen und östlichen Mittelmeer zu unterbinden. Die Bildung einer Landfront auf dem europäischen Kontinent als weiterer Schritt war eine reale Option, nach einem Kriegseintritt der Türkei konnten die westlichen Alliierten eine direkte Verbindung zur Sowjetunion herstellen. Als Gegenargument ist jedoch anzuführen, dass die Bildung einer solchen Landfront eine weitere Seelandung der Alliierten im großen Stil voraussetzte, zu deren Abwehr man auf deutscher Seite noch alle Möglichkeiten hatte, sofern man sich darauf vorbereitete. Für das Deutsche Reich zumindest konnte der Krieg an der Peripherie fortgeführt und der Feind so lange abgehalten werden bis eine Entscheidung an anderer Stelle fallen würde.

Der Verlust der deutsch-italienischen Kräfte Rommels war nicht unvermeidbar. Aber auch bei ihrer Rücknahme auf den Kontinent und der Räumung Nordafrikas war dazu der Brückenkopf Tunis zu bilden: Mit ihm würde ein Vorstoß der Anglo-Amerikaner in den Rücken der Panzerarmee Afrika verhindert, darüber hinaus bildete er eine „Aufnahmestellung" für Rommel, unter dessen Schutz eine Evakuierung über Sizilien erfolgen konnte. Dazu musste allerdings der Brückenkopf erst in ausreichender Breite und Tiefe frei gekämpft werden. Von verschiedenen Autoren wie auch von verantwortlichen Führern der damaligen Zeit (u.a. Kesselring) wird angeführt, dass angesichts der Überlegenheit der Alliierten zur Luft und zur See die Panzerarmee Afrika nicht zu evakuieren gewesen wäre. Das Gegenargument lautet, dass immerhin fast vier deutsche Divisionen auf dem Luftwege und über See in den Brückenkopf nach Tunis überführt worden sind, selbst eine „Dünkirchen-Lösung", mit der wenigstens das unersetzliche Personal mit Masse auf dem Luftwege nach Italien evakuiert worden wäre, musste möglich sein. Dazu hätte es allerdings zeitgerecht eines Entschlusses bedurft.[58]

Die Entscheidung lautete anders: „Nordafrika muss als Vorfeld von Europa unbedingt gehalten werden."[59] Die ausschlaggebende Voraussetzung für das Halten eines Brückenkopfes in Nordafrika war aber nicht das Überführen ausreichender Kräfte, sondern das Sicherstellen des entsprechenden Nachschubs auf Dauer. Bisher schon war es nicht gelungen, die Panzerarmee Afrika ausreichend zu versorgen – wie sollte dies nun mit der doppelten Menge an Truppen gelingen?

Am 10. November waren die Befehle zum Ausbau des Brückenkopfes Tunis ergangen. Nach und nach erfolgte der – vorwiegend – deutsche Kräfteaufbau bis zum 9. Dezember, als die deutsche 5. Pz Armee gebildet wurde. Die Nachschublage entwickelte sich, wie es vorherzusehen war: Im November 1942 gingen 40 Prozent der benötigten Tonnagemenge verloren, im Januar 1943 waren es bereits 55 Prozent, im März schließlich 57 Prozent, bis im April der Brückenkopf „blockiert" war und 74 Prozent der beförderten Versorgungsgüter verloren gingen.

Rommel hatte sich mit Nachtruppen bis zum 16./17. Dezember im Raum der Marsa el Brega-Stellung gehalten, danach ging er gegenüber der 8. (BR) Armee verzögernd kämpfend zurück. Am 23. Januar 1943 wurde Tripolis geräumt, am 20. Februar bezog die Panzerarmee Afrika die „Mareth-Stellung", um die Verteidigung des Brückenkopfes in Richtung Südosten zu übernehmen. Wenige Tage später wurde aus Rommels Truppen und der 5. Pz Armee die „Heeresgruppe Afrika" gebildet. Weniger auf Grund der Führungskunst der Alliierten, von allen Seiten eingeengt, erdrückt durch die materielle Überlegenheit des Gegners und abgenutzt wegen des fehlenden eigenen Nachschubs kapitulierten die letzten Teile der HGr Afrika am 13. Mai 1943. Zu den sicherlich äußerst nachteiligen Folgen, die zwangsläufig auch bei einer Räumung Nordafrikas auf Grund eigener Entscheidung aufgetreten wären, kam nun noch der Verlust einer ganzen Heeresgruppe. Seit November 1942 hatte der Feldzug in Nordafrika die Achsenmächte 30 000 Gefallene, über 26 000 Schwerverwundete und mehr als 260 000 Gefangene gekostet. Unter den Gefangenen befanden sich über 100 000 deutsche Soldaten, etwa ebenso viele wie in Stalingrad in Gefangenschaft gingen. Das Material von acht deutschen und sechs italienischen Divisionen war verloren gegangen, die Divisionen waren zerschlagen.[60]

Ausblick

Auf deutscher Seite war der Strategiestreit zwischen Amerikanern und Briten, ob der Feldzug im Mittelmeer-Raum überhaupt fortgesetzt werden sollte, nicht bekannt. Das deutsche Oberkommando nahm die Fortsetzung als zwangläufig an. Für das weitere Vorgehen der Alliierten sah man drei mögliche strategische „Achsen":

- Über Sizilien, Sardinien und Korsika eine Landung in Südfrankreich mit einem nachfolgenden Stoß nach Norden.
- Über Sizilien auf das italienische Festland, um Italien als Kriegsteilnehmer auszuschalten.
- Über das östliche Mittelmeer auf die Balkanhalbinsel zur Bedrohung der deutschen Südflanke in Russland und als Machtdemonstration gegenüber den deutschen Verbündeten sowie gegenüber der Türkei.

Auf italienischer Seite wurde die alliierte Landung in Nordafrika nur als Vorstufe einer Landung auf dem italienischen Festland angesehen. Die deutsche Führung betrachtete die Stoßrichtung östliches Mittelmeer – Balkan als für die deutsche Seite besonders nachteilig für die weitere Fortsetzung des Krieges. Diese Einschätzung beruhte auf militärpolitischen, kriegswirtschaftlichen und strategischen Faktoren.

Die Sicherung der rumänischen Erdölquellen hatte schon 1940 einen Anlass zur Inbesitznahme der Balkanhalbinsel als Vorfeld gegeben. Nun, nachdem es nicht gelungen war, die kaukasischen Erdölgebiete zu gewinnen, waren die rumänischen Ölfelder noch wichtiger geworden. Aber auch im Hinblick auf weitere Rohstoffe für die Rüstungsproduktion – Kupfer, Bauxit, Antimon und Chromerz – war der Besitz des Balkans für Deutschland unverzichtbar. Einhundert Prozent der europäischen Chromproduktion lagen auf dem Balkan. Minister Speer führte in einer späteren Denkschrift im November 1943 über die Bedeutung des Verlusts der Rohstoffquellen auf dem Balkan aus, dass dann der Bedarf an Chrom nur noch für sechs Monate gesichert sei und der Krieg nach zehn Monaten beendet werden müsse.[61]

Eine Landung der Alliierten auf der Balkanhalbinsel mit der Bildung einer Landfront (ggf. unterstützt durch Untergrund- oder Aufstandsbewegungen in einigen Ländern) musste politische und strategische Wirkungen nicht nur in Bezug auf die Türkei, sondern auch auf die Verbündeten Deutschlands, Rumänien, Ungarn und die Slowakei, ja sogar hin bis zu Finnland nach sich ziehen – wäre dies nicht ein Beweis dafür, dass die deutsche Sache eine verlorene Sache war? Und das zu einem Zeitraum, in dem mit der Offensive von Kursk in Russland nochmals eine Wende herbeigeführt werden sollte?[62]

Zusammenfassend kann man feststellen, dass mit dem Verlust Nordafrikas nach zwei Jahren Kriegführung in weit dringlicher Form und mit deutlich ungünstigeren Bedingungen – dem Deutschen Reich standen nun Großbritannien und die USA gegenüber – all die strategischen Probleme wieder auf dem Tisch lagen, die mit dem deutschen Engagement im Mittelmeer-Raum eigentlich beseitigt sein sollten. Wir haben gesehen, dass der Verlust Nordafrikas nicht zu verhindern gewesen war. Den zusätzlichen Verlust einer Heeresgruppe hat Hitler vor führenden Generalen damit gerechtfertigt, dass die Invasion Europas um sechs Monate hinaus geschoben worden wäre und „dadurch Italien bei der Achse geblieben (sei)".[63] Darin könnte man jedoch nur dann etwas Positives sehen, wenn der Zeitgewinn dazu genutzt worden wäre, den zu erwartenden Schritten der Alliierten, der Landung an einer der Nordküsten des Mittelmeers, zu begegnen. In jedem Fall wären die verlorenen acht Divisionen bei der Verteidigung des Vorfeldes der „Festung Europa" sinnvoller einzusetzen gewesen.

Anmerkungen

1   Während Deutschland auf den Ablauf des Frankreich-Feldzuges konzentriert war, hatte die Sowjetunion „handstreichartig" zwischen dem 14. und 17.06.40 die baltischen Staaten Litauen, Estland und Lettland besetzt, die anschließend zwischen dem 03. und 06.08.40 als Sowjetrepubliken in die Sowjetunion eingegliedert wurden.
    Ende Juni/Anfang Juli wurden Bessarabien und die Nordbukowina von Rumänien abgetrennt und von der Sowjetunion annektiert.
    Im Geheimvertrag vom 23.08.39 bzw. in einer geheimen Anlage zum „Deutsch-sowjetischen Grenz- und Freundschaftsvertrag" vom 28.09.39 waren diese Staaten/Provinzen lediglich zum Interessengebiet der Sowjetunion erklärt worden. Gleiches gilt für Finnland, das ab dem 30.11.39 durch die Sowjetunion angegriffen wurde, und das nach dem erzwungenen Waffenstillstand vom 13.03.40 bedeutende Gebiete abtreten musste. Nur der aufopfernde Widerstand hatte Finnland davor bewahrt, ebenfalls von der SU annektiert zu werden. Alle Ereignisse mussten von Deutschland als Verstoß gegen den „Geist" und den Inhalt der Abmachungen mit der SU angesehen werden.
    Zum „Geheimen Zusatzprotokoll" siehe Werner Maser, „Der Wortbruch. Hitler, Stalin und der Zweite Weltkrieg", München 1994; S. 47. Maser schildert auch in seinem II. Kapitel „Die unheilvolle Allianz" die tief greifenden Differenzen über die Ausgestaltung des Geheimvertrages, S. 77-219.
2   Zu dieser Problematik siehe u.a. das „Kriegstagebuch des Oberkommandos der Wehrmacht (Wehrmachtführungsstab) 1940-1945." Geführt von H. Greiner und P.E. Schramm. Im Auftrag des Arbeitskreises für Wehrforschung hrsg. von

P.E. Schramm. Der Zeitraum 1940-1945 wird in acht Halbbänden abgebildet. Die gesamte Darstellung enthält Kommentierungen der bearbeitenden Historiker und von Zeitzeugen in großem Umfange, Dokumentenanhänge, Ergänzungen und Nachträge, auf die aber in der Regel nicht zusätzlich verwiesen wird. Die künftige Zitierung erfolgt grundsätzlich in der Form KTB OKW, betreffender Band (beispielsweise I/1, bei erstmaliger Nennung mit dem Hinweis auf den betreffenden Zeitraum), Datum des Eintrages und Seitenzahl. Der Verfasser verwendete die Taschenbuchausgabe, die im Bernard & Graefe Verlag, München 1982 herausgegeben wurde. Der entsprechende Textbezug findet sich im KTB OKW, Band I/1 (1. August 1940-31.Dezember 1941), S. 69 E. f. und S. 192 E ff. Siehe weiter Baum/Weichold, S. 19 ff. und S. 38-46 und Gerhard Schreiber, „Die politische und militärische Entwicklung im Mittelmeerraum 1939/40", MGFA, Band 3, Erster Teil, S. 8-19, S. 163 f.

3   Ab dem 08.08.40 umbenannt in „Wehrmachtführungsstab im Oberkommando der Wehrmacht" (WFSt).

4   Ausführliche Darstellungen und Bewertungen über die Jodl-Denkschrift bei Hillgruber, S. 157 ff., Schreiber, S. 178 ff. sowie Hans Umbreit/Klaus A. Maier, „Direkte Strategie gegen England", MGFA, Band 2, Neunter Teil, S. 369 f., S. 375 u. S. 409 ff. Zu beachten auch Heinz Magenheimer, „Die Militärstrategie Deutschlands 1940-1945. Führungsentscheidungen, Hintergründe, Alternativen", München 1997; S. 73 ff. Weniger überzeugend, weil falsche Prioritäten darstellend, Baum/Weichold, S. 74 ff.

5   Hillgruber, S. 158.

6   Walther Hubatsch, „Hitlers Weisungen für die Kriegführung 1939-1945", Koblenz 1983; S. 61 ff. sowie S. 65 f..

7   KTB OKW, Band I/1, S. 3 f. (Eintrag 01.08.40), S. 24 (Eintrag 12.08.40) sowie S. 76 (Eintrag 14.09.40); Umbreit/Maier, S. 375-378 u. S. 389.

8   KTB OKW, Band I/1, S. 5 (Eintrag 01.08.40) bzw. S. 63 f. (Eintrag 05.09.40).

9   Ebendort, S. 195 E; Hillgruber, S. 183 ff.; Schreiber, S. 134 ff.

10   Magenheimer, „Militärstrategie", S. 20-43; Hillgruber, S. 144-192.

11   Gerhard Schreiber/Detlef Vogel, „Schlussbetrachtung", MGFA, Band 3, S. 685 sowie Jürgen Förster, „Hitlers Entscheidung für den Krieg gegen die Sowjetunion", MGFA, Band 4, „Der Angriff auf die Sowjetunion", Stuttgart 1983; Erster Teil, Abschnitt I, S. 15.

12   Die folgenden Angaben über die Planungsarbeiten im OKH und OKW stützen sich auf die vorzügliche Ausarbeitung von Ernst Klink, „Die militärische Konzeption des Krieges gegen die Sowjetunion", ebenfalls in MGFA, Band 4, S. 190-277. Während die Wertschätzung dieser Arbeit im Hinblick auf die zeitlichen, operativen und inhaltlichen Aspekte uneingeschränkt gerechtfertigt ist, kann der These Klinks von einer endgültigen Entscheidung Hitlers für den Ostfeldzug bereits zum Zeitpunkt Mitte Juli 1940 nicht gefolgt werden. Siehe dazu die nachfolgende Darstellung.

13   Eintrag im sogenannten „KTB Halder" vom 22.07.40, im Nachgang zur Besprechung vom 21.07.40. Siehe hierzu „Generaloberst Halder. Kriegstagebuch. Tägliche Aufzeichnungen des Chefs des Generalstabes des Heeres 1939-1942", 3 Bände, Hrsg. Arbeitskreis für Wehrforschung Stuttgart. Hier der Band 2, „Von der geplanten Landung in England bis zum Beginn des Ostfeldzuges" (1.7.1940-21.6.1941), bearbeitet von Hans-Adolf Jacobsen, Stuttgart 1963; S. 32.

14   Maser, S. 232 f.

15   Hubatsch, S. 67-71.

16   So u.a. Baum/Weichold, S.104. Gegenteiliger Auffassung ist Gabriel Gorodetsky, „Grand Delusion. Stalin and the German Invasion of Russia", New Haven/London 1999; S. 51.

17   Maser, S. 232-251. Maser behandelt in seiner Darlegung nicht nur das Ereignis an sich, sondern auch noch die Reaktionen auf beiden Seiten auf die Gespräche, die in erster Linie den Zweck hatten, sich gegenseitig die Verantwortung für das Scheitern in die Schuhe zu schieben.

     Des Weiteren siehe die überzeugende und scharfsinnige Bewertung bei Heinz Magenheimer, „Entscheidungskampf 1941. Sowjetische Kriegsvorbereitungen, Aufmarsch, Zusammenstoß", Bielefeld 2000; S. 29-47. Magenheimer im gleichen Sinne schon in „Militärstrategie", S. 49 f. und neuerdings in „Kriegsziele und Strategie", S. 68 ff.

18   Magenheimer, „Entscheidungskampf", S. 30.

19   Magenheimer, „Militärstrategie", S. 47 bzw. S. 49; Hillgruber, S. 304 f.

20   Siehe Hillgruber, S. 216, Fußnote 40, S. 222, Fußnote 66 und 69 und S. 277, vor allem aber S. 355 und S. 360 f. mit der Fußnote 45. In dieser Fußnote führt er von Hitler selbst genannte Gründe für dessen Entscheidung auf. Wichtig ist folgendes Zitat „Dass Hitler sich wieder (Anm.: gemeint Anfang November) stark der Ost-Lösung näherte, ohne sich doch schon fest dafür entschieden zu haben ...", S. 355.

     Mit gleicher Aussage Gorodetsky, S. 39 und 75. Um ihre Behauptungen, der Feldzug „Barbarossa" sei Hitlers „eigentlicher Krieg" gewesen, zu untermauern, beziehen sich die Vertreter der „Messerschmidt-Schule" (siehe in der Fußnote 11 die Behauptung Jürgen Försters) immer wieder auf einen Eintrag im KTB Halder vom 31.07.40, in dem Halder Hitlers angeblich „bestimmten Entschluß, Rußland zu erledigen" wiedergibt. Halder, a.a.O., S. 49. Dabei wird der Eintrag Halders vom 04.11.40 über eine Besprechung bei Hitler (absichtlich?) vernachlässigt, zu dem es in der Anmerkung 9 des Bearbeiters auf Seite 165 heißt: „Trotz der Vorbehalte (siehe Anm. 5 und 8) sollten die Vorbereitungen zum Feldzug gegen die Sowjetunion weiter intensiviert werden. Aus den Ausführungen Hitlers mussten die Zuhörer jedoch den Eindruck gewinnen, dass es zu diesem Zeitpunkt noch nicht Hitlers, unabänderlicher Entschluss' war, die Sowjetunion anzugreifen, zumal Mitte November der sowjetische Außenminister Molotow zu Gesprächen in Berlin erwartet wurde."

2. Der Mittelmeer-Raum im strategischen Konzept der Achsenmächte

In den Anmerkungen 5 und 8 (S. 164 f.) hatte der Bearbeiter, Jacobsen, darauf hingewiesen, dass der Diktator eine weitere Zusammenarbeit mit der Sowjetunion immer noch in Erwägung zog.

21 Siehe entsprechende Vermerke im KTB OKW, Band I/1, beispielsweise auf S. 41 f. (21.08.) oder S. 73 f. (11.09.40).

22 Baum/Weichold, S. 55. Freie Übersetzung: „Nicht mit Deutschland, auch nicht für Deutschland, allein nur für Italien, an der Seite Deutschlands."

23 KTB OKW, Band I/1, S. 104.

24 Siehe Kapitel 1

25 Baum/Weichold, S. 64. Sehr detaillierte Beschreibung bei Schreiber, a.a.O., S. 239-249.

26 KTB OKW, Band I/1, S. 42 (Eintrag 21.8.40). Zu der Unmöglichkeit, die gegensätzlichen Interessen auszugleichen und Italien, Spanien und Frankreich zu einer gemeinsamen Strategie mit Deutschland zu bewegen, siehe Hillgruber, S. 390, vor allem dort die Fußnote 2.

27 Siehe wiederum Kapitel 1.

28 Vorstehende Ausführung nach Klaus Olshausen, „Zwischenspiel auf dem Balkan. Die deutsche Politik gegenüber Jugoslawien und Griechenland von März bis Juli 1941", Stuttgart 1973; S. 14 ff. Vergleiche auch Gerhard Schreiber, „Deutschland, Italien und Südosteuropa. Von der politischen und wirtschaftliche Hegemonie zur militärischen Aggression", MGFA, Band 3, S. 369-390 und Baum/Weichold, S. 97 ff. Bislang sollten der Epiros und ein Teil der Ionischen Inseln in Besitz genommen werden, nunmehr wurden die Operationsziele bis in den Raum Athen erweitert.

29 Schreiber, S. 401-411.

30 KTB OKW, Band I/1, S. 144 f. und 148 f. (Eintragungen vom 1.11. und 4.11.40). Am 3.11. lagen zudem die Erkundungsergebnisse wegen des Einsatzes eines deutschen Panzerverbandes in Libyen vor. Der Eindruck über die italienische Führung und die Truppen in Lybien waren deprimierend. Die Bereitschaft der Italiener zur Fortsetzung der Offensive gegen Ägypten war gering.

31 Hubatsch, S. 67 ff.

32 Zu den diplomatischen Bemühungen auf beiden Seiten siehe Olshausen, S. 18-22.

33 Ebendort, S. 21.

34 KTB OKW, Band I/1, S. 180 (Eintrag 19.11.40), S. 186 (Eintrag 25.11.40), S. 196 (Eintrag 3.12.40) sowie den Vermerk über die Lagebesprechung mit Hitler, S. 203 ff. (Eintrag 5.12.40); Hubatsch, Weisung Nr. 18a, S. 72 ff.

35 KTB OKW, Band I/1, S. 219 und 222 (Eintrag vom 8.12. bzw. 10.12.40); Hubatsch, S. 74-78.

36 Hubatsch, S. 81 ff.

37 Baum/Weichold, S. 71 f.

38 Hubatsch, S. 93.

39 Hinweise auf die „verpasste Chance", den Krieg gegen Großbritannien im Mittelmeer zu entscheiden, durchziehen ihre schon häufig zitierte Ausarbeitung. Kennzeichnend sollen zwei Zitate sein: „Die Entscheidung im Mittelmeer hätte frühzeitig gesucht werden müssen: Vor dem Feldzug gegen die Sowjetunion. Oder andersherum: Dieser Krieg im Osten machte einen Sieg im Mittelmeer unmöglich." Sowie: „Am ehesten war eine Entscheidung im Mittelmeer für die ‚Achse' kurz nach dem Sieg im Westen und daran anschließend möglich." Beide Zitate a.a.O., S. 414.

40 Albert Kesselring, „Gedanken zum Zweiten Weltkrieg", Schnellbach 2000 (Nachdruck der Ausgabe von 1955); S. 80 f., siehe auch S. 93 ff.

41 Erich von Manstein, „Verlorene Siege", Frankfurt/Main 1964; S. 159-162.

42 Hillgruber, S. 191, S. 388-397. Bereits in Kapitel 1 wurde auf die quasi Bündniskonstellation spätestens nach den ABC-Besprechungen hingewiesen.

43 Magenheimer hat seine These Schritt für Schritt über mehrere Jahre in vielen Aufsätzen entwickelt und abgesichert bzw. in mehreren Büchern dargestellt. Siehe dazu das erwähnte Werk „Militärstrategie", in erster Linie aber „Entscheidungskampf 1941". Im Literaturverzeichnis des letzteren finden sich sowohl ausführliche Hinweise auf die russischen wie auf die deutschen Autoren.

44 Olshausen, S. 25-38; Vogel, MGFA, Band 3, S. 427-431 sowie S. 436-441.

45 Im Rahmen der anzustellenden strategischen Überlegungen wird in diesem wie in folgenden Absätzen davon abgesehen, den Ablauf der Operationen zu schildern. Siehe dazu aber Vogel, ebendort, S. 448-511; Alex Buchner, „Der deutsche Griechenlandfeldzug", Heidelberg 1957; Baum/Weichold, S. 136-160; Antony Beevor, „Crete-The Battle and the Resistance", London 1992; S. 30-55; Neuerdings hat auch Karl-Heinz Golla mit „Der Fall Griechenlands 1941 (Hamburg 2007) eine gründliche Darstellung des Balkanfeldzuges gegeben.

46 Olshausen, S. 31 und 35 f.

47 Hubatsch, S. 106 ff.

48 Hubatsch, S. 115 f.

49 Einteilung der Besatzungsgebiete in Jugoslawien und Griechenland bei Olshausen, 1. Teil, Kapitel III sowie 2. Teil, Kapitel I und II, dabei die Lagekarten 3 und 7 im Anhang.

50 Stegmann, a.a.O., MGFA, Band 3, S. 629. Die „Paulus-Mission" wurde schon frühzeitig im von Walter Görlitz herausgegebenen Nachlass des Feldmarschalls, „Paulus. Ich stehe hier auf Befehl", Frankfurt/Main 1960, behandelt. Detaillierte Schilderungen geben Irving, „Rommel", S. 119 ff. und neuerdings Torsten Diedrich in seiner Biografie

über Friedrich Paulus, „Paulus. Das Trauma von Stalingrad", Paderborn 2008; S. 172-175. Aus beiden geht hervor, wie wenig Rommel gewillt war, sich an die Vorgaben und Prioritäten des OKH zu halten.

51 Die 5. le Div war zu einer vollen Panzerdivision umgegliedert worden, der 21. Pz Div. Hinzu kam eine weitere motorisierte Infanteriedivision, die 90. le Div. Im Übrigen wurde die „Panzergruppe Afrika" am 22.01.42 in „Panzerarmee Afrika" umgegliedert.

52 Mit dieser Zahlenangabe soll deutlich gemacht werden, mit wie wenig Großwaffensystemen in Nordafrika oft entscheidende Operationen geführt wurden.

53 Hubatsch, Weisung Nr. 41, S. 183-188. Im Originaltext heißt es über den Zweck: „Das Ziel ist, die den Sowjets noch verbliebene lebendige Wehrkraft endgültig zu vernichten und ihnen die wichtigsten kriegswirtschaftlichen Kraftquellen soweit als möglich zu entziehen."
Bei einer wehrwirtschaftlichen Besprechung am 28.05.42 führte Feldmarschall Keitel, der Chef OKW, dazu aus, „dass die Operationen des Jahres 1942 uns an das Öl bringen müssen. Wenn dies nicht gelingt, können wir im nächsten Jahr keine Operationen führen ...". Siehe Bernd Wegner, „Der Krieg gegen die Sowjetunion 1942/43", MGFA, Band 6, S. 783.

54 Dönitz, „10 Jahre ...", S. 153 ff.. Siehe auch Dönitz, „Kommentar zur Einleitung KTB OKW", Band I/1, S. 231 E.
Man sieht, dass die Ereignisse ihre eigenen Gesetze haben und zu Zwängen führen, die sich nachteilig auf die Gesamtabsicht auswirken. Die – wenn auch nur zeitlich beabsichtigte – Unterbrechung des Zufuhrkrieges, mit dem auch die USA, gerade in den Krieg eingetreten, empfindlich zu treffen waren, steht in keiner Relation zu einer Stabilisierung der Lage im Mittelmeer.

55 Bei allen drei Angriffen der Achsenmächte nach Ägypten hinein spielte die Frage eine Rolle, ob vor Beginn der Bodenoperationen die Insel Malta als britischer Luftwaffen- und Marinestützpunkt ausgeschaltet werden sollte oder nicht. Die seinerzeitige Kontroverse, die auch in der Nachkriegsliteratur fortgeführt wurde, wurde in der vorliegenden Betrachtung nicht aufgegriffen, da bei einer tatsächlichen strategischen Defensive – wenn man sich mit dem Besitz Tripolitaniens begnügt hätte – die Einnahme von Malta untergeordnete Bedeutung hatte. Je weiter in Richtung Nil-Delta gedacht wurde, desto mehr spielte Malta eine Rolle.
Eine überzeugende Bewertung von Rommels Vorstoß in Richtung El Alamein findet sich wiederum bei Stumpf, a.a.O., S. 642-647. Dabei wird auch das Malta-Problem in anschaulicher Weise behandelt.

56 Vergleiche verschiedene Eintragungen im KTB OKW, Band II/2 (1. Januar 1942 bis 31. Dezember 1942), so S. 912 (Eintrag 6.11.42) oder S. 916 ff. (Eintrag 7.11.42). Beachtenswert auch die Einführung Hillgrubers im Band II/1 über die deutschen Gegenmaßnahmen zur alliierten Landung, S. 114-120.

57 Ebendort, S. 116.

58 Zu den Befürwortern einer rechtzeitigen Aufgabe gehörten neben Rommel auch der stv. Chef WFSt, General Warlimont und Vizeadmiral Weichold, siehe KTB OKW, Band II/2, S. 978 (Eintrag 17.11.42), KTB OKW, Band III/2 (1.Januar 1943-31.Dezember 1943), S. 1603 f. sowie Baum/Weichold, S. 311. Wie ausgeführt war Feldmarschall Kesselring gegen eine Räumung, siehe Kesselring, a.a.O., S. 98 f.

59 Siehe nochmals die Einführung Hillgrubers, KTB OKW, Band II/1, S. 112. Zum gleichlautenden Eintrag im KTB vom 01.12.42 hat General Warlimont bedeutsame Kommentierungen angebracht. Siehe dazu Band II/2, S. 1061 f.

60 Verlustzahlen nach Baum/Weichold, S. 327. Im KTB OKW Band III/2, S. 1606 werden etwas geringere Gefangenenzahlen, nämlich 250 000 Soldaten genannt. Zu den zerschlagenen Divisionen gehörten vier wertvolle Panzerdivisionen, die 10., 15., 21. Pz Div und die Pz Div „Hermann Göring".

61 Albert Speer, „Erinnerungen", Frankfurt/Main/Berlin 1970; S. 329. Beachte auch zu dieser Thematik die Ansprache von General Jodl vor den Reichs- und Gauleitern am 07.11.1943 in München „Die strategische Lage am Anfang des 5. Kriegsjahres", abgedruckt bei Hans-Adolf Jacobsen, „1939-1945. Der Zweite Weltkrieg in Chronik und Dokumenten", Darmstadt 1960; Dokument 104, S. 311 ff.

62 Die Standfestigkeit seiner Verbündeten und die Möglichkeiten eines „Absprungs" waren ein ständiger Bestandteil der Befürchtungen Hitlers und bestimmten ihn häufig zu operativen Entscheidungen, die unter dem Gesichtspunkt militärischer Grundsätze zweifelhaft waren. Siehe z.B. „Hitlers Lagebesprechungen". Die Protokollfragmente seiner militärischen Konferenzen 1942-1945. Herausgegeben von Helmut Heiber, Stuttgart 1962; hier die S. 205 f.

63 Hitler vor der Offensive bei Kursk (Anfang Juli 1943), KTB OKW, Band II/1, S. 121 f.

3

Die Invasion von Sizilien – Italien vor dem Zusammenbruch[1]

Militärstrategische Überlegungen der Alliierten: Fortsetzung

Trotz des beeindruckenden Anfangserfolges der Operation „Torch" dauerte der Widerstand der Achsen-Streitkräfte im Herbst/Winter 1942 in Tunis länger, als man dies auf alliierter Seite erwartet hatte. Dabei wurde ein Grundproblem immer deutlicher, das mit der Entscheidung für die Invasion in Nordafrika verbunden war: „Übereinstimmend war ‚Torch' nur als Notbehelf akzeptiert worden. Sobald die Operationen abgeschlossen waren, würde die Entscheidung zu treffen sein, wie das ‚Grand Design' des weiteren Vorgehens zu gestalten ist, von dem ‚Torch' bereits ein Bestandteil war."[2]

Zuvor waren bei der Beschreibung der Entscheidung für „Torch" verschiedene Zwecke vorgestellt worden, denen die Invasion dienen sollte[3], u.a. um „eine Bedrohung der Südflanke der Achsenmächte auf dem europäischen Kontinent (aufzubauen) und damit den Abzug von Kräften gegenüber der Sowjetunion (zu bewirken)." Da es hierzu keine einheitlichen Absichten gab, war es höchste Zeit, verbindliche Vorstellungen zu entwickeln, ob und auf welche Weise die Operationen im Mittelmeer-Raum fortgesetzt werden sollten. Die Entscheidung für „Torch" hatte die jeweiligen strategischen Grundpositionen nicht verändert: Die Generalstabschefs der Amerikaner traten unverändert für die direkte Strategie zur Niederwerfung Deutschlands ein. In einer Besprechung der Stabschefs mit dem Präsidenten im Dezember 1942 hatte General Marshall daher nach dem Abschluss von „Torch" die Beendigung der Operationen im Mittelmeer und die Überführung der Masse der Kräfte nach Großbritannien gefordert.[4] Bei den amerikanischen Spitzenmilitärs hatte sich ein starkes Misstrauen gegenüber den Briten aufgebaut. Es war der Verdacht entstanden, die Briten wollten den Feldzug im Mittelmeer-Raum an Stelle oder alternativ zum Angriff über den Kanal verfolgen, obgleich sie unverändert vorgaben, die Abnutzung Deutschlands auf einem Nebenkriegsschauplatz als Voraussetzung für die Landung in Nordfrankreich anzustreben.

Die britischen Stabschefs hielten ebenso unverändert an ihrer indirekten Strategie gegenüber Deutschland fest. Ein nicht unwesentlicher Beweggrund Churchills war dabei allerdings, im Hinblick auf eine künftige Nachkriegsordnung die Position des Empire im Mittelmeer und im Mittleren Osten abzusichern.[5] Churchill hatte in einem Schreiben an Roosevelt im November seine Präferenz dafür ausgedrückt, nun von Nordafrika aus „to strike at the underbelly of the Axis … in the shortest time".[6] Der britische Planungsstab (ein Arbeitsorgan der Generalstabschefs) hatte bis zum 5. Dezember 1942 einen Strategieansatz erarbeitet, dem die Generalstabschefs alsbald zustimmten und der für die Konferenz von Casablanca zur britischen Position wurde: Erstes Ziel war, mit einer Kombination von Propagandaaktionen (welche Folgen würde ein weiteres

Verbleiben im Krieg für Italien haben?), Bombenkrieg und einer Invasion von Sardinien oder Sizilien Italien zur Kriegsbeendigung zu veranlassen. Währenddessen seien im Balkan-Raum subversive Operationen gegen die deutsche Besatzungsherrschaft zu führen. Nach dem Fall Italiens wäre der Schwerpunkt der Alliierten auf den Balkan-Raum zu legen, die Türkei wäre zum Kriegseintritt gegen Italien zu bewegen. Insgesamt sei es Ziel, den gesamten Mittelmeer-Raum für die Alliierten zu öffnen, den italienischen Zusammenbruch herbeizuführen, den Deutschen die Herrschaft über die Balkan-Halbinsel streitig zu machen und selbst eine Landverbindung mit der Sowjetunion herzustellen. Mit der Beherrschung des Balkan-Raumes würden bisherige Vorteile der Deutschen – Nutzung des Raumes als Verbindungszone nach Südosteuropa, die Ausbeutung wichtiger Bodenschätze und der strategische Flankenschutz – beseitigt.[7]

Die US-Position für Casablanca war wie oben beschrieben. Wenn Marshall noch 1943 mit einem „letzten Versuch" eine Schwerpunktbildung in Nordwesteuropa mit einer Landung in Frankreich noch 1943 erzwingen wollte und er hierfür im Mittelmeer zur Defensive übergehen wollte, konnte er folgerichtig mit einem Vorgehen auf dem Balkan erst recht nicht einverstanden sein. Aber bereits zwischen den US-Generalstabschefs bestand keine Einigkeit. Hinzu kam, dass auch Präsident Roosevelt nach den Erfolgen mit „Torch" einer Fortsetzung des Feldzuges im Mittelmeer-Raum durchaus positiv gegenüber stand.

Wegen der unvereinbaren Gegensätze zwischen den amerikanischen und britischen Generalstabschefs war es seit längerem notwendig erschienen, erneut eine Abstimmung auf höchster Ebene vorzunehmen. Vom 14. bis 26. Januar 1943 trafen sich Roosevelt und Churchill mit ihren militärischen Beratern zur Konferenz von Casablanca.[8] Es war beabsichtigt gewesen, erstmals den sowjetischen Diktator Stalin zu einer Konferenz über strategische Planungen einzuladen. Mit der Begründung, die Entscheidung über die Vernichtung der dt. 6. Armee bei Stalingrad stünde an[9], sagte Stalin eine Teilnahme aber ab. Hinsichtlich der Lage des sowjetischen Verbündeten während der Tage von Casablanca ist zu bemerken: Bereits Mitte September 1942 war klar geworden, dass die zweite deutsche Offensive gegen die Sowjetunion zur Sicherung der kaukasischen Erdölgebiete gescheitert war. Die bevorstehende Vernichtung der 6. Armee und die sich abzeichnende Möglichkeit, den gesamten deutschen Südflügel abzuschneiden, hatten nicht nur gezeigt, dass die Sowjetunion allein den Deutschen standhalten konnte, sondern dass sie auch in der Lage war, Offensiven von hoher strategischer Bedeutung mit Erfolg abzuschließen. Damit standen die westalliierten Führer natürlich unter einem erheblichen Druck sowjetischer Forderungen gegenüber.

Bei den Verhandlungen der Vereinigten Stabschefs in Casablanca kam es sehr schnell zum entscheidenden Punkt. Unter welchen Umständen war eine Landung über den Ärmel-Kanal 1943 überhaupt noch durchzuführen? Die britische Haltung wurde durch General Sir Alan Brooke meisterhaft vertreten.[10] Er wies nach, dass – unabhängig von der nicht ausreichenden Transportkapazität mit Landungsschiffen für die eigentliche Seelandung – Mitte September 1943 nur 13 britische und neun amerikanische Divisionen in Großbritannien versammelt werden konnten, insgesamt also 22 Divisionen. Diesen Kräften würden auf deutscher Seite wahrscheinlich 44 Divisionen gegenüber stehen. Dieses Kräfteverhältnis bot keine Aussichten für einen Erfolg, zudem würde es die Deutschen nicht veranlassen, Kräfte von der russischen Front abzuziehen. Die Zahl verfügbarer alliierter Divisionen bliebe gleich, unabhängig davon, ob der Feldzug im Mittelmeer-Raum abgebrochen würde oder nicht. Sollte der Feldzug allerdings abgebrochen werden, dann würden bei einer Landung frühestens im September –außer der alliierten Bomberoffensive – am Kanal über acht Monate keinerlei Operationen gegen die Achsenmächte geführt werden. Könnte die Landung erst im Frühjahr 1944 erfolgen, dann bliebe man trotz der Versprechungen gegenüber der Sowjetunion, eine zweite Front zu errichten, fast 15 Monate untätig. Zum Zeitpunkt der Konferenz erwartete man noch den baldigen Zusammenbruch der Deutschen in Tunesien. Brooke wiederholte die altbekannten Vorteile für die Fortsetzung der Operationen im Mittelmeer-Raum: Nach der Beseitigung des feindlichen Brückenkopfes in Tunesien stünde die gesamte Südflanke der Achse einem alliierten Angriff offen, durch Operationen im östlichen Mittelmeer könne der Kriegseintritt der Türkei herbeigeführt werden, danach könne eine direkte Verbindung zur Sowjetunion über das Schwarze Meer oder über Land hergestellt werden.

Admiral King, der Vertreter der US-Marine unter den Vereinigten Stabschefs, wurde besonders beeindruckt durch den Hinweis, dass nach der endgültigen Sicherung der Seeverbindungen durch das Mittelmeer durch die Schließung der Kap-Route 225 Schiffe mit 1,5 Mio t Schiffsraum gewonnen werden konnten.[11] General Arnold, Chef der US-Luftwaffe, griff das Argument auf, bei der bevorstehenden verstärkten alliierten Bomberoffensive könne durch den Einsatz strategischer Bomber von italienischem Territorium aus die deutsche Luftverteidigung aus zwei Richtungen unter Druck gesetzt werden. General Marshall, der noch dazu wusste, dass auch der Präsident seine Position nicht teilte, stand auf verlorenem Posten. Allerdings erhielt er insoweit Unterstützung, dass größere Operationen gegen den Balkan-Raum ausgeschlossen wurden. Bei einer erneuten Diskussion, ob Sardinien oder Sizilien der Vorzug bei einer Invasion in Italien gegeben werden sollte, setzten sich die Amerikaner durch. Die Entscheidung fiel für Sizilien.

Der maßgebliche Absatz 4 im Memorandum der Vereinigten Stabschefs für die Kriegführung im Jahre 1943 lautete:
„Die Hauptaktionen der zu unternehmenden Offensiven werden sein:
Im Mittelmeer
a) Die Einnahme von Sizilien mit dem Zweck
   die Verbindungslinien durch das Mittelmeer abzusichern,
   die russische Front von deutschem Druck zu entlasten,
   den Druck auf Italien zu verstärken.
b) Eine Lage herbeizuführen, in der die Türkei als aktiver Verbündeter gewonnen wird.

Im Vereinigten Königreich
a) …
b) …
c) Die am stärksten mögliche Bomberoffensive gegen das deutsche Kriegspotential.
d) …
e) Die Versammlung einer vom Umfang her möglichst starken Kräftegruppe und ihre ständige Bereithaltung, um auf den Kontinent zurückzukehren, sobald die deutsche Widerstandskraft im nötigen Ausmaß geschwächt ist."[12]

Neben der Entscheidung für Sizilien und des Ausschließens künftiger Operationen im östlichen Mittelmeer ist als bedeutsam zu erwähnen, was in Casablanca *nicht* entschieden wurde. Was bedeutete, „den Druck auf Italien zu verstärken"? War damit nachfolgend auch eine Landung auf dem italienischen Festland gemeint? In Casablanca erhielten die verantwortlichen Führer auf dem Kriegsschauplatz keine Leitlinie, wie es nach Sizilien weiter gehen würde. Dies geschah zwar noch vor der Invasion durch die Entscheidungen während der „Trident"-Konferenz vom 12. bis 25. Mai 1943 in Washington, zeigt aber, wie sich die westalliierten Führer von Kompromiss zu Kompromiss hangelten. Vor allem blieb immer wieder offen, ob nach amerikanischer Absicht mit einer Entscheidungsschlacht in Nordfrankreich die Niederlage des Deutschen Reiches herbeigeführt werden sollte oder ob nach einem längerem Abnutzungskrieg die bereits absehbare Niederlage durch einen „finalen Stoß" – dies die Absicht der Briten – zu vollenden war.

Die US-Vertreter bei den Vereinigten Stabschefs waren sehr unzufrieden mit dem Ergebnis von Casablanca: „We lost our shirts" – „Wir verloren unsere Hemden".[13] Im Vorgriff auf eine spätere Bewertung ist im Hinblick auf den Strategiestreit zu vermerken, dass die Unsicherheiten über die zu verfolgende Strategie und die fortlaufend wenig klare Zielsetzung für den Mittelmeer-Feldzug ihre Ursache in den Vorbehalten der US-Generalstabschefs hatte. Die Aufgabe der Planungen im Mai 1942 für „Sledgehammer" sowie nun die Nichtdurchführung von „Roundup" (später „Overlord") noch 1943 war nicht die negative Folge der Operationen im Mittelmeer-Raum. Die Gründe hierfür waren vielmehr, dass die nötigen Voraussetzungen für die Operationsplanungen nicht geschaffen werden konnten. Das Ausweichen in den Mittelmeer-Raum gab wenigstens die Möglichkeit, gegenüber den Achsenmächten die Initiative zu ergreifen.

Militärstrategische Konzeption der Achsenmächte

Zur Bestimmung des Stellenwertes, der aus deutscher Sicht den künftigen Operationen im Mittelmeer-Raum zukommen musste, ist es nötig, aus dem Gesamtspektrum der Lagefaktoren drei einzelne Faktoren heraus zu greifen: Die ersten Monate des Jahres 1943 hatten gezeigt, dass auf dem Atlantik eine erneute Wende im Tonnagekrieg eingetreten war. 1942 war durch die Steigerung der U-Boote im Einsatz nochmals ein Höhepunkt in der Versenkung gegnerischen Schiffsraums erreicht worden. Nun fielen die Versenkungszahlen ebenso ab wie die Verluste der U-Boote anstiegen.[14] Im Heimatkriegsgebiet hatten die alliierten Bomberflotten ihre Flächenangriffe gegen Wirtschafts- und Bevölkerungszentren intensiviert. Schließlich beabsichtigte die deutsche Führung, auf dem russischen Kriegsschauplatz nach der Festigung der Fronten nach Stalingrad mit der Offensive bei Kursk (Operation „Zitadelle") erneut die Initiative zu gewinnen. Zusammen mit der Räumung Nordafrikas zeigte dies auf, dass eine Wende im Krieg herbeigeführt worden war, die eine Niederlage Deutschlands sehr wahrscheinlich zur Folge haben würde, es sei denn, man konnte durch eine lang andauernde Verteidigung an der Peripherie der „Festung Europa" auch Abnutzungseffekte bei den Kriegsgegnern bewirken und damit, insbesondere bei Großbritannien und der Sowjetunion, Kriegsmüdigkeit hervorrufen.

Für einen Angriff gegen den „weichen Unterleib" der Festung Europa, wie Churchill es genannt hatte, stand den Alliierten nunmehr die ganze Ausdehnung des Mittelmeer-Raumes zur

Verfügung.[15] Zur Verteidigung an der Peripherie im Mittelmeer-Raum stellten sich der Wehr-macht zwei Aufgaben. Zuerst mussten die alliierten Streitkräfte räumlich so weit abgehalten werden, dass weder die deutschen Industriezentren noch das rumänische Erdölgebiet vom Süden her durch die alliierten Bomberflotten erreicht werden konnte. Dazu war es erforderlich, den Streitkräften des Achsenpartners Italien durch die Zuführung deutscher Truppen so viel Rückhalt zu geben, dass eine Landung auf italienischem Territorium abgewehrt werden konnte. Italien allein war nicht mehr in der Lage, eine erfolgreiche Abwehr zu führen. Ein Einsatz deut-scher Truppen war aber von der italienischen Zustimmung abhängig. Anders war die Lage auf dem Balkan und in der Ägäis, dort konnten die Deutschen nach eigener Entscheidung handeln. Bei einem Zusammenbruch Italiens musste andererseits sichergestellt werden, dass nicht auch die Südfront der Festung Europa einstürzte. Das heißt, gegen den Willen des bisherigen Partners musste die Wehrmacht dann die Positionen übernehmen, die bisher durch italienische Streitkräf-te in Frankreich, in Griechenland und in Italien selbst gehalten worden waren.[16]

Wie zuvor beschrieben[17], gaben auf deutscher Seite bei der Beurteilung der alliierten Bedro-hung weniger die gegebenen Realisierungsmöglichkeiten den Ausschlag als der als besonders nachteilig empfundene mögliche Verlust des Balkan-Raumes. Auch bei einer durchaus als wahr-scheinlich erachteten Landung der Alliierten auf den Inseln oder dem italienischen Festland mit dem Ziel, Italien aus dem Krieg zu zwingen, wurde dies nur als Zwischenschritt der Alliierten gewertet, um danach auf den Balkan „überzuspringen".

In Italien waren sich die politische wie die militärische Führung darüber im Klaren, dass der Endkampf bevorstand. Die Bevölkerung war zutiefst des Krieges überdrüssig. Einerseits hatte man im Hinblick auf das erwartete Verhalten der Alliierten illusionäre Vorstellungen, mit einem moderaten Friedensschluss alle Nachteile eines Kampfes bis zuletzt vermeiden zu können, auf der anderen Seite wusste man, dass der bisherige Bündnispartner ein Ausscheiden aus dem Krieg nicht hinnehmen würde. Die Kampfkraft des italienischen Heeres war dahin, die guten Trup-penteile waren in Griechenland, Russland und Nordafrika vernichtet worden. Die Luftwaffe war dezimiert, sie verfügte nur über veraltetes Gerät. Die einstmals stolze Marine war immer wieder dem Einsatz ausgewichen, sie sollte für die Verteidigung der Halbinsel zurückgehalten werden, aber ihr Geist war gebrochen. Um das nationale Prestige zu wahren und auch um eine gewisse Handlungsfreiheit zu behalten, war die italienische Führung mehr an deutscher Materialhilfe interessiert als an deutschen Divisionen.

Welche Kräfte auf deutscher Seite konnten einer alliierten Großlandung entgegen gestellt werden? Trotz einer Verstärkung und Auffrischung der Verbände seit Mai war die Stärke der Luftwaffe im Mittelmeer-Raum (Luftflotte 2 in Italien, Lw Kdo Südost in Griechenland) im Verhältnis zu den alliierten Luftstreitkräften absolut unzureichend. Von der Kriegsmarine waren zwei Schnellboot-Flottillen in Italien stationiert, deren Aufgabe es vordringlich war, einen beschränkten Schutz eigener Seetransporte sicher zu stellen. Bisher war es immer nur lagebezogen möglich gewesen, mit zugeführten U-Booten den Kampf gegen die alliierten Flotten aufzunehmen. Mit diesen Kräften der Luftwaffe und der Marine bestanden nur wenige Aussichten, feindliche Landungsflotten bereits in der Annäherung oder noch in der Lande-phase anzugreifen. Die deutschen Heereskräfte auf dem Balkan und den griechischen Inseln waren ausreichend verstärkt worden. Dem OB Südost unterstanden insgesamt 12 deutsche Divisionen.[18] Mit Stand 7. Juli 1943 verfügte der OB Süd in Italien über fünf Divisionen und eine Brigade der Waffen-SS.[19]

Operationsplanung und Kräfte der Alliierten (Lagekarte 5)

Die Vereinigten Stabschefs hatten mit ihrer Operationsweisung vom 23. Januar 1943 vorgegeben, dass die Invasion mit der für ein Landungsunternehmen günstigen Vollmondphase im Juli 1943 beginnen sollte. Als Oberbefehlshaber wurde erneut General Eisenhower befohlen. Für die Planung und Vorbereitung war General Alexander verantwortlich, wie bekannt unter Eisenhower als Oberbefehlshaber der 15. HGr (die umbenannte 18. HGr) Führer der Landstreitkräfte. Die Planungen litten angeblich darunter, dass alle maßgeblichen Führer, die Planungsorgane und auch die vorgesehenen Truppen noch durch die Führung der Operationen um den Brückenkopf Tunis gebunden waren.[20] Immerhin standen nach der Kapitulation der Deutschen am 13. Mai 1943 in Tunis noch zwei Monate für die Planungen auf unterer Ebene, die Ausbildung der Truppen und materielle Vorbereitungen zur Verfügung.

Während der Planungsarbeiten – der Operationsplan zur Invasion wurde mehrfach geändert – kam es zu tief greifenden Missstimmungen zwischen Briten und Amerikanern. Diese beruhten nicht nur darauf, dass die Oberste Führung der Amerikaner in Casablanca von den Briten zum zweiten Mal an die Wand gespielt worden war. Inzwischen hatten die Amerikaner neun Divisionen auf dem Kriegsschauplatz, die Truppenstärke betrug fast 390 000 Mann.[21] Das Übergewicht der beteiligten Truppen wurde zwar immer noch durch die Briten gestellt, mittlerweile hatten die Briten darüber hinaus auch den dominierenden Einfluss auf die Operationsführung gewonnen. Cunningham führte unverändert die Seestreitkräfte im Mittelmeer, Alexander die Bodentruppen und nun war nach Casablanca Oberluftmarschall Tedder auch noch Befehlshaber der alliierten Luftstreitkräfte im Mittelmeer geworden. Eisenhower war mehr Mittler als Oberbefehlshaber, ein Bindeglied zur Politik und den Vereinigten Stabschefs. Die Missstimmungen waren vor allem auf das egoistische, eitle sowie rücksichtslose und taktlose Verhalten Montgomerys, des Führers der 8. (BR) Armee zurückzuführen, der die Hauptrolle bei der Landung bei seiner Armee und die Amerikaner nur in der Rolle von Hilfstruppen sehen wollte.[22]

Anfangs hatten die Planungsabteilungen vorgesehen, an mehreren Küstenabschnitten zu landen, wobei die Schwerpunkte im Westteil der Insel (dort die Amerikaner) und im Süden-Südosten im Raum Syrakus (hier die Briten) liegen sollten. Schließlich wurde eine Korrektur im Kräfteansatz vorgenommen. Die 7. (US) Armee unter General Patton und die 8. (BR) Armee sollten nebeneinander an der Südküste der Insel und im Osten-Südosten landen. Der ostwärtige Stoß zielte auf die Straße von Messina, mit ihm konnten alle im Westen der Insel eingesetzten Kräfte der Italiener und Deutschen abgeschnitten werden. Allerdings war dabei das schwierige Gebirgsgelände um den Ätna zu überwinden. Die Landung sollte in der Nacht zum 10. Juli 1943 erfolgen.

Für die Operationen hatte General Alexander fünf Phasen vorgesehen:
* In der 1. Phase vor dem 10. Juli war mit erster Priorität die gegnerische Luftverteidigung auszuschalten. Mit Angriffen gegen Hafenanlagen und gegen die Verkehrsinfrastruktur in

Süditalien sollte das Heranführen feindlicher Verstärkungen nach der Landung erschwert werden. Durch Angriffe gegen die Sizilien vorgelagerten Inseln sollte deren Einnahme noch vor der Invasion vorbereitet werden. Gegen die Moral der Bevölkerung richteten sich weitere Luftangriffe auf dem Festland.

- Nach erfolgter Landung (Phase 2) galt es, einen genügend tiefen Brückenkopf – der die Häfen von Syrakus und Licata einschloss – zu nehmen und zu sichern (Phase 3).
- In der Phase 4 sollten die Häfen von Catania und Augusta sowie eine Gruppe von Flugplätzen im Raum Gerbini (südlich des Ätna) eingenommen werden.
- Abschließend war in der Phase 5 die Insel vollständig zu erobern.

Bei der 7. (US) Armee waren unter dem Stab des II. (US) Korps drei Infanteriedivisionen und Teile einer Luftlandedivision für die Landung vorgesehen. Zwei Panzerdivisionen und eine Infanteriedivision konnten als Reserve folgen. Bei der 8. (BR) Armee wurden unter der Führung des XIII. (BR) und des XXX. (BR) Korps vier Infanteriedivisionen, eine Infanteriebrigade, drei Panzerbrigaden und Teile einer Luftlandedivision zur Landung eingesetzt. In Reserve standen zwei weitere Infanteriedivisionen. Die alliierten Luftstreitkräfte im Mittelmeer-Raum verfügten über 4 900 Einsatzflugzeuge. Ihr Klarstand dürfte bei 60 Prozent gelegen haben.[23]

Planung der Verteidigung und Kräfte der Italiener/Deutschen

Mit der Verteidigung von Sizilien war die 6. it. Armee unter General Guzzoni beauftragt. Als Verbindungsoffizier zur 6. Armee hatte General v. Senger u. Etterlin in angemessener Weise deutsche Interessen bei der Operationsführung der 6. Armee einzubringen. Unter der Führung von zwei Korpsstäben verfügte Guzzoni über das Äquivalent von sechs Küstenschutz-Divisionen und vier Eingreifdivisionen.[24] In die Organisation der Küstenverteidigung waren Befestigungszonen eingegliedert, wie beispielsweise die Zone Augusta-Syrakus. Weder von der Materialausstattung noch vom personellen Umfang her entsprachen die Küstenschutz-Divisionen üblichen Vorstellungen über eine Division. Das Personal setzte sich aus älteren Jahrgängen zusammen und war schlecht ausgebildet. Bis auf die Division „Livorno" waren weder die Verbände der Eingreifdivisionen noch die der Küstenschutz-Divisionen jemals im Gefecht gestanden. Die verbliebene Zeit seit Mai war nur unzulänglich zur Befestigung der Küstenabschnitte genutzt worden. In der Küstenzone waren nur wenige betonierte Anlagen errichtet worden, es gab kaum Strandhindernisse und nur wenige Minenfelder. Die Verteidigung war nach den italienischen Maßgaben gegliedert worden. Die Küstenschutz-Divisionen hatten den Feind zu verzögern und zu kanalisieren, danach sollten die Eingreifdivisionen zum Gegenangriff angesetzt werden. Infolgedessen lag die Hauptwiderstandslinie landeinwärts. Als besonders gefährdet für Landungen waren der Westteil der Insel einschließlich Palermos und die Südostküste mit der Ebene von Catania angesehen worden.

Auf Grund der vorbereitenden Luftangriffe sowie der Einnahme der Inseln Pantelleria (11. Juni 1943) und Lampedusa (12. Juni 1943) durch die Alliierten war Feldmarschall Kesselring als OB Süd in seiner Lagebeurteilung vom 6. Juli davon überzeugt, dass sich eine bevorstehende Landung gegen Sizilien oder Sardinien, eventuell auch gegen das italienische Festland, nicht aber gegen die Balkanhalbinsel richten würde. Die beiden auf Sizilien eingesetzten deutschen

„Eingreifdivisionen" – im Westteil die 15. PzGren Div, im Osten (nördlich von Ragusa) die Pz Div „HG" – unterstanden formell über das Comando Supremo der 6. it. Armee, unter der Hand war jedoch den Divisionskommandeuren klar, dass ihre Verbände keinesfalls nur für italienische Interessen eingesetzt werden sollten. Die zahlenmäßig sehr starke deutsche Flak-Artillerie auf der Insel unterstand dem Befehl General Stahels. Seit Mitte Juni führte Feldmarschall v. Richthofen die Luftflotte 2. Am 10. Juli 1943 verfügte sie über ca. 960 Einsatzflugzeuge, davon waren knapp 600 einsatzbereit. Auf Sardinien stand die 90. PzGren Div kurz vor der Beendigung ihrer Wiederaufstellung. Die SS-Brigade „RFSS" war nach Korsika überführt worden.[25]

Landung am 9./10. Juli 1943

Die ersten Landungswellen der 7. (US) Armee und der 8. (BR) Armee gingen mehr oder minder zeitgerecht am 10. Juli 1943 ab 02.45 Uhr an Land. Die Landungsflotte bestand aus 2 590 Schiffen und Booten, darunter befanden sich 1 742 Transporter und Landungsschiffe verschiedener Typen. Es war die größte Landungsflotte, die es bis dahin in der Kriegsgeschichte gegeben hatte. Die Landungsflotten wurden durch den britischen Admiral Ramsey und den US-Admiral Hewitt befehligt. An Bord der Landungsflotten befanden sich 180 000 Mann (einschließlich der Reserveverbände), in erster Welle sollten 67 Bataillone Infanterie an Land gehen.[26] Die 7. (US) Armee setzte die 1., 3. und 45. (US) Inf Div ein – Führung durch das II. (US) Korps –, hinzu kam eine Kampfgruppe des 505. (US) FschJg Rgt. Die 2. (US) Pz Div verblieb zunächst an Bord der Schiffe, um je nach Entwicklung der Lage verwendet zu werden. Unter der Führung des XIII. (BR) und des XXX. (BR) Korps wurden im Landeraum der 8. (BR) Armee die 5., 50. und 51. (BR) Inf Div (die 51. Div verstärkt um eine Brigade) sowie die 1. (CA) Inf Div zur Landung angesetzt. Auch hier war der Einsatz von Luftlandekräften, der 1. (BR) LL Brig vorgesehen. Die 4. und 23. (BR) Pz Brig verblieben als Reserve eingeschifft.

In der erwähnten Gliederung standen diesen Kräften 200 000 italienische und etwa 62 000 (32 000 Mann Heer, 30 000 Mann Luftwaffe) deutsche Soldaten gegenüber. In beiden deutschen Divisionen befanden sich etwa 160 einsatzbereite Panzer und 140 Geschütze. Der Widerstand der italienischen Küstenverteidigung brach schnell zusammen. Einschränkungen im Ablauf der Landung gab es durch die Witterungsbedingungen (starker Wind und raue See) sowie durch organisatorische Schwierigkeiten der teilweise ungeübten Truppe. Am Abend des 10. Juli befanden sich Syrakus, die Halbinsel Pachino und Licata in alliierter Hand. Die Brückenköpfe der Divisionen waren gesichert, aber noch nicht miteinander verbunden. General Guzzoni entschloss sich, die dt. 15. PzGren Div nach Osten, vor den Landeraum der Amerikaner zu ziehen.

Das Comando Supremo hatte nicht einmal erwogen, die Flotte zum Einsatz zu bringen. Dabei war sie doch für diesen Zweck zurückgehalten worden.[27] Die Zahlenangaben für den Einsatz von Luftstreitkräften differieren erfahrungsgemäß. Nach alliierten Angaben setzten die Achsen-Streitkräfte am Tag der Landung 370 deutsche und 141 italienische Flugzeuge vorwiegend gegen Seeziele ein. Nach deutschen Angaben wurden dabei 12 Schiffe/Boote versenkt, in der alliierten Literatur werden aber nur drei versenkte Kriegsschiffe genannt.[28] Die alliierten Luftstreitkräfte flogen am Landungstage fast 1 100 Einsätze nur zum Schutz der Anlandungen, dabei gingen 25 Flugzeuge verloren.[29] Dennoch gab es bei der insgesamt geglückten Landung auch Rückschläge für die alliierten Truppen, mit katastrophalen Auswirkungen für die beteiligten Verbände. Der 5. (BR) Inf Div voraus sollte die 1. (BR) LL Brig eine wichtige Brücke hart südlich von Syrakus nehmen. Etwas mehr als 2 000 Soldaten wurden dazu in 147 Lastenseglern verladen. Wegen des heftigen Gegenwindes von der Küste her, schlechter Sicht und Navigationsfehlern unerfahrener Piloten wurden die Lastensegler von ihren Schleppflugzeugen falsch ausgeklinkt. Nur 12 Maschinen landeten am Ziel, neben der Brücke, die einige Stunden später mit einem italienischen Gegenangriff wieder genommen wurde. 69 Lastensegler wurden auf das Meer abgetrieben, wo sie im Wasser landeten, 59 weitere wurden auf einer Strecke von 40 Kilometern im Gelände verteilt.

Ein ähnlicher Misserfolg war dem 505. (US) FschJg Rgt, das in der Nacht zum 10. Juli vor dem Landeraum der 1. (US) Inf Div landeinwärts abspringen sollte, um wichtige Straßen zum Landeraum abzuriegeln, beschieden. Auch hier wurde durch Navigationsfehler der gesamte Verband zerstreut; von 226 Transportern setzten nur 26 Maschinen korrekt in den vorgesehenen Absprungzonen ab. Einzelne Fallschirmjäger, Trupps, Grüppchen oder Teileinheiten wurden zwischen Gela und Syrakus verteilt, verwirrten aber die Verteidiger, weil von überall her Meldungen über gelandete Fallschirmjäger kamen.[30] Im Landeraum der Amerikaner (45. (US) Inf Div) hatten US-Soldaten erstmals in größerem Umfang italienische und deutsche Kriegsgefangene erschossen – der Fall „Biscari", ein Kriegsverbrechen, auf das wir in einem späteren Kapitel zurückkommen.

Eine Anmerkung zu den Verteidigern: Noch am frühen Abend des 10. Juli war die Division „Livorno" und die Masse der Pz Div „HG" zum Gegenangriff angesetzt worden. 16 Stunden später, am 11. Juli, traf dieser Angriff auf die 1. (US) Inf Div im Raum Gela. Er wurde aber durch die Schiffsartillerie der alliierten Kriegsschiffe vor Gela zusammengeschossen. Bis zum Abend des 11. Juli hatte die 15. HGr 80 000 Mann, 7 000 Fahrzeuge, 300 Panzer und 900 Geschütze gelandet.[31]

Eroberung der Insel (Lagekarte 5)

Bevor die Operationen auf Sizilien bis zur Räumung durch die Achsen-Streitkräfte ab dem 9. August 1943 in der gebotenen Kürze geschildert werden, sind zwei einleitende Bemerkungen erforderlich:

• Bis zum 12. Juli war es den beiden alliierten Armeen gelungen, die Brückenköpfe zu vereinigen und eine geschlossene Front in einer Tiefe bis zu 50 Kilometer landeinwärts zu bilden. Britische Verbände standen bereits hart südlich der Ebene von Catania. Die Gegenangriffe von „Livorno"/„HG" mussten abgebrochen werden, die dt. 15. PzGren Div war dabei, eine Abriegelungsfront gegenüber dem II. (US) Korps aufzubauen. Angesichts der nur geringen Kampfbereitschaft italienischer Verbände stimmte Kesselring bei einem Frontbesuch am 12. Juli der Entscheidung Guzzonis/v. Sengers zu, nunmehr insgesamt zur Defensive überzugehen. Den deprimierenden Eindruck, den Kesselring nach Rom mitnahm und der in eine sehr pessimistische Lagebeurteilung an den WFSt umgesetzt wurde, verstärkte noch die kampflose Kapitulation der Festung Augusta am 13. Juli. Innerhalb von nur drei Kampftagen waren die Aussichten auf eine erfolgreiche Abwehr gesunken, von nun an würde bei jeder operativen Entscheidung die Frage immer schwerwiegender werden, ob sich eine weitere Verteidigung der Insel noch rechtfertigen ließ.

• Es war offensichtlich, dass ein rascher Stoß der Alliierten von Süden nach Messina zum Abschneiden aller feindlichen Kräfte im zentralen und westlichen Teil der Insel führen konnte und dadurch verlustreiche und zeitaufwendige Kämpfe mit diesen Kräften vermieden werden konnten. Dieser Vorstoß konnte jedoch nicht allein ostwärts des Ätna im Zuge der Küstenstraße Catania-Taormina-Messina erfolgen, hierzu musste das Ätna-Massiv weiträumig nach Nordwesten umgangen werden, um danach wieder nach Nordosten, Richtung Messina, eindrehen zu können. Wichtig war hierzu die Einnahme des Raumes Enna-Leonforte, in dem alle wichtigen Nord-Süd-Verbindungen sowie die guten Straßen in West-Ost-Richtung südlich des Ätna-Massivs zusammenliefen. Wegen des gebirgigen Charakters der Insel und des stark durchschnittenen Geländes waren die Bewegungen großer Verbände an Straßen gebunden. Der Raum Enna-Leonforte lag natürlich in weit geringerer Entfernung zu den Landeräumen der 7. (US) Armee als zu denen der 8. (BR) Armee. So ist es erstaunlich, dass Alexander mit seinem Operationsbefehl vom Mai 1943 die 8. (BR) Armee als Stoßgruppe vorgesehen hatte, der 7. (US) Armee aber nur die Aufgabe zuwies, den Feind zu binden und die linke Flanke der britischen Armee zu schützen. Im Hinblick auf die später lang andauernden Kämpfe wäre es günstiger gewesen, mit beiden Armeen nebeneinander nach Norden anzugreifen, wobei die 7. (US) Armee nach Einnahme des genannten Straßenzentrums bis zur Nordküste der Insel vorstoßen konnte.

Nun zum Überblick über die Operationen, dabei werden bestimmte Abläufe zusammengefasst, sofern die inhaltlichen Zusammenhänge dies erlauben.

Heftige Proteste, nicht nur von Patton und Bradley, sondern über die gesamte Führungshierarchie der Amerikaner hinweg, riefen zwei Weisungen Alexanders vom 13. und 16. Juli hervor. Mit ihnen sollte die 7. (US) Armee in Bindungsangriffen festgelegt werden, während der Gefechtsstreifen der 8. (BR) Armee erweitert wurde und dieser faktisch eine weitere Stoßrichtung an den Geschützrohren der Amerikaner vorbei nach Norden zugewiesen wurde, zur Aufteilung der Insel. Dabei standen die Briten im Vergleich zu den Amerikanern in mehr als doppelter Entfernung von Enna-Leonforte.

Hintergrund waren optimistische Lageorientierungen Montgomerys gewesen, die nahe an Falschmeldungen herankamen: Beispielsweise kündigte er die Einnahme von Catania für den 14. Juli an, genommen aber wurde die Stadt erst am 05. August. Alexander revidierte seine Weisung am 18. Juli und gab Patton freie Hand, sowohl zur Nordküste durchzustoßen, als auch den Westteil der Insel zu besetzen.

Erstaunlicherweise gab Patton der Säuberung des Westteils von Sizilien den Vorrang. Am 22. Juli wurde Palermo eingenommen. Überall hatten die Italiener vor den herankommenden Amerikanern den Widerstand aufgegeben. Über 53 000 Gefangene wurden eingebracht. Mit Palermo stand ein leistungsfähiger Hafen als Versorgungsbasis zur Verfügung. Patton setzte nun eine seiner Reservedivisionen, die 9. (US) Inf Div ein. Das II. (US) Korps nahm mit vier Infanteriedivisionen eine Richtungsänderung nach Osten vor. Am 23. Juli standen die Amerikaner vor der mittlerweile befohlenen Hauptkampf-Stellung der Deutschen/Italiener.

Inzwischen war nach langem Zögern auf deutscher Seite die Entscheidung gefallen, die deutschen Truppen auf der Insel zu verstärken. Bereits am 12. Juli wurde die Masse der 1. dt. FschJg Div – teilweise im Sprungeinsatz – herangeführt und südlich von Catania eingesetzt. Nunmehr wurde das XIV. dt. Pz Korps (General Hube) ab dem 14. Juli auf die Insel überführt. Dem Korpsstab folgte ab dem 15. Juli die Masse der 29. dt. PzGren Div. Mit Zustimmung der Italiener übernahm General Hube ab dem 18. Juli die Führung der deutschen Truppen auf Sizilien. Wir können vorgreifen: Nachdem die italienischen Verbände, insbesondere nach dem 25. Juli (sehe unten), den Widerstand immer mehr einstellten, übernahm Hube auch am 2. August das Kommando über die gesamte Front.

In einer Reihe von einzelnen Entscheidungsschritten wurde bis zum 17. Juli festgelegt, den Westteil der Insel aufzugeben und eine „Rückhalte-Stellung" westlich des Ätna-Gebietes zu beziehen. Diese Rückhalte-Stellung wurde später zur Hauptkampf-Stellung, sie sollte von S. Stefano an der Nordküste über Nicosia, Agira und Catenanuova bis südlich von Catania laufen. Diese Entscheidungen waren im Zusammenhang mit einer sehr realistischen Lagebeurteilung im WFSt vom 15. Juli zu sehen, dass „Sizilien … aller Voraussicht nach nicht zu halten (ist)."[32] Der Entschluss, Sizilien nicht schon jetzt aufzugeben, ist nur auf die Absicht zurückzuführen, mit einer Aufgabe der Insel die politische und militärische Lage in Italien nicht noch mehr zu destabilisieren. Dennoch wurden gezielte Maßnahmen für eine Evakuierung begonnen: Der Schutz der Übergänge über die Straße von Messina wurde erheblich verstärkt, zusätzlich zu einer Zwischenstellung beiderseits des Ätna wurde eine „Brückenkopf-Stellung" festgelegt, mit der die Evakuierung geschützt werden sollte. Sie verlief ostwärts des Gebirgsstocks des Ätna vom Mt Pelato (nördlich von Troina) über Cesaro und Bronte nach Riposto (südlich von Taormina). Die Evakuierungsmaßnahmen wurden meisterhaft geplant durch Oberst v. Bonin, seit 17. Juli Chef des Stabes bei General Hube. Bei der Evakuierungsplanung war natürlich die Gefahr einer „überholenden Verfolgung" durch eine Seelandung ostwärts der Straße von Messina in Kalabrien und Apulien gesehen worden. Die Verteidigungsmaßnahmen dort blieben aber unvollkommen, da man auf der Ebene des OKW Bedenken hatte, zu viele deutsche Divisionen in Süditalien in das vorhersehbare Chaos bei einem Abfall Italiens hineinzuziehen.[33]

Ab dem 22. Juli wurde die Hauptkampf-Stellung wie folgt besetzt: Von Norden nach Süden durch die 29. PzGren Div mit Restteilen von „Assietta", die 15. PzGren Div mit dem 5. it. Inf Rgt der Division „Aosta", der Pz Div „HG" mit Teilen der Division „Napoli", an der Ostküste Teile der 1. FschJg Div, die „HG" unterstellt waren. Im Zeitraum 12. bis 23. Juli setzten das XIII. und XXX. (BR) Korps ihre Angriffe zur Einnahme der Catania-Ebene und zum Vorstoß über Catania entlang der Küste nach Norden fort. Beide Korps verfügten nun außerdem über je eine Panzerbrigade, die 4. und die 23. (BR) Pz Brig. Die 1. (CA) Inf Div des XXX. Korps griff entsprechend der Weisungen Alexanders vom 13. und 16. Juli mit Angriffsrichtung nach Nordwesten an, nahm aber Leonforte erst am 22. Juli und sollte nun mit einer weiteren Richtungsänderung nach Osten gegen die deutsche Hauptkampf-Stellung angreifen.

In die Operationen des XIII. Korps war eingebunden der berühmt gewordene Sprungeinsatz der 1. (BR) FschJg Brig an der Primosole-Brücke über den Simeto südlich von Catania, bei dem am 13. Juli erstmals deutsche und britische Fallschirmjäger aufeinander trafen. Die schwachen britischen Fallschirmjägerkräfte konnten die bereits genommene Brücke nicht halten, der Angriff britischer Entsatztruppen wurde abgewiesen.[34] Nach der mühevollen Einnahme der Catania-Ebene kämpften die britischen Divisionen (5., 50. und 51.) unterstützt durch die beiden Panzerbrigaden zwischen Catenanuova und Catania bis zum 21. Juli um die Einnahme der deutschen Hauptkampf-Stellung. Alle Angriffe wurden abgewiesen, danach kam es hier zum Stillstand. Um dem weiteren Angriff der 8. (BR) Armee, die nun mit dem Schwerpunkt auf dem westlichen Flügel vorstoßen sollte, voran zu helfen, wurde die 7. (US) Armee entlang der nördlichen Küstenstraße (3. und 45. (US) Inf Div) und über Troina-Randazzo (1. und 9. (US) Inf Div) nördlich des Ätna angesetzt. Montgomery wollte mit der 1. (CA) Inf Div und seiner bisherigen Reserve, der 78. (BR) Inf Div, auf Aderno angreifen. Für die notwendigen Umgliederungen nahm man den Zeitraum 23. bis 29. Juli an. Der Angriff sollte dann am 30./31. Juli beginnen.

Am 19. Juli war zum ersten Mal mit beinahe 700 US-Bombern Rom angegriffen worden. Der Angriff galt den Rangierbahnhöfen in der Stadt, dabei wurden aber auch großflächig Wohngebiete getroffen. Die Opfer unter den Römern betrugen 700 Tote und 1 600 Verletzte. Die Wirkung auf die kriegsmüde Bevölkerung war nachhaltig.[35] Dies war wohl zumindest ein Nebenzweck des Luftangriffs gewesen. Der Angriff gab den letzten Anstoß zum Sturz Mussolinis am folgenden 25. Juli.[36] Andererseits brachte der Angriff das Verhältnis des Vatikan zu den USA auf einen Tiefpunkt. Papst Pius XII. protestierte heftig gegen die Luftangriffe und besuchte ostentativ die zerstörten Wohnviertel. Die Erklärung von Rom zur „Offenen Stadt" durch die italienische Regierung zeigte keine Wirkung, wie die Fortsetzung der Bombardierungen bis in den März 1944 hinein bewies. Wegen des völkerrechtlich fragwürdigen Charakters der Angriffe kam es zu fortlaufenden Kontroversen mit dem Vatikan.

Die Entmachtung Mussolinis und die Ernennung Badoglios zum italienischen Ministerpräsidenten ist Gegenstand einer umfangreichen Literatur geworden. Es ist daher zulässig, an dieser Stelle nur auf die Tatsache an sich, nicht aber auf die Umstände, den Ablauf und die politischen Folgen einzugehen.[37] Für den Kampf auf Sizilien hatte dieses Ereignis zur Konsequenz, dass ab dem 27. Juli entschieden wurde, keine deutschen Truppen mehr auf die Insel zu bringen. Am gleichen Tag hatte sich Hube entschlossen, wegen einiger Einbrüche der Amerikaner in die Hauptkampf-Stellung, diese sukzessive aufzugeben und auf die Ätna-Stellung zurückzugehen.

Nach der Festigung der ursprünglichen Brückenköpfe war die alliierte Luftüberlegenheit immer stärker geworden. Fliegerverbände der Achse mussten auf das Festland und nach Sardinien verlegt werden, da die eigenen Flugplätze immer wieder zerstört wurden. Die alliierten Fliegerverbände wurden auf die Insel vorverlegt. Am 23. Juli verfügte die Luftflotte 2 nur noch über 430 einsatzbereite Flugzeuge.[38] Die Alliierten flogen im Zeitraum 10. bis 22. Juli täglich 1 700 Einsätze nur zur Unterstützung der Bodenoperationen, angeblich waren die täglichen Einsätze der Achsen-Luftstreitkräfte bis zum 15. Juli auf 161 Einsätze gesunken. Im Zeitraum 29. Juli bis 17. August flogen die Alliierten dann über 27 600 Einsätze, dies bedeutet eine tägliche Anzahl von über 1 450 Einsätzen. Ebenfalls am 27. Juli hatte Hitler Kesselring befohlen, die mittlerweile

3. Die Invasion von Sizilien – Italien vor dem Zusammenbruch

70 000 deutschen Soldaten auf der Insel möglichst vollzählig auf das Festland zurück zu führen. Die folgende Verteidigung günstiger Geländeabschnitte und die Verzögerungsgefechte galten diesem Zweck. Bis zum 2. August war die Hauptkampf-Stellung aufgegeben worden. Ab dem 1. August hatte die Truppe die Räumungsbefehle in Händen. Der Beginn der Evakuierung war nur noch durch ein Stichwort auszulösen. Zu Beginn des Monats war die deutsche Führung über die eingeleiteten Geheimverhandlungen zwischen den Alliierten und den Italienern wegen eines Waffenstillstands informiert.[39]

Ab Anfang August wurden überzähliges Gerät und nicht benötigte Truppen auf das Festland zurückgeführt. Die Übergangsorganisation über die Straße von Messina war auf einen Höchststand gebracht worden. Für die ungemein riskante Operation bedurfte es nicht nur der planerischen Fähigkeiten von Bonins, es bedurfte auch militärischer Führer mit außerordentlichem Format. Sie sollen hier wenigstens kurz genannt werden: Oberst Baade – unmittelbar dem Korps unterstellt – war für die Evakuierung als Kommandant Messina-Straße verantwortlich. Wir werden später diesem energischen und durchsetzungsfähigen Offizier als Kommandeur der 90. PzGren Div bei der Verteidigung des Raumes Cassino wieder begegnen. Den Marineeinsatz leitete Kapitän von Kamptz, Führer der Sicherungsstreitkräfte Messina-Straße, ein zu diesem Zeitpunkt bereits mit dem Eichenlaub zum Ritterkreuz ausgezeichneten Chef einer Räumbootflotille. Die Aufgabe des Übersetzens der Truppe erfüllte Fregattenkapitän von Liebenstein, der Seetransportführer Messina-Straße. Von Liebenstein zeigte wenige Wochen später ebenso glänzende Leistungen bei der Evakuierung deutscher Truppen von den Inseln Sardinien und Korsika.[40] Der Entschluss zur Räumung wurde am 9. August gefasst, die Evakuierung geschlossener Kampfeinheiten begann am 11. August und wurde am 17. August abgeschlossen.[41] Die Anglo-Amerikaner drängten den verzögernd kämpfenden Deutschen auf breiter Front nach: Am 5. August wurde Catania besetzt, am 6. August Troina und Cesaro durch die Amerikaner, am 7. August wurde Aderno eingenommen. Die ersten alliierten Truppen, die am 17. August Messina erreichten, gehörten zum 7. (US) Inf Rgt der 3. (US) Inf Div. Der Feldzug auf Sizilien war nach 38 Tagen Dauer mit einer brillanten Evakuierungsaktion abgeschlossen worden, wie dies so in der anglo-amerikanischen Literatur bemerkt wird. Von rund 70 000 deutschen Soldaten auf der Insel wurden 60 000 Mann auf das Festland gebracht, ein Großteil der Verbände mit der Masse des Geräts. Zusätzlich wurden 75 000 italienische Soldaten evakuiert.

38 Tage hatten zwei deutsche Divisionen, dazu die Masse von zwei weiteren Divisionen, zwölf alliierten Divisionen und vier Brigaden standgehalten. Am Ende der Kämpfe standen den genannten 70 000 deutschen Soldaten wenigstens 467 000 alliierte Soldaten gegenüber. Taktisch und vielleicht auch operativ gesehen, war der Sizilien-Feldzug für die Alliierten ein Misserfolg, weil man zu zögerlich führte und vor allem nicht wagte, durch eine rechtzeitige Landung auf dem Festland die Deutschen auf der Insel abzuschneiden. Zu fragen ist auch, warum die Kriegsflotte der Alliierten nicht zur Unterbrechung des Übersetzens eingesetzt wurde. Zu der britischen Evakuierung von Dünkirchen 1940 hatte Churchill bemerkt, dass Kriege nicht mit Rückzügen gewonnen werden. Wenn es auch für die Deutschen einen „Erfolg" darstellte, Zeit gewonnen zu haben, um Maßnahmen für den bevorstehenden Abfall Italiens zu treffen und wertvolle Truppen für die weitere Verteidigung in Italien zu retten, war doch der militärstrategische Erfolg der

Alliierten unübersehbar. Nicht nur, dass der Einbruch in die „Festung Europa" gelungen war, mit der Einnahme der Insel war der letzte Wille auf italienischer Seite, den Krieg fortzusetzen, geschwunden. In kürzester Zeit, dies war vorhersehbar, würde das lang angestrebte Ziel, Italien aus dem Krieg zu zwingen, erreicht sein.

Anmerkungen

1   Mit dem nachfolgenden Kapitel will der Autor zwei Zwecke erfüllen:
     In einem Überblick soll die Weiterführung der militärstrategischen Überlegungen auf alliierter Seite beschrieben werden, deren Ergebnisse waren, dass der Feldzug gegen die Achsenmächte im Mittelmeer-Raum fortgesetzt wurde. Zum anderen wird die Invasion Siziliens abgehandelt, sie bildete die Vorbedingung für die Landung auf dem italienischen Festland. Das Kapitel ist bewusst kurz gehalten und hat nur zusammenfassenden Charakter. Deswegen ist es zweckmäßig, auch nur mit einer Zusammenfassung auf die umfangreiche Literatur zu verweisen, die zur Ausarbeitung herangezogen wurde.
     Das US-Generalstabswerk befasst sich in einem eigenen Band mit dem Thema: OCMH (Hrsg.), Mediterranean Theater of Operations, Albert N. Garland/Howard McGraw Smyth, „Sicily and the Surrender of Italy", Washington, D.C., 1991. Hinzu kommen die einschlägigen Kapitel in OCMH (Hrsg.), War Department, Maurice Matloff, „Strategic Planning for Coalition Warfare 1943-1944". Ebenso die entsprechenden Kapitel bei Howard, „Grand Strategy", Band IV. In der britischen amtlichen Darstellung des 2. Weltkrieges beschreibt der Band V von C.J.C. Molony in der Reihe „The Mediterranean and Middle East" in einem eigenen Teil den Feldzug in Sizilien erschöpfend.
     Auf deutscher Seite ist auf das KTB OKW, Band III/1 und III/2 für den Zeitraum Mai-August 1943 zu verweisen, ebenso wie auf die mehrfach erwähnten Ausarbeitungen von Boog und Schreiber in den Bänden 6 und 8 der Reihe des MGFA über den 2. Weltkrieg.
     Verwiesen werden muss auch auf die Erinnerungen von Kesselring, Westphal, von Senger und Steinhoff (Einzelheiten bei späteren Zitierungen sowie im Literaturverzeichnis). Verwendet wurden die schon mehrfach zitierten Abhandlungen von Baum/Weichold und Gundelach. Eine grundlegende Darstellung und Bewertung für die Planungen und Abläufe auf der Seite der Achsenmächte präsentieren die Kapitel II und III in der Studie von Josef Schröder, „Italiens Kriegsaustritt 1943. Die deutschen Gegenmaßnahmen im italienischen Raum: Fall ‚Alarich' und ‚Achse'", Göttingen 1969. Das Buch von Franz Kurowski, „Das Tor zur Festung Europa ...", Neckargemünd 1966, stellt eine eher populärwissenschaftliche Ausarbeitung dar. Ausschnitte über den Ablauf der Kampfhandlungen, teilweise im Detail behandeln Rudolf Böhmler, „Monte Cassino", Darmstadt 1955 sowie Karl-Heinz Golla, „Zwischen Reggio und Cassino", Bonn 2004.
     Im Vergleich zu den tatsächlichen Abläufen geben sowohl Wilhelmsmeyer als auch Stimpel (beide siehe wiederum spätere Zitierungen bzw. Literaturverzeichnis) z.T. geradezu abenteuerliche Beschreibungen. Stimpel bringt darüber hinaus übertriebene ex post facto-Erkenntnise, die seinerzeit keinesfalls Handlungsgrundlage sein konnten. Auf beide Autoren wurde daher nur sehr beschränkt zurückgegriffen.
2   Howard, S. 195.
3   Vergleiche Kapitel 1.
4   Matloff/Snell, S. 290-293 und S. 363 f.
5   Seine späteren Bestrebungen, gleichzeitig damit der Sowjetunion einen stärkeren Einfluss in diesem Raum zu verwehren, werden zu dieser Zeit noch keine Rolle gespielt haben, da Stalins Möglichkeiten, die Sowjetunion auch zu einer dominierenden Macht auf dem Balkan und in Südosteuropa zu machen, noch nicht abzusehen waren. Immerhin hatte sich bei bisherigen britisch-sowjetischen Gesprächen gezeigt, dass Stalin keinesfalls gewillt war, seinen „Gewinn" von 1940 wieder herauszugeben. Siehe u.a. Boog, a.a.O., S. 48-55.
6   Matloff, S. 21; Schreiben Churchills vom 18.11.42.
7   Howard, S. 231 ff.
8   Der Name der Konferenz von Casablanca ist für immer mit dem unseligen Beschluss über die Forderung nach einer bedingungslosen Kapitulation der Achsenmächte verbunden. Im Zusammenhang mit unserem Thema interessiert hinsichtlich der Entscheidungen während der Konferenz nur die Fortführung einer Strategie zur Ausschaltung des Deutschen Reiches. Die politischen Implikationen von „Casablanca" und der Strategieansatz gegenüber Japan werden daher bewusst vernachlässigt.
9   Am 12. Dezember 1942 hatte die deutsche Entsatzoffensive gegen den sowjetischen Einschließungsring begonnen. Die Auslösung einer weiteren sowjetischen Offensive, der Operation „Saturn", mit der die Kräfte der dt. HGr A im Kaukasus abgeschnitten werden sollten, stand kurz bevor.
10   Die Amerikaner hatten sich wenig gründlich auf die Konferenz vorbereitet. Sie reisten nur mit einer geringen Stabsbe-

3. Die Invasion von Sizilien – Italien vor dem Zusammenbruch

setzung an. Bei den Vorbereitungen in den USA hatte sich Marshall nicht ausreichend um eine geschlossene Front für die amerikanische Haltung Haltung, bemüht.

Eine sehr eindrucksvolle Schilderung über die unterschiedlichen Positionen während der Casablanca-Konferenz, den Ablauf und die ausschlaggebende Rolle General Brookes führt Arthur Bryant in „Kriegswende. 1939-1943", Düsseldorf 1957, S. 506-547, an. Bryant gibt die Tagebuchaufzeichnungen General Brookes wider. Titel der englischen Originalausgabe: „The Turn of the Tide 1939-1943".

11 Im Jahre 1942 war es – vor allem durch die Versenkungserfolge der deutschen U-Boote – der Kriegsmarine gelungen, die Tonnagezahl versenkten alliierten Schiffsraumes auf 7,8 Mio. t zu steigern. Die Zahl der U-Boote im Einsatz war von 91 auf 212 angewachsen. Die Produktionszahl der Neubauten war höher als die der verloren gegangenen Boote. Zwar standen dem versenkten Handelsschiffraum Neubauten von 7,0 Mio. t gegenüber (vor allem durch das amerikanische „Liberty"-Programm), zusammen mit einem Defizit von 0,75 Mio t aus dem Jahre 1941 betrug das Defizit Anfang 1943 1,5 Mio. t. So war der praktische „Gewinn" von 1,5 Mio. t Schiffsraum durch den Wegfall des Umwegs über die Kap-Route äußerst willkommen. Howard, S. 259 f.

Durch neue Ortungsverfahren und das Brechen deutscher Funk-Codes hatte der U-Boot-Krieg auf dem Atlantik bis Mai 1943 aber schon eine endgültige Wendung zum Nachteil der Deutschen erfahren.

12 Howard, Anhang III (D) und III (F), S. 621 f. und S. 625-631.

Die Maßgaben für die Operationsführung auf dem pazifischen Kriegsschauplatz (Absätze 5 und 6) im Anhang III (D) werden hier nicht behandelt. In beiden Dokumenten wird unter dem Stichwort „Sicherung der Seeverbindungen" dem Ausschalten der deutschen U-Boot-Waffe vordringliche Priorität eingeräumt.

Beim Anhang III (D) handelt es sich um das Memorandum der Vereinigten Stabschefs vom 19.01.43, beim Anhang III (F) um den Bericht der Vereinigten Stabschefs vom 23.01.43, der vom US-Präsidenten und dem britischen Premierminister zustimmend zur Kenntnis genommen wurde.

13 Boog, S. 78-82.

14 Siehe Fußnote 11.

15 So General Warlimont, stv. Chef des WFüSt, KTB OKW, Band III/2, S. 1607.

16 Ebendort, S. 1608.

17 Siehe Kapitel 2.

18 Zwei dieser Divisionen hatten ihre Aufstellung noch nicht abgeschlossen. Die Masse bestand aus Jägerdivisionen, d.h. „leichten", infanteriestarken Divisionen mit einer besonderen Befähigung zum Kampf gegen Partisanen. Allerdings verfügte der OB Südost auch über einige exzellente Divisionen, wie die 1. Geb Div, die Waffen-SS Division „Prinz Eugen", die 22. (LL) Div (eingesetzt auf Kreta) oder die 1. Pz Div, für die es aber im gebirgigen Gelände nur beschränkt Einsatzmöglichkeiten gab.

Hinzu kamen einige Divisionen der kroatischen, bulgarischen und italienischen Verbündeten.

19 Zu den deutschen Divisionen gehörten die 15. PzGren Div und 90. PzGren Div, so bezeichnete „Rückstau-Divisionen", d.h., sie waren aus den Stämmen in Tunis untergegangener Divisionen aufgestellt worden, die nicht mehr nach Tunesien überführt worden waren. Ihre Aufstellung war noch nicht ganz abgeschlossen. Zu den Rückstau-Divisionen gehörte auch die Pz Div „HG", die ihre Wiederaufstellung in Frankreich begann und die bis Juli nach Italien verlegt wurde. Ebenfalls waren aus Frankreich das Kommando XIV. Pz Korps sowie die 16. Pz Div und die 29. PzGren Div (ehem. Stalingrad-Divisionen) nach Italien verlegt worden. Die Waffen-SS-Brigade „Reichsführer SS" („RFSS") wurde aus dem Reichsgebiet antransportiert, Golla, S. 25.

Über das Heranführen dieser Divisionen und in welche Räume sie geführt werden sollten, hatte es jeweils erbitterte, zum Teil bereits feindselige Auseinandersetzungen mit den italienischen Führungsstellen gegeben.

20 Dieser Mangel wird vor allem in der britischen Literatur ausführlich genannt. Dabei gehört es zum militärischen Geschäft, dass sich Ablaufprozesse und Planungsprozesse für künftige Operationen immer überlappen und vor allem bei den beteiligten Truppen nicht mehrere „Anzüge" zur Verfügung stehen, etwa dahingehend, dass die „1. Garnitur" die laufenden Operationen abschließt, während die „2. Garnitur" die künftigen Operationen vorbereitet.

Im Vergleich zur deutschen Seite waren die alliierten Stäbe personell sehr reichlich besetzt, so dass es ohne große Probleme möglich sein musste, die Kontrolle der laufenden Operationen und die Planungsarbeit mit gleicher Qualität zeitgleich zu bewältigen.

21 Im Juni 1943 standen von der US-Armee 2 Panzerdivisionen, 6 Infanteriedivisionen und 1 Luftlandedivision in Nordafrika sowie 37 Fliegergruppen (= Geschwader) der US-Luftstreitkräfte; Matloff, S. 52 f.

22 Montgomerys Verhalten führte nicht nur zu Aversionen bei den Amerikanern, vor allem bei Patton, sondern auch bei seinen britischen Generalskameraden. Siehe Äußerungen von Cunningham und Wilson (Befehlshaber Mittlerer Osten), beide bei Molony, S. 24 und 25.

Molony schreibt über Montgomery: „Es war eine von Montgomerys unglücklichen Gewohnheiten, für an und für sich vernünftige Vorgehensweisen und Abläufe einzutreten, in einer Art und Weise, die bei anderen den Eindruck hervorrief, er missachte Jedermanns Interesse und verfolge nur seine eigenen." S. 24.

Nach dem Sizilien-Feldzug waren sich die amerikanischen Kommandeure einig in ihrem Hass auf Montgomery, vergleiche u.a. auch Robert H. Adleman/Colonel George Walton, „Rome fell Today", Boston 1968; S. 71 ff. Dies war zurückzuführen auf dessen Bestreben, am besten Bradleys II. (US) Korps oder einzelne US-Divisionen unterstellt zu bekommen und die 7. (US) Armee nur für die Zwecke der 8. (BR) Armee zu verwenden. Der Konflikt kam ein Jahr später nach der Invasion in Frankreich voll zum Ausbruch, als Montgomery wieder forderte, Bradleys 12. HGr den Zwecken Montgomerys 21. HGr im Vorgehen auf die Reichsgrenzen unterzuordnen. David Irving schildert den immer wieder ausbrechenden Konflikt zwischen der amerikanischen und britischen Generalität (der einen besonderen Höhepunkt nochmals im Nachgang zur deutschen Ardennen-Offensive im Winter 1944 erreichte) in seinem Buch „War between the Generals", New York 1981.

23 Überblick über die Operationsplanungen und den Kräfteansatz siehe bei Molony sowie bei Garland/Smyth jeweils Kapitel I und zusätzlich bei Garland/Smyth die Kapitel III und IV.

24 202., 206.-208., 213. Küstenschutz-Division sowie zwei Küstenschutz-Brigaden und ein Küstenschutz-Regiment. Die Eingreifdivisionen waren: „Aosta", „Assietta", „Napoli" und „Livorno", dazu kamen noch einige mobile Gruppen, in denen mechanisierte Kräfte zusammengefasst waren, allerdings nur mit veraltetem Gerät. Die Übersicht 2 im Anhang zeigt einen Überblick über die alliierte und die italienisch-deutsche Kräftegliederung.

25 Zu den Lagebeurteilungen Kesselrings am 30.06. und 06.07.43 siehe KTB OKW, III/2, S. 752 und 757 f. (Einträge vom 05.07. bzw. 07.07.).
Bei der Wiederaufstellung konnte die Pz Div „HG" nicht sofort mit den nötigen Infanterieverbänden ausgestattet werden. Nach ihrem Eintreffen in Sizilien wurde sie deswegen durch das PzGren Rgt 115 der 15. PzGren Div verstärkt. Letzteres verfügte in der Grundgliederung über drei Panzergrenadierregimenter, normal waren zwei Regimenter. Als „Gruppe Schmalz" (Führer der Kampfgruppe Oberst Schmalz) war dieses Regiment, zusammen mit Teilen von „HG" südlich des Ätna zum Schutz der Catania-Ebene eingesetzt. Siehe Molony, S. 41 ff. und Karte 6.
Auf Sizilien und beiderseits der Straße von Messina waren 48 schwere, 16 mittlere und 6 leichte Flak-Batterien eingesetzt. Führer der Flak-Artillerie in Süditalien war General Ritter v. Pohl, auf Sizilien wie erwähnt, General Stahel.
Die Lageentwicklung hatte zu einer Überbelastung Feldmarschall Kesselrings als OB Süd geführt. Am 16.6.43 wurden die Unterstellungsverhältnisse geändert. Kesselring, der in Personalunion auch die Luftflotte 2 geführt hatte (diese führte wiederum auch Einsatzkräfte in Griechenland), übergab die Führung der Luftflotte an Feldmarschall v. Richthofen. Kesselring, quasi als Wehrmachtsbefehlshaber, wurde Führer aller deutschen Heeresverbände in Italien mit der Befugnis, auch Weisungen für die Kampfführung an Kräfte der Kriegsmarine und der Luftwaffe erteilen zu können. Dem üblichen divide et impera-Prinzip in der deutschen Führung entsprechend, blieben diese aber auch dem OKM und dem OKL unterstellt. Die truppendienstliche Unterstellung unter die Kommandos der Teilstreitkräfte war ohnehin unberührt geblieben.
Im Auftrag des OKW hatte Kesselring immer noch die Operationen mit dem Comando Supremo abzustimmen, so weit dies nicht durch das OKW selbst vorgenommen wurde.
Das X. Fliegerkorps in Griechenland wurde von der Luftflotte 2 abgetrennt und arbeitete als LwKdo Südost mit dem OB Südost in Griechenland zusammen. Die Ausführungen zur Luftwaffen-Einsatzgliederung und zu den Kräften beruhen auf Gundelach, S. 585-590.

26 Hinzu kamen unterstützende Einheiten wie Kommando- oder Rangerverbände, Strandmeister, Pioniere, Artillerie, Panzerbataillone, Sanitätseinheiten und Verbindungsorgane der Luftstreitkräfte.

27 Von mehreren Autoren (u.a. Baum/Weichold, siehe dort Kapitel 8/4) wird argumentiert, dass angesichts der Stärkeverhältnisse der alliierten Seestreitkräfte im Mittelmeer ein Einsatz der italienischen Flotte nur noch ein Selbstopfer, ohne jeden militärischen Nutzen, dargestellt hätte. Sie rechtfertigen damit die Tatsache, dass die italienische Marine nicht mehr ausgelaufen ist. Es ist zutreffend, dass Cunningham zur Deckung der Landeoperation alleine 6 Schlachtschiffe, 2 Flugzeugträger und 15 Kreuzer eingesetzt hatte und dass eine starke Deckungsgruppe nördlich von Sizilien auf das Eingreifen der italienischen Flotte aus La Spezia wartete.
Bei den italienischen Soldaten des Heeres und der Luftwaffe wurde allerdings vorausgesetzt, dass sie bis zuletzt die Insel verteidigten und sich dabei notfalls aufopferten.
Wozu wurde die italienische Flotte gebaut? Um schließlich sich in den Gewahrsam der Alliierten zu begeben? Außer in der Schlacht von Matapan hat sich die italienische Flotte kein einziges Mal dem Feind gestellt, bei jedem möglichen Einsatz wurde auf eine „bessere Gelegenheit" gewartet. Damit soll nicht der Einsatz der leichten Seestreitkräfte bei den Geleiten nach Nordafrika oder der Vorstoß der Klein-U-Boote in den Hafen von Alexandria herabgesetzt werden. Einzelheiten über den Einsatz der alliierten Seestreitkräfte können der Übersicht 3 (Anhang) entnommen werden.

28 Der US-Zerstörer „Maddox" mit schweren personellen Verlusten, ein US-Minenräumer sowie ein britisches Lazarettschiff, das von den deutschen Piloten irrtümlich angegriffen wurde.
Die Angaben bei Gundelach, S. 622 und 645, über den versenkten Schiffsraum widersprechen sich und sind hinsichtlich der betreffenden Zeiträume unpräzise. Dennoch sollen seiner Zahlen genannt werden: Demnach wären „in den entscheidenden Juli-Wochen" 8 Schiffe mit 54 300 t versenkt worden, darüber hinaus 11 Kriegsschiffe und 4 Transporter beschädigt. Die Marine habe dazu ca. 26 000 t versenkt. Molony (S. 99) gibt dagegen im Zeitraum 10. bis 31.07.43 2 versenkte Kriegsschiffe, 1 Lazarettschiff und 7 Transporter an, 11 Kriegsschiffe und 7 Handelsschiffe seien beschädigt worden.
Genaue Verluste der Luftflotte 2 ließen sich aus der Literatur nicht ermitteln. Gundelach nennt für die ersten Tage eine

Landung der Alliierten am 10.07.1944 in Sizilien: Soldaten der 51. (BR) Highland Div

Vormarsch in Sizilien. Britischer Sherman-Panzer in Francoforte

*Explodierender
Munitionstransporter
der Alliierten
nach Luftangriff
vor Sizilien*

*Kapitän z. S. v. Kamptz,
Führer der Seestreitkräfte
Messina-Straße*

IWM MH 6320

Sicherndes deutsches Flak-Geschütz in der Enge von Mignano

Feldmarschall Kesselring, OB Südwest

General Alexander, Oberbefehlshaber der 15. Alliierten HGr

Militärische Befehlshaber im Kriegsschauplatz Italien

General v. Senger u. Etterlin, Kommandierender General des XIV. Pz Korps

General Clark, Oberbefehlshaber der 5. (US) Armee

Schwieriges Gebirgsgelände: eine besondere Herausforderung für den Angriff der Alliierten in Süditalien

Instandsetzung einer Vormarschstraße durch US-Pioniere

Überschwemmung des Volturno-Tales nach starken Regenfällen im November 1943

3. Die Invasion von Sizilien – Italien vor dem Zusammenbruch

Einsatzstärke von 275-300 Flugzeugen/Tag, nach dem 12. Juli sanken diese Zahlen auf 150 Flugzeuge/Tag, Ursache waren die Abschusszahlen, alliierte Angriffe gegen die Einsatzflugplätze und gegen das Fernmeldenetz.

29 Molony, S. 65 f.. Die Zahl der abgeschossenen Flugzeuge in diesem Zusammenhang kann unkorrekt sein, da der Autor keine genauen Zuordnungen vorgenommen hat.

30 Angaben über taktische Misserfolge sagen meist wenig aus. Um zu verstehen, was mit der 1. LL Brig geschah, sollen ergänzend einige Zahlen genannt werden: Von den eingesetzten Soldaten ertranken 252 im Meer, 61 sind auf dem Lande gefallen, 174 waren verwundet oder wurden vermisst. Die Lastenseglerbesatzungen verloren 14 Gefallene sowie 87 Verwundete/Vermisste.
Die Verluste beim 505. (US) FschJg Rgt waren gering. Bis zum 14.7. konnte Oberst Gavin, der Regimentskommandeur, von ursprünglich 3 400 Mann wieder 2 400 Mann sammeln. Gavin wurde später Kommandeur der 82. (US) LL Div und durch die Landungen in der Normandie und bei Arnheim bekannt.

31 Vor der Küste lagen erstmals in großer Zahl alliierte Kriegsschiffe und wirkten mit der Schiffsartillerie sozusagen als Artillerieplattformen. Dabei gab es anfangs Koordinierungsschwierigkeiten. Im Verlauf der späteren Landungen bei Salerno und Anzio (auch bei Landeunternehmen im Pazifik) wurden die Verfahren verbessert und erreichten eine Perfektion für die Landung in der Normandie 1944.

32 KTB OKW, a.a.O., S. 789, Eintrag vom 15.07.43.

33 In dieser gerafften Darstellung werden verschiedene Abstimmungsgespräche auf höchster politischer Ebene, um Italien im Kriege zu halten, beispielsweise die Begegnung Hitlers mit Mussolini in Feltre am 19.07.43, nicht behandelt. Angemerkt werden muss nur, dass auf deutscher Seite bereits seit Mai Eventual-Planungen begonnen worden waren, um die italienischen Streitkräfte im Falle eines Abfalles sowohl in Italien als auch in Griechenland und Frankreich auszuschalten. Hierzu war ein mehr oder minder unverhüllter Kräfteaufbau in Norditalien im Gange. Zu dieser Zeit ging man auf deutscher Seite davon aus, Süd- und Mittelitalien räumen zu müssen. Zum deutschen Kräfteaufbau und zu den „Alarich"-Planungen (die Ausschaltung der italienischen Streitkräfte) siehe Schröder, die Kapitel III/3 und III/6.

34 Der Einsatz der 1. (BR) FschJg Brig in der Nacht 13./14.07. erfolgte zum Teil im Fallschirmsprung, mit Teilen nach der Landung mit Lastenseglern. Im Anflug über See wurden 55 Flugzeuge durch Schiffe der eigenen Flotte beschossen. Auch wegen dadurch verursachter Schäden brachen 26 Maschinen den Einsatz ab. 14 Maschinen wurden durch den Feind abgeschossen, andere wurden durch Navigationsfehler falsch abgesetzt. Von einer Einsatzstärke von ca. 1 860 Mann landeten daher nur knapp 300 Mann am Ziel; Molony S. 95.
Den Einsatz von Teilen der 1. dt. FschJg Div schildern Böhmler, S. 47-59, sowie Ben Christensen, „The 1st Fallschirmjäger Division in World War II", Volume Two: Years of Retreat, Atglen (PA) 2007; S. 336-342.
Zwei Tage zuvor war es zu einem weiteren Desaster für die 82. (US) FschJg Div gekommen. Das 504. (US) FschJg Rgt sollte in Raum Licata/Gela abspringen. Am 11.07. und in der Nacht zum 12.07. hatten zahlreiche deutsche Luftangriffe stattgefunden. Die Flugabwehr auf den Schiffen und an Land hatte fortlaufend auf Luftziele geschossen. Dazu waren eigene Jagdflugzeuge im Einsatz. Von den anfliegenden 144 Flugzeugen wurden 23 durch eigenes Feuer abgeschossen und 37 Maschinen schwer beschädigt. Das 504. Rgt verlor 97 Gefallene/Vermisste und 132 Verwundete.
Alle vier LL-Einsätze zeigten, dass bei dem Überfluss an Kräften, über den die Alliierten verfügten, es sehr schwierig war, die unterschiedlichen Komponenten – Einsatz der Bodentruppen und eigene Luftunterstützung, anfliegende Luftlandeverbände und deren Jagdschutz, Luftabwehr gegen anfliegende Feindflugzeuge, die Unterstützung von See und das gleichzeitige Anlanden nachfolgender Kräfte – zu koordinieren. Die Luftraumordnung war äußerst kompliziert, hier war es noch nicht gelungen, einfache Lösungen zu finden. Zum Ablauf und zur Problematik des Einsatzes alliierter LL-Truppen siehe die gründlichen Ausführungen bei Garland/Smith, S. 116-119, Kapitel IX und die S. 218 f..

35 Die Reaktion und die Auswirkungen des ersten Luftangriffs auf die italienische Hauptstadt geben u.a. wider Robert Katz, „Rom 1943-1944 …", Essen 2006; S. 25-35; Siegfried Westphal, „Erinnerungen", Mainz 1952; S. 218; Udo v. Alvensleben, „Lauter Abschiede", Tagebuch im Kriege herausgegeben von Harald von Koenigswold, Frankfurt am Main/Berlin 1971, S. 301-307.

36 Die vorstehenden Ausführungen beruhen auf einer Ausarbeitung des Leiters der Zeitgeschichtlichen Stelle Ingolstadt, Alfred Schickel, „Der Krieg – Die Wahrheit – Und der Papst". Die Ausarbeitung wiederum stützt sich auf den schriftlichen Nachlass des persönlichen Beauftragten des amerikanischen Präsidenten bei Heiligen Stuhl, Myron Taylor. Auf die Kontroversen Vatikan – US-Regierung über die praktizierte Kriegführung der Alliierten in Italien kommen wir in den einschlägigen Kapiteln zurück.

37 In der weiterführenden Literatur wird der Sturz Mussolinis in Verbindung mit dem Zerfall der Achsenkoalition und des Seitenwechsels Italiens bis zur Unterzeichnung des Waffenstillstandes mit den Alliierten am 03.09.43 beschrieben. Die folgenden Literaturhinweise beziehen sich daher auch schon auf das Kapitel 4: Zu nennen sind die zuvor zitierten umfangreichen Gesamtdarstellungen bei Schröder, „Italiens Kriegsaustritt 1943", der Teil Drei bei Garland/Smyth, „The Surrender" mit den Kapiteln XXII-XXIV oder der Zeitzeugenbericht von Peter Tompkins, „Verrat auf italienisch", Wien-München 1967. Weiter sind zu erwähnen einzelne Kapitel in bereits angegebenen Darstellungen über den italienischen Feldzug, z.B. bei Baum/Weichold, Kapitel 8/5-8; Böhmler, Kapitel V und VI; Howard, Kapitel XXIII; Molony, Kapitel VI oder auch bei Golla das Kapitel „Der Stahlpakt beginnt zu zerfallen", S. 24-58.

38 Im Zusammenhang mit den Luftkämpfen über der Straße von Messina kam es zu einem Vorfall, der von nun an zu einem Symbol im deutschen Führungsverhalten werden sollte, aber vollkommen der deutschen Führungstradition widersprach. Göring als Oberbefehlshaber der Luftwaffe sandte ein Fernschreiben an den Jagdfliegerführer Sizilien, wohl noch Galland: „Die bei der Abwehr des Bombenangriffs auf die Straße von Messina beteiligten Jäger haben versagt. Von jeder der beteiligten Jagdgruppen ist ein Flugzeugführer wegen Feigheit vor dem Feinde vor ein Kriegsgericht zu stellen."

Dies berichtet Johannes Steinhoff, seinerzeit Kommandeur eines Jagdgeschwaders, in seinem Buch „Die Straße von Messina", München 1969; S. 48. Steinhoff, in der Bundeswehr Inspekteur der Luftwaffe, wurde mit den Schwertern zum Ritterkreuz ausgezeichnet, fiel aber zu Ende des Krieges bei Göring in Ungnade.

39 KTB OKW, a.a.O., Eintrag 03.08.43, S. 880.

40 Kapitän von Kamptz war vorübergehend auch an der Planung zur Befreiung Mussolinis von einer italienischen Insel beteiligt gewesen. In den letzten Kriegswochen spielte er eine Rolle bei der vorgesehenen Verteidigung der Insel Bornholm in der Ostsee.

Die nötigen Hinweise und Unterlagen darüber verdanke ich seinem Sohn, Rechtsanwalt Dr. Dieter von Kamptz, Oberst der Reserve in der Bundeswehr.

41 Der breiteste Übergangsabschnitt hatte eine Distanz von über 10 Kilometern, der schmalste etwas über 3 Kilometer. An Übersetz-Mitteln standen 17 Fähren, 12 Landungsboote und 41 Sturmboote sowie einige zivile Fähren zur Verfügung. Die „Flak-Glocke von Messina" bestand aus fast 250 Flak-Geschützen. Bei Tage wurde der Übersetz-Verkehr durch die Alliierten daher nur aus großen Höhen angegriffen.

Golla nennt (gestützt auf Gundelach) über 330 Flak-Geschütze unterschiedlicher Kaliber; siehe Golla, S. 36.

4

Der Feldzug in Süditalien bis zum Auftreffen der Alliierten auf die Gustav-Linie im Januar 1944

Martin Blumenson beschreibt die Stimmung unter den Führern und Soldaten in der Landungsflotte für das Unternehmen „Avalanche" („Lawine"), als diese sich am 8. September 1943 der Bucht von Salerno näherte. Ringsum bis zum Horizont Schiff neben Schiff, in niedrigen Höhen die Patrouillen alliierter Flugzeuge. Das tragende Gefühl der eigenen Überlegenheit, der Sicherheit durch eine exzellente Vorbereitung und gründliche Ausbildung, das Bewusstsein im Kampf erfahrener Truppen, die seit fast einem Jahr einen Erfolg an den anderen gereiht hatten. Als die Nachricht vom Abschluss des Waffenstillstandes mit Italien über die Lautsprecher durchgegeben wurde, brach frenetischer Jubel auf den Schiffen aus. Doch Blumenson schreibt weiter: „Der Feldzug in Süditalien stand vor seinem Beginn. Eingeleitet durch die Streitkräfte der anglo-amerikanischen Koalition gegen die Achsenmächte Deutschland und Italien würde er sich zu einer der bittersten militärischen Unternehmungen im 2. Weltkrieg entwickeln. Während der Monate im Herbst und Winter 1943-44 würden sich die alliierten Truppen über die Küsten bei Salerno und in das Stadtgebiet von Neapel vorankämpfen, über den Volturno und im rauen Gebirgsgelände südlich von Rom, über die Ebenen bei Anzio und im Gelände um die Abtei von Montecassino – unter entmutigenden Witterungsbedingungen, im schwierigen Gelände und gegen einen befähigten Feind. Als der Frühling kam, sollten sich Viele die Frage stellen, welche Erfolge denn sie zu Wege gebracht hatten."[1] Die Wirkungen, die man von einer „Lawine" erwartete, blieben dem italienischen Feldzug von Anfang an versagt.

Bevor jedoch der Ablauf bis zum Januar 1944 nachgezeichnet werden soll, müssen wir in einem zeitlichen Rückblick noch einmal zu den grundlegenden Entscheidungen bis in das Frühjahr 1943 zurückgehen. Während auf der Grundlage der Beschlüsse von Casablanca die Planungen zur Invasion von Sizilien begonnen hatten, wurden auf höchster politischer und militärischer Ebene Nachbesserungen im strategischen Konzept vorgenommen.

Dissens über den Italien-Feldzug

Die Besprechungen während der „Trident"-Konferenz vom 12.-25. Mai 1943 in Washington wurden mit den dem Leser mittlerweile bekannten unterschiedlichen Positionen begonnen. Mit Blick auf die britische Haltung ist zu bemerken: Obgleich die Ablehnung von Operationen im östlichen Mittelmeer durch die Amerikaner seit Casablanca bekannt war, verfolgten die britischen Generalstabschefs in Übereinstimmung mit Churchill weiterhin auch strategische Optionen im östlichen Mittelmeer und auf dem Balkan. Eines ihrer Argumente hatte dabei nicht unerhebliches Gewicht: Bei einem Ausscheiden Italiens aus dem Krieg mussten die Deutschen anstelle der dann fehlenden italienischen Truppen ungefähr 12 Divisionen auf dem Balkan, drei in Südfrankreich und neun in Italien bereit stellen – letztere, um bei einer Aufgabe Süd- und Mittelitaliens wenigstens Norditalien und die Alpenpässe zu halten. Der Einsatz einer solchen Anzahl von Divisionen musste zu einer Entlastung der Roten Armee führen, die in Kürze eine neue Offensive der Deutschen erwartete, auf lange Sicht musste dies aber auch eine Minderung der Anzahl deutscher Truppen in Frankreich zur Folge haben. Bei den Besprechungen der Vereinigten Stabschefs stellte sich die diesmal unnachgiebig vertretene Position der US-Generalstabschefs schnell heraus: Aktionen im östlichen Mittelmeer-Raum gegen die Achsenpartner kamen keinesfalls in Frage. Bei den künftigen Operationen war eine Verlagerung des Schwergewichts in das Mittelmeer ausgeschlossen, und selbst begrenzten Operationen an der Südflanke der Achsenmächte würde nur dann zugestimmt werden, wenn das Unternehmen „Overlord" (künftig so benannt), d.h. der Angriff über den Kanal auf das Festland, nicht davon berührt würde. Die US-Generalstabschefs waren davon überzeugt, Italien auch ohne einen Feldzug zu Lande, allein durch eine strategische Luftoffensive aus dem Krieg zwingen zu können. Während der Verhandlungen über die nächsten beiden Wochen hinweg blieben die jeweiligen Haltungen unvereinbar. Ein Kompromiss konnte erst gefunden werden, nachdem die Briten einem Termin für die durchzuführende Invasion von Großbritannien aus auf das Festland zugestimmt hatten und ein Kräfteumfang von mindestens 29 Divisionen für die Operation festgelegt worden war.

In dem durch die Vereinigten Stabschefs am 25. Mai 1943 dem Präsidenten und dem Premierminister zur Genehmigung vorgelegten umfangreichen Memorandum wurden auch die Zielsetzungen für den Krieg im Pazifik definiert. Das Memorandum hatte als Anlage den Entwurf einer Weisung an General Eisenhower, als Oberbefehlshaber der Alliierten Streitkräfte in Nordafrika. Der für den Italien-Feldzug entscheidende Absatz enthält folgende Vorgabe:

„... Der Alliierte Oberbefehlshaber in Nordafrika wird angewiesen, mit hoher Dringlichkeit solche Operationen zur Ausnutzung des Erfolges von „Husky" zu planen, die dazu geeignet sind, Italien zum Kriegsaustritt zu veranlassen und im Höchstmaß deutsche Kräfte zu binden. Welche der verschiedenen möglichen Operationen ausgewählt und danach durchgeführt werden wird, ist eine Entscheidung, die den Vereinigten Stabschefs vorbehalten bleibt. Der Alliierte Oberbefehlshaber in Nordafrika kann hierzu alle verfügbaren Kräfte auf den Kriegsschauplatz Mittelmeer verwenden, mit Ausnahme von vier amerikanischen und drei britischen Divisionen, die vom 1. November an in Bereitschaft zu halten sind und die danach an den Operationen vom Vereinigten Königreich aus teilnehmen ..."

General Eisenhower wurde darüber informiert, dass ihm, nach Abzug der vorgenannten sieben Divisionen, insgesamt 27 alliierte Divisionen und ca. 3 700 Einsatzflugzeuge für „Husky" nachfolgende Operationen zur Verfügung stehen würden. Er wurde zugleich aufgefordert, den Vereinigten Stabschefs bis spätestens 1. Juli 1943 Vorschläge für den weiteren Feldzug vorzulegen, wobei für dessen mögliche Weiterführung nicht der Abschluss von „Husky" abgewartet werden musste.[2] Die Auffassungen, mit welchen operativen Ansätzen die vorgegebenen Ziele aus der Weisung der Vereinigten Stabschefs zu verfolgen waren, gingen weit auseinander. Zwei entscheidende Einflussgrößen schälten sich jedoch bald heraus: Maßgebend dafür, ob der Feldzug mit einer Landung auf dem Festland oder in Richtung Sardinien-Korsika fortgesetzt werden sollte, musste der Ausgang der Kampfhandlungen auf Sizilien sein. Vor allem die Vertreter der alliierten Luftstreitkräfte gaben einer Landung auf dem Festland den Vorrang. Die deutsche Heimatluftverteidigung hatte sich immer stärker auf die Einflüge des britischen Bomber Kommandos und der 8. (US) Luftflotte von den britischen Inseln her konzentriert und den Bau infrastruktureller Anlagen sowie den Kräfteansatz darauf ausgerichtet. Konnte in absehbarer Zeit im Rahmen der Bomberoffensive „Pointblank" nun von Flugplätzen auf dem italienischen Festland das Reichsgebiet angegriffen werden, dann würden die Deutschen nicht mehr in der Lage sein, einen weiteren vergleichbar starken Abwehrschirm aufzubauen. Die deutsche Luftverteidigung würde aufgeteilt. Darüber hinaus lagen dann wichtige Rüstungszentren in Süddeutschland und der Tschechoslowakei (Protektorat), die von den britischen Inseln aus nicht angegriffen werden konnten, in der Reichweite der Bomber aus Italien.[3]

Eisenhower hatte unterschiedliche Abteilungen seines Stabes beauftragt, verschiedene Optionen für die Fortsetzung des Feldzuges zu untersuchen. Bei der Vorlage seiner Überlegungen an die Vereinigten Stabschefs am 30. Juni gab er jedoch keiner Option schon jetzt den Vorzug. Klarheit sollte – siehe oben – das Ergebnis des Feldzuges auf Sizilien bringen. Jedoch ist mit Bezug auf die späteren Entscheidungen zu erwähnen, dass bei einem Zusammenbruch Italiens ein Landeunternehmen relativ „weit im Norden", in Richtung Neapel und Rom als die zu bevorzugende Möglichkeit erachtet wurde. General Marshall vertrat die Auffassung, abzuwarten wie sich der Feldzug in Sizilien entwickeln würde. Die Anfangserfolge von „Husky" blieben nicht ohne Einfluss auf seine bisherige ablehnende Einstellung gegen weitere Operationen im Mittelmeer. Zusätzlich beeindruckte ihn wohl eine Lagebeurteilung General Strongs, des G2 des US-Heeres, vom 15. Juli 1943. Strongs Lagebeurteilung beruhte auf einer Reihe überzeugender Argumente. Angesichts des erwarteten italienischen Zusammenbruchs war er der Auffassung, dass die Alliierten über mehr als genug Kräfte verfügten, um auf dem italienischen Festland zu landen. Er empfahl einen „kühnen" operativen Ansatz mit dem Eingehen auch größerer Risiken und schlug ein Landeunternehmen mindestens im Raum Neapel vor. Dadurch würde man sich ein aufwendiges Vorkämpfen durch Kalabrien sparen. Mit dieser Landung würden zugleich mehr deutsche Divisionen gebunden als bei einer Landung auf Sardinien und Korsika. Er regte an, die Möglichkeit einer Landung bei Neapel als ersten Schritt für eine Einnahme von Rom zu prüfen (Lagekarte 6).

Marshall war beeindruckt von diesem Vorschlag, ebenso kurz darauf die Vereinigten Stabschefs. Eisenhower erhielt den Auftrag, ein solches Landeunternehmen und die dabei gegebenen Risiken zu untersuchen.[4] Nach weiteren Überlegungen über die Vor- und Nachteile verschiedener Landeräume – als größtes Problem galt, dass der Raum Neapel fast außerhalb der Reichweite unterstützender Jagdflugzeuge lag, die von Flugplätzen auf Sizilien aus anflogen – beantragte Eisenhower am 18. Juli die Zustimmung zu einer Landung auf dem italienischen Festland nach Beendigung der Kämpfe auf Sizilien. Er hatte wohl eine Landung in Kalabrien im Sinn. Zwei Tage später lag die Zustimmung der Vereinigten Stabschefs vor, allerdings mit dem Hinweis, eine Landung so weit nördlich vorzusehen, wie der nötige Jagdschutz dies erlauben würde.[5] Die fortgesetzten Planungsarbeiten wurden beeinflusst durch den Sturz Mussolinis und die dabei offenbar werdende

Stimmung für ein Kriegsende in Italien. Von den ab Anfang August geführten Waffenstillstands-verhandlungen mit Vertretern der italienischen Regierung erfuhr Eisenhower zunächst nichts.[6]

Nachdem unterschiedliche Landeräume in Bezug auf ihre Eignung weiter untersucht worden waren, hatten sich die Planer nach einigem Zögern für die Bucht von Salerno entschieden. Bereits im Juli hatte das vorgesehene Landeunternehmen den Decknamen „Avalanche" erhalten. Die Landung in diesem Raum wurde als riskantes Unternehmen angesehen. Eisenhower und Alexander hatten sich deswegen entschlossen, mit Kräften der 8. (BR) Armee ein Ablenkungsmanöver, Operation „Baytown", im Raum Reggio in Kalabrien durchzuführen. Dadurch sollten deutsche Kräfte gebunden, die Straße von Messina für den Schiffsverkehr geöffnet und Flugplätze auf dem Festland für den Einsatz von Jägern gewonnen werden. Die 5. (US) Armee unter General Clark sollte zu einem Zeitpunkt zwischen dem 7. und dem 11. September bei Salerno landen. Um den erforderlichen Vorlauf sicherzustellen, war für „Baytown" der Zeitraum 1. bis 4. September vorgesehen. Am 16. August (einen Tag vor dem Abschluss des Sizilienfeldzugs) traf Eisenhower seine Entscheidung: Für „Avalanche" wurde der 9. September 1943 befohlen. General Alexander sollte den Zeitpunkt für die Landung über die Straße von Messina dementsprechend festlegen.

Am gleichen Tag, an dem Eisenhower seine Entscheidung traf, wurde er beauftragt, die Waffenstillstandsverhandlungen mit dem italienischen General Castellano in Lissabon fortzuführen. Wie früher schon ausgeführt, sollen sowohl der Seitenwechsel Italiens als auch die deutschen Reaktionen darauf (im Rahmen des Unternehmens „Achse") in ihren Auswirkungen dargestellt, aber nicht im Detail behandelt werden. Ein wichtiger Gesichtspunkt ist jedoch zum Verständnis der nachfolgenden Entwicklungen anzumerken: Vom Abschluss eines Waffenstillstandes vor der Landung auf dem Festland erwarteten sich die Alliierten eine Minderung der Risiken, die mit der Landung verbunden waren. Im Gegensatz dazu drängten die Italiener auf eine umfangreiche Landung der Alliierten vor der Verkündung des Waffenstillstandes, um die erwarteten Reaktionen der Deutschen in ihren Folgen zu mindern. Die Alliierten waren natürlich in der stärkeren Position und setzten sich durch. Abgesehen davon, dass die Italiener über den Zeitpunkt der Landung im Unklaren gelassen wurden, wurden sie durch die Bekanntgabe des bereits geschlossenen Waffenstillstandes am 8. September 1943, wenige Stunden vor der Landung in Salerno, überrascht. Die italienische Führung wurde in ein Chaos gestürzt, die deutsche jedoch nicht.[7]

Schon mit der Beendigung von „Trident" am 25. Mai 1943 war wegen der aufgeschobenen strategischen Entscheidungen klar geworden, dass im August eine weitere Konferenz auf höchster Ebene stattfinden musste. Der nur vordergründig gelöste Konflikt über „Overlord" und das Mittelmeer lebte wegen der erwarteten italienischen Kapitulation nun wieder auf. Vor allem Churchill, in gewissem Ausmaß aber auch seine Generalstabschefs, sahen erneut die Chance, im Mittelmeer weiterreichende Ziele zu verwirklichen, nach wie vor aber standen sie dabei im Gegensatz zu den US-Generalstabschefs. Die Amerikaner wollten den Strategiestreit ein für alle Mal im Sinne ihrer angestrebten Lösung zu Ende bringen. Die Konferenz fand unter dem Decknamen „Quadrant" vom 14. bis 24. August 1943 in Quebec statt.

Wo das Problem zwischen Amerikanern und Briten wirklich lag, beschrieb General Alan Brooke treffend: „... Ich eröffnete (die Gespräche), indem ich ihnen sagte, dass die Wurzeln des Problems darin liegen würden, dass wir uns gegenseitig misstrauten. Sie zweifeln an unserer wahren Absicht, mit vollem Herzen für die Operation über den Kanal im nächsten Frühjahr einzutreten und wir haben kein Vertrauen zu Ihnen, dass Sie nicht auch in Zukunft darauf bestehen, vorangegangene Abmachungen umzusetzen, ungeachtet davon, ob sich die (zu Grunde gelegten) strategischen Bedingungen geändert haben."[8] Wie auch bei der Behandlung der „Trident"-Konferenz ist hier nicht der Raum, den Verlauf der Gespräche bei „Quadrant" im Detail zu erörtern. Schließlich schien es so, dass General Brooke die Amerikaner davon überzeugt hatte, dass die britischen Generalstabschefs die beiden Kriegsschauplätze – Englischer Kanal und Mittelmeer – nicht in Konkurrenz zueinander sahen, noch sich gegenseitig ausschließend.[9]

Der Abschlussbericht ist aus verschiedenen Gründen erwähnenswert: Im Ansatz der Kräfte zwischen „Overlord" und dem Mittelmeer wurde etwas mehr Flexibilität erreicht. Für die Ziele des Feldzuges in Italien legte man drei Phasen fest. In der Phase 1 sollte Italien aus dem Krieg gezwungen und Luftbasen bis in den Raum Rom, wenn machbar auch weiter nördlich, gewonnen werden. In der Phase 2 sollten Sardinien und Korsika eingenommen werden. In der Phase 3 sollte in einer Weise Druck auf die deutschen Streitkräfte aufrechterhalten werden, dass dadurch für „Overlord" günstige Voraussetzungen geschaffen werden konnten, d.h. deutsche Kräfte vom Kriegsschauplatz Frankreich abgezogen würden. Mit dem weiteren Ziel, nämlich Bedingungen herbei zu führen, die eine zusätzliche Landung alliierter Kräfte, vor allem von französischen Truppen, in Südfrankreich begünstigten, bereitete man unbewusst den Boden für weitere Zwistigkeiten. Zu zusätzlichen Diskussionen musste künftig auch führen, dass für die dritte Phase kein geografischer Raum vorgegeben wurde, der einzunehmen war. Die Einnahme von Rom würde vor allem von politischer und psychologischer Tragweite sein, weniger von operativer.[10]

Entscheidungssuche auf deutscher Seite (Lagekarte 6)

Wir hatten geschildert, dass wegen der Auflösungserscheinungen in den italienischen Streitkräften und wegen deren geringer Kampfbereitschaft bereits ab dem 15. Juli bei der deutschen Führung ernsthafte Bedenken aufkamen, ob sich das weitere Halten von Sizilien noch lohnen würde und ob es nicht besser wäre, die Insel aufzugeben.[11] Verstärkt wurden die Zweifel am bisherigen Bündnispartner durch den Sturz Mussolinis am 25. Juli. Nun wäre es nur noch eine Frage der Zeit, bis Italien aus dem Kriege ausscheiden würde, im schlechtesten Falle war vom Übergang ins gegnerische Lager auszugehen.

Aus operativen Gründen hatte man sowohl auf der Ebene des OB Süd wie auch des WFSt schon im Juli eine Landung der Alliierten in Kalabrien befürchtet, um die deutsch-italienischen Kräfte auf Sizilien anzuschneiden. Dies war jedoch nicht geschehen. Für den Zeitraum nach der Räumung von Sizilien erwartete man sehr wohl weitere Landungen, nunmehr mit einer strategischen Zielsetzung. Dabei wurde auch eine Wegnahme von Sardinien und Korsika in Betracht gezogen, aber als wenig wahrscheinlich bewertet. Als Voraussetzung für einen weiteren Vorstoß auf die Balkan-Halbinsel nahm man im WFSt eher eine Landung in Süditalien an.

Zwischen dem vorherzusehenden Abfall Italiens und möglichen weiteren Landungen der Alliierten bestand eine Wechselwirkung. Unter anderem ging es nicht nur darum, die Kräfte des bisherigen Verbündeten zu ersetzen. Es ging nun auch darum, den Feldzug gegen einen durch

italienische Truppen verstärkten Gegner und einer überwiegend feindselig eingestellten Bevölkerung im Rücken fortzusetzen. Hinzu kam, dass bisherige Besatzungsgebiete der Italiener auf
dem Balkan von den Deutschen übernommen werden mussten.

Seit Mai hatte es Planungen für die Entwaffnung der italienischen Streitkräfte gegeben, die
für Italien unter dem Decknamen „Alarich", für Griechenland unter dem Decknahmen „Konstantin" erfolgten. Als operatives Konzept zeichnete sich nach und nach die Absicht ab, durch ein
zeitlich begrenztes Halten von Süditalien dem Gegner eine Ausgangsbasis in Richtung Balkan
zu verwehren, insgesamt jedoch Süd- und Mittelitalien aufzugeben, um sich danach auf eine
Apennin-Stellung zum Schutz des oberitalienischen Industriegebietes zurückzuziehen und den
Gegner im Abstand zur Reichsgrenze zu halten. Aus einer solchen Stellung könnte man auch
einen feindlichen Vorstoß auf den Balkan in der Flanke bedrohen, vorausgesetzt, dass sich die
Alliierten zu einer Invasion der Balkan-Halbinsel entschließen würden.

Neben den bereits beschriebenen Kräften auf Sizilien, Sardinien und Korsika standen dem
OB Süd noch folgende Truppen zur Verfügung: Die 16. Pz Div, die aus Frankreich herangeführt, zunächst in der Toskana versammelt und ab Anfang Juli im Raum Tarent-Brindisi bereit
gehalten wurde. Etwa ab Anfang Juli war die 26. Pz Div nach Süditalien verlegt worden, sie
kam ab dem 24. Juli 1943 in Kalabrien zum Einsatz. Zwischen dem 8. bis 11. Juli war auch das
LXXVI. Korps herangeführt worden. Wenige Tage später in LXXVI. Pz Korps umbenannt,
hatte das Korps den Auftrag, Kalabrien zu sichern. Mit der Führung mehrerer Korps, neben
allen anderen Aufgaben, war der Stab des OB Süd überfordert. Ab dem 8. August wurde daher
mit der Aufstellung der 10. dt. Armee (OB: General v. Vietinghoff) begonnen, die ab dem 22.
August die Führung des XIV. und LXXVI. Pz Korps übernahm. Nördlich von Rom, in der
Gegend des Bolsena-Sees, hatte ab Ende Juli die 3. PzGren Div einen Raum bezogen, in dem
sie ihre Aufstellung abschloss.

In den hektischen Tagen nach dem Sturz Mussolinis war ab dem 26. Juli für letztendlich
überstürzte Planungen das XI. Fliegerkorps (Fallschirmkorps) mit der 2. FschJg Div aus Süd-
frankreich im Lufttransport antransportiert worden. Als diese Aktionen abgesagt wurden, bezog
die 2. FschJg Div im Gebiet der Pontinischen Ebene südlich von Rom einen Verfügungsraum.
Die Heranführung und der Einsatz der oben angeführten Kräfte waren – mit Ausnahme der 2.
FschJg Div und des XI. Fliegerkorps – mehr oder minder in Abstimmung mit dem Comando
Supremo erfolgt. Ohne Zustimmung, aus nahe liegenden Gründen sogar gegen den Willen der
Italiener, war nach dem Sturz von Mussolini damit begonnen worden, eine deutsche Kräftegruppe in Norditalien zu versammeln. Diese Kräftegruppe wurde schließlich durch den neu
aufgestellten Stab der HGr B unter Feldmarschall Rommel geführt. Ab dem 15. August bezog
dieser Stab einen Gefechtsstand am Gardasee. Die HGr B wurde nach und nach auf eine Stärke
von acht Divisionen, unter Führung von drei Korpsstäben, gebracht.[12] Ab Anfang August wurden die vorübergehend eingestellten „Alarich"- und „Konstantin"-Maßnahmen unter dem neuen
Decknamen „Achse" wieder aufgenommen.

Trotz gegenteiliger Beteuerung wurde immer offensichtlicher, dass die italienische Führung
wenigstens einen Waffenstillstand mit den Alliierten anstrebte. Bei den Besprechungen in Tarvis (6. August) und in Bologna (15. August) zur Abstimmung der Verteidigungsmaßnahmen und

4. Der Feldzug in Süditalien bis zum Auftreffen auf die Gustav-Linie

zum Truppeneinsatz spielten sowohl die deutsche als auch die italienische Seite mit falschen Karten. Der ebenso wie sein Generalstabschef, General Westphal, als „italophil" geltende Feldmarschall Kesselring vertraute immer noch den Versicherungen des italienischen Generalstabschefs Ambrosio und des Chefs des Heeresgeneralstabes General Roatta und plante die Abwehr einer alliierten Landung gemeinsam mit italienischen Truppen.

Die deutsche oberste Führung war überraschenderweise gut über die Waffenstillstandsverhandlungen General Castellanos in Madrid und Lissabon im August 1943 informiert.[13] Daneben lagen mit immer größerer Deutlichkeit Hinweise darauf vor (sie verdichteten sich nach der Räumung von Sizilien), dass die Alliierten in Nordafrika Truppen und Schiffsraum für eine weitere Landung in Italien zusammenzogen. Schritt für Schritt wurden die operativen Planungen darauf ausgerichtet und entsprechende Kräfte bereitgestellt.

Für das strategische Konzept war eine Lagebeurteilung des Chefs des WFSt, General Jodl, vom 11. August maßgebend:

- Als wahrscheinlicher Landeraum wurde Kalabrien/Süditalien vermutet.
- Nur mit einer Unterstützung durch die Italiener wurde eine Verteidigung Süditaliens als möglich erachtet.
- Bei einem Abfall Italiens wären die in diesem Falle für eine Abwehr erforderlichen neun deutschen Divisionen isoliert, sie hätten lange Verbindungslinien und könnten keinesfalls versorgt werden.
- Bei einem italienischen „Verrat" müsste aus diesem Grund von einer Verstärkung der Truppen in Süditalien abgesehen werden. Die bereits jetzt im Süden eingesetzten sechs deutschen Divisionen sollten dann in zwei Gruppen über Neapel auf Orvieto und über Foggia in Richtung Ancona durchbrechen.

Den deutschen Absichten entsprachen zwei Weisungen des OKW/WFSt vom 16. August bzw. 18. August 1943. Mit der Weisung vom 16. August wurden die Befehlsbereiche zwischen der HGr B und dem OB Süd festgelegt. Die Trennungslinie verlief bei Pisa beginnend über Arezzo nach Ancona. Die Unterstellungs- und Zusammenarbeitsverhältnisse des OB Süd in seinem Befehlsbereich (z.B. zum Comando Supremo oder der Luftflotte 2) blieben unverändert. Die HGr B wurde allerdings dem OKW unterstellt. Die HGr B wurde auch für die Versorgung des OB Süd zuständig. Entsprechend der Weisung vom 18. August und auf der Grundlage zuvor oder danach erteilter Einzelbefehle ergaben sich nachfolgende Aufgaben:

Für den OB Süd:

- Neben der Entwaffnung italienischer Truppen waren die deutschen Kräfte von Sardinien nach Korsika zu überführen und danach Korsika und Elba zu verteidigen.
- Die 10. Armee war in den Raum Rom zurückzuführen. Dieser Raum war bis zum Eintreffen letzter Teile zu halten. Beim Rückzug waren Zerstörungen wie bei einem Rückzug im feindlichen Gebiet vorzunehmen.
- Für die Kampfführung nördlich von Rom würde der OB Süd Weisungen durch die HGr B erhalten.

Für die HGr B:

- Die Entwaffnung der italienischen Streitkräfte im zugewiesenen Raum.

- Der Schutz der Alpenübergänge und Sicherung der Räume Genua-La Spezia-Livorno sowie Triest-Fiume-Pola.
- Die Sicherung der Apenninübergänge zwischen Genua und Florenz und Aufnahme der 10. Armee in einer südlich davon gelegenen Sicherungslinie.
- Die „Befriedung" Norditaliens, auch mit Hilfe faschistischer Organisationen.[14]

Als Ergebnis aller Weisungen, Überlegungen etc. waren die dem OB Süd und der 10. Armee unterstellten Truppen am 8. September 1943 in den nachfolgenden Räumen konzentriert: Unter dem XIV. Pz Korps die 16. Pz Div im Raum Salerno, die Pz Div „HG" und die 15. PzGren Div nördlich von Neapel bis in den Raum Golf von Gaeta. Dem XIV. Pz Korps unterstand eine Kampfgruppe der 1. FschJg Div. Das LXXVI. Pz Korps hatte die Masse der 1. FschJg Div, die 26. Pz Div und die 29. PzGren Div in Kalabrien und Apulien eingesetzt. Im Raum um Rom stand das dem OB Süd unmittelbar unterstellte XI. Fliegerkorps mit der 3. PzGren Div und der 2. FschJg Div. Die 90. PzGren Div (unmittelbar OB Süd unterstellt) mit zugeordneten Festungstruppen hatte die Räumung von Sardinien vorbereitet. Auf Korsika stand eine Kampfgruppe der Brigade „RFSS", bestehend aus mehreren Bataillonen. Deutscher Befehlshaber auf der Insel war General von Senger.

Geografische Merkmale der italienischen Halbinsel (Lagekarte 6)

Die deutschen Truppen in Italien hatten bei der Führung der Operationen entscheidende Nachteile gegen sich: Die zahlenmäßige Überlegenheit der alliierten Landstreitkräfte in allen Bereichen, die absolute alliierte Herrschaft zur See und die Luftherrschaft der anglo-amerikanischen Luftstreitkräfte. Allein das Gelände begünstigte die Operationsführung der Deutschen und relativierte einige der eben erwähnten Vorteile der gegnerischen Seite.

Die italienische Halbinsel, die sich südlich der Po-Ebene bis Sizilien zieht, wird geteilt durch den Apennin. Von Bologna, an den Ausgängen der Po-Ebene bis zur Südspitze von Kalabrien beträgt die Entfernung fast 1 200 Kilometer. Die Halbinsel ist durchschnittlich 180 bis 200 Kilometer breit. An der schmalsten Stelle zwischen dem Golf von Gaeta und Ortona an der Adria beträgt die Entfernung aber nur 135 Kilometer. In ihrer Form wird die italienische Halbinsel oft mit einem Fischgerippe verglichen. Der Hauptzug des Gebirges stellt den Rücken dieses Gerippes dar, die nach Osten und Westen abfallenden seitlichen Gebirgszüge bilden die „Gräten". Zwischen den abfallenden Gebirgszügen erstrecken sich flache Becken, die im Westen tiefer in das Landesinnere reichen als im Osten. Die Becken im Westen sind auf Grund der Niederschlagsmengen feucht und fruchtbar, im Osten dagegen trocken, mit einer geringeren Vegetation. Die Becken werden in der Regel durch Flüsse durchzogen, wiederum im Westen bedeutendere als im Osten. Als Beispiele sollen der Volturno, der Garigliano, der Tiber oder der Arno dienen. Der Gewässerstand ist im Sommer niedrig, bei starken Regenfällen können vor allem in den mit Geröll bedeckten Flusstälern im Osten reißende Hochwasser entstehen. Das Gebirge erreicht im zentralen Apennin und in den Abruzzen Höhen von 2 500 Metern bis nahe an 3 000 Meter. Die Waldzone weist Laub- und Nadelwälder auf, in größeren Höhen sind die Berge teilweise verkarstet. Vom Herbst bis in das Frühjahr hinein lag seinerzeit in den Höhen oberhalb von 1 500 Metern Schnee. Die Gebirgslandschaft war 1943 wenig dicht besiedelt, die Nord-Süd-Verkehrsverbindungen waren beschränkt, die Ost-West-Verbindungen verliefen im Zuge der häufig tief eingeschnittenen Flusstäler.

Die Operationen größerer Truppenteile waren an die ausgedehnten Becken im Westen sowie an einige breitere Flusstäler in Nord-Süd-Richtung gebunden, ebenso die Bewegungen mechanisierter Kräfte, die ansonsten nur im Zuge von Straßen erfolgen konnten. Der Einsatz von Luftstreitkräften war durch die Witterungsbedingungen im Herbst und Winter – Regen, Schnee, Kälte, tief liegende Wolken, schlechte Sichtbedingungen – eingeschränkt. Das Gelände begünstigte die Gefechtsarten Verteidigung und Verzögerung. Nachhaltig gehaltene Verteidigungslinien, die sich über die gesamte Breite der Halbinsel erstreckten, mussten durchbrochen werden, eine Umgehung war allenfalls durch Seelandungen im Rücken der Verteidigungslinien möglich. Seelandungen erforderten einen hohen organisatorischen Aufwand und enthielten, selbst bei der Überlegenheit der Alliierten zur See und in der Luft, ein beträchtliches Risiko.

Alliierter Operationsplan und Kräfte (Lagekarte 7)

Allgemeines operatives Ziel für die auf dem italienischen Festland landenden Truppen der 15. HGr war die Einnahme von Neapel und der Luftwaffenbasen im Raum Foggia. Wie auch bei der Landung auf Sizilien kam es General Alexander zuerst darauf an, erfolgreich zu landen und einen sicheren Brückenkopf zu bilden. Die taktischen Ziele für die Landung des XIII. (BR) Korps der 8. (BR) Armee an der Südspitze Kalabriens bei Reggio sind zuvor genannt worden. Der Landeraum der Briten war von Salerno ca. 290 Kilometer entfernt. Zur unmittelbaren Unterstützung von „Avalanche" konnte außer durch das Binden von deutschen Kräften erst dann etwas beigetragen werden, wenn sich die beiden Divisionen des XIII. (BR) Korps, die 5. (BR) Inf Div und die 1. (CA) Inf Div, die nebeneinander landen sollten, weiter nach Norden durch Kalabrien durchgekämpft hatten. Montgomery hatte dem Korps die Wegnahme des Raumes bis zur Enge von Nicastro-Catanzaro vorgegeben, fast 130 Kilometer von Reggio entfernt.[15] Reserve des Korps/der Armee war die 78. (BR) Inf Div. Das XIII. (BR) Korps konnte weiterhin über 231. (BR) Inf Brig, Teile der 1. (CA) Pz Brig und über zwei Kommando-Bataillone verfügen.

Die 5. (US) Armee gliederte sich für die Landung bei Salerno in das X. (BR) Korps und das VI. (US) Korps. Zum ersten Mal waren britische und amerikanische Truppen in einer Armee zusammengefasst. General Clark hatte als seine Absicht vorgegeben „den Hafen von Neapel und die Flugplätze im Raum Neapel einzunehmen und eine gesicherte Basis für weitere Offensivoperationen zu schaffen".[16] Den Schwerpunkt bildete er links mit dem X. (BR) Korps und dessen zwei Kampf erfahrenen Divisionen, der 46. und 56. (BR) Inf Div. Das X. Korps hatte Neapel zu nehmen. Wegen der begrenzten Anzahl von Landungsschiffen konnte das VI. (US) Korps nur mit einer Division, der 36. (US) Inf Div landen. Das VI. (US) Korps hatte die Aufgabe, die rechte Flanke des Landeraumes zu schützen und – nach Beginn des Vorstoßes des X. Korps in Richtung Neapel – den gesamten Landeraum der 5. (US) Armee zu übernehmen und zu sichern. Auf Schiffen bereit gehalten bildeten Teile der 45. (US) Inf Div die Reserve der 5. (US) Armee. Nach Schaffen eines genügend großen Brückenkopfes konnten sowohl die

1. (US) und die 7. (BR) Pz Div als auch die 3. (US) Inf Div und die 82. (US) FschJg Div zum Einsatz kommen. Auf welche Weise dies geschehen sollte, war offensichtlich nicht eindeutig im Voraus festgelegt. Wegen der beschriebenen knappen Kapazitäten an Landungsschiffen sollten Teile der nachfolgenden Kräfte auch unmittelbar über den dann eingenommenen Hafen von Neapel gelandet werden. Dies konnte voraussichtlich erst ab dem 13. Tag nach der Landung der ersten Welle geschehen. Bei und nach der Landung konnten die alliierten Divisionen durch ca. 1 500 Einsatzflugzeuge unterstützt werden.[17]

Verantwortliche Führer: Alexander und Clark[18]

General Harold Alexander wird übereinstimmend in der Literatur als die geeignete Persönlichkeit bezeichnet, eine so komplexe Koalitionsstreitmacht zusammenzuhalten, wie sie die aus zahlreichen Nationen zusammengesetzte alliierte 15. HGr darstellte: Briten, Amerikaner, Kanadier, Franzosen, Inder, Italiener, Neuseeländer, Polen, später auch noch Brasilianer. Sicherlich hat dazu seine gewinnende Persönlichkeit und sein großer persönlicher Charme beigetragen. Alexander, so schreibt Blumenson, erweckte stets den Anschein, dass er am erfolgreichen Ausgang der jeweiligen „Sache" keinen Zweifel hatte.

Alexander entstammte der britischen Oberschicht, er war der Prototyp des Gentleman, beherrscht, ausgeglichen, nonchalant und kein Eiferer, auch nicht auf vordergründige Wirkung bedacht wie beispielsweise Patton oder Clark. Dies brachte ihm bei beiden die Einschätzung ein, er sei arrogant. Alexander war im Auftreten und in seiner Bekleidung stets makellos, vielleicht hatte er einen „Tick", was sein äußeres Erscheinungsbild betraf. Die bisherige Laufbahn hatte die Voraussetzungen für seine Position als Führer der Landstreitkräfte geschaffen: Hervorgegangen aus der „Irischen Garde", im Wechsel zwischen Stabs- und Kommandoverwendungen, hatte Alexander während des Frankreich-Feldzuges 1940 eine Division und dann ein Korps geführt, als Führer der Nachhut des Expeditionskorps verließ er als einer der letzten den Hafen von Dünkirchen. Danach hatte Alexander auf verschiedenen Kriegsschauplätzen höhere Kommandoverwendungen eingenommen, so war er 1942 Befehlshaber Mittlerer Osten und hatte danach die alliierten Landstreitkräfte in Tunesien und Sizilien geführt. Jedermann schätzte ihn, selbst die Amerikaner, mit den zuvor genannten Ausnahmen.

Alexander sollte sich in Italien als Könner auf dem Gebiet der Verbundenen Operationen bestätigen, vielleicht vertraute er dabei zu sehr auf die Wirkung von Luftstreitkräften. Er hatte einen Blick für strategische Optionen, zweimal sollte ihm dabei General Clark dabei einen Strich durch die Rechnung machen. In solchen Situationen trat einer seiner Fehler auf, den Churchill in einem Brief an ihn so beschrieben hatte: „Ich habe das Gefühl, dass Sie vielleicht zu sehr gezögert haben, die Ihnen gegebene Autorität durchzusetzen, weil sie in so großem Maße mit Amerikanern zu tun haben, und deswegen auf einem Vorstoß ‚gedrängt' haben, anstatt ihn einfach zu befehlen." Trotz der Distanz, die er häufig ausstrahlte, genoss Alexander den Respekt seiner Soldaten, wenn er in tadelloser Uniform in der vordersten Stellung auftauchte – eine Seltenheit bei den Alliierten. In diesem Zusammenhang ist es ein höchstes Kompliment, wenn E.D. Smith schreibt, dass Alexanders Memoiren, als sie erschienen, weder Rechtfertigungen enthielten noch Anklagen gegen Vorgesetzte oder Untergebene, „dagegen voll des Lobes waren für seine Männer, die er schließlich zum Sieg geführt hatte."[19]

General Clark gilt als der am stärksten umstrittene General der Alliierten im Italien-Feldzug. Sein Ruf aus dem Krieg in Italien hat verhindert, dass er in die höchste erreichbare Position, die des Vorsitzenden der US-Generalstabschefs berufen wurde, obwohl er zum Abschluss seiner Karriere als Oberbefehlshaber der UN-Truppen in Korea eine hohe Spitzenverwendung erreichte. Der junge Mark Clark absolvierte bis 1917 die Militärakademie von Westpoint (auch sein Vater und sein Sohn waren Westpoint-Absolventen), als Hauptmann diente er im 1. Weltkrieg in Europa und wurde verwundet. Nichts deutete danach auf eine besondere Karriere hin. Clark blieb 16 Jahre lang Hauptmann, trotz Abschluss der erforderlichen Ausbildungsgänge (u.a. das U.S. War College) war er 1940 noch Oberstleutnant. Anschließend wurde er erst Generalstabsoffizier, bald darauf Chef des Stabes bei General McNair, der für den Aufbau und die Ausbildung des US-Heeres verantwortlich war. Vom Oberstleutnant wurde er 1941 zum Brigadegeneral befördert, er übersprang dabei den Dienstgrad Oberst. Er war nicht nur General McNairs Protégé, auch General Marshall war auf ihn aufmerksam geworden. Clark war ein exzellenter Planer und Organisator, er war energisch, verlor sich nicht im Detail, konnte sich auf wesentliche Problem konzentrieren, er war anpassungsfähig und in der Lage, sich schnell auf wechselnde Situationen einzustellen. Clark hatte die Ausbildungsprogramme und -methoden entwickelt, die es möglich machten, aus einem kleinen Berufsheer sehr schnell eine Massenarmee von Wehrpflichtigen aufzubauen.

Knapp ein Jahr nach der Beförderung zum Brigadegeneral wurde Clark Generalmajor. Als die Entscheidung für Nordafrika gefallen war, wurde er im Herbst 1942 als Stellvertreter Eisenhowers (seinem Freund) zum Generalleutnant befördert. Clark war der jüngste Generalleutnant in der Geschichte der US-Armee. Innerhalb von zwei Jahren erfolgte also der Sprung vom Oberstleutnant zum Drei-Sterne-General, dabei hatte Clark kein einziges Mal Truppe geführt. Er galt als extrem ehrgeizig, war auf Publicity-Wirkung bedacht – er war ständig von Fotografen und Berichterstattern umgeben –, galt als schroff und strikt im Umgang, obwohl er auch seinen persönlichen Charme einzusetzen verstand. Sein schneller Aufstieg hatte ihm viele Neider gebracht, auch Generale, die früher seine Vorgesetzten waren und die nun ihm unterstanden. Hinzu kam ein (gut verborgenes) Unterlegenheitsgefühl gegenüber alliierten Generalen mit großer Kampferfahrung, wie beispielsweise General Juin oder der Neuseeländer General Freyberg. Als Folge davon führte er wenig kooperativ und suchte keine Beratung. Gegenüber seinen britischen Kameraden hatte er ein latentes Misstrauen entwickelt, von ihnen immer an die „zweite Stelle" gesetzt zu werden. Clark hatte großen persönlichen Mut bewiesen, als er zur Verbindungsaufnahme mit den Franzosen im Oktober 1942 im Rahmen einer verdeckten Aktion mit einem U-Boot in Nordafrika gelandet war.

Mark Clark hatte General Eisenhower ständig gedrängt, ihm ein Frontkommando zu übertragen. Als die Entscheidung für die Landung auf dem Festland fiel, war Pattons 7. (US) Armee noch in Sizilien gebunden. Clark führte zu dieser Zeit die 5. (US) Armee, eine Ausbildungsarmee, die erst vor kurzem aufgestellt worden war. Nun setzte er durch, dass diese Armee mit der Durchführung von „Avalanche" beauftragt wurde. Clark war kein brillanter Intellektueller, er verfügte aber über gute geistige Anlagen und richtete sich am Machbaren aus. Wie viele US-Generale setzte er jedoch dabei auf zahlenmäßige und materielle Überlegenheit.[20]

Kalabrien, Apulien und Salerno (Lagekarte 7)

Die Landung des XIII. (BR) Korps begann am 3. September 1943 frühmorgens. 600 Artilleriegeschütze und zahlreiche Kriegsschiffe unterstützten die Landung. Die ersten Widerstandslinien der dt. 29. PzGren Div lagen weiter landeinwärts. So stießen die ersten Landungs-Wellen auf keinen Widerstand. Beide Divisionen hatten wegen des Geländes und zahlreicher deutscher Sperren (Straßen- und Brückensprengungen) große Schwierigkeiten und kamen nur langsam voran. Die 1. (CA) Inf Div im rechten Teil des Gefechtsstreifens noch langsamer als die 5. (BR) Inf Div an der Westküste. Erst in der Enge Nicastro-Catanzaro wurde durch die Deutschen stärkerer Widerstand geleistet. Am 6. September wurde die dt. 29. PzGren Div durch Aufnahme von der 26. Pz Div abgelöst. Nach der Bekanntgabe der Kapitulation Italiens befahl General v. Vietinghoff dem LXXVI. Pz Korps, unter Belassung von Nachhuten am Feind nach Norden auszuweichen. Die 29. PzGren Div war schon nach Norden abgezogen. Sie stand am 11. September bereits in der Nähe des Brückenkopfes bei Salerno. Die 26. Pz Div trat am 9. September morgens den Rückmarsch in Richtung Salerno an, nur noch eine Kampfgruppe verzögerte gegenüber dem XIII. (BR) Korps. Da sich von Vietinghoff zu diesem Zeitpunkt schon entschlossen hatte, auch von Norden her Verbände des XIV. Pz Korps gegen die Landung bei Salerno einzusetzen, um den Landekopf zu bereinigen, nahm man große Risiken im Hinblick auf den weiteren Angriff der 8. (BR) Armee, der offensichtlich in den Rücken der bei Salerno kämpfenden deutschen Kräfte führen konnte, in Kauf.

Während der letzten Verhandlungen der Alliierten mit den Italienern zum Abschluss des Waffenstillstands am 3. September bei Cassibile auf Sizilien hatten die Italiener die kampflose Übergabe des Hafens von Tarent zugesagt. Die mögliche Nutzung von Hafenanlagen für die Sicherstellung der Logistik hatte für die alliierten Führer immer einen großen Stellenwert. So entschloss man sich, die Masse der 1. (BR) FschJg Div in mehreren Wellen, verladen auf Kriegsschiffen, in Tarent zu landen, den Hafen und die Stadt sowie den umliegenden Raum in Besitz zu nehmen. Würde das Unternehmen mit Erfolg ablaufen, dann sollte hier das V. (BR) Korps etwa ab dem 25. September die Führung übernehmen und zumindest eine weitere Division, die 8. (IND) Inf Div, nachgeführt werden. Im Rahmen dieser Operation, Deckname „Slapstick", wurden am 9. September etwa 3 600 Mann gelandet.[21] Da die Sicherungskräfte der in Apulien eingesetzten 1. dt. FschJg Div überall kämpfend auswichen, gelang es den britischen Truppen, bis zum 10. September die Flugplätze Grottaglia und Monopoli und bis zum 11. September Brindisi einzunehmen. Am 18. September, so weit sei vorgegriffen, übernahm das V. (BR) Korps die Führung der alliierten Truppen in Apulien.

Am 8. September abends wurde zunächst durch General Eisenhower über Radio Algier, kurze Zeit darauf auch durch den Ministerpräsidenten Badoglio der Abschluss des Waffenstillstands zwischen dem Königreich Italien und den Alliierten verkündet. Für Italien trat in der Folge die Situation ein, die Curzio Malaparte in seinem ebenso bedrückenden wie bewegenden

Roman „Die Haut" in Bezug auf die italienischen Soldaten, die künftig an der Seite ihrer neuen Verbündeten kämpfen würden, beschrieben hat: „… nunmehr kämpften wir an der Seite der Alliierten, um mit ihnen zusammen ihren Krieg zu gewinnen, nachdem wir den unseren verloren hatten; …"

Der Schwerpunkt des Geschehens in den chaotischen Tagen des Übergangs lag im Raum Rom und bei der Entwaffnung der italienischen Streitkräfte in Mittel- und Norditalien. Für unsere Betrachtung genügt eine Konzentration auf den Einsatzraum der 10. dt. Armee. Wenige Stunden vor Bekanntgabe des Waffenstillstandes hatten 130 „Fliegende Festungen" mit einem präzisen Luftangriff den Gefechtsstand des OB Süd und der Luftflotte 2 in Frascati angegriffen. Bei einem der abgeschossenen Flugzeuge fand man eine äußerst genaue Zielkarte, was zu der Vermutungen führte, dass die Informationen nur aus italienischen Quellen stammen konnten. Bei dem Luftangriff kamen trotz der Genauigkeit der Bombenabwürfe nach verschiedenen Autoren 1 000 bis 2 000 Zivilpersonen ums Leben, wohingegen die militärischen Stäbe nur 100 bis 200 Mann Verluste erlitten. Nachteilig war vor allem die Unterbrechung der Fernmeldeverbindungen, so dass die 10. Armee im Süden in den nächsten Tagen meist selbstständig handeln musste.[22]

Wie zuvor dargestellt, hatte das LXXVI. Pz Korps auf die Nachricht des Waffenstillstandes hin die Rücknahme der Kräfte nach Norden angeordnet. In dessen Einsatzraum kam es zu keinen Entwaffnungen der Italiener, so verlief die Zusammenarbeit mit den Verbänden des XXXI. it. Korps ungestört, das Ausweichen deutscher Truppen wurde von diesen sogar unterstützt. Im Raum Neapel-Golf von Gaeta und an der Ostküste verlief die Entwaffnung sehr unterschiedlich. Meist gelang die Entwaffnung durch den Überraschungsschock, zum Teil aber auch erst nach Gefechten mit den Italienern. Im ostwärtigen Teil der Halbinsel versuchte die 1. dt. FschJg Div wegen der unterlegenen eigenen Kräfte eine Entwaffnung des IX. it. Korps erst gar nicht. Ein Teil der Italiener, Militärschulen und Fallschirmjägereinheiten, erklärten, auf deutscher Seite weiter zu kämpfen. Ein anderer Teil ging in den „Untergrund", oft in Zivilbekleidung und verübte Anschläge gegen deutsche Truppen. Bei Widerstandshandlungen italienischer Truppen und Anschlägen nahmen deutsche Truppen harte, oft auch unangemessene Vergeltungsaktionen vor. In Neapel leisteten ab dem 10. September italienische Truppen Widerstand, die Bewohner bewaffneten sich und schlossen sich dem Widerstand an. Kampftruppen mussten durch das XIV. Pz Korps eingesetzt werden, um den Aufstand niederzukämpfen. Wegen der verworrenen, unübersichtlichen Lage kam es dabei auch zu großen Opfern bei der unbeteiligten Zivilbevölkerung.[23]

Mit der Landung auf dem italienischen Festland bei Salerno begann „der Kampf um die Festung Europa". Dieser Terminus wurde auf deutscher Seite allerdings erst für eine spätere Phase des italienischen Feldzuges verwendet. Ein Zurückwerfen der gelandeten Kräfte ins Meer hätte wohl zu weitreichenden psychologischen Folgen vor allem auf der Seite der Alliierten geführt. Da sich die deutsche Führung zu diesem Zeitpunkt zur Aufgabe Süd- und Mittelitaliens entschlossen hatte, wurde durch den WFSt jedoch eine Zerschlagung der Landekräfte nicht mit letzter Konsequenz verfolgt, wobei dahingestellt bleiben soll, ob die dazu nötigen Voraussetzungen (zum Beispiel das Heranführen weiterer Truppen von der HGr B) hätten geschaffen werden können. Die Kämpfe um den Landeraum dauerten vom 9. bis 17. September als der deutsche

Gegenangriff wegen der offensichtlichen Aussichtslosigkeit abgebrochen wurde. Zur „Schlacht um Salerno" wäre es gar nicht gekommen, wenn General v. Vietinghoff sich nicht selbstständig dazu entschlossen hätte, nach dem Herauslösen seiner Truppen aus Kalabrien statt nach Norden auszuweichen, die Divisionen seines XIV. Pz Korps aus dem Raum Gaeta und Neapel nach Süden zu ziehen, um die Landung zu bekämpfen.

Die Landung der beiden britischen Divisionen und der 36. (US) Inf Div am frühen Morgen des 9. September stieß auf nicht allzu heftigen Widerstand der 16. dt. Pz Div. Diese verteidigte auf einer Breite von 45 Kilometern, sie hatte zwar eine Widerstandslinie, bestehend aus Stützpunkten in der Strandzone, festgelegt, die Masse der Kampftruppen wurde aber beweglich, abgesetzt von der Küste, in mehrere Kampfgruppen gegliedert bereitgehalten. Trotz einiger gepanzerter Gegenangriffe im Gefechtsstreifen der 36. (US) Inf Div war es der 5. (US) Armee bis zum Abend gelungen, zwei flache Brückenköpfe bis an die Höhenlinie, die den Landeraum überragt, vorzutreiben. Der linke Flügel des Landeraums vor den Durchlässen des Lattari-Gebirges in Richtung Neapel war gesichert, zwischen dem X. (BR) und dem VI. (US) Korps war jedoch eine Lücke entstanden, die nicht mit Truppen besetzt war.[24] Die alliierten Luftstreitkräfte hatten innerhalb von 24 Stunden über 2 000 Einsätze geflogen, dem standen 162 deutsche Einsätze gegenüber. Von Vietinghoff hatte sich entschlossen, Teile der 15. PzGren Div und der Pz Div „HG" an den Landeraum heranzuziehen, seinen Schwerpunkt sah er dabei rechts, um die Zugänge nach Neapel zu sperren. Für den 10. September erwartete er das Eintreffen erster Teile der 29. PzGren Div aus Kalabrien. Sowohl die von Norden herankommenden Kampfgruppen der 15. PzGren Div und der Pz Div „HG" als auch die 29. PzGren Div konnten aber am 10. September noch nicht in die Kämpfe eingreifen. Die Marschbewegungen gestalteten sich schwierig, teilweise blieben die Marschverbände wegen Benzinmangels liegen. Für den kommenden Gegenangriff ordnete v. Vietinghoff an, dass das LXXVI. Pz Korps ab dem 11. September einen Gefechtsstreifen vor dem südlichen Teil des Landeraums übernehmen sollte.

Die beiden alliierten Korps konzentrierten sich darauf, die Truppen zu ordnen, den Landeraum zu festigen und danach zu erweitern. Letzteres gelang nur in geringem Ausmaß. Teile der 45. (US) Inf Div wurden links neben der 36. (US) Inf Div eingeschoben.

Die am 11. September angesetzten Vorstöße der alliierten Truppen zur Erweiterung des Landekopfes trafen auf Gegenangriffe der mittlerweile durch Teile der 29. PzGren Div verstärkten 16. Pz Div. Insgesamt waren die Verbände der 10. dt. Armee noch gezwungen, in der Verteidigung zu verharren. Nun drängte aber schon die Zeit, mit dem eigenen Gegenangriff zu beginnen, bevor die 5. (US) Armee weitere Verstärkungen heran bringen konnte. So sollte der für den 14. September geplante Gegenangriff möglichst vorgezogen werden. Beiderseits des Sele-Flusses sollten nebeneinander Kampfgruppen der 16. Pz Div und der 29. PzGren Div in die Ebene vorstoßen und die beiden alliierten Korps voneinander trennen. Im rechten Teil des Gefechtsstreifens war beabsichtigt, mit der Pz Div „HG" auf Salerno vorzustoßen.

Der deutsche Gegenangriff am 13. September richtete sich gegen die trotz des Einschiebens der 45. (US) Inf Div immer noch bestehende Lücke zwischen dem X. (BR) und dem VI. (US) Korps. Die Vorstöße der beiden deutschen Divisionen bis weit in die Küstenebene – Persano und Battipaglia wurden genommen – veranlassten v. Vietinghoff zu übertriebenen Erfolgsmeldungen. Denn der Angriff von Teilen der Pz Div „HG" war liegen geblieben. Andererseits bereitete sich bei den Amerikanern wegen der Lage beim VI. (US) Korps Krisenstimmung aus, wobei Clark vorsorglich Planungen zur Räumung des Landekopfes anordnete. Aber noch verfügten die Alliierten über bedeutende Reserven, um die Krise zu meistern: In der Nacht 13./14. September sprangen zwei Bataillone der 82. (US) FschJg Div im Gefechtsstreifen der Amerikaner ab, ab dem 14. September trafen eine bisher nicht eingesetzte Kampfgruppe der 45. (US) Inf Div und erste Teile der 7. (BR) Pz Div im Landeraum ein. Durch das Heranführen weiterer Kriegsschiffe (u.a. auch die Schlachtschiffe „Valiant" und „Warspite") wurde die schon außerordentlich wirksame Artillerieunterstützung von See her noch verstärkt.

Die 16. dt. Pz Div war abgekämpft. Obwohl sie für den Angriff am 14. September durch Teile der 26. Pz Div verstärkt worden war, gelang es nicht, wie beabsichtigt bis zur Strandzone vorzudringen. Für den 16. September wurde nun auf deutscher Seite ein Angriff aus zwei Richtungen mit der 26. Pz Div und der Pz Div „HG" in Richtung des Tusciano-Flusses geplant, um die alliierte Stellung aus den Angeln zu heben. Zum Erhalt der Kampfkraft der eigenen Truppe wies Kesselring aber schon die 10. dt. Armee darauf hin, dass der Kampf um den Landeraum abgebrochen werden müsse, falls mit diesem Angriff kein entscheidender Erfolg erzielt werden könne.

In der Nacht 14./15. September war das 505. (US) FschJg Rgt für das VI. (US) Korps mit Fallschirmen gelandet worden. Nach der Landung der 7. (BR) Pz Div verfügte auch das X. (BR) Korps über beträchtliche Reserven. Trotz des opfermütigen Einsatzes in allen Verbänden und erbitterter Kämpfe scheiterte der deutsche Angriff am 16. September auf der ganzen Linie. Ursache dafür waren die mittlerweile gelandeten starken Panzer- und Panzerjägerverbände auf alliierter Seite, vor allem aber das überwältigende Feuer der alliierten Artillerie und Schiffsartillerie. Auf deutscher Seite wird von einem „Feuerorkan" gesprochen, dem vor allem die ungepanzerten Truppen ausgesetzt waren. Während sowohl Clark als auch Alexander davon überzeugt waren, dass die Gefahr für den Landeraum nun vorbei sei, schlug v. Vietinghoff Kesselring vor, die 10. Armee auf die Linie Salerno – Cerignola (südostwärts von Foggia) zurückzunehmen, um die Weisung des OKW vom 12. September (siehe nachfolgend) überhaupt noch ausführen zu können.

Es ist angebracht, über die Landungen der Alliierten auf dem Festland eine kurze Bewertung vorzunehmen: Die Überlegenheit der alliierten Luftstreitkräfte wurde immer entscheidender. Im Zeitraum bis zum 16. September waren auf alliierter Seite 21 700 Einsätze geflogen worden, an einzelnen Tagen über 2 000 Einsätze.[25] Eine Vergleichszahl für die deutsche Seite gibt Gundelach nicht. Vor Beginn der Landungen hatte die Luftflotte 2 über 606 Kampfflugzeuge verfügt, damit um 230 weniger als vor der Landung in Sizilien. Davon waren aber nur 50 Prozent einsatzbereit. Die deutsche Luftwaffe konzentrierte sich auf die Bekämpfung der Landungsflotte, die Erfolge dabei waren jedoch gering. Nur fünf Schiffe wurden versenkt und nur neun beschädigt.[26]

Grund für die zwischenzeitliche Krise bei der 5. (US) Armee war das schnelle Heranführen von Reserven auf deutscher Seite, während das Heranbringen alliierter Reserven über See mehr Zeit in Anspruch nahm. Nachdem der Vorteil der schnellen Reaktionszeit auf deutscher Seite verbraucht war, gaben die stärkeren Reserven der Alliierten den Ausschlag. Wie bereits geschildert, waren die überlegene alliierte Artillerie und die Beherrschung des Gefechtsfeldes aus der Luft zwei weitere ausschlaggebende Einflussgrößen. Die gewünschte Entlastung der Landung bei Salerno durch die Landungen in Kalabrien ist nicht eingetreten. Auf Grund der vorsichtigen und zögerlichen Einsatzführung durch Montgomery konnte das XIII. (BR) Korps durch eine einzige Kampfgruppe der 26. dt. Pz Div „gehalten" werden. Erst am 16. September nahmen Aufklärungskräfte der 5. (BR) Inf Div Verbindung mit Truppen der 36. (US) Inf Div auf. Auch die Absicht, deutsche Kräfte zu binden, damit sie nicht bei Salerno eingesetzt werden konnten, war gescheitert, da die 10. dt. Armee und das LXXVI. Pz Korps ein volles Risiko hingenommen hatten.[27]

Die Verluste auf alliierter Seite waren beträchtlich, fast 8 700 Mann, während sie auf deutscher Seite ungefähr 3 500 Mann betrugen. Der rücksichtslose Artillerieeinsatz auf alliierter Seite sowie die Bombardierungen aus der Luft mit dem Ziel, die eigene materielle Überlegenheit zu nutzen und die eigenen Verluste gering zu halten, hatten ein Kehrseite: Italienische Ortschaften, wie Battipaglia, wurden total zerstört (auch wenn sie kaum von deutschen Truppen besetzt waren), in der Stadt Potenza kamen bis zu ihrer Einnahme von 30 000 Einwohnern etwa 2 000 Personen durch Luftangriffe ums Leben.[28]

Als Ausgangspunkt für die weiteren Operationen kann man festhalten: Für die Alliierten war die Landung auf dem Kontinent geglückt, die 15. HGr war dabei, eine geschlossene Front aufzubauen. Für den Gegner war eine konkrete Bedrohungslage geschaffen worden, die sich nach der bevorstehenden Räumung von Korsika durch die Deutschen (tatsächlich begonnen ab dem 17. September) sowohl in Richtung Südfrankreich oder Mittelitalien als auch auf den Balkan ausweiten konnte. Auf deutscher Seite war es gelungen, neben dem Überwinden der Krisenlage durch den Abfall Italiens, die Kräfte aus Kalabrien und Apulien zurückzuführen. Dem Vorteil des Zeitgewinns durch die Verhinderung der Ausweitung des Landeraums stand der Nachteil des Verlustes an Kampfkraft gegenüber. Die Möglichkeit der Bildung einer durchgehenden Front noch südlich von Rom wurde jedoch erhalten.

Grundlegende Weisungen (Lagekarte 6)

Zwischen dem 12. September und dem 4. Oktober 1943 wurden auf deutscher wie auch auf alliierter Seite verschiedene grundlegende Führungsweisungen erlassen, die nicht nur maßgebend für den Feldzug im Herbst und Winter 1943 in Süditalien waren, sondern deren Vorgaben auch noch für die Kämpfe um die Gustav-Linie bestimmend sein sollten. Auch wenn dem Ablauf des Geschehens vorgegriffen wird, sollen sie im zeitlichen Zusammenhang an dieser Stelle dargestellt werden.

In den bisherigen Schilderungen ist deutlich geworden, dass die operativen Ziele, die General Alexander der 8. (BR) Armee und der 5. (US) Armee für die Invasion Italiens vorgegeben hatte, zunächst räumlich relativ eng gesetzt waren: Die Einnahme von Neapel und der Flugbasen um Foggia. Unter dem Eindruck des Abbruchs der Schlacht von Salerno durch die Deutschen erwartete man nun von Kesselring die Aufgabe von Süditalien und von Teilen Mittelitaliens und den Übergang zu einer nachhaltigen Verteidigung frühestens in der Linie Pisa – Rimini. Diese Einschätzung wurde unterstützt durch die am 9. September begonnene und bis zum 18. September abgeschlossene Räumung Sardiniens.[29] Die Führungsweisung, die General Alexander am 21. September 1943 – also relativ spät – herausgab, sah für die bevorstehenden Operationen vier Phasen vor:

- In der Phase 1 hatten beide Armeen eine Position, die sich von Salerno bis nach Bari erstreckte, zu sichern. Diese Phase war – bei der Herausgabe der Weisung – praktisch abgeschlossen.
- In der nächsten Phase waren Neapel und die Flugbasen von Foggia (s.oben) einzunehmen.
- In der Phase 3 sollte der Raum von Rom mit seinen Flugfeldern und der Eisenbahn- und Straßenknotenpunkt Terni (südostwärts von Orvieto) eingenommen werden.
- In der abschließenden Phase sollten der Raum Livorno sowie die Verkehrszentren um Florenz und Arezzo gewonnen werden.

Als ungefähre Zeitanhalte waren vorgegeben: Der Raum Gaeta – Termoli (nördlich des Biferno) sollte bis zum 7. Oktober, der Raum Rom – Terni etwa bis zum 7. November eingenommen sein, die Linie Lucca – Ravenna hoffte man bis zum 30. November 1943 genommen zu haben. Es musste sich natürlich, zumindest unausgesprochen, die Frage stellen, wenn damit bereits die Ausgänge zur Po-Ebene genommen waren, was danach geschehen sollte. Dieser Frage soll an späterer Stelle nachgegangen werden.[30]

Die Führerweisung vom 12. September 1943 „Für die weitere Kampfführung in Italien" hatte trotz der begonnenen Kämpfe um den Landeraum die vorangegangenen Weisungen für eine Räumung des südlichen Teils der Halbinsel bestätigt. Ungeachtet eines Erfolges bei Salerno hatte der OB Süd verzögernd kämpfend auf den Raum um Rom zurückzugehen und seine Kräfte dort zu sammeln. Auch die Räumung von Korsika wurde nun befohlen. Durch die Verzögerung des Feindes mit Nachhuten sollte der nötige Zeitbedarf für die Räumung des Landes, die Mitführung wichtigen kriegswirtschaftlichen Materials beziehungsweise die Zerstörung der immobilen wirtschaftlichen Ressourcen und Hilfsquellen gewonnen werden. Die ursprünglich vorgesehene Unterstellung des OB Süd unter die HGr B wurde aufgeschoben. Der Auftrag der HGr B blieb es, die günstigste Stellung für eine Verteidigung im Apennin festzulegen und mit dem Ausbau zu beginnen. Die Grenze zwischen der HGr B wurde mehr nach Süden, in die Linie Elba – Piombino – Perugia – Civitanova (südlich von Ancona), verlegt.

Das ständige Drängen Kesselrings gegen eine Aufgabe Süditaliens – auch für ihn war die Verhinderung des Aufbaus einer „Absprungbasis" durch die Alliierten auf den Balkan ein Argument – sowie das nur langsame Vorankommen der 15. alliierten HGr führten bis zum 4. Oktober 1943 zu vollkommen neuen Entscheidungen auf der Ebene des OKW. Die Weisung für die „Kampfführung des Ob. Süd und der Heeresgruppe B vom 04.10.43" beruhte nach wie vor auf der Annahme der weiteren Invasion des europäischen Kontinents über den Balkan. Dabei standen der Wehrmachtführung zwei Alternativen vor Augen: Ein Überspringen der Adria aus dem süditalienischen Raum und eine Landung in Albanien/Montenegro/Südkroatien oder – nach einem weiteren Vordringen in Italien nach Norden – eine alliierte Landung an der adriatischen Küste im Raum Nordkroatien/Istrien. Dies wäre ohne Zweifel die strategisch weitreichendere Variante gewesen. Als Ergebnis dieser Feindlagebeurteilung wurde dem OB Süd die Weisung erteilt, nur noch bis in die Linie Gaeta – Ortona auszuweichen und dann in einer ausgebauten Stellung zu verteidigen. Der nötige Zeitbedarf für den Ausbau dieser Stellung war durch die Verzögerung der Armeen der 15. alliierten

HGr südlich dieser Linie sicherzustellen. Mit ausreichenden Kräften waren die Küstenabschnitte rückwärts der Linie Gaeta – Ortona sowie der Raum um Rom mit Schwerpunkt an der Westküste zu sichern. Die HGr B hatte nun zusätzlich zur Verteidigung Oberitaliens und der Niederschlagung feindlicher „Aufstandsbewegungen" in Istrien und Slowenien auch die Verbindungslinien des OB Süd offen zu halten und die rückwärtigen Küstenabschnitte zu sichern.[31]

Die Einnahme von Neapel und der Flugbasen von Foggia (Lagekarte 8)

Nach dem Abbruch der Schlacht von Salerno gab Kesselring am 20. September eine Weisung heraus, wie die 10. Armee die Verzögerung führen sollte, eine zusammenhängende Front von Küste zu Küste zu bilden hatte und dabei auch Maßnahmen treffen sollte, um weiterer Küstenlandungen im Rücken der Front zu begegnen. Neben der Vorgabe der Sicherstellung und des Abtransports militärisch wichtiger Güter bzw. der Unbrauchbarmachung für den Gegner wurde – um die Verzögerung nachhaltiger zu gestalten – angeordnet, die Verkehrs-Infrastruktur großflächig zu zerstören. Darüber hinaus wurde (moralisch und rechtlich nicht nur angreifbar sondern auch zu verurteilen) in großem Umfang die männliche Bevölkerung nach Norden zur Zwangsarbeit verschleppt. Hier begann eine Strategie der „verbrannten Erde", die, durch Hitler angeordnet, später auch auf anderen Kriegsschauplätzen angewendet wurde, so weit die Zeit dafür gegeben war und die auch auf deutschem Boden praktiziert wurde, als ab dem Herbst 1944 die feindlichen Truppen die Grenze des Reichs überschritten hatten.[32]

Um den Drehpunkt Salerno hatten die Truppen nach Nordosten einzuschwenken, die Linie Salerno – Bovino – Manfredonia (nordostwärts von Foggia an der Adria-Küste) bis zum 30. September zu halten, und dann, nach Norden ausweichend, die später so bezeichnete „Viktor-Linie" (V-Linie) etwa im Zuge der Flüsse Volturno – Calore – Biferno bis zum 15. Oktober zu behaupten.

Mitte bis Ende September ist von der nachfolgenden Gliederung der 10. Armee auszugehen: Das XIV. Pz Korps führte die 15. PzGren Div, die Pz Div „HG", die 16. Pz Div und ab Ende September die Masse der 3. PzGren Div. Dem LXXVI. Pz Korps waren die 26. Pz Div und die 1. FschJg Div unterstellt. Auf deutscher Seite waren damit im Grunde erstklassige Divisionen eingesetzt. Durch den andauernden Einsatz waren diese Divisionen aber personell und materiell abgenutzt. Die 29. PzGren Div sollte in den Raum Rom zurückgeführt und dem XI. Fliegerkorps zur Auffrischung unterstellt werden. Unmittelbar unter dem OB Süd war dieses Korps u.a. für den Küstenschutz an der Westküste von der Grenze zur HGr B bis in den Raum Gaeta verantwortlich. Wie wenig aber auf die Abnutzung der Truppe Rücksicht genommen werden konnte, zeigt, dass das Herausziehen der 29. PzGren Div schließlich ab dem 20. Oktober 1943 begonnen wurde und sich bis zum 5. November hinzog, erste Teile dieser Division aber schon am 11./12. November wieder zum Einsatz kamen. Die von Korsika zu evakuierende 90. PzGren Div wurde der HGr B unterstellt. Neben anderen Abgaben an die Ostfront hatte die HGr B dagegen – in richtiger Beurteilung des Geländes in Süditalien – zwei Infanteriedivisionen (305. InfDiv und 65. InfDiv) an den OB Süd abzustellen. Die beiden Divisionen sollten für den Kampf im Gebirge ausgestattet werden.[33]

4. Der Feldzug in Süditalien bis zum Auftreffen auf die Gustav-Linie

Kampfhandlungen und Bewegungen von Truppen sowie ihr Zeitverhalten werden durch die Festlegung von Führungslinien und Gefechtsstreifen bestimmt und koordiniert. Für den Kampf, das Bereithalten von Kräften oder die Versorgung (Logistik) können Truppen Räume zugewiesen werden, deren Ausdehnung durch Grenzen festgelegt ist. Führungslinien, Grenzen von Gefechtsstreifen oder von Räumen werden in den Grundzügen anhand der Karte festgelegt und richten sich neben anderen Bestimmungsgrößen auch nach den Merkmalen des Geländes. In Anbetracht der vorgesehenen Aufgabe Süd- und Mittelitaliens hatte ursprünglich nur die durch die HGr B festzulegende Verteidigungsstellung im nördlichen Apennin Bedeutung. Es war geplant, dass sie ungefähr in der Linie Pisa – Arezzo – Pesaro liegen sollte. Mit der Festlegung, dass nur bis zur Linie Gaeta – Ortona durch den OB Süd Verzögerungsoperationen zu führen seien und danach südlich von Rom zur Verteidigung übergegangen werden solle, wurde eine weitere Verteidigungslinie an der schmalsten Stelle der Halbinsel definiert. Kesselring schreibt in seinen Erinnerungen, er habe die späteren Widerstandslinien, dabei auch die „Gustav-Linie", bereits am 10./12. September 1943 planerisch festgelegt. Dies kann kaum zutreffen, da zu diesem Zeitpunkt ja noch ein Ausweichen der 10. dt. Armee in den Raum nördlich von Rom vorgesehen war und gegenüber dem Feind nur hinhaltender Widerstand geleistet werden sollte. Kesselring konnte zu diesem Zeitpunkt zwar spätere Widerstandslinien gedanklich ausgewählt haben, festlegen konnte er sie aber erst, als mit Hitlers Weisung vom 4. Oktober 1943 die Operationsführung in Italien vorgegeben wurde bzw. als er ab dem 6. November die Gesamtführung in Italien übernahm.

Für die Themenstellung dieses Buches genügt es, im folgenden Überblick auf die wesentlichen Verteidigungspositionen einzugehen, die für den Verlauf des Feldzuges bis in das Frühjahr 1945 maßgebend waren. Weitere Führungslinien oder Stellungen auf taktischer Ebene, die meist nur von zeitlich begrenzter Bedeutung waren, werden später nur im Zusammenhang mit einzelnen Gefechtsausschnitten behandelt. Wohl in der Reihenfolge des Alphabets erhielten die Verteidigungsstellungen von Süden nach Norden folgende Bezeichnung: Die Stellung zwischen Gaeta und Ortona, die entlang des Unterlaufs des Garigliano, dann vorspringend über die Enge von Mignano nach Venafro bis Castel di Sangro und dann im Verlauf des Sangro bis zur Adria verlief, erhielt den Namen „Bernhard-Linie". Südlich von Rom wurde im Herbst 1943 eine weitere Verteidigungslinie festgelegt, die „Cäsar-Linie", die sich vom Tyrrhenischen Meer über den Ostrand der Albaner Berge und Avezzano bis nach Pescara erstreckte. Die Apennin-Stellung, die etwa bei Carrara beginnend über den Futa-Pass südlich abbog und ostwärts von Florenz über Poppi und S. Stefano (beide nördlich von Arezzo) dann entlang des Foglia-Flusses bei Pesaro die Adria-Küste erreichte, erhielt den Namen „Goten-Stellung".

Die deutsche Führung war sich über die Bedeutung des sich in Richtung Rom erstreckenden Liri-Tales im Klaren, falls den Alliierten ein Durchbruch durch die Bernhard-Linie im Zuge der durch die Enge Mignano führenden Straße Nr. 6 (Via Casilina) gelingen würde. Bei einer Abstimmung im FHQ am 17. November 1943 mit dem Chef des Stabes der HGr C, General Westphal, wurde daher entschieden, eine „2. Stellung der ‚Bernhard-Linie', die so genannte ‚Cassino-Stellung' auszubauen." Darüber hinaus befahl Hitler, „an der engsten Stelle der Cassino-Ebene (Roccasecca – S. Giovanni – Pico) einen *weiteren* Riegel" anzulegen. Nach Diskussionen wurde entschieden, mit dem Ausbau des später so genannten „Führer-Riegels" zwischen Roccasecca und S. Giovanni zu beginnen und über den weiteren Verlauf dieses Riegels nach Süden erst nach einer Erkundung zu entscheiden. Die „Cassino-Stellung" als zweite Stellung hinter der „Bernhard-Linie" wird im KTB OKW erstmals am 13. Dezember mit „Gustav-Stellung" bezeichnet. Die Gustav-Stellung zweigte am Unterlauf des Garigliano von der Bernhard-Linie ab und verlief dann im Zuge des Garigliano, Gari und Rapido, übersprang einen Teil der Abruzzen, um schließlich bei Alfedena im Tal des Sangro wieder in die Bernhard-Linie einzumünden. Wenn die alliierten Truppen den Volturno nach Norden überschritten hatten, würden sie anschließend folglich drei Stellungen überwinden müssen (die Bernhard-Linie, die Gustav-Linie und den Führer-Riegel), bevor sie im Liri-Tal über Frosinone weiterhin auf Rom vorstoßen konnten. Nach welcher Systematik die „Gustav-Linie" mit diesem Namen bezeichnet wurde, kann nach den ausgewerteten Unterlagen nicht nachvollzogen werden.

Viel Verwirrnis über die Stellungen ist dadurch entstanden, dass die Alliierten andere Bezeichnungen für die deutschen Stellungen wählten, auf deutscher Seite unverständlicherweise ebenfalls andere Namen verwendet wurden, und schließlich in der Literatur falsche Angaben gemacht worden sind. Wechselweise für die Gustav- oder Bernhard-Linie wird auf alliierter Seite die Bezeichnung „Winter-Linie" verwendet, der Führer-Riegel wird in der Literatur auf alliierter Seite als „Adolf-Hitler-Linie" oder „Hitler-Linie" bezeichnet, obwohl er so nie hieß. Die spätere Umbenennung in „Senger-Riegel" wurde auf Seiten der Alliierten nicht zur Kenntnis genommen, ebenso wenig wie die im Juni 1944 erfolgte Umbenennung der Goten-Stellung im Apennin in „Grün-Stellung".

Auf mittlerer und unterer Führungsebene wie auch im allgemeinen Sprachgebrauch und dementsprechend in der Literatur auf beiden Seiten wurde und wird die deutsche Befestigungslinie zwischen dem Golf von Gaeta und Ortona als „Gustav-Linie" oder „-stellung" bezeichnet, insbesondere nachdem ab Dezember 1943 die Bernhard-Linie im Raum von Mignano und im Sangro-Tal durchbrochen worden war. So wäre dann die Bernhard-Linie zwischen dem Garigliano-Knie und Alfedena nur eine Vor-Stellung der Gustav-Linie gewesen, deren Halten zum Zeitgewinn für den Ausbau der weiter zurück liegenden Hauptstellung beitragen sollte. Um die Sache vollends konfus zu machen, wird dieser Teil der Bernhard-Stellung in der deutschen Literatur auch als „Reinhard-Stellung" bezeichnet.[34]

Zur Verfolgung der Deutschen und ebenfalls zur Bildung einer geschlossenen Front bedurfte es auf alliierter Seite gewisser Umgliederungen und Koordinierungen. Dazu hatte General Alexander befohlen, dass die beiden inneren Flügel der 5. (US) Armee und der 8. (BR) Armee nach zeitlicher Abstimmung nebeneinander angreifen sollten. Inzwischen war die 3. (US) Inf Div und der Stab der 82. (US) FschJg Div auf dem Festland eingetroffen, so dass General Clark in beiden Korps über sieben Divisionen verfügte: 46. und 56. (BR) Inf Div, 7. (BR) Pz Div, 3., 36. und 45. (US) Inf Div und 82. (US) FschJg Div, dazu einige selbstständige Brigaden.

Nachdem am 22. September die 78. (BR) Inf Div in Bari gelandet worden war, konnten das XIII. (BR) und V. (BR) Korps der 8. (BR) Armee über vier Divisionen verfügen: 1. (CA) Inf Div, 5. und 78. (BR) Inf Div sowie 1. (BR) FschJg Div und wiederum einige selbstständige Brigaden. Ab dem 23. September wurde die 8. (IND) Div in den Häfen von Tarent und Brindisi gelandet. Eine bedeutende Ansammlung von Kräften, wobei andererseits bedacht werden muss, dass zu den sie-

4. Der Feldzug in Süditalien bis zum Auftreffen auf die Gustav-Linie

ben Divisionen, die General Eisenhower vom Kriegsschauplatz Mittelmeer für „Overlord" bereit zu stellen hatte, die 1. (BR) und 82. (US) FschJg Div sowie die 7. (BR) Pz Div gehörten.[35] Bis zum 20. September hatten die Divisionen des XIII. (BR) Korps so weit nach Norden aufgeschlossen, dass auch nach Osten Verbindung zur 1. (BR) FschJg Div hergestellt wurde. Damit hatte die 15. alliierte HGr eine noch lückenhafte Front gebildet. Der Schwerpunkt im weiteren Angriff nach Norden würde bei der 5. (US) Armee liegen. Wegen dessen wenig überzeugender Führung hatte General Clark am 20. September General Dawley vom Kommando über das VI. (US) Korps entbunden, Nachfolger wurde General Lucas.

Das Vordringen aus der Bucht von Salerno gestaltete sich wegen der Kämpfe durch das Lattari-Gebirge südlich von Neapel und die Monti Picentini südlich von Benevent sehr schwierig. Nach der Einnahme von Potenza hatten leichte Kräfte des XIII. (BR) Korps sich im zentralen Bergland des Apennin am 23. September bis Spinazzola und am 27. September bis Melfi vorgeschoben. Die Aufklärungskräfte der 78. (BR) Inf Div standen am 24. September am Unterlauf des Ofanto, in der Nähe von Canosa. Seine Eindrücke über die Verzögerungskämpfe schildert Hauptmann Kratzert, der Kommandeur des III./FschJg Rgt 3: „Unsere Abwehrkämpfe verlagerten sich immer mehr ins Gebirge, wo unser Widerstand im Hinblick auf unsere inferiore Bewaffnung und zahlenmäßige Stärke relativ erfolgreich geleistet werden konnte. Aber das Stichwort ‚Waidmannsheil!' = Rückzug auf eine neue Abwehrlinie, blieb vorherrschend. Dabei klappte es nicht immer nach gewohnter Manier, recht oft bedurfte es ruhiger Nerven und zähestem Ausharren bis zur Dunkelheit ... Aber kaum einmal zwang uns der Feind gegen unsere Pläne dieses Waidmannsheil auf; hätte er einmal herzhaft zugepackt, wer weiß, wie es dann über diesen kommenden Winter zugegangen wäre!"[36]

Bis zum 27. September gelang es Truppen des V. (BR) Korps eines der angestrebten Ziele, den Raum Foggia mit seinen Luftwaffenbasen zu nehmen. Am 1. Oktober wurde Neapel von den Deutschen geräumt und von britischen Truppen des General Clark besetzt. In Erwartung des Herannahens der Alliierten hatte sich die Bevölkerung, unterstützt durch Partisanen und versprengte italienische Soldaten, erneut gegen die Deutschen erhoben. Auch hierbei kam es wieder zu erbitterten Kämpfen mit Übergriffen auf beiden Seiten: „Gruppen beherzter Jungen stürzten sich auf die Panzer, mit beiden Armen brennende Strohbündel schwingend, und starben bei dem Versuch, diese stählernen Schildkröten in Brand zu setzen. Mädchen mit unschuldiger Miene zeigten lächelnd den im Bauch ihrer sonnenglühender Panzer eingeschlossenen durstleidenden Deutschen lockende Traubenbüschel: Und sobald diese die Turmluken öffneten und sich hinausbeugten ... wurden sie aus dem Hinterhalt von den Jungen mit einem Hagel von Handgranaten, die man feindlichen Gefangenen abgenommen hatte, umgebracht. Viele der Jungen und Mädchen ließen bei diesen grausamen, beherzten Kriegslisten ihr Leben."[37]

Durch andauernde Luftangriffe war Neapel schon erheblich zerstört gewesen. Die beiden Aufstände hatten weitere Zerstörungen zur Folge gehabt. Schließlich hatten die befohlenen Verwüstungen der Deutschen vor dem Abzug, die Zerstörung aller militärisch wichtiger Infrastruktur, der Stadt den Rest gegeben. Der Hafen war ein einziges Chaos: Gesprengte Gebäude und Landekais, umgestürzte Kräne, die Hafenbecken voller Trümmer und versenkter, ineinander verklammerter Schiffe aller Größen. Dennoch dauerte es nur zwei Wochen, bis amerikanische

Pioniere die Hafenanlagen wieder so weit hergerichtet hatten, dass 3 500 t pro Tag entladen werden konnten. Ende Oktober betrug die Umschlagleistung 7 000 t pro Tag.

Mit Neapel und Foggia war das zunächst festgelegte Ziel der Alliierten erreicht. Am 1. Oktober erklärte General Eisenhower gegenüber den Vereinigten Stabschefs, dass man in sechs bis acht Wochen in Rom stehen könne. Drei Tage später äußerte er sogar – in Übereinstimmung mit General Alexander – die Erwartung, dass man bis Ende Oktober die Hauptstadt Italiens eingenommen haben würde. Einem größeren Irrtum konnte er kaum unterliegen! Am 27. September schlug das bis dahin schöne Herbstwetter in Dauerregen um. Auch in den Folgemonaten traten immer wieder – in diesem Umfang für Süditalien ungewohnte – Schlechtwetterperioden auf, die sich in Verbindung mit den Geländeverhältnissen besonders für den Angreifer nachteilig auf den Kampf, die Bewegungen, den Nachschub und die Unterbringung der Truppe auswirkten. Die Straßen wurden zu Schlammbahnen, Flüsse traten über die Ufer oder verwandelten sich in reißende Gewässer, in den Tälern stand der Morast, die Sichtverhältnisse waren schlecht und behinderten den Einsatz der Luftstreitkräfte. Mehrfach mussten daher von Oktober bis Dezember groß angelegte Offensiven der Alliierten verschoben oder unterbrochen werden.[38]

Italien: Auf beiden Seiten

Es ist nötig, an dieser Stelle auf die Rolle Italiens im künftigen Feldzug einzugehen.[39] Am 12. September 1943 war Mussolini durch das I./FschJg Rgt 7 im Rahmen eines Kommandounternehmens auf dem Gran Sasso befreit worden. Am 14. September traf er im FHQ mit Hitler zusammen, dort hatten die Deutschen bereits andere Faschisten, u.a. den Generalsekretär der faschistischen Partei, Pavolini, und Mussolinis Sohn Vittorio, versammelt. Die Absicht der deutschen Seite war klar: Ein Quasi-Verbündeter war besser als ein weiteres besetztes Land. Am 18. September kündigte Benito Mussolini in einer Rundfunkrede die Bildung einer republikanisch-faschistischen Regierung an, die einige Zeit später ihren Sitz in Salò am Gardasee nahm. Am 1. Dezember 1943 wurde dann die „Repubblica Sociale Italia" (R.S.I.) ausgerufen. Natürlich konnte diese Regierung nur über die Macht verfügen, die ihr von deutscher Seite eingeräumt wurde. Mussolini wurde daher mit einer Reihe von „Aufsichtspersonen" umgeben: Der ehemalige deutsche Botschafter in Rom, Rahn, wurde „Bevollmächtigter des Großdeutschen Reiches", SS-Obergruppenführer Wolff „Höchster SS- und Polizeiführer", um den Terminus „Militärbefehlshaber" (wie in anderen besetzten Ländern) zu vermeiden, wurde General Toussaint „Bevollmächtigter General der deutschen Wehrmacht" bei der faschistischen Regierung.

Post nennt mit Recht Vorbehalte, die Regierung Mussolinis als bloße Marionette des Reiches abzutun.[40] Selbst wenn dies so gewesen wäre, wäre es kein großer Unterschied zur Regierung Badoglio auf alliierter Seite gewesen. Allerdings war die territoriale Zuständigkeit der Regierung in Salò begrenzt. Im Operationsgebiet verfügte der OB Süd/Südwest über alle Gewalten und gab Weisungen auch an die zivilen Dienststellen. Darüber hinaus hatten die Deutschen das Operationsgebiet „Alpenvorland" (Bozen, Trient, Belluno) und das Operationsgebiet „Adriatisches Küstenland" (Görz, Triest, Istrien und Slowenien) gebildet, die dem deutschen Militär unterstanden. Die zivile Gewalt wurde dort durch die Gauleiter von Tirol und Kärnten ausgeübt.

4. Der Feldzug in Süditalien bis zum Auftreffen auf die Gustav-Linie

Die Wehrmacht hatte kein Interesse am Aufbau eines italienischen Heeres von 500 000 Mann, wie dies Marschall Graziani (Mussolinis Kriegsminister) angeboten hatte. So wurden vier italienische Divisionen von den Deutschen aufgestellt, hinzu kamen noch Spezial- und Freiwilligenverbände, insgesamt 143 000 Mann. Zusammen mit den Anteilen der Marine und der Luftwaffe hatten die regulären Streitkräfte der R.S.I. damit einen Umfang von 248 000 Mann. Allerdings war ihr Kampfwert gering, so wurden nur wenige Verbände, oft in deutsche Truppen eingegliedert, zum Kampf gegen die Alliierten eingesetzt.[41]

Nachdem die Regierung Badoglio aus Rom geflüchtet und ab dem 11. September in Brindisi untergekommen war, sollte und musste die Zusammenarbeit mit den Alliierten geregelt werden. Je nach der republikanischen oder monarchistischen Einstellung der beiden Alliierten USA und Großbritannien, aber auch entsprechend der weiterreichenden politischen Absichten, gab es über das Ausmaß des Entgegenkommens (dies würde auch vom Wohlverhalten der Italiener abhängen) sehr große Differenzen. Ausschlaggebend war die Langfassung der Waffenstillstandsbedingungen, die durch Marschall Badoglio am 29. September an Bord eines Schlachtschiffes in Malta unterzeichnet werden musste. Gedrängt durch die Alliierten erklärte Italien am 13. Oktober 1943 Deutschland den Krieg.

Die Waffenstillstandsbedingungen legten fest, dass das eingenommene italienische Territorium einer Militärverwaltung unterstellt wurde. Um der italienischen Regierung jedoch in den Augen der Bevölkerung einen Grad von Legitimität zu verleihen, wurden vier Regierungsbezirke in Apulien der Verwaltung durch die Italiener unterstellt, das „Königreich des Südens". Weitere Gebiete sollten fortlaufend folgen, sofern die militärische Lage dies gestattete. Die italienische Regierung und alle italienischen Verwaltungsstellen waren gehalten, alle Forderungen der Alliierten zu erfüllen, die diese für die Erreichung ihrer Kriegsziele für erforderlich hielten.

Auch auf alliierter Seite setzte man nicht viel Vertrauen in den Kampfwert einer neu gebildeten königlich-italienischen Armee – zu den größten Zweiflern zählte General Alexander. Bei der Auflösung/Gefangennahme der italienischen Streitkräfte nach dem 8. September war fast das gesamte Material in die Hände der Deutschen gefallen, verbliebenes Gerät galt als veraltet und nicht mehr den Einsatzerfordernissen entsprechend. Das heißt, zusätzlich zu den Franzosen und Polen mussten auch nun die Anteile der italienischen Armee durch die Alliierten ausgerüstet werden. Damit Italien jedoch den Status eines „Mit-Kriegführenden" („Co-Belligerent") erfüllte, bedurfte es der Symbole. So wurde ab dem Herbst 1943 damit begonnen, sechs „Gruppi di Combattimento", also Kampfgruppen in der Stärke von je fast 9 000 Mann, aufzubauen.[42] An den Kämpfen in Mittelitalien – soweit ein Blick voraus – nahm im Sommer 1944 dann noch ein „Korps der Befreiung", in der Stärke von zwei Divisionen und entsprechenden Korpstruppen teil. Über den Umfang der Partisanenbewegung und deren Anteil am Kampfgeschehen wird in späteren Kapiteln berichtet.

Bis zum Volturno und Sangro (Lagekarte 8)

Um Verständnis dafür zu wecken, warum der zeitliche Ablauf der Operationen in der Realität keinesfalls den geschilderten optimistischen Erwartungen auf alliierter Seite entsprach, soll dem Leser ein Bild von der Kampfweise auf deutscher Seite vorgestellt werden. Zusätzlich ist es nötig zu beschreiben, mit welchen Führungsprinzipien und Einsatzvorstellungen die Alliierten in die Kämpfe auf der italienischen Halbinsel gegangen sind und vor welche Schwierigkeiten sie sich dabei gestellt sahen.

Obgleich der OB Süd und die Führung der 10. dt. Armee den Truppen vorgegeben hatten, im Zuge sperrgünstiger Linien zeitlich begrenzt zu verteidigen, wurden die Operationen im Herbst 1943 nach den Prinzipien der Gefechtsart Verzögerung geführt. Dabei wurden die Truppenteile häufig bis zur Ebene der Kompanien und Züge aufgelöst, die dann im Zuge der feindlichen Vormarschstraßen Verteidigungsstellungen in Anlehnung an natürliche Geländehindernisse oder Sperren (Brückensprengungen, Minen, Hangabsprengungen oder Trichtersprengungen in Straßen) bezogen. Solche Stellungen sollten nur schlecht umgangen werden können. Die Infanteriekräfte wurden durch Pioniere, Granatwerfer, einzelne Sturmgeschütze oder Flak-Geschütze verstärkt. Die Artillerie deckte von weiter rückwärts. Kamen die feindlichen Angriffsspitzen zum Halten, bedurfte es auf Seiten des Angreifers einer Lagefeststellung und der Entfaltung im Gelände. Dann mussten Verstärkungen vorgeführt und nachfolgende Kräfte zur Umgehung angesetzt werden. Bevor der feindliche Angriff zum Tragen kam, oder eine Umgehung vollendet war, räumten die Verzögerungskräfte ihre Stellungen und wichen aus. In der Tiefe wurden bereits andere Truppenteile in weiteren Stellungen bereitgehalten. Die Beseitigung der Sperren durch den Feind war besonders zeitaufwendig bei Brückensprengungen oder Hangabsprengungen, bei denen die Fahrbahn mit in die Tiefe gestürzt war. Die deutsche Taktik war somit mehr auf einen Zeitgewinn als auf das Zufügen von Verlusten beim Gegner ausgerichtet.

Die alliierten Truppen in Italien waren vorwiegend technisierte Truppen, vollkommen von der Nutzung des Motors und einem ununterbrochenen Nachschub abhängig. Im Gegensatz zu den in vier Kriegsjahren gehärteten deutschen Truppen, die ohnehin zum Teil zur Elite des deutschen Heeres zählten, verfügten nur die britischen Divisionen über eine vergleichbare Kampferfahrung. Ein Großteil der US-Divisionen waren „Greenhorn-Divisionen", die in Italien Kampferfahrung auch für andere Kriegsschauplätze gewinnen sollten. Nun waren sie einer der schwierigsten Aufgaben, dem Kampf im Gebirge, ausgesetzt. Im Vergleich mit den indischen Truppen und den nordafrikanischen Truppen der Franzosen mussten sie die entsprechenden Einsatzverfahren sowie das erforderlich taktische Verhalten erst im Einsatz lernen.

Führung und Truppen waren andauernd bestrebt, ein Gelände zu finden oder zu gewinnen, in dem sich die zahlenmäßige Überlegenheit und die technischen Vorteile auswirken konnten. Gleichzeitig mussten sie psychologische Sperren überwinden, die sich aus dem Umstand ergaben, in einem Gelände operieren zu müssen, das die Ausnutzung dieser Vorteile nicht zuließ und in dem die gewohnte Unterstützung durch Artillerie und die Luftwaffe im hohen Maß eingeschränkt war. Der Notwendigkeit zum initiativen Führen und zum selbstständigen Reagieren auf nicht vorhergesehene Lageentwicklungen stand vor allem auf amerikanischer Seite die starre Befehlstechnik gegenüber. Eine „zentrale" Führung wurde aber durch die Unübersichtlichkeit der Gefechtslagen und die eingeschränkten Fernmeldeverbindungen erschwert. Auf die Probleme, die sich aus der eingeschränkten Nutzung des Motortransportraumes ergaben, wurde zwar reagiert, es war aber nicht einfach, innerhalb kurzer Zeit eine genügende Anzahl von Tragtieren und die nötige Ausstattung bereit zu stellen.[43]

4. Der Feldzug in Süditalien bis zum Auftreffen auf die Gustav-Linie

Der Ablauf der Operationen im Herbst 1943 bis zum Durchbrechen der Bernhard-Linie durch die Alliierten sowie das Aufschließen zur Gustav-Linie können nachfolgend nur in einem Überblick beschrieben werden. Der Herbst 1943 und der Winter 1943/44 waren überdies von einer Reihe politischer, militärpolitischer und militärstrategischer Entscheidungen gekennzeichnet, die in diesem Zusammenhang dargelegt werden müssen, da sie sich auf Zielsetzung und Ablauf des italienischen Feldzuges und der Führung der Operationen maßgebend auswirkten.[44] Die am 17. September begonnene Räumung Korsikas war bis zum 3. Oktober abgeschlossen worden. Dabei gelang es, trotz erheblicher personeller, aber nur moderater materieller Verluste, die Masse der auf der Insel eingesetzten deutschen Verbände zu evakuieren. Bei der gegebenen alliierten uneingeschränkten Luft- und Seeherrschaft war dies nach der Räumung von Sizilien und Sardinien eine weitere organisatorische Meisterleistung. Gleichzeitig mit dem Beginn der Räumung war die Insel Elba durch deutsche Truppen eingenommen worden.

Die Divisionen des XIV. und des LXXVI. dt. Pz Korps hatten sich nach dem Fall von Neapel und Foggia relativ zügig nach Nordwesten abgesetzt. Frühzeitig waren Verbände zur Besetzung der V-Linie vorausgesandt worden. Die bereits angesprochenen Witterungsbedingungen hatten ein zügiges Nachstoßen des X. (BR) Korps in dem an und für sich bewegungsgünstigen Becken nördlich von Neapel verhindert, die Einsätze der alliierten Luftwaffen waren reduziert.

Das XIV. Pz Korps stand Anfang Oktober mit der Masse seiner Divisionen nördlich des Volturno, mit Teilen aber auch noch südlich des Flusses. Das LXXVI. Pz Korps verteidigte seinen Abschnitt der V-Linie noch südlich des Calore bzw. weit ostwärts des Biferno. Wie erinnerlich, sollte die V-Linie im Zuge des Volturno – Biferno bis zum 15. Oktober gehalten werden.

Die Kämpfe seit dem 3. September hatten gezeigt, dass es im gebirgigen Gelände vor allem auf eine zahlenmäßig starke Infanterie ankam. Die deutsche Panzerdivision verfügte in der Grundgliederung jedoch nur über vier Infanteriebataillone (davon eines gepanzert), die deutsche Panzergrenadierdivision über sechs Infanteriebataillone. Ab Oktober 1943 wurden der 10. Armee in erster Linie Infanteriedivisionen zugeführt. Ab dem 10. Oktober wurde die 65. Inf Div in den Raum des LXXVI. Pz Korps verlegt. Neben der Aufgabe, mit Teilen den Küstenschutz sicherzustellen, sollte die Masse der Division bereits einen Abschnitt der Bernhard-Linie im Zuge des Sangro-Tales besetzen und ausbauen, landeinwärts von der Küste bis hart ostwärts des Maiella-Blockes. Schon ab dem 4. Oktober wurde die 305. Inf Div im Raum Cassino versammelt, auch sie sollte einen Abschnitt der Bernhard-Linie besetzen, im Raum Castel di Sangro – Alfedena, also im Hochgebirge der Abruzzen. Ab Ende Oktober schließlich wurde auch die 94. Inf Div aus dem „Reservoir" der deutschen Divisionen in Norditalien dem XIV. Pz Korps zugeführt und unterstellt. Diese Division war bereits zur Vorbereitung der Verteidigung am Unterlauf des Garigliano eingesetzt gewesen. Sowohl die 94. als auch die 305. Inf Div waren bereits in die „Infanteriedivision neuer Art" umgegliedert. Das heißt, jede Division verfügte über insgesamt sieben Infanteriebataillone, so dass der Zugewinn an infanteristischer Kampfkraft im Vergleich zur Panzergrenadierdivision nur ein Bataillon betrug.[45] Am 24. Oktober gab General Hube die Führung des XIV. Pz Korps ab, ab dem 28. Oktober wurde General v. Senger neuer Kommandierender General. Hube übernahm die Führung der 1. Pz Armee an der Ostfront.[46]

Anfang Oktober präzisierte General Alexander seine Weisung vom 21. September, indem er festlegte, dass zur Sicherung von Neapel und der Basen bei Foggia die Linie Volturno – Biferno einzunehmen sei. Hierzu ist anzumerken, dass damit noch nicht genügend Tiefe gewonnen war, um eine Bedrohung dieser Basen durch die Deutschen auszuschließen. Für den weiteren Vorstoß nach Norden gab Alexander seinen beiden Armeen das Ziel, den Raum bis nördlich Rom einzunehmen, etwa in der Linie Civitavecchia an der Westküste und San Benedetto del Tronto an der Adria, halbwegs zwischen Ancona und Pescara. Die darauf folgenden Angriffsvorbereitungen der beiden Armeen wurden nicht nur durch die geschilderten Witterungsbedingungen beeinträchtigt, sondern auch dadurch, dass nunmehr durch die Verlegung von Verbänden der alliierten Luftstreitkräfte, insbesondere von sechs schweren Bombergruppen der 15. (US) Luftflotte, zwei Gruppen Langstreckenjäger und einer Aufklärerkomponente der Schiffstransportraum für das Heer erheblich eingeschränkt werden musste. Ende des Jahres waren 250 schwere Bomber in Italien stationiert. Bis März 1944 sollten 21 Gruppen schwerer Bomber, sieben Gruppen Jäger und eine Gruppe Aufklärer auf das Festland verlegt werden. Zum Unterhalt dieser Luftwaffenverbände entstand ein logistischer Bedarf, der dem der gesamten 8. (BR) Armee entsprach.[47]

Der unzugängliche Gebirgskamm des Apennins hatte eine räumliche Trennung der Operationen der 5. (US) Armee und der 8. (BR) Armee zu Folge: Fortschritte oder Rückschläge auf einer Seite des Gebirges mussten sich nicht unbedingt auf den Gefechtsstreifen auf der anderen Seite auswirken. Ungeachtet dessen folgten die Operationen einem gemeinsamen Ziel und wurden so weit wie möglich koordiniert. Wegen des bewegungsgünstigen Geländes an der Westseite der Halbinsel und wegen des strategischen Ziels, der Einnahme von Rom, sollte der Schwerpunkt bei der 5. (US) Armee liegen.[48]

Am 5. Oktober hatte General Clark seinen beiden Korps befohlen, den Volturno zu überwinden und die Linie Sessa Aurunca – Venafro – Isernia zu gewinnen. Nach Inbesitznahme des Raumes bis zu dieser Linie konnte erstmals auf den Unterlauf des Garigliano vorgestoßen und als folgender Schritt die Enge von Mignano geöffnet werden. Der ursprünglich für den 9. Oktober vorgesehene Angriff der 5. (US) Armee musste bis zum 12. Oktober mehrfach wegen des schlechten Wetters verschoben werden.

Inzwischen hatte man auf deutscher Seite damit begonnen, mit einem großen Kräfteaufgebot den Ausbau der Bernhard-Linie zu verbessern. Rückwärts der Linie Volturno – Biferno war eine neue Zwischenstellung, die „Barbara-Linie" befohlen worden, mit deren Halten man hoffte, weitere Zeit für die Verbesserung der Bernhard-Linie zu gewinnen. Die Barbara-Linie erstreckte sich von Mondragone bis nach Colli a Volturno/Sessano, verlief dann entlang des Trigno und endete bei S. Salvo an der Küste der Adria. In der Nacht 12./13. Oktober begann der verschobene Angriff der 5. (US) Armee. Der Angriffserfolg des X. (BR) Korps war enttäuschend. Der Volturno wurde zwar an einigen Stellen überwunden, am feindlichen Ufer konnten aber nur flache Brückenköpfe gebildet werden. Dagegen glückten dem VI. (US) Korps landeinwärts tiefere Einbrüche in die V-Stellung, vor allem bei der 3. und 34. (US) Inf Div. Dort gelang es, die Brückenköpfe bis in das Höhengelände westlich des Volturno auszuweiten.

Da der befohlene Zweck, das Halten der Volturno-Linie bis zum 15. Oktober, fast vollständig erreicht war, entschloss sich die 10. dt. Armee, auch um die Kampfkraft der Verbände zu erhalten

4. Der Feldzug in Süditalien bis zum Auftreffen auf die Gustav-Linie

(die 15. PzGren Div wie die Pz Div „HG" waren seit Sizilien nur mit kurzen Unterbrechungen andauernd im Einsatz gewesen), das XIV. Pz Korps Schritt für Schritt zurück zu nehmen. Bis zum 24. Oktober wurde so der Raum vom Volturno-Tal nordwestlich von Raviscanina bis Mondragone aufgegeben. Damit war man in etwa auf die Barbara-Linie zurück gegangen. Am 20. Oktober gab Clark als neue Angriffsziele für seine Korps die Linie Garigliano-Mündung – Isernia vor. Mit dem Erreichen dieser Linie würde man vor der Öffnung der Mignano-Enge stehen und hätte schon einen Teil der Bernhard-Linie eingenommen. Den Hauptstoß sollte das VI. (US) Korps im Zuge des Volturno-Tales flussaufwärts führen, das X. (BR) Korps sollte im Zuge der Straße Nr. 7 vorgehen. Diese Angriffe würden aber nicht vor Ende Oktober beginnen.

Montgomery hatte bei Alexander für die 8. (BR) Armee Zeit für Umgruppierungen und den Neuaufbau der Logistik über Tarent und die Häfen an der Adria erwirkt. Nach dem Eintreffen der 8. (IND) Div und der Landung der 78. (BR) Inf Div über Bari ab dem 22. September war eine neue Zuteilung der Divisionen unter das V. (BR) und XIII. (BR) Korps vorgenommen worden.[49] Nun standen sieben abgekämpften deutschen Divisionen der 10. Armee (zu deren teilweisen Ablösung die erwähnten zwei frischen Infanteriedivisionen herangeführt wurden) elf alliierte Divisionen und vier selbstständige Brigaden der 15. HGr gegenüber.

Erstmals seit der Landung bei Salerno machten die Alliierten am 3. Oktober wieder von ihren Seelandungs-Kapazitäten Gebrauch, bis zur Landung bei Anzio/Nettuno im Januar 1944 würde dies allerdings die einzige nennenswerte Seelandung bleiben. Der 78. (BR) Inf Div voraus wurden am 3. Oktober eine Brigade dieser Division und eine britische Kommandobrigade (Special Service Brigade) bei Termoli an der Adriaküste gelandet und nahmen die Stadt ein. Die Masse der Division griff über Land an. Schon am 2. Oktober war die 16. dt. Pz Div zur Verstärkung des LXXVI. Pz Korps in Richtung Adria-Küste in Marsch gesetzt worden. Sie wurde nun ab dem 4. Oktober gegen den Landeraum abgedreht. Die Gegenangriffe der 16. Pz Div scheiterten bis zum 6. Oktober, sie musste zur Verteidigung übergehen. Der 78. (BR) Inf Div war es gelungen, den Unterlauf des Biferno zu überwinden und damit eine Bresche in die V-Linie zu schlagen. Das LXXVI. Pz Korps verteidigte nun die V-Linie mit vier Divisionen.[50] Die 16. Pz Div war quer durch das Gebirge an die Adria geschickt worden. Ihre Kräfte kamen aufgeteilt und nur unter größten Schwierigkeiten im Raum Termoli an. Der Erfolg war dementsprechend: „Es galt, einen Gewaltmarsch von 150 Kilometern quer durch den Apennin durchzuführen auf einer Straße …, die bisher für Panzer als völlig ungeeignet bezeichnet wurde. Stundenlanger … Gewitterregen ging über die halsbrecherischen Haarnadelkurven an jähen Abgründen nieder, weichte die Wege auf und brachte die Fahrzeuge ins Rutschen. Häuser in den engen Bergnestern mussten gesprengt werden, um den Weg frei zu machen. Bei Stauungen in der Nacht schliefen die Fahrer vor Übermüdung am Lenkrad ein, die Kolonnen rissen ab, Ordonnanz-Offiziere, Chefs und Zugführer preschten mit Krädern durch das Dunkel, die Verbindung wieder herzustellen. Viele Panzer blieben wegen Bremsschaden liegen, nur eine kleine Zahl erschien unter Oblt. v. Zittwitz auf dem Gefechtsfeld."[51] Nach der Einnahme von Termoli und dem Überwinden des Unterlaufes des Biferno hatte der wie immer vorsichtige Montgomery von Alexander erneut die Erlaubnis erhalten, den Angriff über Trigno (Barbara-Stellung) gründlich vorzubereiten und dazu seine Armee entsprechend zu versorgen.

Am 24. Oktober, also fast vierzehn Tage später als der Angriff der 5. (US) Armee über den Volturno, begann der Angriff der 1. (CA) Inf Div des XIII. (BR) Korps (das nur einen Nebenstoß führen sollte), links daneben drang die 5. (BR) Inf Div am 4. November bis nach Isernia am Oberlauf des Volturno vor. Dort wurde Anschluss zum VI. (US) Korps hergestellt. Der Angriff des V. (BR) Korps war wegen schlechten Wetters vom 29. Oktober auf die Nacht 2./3. November verschoben worden. Der 8. (IND) Inf Div gelang es gegen erhebliche Widerstand der 1. dt. FschJg Div, den Trigno zu überwinden und sich bis zum 5. November fast bis zur Straße 86, der Nord-Süd-Verbindung zwischen der Küste und Forli in den zentralen Abruzzen heranzukämpfen. Der Hauptangriff der 78. (BR) Inf Div zielte in den Raum Vasto, bereits weit westlich des Trigno. In der Folge sollte noch bis zum Sangro angegriffen werden. Mit wechselseitigem Erfolg entwickelten sich Kämpfe zwischen der 16. dt. Pz Div und der 78. Inf Div. Ab dem 3./4. November brach jedoch die 16. Pz Div das Gefecht ab und leitete abschnittsweise das Ausweichen auf die Sangro-Stellung ein. Bis zum 9. November erreichten Aufklärungsvorstöße der Briten das Sangro-Ufer mehrere Kilometer landeinwärts der Küste. Die Überwindung des Sangro, ein bedeutendes Hindernis, war nach Montgomery erst wieder nach einer Vorbereitung möglich.

Kesselring wird OB Südwest/Hitlers Weisung Nr. 51

Mit Hitlers Weisung vom 12. September 1943, noch mehr aber durch die Weisung vom 4. Oktober, war die Entscheidung aufgeschoben worden, welche Persönlichkeit – Rommel oder Kesselring – künftig auf dem italienischen Kriegsschauplatz führen sollte und nach welchem strategischen Konzept der Krieg zu führen war. Hitlers Befehl, in der Linie Gaeta – Ortona zur nachhaltigen Verteidigung überzugehen, war aber bereits ein Hinweis darauf, dass man im WFSt immer mehr dazu neigte, wenigstens Mittelitalien nicht aufzugeben und die alliierten Streitkräfte in einem ausreichenden Abstand zur südlichen Reichsgrenze zu halten. Auf diese Weise schloss man die noch immer befürchtete Landung der Alliierten auf der Balkan-Halbinsel im Bereich der nördlichen Adria aus und zwang die Alliierten dazu, wenn eine solche Landung dennoch weiter im Süden beabsichtigt werden sollte, sich durch die Gebirge des Peloponnes nach Norden zu kämpfen.

Bei der deutschen Kräftegliederung in Italien benötigte man nicht zwei Heeresgruppenstäbe, der OB Süd hatte faktisch die Funktion einer Heeresgruppe. Dagegen war es sinnvoll, einen weiteren Armeestab einzusetzen. Neben dem Vorteil der Kräfteersparnis in der kürzeren Stellung Gaeta – Ortona im Vergleich zur Apennin-Stellung (dieser Vorteil wurde z.T. dadurch relativiert, dass nun ausgedehnte Küstenabschnitte zu überwachen waren)[52] hatte Kesselring auch das FHQ mit seiner meisterhaften Führung der Verzögerung beeindruckt, durch die es gelungen war, mit relativ geringen Kräften einen erheblichen Zeitgewinn zu erreichen. Bis Mitte Oktober schien die Führungsfrage dahingehend entschieden, dass Rommel mit der HGr B die Führung übernehmen würde, aus dem Stab des OB Süd sollte ein Armeestab gebildet werden. Dies jedenfalls hatte ein Befehlsentwurf vom 17. Oktober vorgesehen, der von Hitler aber nicht unterzeichnet worden war.[53]

Mit der Weisung „Befehlsregelung in Italien vom 6. November 1943" wurde nun Feldmarschall Kesselring mit der Führung in Italien beauftragt.[54] Mit dieser Weisung wurde im Einzelnen festgelegt:

- Feldmarschall Kesselring übernahm mit Erreichen der Bernhard-Linie die Führung in Italien. Die Bezeichnung „OB Süd" wurde in „OB Südwest" geändert: Kesselring führte gleichzeitig die neu gebildete HGr C (in der Weisung noch als HGr B bezeichnet).
- Dem OB Südwest wurden alle im Erdkampf eingesetzten Verbände der drei Teilstreitkräfte und der Waffen-SS unterstellt. Im üblichen deutschen Befehlsdualismus während des 2. Weltkrieges blieben das Deutsche Marinekommando Italien und die Luftflotte 2 hinsichtlich der operativen See- und Luftkriegführung dem OB d.M. und dem OB d.L. unterstellt.
- Der Bevollmächtigte General der Deutschen Wehrmacht in Italien war in einem bestimmten Umfang an die Weisungen des OB Südwest gebunden.
- Der OB Südwest hatte unverändert die operativen Aufträge, die mit der Weisung vom 4. Oktober 1943 an die HGr B und den OB Südwest erteilt worden waren, zu erfüllen.[55]
- Aus dem Stab der HGr B war der Stab der neu zu gliedernden 14. Armee zu bilden.

Es kann kein Zweifel daran bestehen, dass die Entscheidung für Kesselring und das mit ihm verbundene strategische Konzept die richtige Entscheidung war. Diese Einschätzung wird bestätigt durch die Tatsache, dass Hitler am 3. November 1943 eine Weisung für eine neue Schwerpunktsetzung in der Kriegführung herausgegeben hatte, die Weisung Nr. 51.[56]

Angesichts der in naher Zukunft zu erwartenden Landung der Alliierten in Westeuropa sollte der Schwerpunkt der deutschen Kriegsanstrengungen auch in den Westen verlegt werden – notfalls unter der Hinnahme einer Raumaufgabe im Osten.[57] Wir wollen auf die Konsequenzen, die sich aus dieser Weisung für den östlichen Kriegsschauplatz ergaben, nicht eingehen, sondern uns auf den Kriegsschauplatz Italien beschränken. Zur Lage im Osten sei nur angemerkt: Nach dem Abbruch der Schlacht von Kursk im Juli 1943 befand sich die Wehrmacht ununterbrochen auf dem Rückzug. Anfang November wurde Kiew am Dnjepr aufgegeben, Smolensk war schon am 25. September durch die Rote Armee besetzt worden.[58]

Damit die Option der Abwehr einer Invasion der Alliierten in Westeuropa überhaupt erhalten blieb, musste auf der italienischen Halbinsel mit begrenzten Kräften bei möglichst geringen Raumverlusten unverändert Zeit gewonnen werden. Wie richtig Kesselrings Kurs, in Italien ein tiefes Vorfeld zu halten, war, zeigte der erste große Luftangriff, den die 15. (US) Luftflotte (am 1. November in den Dienst gestellt) schon am 2. November mit 112 strategischen Bombern gegen Rüstungsbetriebe in Wienerneustadt geflogen hatte.[59] Langfristig war aber klar, dass bei der genannten Schwerpunktsetzung der OB Südwest Kräfte zugunsten anderer Kriegsschauplätze abgeben musste. Kurzfristig wurden sogar, trotz der knappen Kräfteausstattung, schon jetzt bei der Luftflotte 2 Verbände abgezogen.[60] Konsequenterweise wurden auch Überlegungen für einen Gegenangriff der HGr C für den Fall einer alliierten Landung auf dem Balkan von Apulien aus nicht weiter verfolgt.

Durchbruch der Bernhard-Linie (Lagekarte 8)

Mit dem Befehl, den Raum bis zur Linie Sessa Aurunca – Venafro – Isernia einzunehmen, hatte General Clark seinen beiden Korps Angriffsziele gegeben, die in 40 bis 65 Kilometern Entfernung lagen. Der Gefechtsstreifen des X. (BR) Korps im Küstenbereich wurde dominiert durch den Mt Massico (über 800 Meter Höhe) und den Mt S. Croce (über 1 000 Meter Höhe). Im Norden ragte das Gebirgsmassiv Mt Camino – Mt la Defensa – Mt Maggiore empor, das den westlichen Teil der Enge von Mignano bildete. Für den Angriff, der am 30. Oktober fortgesetzt wurde hatte General McCreery die 7. (BR) Pz Div und die 46. (BR) Inf Div in ihren Gefechtsstreifen so ausgetauscht, dass nun die 7. Pz Div im Küstenbereich und die 46. Inf Div im Zentrum angriff.

Bis zum 2. November war der Mt Massico ausflankiert worden und der Raum Sessa Aurunca genommen. Am 5. November wurde der Mt S. Croce eingenommen. Die deutschen Verbände, in erster Linie die der 15. dt. PzGren Div, hatten nur hinhaltend Widerstand geleistet. Es galt, die eigene Kampfkraft zu erhalten. Bis zum 2. November drangen Aufklärungskräfte der 7. Pz Div und der 46. Inf Div bis zum Unterlauf des Garigliano vor. Nun sollten Teile des X. Korps, die 56. (BR) Inf Div, nach Nordosten eindrehen, um zunächst den Mt Camino von Süden anzugreifen. Die Bernhard-Linie verlief im Raum Mignano von Süd nach Nord über den Mt Camino zum Mt la Difensa, das Tal überspringend zum Mt Cesima und dann weiter zum Mt S. Croce (ein weiterer Berg mit diesem Namen) oberhalb von Venafro. In der Tiefe waren einbezogen der Mt Lungo und der Mt Rotondo, die zusammen mit dem Mt Sammucro die Enge von Mignano zum Tal des Rapido abschlossen.

Das VI. (US) Korps hatte in das obere Volturno-Tal anzugreifen, um das Höhengelände ostwärts von Mignano zu nehmen und damit die Enge von Osten her zu öffnen. Im Verlauf des Angriffs war der Volturno sowohl im Zentrum (45. (US) Inf Div) als auch am rechten Angriffs-flügel (34. (US) Inf Div) zu überwinden. Nach dem Angriffsbeginn am 30. Oktober gelang es der 3. (US) Inf Div bis zum 3. November das Höhengelände beiderseits des Eingangs in die Enge von Mignano zu sichern. Am gleichen Tage hatte die 34. Inf Div den Volturno nordostwärts von Venafro überschritten. Die 45. Inf Div nahm bis zum 5. November Venafro ein. Im weiteren Angriff, im Vorstoß auf das Gebirgsgelände um Colli, sperrte die 34. Inf Div dann die Straße Venafro – Isernia, während an ihrer rechten Flanke das 504. (US) FschJg Rgt am 4. November ohne Feindwiderstand Isernia besetzte.

Kesselrings Befehl vom Oktober, die Alliierten bis zum 1. November von der Bernhard-Linie abzuhalten, damit deren Ausbau noch verbessert werden konnte, war erfüllt worden.[61] Die Frage, die den OB Süd bewegte, war nun beim Übergang von der Verzögerung zur Verteidigung, ob Divisionen, die sich teilweise seit einem Jahr (z.B. die 15. PzGren Div, hervorgegangen aus der 15. Pz Div des Afrikakorps), mit Masse seit mehreren Monaten über Nordafrika, Sizilien und Süditalien auf dem Rückzug befanden, zu einer hartnäckigen Verteidigung imstande wären.

Am 5. November trat die 56. (BR) Inf Div mit zwei Brigaden zu ihrem Angriff auf den Mt Camino an. Im Zeitraum 6. bis 8. November folgten sich Angriff und Gegenangriff, auf deutscher Seite geführt durch das PzGren Rgt 129 der 15. PzGren Div, das nach kurzer Zeit durch Teile des PzGren Rgt 104 verstärkt werden musste. Die Kampfkraft der 56. Inf Div war erschöpft, sie war seit Salerno ohne Unterbrechung im Einsatz. Als der Divisionskommandeur am 12. November den Einsatz der dritten Brigade angeordnet hatte, sagte General Clark den Angriff ab. Ab dem 14. November musste die 5. (US) Armee ihren Angriff insgesamt einstellen. Die Erschöpfung der Truppe und die Witterungsbedingungen hatten dies erzwungen. In der Nacht 14./15. November wurde die 56. Inf Div vom Mt Camino zurück genommen. Das Lösen

Blick von Cervaro auf das Rapido-Tal. Im Mittelgrund der Monte Cassino; links der Eingang zum Liri-Tal

Vorgefertigter Bunker zur Verteidigung der Gustav-Linie, Normausführung

Major Kratzert, Kdr III./FschJg Rgt 3

Im Gelände eigebauter vorgefertigter Bunker

*Blick aus Richtung S. Angelo in das Angriffs-
gelände des 141. (US) Inf Rgt. Im Hintergrund
der Mt Trocchio*

*Obergefreiter Kaifel Richtschütze
in der PzJg Abt 33/15. PzGren Div.*

Der Fluß Gari („Rapido") mit dem Ort S. Angelo

Flüchtlinge aus Cassino

Hauptmann Dyroff, Kdr des III./PzGren Rgt 115. Dyroff regelte mit Leutnant Strom vom 141. (US) Inf Rgt einen Waffenstillstand am Gari.

Lokaler Waffenstillstand

Klosterberg und Höhe 435. Angriffsgelände der 5. (IND) Brig

General Freyberg, temporär
Kommandierender General des
NZ-Korps

Gurkha-Soldaten beim Ortskampf in Cassino

vom Feind glückte den deutschen Truppen wegen der schlimmen Witterungsbedingungen rei-bungslos: „Aber dies konnte nicht die Tatsache verbergen, dass die Truppen der 15. PzGren Div, die noch ihre leichten Sommeruniformen für den Einsatz im ‚sonnigen Italien' trugen, einen Abwehrerfolg errungen hatten."[62]

Mittlerweile war auch der Angriff der 3. (US) Inf Div auf den Mt la Difensa nach 10 Tagen erbitterter Kämpfe gegen die Truppen der 3. dt. PzGren Div gescheitert. In einem weit ausholen-den Umfassungsmanöver glückte es der Masse der Division aber, den Mt Cesima, den Mt Roton-do und den Südostausläufer des Mt Lungo zu nehmen. Bis zum 13. November nahm die 45. (US) Inf Div den Mt S. Croce bei Venafro und den Ort Pozilli an der Höhenstraße nach Aquafondata, die 34. (US) Inf Div hatte sich Meter um Meter im Gebirge vorgeschoben, das 504. (US) FschJg Rgt nahm Colli. Wie ausgeführt, hatte Clark sich dazu veranlasst gesehen, auch beim VI. (US) Korps den Angriff einzustellen.

Am 10. November hatte das XIV. Pz Korps eine infanteristische Stärke in allen Divisionen von weniger als 6 400 Mann gemeldet. Die Stellungen nördlich von Mignano wurden auf die Li-nie Osthänge des Mt Sammucro, die Ortschaft S. Pietro Infine und den Mt Lungo zurückgenom-men. Im Zeitraum 7. Oktober bis 15. November hatten die Amerikaner 7 000 Mann, die Briten 3 000 Mann an Verlusten erlitten. Die Verluste des XIV. Pz Korps im Zeitraum 11. Oktober bis 10. November betrugen 6 500 Mann, darunter fast 1 900 Erkrankte.

Die zeitlichen Verzögerungen im Vergleich zu den optimistischen Prognosen vom Septem-ber zwangen Eisenhower am 8. November 1943 dazu, eine neue operative Weisung heraus zu geben. Diese würde, so wissen wir es heute, für die nächsten acht Monate die Zielsetzungen und den Ablauf der Kampfhandlungen in Italien auf alliierter Seite bestimmen. Zunächst bestätigte Eisenhower unverändert das Ziel der Operationen auf dem Kriegsschauplatz: Die Einnahme der italienischen Hauptstadt. Hierzu gab er seinen Befehlshabern drei unmittelbare Aufgaben:

- Die Verstärkung der auf der Halbinsel benötigten Land- und Luftstreitkräfte, damit der übergeordnete Zweck, die Einnahme Roms, sichergestellt werden konnte.
- Der Abschluss der Verlegung der sechs schweren Bombergruppen bis zum Ende des Jahres und die Verlegung weiterer Bombergruppen, abhängig von den zu schaffenden Vorausset-zungen. Der weitere Aufbau der Luftstreitkräfte würde in erster Priorität aber auf den Flie-gerkräften liegen, die der Unterstützung der Bodenoperationen dienten.
- Zur Absicherung Roms war ausreichend Raum nach Norden zu gewinnen. Dieser Raum sollte Civitavecchia (Hafen!) und das Verkehrszentrum Terni einschließen.[63]

Ebenfalls am 8. November erließ auch General Alexander eine operative Weisung für die 15. HGr, mit der er den Ablauf der 3. Phase seiner Operationsweisung vom 21. September präzisier-te. Wir erinnern uns, in dieser Phase sollten ursprünglich Rom und Terni genommen werden. Da die Kampfkraft der 5. (US) Armee erheblich herabgesetzt war, sollte der künftige Angriff der Heeresgruppe in drei Schritten erfolgen:

- Zunächst hatte die 8. (BR) Armee im Osten anzugreifen und bis zur Straße Collarmele – Popoli – Pescara (Straße Nr. 5, die Verbindung von Rom nach Pescara) vorzustoßen, um von dort in Richtung Avezzano einzudrehen. Hiermit sollten die vor der 5. (US) Armee verteidigenden deutschen Kräfte im Rücken bedroht werden.

- Nach Auffrischung und Verstärkung sollte anschließend die 5. (US) Armee die Enge von Mignano durchstoßen, danach im Zuge des Liri- und Sacco-Tales in Richtung Rom angreifen und dabei Frosinone, etwa 80 Kilometer südlich von Rom, nehmen.
- Wenn die 5. Armee im Raum Frosinone stehen würde, sollte eine Seelandung südlich von Rom erfolgen mit der Absicht, die Albaner Höhen einzunehmen. Der Zeitpunkt dieser Seelandung musste vom zeitlichen Vorankommen der 5. (US) Armee abhängen.[64]

Die Entfernung zum Angriffsziel der 5. (US) Armee nach Frosinone betrug von Mignano aus fast 60 Kilometer, für die 8. (BR) Armee vom Sangro nach Pescara 35 Kilometer.

Während der Quadrant-Konferenz in Quebec war auch entschieden worden, rd. 80 Prozent der im Mittelmeer-Raum eingesetzten Landungsschiffe (Panzer/Infanterie) und etwa zwei Drittel der Landungsboote („crafts") von dort für Overlord abzuziehen. Die kritische Schiffskategorie war dabei das „Landing Ship, Tank" (LST), die für den Transport von Panzern und schweren Fahrzeugen geeignet waren und von denen – erstaunlich bei den Produktionsmöglichkeiten in den USA und in Großbritannien – nur wenige hundert Typen gebaut worden waren.[65] Bis zum 12. Dezember 1943, so war es vorgegeben, sollten aus dem Mittelmeer 56 britische und 48 amerikanische LST abgezogen werden. Nur eine geringe Anzahl (die Zahlenangaben differieren in der Literatur) sollte auf dem Kriegsschauplatz verbleiben.

Würde es bei diesem Zeitplan bleiben, so hatte Eisenhower am 31. Oktober an die Vereinigten Stabschefs gemeldet, konnte er seine dreifache Aufgabe,

- Verstärkung der Land- und Luftstreitkräfte in Italien,
- Stationierung der schweren Bombergruppen und
- Durchführung einer Seelandung in Divisionsstärke, um dem Feldzug in Italien einen neuen Schwung zu verleihen,

nicht erfüllen. Er schlug den Stabschefs das Zurückhalten von 56 britischen und 12 amerikanischen LST mit zwei Alternativen – Verbleib bis zum 15. Dezember bzw. 5. Januar 1944 – vor und zeigte dabei die Folgen auf. Nur wenn die Landungsschiffe bis zum Januar 1944 im Mittelmeer bleiben würden, könnten alle gestellten Aufgaben erfüllt werden. Die LST könnten dann ab März 1944 für die Vorbereitungen auf Overlord zur Verfügung stehen. Am 6. November erhielt Eisenhower die Nachricht, dass die Vereinigten Stabschefs einem Verbleib bis zum 15. Dezember zugestimmt hätten. General Alexander erhielt allerdings auf dem britischen Befehlsstrang die Information der britischen Generalstabschefs, für Planungszwecke könne er („unter der Hand") von einem Verbleib bis zum 15. Januar 1944 ausgehen.[66] Das Tauziehen um die Landungsschiffe zeigt wieder die halbherzigen Entscheidungen zwischen den beiden Verbündeten, die wenig geeignet waren, darauf langfristige Planungen aufzubauen. Die Auseinandersetzungen über die Landungsschiffe werden sich auch in den ersten Monaten des Jahres 1944 fortsetzen, dies werden die nächsten Kapitel zeigen.

Das Einstellen des Angriffs bei der 5. (US) Armee ab dem 15. November führte zu einer Kampfpause von 14 Tagen, sie wurde bei den meisten Verbänden mit Erleichterung aufgenommen. Die Kampfpause wurde für die Verbesserung der Ausrüstung der Truppe genutzt und für die Zuführung von Verstärkungen. Auch auf amerikanischer Seite ging man daran, Tragtiere in größerem Umfang zu kaufen.[67] Das Anhalten des Angriffs war rechtzeitig befohlen worden:

4. Der Feldzug in Süditalien bis zum Auftreffen auf die Gustav-Linie

Mit einer Sturmphase hatte am 15. November eine Periode schlechtesten Wetters begonnen, die fast 14 Tage andauern sollte. Die Straßen waren kaum mehr befahrbar, Kriegsbrücken über den Volturno und den Sangro wurden durch das Hochwasser fortgerissen.

Für die Fortführung des Angriffs gliederte sich die Armee neu. Die 36. (US) Inf Div löste die 3. (US) Inf Div bis zum 17. November ab. Ab dem 18. November übernahm das II. (US) Korps einen Gefechtsstreifen zwischen dem X. (BR) und dem VI. (US) Korps. Dabei führte das Korps die 3. und die 36. Inf Div. Dem VI. (US) Korps blieben die 34. und 45. Inf Div. Für die herausgelöste 7. (BR) Pz Div, die für Overlord abtransportiert wurde, landete ab dem 15. November die 1. (US) Pz Div in Neapel. Sie wurde zunächst Armeereserve. Ab dem 23. November wurde dem II. (US) Korps die 1. (US/CA) Special Service Force (SSF), ein Spezialverband zum Einsatz in schwierigem Gelände unterstellt. Das Korps unterstellte die 1. SSF weiter der 36. Inf Div.[68] Schließlich versammelte sich die 1. (IT) mot Grp ab dem 22. November im Raum Capua. Sie würde Anfang Dezember dem II. (US) Korps unterstellt werden.[69]

Am 24. November gab General Clark den Operationsbefehl heraus, mit dem er den von der 15. HGr gegebenen Auftrag zu erfüllen gedachte. Für den Angriff standen ihm sieben Divisionen und zwei brigadestarke Kampfgruppen zur Verfügung. Als Angriffsbeginn wurde der 2. Dezember vorgesehen. Der Angriff sollte in drei Phasen gegliedert werden:

- In der Phase 1 war der Höhenblock Mt Camino – Mt la Difensa – Mt Maggiore zu nehmen und ein Angriff über den Garigliano vorzutäuschen.
- Mit der Einnahme des Massivs des Mt Sammucro würde in der Phase 2 die Enge Mignano aufgebrochen. Gleichzeitig war in dieser Phase ein weiterer Vorstoß im Zuge der Straße Colli – Atina zu führen, in Richtung des Höhengeländes westlich und nordwestlich von Cassino.
- In der Phase 3 war in das Liri-Tal vorzustoßen, um damit die Voraussetzungen für den weiteren Angriff gepanzerter Kräfte zu schaffen.

Die Phasen 2 und 3 sollten erst auf den Befehl der Armee beginnen. Das Angriffsziel Frosinone wurde nicht angesprochen. Ebenso fand die vorgesehene Seelandung im Raum Anzio keine Erwähnung.[70]

Zur Entscheidung für diesen Landeraum muss ausgeführt werden: Zeitlich weit vor der neuen operativen Weisung Eisenhowers, schon im Oktober, waren im Stabe der 5. (US) Armee Untersuchungen angestellt worden, wie das mühselige Vorankommen nach der Einnahme von Neapel durch eine Landung im Rücken der 10. dt. Armee beschleunigt werden könne. Eine wichtige Bestimmungsgröße für die Festlegung eines Landeraums waren die Strandverhältnisse und die Möglichkeiten des Ansatzes der Truppen für den beabsichtigten taktischen Zweck. Um von der Anlandung von Verstärkungen und des Nachschubs über den Strand unabhängig zu sein, war die Einnahme eines Hafens eine weitere Bedingung. Natürlich spielte auch die Entfernung zu den Hauptkräften wegen des möglichst schnellen Entsatzes eine Rolle. Wie immer beim Sicherheitsdenken auf alliierter Seite durfte der künftige Landeraum nicht außerhalb der Reichweite der eigenen Jagd- und Jagdbomberkräfte liegen.

Zunächst war für das Landungsunternehmen der Raum Gaeta/Formia überprüft worden. Zwar wurde der Raum nördlich von Gaeta als geeignet für eine Landung bewertet, bei dem vorgesehenen Datum für die Landung noch Anfang November war aber klar, dass die Hauptkräfte niemals in einer akzeptablen Zeit zu den Landungskräften aufschließen konnten. Bei den weiteren Überlegungen kam auch der Raum Anzio ins Blickfeld. Zwischen Terracina und Nettuno war eine Seelandung wegen der durch die Deutschen angelegten Überschwemmungen nicht möglich. Inzwischen (siehe zuvor) war Anfang November das Datum bekannt, bis zu dem die Landungsschiffe im Mittelmeer verbleiben konnten. Eine Landung bei Anzio musste daher spätestens bis Mitte Dezember abgeschlossen sein. Zu diesem Zeitpunkt musste die 5. Armee dann aber im Raum Frosinone stehen. Die Unsicherheiten, die mit dieser Planung verbunden waren, führten dazu, dass über die tatsächliche Durchführung einer Landung erst entschieden werden sollte, wenn die Voraussetzungen hierfür erfüllt wären.[71]

Die operative Weisung General Alexanders vom 8. November hatte der 8. (BR) Armee einen zeitlich vorgestaffelten Angriff zur Unterstützung der 5. (US) Armee vorgeschrieben. Nach Zustimmung Alexanders hatte Montgomery den Angriffsbeginn auf den 20. November festgelegt. Das Angriffsziel lag, wie erwähnt, im Raum Pescara. Die bisher eigenständige Aufgabe der 8. (BR) Armee sollte sich künftig immer stärker auf eine unterstützende Funktion für die im Schwerpunkt kämpfende 5. (US) Armee beschränken. An den eigentlichen Kämpfen um die Gustav-Linie hatte die Armee bis zum Mai 1944 später keinen unmittelbaren Anteil mehr. Wir wollen daher bei der Darstellung der Kämpfe der 8. (BR) Armee nicht mit dem Durchstoßen der Bernhard-Linie enden, sondern den Ablauf der Operationen bis zum Einstellen des Angriffs im Dezember 1943 in einem Zuge und darüber hinaus nur kursorisch beschreiben.

Den Hauptstoß der Armee sollte das V. (BR) Korps im Zuge der Straße Nr. 16 entlang der Küste führen. Landeinwärts war es Aufgabe des XIII. (BR) Korps, einen Ablenkungsangriff zu führen. Zwischen beiden Korps sollte zum Schutz der Flanke des V. Korps die 2. (NZ) Div im Zuge der Achse Casoli – Chieti angreifen. Sie wurde unmittelbar durch die Armee geführt. Wie übertrieben optimistisch Montgomery immer noch war, zeigt die Erwartung, die 2. (NZ) Div würde innerhalb von 48 Stunden den Raum Chieti – in einer Entfernung von knapp 30 Kilometern Luftlinie durch das Gebirge – nehmen können. Montgomery konnte den Angriff mit fünf Divisionen und zwei Panzerbrigaden führen. Zur Unterstützung der Divisionen wurden fast 700 Artilleriegeschütze bereitgestellt. Bis zum Beginn des Angriffs der 5. (US) Armee stand der 8. Armee mit Schwerpunkt die Unterstützung der alliierten Luftstreitkräfte im Mittelmeer zur Verfügung. Die Flugzeugzahlen sind beinahe unglaublich: 1 000 mittlere Bomber, 2 000 Jagdbomber und 1 600 Jagdflugzeuge. Diese Zahlen geben natürlich nur eine theoretische Verfügbarkeit wieder, das schlechte Wetter Ende November und in den ersten Wochen des Dezember verhinderte an manchen Tagen den Flugbetrieb ganz.[72]

Bevor wir uns auf die Lage auf deutscher Seite vor Beginn des britischen Angriffs konzentrieren, sei vorausgeschickt, dass am 21. November 1943 Feldmarschall Kesselring nach Weisung des OKW als OB Südwest die Führung in Italien übernommen hatte. Gegenüber der 8. (BR) Armee verteidigte unverändert das LXXVI. Pz Korps unter General Herr. Da bei den in der Folge entstehenden Krisenlagen der Einsatz der deutschen Kräfte sehr schnell wechselte, wollen wir die deutsche Kräfteordnung mit einigen zeitlichen Veränderungen darstellen: Den Küstenabschnitt gegenüber dem V. (BR) Korps schützte die 65. Inf Div. Die Division hatte die HKL auf eine Höhenschwelle am westlichen Sangro-Ufer gelegt. Landeinwärts folgte die 16.

Pz Div, deren Herauslösung aber ab dem 13. November schon begonnen hatte. In den Höhen der Abruzzen hielt die 1. FschJg Div ihre Stellung. Ab dem 26. November, gerade noch rechtzeitig vor dem Hauptangriff der Briten, wurde die 26. Pz Div dem Korps wieder zugeführt.[73] Der 90. PzGren Div voraus, die ab dem 29. November eintraf, war dem Korps bereits das PzGren Rgt 361 unterstellt worden. Zur materiellen Stärke des LXXVI. Pz Korps ist zu sagen: Am 4. November hatte der Bestand an Großgerät 151 Art Gsch, 88 KPz unterschiedlicher Typen, 30 Stu Gsch und 110 Pak betragen. Der anhaltende Niedergang der deutschen Luftwaffe wird aus den täglichen Einsatzflügen deutlich: Im Dezember konnten durchschnittlich nur 30 bis 35 Einsätze pro Tag geflogen werden.

Am 2. Dezember gelang jedoch der Luftwaffe ein Überraschungsschlag mit dramatischen Folgen: Mit 88 (von 105 gestarteten) Ju 88-Bombern wurde der Hafen von Bari (der Hauptnachschubhafen für die 8. (BR) Armee) am Abend kurz nach 19.00 Uhr mit Bomben, Bordwaffenbeschuss und Abwerfen von Minen angegriffen. Durch Zufall war zwei Stunden zuvor ein Konvoi von 40 Schiffen eingetroffen, der nun im vollen Scheinwerferlicht entladen wurde. Durch direkte Bombentreffer wurden mehrere Schiffe getroffen, darunter ein Munitionstransporter, der mit einer ungeheuren Explosion in die Luft flog. Andere Schiffe wurden in Brand gesetzt und explodierten ihrerseits. Auslaufendes Öl aus einer Pipeline und brennendes Flugzeugbenzin verursachten großflächige Brände, Hafenanlagen waren zerstört oder brannten. Bombenabwürfe, Explosionen, Beschuss, aufheulende Flugzeugmotoren, Brände, Rauchwolken, schreiende Menschen, der Lärm herbeieilender Ambulanzen – Panik und Chaos breiteten sich aus, Ordnung und Führung brachen zusammen. Der eigentliche Angriff dauerte etwa 30 Minuten, nur zwei deutsche Flugzeuge wurden abgeschossen. Als Folge des Angriffs wurden rund 17 Schiffe mit einer Ladekapazität von 62 000 t und eine Ladung von rd. 38 000 t zerstört. Acht weitere Schiffe wurden schwer beschädigt. Ungefähr 1 000 Seeleute und Soldaten verloren ihr Leben. Der Hafen konnte für mehrere Wochen nicht benutzt werden. Vom Zerstörungsumfang her wird der Angriff auf Bari von anglo-amerikanischen Autoren gleich hinter Pearl Harbour eingeordnet. Auf ein besonderes Ereignis bei diesem Angriff sei ausdrücklich hingewiesen: Auf einem Frachter, der seit Tagen unentladen an einer Reede lag, hatte sich eine streng geheim gehaltene Ladung von 1 300 t Granaten, gefüllt mit Lost („Gelbkreuz"), einem Hautkampfstoff, befunden. Auch dieses Schiff war explodiert und gesunken. Durch die Explosion war die Ladung weit verstreut worden. Bei der Bergung der Verwundeten wurden zunehmend Hautschäden, Augenverletzungen, Erblindungen und Erstickungen festgestellt. Selbst als am nächsten Tag der Verdacht auf Kampfstoffvergiftungen aufkam, wurden die wahren Ursachen weiterhin geheim gehalten. Offiziell wurden später fast 620 vergiftete Soldaten registriert, mindestens 83 Mann waren an den Vergiftungen gestorben. Man machte sich nicht die Mühe, die Zivilbevölkerung zu warnen und den Umfang der Kampfstoffverletzungen bei ihr festzustellen. Tausende von Zivilisten flüchteten aus Bari. Die wahren Ursachen und die Dimension der Katastrophe wurden erst 1967 enthüllt. Churchill und Eisenhower erwähnten den Vorfall in ihren Kriegserinnerungen nicht.[74]

Das V. (BR) Korps griff mit der 78. (BR) und der 8. (IND) Div (letztere ohne eine Brigade) sowie mit der 4. Pz Brig an. Bis dem 15. November hatten die Truppen der 8. (BR) Armee das ostwärtige Sangro-Ufer in Besitz genommen. Trotz widriger Witterungsbedingungen gelang es der 78. (BR) Inf Div nach dem Angriffsbeginn am 20. November, einen flachen Brückenkopf am feindlichen Ufer zu besetzen. Ungeachtet dessen wurde deutlich, dass der eigentliche Angriff um mehrere Tage verschoben werden musste. In der Nacht 22./23. November hatte ein Hochwasser die Zugänge zu den Kriegsbrücken weggeschwemmt oder den Gebrauch der Brücken unmöglich gemacht.[75]

Am 27. November war das Hochwasser abgelaufen. Nun begann der britische Angriff in voller Stärke und damit der Kampf um die Bernhard-Linie. Für Führung und Truppe der 65. Inf Div waren die nächsten Tage (29./30. November) niederdrückend. Der Höhenrücken, von dem aus der Sangro beherrscht wurde, ging verloren. Die Division war nach schweren Verlusten stark angeschlagen, das Gren Rgt 145 praktisch vernichtet. Es war nicht zu erwarten, dass das verlorene Gelände durch Gegenangriffe von Kräften der 26. Pz Div und der 90. PzGren Div wieder gewonnen werden konnte. Damit war die Bernhard-Linie am 1. Dezember durchbrochen. Wegen der starken Geländeabschnitte nördlich des Sangro sollte dies aber keine weitreichenden Auswirkungen für die weitere Verteidigung haben. General Lemelsen ordnete an, auf die Linie Ortona – Orsogna – Melone – Guardiagrele zurückzugehen. Bis zum 3. Dezember wurde die 65. Inf Div durch die 90. PzGren Div, die ab dem 20. Dezember Oberst Baade führen sollte, abgelöst. Die Verluste der 65. Inf Div zwischen dem 21. und dem 30. November hatten 30 Offiziere und 1 674 Unteroffiziere/Mannschaften betragen.[76]

Die optimistischen Zeitannahmen der Briten hatten sich nicht bestätigt. Die folgenden Wochen im Dezember sahen die erbitterten Kämpfe der 2. (NZ) Div um Orsogna und die ebenso erbitterten Kämpfe der 1. (CA) Inf Div um und in Ortona. Orsogna wurde durch die Truppen der 26. Pz Div gehalten, Ortona nunmehr durch die 1. FschJg Div. Auf deutscher Seite war klar erkannt worden, dass die Briten im Gebirge nur Ablenkungsangriffe führen konnten. Der Winter war nun voll hereingebrochen. Nach der Zuführung der 5. Geb Div, die im Ausgleich zum Abzug der 16. Pz Div aus dem Osten antransportiert worden war, verteidigte die 305. Inf Div (verstärkt durch ein Hochgebirgsjägerbataillon) als „Korpsgruppe Hauck" (Name nach dem Divisionskommandeur) einen 60 Kilometer breiten Abschnitt zwischen den beiden Panzerkorps, unmittelbar unter dem Befehl der 10. Armee. So konnte der Gefechtsstreifen des LXXVI. Pz Korps verengt und die 1. FschJg Div an die Küste verlegt werden.

Beide Orte wurden für beide Seiten zu Prestige-Objekten. Die Angriffe der 2. (NZ) Div gegen Orsogna zwischen dem 2. und dem 16. Dezember endeten mit einem Misserfolg. Dagegen gelang es den Kanadiern, bis zum 23. Dezember – nach einer Woche Straßenkämpfe – Ortona einzunehmen. Die 10. Armee war nun entschlossen, eine Stellung vorwärts des Foro-Flusses zu halten. Die Angriffskraft der 8. Armee aber war gebrochen. Am 28. Dezember wurde der Angriff eingestellt. Das Angriffsziel Pescara lag in einer Entfernung von etwa 15 Kilometern. Zwischen dem 28. November und Ende Dezember war Raum in einer Tiefe von etwa 22 Kilometern genommen worden. Die Verluste bei der 2. (NZ) Div erreichten über 70 Prozent bei den Infanteriebataillonen (1 200 Mann insgesamt), die Verluste der Kanadier betrugen fast 2 350 Mann, bei der 8. (IND) Inf Div 3 400 Mann. Die Phase 1 im Operationsplan Alexanders war gescheitert.

General Alexander hatte ursprünglich den 12. Dezember für die Fortsetzung des Angriffs der 5. (US) Armee vorgesehen, um der 8. (BR) Armee den nötigen Zeitvorlauf zu geben. Der

Hauptgrund, warum General Clark gegen diesen Zeitpunkt protestierte, war, dass er Mitte November noch von einem Abzug der Landungsschiffe zum 15. Dezember ausgehen musste. Wegen des Zwanges, zum Zeitpunkt der Landung im Raum Frosinone stehen zu müssen, zog er einen Angriffsbeginn um den 1. Dezember herum vor. Anderenfalls bestand die Gefahr, dass die Seelandung dann nicht mehr durchgeführt werden konnte. Ein psychologischer Aspekt kam hinzu: Seit der Landung auf dem italienischen Festland war es Clarks Absicht, Rom durch seine Armee, durch die 5. Armee, einzunehmen. Immer misstrauisch den Briten gegenüber, vermutete er ein Komplott zwischen Alexander und Montgomery dahingehend, dass, wenn Montgomery den Raum Popoli – Pescara eingenommen und Clark zu diesem Zeitpunkt den Garigliano noch nicht überwunden haben würde, die 8. (BR) Armee über Avezzano eindrehend, Rom nehmen sollte. Auch aus diesem Grunde trat Clark für einen möglichst frühen Angriffsbeginn ein.[77] Clarks Operationsplan sah vor, mit dem X. (BR) und dem II. (US) Korps den Höhenblock Mt Camino – Mt la Difensa – Mt Maggiore westlich von Mignano zu nehmen. Am ersten Angriffstag sollte das XII. (US) ASC den Angriff mit 720 Einsätzen unterstützen, am 2. Dezember mit 816 Einsätzen. Der Angriff des X. (BR) Korps in der Nacht 1./2. Dezember konnte mit 500 Artilleriegeschützen unterstützt werden.

Wiederum wollen wir vor der Schilderung des alliierten Angriffs auf die Lage der deutschen Verteidiger eingehen. Anfang November hatte das XIV. Pz Korps seinen Gefechtsstreifen mit (von links) der 305. Inf Div, der 3. PzGren Div, der 15. PzGren Div und der 94. Inf Div verteidigt. Ab dem 8. November wurde die 26. Pz Div zusätzlich zwischen der 305. Inf Div und der 3. PzGren Div eingeschoben. Bei der materiellen Ausstattung hatte das Korps am 2. November 173 Art Gsch, 48 Stu Gsch und 134 schwere Pak einsatzbereit gemeldet. Hinzu kamen vier Batterien Nebelwerfer. Die zuvor geschilderten Kämpfe um die Mignano-Enge waren sehr verlustreich gewesen. Die 3. PzGren Div galt wegen ihrer personellen Ausstattung mit „Volksdeutschen" nicht als sehr zuverlässig. Sie war deshalb erheblich verstärkt worden. Die Verluste dieser Division hatten in den ersten 10 Tagen des November 222 Gefallene, 961 Verwundete und 430 Vermisste betragen.[78] Die hohe Zahl der Vermissten ist wohl auch in erheblichem Umfange auf Überläufer zurückzuführen. Noch vor dem Angriff der 5. Armee hatte die 29. PzGren Div am 13. November die 3. PzGren Div abgelöst, im Raum Aquafondata hatte ab dem 22. November die 44. Inf Div mit der bereits geschilderten Ablösung der 26. Pz Div begonnen.[79]

Vor Beginn des Angriffs hatte Alexander den OB der 5. (US) Armee vor den Schwierigkeiten des Angriffs auf die Bernhard-Linie gewarnt. Clarks großspurige Antwort war, Alexander möge sich keine Gedanken machen, „Ich werde ohne Probleme die Winter-Linie durchbrechen und die Deutschen hinaus werfen." Das X. (BR) Korps griff mit beiden Divisionen den Mt Camino an, wobei die 56. (BR) Inf Div in der Nacht zum 2. Dezember den Hauptangriff führte. Nach heftigen Kämpfen mit den Verbänden der 15. dt. PzGren Div gelang es bis zum 6. Dezember den Mt Camino einzunehmen. In der Nacht 2./3 Dezember hatte die alliierte Artillerie innerhalb von 75 Minuten 1 329 t Munition auf vier jeweils 500 x 500 Meter große Zielgebiete verschossen. Der Mt Camino wurde unter den Landsern der „One-Million-Dollar-Hill" genannt – so hoch, hatte man ausgerechnet, waren die Kosten für die Artilleriemunition gewesen. Jeder getötete Deutsche, so wird der Kriegsberichterstatter Ernie Pyle mit einer sarkastischen Bemerkung zitiert, habe 25 000 Dollar gekostet. „Wäre es nicht einfacher gewesen, so fragte mancher, ihnen das Geld anzubieten, damit sie freiwillig den Kampf einstellten?"[80]

Wenige Stunden nach dem X. (BR) Korps griff das II. (US) Korps mit der 36. (US) Inf Div den Mt la Difensa und dann folgend den Mt Maggiore an. Wiederum wurde der Angriff mit einer gewaltigen Artilleriemassierung unterstützt, 925 Geschütze richteten ihr Feuer auf die Angriffs- ziele. Die deutschen Verteidiger meldeten Artilleriefeuer von „bisher nicht erlebter Heftigkeit." Gegenüber der in Stellungen geschützten Truppe blieb die Wirkung aber relativ gering, dagegen gelang es, durch den Feuervorhang die Verbindungslinien nach vorwärts und rückwärts zu un- terbrechen. Die 1. SSF an der Spitze der 36. Inf Div hatte ein Regiment eingesetzt, ein weiteres wurde für Trägerdienste verwendet. Bis zum Morgengrauen des 3. Dezember wurde der Mt la Difensa genommen. Um deutsche Gegenangriffe abzuwehren, musste die Division auch das Reserveregiment der 1. SSF heranziehen. Zu mehr als zum Halten des ausgedehnten Gebirgs- geländes reichten die Kräfte aber nicht aus: „Ein beißender Wind, kalter, klammer Nebel, ein tatsächlich unaufhörlicher Regen, felsiges Gelände, in dem Schutz kaum möglich war, unzu- reichender Kälte- und Nässeschutz, kalte Verpflegung und ein äußerst genaues Artillerie- und Granatwerferfeuer der Deutschen bereiteten der Truppe am Mt la Difensa ein elendes Leben."[81] Nach der Wegnahme des Mt Camino zogen sich die Deutschen langsam vom Mt la Difensa zurück. In sechs Tagen Einsatz hatten eineinhalb Regimenter der 1. SSF (nicht einmal 1 000 Mann!) 511 Mann Verluste erlitten: 73 Gefallene, 313 Verwundete, 9 Vermisste, hinzu kamen 116 Mann, die wegen völliger Erschöpfung nicht mehr einsatzfähig waren.

Das 142. (US) Inf Rgt war am 2. Dezember der 1. SSF gefolgt und drehte dann in Richtung Mt Maggiore ab. Erstaunlich schnell gelang es, den Mt Maggiore einzunehmen. Gegenangriffe der Deutschen scheiterten. Nach einer Neuordnung der Kräfte befand sich damit die westliche Schulter der Enge von Mignano fest in der Hand des X. (BR) Korps und der 36. Inf Div. Zur Fortsetzung des Angriffs mussten erst die Voraussetzungen auf der ostwärtigen Seite des Tales geschaffen werden.

Das VI. (US) Korps hatte gegen Teile der 44. dt. Inf Div und der 305. Inf Div angegriffen. Beide Divisionen des Korps, die 34. und 45. Inf Div waren gleichzeitig nebeneinander angesetzt worden. In wenigen Tagen gelangen nur einige Kilometer Geländegewinn. Am 8. Dezember löste das Korps die abgekämpfte 34. Inf Div durch die frz. 2. D.I.M. ab. Einzelheiten zu den französischen Truppen folgen im übernächsten Abschnitt. Bei den Kämpfen der 34. Inf Div hatten US-Bataillone den Mt Pantano angegriffen. Hierzu gibt es einen Bericht des später be- rühmt gewordenen Kriegsberichterstatters Robert Capa: „Unsere Armee, die bestausgerüstete der Welt, war in den Bergen festgefahren, und es hatte den Anschein, als bewegten wir uns überhaupt nicht mehr. Nach jeden teuer erkauften fünfhundert Metern vorwärts schien Rom nur ferner und ferner zu entschwinden. Ich schleppte mich von Berg zu Berg und fotografierte Schmutz, Elend und Tod. Im Dezember erklomm ich die steilen Hänge des Monte Pantano. Die 34. Infanteriedivision hatte seit 10 oder 14 Tagen versucht, den Gipfel zu erstürmen und ihn dann endlich genommen, einen Tag bevor ich dort anlangte. Die Toten auf den Hängen waren noch nicht begraben. Alle fünf Meter ein Schützenloch und in jedem mindestens ein Toter. Um sie herum verstreut durchweichte und zerrissene Taschenbücher, leere Konservenbüchsen und angegilbte Papierfetzen: Briefe aus der Heimat. Die Leichen derer, die es gewagt hatten, ihre Löcher zu verlassen, versperrten mir den Pfad. Ihr Blut war rostfarben getrocknet und verschmolz mit den Farben der spätherbstlichen Blätter, die um sie herum auf dem Boden lagen."[82]

Robert Capa soll uns zu einem kurzen Exkurs veranlassen. Psychologische Kriegführung, Propaganda, Pressekampagnen, Öffentlichkeitsarbeit und Truppenbetreuung sowie die psychologische Beeinflussung der eigenen Truppe wie die des Gegners erhielten im Vergleich zu früheren Kriegen während des 2. Weltkriegs nochmals eine ungeahnte Steigerung. Fotoreporter und Kriegsberichterstatter begleiteten die Truppe bei ihren Einsätzen, lebten mit ihnen zusammen und teilten mit ihnen Mühsal und Gefahren. Selbstverständlich wurde ihre Tätigkeit den Zwecken der jeweiligen Seite untergeordnet, andererseits war die Berichterstattung von einer erstaunlichen Qualität. Neben Robert Capa sind auf alliierter Seite als Beispiele Ernie Pyle, Margaret Bourke-White, Martha Gellhorn (die dritte Frau Ernest Hemingways), Christopher Buckley oder Alan Moorehead zu nennen, die für „Life", „Stars and Stripes", den BBC oder Armeesender berichteten. Bill Mauldin, ein Cartoonist, schuf die unverwechselbaren GI-Typen „Willie and Joe", die auf unvergleichliche Weise das wenig spektakuläre Leben und Erleben des ganz normalen Soldaten wiedergaben und dabei auch beißende Kritik an der Führung nicht ausließen. Anzufügen wäre, dass der berühmte Filmregisseur John Huston („Malteser Falke") als Hauptmann der Armee einen Film über die Einnahme von S. Pietro Infine drehte. Alle diese Kriegsberichterstatter sind durch den Krieg bekannt geworden.

Auf deutscher Seite war es nach dem Kriege nicht opportun, sich der praktizierten Propaganda für den Krieg, an der Stärkung des Durchhaltewillens oder an der Verbreitung von Zweifeln an der „gerechten Sache" der anderen Seite mitgewirkt zu haben, zu rühmen. Von der Qualität her brauchte sich die deutsche Kriegsberichterstattung vor den Kollegen auf der Gegenseite nicht zu verstecken. Berühmt geworden sind Kriegsberichterstatter auf deutscher Seite bis auf wenige Ausnahmen nicht. Dazu gehören der spätere Bestseller-Autor Joachim Fernau, der Herausgeber des „Stern", Henri Nannen (auf ihn kommen wir in Kapitel 9 zurück), Clemens Graf Podewils, ein Freund Ernst Jüngers aus der Besatzungszeit in Paris, der Kameramann Hans Ertl oder Lothar Buchheim, der Kunstmäzen und Autor des Buches „Das Boot".

Die nächste Phase im Operationsplan Clarks, die Wegnahme des Mt Sammucro und der weitere Vorstoß im Zuge der Straße Colli – Atina begann am 7. Dezember, als noch die Kämpfe um den Mt Maggiore vor dem Abschluss standen. Der Raum Mt Lungo – S. Pietro Infine – Mt Sammucro wurde durch die 29. dt. PzGren Div verteidigt, die ihre beiden Regimenter, PzGren Rgt 15 und 71, sowie die PzAufkl Abt 129 eingesetzt hatte. Schon jetzt wurde eine Riegelstellung weiter rückwärts zwischen dem Mt Porchio und S. Vittore vorbereitet. In seinem ungemein beeindruckenden Buch „Salerno to Cassino" schildert Blumenson in einer atemberaubenden Dichte auf etwa 20 Seiten den Ablauf der Kämpfe um die letzte Stellung vor dem Rapido-Tal, die von der Dramatik des Geschehens her und wegen des Opfermuts und der Tapferkeit der beteiligten Truppen auf beiden Seiten ohne weiteres mit den nachfolgenden Kämpfen um Cassino vergleichbar sind. Den eben genannten deutschen Truppen standen auf alliierter Seite Kräfte der 36. Inf Div (verstärkt durch je ein Ranger-, Panzer- und Fallschirmjägerbataillon), die 1. (IT) mot Grp und später noch die 1. SSF gegenüber.

Die Darstellung dieser Kämpfe hätte ein eigenes Kapitel verdient. Mit einer gewissen Berechtigung werden die Kämpfe um S. Pietro Infine durch die Amerikaner als „die Schlachten um S. Pietro Infine" bezeichnet. Eine solche Darstellung ist jedoch im Rahmen unseres Themas nicht möglich. Den einen Verband zu nennen und den anderen zu vernachlässigen, wäre auch nicht gerecht. So können nur die drei aufeinander folgenden Angriffe in kurzen Zeitblöcken zusammengefasst werden.[83]

Am ersten Angriff ab dem 7. Dezember nahm die 1. (IT) mot Grp teil. Ihr Auftrag war es, den Mt Lungo zu nehmen. Aus politischen Gründen hatte man auf einen frühzeitigen Einsatz italienischer Verbände gedrängt. Die Wegnahme des Mt Lungo wurde als eine leichte Aufgabe angesehen, der erste Einsatz musste natürlich mit einem Erfolg enden. Trotz des vorbildlichen Einsatzes der jungen Offiziere, die den Namen der italienischen Streitkräfte wieder „reinwaschen" wollten, scheiterte der Angriff wegen einer unfähigen Führung, weil die Zeit zur Ausbildung nach den Grundsätzen der verbundenen Operationen nicht ausgereicht hatte und weil das innere Gefüge nicht stabil war. Als der Ablauf der Operation nicht nach Plan verlief, brach die Truppe auseinander. Der Angriff hatte die Italiener 84 Gefallene, 122 Verwundete und 170 Vermisste gekostet. Der Gipfel des Mt Sammucro war durch ein Regiment der 36. Inf Div eingenommen worden. Trotz mehrerer Gegenangriffe der Deutschen blieb er in der Hand der Amerikaner. Der Angriff eines anderen US-Bataillons gegen das stark befestigte Bergdorf S. Pietro scheiterte. Schon jetzt musste die Infanterie der Division durch ein Fallschirmjägerbataillon verstärkt werden.

Gedrängt durch Clark und den Führer des II. (US) Korps, General Keyes, wurde gegen den Willen des Divisionskommandeurs der 36. Inf Div der zweite Angriff mit der Unterstützung der 753. (US) Pz Btl geplant.[84] Hierzu musste ein komplizierter Operationsplan entwickelt werden, bei dem als Voraussetzung für den Angriff auf S. Pietro erst Raum auf dem Mt Sammucro nach Westen gewonnen werden sollte. Beide Vorstöße – sowohl der Vorausangriff auf den Mt Sammucro wie der von Panzern unterstützte Angriff – scheiterten am 14. Dezember. Eine Wiederholung des Panzerangriffs am 15. Dezember endete wegen der Geländeverhältnisse mit einem Desaster: Nicht nur der Infanterieangriff auf S. Pietro wurde abgewiesen, von 16 Panzern einer Panzerkompanie kamen nur vier Panzer zurück. Dennoch gelang es am 16. Dezember, den Mt Lungo mit einer Überraschungsaktion einzunehmen, danach gaben die Grenadiere der 29. PzGren Div das Dorf S. Pietro auf. Schließlich erzielte der dritte Angriff der 1. SSF am 25. Dezember den angestrebten Geländegewinn auf den Westhängen des Mt Sammucro, dagegen musste der Vorstoß auf S. Vittore abgebrochen werden. Da die Deutschen schon jetzt an die bevorstehenden Kämpfe um die Gustav-Linie dachten, hatte General v. Senger bereits am 10. Dezember weitere Gegenangriffe im Raum des Mt Sammucro untersagt. Wir können für eine Bewertung festhalten, dass Ende Dezember auch im Bereich der Mignano-Enge die Bernhard-Linie durchbrochen war. Damit war der Weg in das Liri-Tal aber noch nicht frei. Die Gefechte zur Einnahme von S. Pietro Infine hatte die 36. (US) Inf Div einschließlich der zugeteilten Truppen nahezu 2 000 Mann an Verlusten gekostet. Ab dem 28. Dezember musste sie durch die 34. (US) Inf Div abgelöst werden, die ihrerseits erst bis zum 10. Dezember durch die frz. 2. D.I.M. abgelöst worden war.

Auf deutscher Seite sah es nicht anders aus: Im November/Dezember hatte die 29. PzGren Div unter General Fries (nun schon wieder im Einsatz) durch Kampfeinwirkungen 2 155 Mann verloren, durch Krankheiten und Erfrierungen weitere fast 870 Mann. Dies dürften nahezu 50 Prozent der Gefechtsstärke gewesen sein. Die deutschen Verteidiger der Ortschaft sollen genannt werden: Es waren die Grenadiere des II./Gren Btl 15, eine Handvoll Männer unter ihrem Kommandeur Hauptmann Meitzel.[85] Das Dorf S. Pietro ist nicht wieder an derselben Stelle aufgebaut worden. Seine Ruinen stehen sozusagen als Freilichtmuseum an den Hängen des Mt Sammucro, als Mahnmal für die Besucher, das zeigt, welche umfangreichen Zerstörungen in dieser Landschaft durch die monatelangen Kämpfe angerichtet worden waren.

Nach der Aufgabe von S. Pietro waren, um Anschluss nach rechts zu halten, die Kräfte der 44. dt. Inf Div und der 305. dt. Inf Div vor dem VI. (US) Korps allmählich auf eine Zwischenstellung vor der Gustav-Stellung zurück gegangen. Dabei wurde nach Abwehrerfolgen gegen die 2. D.I.M. in der Nacht 16./17. Dezember der Mt Pantano aufgegeben. Bis zum 18. Dezember wurden dieses Bergmassiv und die Ortschaft Cerasuola (ostwärts von Cardito) durch die Marokkaner eingenommen. Ab dem 15. Dezember wurde die 5. Geb Div in Eilmärschen (zum Großteil zu Fuß!) in das Gebirge geworfen, sie sollte einen Gefechtsstreifen zwischen der 305. Inf Div und der 44. Inf Div besetzen und dabei die in der Front eingesetzte Regimenter dieser Divisionen ablösen. Am 28./29. Dezember griff die 2. D.I.M. noch auf die Höhenkette vorwärts von S. Biago und dem Mt Casale an, wurde aber abgewiesen.

Seit dem Überschreiten des Volturno ab Mitte Oktober hatte die 5. (US) Armee in zehn Wochen harter Kämpfe 40 Kilometer Raum gewonnen. In diesem Zeitraum hatte die Armee 26 000 Mann an Verlusten hinzunehmen, allein 16 000 Mann davon zum Aufbrechen der Bernhard-Linie. Am 18. Dezember sahen sich Alexander und Clark gezwungen, die vorgesehene Landung in der Stärke einer Division bei Anzio abzusagen, obwohl inzwischen die mehrfach erwähnten 68 Landungsschiffe bis zum 15. Januar 1944 im Mittelmeer verbleiben konnten. Die Voraussetzung für die Landung, der Vorstoß im Liri-Tal bis nach Frosinone, konnte bei einer realistischen Betrachtung nicht mehr erfüllt werden. Es hatte den Anschein, dass damit auch die Phasen 2 und 3 aus Alexanders Operationsweisung vom 8. November gescheitert waren.

Die Konferenzen von Kairo und Teheran

Im Laufe des Jahres 1943 war der Bedarf zur Abstimmung über die weiteren Kriegsanstrengungen zwischen den Staatschefs der westlichen Alliierten und dem sowjetischen Diktator Stalin immer dringlicher geworden. Vom 19. bis 30. Oktober 1943 hatte erstmals ein Treffen auf der Ebene der Außenminister in Moskau stattgefunden. Nun sollte in einer Konferenz mit Stalin in Teheran eine Festlegung nicht nur über die Fortsetzung des Krieges gegen das Deutsche Reich, sondern auch gegen Japan erfolgen. Neben militärstrategischen Erwägungen ging es dabei auch um eine Reihe politischer Sachverhalte, bereits mit Blick auf die anzustrebende Nachkriegsordnung. Zur Vorabstimmung auf das Treffen in Teheran der „Großen Drei" trafen sich Roosevelt und Churchill vom 22. bis 26. November in Kairo (Code-Name der Konferenz: „Sextant I"). Vom 28. November bis zum 1. Dezember folgte dann die Teheraner Besprechung (Code-Name „Eureka"), anschließend wurde die Konferenzfolge mit einer Nachbereitung der westlichen Staatschefs vom 3. bis 7. Dezember („Sextant II") in Kairo abgeschlossen.[86]

Der bisherige Verlauf des Italienfeldzuges hatte zu gegensätzlichen Entwicklungen geführt: Als positiv musste für die Alliierten der Seitenwechsel Italiens bewertet werden. Ebenso, dass es gelungen war, mit relativ starken Kräften auf der italienischen Halbinsel Fuß zu fassen. Entgegen optimistischer Zeitannahmen für den Vorstoß nach Norden war dagegen der Angriff bald ins Stocken geraten, es war nicht klar, wer wen künftig mit mehr Kräften „binden" würde, die Alliierten die Deutschen oder umgekehrt.

Zwar hatten die Briten während der „Quadrant"-Besprechungen in Quebec im August 1943 dem Vorrang von Overlord zugestimmt, nun zeigte sich aber, dass Churchill und seine Stabschefs sich nicht in einen starren Zeitplan pressen lassen wollten. Alles Nötige sollte für Overlord getan werden, dies durfte aber nicht zum Einstellen der Operationen im Mittelmeer führen. Ein Stillstand der Operationen über die Dauer von fünf bis sechs Monaten würde sich fatal auswirken. Zusammengefasst trug Churchill die britische Position am 24. November in Kairo vor:

- Der italienische Feldzug müsse baldmöglichst zur Einnahme von Rom führen. Zur Absicherung sei dann der Raum bis zur Linie Pisa – Rimini in Besitz zu nehmen.
- Danach würde man sich entscheiden, ob man sich nach „links" (Südfrankreich) oder nach „rechts" (Balkan) wenden sollte.
- Die Partisanen-Bewegungen auf dem Balkan (vor allem in Jugoslawien) seien in stärkerem Maße über die dalmatinische Küste zu unterstützen. Die Unterstützung solle bis zur Durchführung von Kommandounternehmen reichen.
- Nachdem der Kriegseintritt der Türkei auf Seiten der Alliierten herbeigeführt worden wäre, solle durch die Öffnung der Dardanellen eine Landverbindung mit der Sowjetunion hergestellt werden. Dazu müssten aber Aktionen in der Adria (z.B. die Einnahme von Rhodos) durchgeführt werden.
- Um die für das Erreichen der vorstehenden Ziele erforderliche Anzahl von Landungsschiffen im Mittelmeer belassen zu können, müsse Overlord notfalls für sechs bis acht Wochen, d.h. bis zum 1. Juli 1944 verschoben werden.

Aus diesen Vorschlägen wird deutlich, dass Churchill wieder beabsichtigte, mit einer Schwerpunktsetzung „ostwärts von Italien" die Türkei als Kriegsalliierten zu gewinnen. Die mit einem Kriegseintritt der Türkei zwangsläufig verbundenen Auswirkungen auf die Verbündeten des Deutschen Reiches (Ungarn, Slowakei, Rumänien, Bulgarien) waren Churchill sicher bewusst. Ob er in diesem Zusammenhang schon zu diesem Zeitpunkt einen Zugriff Stalins auf Südosteuropa auch im Rahmen einer politischen Nachkriegsordnung befürchtete, wird unter den Autoren der Fachliteratur unterschiedlich beurteilt.[87]

Um das schließlich ausgehandelte Ergebnis der Konferenzen von Kairo und Teheran einordnen zu können, muss in einem Zwischenschritt wieder einmal auf amerikanische Grundpositionen eingegangen werden. Roosevelt, ein erklärter Gegner des Kolonialismus, war keinesfalls daran interessiert, „die Welt", so wie sie vor dem Kriege in ihren politischen Konstellationen bestanden hatte, wieder erstehen zu lassen. Die französischen und britischen Kolonialreiche waren für ihn ein Anachronismus. Ein wichtiges Mittel bei dem Ziel, das britischen Empire weltumfassend durch die USA abzulösen, war für Roosevelt die Schaffung der von den USA dominierten Vereinten Nationen. Für die Verwirklichung des Projekts der Vereinten Nationen war Roosevelt jede Unterstützung recht, auch die durch Stalin. Damit der Krieg gegen Japan nicht zu lange dauern und von der Nation zu viele Opfer verlangen würde, war Roosevelt am Kriegseintritt der Sowjetunion gegen Japan im höchsten Maß interessiert. Schließlich war sich Roosevelt im Verhältnis zu Großbritannien des steigenden militärischen Gewichts der USA bewusst: Am 1. Mai 1944 würde der Umfang der US-Streitkräfte fast 11 Millionen Soldaten betragen, der Umfang der britischen Streitkräfte (einschließlich der Dominions) nur 4,5 Millionen. Die Anzahl der Kampfflugzeuge auf US-Seite betrug dann 16 200 im Vergleich zu 9 300 bei den Briten, wobei bei letzteren noch dazu ein Großteil aus der amerikanischen Produktion stammte.[88] Roosevelt zögerte nicht, das politische und militärische Gewicht der USA für seine Zwecke auf die Wagschale zu werfen.

Während der Außenminister-Besprechungen im Oktober 1943 glaubte man auf anglo-amerikanischer Seite erkannt zu haben, dass sich Stalin in Teheran sowohl für Overlord als auch für die Fortführung des Feldzuges im Mittelmeer mit bedeutenden Kräften einsetzen würde. So befanden sich die US-Generalstabschefs in Kairo in einer Zwangslage. Einerseits wollten sie China, einem wichtigen Verbündeten im Kampf gegen Japan, ein positives Signal dadurch geben, dass keine Landungsschiffe abgezogen würden, die für eine Operation im Indischen Ozean unverzichtbar waren[89]. Andererseits mussten sie Flexibilität in Bezug auf den Zeitpunkt von Overlord zeigen. So wurde den britischen Positionen vorläufig als Grundlage für die Verhandlungen mit den Russen zugestimmt.

Die Besprechungen in Teheran am 28. November begannen mit einem Paukenschlag: Stalin erklärte, nach der Niederwerfung Deutschlands in den Krieg gegen Japan eintreten zu wollen. Da er im Laufe der Konferenz auch noch erkennen ließ, keine Einwände gegen Roosevelts Vereinte Nationen zu haben, waren dessen zwei Herzenswünsche erfüllt. Zur Bestürzung der britischen Delegation erklärte Stalin weiterhin, dass er in jedem Falle einer frühzeitigen Durchführung von Overlord den Vorrang gäbe, unterstützt durch eine zeitlich vorausgehende, zumindest aber gleichzeitige, Landung in Südfrankreich. In Italien solle man zur Defensive übergehen. Für Stalins Motive zu diesen Vorschlägen (er konnte es an Raffinesse mit mehreren Roosevelts aufnehmen!) gibt es unterschiedliche Vermutungen. Erwartete er als Ausgleich ein Entgegenkommen für seine Forderungen in Bezug auf die künftige russische Westgrenze, hatte er bereits jetzt klare Vorstellungen über einen kommunistisch dominierten Raum Südosteuropa – Balkan und wollte er deswegen den britischen Einfluss in diesem Raum nicht wiedererstehen lassen?[90]

Wir wollen die weiteren Schritte, wie die endgültigen Entscheidungen in Teheran und bei Sextant II (wo es um technische Einzelheiten zwischen den Briten und Amerikanern ging) getroffen wurden, hier im Einzelnen nachzeichnen.

Insgesamt lauteten die Entscheidungen von Kairo und Teheran so:
- Im strategischen Rahmen sollten Overlord und „Anvil" (die Landung in Südfrankreich) die „supreme operations" des Jahres 1944 sein. Das heißt, sie hatten auch Vorrang vor den Operationen im Fernen Osten und im Pazifik.
- Für den Beginn von Overlord wurde ein Zeitraum Mitte bis Ende Mai 1944 festgelegt, wobei den technischen Planern schon klar war, dass eine Landung nicht vor dem 1. Juni 1944 stattfinden konnte.

- Gleichzeitig oder nahezu gleichzeitig sollte die Operation Anvil in der Stärke von zwei Divisionen durchgeführt werden.
- Wegen der geplanten Landung in Südfrankreich in der vorgegebenen Stärke erhielt nun der Verbleib von Landungsschiffen im Mittelmeer eine höhere Priorität, dabei wurde indirekt auch der Feldzug in Italien zum Nutznießer: Aus dem Indischen Ozean sollten die verfügbaren Landungsschiffe ins Mittelmeer verlegt werden, damit musste die Operation Buccaneer entfallen.
- Die Verlegung von 68 für Overlord vorgesehenen Landungsschiffen wurde auf den 15. Januar 1944 verschoben (siehe unten).
- Unverändert sollte Italien bis zur Linie Pisa – Rimini eingenommen werden.
- Die Aufstandsbewegungen auf dem Balkan sollten verstärkt unterstützt und der Eintritt der Türkei in den Krieg herbeigeführt werden.
- Während der Oberbefehlshaber für Overlord ein Amerikaner sein sollte (am 10. Dezember wurde dazu Eisenhower ernannt), sollte der Oberbefehl auf dem gesamten Kriegsschauplatz Mittelmeer einem britischen General übertragen werden.

Von den in Teheran getroffenen politischen Entscheidungen sei nur eine erwähnt: In der Euphorie über amerikanisch-sowjetische Übereinkommen hatte Roosevelt Stalins Forderungen in Bezug auf die baltischen Staaten und Polen nachgegeben, zwar nicht in der Form einer offiziellen Erklärung, aber verbal der Bedeutung nach. Die Curzon-Linie wurde mehr oder minder als russische Westgrenze anerkannt. Dabei wurde unterschlagen, dass die Curzon-Linie bis auf Details der im Molotow-Ribbentrop-Pakt von 1939 festgelegten polnischen Ostgrenze entsprach. Churchill fand sich mit den Fakten ab.[91] In einer außerordentlich positiven Bewertung über die Sextant-Besprechungen schreibt Matloff: „Die Streitfrage Mittelmeer schien ein für alle Mal gelöst. Die Operationen im Mittelmeer-Raum wurden definitiv begrenzt – hinsichtlich des Zeitrahmens, des angestrebten Raumgewinns, der einzusetzenden Kräfte und schließlich in ihrer Bedeutung – sie dienten nur noch der Unterstützung von Overlord."[92] Offenbar hatte sich die „richtige Strategie", die amerikanische, letztendlich durchgesetzt.

Das Französische Expeditionskorps – CEF

Ab dem 21. November war die 2. marokkanische Inf Div (2. D.I.M.) im Hafen von Neapel gelandet worden. Ab dem 10. Dezember kam diese Division im Gefechtsstreifen des VI. (US) Korps zum Einsatz. Ab dem 25. November war das Vorauspersonal des Korpsstabes des Französischen Expeditionskorps (CEF) in Italien eingetroffen. Die zweite Division des Korps, die 3. algerische Inf Div (3. D.I.A.) erreichte ab Mitte Dezember den italienischen Kriegsschauplatz. Das CEF übernahm den Gefechtsstreifen des VI. (US) Korps.[93] Von einer Stärke von 15 000 Mann im Dezember 1943 wuchs die Gesamtstärke der in Italien eingesetzten Anteile der „wiedergeborenen" französischen Armee auf 105 000 bis über 113 000 Mann (in der Fachliteratur werden unterschiedliche Umfangszahlen genannt) im Mai 1944 an. Vor der Auflösung des CEF im Juli 1944 bekannte General Clark, dem das Korps fortlaufend unterstanden hatte, bei einem Appell in Siena, dass man hier nicht stehen würde, wenn das Expeditionskorps nicht an der Seite der Alliierten gekämpft hätte. Über den Durchbruch der Franzosen im Mai 1944 durch die Gustav-Linie hatte Clark geschrieben: „Für diese Leistung, die den Schlüssel für den Erfolg darstellen sollte im gesamten Vorstoß auf Rom, werde ich für immer ein dankbarer Bewunderer von General Juin und seines glanzvollen Expeditionskorps sein."[94] Eine historische Bewertung kann das Urteil Clarks nur uneingeschränkt bestätigen, das CEF hat vor allem den Cassino-Schlachten einen Stempel aufgedrückt. Daneben gibt es aber auch sehr erhebliche dunkle Flecken beim Einsatz dieses Korps, die vor allem auf das Verhalten der nordafrikanischen eingeborenen Truppen des CEF zurückzuführen sind. Daher scheinen einige Erläuterungen zum Expeditionskorps angebracht.[95]

Für den Wiederaufbau einer französischen Armee stand zunächst die Armée d'Afrique, d.h. die französischen Streitkräfte in Nordafrika in der Stärke von etwa 150 00 Mann sowie ca. 80 000 Mann französischer Truppen in den übrigen Kolonialgebieten Afrikas zur Verfügung. Erstaunlicherweise war es nicht gelungen, aus dem Umfang von mehreren hunderttausend Mann der regulären französischen Armee, die auf unterschiedliche Weise ins Ausland gelangt waren,[96] mehr als 15 000 Mann für die freifranzösische Bewegung (FFL) unter de Gaulle zu gewinnen. Teile dieser Truppen hatten in Libyen/Ägypten, in Eritrea und in Syrien an der Seite der Alliierten gekämpft. Freifranzosen und ehemalige Vichy-Truppen standen sich in einer Konfrontation gegenüber: Für die selbstbewusste Generalität in Nordafrika war de Gaulle ein Ehrgeizling, ein unbedeutender General (in den letzten Tagen des Feldzuges von 1940 noch zu diesem Rang befördert), dessen Ansprüche in keiner Relation zu seiner tatsächlichen Machtfülle standen und der sich vor den Karren der Engländer hatte spannen lassen. Sie dagegen waren – nachdem sie sich von Vichy gelöst hatten – die wahren Nachfolger einer legalen französischen Regierung. Umgekehrt betrachteten de Gaulle und die Freifranzosen die früheren Unterstützer von Pétain als eine Gruppe von Ex-Kollaborateuren, die schon aus moralischen Gründen nicht geeignet waren, die Bewegung zur Befreiung des Vaterlandes anzuführen.

Die alliierten Politiker, voran Roosevelt, der de Gaulle ablehnte, taten zunächst nichts, um den Zwist zwischen den Franzosen zu beseitigen. General Giraud, so hatte sich herausgestellt, hatte als „neutrale" Person keinen großen Einfluss auf die Armée d'Afrique. Dennoch wurde er weiterhin als Verhandlungspartner der Alliierten angesehen. Im Rahmen der Konferenz von Casablanca[97] wurde vereinbart, dass die Franzosen elf Divisionen (darunter drei Panzerdivisionen) mit entsprechenden Unterstützungstruppen für den Einsatz an der Seite der Alliierten aufstellen würden. Das Material, das den Erfordernissen einer modernen Kriegführung entsprechen sollte, war durch die Amerikaner bereit zu stellen. Bei der Aufstellung dieser Divisionen waren die freifranzösischen Verbände zu integrieren, sie sollten eine Division bilden. Als vordringlich erachtete man die Bildung eines französischen Expeditionskorps in der Stärke von mehreren Divisionen. Im September 1943 wurde General Juin, der ehemalige Oberbefehlshaber der Armée d'Afrique, zu dessen KG ernannt.

Zu einer sehr vordergründigen und fragilen Vereinigung der beiden Gruppen kam man am 27. Februar 1943 durch die Gründung des „Comité Français de la Libération Nationale" (CFLN), in der de Gaulle die politischen Funktionen wahrnehmen und Giraud den militärischen Oberbefehl übernehmen sollte. Langfristig war beabsichtigt, für dieses Komitee bei den Alliierten die Anerkennung als rechtmäßige Regierung durchzusetzen. Für de Gaulle war klar, dass die politischen Vorgaben maßgebend für den Zweck, die Aufstellung, die Führung und den Einsatz des französischen Streitkräfteanteils sein sollten, während die Alliierten weiterhin gedachten, über Giraud die französischen Divisionen, die eine willkommene Verstärkung darstellten, für ihre Zwecke zu nutzen. Bis in den Herbst 1943 waren alle politischen und militärischen Entscheidungen gefallen, ohne dass jemals ein französischer Vertreter in die Entscheidungsprozesse einbezogen worden war. Vor allem von den Briten wurde angesichts der Vichy-Vergangenheit der maßgebenden französischen Führer deren Verlässlichkeit nicht allzu hoch eingeschätzt. Angesichts des Leistungsvermögens, das die französische Armee im Feldzug von 1940 gezeigt hatte, erwartete man auch von den französischen Verbänden keinen großen Kampfwert. Am liebsten hätte General Alexander die französischen Truppen für weniger fordernde Gefechtsaufgaben eingesetzt oder aufgeteilt und in andere alliierte Formationen integriert. Das äußerste, was den Franzosen zugestanden wurde, war die Bildung eines Armeekorps, das dann in die 5. (US) Armee, wegen der Einheitlichkeit der Ausrüstung, eingegliedert wurde.[98] Juin, als Général d'Armée, nach amerikanischen Vorstellungen mit „vier Sternen" versehen, ordnete sich außerordentlich klug und diplomatisch geschickt dem rangniedrigeren und auch weit weniger kriegserfahrenen General Clark unter.

Um ihrem Beitrag Bedeutung zu verleihen, waren die Franzosen daran interessiert, eher Divisionen aufzustellen als die dazu notwendigen Unterstützungseinheiten. Man erwartete von den Alliierten (Amerikaner), dass solche Einheiten, in erster Linie für logistische Dienste, durch sie bereitgestellt würden. Zusätzlich fehlte es auf französischer Seite am speziellen Personal für diese Truppen, die einen entsprechenden Bildungsstand und eine angemessene technische Ausbildung aufweisen mussten. Schließlich hatte man, bei dem gewohnten einfachen (reduzierten) logistischen Aufwand auf französischer Seite, Vorbehalte gegenüber dem auf unbegrenzten Ressourcen beruhenden System der Amerikaner.

Traditionsgemäß rekrutierten sich die in Nordafrika stationierten französischen Truppen in einem großen Umfang aus „eingeborenem" Personal, das aus algerischen, marokkanischen oder tunesischen Stämmen stammte, in denen es seit Jahrhunderten üblich war, dass die jungen Männer den Beruf des Kriegers ausübten. Das Personal des CEF bestand daher zu rund 50 Prozent aus Nordafrikanern. Dies soll an der Struktur der 2. D.I.M. dargestellt werden: Das Offizierkorps der Division mit einer Stärke von 562 Mann bestand anfangs nur aus Europäern. Im Unteroffizierkorps betrug das Verhältnis 1 522 Europäer zu 293 Nordafrikanern, bei den Mannschaften schließlich betrug der Bestand an Europäern knapp 4 500 Mann, die nordafrikanischen Mannschaften dagegen hatten einen Umfang von über 7 000 Mann. Der Prozentanteil an Nordafrikanern betrug somit fast 60 Prozent der gesamten Division.[99]

Die eingeborenen Soldaten, Berber, Araber oder die Angehörigen anderer Stämme, waren furchtlose Gebirgs- oder Wüstenbewohner, durch ein hartes Klima und harte Witterungsbedingungen an ein entbehrungsreiches Leben gewöhnt. Ein ununterbrochener Nachschub wurde von ihnen nicht erwartet. Sie waren anspruchslos, zäh und ausdauernd. Auf Grund ihrer gewohnten Lebensweise konnten sie sich, leicht bewaffnet und in der Versorgung auf Tragtiere abgestützt, äußerst schnell querfeldein auch im Gebirge bewegen. Sie waren besonders befähigt zum aufgelösten Kampf, zur Infiltrationstaktik, zur Ausnutzung der Nacht/Dämmerung und einschränkender Witterungsbedingungen. Die nordafrikanischen Schützen bevorzugten herkömmliche Kriegsmittel. Bei den technischen Truppen, bei der Artillerie und im Bereich der Logistik einer Division wurden daher überwiegend Franzosen eingesetzt.

Kampfgeist und Opferbereitschaft waren eine unerlässliche Bedingung für die Anerkennung im sozialen Gefüge des Dorfes oder des Stammes. Abhängig von der Führung waren sie zum Besten wie zum Schlechtesten fähig. Ihre Begeisterungsfähigkeit trug sie häufig über unglaubliche Schwierigkeiten hinweg. Im schnellen Wechsel konnte allerdings unangemessene Niedergeschlagenheit zum totalen Zusammenbruch führen. Das französische Offizierkorps, vor allem die jungen Offiziere, waren mit einer Entschlossenheit, die an Besessenheit grenzte, gewillt, die Schmach von 1940 zu tilgen und die hochmütigen und überheblichen Verbündeten vom wahren französischen Soldatentum zu überzeugen. Alle Risiken auf sich zu nehmen und zu jedem Opfer bereit zu sein, war eine Sache der Ehre. Aus den Schilderungen der Gefechtshandlungen ist ein geradezu selbstmörderischer Einsatzwille auf der Ebene der Subalternoffiziere zu erkennen, durch das Beispiel ihrer Offiziere wurden die Soldaten mitgerissen und zu kaum glaublichen Leistungen getrieben.

General Juin, der KG des CEF, war der geborene Führer nordafrikanischer Truppen – er war selbst in Algerien geboren und hatte vorwiegend in nordafrikanischen Verbänden gedient. Mit einer gelungenen Mischung von Strenge und Wohlwollen verstand er es glänzend, auf das Wesen der nordafrikanischen Krieger – einerseits im Empfinden wie Kinder, andererseits mit einem leicht verletzbaren Stolz – einzugehen. Juin war aber auch ein begabter Taktiker und Operateur, besondere Fähigkeiten bewies er bei der Führung von Verbänden oberhalb der Divisionsebene. Seine Führungsprinzipien waren Offensivgeist, Überraschung, die Bevorzugung von Umgehungsmanövern, Delegation der Verantwortung nach unten und Autonomie der Kompanien und Bataillone auf der unteren Führungsebene. In der Ausbildung setzte er den Schwerpunkt „sur les écoles à feu et les manœuvres à tir réel".[100]

Zur Gustav-Linie (Lagekarte 6 und 8)

Die Verteidigung der Bernhard-Linie hatte der 10. Armee einen Zeitgewinn von etwas über vier Wochen gebracht. Dieser Zeitgewinn kam dem Ausbau der Gustav-Stellung zugute. Nun zeigte sich, dass es unverzichtbar gewesen war, rückwärts der Bernhard-Linie eine weitere Verteidigungsstellung anzulegen, die wahrscheinlich bei Abstützung auf die Flussläufe des Garigliano, des Gari und des Rapido eine noch nachhaltigere Verteidigung versprach. Der tiefe Einbruch in die Bernhard-Linie an der Adria schien nicht von großer Tragweite, da der Schwerpunkt des Angriffs der Alliierten weiterhin offensichtlich bei der 5. (US) Armee lag.

Die deutsche Führung auf der Ebene der Armee und der Korps stand unverändert vor widerstreitenden Forderungen, die nicht alle mit der gleichen Qualität erfüllt werden konnten: Zum einen das Sicherstellen einer hohen Verteidigungsbereitschaft durch den Ausbau und das rechtzeitige Beziehen der Gustav-Stellung. Zum anderen das Gewinnen von Zeit, um die eben genannte Forderung zu erfüllen und dabei die eigene Kampfkraft zu erhalten. Dies war umso notwendiger als die Verbände, die den Zeitgewinn sicherstellen sollten, dieselben waren, die anschließend die Gustav-Linie Stellung verteidigen mussten. Schließlich sollten die Kräfte des Gegners dabei auch noch abgenutzt werden. General v. Vietinghoff, der inzwischen sein Kommando wieder übernommen hatte, hatte die Weisung gegeben, im Vorgelände der Gustav-Linie bei überlegenen Feindangriffen die Gefechte abzubrechen und auf die vorbereitete Stellung zurück zu gehen.[101]

Die Absage der Landung bei Anzio und die Tatsache, dass nach dem 15. Januar 1944 keine Landungsschiffe für ein Landungsunternehmen in angemessener Stärke im Rücken des Feindes mehr zur Verfügung stehen würden, machten auf alliierter Seite eine Prognose sehr schwierig, wie lange es noch bis zur Einnahme von Rom dauern könnte. Durch das Eingreifen Churchills auf der Rückreise von Kairo über Nordafrika kam es jedoch zu einem vollkommen neuen Planungsprozess, bei dem der noch nicht abgeschlossene Teil der Phase 3 entsprechend Clarks Operationsweisung vom 24. November, der Einbruch in das Liri-Tal, nicht nur zwangsläufig in die neuen Operationsplanungen einbezogen wurde, sondern zum Ausgangspunkt für die Fortsetzung des Feldzuges bis nach Mittelitalien hinein wurde. Weil diese neuen Planungen zu den hartnäckigen Kämpfen um die Gustav-Linie und dabei zu den drei Cassino-Schlachten führten, sollen dieses Geschehen in einem eigenen Kapitel, dem nachfolgenden Kapitel 5, behandelt werden. Diejenigen Kämpfe aber, die eine notwendige Voraussetzung für die folgenden Operationen schufen und die mit dem Auftreffen auf die Gustav-Linie ein vorläufiges Ende fanden, werden abschließend noch in diesem Kapitel abgehandelt.

Wie dargestellt, hatte das X. (BR) Korps am linken Flügel der 5. Armee bis Mitte Dezember zum ostwärtigen Garigliano-Ufer aufgeschlossen. Nach der Wegnahme des Höhengeländes vom Mt Camino bis zum Mt Maggiore hatte das Korps einen Teil des Gefechtsstreifens des II. (US) Korps übernommen, es hatte also seine rechte Grenze nach Norden verschoben. Um Übergangsabsichten über den Garigliano vorzutäuschen, waren auf der gesamten Front Aufklärungsunternehmen angesetzt worden. Am 30. Dezember wurde im Raum der Mündung des Garigliano in den Golf von Gaeta eine Täuschungsoperation mit geringen Kräften durchgeführt, um auch die Gefahr einer Seelandung westlich des Garigliano und damit im Rücken der Gustav-Linie anzudeuten. Am 4. Januar wirkten Teile der 46. (BR) Inf Div an den Angriffen der 34. (US) Inf Div (siehe unten) zur Einnahme des Mt Porchio mit. Das X. Korps hatte mit seinen beiden Divisionen und der 23. Pz Brig seit Salerno fortwährend im Einsatz gestanden und bedurfte dringend der Ruhe und Auffrischung. Befehle zum Überwinden des Garigliano hatte General McCreery bis Anfang Januar nicht erhalten.

Am 3. Januar stand das II. (US) Korps noch etwa 13 Kilometer von der Gustav-Linie entfernt. Um wenigstens in das Rapido-Tal vorstoßen zu können, kam es nun darauf an, den Mt Porchio und den Mt Trocchio, zwei Höhenrippen, von denen aus die Gewässerzone beherrscht werden konnte, zu nehmen – ebenso das Höhengelände nördlich der Via Casilina (Straße Nr. 6) um die Ortschaften Cervaro und S. Vittore bis etwa zum Mt Maio.[102] Damit wurde nach rechts Anschluss zum CEF gehalten, das nun am 3. Januar die Führung im Gefechtsstreifen des VI. (US) Korps übernommen hatte. Der beschriebene Raum wurde zeitlich begrenzt durch die Regimenter der 44. dt. Inf Div verteidigt. Der Division waren zwei Bataillone der 29. PzGren Div unterstellt worden, als diese erneut herausgelöst worden war.

Der Angriff des II. (US) Korps wurde geführt durch 1. SSF (verstärkt durch zwei Bataillone des 133. (US) Inf Rgt der 34. Inf Div), durch die 34. Inf Div selbst sowie am linken Flügel durch

4. Der Feldzug in Süditalien bis zum Auftreffen auf die Gustav-Linie

die so bezeichnete Task Force „Allen" (Kommandeur Brigadegeneral Allen, der Führer des CC B der 1. (US) Pz Div). Die Task Force bestand im Kern aus Teilen der 6. (US) PzGren Rgt der 1. (US) Pz Div, verstärkt durch Panzer, Panzerjäger, Artillerie und Pioniere, die alle aus der 1. Pz Div abgestellt worden waren. Für die meisten Verbände der Task Force Allen war dies der erste Einsatz, die Feuertaufe auf dem italienischen Kriegsschauplatz.

Die 1. SSF begann ihren Angriff am 3. Januar 1944. Nach zwei Tagen eines schwierigen Anmarschs querfeldein durch das winterliche Gebirge stand sie bereits im Angriff auf den Mt Maio. Die ersten Angriffe der Amerikaner scheiterten am Widerstand des dt. Gren Rgt 131. Oberst Frederick, der Kommandeur der 1. SSF, entschloss sich zu einem Umgehungsmanöver. Dadurch gelang es ihm, eine Höhe einzunehmen, die das weitere Halten des Mt Maio durch die Deutschen sinnlos machte. Am 9. Januar war der Berg in amerikanischer Hand. Einen Tag nach der 1. SSF startete die 34. Inf Div mit zwei Regimentern nebeneinander ihren Angriff. Bis zum 6. Januar gelang es dabei dem 135. (US) Inf Rgt, das stark befestigte S. Vittore nach Ortskämpfen einzunehmen.

Südlich der Via Casilina hatte die Task Force Allen den Mt Porchio zu nehmen, der durch das dt. Gren Rgt 134 gehalten wurde. Allen führte seinen Vorstoß ab dem 4. Januar. Der Angriff kam nur langsam voran, die Verluste der unerfahrenen Truppen waren sehr hoch. Zwei Mal am 5. Januar musste der Angriff angesetzt werden mit allem, was den Amerikanern zur Verfügung stand: Luftwaffe, Artillerie, direkter Beschuss durch Panzer und Panzerjäger. Am Abend des 5. Januar hatte ein Pionierbataillon die Höhe genommen. Ein Gegenangriff der Deutschen am Abend des 5. Januar hätte beinahe wieder zum Verlust des Mt Porchio geführt. Die Gefechte am nächsten Morgen führten die Deutschen nur noch, um den Rückzug zu decken. Neben den Verlusten von 415 Mann (dabei ist Zahl der Vermissten nicht enthalten) durch Kampfeinwirkung ist die sehr hohe Zahl von 516 Mann durch „nonbattle causes" bei der Task Force Allen hervorzuheben. Hierbei handelte es sich um Ausfälle durch den so genannten „Grabenfuß" und durch Erschöpfung[103].

Nach der Rücknahme der Stellungen im Raum Mt Maio – Viticuso durch die Deutschen sowie der Einnahme von S. Vittore und des Mt Porchio durch das II. (US) Korps blieben im Vorgelände von Cassino zunächst nur noch die Ortschaft Cervaro und der Mt Trocchio durch die Truppen der 44. dt. Inf Div besetzt. Cervaro wurde wiederum durch das II./Gren Rgt 15 verteidigt, ab dem 11. Januar griff das 168. (US) Inf Rgt der 34. Inf Div die Ortschaft an. Es bedurfte eines schweren Luftangriffs und starker Artillerieunterstützung bis die nun total zerstörte Ortschaft im Laufe des 12. Januar eingenommen werden konnte.

Bis zum 11. Januar hatte sich das CEF zur Fortführung des Angriffs bereitgestellt. Das Korps musste sich erst in die Lage hineinfinden. Unverändert galt der Auftrag, mit dem das VI. (US) Korps schon angegriffen hatte, das Höhengelände nördlich und nordwestlich von Cassino einzunehmen. General Juins angestrebtes Angriffsziel war dagegen das Becken von Atina.[104] Seine beiden Divisionen wollte Juin in zwei Achsen ansetzen: Die 2. D.I.M. (verstärkt durch die 4. Tabor Grp) im Zuge der Achse Cardito – Atina zunächst mit dem Ziel S. Biago; die 3. D.I.A. über Aquafondata in das Rapido-Tal bei S. Elia. Der 3. D.I.A. war die 3. Tabor Grp zugeteilt. Die 2. D.I.M. hatte mit dem Fortschreiten des Angriffs auch den Schutz der rechten Korpsflanke sicherzustellen.

Die 5. dt. Geb Div hatte am 22. Dezember die Befehlsführung in ihrem Gefechtsstreifen übernommen. Sie hielt eine Stellung im Hochgebirge besetzt, die von Viticuso aus über Aquafondata, den Mt Aquafondata, den Mt Casale und zwei Zwillingsgipfel (von den Franzosen „Jumelles" genannt), die Höhen 1225 und 1220, bis in den Raum nördlich La Selva reichte. Linker Nachbar der Division war die Korpsgruppe Hauck im Gebirgsstock des Mainarde. Das Gelände vorwärts der Gustav-Linie sollte bis zum 25. Januar gehalten werden, so lautete die Vorgabe. Die Gebirgsdivision hatte zwei Gebirgsjägerregimenter zu je drei Bataillonen, ein Gebirgsartillerieregiment sowie das übliche Pionierbataillon, eine Aufklärungs- und eine Panzerjägerabteilung. Ende Dezember war sie durch das HochGebJg Btl 3 verstärkt worden. Die Division war in Russland am Wolchow eingesetzt gewesen, sie hatte also keine Erfahrungen mehr im Gebirgskampf. Nach dem Antransport, der über einen Monat gedauert hatte, war die Division so schnell an die Front geworfen worden, dass sie nicht einmal mit Winterbekleidung ausgestattet werden konnte. Im Gefechtsstreifen hatte die 5. Geb Div das I./PzGren Rgt 115 übernommen, das zuvor der 305. Inf Div unterstanden hatte. Dieses verteidigte nun am linken Flügel. Im Zentrum (La Selva – Cardito – Mt Casale) verteidigte das GebJg Rgt 85, nach Süden anschließend hielt das GebJg Rgt 100 den Raum Mt Aquafondata – Aquafondata besetzt.[105]

Die 2. D.I.M. verzichtete bei ihrem Angriff ab dem 12. Januar auf eine Artillerieunterstützung. Der Angriff der Division kam gut voran. Die Doppelhöhe 1025/1029, die Ortschaften La Selva und Cardito wurden noch am ersten Angriffstag genommen. Weiter nördlich, in den Ausläufern des Mainarde-Gebirges, gelang es, bis etwa zwei Kilometer an die Gustav-Linie heranzukommen. Die 3. D.I.A. wollte bei ihrem ersten Einsatz auf Artillerieunterstützung nicht verzichten. Die „Jumelles" wurden im Zusammenwirken mit den Marokkanern eingenommen, zusammen mit dem 5. R.T.M. gelang es dem 7. R.T.A. den Mt Casale zu nehmen. Ein Gegenangriff des GebJg Rgt 85 brachte ihn aber wieder in deutschen Besitz. Am 13. Januar wurden endgültig der Mt Casale sowie der Mt Aquafondata und der Ort Aquafondata durch die Algerier eingenommen.

Die HKL konnte durch die Gebirgsjäger nur stützpunktartig besetzt werden. Deswegen waren die nordafrikanischen Schützen mit ihren Infiltrations- und Umgehungsmanövern so erfolgreich. Wenn immer möglich, wurde der frontale Angriff vermieden und der Angriff aus der Flanke und sogar im Rücken gesucht. Dabei gilt es anzumerken, dass ab dem 6. Januar starke Schneestürme über das Gebirge hinweg gezogen waren, die seit Menschengedenken stärksten Schneefälle mit Schneeverwehungen bis zum acht Metern auf den Straßen. Davon waren die Deutschen eher betroffen als die Franzosen, da sie mehr von ununterbrochenen Verbindungslinien abhingen.

Trotz der starken Artillerieunterstützung bevorzugten die französischen Regimenter den Kampf auf nahe Entfernung. Hierzu eine Szene aus den Kämpfen um den Mt Casale: „Es waren ‚Gefechte mit Handgranaten', ungleiche Gefechte, bei welchen der Gegner, der auf der Höhe saß, die Handgranaten auf die Tirailleure hinunterrollen ließ oder sie von oben bewarf. Letztere mussten erst die Steilhänge hinauf kriechen, um Stellungen zu erreichen, von denen aus sie ihrerseits den Feind mit Handgranaten bekämpfen konnten. Die Deutschen ... mussten jedes Mal mit Bajonetten und Handgranaten angegriffen werden. Schienen sie überwältigt, folgte unverzüglich der Gegenangriff. Der Berggipfel wurde genommen, verloren, wieder genommen – vier Mal. Jedes Mal waren Bajonette und Handgranaten entscheidend ... mehr als tausend Granaten wurden durch die beiden Sturmkompanien verworfen."[106]

4. Der Feldzug in Süditalien bis zum Auftreffen auf die Gustav-Linie

Auf ihren dringenden Antrag hin wurde der 5. Geb Div am 13. Januar gestattet, hinhaltend kämpfend auf die Linie Mt S. Croce (bereits ein „Anker" in der Gustav-Linie) – Vallerotonda zurück zu gehen. Von überall her wurden Reserven zusammengekratzt und der 5. Geb Div zugeführt. Zum Großteil kamen diese Verbände von der 15. PzGren Div. Am 14. Januar wurde Vallerotonda von den Algeriern besetzt, am 15. Januar waren die Höhen ostwärts des Talbeckens von S. Elia erreicht, am 16. Januar wurde S. Elia durch die Deutschen aufgegeben. Bis zum 17. Januar hatte sich die 3. D.I.A. bis in den Raum S. Elia – Valvori vorgekämpft. Das obere Rapido-Tal war überwunden, im gesamten Angriffsstreifen war die Sicherungslinie vor der eigentlichen Gustav-Stellung erreicht. Innerhalb von vier Tagen waren im Gebirge sechs bis sieben Kilometer Raum erobert worden, eine erstaunliche Leistung. Juin sah sich jedoch gezwungen, seinen Angriff anzuhalten: „Mit einer zusätzlichen Division", so schreibt er in seinen Erinnerungen, „wäre es vielleicht möglich gewesen, am Abend des 15. Januar weiter in die Tiefe in Richtung Atina vorzustoßen, diesem entscheidenden Angelpunkt, von dem aus eine weite Flankenbewegung oberhalb von Mt Cairo und Cassino eingeleitet werden konnte, um danach wieder in das Liri-Tal herunter zu steigen. Alle beide meiner Divisionen standen im Kampf, waren erschöpft und dahinter hatte ich keine Kräfte …"[107]

Der Vorwurf einer fehlenden Division richtete sich unausgesprochen gegen Clark, ist aber auf eine der üblichen Streitigkeiten zwischen Freifranzosen und früheren Vichy-Militärs zurückzuführen. Die 1. D.M.I. war die im Zusammenhang mit der Wiederbewaffnung französischer Truppen erwähnte freifranzösische Division. Sie war nach britischem Vorbild in Brigaden gegliedert und mit britischem Material ausgestattet. General Giraud hatte die Umgliederung und Umrüstung dieser Division nach amerikanischem Modell lange verweigert, so musste diese Division, als sie im Herbst 1943 für das CEF angeboten wurde, durch General Alexander aus Gründen der Logistik abgelehnt werden. Sie erreichte erst im April 1944 als letzte Division des CEF den italienischen Kriegsschauplatz.[108]

Als die Angriffe jenseits des Rapido-Tales am 21. Januar durch Teile der 3. D.I.A. und der 2. D.I.M. gegen die eigentliche Gustav-Linie fortgeführt wurden, scheiterten sie alle. Mittlerweile hatte aber Juin von General Clark einen neuen Operationsbefehl erhalten. Bereits während des ersten Einsatzes hatten die französischen Soldaten durch bewundernswerte Leistungen den Respekt ihrer alliierten Kameraden gewonnen. Aber dies war nur die Vorderseite der Medaille – die Kehrseite zeigte ein anderes Bild. Von nun an war der Einsatz französischer Truppen begleitet von Berichten und Vorwürfen über Verbrechen nordafrikanischer Soldaten, für die der von der italienischen Bevölkerung benutzte Begriff „i marocchini" nur ein Synonym war. Die Verbrechen, derer die eingeborenen Soldaten beschuldigt wurden, umfassten Massenvergewaltigungen, Diebstahl, Plünderungen, Vandalismus, allgemeine Mordtaten oder Morde an den Personen, die sich gegen die Gewalttaten zur Wehr setzten. Vom Zeitablauf gesehen reichten die Vorwürfe gegen nordafrikanische Truppen von den Abruzzen im Winter 1943/44 und den Aurunci-Bergen im Mai 1944 und – da es sich um dieselben Truppen handelte, die im Frühjahr 1945 in Südwestdeutschland einmarschierten – bis in den Mai 1945. Alle Versuche, solche Verbrechen zu unterbinden, scheiterten – hier sind harte Vorwürfe an das „Gewährenlassen" der französischen Truppenführer zu richten. Eine Verfolgung dieser Verbrechen nach dem Krieg fand nicht statt.

Zu einem konkreten Fall: Allein in der Gemeinde Vallerotonda wird im Zeitraum Januar/ Februar 1944 die Vergewaltigung von 40 Frauen und Mädchen (auch ältere Frauen von über 80 Jahren wurden nicht verschont) angeführt, etwa 19 Männer wurden ermordet.[109] Auch in den Gemeinden S. Elia und Valvori wurden weit verbreitet Gewalttaten begangen: „Wir dachten, dass unsere Schwierigkeiten vorüber wären, sobald wir uns hinter den alliierten Linien befinden würden. Tatsache war aber, dass sie jetzt erst richtig einsetzten. Die Soldaten richteten ihre Waffen gegen die Männer und vergewaltigten dann ihre Frauen. Praktisch alle Frauen, denen Gewalt angetan worden war, starben durch die Folgen. Langsam starben sie alle", so wird eine Zeitzeugin zitiert.[110]

Erst in den letzten 20 Jahren haben diese Gewalttaten Eingang in die Darstellungen des Feldzuges in Italien gefunden, obgleich die Erinnerung daran in den betroffenen Dörfern noch äußerst lebendig ist. Hier haben die Menschen ihre eigenen Urteile über die „Befreiung", die alljährlich mit Erinnerungsfeiern begangen wird. Eine Ausnahme bildete der Roman von Alberto Moravia „La Ciociara", der schon 1957 erschien. In den amtlichen Darstellungen der Briten, Franzosen, Amerikaner oder Italiener wird das Thema nicht behandelt.[111] Die Gerechtigkeit gebietet es, in diesem Zusammenhang auch die offensichtliche Mordtat deutscher Soldaten bei Collelungo (Vallerotonda) am 28. Dezember 1943 anzusprechen, bei der insgesamt 42 Menschen, etwa die Hälfte Frauen und Kinder, ums Leben gekommen sind. In Frage kommen für diese Tat, deren Ablauf, Umstände oder Motive nie geklärt werden konnten, Soldaten des PzGren Rgt 115 oder des GebJg Rgt 85.[112] Spricht man mit den Bewohnern der Region, so wird behauptet, der Tathergang sei „ganz anders" gewesen, als es heute dargestellt wird – die Täter seien keine deutsche Soldaten gewesen. Fragt man aber nach Einzelheiten, erhält man keine befriedigenden Antworten.

Anmerkungen

1   OCMH (Hrsg.), Mediterranean Theater of Operations, Martin Blumenson, „Salerno to Cassino", Washington D.C. 1993; S. 3 f.

2   Howard, Anhang VI (C) „Abschließender Bericht an den Präsidenten und den Premierminister" der Konferenz „Trident" vom 12.05.-25.05.43, S. 660-667 sowie Anhang VI (D), Anlage A „Entwurf der Weisung an General Eisenhower", ebenfalls Howard, S. 668 ff. Der hieraus zitierte Absatz 1b stellt eine fast wortgleiche Übernahme des Absatzes 2c aus dem „Abschließenden Bericht ..." dar.

3   Schon am 08.05.43 hatte Oberluftmarschall Tedder auf die Vorteile der Einnahme der italienischen Halbinsel in einer Stellungnahme an Eisenhower hingewiesen. In einem Memorandum vom 03.07.43 an die US-Generalstabschefs vertrat General Arnold den gleichen Standpunkt, Blumenson, „Salerno ...", S. 8 und 13. Zum Einfluss, welcher die Forderungen der Luftwaffenführer auf die schließliche Entscheidung hatten, Molony, S. 193 und 196, Golla, S. 17, Howard, S. 417 und Matloff, S. 155 sowie S. 162.

4   Blumenson, „Salerno ...", S. 16 f.

5   Ebendort, S. 17 ff.

6   Bedenkt man die erst vor kurzem gefassten Entschlüsse der „Trident"-Konferenz, dann ist schon erstaunlich, wie „locker" die Briten nunmehr wieder eine Verstärkung der Truppen Eisenhowers forderten. Trotz ihrer nun positiven Einstellung zu einer Landung in Italien soweit nördlich wie möglich, bestanden die US-Generalstabschefs darauf, dass Eisenhower nur auf die Kräfte zurückgreifen konnte, „die bereits zur Verfügung standen". Blumenson, „Salerno....", S. 20.

7   Zu den Detailplanungen „Avalanche" und „Baytown", Blumenson, „Salerno ...", S.22 f. und Molony, S. 222 ff. Die verschiedenen Phasen der Waffenstillstandsverhandlungen werden am besten von Garland/Smyth, a.a.O., Teil Drei, „The Surrender" und von Howard, S. 522-538, beschrieben.
     Die Alliierten hatten sich durch den vorzeitigen Seitenwechsel mehr italienische Unterstützung für die Invasion auf dem

4. Der Feldzug in Süditalien bis zum Auftreffen auf die Gustav-Linie

Festland erhofft. Durch den Verlauf der Verhandlungen war man nun enttäuscht, „die alliierten Truppen im Landeraum hatten ihren Kampf alleine auszufechten.", Howard, S. 534. Bei dieser Betrachtungsweise wird vernachlässigt, dass die Deutschen von einer gemeinsamen Verteidigung mit den Italienern ausgegangen waren. Dadurch, dass durch die italienischen Küstendivisionen nur sporadisch Widerstand geleistet wurde (bereits bei den Landungen in Kalabrien), waren es die Deutschen, die ihren Kampf alleine auszufechten hatten.

8   Howard, S. 569.

9   Ebendort, S. 565.

10 Anhang VIII bei Howard, S. 682-692, „Abschlussbericht vom 24. August 1943 für den Präsidenten und den Premierminister". Siehe insbesondere den Absatz 11c für „Overlord" und den Absatz 14 „Operationen in Italien". Zusätzlich zu den eben vorgebrachten Bedenken ist anzumerken, dass die vage Vorgabe der Aufrechterhaltung von „Druck" auf die deutschen Streitkräfte offen ließ, mit welcher Operationsführung und mit welchen Kräften dies geschehen sollte. Auch hierüber würden sich wieder tief greifende Meinungsunterschiede zwischen Briten und Amerikanern ergeben.

11 Siehe Kapitel 3.

12 Einzelheiten über die Aufstellung des Stabes der HGr B, der anfangs eine Aufgabe in Griechenland übernehmen sollte und danach – aus Zurückhaltung gegenüber den Italienern – mit Gefechtsstand von München aus führen sollte, siehe bei Golla, S. 24-47 und bei David Irving, „Rommel", S. 407-422. Als Hinweis dafür, dass die alliierte Absicht, deutsche Kräfte von der Ostfront nach Italien zu ziehen, Erfolg hatte, mag dienen, dass das II. SS-Pz Korps mit zwei kampfstarken SS-Panzergrenadierdivisionen nach Italien verlegt werden sollte, obwohl es nach dem Abbruch der Offensive bei Kursk im Südabschnitt der Ostfront „brannte". Dass schließlich nur die SS-PzGren Div „LAH" nach Italien verlegt wurde und nicht auch die SS-PzGren Div „Reich", spricht nicht gegen diese Feststellung.

13 KTB OKW, III/2, S. 953 und S. 979 ff., Eintrag vom 15.08. bzw. 20.08.43.

14 Ebendort, S. 958 f (Eintrag vom 16.08.43) und S. 964 f (Eintrag vom 18.08.43) sowie S. 1451. Der Inhalt beider Weisungen wurde hier nur zusammengefasst bzw. auszugsweise wiedergegeben. Siehe auch die Zusammenfassung bei Golla, S. 45.

15 Die höhere Führung – Eisenhower – hatte jedoch, ohne dies expressis verbis anzuordnen, einen Vorstoß bis zum Isthmus von Castrovillari erwartet, nochmals etwa die gleiche Entfernung. Siehe hierzu Molony, S. 222 f.

16 Ebendort, S. 257.

17 Zur Unterstützung der Landung hatte das X. (BR) Korps noch eine Kommando Brigade, bestehend aus zwei Kommandos, unter dem bekannten Brigadier Laycock, zugeteilt bekommen. Robert Laycock hatte als Oberstleutnant am Aufbau britischer Kommando-Verbände mitgewirkt. Er war an verschiedenen Kommandoeinsätzen im Mittelmeer-Raum beteiligt, u.a. am Anschlag auf Rommels Gefechtsstand in Beda Littoria. Zwei Kommando-Bataillone deckten als „Jayforce" den britischen Rückzug auf Kreta. Als Verstärkung für die Infanteriedivisionen stand die 23. (BR) Pz Brig bereit. Die 82. (US) FschJg Div war kurzfristig für einen LL-Einsatz zur Absicherung Roms bei Eintreten des Waffenstillstands vorgesehen gewesen. Wegen zu hoher Risiken musste dieser Einsatz aber abgesagt werden. Siehe Tompkins, a.a.O., S. 147 f. sowie S. 157-171. Die Division stand daher nach kurzer Reaktionszeit als Reserve zur Verfügung.

18 Recht treffende Beschreibungen zweier weiterer bedeutender Führerpersönlichkeiten auf alliierter Seite, Montgomery und Tedder, finden sich bei Molony, die Beschreibung Montgomerys auf Seite 510-513, die von Tedder auf Seite 576 ff. Es dürfte klar sein, dass Montgomery im quasi-amtlichen britischen Generalstabswerk relativ zurückhaltend mit den charakterlichen und fachlichen Unzulänglichkeiten beschrieben wird, die er in Wirklichkeit aufwies.
Da sowohl Tedder als auch Montgomery ab Ende Dezember 1943 ihre Führungspositionen im Mittelmeer-Raum verließen, soll nur auf diese Beschreibungen bei Molony hingewiesen werden, jedoch keine ausführliche Charakterisierung erfolgen.

19 Die Angaben über Alexanders Laufbahn, seinen Charakter und seine militärischen Fähigkeiten basieren auf den Schilderungen von Butler und Molony, jeweils a.a.O.; David Hapgood/David Richardson, „Monte Cassino", Cambridge MA (USA) 2002 und John Ellis, „Cassino – The Hollow Victory ...", London 1984, vor allem aber auf den Beschreibungen bei Brigadier E.D. Smith, „The Battles for Cassino", Trowbridge (GB) 1989; S. 35 ff.

20 Gründliche Beschreibungen über Clark geben Martin Blumenson in „Bloody River. The Real Tragedy of the Rapido", Boston 1970; Hapgood/Richardson und E.D. Smith, beide a.a.O. sowie sehr ausführlich Adleman/Walton in „Rome fell today", Peter Tompkins in „Mord für Frankreich" und L.C. Smith in „A River swift and deadly ...", Austin 1989.

21 Bei der Anlandung war ein britischer Minenleger im Hafen auf eine Mine gelaufen und innerhalb von Minuten gesunken. Dabei kamen 168 Soldaten (Fallschirmjäger- und Marinesoldaten) ums Leben, weitere 126 Soldaten wurden verwundet/ verletzt, Molony, S. 243.

22 Zum Vorstehenden siehe Albert Kesselring, „Soldat bis zum letzten Tag", Schnellbach 2000; S. 241 f.. Bei dieser Ausgabe handelt es sich um einen Nachdruck der Erstauflage, Bonn 1953. Vergleiche auch Golla, S. 65; Westphal, S. 225; Böhmler, S. 112 f. und Blumenson, „Salerno ...", S. 68. Einen guten Überblick über das Geschehen auf deutscher Seite nach der Verkündung der italienischen Kapitulation gibt – wie mehrfach erwähnt – Schröder, a.a.O., Kapitel V, „Die Entwicklung nach der Bekanntgabe der Kapitulation Italiens". S. 281-325.
Um die Verhandlungen mit den Alliierten zu begünstigen, sind wohl in größerem Umfang von den Italienern Unterlagen mit wichtigen militärischen Informationen (z.B. Sperrpläne, Kräfte- und Raumordnungen, Einsatzplanungen) übergeben worden. Siehe dazu u.a. KTB OKW, a.a.O., S. 1079 (Eintrag vom 08.09.43) und S. 1242 (Eintrag vom 02.11.43). Ebenso Howard, S. 520 und 522. So nahe liegend und so begründet dies aus italienischem Interesse sein musste, so sicher war dies

Verrat am bisherigen Verbündeten. Bewertet man bestimmte deutsche Reaktionen auf den italienischen Seitenwechsel, dann kann man diese Begleiterscheinungen nicht vernachlässigen.

23 Siehe u.a. Golla, S. 102 f. Golla gibt für den Zeitraum 10. bis 14.9.43 ca. 570 getötete italienische Zivilisten an – getötet mit der Waffe in der Hand, ums Leben gekommen als Folge der Kämpfe, aber auch durch die Übergriffe deutscher Truppen. In einer wie üblich einseitigen Schilderung blendet Gerhard Schreiber in „Deutsche Kriegsverbrechen in Italien ..." (München 1996) bei seiner Darstellung der Bekämpfung des „Aufstandes" in Neapel, die Umstände der Bekämpfung, die Ursache harter deutscher Maßnahmen und die Spirale Aktion – Reaktion vollkommen aus. Im Kapitel 11 wollen wir nicht nur auf das Verhalten deutscher Truppen in Neapel zurückkommen, sondern uns auch generell mit der Tendenzgeschichtsschreibung des Fregattenkapitäns a.D. Gerhard Schreiber beschäftigen. Eine besondere Episode bei der Entwaffnung der Italiener sei genannt: Wegen seines Namens und seiner Herkunft hat der Tod des Generals Fürst Gonzaga, Herzog von Mantua, Kommandeur der 222. it. Küstendivision, in der Literatur eine gewisse Aufmerksamkeit gefunden. Golla (S.102) schildert den Fall, gestützt auf Raymond Cartier, „Der Zweite Weltkrieg" nicht korrekt. Auch bezogen auf diesen Vorfall gibt Schreiber, S. 56 f., eine unzutreffende Beschreibung als Beispiel für deutsche Gewalttaten, indem er behauptet, Gonzaga sei durch „Panzerfahrer" bei der Festnahme „kurzerhand" niedergeschossen worden.
Wenn es seinen einseitigen Thesen dient, zitiert Schreiber häufig Udo v. Alvensleben aus dessen Tagebuch, „Lauter Abschiede", als Beleg seiner Schuldzuweisungen. Hauptmann v. Alvensleben hatte sich im konkreten Falle erboten, da er mit General Gonzaga persönlich bekannt war, ihn unter ehrenvollen Bedingungen zur „Aufgabe" zu überreden. V. Alvensleben vermutet beim Tod Gonzagas Selbstmord, siehe a.a.O., S. 319 f. Die Darstellung Alvenslebens passt nicht in das gewollte Schema Schreibers, eine Zitierung wird daher von ihm unterlassen.

24 Das X. (BR) Korps hatte bis zum Abend des 09.09.44 ca. 23 000 Mann (von über 70 000 Mann Gesamtstärke), 80 Panzer, 325 Geschütze und über 2 100 Fahrzeuge gelandet. Vergleichszahlen für das VI. (US) Korps konnten nicht ermittelt werden. Zahlenangaben nach Molony, S. 286.

25 Molony, S. 325.

26 Unter den schwer beschädigten alliierten Kriegsschiffen befanden sich das britische Schlachtschiff „Warspite" und je ein britischer („Uganda") und amerikanischer („Savannah") Kreuzer. Alle drei Schiffe wurden von funkgesteuerten Bomben getroffen. Leider gehörten zu den versenkten oder beschädigten Schiffen auch zwei Lazarettschiffe, die aber nicht absichtlich, sondern irrtümlich getroffen worden sind. Die Auslösung funkgesteuerter Bomben erfolgte so weit vom Ziel, dass eine Kennzeichnung mit dem Roten Kreuz wahrscheinlich nicht erkennbar war.

27 Blumenson, „Salerno ...", S. 138-143. Auf die tiefen Missstimmungen, die durch das zögerliche Vorgehen Montgomerys hin zwischen ihm und Clark entstanden waren, weisen Adleman/Walton wesentlich deutlicher als Blumenson hin, siehe dort S. 98 f. Vergleichbar zu Adleman/Walton ist Rick Atkinson, „The Day of Battle. The War in Sicily and Italy, 1943-1944 ...", New York 2007; S. 225 und 232. Gute Einblicke über den Ablauf der Kämpfe (zusätzlich zur Zusammenfassung bei Golla) geben die verschiedenen Darstellungen über die Geschichte deutscher Divisionen: Joachim Lemelsen, „29. Division ...", Bad Nauheim 1980; Alfred Otte, „Die weißen Spiegel. Vom Regiment zum Fallschirmpanzerkorps", Bad Nauheim 1982; Kurt Albert Rust, „Der Weg der 15. Panzer Grenadier Division ...", Berlin 1991; Wolfgang Werthen, „Geschichte der 16. Panzer-Division 1939-1945", Bad Nauheim 1958; Gerd Staiger, „26. Panzer-Division. Ihr Werden und Einsatz 1942-1945", Bad Nauheim 1957.

28 Golla, S. 116 (Fußnote 241), 135 und 151. Zu den Verlustzahlen auf beiden Seiten siehe Molony, S. 325.

29 Diese Fehlinterpretation der deutschen Absichten durch die alliierte Führung ist auf Grund der gegebenen operativen Faktoren verständlich. Auch auf deutscher Seite hatten die Alternativen, Zurückgehen bis auf eine Apennin-Stellung weit nördlich von Rom oder eine Verteidigung südlich von Rom ja lange Zeit die Überlegungen bestimmt.
Hier soll zumindest ein kurzer Hinweis auf das britische Funkaufklärungssystem „Ultra" gegeben werden. Es wäre zu fragen, warum die operativen Absichten der HGr C bis hin zur Verteidigung der Bernhard/Gustav-Linie sich der alliierten Führung erst durch den Ablauf der Kampfhandlungen erschlossen und nicht durch das Aufklärungssystem, das bei anderen Gelegenheiten die deutschen Absichten eindeutig erkennen ließ?

30 Siehe dazu Kapitel 10 und 12.

31 KTB OKW, a.a.O., S. 117 sowie S. 1461 ff. Die Weisung vom 04.10.43 ist im Anhang als Befehlsbeispiel Nr. 1 wiedergegeben.

32 Golla, S. 149, Fußnote 307; Blumenson, a.a.O., S. 156-157.
Beide Autoren führen aber an, dass Infrastruktur von historischer Bedeutung, Museen, Kirchen, Klöster und Krankenhäuser von den Zerstörungsmaßnahmen auszunehmen waren. Man muss natürlich Verständnis für den Vorwurf von italienischer Seite nach dem Kriege haben, dass diese Zerstörungsmaßnahmen – die sehr stark die Überlebensfähigkeit der Bevölkerung beeinträchtigten – im Gesamtumfang nur schwer durch „militärische Notwendigkeit" zu rechtfertigen waren. Andererseits wurden durch alliierte Luftangriffe auf zivile Ziele von „militärischer Bedeutung", wie Verkehrsinfrastruktur, Hafenanlagen, industrielle Produktionsstätten oder Anlagen zur Energieversorgung und zur Nachrichtenübermittlung, die gleiche Wirkung angestrebt. Auch diese Zerstörungen konnten erst nach langer Aufbauzeit nach dem Kriege wieder beseitigt werden. Durch „Kollateralschäden" bei den Angriffen auf italienische Städte sind mindestens 42 000 italienische Zivilisten ums Leben gekommen. Siehe Schreiber in MGFA, Band 8, S. 1126.

4. Der Feldzug in Süditalien bis zum Auftreffen auf die Gustav-Linie

Mit der Weisung vom 19.03.45 (so genannte „Nero-Befehle") wurden in der Untergangsstimmung des Frühjahrs 1945 noch weiterreichende Maßnahmen im Reichsgebiet durch Hitler angeordnet, die – wenn sie nicht von Führungsstellen der Wehrmacht, von Albert Speer und besonnenen Gauleitern sabotiert worden wären – der deutschen Bevölkerung noch mehr, als ohnehin durch die alliierten Luftangriffe bewirkt, die Fähigkeit zum Überleben entzogen hätte.

33 Einzelheiten siehe entsprechende Angaben bei Golla, S. 159 f., 171, 174 f., 215, 235 und 250.

34 Die Beschreibung der Führungslinien erfolgte nach einer Vielzahl von Literaturangaben oder Dokumenten, u.a. KTB OKW, Molony, Blumenson, Böhmler, Golla oder nach der vorzüglichen neueren Darstellung der Kämpfe um die Gustav-Linie von Katriel Ben Arie, „Die Schlacht bei Monte Cassino 1944", Freiburg/Breisgau 1986. Die verwendeten wörtlichen Zitate wurden dem KTB OKW, a.a.O., S. 1287 f., entnommen. Die Hervorhebungen sind bereits im Text des Originals enthalten.

Beispielhaft für die fehlerhaften Ausführungen in Bezug auf die „Bernhard"- und „Gustav"-Linie sei die Darstellung bei Ben Arie, S. 61 f. und S. 80 ff. erwähnt. Insbesondere die Übersichtskarte „Italien" (nach Seite 64) zeigt, dass sich nach Ben Arie irrtümlicherweise die „Gustav-Linie" von Küste zu Küste erstreckte.

35 Die Übersicht 4 und 5 im Anhang zeigt die Gliederung der Kräfte der 15. HGr und der dt. 10. Armee im Zeitraum Oktober bis Dezember 1943.

36 Rolf Kratzert, „Vom k u. k. Offizier zum Ritterkreuzträger", Eigenverlag ohne Ortsangabe 1991; S. 107.

37 Curzio Malaparte, „Die Haut", Karlsruhe 1950; S. 37.

38 Anfang Oktober hatte General Alexander das Hauptquartier der 15. HGr nach Bari verlegt. Entsprechend seiner optimistischen Zeitberechnung gedachte General Eisenhower, sein Hauptquartier in einem Sprung nach Rom zu verlegen. So führte er „zunächst" weiterhin von Nordafrika aus.

39 Zur Ausarbeitung dieses Abschnitts wurden verwendet:
Howard, a.a.O., Anhang VII(A), Bedingungen des Waffenstillstandes Italien-Alliierte, Kurzfassung vom 03.09.43, S. 672 f. sowie Anhang VII(B), die Langfassung der am 29.09.43 in Malta unterzeichneten Waffenstillstandsbedingungen, S. 674-681; OCMH (Hrsg.), Special Studies, Harvey L. Coles/Albert K. Weinberg, „Civil Affairs: Soldiers become Governers", Washington, D.C., 1964; hier im Teil Zwei „Soldiers Learn Politics in Italy", das Kapitel IX, S. 217-247; Schröder, a.a.O., Kapitel V/5, „Die Befreiung Mussolinis und die Bildung der Repubblica Sociale Italia"; die vorzügliche Ausarbeitung von Walter Post in „Deutsche Geschichte", Nr. 3/2009, „Der Krieg in Italien 1943-1945" sowie der Aufsatz von Eberhard Straub, „Die Stunde des enttäuschten Faschisten. Dino Grandi und der Sturz Mussolinis im Juli 1943", FAZ vom 01.09.84, Nr. 194. In diesem Artikel ist bemerkenswert die Beschreibung gleicher Grundpositionen von Sozialisten und Faschisten sowie die Rolle des Antifaschismus, „als Testamentsvollstrecker des Faschismus ... die eine Revolution zum Abschluss brachten, die Mussolini eingeleitet hatte …"

40 Post stützt sich in seiner Ausarbeitung relativ stark auf Hans Wollers Buch, „Abrechnung mit dem Faschismus in Italien 1943 bis 1948", München 1996, ab. Woller relativiert den reinen Vasallen-Status der Regierung von Salò und schreibt über die jüngeren Befürworter der faschistischen Bewegung: „Die Republik und die radikalisierte Form des Faschismus zog neben einer großen Zahl von Achsen-Gläubigen, die es nicht über sich brachten, den deutschen Bündnispartner zu verlassen, vor allem jugendliche Idealisten an ... diese jungen, zum äußersten entschlossenen Burschen dachten gar nicht daran, ihre faschistischen Grundsätze über Bord zu werfen und sich auf die Seite des alten monarchischen Staates zu stellen, der ihnen als verachtungswürdiges Relikt einer überlebten Welt erschien, in der Verrat, Korruption und feiger Biedersinn regierten." Bei Post zitiert auf S. 44.

41 Neben den regulären Streitkräften umfassten die Truppen der Republik von Salò Italiener in deutschen Verbänden, Bautruppen, Milizverbände wie die Brigate Nere und italienische SS. So behaupten einige Autoren, dass auf dem italienischen Kriegsschauplatz ca. 550 000 Italiener im Einsatz gegen die Alliierten gewesen wären. Würde dies stimmen, dann hätte ihre Zahl den Umfang der deutschen Truppen (= ca. 450 000 Mann) in Italien überschritten. Allerdings ist zu bedenken, dass die Masse der italienischen Truppen in rückwärtigen Gebieten und zum Kampf gegen Partisanen eingesetzt war.

42 Ab dem 26.09.43 wurde von diesen Verbänden die 1. (IT) motorisierte Gruppe (1. Raggruppamento Italiano Motorizzato) unter General da Pino aufgebaut. Nach Golla (siehe S. 233) hatte sie nur eine Einsatzstärke von 5 500 Mann.

43 Molony, S. 387-390; Blumenson, S. 208 ff.; Ben Arie, S. 65 ff.; Golla gibt eine Fülle von Einzelschilderungen zu diesel Thema, z.B. auf den Seiten 162 f., 212 f. und S. 396 f.

44 Ebenso wie in Kapitel 3 praktiziert, soll die für die nachfolgende Darstellung verwendete Literatur/Quellen in einer Zusammenfassung belegt werden.
Den militärpolitischen und militärstrategischen Rahmen auf alliierter Seite decken ab Matloff, Kapitel XI („The Mediterranean Again"), OCMH (Hrsg.) War Department, Robert W. Coakley/Richard M. Leighton, "Global Logistics and Strategy 1943-1945", Washington, D.C., 1968; Kapitel IX („Bog-Down in the Mediterranean") sowie Grand Strategy, Band V, John Ehrman, "August 1943-September 1944", London 1956; Kapitel II/2 („The Role of the Italian Campaign"). Die operativen Aspekte werden erschöpfend behandelt bei Molony im Kapitel X/5, Kapitel XIII („The Advance to the Winter-Line") und Kapitel XIV („The Assault on the Bernhard-Line") sowie bei Blumenson, „Salerno ...", Kapitel XII („The Volturno Crossing") und Kapitel XIII ("Into the Winter-Line"). Andere amtliche Darstellungen über den Feldzug in Italien, wie die von G.W.L. Nicolson („The Canadiens in Italy") oder von N.C. Philipps („New Zealand in the Second World War") sowie Sekundärliteratur, wie Ellis, Mordal oder Parker (siehe

spätere Zitierungen), werden hier nicht angeführt.

Auf deutscher Seite wird die unzureichende Darstellung Schreibers über den Italien-Feldzug in MGFA, Band 8, mehr als kompensiert durch die bereits fortlaufend zitierte Studie von Golla, hier insbesondere die Kapitel 4 und 5. Wertvoll waren auch das KTB OKW, Band III/2, sowie Ben Arie, a.a.O. mit den Kapitel I/6 und I/7.

Zusätzlich zu den in der Fußnote 27 aufgeführten Divisionsgeschichten wurde auf die Darstellungen über die 1. FschJg Div, 3. Inf Div/3. PzGren Div, 44. Inf Div, 65. Inf Div, 94. Inf Div und die 305. Inf Div zurückgegriffen. Die jeweiligen Titel und Verfasser ergeben sich aus dem Literaturverzeichnis bzw. späteren Zitierungen.

Hinsichtlich der historischen Verlässlichkeit ist aber bei diesen Divisionsgeschichten große Vorsicht geboten. Erneut zu nennen sind die Erinnerungen von Kesselring, Westphal und v. Senger sowie die Ausarbeitung Böhmlers über „Monte Cassino".

45   Zur Gliederung der 10. dt. Armee im Oktober/November 1944 siehe wiederum die Übersicht 5 im Anhang.

Einzelheiten über die Gliederung und die Kampfkraft deutscher Divisionen werden im Kapitel 5 behandelt.

Der Kommandeur der 305. Inf Div war General Hauck, der im Verlauf des Feldzuges noch eine positive Rolle bei der Bewahrung historischer Bausubstanz und kultureller Güter spielen sollte. Das Gren Rgt 578 dieser Division führte Oberst Wildermuth, Ritterkreuzträger, nach dem Kriege Wohnungsbauminister im Kabinett Adenauer.

Kommandeur der 65. Inf Div war General Heistermann von Ziehlberg, ein überzeugter Gegner des NS-Systems. Am 27.11.44 wurde H. bei einem Fliegerangriff schwer verwundet, er verlor den linken Arm. Im Juli 1944 war H. Kommandeur der 28. Jg Div an der Ostfront, sein Ia war Major i.G. Kuhn, der für Stauffenberg den Sprengstoff besorgt hatte. Angeblich begünstigte H. Major i.G. Kuhn, so dass dieser zu den Russen überlaufen konnte. Obgleich Heistermann zunächst durch das Reichskriegsgericht zu einer geringfügigen Bewährungsstrafe verurteilt worden war, sorgte Hitler bei der nochmaligen Verhandlung für ein Todesurteil. Heistermann wurde am 02.02.45 erschossen. Siehe dazu das bedrückende Buch von Peter Hoffmann, „Stauffenbergs Freund. Die tragische Geschichte des Widerstandskämpfers Joachim Kuhn", München 2007.

46   Wir haben im Kapitel 3 die überragende Führungsleistung General Hubes bei der Räumung Siziliens vermerkt. Hube wurde als Führer der 1. Pz Armee wegen der Bewältigung von Krisenlagen an der Ostfront noch mit den Brillanten zum Ritterkreuz ausgezeichnet. Er gehörte also zu den 27 am höchsten ausgezeichneten Soldaten der Wehrmacht. Dies sollte ein Anlass sein, wenigstens in einer Fußnote auf den Soldaten und Menschen Hube einzugehen. Hube wird von ehemaligen Untergebenen und Mitarbeitern als Nationalsozialist beschrieben, zumindest sei er bestimmten Ideen des Nationalsozialismus aufgeschlossen gegenüber gestanden.

Hube galt zunächst als glänzender Infanterist. Vor dem Kriegsausbruch 1939 war er Kommandeur der Infanterieschule in Döberitz. Im Westfeldzug führte er die 16. Inf Div, die ab August 1940 zur 16. Pz Div umgewandelt wurde. Hube erwies sich nun auch als ein äußerst befähigter Panzerführer. Das Pz Rgt 2 der Division erreichte als erster Verband der 6. Armee im Sommer 1942 nördlich von Stalingrad das Ufer der Wolga. Hube hatte in Stalingrad die Führung des XIV. Pz Korps übernommen und dieses – er war gegen seinen Willen aus dem Kessel ausgeflogen worden – nach seiner Zerschlagung ab 1943 in Frankreich wieder aufgestellt. Hube sagt man nach, eine „Nase für kritische Situationen" gehabt zu haben und das „Gefühl für den richtigen Augenblick", weil er immer von vorne führte. Dennoch galt er auch als methodischer und gründlicher Vorbereiter bevorstehender Aktionen.

Hube beweist mit den menschlichen und charakterlichen Ausprägungen seiner Person, wie oberflächlich und leichtfertig wir heute urteilen, wenn das Eintreten für gewisse nationalsozialistische Überzeugungen sogleich mit charakterlichen Mängeln, ethischen Defiziten, Rassismus und noch Schlimmerem gleich gesetzt wird. Hube pflegte auch vor Hitler das freie Wort und war kompromisslos beim Vertreten seiner Auffassungen „nach oben". Er war kein Rassist, die Allüren eines Herrenmenschen waren ihm fremd.

Auch als KG und Armeeführer lebte er mit und für die Truppe, er schonte sich nicht. Schon im 1. Weltkrieg hatte er einen Arm verloren. Neben der nötigen Strenge zeichneten ihn Fürsorge, Gerechtigkeitssinn und Hinwendung an den einfachen Mann aus – vom Schützen bis zum Generalstabsoffizier wurde er vergöttert. Am 21.04.44, einen Tag nach der Auszeichnung mit den Brillanten zum Eichenlaub des Ritterkreuzes, kam Hube bei einem Flugzeugabsturz in der Nähe von Berchtesgaden ums Leben.

Neben dem einschlägigen Schrifttum habe ich mich bei der Personenbeschreibung auf v. Alvensleben, a.a.O., S. 154 ff. abgestützt. Wertvolle Hinweise zur Person Hubes gaben mir Oberst a.D. Christian v. Lucke, im Kriege Adjutant und Kompaniechef im Pz Rgt 2, sowie GenLt Berndt Baron Freytag v. Loringhoven, im Kriege Abt Kdr im Pz Rgt 2 und Adjutant Guderians als Generalstabschef des Heeres. In der Bundeswehr war L. zuletzt Stv GenInsp.

47   Blumenson, „Salerno ...", S. 239, Coakley/Leighton, a.a.O., S. 224 f. und S. 230.

48   Siehe erneut Übersicht 4 im Anhang.

49   Übersicht 4 im Anhang.

50   16. Pz Div, 1. FschJg Div, 29. PzGren Div, 26. Pz Div.

51   Werthen, S. 160.

52   Auf die bei der deutschen Führung (sowohl OB Südwest als auch WFSt) fortwährend gezeigte „Invasionsangst" kommen wir im Kapitel 5 zurück. Eine Auswertung der Landungen in Sizilien, Kalabrien und bei Salerno musste eigentlich aufzeigen, dass die Alliierten bei Landungsunternehmen keinesfalls außerhalb der Reichweite eigener Jagdflugzeuge operierten. Damit waren feindliche Seelandungen weiter im Norden wenig wahrscheinlich.

4. Der Feldzug in Süditalien bis zum Auftreffen auf die Gustav-Linie

53 Hitlers Vorbehalte gegen die skeptische Einstellung Rommels hinsichtlich des weiteren Kriegsverlaufs – herrührend vom Rückzug von El Alamein bis Tunis – waren nur vorübergehend überdeckt worden. Kesselrings Optimismus dagegen musste Hitler äußerst willkommen sein, wenn er auch Kesselrings Zusage, dieser würde die Alliierten zwischen 6 und 9 Monaten vom Apennin fernhalten können, mit Zweifeln bedachte. In der amerikanischen Literatur wird angeführt, dass Hitlers Entscheidung, südlich von Rom zu verteidigen, auch dadurch begründet war, seinem alten Verbündeten, Mussolini, durch ein größeres italienisches Staatsgebiet zum Wiedergewinn von Bedeutung und Reputation zu verhelfen. Dabei wollte Hitler aber keinerlei Abstriche an seinen strategischen Absichten zulassen. Siehe Blumenson, a.a.O., S. 245 und den glänzenden Aufsatz von Ralph S. Mavrogordato, „Hitler's Decision on the Defense of Italy", in „Command Decisions", S. 303-322. Kerstin v. Lingen zeichnet erwartungsgemäß ein negatives Bild Feldmarschall Kesselrings in „Kesselrings letzte Schlacht....", Paderborn 2004. Dabei muss Kesselring mit einer „Intrige" bei Hitler Rommel den Oberbefehl streitig gemacht haben (S. 55, Fußnote 149). Dazu im Gegensatz stehen nicht nur Kesselrings Charakterbild (vergleiche das nachfolgende Kapitel 5), sondern auch die Fakten.

54 KTB OKW, a.a.O.,S. 1256 ff., sowie S. 1465 f. Die Weisung vom 6. November 1943 ist als Befehlsbeispiel Nr. 2 im Anhang wiedergegeben.

55 Siehe wiederum die Übersicht 5 im Anhang.

56 Vergleiche Hubatsch, S. 233-238; Wiedergabe der Weisung Nr. 51.

57 In der Weisung Nr. 51 wird dazu ausgeführt: „Die Gefahr im Osten ist geblieben, aber eine größere im Westen zeichnet sich ab: die angelsächsische Landung! Im Osten lässt die Größe des Raumes äußersten Falles einen Bodenverlust auch größeren Ausmaßes zu, ohne den deutschen Lebensnerv tödlich zu treffen. Anders der Westen! Gelingt dem Feind ein Einbruch in unsere Verteidigung in breiter Front, so sind die Folgen in kurzer Zeit unabsehbar. Alle Anzeichen sprechen dafür, dass der Feind spätestens im Frühjahr, vielleicht aber schon früher, zum Angriff gegen die Westfront Europas antreten wird." Hubatsch, S. 233. Hervorhebungen durch den Autor.

58 In diesem Zusammenhang muss auf die sehr gute Bewertung von Bernd Wegner über die Tragweite der Weisung Nr. 51 im Teil Drei „Die Aporie des Krieges", Kapitel IV/1 des Bandes 8, MGFA, S. 246-256, verwiesen werden. Siehe auch Magenheimer, „Militärstrategie ...", S. 279 f.

59 Wie wichtig umgekehrt die strategischen Luftangriffe von Italien aus für die alliierten Luftflotten waren, bewiesen die untragbar hohen Verluste, welche die 8. (US) Luftflotte und das britische Bomberkommando bei der Konzentration der deutschen Luftabwehr im Westen im späten Sommer und Herbst 1943 hinnehmen mussten. Beim Luftangriff mit 291 Fliegenden Festungen am 14.10.43 auf Schweinfurt waren über 28 Prozent der eingesetzten Maschinen verloren gegangen. Magenheimer, a.a.O., S. 272 f.

60 Zum Abzug von Luftwaffenverbänden bzw. zur geringeren Zuweisung von Flugzeugen aus der laufenden Produktion vergleiche Gundelach, S. 755 f. Vergleiche auch die nachfolgende Fußnote 74. Die Abgabe von Heeresverbänden im Rahmen einer OKW-Weisung im Dezember 1943 geregelt wurde, werden wir im Kapitel 5 wieder aufgreifen.

61 Kesselring neigte dazu, seine Oberbefehlshaber manchmal etwas zu sehr zu gängeln. Insbesondere hatte er später mit dem OB der 14. Armee, General v. Mackensen, große Meinungsverschiedenheiten. Im konkreten Falle hatte er wohl v. Vietinghoff trotz dessen umsichtiger Führung gerügt. V. Vietinghoff reagierte beleidigt und „meldete sich krank". Erstaunlicherweise war dies in der Wehrmacht selbst Ende 1943 noch möglich. Vom 05.11. bis 28.12.43 führte General Lemelsen die 10. Armee bis V. in sein Kommando wieder zurückkehrte.

62 Blumenson, „Salerno ...", S. 229.

63 Ehrman, S. 74 f.; Molony, S. 382 f., Blumenson, S. 241 f.

64 Ehrman, ebendort; Molony, S. 383 f.; Blumenson, S. 242 f.; Ben Arie, S. 72.

65 Eine Tabelle mit der Typisierung gebräuchlicher Landungsfahrzeuge zeigt die Übersicht 6 im Anhang. Leighton (vergleiche die Fußnote 86) gibt an, dass bis November 1943 insgesamt 300 LST gebaut worden sind. Bei den künftigen Erörterungen über die Landungsschiff-Problematik werden als Referenzgröße gundsätzlich nur Angaben über die LST gemacht.

66 Detaillierte Schilderungen zur Operationsplanung und zur Landungsschiff-Problematik bei Ehrman, S. 70-74; Blumenson, S. 237-242; Molony, S. 385 f.; Leighton, S. 256-261; Coakley/Leighton, a.a.O., S. 231-234; Churchill, „Der zweite Weltkrieg", Band V, S. 221 f.

67 Anfang Januar 1944 erhielt die 5. (US) Armee 300 Maultiere, verschifft aus Sizilien. Ab diesem Zeitpunkt wurden wöchentlich 200 Tragtiere angekauft, in Süditalien, vor allem in Sizilien und Sardinien. Der Engpass waren aber nicht die Tiere, sondern die Herstellung der erforderlichen Tragegeschirre. Bis Ende Januar wurden 5 000 Tragegeschirre über den Markt beschafft. Blumenson, S. 251.

68 Die 1. SSF bestand aus 3 Kampf Rgt mit je 2 Btl zu je 2 Kp. Jedes Rgt hatte eine Stärke von 600 Soldaten. Hinzu kam ein Vers Rgt und ein LL-Art Btl. Die Kampfbataillone hatten nur eine leichte Bewaffnung. Die Transportfahrzeuge sollten u.a. 600 „Weasel" einschließen, leichte schneegängige und amphibische Kettenfahrzeuge. Golla, S. 228, Fußnote 441.

69 Die 1. (IT) mot Grp bestand aus dem 67. Inf Rgt, dem 51. Bersaglieri Rgt, dem 11. Art Rgt (= Btl), einem Pz Abw Btl und einem Pi Btl. Golla, S. 233, Fußnote 447.

70 Um dem Leser einen Eindruck über die Befehlsgebung auf Seiten der Alliierten zu geben, ist die OpWeisung General Clarks als Befehlsbeispiel Nr. 3 im Anhang auszugsweise abgedruckt. Die Vorlage der OpWeisung wurde Molony, S. 514 f. entnommen.

71 Blumenson, a.a.O., S. 236-242.

72 Zu den Flugzeugzahlen : Blumenson, a.a.O., S. 259. Nach den Angaben bei Molony (S. 492) konnte am 20. und 23.11. gar nicht sowie am 21.11., 22.11. und 30.11. nur eingeschränkt Luftunterstützung geflogen werden. Molony gibt außerdem über den Stand einsatzbereiter Panzer bei der 8. Armee die Zahl von 186 Panzern an. Diese Zahl erscheint als sehr gering, da die Armee nicht nur über 2 selbstständige Pz Brig verfügte und in der 2. (NZ) Div eine weitere Pz Brig eingegliedert war – außerdem befand sich die 5. (CA) Pz Div in der Zuführung.

73 Diese Ablösung war nur möglich, weil Kesselring (im Vorgriff auf seine Befehlsübernahme) durchgesetzt hatte, dass die 44. dt. Inf Div von der HGr B an die 10. Armee abgegeben wurde. Die 44. Inf Div begann ab dem 21.11. die Stellung der 26. Pz Div zu beziehen. Es ist schwer vorstellbar, wie angesichts der Geländeverhältnisse die deutschen Panzerdivisionen von einem Korps zum anderen verschoben wurden. Da es Anfang November beim XIV. Pz Korps „gebrannt" hatte, war die 26. Pz Div am 06.11. in den Raum nördlich von Venafro verlegt worden. Das PzRgt 26 war richtigerweise während dieses Einsatzes für eine andere Verwendung abgezogen worden. Nun wurde die 26. Pz Div am 26.11. wieder an die Adria, quer durch das Gebirge, zurückgeführt!

Die 26. Pz Div war 1942 aus der 23. Inf Div aufgestellt worden. Diese Division hatte ihren Aufkommensbereich im Raum Berlin. Bei der Umgliederung wurde das bekannte Inf Rgt 9 („von Neun") in das PzGren Rgt 9 umgewandelt. Aus diesem Regiment sind zahlreiche Offiziere hervorgegangen, die sich dem Widerstand anschlossen.

Kommandeur der 26. Pz Div war General Smilo v. Lüttwitz, später in der Bundeswehr KG des III. Korps in Koblenz. Für seine Tapferkeit wurde er im Juli 1944 mit den Schwertern ausgezeichnet.

Sein Divisionsnachschubführer war der damalige Hauptmann Adelbert Weinstein, nach dem Kriege der bekannte Experte für Militär- und Sicherheitspolitik bei der FAZ (Frankfurter Allgemeine Zeitung).

Die Hintergründe über die 26. Pz Div werden so ausführlich angegeben, weil durch jüngere Historiker die Verwicklung der 26. Pz Div in – natürlich – verbrecherische Partisanenbekämpfungen angeführt wird. Auf die Diskrepanz zwischen der offensichtlichen geistigen Grundeinstellung des Führerkorps und die harten Maßnahmen gegen Partisanen - und ggfs. ihre Ursachen - wird dabei nicht eingegangen.

74 Die niedrige Zahl der Einsätze ist darauf zurückzuführen, dass wegen der verstärkten Luftoffensive gegen das Reichsgebiet nur noch geringe Stückzahlen von Flugzeugen aus der laufenden Produktion zur Luftflotte 2 kamen. Ende Dezember hatte der Flugzeugbestand nur noch 173 Jagdmaschinen betragen (davon waren 76 Maschinen einsatzbereit), die Zahl der Jagdbomber betrug 16 Maschinen (10 Maschinen einsatzbereit, Molony, S. 493.)

Gundelach, S. 749-755, gibt dagegen eine Fülle von Einzelangaben, sowohl was die durchgeführten Einsätze als auch den Bestand der Flugzeuge betrifft. Sie liegen grundsätzlich höher als die oben beispielhaft angeführten Zahlen. Bei Gundelach sind diese Angaben aber so unübersichtlich, dass sie nicht nachvollzogen werden können.

Nach Molony, S. 462 bzw. S. 523, hatten die Alliierten im Zeitraum 01.10.-19.11.43 immerhin 326 Maschinen verloren, im Zeitraum 19.11.-01.01.44 nochmals 209 Maschinen. Die Verluste dürften in erster Linie auf die Luftabwehr durch deutsche Flak zurückzuführen sein.

Die 10. Armee wurde durch die 22. Flak Brig der Luftwaffe unterstützt. Der Brigade unterstanden das Flak Rgt mot 57 (mit 4 Abteilungen) sowie das Flak Rgt mot 135 (mit 6 Abteilungen). Golla, S. 516.

Recht ausführliche Schilderungen über den Angriff auf Bari finden sich bei Atkinson, S. 270-277 und Piekalkiewicz, S. 64-67. Gundelach, der sich auf US-Luftwaffenquellen bezieht, gibt interessante Details zur deutschen Seite wider, S. 755. Golla (S. 311) zieht wiederum Gundelach und Piekalkiewicz als Beleg für seine Anmerkungen heran.

Molony behandelt zwar den Luftangriff auf Bari in seinen Auswirkungen (S. 561), erstaunlicherweise findet sich jedoch kein Wort über den Giftgaszwischenfall. Immerhin ist sein Buch 1973 erschienen, sechs Jahre nach der offiziellen Verlautbarung!

Wozu dienten die rd. 200 000 Granaten oder Bomben mit Kampfstoff, die teilweise in einem vorgeschobenen Depot bei Foggia gelagert werden sollten? Nach Atkinson als Vergeltungspotential, da man einen Übergang zur chemischen Kriegführung – völkerrechtlich verboten – auf deutscher Seite erwartete. Darüber mag man denken, wie man will. Irgendwelche Hinweise dafür gab es nicht, und heute gilt es als sicher, dass ein Kampfstoffeinsatz auf deutscher Seite in Italien vollkommen ausgeschlossen war.

75 Der Sangro floss in einem bis zu 2 km breiten Geröllbett, bei Niedrigwasser von einzelnen Kanälen durchsetzt. Die Wasserhöhe bei Trockenheit betrug max. 50 cm, man konnte die Kanäle durchfurten oder durchwaten. Die Flussufer waren scharf eingeschnitten. Die Kriegsbrücken mussten mit großer Spannweite und großer Länge gebaut werden, damit die Zugänge bei Hochwasser möglichst nicht unter Wasser standen. Bei Hochwasser wurde der Sangro zum reißenden Gewässer, mit einer Wassertiefe von 1,50 m. Nach der Nacht 22./23.11. waren die Brücken auf absehbare Zeit nicht zu benutzen.

76 Golla, S. 290. Eine eindrucksvolle Schilderung der Kämpfe bei der 65. Inf Div bietet Wilhelm Velten in der Geschichte dieser Division, „Vom Kugelbaum zur Handgranate ...", Neckargemünd 1974; S. 46-53.

77 Blumenson, a.a.O., S. 262.

78 Nach und nach waren bei der Division folgende Verstärkungen eingetroffen: Das III./FschJg Rgt 6. Das FschJg Rgt 6, aus dem das Bataillon kam, gehörte eigentlich zur 2. FschJg Div und war in Italien verblieben, als diese an die Ostfront verlegt wurde. Nach den Fallschirmjägern wurde der Division die Kampfgruppe Corvin zugeführt, sie bestand aus Panzergrenadiereinheiten der Pz Div „HG". Schließlich unterstand das PzGren Rgt 9 der 26. Pz Div schon ab dem 06.11.43 der 3. PzGren

Div bevor die gesamte 26. Pz Div beim XIV. Pz Korps eingesetzt wurde.

Zu den Angaben über die Verstärkungen/Abstellungen siehe Golla, S. 225, S. 227 und S. 247 f. Die materielle Stärke des XIV. Pz Korps ist ebenfalls bei Golla auf der Seite 227 aufgeführt. Die Verluste der 3. PzGren Div nennt derselbe Autor auf der Seite 347.

79 Am 08.11.43 war endlich das abgekämpfte PzGren Rgt 115 der 15. PzGren Div rückunterstellt worden. Die am 22.11. aus Deutschland zugeführte PzAufkl Abt 115 (sie war dort mit Spähpanzern ausgestattet worden) wurde im Gebirge infanteristisch eingesetzt.

80 Golla, S. 293. Den Hinweis auf Ernie Pyle führt Matthew Parker an in „Monte Cassino ...", London 2003; S. 63.

81 Blumenson, S. 266.

82 Die vorstehende Schilderung des Ablaufs der Kämpfe richtet sich im Wesentlichen nach Blumenson, S. 262-269. Das Zitat wurde entnommen aus Robert Capa, „Das Gesicht des Krieges", Düsseldorf 1965; S. 89.

83 Blumenson, S. 270-289.

84 Clark hatte als Ersatz für den Abzug der 7. (BR) Pz Div eine US-Pz Div gefordert. Daraufhin war ihm die 1. (US) Pz Div zugeführt worden, für die es aber vor dem Erreichen des Rapido- und Liri-Tales nur beschränkt Einsatzmöglichkeiten gab. Keyes kam von der Kavallerie, er war natürlich auch daran interessiert, dass die verfügbaren zahlreichen Panzerbataillone nicht brach lagen. So wurde die 36. Inf Div mehr oder minder der Einsatz eines der unabhängigen Panzerbataillone des Korps „nahe gelegt".

85 Meitzel wurde im Juli 1944 für die Leistungen seines Bataillons mit dem Ritterkreuz ausgezeichnet. In der Bundeswehr diente er als Oberst i.G., am Ende seiner Dienstzeit war er Kommandeur der Feldjägerschule in Sonthofen.

86 Ausführliche Darstellungen über die Kairoer/Teheraner Konferenzen geben Churchill selbst im Band IV seiner Erinnerungen, „Closing the Ring", Kapitel XVIII-XXIII; Charmley, „Churchill ...", Kapitel 48 („Between the Buffalo and the Bear"), S. 548-558, und im Kapitel 49 („Appeasement Mk II"), S. 559 ff.; Richard M. Leighton, „Overlord versus Mediterranean at Cairo-Tehran Conferences" in „Command Decisions", S. 255-285. Matloff, Kapitel XVI („Cairo-Tehran – A Goal is reached. November-December 1943"), S. 347-387; Ehrman, a.a.O., Kapitel IV und V, „The Decisions for 1944 I und II", S. 155-223.

87 Matloff, S. 354, Fußnote 17; Ehrman, S. 109-113, S. 115 ff. und Anhang VI; Ben Arie, S. 15; Charmley, S. 557.

88 Matloff, Anlage A, S. 541.

89 Dabei handelte es sich um ein Landungsunternehmen auf den Andamanen-Inseln im Golf von Bengalen mit dem Kode-Namen „Buccaneer". Roosevelt hatte dem chinesischen Staatschef Chiang Kai-shek, der an Sextant I in Kairo teilgenommen hatte, zugesagt, Buccaneer würde in jedem Falle durchgeführt.

90 Matloff, S. 385 ff. und Anhang B; Leighton, S. 272-277; Ben Arie, S. 75.

91 Matloff, S. 367; Charmley, a.a.O., S. 555 ff..

92 Matloff, S. 383. Anderer Meinung ist Leighton, a.a.O., S. 282. Er geht davon aus, dass sich die Auffassungen der Amerikaner und Briten vom Prinzip her nicht unterschieden hätten. Im Grundsatz seien auch Churchill und die britischen Generalstabschefs entschlossen gewesen, durch Overlord den Zusammenbruch des Deutschen Reiches herbei zu führen. Unterschiedliche Auffassungen habe es nur im Hinblick auf den Zeitpunkt der Operation, den Kräfteansatz und die Zielsetzung gegeben. Die Briten wollten sich vor allem beim Zeitpunkt der Invasion Flexibilität bewahren. Dieser würde ganz wesentlich von der Abwehrbereitschaft des Gegners abhängen, also auch von den beiden Fragen, ob es dem Gegner möglich gewesen war, Truppen vom Osten in den Westen zu verlegen bzw. ob es den Alliierten im Gegensatz dazu gelungen wäre, durch die Aktionen auf anderen Kriegsschauplätzen Kräfte der Deutschen aus Frankreich abzuziehen.

93 Vor Italien hatten französische Truppen bereits an der Seite der Alliierten in Tunesien gekämpft, eine Tabor-Gruppe hatte – aus Symbolgründen – am Feldzug auf Sizilien teilgenommen, die Besetzung Korsikas wurde durch französische Truppen ausgeführt.

94 Mark Clark, „Calculated Risk", New York 1950, S. 348.

95 Die nachfolgenden Passagen stützen sich auf die einschlägige französische Literatur, wie die Ausarbeitungen von Marcel Carpentier, „Les Forces Alliées en Italie; la Campagne d'Italie", Paris 1949; Adolphe Goutard, „Le Corps Expéditionnaire Francais dans la Campagne d'Italie (1943-44)", Paris 1947; Alphonse Juin, „Mémoires" (Band 1, „La Campagne d'Italie"), Paris 1962; Jacques Mordal, „Cassino", Paris 1952; Jacques Robichon, „Le Corps Expéditionnaire Francais en Italie 1943-44", Paris 1981. Hinzu kommen die Kriegserinnerungen de Gaulles, Band 1, „L'Appel 1940-1942" (Paris 1955) und Band 2, „L'Unité 1942-1944" (Paris 1956) sowie Ellis, a.a.O., Kapitel III, S. 41-52. Unverzichtbar ist die ausführliche Darstellung von OCMH (Hrsg.), Special Studies, Marcel Vigneras, „Rearming the French", Washington D.C. 1957; dabei der Teil Eins, „The North African Forces" und hier die Kapitel II, V, IX und XI. Gute Einblicke geben auch Jacques Fremeaux, „La participation des contingents d'Outre-mer aux opérations militaires 1943-1944" und André Cousine, „La participation francaise à la Campagne d'Italie …1943-1944", beide in dem Bericht des Colloque International, „Les Armées Francaises pendant la Seconde Guerre Mondiale 1939-1945", École Nationale Supérieure de Techniques Avancées vom 9.-10.05.85 in Paris.

96 Zum Beispiel waren 112 000 Mann aus Dünkirchen und 18 000 Mann aus Narvik nach Großbritannien evakuiert worden.

97 De Gaulle hatte sich anfangs geweigert, nach Casablanca zu kommen, weil er dort mit Giraud „gleichrangig" auf eine Ebene gestellt wurde. Churchill musste erheblichen Druck ausüben, um den störrischen Franzosen zu einer Änderung sei-

ner Absichten zu veranlassen. Selbstverständlich wurde dann durch die „Präsentation" de Gaulles zusammen mit Giraud, Roosevelt und Churchill der Eindruck von Gemeinsamkeit vermittelt, wobei dies nur eine vordergründige Aussöhnung war.

98 Als im Mai 1944 die Stärke des CEF auf über 100 000 Mann und 5 Divisionen angewachsen war, und die Franzosen einen weiteren Korpsstab forderten, wurde ihnen dies verweigert, weil damit zwangsläufig die Bildung einer französischen Armee verbunden gewesen wäre.

99 Die Gesamtstärke einer „Tabor-Gruppe" lag bei über 4 000 Mann. Die Tabors waren eine Spezialeinheit für den Kampf im schwierigen Gelände. Jede Gruppe hatte drei Tabors (Bataillone), die Grundeinheit eines Tabors bildete ein „Goum" in der Stärke von 220 Mann. Das Führerkorps eines Goum bildeten zwei französische Offiziere, zwölf französische Unteroffiziere und 16 nordafrikanische Unteroffiziere.
Die Zahlenangaben über die 2. D.I.M. entstammen der Tabelle auf Seite 43 bei Ellis, a.a.O., Gliederung und Stärke von Tabor-Gruppen werden beschrieben bei Vigneras, S. 112 f.
Auch hierbei eine Anmerkung: In den Reihen der Nordafrikaner kämpften Persönlichkeiten, die später weltbekannt wurden. Ben Bella, einer der Rebellenführer im algerischen Aufstand ab 1956, und der erste algerische Ministerpräsident nach dem Erringen der Unabhängigkeit, bekannte immer mit Stolz, als Hauptfeldwebel in einem marokkanischen Schützenregiment bei Monte Cassino gekämpft zu haben.

100 Sinngemäße Übersetzung: „Auf die Schule im Feuer und die Manöver unter den Bedingungen des scharfen Schusses".
Juin war zuerst ein Gegner de Gaulles gewesen und hatte Schwierigkeiten gehabt, sich von seinem Eid gegenüber Vichy zu lösen. Nach seiner Verwendung 1944 in Italien wurde er Generalstabschef der französischen Streitkräfte, 1947 wurde er zum Generalresidenten in Marokko ernannt.
Juin wurde zum Marschall von Frankreich befördert (der 339. und vorläufig letzte Marschall!), wohl durch den König von Italien wurde er zum „Duc de Garigliano" ernannt. Nach der Gründung der Nato war er einer der ersten Oberbefehlshaber der Landstreitkräfte in Mitteleuropa. Bei den jährlichen Gedenkfeiern in Cassino nach dem Kriege suchte er bewusst den Kontakt zu den deutschen Veteranen.
Als de Gaulle daran ging, Algerien aufzugeben, stellte er sich gegen ihn und unterstützte die Meuterer um General Salan. Ob de Gaulles Rachsucht – Juin wurde sein Arbeitsstab und sein Dienstwagen entzogen, er erhielt Hausarrest und Redeverbot – auch auf die alte Konfrontation von 1943 zurückzuführen war, bleibt Spekulation.

101 Hierbei soll es (nach Golla, S. 384) zu einem Dissens zwischen General v. Vietinghoff und General v.Senger gekommen sein. General v. Senger habe ab Anfang Januar 1944 ein Ausweichen auf die Gustav-Linie bevorzugt, um das Besetzen der vorbereiteten Stellung mit noch kampfbereiteten Truppen sicherstellen zu können. V. Senger schildert seine begründeten Überlegungen in seinen Erinnerungen, „Krieg in Europa" (Köln/Berlin 1960), vergleiche dort S. 237 f.

102 Auch hier müssen zwei Berge mit demselben Namen vermerkt werden. Der hier genannte Mt Maio erhebt sich in der Nähe von Viticuso. Daneben gibt es einen Mt Maio in den Aurunci-Bergen, in den späteren Kämpfen ein Eckpfeiler zur Beherrschung des Liri-Tales.

103 Der Terminus „Grabenfuß", als Beschreibung für eine sehr schmerzhafte Verletzung, kommt aus dem 1. Weltkrieg. Bei ständig feuchtem oder nassem Schuhwerk wurde die Haut weich, wenig durchblutet, schrumpelte oder löste sich ab. Durch die Reibung in den Stiefeln kam es zu z.T. großflächigen Verletzungen.

104 Siehe die Auftragsziffer des VI. (US) Korps für die Phase 3 aus der OpWeisung General Clarks vom 24.11.43 im Anhang.
Auf die Absichten, die General Juin mit einem Angriff in das Becken von Atina verfolgte, wird in den beiden folgenden Kapiteln 5 und 7 eingegangen.

105 Kdr des I./GebJg Rgt 100, das den Raum Aquafondata verteidigte, war Hauptmann Pöschl, in der Bundeswehr Kommandeur der 1. LL Div und des III. Korps. Für die Leistungen seines Bataillons bei den Kämpfen um die Gustav-Linie wurde Pöschl im Februar 1944 mit dem Ritterkreuz ausgezeichnet. Den Einsatz der 5. Geb Div beschreibt Julius Ringel in der Geschichte der Division „Hurra, die Gams", Graz/Göttingen 1956. Einzelheiten schildert Hermann Köhler in der „Geschichte des Gebirgsjäger Regiments 100", München 1993; dort der Abschnitt „Einsatz Italien – Westalpen – Kriegsende".

106 Ellis, S. 59.

107 Juin, S. 265, f.

108 Die Streitigkeiten um diese Division werden im Kapitel 9 detaillierter behandelt.

109 Costantino Jadecola, „Vallerotonda 1943. La Strage Dimenticata", Vallerotonda 2006; S. 31.

110 Parker, S. 83.

111 Wie ausgeführt stellt sich dabei die Frage der Verantwortlichkeit der europäischen Offiziere, an ihrer Spitze General Juin. Wir werden in Kapitel 9 bei der Schilderung der Offensive der Alliierten im Mai 1944 darauf zurückkommen.

112 Jadecola, S. 35 f., S. 55-60.

5

Operative Planungen und Absichten auf deutscher und alliierter Seite nach der Jahreswende 1943/44

Am Morgen des 13. Januar 1944 griff das 168. (US) Inf Rgt der 34. (US) Inf Div die deutschen Stellungen auf dem Mt Trocchio im Rapido-Tal, etwa zwei Kilometer vor Cassino, nach starker Artillerievorbereitung und mit Luftwaffen-Unterstützung an. Zu ihrer Überraschung fanden die US-Infanteristen die deutschen Stellungen verlassen vor. Sie waren in der Nacht zuvor durch das II./Gren Rgt 134 der 44. dt. Inf Div geräumt worden. Dieses war befehlsgemäß auf die Gustav-Linie ausgewichen.[1] Nach dieser Aktion standen keine deutschen Truppen mehr vorwärts der Gustav-Linie. Für die Truppen der 10. dt. Armee begann ein neuer Abschnitt der Kampfhandlungen auf der italienischen Halbinsel: Der Übergang zur nachhaltigen Verteidigung in der Linie zwischen dem Golf von Gaeta am Tyrrhenischen Meer und Ortona an der Küste der Adria, der schmalsten Stelle des italienischen „Stiefels". Der Wechsel im operativen Zweck war jedem Soldaten bewusst, seit Monaten war darauf hingearbeitet worden.

Für die britischen und amerikanischen Verbände der 5. (US) Armee schien sich die Lage nicht geändert zu haben: Es galt, die letzte Phase eines Angriffs, der am 2. Dezember 1943 eingeleitet worden war, nämlich den Einbruch in das Liri-Tal, zum Abschluss zu bringen. Dass dieser Angriff nun Bestandteil einer neuen operativen Planung geworden war, der bis zum Ende des Monats zur Einnahme von Rom führen sollte, machte dabei keinen großen Unterschied, zumindest nicht auf den Führungsebenen der Regimenter und Divisionen. Aus heutiger Sicht weiß man, dass trotz der großen Möglichkeiten, die für die Führung der 15. HGr und der 5. (US) Armee gerade mit der Einbeziehung einer Seelandung in Korpsstärke gegeben waren, der angestrebte Erfolg nicht eingetreten war und die ab dem 17. Januar 1944 beginnenden Kämpfe in die Schlachten um die Gustav-Linie übergingen – die letztlich bis zum Mai 1944 andauerten und die bestimmend für den Krieg um Italien wurden.

Rom wurde nicht Ende Januar 1944, sondern erst ein halbes Jahr später, im Juni 1944 durch die Alliierten eingenommen. General Alexander, der Befehlshaber der alliierten Streitkräfte in Italien, wurde angehalten, streng im Rahmen der durch die Vereinigten Stabschefs vorgegebenen operativen und strategischen Richtlinien zu handeln, die – um es erneut zu betonen – auf dem italienischen Kriegsschauplatz eher nur begrenzte Zielsetzungen vorgaben. Sie beruhten wiederum auf den Beschlüssen von Teheran/Kairo. Hätten diese operativen oder strategischen Richtlinien unverändert Bestand gehabt, wenn Rom Ende Januar gefallen wäre und die alliierten Armeen, sagen wir Ende Februar, nach Einnahme der Linie Pisa – Rimini, an den Ausgängen des Apennins in die Po-Ebene gestanden wären?

Bevor in den folgenden vier Kapiteln als Hauptteil des Buches die Schlachten südlich von Rom beschrieben werden, sollen in diesem Kapitel in einem Zwischenschritt die beiderseitigen operativen Planungen und Absichten, die verfügbaren Kräfte und einige weitere wichtige Fakten als Rahmenbedingungen vorgestellt werden.

Die Lage bei der deutschen HGr C (Lagekarte 6)

Eine Bilanz auf deutscher Seite zeigte, dass man mit dem bisherigen Verlauf des Feldzuges sehr zufrieden sein konnte. Feldmarschall Kesselring hatte Anfang Oktober 1943 Hitler versichert, die alliierten Armeen von einem Vorstoß auf die Nordausgänge des Apennins für die Zeitdauer von sechs bis neun Monaten abhalten zu können. Bis zum Auftreffen der Alliierten auf die Gustav-Linie waren seit der Landung in Sizilien Mitte September 1943 bereits vier Monate vergangen. Die Vorgaben für die Grundzüge der Operationsführung in Italien hatten sich seit Anfang November 1943, als Kesselring mit der Ernennung zum Oberbefehlshaber Südwest und der HGr C mit der Führung auf dem italienischen Kriegsschauplatz beauftragt worden war, im Prinzip nicht verändert.[2]

Die künftige Operationsführung im Bereich der HGr C beruhte auf drei Elementen:

1. Die 10. dt. Armee verteidigt zeitlich unbegrenzt in der Linie Gaeta – südl. Pescara und verhindert vor allem einen Vorstoß der 15. alliierten HGr in den Raum Rom.
2. Eine Kräftegruppierung in Stärke eines Korps mit zwei Divisionen ist darauf vorbereitet, feindliche Seelandungen im Raum Rom und südlich davon abzuwehren.
3. Die 14. dt. Armee
    *   sichert die Küstenabschnitte nördlich von Rom mit Schwerpunkt an der Westküste, die Alpenübergänge und Verbindungslinien nach Süden sowie das adriatische Küstenland,
    *   bereitet Verteidigungsstellung im Apennin zwischen nördlich Pisa und Pesaro an der Adria vor,
    *   stellt die Einsatzbereitschaft neu aufzustellender Divisionen her und hält sie zum Austausch mit abgekämpften Kräften der 10. Armee bereit,
    *   unterstützt gegebenenfalls bei der Abwehr feindlicher Landungen von See auch außerhalb des Einsatzraums der eigenen Armee,
    *   hält die italienische Bevölkerung im Armeegebiet unter Kontrolle und bekämpft aufkommende Partisanenbewegungen.

Insbesondere die 14. Armee hatte dabei mit den sich formierenden italienischen Truppen der R.S.I. zusammen zu arbeiten.[3] Zu dieser geplanten Operationsführung, die die geistige Richtschnur bis in den Sommer 1944 blieb und die natürlich durch den WFSt gebilligt war, sind zwei Bemerkungen erforderlich. Erstens: Der WFSt, noch mehr aber Feldmarschall Kesselring, waren von einer unbegründeten „Invasionsangst" bestimmt, die auf einer totalen Überschätzung der alliierten Möglichkeiten (zum Beispiel die Verfügbarkeit von Landungsfahrzeugen), einer Vernachlässigung alliierter operativer Prinzipien (die räumliche Entfernung einer Seelandung von den eigenen Kräften war immer dadurch bestimmt, unter dem Schutz eigener taktischer Luftstreitkräfte operieren zu können) und einer Unterschätzung des Organisationsaufwandes für Seelandungen beruhte. Zweitens: Ein Teil der strategischen Vorteile, die italienische Halbinsel an ihrer schmalsten Stelle noch südlich von Rom zu verteidigen und damit Kräfte zu sparen, wurde dadurch relativiert, dass damit auf der anderen Seite mehr Divisionen zur Sicherung und Überwachung der Küsten gebunden wurden.

5. Operative Planungen und Absichten auf deutscher und alliierter Seite

Die oberste deutsche Führung war zu keiner Zeit des Krieges in der Lage, eine zentrale strategische Reserve zu bilden. So konnten bei einer krisenhaften Entwicklung auf einem Kriegsschauplatz nur Kräfte von anderen Kriegsschauplätzen abgezogen und als Verstärkung dem gefährdeten Kriegsschauplatz zugeführt werden. Hierzu gab das OKW am 20. Dezember 1943 eine Grundsatzweisung heraus, die vor allem mögliche Großlandungen der Alliierten auf den westlichen Kriegsschauplätzen zum Gegenstand hatte. Für den Fall einer alliierten Landung in Frankreich musste der OB Südwest ein Generalkommando mit einer Infanteriedivision sowie einige andere Truppenteile an den OB West (Frankreich) abgeben. Im anderen Falle, bei einer weiteren Landung der Alliierten in Italien (zu diesem Zeitpunkt die wahrscheinlichere Variante) waren für den OB Südwest folgende Verstärkungen vorgesehen: Durch den OB West zwei Infanteriedivisionen und einige Artillerieverbände, durch den OB Südost (Balkan) zwei Infanterie- oder Jägerdivisionen, durch den Befehlshaber des Ersatzheeres neben einer größeren Anzahl unterschiedlicher Bataillone drei verstärkte Grenadierregimenter, zwei verstärkte Panzergrenadierregimenter und ein motorisiertes Artillerieregiment. Das Verstärkungsprogramm für den Befehlsbereich OB Südwest wurde mit dem Decknamen „Marder" bezeichnet. Einige Tage später wurde durch den WFSt festgelegt, dass in Ergänzung zu dieser Regelung der OB Südwest bis zum 20. Januar 1944 die Pz Div „HG" und bis zum 1. Februar 1944 die 90. PzGren Div dem OB West zuzuführen hatte. Als Ausgleich dafür sollten je eine Infanterie- und Jägerdivision durch den OB Südost abgestellt werden.[4]

Verantwortliche Führer: Kesselring und v. Senger

Wie an anderer Stelle bereits für die alliierte Seite geschehen, ist eine kurze Betrachtung der Führerpersönlichkeiten auf deutscher Seite, durch die die Operationen in den nächsten Monaten bestimmt werden würden, angebracht. Ohne Zweifel kommt dabei Feldmarschall Kesselring Vorrang in der Schilderung vor allen anderen zu. Zusammenfassend kann man feststellen, dass Kesselring nach dem Urteil von ausländischen Autoren sowohl wegen seiner militärischen Kompetenz als Truppenführer als auch wegen seiner charakterlichen und menschlichen Ausprägungen mit höchster Bewunderung geschildert wird. Anders die heutigen Darstellungen auf deutscher Seite: Im Vordergrund steht hier das Bild von Kesselring als der zum Tode verurteilte Kriegsverbrecher, unbedeutend als Feldherr, gegenüber Vorgesetzten allzu willfährig, ein „Durchhalte-General", der bis zum bitteren Ende willig die Befehle Hitlers ausführte.

Albert Kesselring stammt aus einer fränkischen Lehrerfamilie, 1885 wurde er in der Nähe von Kitzingen geboren. Auf Grund seiner technischen Begabung trat er 1904 in ein bayerisches Fußartillerie-Regiment ein, er war Teilnehmer am 1. Weltkrieg, nach dem Kriege verblieb er in der Reichswehr. Seine weitere Laufbahn war durch seine Vorliebe für technische Prozesse und „Management-Verfahren" bestimmt. 1933 wurde er als Oberst in die neu aufzustellende Luftwaffe übernommen. Führungs- und Stabsverwendungen wechselten, schnell erfolgte der Aufstieg bis zum Führer einer Luftflotte. Am 19. Juli 1940 wurde ihm im Rahmen der allgemeinen „Marschalls-Beförderung" der Rang eines Feldmarschalls verliehen. Im November 1941, aus Russland kommend, wurde er zum OB Süd, zum Führer der deutschen Luftstreitkräfte in

Italien und in Nordafrika und zum Koordinator des Feldzuges im Mittelmeer-Raum mit dem Comando Supremo ernannt.

Kesselring wird als harter Arbeiter geschildert, mit einem einfachen Lebensstil, nicht auf Äußerlichkeiten bedacht, aber auch kein Verächter der schönen Dinge des Lebens. Gerühmt werden sein persönlicher Charme, sein Optimismus (in der Luftwaffe war sein Spitzname „Smiling Albert" – offenbar waren schon damals in der Luftwaffe Anglizismen üblich!) und seine Jovialität ließen ihn schnell Sympathie und Vertrauen gewinnen. Er hatte ein Gespür für die Nöte des einfachen Mannes, über alle Hierarchien hinweg wurde er daher geschätzt, die Zuneigung seiner Männer kam ihm entgegen. Kesselring wird von seinen Mitarbeitern als zupackend und problemorientiert beschrieben, er verschwendete keine Zeit für Erwägungen „wie es besser gewesen wäre". Der Feldmarschall war nicht nur ein Experte einer auf Technik ausgerichteten Teilstreitkraft, in Italien erwies er sich auch als Truppenführer von hohen Graden mit einem Gespür für realistische strategische Optionen. Wie unkompliziert Kesselring war, zeigt eine bezeichnende Episode: Als General Crüwell, der Führer des Afrikakorps im Mai 1942 bei den Kämpfen um die Gazala-Stellung in Gefangenschaft geraten war, drängte Major v. Mellenthin, dessen 1. Generalstabsoffizier, Kesselring, die Führung des Afrikakorps zu übernehmen. Der Feldmarschall, nur auf einem Frontbesuch, ließ sich überreden, führte ein Heereskorps und unterstellte sich dabei, als Ranghöherer, dem damaligen Generaloberst Rommel.

Albert Kesselring war gerade das Gegenteil eines Mannes der „Willfährigkeit" gegenüber Vorgesetzten. Im August 1943 bot Kesselring Hitler seinen Rücktritt an, als dieser seinen Vorschlägen für die Operationsführung in Italien nicht folgen wollte. Die Entscheidung, Italien südlich von Rom zu verteidigen, ist auf Kesselrings Hartnäckigkeit zurückzuführen – sie musste gegen den Willen Hitlers durchgesetzt werden. Hitler warf Kesselring überzogene „Italien-Sympathie" vor, er habe sich beim Abfall Italiens von den Italienern täuschen lassen und sich als zu vertrauensselig erwiesen. Wie ein solcher Mann aber auch drakonische Befehle zur Partisanenbekämpfung mit äußerst harten Folgen für die italienische Bevölkerung erlassen konnte, soll in einem der abschließenden Kapitel erörtert werden.[5]

General Fridolin von Senger und Etterlin hatte am 28. Oktober 1943 die Führung des XIV. Pz Korps übernommen, das auf deutscher Seite im Mittelpunkt der Kämpfe um die Gustav-Linie zwischen Januar und Mai 1944 stehen sollte. Davor hatte General v. Senger im deutschen Heer bereits mehrfach durch seine operativen Fähigkeiten überzeugt. Nun bewies er bei der Verteidigung einer befestigten Stellung Standfestigkeit, Reaktionsvermögen und dennoch Augenmaß in kritischen Lagen, Improvisationskunst beim täglichen Flickwerk, Truppenteile „zusammen zu kratzen", um sie dem Gegner in gefährdeten Abschnitten entgegen zu stellen, ohne den Blick für die großen Zusammenhänge zu verlieren. Er führte von vorne, wusste, wie es in der vordersten Stellung stand und hatte ein starkes Empfinden für die Belastungen seiner Soldaten.

Im Jahr 1891 geboren, stammte v. Senger aus einer badischen, streng katholischen Familie. Er galt als anglophil, als Rhodes-Stipendiat hatte er in Oxford studiert. Wenn wir an das Schicksal der Benediktinerabtei von Montecassino denken, dann scheint es eine Ironie des Schicksals zu sein, dass Fridolin v. Senger Laienbruder des Benediktinerordens war.[6] Im 1. Weltkrieg hatte der spätere General in einem badischen Artillerieregiment gedient, in der Reichswehr im Reiterregiment 18. Später kommandierte er das Kavallerieregiment 3 in Göttingen sowie eine Kavalleriebrigade. Während des Frankreich-Feldzuges führte er eine motorisierte Brigade, danach war er der Führer der deutschen Delegation bei der italienisch-französischen Waffenstillstandskommission in Turin. Im Oktober 1942 wurde er Kommandeur der 17. Pz Div, die er beim gescheiterten Entsatzangriff für die 6. Armee bei Stalingrad führte. Hierfür wurde er mit dem Ritterkreuz ausgezeichnet. Bevor er die Führung des XIV. Pz Korps übernahm, war er nacheinander Wehrmachtsbefehlshaber von Sizilien, Sardinien und Korsika.

Als überzeugter Katholik war v. Senger von Grund auf gegen den Nationalsozialismus eingestellt, für dessen Ideologie er nur Ablehnung empfand. Nach dem Kriege ist ein Teil seiner Kriegserinnerungen in England unter dem Titel erschienen: „Neither Fear nor Hope" – „Weder Furcht noch Hoffnung". Der britische Brigadier E. D. Smith beschreibt unter Bezug auf dieses Buch einfühlsam das Dilemma, das v. Senger mit vielen anderen verband, die den Nationalsozialismus ablehnten, sich aber dennoch aus der Pflicht heraus für Deutschland einzusetzen: „He was buying time for men he hated but fighting for the country he loved – and he fought without fear or hope."

Eine Episode sollte noch erwähnt werden: Als Militärbefehlshaber Korsika hatte General v. Senger sich geweigert, die Erschießung von 22 italienischen Offizieren anzuordnen, die wegen ihres Widerstandes gegen die Wehrmacht gemäß eines Führerbefehls als Freischärler exekutiert werden sollten. Durch einen Historiker des MGFA wird dies einerseits als Beweis dafür verwendet, dass man relativ folgenlos die Ausführung verbrecherischer Befehle verweigern konnte, andererseits stützt dieser Historiker die Darstellung, v. Sengers 1. Generalstabsoffizier hätte die eigentlichen Schritte zur Rettung der italienischen Offiziere veranlasst und v. Senger habe sich, als diesen Offizier der Bannstrahl Kesselrings traf, aus der Sache heraus gehalten, sich aber nach dem Kriege allein dieser Tat gerühmt.[7]

Der Plan zur Einnahme von Rom (Lagekarte 9)

Im Kapitel 4 wurden die mühseligen und zeitaufwendigen Operationen geschildert, mit denen die beiden alliierten Armeen unter der 15. HGr sich seit dem Beginn ihrer neuen Offensive ab dem 2. Dezember 1943 langsam an den Raum Cassino im Westen und in den Raum Ortona im Adria-Abschnitt heran geschoben hatten.

Von einer Einnahme Roms bis Ende des Jahres 1943 war schon lange nicht mehr die Rede gewesen. Vor allem die Absage der geplanten Seelandung im Raum Anzio in der Stärke einer Division am 18. Dezember hatte den britischen Premier Winston Churchill alarmiert. Zwar war während der „Sextant"-Konferenzen in Kairo im November/Dezember 1943 entschieden worden, den Verbleib der dafür notwendigen LST im Mittelmeer (es handelte sich wie bekannt um insgesamt 68 Landungsschiffe) vom 15. Dezember bis zum 15. Januar 1944 zu verschieben. Mitte Dezember standen jedoch die alliierten Bodentruppen noch so weit von Anzio (dies liegt knapp 50 Kilometer südlich von Rom) entfernt, dass ein nahezu auf sich selbst gestelltes Landungsunternehmen ein zu hohes Risiko dargestellt hätte.

Churchill fürchtete in dieser Lage nicht nur um seine Pläne (nämlich die Einnahme Mittelitaliens als „Sprungbrett" für Operationen im östlichen Mittelmeer), sondern vor allem um seine Reputation. Gegen die amerikanischen Stabschefs hatte er immer wieder die Fortsetzung des Feldzuges im Mittelmeer-Raum durchgesetzt, nun stand definitiv das Landeunternehmung „Overlord" Mitte Mai 1944 fest, danach würde niemand mehr von Italien sprechen. Vor „Overlord" musste noch ein herzeigbarer Erfolg auf dem italienischen Festland erzielt werden, als weitere Rechtfertigung für den strategischen Zweck des Feldzuges, neben dem schon erfolgten Ausscheiden Italiens aus dem Krieg. „Der Stillstand des gesamten Feldzuges an der italienischen Front wird inzwischen zum Skandal", hatte sich Churchill bei seinen Stabschefs beklagt und den Führern auf dem Kriegsschauplatz vor allem vorgeworfen, über drei Monate hinweg keinen Gebrauch von den Seelandungskapazitäten gemacht zu haben.[8]

Die Einnahme Roms, als Hauptstadt eines der beiden Achsenpartner, war zumindest als psychologischer Erfolg vor der Weltöffentlichkeit von Bedeutung, danach galt es, den Raumgewinn durch ein Vorschieben bis zur Linie Pisa – Rimini abzusichern.[9] Dies konnte jedoch nur gelingen, wenn die deutsche Verteidigungsstellung im Zuge der Gustav-Linie durch eine Seelandung im großen Stil umgangen würde. „Anzio" war gewissermaßen neu zu planen.

Der weitere Handlungsablauf wurde durch zwei Faktoren bestimmt. Mit der Entscheidung, General Eisenhower zum Oberbefehlshaber für das Unternehmen „Overlord" zu ernennen (bekannt gemacht am 24. Dezember 1944) war eine Reihe von Kommandowechseln verbunden, in deren Zusammenhang der britische General Henry Maitland Wilson alliierter Oberbefehlshaber auf dem Kriegsschauplatz Mittelmeer wurde. Nach den ungeschriebenen Gesetzen der Allianz fiel damit die Führungsautorität an die britischen Generalstabschefs: „Sie, als Alliierter Oberbefehlshaber Mittelmeer, werden den Vereinigten Stabschefs über die Britischen Generalstabschefs verantwortlich sein, welche als Ausführungsorgan der Vereinigten Stabschefs agieren … und durch welche künftig alle Weisungen (an Sie) erteilt werden."[10] Dies gab Churchill eine unmittelbare Möglichkeit, in die künftigen Operationen einzugreifen.

Auf dem Rückweg von Kairo war Churchill an einer Lungenentzündung erkrankt und musste seine Reise in Tunis unterbrechen. Nach einer kurzen Rekonvaleszenz war er in der Lage, „vor Ort" zusammen mit den zuständigen Führungsorganen seine Vorstellungen über den weiteren Verlauf des italienischen Feldzuges durchzusetzen. Brigadier Smith hat geschrieben, dass die folgende Durchführung von Anzio in Wirklichkeit ein „Churchillian enterprise" war, man könnte dies ohne weiteres auf die gesamte Gestaltung des Feldzuges übertragen.[11]

In einer Reihe von Konferenzen an Weihnachten 1943 mit britischen Generalen (Wilson, Alexander, Tedder, Cunningham), aber auch mit Eisenhower und dessen Stabschef Generalmajor Bedell Smith, wurde Übereinkunft darüber erzielt, dass die vorgesehene Landung, wenn sie operative Zwecke erfüllen sollte, mindestens den Umfang von zwei Divisionen und zusätzlichen Korpstruppen haben musste. Einerseits wegen des Zeitbedarfs für die Vorbereitung, andererseits wegen der begrenzten Verfügbarkeit der Landungsschiffe, konnte sie nicht vor, beziehungsweise musste sie spätestens um den 20. Januar 1944 herum stattfinden. Hierzu musste aber der Abzug von 56 Landungsschiffen nach Großbritannien erneut um mindestens drei Wochen auf Anfang Februar verschoben werden. „Von diesem Umstand hängt der Erfolg oder die Ruin unseres italienischen Feldzuges ab", kabelte Churchill am 25. Dezember an die britischen Stabschefs in

London.[12] Wegen der politischen Implikationen konnte eine Entscheidung darüber nur zwischen Präsident Roosevelt und Churchill ausgehandelt werden.[13]

In einem weiteren Telegramm bat Churchill Präsident Roosevelt um die Zustimmung, 56 LST bis 5. Februar im Mittelmeer zu belassen. Schon am 28. Dezember gab Roosevelt seine Zustimmung, allerdings mit der Auflage, dass 12 der ursprünglichen 68 LST, die bis 15. Januar im Mittelmeer verbleiben konnten, zu diesem Datum nach Großbritannien zu überführen waren, und – weiterhin – dass der längere Verbleib von Landungsschiffen sich keinesfalls nachteilig auf die Durchführung von „Overlord" auswirken dürfe.

Dem kritischen Leser wird auffallen, dass zuvor mit 68 Landungsschiffen nur die Landung einer Division für möglich gehalten wurde und nun nach Verbleib von 56 Landungsschiffen ein ganzes Korps gelandet werden sollte. Die Erklärung liegt darin, dass bis Anfang Januar von den insgesamt für einen Abzug vorgesehenen Schiffen nur wenige tatsächlich verlegt worden waren; 104 Landungsschiffe waren im Mittelmeer verblieben. Durch eine kritische Überprüfung aller bisher als unantastbar geltenden Daten für Instandsetzung, den Zeitbedarf für die Überführung zu „Overlord" etc. sowie durch die Einbeziehung von Landungsschiffen vom Kriegsschauplatz Indischer Ozean, die ohnehin im Zulauf waren, war es nun möglich, die nötige Anzahl von LST für das Unternehmen Anzio bereit zu stellen und bis in den Februar hinein im Mittelmeer zu belassen, gleichzeitig aber die Landungsflotte für „Overlord" aufzubauen.[14] Durch dieses Arrangement war es auch möglich, eine begrenzte Anzahl von Landungsschiffen für General Clark bis Mitte/Ende Februar bereit zu stellen. Diese wurden zur Sicherstellung der Verbindungen zum Landeraum, zum Nachführen von Kräften und für die Logistik zumindest so lange benötigt, bis die Hauptkräfte sich an den Landekopf heran gekämpft haben würden und sichere Verbindungen auf dem Lande bestanden. Die für die Seelandung nötige Anzahl von Landungsschiffen unterschiedlicher Typen – 88 LST, 8 LSI, 60 LCT und 90 LCI – war auf diese Weise sichergestellt.

Auf Grund entsprechender Vorgaben hatte auf den Ebenen der 15. HGr[15] und der 5. (US) Armee ein neuer Planungsprozess begonnen. Die während der verschiedenen Konferenzen ausgearbeiteten Vorgaben waren folgende: Landung in Korpsstärke im Raum Anzio – Nettuno am oder um den 20. Januar 1944 und Gewinnen des Höhengeländes der Albaner Berge südostwärts von Rom, um Kräfte der 10. dt. Armee im Rücken zu fassen und von ihren Verbindungslinien abzuschneiden.

Aus einer ursprünglichen Unterstützungsaktion zum Überwinden der Gustav-Linie war nun ein Großunternehmen mit einem eigenen operativen Zweck geworden. Der Umfang der zu landenden Truppen stieg von 24 000 Mann auf 110 000 Mann an. Die eingeschränkte zeitliche Verfügbarkeit der Landungsschiffe führte zu dem Zwang, die Operation mit dem Decknamen „Shingle", unabhängig davon, in welcher Entfernung zu diesem Zeitpunkt die Hauptkräfte der 5. (US) Armee stehen würden, durchzuführen. Der Zeitdruck spiegelte sich auch darin wider, dass Alexander und Clark ihre operativen Weisungen schon herausgaben, als bedeutende Details für die Bereitstellung der Landungsschiffe noch gar nicht geregelt waren. Alexander gab zwei operative Weisungen heraus, am 2. Januar und am 12. Januar, wobei der Titel der zweiten Weisung zwar etwas bombastisch klang, aber zeigte, worum es ging: „The Battle of Rome". Clarks Operationsbefehl wurde zwischen diesen beiden Weisungen am 10. Januar erlassen.[16] Wie beschrieben war der Angriff der 8. (BR) Armee nur unwesentlich über den Raum Ortona nach

Norden vorangekommen. Der Schwerpunkt des Angriffs der 15. HGr lag natürlich unverändert bei der 5. (US) Armee. Die 8. (BR) Armee musste aus diesem Grunde Kräfte an den linken Nachbarn abgeben: Mit der 5. (BR) Division wurde das X. (BR) Korps am linken Flügel der 5. (US) Armee verstärkt, die 1. (BR) Div trat zu den Landungskräften, die 2. (NZ) Div wurde Heeresgruppen-Reserve, sie verlegte schon in den Raum westlich des Apennin.

Nach unseren heutigen Vorstellungen würden die Befehlsziffern an die beiden Armeen etwa wie folgt lauten:

„3.b. 5. (US) Armee – im Schwerpunkt der HGr –

(1) führt durch Seelandung an Küstenabschnitten im Raum südlich von Rom mit dem Ziel, die feindlichen Verbindungslinien zu unterbrechen und das dt. XIV. Korps – in der Verteidigung der italienischen Westküste im Zuge des Unterlaufs des Garigliano – in seinem Rücken zu bedrohen,

(2) führt mit starken Kräften Angriffsstoß an der Hauptfront – der Seelandung kurz voraus – in Richtung Cassino – Frosinone und zieht damit feindliche Reserven aus dem Landeraum ab,

(3) durchbricht danach die feindliche Hauptstellung, um sich so schnell wie möglich mit den Landungskräften zu vereinigen.

3.c. 8. (BR) Armee

(1) hält gegenwärtige Stellung und bindet gegenüberstehende Kräfte des dt. LXXVI. Korps durch Angriffe mit begrenztem Ziel,

(2) stellt sich darauf ein, weitere Kräfte an 5. (US) Armee abzugeben,

(3) schließt sich dem Angriff der 5. (US) Armee auf Befehl der HGr an, schützt deren rechte Flanke und ist darauf eingestellt, im Zusammenwirken mit 5. (US) Armee Kräfte der 10. dt. Armee noch im Raum südlich von Rom abzuschneiden und zu vernichten."[17]

Als dieser Befehl für den Durchbruch auf Rom Anfang Januar erging, war die 5. (US) Armee noch etwa 13 Kilometer von der Gustav-Linie entfernt. Bereits in Clarks Operationsweisung vom 24. November 1943 war der Durchbruch im Zuge des Liri-Tales als letzte Phase vorgesehen gewesen.[18] Diese Phase war noch nicht abgeschlossen und bildete nun die erste Phase des bevorstehenden Angriffs.

Durch den Angriff seiner Hauptkräfte vor der Landung des VI. (US) Korps bei Anzio-Nettuno – nunmehr definitiv festgelegt auf den 22. Januar – hoffte Clark nicht nur feindliche Reserven aus dem Raum südlich von Rom abzuziehen, sondern auch die Entfernung zum Landeraum noch vor der Durchführung des Landeunternehmens zu verkürzen.

Der Operationsplan General Clarks sah vor: Das CEF, welches das VI. (US) Korps abgelöst hatte, greift am 12. Januar im Zuge der Achsen Cardito – Atina und Aquafondata – S. Elia an und nimmt das Höhengelände nördlich und nordwestlich von Cassino zu. Einige Tage später nimmt das II. (US) Korps, aus der Mignano-Lücke heraustretend, den noch verbliebenen Raum ostwärts der Flusslinie Rapido – Gari ein.[19] Am 17. Januar sollte dann das X. (BR) Korps über den Garigliano setzen, nach Norden und Nordosten eindrehend das beherrschende Höhengelände südlich des Liri nehmen und damit Voraussetzungen für den Hauptangriff der 5. (US) Armee schaffen. Diesen Hauptangriff würde ab dem 20. Januar wiederum das II. (US) Korps führen, verstärkt

durch ein Combat Command der 1. (US) Pz Div. Hierbei war der Gari bei S. Angelo zu überwinden, anschließend sollte mit gepanzerten Kräften in Richtung Frosinone angegriffen werden.

Kräfteüberblick

Auf Seiten der Alliierten wurden die im Gegensatz zu den hohen Erwartungen stehenden
geringen Geländegewinne bis Ende 1943 immer wieder mit der Feststellung relativiert, dass es
beim italienischen Feldzug auch darum ginge, deutsche Kräfte zu binden und damit vom französischen und russischen Kriegsschauplatz abzuziehen. Bei Lagebeurteilungen auf alliierter Seite
wurde die Zahl der in Italien eingesetzten deutschen Divisionen daher immer sehr hoch angesetzt. Auf deutscher Seite wurde Kesselring auf dessen Forderung nach mehr Truppen bedeutet,
dass er künftig – außer bei den Verstärkungen für Großlandungen nach dem Plan „Marder" – mit
keinen weiteren Verstärkungen rechnen konnte.

Für das weitere Geschehen ist es nötig, eine Darstellung der Kräfte auf beiden Seiten für die
bevorstehenden Kämpfe einzufügen und einen Vergleich der Kräfte vorzunehmen. Stellt man
in einem ersten Schritt die verfügbaren Divisionen beider Seiten auf dem gesamten Kriegsschauplatz gegenüber, dann war die Anzahl der Divisionen gleich, auf jeder Seite 21 Divisionen
der unterschiedlichsten Typen.[20] Werden auf deutscher Seite aber die Divisionen abgezogen,
die noch in der Aufstellung waren beziehungsweise nach Frankreich verlegt oder vom Balkan
erst noch zugeführt werden sollten, dann standen 16 deutsche weiterhin den 21 Divisionen der
Alliierten gegenüber. Zur Verteidigung im Raum südlich von Rom konnten aber nur die Divisionen der 10. dt. Armee und die Reserven der HGr C herangezogen werden. Somit betrug das
Zahlenverhältnis 11 deutsche Divisionen gegenüber den 21 Divisionen der 15. alliierten HGr.

Ein Zahlenvergleich nur nach Anzahl der Großverbände ist jedoch wenig aussagekräftig.
Hier muss näher ins Detail gegangen werden, in dem man Zustand, Gliederung und Ausstattung
der Divisionen miteinander vergleicht, ohne Panzer gegen Panzer, Geschütz gegen Geschütz
oder Mann gegen Mann gegeneinander aufzurechnen. Dies wäre schon deswegen nicht möglich,
weil die deutschen Divisionen Anfang 1944 nur in wenigen Fällen über das vorgegebene organisatorische Soll – Personal und Material – verfügten.

Im Gegensatz zu den deutschen Korps waren die alliierten Korps mit umfangreichen Korpstruppen zur Verstärkung der Divisionen ausgestattet. Hierzu gehörten bis zu 15 zusätzliche
Artilleriebataillone, in denen die mittlere und vor allem die schwere Artillerie zusammengefasst
waren, zusätzliche Pioniertruppen mit mehreren Bataillonen, dabei auch Spezialpioniere, sowie
mehrere selbstständige Panzer- oder Panzerjägerbataillone. Auch die Heeresgruppe verfügte
über zusätzliche Artillerie- und Pionierverbände.

Die alliierten Divisionen waren von der materiellen Ausstattung her den deutschen in fast
allen Bereichen der Großwaffensysteme überlegen. Die Masse der deutschen Infanteriedivisionen war noch pferdebespannt, die alliierten Infanteriedivisionen durchweg motorisiert.[21] Die
alliierten Divisionen verfügten durchgehend über neun Infanteriebataillone, die deutsche „Infanteriedivision neuer Art" dagegen nur über sieben Infanteriebataillone (einschließlich des
Divisionsfüsilierbataillons), die Gebirgsdivision über sechs Infanteriebataillone, die Panzer-

division und die Panzergrenadierdivision über vier bzw. sechs Infanteriebataillone sowie über zwei beziehungsweise eine Panzerabteilung.[22] Nur die Fallschirmjägerdivision hatte unverändert neun Infanteriebataillone. Was dieser theoretische Zahlenvergleich auf dem Gefechtsfeld bedeutete, soll am Beispiel der 94. dt. Inf Div deutlich gemacht werden, die ab Mitte Januar 1944 von drei britischen Infanteriedivisionen angegriffen wurde: sieben deutschen Infanteriebataillonen standen 30 britische Bataillone gegenüber.[23]

Bei den Artilleriegeschützen ergibt ein Zahlenvergleich folgendes Bild: 48 Geschütze in der deutschen Infanteriedivision gegenüber 66 Geschützen in der US-Infanteriedivision und 72 Geschützen in der britischen Infanteriedivision. Die deutsche Panzergrenadierdivision hatte 36 Geschütze, die deutsche Panzerdivision 42 Geschütze im Gegensatz zu den 54 Geschützen und 24 Sturmgeschützen bei einer US-Panzerdivision. In einer US-Panzerdivision befanden sich sechs Panzerbataillone, die mit mittleren und leichten Panzern ausgestattet waren – insgesamt 341 Kampfpanzer verschiedener Typen, das Panzerregiment der deutschen Panzerdivision umfasste dagegen nur 136 Kampfpanzer und/oder Sturmgeschütze.[24]

In der Literatur wird ausgeführt, dass die alliierten Truppenteile nicht in der Lage waren, ihre Personalausfälle in einer akzeptablen Zeit zu ersetzen. Noch schlechter war jedoch die Lage auf deutscher Seite. Dort stand ein ausreichender Personalersatz überhaupt nicht mehr zur Verfügung. Häufig betrug die Kampfstärke der Verbände nur 50 bis 60 Prozent des personellen Solls. Andererseits waren die deutschen Truppenteile vom Ausbildungsstand her den alliierten Divisionen überlegen, kampferfahren und durch vier Jahre Krieg gehärtet (auch die aufzustellenden Divisionen verfügten über kriegserfahrene Kader) während für viele alliierte Truppenteile die Bewährung im ersten Kampfeinsatz noch bevorstand.

Auf dem Gebiet des Nachschubs und dem Ersatz von ausgefallenem Gerät konnten die alliierten Truppen aus dem Vollen schöpfen. Die amerikanische Rüstungsindustrie näherte sich ihrem Höhepunkt in der Produktion kriegswichtiger Güter. Auf alliierter Seite stellt die Organisation der Zuführung zur Front sowie die Verteilung des Materialnachschubs ein größeres Problem dar als die Bereitstellung und Zuführung für den Kriegsschauplatz.

Die alliierten Seestreitkräfte im Mittelmeer besaßen die uneingeschränkte Seeherrschaft. Von der deutschen Marine und den verbliebenen Einheiten der (nunmehr) faschistischen Marine kamen U-Boote, Torpedoboote, Schnellboote sowie Geleit- oder Sicherungsflottillen zum Einsatz. Ungeachtet dessen kämpften diese geringen Marinekräfte mit hohem Einsatz, bei den Evakuierungen von Sizilien, Sardinien und Korsika wurde dies schon erwähnt. Dönitz gibt an, dass von den ab 1941 bis zum Ende des Feldzugs insgesamt eingesetzten 62 U-Booten 48 versenkt worden sind.[25] Die Operationen der alliierten Landstreitkräfte konnten durch die Seestreitkräfte je nach Belieben, nur bestimmt durch die organisatorischen Zwänge, unterstützt werden. Wir werden bei der Beschreibung der alliierten Landung bei Anzio/Nettuno sehen, was dies in der Praxis bedeutete. Der Terminus „Luftherrschaft" ist im Hinblick auf die tatsächliche Überlegenheit der alliierten Luftstreitkräfte nur eine unvollkommene Beschreibung. Nach den Angaben in der Literatur standen 4 000 Einsatzflugzeugen auf dem Kriegsschauplatz Mittelmeer etwas über 400 Einsatzflugzeuge der Luftwaffe (Luftflotte 2 sowie ein Teil der in Frankreich und Griechenland stationierten Verbände) gegenüber.[26]

Wäre es nur nach dem dargestelltem Kräfteverhältnis gegangen, hätten die Alliierten in der Tat in kurzer Zeit vor Rom stehen können. Jedoch hatten die vorangegangenen Monate gezeigt, dass den technischen und materiellen Vorteilen unter den gegebenen Geländeverhältnissen und bei den Witterungsbedingungen im Herbst und Winter 1943/44 keine ausschlaggebende Bedeutung zukam. Zudem standen die Alliierten nun vor der Aufgabe, den Durchbruch durch eine stark befestigte Verteidigungslinie zu erzwingen.

Die Gustav-Linie (Lagekarte 9)

Schon in Kapitel 4 hatten wir uns mit der Bezeichnung und dem Ausbau der verschiedenen befestigten Stellungen oder Verteidigungslinien der HGr C beschäftigt. Vor dem Beginn der Darstellung der monatelang andauernden Schlachten um die Gustav-Linie müssen wir darauf zurückkommen. Die Stellung, in der die 10. dt. Armee zur unbefristeten Verteidigung überging, hatte folgenden Verlauf: Nachdem die 8. (BR) Armee bis Ende Dezember 1943 die Bernhard-Stellung durchbrochen und danach ihren Angriff angehalten hatte, verteidigten die Divisionen des LXXVI. Pz Korps eine Stellung vorwärts des Foro-Flusses, die von der Adria-Küste bis in den Raum des Maiella-Blocks reichte. Von dort an waren die Stellungen des LXXVI. Pz Korps/ der Korpsgruppe Hauck identisch mit der früheren Bernhard-Linie. Ab Alfedena, im Sangro-Tal, die Abruzzen überspringend, bis zum Garigliano-Knie ostwärts von Castellforte verlief die Gustav-Linie in der beschriebenen Weise. Am Unterlauf des Garigliano bis zur Küste verteidigte das XIV. Pz Korps, das insgesamt die Gustav-Linie zu halten hatte, einen Frontabschnitt, der ebenfalls zuvor zur Bernhard-Linie gehört hatte. Von der Masse der Autoren, aber auch seinerzeit im Sprachgebrauch der Truppe – dies geht aus den KTB-Unterlagen hervor – wird und wurde die Verteidigungsstellung in ihrer gesamten Breite fälschlicherweise als Gustav-Linie bezeichnet. Die bis in den Mai 1944 andauernden Schlachten waren in der Tat auf das Durchbrechen beziehungsweise das Halten der eigentlichen Gustav-Stellung ausgerichtet. Dem Sprachgebrauch der Truppe folgend, nehmen wir daher eine Ungenauigkeit insofern hin, dass die Stellung zwischen dem Golf von Gaeta und dem Sangro-Tal (Alfedena) als Gustav-Linie bezeichnet wird, obwohl dies für den Unterlauf des Garigliano (siehe oben) nicht ganz korrekt ist.

Im Verlauf der Befestigungslinie lassen sich von West nach Ost drei geografische Abschnitte unterscheiden: Die Küstenebene am Golf von Gaeta weitet sich bis zu den Ausläufern der Aurunci-Berge auf eine Breite von fast 20 Kilometern. Diese Ebene wird vom Unterlauf des Garigliano durchflossen. Der Boden war zu dieser Zeit sehr feucht, kleinere Zuflüsse und Entwässerungsgräben erschwerten die Bewegungen größerer Truppenteile. Nördlich des Golfs treten die Aurunci-Berge nahe an die Küste heran. Von Neapel aus verlief eine gut ausgebaute Straße, die Straße Nummer 7 (zur Römerzeit die Via Appia), ziemlich parallel zur Küste nach Norden. Ursprünglich war dieser Abschnitt für alliierte Angriffsvorstöße in Betracht gezogen worden. Nach dem Becken von Fondi beginnt jedoch bald die Pontinische Ebene, eine ursprüngliche Sumpflandschaft, die erst zum Ende der 20er Jahre trocken gelegt wurde. Die Pontinische Ebene hatte zahlreiche natürliche Abflüsse, die mit einem künstlichen Entwässerungssystem (Kanäle, tiefe Gräben) verbunden waren. Zwischen dem Astura-Fluß, ostwärts von Nettuno, und dem

Kap Circeo sowie vom Kap Circeo bis nach Terracina hatten die Deutschen durch künstliche Überflutungen weitflächige Ansumpfungen vorgenommen.

Durch die Aurunci-Berge verliefen außer nicht ausgebauten Bergwegen und Pfaden keine für militärische Bewegungen geeigneten Straßen. Die höchste Erhebung des Gebirges ist der Mt Petrella mit einer Höhe von über 1 500 Meter. Die Aurunci-Berge und nördlich davon anschließend die Mt Ausoni und die Mt Lepini werden durch das Liri-Tal vom Hauptkamm des Apennin getrennt. Das Liri-Tal, an seiner „Pforte" im Süden etwa 12 Kilometer breit, war für mechanisierte Truppen gut gangbar, es stellte – zusammen mit dem sich im Norden anschließenden Sacco-Tal – eine „Bresche" durch die Gebirgslandschaft dar, die in nordwestlicher Richtung auf Rom zulief. Nach knapp 100 Kilometern erreicht man die Albaner Berge, diese liegen etwa 20 bis 30 Kilometer südostwärts von Rom. Durch das Liri-Tal lief eine weitere bedeutende Straße, die Straße Nr. 6, von alters her die Via Casilina. Beherrscht wird der Eingang zum Liri-Tal im Süden durch den Gebirgsstock des Mt Maio (südwestlich von S. Ambrogio, 940 Meter hoch), im Norden durch das Massiv des Mt Cairo (fast 1 670 Meter hoch). Auf einem nach Südosten verlaufenden Höhenzug des Mt Cairo oberhalb der Stadt Cassino liegt die berühmte Abtei Montecassino (in 519 Meter Höhe).

Im nächsten Geländeabschnitt, nördlich des Höhengeländes um Cassino, übersprang man den Gebirgskamm der Abruzzen, um in das Tal des nach Nordosten abfließenden Sangro zu gelangen. Die höchsten Gipfel in diesem Teil der Abruzzen erreichen Höhen über 2 200 Meter, das Gelände ist im Winter regelmäßig verschneit und war damit zur damaligen Zeit absolut ungangbar. Im dritten Geländeabschnitt senkt sich das Gebirge über den Maiella-Block (höchster Gipfel 2 700 Meter), der sich hart westlich des Sangro erhebt, allmählich zur Adria-Küste ab. Das Straßen- und Wegenetz in der Küstenebene war besser erschlossen, allerdings behinderten zahlreiche Flüsse, die in nordwestlicher Richtung zur Adria strömen, Bewegungen in Richtung Pescara oder in westlicher Richtung nach Avezzano und Rom.

Vom Golf von Gaeta aus verlief die Verteidigungsstellung entlang der Flüsse Garigliano, Gari und Rapido nach Norden, erreichte dann unterhalb des Mt Cifalco die Abruzzen-Ausläufer, drehte in nordostwärtiger Richtung ab, überwand den Kamm der Abruzzen und verlief ab Alfedena im Sangro-Tal entlang des Maiella-Massivs. Von dort erstreckte sich die Front bis hart nördlich von Ortona an der adriatischen Küste.

Im künftigen Angriffsstreifen der 5. (US) Armee verlief die deutsche Hauptkampflinie (HKL) im Zuge der Flüsse Garigliano, Gari und Rapido zwischen einhundert Metern und einigen Kilometern vom eigenen Flussufer entfernt. Der Terminus „Linie" ist etwas irreführend, es gab keine durchgehend ausgebaute und besetzte Stellung, sondern nach Breite und Tiefe gestaffelte Stützpunkte mit Kampfstellungen, Unterständen für die Truppe, ausgebauten Positionen für schwere Waffen und Verbindungsgräben. Die Stützpunkte konnten sich gegenseitig mit Feuer unterstützen, waren oft flankierend zu möglichen Bewegungsrichtungen angelegt und der Beobachtung des Feindes entzogen. Manche Autoren geben an, die Gustav-Linie habe eine Tiefe von mehreren Kilometern gehabt. Dies entspricht wohl nicht der Realität, die Tiefe war wesentlich geringer und wurde zum Teil nur dadurch erreicht, dass Führungsstellen/Gefechtsstände, Stellungen für schwere Waffen und Bereitstellungen für Reserven ebenfalls stützpunktartig ausgebaut worden waren.[27]

5. Operative Planungen und Absichten auf deutscher und alliierter Seite

Der am stärksten befestigte Abschnitt befand sich im Zuge des Eingangs zum Liri-Tal. Der besonderen Gefährdung dieses Geländeabschnittes war man dadurch gerecht geworden, dass in der Tiefe des Liri-Tales, im Abstand von etwa 15 Kilometern rückwärts der Gustav-Linie eine weitere Verteidigungsstellung projektiert worden war, der „Führer-Riegel", ab dem 24. Januar 1944, als die Gefahr bestand, dass diese Linie angegriffen und durchbrochen werden konnte, in „Senger-Riegel" umbenannt. Der Senger-Riegel verlief vom Mt Cairo über Aquino nach Pontecorvo, von dort aus waren zwei Trassen geplant, einmal vorwärts in die Aurunci-Berge hinein oder nach rückwärts in Richtung Terracina. Der Senger-Riegel wurde nur unvollkommen ausgebaut.

Der Rapido entspringt etwa 20 Kilometer nordostwärts von Cassino, ab S. Elia erweitert sich sein Tal auf fünf bis sechs Kilometer Breite. Wie der Name schon sagt, ist er ein sehr schnell fließendes, nach Regen oder zur Zeit der Schneeschmelze auch reißendes Gewässer. Nördlich von Cassino war er damals eingedämmt. Knapp zwei Kilometer südlich von Cassino fließt der Rapido mit dem Gari zusammen, einem schmalen Bach, der unterhalb des Rocca Janula in Cassino entspringt. Erstaunlicherweise trägt der Fluss ab der Vereinigung den Namen Gari, nicht Rapido. Bei S. Angelo wird der Gari etwa wie folgt beschrieben: Breite bis 15 Meter, Tiefe bis zu vier Meter, sehr steile Uferböschungen, bis mehr als einem Meter oberhalb des Wasserspiegels. Auch hier ist der Fluss noch reißend. Wenige Kilometer unterhalb von S. Angelo fließt der Gari mit dem Liri zusammen, von dort an trägt er den Namen Garigliano. Liri und Garigliano sind typische Flüsse, wie man sie in flachen, fruchtbaren Tälern findet, mit mittleren Stromgeschwindigkeiten, in vielen Windungen, feuchte, zum Teil versumpfte Ufer. Das Garigliano-Tal ist bis zu vier Kilometer weit, teilweise war der Fluss eingedämmt, die Breite betrug am Unterlauf zwischen 100 und 130 Meter. Das Gewässer konnte nur mit Übersetzmitteln überwunden werden. Die Hinderniswirkung der Flüsse wurde bei der Anlage der Gustav-Linie verstärkt: Durch Aufstauungen und Dammsprengungen waren großflächige Überflutungen und Ansumpfungen hergestellt worden. Nördlich und ostwärts von Cassino beispielsweise konnte das Rapido-Tal nur an wenigen Stellen von leichten Fahrzeugen und Soldaten zu Fuß überquert werden. Die Uferzonen waren stark vermint und mit Flächendrahtsperren gesichert worden.

Der Stellungsbau an den steil aufsteigenden Hängen, felsig und mit Gesteinstrümmern übersät und nur mit niedrigem Buschwerk bewachsen, war schwierig gewesen. Die Anlage von Kampfständen und Unterständen, die Erweiterung natürlicher Aushöhlungen konnte nur mit Hilfe von Sprengungen erfolgen. Im freien Gelände wie in Ortschaften wurden Unterstände aus Stahlbeton, betonierte Waffenplattformen mit Panzerabwehrgeschützen oder mit aufgesetzten Geschütztürmen von Panzern angelegt. Die Stellungen und Stützpunkte wurden ebenfalls durch Minen und Drahtsperren gesichert. Wo Abholzungen erfolgen mussten, um das Schussfeld frei zu machen, blieben die Baumstümpfe als Hindernisse für Panzer stehen.

Vorgefertigte Kleinbunker wurden vor allem zur Sperrung des Liri-Tales zu hunderten eingebaut. Diese Stahlkästen waren etwa zwei Meter hoch und wurden tief in die Erde eingelassen. Sie waren drei Tonnen schwer und hatten Öffnungen für Beobachtung und Kampf. Ihre Panzerung betrug frontal zwischen neun und dreizehneinhalb Millimetern, seitlich zweieinhalb Millimeter.[28] Wegen des bevorstehenden Winters wurden die Stellungen mit Vorräten und

Heizmaterial versorgt. Das Wegesystem für Versorgung und Ablösung wurde, soweit möglich, verbessert. Ein Beispiel dafür war der „Neumann-Weg", heute eine öffentliche Straße zwischen Belmonte und Terelle, genannt nach dem Kommandeur des Pionierbataillons der 44. dt. Inf Div.

Feldmarschall Kesselring nahm bis in Einzelheiten Einfluss auf die Anlage der Verteidigungslinie, so gab er Anweisungen für den Stellungsbau und den Kampf heraus. Verantwortlich für den Ausbau war ein Pionierbaustab unter General Bessell. Unter dessen Führung arbeiteten ab November 1943 mehrere tausend Menschen am Ausbau der Stellungen: Formationen der Organisation Todt, deutsche, italienische und slowakische Baubataillone, dienstverpflichtete italienische Arbeitskolonnen aus der Gegend, die von den Deutschen bezahlt und versorgt wurden. In wenigen Wochen hatten diese Kräfte eine Befestigungslinie errichtet, die es auch einer abgekämpften und zahlenmäßig nicht sehr starken Truppe ermöglichte, über Monate hinweg erfolgreich zu verteidigen.[29] Verteidigt wurde die Gustav-Linie im Angriffssektor der 5. (US) Armee durch das XIV. dt. Pz Korps, das – von links – die 5. Geb Div, die 44. Inf Div, die 15. PzGren Div und die 94. Inf Div in der Stellung eingesetzt hatte. Zur Verteidigung des Eingangs zum Liri-Tal war mit der 15. PzGren Div eine „mechanisierte" Division vorgesehen worden.[30]

Unvergängliches Montecassino?

Ein herausragendes Ereignis bei den Kampfhandlungen um die Gustav-Linie und den Cassino-Schlachten war die Zerstörung der Benediktinerabtei Montecassino durch den alliierten Luftangriff am 15. Februar 1944. Um die Hintergründe und die Notwendigkeiten dieses Luftangriffs gab und gibt es viele kontrovers geführte Debatten. Oft erscheint es so, als sei die Zerstörung des Klosters das zentrale Ereignis der Cassino-Schlachten gewesen. Eine Bewertung der Bombardierung aus militärischer, rechtlicher und moralischer Sicht wird im Zusammenhang mit der 1. Cassino-Schlacht erfolgen.[31] Zuvor ist es jedoch geboten, auf die Geschichte und den geistigen Stellenwert dieses bedeutendsten aller Benediktinerklöster einzugehen.[32]

Als Papst Paul VI. am 24. Oktober 1964 Kloster und Kirche der wieder aufgebauten Abtei weihte, erklärte er den Hl. Benedikt zum „Patron Europas", denn „vor allem er und seine Söhne brachten mit Kreuz, Buch und Pflug christlichen Fortschritt zu den Völkern vom Mittelmeer bis Skandinavien, von Irland bis zu den Ebenen Polens."[33] Die Bedeutung des Werkes Benedikts für das, was wir heute unter „christlichem Abendland" verstehen, kann nicht hoch genug eingeordnet werden. Die bekannten Lebensdaten Benedikt von Nursias sind nicht zahlreich: Benedikt war der Sohn adeliger römischer Eltern, er wurde um 480 n. Chr. in Nursia im Sabinerland, etwa 150 Kilometer nordostwärts von Rom geboren. Zum Studium nach Rom geschickt, wendete er sich aus Ekel vor dem Sittenverfall und der Fäulnis einer Untergangs- und Umbruchzeit (das Weströmische Reich hat abgewirtschaftet und steht dem Zugriff der Germanen offen) vom weltlichen Leben ab und wurde Asket.

Über mehrere Etappen hinweg führte er das Dasein eines Eremiten, er ließ sich bei Subiaco (etwa 40 Kilometer ostwärts von Rom) in einer einsamen Gegend nieder, er wurde aus einer Gemeinschaft mit anderen Eremiten zum Vorsteher gewählt. Eremitentum bedeutete ein Leben nach den Vorbildern des frühchristlichen orientalischen Mönchtums, ein Leben von Entbehrungen, der Kampf mit Versuchungen, die bewusste Hinnahme äußerer Verwahrlosung. Benedikt wurde ein strenger Vorsteher, der bei der Gemeinschaft nicht ankam. Es gab Widerstand und Verfolgungen bis hin zum versuchten Mord. Benedikt zog sich wieder allein in die Einsamkeit zurück, war aber dort nicht vor seinen Widersachern sicher.

Begleitet von wenigen Getreuen und seiner Schwester Scholastika, mit der ihn ein sehr enges Verhältnis verband, verließ er die Gegend von Subiaco und wandte sich nach Süden, dort fand er bei Cassino auf dem Bergzug des Mt Cassino einen halbzerfallenen Apollo-Tempel, der offenbar immer noch im geheimen religiöse Bedeutung für die Landbevölkerung hatte. Im Jahr 529 gründete Benedikt dort das Kloster Montecassino. Der entstehenden Mönchsgemeinschaft gab er ein festes Regelwerk, das noch heute Grundlage des christlichen Mönchtums ist. Schnell bekam das Kloster Zulauf, es wurde wegen seines reformatorischen Ansatzes bekannt. So besuchte der ostgotische König Totila im Jahr 542 Montecassino. Er begegnete dort Benedikt und stellte das Kloster unter seinen Schutz. Bis zu seinem Tode im Jahre 547 (oder kurz danach) stand Benedikt der Klostergemeinschaft vor.

Bald strahlte Montecassino in die Region aus, Nachgründungen im benediktinischen Geist waren die Folge. Es bildete sich die „Terra Sancti Benedicti", nicht nur geistiges Zentrum, sondern auch weltliche Herrschaft. Auf diese Weise wurde im Laufe der Zeit Montecassino in politische Entwicklungen und Händel hineingezogen. Obgleich die Bedeutung Benedikts und Montecassinos bis in unsere Zeit erhalten geblieben ist, gab es neben dem Aufstieg auch Rückschläge. Benedikt selbst hat die viermalige Zerstörung seines Klosters vorhergesagt.

Erstmals wurde Montecassino im Jahr 577 durch die Langobarden zerstört. Die überlebenden Mönche retteten sich nach Rom, mit sich führten sie die Urschrift der „Regula Sancta", der Ordensregel des Heiligen Benedikt. Welche geistige Kraft seinen Ideen innewohnte, wird aus zwei Geschehnissen deutlich: Nach 130 Jahren, um 717, veranlasste Gregor II. die Neugründung des Klosters an der ursprünglichen Stelle. Bereits um 596 hatte Gregor der Große 40 Benediktinermönche nach Britannien geschickt, um die Angelsachsen zu bekehren. Von dort traten die Prinzipien Benedikts ihre Ausbreitung über den ganzen Kontinent an, seine „Söhne" wurden zu den Missionaren Europas: Bonifatius wurde, 719 mit der Missionierung der Germanen beauftragt, zum „Apostel der Deutschen". Um 724 gründete er das Kloster Fritzlar, 744 das von Fulda, das bald 400 Mönche zählte. Ansgar, um 831 erster Bischof von Hamburg, nennt man den „Apostel des Nordens". Adalbert, der Heilige Polens, versuchte die Missionierung der Slawen, Willibald, später Bischof in Eichstätt, von 730 bis 739 selbst Mönch in Montecassino, begann seinen Missionsauftrag nördlich der Donau um 739. Im Jahr 787 besuchte Karl der Große die Abtei auf dem Mt Cassino und stattete sie mit außergewöhnlichen Privilegien aus. Er erwog eine Anordnung, dass alle Klöster in seinem Reich nach den Regeln Benedikts leben sollten. Im 8. Jahrhundert wurden allein in Deutschland mehr als 60 Benediktinerklöster gegründet. „Wo die Adler Roms nicht hingelangt waren, haben die Mönche das Kreuz hingetragen", so sagt es Leccisotti.

Im Jahre 883 wurde Montecassino zum zweiten mal zerstört, diesmal durch einen Sarazenen-Einfall[34]. Auf Betreiben Odilos von Cluny – von Cluny war eine weitere Reformierung des

Mönchtums ausgegangen – wurde 949 Montecassino ein weiteres Mal gegründet. Erneut bildete das Kloster ein geistiges Zentrum, zu dem die Mönche aus allen Regionen strömten, nunmehr um nach den Prinzipien der Reformbewegung von Cluny geschult zu werden und das klösterliche Leben zu gestalten.

Der Höhepunkt, nicht nur in religiöser Hinsicht und in der politischen Machtstellung, sondern auch von der geistigen und künstlerischen Bedeutung her, fiel in das 11. und 12. Jahrhundert. Im 11. Jahrhundert stellten die cassinischen Mönche zwei Päpste, dreizehn Kardinäle und 14 Erzbischöfe und Bischöfe, im 12. Jahrhundert einen Papst, 15 Kardinäle sowie 26 Erzbischöfe und Bischöfe. 1071 wurde die Basilika eingeweiht, die im 17. Jahrhundert eine vollkommene Erneuerung erfuhr und im 18. Jahrhundert wiederum künstlerisch umgestaltet wurde. Bedeutende Fresken waren durch Luca Giordano, dem bekannten Maler aus Neapel, gemalt worden – durch die Bombardierung im Februar 1944 gingen sie unwiederbringlich verloren.[35]

Zuvor war 1349 die dritte der vorhergesagten Zerstörung eingetreten: Ein verheerendes Erdbeben ließ große Teile der Abtei zusammenstürzen. Auf Druck des Papstes Urban V. wurde diesmal sehr schnell mit dem Wiederaufbau begonnen.[36] Durch die Säkularisierung und während des italienischen Einigungsprozesses um 1860 wurde die politische Macht Montecassinos beseitigt. Die Bedeutung als religiöses Zentrum der Christenheit blieb davon unberührt. Als Zentrum der Geisteswissenschaften hat Montecassino gerade für die italienische Nation große Bedeutung bekommen – wesentliche Dokumente zur „Nationwerdung" Italiens werden heute in der Bibliothek der Abtei verwahrt.

Im Mittelpunkt der Regel Benedikts stand das Leben in der klösterlichen Gemeinschaft. Gebet, Arbeit, Ortsgebundenheit („stabilitas loci"), Gehorsam und die Suche nach Gott, das waren die Grundsätze, nach denen sich das mönchische Leben ausrichtete. Ein weiteres Fundament war das Prinzip „ora et labora". Jedes Kloster war ein geschlossenes Ganzes, wirtschaftlich autark, die Mönche hatten ihren Lebensunterhalt selbst zu bestreiten. Der Tagesablauf war in gleichlange Perioden der geistigen und der körperlichen beziehungsweise handwerklichen Arbeit eingeteilt. Ohne diesen Grundsatz hätten die Benediktiner nicht ihren Missionsauftrag in verlassenen und wenig entwickelten Gegenden erfüllen können.

Die Regel des „ora et labora" zeigt aber noch ein ganz wesentliches Merkmal der benediktinischen Welt: Das klösterliche Leben findet seine Bewährung nicht nur in der Kontemplation oder der geistigen Bindung an Gott, sondern auch in der Hinwendung an das alltägliche Leben. Die kulturelle Leistung der Benediktiner war nur durch diese Gleichgewichtigkeit möglich. Welchen kulturellen Fortschritt die Nachfolger Benedikts gerade in Deutschland bewirkt haben, das wird deutlich, wenn wir die Namen einiger bekannter Benediktinerabteien nennen: Hirsau und Fulda, Eichstätt und Ettal, Ottobeuren oder Beuron.

Über Ettal ist beispielsweise geschrieben worden: „Ettal zählt zu jenen Orten, die in ihrer Wesentlichkeit zu den Tiefen des Deutschtums und des Christsein vordringen und jenen unerschöpflichen Reichtum bergen, der den symbol- und geschichtsgesättigten Stätten eigen ist."[37]

5. Operative Planungen und Absichten auf deutscher und alliierter Seite

Anmerkungen

1 Ben Arie, S. 90, Golla, S. 386 und Molony, S. 601, nennen als Datum für den Angriff den 13.01.44. Blumenson, der uneingeschränkt Zugang zu den Akten auf der US-Seite hatte, nennt dagegen den 16.01.44 als Tag der Einnahme und zwei Regimenter – je eines aus der 34. und 36. (US) Inf Div – im Angriff auf den Mt Trocchio, anstelle nur des 168. (US) Inf Rgt. Vergleiche Blumenson, „Salerno ...", S. 315.

2 Die beiden für die Operationsführung maßgebenden Weisungen vom 04.10.43 und 06.11.43 wurden bereits im Kapitel 4 behandelt. Siehe dort die Fußnoten 31 und 54. Vergleiche den Originaltext in den Befehlsbeispielen 1 und 2 im Anhang.

3 Ein ausgearbeiteter Operationsplan mit diesen Inhalten liegt in der Literatur nicht vor. Er wurde nach verschiedenen Einzelpassagen zusammengestellt. Dabei wurden die Terminologie und das taktische Vokabular der Bundeswehr verwendet.

4 KTB OKW, Band III/2, S. 1369 (Eintrag vom 20.12.43) sowie S. 1382 (Eintrag vom 26.12.43). Vom Inhalt dieser Weisungen werden nur die Abschnitte wiedergegeben, die den Befehlsbereich OB Südwest betrafen.
   Am 06.01.44 wurde die Pz Div „HG" umbenannt in „FschPz Div HG". Dies war durch Göring angeordnet worden, um möglichst alle Luftwaffendivisionen in Italien einem Luftwaffen-Kommandostab unterstellen zu können. Panzerdivision und Fallschirm stehen im Widerspruch zueinander. Die Masse der Autoren ist auch bei der ursprünglichen Bezeichnung geblieben. Dem wird auch im Rahmen dieser Ausarbeitung gefolgt.

5 Die vorangegangene Darstellung stützt sich auf E. D. Smith, a.a.O., S. 36 f., das Portrait Kesselrings in Gerd F. Heuer, „Die deutschen Generalfeldmarschälle und Großadmirale 1933-1945" (Rastatt 1988), den Aufsatz von Samuel J. Lewis, „Albert Kesselring – Der Soldat als Manager" in Ronald Smelser/Enrico Syring, „Die Militärelite des Dritten Reiches" (Berlin 1997) sowie der Beitrag von Elmar Krautkrämer, „Generalfeldmarschall Albert Kesselring", in Gerd R. Ueberschär (Hrsg.), „Hitlers militärische Elite ..." (Darmstadt 1998). Ergänzungen gibt Piekalkiewicz, S. 14 f., Luise Jodl beschreibt in ihrem Buch „Jenseits des Endes" (Wien 1976) das Verhalten Kesselrings beim Prozess in Nürnberg, an dessen Gelassenheit, Würde und Hilfsbereitschaft in einer Zeit allgemeiner Verzagtheit und gegenseitiger Schuldvorwürfe sich viele aufrichteten. Erneut sei auf Kerstin v. Lingens negative Bewertung über Kesselring verwiesen, Kapitel 4, Fußnote 53.

6 Mit dieser Angabe bin ich englischen Autoren gefolgt. Legt man eine genaue Definition eines „Laienbruders" zugrunde, dann wäre von Senger Mitglied einer Klostergemeinschaft gewesen. Dies kann natürlich auf Grund seines Berufes nicht sein. Faktisch kann es sich nur um eine enge, nicht durch eine Form geregelte Bindung an den Benediktiner-Orden gehandelt haben.

7 Belege zur Biografie v. Sengers finden sich bei Dieter E. Kilian, „Elite im Halbschatten, Generale und Admirale der Bundeswehr" (Bielefeld/Bonn 2005), wiederum bei Smith, S. 37 f., bei Piekalkiewicz S. 15 f. sowie bei Parker S. 63 f. Einzelheiten zum Fall der Erschießung der italienischen Offiziere eine Schreiber, a.a.O., S. 46 f. und Hans Meier-Welcker, „Aufzeichnungen eines Generalstabsoffiziers 1939-1942", Freiburg/Breisgau 1982, S. 185.
   Fridolin v. Sengers Sohn, Dr. Ferdinand Maria v. Senger und Etterlin (1923-1987) beendete den Krieg als Rittmeister und stieg nach seinem Eintritt in die Bundeswehr bis zum Viersterne-General auf. In der Wehrmacht hatte er im Panzerregiment der 24. Pz Div gedient, im Spätsommer 1944 war er zum achten Mal verwundet worden. Dabei musste ihm der rechte Arm amputiert werden.

8 Blumenson, S. 297.

9 Ob Churchill seine Balkan-Pläne wirklich aufgegeben hatte, beispielsweise auf Kosten und anstelle des Unternehmens „Anvil" doch noch in der nördlichen Adria zu landen, um danach über das Laibacher Becken auf Wien vorzustoßen, soll an dieser Stelle dahingestellt bleiben.

10 Freie Übersetzung nach Ehrman, S. 206.

11 Smith, S. 26. Die Umstände der Abläufe, insbesondere die Sicherstellung der Landekapazitäten für die Seelandung, erfordern es, hinsichtlich der Planungsprozesse nachfolgend mehr Details zu geben und nicht nur den endgültigen Operationsplan vorzustellen.

12 „On this depends the success or ruin of our Italian campaign", so der Orginaltext, siehe erneut Blumenson, "Salerno ...", S. 297.

13 Wir haben in den Kapiteln 1, 3 und 4 geschildert, welches Misstrauen sich zwischen den US-Stabschefs und ihren britischen Kollegen mit der immer längeren Beibehaltung des Schwerpunktes der Operationen im Mittelmeer aufgebaut hatte. Nachdem nun in Teheran eine „endgültige" Entscheidung gefallen und der Kriegsschauplatz Mittelmeer eine nachgeordnete Priorität erhalten hatte, bestand die Gefahr, dass das Drängen auf ein erneutes Hinausschieben des Abzugs der Landungsschiffe sich politisch fatal auswirken konnte.

14 Ausführliche und erhellende Beschreibung zur Landungsschiff-Problematik – ergänzend zu den in Kapitel 4, Fußnote 66 gemachten Angaben – geben Ehrman, S. 207-221, Matloff, Kapitel XVI, S. 347-387, Coakley/Leighton, a.a.O., S.310-317, insbesondere die Tabelle 27 über die Aufteilung der LST auf S. 317. Leighton gibt eine zusammenfassende Darstellung auch über die Zusammenhänge der logistischen Probleme (für die Bereitstellung der LST) mit den strategischen Zielsetzungen in „Overlord versus the Mediterranean ..." in „Command Decisions", S. 255-285. Zum „politi-

schen Überbau" siehe Churchill, Band V, S. 380-395.

Warum man sich, wenn Anfang Januar noch 104 Landungsschiffe im Mittelmeer waren, auf eine Seelandung im Umfang von nur einer Division beschränkt hatte, kann nachträglich nicht mehr beurteilt werden.

15   Zwischen dem 11.01.44 und dem März 44 unterlagen die Truppenbezeichnungen für die Heeresgruppe einer mehrfachen Änderung. Erst im März 1944 erhielten die Landstreitkräfte in Italien ihre endgültige Bezeichnung, Allied Armies Italy, abgekürzt A.A.I. Um den Leser nicht zu verwirren, werde ich die neue Bezeichnung erst ab dem entsprechenden Kapitel übernehmen.

16   15th Army Group Operations Instruction 32, 2. Januar 1944; 15th Army Group Operations Instruction 34, „The Battle of Rome", 12. Januar 1944; 5th Army Operations Instruction 13, 10. Januar 1944; belegt durch Martin Blumenson, „General Lucas at Anzio", in „Command Decisions", S. 329 f. bzw. bei Blumenson, „Salerno ...", S. 314.

17   Die einzelnen Elemente der Aufträge wurden den in der Fußnote 16 angeführten Weisungen entnommen. Wiederum wurde für die Übersetzung die Terminologie der Bundeswehr gebraucht. Vergleiche zur Terminologie in der Befehlsgebung der Alliierten zeigt wieder Clarks Operationsbefehl vom 24.11.43, Befehlsbeispiel 3 im Anhang.

18   Siehe nochmals den soeben erwähnten Operationsbefehl im Anhang, Ziff. 3, Phase III.

19   Die Angriffe des II. (US) Korps, noch mehr aber des CEF gehören vom Ablauf her noch zu den Kämpfen zwischen Volturno und Gustav-Linie und wurden deswegen bereits im Kapitel 4 geschildert.

20   Siehe Übersichten 7 und 8 im Anhang, Aufstellung alliierter Divisionen in Italien.

21   Schon in den vorangegangenen Kapiteln haben wir mehrfach behandelt, dass die technische Ausstattung der alliierten Verbände im Gebirge/Hochgebirge und bei den winterlichen Verhältnissen oft nutzlos war und „primitive" Mittel, wie Tragtiere, für die Versorgung eingesetzt werden mussten. So könnte man annehmen, dass beispielsweise die pferdebespannte Artillerie der 44. Inf Div kein Nachteil sein musste. Im steil aufragenden Höhengelände um Cassino unter winterlichen Bedingungen waren aber die Feldgeschütze zum Stellungswechsel kaum in der Lage. Von „Beweglichkeit" konnte keine Rede sein.

22   Auf deutscher Seite gab es in einigen Truppengattungen die Bezeichnung „Abteilung" für einen Truppenkörper bestimmter Größe anstelle der Bezeichnung „Bataillon". So zum Beispiel bei der Artillerie, den Panzern/Panzerjägern, der Flugabwehr (Flak) oder der Nachrichtentruppe. Abteilungen oder Bataillone waren vom Umfang/der Größenordnung her vergleichbar. Innerhalb der Abteilungen gab es Kompanien oder Batterien.

23   Hier muss allerdings beachtet werden, dass ein Teil der Bataillone an der Nahtstelle zur 15. PzGren Div eingesetzt war. Einzelheiten folgen später, bei der Schilderung des Ablaufs der Kämpfe in Kapitel 7.

24   Die verfügbaren Kräfte auf beiden Seiten im KTB OKW, Band IV/2, Nachtrag „Der Krieg in Italien und im Heimatkriegsgebiet", S. 13-22, bei Ben Arie, S. 86 ff. und Molony, S. 586, S. 590 ff. sowie S. 594 ff. Die vorstehenden Zahlenangaben über die Ausstattung der Verbände sind hauptsächlich Golla, Anlage C (S. 476-486) und Anlage D (S. 487-501), entnommen.

25   Dönitz, a.a.O., S. 357.

26   In der Anzahl der alliierten Flugzeuge wurden die sechs Bombergruppen einbezogen, die zum strategischen Einsatz gegen das Reichsgebiet vorgesehen waren. Sie wurden daneben auch für Angriffe gegen die Verkehrsverbindungen in Italien eingesetzt. Die Zahlenangaben über die deutsche Luftwaffe führt Gundelach, S. 761-768 an. Siehe vor allem die Tabelle auf Seite 767. Von der genannten Zahl der Einsatzflugzeuge waren etwa 65 % einsatzbereit. Etwa die Hälfte des Bestandes waren Jagdflugzeuge. Hier spiegelt sich bereits die Reaktion auf die Einflüge der Bomber in das Reichsgebiet wider.

27   Bei einer Begehung des Schlachtfeldes in heutiger Zeit kann man erkennen, beispielsweise bei den Stellungen auf dem Mt Cifalco, dass sie im Wesentlichen linear angelegt waren. Heute noch erhaltene Stellungen auf dem „Schlangenkopf" (nördlich der Höhe 593 und im Bereich der Casa d'Onofrio), also fast zwei Kilometer hinter der HKL im Rapido-Tal, waren Feldstellungen, die durch die Truppe angelegt worden sind: Aus Steinen aufgesetzte Brustwehren mit flach ausgehobenen Schützenmulden.

28   Die Angaben über die Panzerung richten sich nach Ben Arie, S. 82. Im Gegensatz zu diesem gibt Molony (S. 480) für die Frontpanzerung eine Stärke von 5.46 und 3.51 inch an. Wenn ein inch 2,46 cm entspricht, dann wäre die Frontpanzerung bis zu 13 cm stark gewesen. Dies kann nicht stimmen.

29   Darstellungen zur Anlage und zum Ausbau der Gustav-Stellung bei Ben Arie, S. 78-84; Böhmler, S. 162-164; Kesselring S. 258 und S. 263-268; Blumenson, „Salerno ...", S. 310-312 und Fred Majdalany, „Cassino. Portrait of a Battle", London 1957, hier die Seiten 32-35. Vor allem aber bei Mario Canzani, „Il Fronte di Cassino", Formia 2009; dort die Kapitel 3-5, S. 15-59. Kritik am Ausbau durch die taktisch nicht vorgebildeten Baukolonnen übt Oberst Glasl, der Kommandeur des GebJg Rgt 100. Siehe Köhler, S. 349.
Zur Gliederung der gegenüber stehenden Kräfte des XIV. dt. Pz Korps und der 5. (US) Armee vergleiche die Übersichten 9 und 10 im Anhang.

30   Chef des Stabes des XIV. Pz Korps war, wie im Kapitel 3 beschrieben, bis zum 28.01.44 Oberst i.G. Bogislaw v. Bonin. Bonin war nach dem 20. Juli 1944 Leiter der Führungsabteilung im OKH. Wegen der nicht wörtlich befolgten Befehle Hitlers bei der Räumung von Warschau im Januar 1945 wurde er abgelöst, der Gestapo übergeben und bis Kriegsende in ein Konzentrationslager geworfen. Während der Aufbauphase der Bundeswehr ist er mit dem so genannten „Bonin-

Plan" bekannt geworden – einen durchgehenden Panzerabwehrriegel entlang der Zonengrenze zur Abwehr eines sowjetischen Angriffs. Bonins Nachfolger als Chef war Oberst i.G. Schmidt von Altenstadt.

31 Siehe Kapitel 7.
32 Die folgenden Ausführungen stützen sich auf Böhmler, S. 200-226, den Führer „Montecassino" von Tommaso Leccisotti (Basel 1949), eine Ausarbeitung von Pater Pius Fischer OSB „St. Benedikt in Bayern", eine Broschüre des Bundes Ehemaliger Fallschirmjäger Österreich von Josef Lang über Julius Schlegel, den Retter der Kunstschätze der Abtei (Kopie im Archiv des Verfassers) sowie auf die schriftliche Fassung eines Vortrages, den Pfarrer i.R. Edelbert Breu anlässlich einer militärhistorischen Exkursion auf dem Schlachtfeld über Benedikt von Nursia und den Benediktinerorden gehalten hat. Das Manuskript wurde vom Autor zur Verfügung gestellt.
33 Motu Proprio „Paxis nuntius", vom 24.10.1964.
34 In diesem Falle konnten die Mönche bereits Zuflucht in einem von Benediktinern gegründeten Kloster finden, in Teano bei Capua. Allerdings wurde bei einer Feuersbrunst bis auf das letzte Kapitel die Urschrift der „Regula Sancta" vernichtet, die zuvor auf Umwegen wieder nach Montecassino zurückgekommen war.
35 Die Grundfläche der eigentlichen Klostergebäude betrug 1944 mehrere Hektar. Dazu kamen – außerhalb der Klostermauern – Wirtschaftsgebäude, vor allem für die Landwirtschaft und Gartenanlagen.
Kernstück der Klosteranlage war neben der Basilika die Zelle Benedikts, dazu kamen die Wohnanlage der Mönche, mehrere Höfe, Kreuz- und Wandelgänge, beeindruckende Treppenaufgänge und ein massiver Torturm. Die älteren Gebäude mit teilweise meterdicken Mauern waren tief im Felsen verankert, darunter befanden sich unterirdische Gewölbe.
36 Papst Urban hatte bestimmt, dass alle Benediktinerklöster in der Welt einen besonderen „Zehnten" aufzubringen hatten, der zum Wiederaufbau verwendet wurde. Nach 1945 ist hierzu durchaus eine Parallele gegeben, als alle Benediktinerklöster der Welt für die Wiedererrichtung des „Mutterhauses" Geld spendeten.
37 Fischer, S. 130.

6

Die alliierte Seelandung bei Anzio und Nettuno
im Januar 1944

Landungskräfte und Landeraum (Lagekarten 6 und 10)

Am 21. Januar 1944, ab 05.00 Uhr, verließ der für das Landeunternehmen „Shingle" vorgesehene Hauptkonvoi den Hafen von Neapel. Auch aus den umliegenden Häfen (zum Beispiel von Salerno) waren zu unterschiedlichen Zeiten Teilkonvois ausgelaufen. Zur Täuschung der feindlichen Aufklärung und zur Umgehung von deutschen Minenfeldern schlug der Konvoi zunächst ostwärts an Ischia vorbei südwestliche Richtung ein. Mit Einbruch der Dunkelheit wurde der Kurs in Richtung Anzio geändert. Geleitet durch Markierungsschiffe und zwei U-Boote mit Navigationshilfen erreichte der gesamte Geleitzug von über 350 Schiffen kurz nach Mitternacht am 22. Januar die vorgesehenen Landeräume vor der Küste von Anzio und Nettuno. Unter der Führung des KG des VI. (US) Korps, Generalmajor John P. Lucas, waren für die erste Phase der Seelandung die 3. (US) Inf Div und die 1. (BR) Inf Div verschifft worden. Dazu kam die Kampfgruppe des 504. (US) FschJg Rgt, das 509. (US) FschJg Btl, drei US-Ranger Btl, die 2. (BR) Special Service Brig, bestehend aus zwei Kommandobataillonen sowie je ein amerikanisches und britisches Panzerbataillon. Auf den Schiffen des Konvois waren etwa 40 000 Soldaten und 5 200 Fahrzeuge der unterschiedlichsten Typen verladen. Als „follow up" waren Teile der 1. (US) Pz Div und eine Regiments-Kampfgruppe der 45. (US) Inf Div vorgesehen. Nach Entscheidung von General Clark konnte danach die Masse der 45. Inf Div und die verbliebenen Teile der 1. Pz Div (ohne das CC B, das bei Cassino verblieben war) nachgeführt werden. Nach der Landung aller dieser Kräfte würde das VI. (US) Korps 34 bis 35 Infanteriebataillone, drei Rangerbataillone, zwei Kommandobataillone, fünf Panzerbataillone, zwei Panzerjägerbataillone sowie ein MG-Bataillon umfassen. Dies wiederum entsprach einem Äquivalent von knapp vier Infanteriedivisionen und einer Panzerdivision.[1] Die alliierten Luftstreitkräfte setzten zur Unterstützung von „Shingle" bis zu 2 700 Flugzeuge ein, dabei zwischen 700 und 800 Bomber der Strategischen Bomberflotte sowie des Mittelmeer-Bomberkommandos,[2] welche die Aufgabe hatten, durch Angriffe auf die Verkehrsinfrastruktur das Heranführen deutscher Reserven zu verhindern.

Befehlshaber der Seestreitkräfte war der US-Konteradmiral Lowry, der für Einschiffung/ Transport, die Landung und die Unterstützung der Landung verantwortlich war. An Bord seines Führungsschiffes „Biscayne" befand sich auch der Gefechtsstand von General Lucas. In Übereinstimmung mit den vorgesehenen Landeräumen waren zwei „Task Forces" gebildet worden. Die größere US-Task Force wurde durch Lowry selbst geführt, sie hatte zwei Landeräume abzudecken. Der Führer der britischen Task Force war der britische Konteradmiral Troubridge. Er

und der Kommandeur der 1. (BR) Inf Div, General Penney, befanden sich an Bord des Führungsschiffes „Bulolo". Die gesamte Landungsflotte umfasste zwei Führungsschiffe, fünf Kreuzer, 24
Zerstörer, zwei Flugabwehrschiffe, zwei „gunboats", 23 Minenräumer, 32 U-Jagdschiffe, sechs
Werkstattschiffe, 16 LCT, bewaffnet mit Kanonen, Flugabwehrgeschützen oder Raketenwerfern, vier Frachtschiffe (Typ „Liberty"), acht LSI, 84 LST, 96 LCI und 50 LCT, insgesamt somit
eine Flotte von 354 Schiffen und Booten aus sechs Nationen: Amerikaner, Briten, Holländer,
Griechen, Polen und Franzosen.[3]

Minenräumboote hatten das Seegebiet vor den Landeräumen von Minen geräumt. Die Landung wurde eingeleitet mit einem Feuerschlag um 01.50 Uhr von zwei britischen LCT, die auf
den Landeraum der 3. (US) Inf Div und der 1. (BR) Inf Div je 785 Raketen verschossen. Auf eine
Feuervorbereitung durch die Schiffsartillerie war verzichtet worden, um den Überraschungs-
moment zu wahren. Exakt um 02.00 Uhr liefen die ersten Landungsfahrzeuge am Strand auf.

Absicht des VI. (US) Korps war es, zu landen und zunächst einen Landeraum zu nehmen
und zu sichern, der vom Mussolini-Kanal als ostwärtiger Grenze, dann entlang des westlichen
Abzweigs des Mussolini-Kanals über die Höhenschwelle Campomorto – Campo di Carne bis
zum Fso di Moletta als westlicher Begrenzung reichte. Die Tiefe dieses Brückenkopfes würde
etwas über 11 Kilometer, seine Frontlänge fast 42 Kilometer betragen.

Hierzu hatte das VI. Korps im Korpsbefehl vom 15. Januar angeordnet:

„…
2. VI. Korps landet 02.00 h … am D-Day an Küstenstreifen im Raum Anzio, nimmt und sichert
Landekopf, stößt vor in Richtung Colli Laziali …
3.a. 3. Inf Div … sichert und richtet ein Landekopf …
    Ist danach darauf vorbereitet, auf Befehl des Korps in Richtung Velletri vorzustoßen. …
3.b. 1. (BR) Inf Div … sichert und richtet ein Landekopf …
    Ist danach als Korpsreserve darauf vorbereitet, auf Befehl des Korps Gegenangriffe zu
    führen mit folgenden wahrscheinlichen Prioritäten: (1) In Richtung Norden, (2) in Richtung
    Nordosten, (3) in Richtung Nordwesten;
    Ist weiter darauf vorbereitet, beiderseits der Straße Anzio – Albano nach Norden vorzustoßen.
…"[4]

Die meisten der Gründe, die bereits im November 1943 zur Auswahl des Raumes Anzio –
Nettuno für eine Seelandung geführt hatten, hatten unverändert Bestand: Trotz einiger Nachteile
(Sandbänke vor der Küste, teilweise Dünenlandschaft) war dieser Raum im Abschnitt zwischen
Tiber und Terracina wegen der Geländeverhältnisse unmittelbar landeinwärts der Küste als der
am besten geeignet angesehen worden. Die Entfernung zum Angriffsziel betrug etwas über 30
Kilometer, zu den Albaner Bergen führten zwei gute Straßen, einmal die Straße Anzio – Alba-
no sowie die Straße Nettuno-Cisterna und weiter von dort nach Velletri. Der Landeraum lag in
günstiger Entfernung (etwa 150 Kilometer) zu den Einsatzflugplätzen der alliierten Jäger und
Jagdbomber im Raum Neapel. Der Fischereihafen von Anzio ermöglichte die Entladung von
Landungsschiffen und Transportern über die Hafenanlagen, so dass nach der unmittelbaren
Landung die von den Witterungsverhältnissen abhängige Landung über den Strand entfallen
oder reduziert werden konnte. Schließlich wurde die Entfernung zum Stadtgebiet von Rom (ca.

50 Kilometer) als günstig und die in den Raum Frosinone (mehr als 80 Kilometer) – von dort die Annäherung der Hauptkräfte – noch als akzeptabel erachtet.

Der Landeraum wurde im Nordwesten durch den Tiber und das Stadtgebiet von Rom begrenzt, im Norden durch den Höhenblock der „Colli Albani" (auch als „Colli Laziali" bezeichnet) und im Osten durch die Ausläufer der Monti Lepini. Die Albaner Berge erheben sich ziemlich abrupt aus den Küstenebenen bis zu Höhen über 900 Meter. Von den Höhen reichte die Beobachtung nicht nur weit nach Norden, sondern auch nach Süden bis zur Küste und weit aufs Meer hinaus, und von diesen Höhen aus beherrschte man die Zugänge nach Rom von Süden und Südosten – die Via Appia und die Via Casilina. In der Literatur wird der Kampfraum auch als „Arena" bezeichnet, bei der die Albaner Berge und die Monti Lepini die aufsteigenden „Ränge" und die Ebene die „Bühne" darstellen. Der Landeraum und das künftige Kampfgebiet schlossen zu einem großen Teil die Pontinische Ebene ein, eine erst 1928 aus den früheren „Pontinischen Sümpfen" gewonnene Landschaft, die von einer Vielzahl von Entwässerungsgräben und Kanälen durchzogen war.[5] Der bedeutendste Kanal in diesem Entwässerungssystem war der Mussolini-Kanal, nahezu in Nord-Süd-Richtung zur See verlaufend, mit einem westlichen Abzweig in Richtung Campomorto. Der Kanal floss zwischen meterhohen Dämmen, deren Kronenbreite 36 Meter betrug, er führte selbst bei Trockenheit Wasser und konnte mit Fahrzeugen nur auf Brücken überschritten werden. Im urbar gemachten Gebiet waren Retortenstädte errichtet worden, denen man noch heute ihren ursprünglichen Charakter ansieht, Aprilia, Pomezia oder Littoria (heute Latina), sowie landwirtschaftliche Siedlungen, „Borgos", zu deren Aufbau man Ansiedler aus Norditalien herangezogen hatte, dies kann man an vielen Namen erkennen: Borgo Piave, Borgo Bainsizza oder Borgo Pasubio.

Etwa im Zuge der Albaner Straße wird die Küstenebene in zwei unterschiedliche Geländeformationen geteilt. Ostwärts der Straße verlaufen Höhenzüge und tief eingeschnittene Bachtäler in Nord-Süd-Richtung, westlich der Straße dagegen von Osten nach Westen. Die ins Meer abfließenden Bäche bilden im Westen tiefe Schluchten, so genannte „Fossi", deren Ränder bis zu 40 Meter sehr steil abfallen. Der Boden der Schluchten war mit Krüppelholz, Buschwerk oder Schilf bewachsen, die Bachtäler waren im Sommer ausgetrocknet, bei längeren Regenfällen konnten sie sich durch den Wasseranstieg in reißende Flüsse verwandeln. Für quer verlaufende Angriffsbewegungen stellten sie ein starkes Hindernis dar. In halber Entfernung zwischen Anzio und Aprilia erhebt sich eine Höhenschwelle, die aus dem Bereich der Küste bis zu 80 Metern allmählich ansteigt. Südlich davon erstreckte sich das (damals) ausgedehnte Waldgebiet des „Bosco di Padiglione". Durch Höhenschwelle und Wald war der Küstenstreifen von Anzio und Nettuno der unmittelbaren Beobachtung von Norden entzogen. Trotz des Entwässerungssystems hatte die Ebene einen hohen Grundwasserstand, bei Regenfällen war das Gelände abseits von befestigten Wegen und Straßen aufgeweicht, für Fahrzeuge nur schwierig zu befahren und für Panzer überhaupt nicht gangbar. Von den abfallenden Hängen der Albaner Berge her war das Gelände mit Weingärten und Olivenhainen durchsetzt, südlich des Mussolini-Zweig-Kanals und der beschriebenen Höhenschwelle gab es offene Weideflächen. Die Bahnlinie Neapel – Rom stellte mit ihren Kunstbauten ein Hemmnis für Bewegungen in den Landekopf hinein oder aus ihm heraus dar.[6]

6. Die alliierte Seelandung bei Anzio und Nettuno

Die erste Phase der Landung (Lagekarte 10)

Für die Landung war wie bei Salerno erheblicher deutscher Widerstand schon im Strand-
bereich erwartet worden. So war man auf alliierter Seite, vom Zugführer bis zu General Lucas, der mit seinem Führungsschiff „Biscayne" sechs Kilometer vor der Bucht von Anzio auf
See ankerte, überrascht, dass es im gesamten Landeraum nur vereinzelt zu Feuergefechten
kam. Die drei Infanterieregimenter der 3. (US) Inf Div (7., 15. und 30. Inf Rgt) landeten auf
„X-Beach", sie hatten einen eigenen Landekopf zu bilden, dessen Tiefe über fünf Kilometer
betragen sollte und der sich zwischen dem Torre Astura und Nettuno erstreckte.[7] Die verstärkte
Regiments-Kampfgruppe 504. (US) FschJg Rgt sollte den Infanterieregimentern folgen. Im
Laufe des Vormittags standen die Regimenter in der vorgesehenen Tiefe, die gesamte Artillerie und die unterstützenden Panzer waren an Land. Im Zuge des Mussolini-Kanals war eine
Sicherungslinie aufgebaut worden, zum Schutz der rechten Flanke wurden vier Brücken über
den Kanal gesprengt. Die Truppe grub sich ein und erwartete Gegenangriffe, mit denen sich
die Deutschen aber Zeit ließen. Die drei Rangerbataillone (1., 3. und 4. Btl) der 6615. (US)
Ranger Grp waren auf „Yellow-Beach" gelandet und hatten den Hafen von Anzio eingenommen, das nach ihnen gelandete 509. (US) FschJg Btl war in Richtung Nettuno abgebogen und
hatte den Ort besetzt. „Yellow" erstreckte sich von Nettuno bis nach Fornace Materna (heute
im Stadtgebiet von Anzio etwa in der Gegend der Villa Nerone). Nur im Hafengebiet hatte es
Behinderungen durch deutsche Minen gegeben. Die Hafenanlagen waren nur zum Teil zerstört.
Pioniere der 36. (US) Pi Rgt begannen mit der Instandsetzung. Im Ortsbereich von Anzio
waren einige Gefangene aus der 8. Kompanie des dt. Gren Rgt 71 gemacht worden. Einer
der US-Fallschirmjäger erlebte die Landung so: „Der Tag war sonnig und warm, und es war
schwer zu glauben, dass sich (hier) ein Krieg abspielte, und wir im Zentrum des Geschehens
waren." General Truscott, der Kommandeur der 3. (US) Inf Div, hatte gegen 06.00 Uhr seinen
Gefechtsstand an Land verlegt.

Auftrag der 1. (BR) Inf Div war es, auf „Peter-Beach" zu landen. Der Landeraum hatte
ebenfalls eine Tiefe von knapp sechs Kilometern und erstreckte sich vom Torre Caldara knapp
sieben Kilometer entlang der Küste in die Gegend Torre S. Lorenzo. Bei der 1. Inf Div ging als
erstes die 2. Brigade an Land. Hier gab es einige Schwierigkeiten, da die Landungsschiffe auf
eine Sandbank, mehr als hundert Meter vom Strand entfernt, aufliefen und die Landungstruppen danach wieder tieferes Wasser zu überwinden hatten. Dennoch war die 2. Brigade mit drei
Infanteriebataillonen um 02.45 Uhr an Land, danach folgte die 2. Special Service Brig, die
Gardebrigade (24. Brig) landete bis 11.30 Uhr. Der Stab der 2. Brig führte ab 05.30 h von Land,
die unterstützende Artillerie war bereits um 08.30 Uhr wirkungsbereit.

Während des gesamten Tages störte deutsches Artilleriefeuer nur sporadisch die Anlandung.
Am Nachmittag des 22. Januar bereits war der Hafen von Anzio einsatzbereit. General Lucas
entschloss sich wegen der Schwierigkeiten auf „Peter-Beach", die Anlandung der Briten dorthin
zu verlegen. Künftig konnten im Hafen sechs Landungsschiffe gleichzeitig entladen werden.
Frachter konnten den Hafen nicht anlaufen, sie mussten ihre Ladung auf kleinere Transporter
umschlagen. General Alexander und General Clark inspizierten den Landekopf im Laufe des

Vormittags, der Adjutant des 1. Btl Scots Guards berichtete darüber: „General Alexander besichtigte den Brückenkopf diesen Morgen, er trug seine Mütze mit den roten Streifen, er fuhr in einem Jeep, er wurde begleitet vom üblichen Gefolge. Wir wurden erneut erinnert an die Vergleiche dieser Operation mit einer Übung. Der Leitende Schiedsrichter besucht die vorderste Stellung und findet alles zu seiner Zufriedenheit ... "

Am Nachmittag und Abend des 22. Januar waren die Truppen auf gesamter Breite damit beschäftigt, den Brückenkopf in einen verteidigungsbereiten Zustand zu versetzen. Mit Beginn der Dunkelheit standen britische Sicherungskräfte in der Linie Fso di Diavolo – westliches Ende der Höhenrippe von Campo di Carne. Die 2. Special Service Brig hatte eine Position vier Kilometer nördlich von Anzio bezogen und dort Verbindung mit den Rangern hergestellt, die eine Riegelstellung rittlings der Straße Anzio/Aprilia besetzt hatten. Die 24. Garde Brig wurde in einem Verfügungsraum bei Torre Caldara bereitgehalten. Sie war Teil der Reserve des Korps, die General Lucas mit der 1. (BR) Inf Div gebildet hatte, die sich aber noch mit Teilen an Bord der Transportschiffe befand. Aufklärungstrupps der Division hatten bis zum Moletta-Graben aufgeklärt, aber nur einige Aufklärungsfahrzeuge der Deutschen festgestellt. Die Regimenter der Amerikaner standen am Zweig-Kanal. Im Laufe des Tages waren drei Aufklärungsgruppen in Richtung Littoria, Cisterna und Velletri angesetzt worden, keine davon erreichte ihr Ziel. Die Ursache mag darin gelegen haben, dass Major Crandall, Kommandeur des Aufklärungsbataillons, „spurlos" in deutscher Gefangenschaft verschwand. Ansonsten war keine tief angesetzte Aufklärung betrieben worden, um Fühlung mit dem Feind herzustellen.

Um Mitternacht 22./23. Januar waren 36 000 Mann und 3 200 Fahrzeuge sowie große Mengen an Versorgungsgütern an Land gesetzt worden, dies waren 90 Prozent der Beladung des Konvois. General Lucas hatte sich entschlossen, nun auch die 1. Inf Div zu landen. Deren Ausladung war am frühen Vormittag des 23. Januar abgeschlossen.[8] Zur Koordinierung der Luftwaffenunterstützung auf taktischer Ebene war das XII. (US) ASC[9] befohlen worden, dem alle Jäger- und Jagdbomberverbände unterstellt waren. Die Aufgaben der Luftwaffe zur Unterstützung von „Shingle" würde man heute als Jagdschutz während der Bewegungen auf See, während der Landephase und der Einnahme des Brückenkopfes bezeichnen. Weitere Aufgaben waren dann die Gefechtsfeldabriegelung sowie die unmittelbare Luftunterstützung. Die Angaben über die am 22. Januar geflogenen Einsätze schwanken zwischen 1 200 und etwa 650.[10] Zu jeder Stunde des Tages patrouillierten mindestens 32 alliierte Jäger in unterschiedlichen Höhen für Abfangeinsätze über dem Landekopf, während der Dämmerungszeiten war diese Anzahl auf acht Nachtjäger, während der Dunkelheit auf vier Nachtjäger reduziert.

Schon 14 Tage vor der Landung beginnend, hatten die alliierten Bomber-Flotten Angriffe gegen das italienische Eisenbahnnetz geflogen, dabei mit erster Priorität gegen die nach Süden führenden Strecken Pisa – Rom, Bologna – Florenz – Arezzo – Rom sowie gegen eine Alternativstrecke dazu, nämlich Florenz – Siena – Rom, und gegen die Strecke Bologna – Rimini – Ancona in den Raum ostwärts von Rom. Daneben erfolgten Angriffe gegen Flugplätze der Luftwaffe. Gegen alle Ziele insgesamt wurden dabei im Zeitraum 15. bis 21. Januar ca. 2 800 t Bomben abgeworfen.[11] Ab Mittag des 22. Januar griffen deutsche Flugzeuge zeitlich nacheinander in sechs Wellen die Landungsflotte an. Zum Einsatz kamen etwa 100 Flugzeuge. Ohne

Ausnahme wurden alle Angreifer durch die alliierten Jäger abgefangen, in den Luftkämpfen wurden zwei deutsche und sechs alliierte Flugzeuge abgeschossen.[12]

Vorbereitungen zur Abwehr feindlicher Seelandungen bei der HGr C

Die HGr C hatte zusätzlich zu der mit Masse im Küstenschutz eingesetzten 14. Armee und dem Bereithalten des I. Fsch Korps mit zwei Divisionen als Reserve im Raum südlich von Rom für den Fall einer feindlichen Großlandung von See für die Heranführung von Kräften aus dem gesamten Bereich der Heeresgruppe ab dem 12. Januar 1944 umfangreiche Planungen vorgenommen. Hierbei wurden fünf mögliche Landeräume in Betracht gezogen und für Planung und Ausführung mit einem Decknamen versehen:

Fall 1 - Rom   Deckname „Richard"
Fall 2 - Livorno   Deckname „Ludwig"
Fall 3 - Genua   Deckname „Gustav"
Fall 4 - Rimini-Venedig   Deckname „Viktor"
Fall 5 - Istrien   Deckname „Ida"

Die Heeresgruppe unterstellte dabei, dass gleichzeitig mit der Großlandung ein Angriff gegen die 10. Armee geführt werden würde. Trotzdem hatte sich auch die 10. Armee auf die Abgabe von Kräften einzustellen, da die Zerschlagung einer Seelandung in ihrem Rücken für sie lebensnotwendig war.[13] In diesem Zusammenhang befahl die 10. dt. Armee dem XIV. und LXXVI. Pz Korps am 14. Januar, die bisher abgelösten Teile der 15. PzGren Div und der 26. Pz Div innerhalb von acht Stunden für eine Verlegung marschbereit zu halten, dazu je eine schwere Heeresartillerieabteilung mit der gleichen Zeitvorgabe, die beiden Aufklärungsabteilungen jedoch, die PzAA 115 und die PzAA 26, mit einer Marschbereitschaft von sechs Stunden.[14]

Auch die 14. dt. Armee hatte am 18. Januar die Bereithaltung von Eingreifreserven für Seelandungen befohlen: Neben der vor kurzer Zeit eingetroffenen 65. Inf Div (-1 Rgt) war dies eine in den Raum Lucca verlegte Kampfgruppe des SS-PzGren Rgt 35[15] (ein verstärktes Bataillon), das Gren Rgt 955 der 362. Inf Div (verstärkt durch eine Art Abt und Pi Kp) sowie der Aufklärungsabteilung der 356. Inf Div.[16] Die Verlegung der Eingreifkräfte wurde nach Alarmkalender vorgeplant. Dabei wurden Sammel- und Bereitstellungsräume, Eisenbahntransporte, Marschstrecken, Maßnahmen zur Versorgung und zur Verbindung, der Transportraum für nicht mit Kraftfahrzeugen ausgestattete Verbände so vorbereitet, dass die jeweiligen Einsatzfälle nur noch durch Stichwort ausgelöst werden mussten.

Bei der Feindlagebeurteilung war die HGr C in Abstimmung mit dem WFSt – General Jodl hatte im Bereich OB Südwest Anfang Januar eine Frontreise durchgeführt – davon ausgegangen, dass dem Gegner zusätzlich zu den in Italien eingesetzten Großverbänden in Nordafrika, in Sizilien und in Süditalien noch mehrere Divisionen zur Verfügung standen, die sowohl der Front zugeführt als auch für überholende Seelandungen verwendet werden konnten. Einen feindlichen Landeversuch in nächster Zeit erwartete man aber nicht.[17] Die seither vorgenommene Versammlung einer großen Transportflotte im Hafen von Neapel war erkannt worden. Im Führungskreis des OB Südwest/HGr C war man jedoch der Auffassung, dass eine Seelandung erst dann durchgeführt werden würde, wenn sich Erfolge eines vorausgehenden Angriffs an der Hauptfront abzeichnen sollten. Durch den Angriff des X. (BR) Korps im Garigliano-Abschnitt der Gustav-Linie ab dem 17. Januar war die Lage an der Hauptfront aber als so kritisch angesehen worden, dass Kesselring nach einem gewissen Zögern sich zum vollen Risiko entschloss: Unter der Führung des I. Fsch Korps wurde zunächst die 29. PzGren Div dann auch noch die 90. PzGren Div nach Süden geworfen, um den Einbruch der 5. (US) Armee in die Gustav-Linie angriffsweise zu bereinigen.[18]

Auch Admiral Canaris, Amtschef des Amtes Ausland/Abwehr im OKW und damit verantwortlich für die Feindaufklärung, weilte am 21. Januar zu einem Besuch beim Stab OB Südwest. Er hielt auf Grund seiner Lageerkenntnisse eine größere feindliche Seelandung zu diesem Zeitpunkt für nicht wahrscheinlich. Hierzu muss man sagen, dass das Netz deutscher Agenten in Süditalien mit dem Ausweichen der Deutschen nach Norden sehr lückenhaft geworden war. Für die Fernaufklärung der deutschen Luftwaffe war es wegen der feindlichen Luftherrschaft sehr schwierig geworden, die befohlenen Aufklärungsziele zu erreichen. Die in den Nächten 18./19. Januar und 20./21. Januar angesetzte Fernaufklärung scheiterte. Die Flugzeuge kehrten ohne Ausnahme nicht zu ihren Heimatbasen zurück. Wegen der Fehler in seiner Amtsführung und wiederholter falscher Lagebeurteilungen des Admirals war die Reputation der Abwehr im OKW immer mehr gesunken. Die erneute Fehlbeurteilung des Abwehrchefs, die verschiedene Ursachen hatte, verstärkte diesen Ansehensverlust bei den militärischen Führungsstäben.[19] Kesselring fühlte sich durch Canaris in seinem Entschluss, seine Reserven eingesetzt zu haben, bestätigt. Mit Beginn der Angriffe der 5. (US) Armee ab dem 17. Januar waren die Truppen in der Küstensicherung in Alarm versetzt worden. Nach dem Gedankenaustausch mit Canaris wurde dieser Alarm für die Nacht 21./22. Januar aufgehoben.

Um ein Bild vom Ausmaß der Küstenüberwachung zu geben, sollen nachfolgende Details angeführt werden: Als die 29. dt. PzGren Div nach Süden verlegte, verblieb zur Küstensicherung zwischen Terracina und dem Tiber die „Kampfgruppe Ziegler", benannt nach dem Kommandeur der PzAA 129, Major Ziegler. Die Kampfgruppe bestand aus dem II./PzGren Rgt 71, der PzAA 129 selbst und einigen Pioniereinheiten.[20] Im Abschnitt Terracina-Asturabach – auf 50 Kilometer Küstenfront – sicherte die PzAA 129 ohne ihre PzSpäh Kp. Rechts daneben, im Abschnitt Asturabach – Tibermündung (65 Kilometer Küstenfront) sicherte das II./PzGren Rgt 71 (Einsatzstärke 260 Mann), verstärkt durch die PzSpäh Kp 129. Bei der Entwaffnung der italienischen Armee hatten die Deutschen zahlreiche italienische Küstenartillerie-Batterien übernommen. Ein Großteil der Geschütze war nicht verwendungsfähig, es fehlten Fernmeldemittel und vor allem Munition. Deswegen waren am 22. Januar im Raum zwischen Tiber und Terracina nur zwei Artilleriebatterien einsatzbereit: Eine mit italienischen 10-cm-Kanonen ausgestattete Batterie bei Castell Porciano (zwischen Ostia und Pomezia) und eine deutsche 17-cm-Kanonenbatterie bei Genzano. Der Feuerschlag mit Raketenwerfern war zwar von verschiedenen Beobachtern auf deutscher Seite erkannt worden, da aber in den vergangenen Tagen alliierte Schiffe mehrfach aus Täuschungszwecken Küstenziele beschossen hatten, wurde dies als der übliche „Feuerzauber" abgetan. Angeblich kam die Nachricht über die alliierte Seelandung mehr zufällig in die deutsche Meldekette: Ein Unteroffizier einer Eisenbahnpioniereinheit, der in Anzio einen Auftrag zu erfüllen hatte, fuhr mit der Meldung über die Landung mit dem Motorrad zurück nach Albano. Über einen Infanterieleutnant, den er per Zufall traf und den Ortskommandanten von Albano erreichte die Meldung wohl den Stab des Stadtkommandanten von Rom. Für das Einlaufen der Nachricht über die Landung beim Gefechtsstand OB Südwest auf dem Mt Soratte nördlich von Rom werden die Zeitpunkte 04.00 Uhr und 05.00 Uhr genannt.[21] Selbst die letztgenannte Zeit erscheint noch unglaublich schnell. Um 06.00 Uhr wurde der Fall „Richard" ausgelöst. Aus dem Befehlsbereich des 14. dt. Armee sind folgende Zeiten für die Bereitstellung der geplanten Verstärkungen bekannt: Die 65. Inf Div wurde aus der Küstensicherung bei Genua herausgelöst, das Vorauspersonal fuhr um 16.30 Uhr ab, die Kampfgruppe des SS-PzGren Rgt 35 wurde ab 15.00 Uhr verlegt, der Abmarsch einer Kampfgruppe der 356. Inf Div war zur gleichen Zeit angelaufen.[22]

Deutsche Reaktion auf die Operation „Shingle" (Lagekarten 9 und 10)

Die Führung der HGr C war überrascht worden und zu einem denkbar ungünstigen Zeitpunkt durch die Landung getroffen. Zusätzlich zu den mit „Richard" ausgelösten Maßnahmen hatte Kesselring noch zwei andere dringliche Aufgaben zu lösen: Es galt, die Lage bei Anzio/Nettuno auch von der Führungsorganisation her unter Kontrolle zu bringen und es mussten weitere Reserven bereit gestellt werden. Den deutschen Führungsmaßnahmen insgesamt stellt der israelische Militärhistoriker Ben Arie ein bemerkenswertes Urteil aus: „Die Militärmaschinerie der Deutschen reagierte mit der Effizienz und Geschwindigkeit, die ihre Gegner immer wieder in Erstaunen versetzte".[23] Um 08.30 Uhr wurde das I. Fsch Korps unter General Schlemm, das zur Beseitigung des Einbruchs am Garigliano mit den beiden Panzergrenadierdivisionen nach Süden in Marsch gesetzt worden war, zurück befohlen. Das Korps übergab seinen Auftrag bis 11.30 Uhr an das XIV. Pz Korps und übernahm schon ab 17.30 Uhr die Führung im Raum Anzio mit Gefechtsstand in Grottaferrata. Bis dahin hatte ein General Schlemmer mit dem Rückwärtigen Gefechtsstand des I. Fsch Korps die ersten Aktionen geführt. Diese Angabe, beispielsweise von Molony, ist mit Zweifeln zu versehen.[24]

Die Heeresgruppe ging am 22. Januar davon aus, dass der Gegner mit zwei Infanteriedivisionen und einer Panzerdivision auf einer Breite von 35 Kilometern gelandet war. Da die dem I. Fsch Korps am schnellsten zuzuführenden Truppen erst im Laufe des 23. Januar beziehungsweise erst am 24. Januar eintreffen konnten, erhielt General Schlemm den Auftrag, in jedem Falle die Linie Tiber – Albaner Berge – Sezze (in der Luftlinie ca. 14 Kilometer ostwärts von Littoria) zu halten und damit eine Einwirkung des Feindes auf die Straße Nr. 6 zwischen Frosinone und Rom zu verhindern. Wenn der Feind es erlauben würde, sollten jedoch Sicherungen so weit wie möglich vorwärts an den Landekopf heran geschoben werden, die Sicherungslinie sollte nach und nach mit eintreffenden Verbänden verdichtet werden.[25] Unter General Ritter von Pohl, dem Flakführer „Süd", wurde südlich von Rom ein Panzerabwehrriegel aus Flak-Verbänden der Luftwaffe aufgebaut, um einen Durchbruch feindlicher Panzerverbände auf Rom zu verhindern.

Noch am 22. Januar erhielt die 14. dt. Armee eine Vororientierung, dass sie sich darauf einzustellen habe, auch nach Süden abgezogen zu werden, am 23. Januar wurde dazu der Befehl erteilt. Den bisherigen Auftrag der Armee übernahm ab dem 24. Januar das LXXXVII. Armeekorps, nach dem Namen des KG „Armeegruppe Zangen" benannt. Auch das LI. Gebirgskorps wurde aus dem adriatischen Raum abgezogen und erhielt den Auftrag zur Küstensicherung nördlich der Tibermündung. In Abänderung der ursprünglichen Planungen wurde diesem Korps zum Küstenschutz die geschlossene 362. Inf Div unterstellt, die gleichzeitig noch den Auftrag erhielt, an der Tibermündung eine Riegelstellung, Front nach Südosten, zu besetzen. Erste Teile der Division marschierten am 22. Januar, die Masse der Division übernahm ab dem 27. Januar ihren Auftrag.[26] Erstaunlicherweise erachtete man auf deutscher Seite die Möglichkeit einer weiteren Seelandung, etwa im Raum Civitavecchia, als sehr hoch.[27] Weitere Kräfte, über den für „Richard" festgelegten Umfang hinaus, konnte man nur aus dem Bereich der 10. dt. Armee und zwar von deren linkem Flügel an der Adriafront gewinnen. So erhielt die 10. Armee den Auftrag, nicht nur die Ablösung der 26. Pz Div durch die 3. PzGren Div abzubrechen – die 3. PzGren Div war so, wie ihre Teile frei wurden, in den Raum Anzio zu führen –, sondern auch noch die Herauslösung der 26. Pz Div abzuschließen, um sie danach als Heeresgruppenreserve zur Verfügung zu halten. Darüber hinaus erhielt die 10. Armee sukzessive den Auftrag, Teile der HPzJg Abt 525, eine Kampfgruppe der 1. FschJg Div und mehrere Artillerieverbände dem I. Fsch Korps/der 14. Armee zuzuführen.[28] Transportbewegungen von Verbänden der 71. Inf Div, die sich auf dem Wege in den Raum der 10. dt. Armee befand, wurden in Richtung alliierter Landeraum umgeleitet.

Die Schnelligkeit, mit der die Führung auf allen Ebenen reagierte, die Bereitschaft, Risiken hinzunehmen, um klare Schwerpunkte zu setzen, wird nicht relativiert, wenn man feststellt, dass die deutsche Reaktion auf die Landung auch von Hektik und Kurzfristigkeit gekennzeichnet war und dass – weil sich bald darauf die Lage auch an der Gustav-Linie krisenhaft entwickelte – manche getroffene Entscheidung sehr bald wieder umgestoßen werden musste.

Gegen 12.45 Uhr meldete die Heeresgruppe dem WFSt die alliierte Landung mit den bis dahin erkannten Einzelheiten. Der Fall „Marder" für die Landung bei Rom wurde ausgelöst. Da sich inzwischen die Lage auf den anderen Kriegsschauplätzen weiter entwickelt hatte, konnten nicht alle vorgesehenen Verstärkungen zugeführt werden. Der OB West setzte die 715. (t.mot) Inf Div sowie die I./PzRgt 4, mit „Panthern" ausgestattet, in Marsch. Vom OB Südost war die 114. Jg Div bereits in der Verlegung in den Raum der 14. Armee begriffen. So wurde nur noch die Abstellung von zwei Artillerieabteilungen befohlen. Aus dem Bereich des Ersatzheeres wurden der Stab des LXXV. Armeekorps (General Dostler), das GrenRgt 1026, die PzGrenRgt 1027 und 1028 sowie das Artillerie- und Nebelwerferlehrregiment in Marsch gesetzt. Die vorgesehene Abstellung der Pz Div „HG" und der 90. PzGren Div in den Bereich OB West wurde aufgehoben.

Die deutsche Luftwaffe verfügte in der Luftflotte 2 mit Stand 20. Januar über 337 Flugzeuge, darunter etwa 200 Jäger. Die Zahl der einsatzbereiten Flugzeuge war deutlich geringer. Der OB Luftwaffe befahl die Zuführung von insgesamt sieben Gruppen Jagd- und Kampfflugzeugen aus Frankreich und Griechenland nach Italien. Durch diese Verstärkungen gelang es bis Ende Januar, die Anzahl auf 474 verfügbare Flugzeuge zu erhöhen.[29] Obgleich die Luftflotte 2 einen Schwerpunkt gegen den alliierten Landekopf bildete – zeitgleich liefen heftige Kämpfe im Bereich der 10. dt. Armee ab – war von so geringen Kräften keine durchschlagende Wirkung zu erwarten. Bis auf die Zuführung der Luftwaffenverbände würde es Tage dauern, bis die beschriebenen Verstärkungen nach dem Plan „Marder" im Raum südlich von Rom wirksam werden konnten.

Welche Kräfte standen nach kurzer Reaktionszeit zur Verfügung, um sie gegen die Seelandung einzusetzen? Die 4. FschJg Div befand sich im Raum Perugia in der Aufstellung. Am 18. Januar war ihr befohlen worden, aus bereits einsatzfähigen Verbänden eine Eingreifgruppe zusammen zu stellen, zu der unter dem Stab des FschJgRgt 11 je ein Bataillon aus den FschJgRgt 11 und 12 herangezogen wurden. Nach dem Kommandeur des FschJgRgt 11 erhielt die Einsatzgruppe die Bezeichnung Kampfgruppe „Gericke".[30] Sie wurde bei Isola Farnese, etwa 15 Kilometer nordwestlich von Rom, bereitgehalten. Gegen 05.30 Uhr am 22. Januar wurde die Kampfgruppe alarmiert. Da der Transportraum nur für ein Bataillon reichte, sollte das Bataillon Hauber voraus in den Raum Albano geführt werden. Wir können davon ausgehen, dass das Bataillon Hauber am frühen Nachmittag, das Bataillon Kleye im Laufe des Abends im Einsatzraum westlich der Albaner Straße eingetroffen waren. Gericke erhielt bei seiner Einweisung auf dem Gefechtsstand von General Schlemmer den Auftrag, die aus dem Landeraum führenden Straßen Anzio-Aprilia und Anzio-Ostia durch Auffangstellungen zu sperren, eigene Sicherungen so weit feindwärts wie möglich vorzuschieben sowie feindliche Aufklärung und Sicherungen zurückzuwerfen. Als zunächst verfügbarem Führungsstab wurde der Kampfgruppe ein „Gemischtwarenladen" unterschiedlicher Truppen, vom Wachzug bis zum Flak-Bataillon, nach und nach unterstellt.[31]

Die Pz Div „HG" lag in einem Verfügungsraum nördlich von Terracina. Trotz der eigentlich vorgesehenen Abgabe an den OB West waren Truppenteile der Division ab dem 17. Januar zur Abstützung der 94. dt. Inf Div am Garigliano eingesetzt worden.[32] Nach widersprüchlichen Angaben verschiedener Autoren wurden im Laufe des 22. Januar aus dem Bereich der Division Feldersatzverbände und einige selbstständige Einheiten – eine Panzerjägerkompanie verstärkt durch Flak, eine Pionierkompanie und eine Aufklärungskompanie – herangeführt und zur Sicherung eingesetzt, nach anderen Angaben sogar ein Bataillon des Pz Rgt „HG". Angeblich traf im Laufe des Tages auch noch der Stab der 3. PzGren Div ein und übernahm die Führung im Abschnitt der Albaner Straße, mit Sicherheit meldete sich am 22. Januar noch der Stab der Pz Div „HG" und übernahm die Führung gegenüber dem ostwärtigen Teil des Landekopfes mit Gefechtsstand in Cisterna.

Gegen Abend war auf deutscher Seite eine Sicherungslinie aufgebaut, die von La Fossa an der Straße nach Ostia über eine Gefechtssicherung nördlich von Aprilia (dort Sturmgeschütze der Kampfgruppe Gericke) bis zu Sicherungen ostwärts des Mussolini-Kanals reichte, hier war die PzAA 129 nach Norden eingeschwenkt. In der Nacht zum 23. Januar trafen als weitere geschlossene Truppenteile das Gren Rgt 29 der 3. PzGren Div und das PzGren Rgt 104 der 15. PzGren Div ein. Sie wurden als Kampfgruppe „Schönfeld" beziehungsweise als Kampfgruppe „Ens" im Zentrum zwischen der Kampfgruppe Gericke und den Kräften der Pz Div „HG" eingeschoben. Für den 23. Januar kann man auf deutscher Seite in der Sicherung vom Äquivalent von etwa neun Infanteriebataillonen, einem Panzerbataillon, Pioniereinheiten, Artillerie und Sturmgeschützeinheiten ausgehen. Die Infanteriebataillone hatten teilweise sehr geringe Gefechtsstärken, die Anzahl der Panzer und Sturmgeschütze dürfte etwa 50 betragen haben.[33]

An dieser Stelle ist es geboten, einen Einschub über die Verlässlichkeit von Angaben in Quellen und Literatur vorzunehmen. Hinsichtlich des Zeitraums 22. bis 25. Januar 1944 finden wir äußerst widersprüchliche Angaben über den Umfang der gegenüber dem alliierten Landekopf eingesetzten deutschen Truppen, noch mehr aber über den Zeitpunkt ihres Heranführens und ihres Einsatzes. Wie schon erwähnt, existieren die Kriegstagebücher der Divisionen im betreffenden Zeitraum nicht mehr. Dies gilt auch für das Kriegstagebuch des I. Fsch Korps. Das Kriegstagebuch Nr. 2 der 14. dt. Armee setzt mit seinen Eintragungen erst ab dem 24. Januar ein, als der Stab im Raum südlich von Rom eingetroffen war. Das Kriegstagebuch Nr. 2 des LXXVI. Pz Korps beginnt mit seinen Eintragungen am 3. Februar, nachdem das Korps die Führung vor dem ostwärtigen Teil des Landekopfes übernommen hatte. Die Kriegstagebücher des OKW und des OB Südwest sind auf Grund der Führungsebene, die sie abbilden, meist zu global, um verlässliche Details wiederzugeben.

Die Operationsführung im Zusammenhang mit der Seelandung Anzio/Nettuno ist kein Ruhmesblatt für die alliierte Führung. Dies versucht man dadurch zu kaschieren, indem man in der anglo-amerikanischen Literatur den Umfang der deutschen Kräfte überhöht und die zeitliche Verfügbarkeit zu positiv darstellt. Es ist daher schwierig, die Abläufe auf deutscher Seite im Zeitraum 22. bis 27. Januar korrekt aufzuzeichnen. Deswegen kann auch die vorliegende Darstellung Fehler enthalten.[34]

Im Laufe des 23. Januar trafen weitere Teile der Pz Div „HG" ein, die Kampfgruppe „Corvin" (zwei Panzergrenadierbataillone) und später die Kampfgruppe „Schulz" der 1. FschJg Div (ein Fallschirmjägerbataillon und das FschMG Btl 1). Unter der Führung des I. Fsch Korps sowie der Pz Div „HG" und der 3. PzGren Div hatte sich nun schon ein etwas dichterer „Einschließungsring" um den feindlichen Landekopf gebildet. Zur Erleichterung der Deutschen verlief auch der 23. Januar ohne größere Aktivitäten von alliierter Seite. Insgesamt stellte sich die Lage so dar: Die kritische Schwächephase auf deutscher Seite war noch nicht überwunden. Noch sah man sich nicht in der Lage, eine Ausweitung des Landekopfes zu verhindern. Die Absicht eines Gegenangriffs zur Beseitigung des Landekopfes wurde zwar konkreter, dieser konnte aber erst in einigen Tagen geführt werden, sobald die nötigen Verstärkungen eingetroffen waren – sofern die Feindlage es dann noch erlauben würde. Angeblich, so Erklärungen nach dem Kriege durch Kesselring und General Westphal, habe man ab dem 23. Januar die Lage bereits wieder positiver gesehen, der günstigste Zeitpunkt für einen Vorstoß des VI. (US) Korps auf Rom, in Richtung Albaner Berge oder in Richtung Valmontone im Sacco-Tal zur Sperrung der Straße Nr. 6, sei vorbei gewesen. Dies mag gerechtfertigt erscheinen, wenn man als Bezugspunkt die kritische Lage am 22. Januar zu Grunde legt. Ansonsten konnte eine solche Beurteilung nur auf der Inaktivität der alliierten Führung beruhen, nicht jedoch auf dem gegebenen Kräfteverhältnis, wie sich weiter unten zeigen wird. Selbst am 24. Januar waren die Möglichkeiten des VI. (US) Korps, auf die Albaner Berge vorzustoßen, durchaus noch gegeben.

In welchem Dilemma sich die Führung der HGr C trotz allem vordergründigen Optimismus befand, zeigen Überlegungen, bei stärkeren Angriffen der 8. (BR) Armee an der Adria sowie der Fortsetzung der Angriffe bei der 5. (US) Armee mit dem linken Flügel der 10. dt. Armee auf die Foro-Stellung zurückzugehen, beim XIV. Pz Korps die Cassino-Stellung aufzugeben und den

„Senger-Riegel" zu beziehen, am Garigliano-Abschnitt aber weiter entschlossen festzuhalten. Der linke Flügel der 10. dt. Armee verfügte beim LXXVI. Pz Korps wegen der Abgabe von Truppen zur 14. Armee und zum XIV. Pz Korps nur noch über Kräfte in der Stärke von zwei Divisionen. Die Foro-Stellung knapp 12 Kilometer südlich von Pescara war allerdings inzwischen besser ausgebaut worden. Zur Bewertung des Ablaufs auf alliierter Seite im Zeitraum 22. bis 24. Januar ist es wichtig, diese Überlegungen im Gedächtnis zu behalten.[35]

Sicherung des Landeraums oder Stoß in den Rücken der 10. dt. Armee? (Lagekarte 10)

Nach der Ausladung der Masse der 1. (BR) Inf Div am Vormittag des 23. Januar standen General Lucas nunmehr ungefähr 27 Infanteriebataillone zur Verfügung, zwei Panzerbataillone mit etwa 135 Kampfpanzern, weit über 200 Artilleriegeschütze der Divisions- und Korpsartillerie sowie eine sehr große Anzahl leicht gepanzerter und mit leichten Geschützen bewaffnete Aufklärungsfahrzeuge in den Aufklärungsbataillonen der Divisionen.[36] Hieraus wird deutlich, dass es General Lucas am 23. Januar ein leichtes gewesen wäre, den deutschen Sicherungsring zu durchbrechen. Lucas war aber mehr auf die Risiken von „Shingle" bedacht als auf die positiven Möglichkeiten, die mit der Operation verbunden waren. Bei ihrer Inspektion am 22. Januar im Landeraum hatten sich Alexander und Clark (der ihn begleitet hatte) zufrieden gezeigt. Alexander telegrafierte an Churchill „Wir haben einen guten Start gehabt." Am 23. Januar folgte ein weiteres Telegramm: „Der Kräfteaufbau schreitet zufriedenstellend voran … Ich habe die Bedeutung nachdrücklich betont, durch den kühnen Ansatz kampfkräftiger, beweglicher Aufklärung Fühlung mit dem Feind herzustellen."[37] Diese Äußerung ist bemerkenswert: Er, der Oberbefehlshaber der Landstreitkräfte in Italien, muss auf eine Selbstverständlichkeit hinweisen! Vor allem aber ist festzustellen: Das VI. (US) Korps bereitete sich auf die Abwehr eines deutschen Angriffs vor, für den es überhaupt kein Anzeichen gab.

Am 23. Januar wurde der Landekopf ohne nennenswerten feindlichen Widerstand im Westen bis zum Moletta-Graben, im Norden und Nordosten bis Campo di Carne und zum Mussolini-Zweig-Kanal ausgeweitet, er hatte nun eine Tiefe von 11 Kilometern und eine Frontbreite von fast 26 Kilometern – damit hatte man fast die ursprünglich beabsichtigte Ausdehnung erreicht. Ebenfalls am 23. Januar wurde Lucas informiert, dass am 24. Januar eine Kampfgruppe der 45. (US) Inf Div landen sollte, bestehend aus dem 179. (US) Inf Rgt, verstärkt durch ein Artilleriebataillon und Pioniere. Er gliederte nun seine Kräfte wie folgt: Im Osten unmittelbar an der Küste beginnend wurde am Mussolini-Kanal die Kampfgruppe des 504. (US) FschJg Rgt eingesetzt. Deren Gefechtsstreifen reichte bis etwa zur Gabelung des Mussolini-Kanals mit dem Zweig-Kanal. Danach anschließend hatte die durch die Ranger-Gruppe verstärkte 3. (US) Inf Div eine Stellung bezogen, deren linke Grenze an der Albaner-Straße lag. Der Gefechtsstreifen der 1. (BR) Inf Div reichte von der Albaner Straße (einschließlich) bis zur Einmündung des Moletta-Baches ins Meer. Nach ihrem Eintreffen wurde die Kampfgruppe 179. (US) Inf Rgt Korpsreserve. Die 2. (BR) Special Service Brig wurde nach Neapel zurückgeführt. General Clark sah nun vor, in den nächsten Tagen die Masse der 45. (US) Inf Div und die 1. (US) Pz Div (-) in den Landekopf zu bringen.

Diese Planungen zeigen, dass die Alliierten ihre Transportbewegungen ungehindert über See durchführen konnten. Auch die Ausladung im Hafen von Anzio verlief regelmäßig ohne gravierende Störungen. Gelegentlich feuerten weitreichende deutsche Geschütze in den Landeraum hinein. Alliierte Kriegsschiffe lagen als Artillerieplattformen im Seegebiet vor Anzio, gesichert durch kleinere Schiffe sowie von speziellen Flugabwehr-Schiffen. Auch an Land hatten starke Flak-Verbände Stellung bezogen. Ihre Aufgabe war es, Anlandungen und Versorgungslager gegen Angriffe aus der Luft zu schützen.

Am Abend des 23. Januar griff die deutsche Luftwaffe die feindliche Flotte und Ausladepunkte an. Eingesetzt waren jedoch lediglich 55 Flugzeuge, von denen 25 frühzeitig abgefangen wurden; 21 Kampfflugzeuge konnten zu den Angriffszielen durchstoßen. 11 der angreifenden Flugzeuge wurden abgeschossen. Dennoch gelang es, den Zerstörer „Janus" zu versenken und den Zerstörer „Jervis" so zu beschädigen, dass er nach Neapel zurücklaufen musste. Nach diesem Angriff entschied der Flottenchef, dass die Kreuzer wegen der zu hohen Gefährdung abgezogen werden sollten. Im Morgengrauen des 24. Januar führten die Deutschen einen erneuten Angriff mit 43 Kampfflugzeugen, im Verlauf des Tages folgte ein weiterer mit 52 Kampfflugzeugen. Bei beiden Angriffen wurden ein Zerstörer und ein Minenräumer beschädigt, durch einen Pilotenirrtum wurde das Lazarettschiff „St. David" versenkt und dessen Schwesterschiff „Leinster" in Brand geschossen. Erneut erlitt die Luftwaffe im Raum Anzio den Verlust von 14 deutschen Kampfflugzeugen. Wir wollen hier den Überblick über alliierte Schiffsverluste vervollständigen: Am 22. Januar waren zwei Kriegsschiffe durch Treibminen beschädigt worden, am 24. ebenso der Zerstörer „Mayo". Am 29. Januar wurde der Kreuzer „Spartan", der in das Einsatzgebiet zurückgekehrt war, versenkt, gleichfalls ein Liberty-Frachter.

Am 24. Januar endlich wurde stärkere Aufklärung aus dem Landeraum heraus angesetzt. Die 24. Garde Brig fand Aprilia feindbesetzt. Sie kam mit einigen Gefangenen der 3. dt. PzGren Div zurück. Aufklärungsvorstöße der Amerikaner in Richtung Cisterna über den Zweig-Kanal hinweg wurden durch Kräfte der Pz Div „HG" abgewiesen.[38] War Clark am 22. Januar noch voll zufrieden mit dem Ablauf gewesen, so wurde er ab dem 23. Januar ungeduldig. Er verlangte von Lucas Antwort auf folgende Fragen: Mit welcher Tiefe wurden die Aufklärungsvorstöße angesetzt? Welche Ergebnisse wurden erbracht? Was waren die Absichten für die unmittelbar nachfolgenden Operationen? Wie wird die Feindlage beurteilt? Wie waren die gegenwärtigen und absehbare Entladungskapazitäten im Hafen von Anzio einzuschätzen? Wurde der Ablauf der Anlandungen durch das Wetter beeinträchtigt?[39] An diesem Tag stand Clark das Scheitern des Angriffs des II. (US) Korps an der Hauptfront über den Gari bei St. Angelo, südlich von Cassino, vor Augen. Am 25. Januar wollte er einen neuen Angriff mit dem II. (US) Korps und dem CEF beginnen, um das Höhengelände nordwestlich von Cassino zu durchstoßen. Wäre es da nicht angebracht gewesen, zur Unterstützung mit dem VI. (US) Korps im Raum Anzio/Nettuno zu einer aggressiveren Operationsführung überzugehen?

Wir müssen zu General Alexanders Operationsweisung vom 12. Januar zurückkommen (Lagekarte 9). Zur Operation „Shingle" hieß es hier:

„... 5. Armee bereitet eine amphibische Operation vor, mit dem Zweck, ein Korps in der Stärke von zwei Divisionen und den erforderlichen Korpstruppen im Raum Nettuno zu landen, ihm folgend eine starke und voll mobile Angriffsgruppe, gebildet aus den Kräften einer dritten Division. Die Ziele dieser Operation sind es, die Haupt-Verbindungslinien des Feindes in den Colli Laziali im Raum südostwärts von Rom zu unterbrechen und das XIV. deutsche Korps in seinem Rücken zu bedrohen … "

Der Operationsbefehl Clarks am gleichen Tage dagegen war wie folgt formuliert:

„ … Mission. Fifth Army will launch attacks in the Anzio area on H-hour, D-Day.

a) To seize and secure a beachhead in the vicinity of Anzio.

b) Advance on Colli Laziali [Alban Hills]."[40]

Die offensichtliche Änderung seines Auftrages durch die 5. (US) Armee hat General Alexander ohne Einwände hingenommen. Von einer Unterbrechung der Verbindungslinien war hier nicht mehr die Rede. Darüber hinaus stand unausgesprochen vor der Ziffer b) das Wort „danach", d.h. Priorität hatte für die 5. (US) Armee das Gewinnen eines sicheren Landekopfes, erst wenn dies gelungen war, sollte in Richtung Albaner Berge vorgegangen werden. Verunsicherung konnte aufkommen über die Bedeutung des Wörtchens „on". War damit „toward the Alban Hills" gemeint oder „to the Alban Hills", das heißt „in Richtung" oder „auf" die Albaner Berge?

Der Operationsbefehl der 5. (US) Armee wurde durch Brigadegeneral Brann, den Operationsoffizier (G3) der Armee am 12. Januar persönlich überbracht. Er erklärte, warum sich Clark so unbestimmt ausgedrückt hatte. „Brann machte deutlich, dass Lucas' vordringlicher Auftrag war, einen Landekopf zu nehmen und zu sichern. Das war alles, was die 5. Armee erwartete. Brann legte dar, dass viele Überlegungen über den Wortlaut des Befehls angestellt worden waren, um Lucas nicht zu veranlassen, auf das Bergmassiv der Albaner Berge durchzustoßen mit dem Risiko, sein Korps zu opfern. Sollten die Umstände jedoch einen Vorstoß auf die Höhen rechtfertigen, dann läge es an Lucas, die Gunst der Stunde auszunutzen."[41] Doch solch eine Entwicklung der Lage schien dem Stab der 5. Armee wenig wahrscheinlich zu sein. General Clark erachtete Lucas' Streitmacht als nicht stark genug, beides zu tun: Einen ausreichend tiefen Landeraum zu sichern und damit die Verbindungen über See offen zu halten und gleichzeitig einen kraftvollen Stoß zur Unterbrechung der Verbindungslinien der 10. dt. Armee zu führen.

Auf der Ebene der 15. HGr hatte man bei der Feindlagebeurteilung angenommen, dass Kesselring am Tage der Landung ein Korps mit zwei Divisionen, dazu einige Fallschirmjäger- oder Panzerverbände gegen die Seelandung einsetzen konnte. Diese Annahme war, wie wir wissen, ziemlich korrekt. Am dritten Tage nach der Landung würden die Deutschen in der Lage sein, aus dem Adria-Abschnitt eine weitere Division herauszuziehen, bis zum 16. Tag nach der Landung dann nochmals zwei Divisionen, wahrscheinlich aus dem Raum nördlich von Rom. Allerdings ging man davon aus, dass es den alliierten Luftstreitkräften gelingen würde, das Heranführen dieser Truppen durch Gefechtsfeldabriegelung zu verhindern oder zu verzögern, ganz abgesehen davon, dass durch den Angriff der Hauptkräfte der 5. Armee ja deutsche Reserven nach Süden gezogen werden sollten. Die Feindlagebearbeiter (G2) bei der 5. (US) Armee nahmen an, dass am ersten Tag zwölf Bataillone auf deutscher Seite gegen das VI. (US) Korps angesetzt werden konnten, am Tag nach der Landung 20 Bataillone, am zweiten und sechsten Tag dann 23 beziehungsweise 29 Bataillone. Wie unterschiedlich die Lagebeurteilungen im einzelnen auch waren, stimmten sie doch darin überein, dass die Deutschen mit relativ kurzen Reaktionszeiten in der Lage sein würden, im Vergleich zu den eigenen Landungstruppen etwa gleich starke Kräfte aufzubieten. Konsequenz musste es also sein, schnell zum Angriffsziel vorzustoßen, um die anfängliche Überlegenheit zu nutzen. Der systematische und Zeit in Anspruch nehmende Aufbau eines Landekopfes mit dem Schwerpunkt der Sicherstellung der Verbindungen über See entsprach dem nicht.[42]

Im November, bei den ersten Planungen für Anzio, war es Clarks Absicht gewesen – im Gegensatz zu Alexander – die Albaner Berge durch die Hauptkräfte der 5. Armee einzunehmen und durch die Landungskräfte nur einen Unterstützungsangriff führen zu lassen. Bei den nunmehr gegebenen Entfernungen – 13 Kilometer zur Gustav-Linie, etwa 70 Kilometer bis Frosinone und über 100 Kilometer zu den Albaner Bergen – konnte eine Einnahme dieses Höhenblocks durch die Hauptkräfte erst nach harten und zeitaufwendigen Kämpfen erwartet werden. Je aggressiver jedoch das VI. (US) Korps auf die Albaner Berge vorstoßen würde, desto eher würde die Gustav-Linie durchbrochen werden können, dies war ja gerade die Idee von „Shingle" und die Absicht General Alexanders. Natürlich war das VI. (US) Korps in den Flanken gefährdet, und der Angriff in Richtung Albaner Berge oder in Richtung Valmontone stellte ein Risiko dar, aber wozu war man im Rücken des Feindes gelandet? War es so, wie Brigadier Smith etwas ironisch schreibt, dass General Clark erwartete, „allein die Existenz eines solchen Landekopfes würde die Deutschen in Panik versetzen und zum Rückzug veranlassen?"[43]

Vergebene Gelegenheiten?

Wie ausgeführt, hatte Brigadegeneral Brann Generalmajor Lucas am 12. Januar den Handlungsspielraum gegeben, günstige Lageentwicklungen zu nutzen, um auf die Albaner Berge vorzustoßen. In seinem Korpsbefehl vom 15. Januar (siehe oben) hatte Lucas deutlich erkennen lassen, dass er allenfalls „in Richtung Albaner Berge" vorrücken wollte, jedoch nicht beabsichtigte, das Höhengelände einzunehmen. Clark hatte dagegen keine Einwände gehabt, ebenso wenig wie zuvor Alexander gegen Abänderungen seiner Absichten durch Clark etwas unternommen hatte. Blumenson führt aus, dass Clark noch am Nachmittag des 22. Januar bei der Inspektion des Landekopfes vor seiner Rückkehr nach Neapel General Lucas gewarnt hatte: „Don't stick your neck out, Johnny. I did it at Salerno and got into trouble."[44] Clark musste eigentlich wissen, dass „Johnny" Lucas ohnehin nicht der Mann war, „to stick his neck out."

Lucas war vorzeitig gealtert (eigentlich war er erst 54 Jahre alt) und abgenutzt durch die monatelangen harten Kämpfe seines Korps durch den Apennin, er war übervorsichtig, ein Methodiker, im persönlichen Verhalten wie eine alte Jungfer. Clark hatte mit dem Stichwort „Salerno" einen bezeichnenden Hinweis gegeben: Die beinahe gescheiterte Landung bei Salerno hatten die amerikanischen Generale „noch nicht aus den Kleidern geschüttelt". Lucas war Nachfolger von General Dawley in der Führung des VI. (US) Korps geworden, als dieser nach Abschluss der Kämpfe um Salerno wegen Unfähigkeit abgelöst worden war. Seitdem Lucas erfahren hatte, dass sein Korps „Shingle" durchführen sollte, waren seine Tagebuchaufzeichnungen voller Skepsis über das „Verzweiflungsunternehmen", zu dem seine Kräfte hinten und vorne nicht ausreichen würden. Mit einem Verweis auf Churchill bemerkte er, „(dass) die ganze

Sache einen starken Geruch von Gallipoli hat, und offensichtlich sitzt der gleiche Amateur noch auf dem Kutschbock.“[45] Wie das Leben so spielt, sollte gerade General Lucas' Führungsverhalten dazu beitragen, dass aus „Shingle“ beinahe ein zweites Gallipoli geworden wäre. Selbst wenn Lucas zunächst nur das Gewinnen eines Brückenkopfes und dessen Sicherung gegen eventuelle deutsche Angriffe beabsichtigt hatte, war es ein Verstoß gegen Führungsprinzipien, seinen Divisionen nicht kampfkräftige Aufklärung befohlen, oder solche nicht wenigstens am Morgen des 22. Januar ad hoc angesetzt zu haben. Solche kampfkräftige Aufklärung – sicherlich in Kompanie- bis Bataillonsstärke, unterstützt durch Panzer und Artillerie – hätte am Mittag des 22. Januar im Raum Cisterna – Velletri und Albano stehen können. Ein Vorgehen in Richtung Rom war weniger wichtig. Rom hatte zwar psychologische, aber geringere operative Bedeutung.

Alexander und Clark, mit ihrer Lageübersicht, mussten eigentlich wissen, dass die beiden im Raum südostwärts von Rom bereit gehaltenen deutschen Divisionen, die 29. PzGren Div und die 90. PzGren Div, nach Süden gezogen worden waren, denn schließlich hatten diese Divisionen den Einbruch des X. (BR) Korps über den Garigliano abgeriegelt. Warum haben sie nicht auf kampfkräftige Aufklärung in die Tiefe gedrungen? Erst in der Nacht 22./23. Januar trafen auf deutscher Seite die beiden Kampfgruppen Schönfeld und Ens auf dem Gefechtsfeld ein. Sie wären dann über den Raum Albano – Velletri nicht mehr nach Süden vorgekommen. In der ursprünglichen Planung zu „Shingle“ war vorgesehen gewesen, das 504. (US) FschJg Rgt ungefähr 15 Kilometer landeinwärts, etwa im Raum nördlich von Aprilia, im Zuge der Albaner Straße mit Fallschirmen zu landen. Als immer mehr die Sicherung des Landekopfes Vorrang vor dem Gewinnen der Albaner Berge erhielt, wurde dieser Sprungeinsatz mit fadenscheinigen Gründen abgesagt.[46]

Wir haben erwähnt, dass Kesselring noch am 23. Januar – obgleich vom Feind keine weiteren Aktionen ausgegangen waren – nicht ausgeschlossen hätte, im äußersten Falle mit der 10. Armee auf die Foro-Stellung und den Senger-Riegel zurückzugehen. Unterstellt man zum Beispiel, mehrere Fallschirmjägerbataillone wären in der Nacht zum 22. Januar im Raum zwischen Aprilia und den Albaner Bergen gelandet, unterstellt man weiter, die herangeführten deutschen Truppen wären am 22. Januar bei Albano-Grottaferrata und bei Velletri auf mechanisierten Feind gestoßen und abgeriegelt worden, dann wäre ohne Zweifel eine Situation eingetreten, die die deutsche Führung zwangsläufig zu weitreichenden Entschlüsse gezwungen hätte.

Für die deutsche Führung gab es dabei drei Möglichkeiten:
- Das Zurückgehen auf die Foro-Stellung und den Senger-Riegel wie soeben beschrieben.
- Die Besetzung der Cäsar-Stellung mit der 10. und 14. Armee, um ein Abschneiden von Teilen der 10. Armee zu verhindern und um dennoch weiter südlich von Rom zu halten. Die Cäsar-Stellung reichte von den Albaner Bergen über Avezzano bis nach Pescara, war zu dieser Zeit aber kaum ausgebaut.
- Schließlich die Operationen südlich von Rom abzubrechen und auf den nördlichen Apennin auszuweichen, so wie dies bereits im September 1943 vorgesehen war.

Wie Hitler sich besonders zu den beiden letzten Lösungen gestellt hätte, dies ist eine offene Frage. In jedem Falle wäre der italienische Feldzug anders verlaufen – zu den Schlachten um Cassino wäre es nicht gekommen.

Der Verlauf der Operationen um den Landeraum entwickelte sich nachfolgend so, dass zeitweise die Gefahr der Zerschlagung des alliierten Landekopfes durch die Deutschen bestand. In der angelsächsischen Literatur wird bis heute argumentiert, dass eine im Gegensatz zum vorsichtigen Vorgehen von General Lucas „riskante Operationsführung" tatsächlich die Vernichtung des VI. (US) Korps nach sich gezogen hätte. Damit wird absurderweise eine Operationsführung verworfen, bei deren Anwendung die Gefahr der Zerschlagung gar nicht entstanden wäre.

Kräfteaufbau und erste Versuche zur Ausweitung des Landeraumes (Lagekarte 10)

Zeitgleich zu den sich fortentwickelnden Kampfhandlungen um den Landekopf wurde der Kräfteaufbau auf beiden Seiten weitergeführt. Nach dem Entschluss General Clarks über die Zuführung wurde die 1. (US) Pz Div (-) noch am 24. Januar in zwei Geleitzügen verladen. Bis Mitternacht am 25. Januar wurden der Divisionsstab und eine Kampfgruppe gelandet. Wegen des schlechten Wetters folgte der Rest der Division erst kurze Zeit später. Molony vermerkt, dass bis zum 29. Januar 69 000 Mann, 237 Kampfpanzer und 508 Geschütze gelandet worden seien. Churchill dagegen gibt, gestützt auf Meldungen der Marine, schon für den 28. Januar 356 Kampfpanzer im Landeraum an, innerhalb einer Gesamtzahl von 12 350 gelandeten Kraftfahrzeugen aller Art.[47] Zusammen mit den im Zeitraum 22. bis 24. Januar gelandeten Truppen standen General Lucas ab dem 29. Januar für seine Operationen Truppen in Stärke von etwa dreieinhalb Infanteriedivisionen und einer Panzerdivision zur Verfügung, mit über 500 Artilleriegeschützen und ca. 350 Kampfpanzern.

Bis zum 2. Februar wurde in den Landekopf bei Anzio noch die 1. (US/CA) SSF zugeführt, am 3. Februar folgte – der Division voraus – die 168. Inf Brig der 56. (BR) Inf Div. Bis zum 3. Februar wurde auch die Masse der 45. (US) Inf Div gelandet, ein exaktes Datum konnte nicht ermittelt werden.[48]

Im Laufe des 24. Januar trafen die Führungsteile des Stabes 14. dt. Armee im Raum der Albaner Höhen ein. Am 25. Januar, ab 18.00 Uhr, übernahm die 14. Armee die Führung über das I. Fsch Korps und das LI. Geb Korps in der Küstensicherung nördlich von Rom. Bei der Einweisung am 24. Januar auf dem Gefechtsstand der Heeresgruppe war General v. Mackensen von Feldmarschall Kesselring befohlen worden, im Falle feindlicher Angriffe zur Erweiterung des Landekopfes die „2. Stellung" zu halten, sollte jedoch der Gegner inaktiv bleiben, etwa mit Zeitpunkt 28. Januar einen eigenen Angriff zur Beseitigung des Landekopfes führen.[49] Wie aufgezeigt, hatten die Stäbe Pz Div „HG" und 3. PzGren Div am 22. und 23. Januar bereits die Führung in ihren „Gefechtsstreifen" übernommen. Spätestens am 26. Januar wurde rechts neben der 3. PzGren Div die nur mit Einschränkungen einsatzbereite 4. FschJg Div eingesetzt. Alle drei Divisionen führten nicht nur von der Grundgliederung her eigene Truppenteile, sondern auch die unterschiedlichen Kampfgruppen, Regimenter oder Bataillone, so wie sie nach und nach im Kampfraum ankamen. Bis zum 28. Januar war auch noch der Stab 71. Inf Div eingetroffen, über das Einschieben der 65. Inf Div zwischen 4. FschJg Div und 3. PzGren Div werden Zeiten zwischen dem 26. und 28. Januar genannt. Wir sollten den 28. Januar annehmen, da an diesem Tage die so genannte „Gruppe Pfeifer", bestehend aus der 4. FschJg Div und der 65. Inf Div gebildet wurde, benannt nach dem Kommandeur der 65. Inf Div, General Pfeifer.[50]

6. Die alliierte Seelandung bei Anzio und Nettuno

Ab dem 28. Januar standen im Einschließungsring gegenüber dem VI. (US) Korps unter der Führung von fünf Divisionsstäben 27 Infanteriebataillone und zwei Panzerbataillone. Diese Truppenteile kamen aus 11 verschiedenen Divisionen.[51] Die 26. Pz Div sammelte im Verfügungsraum bei Avezzano. Die ersten Kampfteile der 715. Inf Div (verstärktes I./ InfRgt 735) trafen im Laufe des 29. Januar südlich von Rom ein, der Zulauf der 114. Jg Div stand bevor. Angesichts dieses Kräfteaufbaus auf deutscher Seite würde nun die Erweiterung des Landeraums durch General Lucas auf große Schwierigkeiten stoßen.[52]

Auf Initiative der beiden Divisionskommandeure – sowohl General Penney als auch General Truscott waren befähigte Kommandeure, die aktiv führen wollten – wurden die Aufklärungsvorstöße in Richtung Cisterna und Aprilia im Zeitraum 24. bis 26. Januar fortgesetzt. Am 25. Januar stießen je ein verstärktes Bataillon des 15. und des 30. (US) InfRgt im Zuge der Straße Nettuno-Cisterna auf Isola Bella sowie der Straße Campomorto-Cisterna auf Ponte Rotto vor. Sie trafen auf starken Widerstand der Panzergrenadiere der Pz Div „HG" und wurden nach wenigen hundert Metern Geländegewinn zurückgeworfen. Gleichzeitig hatte das 504. (US) FschJg Rgt einen starken Aufklärungsvorstoß in Richtung Littoria geführt, unterstützt von der Schiffsartillerie einiger Zerstörer. Auch dieser „Angriff" wurde durch Panzer und Flak-Einheiten der „HG" abgewiesen. In der Nacht gingen die US-Fallschirmjäger wieder über den Kanal zurück.

Erfolgreicher verlief ein Vorstoß der 24. (BR) Garde Brig auf Aprilia, hier gelang es den 5. Grenadier Guards, ein Bataillon des GrenRgt 29 aus dem Ort zu werfen, der Angriff blieb aber vor einer deutschen Riegelstellung nördlich von Aprilia liegen. Ein Gegenangriff, geführt am 26. Januar von einem Bataillon der 3. PzGren Div, verstärkt durch die Pz Abt 103, um den Briten Aprilia wieder zu entreißen, glückte nicht. An den Kämpfen um Aprilia war westlich der Albaner Straße auch das Bataillon Kleye der Kampfgruppe „Gericke" beteiligt, an dessen linkem Flügel durch das Zurückgehen des GrenRgt 29 eine Lücke entstand, in die der Feind aber nicht nachstieß. Am 26. und 27. Januar setzte Truscott seine Angriffe (es waren nun keine Aufklärungsvorstöße mehr) in Regimentsstärke fort, es gelang aber nur, bis knapp sechs Kilometer an Cisterna heranzukommen. Bei Aprilia wurde die gesamte 24. Garde Brig zur Verteidigung eingesetzt. General Truscott forderte am 26. Januar, nun mit der ganzen Macht seiner Division die Angriffe fortzuführen. Diese Forderung war aber durch den Ablauf der Ereignisse überholt.[53]

Das Verhalten von Alexander und Clark gegenüber Lucas war von Inkonsequenz gekennzeichnet. Bei einer weiteren Inspizierung des Landekopfes am 25. Januar hatte Alexander General Lucas noch für seine Sicherungsmaßnahmen und den logistischen Aufbau gelobt: „What a splendid piece of work" – so drückte er recht vordergründig sein Lob aus. Hinter den Kulissen drängte er jedoch Clark, dieser möge – nachdem nun so viele Kräfte nach Anzio zugeführt worden seien – die Führung des Korps zu einer offensiveren Operationsführung veranlassen. Alexander stand unter dem Druck Winston Churchills, dem er beinahe täglich über den Fortgang der Operation „Shingle" berichtete. Nach seinen Gesprächen mit Clark hatte er diesen aufgefordert, sich am 28. Januar noch einmal um den Beginn eigener Offensiv-Unternehmen zu kümmern. Hierzu telegrafierte Churchill an Alexander:

„Es freut mich zu hören, dass Clark den Landekopf aufsuchen wird, es wäre unangenehm, wenn Ihre Truppen dort an den Raum gefesselt wären und die Hauptkräfte könnten nicht von

Süden vorrücken." Er fügte in seinen Erinnerungen an: „Doch dies war genau, was geschehen sollte."[54] Clark ließ sich am 28. Januar von Lucas über die Planungen seines Angriffs vortragen. Er drängte, mit dem Angriff unverzüglich zu beginnen, bisher sei keine feste Verteidigungsfront der Deutschen zu erkennen, andauernde zeitliche Verzögerungen würden dem Feind nur einen weiteren Kräfteaufbau erlauben, „voller Nutzen aus der Landung sei nur durch kühne und aggressive Kampfweise zu ziehen." Als Angriffsziele hatte Clark die beiden Schlüsselpunkte Campoleone und Cisterna im Sinn – jedoch als Eckpfeiler einer starken Verteidigungsstellung.[55] Als Angriffszeitpunkt wurde die Nacht 29./30. Januar festgelegt. Lucas forderte für den Angriff starke Luftunterstützung und Unterstützung durch die Marine, dazu eine intensive Feuervorbereitung durch die Artillerie.

Lucas hatte die Absicht, mit der 1. (BR) Inf Div und der 3. (US) Inf Div gleichzeitig anzugreifen. Der Schwerpunkt sollte im westlichen Teil des Landeraums liegen, im Zuge der Albaner Straße. Die durch das 504. FschJg Rgt und die Ranger-Gruppe verstärkte 3. (US) Inf Div sollte Cisterna nehmen und dabei die Via Appia unterbrechen. Die Division sollte darauf eingestellt sein, danach in Richtung Cori – Valmontone weiter anzugreifen und so gegebenenfalls die Via Casilina „unter Kontrolle zu bringen". Die britische Division sollte, nach Norden vorstoßend, den Raum der Kreuzung der Albaner Straße mit der Bahnlinie Rom-Neapel nehmen, links daneben sollte anschließend die 1. (US) Pz Div nach Nordwesten ausholend die Ausläufer der Albaner Berge in Richtung Rom nehmen. Übergeordnete Absicht war es, mit dem Angriff nicht nur die vermuteten deutschen Stellungen zu durchbrechen, sondern auch festen Halt an den Anstiegen zu den Albaner Bergen zu gewinnen.

Deutsche Planungen zur Zerschlagung der alliierten Kräfte

Als die 14. dt. Armee am 25. Januar die Führungsverantwortung übernahm, hatten auf der Ebene der Heeresgruppe und des I. Fsch Korps bereits Angriffsplanungen begonnen. Je stabiler die Einschließungsfront wurde und je länger die alliierten Landekräfte in der Defensive verblieben – die geschilderten Aufklärungsvorstöße am 25. und 26. Januar machten auf deutscher Seite keinen Eindruck – desto mehr wurden diese Planungen intensiviert, desto mehr konnte aber auch der Zeitdruck gemindert werden. Man wollte mit einer hohen Sicherheit des Gelingens den feindlichen Landekopf zerschlagen, dies setzte Gründlichkeit der Vorbereitungen und eine eigene Überlegenheit der Kräfte voraus.[56] Am 27. Januar standen an Großverbänden die 4. FschJg Div, die 3. PzGren Div, Teile der 71. Inf Div und die Pz Div „HG" bereits auf dem Gefechtsfeld, abgesehen von den Verstärkungen durch das Ersatzheer erwartete man noch die 65. Inf Div, die 715. Inf Div und die 114. Jg Div, die 26. Pz Div würde in wenigen Tagen als Heeresgruppenreserve zur Verfügung stehen. Dies waren natürlich keine Divisionen mit voller Stärke und Ausstattung, aber immerhin.[57] Als Angriffszeitpunkt wurde zunächst der 28. Januar vorgesehen, man hatte sich aber schon auf zeitliche Verschiebungen eingestellt.

Die Planungsprozesse auf den Ebenen der HGr C und des WFSt verfolgten zwar den gleichen Zweck, nämlich das Zurückwerfen der alliierten Landungstruppen ins Meer. Auf den beiden Führungsebenen wurden jedoch damit unterschiedliche Ziele angestrebt. Mit der

Zerschlagung des Landekopfes würde die 10. Armee der HGr C ihre Rückenfreiheit wiedergewinnen. Gleichzeitig würde damit die potentielle Gefahr, die von dem Landekopf für die Operationsführung südlich von Rom ausging – selbst wenn er eingeengt und abgeriegelt würde –, beseitigt. Inzwischen war die 1. Cassino-Schlacht in voller Stärke entbrannt. Neben der latenten Gefahr, die von der Kräftegruppierung des VI. (US) Korps ausging, hatte die Notwendigkeit ihrer Beseitigung auch einen aktuellen Bezug: Die Auswirkungen eines Durchbruchs durch die Gustav-Linie würden, so lange der Landekopf bestand, gravierende Folgen haben. Hierdurch bekam die Zerschlagung des VI. (US) Korps andererseits wieder eine gewisse zeitliche Dringlichkeit.

Für den WFSt war der italienische Feldzug unverändert ein Kampf um das Vorfeld und um Zeit gewesen. Außerdem sollte einer Invasion des Balkans vorgebeugt werden. Hitler und Jodl hatten erkannt, dass die alliierte Landung bei Anzio/Nettuno sicherlich auch die Gefahr in sich trug, für ihre Beseitigung Kräfte zu binden, die eigentlich an anderer Stelle notwendiger gebraucht würden. Der Entschluss, die Pz Div „HG" und die 90. PzGren Div nicht nach Frankreich zu verlegen, ist ein Beispiel dafür. Andererseits bot der Landekopf aber die Chance, im Falle seiner Beseitigung den Alliierten die Risiken weiterer Seelandungen, vor allem der erwarteten Invasion an der französischen Küste, deutlich zu machen. Ein Abwehrerfolg würde sich ferner in der Gesamtlage positiv auf die Stimmung der Truppe und der Bevölkerung auswirken, die im letzten Jahr durch schwerwiegende deutsche Rückschläge sehr herabgedrückt worden war: Die Auswirkungen der Flächenbombardierungen im Reichsgebiet, die verlorene Schlacht im Atlantik, die abgebrochene Offensive von Kursk mit dem nachfolgenden Vordringen der Roten Armee über den Dnjepr, das Ausscheiden Italiens aus dem Krieg – dies alles hatte sich sehr negativ auf die Stimmung ausgewirkt.

So griff der WFSt nicht nur bis in die Details in die Planungen zur Zerschlagung des Landekopfs ein, er stellte aus den begrenzten Ressourcen auch das zur Verfügung, was man vorübergehend frei machen konnte. In Hitlers Glauben an „Wunderwaffen" waren dies vor allem technische Mittel, die aber meist nicht ausgereift waren. Der WFSt drängte auf einen schmalen Kräfteansatz im Zuge der Albaner Straße und auf den „massiven" Einsatz von Panzern. Wegen der zu erwartenden Feuerüberlegenheit der Alliierten, einschließlich des Feuers der Schiffsartillerie, wurde im Gegensatz dazu durch die Truppe vor Ort eine gewisse Auflockerung bevorzugt, darüber hinaus auch Ablenkungsangriffe an anderen Abschnitten des Landeraums, um die eigene Schwerpunktbildung zu verschleiern.

Im Dialog mit dem FHQ bildeten sich einige Prinzipien für den Angriff heraus:
- Angriffsstöße an den beiden Flanken waren zu vermeiden. Hierbei befände man sich im Bereich der Basis des Landeraums zu sehr im Wirkungsbereich der feindlichen Schiffsgeschütze. Überdies war im Westteil des Landeraums wegen der Fossi der Einsatz von Panzern ausgeschlossen.
- Massive Panzervorstöße sollten beiderseits der Albaner Straße geführt werden. Die Albaner Straße stellte den kürzesten Weg in Richtung Anzio dar.
- Die Durchführung des Angriffs konnte nur bei entsprechenden Witterungsverhältnissen erfolgen, um die Wirkung der feindlichen Luftwaffe herabzusetzen.[58]

Am 28. Januar meldete Kesselring seinen Angriffsplan. Unter der Führung des I. Fsch Korps sollte westlich der Albaner Straße ein Ablenkungsangriff durch die Gruppe „Pfeifer" geführt werden. Im Schwerpunkt hatte ostwärts der Straße die Gruppe „Graeser" anzugreifen (3. PzGren Div, verstärkt durch das PzGren Rgt 104 sowie die 715. Inf Div), links daneben die 71. Inf Div. In der Mitte hinter der Gruppe Graeser und der 71. Inf Div folgte die verstärkte 26. Pz Div, zur Ausnutzung des Angriffserfolges stand die Pz Div „HG" (mit unterstellten Kampfgruppen der 16. SS-PzGren Div) zur Verfügung. An Artillerie für den Angriff verfügte die Heeresgruppe über 39 leichte Batterien, 36 schwere Batterien, 9 Werfer-Batterien sowie über 59 Flak-Batterien der unterschiedlichen Kaliber. Vorgesehener Angriffszeitpunkt war der 1. Februar 1944.[59]

Welche Bedeutung Hitler dem bevorstehenden Angriff zuordnete, wird aus dem Tagesbefehl deutlich, den er am 28. Januar an die 14. Armee richtete: „In den nächsten Tagen wird der ‚Kampf um Rom' entbrennen. Er entscheidet über die Verteidigung Mittelitaliens und über das Schicksal der 10. Armee. Die Bedeutung dieses Kampfes geht aber darüber noch hinaus, denn seit der Landung bei Nettuno hat die für das Jahr 1944 geplante Invasion in Europa begonnen …" Auch General Alexander hatte in bemerkenswerter Übereinstimmung mit dieser Einschätzung von der „Schlacht um Rom" gesprochen. Hitlers Vorbild bei der Formulierung war jedoch das gleichnamige Buch von Felix Dahn. In den militärischen Führungsstäben stieß Hitlers Befehl aber auch auf starke Ablehnung, weil er gegen das soldatische Ethos verstieß und zum Vorgehen gegen die eigenen Führer aufrief, wenn diese in „entscheidender Stunde versagen sollten."[60] Bevor die Deutschen ihren Angriff beginnen konnten, kamen ihnen jedoch die Alliierten zuvor.

Angriffe des VI. (US) Korps (Lagekarte 10)

Für den Angriff auf Campoleone und Cisterna gliederte das VI. (US) Korps um. Das 36. (US) Pi Rgt löste als Sperrverband am Moletta-Graben die 2. (BR) Brigade ab. Das 1. (BR) Aufkl Rgt übernahm den Abschnitt der Ranger-Gruppe sowie eines Bataillons des 7. (US) Inf Rgt im Raum Aprilia, und das 179. (US) Inf Rgt löste das 504. (US) FschJg Rgt am Mussolini-Kanal ab. Eine Schlechtwetterperiode, die sich bis Anfang Februar ausdehnte, verhinderte die gewohnte taktische Luftunterstützung auf Seiten der Alliierten. General Penney hatte seine 3. Brigade für den Angriff auf den Raum Campoleone mit Teilen des 46. Pz Btl verstärkt, die Brigade wurde durch insgesamt vier Artilleriebataillone unterstützt. Für das Gewinnen der Ausgangsstellungen sowohl für die 1. (US) Pz Div als auch für die 3. (BR) Brig wurden am 29./30. Januar Vorausangriffe in Richtung Buonriposo-Rücken und bis zu einer Nebenstraße, etwa zwei Kilometer südlich vom Bahnhof Campoleone geführt. Der Vorausangriff der Amerikaner blieb in einem Minenfeld nordwestlich von Carroceto stecken, der 24. Garde Brig gelang es nach einigen Rückschlägen die Ausgangsstellung in einem Nachtangriff zu nehmen. Am Nachmittag des 30. Januar stieß die 3. (BR) Brig gegen nur geringen Widerstand des dt. Gren Rgt 145 (65. Inf Div) und des PzGren Rgt 104 (3. PzGren Div) zum Bahnhof Campoleone durch. Das Angriffsziel wurde zwischen 17.00 und 18.00 Uhr genommen. Der Angriff der 1. (US) Pz Div war schon in der Ausgangsstellung hängen geblieben: Versumpfte Felder, nicht überschreitbare, tief eingeschnittene Rinnen, Widerstand aus als Stützpunkte ausgebauten Bauernhöfen, die mit Panzerabwehrwaffen verstärkt waren. Hier hatte vor allem das I./ FschJg Rgt 11 (Bataillon Kleye), unterstützt durch die 14. (PzJg) Kp des Regiments am Fso di Vallelata zum Abwehrerfolg beigetragen.[61]

Bei einer Fortsetzung des Angriffs der 3. (BR) Brig am 31. Januar gelang es nicht, den Frontbogen, der fast sechseinhalb Kilometer in den Feind hineinragte, zu erweitern. Zur Sicherung dieses Frontbogens setzte General Penney nun zwei Brigaden und das 1. Aufkl Rgt ein. Die Verluste der 1. (BR) Inf Div seit der Landung betrugen schon über 2 100 Mann.

General Truscott nahm an, dass im Verlauf des Zweig-Kanals nur deutsche Sicherungen stehen würden und die Hauptkampflinie dagegen erst im Raum Cisterna zu erwarten wäre. Für die erste Phase seines Angriffs wendete er eine Infiltrationstaktik an. Das 1. und 3. Ranger Btl sollten durch einen Entwässerungskanal Richtung Cisterna in den Feind einsickern. Das 15. (US) Inf Rgt, verstärkt durch das 4. Ranger Btl, sollte im Zuge der Straße Conca – Cisterna angreifen und die Wegnahme von Cisterna vollenden. Links neben dem 15. Inf Rgt hatte das 7.(US) Rgt anzugreifen, deutsche Stellungen im Verlauf der Eisenbahnlinie aufzurollen und danach die Straße Nr. 7 nördlich von Cisterna zu unterbrechen. Das 504. (US) FschJg Rgt sollte einen Ablenkungsangriff über den Mussolini-Kanal führen.

Der Entwässerungskanal, der „Pantano-Graben", der einen Zulauf zum Zweig-Kanal darstellte, verlief mehr als sechs Kilometer etwa parallel zur Straße Conca – Cisterna, bis seine Ausläufer diese Straße bei Isola Bella kreuzten. Der Kanal war ungefähr zweieinhalb Meter tief in die Erde eingeschnitten, einige Strecken waren betoniert, zum Zeitpunkt des Angriffs stand das Wasser etwa kniehoch. Das Vorgehen der beiden Rangerbataillone – Gesamtstärke beinahe 800 Mann – begann am 30. Januar gegen 01.30 Uhr, als diese versuchten, „geräuschlos" durch die deutschen Sicherungen zu sickern. Mann für Mann in Reihe im knietiefen, eiskalten Wasser! Welches abenteuerliche Unternehmen dies war, wird deutlich, wenn man realisiert, dass die ganze Kolonne etwa zweieinhalb Kilometer lang war. Die Spitze war noch mehrere hundert Meter von Cisterna entfernt, als der Morgen graute. Als sich die Ranger aus dem Pantano-Graben zum Angriff entwickelten, brach von allen Seiten das deutsche Feuer los – sie waren in einen Hinterhalt geraten. Nach deutschen Quellen waren daran das III./ FschJg Rgt 1 der Kampfgruppe Schulz, das LwJg Btl 7 sowie Teile einer Aufklärungsabteilung beteiligt. Der Kommandeur des 3. Btl, Major Alvah Miller war von einer Granate zerrissen worden, der Kommandeur des 1. Btl, Major Jack Dobson, geriet später schwer verwundet in Gefangenschaft. Die gesamte Kolonne war in zusammenhanglose Einzelgruppen zerfallen, diese suchten notdürftig Deckung in einigen Abflussgräben und einzelnen Gehöften, aber mit ihrer leichten Bewaffnung hatten sie gegen die Deutschen keine Chance, vor allen Dingen als im Verlauf des Gefechts einzelne Sturmgeschütze auf das Kampffeld rollten. Die Hoffnung, Teile des 15. (US) Inf Rgt würden zeitgerecht zu den abgeschnittenen Gruppen durchstoßen, erfüllte sich nicht. Am Nachmittag erlosch der Widerstand langsam. Von den 767 Soldaten der beiden Bataillone kehrten nur acht Mann zu den eigenen Linien zurück.

Dem 15. Inf Rgt gelang es erst nachmittags, bis Isola Bella vorzudringen, zu dieser Zeit hatten die Kämpfe aber schon ihr Ende gefunden. Das Regiment wurde durch Kräfte der Division „HG" aufgefangen. Wegen der Gefahr eines Durchbruchs hatte das I. Fsch Korps im Laufe des Tages schon Teile der 26. Pz Div herangezogen. Links war dem 7. (US) Inf Rgt anfangs mehr

Erfolg beschieden. Im Abschnitt Fso delle Mole – Fso Femmina Morta, das von schwachen Kräften der 71. dt. Inf Div verteidigt wurde, gelang es am 31. Januar, unterstützt durch eigene Panzer, bis zum Bahndamm vorzudringen. Hier blieben die US-Panzer aber hängen. Die vorgeprellten Kompanien des I./7. (US) Inf Rgt wurden zurückgenommen. Der 1. Februar war gekennzeichnet durch wiederholte Angriffe, zu deren Abwehr auf deutscher Seite Bataillone der 26. Pz Div eingriffen. Als die 3. (US) Inf Div ihre Angriffe an diesem Tag einstellte, hatte sie einen Raumgewinn von über zweieinhalb Kilometern erzielt. Ihre Front verlief nun von Ponte Rotto nach Isola Bella und von dort aus in südostwärtiger Richtung zum Mussolini-Kanal. Auch der Ablenkungsangriff des 504. (US) FschJg Rgt war am Mussolini-Kanal liegen geblieben. Die als „Eckpfeiler" einer Verteidigungslinie vorgesehenen Orte Campoleone und Cisterna befanden sich noch in deutschem Besitz.

Anweisungen Alexanders an Clark, nochmals in Richtung der beiden Orte anzugreifen und im westlichen Teil des Landekopfs die Front bis zum Incastro-Bach vorzuschieben, kamen nicht zur Ausführung. Alexander und Clark ordneten den Übergang zur Verteidigung an.[62] Damit war der Übergang zu dem Zustand eingeleitet, der später in Propagandasendungen des Deutschen Rundfunks – insbesondere nach dem Scheitern der Angriffe zur Zerschlagung des Landekopfes – so beschrieben wurde: „Anzio (sei) nunmehr ein Kriegsgefangenenlager, dessen Insassen sich selbst verpflegten."[63]

Die Verluste auf beiden Seiten waren schwer. Blumenson gibt für beide Gegner je über 5 000 Mann an. Alleine die Division „HG" meldete am 30. Januar 680 US-Gefangene, ein Großteil davon dürften Ranger gewesen sein. Die Deutsche Luftwaffe hatte bei den Angriffen auf den Landekopf bis zum 31. Januar 97 Flugzeuge verloren. Die Angriffsplanungen Kesselrings waren durcheinander geraten, vor allem dadurch, dass die beiden frischen Divisionen, die 26. Pz Div bei Cisterna und Teile der 715. Inf Div bei Campoleone schon in die Abwehrkämpfe eingreifen mussten.[64] Am 1. Februar hatte Feldmarschall Kesselring in einem Gespräch Generaloberst v. Mackensen vorgewarnt, dass sich die Lage im Raum Cassino so ernst entwickelt habe, dass Kräfte von der 14. Armee dorthin abgezogen werden müssten. Schon am nächsten Tage wurden die ersten Bataillone nach Süden in Marsch gesetzt.[65]

Anmerkungen

1   Details siehe Übersicht 11, Truppeneinteilung VI. (US) Korps, im Anhang. Die Rangerbataillone wie die Kommandobataillone konnten als Infanteriebataillone eingesetzt werden, hatten aber keine schweren Waffen.
2   Die strategischen Bomber, amerikanische wie britische, waren unter dem Kommando der Mediterranean Allied Strategic Air Force (so benannt ab dem 01.01.44 – Abkürzung MASAF) zusammengefasst.
      Die übrigen Bomber-Geschwader wurden durch das Kommando der Mediterranean Allied Tactical Air Force (ebenfalls so benannt am 01.01.44 – Abkürzung MATAF) geführt. Siehe Übersicht 12, Alliierte Führungsorganisation.
3   Angaben nach Blumenson, „Salerno ...", S. 357. Molony, S. 651 f., nennt für den Umfang der Landungsflotte 377 Schiffe/Boote, also nicht unerheblicher Unterschied. Da die Anzahl der Landungsschiffe bei beiden Autoren ungefähr gleich ist – 238 bei Blumenson, 241 bei Molony – könnten die unterschiedlichen Zahlenangaben daher rühren, dass Molony die Schiffe, die für Täuschungsangriffe, beispielsweise zur Beschießung von Civitavecchia eingesetzt worden waren, mitgezählt hat.
4   VI. (US) Korps Field Order vom 15.01.44, zitiert nach Molony, S. 646.
5   Die Pontinische Ebene war eine einst fruchtbare Landschaft, ab 358 v. Chr. aufgrund der Aussiedlung der Bevölkerung

6. Die alliierte Seelandung bei Anzio und Nettuno

durch die Römer heruntergekommen und versumpft, eine Brutstätte für die Malaria. Römische Kaiser, wie Augustus, und nicht weniger als 18 Päpste hatten die Urbarmachung versucht und waren gescheitert. Erst unter Mussolini gelang die gigantische Aufgabe.

Bei Gesprächen mit der Bevölkerung in den Dörfern der Pontinischen Ebene konnte der Verfasser feststellen, dass die Sympathie für den Schöpfer dieser Landschaft, Mussolini, ungebrochen ist. Dies spiegelt sich beispielsweise durch Fotografien des „Duce" in Restaurants wider. Zur Geschichte der Kultivierung der Pontinischen Ebene, der Erlebniswelt der Bevölkerung seit den 30er Jahren bis in die Nachkriegszeit sowie die noch andauernden Sympathien zum Faschismus ist das Buch (Roman) von Antonio Penacchi, „Canale Mussolini", München 2012, zu erwähnen.

6   Die vorstehende Beschreibung des Geländes erfolgte auf der Grundlage eigener Kenntnisse des Verfassers durch vielfache Begehungen des Landeraums, im Hinblick auf die damalige Verhältnisse aber auf der Grundlage der Geländebeschreibungen von Jörg Staiger, „Anzio-Nettuno. Eine Schlacht der Führungsfehler", Neckargemünd 1962, S. 43-47, bei Hans-Martin Stimpel, „Die Deutsche Fallschirmtruppe 1942-45, Einsätze auf den Kriegsschauplätzen im Süden", Hamburg 1998, S. 336 ff. sowie von einzelnen Schilderungen bei Heinz Greiner, „Kampf um Rom – Inferno am Po. Der Weg der 362. Inf. Div. 1944/45", Neckargemünd 1968, S. 21-30.

7   Nach der verlorenen Schlacht von Tagliacozzo (nicht weit von Avezzano entfernt) im Jahre 1268 hatte nach längerem Hin- und Herirren Konradin von Hohenstaufen im Torre Astura Zuflucht gefunden. Von hier aus wurde er durch die Besitzer des Castells, die Familie Frangipani, an Karl von Anjou ausgeliefert und schließlich mit seinen engeren Gefährten in Neapel hingerichtet.

Der Torre Astura ist eine kleine, düstere und abweisend wirkende Festung, von drei Seiten vom Meer umgeben, meistens für die Öffentlichkeit nicht zugänglich, da er in einem militärischen Sperrgebiet liegt. So wird er nur von Seevögeln umflogen und die Wellen schlagen an das Mauerwerk. Man kann sich gut die Einsamkeit des 16jährigen jungen Mannes vorstellen, der hier wohl schon eine Ahnung von seinem Ende hatte.

Die Geschichte Konradins von Hohenstaufen (literarisch aufbereitet) kann nachgelesen werden bei Hans Uwe Ulrich, „Konradin von Hohenstaufen. Die Tragödie von Neapel", München 2004. H.U. Ulrich war als Generalmajor der Bundeswehr ebenso Generalstabsoffizier der Bundeswehr wie der schon öfter zitierte Karl-Heinz Golla und der Verfasser selbst.

8   Die Schilderung der Landungsoperation der Alliierten richtet sich nach den detaillierten Beschreibungen bei Blumenson, „Salerno ...", Kapitel XX, S. 352-365 und Molony, Kapitel XVII., S. 643-660 sowie S. 666-669. Die Darstellungen bei Staiger, S. 27-31 und Stimpel, S. 339 ff. enthalten eine ganze Anzahl von Fehlern.

Angemerkt werden sollte, dass mit dem ersten Konvoi durch 18 LST, drei LCI und vier Frachtschiffe bereits knapp 20 000 Tonnen Nachschubgüter transportiert worden waren, für die in Küstennähe umfangreiche Versorgungslager eingerichtet und betrieben werden mussten. Um Umschlagzeit zu reduzieren, waren trotz der Vorbehalte der Marine bereits 1 500 LKW mit je fünf Tonnen Versorgungsgüter, meist Munition, beladen worden. Es war vorgesehen, jeweils im Abstand von drei Tagen Geleitzüge mit einer gleichen Menge an Versorgungsgütern zu landen.

9   Siehe wieder Übersicht 12.

10   Blumenson nennt 1 200 Einsätze (S. 358), Molony 650 (S. 668).

11   Molony gibt sehr detaillierte Darstellungen über die Planung und Durchführung der alliierten Luftwaffeneinsätze, die hier nicht in Ausführlichkeit übernommen werden können, siehe S. 653-657 und S. 678-685. Die zeitlichen Verzögerungen bei der Heranführung von Reserven und Verstärkungen auf deutscher Seite waren beträchtlich (beispielsweise konnte bei gutem Flugwetter bei Tage nur mit Schutzmaßnahmen marschiert werden, die viel Zeit erforderten), entsprachen aber nicht den Erwartungen auf alliierter Seite. Mit welchen Maßnahmen die deutsche Verkehrsführung und die taktische Führung auf die ständigen alliierten Angriffe auf die Verbindungslinien reagierten, wird an anderer Stelle geschildert werden. Vergleiche dazu Kapitel 8.

12   Molony, S. 668.

13   In den abschließenden Bänden des KTB OKW wird an verschiedenen Stellen der Ablauf des italienischen Feldzuges im Jahr 1944 beziehungsweise bis zur Kapitulation im Mai 1945 erörtert. So beispielsweise der 2. Abschnitt des Bandes IV/1 „Die Kämpfe um den Brückenkopf Nettuno von der Landung (22. Januar) bis zum 31. März 1944" (S. 121-175) sowie in einem von P.E. Schramm verfassten und 1978 von Donald S. Detwiler überarbeiteten Nachtrag im Band IV/2 „Der Krieg in Italien und im Heimatkriegsgebiet vom 1. Januar – 31. März 1944" im Umfang von 54 Seiten. Auf diesen Nachtrag wurde schon einmal verwiesen, siehe Kapitel 5, Fußnote 24.

Der Nachtrag enthält größere Passagen über die Kämpfe um den Brückenkopf von Anzio/Nettuno, wobei die Ausschnitte teilweise Wiederholungen zum oben genannten 2. Abschnitt im Band IV/1 enthalten. Im Gegensatz zu der sonstigen Genauigkeit im KTB OKW gibt es in beiden Ausarbeitungen zahlreiche Fehler, die die Angaben in den überprüften Kriegstagebüchern auf Heeresgruppen- und Armeeebene widersprechen. Darüber hinaus bedürften sie einer Überarbeitung im Hinblick auf sprachliche Genauigkeit.

Dennoch enthalten sie unverzichtbare Informationen über den Ablauf des Geschehens sowie die Denk- und Handlungsprozesse auf der Ebene der obersten deutschen Führung.

Im Falle der Wiederholung von identischen Inhalten wird stets auf den 2. Abschnitt im Band IV/1 als Grundlage verwiesen.

Für die Ausarbeitung dieses Kapitels wurden folgende Aktenbestände herangezogen: RH 20-10/87, KTB Nr. 4 10. Armee vom 1.-31.1.44 mit den entsprechenden Anlagebänden; RH 20-14/10 bzw. 14/24, KTB Nr. 1 und 2 14. Armee vom 21.11.43-31.3.44 mit den entsprechenden Anlagebänden; RH 24-76/9, KTB Nr. 2 des LXXVI. Pz Korps vom 3.2.44-30.06.44, wieder mit den entsprechenden Anlagebänden. Dazu aus dem Aktenbestand des OB Südwest die Bände RH 19x/13 und 18, Anlagen zu den KTB 19-30 bzw. 32. Alle Aktenbestände im BA-MA.

Von den in den vorangegangenen Kapiteln angeführten Divisionsgeschichten ist erneut auf die Bände über die 65. Inf Div, 26. Pz Div, 29. PzGren Div, 3. PzGren Div sowie auf die Pz Div „HG" zu verweisen, hinzu kommt der von einem Arbeitskreis herausgegebene Band „Die 71. Infanterie-Division 1939-1945", Eggolsheim ohne Jahresangabe.

Weitere ausführliche Darstellungen über den Ablauf der Ereignisse bei Anzio geben die Erinnerungen von Kesselring und Westphal wider.

14 BA-MA RH 20-10/90, AOK 10 Abt Ia Nr. 163/44 vom 14.01.44. Wegen der befohlenen Abgabe der Pz Div „HG" und der 90. PzGren Div an den OB West sollte mit der Ablösung der 15. PzGren Div durch die 71. Inf Div wieder eine bewegliche Reserve geschaffen werden. Das gleiche gilt für die Ablösung der 26. Pz Div durch die 3. PzGren Div. Zudem waren die beiden abzulösenden Divisionen abgenutzt und bedurften eigentlich der Auffrischung.

15 Die Masse der 16. SS-PzGren Div befand sich noch in der Aufstellung und war im Raum Laibach untergebracht.

16 BA-MA RH 20-14/10, KTB Nr. 1 der 14. Armee vom 21.11.43 bis 23.01.44, Eintrag vom 18.01.44; KTB OKW, Band IV/1, S. 123 f. Die Angaben im Kriegstagebuch OKW über die durch die 14. Armee abzustellenden Truppen können keinesfalls zutreffen. Die 114. Jäg Div beispielsweise war noch in der Zuführung vom Balkan, erste Teile sollten im Armeegebiet am 23. 01., letzte Teile am 02.02. eintreffen; KTB Nr.1 14. Armee, Eintrag vom 16.01.44.

17 KTB OKW, Band IV/1, S. 125 f.

18 Im Nachhinein muss man diesen Entschluss sehr kritisch bewerten. Kesselring tat damit genau das, was Clark und Alexander von ihm erwarteten, nämlich durch zeitlich vorgestaffelte Angriffe Reserven aus dem Raum Rom nach Süden zu werfen. Zu weitreichenden Folgen für den ganzen Italienfeldzug kam es nur deswegen nicht, weil das VI. (US) Korps die Gunst der Stunde nicht nutzte.

Die Angriffe des X. (BR) Korps ab dem 17.01. und auch der Angriff des II. (US) Korps ab dem 20.01. werden bei der Einordnung der militärgeschichtlichen Abläufe mit zur 1. Cassino-Schlacht gerechnet, obwohl sie räumlich gesehen nicht im Raum Cassino stattgefunden haben.

Im Gegensatz zu anderen Autoren hat sich der Verfasser entschlossen, die Kampfhandlungen nicht in der zeitlichen Reihenfolge abzuhandeln, sondern den Komplex Anzio/Nettuno im Zeitraum von der Landung bis zu den Planungen des deutschen Gegenangriffs Anfang Februar in einem geschlossenen Ansatz zu beschreiben. Dies gibt zwar die Möglichkeit, auf die Bezüge zwischen den beiden Operationen einzugehen, erlaubt es aber auch daran anschließend die 1. Cassino-Schlacht fortlaufend in einem Kapitel zu beschreiben, ohne gedanklich hin- und herspringen zu müssen. Der Einsatz des I. Fsch Korps im Garigliano-Abschnitt folgt also in Kapitel 7.

19 Canaris war seit langer Zeit in die Bestrebungen der Militäropposition verwickelt, obwohl er immer wieder in seiner Entschlossenheit schwankte. Von britischen Autoren wird die Vermutung geäußert, der Abwehrchef habe dem Stab der HGr C absichtlich eine Fehlinformation gegeben. Dies ist sicherlich auszuschließen, es hätte dem militärischen Ethos des Admirals nicht entsprochen. Den Besuch von Canaris bei der HGr C schildert u.a. Heinz Höhne in „Canaris. Patriot im Zwielicht", München 1976.

20 Staiger nennt insgesamt drei Pionierkompanien, u.a. auch abgestellt von der 4. FschJg Div sowie eine Sturmgeschützkompanie mit italienischem Personal, ebenfalls von der 4. FschJg Div. Da diese Angaben ansonsten nicht bestätigt werden, sollte davon ausgegangen werden, dass die Kampfgruppe nur durch die eigene Division, aus dem PzPi Btl 29 verstärkt worden war.

21 Siehe Staiger, S. 48 bzw. Molony, S. 661.

22 BA-MA, RH 20-14/10, KTB Nr. 1, 14. Armee, Eintrag vom 22.01.44

23 A.a.O., S. 118. Majdalany drückt es so aus: „The German reaction, as always, was brisk. Without withdrawing any troops from the Cassino front, Kesselring dispatched everything available to contain the beachhead ..." a.a.O. S. 71.

24 Zur Person von General Schlemmer und seiner Kommandofunktion gibt es sehr widersprüchliche Darstellungen in der Literatur.

Kesselring und Böhmler erwähnen ihn ohne weitere Hinweise als den General, der von Kesselring den Auftrag erhalten hatte, schnellstens eine Auffangstellung gegenüber dem alliierten Landeraum aufzubauen. Häufig wird er als „Stadtkommandant" von Rom bezeichnet, seine Kommandostelle in Grottaferrata als „Korpsgruppe Schlemmer". Nach allen Angaben in Quellen und Literatur war zu diesem Zeitpunkt General Mälzer Stadtkommandant von Rom, sein unmittelbarer Vorgänger war General Stahel (siehe u.a. Katz, „Rom 1943-1944").

Fraglich ist die Behauptung Molonys (S. 662), dass Schlemmer am 18.01., nach dem Abrücken des Stabes I. Fsch Korps, die Führung über die rückwärtigen Teile dieses Korps übernommen hätte und damit auch die Führung über die wenigen Kräfte in der Küstensicherung. Richtig ist dagegen, dass Schlemmer eine Stabsfunktion wahrgenommen hatte und nach der Alarmierung mit einem improvisierten Stab vorübergehend die Führung über die eintreffenden Verbände übernahm. Nach F. Berberich wäre General Schlemmer der Kommandant der Außenstelle des Deutschen Bevollmächtigten Generals in Italien gewesen. Zur Ausarbeitung Berberichs kommen wir im Kapitel 8 ausführlich zurück. B. hat sich für

6. Die alliierte Seelandung bei Anzio und Nettuno

seine Angaben auf zwei Aufsätze abgestützt, die im Rahmen der Arbeiten für die Historical Division erstellt worden waren.

25 KTB OKW, Band IV/1, S. 128.

26 Greiner, S. 15 ff.

27 BA-MA, RH 20-14/10, KTB Nr. 1 14. Armee, Eintrag vom 23.01.44.

28 KTB OKW, Band IV/1, S. 127; Kesselring, S. 271.

29 KTB OKW, Band IV/1, S. 96 f. und S. 129 f. Zahlenangaben über die Luftwaffe siehe Gundelach, Tabelle auf S. 767. Siehe auch Molony, S. 653 und S. 662.

30 Kommandeur der 4. FschJg Div war Oberst Trettner, kurze Zeit später zum Generalmajor befördert. In der Bundeswehr wurde Trettner nach General Heusinger und General Foertsch der dritte Generalinspekteur. Wie Gericke das FschJg Rgt 11 führte, so war Major Timm der Kommandeur des FschJg Rgt 12. In der Aufstellungsphase der Bundeswehr wurden Gericke Kommandeur der 1. LL Div und Oberst Timm Kommandeur der LL Brig 26.
Die beiden Bataillone der Kampfgruppe wurden nicht nach ihren Truppenbezeichnungen benannt, sondern ebenfalls nach den Namen ihrer Kommandeure, Hauptmann Kleye und Hauptmann Hauber.

31 Die Aufstellung der Gericke unterstellten Truppenteile liest sich folgendermaßen: Je ein Wachzug des OB Südwest und des Gefechtsstandes Schlemmer, ein Flak-Zug der 14./PzGrenRgt 200, des sIG-Zug der 13./GrenRgt 191, eine Batterie der HFlak Abt 307 (ohne Geschütze), die Küstenart Abt 677 und das II./ PzGren Rgt 71. Nach Angaben in der Literatur waren Gericke auch noch das II./PzGren Rgt 200 und die StuGsch Abt 11 des I. Fsch Korps sowie eine „Tiger"-Kompanie (woher?) unterstellt worden. Am Morgen des 23.01. kamen hinzu die mittlerweile eingetroffene PzAA 26, später noch die gem Flak Abt 241 und die le Flak Abt 99.
Die Beschreibung der Kampfgruppe Gericke beruht neben Böhmler, S. 354f. und Staiger, S. 54, auf Dietrich Brehde, „Der Blaue Komet. Geschichte des IV. Bataillons des Luftlande-Sturmregiments" (München 1986), dort die S. 160-166 und auf Erich Busch, „Die Fallschirmjäger-Chronik 1935-1945", Freiburg 1983; S. 110 ff. Als besonders eindrucksvolle Schilderung ist anzuführen der Bericht des Kampfgruppenkommandeurs Major Walter Gericke, „Gefechtsbericht über den Einsatz des Fallschirmjägerregiments 11 am Landekopf Nettuno vom 22.1. bis zum 22.4.1944", Nr. 305/44 geh. Vom 28.4.44; Archiv „Bund Deutscher Fallschirmjäger e.V.", BA-MA Freiburg/Breisgau.

32 Im KTB OKW, Band IV/2, S. 18, wird als Verfügungsraum der Division der Raum Velletri – Vittoria angegeben. Selbst wenn es sich bei „Vittoria" um einen Schreibfehler handelt und „Littoria" gemeint wäre, kann dies nicht zutreffen, da dieser Raum teilweise in den Landekopf hineingereicht hätte und die gesamte Pz Div „HG" innerhalb kürzester Zeit gegen die Landung hätte eingesetzt werden können.

33 Die vorstehenden Angaben sind eine Zusammenfassung der widersprüchlichen Angaben bei Staiger, Böhmler, den beiden Abschnitten im KTB OKW (siehe Fußnote 13), bei Molony und Ben Arie, der sich seinerseits sehr stark auf Molony abstützt.

34 Der Sachverhalt soll am Beispiel der Führungsübernahme durch den Stab der 3. PzGren Div aufgezeigt werden: Staiger und Stimpel (jeweils a.a.O., S. 55 bzw. 343) nennen als Zeitpunkt der Führungsübernahme den Nachmittag des 22. Januar. Das KTB OKW, Band IV/1, S. 128, vermerkt, dass am 22.01., morgens um 10.00 h, bereits durch das I. Fsch Korps und den Stab der 3. PzGren Div geführt worden wäre – dies ist völlig ausgeschlossen. Ben Arie nennt den 22.01., morgens um 07.25 h, als Zeitpunkt, zu dem dem XIV. Pz Korps (?) die Abstellung der 3. PzGren Div befohlen worden sei, nach Arie ist sie aber erst am 25.01. im Raum Anzio eingetroffen. Wiederum stützt sich Ben Arie auf Molony, der ebenfalls den 25.01. für die Führungsübernahme anführt. Die Verlegung hätte also fast drei Tage in Anspruch genommen.
Generalmajor a.D. Hauser, damals Chef des Stabes der 14. Armee, nennt als Zeitpunkt des Eintreffens den Vormittag des 23.01. (s. BA-MA ZA/1 2300). Nach dem KTB der 14. Armee (BA-MA RH 20-14/24) steht fest, dass beim Eintreffen des Stabes der 14. Armee am 24.01. der Stab der 3. PzGren Div bereits seit geraumer Zeit in der Führungsverantwortung war. So könnte der Vormittag des 23.01. der korrekte Zeitpunkt sein.

35 Diese Planungen sind im KTB OKW, Band IV/2, Nachtrag, S. 24, für den 22./23.01 vermerkt. Kesselring konnte beim damaligen Führungsstil auf deutscher Seite solche Operationsplanungen nicht autonom umsetzen, sondern musste dazu die Genehmigung des WFSt einholen. Infolgedessen kann man in diesem Falle sicher sein, dass der Eintrag im KTB OKW den Sachstand zutreffend beschreibt. Eine Bestätigung dazu ist im KTB Nr. 4 10. Armee (RH 20-10/87) mit dem Eintrag vom 23.01. gegeben, nach dem das LXXVI. Pz Korps die Ermächtigung erhält, „vor überlegenem Feinddruck hinhaltend kämpfend auf (die) Foro-Stellung zurückzugehen. Diese ist zu verteidigen."
Das KTB OKW spricht im Band IV/1 für den 24.01. (S. 131) sogar von einem Befehl Kesselrings mit diesem Inhalt, ein solcher ist jedoch im KTB 10. Armee nicht vermerkt. Wahrscheinlich ist, dass v. Vietinghoff auf eine mündliche Weisung Kesselrings hin handelte.

36 Die Zahlen wurden interpoliert aus den für spätere Tage verfügbaren Zahlenangaben über gelandete Kräfte bzw. den bei Golla verfügbaren Angaben über das Großgerät in alliierten Truppenteilen. Siehe Kapitel 5, wiederum Fußnote 24.

37 Molony, S. 667.

38 Ebendort, S. 668 f.

39 Blumenson, „Salerno ...", S. 387.

40 Die beiden Zitate sind wiedergegeben nach Blumenson, „Salerno …", S. 353 f. bzw. Molony, S. 645 f.. Clark hatte eine Operationsweisung bereits am 10. Januar herausgegeben, dieser folgte nun am 12. Januar sein Operationsbefehl, in den natürlich Inhalte der Operationsweisung Alexanders vom gleichen Tage nicht mehr eingegangen sind. Der wiedergegebene Text lautet in deutscher Übersetzung:
„a) Nimmt und sichert einen Landekopf im Raum Anzio. b) Stößt auf die Colli Laziali … vor."
41 Martin Blumenson, „General Lucas at Anzio", in „Command Decisions", a.a.O., S. 335.
42 Zeit- und Kräfteangaben ebendort, S. 331 und Molony, S. 645.
43 Blumenson, „General Lucas …", S. 328; E.D. Smith, S. 28 f.
44 Blumenson, „Anzio …", S. 86.
45 A.a.O., S. 62.
46 Blumenson, „Salerno …", S. 356 sowie Blumenson, „General Lucas …", S. 336. Anzufügen ist, dass das 504. FschJg Rgt auf Antrag von Alexander/Clark gerade für LL-Einsätze auf dem Kriegsschauplatz zurückgehalten wurde. Das Regiment gehörte zur 82. (US) Fsch Div, die schon länger wegen ihres vorgesehenen Einsatzes bei der Invasion nach England verlegt worden war.
47 Die Angabe der Eintreffzeit der 1. (US) Pz Div richtet sich nach Staiger, S. 60f. Blumenson und Molony nennen als Eintreffzeit „Ende Januar". Wenn aber ab 28. bzw. 29.01. schon solche Panzerzahlen für den Landeraum genannt werden (siehe u.a. bei Molony S. 669), dann beweist dies, dass die 1. (US) Pz Div früher angelandet worden sein muss. Die Angriffsplanungen der VI. (US) Korps ab dem 27.01. gingen von einem Abschluss der Vorbereitungen am 29.01. aus. Es ist schlecht vorstellbar, dass eine für den Angriff wichtige Division dann erst so spät zugeführt worden wäre. Zur Berechnung der Panzerzahlen siehe Fußnote 36.
48 Blumenson, „Salerno …", S.393. Zu den Truppenteilen der 45. (US) Inf Div siehe die Übersicht 11 im Anhang. Die 168. (BR) Inf Brig umfasste wie üblich drei Infanteriebataillone.
49 Generaloberst v. Mackensen war der Sohn des legendären Feldmarschalls v. Mackensen aus dem 1. Weltkrieg. Mit „2. Stellung" ist wohl die Stellung Tiber-Albaner Höhen-Sezze gemeint, die zu halten bereits dem 1. Fsch Korps am 22.01. befohlen worden war. Als „1.Stellung" wäre die Sicherungslinie Moletta-Graben – Aprilia-Cisterna – Mussolini-Kanal anzunehmen, BA-MA, RH 20-14/24, KTB Nr. 2 14. Armee vom 24.01.44 bis 21.03.44, Eintrag vom 24. und 25.01.44.
50 Die Angaben bei Ben Arie, S. 121, dass bis 26. Januar der „Kern" von 6 Divisionen gegenüber dem Landekopf versammelt worden sei, ist eindeutig falsch. Abgesehen von der nicht genau bestimmten Eintreffzeit der 65. Inf Div waren am 26.01. noch keine Teile der 114. Jg Div eingetroffen. Als erster Truppenteil dieser Division traf am 28.01. die AA 114 (verstärkt durch PzJg und Pioniere) ein, nicht aber das III./Jg Rgt 721. Damit war die AA 114 aber noch nicht im Einschließungsring eingesetzt. Siehe dazu erneut das KTB Nr. 2 der 14. Armee, Eintrag vom 28.01.44 sowie im Widerspruch dazu Ben Arie, S. 122 sowie Molony, S. 665.
51 Siehe Übersicht 13 im Anhang.
52 Die Aufstellung der deutschen Truppenteile zum Zeitpunkt 28.01. erfolgte auf der Grundlage der Angaben bei Staiger, Stimpel, Brehde, Böhmler, Ben Arie und Molony, jeweils a.a.O. Verwendet wurden Blumenson, „Salerno…" und „Anzio …" sowie das KTB Nr. 2 der 14. dt. Armee, das KTB der HGr C, BA-MA, RH 19x/18 und die Bände IV/1 und IV/2 des KTB OKW.
53 Vorstehendes nach Blumenson, „Salerno …", S. 287, Molony, S. 669 f. Für die deutsche Seite Staiger, S. 64 ff.
54 Churchill, Band V, „Closing the Ring", S. 428.
55 Blumenson, „Salerno …", S. 388 f. sowie Blumenson, „General Lucas …", S. 342 f.
56 BA-MA, RH 20-14/24, KTB Nr. 2, 14. Armee, Eintrag vom 26.01.44.
57 Die 65. Inf Div und die 3. PzGren Div hatten beispielsweise je ein Grenadierregiment bei der 10. Armee zurücklassen müssen.
58 BA-MA, ZA/1 2300 (früher MS T-1a), Kapitel 12, Bearbeiter Generalmajor a.D. Wolf Rüdiger Hauser, „Der Kampf der 14. Armee bei Anzio-Nettuno bis 11. Mai 1944", S. 12. Hauser hatte sich als Generalstabsoffizier (u.a. 1. Generalstabsoffizier der 21. Pz Div) große Erfahrung auf dem Kriegsschauplatz Mittelmeer angeeignet. Deswegen wurde er wohl bei der Aufstellung der 14. Armee im „jugendlichen" Alter von 37 Jahren zum Chef des Stabes dieser Armee ernannt. Wie sein Vorgesetzter, General Westphal, gehörte er zur „Crème de la Crème" im Korps der Generalstabsoffiziere.
59 KTB OKW, Band IV/1, S. 135; Staiger, S. 71. Die Unterstellung von Divisionen unter andere Divisionen, damit die Bildung von „Gruppen" war ein Notbehelf, da zunächst ein weiterer Korpsstab fehlte. Dieses Führungsverfahren hat sich in der Folge nicht bewährt.
60 Hitlers Tagesbefehl wird zitiert nach Hubatsch, Weisung Nr. 52, S. 241 f. In Auszügen nachgedruckt im Anhang, Befehlsbeispiel 4.
Zu Hitlers Fernschreiben in der „eigenen Sprache des Diktators", siehe die Bemerkungen General Warlimonts, des stv. Chefs WFüStab, KTB OKW, Band IV/2, S. 26 f., insbesondere dort die Fußnote 20. Warlimont galt seit Herbst 1943 als ein Gegner Hitlers. Er war allerdings eine schillernde Figur, in seinen Nachkriegserinnerungen hielt er sich nicht immer genau an die Wahrheit.
Felix Dahns Buch „Ein Kampf um Rom" ist 1876 erschienen.
61 Molony, S. 674 ff.; Blumenson, „Salerno …", S. 390; Brehde, S. 167.

6. Die alliierte Seelandung bei Anzio und Nettuno

62 Ablauf des Angriffs der 3. (US) Inf Div nach Molony, S. 672-677; Blumenson, „Salerno ...", S 389-392; Blumenson, "Anzio ...", S. 96-105; Ennio Silvestri/Pier Giacomo Sottoriva, "The Beach Head (Angelita of Anzio)", Anzio 1984, S. 69-73; Staiger, S. 74-81; Atkinson, S. 305-397. Über den Ablauf der Kämpfe auf deutscher Seite liegt eine beeindruckende Ausarbeitung vor: 26. Panzer-Division Abt. Ia Nr. 90/44 geh. Kdos. vom 9.2.1944, "Gefechtsbericht der Division für die Zeit 25.1. bis 1.2.44" aus dem Aktenbestand BA-MA, RH 27-26/36.

63 L.C. Smith, S. 85; Katz, S. 217.

64 Verlustzahlen siehe Blumenson, „Anzio ...", S. 103 sowie BA-MA, RH 20-14/24, KTB Nr. 2, 14. Armee, Eintrag vom 30.01.44. Atkinson gibt an, dass beim 1. Und 3. Ranger Btl alleine 250-300 Gefallene zu beklagen waren. Das 4. Btl habe Verluste in Höhe von 50 % der Einsatzstärke erlitten. Die 6615. Ranger Grp wurde aufgelöst.

65 A.a.O., Eintrag vom 01.02.44; BA-MA, RH 20-10/99, KTB Nr. 5, 10. Armee 01.02.44-31.03.44, Eintrag vom 02.02.44. Es handelte sich um das FschMG Btl 1 der Kampfgruppe Schulz, das II./ PzGren Rgt 200 sowie um eine schwere Artilleriebatterie.

7

Die 1. Cassino-Schlacht – Januar/Februar 1944

In der anglo-amerikanischen und der deutschen Geschichtsschreibung besteht im Hinblick auf die zeitliche Einteilung der Kampfhandlungen bis zum Durchbruch durch die Gustav-Linie eine wesentliche Abweichung: In der deutschen Geschichtsschreibung werden drei Cassino-Schlachten unterschieden, in der anglo-amerikanischen spricht man dagegen von vier Schlachten. Die Ursache für diese Unterscheidung ist, dass nach den Auffassungen auf alliierter Seite mit dem Scheitern des Angriffs des II. (US) Korps die 1. Cassino-Schlacht endete und mit der Weiterführung des Angriffs auf den Höhenblock nordwestlich von Cassino durch das Neuseeländische Armeekorps ein neuer Schlachtabschnitt, die 2. Cassino-Schlacht, begann. In der alliierten Geschichtsschreibung dauerte daher die 1. Cassino-Schlacht vom 17. Januar bis zum 12. Februar – vom 15. Februar bis 18. Februar folgte die 2. Cassino-Schlacht. Auf deutscher Seite sieht man jedoch die Kämpfe zwischen dem 17. Januar und dem 18. Februar im Zusammenhang einer durchgehenden Schlacht. Die nachfolgende Darstellung folgt der deutschen Auffassung.[1]

Eine weitere einleitende Bemerkung ist erforderlich: Kritiker auf alliierter wie auf deutscher Seite werfen den beiden alliierten Oberbefehlshabern General Alexander und General Clark während der Durchbruchsversuche als Fehler starres, frontales Anrennen gegen den stärksten Abschnitt der Gustav-Linie im Raum Cassino vor. Schon bei der Beschreibung der Geografie Italiens[2] haben wir festgestellt, dass bei einer durchgehenden Verteidigung der Deutschen von Küste zu Küste alle Angriffe in Richtung Norden Frontalangriffe sein mussten. Eine Umgehung deutscher Verteidigungsstellungen war nur durch Seelandungen im Rücken des Verteidigers möglich. Alle Angriffe während der folgenden Schlachten, mit denen wenigstens Breschen in die Gustav-Linie geschlagen wurden bis hin zum vollendeten Durchbruch während der Operation „Diadem" im Mai 1944, ergaben sich aus Frontalangriffen. Zudem werden wir in den nächsten Abschnitten sehen, dass durchaus versucht wurde, das Liri-Tal, das nun einmal die günstigsten Voraussetzungen für einen Vorstoß auf Rom bot, durch flankierende Angriffe zu öffnen.

Über den Garigliano (Lagekarte 11)

Die mit dem Angriff des X. (BR) Korps über den Garigliano ab dem 17. Januar beginnende Offensive zum Durchbruch durch die Gustav-Linie war keine vorbereitete Schlacht, sondern die Fortsetzung oder Wiederaufnahme des beinahe zum Stehen gekommenen Vordringens der Alliierten in Süditalien. Der dabei gegebene Zeitdruck war durch das vorgegebene Datum 22. Januar für den Beginn der Operation „Shingle" bedingt.[3] Der Auftrag der 5. (US) Armee an das X. (BR) Korps lautete: Mit der Masse des Korps war in der ersten Phase der Unterlauf des Garigliano in der Küstenebene am Golf von Gaeta zu überwinden und das beherrschende Höhengelände zwischen Scauri und dem Garigliano-Knie ostwärts von Castelforte zu nehmen. In der daran anschließenden Phase sollte das Korps, rechts schwenkend, nach Norden im Zuge des Ausente-Tales über Ausonia in Richtung der Enge bei S. Giorgio angreifen und damit die Ausgänge in das Liri-Tal nehmen. Mit der Wegnahme des Angriffsziels würde man im Rücken des stark befestigten Liri-Abschnitts der Gustav-Linie stehen. Danach konnte der Angriff in Richtung Pico oder Pontecorvo fortgesetzt werden. In jedem Falle versprach sich die 5. Armee dadurch eine Erleichterung des Angriffs, den das II. (US) Korps einige Tage später zu führen hatte. Einen weiteren Angriffsstoß hatte das Korps am 19. Januar über den Garigliano im Raum S. Ambrogio anzusetzen. Durch die Wegnahme des Höhengeländes bei S. Apollinare wurde einerseits die linke Flanke des II. (US) Korps bei dessen Angriff über den Gari bei S. Angelo geschützt, andererseits war ein Zusammenwirken mit den Divisionen des eigenen Korps möglich, die, wie beschrieben, im Zuge des Ausente-Tales auf S. Giorgio vorstießen.

In seinem Operationsplan hatte General McCreery, der KG des X. (BR) Korps, vorgesehen, mit der 5. und 56. (BR) Inf Div nebeneinander den Garigliano zu überwinden und einen Brückenkopf etwa in der Linie Mt Scauri – Höhengelände hart nördlich Minturno/Tufo – Höhengelände nördlich Castelforte (Mt Ceschito) – Mt Valle Martina (nordostwärts von Suio) zu bilden. Dieser Brückenkopf würde eine Breite von ca. 15 Kilometern und eine Tiefe von über sechs Kilometern aufweisen. Danach sollte die 5. Inf Div weiter im Ausente-Tal nach Norden angreifen. Die im Schwerpunkt eingesetzte Division verfügte über vier Brigaden mit insgesamt zwölf Infanteriebataillonen. Sie war durch die 201. (BR) Garde Brig verstärkt worden. Die 56. Inf Div verfügte über drei Brigaden mit insgesamt neun Infanteriebataillonen, so dass für den etwa 13 Kilometer breiten Angriffsstreifen etwa 21 Infanteriebataillone zum Ansatz kommen konnten.[4] Der Angriff der beiden Divisionen wurde durch sechs Artilleriebataillone auf Korpsebene unterstützt, so dass insgesamt 16 Artilleriebataillone zum Einsatz kamen, darüber hinaus gab die Schiffsartillerie von zwei Kreuzern und fünf Zerstörern aus dem Golf von Gaeta heraus Feuerunterstützung. Für den Angriff der 46. (BR) Inf Div ab dem 19. Januar auf S. Ambrogio war zunächst der Übergang der 128. Inf Brig vorgesehen. Nach dem Gewinnen eines Brückkopfes sollte eine weitere Brigade das Dorf S. Apollinare und das umgebende Höhengelände einnehmen. Zuvor hatte diese Division gleichzeitig mit dem Angriffsbeginn der beiden anderen Divisionen Angriffsabsichten vorzutäuschen, ebenso wie die 23. (BR) Pz Brig im Raum ostwärts von Suio.

Auf deutscher Seite bildete bildete die 94. dt. Inf Div unter General Steinmetz den rechten Flügel des XIV. dt. Pz Korps. Sie verteidigte den Garigliano-Abschnitt von südlich S. Ambrogio bis zur Flussmündung im Golf von Gaeta (Lagekarte 12). Hierzu hatte sie zwei ihrer Infanterieregimenter, das Inf Rgt 274 und das Inf Rgt 276 sowie das DivFüs Btl 194, zur Verteidigung eingesetzt. Mit dem Inf Rgt 267 überwachte sie zusätzlich den fast 50 Kilometer breiten Küstenabschnitt bis Terracina. Die Division hatte eine Sicherungslinie am eigenen Flussufer besetzt, die Hauptkampfstellung lag auf den Höhen, zwischen 300 Metern und etwa 4 Kilometern vom Gewässer entfernt. Im Zuge des Flusses und im Bereich der eigenen Stellungen waren rund 24 000 Minen verlegt worden. Die 94. Inf Div gehörte zu den bereits umgegliederten Divisionen, d.h. ihre Infanterieregimenter hatten nur zwei Bataillone. Da die 5. und 56. (BR) Inf Div mit je zwei Brigaden nebeneinander angreifen wollten, würden bereits in der ersten Welle zwölf Infanteriebataillone auf nur fünf deutsche Infanteriebataillone treffen. Die Division war durch die II./ Pz Rgt „HG" verstärkt worden. Die Divisionsartillerie verfügte über drei leichte sowie über eine schwere Artillerieabteilung.[5] Die Division hatte noch keine Kampferfahrung als Großverband, bei der Korpsführung sah man dem ersten Einsatz mit etwas Skepsis entgegen.

Der Angriff der 5. und 56. (BR) Inf Div begann am 17. Januar um 21.00 Uhr mit dem Übersetzen über den Garigliano. Gegenüber dem Inf Rgt 274 im Raum Minturno/Tufo waren die 17. und 13. Inf Brig der 5. Inf Div zwischen der Flussmündung und etwa drei Kilometer flussaufwärts der zerstörten Eisenbahnbrücke angesetzt. Um den Gegner zu überraschen, griff die Division ohne Artillerievorbereitung an. Eine Kampfgruppe mit Panzerunterstützung sollte mit Amphibienfahrzeugen (DUKW) und LCT im Rücken des Feindes gelandet werden. Im Laufe der Nacht gelang es der 17. Brigade nur, einen schmalen Brückenkopf zu bilden. Die Infanteriebataillone der 13. Inf Brig hatten trotz einiger Friktionen beim Gewässerübergang gegen 03.00 Uhr am 18. Januar den Übergang vollzogen und setzten ihren Angriff fort. Auch die beiden Brigaden der 56. Inf Div, die 167. Inf Brig und rechts daneben die 169. Inf Brig hatten ostwärts des linken Nachbarn bis zum Garigliano-Knie ostwärts Suio ohne größere Schwierigkeiten den Fluss überwunden. Der Übergang erfolgte zunächst mit Sturmbooten, mit Fähren sowie mit Schnellbrücken, danach sollte schweres Brückengerät zum Einsatz kommen. Mit Tagesanbruch am 18. Januar befanden sich alle Bataillone der ersten Welle im Angriff auf dem feindlichen Ufer.

Insgesamt war der Übergang weit besser geglückt als erwartet. Beeinträchtigungen hatte es nur durch eigene organisatorische Mängel, durch deutsches Artillerie- und Mörserfeuer, vor allem aber durch Minen gegeben. Welche Wirkungen dabei im einzelnen auftraten, soll am Beispiel des VI./Seaforth Highlanders geschildert werden: "Leutnant John Holcroft … trat auf eine Mine. Mit einer grässlichen Drehung wurde sein linker Fuß geradewegs abgerissen. Major Low und Major Mackenzie, die gerade zu ihm aufschlossen, wurden durch den plötzlichen Lichtblitz der Explosion geblendet, ihre Gesichter von Splittern übersät … Schon waren einige unserer besten Offiziere ausgefallen … Als noch mehr Minen hochgingen, stiegen glänzend grüne Leuchtkugeln plötzlich in den Himmel und das Feuer von Maschinengewehren und Granatwerfern schlug am Flussufer ein. An manchen Stellen trafen die angekündigten Einweiser nicht ein und viele Männer fanden sich in den Minenfeldern allein gelassen, wo sie starke Verluste erlitten."[6]

Im Laufe des Tages gelang es trotz unmittelbar angesetzter Gegenangriffe durch die 94. Inf Div – beispielsweise durch das FErsBtl 194 und das Panzerbataillon der Div „HG" – die Ortschaft Tufo, Teile des Höhengeländes in Richtung Castelforte, die Ortschaften Lorenzo und Suio sowie Ausläufer des Mt Castelluccio zu nehmen. Die angreifenden Bataillone erlitten dabei erhebliche Verluste. Um den Schwung des Angriffs beizubehalten, sah sich die 5. (BR) Inf Div veranlasst, die 15. Inf Brig in das Gefecht einzuführen, um damit den Druck in Richtung Castelforte zu verstärken.

Gegen 08.00 Uhr am Morgen des 18. Januar lagen bei der HGr C und der 10. dt. Armee Nachrichten darüber vor, dass durch den Angriff der Briten nicht nur das Vorfeld am Garigliano verloren gegangen war, sondern der Gegner auch Einbrüche in die HKL erzielt hatte. Im Laufe des Vormittags wurde deutlicher, dass der Angriff des X. (BR) Korps in das Liri-Tal zielte. Durch die 94. Inf Div wurde die Küstenüberwachung ausgedünnt und Teile des Inf Rgt 267 zur Verstärkung der Front eingesetzt, das XIV. Pz Korps führte Reserven aus den Abschnitten der nicht angegriffenen 15. PzGren Div und der 44. Inf Div heran. Hier wirkte sich das Angriffs-verfahren General Clarks aus, der seine Korps zeitlich nacheinander über die ganze Breite der Armee angreifen ließ und so dem XIV. Pz Korps immer wieder die Möglichkeit gab, neue Re-serven aus nicht angegriffenen Abschnitten zu bilden und einzusetzen. Das LXXVI. Pz Korps hatte auf Befehl der 10. Armee vor allem Artillerieverbände abzustellen.[7] Nicht die bereits erzielten Angriffserfolge der Briten riefen auf deutscher Seite starke Sorgen hervor, sondern die Frage der Durchhaltefähigkeit der 94. Inf Div. Nach mehreren Frontfahrten General v. Sengers wurde die Lage so beurteilt, dass die Division einen Durchbruch „nicht länger als 48 Stunden verhindern kann.“[8]

Inzwischen war auf der Ebene des OB Südwest eine weitreichende Entscheidung gefallen: „Wie ich selbst feststellte, hing das Schicksal des rechten Flügels der 10. Armee am seidenen Faden. In dieser Situation gab ich – vielleicht zu sehr einer Meldung des Admirals Canaris … vertrauend – den drängenden Anforderungen des Armee-Oberkommandos 10 nach und führte ihm das Ge-neralkommando XI. Fliegerkorps … mit der 29. und 90. Panzer-Grenadier-Division zu …“.[9] Mit dem Begriff „volles Risiko“ ist die Entscheidung Kesselrings nur unzureichend beschrieben. Seine Reserven zu einem so frühen Zeitpunkt – sein Entschluss wurde am Nachmittag des 18. Januar getroffen – und ohne die Entwicklung auf der Ebene des Korps und der Armee abzuwarten, aus der Hand zu geben, war in dieser Situation sicherlich fragwürdig. Nach Absprache mit dem WFSt hätte der Einsatz der Division „HG“ wohl ausgereicht, um den Angriff der Briten aufzufangen.[10] Die 29. PzGren Div konnte ab dem 20. Januar in die Kämpfe eingreifen, ihr wurden in einem eige-nen Gefechtsstreifen Teile der 94. PzGren Div sowie herangeführte Kräfte (Kampfgruppe Corvin, AA 44 und III./Pz Rgt „HG“) unterstellt. Mit dem Eintreffen des I. Fsch Korps wurde diesem am 21. Januar ein Abschnitt des bisherigen Sektors XIV. Pz Korps übertragen, dabei führte das Korps die 29. PzGren Div sowie die 94. Inf Div.[11] Als Voraussetzung für den Gegenangriff des I. Fsch Korps, mit dem man anfangs beabsichtigte, das X. (BR) Korps wieder über den Garigliano zurückzuwerfen, befahl Kesselring in der Nacht 19./20. Januar, unbedingt die Linie Mt Purgatorio – Castelforte – Cle Ceracoli – Minturno – Mt Scauri zu halten.[12]

Bis zum 19. Januar war es den britischen Pionieren nur gelungen, eine nicht sehr tragfähige Brücke zu schlagen, ansonsten wurde weiter mit Fähren übergesetzt. Die 5. (BR) Inf Div nahm am 19./20. Januar Minturno, Trimensuoli und den Mt Natale, die Divisionsführung zog jetzt schon die 201. Garde Brig über den Fluss nach Norden. Die 56. (BR) Inf Div kämpfte sich durch das Höhengelände beiderseits von Castelforte, um Castelforte entwickelten sich heftige Gefech-te. Am 20. Januar bereits setzte aber die 29. dt. PzGren Div einen Gegenangriff mit den eigenen Grenadierregimentern, der Kampfgruppe Corvin und der AA 44 zur Wiedereinnahme der Linie Cle Salvatito – Suio an. Beide Angriffsbewegungen stießen aufeinander. Obwohl es im Laufe des 20. Januar gelang, bis zur eben genannten Linie vorzudringen und Kräfte der 29. PzGren Div in Richtung S. Maria Infante abgedreht werden konnten, wurde bei der Korpsführung klar, dass ohne den Einsatz der 90. PzGren Div der eigene Angriff keinesfalls bis zum Garigliano durchschlagen würde. Der neue Angriff des I. Fsch Korps wurde auf den 21. Januar verschoben. In der Nacht 19./20. Januar begann die 46. (BR) Inf Div ihren Versuch, bei S. Ambrogio den Garigliano zu überwinden. Die 128. Brigade sollte zunächst mit zwei Bataillonen an insgesamt drei Übergangsstellen übersetzen und einen Brückenkopf bis in den Raum des Dorfes S. Ambrogio und das umgebende flache Höhengelände bilden. Die 138. Brigade hatte dann über die 128. Brigade hinweg angreifend das Angriffsziel S. Apollinare zu nehmen. Der Angriff wurde durch fünf Artilleriebataillone und weitere Batterien unterstützt, andererseits war die Division nur unzulänglich mit Übersetzmitteln ausgestattet (Lagekarte 13).[13]

Der relativ begrenzte Kräfteansatz zeigte, dass sowohl General Hawkesworth, der Divisionskommandeur, als auch McCreery, keinen besonderen Nachdruck auf diesen Angriff legten, der in erster Linie den Schutz der linken Flanke des II. (US) Korps als Zweck hatte. General Keyes, der KG des II. (US) Korps, hatte heftig dagegen protestiert, dass der Angriff der 46. Div erst 24 Stunden vor seinem eigenen Angriff stattfinden sollte, da er überzeugt war, der linke Nachbar würde mehr Zeit benötigen, um das Höhengelände von S. Apollinare sicher einzunehmen. McCreery dagegen hätte es vorgezogen, die 46. Div im Zusammenhang mit seiner Hauptoperation einzusetzen.[14]

Im vorgesehenen Übergangsabschnitt verteidigte das III./ PzGren Rgt 129 der 15. PzGren Div. Die HKL war etwas vom Gewässer abgesetzt. Ob auf Grund eines Zufalls oder durch die vorangegangenen Kämpfe am unteren Garigliano bedingt, hatten die Deutschen Schleusen am mittleren Liri geöffnet, so dass in der Nacht 19./20. Januar der Wasserstand mindestens eineinhalb Meter höher als normal war, die Stromgeschwindigkeit war beträchtlich erhöht. Um 20.30 Uhr, zum Beginn des Übersetzens, hatte sich dichter Nebel über das Flusstal ausgebreitet. An der äußersten linken Übergangsstelle gelang es den Briten, mit einem Sturmboot ein Führungsseil für Fähren oder Flöße über den Fluss zu bringen. Dieses brach jedoch, als wenige weitere Boote angelandet waren. Bei den mehrfachen Versuchen, ein neues Kabel zu spannen, wurden die Ruderboote abgetrieben. An der mittleren Übergangsstelle wurden auch die Boote eines weiteren Bataillons abgetrieben – der einmündende Peccia-Bach hatte die Stromgeschwindigkeit noch einmal erhöht. Insgesamt waren Kräfte in Stärke von nur einer Kompanie am feindwärtigen Ufer angelandet. Auch hier gelang es nicht, ein Seil über den Fluss zu bringen. Rückkehrende Boote wurden durch die Strömung mitgerissen. Am Morgen des 20.01. waren an beiden Übergangsstellen Kräfte in Stärke von etwas über einer Kompanie gelandet, die nun aber abgeschnitten waren. Bei Helligkeit waren diese Truppen starkem deutschen Feuer ausgesetzt. Als deutsche Gegenangriffe einsetzten, brach Hawkesworth den Übergangsversuch ab. Nur wenigen Männern gelang es, zum eigenen Ufer zurückzukommen. General Clark, tief enttäuscht über den Misserfolg, entschied, keinen weiteren Übersetzversuch mehr zu wagen.[15]

Die Operationsplanung und das Heranführen der Kräfte hatten beim I. dt. Fsch Korps so viel Zeit in Anspruch genommen, dass der Angriff dieses Korps am 21. Januar mit zwei Divisionen nicht mehr zur Ausführung kam. Einen Tag später wurde das I. Fsch Korps zum Landeraum Anzio/Nettuno abgezogen. Ungeachtet dessen führte das XIV. Pz Korps lokale Gegenangriffe westlich Castelforte, am Mt Castiello und im Suio-Tal, die aber nur geringe Geländegewinne einbrachten. Am 22. Januar wurden diese Gegenangriffe eingestellt.[16] Auf britischer Seite wurde nun die 46. (BR) Inf Div herangezogen, die aber erst ab dem 26./27. Januar zum Einsatz kam. Absicht General McCreerys war es, den Mt Fuga zu nehmen und danach Castelforte von rückwärts abzuschneiden. Am 28. Januar wurde der Mt Fuga, am 30. Januar der Mt Natale (er war zwischenzeitlich verloren gegangen) im westlichen Teil des Brückenkopfs durch Teile der 17. (BR) Brig genommen. Am gleichen Tage wurde dem X. (BR) Korps befohlen, Kräfte für Anzio abzustellen. Dazu wurde die 168. (BR) Brig bestimmt. Nach den erforderlichen Umgliederungen wurde erst ab Anfang Februar durch die 2. Spec Service Brig, die aus Anzio zurückgeführt worden war, weiter in Richtung Mt Faito angegriffen. Doch diese Angriffe scheiterten. Ab dem 9. Februar ging das X. (BR) Korps zur Defensive über. Die gesamte 56. (BR) Inf Div sollte in den Landeraum Anzio verlegt werden.

Das ursprüngliche operative Ziel des X. (BR) Korps war nicht erreicht worden. Die britischen Kräfte blieben in einem flachen Brückenkopf von maximal sieben Kilometern Tiefe gefesselt. Im Zeitraum 18. Januar bis 13. Februar hatte das Korps fast 5 500 Mann an Verlusten erlitten. Dennoch war der Einsatz nicht vergeblich. Aus diesem Brückenkopf traten die alliierten Kräfte im Mai 1944 zu ihrem Durchbruch in Richtung Rom an.[17]

Das Desaster am „Rapido"[18]

Die Absicht auf alliierter Seite, den Durchbruchsangriff direkt in das Liri-Tal zu führen, ohne zuvor die beiden „Pfeiler", von denen aus die Ebene beherrscht werden konnte – im Norden der Höhenblock Mt Cassino, im Süden die Ausläufer der Aurunci-Berge –, eingenommen zu haben, war innerhalb der 5. (US) Armee umstritten gewesen. Immerhin war man den dabei gegebenen Risiken wenigstens zum Teil gerecht geworden, denn der Angriffsstoß des X. (BR) Korps zielte über S. Giorgio in die Tiefe des Tales, bei einem Gelingen des Angriffs wäre damit der Höhenblock südlich des Liri in alliierter Hand gewesen.

General Keyes, der KG des II. (US) Korps, hatte zur Diskussion gestellt, sowohl mit dem X. (BR) als auch dem II. (US) Korps über den Unterlauf des Garigliano anzugreifen. Weil bei dieser Alternative dem X. (BR) Korps ein Angriffsstreifen ausschließlich im Gebirge zugewiesen worden wäre und General McCreery seine Truppen nicht für den Gebirgskampf als geeignet betrachtete, war dies durch ihn abgelehnt worden. General Juin schließlich hatte vorgeschlagen, das Höhenmassiv des Mt Cairo weiträumig zu umgehen, zunächst mit dem CEF das Becken von Atina einzunehmen, um danach entweder weiter über Sora auf Frosinone anzugreifen oder im Zuge des Melfa-Flusses nach Süden eindrehend das Liri-Tal ostwärts Ceprano zu erreichen. Andere Alternativen als den direkten Angriff in das Tal sah General Clark jedoch als zu zeitaufwendig an, schließlich sollte bis zum 22. Januar möglichst viel Raum in Richtung des geplanten Landeraums bei Anzio/Nettuno gewonnen sein.[19]

Der Angriffsbefehl des II. (US) Korps wurde am 16. Januar herausgegeben.[20] Wie bei den Amerikanern üblich wurden der angreifenden Division viele Details vorgeschrieben. Die Operation sollte in folgenden Phasen ablaufen (Lagekarte 13):

- Nach dem Überwinden des Gari beiderseits von S. Angelo hatte die 36. (US) Inf Div einen etwa vier Kilometer tiefen Brückenkopf bis in den Raum Pignataro zu bilden.

- Auf Befehl des Korps sollte danach das Combat Command B (CC B) der 1. (US) Pz Div über die 36. Div hinweg weitere zehn Kilometer in das Liri-Tal vorstoßen, es sollte dann etwa im Raum Pontocorvo stehen.[21] In der linken Flanke würde das CC B durch die 91. (US) Pz Aufkl Schwadron abgeschirmt.
- Die 34. (US) Inf Div hatte nördlich der 36. Div Angriffsabsichten vorzutäuschen, um die deutschen Verteidiger im Raum Cassino abzulenken und zu binden. Danach sollte diese Division darauf eingestellt sein,
  - entweder Cassino von Osten her anzugreifen,
  - oder, der 36. Div im Brückenkopf folgend, nach Norden einzuschwenken und Cassino von Süden her zu nehmen,
  - oder weiter, ebenfalls durch den Brückenkopf vorgehend, den Angriff des CC B im Liri-Tal zu verstärken.
- Für die Fortsetzung des Angriffs Richtung Albaner Berge hatte die 5. (US) Armee auch noch den Einsatz der 45. (US) Inf Div eingeplant. Da es jedoch wahrscheinlich war, dass diese Division im Brückenkopf von Anzio gebraucht werden würde, hatte die 36. Div vorsorglich eine Regimentskampfgruppe zur Verfügung des Korps bereit zu halten.

Die Divisionsartillerie der beiden US-Divisionen sowie die Artillerie des CC B waren zur unmittelbaren Feuerunterstützung eingesetzt. Darüber hinaus beteiligten sich alle Pz- und PzJg-Verbände des Korps bis zu ihrem eigentlichen Einsatz an der Feuervorbereitung.[22] Die Korpsartillerie bestand aus zwölf Bataillonen mittlere und schwere Artillerie, so dass die Artillerie insgesamt über mehrere hundert Rohre verfügte. Bedenkt man noch den geplanten Einsatz der 46. (BR) Inf Div, dann war der Operationsplan nicht als unvernünftig anzusehen. In dieser Phase der Kampfhandlungen, wie auch in späteren Phasen, fällt auf, dass auf alliierter Seite bei der Operationsplanung viele „Ablösevorgänge" vorgesehen waren. Ablösung bedeutet immer Zeitverlust, das Momentum des Angriffs geht verloren. Weiter ist die Frage zu stellen, ob der vorgesehene Brückenkopf genügend Raum geboten hätte, um das CC B und die 34. (US) Inf Div durch die 36. (US) Inf Div hindurch zu schleusen. Zudem hatte sich die 5. Armee nicht dazu geäußert, wie das weitere Zusammenwirken mit dem X. (BR) Korps geregelt werden würde, das bei Angriffsbeginn des II. (US) Korps ja bereits im Raum S. Giorgio stehen sollte.[23]

Das auf dem Papier stehende schöne Gedankengebäude für den operativen Vorstoß im Liri-Tal hatte aber zur Voraussetzung, dass durch die 36. Div der Übergang über den Gari bewältigt worden war und in der Folge ein Brückenkopf mit ausreichender Tiefe geschaffen werden konnte. General Clarks Entscheidung, den direkten Weg in das Liri-Tal zu suchen, war auch von der Absicht bestimmt, schnellstmöglich Panzer einsetzen zu können. Dies wiederum führte dazu, dass man für den Angriff der 36. Div vom Gelände her einen denkbar schwierigen Abschnitt in Kauf nahm.

Die Division hatte ein reißendes, relativ schmales Gewässer, an manchen Stellen mit steilen Ufern, zu überwinden, für das die vorhandenen Übersetzmittel wenig tauglich waren. Das Gelände ostwärts des Flusses war eine offene bis zu drei Kilometern breite, nur wenig Deckung bietende Ebene. Die deutschen Verteidiger hatten die Ebene durch Überflutungen angesumpft, weite Flächen waren durch den Regen der letzten Tage mehrere Zentimeter hoch mit Wasser bedeckt, sie konnte selbst mit LKW nicht befahren werden. Nur wenige Zugangsachsen mit festem Untergrund führten zum Fluss. Das offene Gelände wurde vom Feind mit Feuer, auch aus Infanteriewaffen, beherrscht. Selbst das eigene, also ostwärtige, Ufer befand sich nicht fest in eigener Hand. Diese Umstände zwangen die Divisions- und Korpsführung, einen Nachtangriff vorzusehen. Für eine solch komplizierte Operation war aber die 36. Div von ihrem Ausbildungsstand und von ihrem inneren Gefüge her nur wenig geeignet. Bei den Kämpfen um die „Bernhard-Linie" hatte vor allem die Infanterie der Division starke personelle Verluste erlitten. Der noch vor Angriffsbeginn eintreffende Personalersatz, zahlenmäßig schon unzureichend, konnte nur noch organisatorisch eingegliedert werden. Die Division war im Übergang über Gewässer nicht geübt.[24]

Als eine entscheidende Einflussgröße für das spätere Scheitern des Angriffs sollte sich die Person des Divisionskommandeurs, Generalmajor Frederick L. Walker, erweisen. Hierbei sind Ähnlichkeiten mit General Lucas, dem Führer des VI. (US) Korps gegeben: Zögerlich in seinen Entscheidungen, von Grund auf pessimistisch eingestellt, stets darauf bedacht, Risiken zu vermeiden, gab er Widerständen mehr Gewicht als ihnen zukam, anstatt alles daran zu setzen, nach Lösungen zu suchen, um sie zu überwinden. General Walker hatte die 36. Inf Div als Nationalgarde-Division aus Texas übernommen und sie nunmehr über zweieinhalb Jahre ausgebildet und im Einsatz geführt. Dabei war er mit seinen Männern so zusammengewachsen, dass er – beeindruckt von den Belastungen und den Leiden, die sie zu ertragen hatten – ihr Wohlergehen stark in den Vordergrund stellte und dazu neigte, diesem die taktischen Erfordernisse unterzuordnen. Walker war vom Misslingen des Angriffs überzeugt. Während er nur wenig Zuversicht „nach unten" vermittelte, brachte er seine Bedenken gegenüber Keyes und Clark nicht mit Nachdruck vor.[25]

Wir hatten früher schon erwähnt, dass General v. Senger mit der 15. PzGren Div die kampfkräftigste Division seines Korps zur Verteidigung des Liri-Tales eingesetzt hatte. Die 15. PzGren Div war im Juli 1943 aus umfangreichen Stämmen der in Tunis untergegangenen 15. Pz Div aufgestellt worden. Dabei hatte die Division die Tradition der 15. Pz Div, eine der bewährten Afrika-Divisionen, weiter zu pflegen. Der damaligen Gliederung von Panzergrenadier-Divisionen entsprechend erhielt sie drei Infanterieregimenter, die sowohl die Regimentsnummer als auch den Namen „Panzergrenadiere" beibehielten.[26]

Von gelegentlichen Auffrischungsphasen abgesehen war die Division seit Juli 1943 praktisch ununterbrochen im Einsatz gewesen und hatte sich als eine der „Korsettstangen" der 10. dt. Armee erwiesen. Beim Beziehen der Gustav-Linie waren die Truppenteile abgekämpft gewesen und verfügten personell über maximal 50 bis 60 Prozent ihres Solls. Anderseits waren sie kampfbewährt, hatten einen hohen inneren Zusammenhalt und waren auch in Krisenlagen unerschütterlich. Ihr Kommandeur, Generalmajor Rodt, war einer der bewährten Divisionskommandeure auf dem italienischen Kriegsschauplatz. Die Division war wenigstens teilweise mechanisiert. Neben dem Pz Btl 115 verfügten die Pz AA 115 und PzJg Abt 33 über gepanzerte bzw. Kettenfahrzeuge.[27]

Am 20. Januar waren fünf ihrer Infanteriebataillone zu anderen Divisionen abgestellt, so hatte die Division (einschließlich des unterstellten I./ Inf Rgt 276) fünf Bataillone in der HKL eingesetzt, ein Panzergrenadierbataillon war Divisionsreserve. Im Angriffsstreifen der 36. (US) Inf Div verteidigten das I./129, das III./104 sowie die Pz AA 115 den Gari-Abschnitt beiderseits S. Angelo, die PzJg Abt 33 sowie die Pz Abt 115 hatten Stellungen weiter rückwärts bis in den Raum Pignataro bezogen, also bis in das Vorfeld des „Senger-Riegels", an dem noch gebaut wurde.[28]

Die HKL verlief zwischen 150 Metern und wenigen hundert Metern vom Flussufer abgesetzt, die Infanteristen kämpften aus Stützpunkten, schachbrettartig angelegt, jeweils mit flankierenden Unterstützungsmöglichkeiten. Stützpunkte, Stellungen oder auch eingebaute Bunker waren durch tief angelegte Drahthindernisse verstärkt worden. Beide Flussufer waren sehr stark vermint. S. Angelo lag hart bis an das Ufer des Gari heran auf einer zwölf bis 15 Meter hohen felsigen Anhöhe. Das Dorf war durch alliierte Jagdbomber zerstört worden, in den Trümmern hatten die Deutschen beschusssichere Unterstände mit guten Beobachtungs- und Wirkungsmöglichkeiten ausgebaut. Vom Feind abgewendet, boten natürliche Felshöhlen Raum für Versorgungslager und Unterschlupf bei schwerem Feuer. Zur Verstärkung des Feuers des Art Rgt 33 (mot) der Division konnten auf Grund der vorzüglichen Fernmeldeverbindungen unter der Führung des Art Kdos 414 Verbände der Korpsartillerie, zugeteilte Heeresartillerie und die Artillerie der Nachbardivisionen (Art Rgt 96/44. Inf Div, Art Rgt 190/90. PzGren Div) innerhalb von Minuten Feuerzusammenfassungen schießen, soweit die Schussentfernungen dies zuließen. Die Anzahl der Rohre, vor allem aber die Munitionsausstattung entsprach natürlich in keiner Weise der US-Artillerie.[29]

In seinem Divisionsbefehl setzte General Walker je eine Regimentsgruppe nördlich und südlich von S. Angelo an. Das 142. (US) Inf Rgt war an das II. (US) Korps als Reserve abgestellt worden. Etwa vierhundert Meter nördlich von S. Angelo – an einer S-Kurve des Flusses – sollte das I./141. (US) Inf Rgt auf Booten an einer Übergangsstelle über den Gari gehen, das III. Btl hatte dann auf Schützenstegen zu folgen. Das II. Btl war zunächst Reserve. Das 143. (US) Inf Rgt hatte sich zu zwei Übergangsstellen entschlossen. Etwa 800 Meter unterhalb von S. Angelo musste das I. Btl den Gari überwinden, nochmals etwa 400 Meter weiter südlich wurde das III. Btl angesetzt. Die Kompanien setzten in „Kolonne" nacheinander über, jeweils eine Kompanie in Booten, die nachfolgenden auf Schützenstegen.[30] Das II. Btl sollte dem Bataillon folgen, das am schnellsten vorankam. Alle Bataillone sollten zunächst am Feinddufer Raum in der Tiefe zwischen 1 000 und 1 400 Metern gewinnen, die Angriffsspitzen der beiden Regimenter sollten sich westlich von S. Angelo vereinigen.[31] Angriffsbeginn, d.h. Beginn des Übersetzens, war am 20. Januar um 20.00 Uhr. Die gesamte Artillerie hatte ab 19.30 Uhr für die Dauer von 30 Minuten Vorbereitungsfeuer zu schießen, danach war das Feuer war in Sprüngen von 200 Metern nach vorne zu verlegen. Um die eigene Truppe nicht zu gefährden, konnte während des Übersetzens die Uferzone selbst nicht unter Feuer genommen werden.

Die Division war durch das Korps reichlich mit Pionieren verstärkt worden. Das divisionseigene Bataillon, das 111. (US) Pi Btl wurde durch zwei Kompanien des 16. (US) PzPi Btl verstärkt. Es hatte den Auftrag, bis zum Angriffsbeginn die Übergangsstellen und die Zugänge dorthin von Minen zu räumen, die vorgesehenen Brückenstellen vorzubereiten und später am jenseitigen Ufer Ausfahrten zu schaffen, das „Wegenetz" im Angriffsstreifen zu unterhalten

7. Die 1. Cassino-Schlacht

und schließlich zwei 40-t-Brücken („Bailey Brücke") zu bauen, sobald das feindliche Feuer dies erlauben würde. Das 19. (US) Pi Rgt stellte zur unmittelbaren Unterstützung je ein Bataillon zu den beiden Infanterieregimentern ab. Ihre Aufgabe war es, die Übersetzmittel (Boote, Schützenstege) in zwei Materiallagern bereit zu halten, die Bataillone beim Uferwechsel zu unterstützen sowie eine 8-t-Schlauchbootbrücke und nach der Einnahme von S. Angelo eine 40-t-Brücke zu bauen.

Neben den zuvor beschriebenen einschränkenden Faktoren, die den Angriff des II. (US) Korps erschwerten, können bereits aus dem Operationsplan der Division weitere Faktoren abgeleitet werden, die später für den Misserfolg entscheidend waren:

Die Beschränkung auf nur drei Übergangsstellen erlaubte es den deutschen Verteidigern, das Feuer auf wenige Geländeräume zu konzentrieren. Auf Grund der Wegeverhältnisse und der Beherrschung des ostwärtigen Ufers durch das Feuer des Feindes konnten die Übersetzmittel nicht wie üblich mit Transportfahrzeugen in Ufernähe gebracht werden. Eine Verbesserung der Zugangswege hätte die Aufmerksamkeit der Deutschen erregt. So mussten die Übersetzmittel aus beiden Materiallagern bis zu drei Kilometer nach vorne getragen werden. Da hierzu keine Trägergruppen (beispielsweise aus den Reservebataillonen oder dem 142. Inf Rgt) eingeteilt waren, musste dies durch die Angriffstruppe selbst geschehen, die ohnehin durch ihre Kampfausrüstung schon sehr belastet war. Die Koordinierung Infanterie-Pioniere war sehr schlecht, durch die Kopplung mit Korpspionieren anstelle mit den divisionseigenen Pionieren gingen die vertrauten Verhältnisse in der Zusammenarbeit verloren. Schließlich hatte die Division darauf verzichtet, zur Sicherung des eigenen Ufers der Angriffstruppe voraus wenigstens zeitlich begrenzt „Deckungskräfte" vorzuschieben, unter deren Schutz sich die Sturmtruppe auf den Übergang vorbereiten konnte, und die verhindert hätten, dass das eigene Ufer immer wieder durch den Feind vermint wurde. Als besonders nachteilig sollte sich herausstellen, dass die eigene Artillerie Feindstellungen in Ufernähe nicht ausschalten konnte.

In der Nacht 19./20. Januar wurden die Sturmbataillone in gedeckte Bereitstellungsräume in der Gegend Mt Trocchio vorgeführt. Am 20. Januar flog tagsüber das XII. (US) ASC gegen deutsche Stellungen im Raum S. Angelo 124 Einsätze, mehr war nicht möglich, da die Masse der alliierten Luftstreitkräfte zur Abwehr des deutschen Angriffs am unteren Garigliano bzw. zur Vorbereitung auf Anzio gebunden war (Lagekarte 13).

Mit einfallender Dämmerung am Abend des 20. Januar zog dichter Nebel mit nur wenigen Metern Sichtweite auf. Die Bataillone verließen ihre Bereitstellungsräume gegen 18.00 Uhr. In den Materiallagern angekommen, stellten sie fest, dass zahlreiche Boote bereits durch gelegentliches Artilleriefeuer beschädigt worden waren.[32] Da keine feste Zuteilung der Boote erfolgt war, nahmen sich die eingeteilten Bootsbesatzungen die Boote, die am nächsten zur Hand waren. Gegen 19.00 Uhr eröffnete die US-Artillerie ihr Feuer, die Deutschen antworteten innerhalb von Minuten. Die deutsche Artillerie hatte sich zuvor auf ihre Feuerräume eingeschossen, so war trotz des Nebels die Wirkung außerordentlich. Die Bootsbesatzungen zerstreuten sich, um vor dem Feuer Deckung zu finden und liefen dabei über die geräumten Gassen hinaus in die Minenfelder, Boote und Segmente der Stege wurden aufgegeben, durch das Artilleriefeuer wurden weitere Boote beschädigt oder zerstört. Einweiser der Pioniere verliefen sich, die vorgenommenen Markierungen waren nicht mehr erkennbar. Zum Teil hatten die Deutschen in den geräumten Gassen erneut Minen gelegt. Einzelne Soldaten irrten herum und fanden keinen Anschluss mehr an ihre Truppe, andere verdrückten sich in der Dunkelheit und kamen später mit Ausreden in den Sammelräumen an. Schon jetzt machte sich ein Mangel an Führungswillen auf den Ebenen der Kompanien und der Bataillone bemerkbar.[33] Die Männer glaubten nicht an den Erfolg ihres Unternehmens, die Zweifel der Führung hatten sich nach unten durchgesetzt.

Gegen 20.00 Uhr, als bereits der Übergang beim 141. Inf Rgt beginnen sollte, waren die Sturmtruppen immer noch in der Annäherung. Zu diesem Zeitpunkt waren bereits ein Viertel der Übersetzmittel verloren gegangen. Als die ersten Einheiten gegen 21.00 Uhr am Gari-Ufer ankamen, war der Ausfall an Übersetzmitteln auf fast die Hälfte angestiegen, viele davon beschädigt, aber viele waren durch ihre Besatzungen einfach liegen gelassen worden.

Leutnant Strom war einer der erst vor Tagen angekommenen Zugführer in der B-Kompanie des I./141. Inf Rgt. Er hatte gerade das Flussufer erreicht, als zwei schwere deutsche Granaten in die Kolonne der B-Kompanie einschlugen, die noch etwa 200 Meter weiter zurück anmarschierte: „Deutsche Granaten kamen angeflogen und ... schlugen auf oder zwischen den Trägergruppen ein ... mein ganzer Zug wurde mit einem Schlag ausgelöscht, abgesehen von mir und meinem Melder, der sich in meiner Nähe befand.“[34] Der Kompaniechef, Hauptmann Harmanson, war getötet worden, der Kompanieoffizier schwer verwundet. Leutnant Taylor, der ebenfalls noch nie einen Einsatz erlebt hatte, führte nun die Kompanie.

Boote, die unsachgemäß in den Strom eingesetzt worden waren, schlugen in der schnellen Strömung um, andere, bei denen Löcher durch Splitter in der Dunkelheit nicht entdeckt worden waren, versanken unmittelbar. Die Besatzungen wurden ins Wasser geschleudert, beinahe bewegungsunfähig durch ihre Kampfausrüstung von fast 25 Kilogramm, ertranken sie; einzelne wurden schwimmend abgetrieben, sie kamen ohne ihre Waffen am feindlichen Ufer an und hatten jede Orientierung verloren.

Gegen 21.00 Uhr hatten die drei Infanteriekompanien etwa hundert Mann über den Fluss gesetzt. Alle vier vorgesehenen Schützenstege waren beim Antransport und dem ersten Übersetzversuch beschädigt worden. Aus ihren Teilen gelang es den Pionieren, einen fünften Steg zu bauen, der gegen 04.00 Uhr morgens am 21. Januar über den Fluss geschoben wurde. Bereits eine Stunde später war auch er beschädigt. Gegen 06.30 Uhr war es dennoch die Masse der Infanteristen des I. Btl gelungen, überzusetzen. Sämtliche Verbindungen zu diesen Kräften am Feindufer brachen ab. Bei Tagesanbruch entschied Oberstleutnant Wyatt[35] mit Zustimmung des stellvertretenden Divisionskommandeurs, Brigadegeneral Wilbur, der sich an der Übergangsstelle befand, dass das III. Bataillon vorläufig nicht über den Gari übersetzen sollte und die bereits übergesetzten Kompanien wieder zurückgenommen werden sollten. Doch gelang es nur vereinzelten Schützen, das eigene Ufer zu erreichen. Auf der Feindseite waren einzelne Trupps kaum 200 Meter vorangekommen. Beim Versuch, sich einzugraben, füllten sich die Schützenlöcher sofort mit Wasser. Südlich von S. Angelo an einer der Übergangsstellen des 143. Rgt war das I. Btl unter der Führung von Major Frazior durch Einweiser der Pioniere durch die geräumten Minengassen ohne Schwierigkeiten nach vorne geführt worden. Ein Zug der C-Kompanie ging um 20.00 Uhr über den Fluss. Als die Boote zurückgezogen werden sollten, wurden sie alle durch feindlichen Beschuss zerstört. Auch ein bereits gelegter Schützensteg wurde zerstört, eine Reparatur war im starken Feuer nicht möglich. Nachdem weitere Boote herangebracht worden waren, hatte die C-Kompanie gegen 22.45 Uhr über den Fluss gesetzt. Die B- und C-Kompanie des I. Btl hatten bereits starke Verluste. Gegen Mitternacht gelang es dem Regimentskommandeur, Oberst Martin, und Major Frazior erneut, weitere Boote aufzutreiben. Mit diesen Booten und über zwei Schützenstege gelang es der Masse des I. Btl bis 05.00 Uhr am 21. Januar, den Gari zu überqueren. Kurze Zeit später war einer der Schützenstege zerstört, der andere so beschädigt, dass er jeweils nur von einem Schützen begangen werden konnte.

Gegen 07.00 Uhr war das I. Btl in einem flachen Brückenkopf zusammengedrängt. Frazior beantragte, sein Bataillon vor dem Hellwerden über den Fluss zurück zu nehmen. Bevor die Weigerung des Divisionskommandeurs dazu eingegangen war, hatte Frazior kurz vor 08.00 Uhr aus eigenem Entschluss das Feinddufer geräumt. Fehlgeleitet durch einen Einweiser war das III. Btl unter Major Ressijac in ein deutsches Minenfeld geraten. Alarmiert durch die detonierenden Minen schoss die deutsche Artillerie in das Minenfeld, Chaos brach aus, Pioniere und Infanteristen erlitten schwere Verluste, sämtliche Boote wurden zerstört. Erst gegen Mitternacht war die Ordnung wieder einigermaßen hergestellt. Nun wartete man auf weitere Boote. Auf seine Anfragen hin wurde dem Regimentskommandeur mehrfach versichert, der Übergang stünde unmittelbar bevor. Gegen 05.00 Uhr morgens verlor Oberst Martin die Geduld und enthob Major Ressijac seines Kommandos. Sein Nachfolger, Oberstleutnant Carter, erreichte das III. Btl jedoch nicht vor Helligkeit. Ein Übersetzen war nun nicht mehr möglich. Ohne einen einzigen Mann über den Fluss gebracht zu haben, wurde das III. Btl in die Ausgangsstellung zurück genommen.[36] Um 10.00 Uhr morgens musste General Walker folgendes Ergebnis feststellen: Bis auf die Teile der drei Infanteriekompanien des I./141 war der gesamte Übergang gescheitert. Über die Lage bei diesen Kompanien wusste man nichts.

Auf deutscher Seite war die Lage bei den drei Bataillonen in der Front stabil. Nicht einmal örtliche Reserven hatten eingesetzt werden müssen. Auf Grund einer Meldung der 15. PzGren Div lautete der Eintrag im KTB des XIV. Pz Korps für den 21. Januar: „Übersetzversuche des Gegners im Abschnitt der 15. PzGren Div wurden blutig abgewiesen, über den Fluss vorgedrungene Feindkräfte vernichtet oder gefangen genommen."[37]

Für General Walker war am Morgen des 21. Januar klar, dass ein erneuter Versuch zum Überwinden des Gari gemacht werden musste. Offen blieb, wann und wie dies geschehen konnte. Das große Problem war, Übersetzmittel in ausreichender Zahl zusammen zu bekommen. Gegen 10.00 Uhr ordnete General Keyes bei einem Besuch auf dem Gefechtsstand der 36. Div an, „sobald als möglich" erneut über den Fluss zu setzen – dies bedeutete natürlich bei vollem Tageslicht. General Keyes musste sich trotz starken Nebeleinsatzes des Risikos eines Überganges am Tage voll bewusst sein, hatte er doch selbst den ersten Übersetzversuch bei Nacht befohlen. Sein Drängen spiegelt den Zeitdruck wider, dem man sich bei der amerikanischen Führung ausgesetzt sah. Clark hatte darüber hinaus angeordnet, „jede Anstrengung zu unternehmen, um Panzer und Panzerjäger über den Fluss zubringen." Für die Pioniere musste dies zur Folge haben, einen Brückenschlag noch im direkten Feindfeuer auszuführen. Walker wehrte sich gegen die Vorgaben Keyes so gut er konnte, letztlich führten aber die organisatorischen Schwierigkeiten, rechtzeitig neues Übersetzgerät heran zu führen, dazu, dass der Angriff Stunde um Stunde verschoben werden musste.[38] Schließlich stand das 143. Rgt um 16.00 Uhr südlich von S. Angelo zum Angriff bereit.

Der unter weit schlechteren Bedingungen durchgeführte zweite Übersetzversuch hatte von Beginn an kaum Erfolgsaussichten. Das Scheitern, vor allem in Bezug auf den angestrebten taktischen Erfolg, war abzusehen. Unter dem Schutz künstlichen Nebels, der so stark war, dass er auch die eigene Truppe behinderte, überwanden ab 18.30 Uhr zuerst die Schützenkompanien des III. Btl mit Schlauchbooten den Fluss. Gegen Mitternacht, nachdem ein Schützensteg gelegt worden war, hatte das gesamte III. Btl den Gari überquert. Zwei Kompanien des II. Btl folgten, eine weitere sicherte die Übergangsstelle am eigenen Ufer. Am Feindufer gewannen die Einheiten der beiden Bataillone Raum in einer Tiefe von über 400 Metern, blieben dann aber an den deutschen Stellungen des III./ PzGren Rgt 104 hängen. Ohne Panzerunterstützung waren die deutschen Stellungen nicht auszuschalten. So befahl Oberst Martin, anstelle einer Schlauchbootbrücke, sofort mit dem Bau einer Bailey-Brücke zu beginnen.

An der zweiten Übergangsstelle flussabwärts versuchte die Infanterie des I. Btl unter schwerem feindlichem Feuer in Booten über den Fluss zu gehen. Um Mitternacht hatten die drei Schützenkompanien übergesetzt. Nur wenige hundert Meter am Ufer entfernt blieben sie jedoch in deutschem Feuer liegen. Major Frazior wurde verwundet. Gegen 05.00 Uhr morgens waren alle Kompaniechefs ausgefallen, ein Schützensteg und alle Boote waren zerstört. Die Pioniere hatten nicht einmal mit dem Bau der Bailey-Brücke anfangen können. Die Fahrzeuge mit den Brückenteilen blieben in den mit Wasser gefüllten tiefen Rinnen der Zugangswege stecken. Das Vorbringen des Brückengeräts von Hand im feindlichen Feuer war unmöglich. Gegen 10.00 Uhr morgens musste sich Oberst Martin eingestehen, dass seine Bataillone zwei nicht sehr tiefe Brückenköpfe gebildet hatten, seine Flanken waren ungeschützt, das Ziel des Angriffs war in keinem Falle mehr zu erreichen – das Halten des Brückenkopfes machte keinen Sinn mehr. Bis zum Nachmittag des 22. Januar waren die noch einsatzfähigen Männer auf das eigene Ufer zurückgezogen worden. Sergeant Kirby schildert das Geschehen beim Übergang und am Feindufer so: „Wir waren unter pausenlosem Feuer. Ich sah, dass die Boote um uns herum alle getroffen wurden, und meine Kumpel herausfallen und schwimmen. Ich kann nicht sagen, ob sie es schafften oder nicht. Auf dem anderen Ufer erlebte ich das einzige Mal im Kriege Szenen, wie man sie sonst in Filmen sieht. Ich hatte noch niemals so viele herumliegende Körper gesehen, unsere eigenen Burschen. Ich erinnere mich an den jungen Kerl, getroffen von einem MG. Die Kugeln hatten ihn durchlöchert wie eine Konservendose … Fast jeder um mich herum war getroffen. Kein einziger meiner guten Freunde … der nicht getötet oder verwundet worden war."[39]

Beim 141. Rgt konnte der erneute Übergang erst um 21.00 Uhr beginnen. Mit den wenigen einsatzbereiten Booten, die man aufgetrieben hatte, konnte gerade eine Kompanie des II. Btl übergesetzt werden. Fünf Stunden später hatten ihre Soldaten deutsche Stellungen unmittelbar in Ufernähe ausgeschaltet. Beim Übersetzen war es zu Szenen gekommen, wie sie Leutnant Philipp schilderte: „In die Boote war schon Wasser gelaufen, als sie in den Strom glitten; dann wurden sie von zehn Mann mit ihrer Ausrüstung besetzt und in den Gari geschoben. In dem Augenblick, in dem die Strömung das Boot in der Breitseite traf, wurde es stromab gerissen. Ich hörte die Paddel ins Wasser schlagen, auch gegeneinander, dann die gellenden Schreie, wenn ein Boot umschlug. Das Blut gerann in den Adern, diese ertrinkenden Männer zu hören."[40] Um 04.00 Uhr morgens war den übrigen Teilen des II. Btl der Übergang auf zwei Schützenstegen geglückt. Über diese Schützenstege – später noch über einen dritten – überquerten auch die Schützenkompanien des III. Btl, Mann hinter Mann, den Fluss. Sie fanden keine Überlebenden des I. Btl mehr aus der vorangegangenen Nacht. Es gelang den Soldaten beider Bataillone etwa 900 Meter auf dem Feindufer vorzudringen, danach mussten sie sich eingraben. Auch hier wurde der Versuch, eine Bailey-Brücke zu schlagen, am Morgen des 22. Januar aufgegeben. Nachdem das 143. Rgt über den Gari zurückgenommen worden war, begann sich die Lage beim 141. Rgt rapide zu verschlechtern. Gegen 15.00 Uhr waren alle Offiziere im Regimentsstab und in den beiden Bataillonsstäben ausgefallen, um 16.00 Uhr waren alle Offiziere in den Kompanien mit einer Ausnahme gefallen oder verwundet. Alle Boote waren zerstört. Die Einheiten lösten sich auf. Bis 19.00 h gelang es etwa 40 Mann, auf das eigene Ufer zurück zu kommen. Ab 20.00 Uhr starb der Kampflärm am jenseitigen Ufer des Gari langsam ab.

Die Gefechtsstärken betrugen am nächsten Morgen beim I. Btl noch 398 Mann, beim II. Btl noch 309 Mann und beim III. Btl 283 Mann. Die Verluste an Offizieren betrugen beim 141. Rgt acht Gefallene und 22 Verwundete, beim 143 Rgt vier Gefallene, 29 Verwundete und zehn Vermisste, dies sind jeweils 50 Prozent des Bestandes. Die Division hatte irreparable Schäden im inneren Gefüge und in der Kampffähigkeit erlitten, sie war nicht mehr einsatzfähig.[41] Clarks spätere Behauptung, die Verluste seien gerechtfertigt gewesen, da deutsche Reserven wie beabsichtigt aus dem Raum Rom abgezogen worden seien, beruht auf Wunschdenken. Wir wissen, dass die deutschen Reserven bereits wegen des Angriffs des X.(BR) Korps nach Süden geworfen worden waren. Nach dem Krieg schrieb v. Senger hierzu: „Die deutsche Führung beschäftigte sich schon deshalb wenig mit dieser Offensive, weil sie ihr keine Sorge machte. Der Angriff zog nicht einmal örtliche Reserven der 15. PzGren Div an, geschweige denn Reserven von anderen Teilen der Front."[42]

In den Kriegstagebüchern des XIV. dt. Pz Korps und der 10. dt. Armee wird am 22. Januar nur stichwortartig über den Übersetzversuch der Amerikaner bei der 15. PzGren Div berichtet. Am 25. Januar vermerkt die 10. Armee einen Anstieg der Gefangenenzahlen auf über 700 Mann, an Gefallenen seien 430 Mann gezählt worden. Letztere Zahl ist kaum zutreffend.[43] Nach verlässlichen Quellen haben die Verbände der 36. (US) Inf Div, hauptsächlich in den beiden Infanterieregimentern, 2 128 Mann verloren, darunter 155 Gefallene.[44]

Als die 1. Cassino-Schlacht an anderer Stelle mit unverminderter Härte weitergeführt wurde, begann man bei der 36. Div mit der Schadensbeseitigung und den Aufräumarbeiten. Für Clark bedeutete dies auch die Suche nach Sündenböcken: General Wilbur, beide Regimentskommandeure, Oberst Martin und Oberst Werner, General Walkers Chef des Stabes und der G3 der Division, Walkers Sohn, Oberstleutnant Fred L. Walker jr., wurden von ihren Dienstposten abgelöst. Zur Bergung der Gefallenen und Verwundeten wurden mehrfach Waffenruhen vereinbart – Zeichen der humanitären Gesinnung auf beiden Seiten. Im konkreten Falle kamen sie ausschließlich den Amerikanern zugute. Den Anstoß zu den Vereinbarungen hatten Ärzte und Sanitätspersonal gegeben, später wurden auch Absprachen zwischen Offizieren beider Seiten getroffen, bei denen auf amerikanischer Seite beispielsweise der bereits erwähnte Leutnant Strom und auf deutscher Seite der spätere Kommandeur des III./ PzGren Rgt 115, Hauptmann Dyroff, verantwortlich waren.[45] Während der Waffenruhe unterstützten die Deutschen ihre amerikanischen Gegner bei der Bergung, es kam zu Gesprächen und zum Austausch von Zigaretten, Süßigkeiten und Adressen. Ein Großteil der amerikanischen Verwundeten war bereits in deutsche Sanitätseinrichtungen verlegt worden. Außerdem wurde angeboten, dorthin weitere Verwundete zu übernehmen.[46]

Es bleibt anzufügen, dass die Angehörigen der 36. Div den aus ihrer Sicht wahren Schuldigen am „Rapido River Desaster" nicht ungeschoren davonkommen lassen wollten – dies war für sie General Clark. Im Januar 1946 wurde eine Anhörung vor dem Kongress durch die „Thirty-Sixth Division Association" beantragt. Das Repräsentantenhaus beauftragte den US-Verteidigungsminister mit weiteren Untersuchungen und dieser stellte, nicht überraschend, fest, dass Clark in Übereinstimmung mit militärischen Grundsätzen angemessen gehandelt habe.[47]

Bilanz und neue Pläne

General Clark hatte sich bei seinem Frontbesuch am 22. Januar im Landekopf von Anzio vom glänzenden Start der Operation „Shingle" überzeugt. Bei einer realistischen Lagebeurteilung waren einen Tag später bei der Führung der 5. (US) Armee folgende Sachverhalte zu beachten (Lagekarte 9):

• Dem X. (BR) Korps war es nicht gelungen, durch die Aurunci-Berge bis zu den Ausgängen zum Liri-Tal vorzustoßen. Immerhin hatte das Korps den Garigliano überwunden und einen Brückenkopf von etwa sieben Kilometern Tiefe gebildet. Gegen diesen Brückenkopf waren die operativen Reserven der dt. HGr C eingesetzt worden.

• Der Durchbruch des II. (US) Korps auf direktem Wege in das Liri-Tal war gescheitert.

• Das CEF war im Angriff in Richtung Atina-Becken, musste aber bereits starke Kräfte zum Schutz seiner rechten Flanke einsetzen.

• Dagegen hatte die Armee mit der Landung des VI. (US) Korps bei Anzio eine vollkommene Überraschung erzielt.

Die beiden Möglichkeiten, vor denen Clark stand, sind bereits beschrieben worden: Entweder die Überraschung bei Anzio zu nutzen, um mit starken Kräften unter Schutz der Flanken auf die Albaner Berge vorzustoßen und auf diese Weise den rechten Flügel der dt. 10. Armee im Rücken zu bedrohen oder den Landekopf zu konsolidieren, schnell mit Kräften und Versorgungsgütern so auszustatten, dass sich das VI. (US) Korps für längere Zeit ohne Entsatz durch die Hauptkräfte behaupten konnte.

Wir wissen, dass sich General Clark zur zweiten Alternative entschlossen hatte und dass dies nicht nur im Gegensatz zur Absicht stand, mit der Einnahme von Rom im Februar einen herzeigbaren politischen Erfolg zu erzielen, sondern dass er diesen greifbar nahen Erfolg bei der zumindest zeitweilig in der deutschen Führung vorherrschenden Stimmung auch vergab.[48] Zwangsläufige Konsequenz der gewählten Alternative war auch, ohne unmittelbare Unterstützung der bei Anzio gelandeten Kräfte weiterhin den Durchbruch durch die Gustav-Stellung erzwingen zu müssen. Zum gescheiterten Angriff des II. (US) Korps am Gari schreibt Blumenson: „Aber der Misserfolg dieses Angriffs hatte nichts an den Bedingungen geändert, die ihn notwendig gemacht hatten." Und er zitiert aus dem Tagebuch Clarks: „Wir benötigen immer noch einen Brückenkopf über den Rapido, um das Hervorbrechen unserer Panzerkräfte in das Liri-Tal zu ermöglichen."[49] Im Laufe des 23. Januar besuchte Clark nacheinander die Gefechtsstände des X. (BR) und II. (US) Korps sowie des CEF, um mit deren Führern seinen neuen Operationsplan abzustimmen. Um nun den Eingang zum Liri-Tal zu umgehen, sollte der Schwerpunkt auf den rechten Flügel der Armee gelegt werden. Der Angriff war wiederum durch das II. (US) Korps zu führen. Dabei war der Rapido nördlich von Cassino zu überwinden, danach sollte das Höhengelände nordwestlich davon – also die Südwest-Abhänge des Mt Cairo – genommen werden, schließlich sollte in das Liri-Tal bei Piedimonte vorgestoßen werden. Diesen „kurzen Haken" hatte die 34. (US) Inf Div auszuführen. An ihren bisherigen Übergangsstellen hatte die 36. (US) Inf Div Angriffe vorzutäuschen und auf Befehl des Korps mit dem 142. (US) Inf Rgt (der bisher nicht eingesetzten Korps-Reserve) einen Brückenkopf nördlich von S. Angelo zu bilden, durch den dann wiederum das CC B der 1. (US) Pz Div in Richtung Nordwesten angreifen sollte, um bei Piedimonte Verbindung mit der 34. Div herzustellen.[50] Um dem Angriff einen breiten Ansatz zu geben und die rechte Flanke der 34. Division zu schützen, sollte das CEF seine Angriffsrichtung von Nordwesten nach Westen ändern und das Höhengelände oberhalb des Rapido-Tales, den Cle Belvedere und Cle Abate, einnehmen. Offenbar sollte dieser „lange Haken" ebenfalls über Terelle ins Liri-Tal führen. Das X. (BR) Korps sollte seinen Angriff wieder aufnehmen, um deutsche Kräfte zu binden und möglichst weit nach Norden vorzustoßen. Hierzu wurde, wie zuvor geschildert, die 46. (BR) Inf Div herangezogen.[51]

In diesem Zusammenhang soll erneut dem Vorwurf nachgegangen werden, Clark und Alexander hätten versäumt, andere Möglichkeiten zum Durchbruch in das Liri-Tal zu prüfen.

Eine Alternative sei dabei gewesen, den Anfangserfolg des X. (BR) Korps, die Bildung eines Brückenkopfes über den Garigliano am 18./19.Januar zu nutzen, den als schwierig erachteten Angriff des II. (US) Korps über den Gari kurzfristig abzusagen und dafür die 36. (US) Inf Div oder gar beide US-Divisionen dem britischen Korps für den Stoß in Richtung S. Giorgio zuzuführen.[52] Selbst wenn man dabei das Problem der Interoperabilität zwischen britischen und amerikanischen Truppen und die Frage des Raumes zum Ansatz von zwei weiteren Divisionen außer Acht lässt, ist anzumerken, dass der Anfangserfolg des X. (BR) Korps und der erzielte Raumgewinn in keiner Weise den Erwartungen entsprachen, die mit dem Angriff verbunden gewesen waren. Welchen Grund sollte es dann zu dem weitreichenden Entschluss geben, den zu diesem Zeitpunkt keinesfalls als aussichtslos anzusehenden Angriff des II. (US) Korps aufzugeben? Als nach dem Scheitern des II. (US) Korps am Gari eine weitere Division, die 46. (BR) Inf Div am Garigliano in das Gefecht eingeführt worden war, konnte auch mit dieser Division kein Durchbruch erzielt werden, da Kesselring mittlerweile seine operative Reserve in diesem Raum eingesetzt hatte.

General Juin behauptet auch noch in seinen Nachkriegserinnerungen, er habe das Rezept gehabt, um mit einem Angriff über das Atina-Becken und danach nach Süden eindrehend durch das Melfa-Tal den Höhenblock von Cassino weiträumig zu umgehen und das Liri-Tal bei Roccasecca, 25 Kilometer nordwestlich von Cassino zu gewinnen. Juins Alternative ist mit großer Skepsis zu bewerten. Sein Plan bedeutete mindestens eine Verdreifachung der Angriffsentfernung durch schwieriges Gebirgsgelände. Dies wiederum bedeutete Gebirgskampf unter schwierigen winterlichen Verhältnissen mit entsprechendem Zeitbedarf. Die gebirgsgewohnten Soldaten des CEF hatten zwar in den vergangenen Wochen bewiesen, dass sie in der Lage waren, querfeldein durch schwieriges Gelände anzugreifen. Dennoch war das Korps auf sichere Verbindungslinien und für die Logistik auf Straßen und Wege angewiesen. Innerhalb der 15. HGr standen nicht genügend Tragtiere zur Verfügung, um eine oder gar zwei Divisionen zu versorgen.

Der Angriff hätte mit ständig tiefer werdenden offenen Flanken geführt werden müssen, dafür war der Kräfteansatz einer Division (wie wir nachfolgend beim Angriff der 3. D.I.A. sehen werden) nicht ausreichend. Die Zuführung der 4. (IND) Div durch General Alexander, so wird argumentiert, hätte dem abgeholfen. Damit wäre aber der logistische Aufwand verdoppelt worden. Darüber hinaus musste erwartet werden, dass die Deutschen auf eine solch weite Umgehung mit Gegenmaßnahmen reagieren würden, beispielsweise durch die Sperrung der engen Melfa-Schlucht. [53]

Der Kampfraum Cassino (Lagekarte 14)

Um die Eigenart der Kämpfe besser zu verstehen, die sich im Raum Cassino ab Januar entwickelten und die bis zum Mai 1944 andauerten, ist es hilfreich, den Höhenblock ausführlicher zu beschreiben, den die Alliierten überwinden mussten, wenn sie in Richtung Rom vorstoßen wollten und auf den sich die Deutschen abstützten, um gerade dies zu verhindern. Das Höhengelände nördlich und nordwestlich von Cassino steigt im Süden und Osten aus dem Liri- bzw. dem Rapido-Tal aus Talhöhen von 50 bis 70 Metern auf fast 1 700 Meter Meereshöhe an; der Mt Cairo, die höchste Erhebung, erreicht eine Höhe von 1 669 Metern. Der Höhenblock wird im Nordosten durch den Taleinschnitt von Belmonte mit der nach Atina führenden Passstraße, im Norden durch das Becken von Atina und im Westen durch den steilen Taleinschnitt des Melfa-Flusses begrenzt. Das Höhengelände fällt nach allen Seiten über mehrere Höhenzüge ab, wobei die letzten Höhenzüge vor der Liri- und Rapidoebene besonders steil abstürzen.

Der oberhalb Cassinos und des Rapido-Tales sich erstreckende Höhenzug beginnt mit dem Klosterberg (Höhe 516 Meter), reicht über den Cle Maiola (324 Meter), die Doppelhöhen 213 und 156 und über das Becken um die Ortschaft Caira bis zum Cle Belvedere und Cle Abate mit Höhen von 862 bzw. 915 Metern. Beide Gipfel fallen in das Secco-Tal ab, durch das sich die Straße nach Belmonte hinzieht. Die Bergstraße wird im Nordosten durch den Mt Cifalco (947m), einem Abruzzen-Ausläufer, überragt. Für den Ablauf der Kämpfe waren zwei Höhenzüge entscheidend, von denen sich der eine vom Mt Cairo aus abfallend über den Passo S. Lucia, den Mt Castellone (771 Meter) und die Höhe 706 zum Cle S.Angelo (601 Meter) nach Südwesten erstreckt; der andere vom Cle Maiola ansteigend über den Cle S. Comeo (601 Meter), um in der Höhe 593, dem späteren Kalvarienberg, zu enden. Die Entfernung vom Mt Castellone zum Cle S. Angelo beträgt fast zwei Kilometer, vom Cle Maiola über den Cle S. Comeo zur Höhe 593 ungefähr 2,5 Kilometer. Tief unter dem Cle S. Angelo und der Höhe 593 liegt das Liri-Tal mit der nach Nordwesten führenden Via Casilina (Straße Nr. 6). Zwischen den beiden Höhenzügen steigt aus dem Becken von Caira ein gewundenes Tal bis zur Gehöftgruppe Massa Albaneta an. Der nördliche Höhenzug erhielt im Verlauf der Kämpfe die Bezeichnung „Phantom-Rücken", der südliche mit der Höhe 593 den Namen „Schlangenkopf". Die Höhe 593 war durch einen Sattel (Pkt 444) mit dem Klosterberg verbunden. Höhenzüge und Kuppen sind voneinander durch tief eingeschnittene, schluchtartige Täler getrennt, die über die meiste Zeit des Jahres nur wenig Wasser führen und von den Briten daher alsbald als „Wadis" bezeichnet wurden. Das Gebiet des Höhenblocks war kaum besiedelt, größere Ortschaften wie Caira, Terelle, Belmonte, Villa S. Lucia, Piedimonte oder Roccasecca lagen in der Regel in den Tälern oder an den Anstiegen aus der Ebene. Cassino, die größte Stadt des Gebietes, hatte 25 000 Einwohner, die vor Beginn der Kämpfe evakuiert worden waren, sie erstreckte sich auf einer Grundfläche von knapp zwei Quadratkilometern, der Bahnhof befand sich seinerzeit weit außerhalb der Stadt.

Das Höhengelände war nur von wenigen Straßen durchzogen, wie beispielsweise die Serpentinenstraße von Cassino über Caira nach Terelle, die Straße nach Belmonte-Atina oder ein unbefestigter Weg von Roccasecca über den Cle S. Magno in Richtung Mt Cairo. Abseits davon gab es Pisten, Karrenspuren oder Maultierpfade.[54] Den Teilnehmern der Schlacht erschienen die Hügelformationen aus der Ferne nicht abweisend oder unzugänglich, sie war mit niedrigem Gras bedeckt und einigen lichten Waldstücke bedeckt. Neben den starken Anstiegen oder Abfällen wies das Gelände jedoch für Bewegungen und Kampf immense Schwierigkeiten auf: Mehrere Meter tiefe Einrisse durch abfließendes Regenwasser oder Wasser während der Schneeschmelze, teilweise angefüllt durch mitgerissenes Geröll oder meterhohe Felstrümmer, oft schluchtartig. Dünne, von Disteln durchsetzte Grasflächen, unter deren spärlicher Humusschicht sofort Steine oder Fels hervorkamen, wechselten mit Geröllfeldern, Felsblöcken oder Findlingen, dazwischen wieder fanden sich ausgewaschene Höhlungen, Klüfte, Spalten mit glatten Felsplatten oder abrupte Senken mit stark geneigten Wänden. An vielen Stellen war der Boden mit Buschwerk bedeckt, daneben ausgedehnte heckenförmige Dornbüsche, absolut undurchdringlich.

Ohne Sprengmittel war der Bau von Stellungen unmöglich, die angreifenden alliierten Truppen behalfen sich damit, aus aufgetürmten Steinen und Felsbrocken Schutzwälle zu bauen. Der Ansatz größerer Formationen und das Vorgehen unter gegenseitigem Feuerschutz stießen auf große Schwierigkeiten, meist konnten nur Kompanien geschlossen eingesetzt werden. Je weiter man im Höhengelände vorankam, desto weniger konnten Fahrzeuge, selbst mit Allradantrieb, benutzt werden. Versorgungsgüter und Pioniermaterial mussten mit Trägern oder Maultierkolonnen herangebracht werden, dies galt für beide Seiten. Unter den gleichen Einschränkungen litt der Abtransport von Verwundeten.

Der Angriff der 34. (US) Inf Div (Lagekarte 15)

Den Abschnitt der Gustav-Linie zwischen dem Stadtgebiet von Cassino und der Bergstraße nach Belmonte verteidigte die 44. dt. Inf Div, „Reichsgrenadier-Division Hoch- und Deutschmeister". Die Division war in Stalingrad vernichtet worden und wurde ab Frühjahr 1943 in Belgien im Kern durch noch verfügbarem Personal der untergegangenen Truppenteile wieder aufgestellt.[55] Nach der Wiederaufstellung wurde die Division ab Juli 1943 zur Entwaffnung der italienischen Armee in Norditalien eingesetzt, ab November wurde sie dem XIV. Pz Korps zugeführt, ab dem 29. November 1943 verteidigte sie einen Abschnitt in der Bernhard-Linie. Der Divisionskommandeur, Generalmajor Dr. Franek, führte die Division erst seit dem 1. Januar. Abweichend von der Soll-Gliederung einer Infanteriedivision gliederte sich die 44. Inf Div in die drei Grenadierregimenter 131, 132 und 134 mit je drei Bataillonen. Bei den allgemein üblichen Divisionstruppen (Artillerie, Pioniere, Logistik- und Sanitätstruppen) hatte das Art Rgt 96 vier Abteilungen, darunter eine schwere, die II. Abt war mit der Gebirgshaubitze 7,5 cm (verlastbar auf Maultieren) ausgestattet worden, die PzJg Abt 46 hatte als Geschütze die gezogene Pak 7,5 cm.[56]

An der Front ihres Verteidigungsabschnittes hatte sich die Division wie folgt gegliedert: Südlich von Cassino stand das III./131, das Stadtgebiet von Cassino wurde durch das Gren Rgt 211 verteidigt, nördlich von Cassino, im künftigen Angriffsstreifen der 34. (US) Inf Div waren von Süd nach Nord das II./132, III./132 und I./132 eingesetzt, anschließend wurden die Stellungen gegenüber dem CEF durch das II./131, das I./131 und das I./191 verteidigt. Das II./191 lag im Raum Terelle-Belmonte als Reserve, die AA 44 war nach dem 17. Januar zur 94. Inf Div abgezogen worden und zwei Bataillone (I./III.) des Gren Rgt 134 hatten einen Verfügungsraum im Liri-Tal hinter der 15. PzGren Div bezogen, angeblich als Reserve der Heeresgruppe.[57]

Obwohl die Gefechtsstärken der Bataillone auf wieder ungefähr 400 Mann angehoben worden waren, war eine tiefe Gliederung in der Abwehr nicht möglich. Die HKL verlief an den aus der Rapido-Ebene aufsteigenden Hängen. Die Stützpunkte der Infanterie waren durch Geschütze der PzJg Abt 46 verstärkt worden. Zur Sicherstellung ausreichender Schussweiten in das Tal hinein wurden die Feuerstellungen der Artillerie nahe heran gehalten, beispielsweise im Bereich des Höhengeländes Cle Belvedere/Cle Abate.[58]

Die Vorgaben, die General Ryder, der Kommandeur der 34. (US) Inf Div, für seinen Angriff erhalten hatte, waren: Etwa zwei Kilometer nördlich des Stadtgebietes von Cassino war der Rapido zu überwinden, er konnte hier durchfurtet werden. Danach war in zwei Richtungen weiter anzugreifen: Während der Hauptstoß über das Höhengelände nördlich von Cassino geführt wurde, um das Liri-Tal zwischen fünf und sechs Kilometern westlich des Klosterberges zu erreichen, sollte eine weitere Angriffsgruppe westlich des Rapido nach Süden bis in das Stadtgebiet von Cassino und die davor liegenden Höhen zielen. Mit diesem zweiten Angriffsstoß wurde auch ein gewisser Flankenschutz gewährleistet, denn je tiefer die Hauptkräfte in das Höhengelände vordringen würden, desto gefährdeter musste ihre linke Flanke sein.[59]

Neben den drei Infanterieregimentern 133 (Oberst Marshall), 135 (Oberst Ward) und 168 (Oberst Boatner) verfügte die Division über die drei selbstständigen Pz Btl 753, 756 und 760 als Angriffstruppen, letztere waren durch das II. (US) Korps zugeteilt worden. Außer durch die eigene Artillerie der Division in Stärke von vier Bataillonen wurde der Angriff der 34. Div durch 15 weitere Artilleriebataillone des Korps unterstützt. Weil die offene Rapido-Ebene keinerlei Deckung für die Bereitstellung und Annäherung bot, wurde der Angriffsbeginn auf den 24. Januar 22.00 Uhr festgelegt. Als erstes Angriffsziel hatte General Ryder eine zerstörte italienische Kaserne im Raum Mt Villa südlich der Höhe 156 vorgegeben. Nach Nehmen dieses

Zwischenziels sollte eine Regimentskampfgruppe auf dem schmalen Geländestreifen zwischen Fluss und Höhengelände in Richtung Stadtgebiet angreifen, das Angriffsziel der Hauptkräfte dagegen war in einer Entfernung von über vier Kilometern der Mt Castellone. Von dort war in Richtung Südwesten und Süden einzudrehen, um nach weiteren sechs bis acht Kilometern die beherrschenden Höhen oberhalb des Liri-Tales zu gewinnen.

Dem verstärkten 133. (US) Inf Rgt war die Wegnahme der Kaserne bei Mt Villa befohlen worden. Mit zwei Bataillonen (I./III.) nebeneinander wollte Oberst Boatner die deutschen Verteidiger binden, das 100. (US) Inf Btl sollte danach folgen und rittlings der Straße nach Cassino vorgehen, das 756. (US) Pz Btl hatte den Kampf auf dem Westufer des Rapido zu unterstützen. Das 753. und 760. (US) Pz Btl sollten sich an der Feuervorbereitung beteiligen und sich darauf einstellen, der Infanterie auf das Westufer zu folgen.[60]

Wie vorgesehen begann der Angriff um 22.00 Uhr. Er brach fast noch in der Ausgangsstellung zusammen. Die beiden hier eingesetzten deutschen Bataillone, das II./ und III./ 132 hatten die zerstörten Überreste der italienischen Kaserne festungsartig ausgebaut, beiderseits des Rapido waren mehrere hundert Meter tiefe Minenfelder angelegt worden, die Drahthindernisse am westlichen Ufer waren so dicht, dass ein US-Offizier dazu bemerkte, „mit dieser Menge Stacheldraht hätte man alle Weideflächen in Iowa und Illinois einzäunen können." Morgens gegen 04.30 Uhr dehnte das 133. (US) Inf Rgt seinen Angriffsstreifen nach Norden aus, da dort der Boden fester erschien. Rechts des festliegenden I. Btl wurde das III. Btl geschoben, später noch weiter im Norden das 100. (US) Inf Btl. Nach einer starken Artillerievorbereitung griffen sie am 25. Januar ab 09.00 Uhr nebeneinander an – gegen heftigen deutschen Widerstand hatten sie bis Mitternacht 25./26. Januar einen gesicherten, wenn auch flachen Brückenkopf geschaffen. Durch das Feuer der zugeteilten Panzerjäger und einzelner Sturmgeschütze der StuGsch Abt 242 auf deutscher Seite konnten die US-Panzer auf Distanz gehalten werden.

Als Voraussetzung für den Angriff des 168. (US) Inf Rgt über das 133. (US) Inf Rgt hinweg und für den Einsatz von Panzern befahl General Ryder für den 26. Januar die Ausweitung dieses Brückenkopfes. Aber bei Tage war das deutsche Artilleriefeuer im Rapido-Tal überwältigend, dazu kam Flankenfeuer aus den Stützpunkten an der Höhe 213. Zu mehr als den Brückenkopf zu halten, war das 133. Rgt nicht in der Lage. General Ryder setzte nun das 135. (US) Inf Rgt südlich des 133. Rgt über den Fluss an, zur Wegnahme des Höhengeländes um die Höhe 213 von Süden. Im Besitz der Höhe 213 sollte dann der Vorstoß in Richtung Mt Castellone beginnen, ungeachtet davon, ob die Kaserne genommen war oder nicht. In der Nacht zum 27. Januar gelang es jedoch nur, eine Kompanie über den Fluss zu bringen, diese blieb aber im offenen Talkessel unterhalb der Höhen liegen. Ryder entschloss sich nun, den Schwerpunkt weiter nach rechts zu verlegen und das 168. Rgt über das 133. Rgt angreifen zu lassen. Er hatte dabei die Hoffnung, einen Gewinn aus dem Angriffserfolg seines rechten Nachbarn, der 3. D.I.A. des CEF zu ziehen. Ryder griff nun unmittelbar in die Operationsplanung von Oberst Boatner ein: Hinter je einem Panzerzug sollten nebeneinander das I. und III. Btl des 168. Rgt gegen die Höhen 213 und 156 angreifen.

Nach einer Artillerievorbereitung von einer Stunde Dauer setzten sich die Panzer in der Morgendämmerung des 27. Januar in Marsch. Einige rutschten von den Knüppeldämmen ab, andere blieben im aufgeweichten Gelände liegen. Kurz nach 09.00 Uhr waren jedoch vier Panzer über den Fluss gekommen. Hinter diesen waren aber die Fahrspuren so aufgewühlt, dass weitere nicht folgen konnten. Gegen 13.00 Uhr waren alle Panzer außer Gefecht gesetzt, durch Minen, durch Artilleriefeuer, aber auch im Nahkampf: „Alle wurden abgeschossen, einer von Lt Islaib, Fhr der 10. Kp," so berichtet Oberleutnant Agis vom dt. III./ Gren Rgt 132, „mit der Panzerfaust … er selbst hatte durch den austretenden Feuerstrahl Verletzungen erlitten … Einige Stunden danach wurde ich von Hptm Krieg, dem Btl. Kdr angerufen, der mir den Auftrag erteilt, die 10. Kp zu übernehmen, da Lt Islaib vermisst sei. Er dürfte beim Versuch, einen weiteren Panzer zu knacken, gefallen sein …"[61]

Unter dem Schutz der Panzer hatten jedoch mehrere Kompanien der beiden US-Bataillone trotz schwerer Verluste den Fluss überwunden, einer davon gelang es, die Höhe 213 zu besetzen. Da der Kompaniechef glaubte, bei Tag die Höhe nicht halten zu können, beschloss er, seine Züge zurückzunehmen. Das Ausweichen ging schnell in eine Flucht über, andere Kompanien gerieten in Panik, erst auf dem eigenen Ufer konnten die fliehenden Männer aufgefangen werden. Noch auf dem Feindufer haltende Kräfte wurden zurückgenommen, geordnet und noch in der Nacht zum 28. Januar einige hundert Meter weiter nördlich in Richtung Caira an einer Furt wieder über den Rapido geführt. Auf halbem Wege nach Cairo wurden Stellungen bezogen.

Inzwischen hatte das Korps General Ryder zusätzlich zum eigenen Pionierbataillon, dem 109. Pi Btl, das 235. Pi Btl und die gesamte 1108. Pi Grp unterstellt. Diese Pioniere waren fieberhaft damit beschäftigt, die Zugangswege für Panzer zu verbessern: Knüppeldämme und Lochbleche wurden gelegt, Gräben wurden mit Reisigbündeln gefüllt. Absicht der Division war es nun, mit allen drei Bataillonen des 168. Rgt gleichzeitig den Höhenblock 213/156 zu nehmen. Am frühen Morgen des 29. Januar, wiederum nach starker Artillerievorbereitung, setzten sich die Angriffsverbände, Panzer voraus, in Bewegung. Die Infanterie kämpfte sich langsam voran. Nun gelang es Panzern der beiden Bataillone 760 und 756 in größerer Zahl, wohl etwas mehr als 20, den Rapido zu überwinden. Sie schossen der Infanterie den Weg frei, im direkten Anrichten wurden Bunker, Stützpunkte, befestigte Häuser und Steinmauern zusammengeschossen, angeblich sollen tausend Panzergranaten vom Kaliber 7,5 cm verschossen worden sein. Die deutschen Verteidiger vom I./ Gren Rgt 132 wichen in Auflösung aus, zahlreiche Gefangene wurden gemacht. Am Morgen des 30. Januar waren durch das 168. Rgt beide Höhen besetzt worden. Am gleichen Tage gelang es noch, handstreichartig die Ortschaft Caira zu nehmen, dabei wurde ein deutscher Bataillonsgefechtsstand ausgehoben.[62]

Gemessen an den ursprünglichen Zielsetzungen hatte die 34. (US) Inf Div nach sieben Tagen Kampf gerade einmal ihre Ausgangsstellungen für das Umgehungsmanöver in den Bergen eingenommen.

Einbruch in die Gustav-Linie durch das CEF (Lagekarte 16)

Mit der Inbesitznahme des Raumes bis S. Elia am 15. Januar hatte sich das CEF in einen im Süden flachen Frontbogen geschoben, dessen tiefe Nordflanke durch das nach Belmonte sich hinziehende Tal, den Mt Cifalco und – nach Nordosten ansteigend – durch die von der dt. 5.

Geb Div gehaltenen Abruzzen-Ausläufer gebildet wurde. Die Angriffsziele des CEF lagen auf dem aus dem Rapido-Tal ansteigenden Höhengelände von bis zu 900 Metern Meereshöhe, damit waren im Angriff fast 800 Meter Höhenunterschied zu bewältigen.

Der sehr schwierige Auftrag, der, wie ausgeführt, auch vollkommen Juins Grundauffassungen widersprach, rief heftige Proteste seiner Untergebenen hervor. Juin teilte alle Vorbehalte General de Montsaberts, des Kommandeurs der 3. D.I.A., entschied aber schließlich, die Durchführung des Auftrages sei eine „Sache der Ehre" – es galt immer noch die Loyalität zur alliierten Seite zu beweisen und die Schatten des Feldzuges von 1940 zu vertreiben. Um zu verstehen, warum schließlich aus einem Korps von über 65 000 Mann nur noch zwei Bataillone als Angriffsgruppen zur Verfügung standen, ist es nötig, die Einzelheiten des französischen Operationsplanes näher zu erläutern.

Die 2. D.I.M. hatte nach Nordosten gestaffelt den Schutz der Nordflanke sicherzustellen. Die 3. D.I.A., die den Angriff durchzuführen hatte, gliederte sich in drei Infanterieregimenter: Das 3. und 7. R.T.A. sowie das 4. R.T.T. Da bereits in der Ausgangsstellung die rechte Flanke der Division durch Angriffe aus Richtung Belmonte gefährdet war, und im Süden nach dem Einbruch in die Gustav-Linie eine immer tiefere Flanke entstehen musste, plante der Divisionskommandeur Kräfte der beiden algerischen Regimenter zur Sicherung der Flanken ein. Als Angriffstruppe stand damit nur noch das 4. R.T.T. unter Oberst Roux zur Verfügung. Dieses hatte zunächst den Cle Belvedere und dann den Cle Abate zu nehmen.[63] Auf der Serpentinenstraße nach Terelle sollte mit Fortschreiten des Angriffs das 3. alg. Aufkl Rgt der Spahi (3. R.S.A.R.) zur Überwachung eingesetzt werden. Neben dem eigenen Artillerieregiment der Division würden drei Regimenter der Korpsartillerie sowie die 13. (US) Art Brig (insgesamt 6 Bataillone mit Geschützen FH 15,5 cm und FK 15,5 cm) Feuerunterstützung geben.[64]

Oberst Roux bildete mit seinem II. und III. Btl zwei Angriffsgruppen, das I. Btl sollte den Anmarsch und die Bereitstellung decken, später sollte es als Reserve im Angriff folgen. In der Ausgangsphase hatte das 4. R.T.T. selbst für seinen Flankenschutz in Richtung Secco-Tal zu sorgen, so war das III. Btl durch zwei Kompanien des I. Btl verstärkt worden. Als Angriffsbeginn waren die Morgenstunden des 25. Januar vorgesehen. General Juin wie auch General de Montsabert galten als glänzende Taktiker und hatten dies seit dem Einsatz des CEF bewiesen. Dennoch ist es angemessen, auf einige kritische Punkte im Operationsplan hinzuweisen. So stellt sich die Frage, ob es möglich gewesen wäre, durch eine stärkere Gliederung in der Tiefe, durch das Einplanen von Teilen des 3. und 7. R.T.A. hinter dem 4. R.T.T. sowie dem Bereithalten von Tabor-Gruppen dem Angriff eine größere Durchschlagskraft zu geben. Die Angriffe des II. (US) Korps und des CEF begannen mit nur wenigen Stunden Zeitabstand zueinander. Eine enge Abstimmung oder Koordinierung über die Korpsgrenze hinweg, beispielsweise zum Schutz der inneren Flanken, war unverzichtbar und hätte Kräfte sparen können. Es war aber wohl so, dass die beiden Korps bzw. Divisionen ihre Angriffe ohne Abstimmung mit dem jeweiligen Nachbarn führten. Es war nicht vorgesehen, etwa durch Kräfte der 2. D.I.M., den Mt Cifalco einzunehmen, so waren die französischen Verbindungslinien und Nachschubwege durch den Talkessel von S. Elia nicht nur von der Seite, sondern auch von rückwärts her durch die Artillerie der 5. dt. Geb Div voll einzusehen und konnten mit Feuer unterbrochen werden. Schließlich scheint es fragwürdig, die rechte Flanke gegenüber dem Secco-Tal anfangs durch die Angriffstruppe selbst sichern zu lassen statt hierfür Verbände aus der Reserve einzusetzen.

Das CEF hatte die nötigen Umgruppierungen der Artillerie und der logistischen Einrichtungen zeitgerecht abgeschlossen, so konnte der Angriff am 25. Januar gegen 07.00 Uhr beginnen. Der Cle Belvedere bestand aus vier Kuppen, dessen Höhen (im Uhrzeigersinn) 681, 721, 771 und 862 Meter betrugen, zusätzlich erschien es erforderlich, die Höhe 700, von der man aus die Serpentinenstraße beherrschte, zu nehmen.

Die rechte Angriffsgruppe (III. Btl) sollte mit Teilen die Höhe 470 wegnehmen, einen Ausläufer des Mt Cifalco. Mit dieser Wegnahme konnten deutsche Gegenangriffe im Zuge des Secco-Tales unterbunden werden. Um diese Kuppe entwickelten sich blutige Kämpfe mit Angriff und Gegenangriff, auf deutscher Seite mit dem I./191, zu dessen Unterstützung bereits Teile des im Raum Belmonte liegenden II./191 eingesetzt werden mussten. Es gelang wenigen Überlebenden einer französischen Kompanie, sich wenigstens an einen Teil dieser Höhe zu klammern. Bis zur Ablösung am Abend des 25. Januar durch Teile des 3. R.T.A. musste eine weitere Kompanie des III. Btl zum Flankenschutz abgezogen werden, die dann natürlich für den Angriff fehlte.

Beide Angriffsgruppen des 4. R.T.T. hatten im Talgrund im Raum Olivella den Secco zu überqueren, dessen Wasser bis über die Hüften reichte. Da man erwartete, dass zunächst keine Tragtiere nachgeführt werden konnten, hatten die Soldaten mehr Munition, Kampfmittel oder Verpflegung als gewöhnlich mitzuführen, dagegen hatte man auf „überflüssige" Ausrüstung, wie Mantel, Decke oder Zeltplane, verzichtet. Unter den verschiedenen Nationalitäten des CEF war ein altes arabisches Sprichwort üblich: „Marokkaner sind Krieger, Algerier immerhin noch Männer, während die Tunesier Weiber sind." Das 4. R.T.T. konnte nun das Gegenteil dieses Sprichworts beweisen.

Beiden Bataillonen gelang es, deutsche Stützpunkte des Gren Rgt 131 im Zuge der HKL im Talgrund niederzukämpfen oder zu umgehen. Das Ausschalten stehen gebliebener Feindteile sollte Aufgabe des I./4.R.T.T., unterstützt von französischen oder US-Panzerjägern sein. Erstes Angriffsziel des III. Btl waren die Kuppen 681 und danach 862 (von den Franzosen „Piton sans nom" genannt), wie angesprochen ein Höhenunterschied von 800 Metern im Anstieg. Bei diesem Bataillon erfolgte der Aufstieg in einer mehrere Meter tiefen Rinne, zuweilen kaminartig ausgeformt, auch mit überhängendem Fels. Um in ihr aufzusteigen, war eine Mischung von Kletterkunst und Akrobatik erforderlich. Im CEF wurde diese Rinne bald als „Ravin Gandoet", nach dem Namen des Kommandeurs des III. Btl bekannt. An mehreren Stellen konnten deutsche MG-Stellungen in die Rinne feuern. Unter den beschriebenen Bedingungen wurde der Aufstieg zu einem Albtraum: „Der körperliche und moralische Einsatz, der den Männern abverlangt wurde, reichte bis zur Grenze der menschlichen Leistungsfähigkeit und führte schließlich darüber hinaus. Tirailleure, die lange Zeit durchgehalten hatten, fühlten schwarze Schleier vor ihren Augen, die Folge des überanstrengten Kreislaufs und einer absoluten Erschöpfung der Muskulatur. Sie mussten anhalten, um gegen eine Ohnmacht anzukämpfen, verzweifelt klammerten sie sich an, vor einem Absturz ins Leere."[65] Mit Einbruch der Dunkelheit gelang es Teilen des III. Btl gegen nur leichten deutschen Widerstand, die Höhe 681 einzunehmen. Danach ging es nicht mehr weiter. Die deutsche Artillerie hatte starke Verluste verursacht.

7. Die 1. Cassino-Schlacht

Das II. Btl unter Major Berne war zunächst gegen die Höhen 721 und 700 angesetzt, in einer zweiten Phase sollte die Kuppe 771 des Belvedere, danach die beiden Höhen des Cle Abate, die Höhen 915 und 875 genommen werden. Der Anstieg zu den Angriffszielen war für das II. Btl weniger mühselig gewesen. Bei Einbruch der Dunkelheit standen Teile des Bataillons hart unterhalb der Höhe 771, die Höhe 700 war zwar genommen worden, heftige Gegenangriffe des II./131 hatten sie aber wieder in deutsche Hand gebracht. Anscheinend wurde der Angriff des II./4. R.T.T. durch Panzer auf der Serpentinenstraße unterstützt. Auch das II. Btl hatte schwere Verluste durch deutsches Artilleriefeuer erlitten. Geleitet durch Beobachter auf dem Mt Cifalco hatten die Art Rgt 96 und das GebArt Rgt 95 (der 5. Geb Div) Feuerzusammenfassungen geschossen. Sowohl Roux als auch Montsabert waren gezwungen zu handeln: Roux zog sein I. Btl unter Major Baque nach, um es in die Lücke zwischen dem schon abgekämpften II. Btl und dem III. Btl zu setzen, Montsabert löste mit dem I./3. R.T.A. Teile des III./4. R.T.T. als Flankensicherung im Secco-Tal ab und schickte das III./7. R.T.A. zur Unterstützung des Angriffs auf die Südkuppen des Belvedere nach vorne. Dieses Bataillon konnte jedoch nicht vor dem 27. Januar eingreifen. Nach dem erneuten Antreten des II. und III./4. R.T.T. unter dem erbarmungslosen Druck von Oberst Roux wurde die Höhe 862 in den Abendstunden des 26. Januar, der Cle Abate bis in die frühen Morgenstunden des 27. Januar genommen.

Im Talgrund sickerten immer wieder deutsche Truppen aus dem Secco-Tal ein und unterbrachen mit Unterstützung der deutschen Artillerie die Verbindungslinien der Franzosen. Diese waren am 27. Januar vorübergehend abgeschnitten. Die tunesischen Schützen waren durch Mangel an Trinkwasser halb verdurstet, ohne Schutz gegen Kälte und Nässe waren sie der winterlichen Witterung ausgesetzt. Die Munition ging zur Neige. Von einer Kolonne von 80 Tragtieren, die in der Nacht 26./27. Januar nach vorne geführt worden war, kamen nur zwei in den Stellungen an, die übrigen waren im Feuer beider Seiten getötet worden oder vor Erschöpfung ausgefallen. Wir wollen hier kurz einhalten, um auch einmal an das Leiden der Tiere in diesen Kämpfen zu erinnern. Dies soll mit einem Beispiel aus einer späteren Gefechtssituation geschehen, als die Nachschubwege einer indischen Brigade über eine Bailey-Brücke über den Rapido führten: „Die deutsche Artillerie hatte die Rapido-Brücke als Ziel für ihr Störfeuer aufgenommen und nur zu oft wurde dieser Übergang zum Schreckensort toter, sterbender oder von Panik ergriffener Maultiere, ein trauriges Schicksal für die mutigen, abgehärteten und geduldigen Tiere."[66]

Natürlich hatte General v. Senger die Bedeutung des von der 5. Geb Div gehaltenen Gebirgsabschnittes um den Mt Cifalco erkannt. Oft verschaffte er sich dort persönliche Einblicke, nach einem beschwerlichen Anstieg zu Fuß. „Auch sah ich die Bewegungen des Gegners im Raum von S. Elia in einer Entfernung von teilweise nur zwei Kilometer unter mir. Da hier die Front stand und so gute Beobachtungsmöglichkeiten gewährte, fasste ich alle bis Cassino in den Einbruchbogen hineinreichende Artillerie hier zusammen. Der endgültige Abwehrerfolg ist u.a. auf deren Einsatz zurückzuführen …"[67] Inzwischen war auf deutscher Seite auf den Angriff des CEF reagiert worden. Zunächst waren Kräfte zur Abriegelung des Angriffs eingesetzt worden, die man gerade zur Hand hatte: Das angesprochene II./191, eine Pionierkompanie, selbst eine Luftwaffen-Baukompanie. Bei den angespannten Kräften im gesamten Armeebereich konnte man allenfalls Truppen in der Größenordnung von Bataillonen oder Kampfgruppen zurückgreifen, die aber erst herangeführt werden mussten. Am Abend des 25. Januar wurden das I.u. III./ Gren Rgt 134 im Liri-Tal alarmiert, die nun in einer weiten Marschbewegung über Pontecorvo, Roccasecca und Belmonte, danach über den „Neumann-Weg" zum linken Flügel der 44. Inf Div vorgeführt wurden.[68] Sie konnten nicht vor dem 27. Januar im Raum Cle Abate eintreffen. Dennoch war der Eintrag im KTB des XIV. dt. Pz Korps mit dem Lagebild 25. Januar abends überzogen: „Der morgige Tag wird also ein Krisentag, da nichts einem weiter vorstoßenden Feind entgegen gestellt werden kann."[69] Selbst wenn man den gleichzeitig ablaufenden Angriff der 34. (US) Inf Div in die Überlegungen einbezieht, war die Lage am 25. Januar keinesfalls mit der Krisenlage am 18. Januar nach dem Überwinden des Garigliano durch die Briten zu vergleichen. Noch zielte der Stoß des 4. R.T.T. nach „nirgendwo". Es war ein Einbruch in die Gustav-Linie erzielt worden, ein Durchbruch war jedoch nicht gelungen.

Durch den gemeinsamen Angriff des I./134 unter der Führung von Hauptmann Abele, dem Bataillonskommandeur, (das III./134 war nicht rechtzeitig herangekommen) und von Teilen des Gren Rgt 191 gelang es, den Franzosen am Morgen des 27. Januar den Cle Abate wie auch die Höhen 700 und 862, teilweise im Nahkampf, wieder zu entreißen.[70] Am 27. Januar fiel Oberst Roux im Talgrund, als er sich bei einem Feuergefecht mit Soldaten des Gren Rgt 191 der Gefangennahme widersetzen wollte. Einen Tag später wurde Oberst Dr. Kinzelbach, der Kommandeur des dt. Gren Rgt 131 bei einem Granateinschlag tödlich verletzt, sein Ordonnanzoffizier neben ihm auf der Stelle getötet. Juin und Montsabert wollten aber nicht locker lassen. Herangeführte Teile des 3. und 7. R.T.A. konnten aber nicht vor dem 29. Januar angreifen. An diesem Tag richtete General Juin einen Brief an General Clark: „... Die 3. D.I.A. hat so – wenn auch um den Preis unerhörter Anstrengungen und bedeutender Verluste – den Auftrag erfüllt, den Sie ihr anvertraut hatten. Die Moral der Truppe ist ausgezeichnet ... Aber ich verfüge über keinerlei Reserven, um einen offensiven Druck aufrecht zu erhalten. Andererseits konnte links davon die 34. (US) Inf Div bisher noch nicht auf den Höhen südwestlich von Caira Fuß fassen. Daher ist die gegenwärtige Lage der 3. D.I.A. außerordentlich kritisch. Ich habe heute Abend der Division befohlen, am Raum festzuhalten und dabei den morgigen Tag über eine aggressive Kampfführung beizubehalten und so ein eventuelles Vordringen der 34. (US) Inf Div von Norden her zu decken.

Wenn es morgen der 34. (US) Inf Div gelingt ... tiefer in die feindlichen Stellungen einzudringen und ihre Angriffsziele zu nehmen, wird sich die Lage der 3. D.I.A. beträchtlich verbessern. Sollte jedoch die 34. (US) Inf Div in ihrer gegenwärtigen Stellung liegen bleiben, werde ich gezwungen sein, ... sie unverzüglich in den Raum ostwärts der Straße S. Elia – Atina zurückzunehmen."[71] Im anschließenden Abschnitt über die Fortsetzung des Angriffs der 34. (US) Inf Div werden wir sehen, wie General Clark auf die deutlichen Vorwürfe im Brief Juins reagierte.

Das II./4. R.T.T. war ab dem 27. Januar aufgerieben. Major Berne war in Gefangenschaft geraten. Die Deutschen setzten den 28. Januar über ihre Angriffe fort, um das 4. R.T.T. wieder in das Tal zurück zu werfen. Dessen Lage – seit Tagen ohne Versorgung - war verzweifelt. Gerettet wurde sie auf alliierter Seite durch den Einsatz der Artillerie. Zur Unterstützung des Angriffs der beiden Divisionen verschoss die US-Artillerie im Zeitraum 24. bis 31. Januar über 164 000 Schuss, dazu kamen wenigstens 20 000 Schuss der französischen Artillerie in fünf Tagen.[72] An den erneuten Angriffen ab dem 29. Januar hatten sich neben zwei frischen Bataillonen des 7.

R.T.A. wiederum das I./ und III./ 4. R.T.T. zu beteiligen. Die „Sache der Ehre" war zu Ende zu bringen, unter welchen Umständen auch immer. Doch vor den südlichen Kuppen des Belvedere kam der Angriff des III./ 7. R.T.A. und des I./ 4. R.T.T. zum Erliegen.

Zur Stabilisierung der 44. Inf Div hatte diese einen Teil ihres Gefechtsstreifens, den Secco-Abschnitt, an die 5. Geb Div abgetreten. Darüber hinaus waren weitere Verstärkungen herangeführt worden. Dem Bataillon Gandoet war es gelungen, die Höhe 862 wieder einzunehmen. Die „aggressive Kampfführung", von der Juin in seinem Brief gesprochen hatte, erreichte einen letzten Höhepunkt, als am 31. Januar das III./7. R.T.A., unterstützt durch Baques Bataillon, den Cle Abate, dieses Mal auf Dauer, einnahm. Das 4. R.T.T. war nicht mehr einsatzfähig, es wurde durch das 3. R.T.A. abgelöst. Als am 4. Februar im Tal gesammelt wurde, hatte das Regiment 279 Mann an Gefallenen, 800 Verwundete und 400 an Vermissten verloren.[73] Dies waren über zwei Drittel des Soll-Bestandes. Alle Offiziere auf Kompanieebene waren gefallen oder verwundet. Auf deutscher Seite war es ähnlich: Das I./134 unter Hauptmann Abele, das den Gegenangriff auf dem Cle Abate geführt hatte, wurde nach wenigen Tagen abgelöst. Es hatte bei einer ursprünglichen Gefechtsstärke von 400 Mann noch eine Stärke von 36 Mann, darunter keinen Offizier mehr.

Die französischen Führer hatten die 3. D.I.A. bis zur Erschöpfung vorangetrieben. Zu schwache Kräfte, das Gelände und die Witterung hatten verhindert, dass der Einbruch zum Durchbruch erweitert werden konnte. Immerhin aber waren deutsche Reserven von anderen Abschnitten abgezogen und abgenutzt worden. Sicherlich hat die Ablenkung durch die 3. D.I.A. auch dazu beigetragen, den nachfolgenden Angriffserfolg der 34. (US) Inf Div möglich zu machen.

Die 34. (US) Inf Div vor dem Durchbruch (Lagekarte 17)

Als Ergebnis der Kämpfe gegen die 3. D.I.A war das dt. Gren Rgt 131 nicht mehr einsatzfähig. Nach der Wegnahme des Höhenblockes 213/156 durch das 168. (US) Inf Rgt hatte das Gren Rgt 132 der 44. Inf Div seine Kampflinie nach Westen ausgerichtet und stand etwa in der Linie Höhe 156 – Cle S. Lucia. In letzter Minute waren zum Schließen der Lücke bis zur „Einschließungsfront" gegenüber der 3. D.I.A. zwei Bataillone der dt. 90. PzGren Div eingeschoben worden. General v. Senger hatte sich entschlossen, im Gegensatz zum bisherigen „tropfenweisen" Einsatz einzelner Bataillone nun eine tiefer greifende Lösung zu verwirklichen: Die 90. PzGren Div sollte zwischen der 15. PzGren Div und der 44. Inf Div eingesetzt werden, um die Verteidigung des Stadtgebiets von Cassino und des Höhengeländes nordwestlich davon zu übernehmen. Die Befehlsübernahme erfolgte am Abend des 1. Februar, die Division führte zunächst – von Süden beginnend – das Gren Rgt 211, das Gren Rgt 132, die beiden eigenen Bataillone, das II./ PzGren Rgt 361 und das III./ PzGren Rgt 200 sowie Teile der StuGsch Abt 242.[74] Auch die 90. PzGren Div gehörte zu den Korsettstangen auf deutscher Seite auf dem italienischen Kriegsschauplatz. Ihrem Kommandeur, Oberst Baade, war es neben v. Senger zu verdanken, dass die 1. Cassino-Schlacht mit einem deutschen Abwehrerfolg endete. Daher soll an dieser Stelle eine kurze Beschreibung der Division und ihres Kommandeurs erfolgen: Baade hatte die überwiegende Zeit in seiner militärischen Laufbahn in der Kavallerie gedient, so 1938 unter dem damaligen Oberst v. Senger im Kav Rgt 3 in Göttingen. Beginnend in dieser Zeit hatte sich eine Freundschaft zwischen den beiden so ungleichen Männern entwickelt, deren stärkste Klammern wohl ein vom Nationalsozialismus vollkommen losgelöster Patriotismus und eine nicht wandelbare Vorstellung von militärischer Pflichterfüllung waren. Als Kommandeur des Schtz Rgt 115 war Baade in Nordafrika mit dem Ritterkreuz ausgezeichnet worden. Nach dem Zusammenbruch in Tunis und der Landung der Alliierten in Italien hatte er verschiedene Führungsfunktionen wahrgenommen, u.a. war er – als besonders durchsetzungsfähiger Führer – der Kommandant Messina-Straße beim Rückzug aus Sizilien gewesen. Im Dezember 1943 war er mit der Führung der 90. PzGren Div beauftragt worden, zum 1. Februar 1944 wurde er ihr Kommandeur. Die Beförderung zum Generalmajor erfolgte erst im März 1944. Ungeachtet seiner Führungsqualitäten galt er als „schillernde Figur" und Exzentriker – von diesem Ruf machte er reichlich Gebrauch, vor allem, wenn es galt, gegen Entscheidungen von oben anzugehen. Baade hatte das absolute Vertrauen seiner Männer, wenn es irgend ging, dann führte er von „vorn".[75]

Wie bereits geschildert war die 90. PzGren Div im Sommer 1943 aus Resten der in Tunis untergegangenen 90. le Div wieder aufgestellt worden. Dabei wurden anfangs drei Panzergrenadierregimenter mit den Nummern 155, 200 und 361 formiert. Im Dezember 1943 nahm die Division die Soll-Gliederung von Panzergrenadierdivisionen ein. Damit verfügte sie nur noch über die PzGren Rgt 200 und 361 mit je drei Bataillonen. Die Pz Abt 190 konnte erst später aufgestellt werden. Die sonstige Gliederung und Ausstattung entsprach derjenigen der 15. PzGren Div. Aus ihrem Einsatzraum an der Adria-Küste war die Division innerhalb weniger Wochen in den Verfügungsraum bei Rom und dann zur Abwehr des X. (BR) Korps in den Raum am Garigliano verlegt worden. Überall waren Truppenteile zurück geblieben bzw. eingesetzt worden. Diese mussten nun zusammengeführt werden. Bis zum 6. Februar wurden dem Divisionskommando die Regimenter 200 und 361, die Masse des Pi Btl 190 und der PzJg Abt 190 zugeführt, dazu Teile des Art Rgt 190.[76] Als Reaktion auf die anschließend zu schildernden Angriffserfolge der 34. (US) Inf Div nördlich von Cassino sahen sich die deutschen Führungsstellen von der Heeresgruppe bis zum XIV. Pz Korps veranlasst, weitere Verstärkungen von der Adria-Front, aber auch aus dem Raum Anzio abzuziehen und bei Cassino einzusetzen. Hierbei handelte es sich um Kräfte der 1. dt. FschJg Div.[77]

Auf das Schreiben General Juins hatte Clark sofort reagiert: General Ryder wurde das bisher nicht eingesetzte 142. (US) Inf Rgt zum Angriff links neben der 3. D.I.A. zur Verfügung gestellt. General Ryder setzte das 142. Inf Rgt zu einem Stoß auf eine Höhenkuppe zwischen dem Mt Castellone und dem Cle Belvedere, der Mass. Manna, an.[78] Dichter Nebel begünstigte am 1. Februar den Angriff dieses Regiments wie auch des 135. (US) Inf Rgt, das über das 168. (US) Inf Rgt hinweg auf den Mt Castellone angriff. Überraschend leicht gelang es beiden Regimentern (das 135. Inf Rgt hatte nur das III./Btl eingesetzt), ihre Angriffsziele zu nehmen. Nach Südwesten eindrehend hatte das II./135. (US) Inf Rgt die Höhe 481 genommen und ging weiter im Zuge des „Schlangenkopfes" vor. Gleichzeitig mit dem 135. Rgt hatte das 133. (US) Inf Rgt einen weiteren Angriff zur Einnahme der italienischen Kaserne geführt. Doch erst am folgenden Tage gelang es, die Kaserne einzunehmen. Nun ging dieses Regiment, unterstützt durch das 756. (US) Pz Btl, westlich des Rapido auf Cassino vor. Nach nur geringen Raumgewinnen blieb der

7. Die 1. Cassino-Schlacht

Angriff jedoch im Abwehrfeuer des deutschen Gren Rgt 132, unterstützt durch Sturmgeschütze, weniger als zwei Kilometer vor dem Stadtrand von Cassino liegen.[79]

Die überraschenden Erfolge hatten auf alliierter Seite neue Hoffnungen geweckt: „Die gegenwärtige Lage lässt erwarten, dass der Höhenblock von Cassino sehr bald eingenommen werden wird," so schrieb Clark am 1. Februar an Alexander und fragte dabei nach, welche Vorstellungen dieser über den Einsatz der 2. (NZ) Division, bisher Reserve der 15. HGr, habe. Sollte die 34. (US) Inf Div bis in das Liri-Tal vordringen, dann würde sie so abgekämpft sein, dass zur Ausnutzung des Angriffserfolges im Zuge der Via Casilina nur die ebenfalls abgekämpfte 36. (US) Inf Div und das CC B der 1. (US) Pz Div zur Verfügung stehen würden. General Alexander entschied am 3. Februar, aus der 2. (NZ) Div und der heranzuführenden 4. (IND) Inf Div ein provisorisches Neuseeländisches Armeekorps (NZ-Korps) unter der Führung des bisherigen Kommandeurs der 2. (NZ) Div, General Freyberg, zu bilden. Sobald das II. (US) Korps die Höhen oberhalb des Liri-Tales genommen haben würde und damit das Liri-Tal geöffnet war, sollte das NZ-Korps – der 5. (US) Armee unterstellt – zusammen mit dem CC B in Richtung des Landeraums bei Anzio angreifen. Die 2. (NZ) Div verfügte über eine eigene Panzerbrigade. Ob dabei die 4. (IND) Inf Div am Anfang noch über das Höhengelände vorgehen sollte, blieb offen.

General Clark stellte die 2. (NZ) Div im Raum S. Angelo bereit. Damit wurde die 36. (US) Inf Div frei für andere Aufgaben. Um eine neue Reserve auf der Ebene der 15. HGr zu schaffen, befahl General Alexander der 8. (BR) Armee, sich darauf vorzubereiten, die 78. (BR) Inf Div innerhalb von maximal zehn Tagen zur Verfügung der 15. HGr zu stellen.[80] Damit war klar, dass trotz des Angriffserfolges des CEF der „kurze Haken" der 34. (US) Inf Div Vorrang vor dem weiteren Umgehungsmanöver, das Juin vorzog, behalten würde. Das 142. (US) Inf Rgt wurde nun der Division unterstellt. Die 34. Inf Div drehte nach Südwesten ein, der Angriff der 3. D.I.A. wurde angehalten. Alexander und Clark standen unter immensem politischem Druck im Hinblick auf die Lage bei Anzio. Dort war, wie wir wissen, ab dem 31. Januar das VI. (US) Korps zur Defensive übergegangen, da klare Hinweise auf bevorstehende deutsche Angriffe vorlagen.[81]

Bereits in der ersten Phase des Angriffs hatte General Ryder seine Division mit zwei Stoßrichtungen angesetzt, die er jetzt beibehielt. Die nun entstehenden Kämpfe waren in ihrem Kräfteansatz und Ablauf so komplex, dass sie nur nacheinander geschildert werden können, obwohl sie zeitgleich nebeneinander abliefen. Wir beginnen mit dem „Nebenstoß" auf das Stadtgebiet von Cassino: Auftrag des verstärkten 133. (US) Inf Rgt war die Wegnahme von Cassino. Man kann die Frage stellen, was mit der sicher sehr schwierigen Einnahme des Stadtgebietes bewirkt werden sollte. Zwar wurden mit dem weiteren Vordringen der Masse der 34. Div deren Verbindungslinien und Versorgungswege, die durch das Rapido-Tal liefen, durch mögliche deutsche Angriffe aus dem Stadtgebiet heraus bedroht. Zu deren Schutz hätte es aber nicht der Einnahme von Cassino bedurft. Der Schutz wäre auch durch eine ständige Sicherung auf der Höhenrippe südwestlich des Cle Maiola möglich gewesen. Vielleicht – etwas ironisch angemerkt – wollte man eine Einsatzmöglichkeit für die reichlich vorhandenen Panzer schaffen, die nur im Rapido-Tal, aber auch hier nur eingeschränkt, verwendet werden konnten. Immerhin waren beiderseits des Rapido mittlerweile über 20 Panzer so im Sumpf versunken, dass sie nicht geborgen werden konnten.

Mit dem Angriff vom 3. Februar gelang es Teilen des 133. Rgt, verstärkt durch das 756. Pz Btl, das dt. III./Gren Rgt 132 zurückzuwerfen, dieses musste nun herausgelöst werden, es war nicht mehr einsatzfähig. Die Stadt Cassino wurde durch das Gren Rgt 211 verteidigt, im Nordteil stand dessen II. Btl, ab dem 4. Februar wurde der Raum Rocca Janula durch Teile des FschMG Btl 1 verteidigt, das nun am Klosterberg eingesetzt war. Das Gren Rgt 211 war durch einzelne Züge der StuGesch Abt 242 verstärkt worden.[82] Um die Höhe 175 wurde heftig gekämpft, im Nordteil von Cassino, vor allem um den Gebäudekomplex des Zuchthauses, entwickelten sich erbitterte Straßen- und Häuserkämpfe. Als mehrere US-Panzer abgeschossen wurden, zogen sich die Angreifer des 133. Rgt wieder aus dem Ort zurück. Ein weiterer Angriff wurde am 4. Februar angesetzt. Es gelang den US-Infanteristen, mehrere Hundert Meter tief in den Ort ein-zudringen. Die unmittelbar unterstützende Artillerie verschoss fast 4 600 Granaten, zum Teil im direkten Beschuss gegen befestigte Häuser, Bunker oder massive Steinhäuser. Die Granaten der Feldartillerie blieben meist wirkungslos. Als das II./ Gren Rgt 211 von Panzern unterstützt einen Gegenangriff führte, zog sich die US-Infanterie erneut aus dem Stadtgebiet zurück. Angeblich hatten die Amerikaner insgesamt 16 Panzer eingesetzt, die, gestaffelt aufgestellt, versuchten, größere Gebäudekomplexe zusammenzuschießen. Beim Kampf um die Höhe 175 hatten auch alliierte Jagdbomber eingegriffen. Um das abgekämpfte II./ Gren Rgt 211 zu verstärken, werden Teile des I. Btl herangezogen und Soldaten der rückwärtigen Kolonnen und die Bedienungen schwerer Waffen als Infanteristen eingesetzt.

Der nächste, größere Angriff des 133. Rgt ab dem 8. Februar führte zu einer krisenhaf-ten Lage auf deutscher Seite. Über die tiefe Schlucht des Torrente S. Sebastiano drangen die Amerikaner bis zu den Punkten 165 und 236 an den Haarnadelkurven der Serpentinenstraße zum Kloster sowie auf die Steilhänge des Rocca Janula vor. Für das Schießen von Breschen in befestigte Häuser wurden auch Bazookas – Waffen zum Nahkampf gegen Panzer – verwendet. Alle Kanonen, die zum direkten Beschuss geeignet waren, wurden eingesetzt. Die Abwehr durch Major Knuth wurde aktiv geführt. Auf jeden Angriff folgte ein Gegenstoß. So wurden die Ame-rikaner wiederum zurückgeworfen. Bei der Einstellung der Kämpfe am 14. Februar war ihnen nur ein geringer Raumgewinn im Nordteil der Stadt geglückt. Für den Abwehrerfolg wurde das Gren Rgt 211 sowohl am 13. als auch am 14. Februar im Wehrmachtsbericht belobigt.[83] Auch hier soll mit dem Blick auf Verlustzahlen ein Hinweis auf die Härte der Kämpfe gegeben wer-den: Das 100. (US) Inf Btl, das „japanische" Bataillon, dessen Soldaten besonders opferbereit kämpften, hatte am Abend des 7. Februar in den Schützenkompanien noch eine Stärke von sieben Offizieren und 78 Mann.

Oberst Baade setzte seine Bataillone, so wie sie eintrafen, entsprechend des Raumgewinns der Amerikaner dort ein, wo es jeweils am notwendigsten erschien. Einen festen Anker hatte seine Verteidigungsstellung mit dem Gren Rgt 211 in Cassino. Ab dem 4. Februar wurde das FschMG Btl 1 zwischen dem Rocca Janula und der Höhe 593 zum Halten des Klosterberges eingesetzt, die Höhe 593 besetzte das III./FschJg Rgt 3, das II./FschJg Rgt 1 stand ab dem 7. Februar im Raum der Massa Albaneta und das I./PzGren Rgt 361 verteidigte den Cle S. Angelo. Das gerade eingetroffene III./PzGren Rgt 361 war Reserve der Kampfgruppe Schulz, Führer Oberst Schulz, Kommandeur des FschJg Rgt 1. Nördlich davon waren in Stellung weitere Kräfte des PzGren Rgt 200 sowie des HochGebJg Btl 4.[84] Als nach wenigen Tagen das I./361 vernichtet war, wurde es durch das nunmehr eingetroffene I./ FschJg Rgt 1 ersetzt.

Ab dem 3. Februar konnte das III./135. (US) Inf Rgt vom Mt Castellone in Richtung Cle S. Angelo weiter angreifen, das 142. (US) Inf Rgt hatte inzwischen aufgeschlossen. Es sollte im Raum Mt Castellone verbleiben, um zu verhindern, dass die Deutschen von Westen her in den Rücken der 34. (US) Inf Div stoßen konnten. Am gleichen Tage noch wurde die Höhe 706 besetzt. Bei der Fortsetzung des Angriffs am 4. Februar gelang es dem III./135 für kurze Zeit, den Cle S. Angelo einzunehmen, bis es durch einen Gegenangriff des dt. I./ PzGren Rgt 361 wieder auf die Höhe 706 zurückgeworfen wurde. Trotz deutscher Gegenangriffe – hier war in letzter Minute das III./FschJg Rgt 3 unter Hptm Kratzert eingetroffen – gelang es dem II./135 auf dem „Schlangenkopf", sich bis auf etwa 200 Meter an die Höhe 593 heranzuarbeiten. Links davon drang das I. Btl des gleichen Regiments bis zum Pkt 445, hart nördlich der Schlucht, die zum Rocca Janula führte, vor – knapp 200 Meter von der Abtei entfernt. Das I./135 war über die Osthänge des Cle Maiola aufgestiegen. „Die Deutschen klammerten sich an die letzten Abhänge oberhalb des Liri-Tales. Unmittelbar in ihrem Rücken verlief die so lange begehrte Straße nach Rom. Gelänge es den Amerikanern, diese letzten Stellungen zu beseitigen, die Abtei und die gesamte Gustav-Linie wären ausflankiert."[85]

Für die Kritiker des „frontalen Anrennens" und des „kurzen Hakens" sei auf einen Gedankenaustausch zwischen Kesselring und v. Vietinghoff am 3. Februar verwiesen, was zu tun wäre, wenn der „Cassino"-Block verloren ginge. In diesem Falle sollte

• die 29. PzGren Div im Raum ostwärts von Roccasecca angesetzt werden,
• die Front der 15. PzGren Div und der rechte Flügel der 90. PzGren Div/bzw. 1. FschJg Div im hinhaltenden Kampf auf den „Senger-Riegel" zurückgenommen werden,
• die 94. Inf Div im Anschluss daran den Raum zwischen Spigno (im Ausente-Tal) und der Küste halten.[86]

Vorläufig aber waren die Angriffskräfte der 34. (US) Inf Div erschöpft. Neben den Verlusten hatten dazu auch die Witterungsbedingungen beigetragen. Nicht nur der feste Wille, den fast geglückten Durchbruch zu vollenden, sondern auch die Lage bei Anzio zwang zur weiteren Aktion: Am 3. Februar hatten die ersten Teilangriffe der dt. 14. Armee zur Einengung des Brückenkopfes begonnen, dabei wurde der Frontbogen bei Campoleone auf Aprilia zurückgedrückt. Am 5. Februar entschied deswegen General Keyes, der KG des II. (US) Korps, dass die 36. (US) Inf Div mit den beiden abgekämpften Regimentern 141 und 143 sich rechts neben die 34. Div setzen sollte (das 142. Inf Rgt würde ihr dann wieder unterstellt), um in das Liri-Tal bei Piedimonte vorzustoßen. Was von der 36. Div erwartet werden konnte, die noch unter dem Eindruck des Desasters am Gari stand, dies steht auf einem anderen Blatt, aber Clark und Keyes ließen nichts unversucht.

Das relativ frische 168. (US) Inf Rgt griff am 8. Februar über die Schlucht und den Pkt 445 (Cle d'Onofrio) auf den Sattel Pkt 444 nördlich des Klosters an. Von beiden Seiten vom flankierenden Feuer der Deutschen (FschMG Btl 1) erfasst, scheiterten mehrfache Versuche, die Schlucht zu überwinden. Der Schlüsselpunkt im Höhenblock war die Höhe 593, nicht der Klosterberg. Solange diese im deutschen Besitz war, mussten alle Angriffe auf den Klosterberg scheitern. Rechts davon kämpfte das 135. (US) Inf Rgt mit dem III./FschJg Rgt 3 und Teilen des PzGren Rgt 361 um den Besitz der Höhen 593/569. In den folgenden Tagen wechselte der Besitzer der Höhe 593 wenigstens dreimal, bis sie schließlich in deutscher Hand blieb. Erst im Mai 1944 wurde sie – dann freiwillig – aufgegeben.

Weiter im Nordwesten hatte General Walker das 142. Inf Rgt mit dem dezimierten 143. Inf Rgt abgelöst. Am 11. Februar griff die 36. Div rechts mit dem 142. Rgt auf die Massa Albaneta und mit dem 141. Rgt links erneut auf die Höhe 593 an. Während das 141. Inf Rgt keinen Raumgewinn erzielte und sich sofort der Gegenangriffe der Kampfgruppe Schulz erwehren musste, gelang es dem 142. Rgt, das Gehöft Albaneta einzunehmen und für kurze Zeit zu halten. Schulz musste seine letzte Reserve, einen Pionierzug, einsetzen. Schließlich aber griffen Teile des Pz-Gren Rgt 200 ein und warfen die Amerikaner zurück. Die Angriffskraft beider US-Divisionen war erschöpft.

Es entsprach der Mentalität Oberst Baades, nicht in der Defensive zu verharren. Obwohl die Lage am „Schlangenkopf" bei der Kampfgruppe Schulz immer angespannter wurde und schließlich der Durchbruch drohte, war sein Augenmerk nach der Wegnahme des Mt Castellone am 1. Februar auf eben diesen Raum gerichtet. Denn von dort aus bot sich für die Amerikaner eine günstige Stoßrichtung in Richtung Piedimonte-Roccasecca an. Zum anderen versprach unter der Zielsetzung, die Lage im Höhengelände entscheidend zu verbessern, ein Angriff beinahe in den Rücken der Amerikaner mehr Erfolg als ein frontal geführter Gegenangriff. Die Entwicklung der Lage verhinderte jedoch bis zum 11. Februar nicht nur die Bereitstellung der nötigen Kräfte, sondern auch das „Ansparen" ausreichender Mengen von Artilleriemunition. Der geplante Angriff erhielt den Namen „Unternehmen Michael". Am 12. Februar, ab morgens 04.00 Uhr, griffen dann Teile des HochGebJg Btl 4, des PzGren Rgt 200 und Restteile des II./132 unter der Führung von Oberst v. Behr (Kdr PzGren Rgt 200) nach starker Artillerievorbereitung die Amerikaner des 143. (US) Inf Rgt auf dem Mt Castellone und der Höhe 706 an. Kurz nach 06.00 Uhr waren beide Höhen genommen. Aber nun zeigten sich doch die Auswirkungen der überlegenen alliierten Artillerie. Die Verluste stiegen so rasant an, dass bei längerem Aushalten die deutschen Verbände vernichtet worden wären. Bis 14.00 Uhr wurde der Mt Castellone, bis 16.00 Uhr die Höhe 706 wieder geräumt. Die Angriffsgruppe hatte acht Offiziere und 160 Mann an Verlusten erlitten.[87]

Schon zu Beginn des Winters hatte der auf alliierter Seite bekannte Kriegsberichterstatter Ernie Pyle geschrieben: „Unsere Truppen lebten in einem beinahe unvorstellbaren Elend. In den fruchtbaren … Tälern lag der Schlamm knietief. Tausende von Männern waren über Wochen ohne trockene Bekleidung. Andere Tausende lagen über Nacht im hohen Gebirge bei Temperaturen unter dem Gefrierpunkt, bestäubt mit Schnee. Sie wühlten sich in die Steine, zwängten sich in schmale Spalten, kauerten hinter Felsen oder in niedrigen Höhlen, um Schlaf zu finden. Sie lebten wie Männer in prähistorischen Zeiten und eine Keule hätte besser zu ihnen gepasst als ein Maschinengewehr."[88]

Diese Umstände wurden von den alliierten Truppen als besonders niederdrückend empfunden, da sie zuvor an eine Art „Überversorgung" gewöhnt waren. Nun hatte sich die Lage weiter verschlechtert. Die letzten Angriffe der Amerikaner und die Gegenangriffe der Deutschen waren durch schwere Regen- oder Schneestürme beeinträchtigt worden. Das Kriegstagebuch der 10. dt. Armee vermerkt für den 6. Februar: „Im Gebirge Neuschnee, Schneefall bis zu einem Meter Höhe, starke Verwehungen."[89] Kälte, Nässe, keine Unterstände, selbst für Maultiere gefährliche Pfade im Gebirge, unten in der Ebene Schlamm, auf die wenigen Verbindungslinien hatten sich die Deutschen unter der Leitung der B-Stellen auf dem Mt Cifalco und dem Mt Cairo eingeschossen. Die Folge waren lange Umlaufzeiten im Versorgungsverkehr, der Verlust von Maultieren, der Einsatz auch von Einheiten der Kampftruppen als Träger. Trotzdem – kaum glaublich bei dem materiellen Überfluss auf alliierter Seite – ein Mangel an Infanterie- und Mörsermunition. Von einem US-Bataillon wird berichtet, dass es wochenlang keine warme Verpflegung erhalten hatte. Da die Deutschen sich nun nicht mehr auf befestigte Stellungen innerhalb der Gustav-Linie abstützen konnten, waren für sie die Bedingungen gleich.

Während der beschriebenen Kämpfe lag der Schwerpunkt des Luftwaffeneinsatzes bei Anzio. Obgleich die US-Artillerie alleine in den ersten beiden Februarwochen über 200 000 Granaten aller Kaliber verschoss, war die Wirkung unter den Bedingungen des Gebirgskampfes im Allgemeinen unbedeutend. Wegen der kurzen Kampfentfernungen wurde nicht selten die eigene Truppe getroffen. Bei den unübersichtlichen Kämpfen meist nur auf der Ebene von Kompanien oder Zügen waren die Standfestigkeit des „einsamen Soldaten" und der kleinen Kampfgemeinschaft, war das handwerkliche Können des Infanteristen gefragt. Hier waren die deutschen Grenadiere, vor allem die Elite-Soldaten der Fallschirmjäger, den Amerikanern in allen Belangen überlegen. Die Kampfstärke der Bataillone wurde nicht nur durch die starken Verluste, sondern auch durch Krankheiten herab gesetzt: Erkältungskrankheiten, Lungenentzündungen, Unterkühlungen und der berühmte „Grabenfuß" durch das ständig durchnässte Schuhwerk. Auf Seiten der Alliierten wurde auch die lange Einsatzdauer ohne Ablösung als niederdrückend empfunden.[90]

Auflösungserscheinungen in Bezug auf die Moral und ein Abbrechen des Durchhaltewillens hatten Desertionen und in großer Zahl Versuche zur Folge, sich unter allen möglichen Vorwänden von der eigenen Einheit zu entfernen. Ein Offizier des III./141. (US) Inf Rgt, der zu seinem Bataillon zurückkehrte, bemerkte an einem Kontrollpunkt eine Gruppe Soldaten und einen jungen Oberleutnant mit seiner Pistole in der Hand: „Er fragte mich, wohin ich ginge. Als ich es ihm gesagt hatte, bemerkte er zu mir, er habe danach gefragt für den Fall, dass ich zurückkommen müsste. Er habe Befehl ... jedermann zurückzuhalten. Zu viele Männer seien den Pfad zurückgekommen mit dem Vorwand, krank zu sein oder wegen geringfügiger Wunden. So habe ihn sein Bataillonskommandeur hier eingesetzt, um jedermann zurückzuweisen, mit Ausnahme der Schwerverwundeten. Ich hatte bisher nicht mitbekommen, dass die Lage so schlecht war ... ich hätte nie gedacht, dass ich jemals erleben würde, dass einer unserer Offiziere seine Waffe auf die eigenen Männer richtet."[91]

General Kippenberger, ein neuseeländischer Brigadekommandeur, der sich ein eigenes Urteil über die Truppe machen wollte, die durch seine Leute abzulösen waren, musste feststellen, dass von den höheren amerikanischen Führern kein einziger jemals vorne an der Front gewesen war, und dass ihr Lagebild keinesfalls den tatsächlichen Gegebenheiten entsprach. Auf Gerüchte hin hatte General Alexander seinen US-Stellvertreter, General Lemnitzer, nach vorne geschickt,

Der Krieg in Italien 1943 - 45

um persönlich feststellen zu lassen, wie sich die andauernden Kämpfe auf die Moral ausgewirkt hätten. Er „fand die Moral sich ständig verschlechternd, ... (die Truppe) entmutigt, am Rande der Meuterei."[92] Im Gegensatz zu diesen bitteren Bemerkungen muss man feststellen, dass die Masse der Männer der beiden US-Divisionen bis zur Aufopferung gekämpft hatte. Am Abend des 11. Februar verfügten die beiden vorderen Bataillone des 141. (US) Inf Rgt noch über eine Einsatzstärke von 22 Offizieren und 160 Mann. Ein Bataillon des 168. (US) Inf Rgt zählte noch 154 einsatzbereite Soldaten.

Auf deutscher Seite mussten Einheiten der Fallschirmjäger und der Panzergrenadiere zusammengelegt werden, damit noch kampffähige Formationen erhalten blieben. Die Durchschnittsverluste im XIV. Pz Korps betrugen im Zeitraum 21. bis 31. Januar täglich die Stärke eines Bataillons.[93] Zu keiner Zeit während der viermonatigen Kämpfe, bis die Höhenstellung bei Cassino durch die Umgehung im Tal am 18. Mai 1944 geräumt werden musste, waren die alliierten Divisionen einem Durchbruch so nahe gewesen, wie in den Tagen zwischen dem 8. und 11. Februar. Oft fehlten nur wenige hundert Meter. Der Durchbruch wurde verhindert durch eine Handvoll Grenadiere und Fallschirmjäger, die hier auf dem Cle S. Angelo, auf der Höhe 593 oder 569 den Raum für ihr „Camerone" gefunden hatten. An den Steilhängen unterhalb dieser Höhenrippe wäre eine Verteidigung nicht mehr möglich gewesen. Mit Recht schrieb Fred Majdalany, selbst später Teilnehmer an den Kämpfen: „Die Leistung der 34. Division bei Cassino zählt zu den glänzendsten Waffentaten, die überhaupt von Soldaten während des Krieges vollbracht worden sind."[94]

Im Rahmen der bisherigen Durchbruchsversuche während der 1. Cassino-Schlacht hatte die 5. (US) Armee fünf Divisionen so abgenutzt, dass sie nicht mehr angriffsfähig, teilweise sogar nicht mehr einsatzfähig waren: Die 34. und 36. (US) Inf Div, die 3. D.I.A. und die beiden 5. (BR) und 56. (BR) Inf Div, wobei letztere ungeachtet ihrer Verluste zum Landekopf nach Anzio transportiert wurde. Nun sollte mit dem NZ-Korps eine Trumpfkarte der alliierten Führung in Italien ausgespielt werden.

Das NZ-Korps

Die beiden Divisionen, aus denen das NZ-Korps gebildet worden war, waren in ihrer Gliederung, ihrem Charakter und in ihren Verwendungsmöglichkeiten sehr unterschiedlich. Ihnen gemeinsam war aber, dass sie einen glänzenden Ruf unter den alliierten Divisionen in Italien hatten. Die 4. (IND) Inf Div hatte sich diesen Ruf bei den Feldzügen in Eritrea und Nordafrika erworben. Sie galt als spezielle Division für den Einsatz im Gebirge. Ihre drei Infanteriebrigaden (5., 7. und 11. Brigade) verfügten über jeweils ein britisches und ein indisches Bataillon, dazu je ein Bataillon Gurkhas, die traditionsgemäß aus Nepal stammten. Die drei Bataillone standen für die speziellen Eigenschaften der Division: Die Standfestigkeit und Ausdauer der Briten, die Befähigung der Inder zum Gebirgskampf, die Neigung der Gurkhas zur aufgelösten Kampfweise, zur Infiltration und zum Kampf bei Nacht. Alle Offiziere auf einem Kommandoposten, die höheren Stabsoffiziere und die Offiziere der Regimentsstäbe waren Briten, auch die gesamte Divisionsartillerie hatte nur britisches Personal. Die indischen Soldaten rekrutierten sich aus

222

Stämmen und Kriegerkasten wie die Sikhs, Punjabis, Rajputs, deren Beruf und Lebensinhalt seit Jahrhunderten der Krieg war. Väter und Söhne dienten nacheinander im selben Regiment. Alle Soldaten waren Freiwillige. Der Dienst in den Divisionen des Commonwealth verschaffte nicht nur gesellschaftliches Ansehen und ein vernünftiges Einkommen, er entsprach auch den natürlichen und den durch die Tradition geprägten Neigungen. Das gleiche galt für die Gurkhas, für die es selbstverständlich war, den Beruf des Kriegers auszuüben. Alle verfügten sie über ein besonderes soldatisches Ethos. Die britischen Offiziere wurden sorgfältig ausgewählt, sie hatten die beste Qualifikation und erhielten ein höheres Gehalt. Die Divisionsartillerie der 4. (IND) Inf Div umfasste die üblichen drei Artillerieregimenter, Flugabwehr- und Panzerjägerverbände, zu den Divisionstruppen gehörten Pioniere, ein Aufklärungsbataillon und in dieser Lage fünf Tragtierkompanien. Eine Tragtierkompanie hatte etwa 300 Maultiere.[95]

General Tuker, der Divisionskommandeur, muss als der eigentliche Auslöser der Bombardierung der Abtei gelten. Tuker galt als exzellenter Taktiker und Experte im Gebirgskampf. Er hatte die Division geprägt. Tuker war wohl ein strenger Methodiker, ein ausgesprochener Intellektueller, mehr Militärwissenschaftler als mitreißender Führer. Das „Gefühl für die Truppe" kann man ihm aber nicht absprechen. Er war zurückhaltend, beinahe menschenscheu. Dies führte dazu, dass er weniger versuchte, seine Anliegen verbal vorzubringen, vielmehr wählte er die Form sorgfältig ausgearbeiteter Stellungnahmen oder Denkschriften. Für seine spätere Forderung zur Bombardierung der Abtei ist folgende Charakterisierung von Bedeutung: „Er hasste den Nationalsozialismus, lehnte die deutsche Armee nachdrücklich ab und weigerte sich zu glauben, dass deutsche militärische Führer bei ihren Aktionen auch von ehrenwerten Motiven bestimmt sein könnten."[96] General Tuker musste am 9. Februar sein Kommando wegen einer Krankheit an den Divisions-Artillerieführer, Brigadegeneral Dimoline, abtreten. Mit seinem starken Willen bedrängte er jedoch noch vom Krankenbett aus General Freyberg, die Zerstörung des Klosters Montecassino durchzusetzen.

Die 2. (NZ) Div war die vom Personalumfang und vom Grad der technischen Ausstattung her stärkste alliierte Division. Trotz des Widerstandes der Neuseeländer – für die die Japaner natürlich ein bedrohlicherer Kriegsgegner waren – war die Division ab 1941 auf den Kriegsschauplatz in Europa verlegt worden. Der Rückzug vom griechischen Festland und die anschließende Niederlage in Kreta 1941 hatten das Selbstverständnis der Soldaten der 2. (NZ) Div nicht beeinträchtigt. Bei den verschiedenen Schlachten in Nordafrika hatte die Division ihr außerordentliches Leistungsvermögen unter Beweis stellen können. Rommel zählte sie zu den gefährlichsten Gegnern, die ihm in der Wüste gegenüberstanden.

Ihr Personal bestand aus Wehrpflichtigen. Entsprechend der überwiegend ländlich strukturierten Bevölkerung Neuseelands waren die Soldaten vor allem Landwirte, Schafzüchter und Handwerker. Sie waren an Eigenständigkeit sowie an selbstständiges und flexibles Handeln gewöhnt und daran, sich gegen Widerstände durchzusetzen. Auf formelle militärische „Äußerlichkeiten" wurde nicht geachtet, daher erschienen sie häufig nachlässig in Haltung und Auftreten. Aber sie hatten, wie man heute sagt, eine starke funktionale Disziplin. Bei Entscheidungen wollten sie gefragt werden. Jeder kannte jeden. Auch gab es einen starken gesellschaftlicher Druck aus dem Heimatland hinsichtlich des persönlichen Einsatzes – nicht nur auf die Führer, sondern auch auf den einfachen Mann.

Die 2. (NZ) Div war eine „gemischte" Division, neben zwei Infanteriebrigaden war eine Panzerbrigade eingegliedert mit insgesamt 180 Kampfpanzern in drei Regimentern (= Bataillonen). Die übliche Divisionsartillerie war durch je zwei britische Feldartillerie- bzw. mittlere Artillerieregimenter verstärkt worden. Auch die Ureinwohner Neuseelands hatten bei der Mobilisierung der Division nicht zurückstehen wollen. So wurde das 28. (NZ) Inf Btl aus Maoris gebildet. Insgesamt galten die Neuseeländer als die „Kiwis".[97]

Als General Sir Bernard Freyberg das NZ-Korps als Führer übernahm, wurde Generalmajor Kippenberger, bisher Kdr der 5. Inf Brig, mit der vorübergehenden Führung der Division betraut. Kippenberger war ein nüchterner und klar denkender Mann, bereits auf Kreta hatte er sich als hervorragender Truppenführer erwiesen. Er hatte einen Ruf als glänzender Infanterist. Nun hatte er es nicht leicht, sich gegen Freyberg durchzusetzen. Hier schon soll auf sein späteres Schicksal hingewiesen werden: Am 2. März trat General Kippenberger bei einem Erkundungsgang auf dem Mt Trocchio auf eine deutsche Schützenmine, die übersehen worden war. Er wurde so schwer verletzt, dass beide Füße amputiert werden mussten. Die Führung der Division übernahm danach Brigadegeneral Parkinson.[98]

Die Operationsplanungen zum Einsatz des NZ-Korps durchliefen mehrere Stufen, die mit der Weiterentwicklung des Angriffs des II. (US) Korps zusammenhingen. Am 4. Februar war im Korpsstab ein Operationsentwurf erarbeitet worden, der sehr stark durch General Tuker beeinflusst worden war. Tuker wollte mit der 4. (IND) Inf Div, rechts abgestützt auf das CEF, die Höhen oberhalb Cassinos zwischen dem Mt Castellone und dem Mt Cairo umgehen, etwa über den Passo Corno, um dann in Richtung Roccasecca weiter anzugreifen. Zur Unterstützung der 4. Div sollte dabei eine neuseeländische Brigade über den Cle Maiola in Richtung Höhe 593 und Massa Albaneta angreifen und beide nehmen. Wie bei allen Planungen zuvor sollte die Masse der 2. (NZ) Div den Gari/Rapido nördlich von S. Angelo überwinden und zusammen mit dem US-CC B in Richtung Roccasecca vorgehen – dies wäre dann eine Stoßgruppe mit etwa 380 KPz gewesen. Der vorgesehene Einsatz einer NZ-Brigade im Gebirge erstaunt, da am 4. Februar ja noch Hoffnung bestand, die 34. (US) Inf Div würde selbst noch die Höhen oberhalb des Liri-Tales nehmen.[99]

Am 5. Februar gab General Clark eine neue operative Weisung heraus, in der dem NZ-Korps befohlen wurde, „sich darauf einzustellen, auf Befehl der Armee im Liri-Tal vorzubrechen und über Teile des II. Korps, mit Schwerpunkt entlang der Straße Nr. 6, Richtung Nordwesten im zugewiesenen Gefechtsstreifen anzugreifen."[100] Am 9. Februar – nunmehr war deutlich geworden, dass das II. (US) Korps wohl seinen Durchbruch in das Liri-Tal nicht schaffen würde – wurde der Operationsplan so erlassen, wie er dann in großen Zügen zur Ausführung kam (Lagekarte 18). Zu einem noch festzulegenden Zeitpunkt sollte die 4. (IND) Inf Div Kräfte der 34./36. (US) Inf Div im Höhengelände westlich und nordwestlich von Cassino ablösen, die Höhenrippe einschließlich des Klosterberges oberhalb des Liri-Tales einnehmen, das Höhengelände vom Feind säubern und schließlich der 2. (NZ) Div entgegenstoßen. Diese würde wiederum zwischen S. Angelo und Cassino über den Rapido gehen und dann im Zuge der Straße Nr. 6 den so lange geplanten Panzervorstoß im Liri-Tal beginnen. Für die Entscheidung zu diesem Operationsplan waren mehrere Gründe ausschlaggebend, die sich gegenseitig bedingten: Trotz der Befähigung der 4. (IND) Inf Div zum Gebirgskampf erschien es äußerst riskant, bei den ohnehin überdehnten Nachschubwegen und der begrenzten Ausstattung mit Tragtieren, eine ganze Division über weite Entfernungen im winterlichen Gebirge zu versorgen und zu unterstützen. Für das Bereitstellen der Truppe und für die Schaffung logistischer Voraussetzungen musste ein erheblicher Zeitbedarf in Rechnung gestellt werden. Bei der Führung der 5. (US) Armee war man überzeugt davon, dass es bei nur wenigen Reserven schon dem II. (US) Korps möglich gewesen wäre, die verbleibenden „hundert Meter" zum Liri-Tal durchzustoßen. Ein frisches Armeekorps, eine frische Division musste dies ohne große Schwierigkeiten schaffen können, warum sollte man anstelle dessen ein risikoreiches Umgehungsmanöver durchführen?

Durch Tuker und auch durch Juin, dessen Vorliebe zu einer weiten Umgehung wir kennen, wurde nachdrücklich gegen diesen taktischen Ansatz opponiert. Auch von der Masse der Autoren, sowohl kurz nach dem Kriege, als auch bis in die heutige Zeit hinein wird – das spätere Scheitern des Angriffs vor Augen – das „stumpfe Anrennen" kritisiert. Der „Stier sei nicht bei den Hörnern zu packen" gewesen, man hätte schwächere Frontabschnitte suchen müssen, selbst wenn dies mit mehr Zeitaufwand verbunden gewesen wäre.

Wie bereits geschildert wurde, konnte bisher von einem „Ansturm" auf den Klosterberg keine Rede sein. Erstmals mit diesem Operationsplan wurde die Einnahme des Klosterberges zu einem taktischen Ziel. Erst bei der weiteren Entwicklung während der 2. Cassino-Schlacht und schließlich mit den Angriffen des II. (POL) Korps während der 3. Cassino-Schlacht kann man von einem „blinden Anrennen" sprechen. Mit einer sehr voreingenommenen Argumentation wird der Eindruck erweckt, die Pläne von Tuker und Juin seien sozusagen eine Garantie für einen Erfolg gewesen.[101]

Es ist zutreffend und wird nachfolgend auch beschrieben, dass in dem schwierigen Gelände zwischen dem „Phantom-Rücken" und dem Klosterberg die volle Kraft der 4. (IND) Inf Div nicht zur Wirkung kommen konnte, da hier ein Angriff immer nur durch wenige Bataillone zur gleichen Zeit geführt werden konnte. Bei der einseitigen Befürwortung des Angriffs über das Gebirge wird dieser Faktor aber ausgeklammert – musste dies nicht auch für einen Angriff über Terelle und den Passo Corno gelten? Hatte dies nicht auch schon der Angriff der 3. D.I.A. mit nur einem Regiment gezeigt? Ben Arie, der später sehr beeindruckend die logistischen Schwierigkeiten schildert, welche die indischen Brigaden im folgenden Angriff auf die Höhe 593 und den Klosterberg zu überwinden hatten, wird erstaunlich inkonsequent, wenn es um die Frage der Versorgung der 4. (IND) Inf Div über das Gebirge bis in den Raum Roccasecca geht. Im gesamten NZ-Korps standen 1 500 Maultiere zur Verfügung, damit konnte eine Infanteriebrigade bis zu einer Entfernung von etwas über zehn Kilometer, ausgehend von den Umschlagpunkten Kraftfahrzeuge auf Maultiere, versorgt werden. Allein die Entfernung von Portella (südlich von S. Elia), wo sich diese Umschlagpunkte befanden, bis zum Passo Corno betrug in der Luftlinie etwa zehn Kilometer.

Mit einer Weisung vom 11. Februar hatte Alexander Bedingungen genannt, die er erfüllt sehen wollte, bevor der Angriff der 2. (NZ) Div im Liri-Tal beginnen konnte. Dazu gehörten die Abtrocknung des Geländes als Voraussetzung für den Panzerangriff sowie eine Schönwetterperiode, die den uneingeschränkten Einsatz der alliierten Luftwaffen erlauben würde.[102] Diese

Vorbedingungen galten aber nicht für den Angriff der 4. Division. So legte Freyberg deren Angriffsbeginn auf den 13. Februar fest. Aus der Sicht des NZ-Korps galt es jedoch, zuvor ein Hindernis zu beseitigen. Am Abend des 12. Februar rief General Freyberg bei Generalmajor Gruenther, dem Chef des Stabes der 5. Armee, an. General Clark befand sich zu dieser Zeit im Landeraum bei Anzio. Nach einigen Rückfragen und Klarstellungen stellte sich heraus, dass Freyberg als Voraussetzung für das Gelingen des Angriffs die Bombardierung des Klosters forderte.

Die Zerstörung des Klosters Montecassino: Vorgeschichte

„Obwohl Anzio und die Schlacht von Monte Cassino vor allem anderen die Gedanken der Menschen zu Hause in London, Berlin oder Washington bewegt hatten, würde die Zerstörung der alt-ehrwürdigen Abtei am 15. Februar 1944 in den Mittelpunkt der Nachrichten auf den Titelseiten rücken und sie ist seither eines der Sinnbilder des Krieges geblieben. Es war keine Geheimnis, dass dies geschehen würde, und die Vertreter der Weltpresse hatten sich dazu versammelt ...", so schreibt einer der maßgebenden Autoren über die Bombardierung des Klosters.[103] Nicht in erster Linie die operativen Entscheidungen und die Fehler, die dabei gemacht wurden, haben dazu geführt, dass die Cassino-Schlachten mit zu den am meisten kontrovers diskutierten Ereignissen des 2. Weltkrieges geworden sind. Es ist vor allem die Frage nach der Berechtigung und den militärischen Sinn der Zerstörung der Abtei. In Deutschland sind die Kommentierungen und Bewertungen im Sinne der etablierten Geschichtsdeutung zum weit überwiegenden Teil sehr einfach. Es waren die Deutschen, die durch ihr militärisches Verhalten die Bombardierung provoziert oder sogar notwendig gemacht haben – den Alliierten blieb gar keine andere Wahl.[104]

Zur Schilderung, wie es zur Bombardierung kam, und wie dadurch der Ablauf der Schlacht beeinflusst wurde, gehört auch die Rettung der Kunstschätze des Klosters durch deutsche Truppen. Hierüber gibt es viele ausführliche Darstellungen.[105] Dem Zweck dieses Buches entsprechend soll an dieser Stelle nur eine Zusammenfassung über die wesentlichen Faktoren vorgenommen werden. Am 14. Oktober 1943 sprachen zwei Offiziere der Pz Div „HG" beim Abt Diamare im Kloster vor, um dessen Zustimmung zur Rettung der Kunstschätze angesichts einer möglichen Zerstörung durch bevorstehende Kampfhandlungen im Raum Cassino zu erwirken. Stabsarzt Dr. Becker, Truppenarzt in der Sturmgeschützabteilung „HG" und Oberstleutnant Schlegel, der Kommandeur der Instandsetzungabteilung „HG", kamen unabhängig voneinander zum Abt. Abt Diamare weigerte sich begreiflicherweise, die Kunstschätze, die zum großen Teil Eigentum des italienischen Staates waren, in fremde Hände zu geben. Mit Hilfe des deutschen Paters Munding, der als Mönch des Klosters Beuron für einige Jahre nach Montecassino abgestellt war, gelang es jedoch wenige Tage später, die Vorbehalte des Abtes und der Mönchsgemeinschaft zu überwinden. Der Abtransport der Kunstschätze begann am 17. Oktober, die Rettungsaktion wurde am 1. November mit einer Messe in der Basilika der Abtei abgeschlossen, als Dank für den glücklichen Ausgang der Aktion. Ihr Leiter war eindeutig Oberstleutnant Schlegel. Er verfügte über die nötigen Transportmittel und hatte auch das erforderliche Organisationstalent. Insgesamt waren für den Transport 120 LKW-Ladungen benötigt worden. Die entsprechenden Verpackungsgefäße wurden durch deutsche Soldaten der Pz Div „HG" und italienische Zivilisten hergestellt. Die Transporte waren einer enormen Bedrohung durch alliierte Flieger ausgesetzt, die ständig auch einzelne Fahrzeuge auf den Straßen angriffen. Die Rettungsaktion stand deswegen unter einem großen Risiko. Während des Ablaufs der Evakuierung wurden der Divisionskommandeur, Generalleutnant Conrath, und Feldmarschall Kesselring über das Geschehen informiert. Beide unterstützten das Unternehmen nachdrücklich.

Die „privaten Anteile" des Klosters an der Bibliothek und am Archiv, religiöse Wertgegenstände der Abtei sowie der Reliquien-Schatz (z.B. die Reliquien Benedikts und seiner Schwester Scholastika) wurden zu den Benediktinerklöstern S. Anselmo und S. Paolo fuori le mura in Rom gebracht und damit dem Vatikan übergeben. Zusammen mit diesen Schätzen wurden fast alle Mönche, die Nonnen eines Benediktinerklosters in Cassino und die Waisenkinder, die im Kloster untergekommen waren, evakuiert.[106] Die Bibliothek und das Archiv im italienischen Staatsbesitz wurden in ein Materiallager der Instandsetzungsabteilung „HG" bei Spoleto überführt. Dort standen die Schätze unter militärischer Bewachung, so lange bis über den weiteren Verbleib entschieden sein würde. Ebenfalls im Materiallager wurde eine umfangreiche Gemäldesammlung untergebracht, die aus einer Kunstausstellung in Neapel stammte. Als seinerzeit die Alliierten in Italien landeten, hatte man die Ausstellung abgebrochen und die Gemälde in Montecassino gelagert, weil sie dort sicher erschienen.

Auf Weisung Kesselrings wurden am 8. Dezember 1943 387 Behälter der in Spoleto eingelagerten Kunstgegenstände im Rahmen einer großen Propagandaaktion vor dem Castell S. Angelo in die Obhut des Vatikan und italienischer staatlicher Stellen übergeben. Mit einem weiteren zeremoniellen Akt am 4. Januar 1944 auf der Piazza Venezia wurden die restlichen 600 Behälter aus dem Lager Spoleto an dieselben Autoritäten übergeben. Später wurde festgestellt, dass von den 187 Behältern, in denen die Bildersammlung aus Neapel aufbewahrt worden war, 15 Behälter fehlten. Ihr Verbleib war unklar. Bei Kriegsende wurden 15 wertvolle Bilder aus der „Gemäldesammlung Neapel" bei Altaussee sichergestellt und später an den italienischen Staat zurückgegeben. Wie sie nach Altaussee gekommen sind, ist bis heute nicht eindeutig geklärt. Molony wahrt bei seiner Kommentierung der Rettungsaktion die Relationen, wenn er beim Umfang der geretteten Kunstgegenstände über die angeblich entwendeten schreibt: „... except for a few which had been looted."[107] Durch Autoren des Militärgeschichtlichen Forschungsamtes wird dagegen der gesamten Rettungsaktion eine von vornherein andere Absicht unterstellt: „In der Tat beabsichtigten Angehörige der Division offenbar, einen Teil der aus Neapel evakuierten Kunstschätze quasi als Entgelt für die weitere Sicherung dem kunstliebenden Reichsmarschall zukommen zu lassen." Wenn dann fortgefahren wird, „Über die Absichten der beiden Offiziere vor Ort herrscht Unklarheit ...", dann wird Schlegel und Dr. Becker als Motiv für die Rettung der Schätze geplanter Kunstraub untergeschoben. [108]

Bei einem Besuch der Bibliothek von Montecassino vor einigen Jahren versicherte der Leiter der Bibiliothek, Pater Gregorio, dem Verfasser dieses Buches angesichts der unübersehbaren Reihen wertvollster Bücher und Schriftstücke: „... und kein einziger Band fehlt." Welch ein Kompliment für die an der Rettung beteiligten Soldaten. Wenn man die Ehrungen berücksichtigt, mit denen Julius Schlegel von den Benediktinern während und nach dem Kriege bedacht wurde, dann sollte man meinen, dass die Betroffenen, die Mönche von Cassino, sich eher ein zutreffendes Urteil über ihn machen konnten als irgendwelche Schreiber, die 60 Jahre nach dem Geschehen jede Gelegenheit nutzen, um deutsche Soldaten herabzusetzen. Die Ehrungen für Schlegel waren auch eine Ehrung für alle Soldaten, die an der Rettung beteiligt waren. Als Schlegel am 14. August 1958 in Wien beerdigt wurde, sprach Prälat Dr. Peichl am offenen Grabe die Worte: „In dieser Stunde … ertönen die Glocken aller Benediktiner-Abteien in aller Welt, um Deiner heroischen Tat zu gedenken …"[109] Der damalige Erzabt, Don Bernardo d'Onorio, hat 1994 an den Kommandeur der 1. LL Div der Bundeswehr geschrieben: „… und jeden Tag gedenken wir seiner während der Messe des Konvents, die wir für die wichtigen Wohltäter des Klosters zelebrieren … In unserer Erinnerung und in unserer Dankbarkeit ist der Name von Oberstleutnant Schlegel mit goldenen Buchstaben geschrieben, für die Taten, die er vollbracht hat."[110]

Die negativen Auswirkungen, die eine Kriegführung mit modernen Mitteln in einem an Kunstschätzen und an historischer Bausubstanz reichen Land haben konnte, waren der alliierten Führung bewusst. Während gegenüber Deutschland im Rahmen des alliierten Bombenkrieges solche Rücksichten nicht genommen wurden, hatten die Vereinten Stabschefs General Eisenhower vor der Landung in Sizilien im Juni 1943 eine entsprechende Weisung gegeben: „Unter der Berücksichtigung militärischer Notwendigkeiten sollen alle Standorte der Kirche und alle religiösen Einrichtungen respektiert werden und alle Maßnahmen ergriffen, um die örtlichen Archive, historische und klassische Denkmäler und Kunstobjekte zu erhalten." Schließlich sollte die italienische Bevölkerung vom gerechtfertigten Anliegen der alliierten Seite überzeugt werden.[111] Dennoch kam es bei den Kämpfen auf Sizilien und in Süditalien durch den großzügigen Einsatz alliierter Luftstreitkräfte und die intensive Nutzung der eigenen Artillerie sehr häufig zur Zerstörung historischer Bausubstanz oder kultureller und religiöser Monumente. Als sich die Alliierten den Apennin heraufkämpften und Rom immer mehr in Reichweite kam, wurden solche Auflagen oder Warnungen wiederholt, Hintergrund waren Anträge italienischer kultureller Stellen oder Proteste des Vatikan gewesen. Bei allen Weisungen wurde aber immer wieder der Vorrang „militärischer Notwendigkeit" betont. Besondere Aufmerksamkeit hatten dabei die päpstliche Enklave Castelgandolfo in den Albaner Bergen sowie die Abtei von Montecassino gefunden. So befahl der Stab der Alliierten Luftstreitkräfte Mittelmeer (MAAF) am 27. Oktober 1943, „alle möglichen Vorsichtsmaßnahmen sind zu treffen, um zu vermeiden, dass die (Abtei) Abbazia auf Monte Cassino bombardiert wird."[112]

Abt Diamare hatte ab Ende Oktober einen seiner Padres, Don Tommaso Leccisotti, als seinen Beauftragten nach Rom entsandt, damit dieser Einfluss auf die Maßnahmen zum Schutz der Abtei über den Vatikan nehmen konnte. Durch regelmäßige Informationen wurde Leccisotti über die Entwicklungen im Raum Cassino auf dem Laufenden gehalten. Die Geschäftsträger der USA, Großbritanniens und Deutschlands wurden am 25. Oktober durch eine Demarche des „Außenministers" im Vatikan, Kardinal Maglione, aufgefordert, alle für den Erhalt der Abtei möglichen Maßnahmen angesichts der sich nähernden Kampfhandlungen zu treffen.[113] Auf Grund einer Falschmeldung, das Kloster sei durch Beschuss beschädigt worden, intervenierte der Vatikan am 7. Dezember erneut beim US-Geschäftsträger, Harold Tittmann. Durch das US-Kriegsministerium wurden die US-Führungsstellen in Italien erneut ermahnt und zur Stellungnahme aufgefordert. Die durchaus korrekte Antwort der Amerikaner lautete, dass es bei der Bekämpfung militärischer Ziele im Umkreis von Cassino wohl zu Fehlschüssen gekommen war: „Jegliche Schäden, die durch unser Artilleriefeuer verursacht worden sind, waren absolut unabsichtlich, da sich unsere Artilleriekommandeure vollkommen bewusst sind, dass weder Kirchen noch wertvolle Gebäude beschossen werden dürfen."[114]

Wegen der eingetretenen Entwicklung befahl General Eisenhower am 29. November 1943, kurz bevor er seinen Dienstposten übergab, nochmals der Truppe: „Wenn wir zu wählen haben zwischen der Zerstörung eines berühmten Bauwerks und der Opferung unserer eigenen Männer, dann zählt das Leben unserer Männer unendlich viel mehr, und das Gebäude muss weichen. Aber die Wahl ist nicht immer so klar zu treffen. In vielen Fällen können diese Denkmale ausgespart werden ohne jeden Nachteil für die operativen Erfordernisse. Nichts kann angeführt werden gegen das Argument ‚militärische Notwendigkeit'. Dies ist ein anerkanntes Prinzip. Aber der Begriff ‚militärische Notwendigkeit' wird manchmal benutzt, wenn es ehrlicher wäre, nur von ‚militärischer Bequemlichkeit' oder sogar von ‚persönlicher Bequemlichkeit' zu sprechen. Ich bin keineswegs bereit, damit Nachlässigkeit oder Gleichgültigkeit bemänteln zu lassen."[115]

Man kann zur vorstehenden Schilderung bemerken, dass die Definition von „militärischer Notwendigkeit" einer Interpretation in alle Richtungen offen stand. Auf deutscher Seite hatte Kesselring auf die Wünsche des Vatikan, das Kloster von Kriegshandlungen auszusparen, mit einer eindeutigen Entscheidung reagiert, die dem Vatikan durch den Botschafter v. Weizsäcker übermittelt wurde.[116] Er ordnete eine „neutrale Zone" im Umkreis von 300 Metern um die Abtei an, in der sich keine deutschen Truppen aufhalten durften. Die mehrfachen Informationen v. Weizsäckers an den Vatikan wurden von dessen Behörden am 8. Januar 1944 aber nur unvollständig an die Alliierten weiter geleitet. Dabei muss bezweifelt werden, ob bei den gegebenen Aversionen gegen die Deutschen diesen Ankündigungen durch die alliierten Führungsstellen Glauben geschenkt worden wäre.[117]

Wie in den Stäben aller militärischen Kommandobehörden der Welt, so wurde im Stabe der 5. (US) Armee und bei den Korpsstäben des II. (US) Korps und des CEF fortlaufend die Feindlage beurteilt. Offensichtlich ergab sich aus der Lage der Stellungen der deutschen Divisionen im Raum Cassino selbst bei den erbitterten Kämpfen der 34. (US) Inf Div im Januar/Februar für die Amerikaner keine „militärische Notwendigkeit", die Klosteranlage zu bombardieren. In der Truppe war die Einstellung zum Gebäudekomplex der Abtei jedoch eine andere.

Auf dem Klosterberg stand die Abtei mit gelblichen oder weißen Mauern, je nach dem Sonneneinfall – mehrere hundert Meter oberhalb der Stadt auf dem beherrschenden Klosterberg, ein Blickfang, gleich aus welcher Richtung man sich näherte. Massive Gebäude, rätselhaft und verschlossen trotz der hunderte von Fenstern, die man vom Tal aus deutlich sehen konnte. Kein Wunder, dass sich die Fantasie der Soldaten darauf richtete. Je länger die Kämpfe dauerten, und je mehr sich die Angriffe festliefen, desto mehr waren die Soldaten davon überzeugt, dass die Deutschen das Kloster besetzt hatten, und das unheilvolle Feuer der Artillerie von dort aus gelenkt wurde. Das Kloster wurde zum „Schuldigen", Vermutungen und Einbildungen wurden zur geglaubten Wirklichkeit.

Propaganda und umfangreiche Berichterstattung in den Medien waren damals schon fester Bestandteil der Kriegführung, nicht nur wichtig für die Heimatfront, sondern auch zur Beeinflussung des inneren Gefüges der Truppe. Zahlreiche Kriegsberichterstatter begleiteten nicht nur die Truppenteile, sondern lebten auch mit den Soldaten – sie waren „embedded", wie man es heute nennt. Die Ausschaltung der Abtei wurde auf diese Weise zu einem zentralen Thema in den Medien. Die bisher „falsche Rücksicht" auf das Kloster wurde zur Ursache für das Stocken des alliierten Vormarsches und zur Ursache für vergebliche Opfer. Als besonderes Beispiel möge eine Schlagzeile aus der „Daily Mail" vom 11. Februar 1944 dienen: „Nazis turn Cassino Monastery into a Fort."[118]

Der WFSt hatte dem OB Südwest am 29. November 1943 befohlen, den Berg Mt Cassino in die „Cassino-Stellung" einzubeziehen. Offenbar hatte es durch die Handelnden vor Ort Überlegungen gegeben, sogar den Klosterberg bei der Anlage der Stellungen auszusparen.[119] Diese Entscheidung bedeutet, dass durch die deutsche Führung eine Beschädigung des Klosters durch heute so genannte „Kolateralschäden" in Kauf genommen wurde. Von vielen Autoren wird ausgeführt, dass die Deutschen mit dieser Entscheidung das spätere Schicksal des Klosters besiegelt hätten. Hier ist anzumerken, dass zwischen unbeabsichtigten, wenn auch in Kauf genommenen Beschädigungen, und einem gezielten, massiven Bombenangriff ein grundsätzlicher und erheblicher Unterschied besteht.

Zum Schutz des Klosters und seines verbliebenen Personals hatte die 29. PzGren Div nach dem Abtransport der Kunstschätze eine militärische Wache im Kloster eingerichtet. Ab dem 17. November wurde der Zutritt zum Kloster durch Feldgendarmerie überwacht. Auf die Demarche des Vatikan vom 25. Oktober hin hatte der OB Südwest (damals noch OB Süd) anfangs nicht reagiert, wegen der Entfernung zur Front waren Schutzmaßnahmen für die Abtei noch theoretischer Natur. Als die Baumaßnahmen für die Gustav-Linie intensiver wurden, wandte sich das AOK 10 am 7. Dezember mit der Bitte um eine Entscheidung über die Einbeziehung des Klosters in die Verteidigungsanlagen an den OB Südwest. Das AOK 10 trat für die Einbeziehung ein. Wenige Tage später traf die Antwort des OB Südwest ein, die vom AOK 10 an das XIV. Pz Korps weitergegeben wurde: „OB Südwest teilt mit, dass der römisch-katholischen Kirche lediglich zugesagt wurde, das Kloster Montecassino durch deutsche Truppen nicht belegen zu lassen. Das bedeutet nur, dass allein das Gebäude auszusparen ist."[120]

Mit Recht wird nun von unterschiedlichen Autoren kritisiert, dass hiermit der Schutz des Klosters ad absurdum geführt wurde, denn wie sollte der Gebäudekomplex von Beschuss oder von Kampfhandlungen ausgenommen werden, wenn deutsche Stellungen bis an die Mauern heranreichten? In der Praxis verhielten sich aber der Stab OB Südwest und die Truppe anders. Am 12. Dezember sprach ein beauftragter Offizier aus dem Stabe OB Südwest bei Abt Diamare vor und teilte ihm die Einrichtung der „neutralen Zone" im Umkreis von 300 Metern um die Klosteranlage mit, in der jegliche militärische Maßnahmen verboten wären und die von Militärpersonal nicht betreten werden dürfe. Die Serpentinenstraße und weitere Zugangswege zum Kloster würden gesperrt. Der Feldgendarmerieposten würde vom Eingang des Klosters zurückgezogen, er sollte nun den Zugang zum Kloster überwachen. Auf dem Rückweg von der Abtei wurde das zuständige Divisionskommando unter General Fries über die Entscheidung informiert.[121]

7. Die 1. Cassino-Schlacht

Ab 14. Dezember begannen die Mönche, mit der Unterstützung der Feldgendarmen mit der Aufstellung entsprechender Sperrschilder, beispielsweise auf der Höhe 435 (Mt Venere), und beim Kilometer 7 der Serpentinenstraße. Am 17. Dezember wurden diese Arbeiten beendet. „In detta zona non si vedono più Tedeschi e tanto meno a Montecassino".[122] Am 30. Januar wurden durch einen Kurier die entsprechenden „dienstlichen" Sperrschilder überbracht.

Seinerzeit von den Mönchen der Abtei und heutzutage von verschiedenen Autoren wird angeführt, die Deutschen hätten ihre eigene neutrale Zone nicht respektiert und militärische Stellungen darin angelegt. Damit wäre eine Bombardierung gerechtfertigt gewesen. Wie zuvor schon geschildert, war die Erklärung der neutralen Zone den alliierten Truppenkommandeuren nicht bekannt, damit waren eventuelle Verstöße in der Praxis ohne Bedeutung. Die G2-Offiziere in den alliierten Stäben richteten sich ohnehin nicht nach Erklärungen, sondern nach den Fakten. Nachfolgend werden wir sehen, dass die Entscheidung, das Kloster zu bombardieren, überhaupt nicht davon abhing, ob das Kloster selbst von Deutschen besetzt oder militärisch genutzt war oder ob sich in seiner unmittelbaren Umgebung militärische Anlagen befanden.

Zuvor soll noch der Frage nachgegangen werden, ob es den Alliierten möglich gewesen wäre, eine neutrale Zone auszusparen, wenn sie hierüber informiert gewesen wären und davon ausgegangen wären, dass diese Zone von den Deutschen eingehalten wird. Die Klosteranlage nahm eine Fläche von 2,8 Hektar ein. Die neutrale Zone hätte eine Fläche von über 32 Hektar umfasst. Bei Einsätzen der Luftwaffe gegen militärische Ziele hätte die neutrale Zone unschwer ausgespart werden können. Aber auch durch Artilleriefeuer konnte die neutrale Zone ausgespart werden, lediglich unbeabsichtigte Treffer durch Fehlschüsse konnten nicht ausgeschlossen werden. Auch sanitätsdienstliche Einrichtungen, die mit dem Roten Kreuz gekennzeichnet waren, durften nach geltendem Kriegsrecht nicht beschossen werden. Warum sollte dies bei der weiträumigen Klosteranlage nicht möglich sein?

In ihren Tagebucheintragungen beschrieben die Mönche von Cassino Verstöße, welche die Deutschen in der Folge gegen die von ihnen selbst eingerichtete neutrale Zone begangen hätten. Die Vorwürfe sind etwas unklar und teilweise auch nicht überzeugend, da sie sich u.a. auf militärische Objekte bezogen, die eindeutig außerhalb des 300-Meter-Bereiches lagen, so zum Beispiel deutsche Stellungen im Bereich des Cle d'Onofrio, eine B-Stelle auf der Höhe 435 oder eine Granatwerferstellung am selben Ort. Mehr Substanz hat der Vorwurf der Einrichtung eines Munitionslagers in einer Kaverne am ostwärtigen Steilhang unterhalb der Klostermauern, aber immer noch 200 Meter von den Gebäuden entfernt.

Am 5. Januar wurde die 300-Meter-Zone aufgehoben, die Schilder wurden in den folgenden Tagen entfernt. Das Verbot, die Abtei zu betreten, blieb bestehen. Ebenso das Verbot der militärischen Nutzung. Auf welche Weisung hin und zu welchem Zweck die neutrale Zone aufgehoben wurde, kann nicht nachvollzogen werden. Die Beobachtung der Mönche, dass daraufhin „das Gelände um das Kloster besetzt" worden sei, kann allerdings so nicht stimmen.[123]

Die Regimenter der 34. und 36. (US) Inf Div kämpften zwischen dem 4. und dem 12. Februar mit den Bataillonen der Kampfgruppe Schulz um Stellungen, die im Raum Pkt 445, Cle d'Onofrio, und auf der Höhe 593 lagen – relativ weit abgesetzt von der Klosteranlage. Major Schmidt, der Kommandeur des FschMG Btl 1, das Stellungen am Klosterberg bezogen hatte, versichert, „Abstand" vom Kloster gehalten zu haben.[124] Im neu eingerichteten Museum über den 2. Weltkrieg in Cassino wird ein beeindruckender Filmstreifen über die Bombardierung des Klosters am 15. Februar gezeigt. Trotz der erstaunlichen Präzision der strategischen Bomber wird dabei deutlich, in welch großem Abstand von den Gebäuden des Klosters die Bombeneinschläge auf den Abhängen des Klosterberges lagen. Wenn dennoch kein einziger deutscher Soldat durch die Bombenwürfe getötet oder verletzt wurde, zeigt dies, dass die Stellungen im größeren Abstand zum Kloster eingerichtet worden waren.[125]

Fast alle britischen Autoren sehen sich veranlasst, Rechtfertigungen für den Bombenangriff auf die Abtei zu finden: „Wenn alle Faktoren leidenschaftslos bewertet werden, dann kann es kein Zweifel geben, dass (die Bombardierung) die einzig mögliche Entscheidung war."[126] Außer dem schon erwähnten Vorwurf des Einbeziehens des Bergrückens Mt Cassino in die Gustav-Linie werden zur Begründung lediglich zwei gepanzerte Fahrzeuge mehrere hundert Meter von der Abtei entfernt, die B-Stelle und die Granatwerferstellung auf der Höhe 435 sowie das Munitionslager in der Kaverne unterhalb der Abtei angeführt. Weit größeres Gewicht ist jedoch der Aussage des G2 der 5. (US) Armee, dem späteren General Edwin Howard, zuzumessen, der wohl den besten Überblick über die Feindlage im Raum Cassino hatte. Er stellte fest: „Ich hatte genügend Informationen, die mir zeigten, dass die Abtei von den Deutschen nicht für Verteidigungszwecke genutzt wurde. Ich sagte ihnen (Anm. Verfasser: gemeint die taktischen Führer), dass es überhaupt keinen Grund gäbe, sie zu bombardieren." Die Aufklärungsorgane der 5. (US) Armee lieferten täglich Luftbilder von den feindlichen Stellungen und werteten diese mit folgendem Schluss aus: „Ich kann nicht ausschließen, dass sie (Anm. Verfasser: gemeint die Deutschen) eine Beobachtungsstelle dort oben hatten ... Ein Foto zeigt nicht notwendigerweise einen einzelnen Mann. Es könnten dort Deutsche gewesen sein, aber keine Verteidigungsanlagen ... Um ein Flugzeug zu nehmen, das eine Million Dollar kostet und Bomben abzuwerfen – wieder im Wert von Millionen Dollar – auf einen Platz wie diesen, dazu bedarf es schon einiger Gründe mehr, als ein paar Deutsche, die da herumstanden."[127] Als General Tukers Plan, mit der 4. (IND) Inf Div durch das Gebirge anzugreifen, abgeändert worden war, hatte er sich darauf konzentriert – noch vom Lazarett aus –, ein Höchstmaß an Feuerunterstützung als Voraussetzung für das Gelingen des Angriffs sicherzustellen. Aus Gründen, die hier nicht darzustellen sind, lag ihm besonders daran, vor Beginn des Angriffs das Kloster Montecassino durch einen Luftangriff mit schwersten Bomben („blockbuster") auszuschalten.[128] Freyberg hatte dies schon gesprächsweise mit Clark erörtert, letzterer hatte jedoch erklärt, dazu sähe er keine Notwendigkeit.

Generalleutnant Sir Bernard Freyberg war der Dienstälteste unter den Divisionskommandeuren innerhalb der 15. HGr, schon im 1. Weltkrieg hatte er den Dienstgrad eines Brigadegenerals erreicht, 1944 war er bereits 55 Jahre alt. Seitdem die 2. (NZ) Div im Mittelmeer-Raum eingesetzt war, hatte er sie geführt. Seine Führungsfehler hatten auf Kreta 1941 zur Niederlage der Briten beigetragen. Seinen Ruf als guter Divisionskommandeur konnte er in Nordafrika, unter anderem bei El Alamein wieder herstellen. Freyberg hatte eine imposante Figur, wegen seiner Größe und seines Gewichts ragte er aus allen Menschenansammlungen heraus. Er war „mutig wie ein Löwe", im 1. Weltkrieg war ihm die höchste britische Tapferkeitsauszeichnung, das Viktoriakreuz, verliehen worden. Offenbar entsprachen seine intellektuellen Fähigkeiten nicht seiner körperlichen Verfassung. Er war sehr schnell in seinen Entscheidungen, uninteressiert an Details und kein Mann für fundierte Stabsarbeit. In der gegebenen Lage konnte er dem scharfsinnigen und scharfzüngigen, willensstarken Tuker nichts entgegensetzen.

Tuker hat über Freyberg, seinen Vorgesetzten, geschrieben: „Es tut mir leid für Freyberg, aber er hätte nie den Befehl über ein Korps erhalten sollen. Er hatte kein taktisches Verständnis und sicherlich nicht die nötige Erfahrung im Gebirge …"[129] Man hätte hinzufügen müssen: Auch keine Ahnung über die Zusammenarbeit mit Luftstreitkräften. Freyberg war bei seinen Soldaten sehr beliebt, sie wussten um seine Fürsorge für sie, er schätzte es, unter „seinen" Neuseeländern zu sein. Von Bedeutung für die anstehenden Entscheidungen war, dass Freyberg nicht nur alliierter Divisionskommandeur, sondern auch nationaler Befehlshaber der neuseeländischen Streitkräfte war. Als solcher war er unmittelbar der Regierung in Wellington unterstellt. Dies verschaffte ihm eine einzigartige Stellung, für Clark hatte er die Allüren einer Primadonna.

Nachdem General Gruenther am Abend des 12. Februar erfahren hatte, dass General Freyberg das Kloster angreifen lassen wollte und die Luftwaffe den Einsatz einer Staffel Jagdbomber zusagte, machte er Freyberg darauf aufmerksam, dass wegen der politischen und militärischen Implikationen nur General Clark den Einsatz anordnen könne. General Clark war in Anzio jedoch nicht erreichbar. Da die Zeit drängte – der Einsatz sollte am nächsten Morgen stattfinden – bat Gruenther den Chef des Stabes bei General Alexander, General Harding, um eine Meinungsäußerung von Seiten der Heeresgruppe. Gruenther betonte dabei die Überzeugung General Clarks, dass zur Zerstörung der Abtei keine „militärische Notwendigkeit" gegeben wäre und diese Auffassung von allen US-Kommandeuren vor Ort geteilt würde. Dagegen stünde allerdings die Auffassung eines Kommandeurs mit der besonderen Stellung General Freybergs. Gruenther verwies auch auf die möglichen Komplikationen wegen der besonderen religiösen Bedeutung der Abtei.

Harding versprach eine schnelle Antwort. Kurze Zeit später, etwa gegen 21.00 Uhr, erreichte General Gruenther Clark. Clark bekräftigte erneut seine Auffassung, dass eine Zerstörung der Abtei nicht gerechtfertigt wäre. Er bat aber, General Harding noch einmal darauf hinzuweisen, dass er mit dieser Auffassung in eine schwierige Position geraten würde, wenn der Angriff scheitern würde und er, Clark, den Luftwaffeneinsatz verweigert habe. Kurz danach setzte sich Gruenther mit General Keyes, dem KG des II. (US) Korps in Verbindung, um die Argumente Clarks zu unterstützen. Keyes bestätigte seine Ablehnung der Bombardierung, er habe nochmals die Meinung seiner unterstellten Kommandeure eingeholt: General Ryder, Brigadegeneral Butler (Kommandeur der Task Force 142. (US) Inf Rgt) und auch Oberst Boatner, der Kommandeur des 168. (US) Inf Rgt, der bis zum 11. Februar die Angriffe auf den Klosterberg geführt hatte, hätten eine militärische Notwendigkeit verneint. General Keyes sah in der Zerstörung der Abtei sogar nur Nachteile: Dies gäbe den Deutschen die Rechtfertigung, den ganzen Klosterberg zu besetzen und die Trümmer als befestigten Stützpunkt zu nutzen. In einem weiteren Gespräch mit dem G2 des II. (US) Korps erfuhr Gruenther, dass wenigstens einige hundert Flüchtlinge, darunter viele Frauen und Kinder, Zuflucht im Kloster gefunden hätten.[130] Gegen 21.30 Uhr rief General Harding zurück. Er teilte mit, dass General Alexander entschieden habe, das Kloster sei zu bombardieren, wenn General Freyberg die Zerstörung des Klosters als eine militärische Notwendigkeit ansehen würde. Alexander habe Vertrauen in das militärische Urteilsvermögen Freybergs. Gruenthers Gegenvorstellungen wies Harding ab. Er zeigte sich unberührt und kalt, Alexander habe doch seinen Standpunkt klar gemacht. Gruenther hatte zuvor noch einmal auf die Gefahren für die zivilen Flüchtlinge in der Abtei hingewiesen, zum anderen darauf, dass Clark, wenn der Korpskommandeur ein Amerikaner wäre, er den Einsatz einfach verbieten würde. [131]

Der Behauptung, die Bombardierung der Abtei sei erst nach einem langen Abwägungs-prozess und nur unter größten Skrupeln angeordnet worden, müssen folgende Tatsachen ent-gegengehalten werden: Die Lage hatte sich im Vergleich zum Zeitraum der Angriffe des II. (US) Korps, als bei Beurteilung aller Fakten kein militärischer Grund für eine Zerstörung der Klosteranlage erkannt worden war, überhaupt nicht geändert. Es lagen keine neuen Erkenntnisse über den Feind vor, von denen Alexander erst jetzt erfahren hätte. General Alexander hat seine Entscheidung in der kurzen Zeitspanne von etwas mehr als einer Stunde getroffen. Tiefgehende Erörterungen über das Schicksal der Flüchtlinge oder die Zerstörung eines unvergleichlichen abendländischen Kulturdenkmals können dabei nicht stattgefunden haben. Und schließlich hat der Oberbefehlshaber der Heeresgruppe gegen die Auffassungen des Oberbefehlshabers einer Armee und gegen die gesamte US-Führungshierarchie entschieden, die als Experten für die Lage vor Ort anzusehen waren.

Im Anschluss an das Gespräch mit Harding setzte Gruenther noch einige Anordnungen Clar-ks um. Er informierte die Heeresgruppe, dass Clark am nächsten Morgen, also am 13. Februar, nochmals mit Alexander sprechen wollte. Er ordnete deswegen den geforderten Luftangriff auf den 13. Februar später als 10.00 Uhr an, damit der Einsatz noch abgesagt werden konnte, falls es Clark gelingen würde, Alexander von seiner Auffassung zu überzeugen. Und schließlich rief er nochmals Freyberg an, um diesem erneut die Argumente Clarks nahezubringen. Freyberg zeigte sich uneinsichtig. Dabei traf er eine für den endgültigen Ablauf bedeutende Feststellung: „Jeder höhere Befehlshaber, der sich weigert, die Bombardierung zu genehmigen, muss sich darauf einstellen, die Verantwortung für einen Fehlschlag des Angriffs zu übernehmen."

Gruenther informierte Freyberg, dass der geforderte Angriff am 13. Februar nach 10.00 Uhr stattfinden würde und bat darum, Freyberg möge sich mit den US-Truppen, die noch nicht durch die indische Division abgelöst waren, abstimmen, damit der gefährdete Raum um das Zielgebiet von eigenen Truppen frei gemacht würde. Gegen Mitternacht rief Freyberg zurück und bat um Verschiebung des Angriffs, weil die Räumung mehr Zeit in Anspruch nehmen wür-de. General Ryder hatte sich dem Angriff deswegen strikt widersetzt. Wenn auch damit unklar war, zu welcher Zeit der Luftangriff tatsächlich stattfinden konnte, so war am Abend des 12. Februar definitiv die Entscheidung gefallen, die Abtei zu zerstören. Während des angekündig-ten Gesprächs am Morgen des 13. Februar[132] wichen weder Clark noch Alexander von ihren Auffassungen ab. Alexander gab Clark gegenüber zu, dass fast alle Gründe Clarks gegen eine Bombardierung nicht widerlegt werden könnten. „Aber wenn Freyberg eine Bombardierung des Klosters verlange, dann müsse das Kloster bombardiert werden."[133] Freyberg hatte (bewusst?) die magische Formel verwendet, dass derjenige höhere Führer die Verantwortung für einen Fehlschlag übernehmen müsse, der die Zerstörung der Abtei verweigert habe.

Die amerikanischen Stabschefs waren ohnehin gegen die Fortsetzung des Feldzuges auf dem italienischen Festland gewesen. Nun war dieser Feldzug ins Stocken geraten und bei Anzio drohte die Gefahr, wieder ins Meer zurückgeworfen zu werden. In London saß Churchill und wollte nicht verstehen, warum es nicht gelingen mochte, die letzten hundert Meter ins Liri-Tal vorzudringen. Der gescheiterte Angriff des II. (US) Korps mit tausenden von Verlusten hatte gezeigt, dass ein erneuter Fehlschlag nicht einfach ausgeschlossen werden konnte. Ein Scheitern des Feldzuges in Italien würde das Ende der Karrieren von Alexander und Clark bedeuten. Zudem hing Alexanders Stellung gegenüber den Commonwealth-Truppen und damit in der britischen militärischen Hierarchie viel mehr von politischen Rücksichten ab. Clark forderte in dieser Lage zumindest einen klaren Befehl von Alexander, und dieser entsprach seinem Wunsch.[134]

Bei der Darstellung der Entscheidungsprozesse soll auch der Diskrepanz nachgegangen werden, die zwischen der ursprünglichen Forderung Freybergs nach einem Luftschlag „von 36 Jagdbombern" und dem tatsächlichen Einsatz von mehreren Hundert Bombern am 15. Februar besteht. Wer hierfür verantwortlich war und wie es zu dieser Entscheidung kam, darüber gibt es in Quellen und in der Literatur nur Annahmen. Befehlshaber der MAAF war seit 1. Januar der US-Luftwaffengeneral Eaker. Dieser kam aus Großbritannien und galt als Verfechter der US-Präzisionsangriffe bei Tage – im Gegensatz zu den Flächenangriffen der RAF bei Nacht. Eaker wollte sich persönlich einen Einblick von den Gegebenheiten bei Cassino machen und unternahm mit General Devers, dem Stellvertreter Wilsons, am 14. Februar einen Aufklärungsflug auch über die Abtei. Dabei fand er „eindeutige Beweise" über die Besetzung der Abtei durch die Deutschen. Diese „Beweise", ob sie nun stimmten oder nicht, können jedoch zur Begründung der Bombardierung nicht herangezogen werden, da die Entscheidung zum Angriff ja schon längst gefallen war.

Blumenson spricht Vermutungen über den Einsatz der strategischen Bomberflotte aus: „Wahrscheinlich ist es so, dass die Einsatzplaner der Luftwaffe die Gelegenheit ergriffen, die Macht der Bomber zu demonstrieren, welche noch nie zuvor in dichten Massen zur unmittelbaren Unterstützung von Bodentruppen eingesetzt worden waren, deren Aufgabe es war, ein taktisches Angriffsziel zu nehmen. Wenn Freyberg wünschte, dass das Klostergebäude platt gemacht werden sollte, dann würde es platt gemacht. Vermutlich überredete General Eaker, vielleicht auch General Devers, General Wilson, die Luftwaffe das Experiment versuchen zu lassen."[135]

Die Bombardierung des Klosters

Nach dem Scheitern des Gegenangriffs „Michael" hatten die 90. PzGren Div und das XIV. Pz Korps zwei „ruhige Tage" erlebt. Das XIV. Pz Korps hatte seine Front in den Bergen von Cassino behaupten können, wenn diese Front auch keinesfalls als gefestigt gelten konnte. Die noch im Verband der 90. PzGren Div kämpfenden Teile der 44. Inf Div waren zur Auffrischung herausgezogen worden. Inzwischen war das fast aufgeriebene I./PzGren Rgt 361 durch das I./FschJg Rgt 1 ersetzt worden. Das III./FschJg Rgt 4 war im Zulauf. Insgesamt war die Entscheidung gefallen, die gesamte 1. FschJg Div von der Adria herüber zu bringen und mit ihr die 90. PzGren Div abzulösen – dies war absolut nicht im Sinne von Oberst Baade.

Im Mittelpunkt der Führungstätigkeiten auf deutscher Seite stand die Vorbereitung des großen Gegenangriffs gegen den Landeraum Anzio, der nun nach mehrmaligem Verschieben ab

dem 16. Februar stattfinden sollte. Hierbei waren auch im Bereich der 10. dt. Armee einige Umgliederungen vorgenommen worden: Mit Wirkung vom 13. Februar löste die 71. Inf Div die 29.
PzGren Div im Frontabschnitt südlich des Liri ab. Die 29. PzGren Div sollte am Gegenangriff
bei Anzio teilnehmen. Auch das LXXVI. Pz Korps war in den Raum Anzio verlegt worden,
seinen Gefechtsstreifen in der Gustav-Linie hatte ab dem 1. Februar das LI. Geb Korps übernommen. Dessen Verbände stellten in gewisser Weise die einzige „Sparbüchse" der Armee dar,
aus der noch Reserven gewonnen werden konnten. Wegen der Abgabe der 26. Pz Div und der
3. PzGren Div an die 14. Armee musste die 305. Inf Div den ehemaligen Gefechtsstreifen der
26. Pz Div übernehmen. Im eigenen Gefechtsstreifen verblieb nur noch das Gren Rgt 576, nach
dessen Kommandeur „Sperrverband Bode" benannt. Angesichts der winterlichen Bedingungen
in den Abruzzen glaubte man, das damit verbundene Risiko tragen zu können. Der bisherige
Abwehrerfolg der 90. PzGren Div hatte beim XIV. Pz Korps nicht zu einer Entspannung geführt.
Jeder größere Angriff der Alliierten konnte zum Durchbruch im Höhengelände oberhalb des
Liri-Tales führen. Wegen der geringen Tiefe des behaupteten Raumes war nur ein starres Festhalten an der letzten Höhenlinie möglich. Das Korps verfügte vorübergehend über keine Reserven mehr. Wie sehr die eigenen Kräfte abgekämpft waren, zeigt das Beispiel des III./FschJg Rgt
3: Bei seinem Eintreffen am 3. Februar hatte es bereits nur eine Stärke von fünf Offizieren, 52
Unteroffizieren und 184 Mann gehabt, insgesamt 241 Soldaten. Am 10. Februar war seine Stärke
auf vier Offiziere, 28 Unteroffiziere und 82 Mann abgesunken, also nur noch 114 Soldaten.[136]

Die Aufhebung der Sperrzone um das Kloster am 5. Januar und die steigende Intensität der
Kämpfe auf den Höhen rings um das Kloster hatten die zurückgebliebenen Mönche mit zuneh-
mender Resignation hingenommen. Je näher die Kampfhandlungen dem Klosterberg kamen,
desto mehr nahmen die Schäden auch durch unbeabsichtigten Beschuss zu. Vereinzelt waren
Flüchtlinge in den Klosterhöfen getötet oder verletzt worden, die berühmten Fresken von Luca
Giordano sowie die Bronzetür zur Basilika, auf der Episoden aus der Geschichte des Klosters dargestellt waren, waren bereits durch Fehlschüsse beschädigt worden. Die Mönche lebten
nach der benediktinischen Tagesregel, wobei der Anteil „labora" nur noch bei der Versorgung
von Flüchtlingen oder Verletzten oder bei der Betreuung des verbliebenen Viehbestandes zum
Tragen kam. Durch die Kampfhandlungen war das Kloster immer mehr von der Außenwelt
abgeschnitten, vereinzelt hatten deutsche Soldaten Botschaften an Pater Leccisotti in Rom überbracht. Bis Anfang Februar waren aber keine Reaktionen durch den Vatikan erfolgt.

Mit Hilfe der Deutschen war im Herbst das Klostergelände bereits mehrfach von Flüchtlingen geräumt worden. Die Mönche besaßen nicht die Kapazitäten für eine angemessene Versorgung, sanitäre Anlagen fehlten. Am 5. Februar, während eines heftigen Artillerieduells, bat eine
Gruppe verzweifelter Frauen um Einlass. Als das Tor geöffnet wurde, ergoss sich eine Flut von
über 800 Menschen, überwiegend Frauen und Kinder, in die Klostergänge, die Höfe und die unteren Gewölbe. Sehr schnell breiteten sich unhaltbare Zustände in Bezug auf die Versorgung mit
Wasser und mit Lebensmitteln sowie auf die hygienischen Verhältnisse aus.[137] Am 14. Februar
gegen Mittag verschoss eine US-Feldartilleriebatterie 25 Granaten, die mit Flugblättern gefüllt
waren, über dem Kampfgelände um das Kloster. Zwei junge Männer sammelten einige dieser
Flugblätter und brachten sie den Mönchen. Die Flugblätter waren in englischer und italienischer

7. Die 1. Cassino-Schlacht

Sprache abgefasst. Während einerseits angedroht wurde, die Zeit sei schließlich gekommen, dass nun die Waffen auch gegen die Abtei gerichtet würden, forderte der Text den Leser auf, die Abtei zur eigenen Sicherheit zu verlassen.[138] Unter den Mönchen und auch unter den Flüchtlingen, vor denen der Vorgang nicht verborgen werden konnte, erhob sich eine Diskussion über die Frage, was nun zu tun sei. Eine Anzahl von Flüchtlingen verließ das Kloster. Die Masse wusste jedoch nicht, wohin sie gehen sollten. Auch unter den Mönchen wurden verschiedene Pläne erwogen, aber keine Entscheidung gefasst. Man konnte das Kloster ja nur in Abstimmung mit den Deutschen verlassen. Mehrere Versuche, mit den deutschen Truppen Verbindung aufzunehmen, scheiterten. Schließlich sicherten zwei deutsche Soldaten zu, ein Offizier würde mit den Mönchen am folgenden Morgen Verbindung aufnehmen. Don Matronola hatte den Flüchtlingen im Auftrage des Abtes empfohlen, jeder möge für seine eigene Sicherheit selbst sorgen.

Um 05.00 Uhr am Morgen des 15. Februar verhandelte Leutnant Daiber, der Führer von zwei Sturmgeschützen der 90. PzGren Div, mit Don Matronola über die Evakuierung der Mönchsgemeinschaft. Daiber hatte sich vorher mit Major Schmidt, dem Kommandeur des FschMG Btl 1 abgestimmt. Er ließ den Mönchen im Prinzip freie Hand, empfahl aber, in der folgenden Nacht bei Dunkelheit, das Kloster zu verlassen, um auf einem Maultierpfad das Liri-Tal zu erreichen. Dieser Pfad würde für die Mönche zwischen Mitternacht 15./16. Februar und 05.00 Uhr morgens offen gehalten. Die Bitte, durch die deutschen Linien auf die Seite der Alliierten hinüberwechseln zu dürfen, wurde abgeschlagen, denn damit wären deutsche Stellungen und Sperren durch den Feind erkannt worden. Auch die Flüchtlinge, so regte Daiber an, könnten den genannten Maultierpfad benutzen. Wegen des andauernden Artilleriefeuers wären große Ausfälle zu erwarten. Beim Verlassen der Abtei bat Daiber darum, einen Blick in die Kirche werfen zu dürfen. Da das Kirchenschiff noch im Dunkeln lag, leuchtete Daiber die Gewölbe kurz mit seiner Taschenlampe aus. Er war der letzte Mensch, der die Basilika zumindest flüchtig in ihrer ursprünglichen Form und in ihrem ursprünglichen Glanz gesehen hat.[139]

Die 4. (IND) Inf Div hatte ihren Operationsbefehl am 11. Februar herausgegeben (Lagekarte 19). Danach sollte die 7. (IND) Brig unter Brigadegeneral Lovett in der Nacht 12./13. Februar Kräfte der 34./36. (US) Inf Div im Höhengelände ablösen und ab dem 13. Februar über die Höhe 593 die Höhenlinie Höhe 569 – Pkt 444 – Klosterberg nehmen. Nach Ablösung durch die 5. (IND) Brig (Brigadegeneral Bateman) sollte dann die 7. Brig nach Südosten auf die Via Casilina vorstoßen, sozusagen als zweite Zange einer Umfassungsbewegung um die Stadt Cassino, der 2. (NZ) Div entgegen. Diese beabsichtigte – auf Befehl des Korps – über den zerstörten Eisenbahndamm mit der 5. (NZ) Brig in Richtung Bahnhof von Cassino anzugreifen, das Bahnhofsgelände zu nehmen und dann eine Sicherung gegenüber dem Stadtgebiet von Cassino aufzubauen. Der 5. (NZ) Brig sollten Teile des 19. (NZ) Pz Rgt folgen. Wenn diese Phase erfolgreich abgeschlossen war, dann sollte die Masse der 2. (NZ) Div zusammen mit dem US-CC B in das Liri-Tal einbrechen und den Vorstoß in Richtung Rom beginnen. Das Vorgehen des 19. Pz Rgt hatte aber als Voraussetzung, dass der zerstörte Eisenbahndamm durch Pioniere hergerichtet worden war, die Deutschen hatten ihn auf einem Kilometer Länge mit insgesamt 12 Trichtersprengungen zerstört. Darüber hinaus mussten die Pioniere drei Bailey-Brücken schlagen: Über den Torrente Saetta, den Rapido und über den Gari.

Während einer Kommandeurbesprechung am 13. Februar – die Verschiebung der Bombardierung hatte zeitlich etwas Luft geschaffen – wurde durch Brigadegeneral Dimoline entschieden, den Operationsplan der 4. Div noch zu ändern: Wenn die 7. Brig ihre Angriffsziele genommen hatte, sollte sie nun nicht durch die 5. Brig abgelöst werden, letztere sollte vielmehr über die 7. Brig hinweg den Angriff in das Liri-Tal führen. Die 11. Brig hatte aus jedem Bataillon je zwei Kompanien für den Trägerdienst zur Unterstützung der 7. und 5. Brig zu stellen. Der Versammlungsraum der 4. Div lag bei Cervaro. Bei S. Michele, etwa vier Kilometer ostwärts Mt Villa waren die Nachschublager eingerichtet, von hier aus waren Transporte mit Fahrzeugen nicht mehr möglich, Tragtierkolonnen und Truppenteile konnten wegen der Feindeinsicht nur bei Nacht marschieren. Von S. Michele bis zu den vordersten Stellungen betrug die Marschstrecke über 11 Kilometer. Am Abend und in der Nacht zum 13. Februar, als Freyberg den Luftschlag gegen das Kloster gefordert hatte, lagen im Raum Caira der Brigadestab der 7. Brig sowie das I./Royal Sussex und das I./ Gurkha Schtz Rgt 2. Die 5. Brig kam in dieser Nacht im Raum S. Michele an. Die Teile der 7. Brig waren während des Tages zur Stabilisierung der Lage angesichts des deutschen Angriffs auf den Mt Castellone zurückgehalten worden. Ihren Vormarsch in das Höhengelände konnten sie nun erst am Abend des 13. Februar fortsetzen, die Ablösung der Amerikaner und die Bereitstellung zum Angriff war voraussichtlich bei Tageslicht am 14. Februar nicht möglich.

General Freyberg hatte selbst beantragt, den für den 13. Februar vorgesehenen Luftangriff zu verschieben. Am 14. Februar konnte die Bombardierung aus Witterungsgründen nicht erfolgen. Nun erfuhr Freyberg bei einem Besuch auf dem Gefechtsstand der 5. Armee, dass die Lage bei Anzio besorgniserregend war und der Angriff der strategischen Bomber – auch wegen des Wetters – allenfalls noch am 15. Februar vormittags, danach aber voraussichtlich erst nach erheblichen zeitlichen Verschiebungen, möglich sein würde. Um 05.00 Uhr morgens am 14. Februar erreichte das I./Royal Sussex die Stellungen der Amerikaner auf dem „Schlangenkopf". Die Ablösung konnte frühestens mit Einbruch der Dunkelheit am Abend abgeschlossen werden. Das britische Bataillon löste insgesamt vier US-Bataillone ab: Das I. und II./135 sowie das II./ und III./141. Die Tatsache, dass britische Kompanien Abschnitte von US-Bataillonen übernahmen zeigt, wie dezimiert die US-Bataillone waren. Sehr schnell wurden zwei besonders nachteilige Umstände deutlich. Entgegen des Lagebildes „weiter oben" war die Höhe 593 nicht von den Amerikanern, sondern von den Deutschen besetzt. Zum anderen stellte sich heraus, dass mindestens 200 Amerikaner wegen ihres körperlichen Zustandes nicht in der Lage waren, den Abstieg ins Tal alleine zu bewältigen, 50 Soldaten mussten sogar auf Tragen ins Tal geschafft werden. Allein dazu waren 200 Mann als Träger erforderlich. Aber man konnte die Amerikaner nicht ihrem Schicksal überlassen. Nach Beratung der Kommandeure wurde folgendes beschlossen: Abtransport der Amerikaner ab Einbruch der Dunkelheit am 14. Februar, Wegnahme der Höhe 593 als zwingende Voraussetzung für das Gelingen des Angriffs der 7. Brig in der Nacht 15./16. Februar, allgemeiner Angriff der 7. Brig in der Nacht 16./17. Februar. Freyberg stimmte dem zu. Als er dann am 14. Februar im Laufe des Tages erfahren hatte, dass der Luftangriff nur am 15. Februar stattfinden konnte oder auf absehbare Zeit gar nicht, versuchte Freyberg, Dimoline umzustimmen und den Angriff der 7. Brig vorzuziehen. Dimoline, der wusste, dass die 5. Brig erst im Laufe der Nacht zum 16. Februar vorgeführt werden konnte, blieb bei seiner Auffassung.

7. Die 1. Cassino-Schlacht

In der alliierten Befehlskette war Freyberg der einzige General, der wusste, dass nun alle Voraussetzungen, welche die Zerstörung des Klosters angeblich unvermeidbar gemacht hatten, entfallen waren: Die Zerstörung der Abtei war unter dem Druck Tukers für Freyberg zur Obsession geworden. Sie war nun reiner Selbstzweck. Die 7. Brig übernahm bis zum 15. Februar, 06.00 Uhr, die Befehlsführung auf dem „Schlangenkopf". Inzwischen hatte das IV./Punjab Schtz Rgt 16 links neben dem I./Royal Sussex Stellung bezogen, das I./Gurkha Schtz 2 lag einige hundert Meter weiter rückwärts.[140]

Am 15. Februar, gegen 09.15 Uhr, überflog das Spitzenflugzeug der 2. Bomber-Gruppe, eine B-17 „Fliegende Festung" mit der Geschwader-Nummer 666, den letzten Kontrollpunkt vor dem Angriffsziel, der Klosteranlage, eine besonders auffallende Straßenkreuzung bei Vairano (westlich des Volturno). Pilot der Maschine war Major Evans, sein Bombenschütze Oberleutnant Harbin. Beide galten als besonders erfahrene Besatzung und waren deshalb ausgewählt worden, den Einsatz der 2. Bomber-Gruppe zu führen. Würde Harbin das Ziel verfehlen, dann würden dies auch für die nachfolgenden 35 Maschinen der 2. Bomber-Gruppe zutreffen. Der 2. Bomber-Gruppe folgten die 99., 301. und 97. Bomber-Gruppe. Von ursprünglich geplanten 144 B-17-Bombern waren zwei Maschinen wegen technischer Probleme nicht gestartet. Die Luftherrschaft der Alliierten war so eindeutig, dass die Bomber ohne Jagdschutz fliegen konnten.[141]

Für die Besatzungen war der Angriff gegen das Kloster ein Angriff wie jeder andere. Eine Besonderheit stellte lediglich der Angriff strategischer Bomber gegen ein Punktziel dar, darüber hinaus waren die Piloten eingewiesen worden, dass die eigene Truppe ziemlich nahe am Zielpunkt liegen würde. Mögliche Skrupel wegen der religiösen Bedeutung der Abtei waren durch die Formulierungen des im Anhang aufgeführten Feind-Annexes unterdrückt worden. Um 09.28 Uhr löste Harbin seine Bomben aus. Im Zeitraum von 09.28 bis 10.05 Uhr wurden durch die „Fliegenden Festungen" in vier Wellen 257 t Sprengbomben und 59 t Brandbomben über dem Kloster und dem Klosterberg abgeworfen. Die Bombenwürfe lagen überraschend genau im Ziel. Insgesamt kamen 135 Bomber zum Wurf, eine Maschine brach den Anflug ab, sechs weitere kehrten mit ihren Bombenladungen zum Einsatzstützpunkt bei Foggia zurück. Zwischen den einzelnen Wellen wurde die Klosteranlage durch die schwere Artillerie der Amerikaner beschossen. Zum Einsatz kamen die Haubitze 24 cm und 20,3 cm, die Kanone 15,5 cm („Long Tom") und die Kanone 12 cm. Um eine entsprechende Wirkung gegenüber dem starken Mauerwerk zu erzielen, schossen die Geschütze im direkten Richten. So wurden beispielsweise bei einer Feuerzusammenfassung um 10.30 Uhr 266 Granaten dieser Kaliber auf das Kloster verschossen.

Im Zeitraum zwischen 10.35 Uhr und 13.30 Uhr wurden die Klosteranlagen in mehreren Wellen durch 87 zweimotorige Bomber der Typen B 26 „Marauder" und B 25 „Mitchell" angegriffen. Von den B 26 kamen 40 Maschinen zum Einsatz, von den ursprünglich geplanten 70 Maschinen B 25 brachen 23 Maschinen aus „ungeklärten Gründen" den Einsatz ab, so dass nur 47 Flugzeuge das Ziel angriffen. Für technische Fehler erscheint die Zahl von 23 abgebrochenen Einsätzen sehr hoch. Ob hier einige Besatzungen ihre moralischen Vorbehalte mit der Vorgabe eines „technischen Problems" verdeckt haben? Die mittleren Bomber warfen nochmals fast 283 t Sprengbomben über der Abtei ab. Von ursprünglich geplanten 254 Flugzeugen warfen also 222 Flugzeuge ihre Bombenladungen über dem Kloster ab, eine Bombenlast von fast 600 t.[142]

Durch Gerüchte und Informationen unter der Hand war in den Tagen vor dem Angriff nicht verborgen geblieben, was sich gegen die Abtei vorbereitete. Niemand wollte sich das Schauspiel entgehen lassen. Die alliierte Generalität hatte sich auf einem Hügel bei Cervaro versammelt. General Clark war, um seine ablehnende Haltung deutlich zu machen, auf dem Gefechtsstand der 5. Armee verblieben. Eine größere Zahl alliierter Dienststellen hatte „Betriebsausflüge" in den Raum Cassino organisiert, man hielt Picknicks auf den umliegenden Höhen ab, als die Bomber den Klosterberg anflogen. Die Reaktionen waren jedoch unterschiedlich: Während einerseits der Einschlag der Bomben von Zuschauern und Truppenteilen laut bejubelt wurde, reagierten die Truppen der 34. (US) Inf Div mit Ablehnung und Bitterkeit. Warum hatte man ihrem Angriff eine solche Unterstützung versagt? Unter der jubelnden Zuschauern war Martha Gellhorn, die damalige Frau Ernest Hemingways, die als Kriegskorrespondentin an der italienischen Front eingesetzt war: „Ich beobachtete (die Bombardierung), ich saß auf einem Steinwall oder der steinernen Mauer einer Brücke und sah, wie die Flugzeuge anflogen und ihre Bomben abwarfen und sah, wie sich das Kloster in eine Rauchwolke verwandelte und hörte die donnernden Einschläge. Ich war absolut erfreut und jubelte wie all' die anderen Narren."[143]

General Juin war mit gemischten Gefühlen zusammen mit den anderen Generalen auf dem Feldherrnhügel bei Cervaro gestanden. Nach einem Besuch der Trümmer der Abtei im Frühjahr 1947 schrieb er in der Rückschau über das Ereignis: „Ich empfand es wie ein Gewissensbiss, in die Angriffe, sei es auch nur von ferne, verwickelt gewesen zu sein, die diese Zerstörung verursachten und mich dabei ohne Mitgefühl gezeigt zu haben. Ich beeilte mich, diesen Ort der Zerstörung zu verlassen und meinen Blick auf etwas Beständigem und Lebendem ruhen zu lassen."[144] Der 19-jährige Obergefreite Oskar Kaifel beobachtete aus den Stellungen der PzJg Abt 33 im Liri-Tal den Anflug der Bomberwellen. Für ihn waren die silbrig glänzenden Riesenvögel, die Präzision und die Flugordnung der mehr als 200 Maschinen ein Ausdruck kalter, perfekter und imposanter technischer Macht und Gewalt. Obwohl einige Flak-Geschütze das Feuer eröffneten – insgesamt waren im Großraum Cassino vier deutsche Flak-Abteilungen eingesetzt – konnte der Angriff ungestört durchgeführt werden. Bald war der Mt Cassino von dunklen Rauchwolken verhüllt, aus denen fahlgelb die einzelnen Einschläge aufleuchteten. Kaifel sah, wie riesige Trümmer des Mauerwerks in die Luft geschleudert wurden und dann den Hang herabrollten. Trauer überkam die Soldaten, als nach dem Angriff die zerrissene Silhouette des vorher so würdevollen und glänzenden Bauwerks sichtbar wurde. Monsignore Völk kann noch heute seine Bewegung nicht unterdrücken, wenn er sich an den ersten Anblick der zerstörten Abtei, eines der bedeutendsten Symbole des Christentums erinnert – Wut, Enttäuschung und eine unendliche Traurigkeit über diesen Akt des Vandalismus drückten den jungen Oberleutnant, der als Kompanieführer im FschJg Rgt 4 wenige Tage nach der Bombardierung im Raum Cassino ankam, seelisch nieder. Der mit einem unglaublichen Vernichtungswillen und -potential durchgeführte Zerstörungsakt war einer der Gründe dafür, dass Völk nach dem Kriege Priester wurde.

Tony Pittaccio, ein 16 Jahre alter Bursche aus Cassino, beschreibt die Gefühle der Bevölkerung über die Zerstörung der Abtei: „Es mag sein, dass die Militärs das Gefühl hatten, feindliche, spähende Blicke würden vom Mt Cassino auf sie herabsehen, aber wir fühlten, dass eine wohlmeinende Macht uns von oben betrachtete. Das Kloster war für uns die Gewissheit, das

Landung auf „X" - Beach bei Anzio 21.01.1944

IWM NA 11035

Sherman-Panzer beim Verlassen eines Landungsschiffes

IWM NA 12136

Fischereihafen von Anzio. Entladung Landungsschiffe

Flak Vorhang bei Anzio zur Abwehr deutscher Luftangriffe

„Anzio Annie" Eisenbahngeschütz 28 cm

Der 17jährige Sturmmann Härle als
Wehrpflichtiger zur 16. SS-PzGren Div eingezogen.
Einsatz am Mussolini-Kanal

Deutsche Gefangene Anfang Februar 1944 am Mussolini-Kanal

Beobachtung aus dem Hotel „Continental" in Cassino

Hauptmann Foltin, Kdr des II. FschJg Rgt 3., Verteidiger der Stadt Cassino

„Gefechtsstand" des II./FschJg Rgt 3 nach der Kommandoübernahme von Hauptmann Rennecke. Rechts das Rohr des einzigen einsatzbereiten Sturmgeschützes

Rettung der Schätze der Abtei im Oktober 1943. Abt Diamare und Oberstleutnant Schlegel. Im Hintergrund Don Matronola

Deutsche Soldaten bei der Verladung von Archivgut

Gefreiter Quien, Sanitäter im Kloster. Mit anderen zusammen pflegte er den Fra Pelagalli bis zu dessen Tode

Abt Diamare auf dem Gefechtsstand des XIV. Pz Korps, rechts General v. Senger. Links der Ia, Major i.G. Oster; Sohn des Widerständlers Generalmajor Ostler

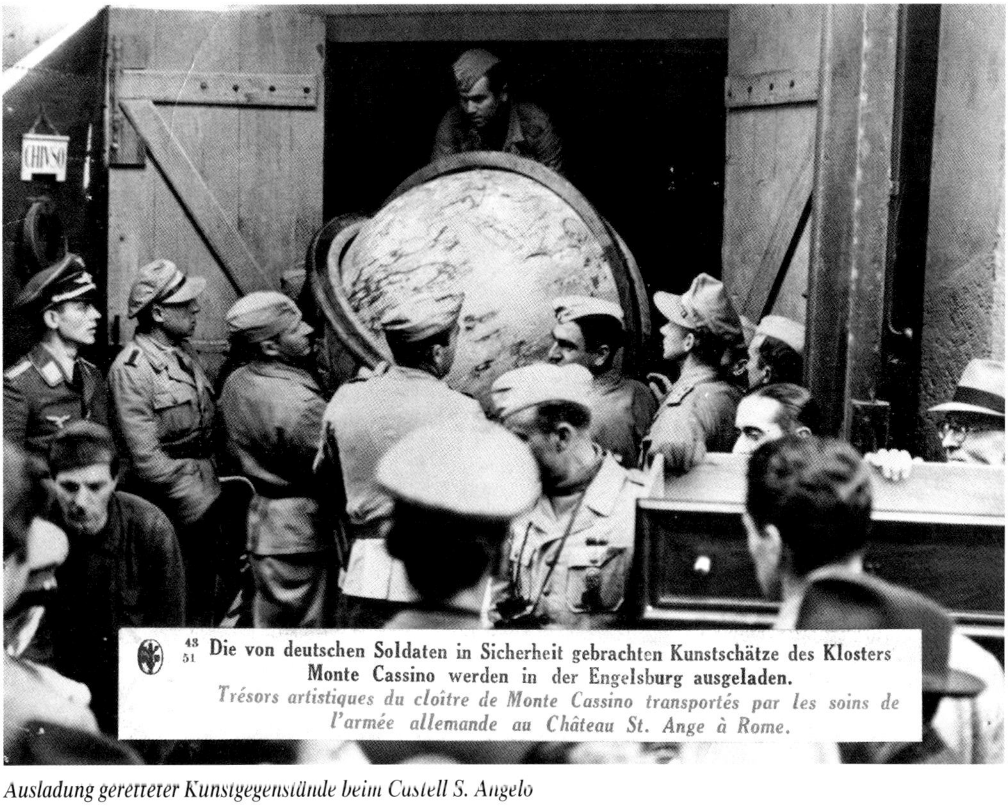

48
51 Die von deutschen Soldaten in Sicherheit gebrachten Kunstschätze des Klosters Monte Cassino werden in der Engelsburg ausgeladen.
Trésors artistiques du cloître de Monte Cassino transportés par les soins de l'armée allemande au Château St. Ange à Rome.

Ausladung geretteter Kunstgegenstände beim Castell S. Angelo

Bombenabwurf durch Fliegende Festungen

*Mittlerer Bomber beim Bombenwurf über Cisterna.
Von links in die Bildmitte führend die Via Appia*

*Bombeneinschläge beim
Luftangriff auf Cassino
15.03.1944*

*Spätere Phase des
Luftangriffs*

Bombardierung des Klosters am 15.02.1944, Blick aus dem Rapido-Tal, oberhalb des Tales der Rocca Janula

Britische Stabsoffiziere bei der Beobachtung der Bombardierung von Cassino am 15.03.1944

Blick über das Ruinenfeld von Cassino zum Klosterberg. Links die Ruine der Kirche S. Andrea

Einweisung der Fallschirmjäger in die neue Stellung

Deutsches Sturmgeschütz in Cassino

Versorgungskolonne

Gute würde über das Böse triumphieren und das Versprechen, es würde immer dort oben stehen, bedeutete, das Leben würde vorangehen. Wir sprachen unsere täglichen Gebete mit den Augen auf das Kloster gerichtet. Es war eine Quelle großen Trostes. Als (das Kloster) bombardiert wurde, konnten wir einfach nicht glauben, was wir sahen. Ein Teil von uns allen, und besonders von mir und meiner Familie, war – wegen allem, was es für uns bedeutet hatte – gestorben. Nichts schien länger geheiligt zu sein, und die Welt war zu einem wahrhaft dunklen Ort geworden.“[145]

In einem der unteren Gewölbe, in dem sie einen sicheren Unterschlupf gefunden hatten, waren die Mönche unter der Leitung des Abtes versammelt, um eine Andacht entsprechend des benediktinischen Tagesablaufs zu beten, als die ersten Bomben in der Klosteranlage einschlugen. Bald waren die Aufschläge nicht mehr zu unterscheiden, die Explosionen zerrissen die Luft, die Räume füllten sich mit Staub und Rauch. Mönche und Flüchtlinge waren gepackt von Furcht und Schrecken. Jeder suchte Schutz, so gut er konnte. Das Kloster, der ganze Berg schwankten unter den Detonationen. Zwischen den einzelnen Wellen flohen Flüchtlinge aus dem Kloster, ob sie von Artilleriegeschossen oder von den folgenden Bomben getroffen wurden, kann niemand mehr sagen. Während einer kurzen Pause verschaffte sich Abt Diamare, gestützt auf Don Matronola, einen Überblick: Die Höfe waren mit Schutt bedeckt, die Dächer der Gebäude zusammen gefallen, tiefe Trichter hatten die Steinböden aufgerissen, die Leichen getöteter Flüchtlinge lagen umher, eine große Anzahl war verschüttet und man wusste nicht, ob sie noch lebten. Dazwischen schlugen Artilleriegeschosse ein. Dann begann wieder die Bombardierung, sie dauerte bis nach 01.00 Uhr, danach war lähmende Stille. Dichte Staubwolken lagen über der Anlage, Rauch verdunkelte das Tageslicht. Die Säulengänge waren zerstört, riesige Trümmer türmten sich, die Höfe waren teilweise meterhoch mit Schutt bedeckt. Säulenstümpfe und schwarz verbrannte Reste der Palmen im Eingangshof ragten in die Luft, Statuen waren umgestürzt oder im Schutt begraben. Die Basilika war ohne Dach, Treppenaufgänge und Gewölbe waren geborsten. Die Fresken waren zum großen Teil zerstört, ebenso wie das berühmte Chorgestühl. Dort, wo die Zugänge zu den unteren Stockwerken nicht verschüttet waren, konnte man feststellen, dass die Gewölbe gehalten hatten. Auch die starken Außenmauern standen noch. Die Krypta war kaum beschädigt, ebenso wie die Zelle Benedikts in der Toretta, in der er angeblich seine Regeln niedergeschrieben hatte. Flüchtlinge flohen in dichten Scharen aus den Klostergebäuden, eine große Anzahl war unter den Trümmern begraben, nach dem Krieg würde man sich auf die Zahl von mindestens 250 getöteten Personen einigen.[146]

Der Angriff des NZ-Korps (Lagekarte 19)

Ebenso wie die deutschen Truppen und die Mönche im Kloster waren die Soldaten der 7. (IND) Brig vom Anflug der Bomber überrascht. Niemand hatte sie über das Verschieben des Angriffstermins informiert. Sie hatten deswegen auch nicht den Gefahrenbereich geräumt und so stimmt es nicht – wie in der Literatur behauptet wird –, dass die geräumten Stellungen von den Deutschen besetzt worden wären. Einzelne Würfe der Bomben lagen so weit vom Ziel, dass die eigenen Soldaten durch die Splitterwirkung einschlagender Bomben verletzt wurden, so beispielsweise eine größere Anzahl beim Punjab-Bataillon. Ab dem 14. Februar hatten die Soldaten des I./Royal Sussex die unteren Hänge der Höhe 593 besetzt, weniger als hundert Meter von den vordersten deutschen Stellungen des I./FschJg Rgt 1 und der 2./361 entfernt. Es war Aufgabe des I./Royal Sussex, in der Nacht 15./16. Februar die Höhe 593 zu nehmen.

Bedenkt man die Erwartungen, die mit der Bombardierung verbunden gewesen waren, die Auseinandersetzungen über „für und wider" und die daraus entstandenen persönlichen Verletzungen der betroffenen Akteure, berücksichtigt man die politischen sowie moralisch-psychologischen Auswirkungen, welche die „alliierte Sache" vor der Weltöffentlichkeit starken Zweifeln aussetzte und zieht man den Aufwand beim Einsatz der Luftstreitkräfte in die Bewertung mit ein, dann steht der Kräfteansatz des NZ-Korps und der Wille zum Erfolg dazu im krassen Gegensatz. Aus beiden Divisionen des NZ-Korps kamen nur einige Bataillone zum Einsatz, ihnen standen auf deutscher Seite die auf Kompaniestärke abgesunkenen Bataillone von Oberst Schulz sowie im Stadtgebiet von Cassino des Gren Rgt 211 gegenüber.[147] Es ist nicht Aufgabe dieses Buches, den Einsatz von Bataillonen oder Kompanien im Detail zu beschreiben, selbst wenn die nun ablaufenden Kämpfe auf alliierter Seite als „2. Cassino-Schlacht" bezeichnet werden – und es ist sicher so, dass eine knappe Schilderung nur unvollkommen der Tapferkeit, dem Einsatzwillen und der Opferbereitschaft der Kämpfer auf beiden Seiten gerecht wird.

Die deutschen Stellungen um die Höhe 593 waren gegenüber den britischen überhöht, letztere waren beinahe einsehbar. Oberstleutnant Glennie, der Kommandeur des I./Royal Sussex, hatte schon bei der Ablösung feststellen müssen, dass bei Tage Bewegungen außerhalb der einzelnen Stellungen nicht möglich waren. Angriffsvorbereitungen, wie beispielsweise der Ansatz von Aufklärung, mussten daher unterbleiben. Auf Grund der Geländebeschaffenheit glaubte Glennie, nur eine Kompanie zur Wegnahme der Höhe 593 ansetzen zu können. So erhoben sich in der Nacht 15./16. Februar ab 22.00 Uhr die Männer der C-Kompanie unter Major Dalton aus ihren Stellungen, um zu versuchen, möglichst „lautlos" an die deutschen Stellungen heranzukommen – drei Offiziere und 63 Mann als Spitze des NZ-Korps, zu dessen Unterstützung fast zwölf Stunden zuvor ein Luftangriff mit strategischen Bombern geführt worden war! Nachdem sie etwa 50 bis 70 Meter vorangekommen waren, eröffneten die Deutschen ein verheerendes Kreuzfeuer mit Maschinengewehren. Wegen eines metertiefen Einschnittes, der vorher nicht erkannt worden war, blieb die Kompanie liegen, ein Verschieben zur Seite scheiterte. Es entwickelte sich ein stehendes Gefecht, das neben Handwaffen vor allen mit Handgranaten geführt wurde. Vor dem Hellwerden musste die C-Kompanie zurückgenommen werden. Ihre Verluste betrugen 34 Mann.

Die Notwendigkeit, die Höhe 593 vor dem Angriff auf den Klosterberg zu nehmen, war aber geblieben. Ein neuer Angriff war erst in der Nacht 16./17. Februar möglich. Brigadegeneral Lovett, seinerseits bedrängt durch Dimoline und Freyberg, befahl Glennie nun mit dem gesamten Bataillon anzugreifen. Eine links um die Höhe 593 angesetzte Kompanie stürmte, nachdem einige Stellungen des FschMG Btl 1 ausgeschaltet worden waren, kurz nach Mitternacht auf die Höhe. Eine weitere Kompanie folgte, hatte aber Schwierigkeiten, den beschriebenen Einschnitt zu überwinden. Zusätzlich zum Feuer des III./FschJg Rgt 3 unter Major Kratzert vom Cle S. Angelo schlugen Kurzschüsse der eigenen Artillerie in die vorgehenden Kompanien ein. Im Felsgelände der Höhe 593 wurde erbittert mit Handgranaten gekämpft. Auch das Nachziehen der letzten einsatzfähigen Kompanie (die dezimierte C-Kompanie war als Reserve zurückgehalten worden) führte nicht zum Erfolg: Zufällig schossen die Deutschen grüne Leuchtsignale ab – dies war von den Briten als Zeichen zum Rückzug festgelegt gewesen. Glennie nahm die Kompanien auf die Ausgangsstellung zurück. Das angreifende Bataillon in der Stärke von zwölf Offizieren und 250 Mann hatte zehn Offiziere und 130 Mann als Gefallene, Verwundete und Gefangene verloren. Zusammen mit den Ausfällen der C-Kompanie aus der Nacht zuvor betrugen die Verluste nach etwa zehn Stunden Kampf zwölf Offiziere und 162 Mann, über 50 Prozent der Einsatzstärke.

Mittlerweile war Freyberg in eine unhaltbare Lage geraten: Fast zwei Tage nach dem Luftangriff, angeblich unverzichtbar für das Gelingen des Angriffs des Korps, war nichts geschehen, außer einigen Vorstößen in „penny packets", wie Clark es ausdrückte. Freyberg befahl Kippenberger und Dimoline in der Nacht 17./18. Februar mit beiden Divisionen gleichzeitig die dt. 90. PzGren Div anzugreifen und zwar im Höhengelände oberhalb von Cassino ohne Rücksicht darauf, ob die Höhe 593 genommen war oder nicht.

Trotz der Schwerpunktbildung der alliierten Luftwaffeneinsätze gegen den deutschen Angriff bei Anzio waren am 16. Februar 50 Jagdbomber-Einsätze mit dem Abwurf von 18 t Bomben gegen die Ruinen der Abtei und am 17. Februar nochmals 51 Einsätze mit dem Abwurf von 20 t Bomben geflogen worden. Die Abtei war jedoch leer, erst am 23. Februar wurde sie durch das FschJg Rgt 3 besetzt.

Inzwischen waren zwei Bataillone der 5. (IND) Brig im Höhengelände eingetroffen, das IV./ Rajputana Schtz Rgt 6 und das I./Gurkha Schtz Rgt 9. Beide wurden der 7. (IND) Brig unterstellt. Der Operationsplan der 7. Brig sah vor: Um Mitternacht 17./18. Februar sollte das IV./Rajputana 6 über das I./Royal Sussex antretend die Höhe 593 nehmen und danach auf den Sattel (Pkt 444) zwischen Kloster und Höhe 593 angreifen. Zwei Stunden später hatte das I./Gurkha 9 über Pkt 450 in Richtung Pkt 444 anzugreifen. Gleichzeitig, also auch um 02.00 Uhr, sollte das I./Gurkha 2 über Pkt 445 die Ruinen der Abtei angreifen und nehmen. Waren alle Angriffsziele genommen, dann sollten die beiden Gurkha-Bataillone über die Hänge des Klosterberges zur Straße Nr. 6 herunter stoßen. Die Breite der drei Bataillone im Angriff betrug knapp 1,5 Kilometer. Der Angriff wurde durch fast 400 Rohre der Divisionsartillerie sowie der Korpsartillerie des NZ-Korps und des II. (US) Korps unterstützt. Wegen der engen Verzahnung mit dem Gegner konnte die Artillerieunterstützung aber nur mittelbar sein: Gegen die umliegenden Höhen und zur Niederhaltung der deutschen Artillerie, insbesondere des Werfer Rgt 71, dessen Raketenbeschuss bei den alliierten Soldaten besonders gefürchtet war.

Das Ergebnis des Angriffs der 4. (IND) Inf Div kann in nüchterner Kürze festgehalten werden: In weniger als einer Stunde lag das IV./ Rajputana 6 an den Hängen der Höhe 593 fest, die von den Bataillonen der Kampfgruppe Schulz mit Feuer überschüttet wurden. Nur vereinzelten Schützengruppen gelang es, auf die Höhe 593 vorzudringen, dort wurden sie durch Gegenstöße vernichtet. Innerhalb weniger Stunden erlitt das Bataillon 196 Mann Verluste, „es war danach nie wieder dasselbe", wie britische Historiker schreiben.

Mit dem Misserfolg der Rajputanas war die rechte Flanke des I./Gurkha 9 offen. Genügend Verteidiger der Höhe 593 waren nicht durch die Rajputanas gebunden, dazu kam das frontale Feuer des II./FschJg Rgt 1. Nach einem unbedeutenden Geländegewinn blieben die beiden Spitzenkompanien der Gurkhas liegen. Die beiden anderen Kompanien waren nicht einmal in der Lage gewesen, die Ausgangsstellung zu verlassen. Auch die linke Flanke des Bataillons blieb ungedeckt, da das I./ Gurkha 2 nicht vorankam. Das I./Gurkha 9 erhielt die „leichtesten" Verluste der angreifenden Bataillone, 94 Mann.

In der unübersichtlichen Lage – man wusste nicht, wie es den rechten Nachbarn ergangen war, die deutsche Artillerie hatte ihr Feuer auf das Angriffsgelände gerichtet – trat um 02.00 Uhr das I./Gurkha 2 gegen das lang erstrebte Angriffsziel, die Abtei, an. Nach weniger als hundert Metern lief sich der Angriff an einem Hindernis fest, das zwar erkannt, wegen der unzureichenden Aufklärung aber unterschätzt worden war: Ein unüberwindliches Dornendickicht, dicht mit Leuchtkörpern, Schützenminen und versteckten Ladungen verwoben. Innerhalb von 15 Minuten waren zwei Kompanien in dieser Todesfalle gefangen, die meisten Männer ausgefallen. Zwar gelang es, den nachfolgenden Kompanien, an diesem Hindernis vorbei zu stoßen, sie wurden jedoch durch frontales Feuer zu Boden gezwungen. Bei Hellwerden musste das Bataillon in die Ausgangsstellung zurückgenommen werden. Innerhalb von zwei Stunden hatte das I./Gurkha 2 nicht weniger als zwölf Offiziere und 138 Mann verloren. Dabei war nicht ein Meter Raum war gewonnen worden. Am Morgen des 18. Februar, nach Klärung der unübersichtlichen Lage, wurde deutlich, dass der Angriff der 4. (IND) Div gescheitert war.

Am 17. Februar, ab 07.30 Uhr, als es langsam hell geworden war, verließ die kleine Gruppe der Mönche dazu eine Anzahl Zivilisten, alles in allem etwa 40 Personen, das Kloster. Auf einem schmalen Pfad bewegten sie sich hinunter in das Liri-Tal, an der Spitze der achtzigjährige Abt Gregorio Diamare, der ein Kreuz wie bei einer Prozession trug. An besonders steilen Stellen musste er durch Don Matronola gestützt werden. Auf zwei behelfsmäßigen Tragen wurden eine kranke Frau sowie eine Frau, deren Füße abgerissen worden waren, mitgeführt. Zu der schwer getroffenen Entscheidung, das Leben in der Abtei aufzugeben, hatten die Jagdbomber-Angriffe am Vortage sowie die Überzeugung beigetragen, in der Ruine das klösterliche Leben nicht fortsetzen zu können. Am Abend des 15. Februar gegen 20.00 Uhr war erneut Leutnant Daiber erschienen und hatte Diamare gebeten, ihm die mittlerweile berühmt gewordene schriftliche Bestätigung zu geben, dass das Kloster nicht von deutschen Soldaten besetzt gewesen war.[148] Nach einem anstrengenden Marsch erreichte die Kolonne am Nachmittag bei einem deutschen Verwundetennest das Tal. Unterwegs hatte man feststellen müssen, dass die Träger die Frau mit den abgerissenen Füßen aufgegeben hatten, der fast achtzigjährige Fra Carlomanno Pelagalli, dessen Geist schon etwas verwirrt war, hatte die Kolonne verlassen.

Ein Sanitätsfahrzeug brachte Diamare und Matronola in den Gefechtsstand von General v. Senger bei Castelmassimo, wo sie versorgt wurden und übernachteten. Dort wurde auch eine Propagandasendung für den deutschen Rundfunk aufgenommen. Dies mag abstoßend wirken, aber hätten sich die Deutschen diesen Propaganda-Coup entgehen lassen sollen? Am folgenden Tag, den 18. Februar wurde Abt Diamare auf der Fahrt nach Rom im PKW von General v. Senger an einem Kontrollpunkt abgefangen und in ein amtliches Gebäude geführt. Dort wurde eine weitere Rundfunksendung, diesmal für den italienischen Rundfunk aufgenommen. Als Botschafter v. Weizsäcker erschien und Diamare aufforderte, nochmals eine schriftliche Erklärung abzugeben, dass die Deutschen Montecassino nicht besetzt hatten, wurde es dem Abt zuviel. Er weigerte sich, dies zu tun. Er wurde nach S. Anselmo gebracht, wo er – endlich – mit der dort untergebrachten Mönchsgemeinschaft von Cassino wieder zusammentraf.[149]

Der Eisenbahndamm, in dessen Verlauf die 5. (NZ) Brig vorgehen wollte, war etwa zehn Meter breit. Auf beiden Seiten des Dammes stand das Gelände einige Zentimeter unter Wasser, es war total aufgeweicht, Entwässerungsgräben waren voll gelaufen. Oberst Hartnell konnte daher nur zwei Kompanien des 28. (NZ) Inf Btl, des Maori-Bataillons, ansetzen. Hinter den Maoris sollten zwei Pionierkompanien in der Nacht 17./18. Februar die Trichtersprengungen ausfüllen und die beiden Brücken über den Torrente Saetta und den Rapido schlagen. Die Verschiebung des Angriffes hatte den Pionieren bereits die Gelegenheit gegeben, unbemerkt von den Deutschen die ersten vier Trichter zu verfüllen. Die 5. (NZ) Brig begann einen Angriff auf einer außerordentlich schmalen Front und unter einem unglaublichen Zeitdruck.

Ab 20.45 Uhr gingen die beiden Maori-Kompanien in Richtung ihrer Angriffsziele vor: Die B-Kompanie hatte als Angriffsziel das Bahnhofsgelände und die Schuppen eines Depots für Lokomotiven (wegen seiner Form „round-house" bezeichnet), die A-Kompanie links daneben sollte eine Hügelformation (Terme Varronione) südlich davon einnehmen. Das Vorgehen im Zuge des Dammes war mühsam, behindert durch die arbeitenden Pioniere und durch explodierende Minen, das Ausweichen über die überfluteten Wiesen war noch mühseliger. Explodierende Minen hatten die Verteidiger des III./361 und der 2./211 alarmiert. Bis Mitternacht schafften es die Maoris der B-Kompanie unter Hauptmann Wikiriwhi dennoch, das Stationsgebäude zu nehmen, vor den Lokomotivschuppen blieben sie zunächst hängen. Sie erwarteten den unterstützenden Angriff der A-Kompanie links neben ihnen. Doch dieser war an einem Hindernis liegen geblieben, dessen Ausmaße man vorher nicht erkannt hatte: Ein sehr tiefer Wassergraben, über sechs Meter breit, der Hinderniswert von den Deutschen mit Drahtsperren und Minen verstärkt, im Schussfeld von mehreren Maschinengewehren. Eine Umgehung wurde nicht gefunden. Mittlerweile dämmerte der Morgen des 18. Februar herauf. Bis 05.00 Uhr hatten die Pioniere ihre Brücken über den Rapido und den Torrente Saetta geschlagen. Aber zwei große Trichter waren noch nicht aufgefüllt. Im aufkommenden Tageslicht war im deutschen Feuer eine weitere Arbeit nicht mehr möglich. Die Neuseeländer hatten ihren Wettlauf mit der Zeit verloren. Damit nicht alle Mühen umsonst gewesen waren, befahl General Kippenberger, dass die beiden Maori-Kompanien auszuhalten hätten, bis mit Einbruch der Abenddämmerung weitere Maßnahmen möglich würden. Um ihnen etwas Schutz vor dem deutschen Artilleriefeuer zu geben und um die Verbindung nach vorne aufrechterhalten zu können, verschoss die neuseeländische Artillerie im Laufe des Tages 9 000 Nebelgranaten. Dennoch gelang es nicht, die B-Kompanie zu verstärken.

Die 2./211 hatte bei den Kämpfen um den Bahnhof eine Anzahl Gefangener verloren und starke Verluste erlitten. Major Knuth hatte sofort seine Reserve, den Pionierzug des Regiments unter Feldwebel Hoffmann, verstärkt durch zwei Sturmgeschütze eingesetzt. Bei der Wiedereinnahme des Lok-Schuppens wurde Hoffmann sehr schwer verwundet. Wenige Tage später wurde er mit dem Ritterkreuz ausgezeichnet. Ein weiterer Gegenangriff der 3./211 scheiterte am Vormittag. Nun fasste Major Knuth unter Entblößung aller anderen Abschnitte seiner Front alle verfügbaren Kräfte des III./361 und des I./211 unter seiner persönlichen Führung zusammen. Unterstützt wurde der Gegenangriff durch Teile der StuGsch Abt 242 unter Hauptmann Benz und einige Panzer, vermutlich aus der Pz Abt 115. Der dichte Nebel, der eigentlich dem Schutz der Maoris dienen sollte, begünstigte den deutschen Angriff. Schon durch die vorangegangenen Angriffe dezimiert, brach der Widerstand der A- und B-Kompanie des 28. (NZ) Inf Btl rasch zusammen. Den Panzern hatte man nichts entgegenzusetzen. Bis 19.00 Uhr konnten sich fast 70 Überlebende der Maori-Kompanien über den Rapido zurückretten. Von einer Angriffsstärke von 200 Mann hatten die Maoris 130 Mann verloren. Auch die deutschen Verluste waren hoch: Die 90. PzGren Div meldete für den 18. Februar 19 Gefallene und 102 Verwundete. Im Stadtgebiet waren zwei Panzer und fünf Sturmgeschütze zerstört oder beschädigt worden.[150] In einer Bewertung über die Cassino-Schlachten schreibt General v. Senger über die ausschlaggebende Rolle, die in den erbitterten Kämpfen um jeden Meter Boden den jungen Kompanieführern und Führern von Kampfgruppen zukam: „... auf ihrem Wert, auf ihrem Mut und ihrer Hingabe beruht der Wert der Truppe. Manch einer trägt das Ritterkreuz des Eisernen Kreuzes, manch einer liegt im harten Gestein zur ewigen Ruhe gebettet ... Wenn ich nur einen von euch nenne, freilich einen der besten, dann möge er als euer aller Repräsentant gelten. Denn ich möchte bei dieser Gelegenheit den Degen senken vor dem Grabe des Majors Knuth, des Verteidigers von Cassino in der der ersten Cassino-Schlacht, der am Tage, nachdem ihm das Ritterkreuz verliehen war, als Kommandeur an der Spitze seines Regiments den Heldentod starb."[151]

In den Medien der USA und Großbritanniens wurde die Bombardierung der Abtei Montecassino fast einhellig begrüßt – kein Wunder nach der Stimmung, die vor allem in den Presseorganen zuvor aufgebaut worden war. Auch die meisten „Offiziellen" meldeten sich mit positiven Stellungnahmen zu Wort, darunter sogar viele Bischöfe der katholischen Kirche in den USA und der anglikanischen Kirche in Großbritannien. Hier war es der Bischof von Chichester, Dr. George Bell, der kritische Worte fand. Er wandte sich ja später auch gegen den unbegrenzten Bombenkrieg gegen Deutschland. Besonders bemerkenswert war dagegen eine öffentliche Kanzelverkündung, die Erzbischof Spellman von New York am 22. Februar 1944 abgab. Spellman war immerhin auch amerikanischer Militärbischof. Im Mittelpunkt der Erklärung stand zwar die Bombardierung der päpstlichen Enklave Castelgandolfo am 1. Februar, seine Worte ließen sich aber auch auf Montecassino beziehen. Beide Bombardierungen, so befürchtete er, konnten nur ein Vorspiel auch zur Zerstörung Roms gewesen sein: „Lasst uns beim Siegen nicht nur die Achtung der Anderen erhalten, sondern uns auch den Respekt vor uns selber bewahren. Ich hoffe und bete, dass ... militärischer Einfallsreichtum über so genannte ‚militärische Notwendigkeit' obsiegt, da letztere die Ewige Stadt Rom, die Zitadelle der Zivilisation, zerstören würde."

Die Öffentlichkeit in den neutralen Staaten reagierte mit Empörung auf die erste gezielte Zerstörung eines unersetzlichen religiösen Monuments. So schrieben die „Basler Nachrichten" über das Argument der Alliierten, das Leben der Soldaten habe Vorrang vor einem Bauwerk, welche historische Bedeutung dieses auch immer haben würde: „... wir lassen als Antwort nicht gelten, es handle sich immer nur um tote Materie und jedes Menschenleben sei mehr wert als das ehrwürdige Kloster."

Die Zerstörung Montecassinos hatte auch bei der italienischen Bevölkerung Betroffenheit und Trauer ausgelöst. Eine Zuhörerin schrieb über die Rundfunkansprache Diamares vom 18. Februar: „Ohne ein einziges Adjektiv zu verwenden, erzählte er ganz ruhig mit müder und trauriger Stimme die Geschichte, als ob sie vor hundert Jahren stattgefunden hätte. Es war tief bewegend, und ich versuchte mir vorzustellen, was die Benediktinermönche dieses Klosters, die jetzt in aller Welt verstreut sind, wohl empfunden haben mögen, als sie diesen ruhigen, zu Herzen gehenden Bericht vom Untergang dieser Quelle unserer Kultur hörten, die nun, nach vierzehn Jahrhunderten religiösen Lebens für immer verschüttet ist."[152] Auch harte Worte wurden nicht gescheut. So äußerte G. de Sanctis, Präsident der Pontificia Accademia Romana d' Archeologia: „Es ist nicht unsere Aufgabe, die Verantwortlichen für diesen Trümmerhaufen zu suchen, aber eines muss gesagt werden, diese Tat bleibt eine immerwährende Schande unserer Generation und unserer Zivilisation."

Bewertung

Die 1. Cassino-Schlacht schloss für die Verbände der 5. (US) Armee mit einem Misserfolg ab, für die Verbände der 10. dt. Armee endete sie zweifellos mit einem eindeutigen Abwehrerfolg. Als erste Ursache für den alliierten Fehlschlag ist der Zeitdruck anzusehen, der hinter den Operationen der 5. (US) Armee stand. Der Zeitdruck, vor Beginn der Operation „Shingle" noch möglichst viel Raum in Richtung Albaner Berge zu gewinnen, ließ eine angemessene Vorbereitung weder beim X. (BR) Korps noch II. (US) Korps noch beim CEF zu und zwang dazu, möglichst „kurze Wege" zu suchen, wo „längere Wege" eventuell Erfolg versprechender, aber eben auch mit mehr Zeitaufwand verbunden gewesen wären. Beim Angriff des NZ-Korps hatte sich dann ein anderer Zeitdruck aufgebaut: Mitte Februar drohte die Gefahr, dass der Landekopf des VI. (US) Korps bei Anzio durch die dt. 14. Armee zerschlagen würde. Eine Seelandung, deren Zweck eigentlich war, den Durchbruch der Hauptkräfte der 5.(US) Armee durch die Gustav-Linie zu unterstützen, führte nun zu umgekehrten Wirkungen: Unabhängig davon, ob der Durchbruch gelingen würde oder nicht, musste möglichst schnell an der Hauptfront Druck aufgebaut werden, damit die Deutschen gezwungen würden, Kräfte von Anzio abzuziehen. *Der Angriff bei Cassino wurde also zur Unterstützungsaktion für Anzio.* Mit Ausnahme des zeitgleichen Angriffs des II. (US) Korps und des CEF ab dem 24./25. Januar bestand das Angriffsverfahren General Clarks darin, mit zeitlich nacheinander folgenden Angriffen in jeweils nur einem Korpsstreifen Teilziele zu erreichen. Damit war General v. Senger, dem eigentlichen „Gegenspieler" Clarks, immer wieder Gelegenheit gegeben, aus nicht angegriffenen Abschnitten Reserven herauszuziehen und so die kräftemäßige Unterlegenheit im jeweiligen Angriffsraum zu mindern. Nach dem Abzug der 56. (BR) Inf Div nach Anzio und der Abnutzung der 3. D.I.A. sowie der 34. und 36. (US) Inf Div war Clark dann nicht mehr in der Lage, Ablenkungsangriffe für das NZ-Korps an anderer Stelle zu führen.

Die materielle Überlegenheit der Alliierten lässt sich nur unvollkommen mit Vergleichszahlen beschreiben. Die Verschusszahlen und der Munitionsverbrauch der alliierten Artillerie an der Gustav-Linie wurden mehrfach genannt. Ein Zahlenbeispiel aus dem Bereich der Luftstreitkräfte: Die MAAF flogen im Januar 1944 trotz einschränkender Witterungsbedingungen 41 517 Einsätze, das bedeutet im Durchschnitt 1 339 Einsätze pro 24 Stunden.[153] Diese Einsätze dienten nur zum Teil der unmittelbaren Unterstützung der Bodenoperationen, sondern auch zur weitreichenden Gefechtsfeldabriegelung. Obwohl die Wirkungen der Luftstreitkräfte im Voraus überschätzt wurden, muss doch ein wesentlicher Einfluss auf das Heranführen deutscher Kräfte für den Gegenangriff bei Anzio festgestellt werden.[154] Im Zusammenhang mit den Kämpfen um die Gustav-Linie war die Wirkung der alliierten Luftwaffe aber gering. Die deutschen Truppen befanden sich in gut ausgebauten Stellungen, die Verzahnung der gegenüberstehenden Truppen schloss oft den Einsatz der Luftwaffe aus.

Vergleichbares gilt für die Wirkung der Artillerie. Obwohl wegen der engen Kampfentfernungen die alliierte Artillerie mit Schwerpunkt zur Bekämpfung der deutschen Artillerie – ohnehin in der Anzahl der Geschütze und der Munitionsausstattung unterlegen – eingesetzt wurde, ist es zu keiner Zeit gelungen, die deutsche Artillerie auszuschalten. Dies zwang die alliierten Divisionen häufig zu Angriffen und Bewegungen bei Nacht. Als weitere Folge wurden dadurch wieder die Einsatzmöglichkeiten der alliierten Flieger eingeschränkt.

Wenn also die materielle Überlegenheit der Alliierten nicht zum Tragen kam, muss als ausschlaggebender Faktor für den Ausgang der Schlacht das Leistungsvermögen der Truppe, vor allem der Infanterie, in der direkten Konfrontation den Ausschlag gegeben haben. In der Bewertung der 2. Cassino-Schlacht wollen wir darauf zurückkommen. Losgelöst von Moral und Humanität soll abschließend noch einmal nach der Zweckmäßigkeit der Bombardierung der Abtei gefragt werden. Der Einsatz der strategischen Bomber hatte nicht den Zweck, deutsche Stellungen auf dem Klosterberg zu zerschlagen (ob es sie gegeben hat oder nicht). Der Einsatz diente ausdrücklich dem Ziel der Zerstörung der Klosteranlage. Dieser Einsatz musste seinen Zweck verfehlen, wenn das Kloster nicht von deutschen Truppen besetzt war. Vollends musste der Luftangriff seinen Sinn verfehlen, wenn er wegen der gegebenen Umstände am 15. Februar stattfinden musste, die indische Division aber erst 60 Stunden später und dann nur mit dreieinhalb Bataillonen (aus einem Korps, das insgesamt über 21 Bataillone Kampftruppen verfügte!) in der Lage war anzugreifen. Erst die zerstörte Abtei war von taktischem Nutzen für die Deutschen.

Anmerkungen

1 Entsprechende Zeitphasen als Übersicht 14 im Anhang.

2 Siehe Kapitel 4, 3. Abschnitt.

3 Die Behandlung des Angriffs des X. (BR) Korps über den Garigliano stützt sich im Hinblick auf die alliierte Seite auf Molony, S. 606-612, S. 614-618; Blumenson, „Salerno …", S. 315-321; Parker, S. 89-109; Ellis, S. 66-89. Hinzu kommt Eric Linklater, „The Campaign in Italy", London 1951; S. 155-164.

4 An dieser Stelle sollten wir einige Angaben zu den Kräften einer britischen Infanteriedivision machen. Neben den drei Infanteriebrigaden ist die Divisionsartillerie mit in der Regel drei Bataillonen (dem Namen nach Regimenter) mit je 24 Feldhaubitzen hervorzuheben. Die 5. Inf Div verfügte aber beispielsweise für ihren Angriff über vier leichte und ein mittleres Artilleriebataillon. Zur Divisionsartillerie bei den Briten zählten auch ein Flugabwehr- und ein Panzerjägerbataillon. In der Grundgliederung verfügte die britische Infanteriedivision noch über ein MG-Bataillon (es wurde aufgeteilt auf die Infanterieverbände), über ein Aufklärungsbataillon sowie über mehrere Pioniereinheiten.
Für den Angriff nach Norden war die 5. Inf Div zusätzlich durch das 51. Pz Btl des Royal Tank Regiments (RTR) verstärkt worden.

5 Die leichten Artillerieabteilungen waren mit der FH 105 mm, die schwere mit der FH 150 mm ausgestattet. An Divisionstruppen verfügte die „Infanteriedivision neuer Art" neben einer Nachrichtenabteilung, entsprechenden Logistik-

truppen und einem Feldersatzbataillon über ein Pionierbataillon und eine Panzerjägerabteilung. Diese umfasste eine Kompanie schwere Pak, eine Kompanie Pak Sfl sowie eine Flakbatterie. Zur Gliederung siehe auch die Übersicht 10, Gliederung XIV. Pz Korps, im Anhang.

Die 94. Inf Div war eine der „Stalingrad-Divisionen", die im Kessel untergegangen und neu aufgestellt worden waren. Das „Erinnerungsbuch der 94. Infanterie Division an die Kriegsjahre 1939-1945" wurde von einem Autorenkollektiv in vier Teilen („Lieferungen") herausgegeben. Der Teil 4 umfasst den Einsatz in Italien.

General Steinmetz führte die Division seit dem 01.01.44.

6   Parker, S. 97.

7   BA-MA, RH 20-10/87, KTB Nr. 4 der 10. Armee vom 01.01.44 bis 31.04.44, Eintrag vom 18.01.44.
     Zuvor hatten wir festgestellt, dass auf der Ebene der 10. Armee nominell die aufzufrischende Pz Div „HG" als „Reserve" zur Verfügung stand, die aber ab dem 20.01.44 an den OB West abzugeben war. Ungeachtet dessen waren einzelne Verbände dieser Division bereits für andere Verwendungen herangezogen worden. Dies setzte sich nun fort, durch die 10. Armee wurde die Kampfgruppe „Corvin" (zwei Panzergrenadierbataillone), die bereits immer wieder als „Feuerwehr" benutzt worden war, zur Abstützung bei der 94. Inf Div heranbefohlen.
     Bezeichnend ist, dass das XIV. Pz Korps nur über drei Bataillone an Reserven verfügte, die aus den Divisionen herausgezogen worden waren: Die AA 44, das I./PzGren Rgt 115 sowie das II./PzGren Rgt 104; BA-MA, RH 20-14/90, KTB Nr. 6 des XIV. Pz Korps vom 01.01.44 bis 30.06.44, ebenfalls Eintrag vom 18.01.44

8   Ebendort, Eintrag vom 19.01.44.

9   Kesselring, S. 268 ff.. Der Feldmarschall, der seine Erinnerungen im Gefängnis ohne schriftliche Unterlagen niederschrieb, gibt den Entscheidungsvorgang etwas verkürzt wieder und irrt sich bei den Zeitangaben. Wie bereits ausgeführt (siehe Kapitel 6, u.a. auch die Fußnote 19) besuchte Admiral Canaris den Stab der HGr C erst am 21.01.43. Zu diesem Zeitpunkt war das I. Fsch Korps mit den beiden Divisionen schon längst am Garigliano eingesetzt. Darüber hinaus ist ihm wohl entfallen, dass das XI. Fliegerkorps bereits im Dezember 1943 in I. Fsch Korps umbenannt worden war.

10   Kesselring wurde durch v. Vietinghoff und auch durch v. Senger stark zu dieser Entscheidung gedrängt.
     Natürlich ist der Zeitbedarf für den Einsatz einer Heeresgruppenreserve zu bedenken, den man nicht abgewartet werden darf, bis die Entwicklung der Lage zu nicht mehr kontrollierbaren Folgen führen konnte. Infolgedessen muss bei einem solchen Entschluss mit einem gewissen zeitlichen „Vorhalt" gearbeitet werden.
     Zugunsten Kesselrings könnte auch angeführt werden, dass auf der Ebene des Korps und der Armee kaum Reserven zur Verfügung standen, mit denen v. Senger und v. Vietinghoff hätte reagieren können. So musste man relativ bald auf die Reserven der Heeresgruppe zurückgreifen.
     Im Übrigen begründet Kesselring seine Entscheidung auch mit dem am 20.01.44 begonnenen Angriff des II. (US) Korps am Gari gegenüber der 15. Wie dargestellt, ist die Entscheidung K's bereits am 18.01. gefallen, als der Angriff des II. (US) Korps ja noch gar nicht begonnen hatte. Wir werden im nächsten Abschnitt erfahren, dass dieser Angriff darüber hinaus schon bei der 15. PzGren Div keinesfalls als kritisch eingeschätzt worden war.
     In seinen Nachkriegserinnerungen sucht der Feldmarschall wohl nach Rechtfertigungen für sein Handeln, das beinahe eine Katastrophe für die deutschen Kräfte in Italien nach sich gezogen hätte.

11   Der 94. Inf Div waren ihrerseits Teile der 90. PzGren Div unterstellt worden, diese hatten jedoch nur die Stärke einer Kampfgruppe. Wegen nicht abgeschlossener Ablösevorgänge waren die Verbände der 90. PzGren Div über das gesamte Armeegebiet verteilt.

12   Molony, S. 614. Dieser Befehl war aber im Laufe des 19.01. schon überholt gewesen, siehe die vorangegangene bzw. nachfolgende Darstellung.

13   Blumenson, S. 320. Bei einer Vorübung im Golf von Neapel für die Landung bei Anzio war zahlreiches Gerät verloren gegangen, darunter 40 Amphibienfahrzeuge (DUKW). Deswegen waren beim X. (BR) Korps Übersetzmittel abgezogen worden.

14   Die mentalen Vorbehalte McCreerys und der folgende halbherzige Ansatz der 46. Inf Div wurden von Clark und Keyes heftig kritisiert, insbesondere nach dem späteren Scheitern des Übergangs der 36. (US) Inf Div über den Gari. Der fehlende Flankenschutz wurde als eine der wesentlichen Ursachen für das Desaster am „Rapido" angesehen. Siehe hierzu Parker, S. 108 sowie Blumenson, „Bloody River", S. 61-64 und 68 f.. Walker schrieb erbittert in seinem Tagebuch: „Die Briten sind die größten Diplomaten auf der Welt ... aber man kann bei ihnen auf nichts zählen, außer auf Worte."
     Ellis bewertet den unzulänglichen Einsatz von General Hawkesworth sehr kritisch, siehe S. 78. Er sieht den Kräfteansatz und den unzureichenden Nachdruck durch Vorbehalte der Briten insgesamt gegenüber dem Angriff des II. (US) Korps begründet.
     Andererseits führt Mc Creery den Misserfolg seines Korps, nicht im Ausente-Tal weiter vordringen zu können, darauf zurück, dass ihm seine dritte Division, also die 46. Div, nicht zur Verfügung gestanden hätte; Ellis, S. 85.
     Der ganze Vorgang zeigt auf, von welchem Misstrauen, Vorbehalten und Eifersüchteleien das Verhältnis zwischen Amerikanern und Briten gekennzeichnet war. Hinzu kommt, dass Clark bei dem immer stärker werdenden Kräfteansatz der Amerikaner immer weniger geneigt war, unter den britischen Führern die „zweite Geige" zu spielen.

15   Siehe Molony, S. 616 f; Blumenson, S. 320; Ben Arie, S. 99 f.; Zu den Auswirkungen des Scheiterns dieses Angriffs vergleiche u.a. Clark, S. 269.

Die Gegenangriffe des III./129 waren in vorzüglicher Abstimmung mit der Artillerie durch Oberleutnant Zapf, den Bataillonsführer des III./129, geführt worden. Er wurde dafür am 23.02.44 mit dem Ritterkreuz ausgezeichnet. Siehe BA-MA, RH 24-14/141, Zwischenmeldung XIV. Pz Korps an 10. Armee vom 20.01.44. Wie so viele tapfere und befähigte Führer, die wir in diesem Buch schildern, hat Zapf den Krieg nicht überlebt. Er ist am 28.01.45, als die 15. PzGren Div an die Westfront verlegt worden war, im Nachklang zur Ardennenoffensive, gefallen.
In der Divisionsgeschichte der 15. PzGren Div von Kurt Albert Rust, „Der Weg der 15. Panzer Grenadier Division von Sizilien nach Wesermünde ..." (Berlin 1991) wird der Angriff des II. (US) Korps nur mit wenigen Bemerkungen abgehandelt. Darüber hinaus kommt es zu Verwechslungen mit dem Angriff der 46. (BR) Inf Div. Die 15. PzGren Div wurde wegen ihres Abwehrerfolges am 25.01.44 im Wehrmachtsbericht genannt. Rust, S. 80 f.

16   Ab dem 22. Januar 11.30 Uhr hatte das XIV. Pz Korps wieder die Führung über die 94. Inf Div sowie über die 29. PzGren Div übernommen.

17   Molony, S. 620 und 636; Ellis, S. 79-89. Die Zeitabstände für Meldungen über die personellen Verluste bei dt. Truppenteilen machen es schwer, den Verlusten des X. (BR) Korps exakte Verlustzahlen des XIV. dt. Pz Korps gegenüber zu stellen. Aus den bei Molony ebenfalls auf S. 620 und 636 aufgeführten Verlusten des XIV. Pz Korps lassen sich unter der Berücksichtigung der Angriffe des II. (US) Korps und des CEF Verluste in der Größenordnung von ca. 4 000 Mann ableiten.

18   Bei der Beschreibung des Geländes im Bereich der Gustav-Linie (siehe Kapitel 5) war bereits erwähnt worden, dass nach der Einmündung des Gari in den Rapido bei der Fortführung des Flusses der Name „Gari" verwendet wird, obgleich der Rapido das bedeutendere Gewässer ist. In der anglo-amerikanischen Literatur wird dagegen der Strom bis zum Zusammenfluss mit dem Liri weiter als „Rapido" bezeichnet. Daher hat der gescheiterte Übergang der 36. (US) Inf Div den Beinamen „Rapido River Disaster" bekommen. Im vorliegenden Buch wird konsequent der zutreffende geographische Name „Gari" verwendet.

19   Zum abgelehnten Vorschlag, mit beiden Armeekorps über den unteren Garigliano anzugreifen, vergleiche Blumenson, „Bloody River", S. 57 f.
Auf Juins Absicht, den Höhenblock Cassino weiträumig zu umgehen, wird anschließend im Zusammenhang mit dem Angriff des CEF eingegangen.
Blumenson kommentiert mehrfach den Zeitdruck, unter dem sich Clark fühlte, möglichst schnell mit den gelandeten Kräften bei Anzio Verbindung herzustellen, s. u.a. „Salerno ...", S. 305 und 321 und welche Bedeutung dabei das Liri-Tal hatte: „Und für diesen Zweck war der Eingang zum Liri-Tal weit vor allen anderen das wichtigste Angriffsziel der 5. Armee."
Hierbei wird auch wieder deutlich, wie der angeführte politische Zeitdruck sich hinunter bis zur Ebene eines Bataillonskommandeurs oder Kompaniechefs auswirkte. Churchills Bestreben, vor der Landung in der Normandie dem italienischen Feldzug noch einen demonstrativen politischen Erfolg zu geben und die zeitlich begrenzte Verfügbarkeit der Landungsschiffe bis Ende Januar bestimmten den Zeitpunkt für „Shingle" und dieser wiederum baute einen ungeheuren Zeitdruck auf, die Gustav-Linie ohne ausreichende Vorbereitungen zu durchbrechen und dabei den kürzesten Weg zu wählen.

20   II. Corps FO 20 vom 16 jan 44, s. Blumenson, "Salerno ...", S. 322.

21   In der Truppeneinteilung für das Gefecht wurden seinerzeit die Pz- und PzGren-Verbände der US-Panzerdivisionen in zwei Combat Commands, A und B, gegliedert. Diese Kampfgruppen, Brigaden vergleichbar, umfassten Kampfunterstützungstruppen (Panzerartillerie, Panzerpioniere und Panzerflak) sowie Führungstruppen. Im konkreten Fall müssen wir bei der Stärke des CC B der 1. (US) Pz Div von mehreren Panzerbataillonen des 1. (US) Pz Rgt und von Verbänden des 6. (US) PzGren Rgt ausgehen.

22   Nach den US-Einsatzgrundsätzen waren alle geeigneten Rohre für den Artillerieeinsatz heranzuziehen. Dazu gehörten auch die Bordkanonen in den Panzer- und Panzerjägerbataillonen, sofern diese Verbände für ihren eigentlichen Zweck nicht gebunden waren. Um entsprechende Schussweiten zu erreichen, wurden die Panzer- und Panzerjägerfahrzeuge auf eine entsprechend steile Rampe gefahren.

23   Der nachfolgende Abschnitt über den Versuch des II. (US) Korps, vom 20. bis 22. Januar den Gari zu überwinden, stützt sich teilweise auf die bereits häufiger verwendete anglo-amerikanische Literatur, beispielsweise auf Ellis, Parker, Majdalany, E.D. Smith u.a.m. Hinzu kommt Canciani, a.a.O., der weiterführende Ausschnitte aus anderen Darstellungen in einer Zusammenfassung auf fast 40 Seiten gibt.
Die „offizielle" Darstellung der Abläufe auf der US-Seite wird im Kapitel XIX von Martin Blumenson, in dessen immer wieder zitiertem Band des US-Generalstabswerks, „Salerno to Cassino" wiedergegeben.
Der Katastrophencharakter dieses Übergangs – eine der schlimmsten Niederlagen, die US-Truppen im 2. Weltkrieg erlitten – hat verschiedene Autoren veranlasst, spezielle und detaillierte Abhandlungen über diesen Gefechtsausschnitt zu schreiben. Hierzu gehören Martin Blumensons „Bloody River", Frau Lee Carraway Smith's „A River Swift and Deadly" (es beruht auf einer beeindruckenden Anzahl nachträglicher „Combat Interviews", wie sie in den USA üblich sind) sowie der Aufsatz von Clayton D. Laurie, „Rapido River Disaster" aus der Reihe „World War II", Ausgabe Juli 1996.
Wie wiederholt an anderer Stelle erwähnt, sind die verfügbaren Quellen auf deutscher Seite sehr dünn, das KTB der 15. PzGren Div ist nicht erhalten. Durch die Umstände des Ablaufs auf der Feindseite bedingt, hatte das Unternehmen

der 36. (US) Inf Div für die deutsche Seite keine großen Auswirkungen, so gibt es nur wenige KTB-Vermerke auf der Ebene des XIV. dt. Pz Korps und der 10. dt. Armee. Ben Arie, a.a.O., schildert die Kämpfe vorwiegend aus der Sicht der Amerikaner. Helmut Wilhelmsmayer, „Der Krieg in Italien 1943-1945" (Graz/Stuttgart 1995) ist, wie bereits vermerkt, in Details sehr unzuverlässig. Zur Auswertung lohnt sich dagegen Böhmler, ebenfalls a.a.O.. Angaben über Gliederung, Ausstattung und Bewaffnung der 15. PzGren Div wurden Golla, a.a.O. sowie dem Sammelwerk von Schmitz/Thies/ Wegmann/Zweng, „Die Deutschen Divisionen 1939-1945", Band 3 (Osnabrück 1996), entnommen. Dieses Werk diente auch generell als Hintergrund für die Angaben über andere deutsche Divisionen in Italien. Leider sind bisher nur vier Bände bis einschließlich zur Divisionsnummer 25 erschienen.

24 Die Mängel im inneren Gefüge werden vor allem bei L.C. Smith und Blumenson, beide a.a.O., dargestellt. Die hohen Ausfälle an Offizieren auf Kompanieebene wurden mit Offizieren ausgeglichen, die noch nie selbst im Einsatz gewesen waren, geschweige denn dass sie Männer im Gefecht geführt hatten. Die Zug- und Kompanieführer kannten ihre Soldaten oft nicht einmal mit dem Namen, diese wiederum wussten nicht, von wem sie geführt wurden.

25 Zur Charakterisierung von Walker siehe Blumenson, „Salerno ...", S. 326 f. und S. 332 sowie „Bloody River", S. 5-13, 40 f., 58 f. und 80 f.
Hierzu ist eine Kommentierung angebracht: Sicherlich ist ein Divisionskommandeur, wie auch jeder andere Vorgesetzte, zur Fürsorge gegenüber seinen Soldaten verpflichtet, und er hat ständig in einem Rückkopplungsprozess zu überprüfen, ob zu fordernde Opfer und Belastungen noch im Einklang mit dem erreichbaren Erfolg stehen. Andererseits ist er in Anerkennung übergeordneter Zwecke auch verpflichtet, harte Entscheidungen konsequent nach unten durchzusetzen. Nach seinen Tagebüchern war Walker überlegt, sein Kommando angesichts der Zwangslage, in der er sich fühlte, zurückzugeben, hat dies aber aus Loyalität zu seinen Männern nicht getan.
Walker war vom Lebens- und vom Dienstalter her erheblich älter als Clark und Keyes, beide waren lange Zeit seine Untergebenen gewesen. Von daher fühlte er sich beiden in taktischen wie operative Fragen überlegen und zweifelte deren Entscheidungen an.

26 Dies waren die PzGren Rgt 104 und 115, hinzu kam das PzGren Rgt 129. Jedes der Regimenter hatte drei Bataillone. Das PzGren Rgt 115 hatte seine Nummerierung bereits aus der 33. Inf Div mitgebracht. Das Inf Rgt 115 mit Standort in Darmstadt hatte die Tradition des hessischen Leibgarde-Infanterie-Regiments 115 weitergeführt, des ältesten deutschen Infanterieregiments, dessen Ursprünge in das Jahr 1622 zurückgehen. Da die 15. Pz Div 1940 aus der 33. Inf Div aufgestellt worden war, behielten die Divisionstruppen ihre frühere Bezeichnung, also Art Rgt 33, PzJg Abt 33 oder Pi Btl 33. Nur die Aufklärungsabteilung wurde in Pz AA 115 umbenannt. Die Pz Abt 115, ausgestattet mit Sturmgeschützen war der Division im Herbst 1943 eingegliedert worden. Einzelheiten wiederum in der Übersicht 10 im Anhang. Man sieht an diesem Beispiel, welchen Wert der Traditionspflege in Reichswehr und Wehrmacht beigemessen wurde.

27 Eine Aufkl Kp ausgestattet mit den 8-Rad-Spähpanzer, die PzJg Abt mit Pak 7,5 Sfl und PzJg auf Fgst Pz 38, eventuell auch mit StuGsch III.

28 Auskunft von Herrn Bürgermeister Oskar Kaifel während eines Interviews am 04.07.2007. K. war im Januar 1944 Richtschütze in der PzJg Abt 33.

29 Da es sich bei der Artillerie des XIV. Pz Korps während der Cassino-Schlachten immer wieder um die gleiche Truppenteile handelte, die je nach Schwerpunkt zusammengefasst wurden, sollen an dieser Stelle einige Erläuterungen gegeben werden: Das Art Kdo 414, Kdr Oberst Dr. v .Grundherr zu Altenthann, war das Artilleriekommando des XIV. Pz Korps. Ihm unterstand die BeobArt Abt 70 (im Februar kam noch die BeobArt Abt 64 hinzu) sowie – zugeteilt – als besonders wirksame Komponente das WerferRgt 71. Die Abteilungen des Rgt waren mit zwei Typen von Werfern ausgestattet: Der Werfer 15 cm mit jeweils 6 Rohren und der Werfer 21 cm mit 5 Rohren. Das Art Rgt 33 war in zwei Abteilungen mit der le FH 10,5 cm ausgestattet, die schwere Abteilung verfügte über je eine Batterie Kan 10 cm, s FH 15 cm und Mörser 21 cm – jeweils vier Geschütze. Die Mrs Abt 988 war mit dem frz. 22-cm-Mörser ausgestattet, die s HArt Abt 992 mit dem dt. 21-cm-Mörser. Die beiden s HArt Abt 451 und 557 hatten als Geschütze die 17-cm-Kanone und den 21-cm-Mörser. Die weiteren bei Böhmler angegebenen Art-Truppenteile (a.a.O., S. 288) wurden erst im Februar zugeführt. Siehe Fußnote 58.

30 Als Boote kamen schwerfällige Schlauchboote zum Einsatz, die schon relativ zerstöranfällig bei Beschuss mit Infanteriewaffen waren, neben dem Paddlern mussten sie durch Leinen vom Ufer aus gesteuert werden. Die hölzernen, sehr flachen „Sturmboote" waren aus gepresstem Sperrholz hergestellt, jedes wog dennoch mehrere hundert Kilogramm. Auch sie waren sehr beschussanfällig und mehr für stehende bzw. langsam fließende Gewässer geeignet. Im Gegensatz zu ihrem Namen hatten sie keinen Motor, sondern waren mit Paddeln ausgestattet. Da keine Schützenstege zur Verfügung standen, hatten die Pioniere aus stählernen Laufwegen und einzelnen Schlauchbooten als „Pontons" provisorische Stege hergestellt.

31 Nach dem Übergang des 143. Inf Rgt hatte die 36. PzAufkl Kp den Auftrag, an gleicher Stelle über den Gari zu gehen, die linke Flanke zu sichern und Verbindungen mit den Truppenteilen der 46. (BR) Div herzustellen. Als der Fehlschlag der 46. (BR) Inf Div offenkundig geworden war, wurde der 36. (US) Div ein britisches Inf Btl unterstellt, das den US-Infanteristen folgend wenigstens einen begrenzten Flankenschutz auf den Höhen südlich des Liri aufzubauen hatte.

32 Das Vorführen und die erste Phase des versuchten Übergangs wird detaillierter am Beispiel des 141. Inf Rgt beschrieben. Diese Schilderungen können sinngemäß auf das 143. Inf Rgt übertragen werden.

33 Die vorherrschende Einstellung soll an zwei Zitaten deutlich gemacht werden:
„Es war allgemein Überzeugung in den Bataillonen und Regimentstäben ..., dass der Übergang der Division über den Rapido (?) misslingen musste, da die deutschen Stellungen auf der Feindseite des Flusses zu stark für die Infanterie waren, um sie anzugreifen und dabei am Leben zu bleiben."
„Die Befürchtungen des Divisionskommandeurs, sein Pessimismus, die Erwartung eines Misserfolges hatten irgendwie, unbemerkt, seine Truppen durchdrungen und sie ihres Glaubens an einen Erfolg und des ‚Willens zu gewinnen' beraubt." Blumenson, „Bloody River", S. 92 und 104; ähnlich Ellis, S. 98 und 103.

34 L.C. Smith, S. 37.

35 Der etatmäßige Regimentskommandeur, Oberst Werner, weilte vorübergehend im Lazarett. Dies hinderte Clark später nicht daran, als nach dem Scheitern des Angriffs nach Sündenböcken gesucht wurde, auch ihn von seinem Kommando abzulösen.

36 Am nächsten Tag stellte sich heraus, dass auch Oberstleutnant Carter in seinem Leistungsvermögen und in seiner „Dynamik" nicht den Vorstellungen Oberst Martins genügte. Es entsprach dem Führungsstil der Amerikaner, dass nun Carter abgelöst und Major Ressijac kurzerhand wieder in sein Kommando eingesetzt wurde; L.C. Smith, S. 148 f.

37 BA-MA, RH 24-14/90, KTB-Nr. 6, XIV. Pz Korps, Eintrag vom 21.01.44.

38 Blumenson, „Salerno ...", S. 340; L.C. Smith, S. 49 f.

39 Ellis, S. 104.

40 Ebendort, S. 105.

41 L.C. Smith, Anhang A, S. 108-134.

42 Von Senger, S. 243.

43 BA-MA, RH 20-10/87, KTB Nr. 4, 10. Armee, Eintrag vom 25.01. Die Anzahl der gefallen US-Soldaten könnte im Vergleich zu den Zahlen in der Fußnote 44 nur dann höher gewesen sein, wenn ein Teil der Vermissten auf deutscher Seite als Gefallene geborgen worden und ohne weitere Formalitäten bestattet worden wäre.
Bei dem genannten KTB-Eintrag wurde die Höhe der eigenen Verluste mit 243 Mann angegeben. Ellis, S. 108, schlüsselt diese Zahl in 64 Gefallene und 179 Verwundete auf. Wegen der Art der Kampfhandlungen ist auch diese Anzahl von Gefallenen nicht glaubhaft. Ben Arie, S. 115, gibt dazu eine Korrektur, nämlich 14 Gefallene und 42 Verwundete.

44 L.C. Smith, S. 100. Die exakte Zahl lautet hier 155 Gefallene, 1052 Verwundete und 921 Vermisste. Blumenson, „Salerno ...", nennt 1 681 Mann an Verlusten nur bei der 36. Division (ohne zugeteilte Verbände), Ben Ari bis zu 2 019 Mann Verluste, nur bei den beiden Infanterieregimentern.

45 Aus der Begegnung während der Waffenruhe entwickelte sich später eine lebenslange Freundschaft zwischen Strom und Dyroff. Dyroff wurde nach dem Kriege durch die Veteranenvereinigung der 36. (US) Inf Div besonders geehrt und war Gast bei ihren Treffen.
Dyroff war als alter Angehöriger des PzGren Rgt 115 schon in Nordafrika gewesen. Als Major und Kommandeur im PzGren Rgt 115 wurde er im Dezember 1944 mit dem Ritterkreuz ausgezeichnet.
Hinweise zu dem Buch von L.C. Smith und zum Leben ihres Vaters, Adam Dyroff, verdanke ich Frau Marita Moggert aus Darmstadt.

46 Schilderungen der Waffenruhe bei L.C. Smith, S. 88-92; ebenso Ellis, S. 109.

47 L.C. Smith, S. 96-105 sowie die Anhänge B und C. Die zum Teil sehr harten Vorwürfe in der Resolution gegen Clark finden sich bei Laurie, a.a.O.

48 Vergleiche dazu die Ausführungen im vorangegangenen Kapitel, insbesondere die Bereitschaft bei Kesselring, ggf. auf die Foro-Stellung und auf den Führer-Riegel zurückzugehen, Kapitel 6, Fußnote 35. Bei der Führung des XIV. Pz Korps, die sich durch den Feind bei Anzio im Rücken vor allem gefährdet sah, hatte der Chef des Stabes am Nachmittag des 22. Januar der 10. dt. Armee vorgeschlagen, auf den „Führer-Riegel" (noch nicht umbenannt in „Senger-Riegel") zurückzugehen. Noch in Unkenntnis einer eventuellen Bereitschaft Kesselrings dazu, hatte die Armee dies bereits am Abend abgelehnt. Bei dem Vorschlag ist nicht klar, ob das XIV. Pz Korps dabei auch den Garigliano-Abschnitt aufgeben wollte; s. BA-MA, RH 24-14/90, KTB Nr. 6, XIV. Pz Korps, Eintrag vom 22.01.

49 Blumenson, „Salerno ...", S. 347; Zitat aus dem Tagebuch Clarks, Eintrag 23.01.

50 II. Corps OI, 23 jan 44.

51 Schilderung des Op-Planes 5. (US) Armee nach Blumenson, „Salerno ...", S. 366 f.
Die 34. Inf Div, nach ihrem Ärmel-Abzeichen „Red Bull"-Division genannt, war ebenfalls eine Nationalgarde-Division aus den Bundesstaaten Iowa, Minnesota, Nord- und Süddakota. Sie hatte die übliche Gliederung mit drei Infanterieregimentern. Ihr Divisionskommandeur war General Ryder. Die Division hatte sich beim Einsatz in Nordafrika, bei Salerno und den Kämpfen in Süditalien bewährt.

52 E.D. Smith, S. 30; Blumenson, S. 350.

53 E.D. Smith, S. 31 f., S. 63 f.; Ellis, S. 134 f.; Carpentier S. 70 und S. 72 f.; Molony, S. 851 f.

54 Es ist geboten, eine Korrektur zu zwei Geländepunkten zu geben, deren unzutreffende Bezeichnung oder Beschreibung bzw. deren falsche Lage im Gelände bis auf wenige Ausnahmen sowohl in den alliierten Darstellungen der Kämpfe um die Gustav-Linie wie auch in der deutschen Literatur enthalten sind.

7. Die 1. Cassino-Schlacht

Die Ursache scheint darin zu liegen, dass bereits bei den KTB-Eintragungen Schreibfehler aufgetreten sind oder in den GefechtsLagekarten falsche Bezeichnungen vorgenommen wurden. Später sind sie dann von den jeweiligen Autoren von Darstellung zu Darstellung übernommen worden.

Beim Angriff der 34. (US) Inf Div wird immer wieder vom Kampf um die Höhen 213 und „56" gesprochen. Da bereits die Talsohle des Rapido in diesem Raum auf einer Höhe von 60 Metern liegt, ist klar, dass es sich hier nur um die Höhe „156" handeln kann. Vergleichbares gilt für den Cle Maiola. Er wird auf fast allen Lagekarten mit der Höhenangabe „481 Meter" vermerkt und liegt damit in einer Entfernung von fast 1 km senkrecht im Norden der Höhe 593. Tatsächlich weist der Cle Maiola nur eine Höhe von 343 Metern auf und liegt fast 2 km nordostwärts der Höhe 593. Da es beide Geländepunkte gibt, ist bei vielen Gefechtsschilderungen nicht klar, was gemeint ist – die Höhe 481 oder der Cle Maiola. Diese Angaben wurden bei der mehrfachen Begehung des Schlachtfeldes überprüft, darüber hinaus werden sie durch die Carta Regionale, Regione Lazio, Maßstab 1: 100.000, Blatt Nr. 7 sowie die Karte Commune di Cassino, Blatt A, Maßstab 1: 10.000, bestätigt.

55   Die ursprüngliche Division war 1938 aus Truppenteilen des österreichischen Bundesheeres gebildet worden, darunter dem Inf Rgt 4, das die Tradition des alten k.u.k. Inf Rgt 4 „Hoch- und Deutschmeister" weiterführte. Die Division galt als Wiener „Hausdivision". Mit der Namensverleihung am 1. Juni 1943 „Reichsgrenadier-Division Hoch- und Deutschmeister" sollten die Leistungen der bei Stalingrad vernichteten Division für das Reich gewürdigt werden. Das 3. Grenadierregiment erhielt dabei nicht die Nummer 133 sondern 134 und den Ehrennamen „Reichsgrenadier-Regiment Hoch- und Deutschmeister". Damit sollte die österreichische Militärtradition erhalten bleiben.

Einzelheiten der Gliederung in der Übersicht 10 im Anhang. Auch über diese Division liegt eine Divisionsgeschichte vor, „Die 44. Infanterie Division. Tagebuch der Hoch- und Deutschmeister ...", Wien 1969. Die Divisionsgeschichte wurde von einem Autorenkollektiv unter Anton Schimak/Karl Lamprecht/Friedrich Dettmer verfasst. Die Beschreibung der Ereignisse während der Cassino-Schlachten werden im Kapitel 8/3-8/6 wiedergegeben, S.274-308.

56   Bei den Verzögerungsgefechten zwischen Bernhard- und Gustav-Linie hatte die Division starke Verluste erlitten. Trotz der Zuführung von Personalersatz (beispielsweise waren dem Gren Rgt 134 tausend Mann aus dem Geburtsjahrgang 1925, also knapp 19jährige Jungen, zugeführt worden) war die Notwendigkeit gesehen worden, die Division durch zwei Regimenter der 71. Inf Div zu verstärken, die Gren Rgt 211 und 191 mit je zwei Bataillonen. Die Angaben über die 44. Inf Div richten sich nach Schimak und Golla, jeweils a.a.O. sowie nach Manfred Schick, „Monte Cassino. Ein Rückblick nach 60 Jahren ...", Nürnberg 2004.

57   U.a. nach Schimak, Schick und Ben Arie, S. 138. Dieser gibt allerdings die Kräftegliederung z.T. auf eine spätere Phase bezogen an.

58   Im schneebedeckten Gelände war mit der pferdebespannten Artillerie der 44. Inf Div nur schwer ein Stellungswechsel möglich. Die Versorgungsräume der Regimenter lagen nach rückwärts bis in den Raum Roccasecca. Dies bedeutete für die Trägerkolonnen viele Stunden Zeitbedarf für den Anmarsch oder Rückmarsch, bei starkem Schneefall waren Bewegungen kaum möglich. Vorausschauend war daher für die Stützpunkte eine gewisse Bevorratung vorgenommen worden.

Die Angaben über den Einsatz der Artillerie beim XIV. Pz Korps aus der Fußnote 29 müssen hier ergänzt werden: Inzwischen waren weitere Artilleriekräfte herangeführt worden, so Teile der s HArt Abt 767, die s oder l Art Abt 602 (R.S.O.), und die s II./HArt Abt 51 (R.S.O.) und ggf. weitere Artillerieverbände. Die Angaben in den KTB-Unterlagen sind sehr widersprüchlich. Unter der Abkürzung R.S.O. verbirgt sich der Name „Raupenschlepper Ost", ein leichtes ungepanzertes Fahrzeug mit einem Kettenlaufwerk, das als Zugmittel für Geschütze bzw. als Transportfahrzeug eingesetzt wurde.

Das Korps bildete je nach den Schwerpunkten im Gefecht Zusammenfassungen der Artillerie, also erst bei der 15. PzGren Div, dann bei der 44. Inf Div, danach bei der 90. PzGren Div. Zur besseren Vorstellung sollen einige Angaben über Höchstschussweiten der Geschütze gegeben werden: Die Feldartillerie der Division erreichte mit der FH 10,5 cm und der FH 15 cm Schussweiten von 10,4 km bzw. 11,4 km. Die GebH 7,5 cm hatte eine Höchstschussweite von 6,6 km. Die Standardgeschütze der schweren Artillerie waren die Kan 17 cm, Höchstschussweite 29,6 km und der Mörser (eigentlich eine Haubitze) 21 cm mit einer Schussweite von 16,7 km. Die Bildung von Feuerschwerpunkten setzte daher bei der Feldartillerie in der Regel Stellungswechsel voraus.

59   Die Darstellung der entscheidenden Phase innerhalb der 1. Cassino-Schlacht stützt sich im Hinblick auf die alliierte Seite wieder auf das US-Generalstabswerk (Blumenson) sowie auf das UK-Generalstabswerk (Molony).

Über den Einsatz des CEF liegt eine umfangreiche französische Literatur vor, die von den Memoiren General Juins bis zu Zeitzeugen, also Teilnehmern an der Schlacht, wie beispielsweise René Chambe, „Le Bataillon du Belvédère" (Paris 1953) reicht. Ein großer Teil der Darstellungen ist unmittelbar nach dem Kriege bis in die 50er Jahre erschienen. Neueren Datums ist: „Le Corps Expéditionnaire Français en Italie 1943-1944" von Jacques Robichon, Paris 1981.

Vor allem wurden die Bücher von Carpentier (Chef des Stabes bei Juin), Mordal und Chambe herangezogen, wobei der „Heldenstil" von Chambe zu einer zurückhaltenden Bewertung zwingt. Bei ihm fällt kein französischer Soldat ohne „Vive la France" auf den Lippen.

Auf deutscher Seite liegen die mehrfach genannten Divisionsgeschichten der 44. Inf Div (Schimak u.a.) und der 71. Inf Div (Autorenkollektiv) vor. Erlebnisberichte gibt Schick. Alle Autoren jeweils a.a.O. Darüber hinaus wurde der umfangreiche Aktenbestand des XIV. Pz Korps und der 10. Armee im Militärarchiv mit den Kennziffern RH 20-14/90, RH 20-14/95, RH 20-14/109 sowie RH 20-10/99, RH 20-10/101 und RH 20-10/102 verwendet.

60   Das 100. (US) Inf Btl war aus Hawaianern japanischer Geburt gebildet worden, die als US-Staatsbürger ihre Loyalität zu den USA beweisen wollten. Diese Formation aus Freiwilligen war anfangs mit Misstrauen bedacht worden, überzeugte jedoch bald durch militärische Leistungen und Zuverlässigkeit. Soldaten des 100. (US) Infanteriebataillons wurden über dem Durchschnitt mit hohen Tapferkeitsauszeichnungen gewürdigt. Das Bataillon war als Ersatz für das II./133 zugeteilt worden.
      Das Rapido-Tal bot keine Möglichkeit, Panzer weiträumig einzusetzen. Wir müssen uns daher die Panzer dieser drei Bataillone mehr als Begleitpanzer oder Sturmgeschütze zur Unterstützung der Infanterie, beispielsweise mit direktem Feuer gegen Bunker und befestigte Stellungen, vorstellen.

61   Schick, S. 121.

62   Die Angaben über den betroffenen Gefechtsstand sind anzuzweifeln. Mehrfach wird in Gefechtsberichten geschildert, dass der Abschnitt Caira – Mt Villa durch das I./132 verteidigt wurde (s. u.a. Schick, S. 115, S. 118, S. 121 ff.) Das Gren Rgt 131 dagegen hatte den Abschnitt gegenüber der 3. D.I.A. gehalten. Dabei habe das I./131 südlich des I./191 die Anstiege zum Belvedere verteidigt. Es erscheint beinahe ausgeschlossen, dass der Gefechtsstand des I./131 nicht im Abschnitt des eigenen Bataillons, sondern im Abschnitt des Gren Rgt 132 im Raum Caira gelegen wäre. Sollte in Wirklichkeit der Gefechtsstand I./132 und nicht der Gefechtsstand I./131 durch die Amerikaner genommen worden sein?

63   Op Plan nach Mordal, S. 108 f. und Molony, S. 626.

64   Ebendort.

65   Chambe, S. 91

66   Molony, S. 711.

67   v. Senger, S. 246.

68   Der „Neumann-Weg" war eine durch den Kommandeur des Pi Btl 80 der 44. Inf Div, Oberstleutnant Neumann, angelegte geschotterte „Straße", früher ein Maultierpfad, der von Belmonte nach Terelle führte. Er diente zur Versorgung der Truppe im Höhengelände unterhalb des Mt Cairo. Der Weg war im Dezember 1943/Januar 1944 mit Unterstützung dienstverpflichteter und freiwilliger italienischer Arbeiter ausgebaut worden. Angaben nach einem internen Bericht des Stabes Pi Btl 80, Kopie im Archiv des Verfassers.

69   BA-MA, RH 24-14/90, KTB Nr. 6, XIV. Pz Korps, Eintrag vom 25.01.44.

70   Hptm Abele, der Kdr des I./Gren Rgt 134 „Hoch- und Deutschmeister", wurde für diese Tat mit dem Ritterkreuz ausgezeichnet. Abele beendete den Krieg als Major, er trat 1955 in die Bundeswehr ein und wurde 1973 als Oberst in den Ruhestand versetzt. Schick, S. 86 f.

71   Carpentier, S. 75 f.

72   Molony, S. 628, Fußnote 2.

73   Vergleiche Ellis, S. 155; Ben Arie nennt, gestützt auf Molony, davon abweichende Zahlen, siehe S. 137.

74   BA-MA, RH 24-14/94, Tagesmeldung des XIV. Pz Korps vom 01.02., Tagesmeldung der 44. Inf Div vom 01.02. sowie Morgenmeldung der 90. PzGren Div vom 02.02.

75   Baades exzentrische Eskapaden finden besonderes Wohlwollen in der anglo-amerikanischen Literatur, siehe u.a. die seitenlangen Ausführungen bei Hapgood/Richardson, S. 175 ff.

76   Zum Eintreffen der Verbände 90. PzGren Div siehe BA-MA, RH 24-14/94, Tagesmeldungen des XIV. Pz Korps vom 02.02., 03.02., 04.02 und 06.02. Die Gliederung der 90. PzGren Div in Übersicht 10 im Anhang.

77   Von der Adria-Front kamen nacheinander das III./FschJg Rgt 3, das II./FschJg Rgt 1, vom Landeraum bei Anzio das FschMG Btl 1 und der Stab der Kampfgruppe Schulz (Stab FschJg Rgt 1). Zusätzlich wurde aus den Abruzzen das HochGebJg Btl 4 herübergezogen.

78   Der Bedeutung wegen wurde aus dem 142. Inf Rgt und unterstellten Panzer-, Panzerjäger- und Artillerieverbände die „Task Force Butler" gebildet, genannt nach dem stv Kdr der 34. Inf Div, Brigadegeneral Butler.

79   Blumenson, „Salerno ...", S. 377.

80   Ebendort, S. 378; Molony, S. 697.

81   Hapgood/Richardson, S. 125; Parker, S. 125.

82   Die Stärke jedes Bataillons betrug etwa 400 Mann, die Gesamtstärke des Gren Rgt 211 mit Rgt-Einheiten über 1 000 Mann. Dies war die gewöhnliche Stärke deutscher Bataillone oder Regimenter in dieser Zeit. Die Soll-Stärke zum Vergleich: Inf Rgt über 3 000 Mann, Inf Btl ca. 1 000 Mann. Führer des Gren Rgt 211 war Major Knuth. Der Rocca Janula ist eine felsige Anhöhe direkt oberhalb der Stadt. Nach seiner geographischen Höhe wurde er auch als „Höhe 193" bezeichnet. Wegen der Überreste einer alten Festung nannten die Alliierten „Castle Hill".

83   Ablauf der Kämpfe nach Div Geschichte 71. Division und Blumenson, „Salerno ...", Kap. XXI.

84   Hochgebirgsjägerbataillone waren selbstständige Bataillone, mit spezieller Ausbildung und Ausstattung für den Kampf im Hochgebirge. Sie hatten eine größere Personalstärke als andere Bataillone, sie verfügten z.B. über eine eigene Gebirgsartilleriebatterie. In Italien waren die HochGebJg Btl 3 und 4 eingesetzt. Das HochGebJg Btl 4 wurde nicht in voller Stärke im Raum Cassino eingesetzt. Eine Kompanie und die GebArt Bttr verblieb in den Abruzzen zurück.

7. Die 1. Cassino-Schlacht

85 Parker, S. 142.

86 BA-MA, RH 20-10/99, KTB Nr. 5 der 10. Armee vom 01.02.44 bis 31.03.44, Eintrag vom 03.02.44.

87 Böhmler, S. 306 f.; Schick, S. 127; Ben Arie, S. 174 f.; siehe auch die Aktenbestände BA-MA, RH 24-94/95 mit unterschiedlichen Meldungen der 90. PzGren Div sowie das KTB Nr. 6, XIV. Pz Korps, Eintrag vom 12.02.44.

88 Ernie Pyle, "Brave Men", New York 1944; S. 98.

89 KTB Nr. 5, 10. Armee, Eintrag 06.02.44.

90 Der Einsatz der 34. (US) Inf Div dauerte vom 24.01. bis zum 12.02.44. Die Einsatzdauer von Divisionen auf deutscher Seite war unvergleichlich viel länger. So waren z.B. die 44. Inf Div oder die 15. PzGren Div monatelang ohne Ablösung im Einsatz.

91 Ellis, S. 131.

92 Parker, S. 148; Blumenson,"Salerno ...", S. 383.

93 73 Gefallene, 215 Verwundete, 99 Vermisste und 99 Kranke. Die leicht Verwundeten und Kranke, die bei der Truppe verblieben waren, sind dabei nicht mitgezählt. S. Ben Arie, S. 150 f.

94 Majdalany, S.87.

95 Die Gliederung nach Molony, S. 710 f und S. 706. Einzelheiten der Gliederung NZ-Korps in der Übersicht 16 im Anhang.

96 Molony, S. 708.

97 Gliederung der 2. (NZ) Div im Anhang, erneut Übersicht 16.

98 Molony, S. 784.

99 OpPlan 04.02., nach Molony, S. 705 f.

100 Ellis, S. 162.

101 Besonders kritisch, aber auch besonders einseitig bewertet Ben Arie den OpPlan des NZ-Korps, siehe S. 177-180.

102 Molony, S. 704.

103 Parker, S. 157.

104 Siehe u.a. die Berichterstattung der „Süddeutschen Zeitung" zur 60. Wiederkehr des Tages der Zerstörung, Ausgabe 14./15.02.2004.

105 Für die anschließende komprimierte Darstellung wurden verwendet: Lang, „Oberstleutnant Julius Schlegel ...; Böhmler, a.a.O., Kapitel XI; Hapgood/Richardson, „Monte Cassino" sowie Canziani, „Il Fronte di Cassino ...".
    Zusätzlich wurden herangezogen Faustino Avagliano (Hrsg.), „Il Bombardamento di Montecassino. Diario di Guerra di E. Grossetti – M. Matronola", Montecassino 1980 sowie Pater Emanuel Munding OSB, „Der Untergang von Montecassino", Beuron 1954.

106 Neben dem Abt verblieben im Kloster die Padres Matronola, Grossetti, Graziosi, Clemente und Saccomanno sowie die Fratres (Laienbrüder) Pelagalli, Ciaraldi, Nardone, Colella und di Raimo. Siehe Canziani, S.118 und Avagliano, S. 26. Im Januar 1944 soll das Kloster mit 80 Mönchen „belegt" gewesen sein.
    Padres und Laienbrüder waren nach ihrem Alter und ihrem körperlichen Zustand ausgesucht worden. Sie waren zwischen 24 und 40 Jahre alt und körperlich in der Lage, die kommenden Strapazen zu überstehen. Eine Ausnahme war Fra Pelagalli, 79 Jahre alt, der sich von seinem Kloster nicht mehr trennen wollte.
    Der kleinen Klostergemeinschaft hatten sich Don Falconio, Sekretär der Verwaltung der Diözese Cassino, und Guiseppe Cianci angeschlossen, der quasi als Oblate im Kloster lebte.

107 Molony, S. 696. Der Genauigkeit wegen wurde das Zitat in Englisch wiedergegeben. Die Übersetzung lautet,"... mit Ausnahme einiger weniger, die geplündert worden waren."

108 Winfried Heinemann, „Der militärische Widerstand und der Krieg", MGFA, Band 9, „Die deutsche Kriegsgesellschaft 1939 bis 1945"; Erster Halbband, „Politisierung, Vernichtung, Überleben", München 2004; Zweiter Teil, Abschnitt VIII 2, S. 874 f.; ebenso Schreiber, MGFA, Band 8, S. 1146. Mit welcher Gründlichkeit Heinemann gearbeitet hat, wird daraus ersichtlich, dass er Stabsarzt Dr. Becker als „ein Oberleutnant Becker" bezeichnet.

109 Lang, S. 124.

110 Zitiert aus einem Brief des Erzabts vom 04.03.94 an Brigadegeneral Fritz Eckart, Kopie im Archiv des Verfassers. Dieses Dokument verdanke ich Generalmajor a.D. Bernhard, Präsident des Bundes Deutscher Fallschirmjäger.

111 Blumenson, „Salerno ...", S. 397.

112 Ebendort.

113 Hapgood/Richardson, S. 53.

114 Blumenson, S. 398. Die Antwort der 5. (US) Armee vom 6. Januar 1944 an das US-Kriegsministerium ist bei Hapgood/Richardson, S. 64, aufgeführt.

115 Molony, S. 707 f.

116 MGFA, Band 8, S. 1147.

117 Hapgood/Richardson, S. 93 und S. 167; siehe auch E.D. Smith, S. 85. Zumindest die Neuseeländer waren später von einer Lüge überzeugt: „Dass die Deutschen die Besetzung des Klosters in Abrede stellten, verstärkte nur den Glauben, dass sie es tatsächlich besetzt hätten."

118 Die Eindrücke über die Abtei aus der Sicht der Truppe beschreibt eindrucksvoll u.a. Majdalany, S. 120. Zur Medien-

berichterstattung s. erneut die Ausführungen bei Hapgood/Richardson, S. 161-165; der Artikel in der „Daily Mail" ist in Faksimile nachgedruckt bei Piekalkiewicz, S. 115.
In Deutsch lautet die Schlagzeile: „Nazis verwandeln das Kloster von Cassino in ein Fort." Der Autor fährt im einleitenden Absatz fort: „Die Alliierten könnten, wie ich glaube, ihr Verhalten gegenüber der berüchtigten Abtei von Cassino ändern. Wegen ihrer historischen Bedeutung ist sie als Ziel für unsere Artillerie ausgespart worden, obwohl sie von den Deutschen als Beobachtungsposten benutzt wird."

119 KTB OKW, Band III/2, S. 1320, Eintrag vom 29.11.43. Die spätere Gustav-Stellung wurde damals im WFSt noch als „Cassino-Stellung" bezeichnet.
120 BA-MA, RH 20-10/75, AOK 10, Ia Nr. 893/43 gKdos vom 7.12.43 sowie BA-MA, RH 20-10/76, AOK 10, Ia Nr. 916/43 gKdos vom 11.12.43. S. auch Stimpel, S. 295 sowie Blumenson, „Salerno ...", S. 400f.
121 Avagliano, S. 40. Die 29. PzGren Div unter General Fries kämpfte zu dieser Zeit noch um die Enge von Mignano. Offensichtlich fiel aber die Anlage der Befestigungen im Raum Cassino in ihre Zuständigkeit.
122 Ebendort, S. 43 und 50 f. „Weder in dieser Zone und schon gar nicht in Montecassino selbst werden noch Deutsche gesehen."
123 Insgesamt soll hier noch einmal auf die Tagebuch-Eintragungen von Matronola/Grossetti verwiesen werden, bei Avagliano S. 39-62; insbesondere die Vermerke vom 8. Dezember, 15. Dezember, 5. bis 9. Januar, 12. Januar und 14. Januar.
124 Böhmler, S. 315; Ben Arie, der sich auf Böhmler stützt, S. 190.
125 KTB Nr. 5 der 10. Armee, Eintrag vom 15.02.44; Böhmler, S. 338.
126 Majdalany, S. 125. In ähnlicher Weise Molony, E.D. Smith oder Ellis.
127 Hapgood/Richardson, S. 168.
128 Umfangreiche Darstellung der Gründe Tukers u.a. bei Majdalany, S. 114 ff.
129 Zitat nach Ellis, S. 167. Einzelne Charakterisierungen nach Beevor, Hapgood/Richardson, Parker, Majdalany, Ben Arie oder Adleman/Walton, jeweils a.a.O.
130 Der vorgebrachte Einwand, die amerikanischen Kommandeure hätten unmöglich gegen die Auffassung ihres Armeeoberbefehlshabers argumentieren können, hat eine gewisse (geringe) Bedeutung. Eine stärkere Rolle mag gespielt haben, dass die Neuseeländer gegenüber den Amerikanern mit einem gewissen Dünkel auftraten, mit ihrer Kampferfahrung protzten und erkennen ließen, sie würden eine Sache mit Erfolg zu Ende führen, an denen die „grünen" Amerikaner gescheitert waren. Und nun forderten sie die Bombardierung des Klosters, einen Einsatz, dessen Durchführung während des Angriffs der 34. (US) Inf Div niemand auch nur erwogen hatte.
131 Generalmajor Gruenther hat wegen der Tragweite der Bombardierung im Stabe der 5. (US) Armee ein Memorandum erstellen lassen, in dem alle Sachinhalte der Gespräche, die Entscheidungen sowie die ausschlaggebenden Zeiten festgehalten wurden. Darüber hinaus haben die Amerikaner einen besonderen Aktenband zusammengestellt, in dem alle bedeutsamen Schriftstücke (Befehle, Stellungnahmen, Gesprächsprotokolle) zusammengeführt wurden: „Fifth Army Report on Monte Cassino Bombing". Nachweis bei Blumenson, „Salerno ...", Kapitel XXIII. Auch Clark hat sich umfassend in seinen Erinnerungen „Calculated Risk" zu seiner bekannten Auffassung geäußert. Die vorstehenden Schilderungen richten sich nach Blumenson.
132 Das Gespräch wurde entweder telefonisch geführt oder persönlich bei einem Besuch Alexanders auf dem Gefechtsstand von General Clark.
133 Blumenson, der aus den Tagebüchern Clarks zitiert, S. 407.
134 Hapgood/Richardson, S. 172 f.
135 Blumenson, „Salerno ...", S. 409; Hapgood/Richardson, S. 200; Ellis, S. 182 f.
136 Zum vorstehenden Text siehe die Stärkemeldung des XIV. Pz Korps vom 09.02.44, BA-MA, RH 20-14/109, die Tagesmeldung der 90. PzGren Div vom 10.02.44, RH 20-14/94, die Tagesmeldung des XIV. Pz Korps vom 13.02.44, RH 20-14/95 sowie das KTB Nr. 4, 10. Armee RH 20-10/87, Einträge vom 28.01. und 31.01.44.
137 Avagliano, S. 81 ff.
138 Abdruck des Flugblattes im Anhang.
139 Leutnant Daiber wird in der Literatur eine wenig positive Rolle zugewiesen. Einerseits wird unterschwellig nahe gelegt, er habe ein „rechtzeitiges Verlassen" des Klosters durch die Mönche verhindert, andererseits wird unterstellt, er habe mit unwahren Versicherungen Abt Diamare dazu bewegt, die Erklärung auszustellen, die Abtei wäre nicht von den Deutschen besetzt gewesen. Vergleiche den Text entsprechend der nachfolgenden Fußnote 148. Zu diesen Kränkungen hat sich Daiber nicht öffentlich geäußert. Daiber war nach dem Kriege Angehöriger der Bundeswehrverwaltung, u.a. war er Leiter der Abteilung Verwaltung des II. Korps in Ulm. Hinweise hierzu verdanke ich Generalmajor a.D. Grumer, ehem. stv. KG des Korps.
Die Ausführungen über das Geschehen im Kloster bis zum Eintreffen Diamares in Rom richten sich nach Böhmler, Kapitel XIV, Avagliano, S. 93-109 (Tagebuch Matronola) sowie Hapgood/Richardson, S. 196 ff., S. 209 f., S. 213, S. 217-224.
140 Über den Angriff des NZ-Korps bzw. die 2. Cassino-Schlacht, wie es in der anglo-amerikanischen Literatur heißt, liegen umfangreiche Schilderungen vor. So beispielsweise Molony, S. 710-722; Majdalany, S. 95-162; E.D. Smith, S. 77-107. Wichtig für den Einsatz des NZ-Korps die „Official History of New Zealand in the Second World War 1939-1945", der Band 1 über den Kriegsschauplatz Italien, Autor N. C. Philipp, „The Sangro to Cassino", Wellington 1957; S. 205-236.

7. Die 1. Cassino-Schlacht

Beide Seiten werden abgedeckt durch Ben Arie, S. 175-197 und S. 203-225. Teilaspekte für die deutsche Seite behandelt Böhmler, S. 307-311. Siehe des Weiteren v. Senger, S. 246-265. Einzelheiten geben die beiden KTBs XIV. Pz Korps und 10. Armee (RH 20-14/90 bzw. RH 20-10/99) sowie der Aktenbestand im BA-MA, RH 20-14/95, RH 20-10/101 und RH 20-10/102. Zu den Kämpfen im Stadtgebiet Cassino vergleiche die Divisionsgeschichte 71. Inf Div, S. 353-359.

141 Nachdruck des Operationsbefehls Nr. 341 vom 14.02.44 mit dem Feindnachrichten-Annex im Anhang die Befehlsbeispiele 5 und 6, übernommen von Canziani, S. 128 ff.

142 Angaben zum Luftangriff s. Blumenson, „Salerno …", S. 409-414; Hapgood/Richardson, S. 198-203 und S. 208; eine Zusammenstellung von Ausschnitten aus anderer Literatur bei Canziani, S. 126-142.

143 Parker, S. 182.

144 Böhmler, S. 322.

145 Die Aussagen von Herrn Kaifel und von Monsignore Völk stammen aus Interviews am 04. bzw. 16.07.2007, Tony Pittaccios Aussage nach Parker, S. 183.

146 Die Angabe über mindestens 250 getötete Zivilisten erscheint regelmäßig in der ausgewählten Literatur. Dabei sind wahrscheinlich nicht die Toten enthalten, die außerhalb des Klosters ums Leben kamen. Hapgood/Richardson nennen u.a. die Anzahl von 230 getöteten Zivilisten, davon sollen die Überreste von 148 Leichen bei den Räumungsarbeiten nach dem Kriege gefunden worden sein. Hapgood/Richardson, S. 211 f. Herr Quin, damals Gefreiter in der San Kp 7, berichtet, dass sie durch Leichen nicht behindert worden seien. Q. war auf dem Hauptverbandplatz in der Abtei von Ende Februar bis zur Räumung im Mai 1944 eingesetzt, Interview am 04.07.2007.
Qs. Beobachtung bestätigt andere Berichte, z.B. von dt. Kriegsgefangenen, die nach dem Kriege zum Wiederaufbau des Klosters eingesetzt waren. Hierbei wurde vor allem in den Stockwerken unterhalb der Bibliothek nach den Überresten von Verschütteten gesucht. Siehe auch den Bericht von Herrn Kuruja, nach Schick, S. 266-275. K. macht allerdings keine Zahlenangaben.

147 Bei der Herauslösung des PzGren Rgt 361 zur Auffrischung war die 2./361 dem I./FschJg 1 unterstellt worden. Das III./361 wurde dem Gren Rgt 211 als Verstärkung zugeführt.
Schon am 9. Februar hatte Oberst Baade das III./FschJg 3 und das FSchMG Btl 1 als „verbraucht" bewertet und das II./FschJg 1 sowie das III./361 als „stark angeschlagen". Als frisches Bataillon konnte nur das I./FschJg 1 gelten. Vergleiche das Fernschreiben XIV. Pz Korps an 10. Armee über Meldung 90. PzGren Div am 09.02.44, RH 20-14/94.

148 Im Anhang der Abdruck der Erklärung Diamare/Daiber, nach Leccisotti, dort gegenüber S. 65.

149 Einzelheiten nach Avagliano, S. 100-109 (Tagebuch Matronola) sowie v. Senger, S. 255 ff.

150 RH 20-14/95, Zwischenmeldung 90. PzGren Div vom 19.02.; die Meldung bezieht sich ausschließlich auf die Wiedereinnahme des Bahnhofs am 18.02. und steht damit im Widerspruch zu Ben Arie, S. 224. Die Div-Geschichte 71. Inf Div gibt die Stärke der Verluste des Gren Rgt 211 auf S. 357 mit insgesamt 102 Mann an.

151 v. Senger, S. 291 ff. Am 26. Februar war das Gren Rgt 211 durch das II./FschJg Rgt 3 abgelöst und zur 71. Inf Div zurückgeführt worden. Am 09.03.44 wurde Knuth mit dem Ritterkreuz ausgezeichnet. Am Morgen des 10.03.44 ist er dann, wie geschildert, gefallen.

152 Iris Origo, „Toskanisches Tagebuch 1943/44 …", München 1991; S. 162.

153 Molony, S. 628. Dabei wurden Einsätze gegen Hafenanlagen und deutsche Seetransporte nicht mitgezählt.

154 Siehe Kapitel 8.

8

Deutsche Angriffe gegen den alliierten Brückenkopf bei Anzio; die 2. Cassino-Schlacht im März 1944

Einführung in das Kapitel

Zur Einführung in das nachfolgende Kapitel ist es zweckmäßig, noch einmal auf einige wichtige Sachverhalte aus den vorangegangenen Kapiteln 5 bis 7 zu verweisen. Nach dem Operationsplan General Alexanders von Anfang Januar 1944 sollte der Angriff der 15. alliierten HGr mit dem Schwerpunkt bei der 5. (US) Armee endlich zur Einnahme Roms führen. Die Seelandung eines verstärkten Armeekorps diente dazu, die deutschen Verteidigungsstellungen zwischen Ortona an der Adria und dem Golf von Gaeta zu umgehen. Die Angriffe der 5. (US) Armee ab dem 17. Januar 1944 hatten zunächst den Zweck, die Entfernung zum künftigen Landeraum des VI. (US) Korps zu verringern. Die Vereinigung der Hauptkräfte der 5. (US) Armee mit dem über See gelandeten VI. (US) Korps sollte dann im Raum der Albaner Berge erfolgen. Die Seelandung bei Anzio und Nettuno war also ursprünglich ein ausschlaggebender Bestandteil der Operation zur Einnahme Roms.

Während der zweiten Phase der 1. Cassino-Schlacht etwa ab dem 14. Februar war durch den absehbaren Großangriff der 14. dt. Armee zur Zerschlagung des alliierten Landekopfes die Lage im Landeraum so kritisch geworden, dass eine Umkehrung der Prioritäten vorgenommen wurde: Der Angriff des NZ-Korps diente nun vor allem dazu, den deutschen Druck auf Anzio zu mindern. Dies hatte Zeitdruck und damit das Streben nach „kurzen Wegen" zur Folge. „Es war eine Lage nicht ohne Ironie. Anzio war ursprünglich dazu bestimmt, den Stillstand an der Cassino-Front zu beseitigen. Nun war das Unternehmen zu einer Belastung geworden und bedurfte selbst der Rettungsmaßnahmen. Die 1. Cassino-Schlacht war in großer Eile dazu ausersehen worden, den Weg zu ebnen für das Meisterstück bei Anzio. Die 2. Schlacht musste nun gestartet werden, um – mit noch größerer Hast – Anzio vor einem Debakel zu bewahren."[1]

Diesem Kapitel sind daher zwei Themen gestellt: Zuerst die Schilderung, wie teilweise zeitgleich zur 1. Cassino-Schlacht die deutschen Angriffe vom 16. und 29. Februar 1944 gegen den alliierten Landekopf abliefen und wie sich dadurch (siehe oben) die Prioritäten veränderten. Die Schilderung schließt die sich danach im März 1944 ergebene „große Lage" ein. Sodann wird die 2. Cassino-Schlacht im März 1944 und ihr Ausgang beschrieben.

Die Lage der HGr C und der 14. Armee Anfang Februar 1944

Die Angriffe der 5. (US) Armee im Raum Cassino, vor allem aber die Angriffe der 34. (US) Inf Div und des CEF ab Ende Januar und der eigene beabsichtigte Angriff auf den Landekopf des VI. (US) Korps stellte die HGr C vor zwei Problemfelder, wobei man nicht wusste, wie man beide zur gleichen Zeit bewältigen konnte. Die Lage an der Cassino-Front zeigte nicht nur auf, dass keine weiteren Kräfte der 10. dt. Armee von der Front im Süden abgezogen werden konnten, sondern auch, dass diese Armee zur Stabilisierung selbst der Zuführung von Kräften bedurfte, zumindest im Angriffsraum der 5. (US) Armee. Die nötigen Kräfte für den Angriff der 14. Armee konnten daher nur durch das bereits angelaufene Verstärkungsprogramm des OKW/ WFSt („Marder") und – wie wir es schon früher so nannten – aus dem „Reservoir" deutscher Divisionen in Norditalien gewonnen werden. Dies brauchte aber seine Zeit. Das Hinausschieben des deutschen Gegenangriffs mit allen Nachteilen, die damit verbunden waren, wurde also nicht nur durch den Angriff des VI. (US) Korps zur Ausweitung des Landeraums ab dem 30. Januar[2] bedingt, sondern auch durch die Notwendigkeit des Heranbringens ausreichend starker Angriffskräfte. Die Angriffsplanungen der HGr C und der 14. Armee wurden beeinflusst durch den etwas einseitigen Dialog zwischen dem WFSt einerseits und Kesselring/v.Mackensen andererseits. Dabei übte das deutsche Oberkommando allerdings keinen zeitlichen Druck aus. Die Vorteile eines zeitlichen Hinausschiebens für einen durchschlagenden Erfolg durch die Bereitstellung stärkerer Kräfte hatten auch ihr Gewicht.[3]

Die eben erwähnten Angriffe des VI. (US) Korps am 30./31. Januar hatten zwar die deutschen Angriffsvorbereitungen unterbrochen, aber keinen grundlegenden Einfluss auf den ursprünglichen Angriffszweck und den Schwerpunkt gehabt. Unverändert sollte der Angriff westlich der Linie Carano-Nettuno im Zuge der „Via Anziate" (also der Straße Albano – Anzio) auf schmaler Breite und tief gegliedert geführt werden, dabei sollten die Stellungen der 1. (BR) Inf Div mit den Infanteriedivisionen durchbrochen und danach mit den gepanzerten Verbänden nach Westen oder Osten eingedreht werden um den Feind von rückwärts anzugreifen und nacheinander Abschnitte aus der Front heraus zu brechen.

Nachfolgend muss der deutsche Kräfteaufbau vor dem Landeraum Anzio/Nettuno einerseits wiederholt, andererseits ergänzend dargestellt werden. (Lagekarte 20) Zu den ursprünglichen Kräften zur Bindung der alliierten Truppen im Landeraum, der 3. PzGren Div und der Pz Div „HG" unter der Führung des I. Fsch Korps, waren nacheinander folgende Kräfte getreten. Unter der Führung des LI. Geb Korps hatte die 362. Inf Div ab dem 27. Januar die Küstensicherung zwischen dem Cecina-Abschnitt (westlich von Siena) und der Tiber-Mündung übernommen. Bis zum 28. Januar war die 65. Inf Div (aus der Auffrischung aus Norditalien kommend) zwischen der 3. PzGren Div und der 4. FschJg Div eingeschoben worden.[4] Letztere, natürlich auch jetzt noch nicht voll aufgestellt, hatte allmählich mit weiteren Truppen von rückwärts aufgefüllt, die Sicherung am Moletta-Graben übernommen. Dabei waren die drei Fallschirmjägerregimenter der Division wieder „normal" gegliedert worden, die Kampfgruppe „Gericke" wurde nach und nach aufgelöst. Gleichfalls ab dem 28. Januar trafen die ersten Teile der 114. Jg Div südlich von Rom ein, das Eintreffen der Masse der Division wurde allerdings erst in den ersten Februarwochen erwartet. Ab dem 29. Januar erreichten Teile der 715. Inf Div (t.mot.) den Raum Rom, sie konnte erst nach einigen Tagen voll versammelt sein. Die 26. Pz Div hatte am 26. Januar als Heeresgruppen-Reserve den Raum Avezzano bezogen und wurde in den folgenden Tagen regimentsweise zur Unterstützung der Pz Div „HG" vorgeführt. Wir hatten beschrieben, dass Teile der Division bereits in die Kämpfe um Cisterna eingreifen mussten.[5] Nach dem Eintreffen der 114. Jg Div würden für den Angriff auf den Landekopf acht Divisionsstäbe unter der Führung der 14. Armee/I. Fsch Korps zur Verfügung stehen. Die Divisionen waren teilweise mit ihren Truppen nach der Grundgliederung eingesetzt, teilweise waren sie mit anderen Truppenteilen aus Einzelabstellungen aufgefüllt worden. Personell und materiell voll aufgefüllt waren nur die 715. und die 114. Div.

Bei der zunehmenden Anzahl von Divisionen war klar, dass diese keinesfalls durch den Korpsstab des I. Fsch Korps geführt werden konnten. Man bildete „Gruppen", in denen jeweils mehrere Divisionen der Führung einer dieser Divisionen unterstellt wurden. Die Gruppe „Pfeifer" bestand aus der 65. Inf Div und der 4. FschJg Div, sie stand unter der Führung von General Pfeifer, dem Kdr der 65. Inf Div. Die Gruppe „Graeser" – 3. PzGren Div und 715. Inf Div (t. mot.) – wurde durch den Kdr 3. PzGren Div, General Graeser, geführt. Selbstständig blieben die Teile der 71. Inf Div und die Pz Div „HG", die 26. Pz Div wurde vorübergehend der Pz Div „HG" unterstellt – eine ungewöhnliche Lösung.[6]

Diese Zusammenfassung zu Gruppen bewährte sich nicht. Die führende Division verfügte weder über adäquate Führungsmittel noch über Unterstützungswaffen. Infolgedessen wurde entschieden, den Korpsstab LXXVI. Pz Korps mit seinen Korpstruppen bei der 10. Armee herauszulösen und dafür das LI. Geb Korps in den Adria-Abschnitt zu verlegen. Ab Anfang Februar führte dort das LI. Geb Korps die 1. FschJg Div, die 334. Inf Div und die 305. Inf Div. Als nach dem Abzug der 26. Pz Div die 305. Inf Div deren Abschnitt übernommen hatte, verblieb im bisherigen Gefechtsstreifen der 305. Inf Div das GrenRgt 576 als „Sperrverband Bode". Aufgrund der Witterungsverhältnisse im Hochgebirge glaubte man das damit verbundene Risiko hinnehmen zu können. Damit wird aber klar, warum Kesselring der 10. Armee notfalls das Zurückgehen auf die Foro-Stellung erlaubt hatte.[7] General Herr übernahm mit dem Korpsstab des LXXVI. Pz Korps am 4. Februar die Führung über die Gruppe Graeser, die 71. Inf Div, die Pz Div „HG" und die 26. Pz Div. Die 4. FschJg Div und die 65. Inf Div verblieben unter dem Kommando des I. Fsch Korps.

Die Unterstellungen oder Eingliederungen von Truppenteilen in Bataillons- oder Regimentsgröße sind nicht immer zweifelsfrei aufzuzeigen: Das PzGren Rgt 104 (-) (von der 15. PzGren Div) wurde der 3. PzGren Div anstelle des eigenen, bei der 5. Geb Div eingesetzten GrenRgt 8, unterstellt. Das FschLehr Btl und das Füs Btl 362 wurden der Pz Div „HG" zugeführt. Die aus Frankreich antransportierte I./Pz Rgt 4 war wohl Armeereserve. Teile der KGr Schulz (1. FschJg Div) waren aus dem Raum Cisterna schon wieder in den Raum Cassino verlegt worden. Von der 16. SS-PzGren Div war die aus dem Raum Lucca in Marsch gesetzte Kampfgruppe des SS-PzGren Rgt 35 nach einigen Tagen, die aus Laibach herangeführte Kampfgruppe des SS-PzGren Rgt 36 bis zum 27. Januar südlich von Cisterna im Kampfraum eingetroffen. Die KGr SS-PzGren Rgt 36 bestand aus einem Panzergrenadierbataillon, einer Kradschützenkompanie, zwei Flak-Zügen und einer leichten Artilleriebatterie. Ihr Führer war der Hauptsturmführer Knöchlein.[8] Das LwJg Btl z.b.V. 7 (eine Bewährungseinheit) mit Sicherheit und das Füs Btl 356 wahrscheinlich, waren südlich der Kampfgruppen der Waffen-SS bis in den Raum Sessano eingesetzt. Für die s HPzJg Abt 525 ist für Anfang Februar keine Zuordnung möglich. Zur Abrundung ist zu erwähnen, dass mindestens ein Bataillon der ehemaligen italienischen Fallschirmjägerdivision „Nembo", deren Angehörige in großer Zahl auf deutscher Seite weiter kämpften, in ein Regiment der 4. FschJg Div eingegliedert wurde.[9]

Die Divisionen hatten jeweils ihre Artillerieregimenter zur Verfügung. Hinzu kamen mehrere Heeresartillerieabteilungen, die von der 10. Armee bzw. aus dem Bereich OB Südost abgestellt worden waren. Der Feuerkampf der Artillerie wurde durch das Werfer Rgt 56 verstärkt. Für die Aufklärung war die BeobArt Abt 71 verantwortlich. Ab dem 8. Februar standen für die Bekämpfung von Zielen im Küstenbereich und auf See sechs Batterien 17-cm-Kanonen und die Eisenbahnbatterie E 712 mit zwei Geschützen K5 (28 cm), der später so berühmt gewordenen „Anzio-Annie", zur Verfügung. Die Artillerie wurde unter der Führung von Artilleriekommandos je nach ihrem Aufgabenzweck zusammengefasst.[10]

Durch die unmittelbare Zuführung von Flugzeugen aus der Rüstungsproduktion war der Bestand der bei der Luftflotte 2 verfügbaren Einsatzmaschinen noch einmal auf 540 Maschinen angehoben worden. Für den bevorstehenden Angriff auf den Landekopf waren auch verstärkt Maßnahmen zur Erhöhung der Einsatzbereitschaft getroffen worden. Von den eben genannten Flugzeugen waren 353 einsatzbereit, dies bedeutete einen Klarstand von über 65 Prozent. Ein Teil der in Oberitalien stehenden Jagdfliegerkräfte musste allerdings auch gegen die Einflüge der strategischen Bomber der MASAF nach Süddeutschland eingesetzt werden, so das JG 77 unter seinem Kommodore Oberstleutnant Steinhoff. Dem Geschwader war „probehalber" und „auf Bewährung" die I. it. Jagdgruppe unterstellt worden.[11] In den Raum um den Landekopf waren zahlreiche Flak-Verbände der Luftwaffe, auch zur Bekämpfung von Bodenzielen, herangezogen worden (Zahlen siehe später), sie unterstanden dem Befehl der 3. Flak Brig. Diese war auf Zusammenarbeit mit der 14. Armee angewiesen. Fasst man alle Zahlenangaben zusammen, dann muss man feststellen, dass die Luftflotte 2 allein im Bereich der taktischen Luftstreitkräfte mit einer Unterlegenheit im Verhältnis von mindestens 1:10 kämpfen musste.[12] Die im Mittelmeer verfügbaren geringen Kräfte der Kriegsmarine waren vorrangig in der Adria zum Geleitschutz des Versorgungsverkehrs gebunden.

Lage des VI. (US) Korps Anfang Februar 1944 (Lagekarte 20)

Auf alliierter Seite waren zusätzlich zur bereits gelandeten Kampfgruppe 179. (US) Inf Rgt der 45. (US) Inf Div bis zum 3. Februar die gesamte 45. (US) Inf Div und die 1. (US/CA) Spec Serv Brig (SSF) zugeführt worden. Gleichfalls war die 168. (BR) Inf Brig – im Vorgriff auf die Zuführung der gesamten 56. (BR) Inf Div – im Landeraum Anzio/Nettuno eingetroffen. In der Ausführung der Weisung von General Clark – Übergang zur Verteidigung – hatte das VI. (US) Korps eine Verteidigungsstellung bezogen, die von S. Lorenzo an der Küste im Zuge des Moletta-Grabens, westlich an Aprilia vorbei bis zum Vallelata-Rücken an der Via Anziate reichte. Von dort hatte der Angriff der 1. (BR) Inf Div einen Frontbogen geschaffen, bis zum Bhf Campoleone etwa sechseinhalb Kilometer vorspringend, an der Basis etwa drei Kilometer breit. Danach verlief die Front von Gegend Carano über Ponte Rotto bis hart nördlich von Isola Bella. Von hier nach Südwesten eindrehend verlief die östliche Grenze des Landeraums entlang des Mussolini-Kanals.

Die Kampfgruppe des 157. (US) Inf Rgt hielt den Moletta-Abschnitt von der Küste bis in den Raum Buonriposo. Rechts daneben verteidigte die 1. (BR) Inf Div den Frontbogen beiderseits der Via Anziate von Buonriposo einschließlich bis Carano. Anschließend hielt die verstärkte 3. (US) Inf Div die Stellung zwischen Carano und südlich von Cisterna. Entlang des Mussolini-Kanals sicherte die 1. (US/CA) SSF und das 504. (US) FschJg Rgt. Die 1. (US) Pz Div (-) wurde im Padiglione-Wald als Korpsreserve bereitgehalten, desgleichen die 45. (US) Inf Div (ohne 157. Rgt) nordostwärts von Nettuno. Die Führung des VI. (US) Korps erwartete richtigerweise den Schwerpunkt eines deutschen Angriffs im Zuge der Via Anziate, dem direkten Weg zur Küste.

General Lucas hatte vorausschauend eine „letzte Verteidigungslinie" befohlen, die „final beachhead line": Würde der Gegner diese Linie nehmen, dann musste der Landekopf geräumt werden, weil in dem flachen Raum rückwärts dieser Linie ein Behaupten des Landekopfes nicht mehr möglich war. Diese letzte Verteidigungslinie begann (in umgekehrter Richtung beschrieben) am Torre di Foca Verde, also der Mündung des Mussolini-Kanals ins Meer, folgte dem Mussolini-Kanal bis zu dessen westlichem Abzweig westlich von Sessano, verlief dann in westlicher Richtung über die Höhenschwelle von Campo di Carne bis zum Auftreffen auf den Moletta-Graben und von dort wieder bis zur Küste.[13] General Lucas unternahm alle Anstrengungen, damit beide Stellungen zumindest mit Feldbefestigungen verstärkt wurden. Entsprechend seiner Natur hatte Lucas auch alles daran gesetzt, den logistischen Aufbau auf einen Höchststand zu bringen. Als er am 16. Februar durch General Devers, den Stellvertreter Wilsons, besucht wurde, konnte er diesem mit Stolz melden, dass täglich 40 Schiffe im Landeraum entladen werden konnten.[14] Dies machte es möglich, wir blicken voraus, dass im Februar allein über 62 000 t Versorgungsgüter gelandet werden konnten, eine tägliche Menge von über 2 200 t.

Schon häufig haben wir im Zahlenvergleich auf die Anzahl einsatzbereiter Flugzeuge verwiesen. Wichtiger ist jedoch die Anzahl geflogener Einsätze pro Tag. Obwohl an sechs Tagen wegen schlechter Witterungsbedingungen der Flugbetrieb nahezu zum Erliegen kam, würden die Verbände der MAAF zwischen dem 1. und 15. Februar fast 2 500 Einsätze zur Unterstützung der Kämpfe bei Anzio fliegen, alle Flugzeugtypen eingeschlossen. Obwohl die Priorität bei Anzio lag, mussten natürlich auch die Angriffsoperationen im Zuge der Gustav-Linie unterstützt werden. Das Ziel der Luftoperationen für Anzio war vor allem das Verhindern oder Verlangsamen des Heranführens deutscher Verstärkungen (Gefechtsfeldabriegelung) und das Ausschalten der deutschen schweren Artillerie auf den Albaner Bergen.

Vorüberlegungen

Wir erinnern uns, dass ursprünglich im Rahmen der „Marder"-Planungen vorgesehen war, den Befehlsbereich OB Südwest durch je zwei voll bewegliche (d.h. motorisierte) Infanterie- bzw. Jägerdivisionen aus den Befehlsbereichen OB West und Südost zu verstärken. Nach der Landung war dagegen die befohlene Abstellung der Pz Div „HG" und der 90. PzGren Div nach Frankreich aufgehoben worden. Mit der zuvor bereits begonnenen Verlegung der 114. Jg Div aus Griechenland (sie sollte ursprünglich der 14. Armee in Norditalien zugeführt werden) und nun dem Antransport der 715. Inf Div (t.mot) aus dem Bereich des OB West wurde das Verstär-kungsprogramm in Bezug auf die Großverbände dem Sinne nach erfüllt.

Auf Grund der Zweifel bei Kesselring, noch aber mehr bei Mackensen, ob mit den ver-fügbaren Kräften eine Zerschlagung des feindlichen Landekopfes überhaupt möglich wäre, wurde dennoch die Zuführung einer weiteren Division, wenn möglich einer gepanzerten, beantragt. Jodl, der Chef WFSt, war geneigt, diesem Antrag stattzugeben, er sah dafür die 9. SS-Pz Div „Hohenstaufen" aus Frankreich vor. General Warlimont, sein Stellvertreter, sprach sich dagegen aus. Dessen Argument war, damit würde man gerade der Absicht des Gegners entgegenkommen, Kräfte von dem Kriegsschauplatz abzuziehen, auf dem in absehbarer Zeit mit der Abwehr der erwarteten Invasion der Alliierten eine wesentliche Entscheidung für die Fortsetzung des Krieges gesucht werden sollte. Er verwies auf den Sinngehalt der Weisung Nr. 51 vom 3. November 1943.[15] Wenn andererseits, wie mit der Weisung Nr. 52 vom 28. Januar 1944 ausgedrückt, mit der Zerschlagung der Landung bei Anzio/Nettuno ein Zeichen für die Risiken eines künftigen alliierten Landeunternehmens bei einem vorbereiteten Gegner, gegenüber dem diesmal nicht von einer Überraschung ausgegangen werden konnte, gesetzt werden sollte – war dies nicht die vorübergehende Abstellung einer Panzerdivision aus Frank-reich wert? Im günstigsten Falle erwartete man auf der Ebene des OKW das Einleiten eines neuen Denkprozesses auf der politischen Ebene der westlichen Alliierten, Vertrauensverluste auf der Seite des russischen Verbündeten und insgesamt Zeitgewinne für die oberste deutsche Führung.[16] Hier kam wieder die übliche Unentschiedenheit auf deutscher Seite zum Tragen: Man wollte am besten alles.

Um über die gegebenen Unstimmigkeiten zu sprechen und Hitlers Vorgaben für den Angriff der 14. Armee zu bekräftigen, wurde Mackensen zum 6. Februar ins FHQ nach Rastenburg befohlen. Hierbei wurden die uns bereits bekannten Vorgaben nochmals deutlich gemacht, u.a. der schmale Ansatz der Kräfte im Zuge der Albaner Straße oder die Bestimmung des An-griffszeitpunktes in einer Phase von Witterungsbedingungen, die den Einsatz der alliierten Luftwaffen einschränken würde. Hitler verweigerte endgültig den weiteren Abzug von Kräften aus Frankreich, dafür wurde Mackensen mit der Zuführung des Inf Lehr Rgt abgespeist, dessen Transport nach Italien bereits am 5. Februar veranlasst worden war. Vom Einsatz dieses Regi-ments erwarteten sich Jodl und Hitler wohl wahre Wunderdinge.

Eine Kommentierung dieser Entscheidung angesichts der Bedeutung, die man dem Angriff der 14. Armee selbst gegeben hatte, ist sicher nicht nötig. Der Antransport der Truppen aus dem Hei-matkriegsgebiet einschließlich des Inf Lehr Rgt würde noch geraume Zeit in Anspruch nehmen. Deswegen hatte Hitler dem Vorschlag Mackensens zum Angriffsbeginn nicht vor dem 15. Februar zugestimmt. Um die Initiative zu gewinnen und den Gegner von eigenen Aktionen abzuhalten, wurde festgelegt, mit einer Reihe von Teilangriffen den feindlichen Landeraum einzuengen und günstige Angriffspositionen für den Hauptangriff zu gewinnen. Diese Teilangriffe hatten bereits am 2. Februar begonnen.[17] Bevor wir dies schildern, sollten wir auf den Punkt zurückkommen, dass Generaloberst v. Mackensen den Angriff auf den alliierten Landekopf als ein riskantes Un-ternehmen ansah, wegen des Heranführens weiterer Verstärkungen ein Verschieben des Angriffs-termins vorschlug und selbst dann noch skeptisch war, was die Erfolgsaussichten betraf.

Theoretisch standen für den Angriff der 14. Armee ab Anfang Februar fünf Infanterie- oder Panzergrenadierdivisionen und zwei Panzerdivisionen zur Verfügung. Einschließlich der umfangreichen Verstärkungen der alliierten Divisionen durch unabhängige Panzerbataillone und Panzerjägerbataillone („tank destroyer") kann man auf der Seite des VI. (US) Korps vom Äquivalent von mindestens vier vollen Infanteriedivisonen und einer Panzerdivision ausgehen. Dies gab zwar vordergründig eine Überlegenheit in der Anzahl der Divisionen für den Angreifer, der noch dazu über seinen Schwerpunkt entscheiden konnte.[18] Wie wir in anderen Kapiteln und auch zuvor schon ausgeführt haben, waren die deutschen Divisionen abgekämpft und speziell in dieser Lage von der Personalstärke, von der Ausstattung und der Bewaffnung her überhaupt nicht mit den alliierten Divisionen zu vergleichen. Die 4. FschJg Div, um es zu wiederholen, hatte ihren Aufstellungsprozess unterbrechen müssen, von der 71. Inf Div kamen nur zwei Infanterie- bataillone und Teile der Artillerie bei Anzio zum Einsatz. Stellt man als einen Indikator für die Kampfkraft die Zahl der Infanteriebataillone gegenüber, dann verfügte das VI. (US) Korps in der Verteidigung über das Äquivalent von ca. 39 Bataillonen. Alle Verstärkungen eingerechnet, konnte die 14. Armee Anfang Februar 34 Infanteriebataillone einsetzen. Der Verteidiger war also stärker als der Angreifer.[19]

Deutsche Angriffe vom 3. bis 12. Februar 1944 (Lagekarte 20)

Zur Verbesserung der deutschen Ausgangsstellungen für den Angriff bot sich naturgemäß das Eindrücken des Frontbogens der 1. (BR) Inf Div bei Campoleone an. Hier lag demgemäß der Schwerpunkt der deutschen Aktionen bis etwa Mitte Februar, wenn auch weitere Teilangriffe geführt wurden, um den weniger tiefen Frontvorsprung westlich von Cisterna zu beseitigen.

Den Frontbogen bei Campoleone hatte die 3. (BR) Inf Brig zu halten. Sie hatte zwei Bataillo- ne in der Front eingesetzt, ein weiteres Bataillon hielt sie in Reserve. Die Westflanke des Front- bogens vom Vallelata-Rücken bis zum Buonriposo-Rücken verteidigte die 24. (BR) Garde Brig mit drei eigenen Gardebataillonen und einem weiteren Infanteriebataillon, unterstellt von der 2. (BR) Inf Brig. Die 2. Inf Brig verteidigte die Ostflanke des Frontbogens und hielt Anschluss zur 3. (US) Inf Div. Zu den verbliebenen zwei Bataillonen hatte ihr die Division das 1. (BR) Aufkl Rgt unterstellt. Die 168. (BR) Inf Brig bildete die Divisionsreserve.

Wie bei anderen Gelegenheiten auch, wollen wir uns bei den Kampfhandlungen zwischen dem 2. und 12. Februar im Zuge der Via Anziate auf einen Überblick beschränken. Im Ab- lauf lassen sich zwei Abschnitte unterscheiden: Zuerst das Eindrücken des Frontbogens und anschließend die Einnahme von Aprilia. Durch einen alliierten Luftangriff waren die Fern- meldeverbindungen der deutschen Artillerie unterbrochen worden. So musste der Angriff um 24 Stunden auf den 3. Februar ab 23.00 h verschoben werden. Am Angriff nahmen teil: Die 65. Inf Div mit zwei Angriffsgruppen (die Rgt 145 und 147) westlich der Via Anziate, die 3. PzGren Div von Norden und Nordosten. Die Unterstellungsverhältnisse sind nicht ganz klar: Während einerseits die 715. Inf Div der 3. PzGren Div unterstellt war, führte diese zumindest in einer späteren Phase auch Regimenter der 715. Inf Div unmittelbar. Welche Truppen führte die 715. Inf Div dann noch selbst?[20] Ziel des Angriffs war es, zuerst eine Linie etwa Mitte

Vallelata-Rücken – Pkt 74 (nördlich von Tre Spaccasassi) zu gewinnen. Insgesamt war es die Absicht, die Straßenkreuzung südlich von Aprilia (Kreuzung der „Schotterstraße"[21] mit der Via Anziate) für den weiteren Angriff zu nehmen. Die 4. FschJg Div führte einen Ablenkungsangriff am Moletta-Graben, Teile der 71. Inf Div deckten den Angriff an der Ostflanke des Frontbogens.

Richtigerweise richtete sich der deutsche Angriff im Wesentlichen auf die britischen Flankensicherungen, die Irische Garde im Westen und die 6. Gordons (von der 2. (BR) Inf Brig) ostwärts der Via Anziate, etwa auf halber Strecke zwischen Campoleone und Aprilia. Im Laufe des Vormittags am 4. Februar erlitten die beiden Bataillone starke Verluste. Auch von Norden her griffen die Deutschen gegen die 3. (BR) Inf Brig an. Nur nach dem Erfolg eines Gegenangriffs von Kräften der 168. (BR) Inf Brig und des 46. (BR) Pz Btl gelang es, die 3. Brig zurückzunehmen. Bis zum Abend des 4. Februar bezog die 1. (BR) Inf Div eine Stellung, mit der die Südausläufer des Vallelata-Rückens, der Bahnhof Carroceto und Aprilia gehalten werden konnten.[22] Die Division hatte 1 400 Mann Verluste erlitten. Sie gliederte um: Beiderseits der Via Anziate verteidigte nun die verstärkte Gardebrigade, im Zentrum wurde die 168. Brig eingeschoben, die 3. Brig wurde in die Reserve genommen.[23]

Auch die Angriffstruppen der Deutschen hatten starke Verluste erlitten. Man erkannte, dass der Angriff in einer größeren Breite geführt werden musste. Zusätzlich zu diesen Umgliederungsmaßnahmen übernahm das LXXVI. Pz Korps ab dem 4. Februar die Führung, der Stab musste sich erst einen Überblick über die Lage verschaffen. Das LXXVI. Pz Korps gliederte sich dann wie folgt: Neben dem Einsatz von Kräften zur Küstenüberwachung bis in den Raum Terracina hielt die Pz Div „HG" (mit unterstellten Verbänden) den ostwärtigen Teil der Einschließungsfront bis Isola Bella. Anschließend standen die 26. Pz Div und die 71. Inf Div bis ostwärts der Albaner Straße. Die noch nicht aufgelöste Gruppe Graeser hielt den Raum beiderseits der Albaner Straße bis zur Grenze zum I. Fsch Korps besetzt. Dieses wiederum führte unverändert die 65. Inf Div und die 4. FschJg Div, welche zusätzlich vom Moletta-Abschnitt bis zur Tiber-Mündung für die Überwachung der Küste zuständig war.[24]

Für den weiteren Angriff, der dann am 7. Februar begann, lag das Angriffsziel nach wie vor südlich von Aprilia. Den Hauptstoß hatte erneut die Gruppe Graeser zu führen, die dazu vier Infanterieregimenter (PzGren Rgt 104, PzGren Rgt 29, Gren Rgt 725 und Gren Rgt 735) sowie gepanzerte Kräfte einsetzte: Dies waren die Pz Abt 103 der 3. PzGren Div, einige Tiger-Panzer sowie „Hornissen"[25], bei denen nicht klar ist, von welchem Verband sie kamen. Während einerseits im Zuge der Via Anziate auf Aprilia vorgestoßen werden sollte, war der Hauptangriff mit den Rgt 29, 104 und 735 ostwärts um Aprilia herum zu führen. Die 65. Inf Div zielte mit ihrem Angriff in Richtung Carroceto. Die 71. Inf Div hatte mit Fortschreiten des Angriffs einen Flankenschutz nach Osten aufzubauen, die 4. FschJg Div Bindungsangriffe zu führen.[26] Zur Verteidigung der alliierten Verbände ist zu bemerken, dass sie sehr schnell von den Deutschen gelernt hatten. Die Anlage von ausreichend tiefen Stellungen war wegen des hohen Grundwasserstandes nur eingeschränkt möglich. Dörfer, kleinere Weiler oder einzelne Gebäude wurden in aller Eile festungsartig ausgebaut mit integrierten, fest eingerichteten Panzern und Panzerjägern. Im Zuge der Stellungen wurden großflächige Draht- oder Minensperren angelegt.

Der Angriff begann wieder bei Dunkelheit, Mitternacht vom 8. auf den 9. Februar zur Einschränkung der Wirkung der feindlichen Luftwaffe. Wegen vorangegangener angeblicher Koordinierungsschwierigkeiten zwischen den beteiligten Regimentern war durch die 3. PzGren Div eine Stoßgruppe, die Gruppe „Schönfeld", gebildet worden. Sie bestand aus der Pz Abt 103, dem PzGren Rgt 29 (Kdr Oberst Schönfeld), dem PzGren Rgt 104 und dem Gren Rgt 735. Schönfeld hatte folglich neun Bataillone zu führen, eine wahrlich schwierige Aufgabe, selbst wenn man bedenkt, dass einige Bataillone auf Kompaniestärke abgesunken waren![27] Vor Angriffsbeginn war noch eine wichtige Entscheidung auf der Ebene der HGr C gefallen: Die 29. PzGren Div, seit dem 19. Januar am Garigliano eingesetzt, sollte herangezogen und der 14. Armee für den Angriff ab dem 15. Februar unterstellt werden. Zusätzlich sollte die 114. Jg Div nach ihrem Eintreffen die gegenüber dem Landeraum eingesetzten Teile der 71. Inf Div ablösen. Die 71. Inf Div würde nach ihrer Herauslösung dem XIV. Pz Korps unterstellt, das PzGren Rgt 104 sollte zu seiner Stammdivision, der 15. PzGren Div, zurücktreten.[28]

Der Angriff der 3. PzGren Div entwickelte sich beiderseits der Via Anziate gegen Aprilia und ostwärts davon gegen Teile der 168. (BR) Inf Brig. Nach heftigen, beiderseits sehr verlustreichen Kämpfen, gelang es den deutschen Rgt 725, 29 und 735 faktisch von allen Seiten her in den Ort einzudringen und ihn im Laufe des Vormittags des 9. Februar zu nehmen. Genau im Zeitraum 8. bis 10. Februar konnten die alliierten Luftwaffen wegen der Witterungsbedingungen nicht in die Kämpfe eingreifen. Dennoch schafften es die Briten, hart südlich von Aprilia wieder eine geschlossene Front zu bilden. Mehrere Gegenangriffe des 1. (US) Pz Rgt der 1. (US) Pz Div gegen Aprilia wurden bis zum Mittag des 9. Februar abgewiesen. Beide Angriffsgruppen der 65. Inf Div (Rgt 145 und 147) griffen in Form von Einsickerungsangriffen gegen zwei Bataillone der britischen Gardebrigade an. Die britischen Bataillone wurden nahezu aufgerieben. Sie befanden sich nach dem Verlust des Buonriposo-Rückens und Aprilias ohnehin in einer exponierten Lage. Nach den deutschen Meldungen in den Gefechtsunterlagen wurde der Raum Bhf Carroceto in den Morgenstunden des 10. Februar genommen. Wie es im KTB der 14. Armee hieß: „Divisionskommandeur (Anm. K.H.: gemeint General Pfeifer, Kdr 65. Inf Div) in vorderster Linie, führte den Angriff an."[29]

Bei den schweren Kämpfen gegen die Schottische Garde am Bahnhof Carroceto hatte auch das I./FschJg Rgt 11 unter Major Kleye teilgenommen. Major Kleye fiel am 10. Februar. Als das Bataillon am 13. Februar herausgelöst wurde, hatte es seit dem 22. Januar 291 Mann verloren: 70 Gefallene, 187 Verwundete und 34 Vermisste. Das persönliche Erleben, das sich hinter diesen abstrakten Zahlen verbirgt, soll aus den Tagebuchaufzeichnungen eines (unbekannten) Tagebuchschreibers, eines Melders aus dem Bataillon Kleye, deutlich werden. An drei aufeinander folgenden Tagen wurde hier geschrieben: „Am Bach gewaschen, anschl. Haare von Frank schneiden lassen. Am Mittag zum Regiment. Regen. Am Abend und in der Nacht Arifeuer." Einen Tag später: „Nach Mitternacht verstärkt sich das Feuer. Wir liegen 2mal unter schwerem Beschuss. Der Gegner streut alles ab mit sämtlichen Arten und Kalibern. Der Stoßtrupp Hasselbach, der am Morgen zur Inbesitznahme von Pt. 72 angesetzt war, ist abgeschmiert. Horst Seeger am Morgen durch Phosphorgranate gefallen. Ziehe in den Melderbunker." Und wiederum einen Tag danach: „Am Tage und in der folgenden Nacht verhältnismäßig ruhig. Am Morgen bei uns durch Baumkrepierer 3 Ausfälle. Erich Norden gefallen, Obj. Schuty schwer verwundet, stirbt später. Braun auch schwer verwundet. Mit Rückwirkung zum 1.2. befördert. Am Abend abermals Stoßtrupp mit Obj. Feyrer angesetzt. Wieder abgeschmiert. Albert an der Hand verwundet. In der Nacht klart es auf."[30]

Im Zeitraum bis zum 12. Februar vormittags versuchten sowohl britische als auch amerikanische Bataillone, die Deutschen aus ihren Stellungen südlich von Aprilia heraus zu werfen und Aprilia wieder zu nehmen. Man wollte den Raum in einer ausreichenden Tiefe vorwärts der „final beachhead line" angesichts des abzusehenden deutschen Gegenangriffs halten. Die Angriffe wurden geführt, so lange sich die deutschen Stellungen noch nicht gefestigt hatten. Geringe Geländegewinne der Alliierten wurden durch die Deutschen im Gegenangriff sofort wieder ausgeglichen.[31] Teile der 4. FschJg Div und der 65. Inf Div standen nach dem vorübergehenden Abflauen der Kämpfe auf dem Buonriposo-Rücken, etwa 800 Meter südlich des Bhf Carroceto und nur noch knapp zwei Kilometer nördlich der Straße 82, welche über die „Flyover-Bridge" die Via Anziate kreuzt.[32]

Zeitgleich mit den Angriffen auf Aprilia waren gegen den Frontbogen im ostwärtigen Teil des Landeraums westlich von Cisterna durch Teile der 71. Inf Div und der 26. Pz Div ebenfalls Angriffe geführt worden. Ein Angriff von zwei Bataillonen in der Nacht 5./6. Februar endete mit einem vollen Erfolg: In der Annahme eines weiteren Großangriffs wichen Teile der 3. (US) Inf Div in einer Breite von mehreren Kilometern aus. So gelang es, den wichtigen Übergang über den Fso Femminamorta bei Ponte Rotto in die eigene Hand zu bekommen. [33] Für die Dauer von wenigen Tagen legte sich eine gespannte Ruhe über die Front auf beiden Seiten. Ungeachtet dessen liefen die Vorbereitungen, auf der einen Seite zum Angriff, auf der anderen zur Abwehr auf Hochtouren weiter.

Der Großangriff ab dem 16. Februar 1944 (Lagekarte 20)

Die Vorgaben auf dem FHQ ließen der HGr C und der 14. Armee kaum Handlungsspielraum. Der Stoß im Zuge der Via Anziate war mit drei Infanteriedivisionen in erster Welle nebeneinander auf einer Breite von etwas über sechs Kilometern zu führen: Die 3. PzGren Div rechts, daneben die 715. Inf Div, die 114. Jg Div sollte den Angriff nach Osten zu abschirmen. Dem gleichen Zweck diente der Angriff der 65. Inf Div westlich der Via Anziate unter dem Befehl des I. Fsch Korps. Die 4. FschJg Div und die Pz Div „HG" (diese dem LXXVI. Pz Korps unterstellt) hatten Angriffe zur Ablenkung und zur Bindung feindlicher Kräfte zu führen. Zur Ausnutzung des Angriffserfolgs der Infanteriedivisionen und zum Durchbruch zur Küste standen die 26. Pz Div und die 29. PzGren Div – zunächst Reserven der 14. Armee und der HGr – in der zweiten Welle bereit.[34]

Entgegen der Einwände der Truppenführer vor Ort war dieser konzentrierte Ansatz vorgegeben worden, mit dem zwar eine große Stoßkraft auf engem Raum einschließlich einer ausreichenden Tiefengliederung sichergestellt wurde, auf der anderen Seite jedoch sehr starke Massierungen zwangsläufig waren – dies konnte bei der Überlegenheit der feindlichen Artillerie und der Beherrschung des Luftraums durch den Feind fatale Folgen nach sich ziehen. Ein weiteres

Problem: Wie sollte bei dieser Truppendichte und der wenigen nutzbaren Straßen der Angriff der gepanzerten Divisionen über die Infanteriedivisionen hinweg koordiniert werden, und, konnte sich bei einer Entfernung von etwa 15 Kilometern bis zur Küste – gerechnet von den Ausgangsstellungen – die Stoßkraft der gepanzerten Divisionen überhaupt hinlänglich auswirken?

Über die Gliederung der gepanzerten Truppen liegen unterschiedliche Angaben vor, die sich auch bei einer weitherzigen Interpretation nicht unter einen gemeinsamen Nenner bringen lassen. Offensichtlich kamen im Rahmen der Infanteriedivisionen die Pz Abt 103 (3. PzGren Div, ausgestattet mit Sturmgeschützen), die StuPz Abt 216, die Pz Abt 301 (Flk), die s HPzJg Abt 525 sowie weitere Sturmgeschütz- und Panzerjägerabteilungen zum Einsatz. Innerhalb des LXXVI. Pz Korps war eine gepanzerte Stoßtruppe gebildet worden, die durch den herangeführten PzRgt Stab 69 (Kdr ein Oberst Schmidt) geführt wurde. Zu ihr gehörten die I./Pz Rgt 4 und die bis Angriffsbeginn eingetroffenen Teile der s Pz Abt 508. Ob dazu auch die II./Pz Rgt 26 herangezogen wurde, ließ sich nicht feststellen. Über den Einsatz der Pz Abt 129 (29. PzGren Div) konnten keine zuverlässigen Angaben ermittelt werden.[35]

Das in der vorangegangenen Fußnote aufgeführte Sammelsurium unterschiedlicher Kampffahrzeuge und Einheiten vermittelt den Eindruck einer nicht sehr geglückten Improvisation mit dem Rückgriff auf technisch komplizierte Waffensysteme, deren Brauchbarkeit generell und unter den gegebenen Geländebedingungen höchst fraglich sein musste. Auch über die taktische Eingliederung gibt es keine verlässlichen Angaben. So bleibt beispielsweise die Frage, ob der Pz Rgt Stab 69 mit den unterstellten Verbänden selbstständig unter der Führung des Panzerkorps operierte oder aber einer der beiden gepanzerten Divisionen unterstellt war.[36] Auch die Angaben über die für den Angriff zur Verfügung stehenden Kampftruppenbataillone allgemein weichen stark voneinander ab.

Molony nimmt beim I. Fsch Korps 15 Kampfbataillone und beim LXXVI. Pz Korps 30 Kampfbataillone für den Angriff an. Hinzu rechnet er sechs Aufklärungs- oder Panzeraufklärungsbataillone. Die Verbände der Pz Div „HG" bezieht er in seine Aufstellung nicht ein, da sie nur Bindungsangriffe durchzuführen hatten.[37] Auf Grund einer Lagemeldung des OB Südwest wird im KTB OKW von insgesamt 66 Bataillonen ausgegangen (die Pz Div „HG" und ihre Verstärkungen müssen hierbei sicherlich eingerechnet worden sein), von denen 41 zum Angriff „voll geeignet" und 25 Bataillone „bedingt geeignet" gewesen sein. Das VI. (US) Korps würde dagegen über 46 Bataillone verfügen, von denen aber angeblich ein Viertel „angeschlagen" wäre. Rund 270 eigene Kampfpanzer (darunter 90 Sturmgeschütze) würden gegen 350 bis 400 feindliche Kampfpanzer stehen.[38] Nach unseren Berechnungen verfügten die Angriffsdivisionen über 45 Infanterie- oder Panzergrenadierbataillone, einschließlich der Verstärkungen über fünf Panzerabteilungen und über fünf Panzeraufklärungs- bzw. Aufklärungsabteilungen.[39] Rechnet man auf alliierter Seite die Kräfte der 3. (US) Inf Div ab, die der deutschen Pz Div „HG" gegenüberstanden, dann mussten maximal 55 deutsche Bataillone auf ungefähr 42 alliierte Bataillone treffen.

Schließlich liegen auch für die Artillerie auf beiden Seiten kaum zuverlässige Angaben vor. Hier wollen wir einer Lagebeurteilung des OB Südwest vom 15. Februar folgen, nach der auf deutscher Seite von 323 Artilleriegeschützen der unterschiedlichen Kaliber und 66 mittleren bzw. schweren Werfern beim Werfer Rgt 56 auszugehen ist. Einschließlich der inzwischen zugeführten Verstärkungen beim VI. (US) Korps können wir rund 500 Geschütze auf alliierter Seite annehmen. Wegen der Verfügbarkeit von neun „schwersten Batterien" und einer großen Anzahl von Flak-Geschützen (172 schwere, 45 mittlere und 477 leichte) sah der stets optimistische Kesselring sogar eine artilleristische Überlegenheit auf deutscher Seite gegeben.[40] Hierzu sind folgende einschränkende Bemerkungen nötig:

Die Munitionsausstattung auf deutscher Seite konnte sich mit den auf alliierter Seite verfügbaren Munitionsbeständen überhaupt nicht messen. Die Flak-Geschütze, insbesondere die leichten, konnten nur begrenzt als Artillerie oder zur Bekämpfung von Bodenzielen verwendet werden, bei der Luftherrschaft der alliierten Luftwaffe musste die Flak vor allem zum Schutz der eigenen Artillerie und der Verfügungsräume der gepanzerten Reserven verwendet werden. Schließlich lagen als „Artillerieplattformen" neben zahlreichen kleineren Schiffseinheiten ständig mehrere Zerstörer und Kreuzer im Seegebiet vor Anzio, jederzeit in der Lage, in die Bodenkämpfe einzugreifen. Im Küstenbereich und zum Schutz der Kriegsschiffe hatten die Alliierten einen nahezu undurchdringlichen Flak-Schirm aufgebaut.[41] Als sicher kann angenommen werden, dass auf deutscher Seite zusätzlich zur Eb-Batterie E 712 weitere Eisenbahngeschütze vom Kaliber 24 cm herangeführt worden waren. Welche anderen Artillerieverbände zu den „schwersten Batterien" gezählt wurden, ist unklar.[42]

Nach dem vorübergehenden Abflauen der Kämpfe und dem Eintreffen weiterer Truppen der 56. (BR) Inf Div hatte das VI. (US) Korps umgegliedert. Unter dem Befehl der 56. Inf Div sicherte das 36. (US) Pi Rgt den Moletta-Abschnitt. Rechts daneben hielt bis zur Grenze zur 45. (US) Inf Div, etwa eineinhalb Kilometer westlich der Via Anziate, die 167. (BR) Inf Brig der 56. (BR) Inf Div mit vier Infanteriebataillonen einen Verteidigungsabschnitt. Die Reserve der Division bildeten die 168. (BR) Inf Brig und das 46. (BR) Pz Btl R.T.R. Die 169. (BR) Inf Brig sollte erst ab dem 19. Februar eintreffen. Die 56. Inf Div war zwar nach dem Angriff am Garigliano angeschlagen, sie war aber kurzfristig aufgefrischt worden und zur Verteidigung befähigt. Rechts neben der 56. Inf Div hatte die 45. (US) Inf Div Teile des 157. (US) Inf Rgt, das 179. (US) Inf Rgt sowie das 180. (US) Inf Rgt eingesetzt. Die Masse des 157. Rgt bildete die Reserve der Division. Hinzu kamen das 191. und das 751. (US) Pz Btl. Etwa im Raum Carano begann der Abschnitt der verstärkten 3. (US) Inf Div. Das 504. (US) FschJg Rgt bildete den rechten Flügel der Division, das 509. (US) FschJg Btl war in die Front eingegliedert. Die 1. SSF sicherte nach wie vor die rechte Flanke des VI. (US) Korps am Mussolini-Kanal.[43]

Die 1. (US) Pz Div (-) war unverändert Reserve des Korps. Ebenfalls in die Korps-Reserve war die britische 1. Inf Div genommen worden, die auf Grund ihrer Verluste nur noch etwa über 60 Prozent ihrer Kampfkraft verfügte – für die deutschen Divisionen war dies schon ein gewohnter Zustand. Bedingt durch den deutschen Operationsplan und das Bereithalten der alliierten Korpsreserven musste der Raum zwischen Aprilia und dem Nordrand des Padiglione-Waldes zum entscheidenden Kampffeld werden, mit einer Ausdehnung von etwa acht mal acht Kilometern.

Hinsichtlich der alliierten Luftstreitkräfte ist unseren vorangegangenen Ausführungen nichts hinzuzufügen. Die dt. Luftflotte 2 hatte zur Vorbereitung auf die bevorstehenden Angriffe ihre Einsätze heruntergefahren, um so Kapazitäten „anzusparen". Außerdem wurde versucht, durch eine andere Kommandostruktur die Zusammenarbeit mit den Bodentruppen zu verbessern und so die Wirksamkeit der begrenzten Kräfte zu steigern. Nach dem Ansatz von jeweils 25-40 Maschinen in mehreren Wellen schon im Zeitraum 3. bis 11. Februar würde es auf diese Weise dann möglich sein, Einsatzflüge der Schlacht- und Jagdflugzeuge im Zeitraum 16. und 17. Februar in einer Größenordnung von 510 Einsätzen an beiden Tagen durchzuführen.[44]

Vor der Schilderung dieses Angriffs ist es angebracht, einige Lagefaktoren auf beiden Seiten anzusprechen, die bestimmend für den Ausgang der Schlacht sein sollten: Der halbherzige Versuch zur Ausdehnung des Landeraums, dessen Raumgewinne durch die deutschen Vorausangriffe noch dazu wieder verloren gegangen waren, hatte zur Folge, dass jeder weitere Raumverlust zu einer Überlebensfrage für das VI. (US) Korps werden musste. Auf Grund der Beengtheit im Landeraum konnten keine weiteren Kräfte dort zum Einsatz kommen, abgesehen davon, dass solche Kräfte vorerst auch nicht zur Verfügung standen. Das Korps stützte sich auf gesicherte Seeverbindungen ab. Mit einer genügenden Anzahl von Landungsschiffen konnte der logistische Bedarf der Truppen im Landeraum in überreichem Maße bereitgestellt werden.

Die Angriffsstreitmacht der 14. dt. Armee bestand aus einem Sammelsurium von Verbänden, die, unter Zeitdruck herangeführt, auch nicht die notwendige Zeit zur Vorbereitung hatten. Ein Großteil der Truppen hatte nur geringe Kampferfahrung, so die 715. Inf Div und die Truppenteile des Ersatzheeres. Die 114. Jg Div war bisher vor allem zur Partisanenbekämpfung eingesetzt gewesen, die 4. FschJg Div war noch nicht geübt im Einsatz als Großverband. Etwa 125 000 Mann der 14. Armee standen immerhin ungefähr 100 000 Verteidiger gegenüber. Nach den vorangegangenen Kämpfen waren die Gefechtsstärken bei den deutschen Infanteriekompanien, auf die es ausschlaggebend ankam, auf 60 bis 70 Mann abgesunken.

Zwei prinzipiell gegensätzliche Faktoren sollen besonders angesprochen werden: Während die deutschen Truppen immer noch von einem Überlegenheitsgefühl gegenüber ihren alliierten Gegner getragen wurden, das zuweilen bis zur Verachtung reichte, waren doch die ständigen Rückzugskämpfe seit Sizilien (also seit Juli 1943) nicht ohne Auswirkung auf die Moral der 3. PzGren Div, der Pz Div „HG" oder der 26. Pz Div geblieben. Die schweren Kämpfe zwischen dem 3. und 12. Februar hatten Zweifel an einem Gelingen des Angriffs hervorgerufen und auch zur Resignation mit Blick auf die eigene materielle Unterlegenheit im oberen Führerkorps geführt, welches man natürlich gegenüber der unterstellten Truppe zu verbergen suchte.

Nach einem kurzen Feuerschlag der deutschen Artillerie- und Flak-Verbände traten am Morgen des 16. Februar mit Dämmerungsbeginn (06.30 h) die Angriffsverbände der Infanteriedivisionen des LXXVI. Pz Korps zu ihrem Angriff an. Wegen der vorgegebenen Breite hatten die Divisionen jeweils nur ein Infanterieregiment in die Spitze genommen. Bei der 114. Jg Div war dies das Jgt Rgt 741, bei der 715. Inf Div bildete das Gren Rgt 735 die Angriffsspitze. Bis zum Ansatz der Divisionen hatte das FHQ in die Truppe hinein befohlen: Bei der 3. PzGren Div musste das Inf Lehr Rgt die Angriffsspitze übernehmen.[45] Man erwartete eine starke Panzerabwehr des Gegners und ausgedehnte Minenfelder, so war ein gemischter Ansatz Panzer-Infanterie, verstärkt durch Pioniere, gewählt worden. Das heißt, die Angriffsgeschwindigkeit richtete sich nach der Infanterie zu Fuß. Nach einer kurzen Frostperiode war der Boden wieder aufgeweicht, so konnten gepanzerte Fahrzeuge sich nur in Kolonne hintereinander auf Straßen und Wegen bewegen. Wurden Spitzenfahrzeuge abgeschossen, stockte der gesamte Vormarsch. Im Wesentlichen waren in der ersten Welle Sturmpanzer und Sturmgeschütze eingesetzt. Der deutsche Hauptstoß traf das II./157. (US) Inf Rgt sowie ostwärts der Via Anziate das 179. (US) Inf Rgt.

Aufgabe der deutschen Artillerie war nicht die unmittelbare Feuerunterstützung für die vorgehenden Angriffsverbände, sondern das Ausschalten oder Niederhalten der feindlichen Artillerie. Dies gelang zu keiner Zeit. Das Personal des Inf Lehr Rgt war handverlesen, Offiziere und Unteroffiziere waren als Einzelpersonen im Kampf bewährt. Nun zeigte sich der Unterschied zwischen einer Lehrvorführung im scharfen Schuss und der Realität des Gefechtsfeldes: Keine Gewöhnung an die Bedingungen des italienischen Kriegsschauplatzes, schwierige Geländeverhältnisse, feindliche Artilleriekonzentrationen, geleitet durch Artillerieflieger und, wo sich nur eine Bewegung zeigte, unaufhörliche Jagdbomberangriffe. Das Regiment geriet in eine Krise, Teile flohen vor einem feindlichen Gegenstoß und fielen mehrere hundert Meter zurück. Tagsüber warfen Bomber und Jagdbomber des XII. (US) ASC zur Unterstützung der Bodentruppen 174 t Bomben ab, bei Dunkelheit wurden die Angriffe durch Nachtbomber fortgesetzt. Bis zum Abend war es der 3. PzGren Div und der 715. Inf Div gelungen, etwa eineinhalb Kilometer Raum zu gewinnen. Westlich der Via Anziate waren Verbände der 65. Inf Div vor allem aber der 4. FschJg Div erfolgreicher. In dem durchschnittenen Gelände, abwechselnd Höhenrippen oder tief eingeschnittene Fosse, kamen die infanteristischen Qualitäten der Fallschirmjäger zum Tragen: In der Stellung der 167. (BR) Inf Brig wurde ein über drei Kilometer tiefer und fast drei Kilometer breiter Einbruch erzwungen, man stand auf dem Buonriposo-Rücken, hart nördlich des Michele-Grabens, die Straße 82 wurde „mit Feuer beherrscht". Dieser Erfolg mit seinen Möglichkeiten wurde allerdings von der Führung nicht erkannt.

Die Ablenkungsangriffe der Pz Div „HG", ohnehin nicht auf Raumgewinn ausgerichtet, hatten bei der 3. (US) Inf Div keinen großen Eindruck hinterlassen. Mackensen befahl den Angriffsdivisionen für die Nacht 16./17. Februar die üblichen Sicherungsangriffe fortzusetzen und als Angriffsziel die Straße Padiglione – S.Lorenzo (Straße 82) zu nehmen. Da die erste Welle noch über Reserven verfügte, wurde der Ansatz der 26. Pz Div und der 29. PzGren Div, zu dem Kesselring bereits drängte, noch nicht als erforderlich angesehen. Auf der anderen Seite war die Front der 45. (US) Inf Div noch stabil, auch der Einsatz der 1. (US) Pz Div war noch nicht nötig gewesen. Durch das Ausschalten einzelner Widerstandsnester gelang es, in der Nacht zwischen dem 157. und 179. (US) Inf Rgt eine Lücke aufzureißen. Im Laufe des 17. Februar wurde diese Lücke auf einer Breite von vier Kilometern zu einer Tiefe von eineinhalb Kilometern erweitert. Während ausweichende Teile des 179. Rgt eine Zwischenstellung bezogen, befahl General Lucas der 1. (BR) Inf Div mit zwei Brigaden beiderseits der Via Anziate im Raum von Campo di Carne, also in der „final beachhead line", Stellungen zum Auffangen des Gegners zu besetzen. Nach amerikanischen Angaben warf Mackensen im Laufe des Tages 14 Bataillone Infanterie und Panzer in die Lücke, um sie als Voraussetzung für den Ansatz der gepanzerten Divisionen am folgenden Tag noch mehr zu erweitern. Nun kam es zu einer ernsten Krise auf der alliierten Seite: Alles, was verfügbar war, wurde auf diesem begrenzten Abschnitt des Gefechtsfeldes zum

Einsatz gebracht. Die gesamte Artillerie des VI. (US) Korps, das Feuer von zwei Kreuzern, in 724 Einsätzen (Jagdbomber bis schwere Bomber) wurden 833 t Bomben über dem Schlachtfeld abgeworfen. Durch 95 Einsätze mit Wellington-Bombern in der folgenden Nacht wurde diese Bombenmenge auf fast 950 t erhöht.

Wie es auf der Ebene der Bataillone und Kompanien aussah, soll an einem Beispiel auf deutscher Seite geschildert werden: „Während das II./Grenadierregiment 145 (65. I.D.) nach durchfrorenen und feuchten Nächten auf den Buon Riposo-Rücken am 13. Februar herausgelöst wurde, konnte das I. Bataillon erst gegen Morgen des 15. Februar aus der Verteidigung der Station Carroceto, wo es nach verlustreichem Angriff unausgesetzt starkem Artilleriefeuer und schwersten feindlichen Luftangriffen ausgesetzt war, abgelöst werden. Beide Bataillone waren daher sowohl stärke- wie ausrüstungsmäßig stark abgewirtschaftet und hatten nicht genügend oder keine Gelegenheit gehabt, sich auf den nun folgenden schwersten Angriff vorzubereiten. Auch hatten die Anstrengungen der vergangenen 14 Tage an den physischen Kräften stark gezehrt. Die besten Kämpfer beider Bataillone waren ausgefallen. So ging es fast über die Kraft, in diesem Zustand jetzt zum dritten Mal zum Angriff antreten zu müssen. Trotzdem war die Moral der Truppe dank der vorzüglichen, vorbildlichen Haltung ihrer Offiziere gut und der Schwung, mit dem der Angriff geführt wurde, erstaunlich."[46]

Obgleich das 179. (US) Inf Rgt durch ein Bataillon der 1. (US) Pz Div verstärkt worden war, war es den Deutschen gelungen, sowohl bei der 167. Inf Brig als auch bei der 45. Inf Div einen Einbruch zu erzielen, der nahe bis zur letzten Verteidigungslinie ausgeweitet werden konnte. Noch hatte aber die Front des VI. (US) Korps gehalten.

Richten wir, um die Zusammenhänge deutlich zu machen, dieses Mal einen Blick vom Landeraum aus zur Cassinofront: Nahezu zum gleichen Zeitpunkt, zu dem bei Anzio mit dem Einsatz der Reserven der 14. Armee eine Entscheidung fallen sollte, setzte General Freyberg am 17. Februar nach den vergeblichen Angriffen der Royal Sussex in den beiden Nächten zuvor für die Nacht 17./18. Februar den Angriff der verstärkten 7. (IND) Brig im Höhengelände von Cassino und im Tal den Angriff der 5. (NZ) Brig auf das Bahnhofsgelände von Cassino an.

Wir haben schon im Kapitel 6 über die Führungsqualitäten von General Lucas, dem KG des VI. (US) Korps, gesprochen und über seine Unterlassungen, die dazu führten, dass nicht nur die Verbindungslinien des XIV. dt. Pz Korps im Raum der Albaner Berge nicht unterbrochen wurden, sondern auch versäumt wurde, einen Landekopf mit einer ausreichenden Ausdehnung zu schaffen. Nun war immer deutlicher geworden, dass u.a. diese Versäumnisse Ursache für den psychologischen Druck waren, unter dem sich die Alliierten bei ihrem Italienfeldzug befanden und dass eine Zerschlagung des Landekopfes nicht nur ein Debakel für Alexander und Clark sein musste, sondern vor allem auch für die britischen Stabschefs. War doch die Landung bei Anzio zum Mittel erklärt worden, wieder Bewegung und Fortschritt in den italienischen Feldzug zu bringen. Dies würde nicht nur zum Gesichtsverlust beim russischen Verbündeten führen, sondern auch düstere Perspektiven für die bevorstehende Landung in der Normandie nach sich ziehen. Vergessen schien, dass Alexander und Clark Lucas nicht genügend zu einer aggressiveren Operationsführung angehalten hatten. Nun kamen auch Zweifel hinzu, ob Lucas die Fähigkeit haben würde, die sehr heikle Lage durchzustehen: Pessimist durch und durch, Methodiker und

Die Abtei Monte Cassino aus Blickrichtung der Stellung des Sussex Rgt unterhalb der Höhe 593

Der Mittelkreuzgang der Abtei mit der Statue des Hl. Benedikt (Rückenansicht)

Der Ort Cassino vor der Zerstörung: Bahnhofstraße

Panorama des Kloster-berges und des Rocca Janula. Im Vordergrund der zerstörte Bahnhof

Agricola

Cassino vor der Zerstörung: Corso Emanuele (Via Casilina). Rechts im Hintergru[...] Rocca Janula

Massa Albaneta, im Hintergrund der Mt Cairo. Im Vordergrund zerstörte Panzer

Agricola

Transportkolonne auf der Via Casilina. Klosterruine im Hintergrund

Agricola

Ruinen im zerstörten Cassino. In diesen Ruinen kämpften die Reste der 5. und 8. Kp, FschJg Rgt 3

Klosterruine und Trichterfeld im Sattel zwischen der Höhe 593/569 und dem Klosterberg   Agricola

Gefechtsstand I./FschJg Rgt 3 in einem der erhaltenen Gewölbe der Ruine   Agricola

Fallschirmjäger zwischen den Einsätzen in einem der Gänge zur Krypta (Malerei: Beuroner Schule)   Agricola

MG-Stellung im zerstörten Kloster, 4./FschJg Rgt 3

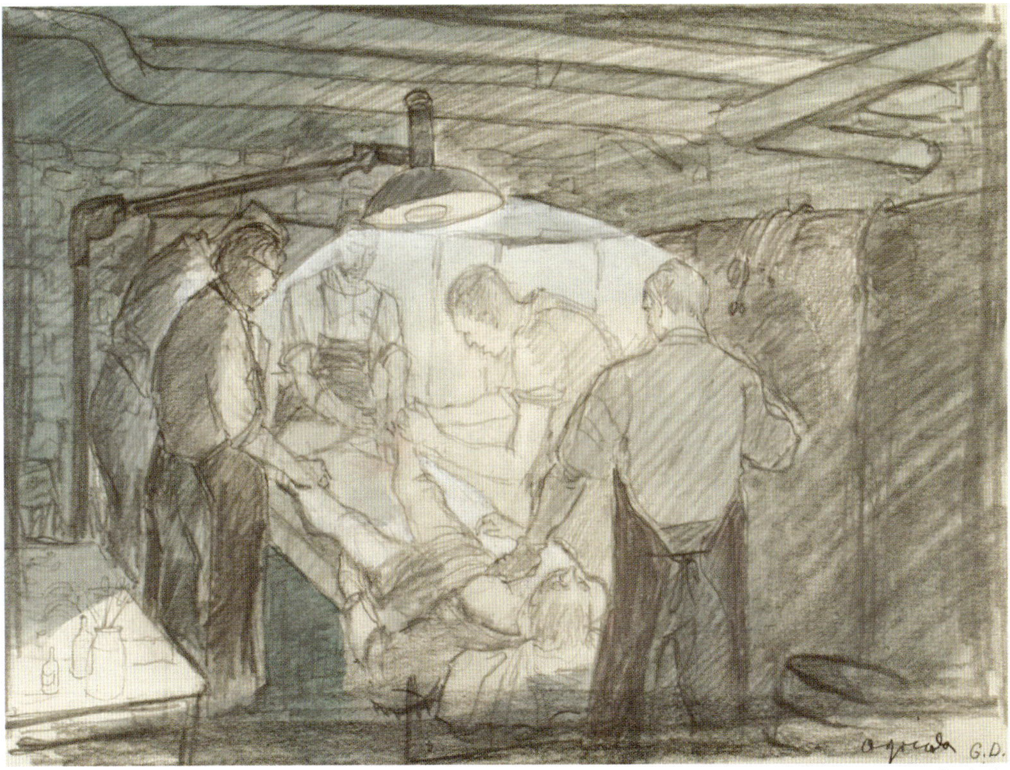

Agricola

Hauptverbandplatz

Agricola

Beobachtung in Richtung Höhe 435 („Galgenberg")

Agricola

Innenhof (Klaustrum) nach der Zerstörung

Agricola

Gefechtsstand II./FschJg Rgt 4 in der Nähe Massa Albaneta

Agricola

Gebirgsjäger im Winter

Agricola

Repressalien: Hingerichtete Partisanen in Rimini

Agricola

Eingangstür zur Basilika. Auf den verschiedenen Segmenten ist die Geschichte der Abtei abgebildet. Dieses Segment symbolisiert die 4. Zerstörung im Februar 1944: Der Propeller als Symbol für die Bomber, der britische Stahlhelm als Hinweis für die Initiatoren des Bombardements

Deutscher Soldatenfriedhof Caira

Deutscher Soldatenfriedhof bei Cassino nach einem Gewitterregen

Pedant, mehr Administrator als Truppenführer, mit wenig Wirkung auf Menschen. Hinzu kam, dass Lucas auf Grund seiner Führungstätigkeit seit Salerno geistig und körperlich als abgenutzt galt. Allgemein eignete er sich gut zum Sündenbock für eine verfahrene Situation. Mittels diplomatischer Kanäle versuchte Alexander über die britischen Stabschefs, die US-Generalstabschefs zu einer Ablösung von Lucas zu veranlassen. Nach einem gewissen Zögern wurde Alexander durch Clark und General Devers, den ranghöchsten US-General im Mittelmeer, unterstützt. Bedingung war, dass Lucas ohne Ansehensverlust abgelöst werden konnte.

Salerno hatte mit der Ablösung General Dawleys, dem Vorgänger von Lucas, den Präzedenzfall gegeben. Am 16. Februar wurde entschieden, Lucas zwei Stellvertreter zur Seite zu stellen, General Truscott und den britischen General Evelegh. Nach einer „Schamfrist" sollte Truscott das VI. (US) Korps übernehmen und Evelegh auf einen anderen Posten versetzt werden. Lucas sollte dann vorübergehend Clarks Stellvertreter werden. Am 17. Februar übernahm Truscott seinen neuen Dienstposten.[47] Nachfolger Truscotts als Kommandeur der 3. (US) Inf Div wurde General O'Daniel.

Am Abend des 17. Februar sah sich die deutsche Führung gezwungen, eine Zwischenbilanz zu ziehen: Die Erwartungen, die vor allem Kesselring mit dem Angriff der 14. Armee verknüpft hatte, waren nicht erfüllt worden. Zwar war es gelungen, sowohl westlich als auch im Zuge der Via Anziate einen Einbruch zu erzielen. Dieser Erfolg war aber mit Verlusten in Höhe von 2 569 Mann an beiden Tagen erkauft worden. Die 65. Inf Div beispielsweise hatte nur noch eine Gefechtsstärke von 1 000 Mann. Ein Durchbruch war aber nicht gelungen. Die Unsicherheiten, in welcher Weise die gepanzerten Kräfte eingesetzt worden sind, haben wir bereits dargestellt. Offensichtlich waren an den Vortagen auch Ladungsträger der Pz Abt 301 (Flk) verwendet worden, deren Einsatz wegen technischer Probleme ein glatter Misserfolg war.[48]

Ein Durchbruch war mit den abgekämpften Truppen der 3. PzGren Div und der 715. Inf Div nicht mehr zu erreichen. Dieser Misserfolg wird in der Literatur vor allem auf die Geländeverhältnisse, das überwältigende Artilleriefeuer und den Luftwaffeneinsatz auf alliierter Seite zurückgeführt. Angeblich hat die Korpsartillerie des VI. (US) Korps im Zeitraum 17. bis 20. Februar 158 000 Granaten aller Kaliber verschossen. Berberich gibt an, aufgrund einer Auswertung beim LXXVI. Pz Korps, dass die Gesamtverluste für den Monat Februar von über 12 000 Mann zu 75 Prozent durch die Artillerie und nur zu 13 Prozent durch Infanteriegeschosse verursacht worden seien.[49] In ungleich höherem Maße als im Bergland von Cassino hat also das materielle Übergewicht der Alliierten zum Ausgang der Kämpfe beigetragen.

Obwohl nun Kesselring Zweifel hatte, ob sich das operative Ziel, der Vorstoß zu Küste, noch erreichen ließ, entschlossen sich Mackensen und er zum Einsatz der gepanzerten Divisionen für den folgenden Tag. Die Entscheidung dazu fiel am Abend des 17. Februar. Nun hatte sich aber die Ausgangslage für die 26. Pz Div und die 29. PzGren Div grundlegend geändert. Ursprünglich sollten sie den vollendeten Durchbruch ausnutzen und die Front von beiden Seiten aufrollen, nun war es ihre Aufgabe, diesen Durchbruch selbst zu schaffen. So wurden als Angriffsspitzen Infanterieregimenter eingesetzt. Im Gefechtsstreifen der 3. PzGren Div im Zuge der Via Anziate das PzGren Rgt 67 der 26. Pz Div, im Gefechtsstreifen der 715. Inf Div das Gren Rgt 15 der 29. PzGren Div.[50] Die Ablösevorgänge und die Angriffsvorbereitungen verliefen bei der Enge des

Raumes bald unter chaotischen Verhältnissen. Es ist erstaunlich, dass der Angriffsbeginn, der für 04.00 h morgens vorgesehen war, nur um zwei Stunden verschoben werden musste.

Der Angriffsbefehl des LXXVI. Pz Korps enthielt nicht nur Aufträge für die beiden gepanzerten Divisionen, sondern auch für die bisherigen Angriffsdivisionen. Während die 26. Pz Div und die 29. PzGren Div als erstes Angriffsziel die Nordausläufer des Padiglione-Waldes zu nehmen hatten, sollte die 3. PzGren Div die Kreuzung „Flyover-Bridge" nehmen, die 114. Jg Div nun die Ostflanke der 29. PzGren Div schützen und Teile der 715. Inf Div das Gelände von stehen gebliebenen Feindkräften säubern.

Auf der Feindseite sah die Lage so aus: Westlich der Via Anziate stand unverändert die 167. (BR) Inf Brig der 4. FschJg Div gegenüber. Zwischen den beiden beschriebenen Einbrüchen befand sich das II./157. (US) Inf Rgt in Stellung. Es war beinahe abgeschnitten. Gegenüber dem Einbruchsraum ostwärts der Via Anziate stand das angeschlagene 179. (US) Inf Rgt, rechts daneben verteidigte das bisher kaum angegriffene 180. (US) Inf Rgt seine ursprüngliche Stellung. Ein Gegenangriff gegen den Einbruchsraum, der mit Teilen der 1. (US) Pz Div, einem Bataillon Rgt 157 und zwei Bataillonen Rgt 179 (beide jeweils nur noch 270 Mann stark) geführt wurde, unterstützt durch Panzer des 191. (US) Pz Btl, war gescheitert.

Durch die „Unordnung" in der Verteidigung, die vorübergehend durch diesen Gegenangriff entstanden war, gelang es den beiden deutschen angreifenden Regimentern im Laufe des Vormittags des 18. Februar bis zur Straße 82 vorzudringen. Dies war aber nur in Form eines schmalen Angriffskeils gegenüber dem fast aufgeriebenen 179. (US) Inf Rgt möglich. Unterstützende Panzer, hier kamen wohl Teile des I./Pz Rgt 4 und der Tiger-Abteilung 508 unter der Führung des Ritterkreuzträgers Major Haen zum Einsatz, wurden durch in Stellung gebrachte US-Flak-Geschütze 9 cm abgewiesen. In dieser Phase stand der Durchbruch zur Küste tatsächlich fast bevor. Zur moralischen Stabilisierung wurde vom Kommandeur der 45. (US) Inf Div Oberst Darby, der ehemalige Führer der Ranger-Gruppe, als neuer Kommandeur des 179. Rgt eingesetzt. Durch die Auflösung der 6615. Ranger Grp war er sozusagen „arbeitslos" geworden. Darby war nicht nur ein harter Führer, sondern besaß auch das richtige psychologische Einfühlungsvermögen, er war ein begnadeter Führer von Menschen. Er bekam in kurzer Zeit die anscheinend ausweglose Lage in den Griff. Ein merkwürdiges Schicksal verband später Major Haen und Oberst Darby, die südlich von Aprilia gegeneinander gekämpft hatten.

Darby wurde am 30. April 1945, 24 Stunden nach Abschluss des Waffenstillstands, der in Italien vorzeitig zum 2. Mai in Kraft treten sollte, von einer Artilleriegranate tödlich verletzt. Haen, der noch mit dem Eichenlaub ausgezeichnet worden war, kehrte – zum Generalstabsoffizier ausgebildet und zum Oberstleutnant befördert – in den Stab der 14. Armee zurück. Er wurde unter ungeklärten Umständen am 9. Mai wohl von einem amerikanischen Posten in einem Kriegsgefangenenlager bei Hammelburg erschossen.[51]

Ausschlaggebend für die Vereitelung eines Durchbruchs war aber auch, dass der schmale Angriffskeil von der 2. (BR) Inf Brig abgeriegelt wurde. Da die deutschen Rgt 67 und 15 nun ihrerseits in den Flanken bedroht waren, mussten Kräfte zum Flankenschutz angesetzt werden, die zur Fortführung des Angriffs fehlten. Bei einem Vorstoß am Vormittag des 19. Februar gelang es angeblich zwei Bataillonen des Gren Rgt 15, mehrere hundert Meter über die Straße

82 vorzudringen. Dann war der Großangriff zur Zerschlagung des Landekopfes gescheitert. Die beiden Bataillone des Gren Rgt 15 wurden vernichtet. Die 4. FschJg Div und Teile der 65. Inf Div, der das FschJg Rgt 10 vorübergehend unterstellt worden war, waren an der Michele-Schlucht hängen geblieben.

Die Truppen des I. Fsch Korps und des LXXVI. Pz Korps hatten sich in einen Frontbogen von fünf Kilometer Tiefe und acht Kilometer Breite hinein geschoben, vergleichbar zum früheren britischen Frontbogen bei Campoleone waren nun sie stark in der Flanke gefährdet. Die folgenden Tage sahen außer lokalen Stoßtruppunternehmen oder kleineren Angriffen zur Verbesserung der jeweiligen Stellungen nur noch einen größeren Angriff, der ursprünglich mit der vorzeitig eingetroffenen 169. (BR) Inf Brig (Eintreffzeit bereits am 18. Februar) und Kräften der 1. (US) Pz Div im Zuge des Fso del Leschione aus Richtung Padiglione in Richtung Carroceto in die tiefe linke Flanke der deutschen Truppen geführt werden sollte. Da sich das Ausladen der 169. Brig aber verzögerte, griff am 19. Februar die 1. (US) Pz Div allein an. Der Angriff traf die Deutschen überraschend. Die Umstände des Kampfes um den Landeraum und der eigene Misserfolg hatten die deutschen Verbände tief getroffen. Resignation breitete sich aus. Deswegen gelang es den Amerikanern, die Deutschen fast eineinhalb Kilometer zurückzuwerfen und zum ersten Mal seit längerer Zeit wieder Gefangene in größerer Zahl einzubringen. Die Verluste auf beiden Seiten waren sehr schwer gewesen. Die 45. (US) Inf Div hatte allein während des 1. deutschen Angriffs 400 Gefallene, 2 000 Verwundete und 1 000 Vermisste zu beklagen. Hinzu kam die horrende Zahl von 2 500 Abgängen durch Krankheit – Auszehrung, psychische und körperliche Erschöpfung, Erkältungskrankheiten und Grabenfuß.[52]

Nach einer britischen Literaturangabe verlor die 14. Armee im Zeitraum 16. bis 20. Februar fast 5 400 Mann.[53] Auf einen Verband bezogen geben die Verlustzahlen beim I./ und II./ Fsch-Jg Rgt 11 einen guten Eindruck: Innerhalb von drei Tagen (16. bis 18. Februar) verloren diese beiden Bataillone 295 Mann. Das I. Btl war auf eine Stärke von 196 Mann abgesunken, im II. Btl waren nur noch vier Offiziere einsatzfähig. Nach Major Kleye hatte dieses Bataillon mit Hauptmann Vogel den zweiten Bataillonskommandeur (gefallen am 16. Februar) innerhalb von wenigen Tagen verloren.

Nach dem Scheitern des Angriffs war das I./PzGren Rgt 9 der 26. Pz Div, der 65. Inf Div unterstellt, dazu angesetzt worden, zur Konsolidierung der entstandenen Front südlich des Buonriposo-Rückens eine fast eingeschlossene feindliche Gruppierung in Bataillonsstärke zu zerschlagen. In der Nacht 22./23. Februar wurde dieser Angriff in Form eines Sicherungsangriffs vorgetragen. Die Höhe wurde genommen, 650 Gefangene eingebracht. Der damals 21-jährige Ordonnanzoffizier des neu eingetroffenen, der Truppe nicht bekannten Bataillonskommandeurs, Eberhard von Block, schreibt darüber: „Das Bataillon wurde im Wehrmachtsbericht erwähnt, der Kommandeur erhielt das Ritterkreuz. Insofern war dies ein stolzer Erfolg. Jedoch war er teuer. Es fielen nur wenige Unteroffiziere und Mannschaften, und die Zahl der Verwundeten war nicht überaus hoch. Es fielen jedoch die Kompaniechefs der 1. und 3. Kompanie sowie der Führer der 4. (schweren) Kompanie, der Chef der 2. Kompanie wurde verwundet und kehrte nicht zum Regiment zurück. Es fielen alle Kompanieoffiziere der 1., 2. und 3. Kompanie (je Kompanie ein Offizier) sowie der Bataillonsadjutant, der die 2. Kompanie übernommen hatte.

Es fielen zwei aus der Führerreserve nachgeführte Leutnante, der eine vor, der andere kurz nach seiner Meldung beim Kommandeur.

Es blieben übrig, und sogar unverwundet, der Kommandeur, der beispielhaft mitgekämpft hatte und ich, sein Ordonnanzoffizier. Der Grund für die hohen Offiziersverluste ist leicht erklärt. Die Offiziere führten von vorn, wie es im Infanteriekampf gar nicht anders geht. Der Grund für den Erfolg ist ebenfalls leicht erklärt. Die Feldwebel übernahmen ohne zu zögern die Aufgaben ihrer gefallenen Offiziere. Die Mannschaften folgten ihren Offizieren und Unteroffizieren …". Wir wollen diese Schilderung an dieser Stelle einfach so stehen lassen. Eberhard von Block wurden wenige Wochen vor Kriegsende auf Grund einer schweren Verwundung beide Beine amputiert. Trotz seiner Prothesen wurde er 1956 in die Bundeswehr übernommen und beendete seine Dienstzeit als Brigadegeneral und Kommandeur der Abteilung Heer an der Führungsakademie.[54]

Der zweite Angriff (Lagekarte 20)

Wir wissen heute, dass die Absicht, den alliierten Landekopf bei Anzio/Nettuno zu zerschlagen, schon mit dem Misserfolg des Angriffs vom 16. Februar insgesamt gescheitert war. Kesselring und noch mehr Mackensen räumten einem erneuten Angriff kaum mehr Erfolgsaussichten ein. Dennoch sollte ein weiterer Angriff gewagt werden, auch schon deswegen, weil der WFSt auf einem erneuten Versuch bestand.

Auch in diesem Falle kamen durch das FHQ strikte Vorgaben: Da man davon ausging, dass der Gegner seine Reserven im Raum der Via Anziate konzentriert hatte – immerhin war dort den Deutschen ein erheblicher Einbruch gelungen – sollte der neue Angriff möglichst „weit entfernt" angesetzt werden. Bei den begrenzten Entfernungen innerhalb des Landeraumes musste dies aber ein fragwürdiges Argument sein, das VI. (US) Korps konnte seine Reserven innerhalb kürzester Zeit nach einem begonnenen Angriff verschieben. Bei der alliierten Luftherrschaft konnte dies unerkannt und unbehindert von den Deutschen geschehen. Als Ausgangsraum für den zweiten Angriff wurde der Raum Cisterna, der Abschnitt der 3. (US) Inf Div, festgelegt. Das Angriffsziel sollte an der Küste zwischen den Mündungen des Mussolini-Kanals und des Astura-Baches liegen. Erneut war der Angriff durch das LXXVI. Pz Korps zu führen. Als Angriffszeitpunkt wurde der 28. Februar vorgesehen. Auf deutscher Seite wurden umfangreiche Umgruppierungen vorgenommen. Die 362. Inf Div wurde aus der Küstensicherung nördlich von Rom herausgelöst und übernahm einen Teil des Gefechtsstreifens der Pz Div „HG", links neben der 114. Jg Div.[55] Auch die 715. Inf Div wurde ostwärts der Via Anziate herausgezogen und übernahm den Abschnitt südlich der Pz Div „HG" im Raum Littoria – Borgo Piave. Die Kampfgruppen der Waffen-SS Regimenter 35 und 36 wie die Pz AA 129 in der Küstenüberwachung wurden offenbar der 715. Inf Div unterstellt. Auch die 26. Pz Div und die 29. PzGren Div wurden erneut als Angriffsdivisionen eingeplant: Die 26. Pz Div zwischen der 362. Inf Div und der Pz Div „HG", die 29. PzGren Div als Armeereserve. Damit diese Ablösungen erfolgen konnten, übernahm die 3. PzGren Div den bisherigen Raum der Divisionen 26, 29 und 715. Die 3. PzGren Div trat unter den Befehl des I. Fsch Korps. Das dritte Grenadierregiment der 65. Inf Div, das GrenRgt 146, wurde ab dem 20. Februar von der Adria herangeholt und der abgekämpften 3. PzGren Div unterstellt. Neben Sturmgeschützen standen den Angriffsverbänden der 14. Armee angeblich 195 Kampfpanzer zur Verfügung.[56]

Entsprechend des Operationsplans der 14. Armee hatte das I. Fsch Korps auf gesamter Breite und das LXXVI. Pz Korps mit der 715. Inf Div über den Mussolini-Kanal Bindungs- oder Täuschungsangriffe zu führen. Ohne Artillerievorbereitung – zur Wahrung der Überraschung – sollten die Pz Div „HG" und die 26. Pz Div am 28. Februar ab 04.00 Uhr in Richtung Le Ferriere/Borgo Montello („HG") bzw. über Ponte Rotto auf Campomorte, heute Campoverde (26. Pz Div), angreifen und Übergänge über den Zweig-Kanal bzw. den Astura-Bach nehmen. Zum Schutz der Westflanke des Angriffskeils hatte danach, nach kurzer Artillerievorbereitung, die 362. Inf Div Carano zu nehmen und über Pte della Crocetta weiter nach Süden vorzustoßen. Die 114. Jg Div unterstützte die 362. Inf Div. Die Angriffsoperation hatte eine größere Breite als der Angriff vom 16. Februar, etwa acht Kilometer, die Angriffsentfernung bis zur Küste betrug fast 12 Kilometer. Die Angriffsdivisionen waren erheblich verstärkt worden.[57]

Auf alliierter Seite wusste man spätestens seit dem 19. Februar, dass der Angriff des NZ-Korps bei Cassino gescheitert war. Der Abwehrerfolg bei Anzio hatte zwar Zuversicht für die künftigen Operationen gegeben, dennoch war die Lage keinesfalls als gesichert anzusehen, alle Lageinformationen deuteten auf einen erneuten deutschen Angriff gegen das VI. (US) Korps hin. So wurde bei Cassino mit den Vorbereitungen zu einem weiteren „Ablenkungsangriff" des NZ-Korps begonnen. Ungeachtet dessen sollten wegen der mittlerweile eingetretenen Verluste die Kräfte des VI. (US) Korps verstärkt werden. Dazu war beabsichtigt, die 34. (US) Inf Div und die 5. (BR) Inf Div in den Landekopf zu verlegen. Dies konnte aber nicht vor Mitte März abgeschlossen sein, wirkte sich also nicht auf die Kämpfe Ende Februar aus.

Ab dem 22. Februar wurden bei der 3. (US) Inf Div geringfügige Änderungen im Kräfteansatz vorgenommen. Die Division übernahm westlich von Carano einen Teil des Gefechtsstreifens der abgekämpften 45. (US) Inf Div. Die Division gliederte sich folgendermaßen: Von links verteidigte das 30. (US) Inf Rgt (zwei Bataillone waren Regiments- bzw. Divisionsreserve) mit dem unterstellten FschJg Btl 509, danach folgten das 7. und das 15. (US) Inf Rgt. Das 504. (US) FschJg Rgt mit dem unterstellten 4. Ranger Btl sowie die 1. SSF (verstärkt durch ein Pionierbataillon) waren unverändert mit der HKL im Zuge des Zweig-Kanals und des Mussolini-Kanals eingesetzt.

Sintflutartiger Regen ab der Nacht 25./26. Februar behinderte Verlegung und Aufmarsch der deutschen Verbände und erzwang eine Verschiebung des Angriffs auf den 29. Februar. Aufgeweichte Felder, überflutete Entwässerungsgräben (Pontinische Sümpfe!) und morastige Wege machten selbst die Bewegungen mit Radfahrzeugen fast unmöglich. Gepanzerte Verbände würden voraussichtlich nur im Zuge der Straße Velletri – Cisterna – Ponte Rotto vorgeführt und eingesetzt werden können. Die Artilleriekommandeure wiesen darauf hin, dass ein Stellungswechsel der Artillerie kaum möglich sein würde, und wenn, konnten die Geschützstellungen danach nicht mehr versorgt werden. Kesselring, der immer wieder vorne bei der Truppe war, zeigte sich von den Einwänden der Kommandeure vor Ort beeindruckt. Doch wenige Stunden später kam die Bestätigung des Angriffszeitpunktes – die Heeresgruppe konnte sich gegenüber dem FHQ nicht durchsetzen.

Natürlich waren die deutschen Angriffsvorbereitungen vom Gegner erkannt worden. Aus einem abgefangenen Funkspruch (Ultra?) war der Angriffsbeginn bekannt. So eröffnete die Artillerie des VI. (US) Korps schon vor Angriffsbeginn ein heftiges Störungsfeuer auf vermutete Bereitstellungen und Anmarschwege. Als die deutsche Artillerie am 29. Februar um 04.30 Uhr ihr Feuer eröffnete, wurde seit langer Zeit wieder einmal eine hohe Intensität erreicht. Fast 1 200 t Artilleriegranaten wurden verschossen.

Doch alles nutzte nichts: Die Geländeverhältnisse und ein entschlossener Gegner, der auf jeden Geländegewinn mit Gegenangriffen antwortete, verhinderte ein Vorankommen der Divisionen. Die Schilderungen General Greiners, des Kommandeurs der 362. Inf Div, über die Mühsalen, den unglaublichen Einsatzwillen und die Verzweiflung über den ausbleibenden Erfolg, sind deprimierend. Die 114. Jg Div scheiterte vor Carano, und die vorgeprellten Teile der 362. Inf Div wurden bei Pte della Crocetta wieder zurückgenommen. Nachdem der Brückenschlag einer 60-t-Brücke bei Ponte Rotto über den Fso Femminamorta nicht geglückt war, weil die Pioniere bei den festgefahrenen Kolonnen auf der einzigen gangbaren Straße nicht nach vorne gekommen waren, war auch der Angriff der 26. Pz Div gescheitert. Zwar hatte die Pz Div „HG" mit einer Kampfgruppe bei Isola Bella Raumgewinne erzielt, diese wurden aber im Gegenangriff durch die 3. (US) Inf Div wieder zunichte gemacht. Auch die 715. Inf Div war am Mussolini-Kanal unter starken Verlusten abgewiesen worden. Die 14. Armee erließ den Befehl für die Fortsetzung des Angriffs am 1. März. Andauernder Regen in der Nacht hatte aber die Angriffsaussichten noch verschlechtert. Auf der gesamten Front traten ihrerseits die Amerikaner zu Gegenangriffen an. Am 1. März um 16.40 h befahl Kesselring die Einstellung des Angriffs. Jedermann war klar, dass damit auch der Versuch, das VI. (US) Korps ins Meer zurück zu werfen, missglückt war. Die beiden Tage hatten die 14. Armee nach Molony nochmals über 2 700 Mann Verluste gekostet. Ein auch nur taktischer Gewinn stand dem nicht gegenüber.

Wie um klar zu stellen, wer zum Abwehrerfolg des VI. (US) Korps einen entscheidenden Beitrag geleistet hatte, flogen die alliierten Luftstreitkräfte am 2. März mit 297 B-17- und B-24-Bombern einen Luftangriff im Raum Cisterna – Velletri und legten beide Städte in Trümmer. Die Bomber-Wellen wurden durch 176 Jagdflugzeuge eskortiert. Mittlere Bomber griffen Ziele im Raum Carroceto, Campoleone und Cisterna an. Weitere 100 Jagdbomber patrouillierten über den Straßen im Frontgebiet, warfen Bomben und griffen den Fahrzeugverkehr an.[58]

Bevor die Lage im Landeraum Anzio/Nettuno nach dem Scheitern des deutschen Angriffs bewertet wird und einige künftige Entwicklungen aufgezeigt werden, sollen als Hintergrund für die Frage nach Erfolg und Misserfolg die Verluste beider Seiten in einem Überblick angegeben werden. Die Verluste der Briten im Landeraum betrugen im Zeitabschnitt 22. Februar bis 3 . März 10 168 Mann (gefallen, verwundet, vermisst), dazu kamen 3 860 Ausfälle durch Krankheit und Erschöpfung. Die gleichen Verlustkategorien betrugen bei den US-Truppen 10 775 Mann (Kranke nicht eingerechnet) und bei der 14. dt. Armee 10 316 Mann (ebenfalls Erkrankungen nicht eingerechnet). Da hier, wie schon mehrfach ausgeführt, die Meldezeiträume nicht übereinstimmten, rechnet ein anderer Autor die Verluste auf deutscher Seite auf 19 000 Mann hoch. Auf beiden Seiten sind dies fast 20 Prozent der Einsatzstärke.[59]

Der Kampf um den Brückenkopf, Gründe für Erfolg oder Misserfolg

Ohne Zweifel hatte das VI. (US) Korps mit der Einstellung des Angriffs durch die 14. Armee einen Abwehrerfolg erzielt. Auf Grund der geringen Tiefe des gehaltenen Raumes konnte die Lage des Korps aber keinesfalls als gesichert angesehen werden. Die Straßenkilometer von Campo di Carne nach Anzio betrugen weniger als zehn Kilometer. Es mag als Ironie erscheinen, dass die Maßnahmen zur Sicherung des Landeraumes, denen Lucas und Clark im Januar den Vorrang vor einem Vorstoß auf die Albaner Höhen gegeben hatten – ein umfangreicher logistischer Aufbau und die Bereitstellung eines beträchtlichen Kräftedispositivs –, einen wesentlichen Anteil zum Abwehrerfolg beitrugen.

Während die Luftstreitkräfte der Alliierten zusammen mit der Artillerie, beide mit nahezu unbeschränktem Munitionseinsatz, eine weitere wichtige Voraussetzung für das Zerschlagen des deutschen Angriffs leisteten, kämpfte die 14. Armee vom Einsatz der Luftwaffen-Flak abgesehen sozusagen ohne die Unterstützung der Teilstreitkraft Luftwaffe. Karl Gundelach, der Verfasser der Geschichte der Luftwaffe im Mittelmeer-Raum nennt sein entsprechendes Kapitel über Anzio-Nettuno „Abgesang der Luftflotte 2".[60]

Der durch das FHQ vorgegebene schmale Ansatz der Kräfte im Zuge der Via Anziate, durch den fast drei Divisionen in eine Breite von ungefähr sechs Kilometern gepresst wurden, führte zu einer Truppendichte, die weder dem dadurch definierten Raum, noch dem Gelände, noch den gegebenen Witterungsbedingungen angemessen war, „weite" Panzervorstöße waren ohnehin nicht möglich. Ablösevorgänge mussten wegen der Enge des Raumes zu organisatorischen Friktionen und zu Zeitverzögerungen führen. Generaloberst von Mackensen hatte in einer sehr offenen Meldung vom 1. März an den OB Südwest die Überzeugung geäußert, „mit den zur Verfügung stehenden Kräften" die Beseitigung des Landekopfes von Nettuno „nicht werde erreichen können" und einen neuen Entschluss gefordert, der nur darin bestehen könne „nach vorwärts eine brauchbare Stellung zu gewinnen … in der die Armee später einem feindlichen Großangriff aus dem Landekopf …heraus … gewachsen ist." Als Gründe für das Scheitern nannte er den ungenügenden Ausbildungsstand auf der Verbandsebene, den Mangel an kampferfahrenen Führern und Unterführern sowie den nur kurz eingegliederten jungen Ersatz, der den Bedingungen einer Materialschlacht von der Belastbarkeit her nicht gewachsen wäre.[61]

Kesselring hatte Anfang März General Westphal in das FHQ entsandt, um über die Gründe des Scheiterns des Gegenangriffs, in den so viele Hoffnungen gesetzt worden waren, vorzutragen und um die weiteren Möglichkeiten und Strategien auf dem Kriegsschauplatz zu besprechen. Im Wesentlichen ging es dem Feldmarschall darum, das FHQ davon zu überzeugen, dass die HGr C sich zwar in der Lage sähe, die zu erwartende alliierte Frühjahrsoffensive abzuwehren, aber nicht dazu, den „Abszess" im Rücken der 10. Armee zu eliminieren. In einem abschließenden Gespräch am 6. März mit Hitler wies Westphal, der das offene Wort nicht scheute, auf die Abnutzung der Truppe, vor allem in geistiger Hinsicht, und die Resignation im fünften Kriegsjahr hin und bezweifelte, ob das Heer zu größeren Offensivhandlungen überhaupt noch befähigt sei. Nach heftigen Widerworten entgegnete Hitler dem Chef des Stabes der HGr C: „Schließlich äußerte er mit offensichtlicher Bewegung, ihm sei die große Kriegsmüdigkeit wohl bekannt, die das Volk und auch die Wehrmacht erfasst habe. Er müsse sehen, bald zu einem Ende zu kommen. Dazu brauche er aber vorher einen Erfolg."

Auf Grund des Vortrages von Westphal war angeordnet worden, aus dem Bereich der Italienarmee eine Delegation von Stabsoffizieren und Frontoffizieren zum Vortrag ins FHQ zu entsenden – ein bis dahin und auch später noch einzigartiger Vorgang. Die Delegation bestand wohl aus 22 Personen unterschiedlicher Dienstgrade in unterschiedlichen Führungsverwendungen. Sie wurde angeführt von General Fries, dem Kommandeur der 29. PzGren Div. Beim Vortrag am 7. März wurden die zuvor angeführten Gründe für den Misserfolg (siehe oben) offen dargestellt.[62]

Zwei Alternativen werden von Kritikern genannt, die angeblich bessere Erfolgsaussichten für das Gelingen des Angriffs geboten hätten. Die eine dieser Alternativen wäre angeblich ein früherer Angriffsbeginn gewesen, allerdings mit dem Verzicht auf einen kompletten eigenen Kräfteaufbau. Die Kräfte des VI. (US) Korps seien nicht gefestigt gewesen, der logistische Aufbau noch im Gange, Verstärkungen seien noch nicht herangeführt gewesen. Nach den vorstehenden Ausführungen dürfte klar sein, dass ein eigener Angriff vor Anfang Februar völlig ausgeschlossen war.

Nachdem die Masse der 1. (US) Pz Div bereits im Landeraum eingesetzt werden konnte, trafen bis zum 3. Februar noch die gesamte 45. (US) Inf Div, die 1. SSF und die 168. (BR) Inf Brig im Raum Anzio ein. Bis zum Angriffsbeginn wurde lediglich noch die 167. (BR) Inf Brig der 56. (BR) Inf Div zugeführt. Die Kräfte des VI. Korps hätten sich folglich nur um drei Bataillone reduziert. Auf deutscher Seite hätten dagegen wesentliche Verstärkungen aus dem Bereich des Ersatzheeres und die gesamte 29. PzGren Div gefehlt. Die zuvor genannten Stärkeverhältnisse hätten sich bei einem früheren Angriffsbeginn noch zu Ungunsten der 14. Armee verändert.

Zu überlegen wäre gewesen, so die andere Alternative, das Gelände westlich der Anziate trotz der Wirkung der Schiffsartillerie zu stärkeren Angriffen, zumindest mit Infanterie, zu nutzen. Darüber kann man diskutieren. Die Erfolge der 4. FschJg Div/65. Inf Div mit den Nachtangriffen am 16./17. Februar sind augenfällig. Aufgelockerte Infanterieverbände sind weniger gefährdet durch die feindliche Artillerie, Schiffsartillerie und Luftwaffe und waren im Gelände der „Fosse" unempfindlich gegen feindliche Panzer. In jedem Falle wäre es kein Nachteil gewesen, zusätzlich zu den „dichten Massen" im Zuge der Anziate auch den Raum der Fosse stärker zu nutzen, ebenso wie sich verstärkte zeitgleiche Angriffe der Pz Div „HG" angeboten hätten. Die Führer der Truppe vor Ort hatten ja einen breiteren operativen Ansatz gefordert.

Weitere Absichten: 5. (US) Armee …

Die Führung des VI. (US) Korps hatte am 22. Februar General Truscott übernommen. Die weitere Entwicklung im Landeraum war dadurch bestimmt, dass General Alexander (ab dem 9. März Führer der „Allied Armies in Italy", der mehrfach umbenannten 15. HGr, Abkürzung A.A.I.) an der Hauptfront, der Gustav-Linie weiter angreifen wollte, während im Raum Anzio die Defensive beibehalten werden sollte. Die Durchhaltefähigkeit des VI. (US) Korps war deswegen für unbestimmte Zeit sicherzustellen. Dabei mussten die Verbindungswege über See uneingeschränkt aufrecht erhalten werden und dazu durfte kein weiterer Raum verloren gehen, damit die Wirkung der Deutschen durch weitreichendes Feuer auf die Landezone (Versorgungs-lager!), den Hafen und eine „Umschlagzone" zwischen drei und vier Meilen auf See, möglichst reduziert blieb.

Noch am 24. Februar war die 18. (BR) Inf Brig gelandet worden. Sie löste bis zum 07./09. März die 24. (BR) Inf Brig ab. Im Zeitraum 5. bis 11. März wurde die 56. (BR) Inf Div von der 5. (BR) Inf Div abgelöst. In der letzten Märzwoche wurde noch die 34. (US) Inf Div dem VI. (US) Korps zugeführt. Dafür wurden die beiden Fallschirmjägerverbände, das 504. Rgt und 509. Btl, zu den Overlord-Kräften abgezogen. Ende März verfügte das VI. (US) Korps über zwei britische und drei amerikanische Infanteriedivisionen, die Masse der 1. (US) Pz Div und die 1. SSF. Mit einer solchen Masse von Truppen konnte allerdings im engen Landeraum nicht operiert werden. Zum Teil waren diese Verstärkungen schon Bestandteil des großen Planes, der Operation „Diadem", den General Alexander verfolgte … Die materielle Ausstattung der Truppen des VI. (US) Korps betrug u.a. mit dem Stand 13. März nahezu 22 200 Fahrzeuge, fast 2 050 Ketten-, Halbketten- oder gepanzerte Gefechtsfahrzeuge (Panzer, gepanzerte Fahrzeuge oder Artilleriegeschütze (Sfl) sowie fast 1 000 gezogene Artilleriegeschütze.[63]

Um die Durchhaltefähigkeit im Landeraum weiter zu sichern, wurde eine unglaubliche lo-gistische Leistung erbracht. Jeden Tag lief ein Konvoi von sechs LST aus Neapel, beladen mit 300 LKW, den Hafen von Anzio an. Die bereits beladenen LKW wurden, um die Auslade zeit zu begrenzen, gegen bereit gehaltene leere LKW ausgetauscht. Jeder Konvoi transportierte 1 500 t an Versorgungsgütern. Alle 10 Tage wurde die Ladung von vier Frachtern in der Bucht von Anzio auf 20 LCT, 500 Amphibienfahrzeuge (DUKW) und einige LCI umgeladen und im Ha-fen gelöscht. Ab dem 1. Februar konnten acht LST, acht LCT und 15 LSI gleichzeitig im Hafen entladen werden. In den vier Monaten von Februar bis Mai 1944 wurden 500 000 t militärische Güter dem Landeraum zugeführt.

Die Verluste der alliierten Seestreitkräfte betrugen über die gesamte Zeitdauer bis zum Aus-bruch sieben Kriegsschiffe, zehn Landungsschiffe/-boote, zwei Frachter und ein Lazarettschiff, das aus Versehen durch die Luftwaffe versenkt worden war. Die personellen Verluste betrugen 526 Gefallene und Verwundete sowie 229 Vermisste, die in diesem Falle zu den Gefallenen hinzugerechnet werden müssen. Sicherlich fallen die materiellen Verluste bei der Gesamtzahl eingesetzter Schiffseinheiten nicht ins Gewicht. Die personellen Verluste waren ungeachtet da-von schmerzlich.[64]

… und Heeresgruppe C

Der nicht beseitigte Landekopf stellte ein „Pfahl im Fleische" für die HGr C dar. Die latenten Gefahren für die Verbindungslinien, zumindest des rechten Flügels der 10. dt. Armee, waren von Anfang an ersichtlich gewesen. Diese Gefahr musste umso akuter werden, je mehr sich bei weite-ren Angriffen, vor allem der 5. (US) Armee, ein Durchbruch durch die Gustav-Linie abzeichnen würde. Rationale Überlegungen vorausgesetzt, mussten der Brückenkopf des US-Korps und die Aktionen seiner „Besatzung", mittlerweile auf Armeestärke angewachsen, eine entscheidende Bestimmungsgröße für die künftige Operationsführung der 10. Armee sein.

Kesselring ordnete am 6. März den verstärkten Ausbau der planerisch festgelegten „Cäsar-Linie" (C-Linie) an. Bisher war dort noch nicht viel für den Ausbau geschehen. Die volle Verteidigungsfähigkeit sollte bis zum 30. April hergestellt sein. Für den Westabschnitt war die 14. Armee verantwortlich, für den Ostabschnitt die 10. Armee. Die Trennungslinie lag bei Artena, nördlich von Valmontone. Die C-Linie hatte folgenden Verlauf: An der Tiber-Mündung beginnend erstreckte sie sich über die Ausläufer der Albaner Berge nördlich von Cisterna und über Valmontone (auf diese Weise die Via Appia und die via Casilina sperrend) nach Avezzano über die Halbinsel nach Osten. Dabei wurde die Lateralstraße Nr. 5, die von Osten her auf Rom führte, gegen einen eventuellen feindlichen Vorstoß gedeckt. Die C-Linie oder -Stellung endete bei Pescara an der Adria.[65]

Um eine gewisse Unterstützung und Handlungsfreiheit für seine beabsichtigte Operationsführung durch Hitler zu erhalten, gab Kesselring sozusagen eine Garantie, auch bei einem Verlust von Rom den Feldzug in Italien für weitere 12 Monate, das heißt bis in das Frühjahr 1945, fortführen zu können … Der weitere Besitz von Rom war jedoch aus zwei Gründen von psychologischer Bedeutung, für die eigene Seite wie für die Wahrnehmung der Weltöffentlichkeit: Obgleich Mussolini der Regierungssitz für die Regierung der R.S.I. in Rom verwehrt worden war, erweckte die Existenz zahlreicher italienischer Dienststellen in der Stadt sowie ein vordergründig größeres Territorium die Illusion eines im Grunde selbstständigen Verbündeten, während andererseits immer größere Raumgewinne die Bedeutung des „Königreichs Italien" erhöhen mussten.

Nach dem Vortrag von Westphal hatte Hitler dem OB Südwest zugestanden, keine weiteren Versuche zur Zerschlagung der Feindkräfte im Landeraum mehr zu unternehmen. Andererseits war der Führung der HGr C eröffnet worden, dass mit der Zuführung weiterer Kräfte nicht zu rechnen war.

Die Umgliederungen, die im Befehlsbereich der Heeresgruppe Anfang März angeordnet wurden, erfüllten neben der Absicht, die Großverbände entsprechend ihrer Grundgliederung wieder zu ordnen, mehrere Zwecke. Wenn möglich, sollte die 10. Armee angesichts der zu erwartenden Fortsetzung des alliierten Angriffs verstärkt werden. Die Kräftegruppierung des VI. (US) Korps sollte weiter eingeschlossen und durch Einengung eine verteidigungsgünstige Stellung gewonnen werden. Schließlich waren auch die Kräfte zur Abwehr weiterer Seelandungen neu zu ordnen.

Die Ermächtigung an die 10. Armee zum Ausweichen auf die Foro-Stellung, falls erforderlich, wurde bestätigt. Nachdem der Armee bereits die 71. Inf Div unterstellt worden war, sollte ihr nun bis spätestens 25. März die 114. Jg Div für den Einsatz im Hochgebirge zugeführt werden. Organisch den Divisionen der Armee zugehörige Verbände wurden rückunterstellt. Darüber hinaus erhielt die Armee zusätzliche Artillerie- und Sturmgeschütz-Abteilungen, dabei auch eine weitere Werferabteilung. Die Pz Div „HG" war durch die 14. Armee sofort der Armeeabteilung Zangen zu unterstellen, zur Auffrischung und gleichzeitig zum Küstenschutz im Raum Livorno. Zur Einschließung des Landekopfes verblieben der 14. Armee die 4. FschJg Div, die 65. Inf Div, die 3. PzGren Div, die 362. Inf Div und die 715. Inf Div. Gefährdungen durch feindliche Seelandungen wurden mit folgender Priorität gesehen: Civitavecchia, Livorno, Genua, Rimini,

Ravenna – die Bedrohung der Adria-Küste wurde also geringer eingeschätzt, Landungen in Istrien nahezu ausgeschlossen. Zum Schutz der Küste im Raum Livorno, Genua, La Spezia wurden die Pz Div „HG", die 356. Inf Div, die 162. (Turk) Div und Festungsbataillone eingesetzt. Weiter südlich sicherte die 92. Inf Div. Die 90. PzGren Div, 26. Pz Div und 29. PzGren Div sollten aufgefrischt werden und galten als Heeresgruppen-Reserven.[66]

In Anbetracht der Luftherrschaft der alliierten Luftwaffen und ihrer Angriffe gegen die Verbindungswege aus den Alpen heraus, über die Po-Ebene und in den Apennin, hatte die HGr C unvergleichlich größere Schwierigkeiten zu überwinden, um das eigene logistische System „am Laufen" zu halten. Dies wird im abschließenden Teil des Kapitels behandelt.

Vor Ende Mai, vor dem Ausbruch der Truppen des VI. (US) Korps aus dem Landeraum, kam es im Raum Anzio zu keinen größeren Kampfhandlungen. Aber auch die Angriffe zur Verbesserung oder zum Halten von Stellungen, zum Binden des Feindes, meist aufgelöst bis auf die Ebene der Kompanien und Züge, brachten es mit sich, dass die Kämpfer beider Seiten Entbehrungen litten, unter primitiven Bedingungen in den „Fosse" hausten, ihr Leben verloren und ihre Gesundheit opferten. Man könnte geneigt sein, dies mit dem bekannten Titel „Im Westen nichts Neues" abzutun. Wir sollten es jedoch nicht vergessen, wenn wir uns nun der 2. Cassino-Schlacht zuwenden.[67]

Die 1. Fallschirmjägerdivision im Raum Cassino[68] (Lagekarte 14 und 21)

Ab dem 20. Februar 1944 begann die 1. FschJg Div die 90. PzGren Div im Raum Cassino abzulösen. Die Befehlsübernahme erfolgte am 26. Februar. Die Ablösung der 90. PzGren Div hatte ursächlich mit dem im vorangegangenen Abschnitt beschriebenen Neuordnungsprozess zur Verstärkung der 10. Armee nichts zu tun. Kesselring hatte diesen Austausch seit Anfang Februar verfolgt. Mit der Auffrischung der 90. PzGren Div gewann man eine mechanisierte Division als Reserve, zudem hatte die 1. FschJg Div bei Ortona insgesamt und danach die Kampfgruppe Schulz bei Cassino bewiesen, zu den kampfstärksten Truppenteilen in Italien zu gehören. Um das spätere, kaum glaubliche Geschehen nachvollziehen zu können, wird im Gegensatz zum sonstigen Verfahren der Einsatz der Division bis in die Einzelheiten beschrieben.

General Heidrich, der Kommandeur der 1. FschJg Div, übernahm den Hauptgefechtsstand der 90. PzGren Div in Roccasecca, etwa 15 Kilometer Luftlinie westlich von Cassino. Der vorgeschobene Gefechtsstand lag in Castrocielo. Die Fallschirmjägerregimenter der Division wurden von links nach rechts auf einer Breite von über zwölf Kilometern folgendermaßen eingesetzt: Das stark abgekämpfte FschJg Rgt 1 (Gefechtsstärke nur noch 610 Mann) unter Oberst Schulz bezog Stellung zwischen dem Cle S. Angelo und den ansteigenden Hängen zum Mt Cairo. Das III. Btl des Regiments war noch bei Anzio eingesetzt. Die linke Flanke der Division wurde unverändert durch das HochGebJg Btl 4 geschützt. Im mittleren Abschnitt verteidigte das noch stärkste Regiment, das FschJg Rgt 4, beginnend südlich des Cle S. Angelo über die Massa Albaneta bis zur Höhe 593. Das Regiment führte anstelle von Oberst Walther vorübergehend Oberstleutnant Egger. Als Gefechtsstärke wird 1 160 Mann angegeben. Den rechten Divisionsabschnitt verteidigte das FschJg Rgt 3 unter Oberst Heilmann. Ohne Verstärkungen betrug die

Gefechtsstärke des Regiments etwa 800 Mann. Das Geschehen des Krieges führt gelegentlich zu überraschenden Konstellationen: Im Mai 1941 hatte das FschJg Rgt 3, damals noch unter Oberst Heidrich (Heilmann war Kommandeur eines Bataillons) auf Kreta im Raum Chania schon einmal gegen die Neuseeländer zu kämpfen gehabt. Oberst Kippenberger, Kommandeur der 10. (NZ) Brig leistete seinerzeit den Deutschen erbitterten Widerstand. Die 5. (NZ) Brig, die in der Folge nun auf Cassino angreifen sollte, war damals allerdings bei Maleme eingesetzt gewesen. Bis zu seiner Verwundung standen sich nun Kippenberger als Kommandeur der 2. (NZ) Div und Heidrich als Divisionskommandeur der 1. FschJg Div gegenüber.

Die Artillerieunterstützung für die Division war relativ stark. Durch den Art Stab z.b.V. 553 unter Oberst Denkinger wurden drei Heeresartillerieabteilungen, das Art Rgt 190 (der 90. PzGren Div, zwei Abteilungen) und das divisionseigene FschArt Rgt 1 (zwei Abteilungen) geführt. Die Feuerstellungen befanden sich im Höhengelände um den Mt Cairo. Wesentliche Unterstützung leistete das Werfer Rgt 71 unter Oberstleutnant Andrae, nunmehr mit zwei Abteilungen ausgestattet. Nach der Besetzung des Klosters durch die Fallschirmjäger befanden sich zeitweise bis zu 16 Beobachtungsstellen auf dem Klosterberg.[69]

Behandeln wir zuerst das FschJg Rgt 3, das im Blickpunkt der bevorstehenden 2. Cassino-Schlacht stehen sollte. Oberst Heilmann hatte sein Regiment schwerpunktmäßig in drei Räumen zum Einsatz gebracht. Das vom Umfang her schwächste Bataillon, das I. Btl unter Major Böhmler, bezog Stellung auf dem Klosterberg. Zwei Kompanien verteidigten die Nordhänge des Klosterberges, eine Kompanie hielt den Abschnitt Pkt 165 – Rocca Janula besetzt. Der Gefechtsstand war in der Klosterruine untergezogen. Um die Ruine herum war die schwere Kompanie des Bataillons (schwere und leichte MGs, Granatwerfer) in Stellung gegangen. Im Kloster waren mehrere Sanitätseinrichtungen, darunter auch ein vorgeschobener Verbandplatz der Division untergebracht.[70]

Das II. Bataillon unter Hauptmann Foltin verteidigte den Nordteil des Stadtgebietes, etwa im ehemaligen Raum des II./211, nördlich der Via Casilina. Wir erinnern uns, dass seit dem Angriff der 34. (US) Inf Div von Anfang Februar Gebäudekomplexe im Nordteil der Stadt von Amerikanern besetzt waren. Foltin hatte seine drei Fallschirmjägerkompanien etwa halbkreisförmig mit den Hauptschussrichtungen nach Norden, Osten und Südosten eingesetzt. Während die Masse des Bataillons damit die Zugänge zum Klosterberg von Osten her verteidigte, deckten weitere Teile zusammen mit der 2./FschJg Rgt 3 auf dem Rocca Janula die Aufstiege zum Klosterberg von Norden. Der Gefechtsstand befand sich in einem zentralen Schulkomplex, die schwere Kompanie hatte überhöht an den Hängen zum Rocca Janula Feuerstellungen bezogen. Foltin war durch fünf Sturmgeschütze der StuGsch Abt 242 verstärkt worden, dazu wurde dem Bataillon die stark geschwächte 1./FschPi Btl 1 zugeteilt.[71] Alles in allem dürften im Raum nördlich der Via Casilina maximal 300 Mann eingesetzt gewesen sein. Das Gelände zwischen dem Ortskern und dem Raum Kolosseum – Bahnhof war nur schwach besetzt, es wurde mit Feuer beherrscht.[72] In kluger Voraussicht hatte Heilmann zur Abriegelung der Eingänge in das Liri-Tal oder gegen Vorstöße im Zuge der Via Casilina nach ihrer erneuten Richtungsänderung nach Westen eine relativ starke Kräftegruppe gebildet. Ihr Kern bestand aus dem unterstellten II./PzGren Rgt 8 (3. PzGren Div, etwa 200 Mann stark) und den Restteilen des FschMG Btl 1 (etwa 100 Mann), hinzu kamen die 4./FschPzJg Btl 1 sowie die 13. Kp (Mörser) bzw. 14. Kp (Pak) des Regiments.

Die Stärke dieser Gruppe dürfte fast 500 Mann betragen haben. Mit der dritten Kräftegruppe verteidigte Heilmann das Bahnhofsgelände und die Übergänge über den Gari, so konnte er die Eingänge in das Liri-Tal zusammen mit den rechten Nachbarn, den Verbänden der 15. PzGren Div, vor allem gegen gepanzerten Feind sperren. Wo Heilmann seinen Schwerpunkt sah, wird aus der Lage seines Gefechtsstandes deutlich. Er befand sich in der Gehöftgruppe Aguanno, im Liri-Tal südwestlich von Cassino unterhalb des Klosterberges. [73]

Das beinahe nicht mehr existenzfähige III./FschJg Rgt 3 unter Major Kratzert war aus der Front herausgezogen worden. Seine Gefechtsstärke war auf unter 100 Mann abgesunken. Man hatte dieses Bataillon nach Fontana Liri verlegt, wie der Name schon sagt in das Liri-Tal, in der Nähe von Arce. Die Entfernung nach Cassino, fast 30 Kilometer, schließt aus, dass dieses Bataillon den Status einer Reserve hatte, so wie es von einigen Autoren behauptet wird. Inzwischen war durch die Luftwaffenführung angeordnet worden, die III. Bataillone der Regimenter 3 und 4 für die Neuaufstellung einer weiteren Fallschirmjägerdivision heranzuziehen. So liegt nahe, dass man diesem stark abgenutzten Bataillon vor dem Abtransport noch etwas Ruhe verschaffen wollte.[74]

Offenbar hatte General Heidrich bei weiteren Angriffen der Alliierten den Schwerpunkt weiterhin im Höhengelände von Cassino erwartet. Aus diesem Grunde hatte er das FschJg Rgt 4, mit fast 1 200 Mann Gefechtsstärke, dort eingesetzt. Das I. Btl lag auf dem Cle S. Angelo, das II. und III. Btl verteidigten den Raum Massa Albaneta – Höhe 593/569. Teilweise waren die Kompanien dieser Bataillone aber so abgekämpft, dass man sie zusammenfassen musste. So führte beispielsweise der damalige Oberleutnant Völk die zusammengefasste 7. und 8. Kp des II. Btl auf der Höhe 593.[75]

Der Operationsplan des NZ-Korps zur 2. Cassino-Schlacht (Lagekarte 21)

Noch während der letzten Angriffsversuche des NZ-Korps im Laufe der 1. Cassino-Schlacht, als sich aber ein Scheitern schon abzeichnete, waren im Stabe des Korps ab dem 18. Februar weitere Angriffsplanungen begonnen worden. Man war bestrebt, einen Übergang über den Rapido zu vermeiden, daher plante das Korps den neuen Angriff mit der Hauptangriffsrichtung von Norden. Um dieses Mal den deutschen Widerstand mit großer Sicherheit auszuschalten, wurde erneut ein Luftangriff mit der gesamten strategischen Komponente der MAAF vorgesehen. Bei einem Besuch Wilsons, Alexanders und Clarks auf dem Gefechtsstand des NZ-Korps im Raum Cervaro wurde der Operationsplan am 19. Februar besprochen und auf allen Führungsebenen gebilligt. Die Zeit schien zu drängen. Im Landeraum Anzio erwartete man den zweiten Angriff der 14. dt. Armee. Bei den folgenden Besprechungen mit den Vertretern der Luftstreitkräfte traten unterschiedliche Beurteilungen über die Folgen des Einsatzes der schweren Bomber zutage. Während General Cannon, der Befehlshaber der taktischen Luftstreitkräfte, meinte, man werde Cassino beseitigen „wie einen faulen Zahn" („like a rotten tooth"), war General Eaker, der Befehlshaber der Luftstreitkräfte im Mittelmeer seit dem Misserfolg der Bombardierung des Klosters skeptisch, was die Erfolgsaussichten der unmittelbaren Unterstützung von Bodenoperationen durch die strategische Bomberwaffe betraf. Bei einer Abstimmungskonferenz am 21. Februar sicherte

Oberst Mack als Vertreter der XII. (US) ASC Freyberg zwar zu, dass die Luftwaffe das Stadt-gebiet von Cassino einebnen könne, dass aber „die Infanterie nur mit großen Schwierigkeiten" durch die Trümmerwüste vorgehen könne, und es „unmöglich für mindestens zwei Tage sein würde", durch das zerstörte Stadtgebiet mit Panzern anzugreifen.[76] Freyberg zeigte sich davon nicht beeindruckt. Der Operationsbefehl des NZ-Korps wurde am 21. Februar herausgegeben. General Alexander hatte zur Bedingung gemacht, dass vor Angriffsbeginn mindestens drei Tage gutes Wetter herrschen musste, damit der Boden für den Einsatz von Panzern etwas abgetrocknet wäre. Folglich konnte der Angriff im günstigsten Falle nicht vor dem 24. Februar stattfinden. Für den Ablauf hatte Freyberg verschiedene Phasen befohlen: Zunächst hatte die 2. (NZ) Div die 34. (US) Inf Div im Rapido-Tal abzulösen. Während dieser Phase hatte die 7. (IND) Inf Brig durch einen begrenzten Angriff vom Cle d'Onofrio aus den tiefen Einschnitt nördlich des Klosterberges zu sperren. Dieser lief im Torrente Silvestro unterhalb des Rocca Janula aus, durch ihn hatten die Deutschen bisher immer wieder Verstärkungen in das Stadtgebiet schleusen können. Die 7. Brig hatte im Übrigen den gesamten Gefechtsstreifen der 4. (IND) Inf Div zu übernehmen und zu halten.

Danach sollte der beschriebene Luftangriff, der über mindestens drei Stunden andauern würde, erfolgen. In den Intervallen zwischen den einzelnen Wellen wie in einem begrenzten Zeitraum nach dem Luftangriff sollte das Angriffsgelände mit 900 Geschützen der amerikani-schen, britischen und französischen Artillerie beschossen werden, dazu waren 250 000 Granaten aller Kaliber im Gewicht zwischen 3 000 und 4 000 t bereit gestellt worden.

Unmittelbar nach dem Luftangriff sollte die 6. (NZ) Inf Brig, verstärkt durch das 19. (NZ) Pz Rgt, das Stadtgebiet einschließlich des Rocca Janula bis zur Via Casilina (Phasenlinie „Quis-ling") einnehmen, um so den engen Geländeraum im unteren Teil des Höhengeländes für den Ansatz der 5. (IND) Inf Brig zu erweitern. Diese Brigade sollte dann über den Rocca Janula und die beiden Haarnadelkurven Pkt 165 und Pkt 236 an der Straße zum Kloster vorgehend die Höhe 435[77] nehmen und von dort aus die Klosterruine angreifen.

Die 5. (NZ) Inf Brig hatte gegebenenfalls das Vordringen der 6. (NZ) Inf Brig auf die Pha-senlinie „Jockey", den Eingang zum Liri-Tal, zu unterstützen. Mit dem Besitz des Klosterberges hoffte man die Voraussetzungen geschaffen zu haben zum Angriff der 78. (BR) Inf Div, des CC B der 1. (US) Pz Div unter General Allen und von Teilen der 4. (NZ) Pz Brig über den Gari im Raum S. Angelo und nördlich davon. Die 78. (BR) Inf Div, dem NZ-Korps unterstellt, bezog dazu den Raum, den die 36. (US) Inf Div bis Anfang Februar gehalten hatte. Man sieht, dass sich die Grundkonzeption des Angriffs in das Liri-Tal seit Januar nicht wesentlich geändert hatte. Eine detaillierte Darstellung des Operationsplanes der 5. (IND) Brig ist angebracht:

Nach der Wegnahme des Burgberges[78] durch Teile des 25. Inf Btl der 6. (NZ) Brig sollte das I./Essex Rgt 4 den Burgberg übernehmen und zum Pkt 165 vorstoßen. Über das Essex Btl hinweg hatte das I./Rajputana Schtz Rgt 6 dann anzugreifen und den Pkt 236 zu nehmen. Dieses Bataillon war von der 11. (IND) Inf Brig als viertes Infanteriebataillon unterstellt worden. Wieder nach Ab-lösung des letztgenannten Regiments sollte das I./Gurkha Schtz Rgt 9 die Höhe 435 einnehmen. Schließlich sollte dann in der letzten Phase dieses Angriffs erneut das Essex Btl den Angriff fort-führen und die Klosterruine erobern. Die Angriffsziele der einzelnen Bataillone lagen nur 200 bis

300 Meter voneinander entfernt. Bei den Schwierigkeiten des Geländes (die Steilheit der felsigen Geländeabstürze ist selbst vom Pkt 165 aus noch beeindruckend!) musste jeder Ablöseprozess eine hohe Konzentration von Truppen auf engem Raum zur Folge haben. Hierzu kam der Zeitverlust durch den eigentlichen Ablösevorgang. Jedes Momentum des Angriffs musste dabei verloren gehen. Die Briten nannten dieses seinerzeit sehr bevorzugte Verfahren „leap-frogging", „Bockspringen". Für den Angriff des Korps hatte General Freyberg einen engen Zeitrahmen gesetzt: Der Angriff der 6. Brig sollte nach dem Bombardement am betreffenden Tage um 13.00 Uhr beginnen. Die Phasenlinie Quisling sollte bis 14.00 Uhr, also 60 Minuten später, genommen sein, die Phasenlinie Jockey noch bis zum Einbruch der Dämmerung am Angriffstage. Abschnittsweise vorgehend hatte die 5. (IND) Brig die Höhe 435 zu nehmen und von dort noch in der Nacht die Klosterruine anzugreifen. Ebenfalls in der Nacht zum 2. Angriffstage sollten die ersten Panzer des CC B in das Liri-Tal vorstoßen. Am folgenden Morgen war vorgesehen, die 4. (NZ) Pz Brig vorzuführen, links angelehnt an die 78. (BR) Inf Div, welche den Flussübergang im Raum S. Angelo zu vollziehen hatte.[79]

Das Wetter schlug am 23. Februar um: Andauernder Regen, in den Abruzzen erneut starke Schneefälle. Der für den 24. Februar vorgesehene Angriffsbeginn wurde Tag um Tag, manchmal auch für zwei Tage, verschoben. Ab dem 1. März war klar, dass der am 29. Februar begonnene Angriff der 14. dt. Armee gescheitert war. Unter den zuvor beschriebenen Bedingungen war der Brückenkopf sicher. War damit nicht wenigstens der Zeitdruck für die Fortsetzung des Angriffs an der Hauptfront entfallen?

Operative Probleme

Heute weiß man, dass das NZ-Korps auch in der 2. Cassino-Schlacht daran scheiterte, die Gustav-Linie im Raum Cassino zu durchbrechen und es erst der gemeinsamen Offensive der 5. (US) und 8. (BR) Armee bedurfte, im Mai 1944, also zwei Monate später, den Durchbruch auf Rom zu bewirken. In der Bewertung wird von vielen Experten die Auffassung vertreten, das Scheitern sei wegen der Schwächen im Operationsplan Freybergs gewissermaßen vorhersehbar gewesen. Schon in diesem Falle wäre zu fragen, ob Clark und Alexander dann nicht ebenso Verantwortung für den Fehlschlag trugen, da sie Freyberg gewähren ließen.

Im Kern stand hinter Freybergs operativer Idee der Zweck, die „Engstelle" zwischen dem Höhengelände und dem Rapido-Tal zu durchstoßen, mit der Wegnahme des Klosterberges einerseits den Raum für den Ansatz nachfolgender Kräfte zu erweitern beziehungsweise dabei Flankierungen gegen das Liri-Tal auszuschalten und schließlich mit dem Ansatz gepanzerter Truppen den Durchbruch zu vollenden. Es scheint, dass Freyberg in der sicheren Erwartung des Erfolges der strategischen Bomber mehr Gewicht auf das Vollenden und das Ausnutzen des Durchbruchs gelegt hat, als auf das Erzwingen des Durchbruchs selbst. In drei Divisionen, zusätzlich das CC B der 1. (US) Pz Div, hatte er zehn Manöverelemente in Brigadegröße verfügbar. Von diesen zehn Brigadegruppen setzte er nur zwei für das Erzielen des Durchbruchs an, dagegen fünf – 78. Inf Div, CC B, 4. (NZ) Pz Brig – für die Vollendung und Ausnutzung.[80]

Es ist klar, dass bei der Enge des Raumes, das heißt bis zum Nehmen des Geländes im Zuge der Linie Jockey, nur begrenzt Angriffsverbände einzusetzen waren. Warum wurde aber nicht gleichzeitig auch im Höhengelände durch die 7. (IND) Brig angegriffen, zur Bindung deutscher Kräfte, warum nicht auch gleichzeitig mit der 78. Div direkt von Süden mit Stoßrichtung in das Liri-Tal? Die Lage im März 1944 war überhaupt nicht mit dem isolierten Angriff der 36. (US) Inf Div im Januar zu vergleichen. Die genannten Zeitvorstellungen Freybergs geben die Antwort dazu: Solche Planungen waren nicht nötig, da die strategischen Bomber den Weg geebnet haben würden für den „Durchmarsch" der 6. (NZ) Brig!

Einer der größten Gegner eines neuen isolierten Angriffs des NZ-Korps war General Juin. Bereits am 21. Februar hatte er an Clark geschrieben, dabei wies er ihn erneut auf die von ihm bevorzugte Stoßrichtung über das Atina-Becken hin. Mit gleichem Nachdruck forderte er ein „Manöver der gesamten Armee". Er meinte damit eine Angriffsoperation, die weitere Korps der 5. Armee einschloss.[81] Ein solches Manöver wurde immer gerechtfertigter, je mehr die Zeit beim Verschieben des Angriffs voranschritt und je mehr auf der Ebene der Führung der A.A.I. alternativ übergeordnete Planungen eingesetzt hatten. Nur eine einzige „frische" Division, die 78. (BR) Inf Div, habe für Angriffsoperationen zur Verfügung gestanden, so lautet ein Gegenargument. Bereits ab dem 10. Februar war die französische 4. D.M.M. in Neapel gelandet worden, am 6. März hatte ein Regiment dieser Division das 3. R.T.A. der 3. D.I.A. auf dem Cle Belvedere abgelöst. Der 2. D.I.M. war die 1. it (mot) Gruppe unterstellt worden zur Verstärkung der Flankensicherung dieser Division in den Abruzzen! Die Annahme liegt nahe, dass man diesen brigadestarken Verband nicht für andere Zwecke verwenden wollte. Ab dem 26. Februar war bereits die 88. (US) Inf Div im Einsatzraum der 5. (US) Armee eingetroffen. Teile dieser Division hatten zusammen mit der 3. D.I.A. am 26. Februar die 36. (US) Inf Div im Berggelände um den Mt Castellone abgelöst. Am 15. März folgte die Schwesterdivision, die 85. (US) Inf Div. Die 88. (US) Inf Div habe über keine Kampferfahrung verfügt, so heißt es. Hinzuweisen ist darauf, dass diese Division im Mai mit großem Erfolg im Rahmen des II. (US) Korps eingesetzt wurde, auch dann noch ohne Kampferfahrung. Darüber hinaus wurde die 34. (US) Inf Div wieder so kampfkräftig eingeschätzt, dass sie ab dem 15. März dem VI. (US) Korps in Anzio zugeführt werden konnte.[82] Mit Sicherheit hätten durch das CEF gleichzeitig zum Angriff des NZ-Korps, Ablenkungs- oder Bindungsangriffe geführt werden können oder durch das II. (US) Korps, wenn man es nicht in die Reserve zurückgenommen hätte.[83]

General Clark hatte den Brief Juins nicht einmal beantwortet. Für ihn war die Operation „Dickens", so der Codename für den vorgesehenen Angriff, eine innerbritische Angelegenheit, von deren Durchführung er allenfalls einen tieferen Brückenkopf als Ausgangsstellung für die vorgesehenen Operationen im Frühjahr 1944 erwartete. Inzwischen war er in die neuen Planungsüberlegungen des HQ A.A.I. eingezogen worden. Noch während der Vorbereitungen zum erneuten Angriff des NZ-Korps hatte sich im Zirkel zwischen Alexander, Wilson (dem Oberbefehlshaber Mittelmeer) sowie den britischen und amerikanischen Stabschefs ein Diskussionsprozess entwickelt, auf welche Weise sich mit der Fortsetzung des italienischen Feldzuges am besten die Absicht verwirklichen ließe, vor oder zum Zeitpunkt der Landung in der Normandie möglichst viele deutsche Divisionen zu binden oder aus Frankreich abzuziehen. Einzelheiten an dieser Stelle darzustellen, ist nicht angebracht. In den Kapitel 9 und 10 wird darauf zurückzukommen sein. Hier interessiert nur das Ergebnis: General Alexander wurde zugestimmt,

„im Frühjahr 1944" eine große Offensive mit der Masse der A.A.I. zu unternehmen, mit der möglichst viele deutsche Divisionen zerschlagen werden sollten. Auf den Raumgewinn kam es weniger an, wenn auch die ursprüngliche Absicht, nach der Einnahme von Rom bis zur Linie Pisa – Rimini vorzudringen, nicht aufgegeben wurde. Alexander sah als Zeitpunkt für den Beginn der Frühjahrsoffensive Mitte April vor. Sein Plan beruhte auf folgenden Grundelementen: Die 8. (BR) Armee sollte den Raum Cassino übernehmen. Sie führte in 1. Welle das XIII. (BR) Korps, Angriff im Liri-Tal, und das II. (POL) Korps, Wegnahme des Höhengeländes von Cassino. Als 2. Welle sollte das I. (CA) Korps dem XIII. Korps folgen. Die 5. (US) Armee führte das II. (US) Korps, das CEF und das VI. (US) Korps in Anzio. Mit den ersten beiden Korps sollte in Richtung Landeraum angegriffen werden. Nach der Vereinigung mit dem VI. (US) Korps hatte die 5. Armee mindestens den rechten Flügel der 10. dt. Armee südliche der Albaner Berge abzuschneiden und zu zerschlagen.[84] Der Planungsprozess wurde im März verdichtet, der Operationsplan stand in großen Zügen am 15. März, als das NZ-Korps endlich zum Angriff antrat, fest.

Anstelle eines eigenen Kommentars ist der britische Autor John Ellis zu zitieren: „Wenn Alexander … davon überzeugt war, dass nur mit der konzentrierten Offensive der Masse seiner Heeresgruppe realistischerweise erwartet werden konnte, die Gustav-Linie zu durchbrechen, warum verschwendete er keinen Gedanken daran, Freybergs Versuch abzusagen? Wenn nur eine Offensive großen Stils die deutsche Hauptstellung aus den Angeln heben konnte, was war dann zu erwarten, zwei angeschlagene Divisionen gegen den stärksten Abschnitt der feindlichen Stellung anzusetzen?"[85]

Die Bombardierung der Stadt Cassino am 15. März 1944

Am 10./11. März hatte sich das Wetter gebessert. Am Abend des 14. März wurde das Code-Wort für den Luftangriff der MASAF am nächsten Tage gegeben: Zum Einsatz sollten alle 455 einsatzbereiten mittleren und schweren Bomber der strategischen Bomberflotte im Mittelmeer-Raum kommen. In der Nacht zum 15. März bis morgens 03.00 Uhr wurden die vorderen Truppen aus ihren Stellungen etwa 1 000 Meter hinter die Bombensicherheitslinie zurückgenommen. Bis morgens 08.30 Uhr hatte sich auf dem Gelände eines Bauernhofes oberhalb von Cervaro eine illustre Gesellschaft versammelt: Devers, Alexander, Eaker, Clark, Leese, Freyberg und andere Generale mehr. Man war in Erwartung, was kommen würde, auch in einer gewissen Spannung. Gerade anglo-amerikanische Autoren berichten von einer gewissen „Picknick-Stimmung". Zuerst ein „heuschreckenhaftes" Schwirren und Sirren in der Ferne, ein allmählich anschwellendes Dröhnen, das zunehmend das ganze Tal ausfüllte und den Boden unter den Füßen erzittern ließ. Über den anfliegenden Bombergeschwadern – jeweils zwischen zwölf und 36 Maschinen in einer Formation – und an ihren Flanken begleitende Jäger. Vereinzeltes Flak-Feuer der Deutschen zeigte keine Wirkung. Ab 08.30 Uhr kamen die ersten Wellen der mittleren Bomber zum Wurf. Ihnen folgten weitere Wellen im Abstand von jeweils 10 Minuten bis 09.00 Uhr. Die Besatzungen benötigten möglichst freie Sicht auf das Zielfeld. Ab 09.00 Uhr warfen die schweren Bomber, Fliegende Festungen (Fortress und Liberator), im Abstand der Wellen von jeweils 15 Minuten. Pünktlich um 12.00 Uhr drehten die letzten Maschinen ab. Der Kriegsberichterstatter

Christoper Buckley beschreibt seine Eindrücke so: „Ich erinnere mich an kein Ereignis im Kriege von einer solch geradezu ‚gigantischen' Einseitigkeit. Über uns die glänzend schönen, arroganten, silbergrauen Monster, die ihren Auftrag in einer Art erfüllten, die auf uns wie absolutes Unbeteiligtsein wirkte, unter ihnen eine schweigende Stadt, alles erleidend in absoluter Passivität." Die Bombenlast der ersten Welle lag angeblich zu 80 Prozent im Ziel. Anfangs waren die einzelnen Einschläge noch zu erkennen, dann türmte sich eine ungeheure Wolke aus Pulvergasen, Rauch und empor geschleuderter Erde aus, in der nur noch die Einschläge der schweren Bomben fahlgelb aufblitzten. Bald war in der Qualmwolke nichts mehr zu sehen. Die Erde schien sich wie bei einem Erdbeben zu heben und zu senken.

Über die Anzahl der eingesetzten Flugzeuge, wie viele davon zum Wurf kamen, wie viel Tonnen Munition abgeworfen wurden und wie viele Bomben tatsächlich im Zielfeld von 1 400 x 400 Metern einschlugen – darüber finden sich bei den Autoren die unterschiedlichsten Angaben. Blumenson nennt eine Anzahl von 435 eingesetzten mittleren und schweren Bombern. 23 Maschinen kehrten mit ihrer Bombenlast zu den Flugplätzen zurück, die Sichtverhältnisse über dem Ziel hatten einen Abwurf nicht zugelassen. Zwei Maschinen lösten ihre Bomben über dem Meer aus. Abgeworfen wurden 992 t Bombenlast. In der Relation zur Zielfläche war dies mehr, als bei jedem der großen Angriffe auf Berlin zum Einsatz kamen. Bei einer statistischen Auswertung wurde ermittelt, dass 47 Prozent der abgeworfenen Bomben innerhalb eines Umkreises von einer Meile um den Ortskern einschlugen. 43 Fliegende Festungen warfen ihre Bombenladung irrtümlich auf andere Ziele ab. Die Fehlwürfe kosteten 96 alliierten Soldaten und 140 italienischen Zivilisten das Leben – mehr als Fallschirmjäger in Cassino getötet worden sind.

Auf dem Feldherrnhügel bei Cervaro hatte man die „Einebnung" Cassinos mit Wohlgefallen beobachtet. General Eaker, der Chef der Bomberflotte, gab bei einer Radiosendung einen begeisterten Kommentar über die „fumigation", die „Ausräucherung" Cassinos und kündigte vergleichbare Aktionen gegen „Festungen" an, in denen sich die Deutschen künftig stellen sollten. Ein junger Offizier der Gurkhas hielt die Eindrücke über das Bombardement in seinem Tagebuch fest: „Schon nach wenigen Minuten war mir, als müsste ich schreien: Es ist genug. Aber es ging weiter und immer weiter, bis unsere Trommelfelle platzten und unsere Sinne sich verwirrten. Mehrere Bomben fielen auch auf unsere Kompanien, und ich hörte mich Verwünschungen gegen die Flugzeuge ausstoßen. Die Aussicht, von den eigenen Leuten getötet oder zermalmt zu werden, ist irgendwie noch schlimmer, selbst wenn das Ergebnis schließlich dasselbe ist. … Lieber Gott, erbarme Dich dieser armen Teufel in der Stadt."[86] Am Nachmittag flogen nochmals 260 Fliegende Festungen den Raum Cassino an. Wegen der schlechten Sichtverhältnisse konnten sie ihre Ladung nicht abwerfen. In der Literatur wird nicht angegeben, wo die Ziele liegen sollten, denn mittlerweile befand sich die Infanterie des NZ-Korps im Angriff im Stadtgebiet. Dagegen kamen zwischen 13.00 und 17.00 Uhr Jagdbomber und leichte Bomber zum Einsatz. Während Blumenson von rund 180 eingesetzten Maschinen spricht, nennt Molony über 220 Flugzeuge. Berücksichtigt man, dass am Vormittag bereits über 200 Jäger eingesetzt worden waren, dann ist ersichtlich, dass die alliierte Luftwaffe am 15. März den bis dahin größten Einsatz von Luftstreitkräften zur unmittelbaren Unterstützung von Bodenoperationen durchgeführt hatte.[87]

Zum Artillerieeinsatz: Zuvor wurde angegeben, dass bereits zwischen den Wellen die Artillerie mit dem Wirkungsschießen begonnen hatte. Knapp 900 Geschütze vom Kaliber 7,6 cm bis 24 cm kamen zum Einsatz. Ab 12.00 Uhr folgte eine 40 Minuten andauernde Beschießung wichtiger Ziele mit höchster Intensität: „Ein Traum für jeden Artilleristen! Die Ziele klar vor Augen, in einer Entfernung wie zum direkten Wirken. Die Schusswerte stimmten exakt, die Zielverteilung war perfekt. Die Abschüsse donnerten unaufhörlich, die Kanoniere waren schweißgebadet in der frostigen Winterluft. Der Monte Cassino schien sich unter den Einschlägen aufzubäumen und zu zucken. Riesige Löcher wurden in die wenigen Mauern der Abtei gerissen, die noch standen. Ungeheure Trümmer von Mauerwerk flogen durch die Luft."[88] Mit Beginn des Vorgehens der Infanterie sollten 200 Geschütze Feuerunterstützung geben, während 88 weitere Feldgeschütze eine „Feuerwalze" legten, die innerhalb von zehn Minuten jeweils 100 Yards „voranschreiten" sollte. Auf der Linie Quisling würde die Feuerwalze 90 Minuten verharren, spätestens um 15.30 Uhr sollte sie beendet werden. Im Zeitraum 12.00 bis 20.00 Uhr wurden tatsächlich durch alle Geschütze exakt 195 969 Granaten verschossen. Um sich eine Vorstellung von der Intensität des Feuers zu machen, sollte erwähnt werden, dass die Kanonen 15,5 cm knapp 7 000 Schuss und die Haubitzen 20,3 cm fast 5 000 Schuss verfeuerten.[89]

Der Angriff des NZ-Korps am 15./16. März 1944 (Lagekarte 21)

Die Aufgabe des 25. (NZ) Inf Btl – verstärkt durch die B-Kp/19. (NZ) Pz Rgt – war es, durch den Vorstoß bis zur Linie Quisling und die Wegnahme des Burgberges den Raum zu öffnen für die nachfolgenden Bataillone der 6. (NZ) und der 5. (IND) Brig. Die A- und B-Kp/25 nebeneinander sollten in der Stadt vorgehen, die nachfolgende D-Kp sollte nach Südwesten umschwenkend den Burgberg nehmen, dort sollte sie durch das I./Essex der 5. (IND) Brig abgelöst werden.

Um 13.00 Uhr begannen die beiden Kompanien ihren Angriff. Katriel Ben Arie schreibt darüber mit Sarkasmus: „Die Infanterie entfaltete sich jedoch nicht; vielmehr ging sie beiderseits der einzigen Straße, die von Norden her zur Stadt führte, in Reihe vor, und zwar wegen der Minen und Wasserlöcher … Das war wieder eine alliierte Offensive par excellence: Der Angriff einer ganzen Division in einer Frontbreite von zwei Soldaten! Das Korps befiehlt der neuseeländischen 2. Division, die Stadt zu erobern; die Division der neuseeländischen 6. Brigade, die Brigade dem neuseeländischen Bataillon 25, und das Bataillon schließlich schickte zwei Kompanien in den Kampf, an der Spitze je einen einzigen Soldaten …".[90]

Durch die Absicht General Freybergs, mit der 6. (NZ) Brig die Passage in das Liri-Tal zu öffnen und mit der Wegnahme des Klosterberges durch die 5. (IND) Brig die Flankenbedrohung für den nachfolgenden Vorstoß gepanzerter Kräfte im Liri-Tal auszuschalten, ergaben sich zwei relativ unabhängige Stoßrichtungen, die insofern aber voneinander abhingen, dass sich die angreifenden Verbände bei ihrem Vorankommen gegenseitig die Flanke schützten. Anders waren die Zusammenhänge auf deutscher Seite. Vom Klosterberg und vom Höhengelände insgesamt aus wurde einerseits das Stadtgebiet beherrscht, andererseits konnten die in der Stadt kämpfenden Verbände unterstützt werden. Das Fortschreiten des feindlichen Angriffs im Talgrund konnte durch Gegenangriffe vom Höhengelände aus unterbunden werden.

Die durch den Luftangriff geschaffenen Kampfbedingungen und die Enge des Raumes machten vor allem auf der Seite des NZ-Korps ein koordiniertes Zusammenwirken schon auf der Bataillonsebene schwierig. Koordinierende Führungstätigkeiten waren auf beiden Seiten im Wesentlichen beim Artillerieeinsatz, bei Nachführen von Verstärkungen und auf dem Gebiet der Logistik möglich. Die Kampfhandlungen zerfielen in einzelne Gefechte oft ohne Zusammenhang mit dem Geschehen bei den Nachbarn, geprägt und gestaltet durch befähigte und entschlossene Subalternoffiziere, erfahrene Unteroffiziere und entschlussfreudige Mannschaften. Soweit zu schildern dies möglich ist, wird den beiden Stoßrichtungen gefolgt und danach der zeitlichen Abfolge. Gegebene Zusammenhänge werden aufgezeigt.

Es war für die Soldaten des 25. Btl kein großes Problem, über den aufgegebenen Raum bis in die früheren Stellungen wieder voranzukommen. Gegen 13.00 Uhr war der Stadtrand erreicht. Die Häuser waren bis auf die Grundmauern zerstört, die Kellergewölbe teilweise offen. Straßenzüge waren nicht mehr erkennbar. Schuttberge wechselten sich mit Sprengtrichtern ab, große Trümmer aus Mauerwerk und Balken versperrten den Weg. Die großen Bombenkrater in einer Breite bis zum 15 Metern und mit mehreren Metern Tiefe begannen, sich mit Grundwasser zu füllen. Allein durch diese Trümmerwüste löste sich der Zusammenhang der Kompanien auf. Infanterie und Panzer trennten sich. Die wenigen Panzer, die den Stadtrand erreicht hatten, stauten sich auf. Zusätzlich eröffnete überraschenderweise der Feind das Feuer auf die zusammenhanglos vorgehenden Neuseeländer: Gewehrfeuer, Maschinengewehre, Panzerfäuste, Granatwerfergeschosse, Handgranaten – aus allen Richtungen, auch von rückwärts aus Gebäuden, an denen man vorbeigegangen war.

Wie die Fallschirmjäger des II./Fsch 3 das Bombardement erlebt hatten, wird an anderer Stelle beschrieben werden. Zu Beginn des Bombardements war es gelungen, zunächst die 6. Kp und den Bataillonsstab, danach Teile der anderen Kompanien und der Pioniere in eine bombensichere Felsenhöhle hinter dem Hotel Continental zu retten. Dort haben offenbar über hundert Fallschirmjäger und Pioniere Bombardierung und Beschießung überlebt. Nachdem sich verschüttete und abgeschnittene Fallschirmjäger befreit und gesammelt und den Schock des Luftangriffs überwunden hatten, stellten sie sich zum Kampf.

Die 5. Kp unter Feldwebel Reischenbacher (der Kompaniechef, Oberleutnant Moskopp, war gefallen) zählte noch 32 Mann, sie waren vor allem im Norden in der Nähe des Gefängnisses eingesetzt. Die 6. Kp im Ortskern (Hotel Continental, Via Casilina), geführt von Oberfeldwebel Neuhoff, zählte zusammen mit einigen Pionieren 39 Mann. Die 7. Kp war nahezu ausgelöscht worden. Um Oberleutnant Schuster sammelten sich noch 17 Mann. Relativ gut „davongekommen" war die 8. Kp unterhalb des Rocca Janula. Sie hatte eine Stärke von ungefähr 50 Mann, einige Maschinengewehre und Granatwerfer waren einsatzbereit. Bei ihr befand sich Oberleutnant Jamrowski. Von den fünf Sturmgeschützen war noch eines einsatzbereit. Zusammen mit etwa 25 Pionieren dürfte Hauptmann Foltin über etwa 150 Mann verfügt haben. Etwa die gleiche Anzahl war gefallen, unter den Trümmern begraben und erstickt. Ironische Kommentatoren auf britischer Seite haben ausgerechnet, dass man zur Tötung eines Fallschirmjägers über 3 t Bombenlast benötigt hatte.[91] Ohne einer Bewertung vorzugreifen ist hier eine Feststellung General v. Sengers einzufügen: „In Cassino trafen die Bomben nicht nur erschreckte Flüchtlinge, sondern die härtesten Kämpfer des deutschen Heeres. Die Soldaten wühlten sich aus den zerstörten Kellern und Bunkern, in denen so viele umgekommen waren, dann verteidigten sie sich mit größter Erbitterung. Worte reichen nicht aus, um ihren Einsatz gerecht zu würdigen. Jeder war überzeugt davon, dass diejenigen, die ein über so viele Stunden andauerndes Bombardement überlebt hatten, geistig und körperlich gebrochen sein würden. Das Gegenteil war der Fall."[92]

Bei den aufgelösten Kämpfen, ohne jede Ordnung, gelang es dem 25. Btl nicht, bis zur Dämmerung zur Linie Quisling vorzustoßen; diese war kaum 500 Meter von den Ausgangsstellungen entfernt. Wir wissen, dass Freybergs Plan das Einnehmen der Linie Jockey bis etwa 17.00 Uhr vorgesehen hatte. Diese Linie hätte auf einem anderen Planeten liegen können, so bemerkt Ellis dazu. Anfängliche Regentropfen verstärkten sich bald zu ergiebigem Regen, der schließlich wolkenbruchartig hernieder strömte. In den Trichtern stieg das Wasser allmählich an, Panzer oder Fahrzeuge stürzten beim Versuch, sie mit Schnellbrücken zu überwinden, hinein und „verschwanden spurlos". Mit Verzögerungen wurde das 26. Inf Btl, das zum Bahnhof vorstoßen sollte, ab 18.30 Uhr vorgeführt. Das Vorgehen war ein Alptraum: Absolute Dunkelheit, die Trümmerlandschaft, Regenströme. Das Bataillon konnte nur in Reihe vorankommen, die Soldaten hielten sich jeweils am Koppel des Vordermanns fest. Gegen Mitternacht wurde das Vorgehen, 200 Meter von der Linie Quisling entfernt, eingestellt.

Nach einem waghalsigen Klettermanöver über die steilen und zerrissenen Nord- und Osthänge hatte D-Kp/25 bis 16.45 Uhr den Burgberg eingenommen. Die Nachricht darüber kam aber nicht zum Essex Btl zurück. In den Brigaden, zwischen den Divisionen waren alle Nachrichtenverbindungen zusammengebrochen. Als sich schließlich das I./Essex an Kolonnen aufgestauter Bataillone, die alle zunächst durch den engen Flaschenhals zwischen Rapido und Burgberg geschleust werden mussten, vorbeigezwängt hatte, wurde gegen Mitternacht die D-Kp abgelöst. Bis am Morgen des 16. März, gegen 03.00 Uhr, hatte das I./Essex den Pkt 165, die enge Kurve in der Senke unterhalb des Burgberges genommen. Bei den Kämpfen um den Burgberg und den Pkt 165 war die 2. Kp des I./Fsch 3 vernichtet worden. Nur ein Mann kam zu den Stellungen des Bataillons zurück, Oberleutnant Maul, der Kompaniechef, war gefallen.[93] Über den Pkt 165 sollte nun das I./Rajputana 6 den Pkt 236, die nächste Haarnadelkurve, nehmen. Während des Vorgehens – mit ähnlichen Schwierigkeiten wie beim I./Essex und dem nachfolgenden I./Gurkha 9 – wurde das Bataillon durch einen deutschen Artillerieschlag so getroffen, dass zwei Kompanien so sehr durcheinander gerieten, dass sie in der Dunkelheit nicht gesammelt werden konnten. Mit den zwei verbleibenden Kompanien erreichte das I./Rajputana 6 um Mitternacht 15./16. März den Burgberg. Gegen 03.30 Uhr griff eine Kompanie den Pkt 236 an, am Steilhang oberhalb von Pkt 165, knapp 300 Meter entfernt. Der Angriff dieser Kompanie scheiterte im Feuer der 3. Kp/Fsch 3 ebenso wie später ein weiterer Angriff mit beiden Kompanien. Durch den Treffer einer Mörsergranate fielen fast alle Offiziere des Stabes. Am 16. März morgens wurden daher die Teile des I./Rajputana 6 dem Essex Btl unterstellt. Die 3. Kp/Fsch 3 unter Oberleutnant Häring hatte eine Stärke von unter 30 Mann.

Für die Strecke Caira – Nordrand Cassino, 5 ½ Kilometer, benötigte das I./Gurkha 9 unter Oberstleutnant Nangle über fünf Stunden. Da Nangle keine Verbindung mit den vorangegangenen Bataillonen herstellen konnte (?), entschloss er sich, nicht wie geplant über Pkt 236, sondern direkt auf die Höhe 435 (Galgenberg) anzugreifen. Ab 02.00 Uhr ging er mit zwei Kompanien vor. Auch er geriet in flankierendes Feuer vom Klosterberg herunter und kam nicht weiter. Eine Kompanie kehrte zum Burgberg zurück, die andere Kompanie war in der Dunkelheit verschwunden. Am nächsten Nachmittag gegen 14.00 Uhr stellte sich heraus, dass die C-Kp der Gurkhas unter Hauptmann Drinkall unbehelligt vom Feind zum Galgenberg vorgestoßen war und diesen besetzt hielt.

Am Morgen des 16. März hatte sich auf dem Burgberg eine Zusammenballung von Truppen gebildet: Das I./Essex, zwei Kompanien I./Rajputana 6 und Teile des I./Gurkha 9. Der Kommandeur der 5. (IND) Brig ordnete daher an, das vorgesehene Vorziehen des IV./Rajputana 6 (siehe den Operationsplan!) zu verschieben. Ebenso wie in der Stadt war keines der vorgegebenen Ziele für das NZ-Korps erreicht worden. Bereits am 1. Angriffstag musste Freyberg sich mit der Tatsache abfinden, dass vom Zeitplan her die 2. Cassino-Schlacht, Operation „Dickens", mit einem Fehlschlag begonnen hatte.

Per Zufall hatte sich General Heidrich am Morgen des 15. März auf den Gefechtsstand von Oberst Heilmann begeben. Dort blieb er während der folgenden Tage und führte von dort seine Division. Tief beeindruckt erlebten beide das gigantische Schauspiel des Bombenangriffs auf die Stadt. Lageinformationen hatten sie nicht. Vor allem in den nördlichen Teil des Schlachtfeldes hatten sie keinen Einblick. Unmittelbare Führungsmaßnahmen konnten sie nicht treffen. In erster Linie konnte die Artillerie konzentriert und zu einer effektiven Wirkung gebracht werden.[94] Heilmann entschloss sich, seine letzten Reserven, den Pionierzug aus der Stabskompanie und die 14. (Pak) Kp des Regiments, eingesetzt als Infanterie in das Stadtgebiet vorzuschieben. Auch Heidrich entschloss sich, eine beinahe unglaubliche Maßnahme zu treffen: Das in Fontana Liri liegende III./FschJg Rgt 3 war inzwischen durch die Rückkehr kampferfahrener Unteroffiziere und durch zugeführten Personalersatz auf eine Kopfstärke von 170 Mann gebracht worden. Die Soldaten des Personalersatzes waren nur mit der nötigsten persönlichen Ausrüstung ausgestattet, sie hatten keine Kampferfahrung und nur eine oberflächliche infanteristische Ausbildung. Oberleutnant Franke, der diesen Verband nun führte, war der einzige Offizier im Bataillon. Die 9. Kp existierte nicht. Offenbar wurde das „Bataillon" noch in der Nacht 15./16. März auf der Via Casilina vorgeführt. Auch General v. Senger reagierte: Die 15. PzGren Div wurde angewiesen, für den Fall, dass sich der feindliche Angriff weiterhin nur auf Cassino konzentrieren würde, sich auf die Abstellung des PzGren Rgt 115 vorzubereiten.[95]

Festlaufen des Angriffs; der Höhepunkt der 2. Cassino-Schlacht im Zeitraum 16. bis 19. März 1944 (Lagekarte 21)

Die Kämpfe im Zeitraum 16. bis 19. März waren auf deutscher Seite davon bestimmt – nachdem man sich einen Lageüberblick verschafft hatte –, den Burgberg wieder einzunehmen und Verstärkungen in die Stadt zu werfen, um damit das Durchkämpfen der Neuseeländer in das Liri-Tal weiter zu verhindern. Umgekehrt setzte Freyberg alles daran, den Durchbruch doch noch zu erzwingen. Er zögerte dabei nicht, auch äußerst ungewöhnliche Unternehmen anzuordnen.

8. Angriffe gegen den Brückenkopf – die 2. Cassino-Schlacht

Die Angriffe des 25. und 26. (NZ) Btl am 16./17. März waren nicht wesentlich vorangekommen. Bis Mittag des 17. März gelang es aber dem Btl 26, mit Panzerunterstützung den Bahnhof zu nehmen und weiter in Richtung Terme Varronione vorzudringen. Mittlerweile hatte man sich auch entschlossen, das 24. (NZ) Inf Btl einzusetzen. Es sollte die Lücke zwischen dem Btl 26 und dem Btl 25 schließen. Letzteres lag immer noch im Raum des Hotel Continental fest. Hier verteidigte erbittert die 6./Fsch 3 unter Oberfeldwebel Neuhoff. An den Anstiegen zum Klosterberg und zum Burgberg hielten noch die 5./ und 8./Fsch 3. In der Nacht zum 16. März war angeblich das III./FschJg Rgt 3 unter Oberleutnant Franke im Stadtgebiet eingesetzt worden, es ging im Raum Botanischer Garten – Postgebäude beiderseits der Via Casilina in Stellung. Am 17. März war die Linie Quisling immer noch nicht in voller Ausdehnung durch die Neuseeländer genommen worden. Das Btl 24 hatte nun bis zur Via Casilina von Osten her aufgeschlossen. Die Besatzung des Hotels Continental hielt aber wie „ein Fels in der Brandung". Mehrfach hatte Freyberg mit dem Divisionskommandeur, General Parkinson, erörtert, ob „mehr Infanterie" in die Stadt geworfen werden müsse. Zur Diskussion standen die 5. (NZ) Brig oder die 11. Inf Brig der 78. (BR) Inf Div. In der Nacht 18./19. März hatte die C-Kp/24 einen Angriff geführt, um das Hotel Continental von der Rückseite her zu nehmen. Als der Angriff scheiterte, zog sich die C-Kp auf den Pkt 202, einer weiteren Haarnadelkurve, am Klosterberg zurück. Damit war wenigstens auf der Lagekarte eine Verbindung zwischen den Kräften der 5. (IND) Brig und der 6. (NZ) Brig hergestellt worden, wenn auch die Gurkhas auf dem Galgenberg vom Pkt 202 aus nicht unterstützt werden konnten.

Ein übereilter „Gegenangriff" der Div KradSchtz Kp der Fallschirmjäger im Verlauf des 18. März (bei ihm musste der eiskalte Gari brusttief durchwatet werden) kann nur als Selbstopfer bezeichnet werden: Von 62 Mann kamen 19 Schützen zu den alten Stellungen zurück. Der Angriff wurde abgeschlagen.

In der Nacht 18. März war das durch Teile des PzGren Rgt 115 abgelöste II./FschJg Rgt 1 unter Major Gröschke ebenfalls in der Stadt eingesetzt worden. Er bezog Stellung nördlich der Via Casilina. Anzumerken an dieser Stelle ist, dass durch den Angriff der Neuseeländer die Kompanien des II./Fsch 3 in den Westteil an den ansteigenden Hängen zum Klosterberg gedrängt worden waren, aber immer noch nördlich der Via Casilina kämpften.

Bei den Kämpfen um den Burgberg hatte das I./Rajputana 6 in der Nacht 16./17. März vorübergehend den Pkt 236 eingenommen. Ein Gegenangriff von Oberleutnant Häring, 3./Fsch 3, der noch über sechs Mann verfügte, dem aber ein Pionierzug der 3./FschPi Btl 1 vom Cle S. Angelo zugeführt worden war, warf die Rajputanis wieder zurück. Damit war die Verbindung zum Galgenberg wieder unterbrochen: In derselben Nacht antretend, ging Oberstleutnant Nangle mit dem I./Gurkha 9 auf den Galgenberg vor. Um 05.00 Uhr, am 17. März, langte er dort an, gerade rechtzeitig, um einen Gegenangriff gegen die Kompanie Drinkall abwehren zu können. Bis zum Morgen des 18. März erreichten zwei Kompanien des IV./Rajputana 6, die zuerst nur als Sicherung für eine Trägerkolonne vorgesehen gewesen waren, den Galgenberg. Sie blieben dort. Bis zum 18. März mittags war der Plan zur Wegnahme der Klosterruine geändert worden: Den Angriff am 19. März, ab 06.00 Uhr, sollte das I./Gurkha 9 zusammen mit dem I./Essex führen, nachdem dieses auf dem Burgberg durch das zusammengefasste I./IV./Rajputana 6 abgelöst worden war. Über einen ausgebauten Feldweg, die „Cavendish Road", die steil aufwärts von Caira aus zur Massa Albaneta führte, sollte gleichzeitig eine Panzerformation, geführt von der Aufkl Abt der 7. (IND) Brig, über die Massa Albaneta am Hinterhang der Höhe 593/569 auf den Klosterberg vorstoßen und damit sozusagen die westliche Zange des gemeinsamen Angriffs mit der Infanterie bilden.[96]

Während sich die ersten beiden Kompanien des Essex Btl am 19. März, ab 05.00 Uhr, Richtung Galgenberg in Marsch gesetzt hatten, stieß ab 05.30 Uhr ein Angriff des I./FschJg Rgt 4 über den Steilhang und die Pkt 236 beziehungsweise 165 auf den Burgberg herunter. Die A/D-Kp/Essex wurden in der Verteidigung des Burgberges gebunden. Die B/C-Kp/Essex dagegen kamen zwischen 09.00 und 10.00 Uhr auf dem Galgenberg an. Wegen starker Ausfälle hatten diese beiden Kompanien nur noch eine Stärke von 70 Mann, 30 davon waren verwundet.

Um den Klosterberg hatten sich drei britische Kräftegruppierungen gebildet: Auf dem Burgberg zwei Kompanien des I./Essex und zwei Kompanien des zusammengefassten I./IV./Rajputana 6. Beim Pkt 202 die neuseeländische C-Kp/24. Auf dem Galgenberg das I./Gurkha 9, zwei Kompanien I./Essex und zwei Kompanien IV./Rajputana 6.

Zur folgenden Darstellung der Kämpfe am 19. März muss zeitlich kurz zurückgesprungen werden. Schon am 16. März war der 1. FschJg Div aus der Korpsreserve das III./PzGren Rgt 115 unterstellt worden. Nach dem Besuch v. Sengers im Laufe des 16. März auf dem Gefechtsstand Heilmanns wurde entschieden, auch das I./ und II./PzGren Rgt 115 zur Ablösung der beiden Bataillone FschJg Rgt 1 zu unterstellen.[97] Bereits am 17. März konnte damit das II./Fsch 1 herausgelöst werden, das I. Btl folgte am 19. März. Durch das XIV. Pz Korps wurde auch die Zuführung der Pz AA 115 in Aussicht gestellt. General Heidrich hatte danach entschieden, das I./Fsch 4 angriffsweise gegen den Burgberg, den neuralgischen Punkt der Inder am Klosterberg, einzusetzen. Trotz der Verstärkungen war General v. Senger am 17. März skeptisch gewesen, ob Stadt und Klosterberg durch die 1. FschJg Div gehalten werden könnten.

Der Kommandeur des I./Fsch 4 war Hauptmann Beyer. Die Spitze des Angriffs gegen den Burgberg am frühen Morgen des 19. März war die 2./Fsch 4 unter Oberleutnant Böhlein. Der Angriff scheiterte, er wurde ab 07.00 Uhr wiederholt. Auch der zweite Angriff wurde bis 09.30 Uhr abgeschlagen. Alle britischen Offiziere auf dem Burgberg waren gefallen oder verwundet. Auch die deutschen Verluste waren sehr schwer. Bei den Kämpfen um das Castell war es zu außergewöhnlichen Geschehnissen gekommen. Auf sie werden wir zurückkommen, wenn einige Impressionen über die 2. Cassino-Schlacht wiedergegeben werden.

Die Panzerkolonne der 7. (IND) Brig hatte ihren Vormarsch am 19. Mai, um 06.00 Uhr, begonnen. Das Gelände ließ keine Entfaltung zu. Die Panzer marschierten in Reihe hintereinander, wurde das erste Fahrzeug abgeschossen, kam die gesamte Kolonne nicht mehr weiter. Insgesamt wurden 19 Sherman-Panzer und 21 leichte Stuart-Panzer eingesetzt. Die Deutschen bei der Massa Albaneta, das III./Fsch 4, wurden überrascht, fassten sich aber sofort und eröffneten mit der Artillerie das Feuer. Bei der Ausfahrt aus einem kleinen Kessel auf dem felsigen Weg unterhalb der Höhe 593 wurden nach und nach sechs Panzer mit Nahkampfmitteln vernichtet. Durch die Wracks wurde eine Sperre gebildet. Der weitere Vormarsch zum Kloster war nicht möglich. Am Abend erhielt der Panzerführer den Auftrag zum Rückzug. Führer des Panzervernichtungstrupps war Oberleutnant Eckel, der Kp Chef der 14. (Pak) Kp des FschJg Rgt

4 gewesen. Er weilte zufällig auf dem Gefechtsstand des II./ Fsch 4, erfasste die Situation und zwang mit primitiven Mitteln letzten Endes die Panzerkolonne zur Umkehr. Unterstützt wurde er durch seinen Gefechtsmelder und einen Kriegsberichterstatter(!).[98]

Das endgültige Scheitern des neuseeländischen Korps

Nach den Fehlschlägen am 19. März sowohl bei der 5. (IND) als auch bei der 6. (NZ) Brig waren die Aussichten, doch noch zu einem Erfolg zu kommen, für General Freyberg schlecht. Solange die Pkt 165 und 236 nicht fest in der Hand der Inder waren, und damit eine sichere Verbindung zum Galgenberg bestand, konnte von weiteren Angriffen gegen das Kloster keine Rede sein. Schon nach dem Scheitern des Panzervorstoßes war der Angriff vom Galgenberg aus abgesagt worden. Die Lage der Gurkhas, Rajputanis und Essex-Soldaten auf der Höhe 435 war schlecht. Große Probleme bereitete neben Hunger und Durst die Verwundetenversorgung. Durch jeweils 24 Maschinen wurden am 20. März zwei Mal Versorgungsgüter über dem Galgenberg abgeworfen. Ein Großteil landete bei den Deutschen. Sehr schnell fand man durch die Farbe der Fallschirme die Ladung der Container heraus. General Galloway, der nun die die 4. (IND) Div führte, hatte sich gegen weitere Angriffe im Höhengelände ausgesprochen. Nach der Zuführung des VI./Royal West Kent Rgt der 11. (BR) Inf Brig (siehe nachfolgend) und der Ablösung des I./ Essex sollte erst eine sichere Basis für weitere Aktionen geschaffen werden. Auf dem Klosterberg waren die Restteile des I./Fsch 3 und des I./Fsch 4 eingesetzt. Die Grenadiere des PzGren Rgt 115 hielten das Höhengelände bis zur Massa Albaneta. Nach der Zuführung der Pz AA 115 wurde auch das III./Fsch 4 abgelöst. Heidrich hatte nunmehr drei (schwache) Bataillone zu seiner Verfügung. Für ihn war am 20. März die krisenhafte Lage überstanden. General v. Senger war immer noch skeptisch. Er hielt eine Rücknahme der Front auf die Linie Eingang Liri-Tal (Gegend Kolosseum) – Klosterruine für unvermeidlich. In der Nacht 19./20. März waren vier neuseeländische Infanteriebataillone im Stadtgebiet eingesetzt. Ein „Kriegsrat" zwischen Freyberg, Parkinson und Keightley (dem Kommandeur der 78. Div) hatte entschieden: Nun sollte die 11. Inf Brig der 78. Div die 5. (NZ) Brig ablösen. In diesem Zusammenhang würde auch durch das 23. (NZ) Inf Btl das dezimierte 25. Btl abgelöst werden. Die 5. Brig würde das 23. Btl, das 28. Btl, das 19. Pz Rgt (das nun bis auf eine Kompanie in der Stadt eingesetzt war) und bis zu seiner Herauslösung das 25. Btl führen. Unter dem Befehl der 6. Brig verblieben das 26. und 24. Btl.

Nach Ben Arie kämpften ab dem 20. März vier deutsche Bataillone im Stadtgebiet. Dies kann nur dann zutreffen, wenn das zerschlagene III./Fsch 3 mitgerechnet wird. Die anderen Bataillone waren das II./Fsch 3 sowie das I./und II./Bataillon des FschJg Rgt 1. Als Stärke werden jeweils zwischen 40 und 120 Mann angegeben. Nach einem harten Häuserkampf, verbunden mit Verlusten, abgeschnitten durch die Maoris des 28. (NZ) Inf Btl, die mittlerweile auch in der Stadt kämpften, hatten sich 48 Mann der 10.-12. Kp dem Gegner ergeben. Die Führung hatte der Kampfkommandant Hauptmann Rennecke anstelle von Hauptmann Foltin übernommen. Inzwischen war auch eine Panther-Kompanie des I./Pz Rgt 4 aus Anzio antransportiert worden. Passende Einsatzmöglichkeiten in der Trümmerwüste waren noch nicht definiert worden.[99]

Am 20. März zeichnete sich ab, dass der Angriff des NZ-Korps sinnvollerweise nicht fortgesetzt werden konnte, er musste abgebrochen werden. Noch weigerte man sich aber, den Fehlschlag einzugestehen. Mit drei Angriffsunternehmen in der Nacht zum 21. März sollte versucht werden, den Kampfraum in der Stadt von der Zufuhr von deutschen Verstärkungen abzuschneiden, um dann doch noch den Einbruch in das Liri-Tal zu erzwingen. Das 21. (NZ) Inf Btl sollte über den Pkt 202 erneut die Ruinenkomplexe des Hotels Continental und des Palazzo Barone von rückwärts angreifen und nehmen. Das VI./West Kent war der 5. (IND) Brig unterstellt worden. Es hatte den Auftrag, vom Burgberg aus die Pkt 165 und 236 einzunehmen und zu sichern. Und schließlich sollte, ebenfalls in einem erneuten Versuch, die 7. (IND) Brig die Höhe 445 gegenüber der Klosterruine nehmen, die den Geländeeinschnitt beherrschte, und der sich bis in den Nordteil der Stadt herunterzog und durch den die Deutschen angeblich immer wieder Verstärkungen in das Ruinenfeld der Stadt brachten. Um es kurz zu machen, alle Angriffsunternehmen scheiterten. Auf Grund unglücklicher Umstände, aber auch aus eigenem Unvermögen. Nach einigen weiteren mühsamen Gefechten, die auf der Seite der Neuseeländer eigentlich nur noch der Gesichtswahrung dienten, befahl Alexander am 23. März den Angriff einzustellen. Die erreichte Stellung sollte als Hauptkampflinie ausgebaut werden: Sie reichte von den Osthängen der Höhe 593 bis zur Höhe 175, sprang dann zur Höhe 193 (Burgberg) zurück und verlief über den Nordwestteil der Stadt zum Botanischen Garten und zum Bahnhof. Die anschließende HKL entsprach dem bisherigen Verlauf. Die Beseitigung der „Besatzungen" auf der Höhe 435, beim Pkt 202 und auf dem Burgberg schien bei der Führung auf deutscher Seite vom Korps bis zur Heeresgruppe von höchster Bedeutung zu sein. Auch Heidrich wollte seinen Sieg abrunden. Auf britischer Seite war klar, dass die Stellungen auf der Höhe 435 und beim Pkt 202 unhaltbar waren. Die Truppen mussten zurückgenommen werden. Von 400 Mann, die auf den Galgenberg gelangt waren, kamen in der Nacht 25./26. März 267 Mann vollkommen erschöpft zurück, dazu 45 Mann des Stützpunktes auf den Pkt 202. Die Evakuierung wurde durch die Deutschen nicht erkannt und damit nicht behindert. Beim Abtransport nicht gehfähiger Verwundeter unter dem Schutz der Rotkreuzflagge zeigten sich die Fallschirmjäger großzügig.[100]

Impressionen

Aus dem zeitlichen Abstand von nahezu 70 Jahren werden die Geschehnisse der 2. Cassino-Schlacht als Sinnbild für das gesamte Geschehen der Schlachten von Cassino genommen. Die Bilder, die der heutige Betrachter mit dem Begriff „Cassino" assoziiert, sind häufig dem Zeitausschnitt der Kämpfe zwischen dem 15. bis 23. März 1944 entnommen. Dieser Umstand legt es nahe, die am taktischen Verlauf ausgerichtete, vorangegangene Schilderung durch „Impressionen" zu verdichten.

Trotz der begrenzten Ausdehnung des Landeraumes wiesen die Kämpfe zwischen Anzio – Aprilia – Campoleone – Cisterna und dem Mussolini-Kanal doch eine Frontbreite von ungefähr 30 Kilometern und – wenn man die rückwärtigen Gebiete der 14. Armee und die Artilleriestellungen am Anstieg zu den Albaner Bergen hinzunimmt – eine Tiefe von fast 50 Kilometern auf. Nach den vorgestellten Berechnungen standen sich vor dem Beginn des ersten deutschen Großangriffs maximal 55 deutsche Bataillone und etwa 42 Bataillone des VI. (US) Korps gegenüber. Nicht alle diese Bataillone kamen natürlich zum Einsatz. Von den Ausgangsstellungen der Neuseeländer in der Nähe des Gefängnisses bis zur Via Casilina betrug die Entfernung etwa 500 Meter, etwa weitere 800 Meter zum Bahnhof und von der Via Casilina nochmals 1 200 Meter zur Linie Jockey. Die Entfernung von der Ablauflinie zum Kloster betrug in der Luftlinie etwa 1 400 Meter. Die Breite des Angriffsstreifens zwischen Höhengelände und Rapido war ungefähr 1 000 Meter.

In der Stoßrichtung Kloster setzte die 5. (IND) Brig anfangs drei, später nochmals zwei Bataillone ein. Ihnen stand anfangs das I./Fsch 3, im weiteren Ablauf zusätzlich das I./Fsch 4 gegenüber. Zu diesem Zeitpunkt war das I./Fsch 3 aber schon dezimiert. Wie geschildert kämpften von der 6. (NZ) Brig anfangs zwei Bataillone in der Stadt, bis diese Zahl allmählich auf sechs Bataillone anwuchs, dazu einige Kompanien des 19. Pz Rgt. 300 Mann des II./Fsch 3 waren am Anfang die Verteidiger des Stadtgebietes, die später zugeführten I./und II./Fsch 1 hatten die Stärke von Kompanien, das III./Fsch 3 war kein kampfkräftiger Verband. Im Vergleich zur Schlacht um den Landeraum war die 2. Cassino-Schlacht ein Kampf um ein begrenztes Gefechtsfeld, bei dem gleichzeitig nicht mehr als zehn Bataillone auf beiden Seiten zum Einsatz kamen. Mehr im Stadtgebiet, aber auch am Klosterberg, wurden die Gefechte häufig von isolierten Gruppen, Zügen, Kompanien geführt, deren Koordinierung bereits auf der Ebene des Bataillons schwierig war. Sie wurden durch die Initiative auf unterer und unterster Ebene entschieden. Nicht selten löste sich die hierarchische Führungsstruktur auf, Kompanien und Teileinheiten vermischten sich, von den „Nachbarn" wusste man nichts. Angriffsziele waren größere Gebäude, Häuser, Stockwerke, manchmal einzelne Zimmer. Eine feste Front war nur schwer auszumachen, immer wieder flackerten die Kämpfe in anscheinend gesicherten Abschnitten auf. Die Schilderung im Detail in den vorangegangenen Abschnitten ist diesen Umständen geschuldet.

Träger des Kampfes waren Infanteristen und Pioniere, zusätzlich zu den leichten Infanteriewaffen waren Granatwerfer besonders wirksam. Technische Führungsmittel versagten, der Fußmelder, wenn er es schaffte durchzukommen, war der zuverlässigste Nachrichtenübermittler. Der reduzierte Personalbestand ließ Ablösungen und Kampfpausen nicht zu. Zu den brutalen Forderungen, die der Kampf schon alleine stellte, kamen Erschöpfung, Hunger, Durst, Depressionen durch die verwesenden Leichname von Kameraden, die vor einigen Stunden noch gelebt hatten und das Elend der Verwundeten, die durch Träger durch das Trümmerfeld geschleppt werden mussten.

Bei Vernehmungen deutscher Gefangener waren die alliierten Offiziere immer wieder überrascht, mit welcher psychischen Stabilität die deutschen Fallschirmjäger das Bombardement am 15. März überstanden hatten und mit welcher Hartnäckigkeit sie sich danach gegen die indischen oder neuseeländischen Angreifer zur Wehr setzten. Am Beispiel des Feldwebel Schmitz, einem Zugführer der Pioniere, werden die Eindrücke über den gigantischen Bombenhagel wiedergegeben: „Die erste Welle hatte ihre Ladung über dem Bahnhof und dem Süden der Stadt abgeworfen. Bevor wir unsere Gedanken ordnen konnten, dröhnte die zweite Welle heran und diesmal lagen wir mittendrin … von den Schockwellen bebte und vibrierte die Luft, als hätte ein Riese die Stadt emporgehoben und würde sie schütteln. Der Bombenteppich kam herunter, überlief uns, und das Dröhnen erstarb langsam. Noch einmal hatten wir überlebt. Staub und Dreck waren in den Keller gedrückt worden, in die Augen, die Ohren, in den Mund, die Zähne knirschten. Es schmeckte wie nach Gebeinen, so wie Gebeine wohl schmecken. Und dann kam die nächste Welle. Wir vier von unserem Zuge klammerten uns aneinander, so als ob unsere Körper zu einem verschmolzen wären, um uns gegenseitig Hilfe und Schutz zu geben. Eine erneute Welle der Zerstörung rollte über uns hinweg. Fassungslos berührten wir uns, als sie vorbei war. Wir konnten nichts sehen, aber fühlen und hören, wenn auch alles aus weiter Ferne zu uns klang. Unsere Ohren schienen wie verstopft. Aber nach wenigen Minuten sahen wir den ersten Lichtstreifen vom Eingang des Kellers durch den Staub und den aufgeworfenen Dreck. Ich krabbelte heraus. Die Häuserreihe auf der anderen Seite der Straße schien verschwunden. Nur noch ein einzelnes Haus stand. Es war exakt das Haus, das durch eine meiner Gruppen belegt war. Ich wollte hinüberrennen, aber schon wieder donnerte eine Welle über uns hinweg. Als auch diese vorüber war, war es wieder stockdunkel im Keller. Mit geschlossenen Augen tasteten wir zum Eingang, aber wir stießen nur auf Trümmer und geborstene Ziegel. Entsetzen überfiel uns. Wir waren verschüttet. In unserer Verzweiflung griffen wir nach einigen Trümmern und begannen ziellos an die Wände zu hämmern, nur um etwas zu tun ... Bald gaben wir uns auf." Doch ein gütiges Geschick befreite sie aus ihrem Gefängnis. Ein folgender Bombentreffer schlug eine Öffnung in den Keller. Sie stürzten auf die „Straße": „Wir starrten uns ungläubig an, unfähig zu einem Wort." Schmitz und seine Männer schafften es, in die Höhle hinter dem Hotel Continental zu kommen. Die Gemeinschaft richtete sie wieder auf, bis zum Angriff der Neuseeländer hatten sie ihren Schock überwunden.[101] Der Eindruck eines Kämpfers auf der neuseeländischen Seite wird so wiedergegeben: „Das Eindringen in das Ruinenfeld weckte eine Art Sadismus in uns. Wir waren wirklich aufgebracht, als die Jerries zurückschlugen – sie hatten nicht einmal das Recht, noch am Leben zu sein. Sie wirkten auf uns wie Automaten. Ein Kerl in meiner Nähe wurde getroffen und stürzte sich brüllend geradewegs auf die Jerries zu, nicht vor Schmerz, sondern in purer Raserei wie ein rasendes wildes Tier über das Ruinenfeld krabbelnd ... natürlich erledigten sie ihn."[102]

Solche Szenen dürfen nicht generalisiert werden. Im Allgemeinen war das Verhalten der Kämpfer auf beiden Seiten von Respekt, Achtung und menschlichem Verhalten gekennzeichnet. Beim Auszug der zurückgebliebenen Mönche aus dem zerstörten Kloster am 16. Februar war der 80-jährige Frater Carlomanno Pelagalli in die Ruinen zurückgekehrt. Wollte er in seiner Verwirrung dem Gebot der stabilitas loci gerecht werden oder konnte er sich einfach nicht von dem Ort, an dem er 60 Jahre gelebt hatte, trennen? Pater Munding aus Beuron, der seinerzeit seinen Beitrag geleistet hatte, die Vorbehalte gegen Oberstleutnant Schlegel abzubauen, hat sein Schicksal beschrieben.

Als die Fallschirmjäger des I./FschJg Rgt 3 die Klosterruine ab dem 20. Februar besetzten, fanden sie Pelagalli vor, abgerissen, ausgezehrt, verwirrt, von Krankheit gekennzeichnet. Gefreiter Quien erinnert sich, wie der Frater in einem Gewölbe neben dem Verbandplatz fiebernd lag. Mit Zwieback und Tee wurde er von den Fallschirmjägern versorgt. Aber sein Leben war nicht zu retten. „In ihren Armen", so Pater Munding, „gab er ... seine Seele dem Schöpfer zurück." Er wurde in einer Trichtervertiefung begraben. Major Böhmler gibt als Todesdatum Anfang März an.[103]

Nach ihrem Eintreffen auf dem Klosterberg hatten einige Kompanien des I./Fsch 4 Stellung um die Klosterruine bezogen. Unter ihnen Feldwebel Herold, der drei Maschinengewehre mit

Schussrichtung zur Stadt eingesetzt hatte. In der beginnenden Dämmerung entdeckte er eine Gruppe Gurkhas, die den Hang herauf kletterten: „Ich wartete, bis die Inder aus einer Deckung herausgetreten waren und gab dann den Befehl zum Feuern. In wenigen Minuten war alles vorüber und ich ging hinunter, um mir persönlich einen Eindruck zu verschaffen. Unter den Toten fand ich einen Oberleutnant, und ich durchsuchte ihn, um vielleicht wichtige schriftliche Unterlagen zu finden. Er war Engländer, stammte aus London und hatte offenbar gerade einen Brief seiner Mutter erhalten. Dabei drückte die Dame den Wunsch aus, dass es ihm gut ginge und er bald nach Hause käme." Herold war nicht in der Lage, diesen Brief weiter zu lesen. Der Brief deprimierte ihn zutiefst, er fühlte keinen Hass gegen die Briten. Sie erfüllten ihre Pflicht ebenso, wie er die seine erfüllte. Er faltete den Brief und gab ihn einem Melder, der ihn ins Kloster zu seinem Bataillonskommandeur brachte.[104]

Von allen Teilnehmern der Schlacht – ob Böhmler oder Jamrowski, ob Majdalany, Nangle oder Smith – wird auf die Ritterlichkeit verwiesen, „wie trotz äußerster Härte die Regeln eines anständigen Kampfes gewahrt wurden." Grundsätzlich respektierten beide Seiten den Abtransport der Verwundeten unter dem Schutz des Roten Kreuzes. Häufiger wurden Waffenruhen vereinbart, um die Verwundeten und die Gefallenen bergen zu können. Dabei wurde miteinander gesprochen, wurden Zigaretten oder Süßigkeiten ausgetauscht – meist ein einseitiger Akt von Seiten der Briten. Über eine solche Waffenruhe wird bei einem der Angriffe auf den Burgberg durch das I./Fsch 4 berichtet. Als für die deutschen Verwundeten die Tragen nicht ausreichten, um sie in das Kloster zurückzubringen, liehen ihnen die Inder Krankentragen aus, die nach wenigen Tagen zurückgebracht wurden.[105] Später, bei der Sprengung einer Mauer des Rocca Janula durch deutsche Pioniere, halfen deutsche Gefangene ihren Bewachern im Castell, Verwundete und Leichen der Inder unter den Trümmern zu bergen und zurück zu transportieren.[106]

Der Regimentsarzt des I./Gurkha 9 kletterte drei Mal auf den Galgenberg, um dort Verwundete zu versorgen und Gehfähige zurückzubringen. Er wurde von deutschen Fallschirmjägern angehalten und durchsucht. Beim zweiten Mal wurde ihm bedeutet, man würde den weiteren Abtransport von Verwundeten nicht mehr erlauben. Hierzu ein etwas längeres Zitat: „Das hinderte den tapferen Captain Sonnie aber nicht, einen dritten Gang zu wagen. Obwohl man ihn erneut abfing, ließen die Deutschen den Arzt mit den von ihm versorgten Verwundeten ungehindert passieren. Auf der anderen Seite hielt sich Captain Sonnie aber auch strikt an die Bestimmungen der Genfer Konvention und weigerte sich, einem aufgebrachten britischen Brigadier Auskunft über die Deutschen zu geben, die er auf seinen Touren den Berg hinauf und herunter gesehen hatte. Phrasen wie ‚fanatische Nazi-Fallschirmjäger' hatten für die Männer des neuseeländischen Korps keinerlei Bedeutung, vielmehr sahen sie in ihren Gegnern hervorragende Soldaten. Selbst in den Härten des Gefechts bewahrten sich die „Streiter" den gegenseitigen Respekt und das Verständnis für die Probleme der Gegenseite."[107]

Zu Beginn dieses Abschnittes wurde beschrieben, welchen Bedingungen des Kampfes Verteidiger oder Angreifer ausgesetzt waren. Die Lebensgefahr durch den Scharfschützen gegenüber, der Tod oder die Deformierung durch eine explodierende Granate, die Witterungsbedingungen, das Vegetieren im vollgelaufenen Schützenloch oder zwischen den zusammengefallenen Trümmern, unbeschreibliche hygienische Zustände, sicherlich auch der Druck, vor den Kameraden nicht zu versagen, türmten eine Belastung auf, die schließlich nur noch durch Abstumpfung relativiert wurde. Die Abnutzung der Truppe, manchmal gar nicht durch das Gefecht, wird abschließend an zwei Beispielen deutlich gemacht.

Ein Gefechtseindruck von Oberleutnant Jamrowski, dem eisenharten Führer der 6. und 8. Kp des II./Fsch 3 im Stadtgebiet: „Die Anspannung wurde immer mehr bemerkbar. Weder am Tage noch in der Nacht hatten wir Schlaf gefunden. Als ich die Stellungen inspizierte, sah ich, wie ein total erschöpfter Posten schoss und einen eigenen Mann verwundete. Dieser Mann musste aus der ‚Linie‘ genommen werden, weil er zu langsam war, um noch reagieren zu können, wie es nötig war. Ich zwang mich zur Ruhe! Der erschöpfte Posten musste abgelöst werden, und ich schickte ihn zurück, damit er ausschlafen konnte. So hatten wir wieder zwei Mann verloren, für unsere nächtlichen Unternehmungen.“[108]

Am 26. März wurde die 7. (IND) Brig abgelöst und zurückgeführt. Ihre Bataillone hatten seit Mitte Februar in den Stellungen am Schlangenkopf und am Cle d'Onofrio den Frontabschnitt im Gebirge gehalten. Außer den „Allgemeinen Aufgaben im Gefecht“, wie Aufklärung oder Sicherung, waren sie nur von wenigen Gefechten betroffen gewesen. Ein Offizier des II./ Gurkha 7 schildert den Marsch zurück: „Die Entfernung? Wahrscheinlich weniger als fünf Meilen. Aber fast die gesamte Zeit über in der vordersten Stellung hatten sich die Männer beinahe sechs Wochen lang kaum einen Schritt bewegen können. Sie waren erstarrt und steif, körperlich heruntergekommen, geistig erschöpft und ohne jegliche Willenskraft. Obwohl die Leidenszeit zu Ende war, schien diese Tatsache nicht ins Bewusstsein zu dringen … Wir alle wussten, dass unsere Gruppe von entmutigten Männern das Tal überquert haben musste vor dem nächsten Sonnenaufgang, andernfalls würde unsere Ablösung ins Wasser fallen und wir würden quasi als stationäre Ziele im Beobachtungsfeld der deutschen Beobachter verbleiben … Den Alptraum dieses Marsches werde ich niemals vergessen. Die Offiziere, Briten wie Gurkhas, trieben ihre Männer an, beschimpften sie, redeten ihnen gut zu und halfen ihnen auf die Beine, wenn sie zusammenbrachen. Zuweilen hatten wir keine andere Möglichkeit, als auf Soldaten einzuprügeln, die sich aufgegeben hatten – jegliches Interesse an irgendetwas verloren, selbst am Willen lebend davonzukommen …“.[109]

Das Ergebnis der 2. Cassino-Schlacht

Noch vor dem Abschluss der Kämpfe war offenbar, dass die 2. Cassino-Schlacht mit einem uneingeschränkten Erfolg für die 1. FschJg Div und mit einer eindeutigen Niederlage für das NZ-Korps geendet hatte, selbst wenn man die begrenzten Ziele, die Clark und Alexander wohl tatsächlich verfolgt haben, als Bezugspunkt nimmt. Ellis, dessen kritische Auffassungen schon zitiert worden sind, schreibt: „Erfüllte das Bombardement nicht ohne Einschränkungen alle Wirkungen, die von ihm erwartet worden waren, dann waren alle nachfolgenden Phasen des Angriffs von Anfang an in ihrer Durchführbarkeit nahezu hoffnungslos erschwert. Welche Bewertungsmaßstäbe man dabei auch anlegt, dies war eine schlechte Planung.“[110] Dem muss man uneingeschränkt zustimmen. Dennoch wären bei einer flexiblen Operationsführung für Freyberg Reaktionsmöglichkeiten gegeben gewesen. Ihn zu Anpassungen in seinem Operationsplan zu veranlassen, hatte Clark kein Interesse. Er wusste ohnehin, dass der Nutznießer eines Erfolges von Freyberg die 8. (BR) Armee sein würde, die den Gefechtsstreifen übernehmen sollte. Dass General Alexander nicht reagierte, bleibt ein Rätsel.

Bei der Bewertung von Freybergs Operationsplan wurde angemerkt, dass er das Potential der 78. (BR) Inf Div erst nach einem Durchbruch zu nutzen beabsichtigte und von der Möglichkeit einen breiteren Ansatz zu wählen, keinen Gebrauch machte. Als der „Durchbruch" der 6. (NZ) Brig durch das Trümmerfeld von Cassino nicht glückte, setzte er nicht die 78. Div in einer anderen Stoßrichtung an – immerhin hatten NZ- und US-Pioniere mit dem Bau von Bailey-Brücken sogar im Stadtgebiet bewiesen, dass der Rapido/Gari zu überwinden war –, sondern zog auch noch die 11. Brig in das Stadtgebiet hinein, um dort, an der vorgeplanten Stelle, doch noch durchzustoßen.

Es ist einsichtig, dass der „Sättigungsgrad" mit Truppen im Stadtgebiet nach dem Einsatz der drei Bataillone der 6. Brig erreicht war. Diese Bataillone hatten sich erst nach zwei Tagen in den nur schwach besetzten Raum zwischen der Via Casilina und dem Bahnhof vorgekämpft. Dass ein Vorgehen aber auch von Osten her über den Rapido möglich war, zeigt der Einsatz des 19. Pz Rgt, dessen Kompanien später auch von Osten her über den versumpften Rapido-Grund vorgeführt wurden. Ein Ansatz von Teilen der 5. (NZ) Brig spätestens nach Einnahme der Linie Quisling hätte die Verteidiger mit einer weiteren Stoßrichtung konfrontiert. Brigadier Smith hält den gleichzeitigen Angriff von zwei Brigaden aus unterschiedlichen Richtungen für „extrem schwierig, aber nicht notwendigerweise unmöglich".[111]

Bei den vorgestellten „Impressionen" wurde betont, dass die Kämpfe in Cassino in erster Linie durch die Infanterie und Pioniere geführt wurden. Eine Reihe kampfentscheidender Elemente im Gefecht der Verbundenen Waffen, die sonst oft für den Ausgang von Gefechten bedeutend sind, trat in ihrer Bedeutung zurück. Es ist klar, dass bei Gefechten um einzelne Stockwerke eines Hauses eine unterstützende Wirkung von Luftwaffe und Artillerie keine besondere Rolle spielte. Wegen der Verzahnung der Einheiten, sowohl in der Stadt als auch auf dem Klosterberg, musste sich die Luftunterstützung der Alliierten auf Artilleriestellungen und erkannte beziehungsweise vermutete Wege für den Versorgungsverkehr und für das Heranführen von Reserven konzentrieren. Wie schwierig es war, Ziele präzise zu finden, zeigt das Beispiel des Abwurfs von Versorgungscontainern auf den Galgenberg.

Die zusammengefasste Artillerie des NZ-Korps verschoss die gewohnten Mengen von Munition. Dic Zicle entsprachen aber in etwa denen der Luftwaffe. Es wurde versucht, mit Schwerpunkt die deutsche Artillerie niederzuhalten oder auszuschalten. In bisher nicht üblichem Maße wurde versucht, die deutschen B-Stellen durch Nebel zu blenden beziehungsweise die Aktionen der eigenen Truppe durch Vernebelung zu unterstützen. Der Umfang der Vernebelungen war schließlich unerträglich für die eigene Truppe (zuweilen musste unter dem Schutz von Gasmasken gekämpft werden), und am Ende nützte der Nebel mittelbar auch den Aktionen des Gegners. Wenigstens in der Anzahl der Rohre, nicht im Munitionseinsatz, konnte die deutsche Artillerie ihre sonstige Unterlegenheit etwas relativieren. Wieder einmal war ein Angriff der 5. (US) Armee auf einen schmalen Gefechtsstreifen gerichtet. Neben seinem Ia, dem M.i.G. Oster,[112] hatte General v. Senger den Korpsartillerieführer auf den Vorgeschobenen Gefechtsstand der

1. FschJg Div bei Castrocielo entsandt – die Abwehr bei Cassino war die einzige Operation, die das Korps zu führen hatte. So konnten auch die Artillerieverbände der 15. PzGren Div, der 44. Inf Div, sogar der 5. Geb Div zur Unterstützung der 1. FschJg Div herangezogen werden. Das Feuer wurde gemeinsam geleitet durch den Art Stab z.b.V. 553 und das Arko 416. Besonders gefürchtet bei den Neuseeländern und Amerikanern waren die Werfer 15,5 cm und 21 cm des Werfer Rgt 71, deren heran heulende Salven von Raketengeschossen „screaming meemies" genannt wurden. Unter der Führung des Kommandeurs der Art Abt 602, Hauptmann Lüddeke, hatte General Heidrich aus Teilen der leichten Artillerie für die unmittelbare Unterstützung eine „Nahkampfgruppe" gebildet, mit deren präzisem Schießen auch im Stadtgebiet Unterstützung geleistet werden konnte. Lüddeke wurde zu Recht im Wehrmachtsbericht genannt.[113]

Als die Kämpfe eingestellt wurden, war fast das gesamte 19. (NZ) Pz Rgt in Cassino eingesetzt. Die Wirkung der Panzer war beim Kampf im Trümmerfeld naturgemäß eingeschränkt. Wo immer möglich, im engen Zusammenwirken einzelner Panzer mit Gruppen der Infanterie, wurden sie wie Sturmgeschütze eingesetzt. So konnten sie die fehlende Artillerieunterstützung etwas ausgleichen. Wie schwierig es war, für Panzer eine sinnvolle Verwendung zu finden, zeigt auf deutscher Seite die Suche nach Einsatzmöglichkeiten für die zugeführte Panther-Kompanie der I./Pz Rgt 4. Immerhin: Wäre es den Neuseeländern gelungen, bis zum Eingang des Liri-Tales vorzudringen, dann wären die angreifenden Panzerverbände des CC B und der 4. (NZ) Pz Brig auf einen starken Panzerabwehrriegel gestoßen in den die Panther-Kompanie einbezogen war. Der Angriff der Panzerkampfgruppe zur Massa Albaneta ohne Infanterieunterstützung war, um es kurz zu machen, ein Katastrophenunternehmen. Die 1. FschJg Div behauptet, während der Kämpfe insgesamt 42 feindliche Panzer vernichtet zu haben, davon 25 im Stadtgebiet.[114]

In allen Berichten über die 2. Cassino-Schlacht wird herausgestellt, dass ein weiterer entscheidender Faktor für den Ausgang das jeweilige Führungsverhalten war. Schon bei der Schilderung der früheren Phasen des Italien-Feldzuges wurde angemerkt, dass alliierte Führer von der Division an aufwärts in den seltensten Fällen einen persönlichen Eindruck vom Gelände und von den Bedingungen des Kampfes hatten, die unter anderem auf ihren Anordnungen beruhten. Freyberg hat nicht ein einziges Mal einen Gefechtsstand vorwärts seines Korpsgefechtsstandes aufgesucht. Seine Lagekenntnis beruhte auf Meldungen, auf Eintragungen in den Lagekarten oder der Auswertung von Luftbildern. Es wird vom seltenen Fall berichtet, dass General Galloway, der Kommandeur der 4. (IND) Div, am 19. März den Gefechtsstand des Essex Btl auf dem Burgberg aufsuchte.[115] An den beiden ersten Angriffstagen befanden sich die Gefechtsstände der Btl 25 und 26 außerhalb des Stadtgebietes. Heidrich hielt sich per Zufall am 15. März auf dem Gefechtsstand von Heilmann in Aguanna auf und führte anschließend von dort bis zum Ende der Schlacht. General v. Senger marschierte am 16. März von Aquino aus zu Fuß zum Gefechtsstand des FschJg Rgt 3 und sprach dort die weiteren Maßnahmen mit Heidrich und Heilmann ab. General Westphal, der Generalstabschef des Heeresgruppe, suchte ebenfalls im Fußmarsch den vorgeschobenen Gefechtsstand der 1. FschJg Div in Castrocielo auf, er fand dort, wie erwähnt, den Ia des Korps und den Kommandeur des Arko 416, den Oberst v. Grundherr zu Altenthan vor, die hier die Unterstützung durch das Korps sicherstellten. Am 20. März verschaffte sich Heidrich selbst einen Lageüberblick auf dem Gefechtsstand von Rennecke in der Stadt. Man hat den Eindruck, dass Heidrich persönlich bis zum Einsatz der Bataillone das Geschehen selbst in der Hand behielt. Welche Aufgaben aber hatten die Regimentsstäbe der FschJg Rgt 1 und 4, nachdem ihre Bataillone einzeln eingesetzt worden waren? Wäre es nicht angebracht gewesen, dem Stab des Rgt 1 die Führung in der Stadt zu übertragen, nachdem dort zwei seiner Bataillone eingesetzt waren?

Wo viel Licht ist, ist auch Schatten. Der wohl von Heidrich selbst befohlene „Gegenangriff" der Div KradSchtz Kp gegen den Bahnhof, der mit der Vernichtung dieser Kompanie endete, war ein Opfergang ohne militärischen Zweck. Nichts hätte sich für die Division positiv verändert, wenn der Bahnhof wieder eingenommen worden wäre. Westlich des Bahnhofs stand die gesamte Kampfgruppe des FschJg Rgt 3, die das Liri-Tal abriegelte. Noch kritischer ist der Einsatz des III./FschJg Rgt 3 unter Oberleutnant Franke zu sehen. Zu diesem Zeitpunkt war bereits die Unterstellung des III./PzGren Rgt 115 durch das Korps angekündigt. In Anbetracht dieses Sachverhalts war Heidrichs Bestreben, auch in diesem Falle nur Truppen der eigenen Division in den Brennpunkten einzusetzen, verantwortungslos gegenüber den Männern, die noch gar keine Soldaten waren.

Nach dem neuseeländischen Generalstabswerk hat die 2. (NZ) Div im Zeitraum 15. bis 26. März exakt 2 106 Soldaten verloren.[116] Die Verluste der Inder waren etwas geringer. Trotz des Misserfolgs war Anlass gegeben, den Mut, den Einsatzwillen und die Opferbereitschaft der Soldaten dieser beiden Elitedivisionen anzuerkennen. Mit wenigen präzisen Sätzen nennt wiederum Brigadier Smith die ausschlaggebenden Faktoren für den Ausgang der 2. Cassino-Schlacht. „Courage and selfless devotion to duty had not been able to defeat the resolute men of the 1st Parachute Division. Outnumbered, outgunned, with few tanks near them and meagre airsupport at irregular intervals, the Germans were the victors of the Third Cassino battle."[117]

Auf allen Kriegsschauplätzen, auf denen deutsche Fallschirmtruppen während des Krieges eingesetzt waren, bewiesen sie ihr nahezu einzigartiges militärisches Leistungsvermögen.[118] Darüber ist viel geschrieben worden. Einige Gründe dazu sind hier zu wiederholen. Die Rekrutierung für die Fallschirmtruppe beruhte auf einer strengen geistigen, charakterlichen und körperlichen Auswahl. Dies konnte praktiziert werden, weil durch den Nimbus der Fallschirmjäger stets genügend Freiwilligenmeldungen vorlagen. Die Ausbildung war körperlich und psychisch sehr hart und fordernd, „Versager" wurden sofort zu anderen Truppen versetzt. Alle Bereiche der militärischen Grundfertigkeiten wurden mit der nötigen Ausbildungstiefe antrainiert. Wegen der häufig zu erwartenden unübersichtlichen Situationen nach dem Sprungeinsatz wurde auf Selbstständigkeit und Initiative, selbst beim letzten Mann, geachtet. Die Einheiten wurden zusammengeschweißt. Kameradschaft unter allen Dienstgraden war die höchste Pflicht. Niemals durfte ein eigener Mann im Stich gelassen werden. Das Verhältnis zwischen den Offizieren und ihren Männern war besonders eng. Schon beim Fallschirmabsprung sprangen die Führer und Unterführer den Mannschaften voraus. Im Einsatz gingen sie ihren Soldaten voran, die Verluste bei den Subalternoffizieren waren außerordentlich hoch. Im Zeitraum vom 14. bis 19. März hatte das FschJg Rgt 3 aus dem gesamten Bestand neun Subalternoffiziere als Gefallene, Verwundete und Vermisste verloren. Von den vier Kompanieführern des II.Btl waren Oberleutnant Jamrowski schwer verwundet, Oberleutnant Moskop war gefallen und Oberleutnant Schuster wurde vermisst. Dass Letzterer schwer verwundet in britische Gefangenschaft geraten war, konnte man nicht wissen. An dieser Stelle ist die Gesamtzahl der Verluste des Fallschirmjägerregiments 3 anzumerken: Aus einer Gefechtsstärke von 800 Mann (am 26. Februar) hatte das Regiment im Zeitraum 14. bis 19. März 424 Mann an Verlusten zu beklagen.[119]

Die Führer, die für den Aufbau der Fallschirmtruppe in der Wehrmacht verantwortlich waren, hatten von Anfang an auf den Wert des esprit de corps gesetzt. Der Schweizer Militärsoziologe Rolf Bigler nennt es in Bezug auf die französischen Paras nach dem 2. Weltkrieg: „Nous, les autres!". Die Abgrenzung zu den „Normalen", den „Übrigen", kräftigte zwar den esprit de corps, barg aber auch Gefahren: Ein Fremdkörper im Gefüge der Armee zu werden, den Ruhm der eigenen Truppe als Wertmaßstab sui generis zu nehmen und sich außerhalb der Hierarchie zu stellen. Häufig wurden – wie bei der Waffen-SS – Anordnungen der übergeordneten Ebene missachtet. General v. Senger beispielsweise beklagte sich bei Cassino über ein durch die Division falsch dargestelltes Lagebild. Man wollte Raumverluste nicht eingestehen, bevor sie nicht im Gegenangriff wieder eingenommen waren. Heidrich verließ sich ausschließlich auf seine eigenen Truppen. So wurden generell die zugeführten Reserven aus der 15. PzGren Div nur zur Ablösung der Rgt 1 und 4 verwendet, damit diese in den entscheidenden Abschnitten verwendet werden konnten. Der personelle Kernbestand der Division, hervorgegangen aus der 7. Fliegerdivision, kämpfte nun schon im vierten Kriegsjahr. Jeder kannte jeden, die Bataillone und Einheiten waren fest zusammengefügt. Erfolge und Misserfolge hatten sich aneinandergereiht, fast immer wurde in der Unterzahl gekämpft, Verluste, Krisenlagen, die klimatischen Bedingungen und die Härten des russischen Kriegsschauplatzes hatten die zahlenmäßig dezimierten Bataillone, Kompanien und Züge immer näher zusammengebracht. Sie verkörperten im besonderen Maße die für die Leistung im Kampf ausschlaggebenden Primärgruppen. Nichts konnte sie zerbrechen.

Auswirkungen der alliierten Dominanz in der Luftkriegführung (Lagekarte 6)

Im ersten Abschnitt des Kapitels war angekündigt worden, in einer Art Zusammenschau auf die Auswirkungen der absoluten alliierten Luftherrschaft zurückzukommen.

Ein wesentlicher Grund zur Landung auf dem italienischen Festland war gewesen, die Beteiligung der alliierten strategischen Luftstreitkräfte an der Luftoffensive gegen das Reichsgebiet aus einer weiteren Angriffsrichtung sicherzustellen. Mit Beginn des Jahres 1944 waren die Einflüge der 15. Luftflotte nach Süddeutschland intensiviert worden. Die 15. Luftflotte beteiligte sich auch an den Operationen der so genannten „Big Week", mit der im Zeitraum 22. bis 25. Februar vor allem Angriffe gegen die Flugzeugproduktionsstätten geflogen wurden. Zwei Angriffe (22. Februar, 25. Februar) richteten sich gegen Ziele in Regensburg, zwei weitere (23./24. Februar) gegen Steyr. Aus der Zahl der angreifenden Flugzeuge, zwischen 87 und maximal 183 Maschinen, wurden zwischen 16 und 39 schwere Bomber pro Angriff abgeschossen. Besonders hoch waren die Verluste beim Angriff am 25. Februar, bei dem von 149 Maschinen 39 Bomber verloren gingen. Dies sind 26 Prozent der eingesetzten Maschinen. Solche Verluste waren auf Dauer nicht hinnehmbar. Die 15. Luftflotte flog zu diesem Zeitpunkt ohne Begleitjäger.[120]

8. Angriffe gegen den Brückenkopf – die 2. Cassino-Schlacht

Neben der unmittelbaren Unterstützung der Operationen der Landstreitkräfte – die positiven Ergebnisse bei Anzio fallen ins Auge – konzentrierte sich die alliierte Führung in Italien darauf, mit der Luftwaffe die Verbindungslinien der HGr C anzugreifen, zu unterbrechen und damit das Schlachtfeld zu isolieren. Bei der Vorbereitung der Operation „Shingle" war durch die Planungsabteilungen der 15. HGr und der 5. Armee angenommen worden, das Heranführen deutscher Reserven durch Abriegelungseinsätze, das heißt, durch Angriffe gegen das Verkehrssystem und die marschierende Truppe selbst, so verzögern zu können, dass bis zu deren Eintreffen der Landeraum konsolidiert und Vorbereitungen zur Abwehr getroffen sein würden. Die deutschen Reserven erreichten jedoch den Einschließungsring schneller als erwartet. Der Grund waren die üblichen optimistischen Annahmen über den Einfluss der Luftwaffe auf die Bewegungen feindlicher Truppen gewesen. Dennoch war es zu nicht unerheblichen Verzögerungen beim Anmarsch der Verstärkungen aus Norditalien und aus dem Reichsgebiet gekommen. Der Angriffsbeginn erst am 16. Februar ist ein eindeutiger Hinweis darauf. Weit früher als auf deutscher Seite berechnet, musste vom schonenden Eisenbahntransport auf den anstrengenden Landmarsch übergegangen werden. Die Schutzmaßnahmen der Truppe, Marsch bei Nacht, Auflockerung, Einsatz von Flak-Verbänden an den Marschstraßen banden Kräfte und nutzten die Truppe ab. Hinzu kamen Resignation und Spannungen über das „Versagen" einer ganzen Teilstreitkraft.[121] Dem Gefühl des „Ausgeliefertseins" kam ebenso große Tragweite zu, wie der Gewissheit, auf keine Unterstützung rechnen zu können. Die sarkastischen Meldungen der Truppenführer über die fehlende Luftwaffenunterstützung sind zahlreich.

Im Zusammenhang mit der erwähnten Diskussion über die weiter zu verfolgende Strategie hatte Wilson gefordert, die geplante Abnutzung der deutschen Streitkräfte in Italien ausschließlich durch die Luftstreitkräfte herbeizuführen. Auch Alexander lehnte eine stärkere Abstützung auf die Luftwaffen nicht ab. Die Führer der alliierten Luftstreitkräfte auf dem Kriegsschauplatz waren ohnehin keine Gegner einer solchen Idee. So wurden ab dem 18. Februar Planungen eingeleitet, mit einer Luftoffensive gegen die deutschen Verbindungslinien diese vollkommen zu unterbrechen, zu „erdrosseln". Die geplante Operation erhielt dementsprechend den Codenamen Operation „Strangle". Nach einer Vorphase ab dem 9. März sollte die Operation Strangle am 19. März beginnen und bis Anfang Mai andauern, zur Vorbereitung und Unterstützung der alliierten Frühjahrsoffensive. Südlich der Linie Pisa – Rimini waren an erster Stelle Verschiebebahnhöfe, Instandsetzungswerke, Depots für das rollende Material und im Streckennetz vor allem Engstellen, wie Brücken und andere empfindliche Punkte, anzugreifen, um den deutschen Versorgungsverkehr zum Zusammenbruch zu bringen und das Heranführen von Truppen aus dem Norden zu unterbinden oder zu verlangsamen. Wie dargestellt, richtete sich Strangle gegen den Eisenbahnverkehr, gegen stationäre Ziele, aber auch mit Jagdbombern gegen den laufenden Verkehr.

Auch die Auswirkungen der Operation Strangle auf die Bewegungen auf deutscher Seite waren wie oben beschrieben. Strangle zeigte durchaus Wirkung. Am 4. April stellte Kesselring fest, dass anstelle des Bedarfs von täglich ca. 2 300 t für die 10. und 14. Armee nur 1 360 t Versorgungsgüter zugeführt werden konnten. Die alliierten Luftstreitkräfte griffen aus naheliegenden Gründen immer die gleichen Ziele an. Der damalige Oberstleutnant i.G. Schnez, später im Jahre 1944 „General des Transportwesens in Italien", beschreibt unter anderem, wie auf die Luftangriffe gegen das Eisenbahnnetz reagiert wurde. An den neuralgischen Punkten wurde Baumaterial und Instandsetzungsmaterial ausgelagert, entsprechende Bautruppen oder paramilitärische Bauorganisationen, zum Beispiel die Organisation Todt, wurden in Lagern bereit gehalten. Schnez verfügte über eine Wehrmachtsverkehrsdirektion und über zahlreiche Truppen: ein Eisenbahnpionierregiment, andere technische Truppen, eine Nachrichtenabteilung und eine Eisenbahnflakabteilung, zum Schutz der Baustellen. Zur Organisation Todt kamen zehn italienische Baubataillone und slowakische Bautruppen, die aber bei der Zunahme des Partisanenkrieges zu den Partisanen überliefen. Als weitere Maßnahme wurden in stärkerem Umfang Versorgungsgüter mit Küstenschiffen bei Nacht bis nach Mittelitalien transportiert, und die Truppe musste sich mehr und mehr aus dem Lande versorgen – zum Nachteil der italienischen Bevölkerung. Ungestört durch die deutsche Luftwaffe wurden im Rahmen der Operation Strangle zwischen 19. März und 10. Mai 65 000 Einsätze geflogen, bei denen 33 000 t Bomben abgeworfen wurden. Im Gegensatz zu den hohen Erwartungen erwies sich Strangle insgesamt aber als Fehlschlag. Es gab zwar Engpässe in der Versorgung, die aber nie so kritisch waren, als dass sie sich auf die Führung der Operationen ausgewirkt hätten.[122]

Das einzige Mittel, den alliierten Geschwadern Verluste zuzufügen, waren die deutschen Flak-Verbände. Immerhin haben die alliierten Luftstreitkräfte im Zeitraum 1. bis 3. März 329 Flugzeuge und im Zeitraum 3. März bis 1. April 239 Maschinen verloren. Die weit überwiegende Zahl der Abschüsse ist auf die Flak-Artillerie zurückzuführen.[123]

Anmerkungen

1   Majdalany, S. 92. Zu diesem Zitat sind zwei Anmerkungen notwendig: Um den Leser nicht zu verwirren, ist anzumerken, dass Majdalany nach der anglo-amerikanischen Terminologie mit der „2. Schlacht" den Angriff des NZ-Korps ab dem 15.02.44 meint. Majdalany verschiebt zudem hier ein wenig die Gewichte in der Bedeutung zwischen der Operation „Shingle", der Landung bei Anzio, und dem Hauptangriff der 5. Armee zum Durchbrechen der deutschen Verteidigungsstellung südlich von Rom. Sicherlich hatten beispielsweise die Angriffe des X. Korps über den Garigliano und des II. (US) Korps über den Gari auch den Zweck, deutsche Reserven aus dem Landeraum abzuziehen. Sie hatten also zunächst eine unterstützende Funktion. Wie im Text ausgeführt, wurde mit dem Landeunternehmen kein Selbstzweck verfolgt. Übergeordneter Zweck aller Operationen war der Durchbruch durch die Gustav-Linie und die Einnahme der italienischen Hauptstadt.
2   Siehe Kapitel 6.
3   RH 20-14/24, KTB Nr. 2 14. Armee von 24.01.44 bis 31.03.44; Eintrag vom 26.01.44. Ebenso Westphal, „Erinnerungen", S. 249.
4   Bis zum 01.01.44 hatte die 65. Inf Div ihren Gefechtsstreifen an der Adria-Küste beim LXXVI. Pz Korps an die 334. Inf Div übergeben und war zwischen dem 7. und dem 13.01. zur Auffrischung im Raum Genua eingetroffen. Während der Auffrischung war alleine durch die Präsenz der Truppenteile ein gewisser Küstenschutz sichergestellt. Im alten Einsatzraum war das Gren Rgt 146 („Kampfgruppe Strahammer", ohne das II./Gren Rgt 146) verblieben. Die Auffrischung diente auch der Umgliederung in eine „Infanteriedivision neuer Art": Die 65. Inf Div umfasste danach die Gren Rgt 145, 146 und 147 zu je zwei Bataillonen. Die Aufkl Abt 165 wurde in das Füs Btl 165 umgewandelt. Siehe dazu die Divisionsgeschichte der 65. Inf Div, Velten, S. 64-71.
5   Kapitel 6, u.a. Fußnote 62.
6   Die vorstehende Gliederung muss erläutert werden:
    – Unterstellung 4. FschJg Div unter 65. Inf Div: Die 4. FschJg Div hatte wie angeführt ihre Aufstellung noch nicht

abgeschlossen und war nur mit Teilen gegen den Landekopf eingesetzt, General Pfeifer war wesentlich dienstälter als Oberst Trettner, der Kdr der 4. FschJg Div.

– Die 715. Inf Div war vor einiger Zeit aus dem Ersatzheer aufgestellt worden, galt als Division „mit hoher Hausnummer" und war noch nicht im Einsatz gewesen. General Graeser (auch Gräser geschrieben) war bereits Generalleutnant, während General Hildebrand als Kdr der 715. Div noch Generalmajor war. Zudem war die 3. PzGren Div schon fast ein Jahr in Italien eingesetzt gewesen und mit den Bedingungen des Kampfes gegen die Alliierten vertraut. Eine Anmerkung zu General Graeser: Nach einer schweren Verwundung 1941 musste ihm ein Bein amputiert werden, dazu war der Gebrauch des zweiten Beines stark eingeschränkt. Die schwere Verwundung Graesers hatte allerdings dazu geführt, dass er bei der Zerschlagung der 3. Inf Div (mot.), der Vorgängerdivision der 3. PzGren Div, im Kessel von Stalingrad nicht bei der Division gewesen war. Graeser stieg bis zum Kriegsende noch zum Oberbefehlshaber der 4. Pz Armee auf. Er wurde mit den Schwertern zum Ritterkreuz ausgezeichnet. Als seine Armee im April 1945 beim Angriff der Roten Armee über die Oder zusammenbrach, fiel er bei Hitler in Ungnade.

– Für den abwesenden Div Kdr, General Smilo v. Lüttwitz, führte ab dem 30.01. Oberst Hecker die 26. Pz Div. Am 26.01. war die Division als Korpsreserve dem I. Fsch Korps unterstellt worden. Durch eine Reihe schnell aufeinanderfolgender, widersprüchlicher und auch nicht erfüllbarer Aufträge durch den KG selbst, General Schlemm, wurde die Division vor unlösbare Aufgaben gestellt. Schlemm warf der Division danach „Versagen" vor. Zunächst wurde die Division der in der Stellung befindlichen Pz Div „HG" unterstellt, später der Divisionsstab von allen Führungsaufgaben entbunden, d.h. die Truppenteile der 26. Pz Div wurden von der Pz Div „HG" geführt. Dies konnte auch durch den OTL. i.G. Moll, Verbindungsoffizier der 14. Armee zum I. Fsch Korps (Luftwaffe!) nicht unterbunden werden. Moll war in der Bundeswehr von 1966 bis 1968 Inspekteur des Heeres. Im KTB der 14. Armee wird Moll auch als Ia des I. Fsch Korps genannt. Siehe zu dieser Fußnote die Studie Berberich, a.a.O., Kapitel „Deutsche offensive Abwehr", den bereits zitierten Gefechtsbericht der 26. Pz Div., Abt Ia, Nr. 96/44 geh. Kdos vom 09.02.44 aus dem Band BA-MA, RH 27-26/36 sowie das KTB Nr. 2 der 14. Armee vom 24.01.44 bis 31.03.44, Eintrag vom 27.01. und 02.02.44 im Band BA-MA, RH 20-14/24. An dieser Stelle wird die angekündigte Erläuterung über die „Studie Berberich" eingefügt. Oberstleutnant F. Berberich hat als Mitarbeiter im MGFA ein kriegsgeschichtliches Beispiel für die Ausbildung und Lehre erarbeitet: „Anzio-Nettuno, Abriegelung und offensive Abwehr einer Landung von See durch LXXVI. Panzer-Korps und I. Fallschirmkorps von Januar bis März 1944". Die Zitierungen beziehen sich auf eine Kopie des nicht abgeschlossenen Manuskripts vom September 1983 im Archiv des Verfassers.

7 Siehe Ausführungen im Kapitel 6.

8 Knöchlein hatte einen im wahrsten Sinne des Wortes üblen Ruf: Er war für das im Mai 1940 begangene Kriegsverbrechen bei Le Paradis am Lys-Kanal in Nordfrankreich verantwortlich, bei dem englische Kriegsgefangene ermordet worden waren. Für dieses Kriegsverbrechen wurde er 1948 zum Tode verurteilt und gehängt. Knöchlein war wegen seines schlechten Charakters sowohl bei seinen gleichrangigen Kameraden als auch bei seinen Untergebenen äußerst unbeliebt. Offiziere der Kampfgruppe äußerten häufig: „Das Knöchlein sollten wir mal verlieren!"

Die vorstehenden Informationen verdanke ich zum Teil Herrn Josef Härle, einem Bauunternehmer in der Nähe von Biberach, 1944 als Gefreiter und MG-Schütze 1 Angehöriger der Kampfgruppe SS-PzGren Rgt 36. Härle ist 1926 geboren und als 17jähriger Wehrpflichtiger zur Waffen-SS eingezogen worden, obwohl er schon für das Heer gemustert worden war. Er wurde zwar zum Unteroffizierlehrgang geschickt, wegen seiner religiösen Einstellung aber nicht zum Unterscharführer (Unteroffizier) befördert. H. berichtete in seinem Interview am 04.07.2007, dass nationalsozialistische Überzeugungen auch in der Waffen-SS keine Rolle spielten. Ende Februar, vor dem Angriff der Pz Div „HG", wurde er durch Artilleriesplitter erheblich verletzt, mit der Folge eines längeren Lazarettaufenthalts.

Herr Härle hat sich nach dem Kriege stets zu seiner Zugehörigkeit zur Waffen-SS bekannt. Er ist ein nicht gerade seltenes Beispiel für die personelle Zusammensetzung in den SS-Truppenteilen. Daran sollte gedacht werden, wenn generell der Stab über die 16. SS-PzGren Div gebrochen wird. Siehe dazu das Kapitel 11.

9 Zum Traditionsverständnis ehemaliger italienischer Fallschirmjäger- oder Spezialverbände und der Einschätzung ihres Einsatzes auf deutscher Seite noch heute sei auf die interessanten Ausführungen in Mitteilungsblättern italienischer Traditionsverbände, z.B. die Zeitschrift „Folgore", Ausgabe Juli/August 2005, verwiesen.

Einzelheiten zu der angeführten bzw. später folgenden Kräftegliederung der Truppen der 14. Armee ergeben sich aus den KTB-Unterlagen OKW/WFSt, des OB Südwest, der 14. Armee sowie der LXXVI. Pz Korps und des I. Fsch Korps. Aus den umfangreichen KTB-Unterlagen sind zu erwähnen:

– Fernschreiben AOK 14 an LXXVI. Pz Korps vom 06.02., Ia Nr. 0154/44 g. Kdos.

– Der Oberbefehlshaber der 14. Armee, Ia Nr. 742/44 g. Kdos. Chefs. vom 09.02.1944 (1. Befehl für den Angriff zur Zerschlagung des Landekopfes Nettuno [Deckname: „Fischfang"]).

– Gen.Kdo. LXXVI. Pz Korps, Ia Nr. 44/44 g. Kdos. Vom 10.02.44 (Befehl zum Angriff ...).

– Generalkommando I. Fallschirmkorps, Führ. Gruppe Ia Nr. 24/44 g. Kdos. Chefs. vom 12.02.1944 (Befehl für die Fortsetzung des Angriffs ...).

– Der Oberbefehlshaber der 14. Armee, Ia Nr. 748/44 g. Kdos. Chefs. vom 13.02.44 (2. Befehl für den Angriff ...).

Alle als Kopie im Archiv des Verfassers.

Eine überaus gelungene und zuverlässige Darstellung über den Ablauf der beiden Angriffe zur Zerschlagung des

Brückenkopfes gibt die Divisionsgeschichte der 65. Inf Div, Velten, S. 74-122. Einzelheiten sind den früher schon zitierten Divisionsgeschichten der 71. Inf Div, der 3. und 29. PzGren Div sowie der Pz Div „HG" zu entnehmen. Hinzu kommt die Geschichte der 1. FschJg Div von Christensen (S. 378-384) sowie die „Geschichte des Fallschirmjäger-Lehr-Regiments" von Heinz Bliss/Bernd Bosshammer, Witzenhausen 1992.

Bei den Autoren Kesselring, Westphal, v. Senger, Böhmler, Staiger, Stimpel, Wilhelmsmeyer, Brehde, Berberich oder Ben Arie (jeweils a.a.O.), aus Berichten, die für die US-Historical Division nach dem Kriege ausgearbeitet wurden bzw. aus Gefechtsberichten, fallen – dies gilt auch für die zuvor genannten KTB-Unterlagen – viele Widersprüche in Bezug auf Truppenbezeichnungen, Unterstellungsverhältnisse oder Zeiten auf, sodass letzte Klarheit hinsichtlich der Kräfteordnung nicht geschaffen werden konnte. Da der Verfasser nicht beabsichtigt, neue Erkenntnisse hinsichtlich der Formationsgeschichte von Truppenteilen des Heeres und der Luftwaffe zu vermitteln, wurden diese Mängel hingenommen und teilweise auch mit Annahmen gearbeitet.

10 Das Geschütz K18 17 cm hatte eine max. Reichweite von knapp 30 Kilometern. Das Eisenbahngeschütz K5 schoss über 62 Kilometer weit. Die beiden Eisenbahngeschütze standen in einem Eisenbahntunnel auf den Albaner Bergen und wurden nur zur Schussabgabe ins Freie gefahren. Die Beob Art Abt 71 wurde Ende Februar durch die Beob Art Abt 64 abgelöst.

11 Die italienischen Piloten flogen ein italienisches Flugzeug, die Macchi 205. In der Gruppe waren 24 Maschinen dieses Typs eingesetzt. Schon am 3. Januar 1944 war es zur ersten Feindberührung gekommen, dabei schossen die italienischen Jäger angeblich einige amerikanische Begleitjäger, die die Bomber schützten, ab. Gundelach, S. 743.

12 Zum Stand der Einsatzbereitschaft der Luftflotte 2 siehe Gundelach, S. 777 ff. Die 3. Flak Brig führte die Flak Rgt 5 (mot), Flak Rgt 39 (mot), Flak Rgt 137 und das Flak Rgt 149 (mot). Golla, S. 519.

13 Zum Vorstehenden siehe Molony, Kapitel XIX, S. 723 ff.; Martin Blumenson, „Anzio: The Gamble that failed", New York 1991, hier das Kapitel „Vorspiel", S. 106-112; Blumenson, „Salerno ...", Kapitel XXII, S. 393-396 sowie Kapitel XXIV; Historical Division (Serie: American Forces in Action), „Anzio Beachhead", Washington 1947 sowie Samuel E. Morrison, „Sicily – Salerno – Anzio, January 1943-June 1944"(aus der Serie „History of US Naval Operations in World War II", Band IX, Boston 1954).

Zu beachten sind die Divisionsgeschichten auf alliierter Seite: George F. Howe, „The Battle History of the 1st Armored Division", Washington D.C. 1954; Donald E. Taggart (Hrsg.), „History of the Third Infantry Division in World War II", Washington, D.C., 1947; Leo V. Bishop/Frank J. Fisher (Hrsg.), „The Fighting Forty-Fifth, the Combat Report of an Infantry Division", Baton Rouge 1946. Die überaus zahlreichen Aufsätze im militärischen Schrifttum in den USA oder in Großbritannien werden hier nicht erwähnt, ebenso wenig wie die Memoirenliteratur, zu der die Erinnerungen von Clark oder General Truscott, dem Nachfolger von General Lucas gehören.

Für die strategischen Betrachtungen, u.a. die Folgen des „Steckenbleibens" des italienischen Feldzuges ist das Kapitel VI „Overlord und das Mittelmeer, Januar-März 1944" (S. 225-247) bei Ehrman, „Grand Strategy", Band V, unverzichtbar.

Bei der Schilderung der Handlungsabläufe fallen zwischen dem britischen Generalstabswerk (Molony) und dem US-Generalstabswerk (Blumenson) doch erhebliche Unterschiede in Bezug auf angegebene Zeiten auf. Obgleich die Landung bei Anzio als „amerikanisches" Unternehmen angesehen werden kann, ist das britische Generalstabswerk insgesamt detaillierter. Ihm wurde weitgehend gefolgt.

14 Dies waren vor allem LSTs, LCTs und kleinere Schiffseinheiten. Die Ladung der größeren Frachter musste vor der Küste noch auf See umgeschlagen werden. Zum größeren Teil aber liefen die Landungsschiffe mit ihrer Ladung bereits von Neapel aus.

15 Die Erörterung dieser Führerweisung erfolgte bereits im Kapitel 4. Zu den Überlegungen im FHQ über die Verstärkung der HGr C zu Ungunsten des Befehlsbereichs OB West siehe im KTB OKW, Band IV/1, die Seiten 137, 145 ff und 152.

16 Die Weisung Nr. 52 wurde bereits im Kapitel 6 zitiert, siehe u.a. die Fußnote 60. Ein Auszug der Weisung ist im Anhang, Befehlsbeispiel 4, nachgedruckt.

17 KTB OKW, Band IV/1, S. 147 ff.

18 Bei den US-Truppen waren das 601., 645. und 894. (US) PzJg Btl eingesetzt. Zu den Panzerverbänden im CC A der 1. (US) Pz Div kamen das 191. und das 751. (US) Pz Btl sowie das 46. (BR) Pz Btl des RTA. Die Panzerjägerverbände waren mit je 36 „tank destroyer" M 10 ausgestattet, der mit einer 7,62-cm-Kanone bewaffnet war und damit in der Hauptwaffe dem deutschen Sturmgeschütz mit der 7,5-cm-Kanone ebenbürtig. Oft waren die Panzerabteilungen der deutschen Panzerregimenter in Italien oder die Panzerabteilungen der Panzergrenadierdivisionen anstelle von Panzern nur mit Sturmgeschützen ausgestattet.

19 Weiter ist zu bedenken, dass die Gefechtsstärken der deutschen Bataillone selten mehr als 500 Mann betrugen, also etwa 50 Prozent der Sollstärke. Wir können mit Sicherheit davon ausgehen, dass die alliierten Bataillone vor der Landung personell wie materiell fast voll aufgefüllt waren.

20 Die 65. Inf Div verfügte im Raum Anzio (s. Fußnote 4) über fünf Infanteriebataillone, beim Angriff ab dem 03.02. war das DivFüs Btl 165 der Angriffsgruppe Rgt 145 unterstellt. Bezeichnend ist, dass die 65. Inf Div vor Angriffsbeginn auf den unzureichenden Ausbildungsstand in Bezug auf einen Nachtangriff verwiesen hatte. Der Angriff der 3. PzGren Div wurde anfangs nur durch das PzGren Rgt 104 (-) geführt.

8. Angriffe gegen den Brückenkopf – die 2. Cassino-Schlacht

Die 715. Inf Div war in zwei Infanterieregimenter zu je drei Bataillonen gegliedert, die Gren Rgt 725 und 735. Mindestens das Gren Rgt 735 war später (?) der 3. PzGren Div direkt unterstellt.

21 Hier ist ein Hinweis auf einige weitere Geländemerkmale nötig: Die heutige Schnellverkehrsstraße Rom – Latina SS 148 existierte seinerzeit noch nicht.
Dagegen verlief quer über das Schlachtfeld in Nordwest-Südwest-Richtung (hart südlich an Aprilia vorbei) die in deutschen Quelle so bezeichnete „Schotterstraße". Nach den Kartenangaben auf alliierter Seite war dies eine nicht gebrauchsfähige Eisenbahnlinie, entweder aufgelassen oder noch im Bau. Teilweise in tiefen Einschnitten und im Wechsel auf hohen Dämmen verlaufend bildete die Schotterstraße ein beachtliches Hindernis für Nord-Süd-Bewegungen. Bei den Alliierten wurde sie auch mit „Strada 48", „bowling alley" oder „old railway bed" bezeichnet. Auf der Trasse der Schotterstraße verläuft heute teilweise die genannte SS 148.
Als Straße ohne geteerte Oberfläche verlief von Padiglione am Nordrand des Padiglione-Waldes entlang nach S. Lorenzo die „Straße 82". Verschiedene Autoren bezeichnen sie auch mit „Strada 82". Woher daher die Bezeichnung rührte, kann nicht gesagt werden.
Als Orientierungspunkte haben sich zwei Viadukte tief in die Erinnerung der damaligen Kämpfer eingegraben: Die Überführung der „Schotterstraße" über die Via Anziate bezeichnete man aus deutscher Sicht als „1. Viadukt", als „2. Viadukt" die Überführung der „Straße 82" über die Via Anziate. Auf deutscher Seite wurde diese Überführung „Kimme" (nach der Form des Viaduktes) genannt, auf alliierter Seite „Flyover-Bridge".

22 Carroceto und Aprilia waren damals nicht so wie heute zusammengewachsen.

23 Der Ablauf der Kämpfe auf alliierter Seite wird geschildert bei Molony, S. 728 f.
Die 24. Garde Brig blieb weiterhin durch ein Infanteriebataillon der 2. Inf Brig verstärkt. Das Korps hatte der 1. (BR) Inf Div als weitere Verstärkung noch das III./504. (US) FschJg Rgt zugewiesen.

24 Es muss noch einmal darauf hingewiesen werden, dass durch die weitflächigen Ansumpfungen im Gebiet der Pontinischen Ebene nördlich von Terracina nur wenige Verbände zur Küstensicherung notwendig waren.

25 Bei dem Geschütz „Hornisse" handelte es sich um eine Pak (Sfl): Die Pak 8,8 cm (eine Version des Flak-Geschützes) auf einem Fahrgestell Pz III/IV. Das Geschütz war relativ schwer (24 t), hatte dennoch aber eine Höchstgeschwindigkeit im Gelände von 24 km/h. Techn. Angaben nach F.M. v. Senger „Die deutschen Panzer 1926-1945", (München 1968), S. 71, 247 und 328 f. Als schwere Pak waren die „Hornissen" im Februar 1944 (sie wurden wenig später in „Nashorn" umbenannt) in die schweren Heerespanzerjägerabteilungen eingegliedert.
Bei Anzio gehörten sie wohl zur s HPzJg Abt 525. Fälschlicherweise werden sie vereinzelt auch als Waffe in der StuPz Abt 216 genannt. Siehe hierzu die Fußnote 35. Mit welchem Waffensystem die in den Befehlen genannte PzJg Abt 590 ausgestattet war, lässt sich nicht sagen.

26 Molony führt an (gestützt auf dt. Quellen, die seinerzeit bei der Ausarbeitung des britischen Generalstabswerkes zur Verfügung standen, der betreffende Band ist 1973 erschienen), dass die Feldartillerie des LXXVI. Pz Korps am 05.02.44 über 156 Geschütze und die des I. Fsch Korps 87 Geschütze eingeschlossen habe. Hierzu sei eine „Fernkampfgruppe" mit 6 17-cm-Kanonen, 2 Eb-Geschützen K5 und 2 französischen 24-cm-Eb-Geschützen gekommen. Zur Sachlage bei den Eisenbahngeschützen siehe später die Fußnote 42. Das Werfer Rgt 56 habe über 41 Werfer 15 cm und 21 cm verfügt. Den 243 Geschützen der Feldartillerie der beiden deutschen Korps hätten über 430 Feldgeschütze des VI. (US) Korps gegenüber gestanden. Molony, S. 731.

27 Wenn von der Divisionsstab der 3. PzGren Div Schwierigkeiten hatte, mehrere Infanterieregimenter im Angriff zu koordinieren, dann musste dies für einen Regimentsstab noch schwieriger sein. Möglicherweise wurde zur genannten Lösung gegriffen, da die 715. Inf Div immer noch der 3. PzGren Div unterstellt war.

28 Siehe u.a. BA-MA, ZA/1 86, alte Signier-Nr. D-141, Bericht von General Walter Fries, „Einsatz der 29. Panzer Gren. Div während des deutschen Gegenangriffs zur Beseitigung des Landekopfes Anzio-Nettuno im Februar 1944".

29 RH 20-14/24, KTB Nr. 2 14. Armee vom 24.01.44 bis 31.03.44; Eintrag vom 10.02.44.

30 Brehde, S. 174 f. Korrekterweise muss angegeben werden, dass sich die 2 oben stehenden Tagebucheintragungen auf Ende Februar bezogen. Sie wurden dennoch an dieser Stelle eingefügt, da sie auch die Verhältnisse von Anfang/Mitte Februar gut wiedergeben.

31 Molony, S. 734 ff.

32 Siehe Lagekarten bei Brehde, S. 168 und Velten, S. 92 sowie die Karte 39 bei Molony zwischen den Seiten 672 und 673; KTB Nr. 2 14. Armee, Eintragungen 07.02. bis 12.02.; Staiger, S. 96 f. Dieser Autor (selbst Offizier im Pz Rgt 26) ist übrigens der Auffassung, der Bhf Carroceto sei durch Teile der Pz AA 26 und der II./Pz Rgt 26 genommen worden.

33 Staiger, S. 90 f.; Berberich, Kapitel „Deutsche offensive Abwehr", S. 10.

34 Siehe Übersicht 17 im Anhang, Gliederung 14. Armee.

35 Wie wir schon mehrfach darauf hingewiesen haben, wird mit diesem Buch nicht angestrebt, Lücken in der Formationsgeschichte deutscher Verbände zu schließen oder fehlerhafte Angaben über die Ausstattung, die Organisation oder den Einsatz einzelner Truppenteile zu korrigieren. Auch entspricht es nicht vom Grundsatz her der Abstraktionsebene dieser Darstellung, die Kampfhandlungen auf der Ebene der Verbände abzubilden.
Wie bereits erwähnt enthält das KTB OKW in den Bänden IV/1 und IV/2 bei den Aufzeichnungen über den Italienfeldzug vom Januar 1944 bis zum Kriegsende sehr viele offensichtliche Fehler in der Benennung der eingesetzten Kräfte,

der Gliederung oder der Zeitabläufe beim Einsatz (siehe dazu Kapitel 6, Fußnote 13).
Das KTB der 14. Armee geht entsprechend der Führungsebene ebenfalls nicht auf Details ein. Ausarbeitungen der Gegenseite (siehe beispielsweise Molony), für deren Abfassung seinerzeit deutsche Akten zur Verfügung standen, bringen zwar Details der deutschen Kräfteordnung, aber nur in dem Maße, wie es für die Schilderung der Gefechtshandlungen auf ihrer Seite notwendig ist. In der Sekundärliteratur – insbesondere aus der Zeit des ersten Jahrzehnts nach dem Kriege – hatten sich viele Fehler verfestigt, die nunmehr auch in jüngeren Ausarbeitungen unverändert übernommen worden sind. In den Ausarbeitungen verschiedener Autoren werden Angaben über die Ausstattung oder die Bewaffnung gemacht, ohne dass sie in Zusammenhänge eingeordnet werden. Es wird versucht, dies in der vorliegenden Aufstellung nachzuholen. Daneben werden Ergänzungen vorgenommen, die auch aus militärischen Werken stammen, die nicht unmittelbar mit dem Italienfeldzug zusammenhängen. Schließlich hat sich der Verfasser bemüht, bei offensichtlichen Widersprüchen Korrekturen vorzunehmen, ohne eine Garantie übernehmen zu können, dass die hier dargestellte Version tatsächlich stimmt. So wird hier – ebenso wie in der Fußnote 42 – in gewisser Weise eine Dokumentation geschaffen, als Ausgangspunkt für weitere Recherchen, sollte dazu künftig ein Anlass bestehen.
Die I./Pz Rgt 4 war auf Kampfpanzer „Panther" umgerüstet. In der Soll-Gliederung verfügte jede Panzerkompanie über je 17 Kampfpanzer, so dass im Soll insgesamt von einem Bestand von knapp über 70 Panzern auszugehen wäre. Entsprechend des Solls für die schweren Panzerabteilungen hatten solche Verbände 45 Tiger-Panzer im Bestand. Hinsichtlich des angegebenen Ist-Bestandes hätte jedoch angeblich die s Pz Abt 508 über 75 Tiger-Panzer verfügt (KTB OKW Band IV/1, S. 154). In beiden Abschnitten des KTB OKW (Band IV/1, S. 121-175 bzw. Band IV/2, Nachtrag, S. 8-62) wird von einem zeitlich verzögerten Eintreffen der s Pz Abt 508 berichtet. Am 16.02. ist deswegen vor Angriffsbeginn nur ein Bestand von 20 Tiger-Panzern anzunehmen.
Die extra aufgestellte StuPz Abt 216 war mit dem „Stu Pz 43", auch „Brummbär" genannt, ausgestattet. Der Stu Pz 43 trug auf dem Fahrgestell des Pz IV eine 15-cm-„Sturmhaubitze" (Kurzrohr); war ausreichend gepanzert und wog daher 28,2 t. Der Sturmpanzer war in erster Linie für die Bekämpfung von feindlicher Infanterie in Feldbefestigungen oder Befestigungen vorgesehen. Die Stückzahl in der Produktion betrug maximal 60 Geschütze. Wie viele Sturmpanzer beim Gegenangriff eingesetzt wurden, konnte nicht ermittelt werden. Angaben nach F.M. v. Senger, S. 67 f., 101, 184 und 316 f.
Die Pz Abt 301 (Fernlenk) wurde bei Anzio zum ersten Mal im Gefecht erprobt. Sie war mit dem Ladungsträger B IV ausgestattet, der eine abwerfbare Sprengladung von 450 kg trug. Nach dem Abwerfen der Ladung kehrte der Träger, über Funk gesteuert, wieder zur eigenen Stellung zurück. Die Reichweite betrug 2 km. In der Soll-Ausstattung hatte jede Kompanie 36 Funklenkpanzer im Bestand, in der Abteilung wären folglich 72 Maschinen einsetzbar gewesen. Angaben wieder nach v. Senger, S. 290 sowie Eric Lefèvre, „Les panzers, Normandie 1944", ohne Ortsangabe 1978; S. 59.
Spätestens beim zweiten Angriff zur Zerschlagung des Landkopfes am 29.02. sollen auch Fernlenkpanzer vom Typ „Goliath" zum Einsatz gekommen sein. Der Ladungsträger „Goliath" beförderte eine Sprengladung von 83 kg, die Lenkimpulse erfolgten über ein elektrisches Kabel. Mit der Sprengung der Ladung wurde auch der Träger zerstört. Über die organisatorische Eingliederung dieses Minipanzers gibt es wiederum sehr widersprüchliche Angaben in den erwähnten Abschnitten des KTB OKW. Infrage kommen die PzPi Kp 811, 813, 816 oder 830. Die widersprüchlichen Angaben können von Schreibfehlern herrühren. Siehe KTB OKW Band IV/1, S. 151 sowie Band IV/2, S. 29 und 37. Im Angriffsbefehl der 14. Armee vom 09.02.44 werden in der Anlage 2 (Gliederung LXXVI. Pz Korps) die beiden PzPi Kp 811 und 813 mit dem Ladungsträger „Goliath" aufgeführt. Verlässliche Angaben über diesen Mini-Panzer gibt es allerdings erst für den 2. Angriff auf den Landekopf.
Schließlich kamen ebenfalls spätestens beim 2. Angriff Jagdpanzer vom Typ „Elefant" zur Verwendung. Der „Elefant" (anfänglich auch „Ferdinand" genannt) war schwer gepanzert (Frontpanzerung 20 cm) und trug auf einem Tiger-Fahrgestell die 8,8-cm-Pak. Das Gefechtsgewicht betrug 68 t, Beweglichkeit und Reichweite waren sehr begrenzt. Der Jagdpanzer bewährte sich grundsätzlich im Einsatz nicht. Die bei Anzio eingesetzten „Elefanten" könnten in der 1./s PzJg Abt 653 zusammengefasst gewesen sein. Greiner, a.a.O., S. 47, nennt für Anfang Mai 1944 auch eine s Pz Kp 633 (Schreibfehler?), in der möglicherweise die „Elefanten" zusammengefasst waren.

36   Staiger führt einen Ansatz der gepanzerten Kräfte aufgegliedert in zwei Wellen an, S. 101. Dagegen wird in einer anderen Literaturangabe „Geschichte der 2. (Wiener) Panzer-Division", S. 413 f. (die I./Pz Rgt 4 gehörte organisch zur 2. Pz Div und war von Frankreich aus nach Italien verlegt worden) behauptet, dass bis auf die Panzerabteilungen der 3. PzGren und der 29. PzGren Div alle Panzerverbände dem Pz Rgt Stab 69 unterstellt gewesen wären. Schließlich wird wiederum im Angriffsbefehl der 14. Armee vom 09.02.44 ausgeführt, dass der Pz Rgt Stab 69 mit der I./Pz Rgt 4 und der s Pz Abt 508 als Armeereserve zur 2. Angriffswelle zugeteilt worden war, aber keiner der beiden Divisionen unterstellt.

37   Molony, S. 743.

38   KTB OKW, Band IV/1, S. 151.

39   Bei dieser Berechnung wurden die Bataillone der Pz Div „HG" einschließlich der Verstärkungen (z.B. die Kampfgruppen der Waffen-SS) nicht einbezogen. Außerdem wurden maximal 6 FschJg Btl angenommen, da nicht alle Bataillone der 4. FschJg Div einsatzbereit waren bzw. Aufgaben der Küstenüberwachung erfüllten.

40   KTB OKW, Band IV 1, S. 151 und S. 155 f.

41 Josef Härle, der bereits zitierte Gefreite im SS-PzGren Rgt 36, lag in Stellung am Mussolini-Kanal im Raum Sessano. Er beobachtete, wie bei deutschen Luftangriffen vor allem bei Nacht durch die Leuchtspurgeschosse der alliierten Flak-Geschütze sich ein undurchdringlicher „Feuervorhang" bildete, den zu durchfliegen den sicheren Abschuss für jedes Flugzeug bedeuten musste.

42 Zusätzlich zum KTB OKW gibt es Angaben zur schweren und schwersten deutschen Artillerie bei Molony (S. 741), Staiger (S. 101 f.) und Berberich, Kapitel „Der Aufbau der alliierten Verteidigung", S. 2.
    Verantwortlich für den artilleristischen Feuerkampf war der Artillerieführer der 14. Armee, der Höhere Art Kdr 317. Den Feuerkampf für das I. Fsch Korps führte der Art Kdr 122, für das LXXVI. Pz Korps der Art Kdr 476.
    Höherer Art Kdr 317 war Generalleutnant Jahn, sein Pendant bei der 10. Armee, Höherer Art Kdr 316, war Generalleutnant v. Graffen. Art Kdr 476 war ein Oberst Bornscheuer, der Name des Art Kdr 122 wurde nicht ermittelt.
    Berberich, der sich auf eine Studie der Historical Division „Die Artillerie bei Anzio-Nettuno" mit der alten Signier-Nummer D-158 stützt (ausgearbeitet von Dr. Kühn, mit dem Dienstgrad Oberst ehemals der „Stabsoffizier der Artillerie" im Stabe der HGr C) führt bei der schweren und schwersten Artillerie je zwei 28-cm- und 24-cm-Eb-Geschütze an, drei 22-cm-Kanonen und 51(!) 17-cm-Kanonen, die angeblich zu einer „Fernkampfgruppe" zusammengefasst gewesen sein sollen. Eine solche Anzahl von 17-cm-Geschützen erscheint unwahrscheinlich, selbst wenn alle 17-cm-Kanonen-Batterien der Heeresartillerieabteilungen dazu herangezogen worden wären. Staiger nennt neben der Batterie E 712 und drei Heeresartillerieabteilungen einige nicht identifizierbare Eb-Batterien, gibt aber keine Angaben über die Geschütze. Auch Molonys Angaben für die Armee-Artillerie müssen angezweifelt werden. Zwar scheinen seine 4 Eb-Geschütze korrekt zu sein, auch seine Angaben über die Anzahl der Werfer. Er nennt 68 anstelle von 66 Werfern. Seine Angaben über nur 6 17-cm-Kanonen und von nur noch 181 Geschützen bei der Feldartillerie der beiden deutschen Korps können nicht korrekt sein. Seit dem 05.02. wäre damit die Feldartillerie der Korps um 62 Geschütze verringert worden, vergleiche hierzu die Fußnote 26. Ausfälle? Abstellungen an die 10. Armee?

43 Die 1. SSF war in der Kampfkraft mit einem Infanterieregiment gleichzusetzen.

44 Zur Gesamtproblematik des Luftwaffeneinsatzes einschließlich der Flak-Verbände siehe Gundelach, S. 776-782.

45 Weitere Beispiele für das Hineinbefehlen in die Truppe könnten nach Beliebigkeit gefunden werden. Das OKH (obgleich in operativen Angelegenheiten nicht in die Befehlskette zwischen der HGr C und dem OKW/WFSt einbezogen) befahl die durch das Ersatzheer zuzuführenden PzGren Rgt 1027 und 1028 als jeweils drittes PzGren Rgt der 3. PzGren Div bzw. der 26. Pz Div zu unterstellen. Dies war bei der bekannten Infanterieschwäche der Panzer- und Panzergrenadierdivisionen gut gemeint: Inzwischen waren aber entsprechend der Operationsplanungen der Korps und der 14. Armee andere Unterstellungsverhältnisse getroffen worden, die auch beibehalten wurden. Siehe RH 20-14/24, KTB Nr. 2 14. Armee vom 14.01.44 bis 31.03.44, hier der Eintrag vom 05.02.44. Auf welches Niveau inzwischen die so gepriesene Auftragstaktik heruntergekommen war, zeigt eine Formulierung im Operationsbefehl für den 2. Angriff: „Auf Befehl des Führers", so wird hier ausgeführt, „sind vor Antreten des beabsichtigten Angriffs Panzervorstöße kleinerer Gruppen im Raum Podgora und südl. gegen den Mussolini-Kanal durchzuführen." Dabei wurde auch befohlen, dass für diese Vorstöße das Panzerregiment der Pz Div „HG" vorzusehen war. Siehe Armee-Oberkommando 14, Ia, Nr. 928/44 g. Kdos. Chef S. vom 22.02.44.

46 Berberich, a.a.O., Kapitel „Der entscheidungssuchende deutsche Angriff", S. 10. B. zitiert hier aus einem Bericht der Historical Division, alte Signier-Nummer D-205. Der Verfasser war Oberst a.D. Claus Kühl. Kühl war während der Kämpfe um den Landekopf und später auf dem Rückzug in den Apennin nach dem Fall von Rom Kommandeur des Gren Rgt 145.

47 Ausführliche Darstellungen bei Blumenson, „Salerno ...", S. 424-429 sowie Blumenson, „Anzio ...", S. 139 ff. bzw. S. 144 f.; Molony, S. 736-739, S. 747 und 751 ff.; Blumenson, „General Lucas at Anzio", S. 346-350.

48 RH 20-14/34, Anlagen zum KTB Nr. 3 14. Armee vom 01.05. bis 31.05.44; Bericht des Beauftragten Gen.Insp.Pz Truppe „Einsatz der Panzer beim Angriff nördl. von Aprilia".

49 Berberich, a.a.O., „Der entscheidungssuchende deutsche Angriff", dort die Fußnote 14.

50 Beide Divisionen verfügten über ein weiteres Pz Gren, bzw. Gren Rgt, die 26. Pz Div über das PzGren Rgt 9, die 29. PzGren Div über das Gren Rgt 71. Letzteres war ja mit Teilen zur Küstenüberwachung südlich von Rom eingesetzt gewesen und so war es seit Beginn der Abriegelungskämpfe in Gefecht gestanden.

51 Darby war nach Anzio auf einen Stabsdienstposten im Pentagon nach Washington versetzt worden. Mitte April 1945 begleitete er eine Politikerdelegation nach Norditalien. General Hays, ein Freund von ihm, der Kdr der 10.(US) Geb Div, überredete Truscott und Clark, Darby nochmals ein Frontkommando zu übertragen. Als Führer einer Kampfgruppe ist er dann am Gardasee durch das einzige, an dem betreffenden Nachmittag abgefeuerte Artilleriegeschoss gefallen. Unter welchen mysteriösen Umständen Haen aus Norditalien in ein US-Kriegsgefangenenlager bei Bad Kissingen kam, konnte nie aufgeklärt werden. Auf alle Fälle haben Darby und Haen alles daran gesetzt, zum richtigen Zeitpunkt an dem Ort zu sein, an dem sie eine Begegnung mit ihrem Schicksal haben sollten.
    Zu Haen s. http://www.eaglehorse.org/3_home_station/haen/haen.htm

52 Blumenson, „Anzio ...", S. 138.

53 Als Vergleichszahlen werden für die Kämpfe um den Landeraum Salerno ca. 3 500 Mann und für die Kämpfe der 10. Armee im Zeitraum 1. bis 20.02.44 (also der 1. Cassino-Schlacht) 5 120 Mann Verluste angegeben. Siehe Molony, S.

749. Dieser Vergleich gibt einen nachhaltigen Eindruck über die Härte der Kämpfe. Es liegt beinahe in der Natur der Sache, dass Verlustzahlen bei verschiedenen Autoren auf Grund der unterschiedlichen Bewertungen im Hinblick auf die Truppenformationen und die betreffenden Zeitabschnitte differieren.

54 Das Zitat entstammt einem Aufsatz, „Zur Verantwortung des militärischen Führers, Anforderungen in Krieg und Frieden", abgedruckt in „Treue Kameraden", 3/2010, der Verbandszeitung des Bayerischen Soldatenbundes von 1874. Der Aufsatz ist ein Plädoyer für die charakterliche Auswahl von Offizieren und für die Forderung nach Glaubwürdigkeit in Wort und Tat.

55 Wir hatten erwähnt, dass das Füs Btl 362 schon Anfang Februar der Pz Div „HG" zugeführt worden war. Zur Küstensicherung an der Tiber-Mündung war dieses Bataillon erstaunlicherweise dem Kommandanten der 14. Armee unterstellt gewesen. Der Stadtkommandant führte ansonsten keine Truppe, da Rom von allen militärischen Verbänden frei zu halten war. Nach der alliierten Landung bei Anzio war er, um einheitliche Verantwortlichkeiten im Armeegebiet sicherzustellen, der 14. Armee unterstellt worden.
Weil Teile der Pz Div „HG" noch an anderer Stelle eingesetzt waren, wurde am 14.02.44 auch das Gren Rgt 956 der 362. Inf Div bei seiner Division abgezogen und der „HG" unterstellt. Beim späteren Einsatz der geschlossenen 362. Inf Div beim LXXVI. Pz Korps für den 2. Angriff auf den Landeraum trat dieses Regiment wieder zu seiner Division zurück. Mit dem Herausziehen der 362. Inf Div übernahm die 92. Inf Div den Auftrag der Küstensicherung nördlich des Tiber. Da die vorgesehenen Infanteriedivisionen im Rahmen des „Marder-Programms" nicht in vollem Umfang zugeführt worden waren, stellte die HGr C mit Zustimmung des OKH „behelfsmäßig" eine Infanteriedivision, die 92. Inf Div, aus eigenen Truppen auf. Dazu wurde als Nukleus das Gren Rgt 1026 aus dem Ersatzheer herangezogen. Nach Greiner, S. 98 f. und BA-MA ZA/1 2300, Kap. 12, „Der Kampf der 14. Armee bei Anzio-Nettuno bis zum 11. Mai 1944", S. 4 ff. (Verfasser wie im Kapitel 6, Fußnote 58, bereits erwähnt, Generalmajor a.D. Hauser).
Zur Ausarbeitung dieses Abschnittes wurden neben den KTB Nr. 2 der 14. Armee und des LXXVI. Pz Korps (RH 24-76/9 sowie RH 20-14/24) folgende weitere KTB-Unterlagen herangezogen:
– RH 20-14/26, Armee-Oberkommando 14, Ia Nr. 928/44 g. Kdos. vom 22.02.44.
– Armee-Oberkommando 14, Ia Nr. 1025/44 g. Kdos. Chefs. vom 25.02.44.
– Armee-Oberkommando 14, Ia Nr. 1030/44 g. Kdos. vom 26.02.44 (ergänzender Befehl für Angriff am 29.02. bei LXXVI. Pz. Korps.
– Armee-Oberkommando 14, Ia Nr. 1111/44 g. Kdos. vom 29.02.44.
– Generalkommando LXXVI. Pz. Korps, Ia Nr. 394/44, g. Kdos. vom 25.02.44 (Korpsbefehl für den Angriff aus dem Raum Cisterna di Littoria am 28.02.1944).

56 Molony nennt die mehrfach erwähnt, abgestützt auf deutsche Akten 32 Tiger-Panzer, 53 Panther und 110 KPz anderer Typen, wohl Pz IV, mit dem u.a. das PzRgt 26 ausgestattet war. Er führt auch 29 Stu Pz, 43 Stu Gsch, 19 „Hornissen" und 11 „Elefanten" an. Molony, S. 755.

57 Nach Staiger (S. 119 f.) und Greiner (S. 22) sahen die Verstärkungen so aus: Der Pz Div „HG" waren die s Pz Abt 508, 1 Bttr StuPz Abt 216, 1 Kp „Elefanten" und 1 Kp der Pz Abt 301 (Flk) unterstellt. Die 26. Pz Div war durch die I./Pz Abt 4, ebenfalls 1 Bttr StuPz Abt 216 und die zweite Kp der Pz Abt 301 (Flk) verstärkt worden. Der 362. Inf Div waren als Verstärkung eine Panther-Kp (angeblich die 8./26, die aber mit Pz IV ausgestattet war), 1 Kp Ladungsträger „Goliath" und 1 Kp des Pi Btl 60 zugeführt worden. Diese Angaben stehen im Widerspruch zum Einsatz des PzRgt Stabes 69. Einzelheiten über die jeweiligen Verstärkungen konnten aber den verfügbaren KTB-Unterlagen nicht entnommen werden. Die 114. Jg Div führte das PzGren Rgt 1028. Der 65. Inf Div war das PzGren Rgt 1027 unterstellt worden, während, wie ausgeführt, das eigene GrenRgt 146 bei der 3. PzGren Div zum Einsatz kam. Bei der 3. PzGren Div war auch noch das Inf Lehr Rgt verblieben.

58 Molony, S. 756.

59 Molony, S. 757; Blumenson, „Anzio ...", S. 138. Das KTB OKW, Band IV/1, nennt für die gesamte HGr C im Monat Februar knapp 23 100 Mann Verluste, darunter 4 146 Gefallene.

60 Gundelach, Kapitel 15, ab S. 761.

61 Aus dem Aktenbestand RH 20-14/26, Der Oberbefehlshaber der 14. Armee, Ia Nr. 1122/44 g. Kdos. Chefs. vom 1.3.1944.
Auf den behaupteten Mangel kampferfahrener Führer und Unterführer, eine Aussage, die im Gegensatz zu den Ausführungen von General von Block steht, werden wir in der Schlussbetrachtung zurückkommen. Als Gründe für die Gefechtserfolge auf deutscher Seite haben wir immer wieder die große Kriegserfahrung der deutschen Führer und Unterführer im Vergleich mit den unerfahrenen alliierten Truppenführern genannt.

62 Zur Delegation der Offiziere, dem Bericht von General Fries und dem Vertreter der 65. Inf Div, Chef einer Infanteriekompanie, siehe vor allem Velten, S. 120 ff. Die Frontoffiziere protestierten vor allem gegen aufgekommene Vorwürfe wegen mangelnder Standfestigkeit der Infanterie.
Zum Aufenthalt Westphals im FHQ siehe Westphal, „Heer in Fesseln", S. 246. In seinen „Erinnerungen" gibt W. den Besuch im FHQ auf S. 251 wieder. Hier ergänzt er das oben genannte Zitat Hitlers: „Ihm (Anm.: Hitler) sei klar, dass der Krieg bald beendet werden müsse."

63 Molony, S. 760.

8. Angriffe gegen den Brückenkopf – die 2. Cassino-Schlacht

64 Zum logistischen System und zu den Versorgungsleistungen vergleiche Molony, S. 461, Blumenson, „Anzio ...", S. 166 f., ebenso Blumenson, „Salerno ...", S. 452.
    Die alliierten Schiffsverluste führt Blumenson in „Anzio ...", S. 198, an.

65 Zum Ausbau der C-Stellung vergleiche RH 20-10/99, 10. Armee KTB Nr. 5 vom 1.2.44 bis 31.3.44, Eintrag vom 6.3.44, das Protokoll der Besprechung des OB Südwest mit den Oberbefehlshabern am 4.3.44, RH 20-14/26, Der Oberbefehlshaber Südwest (Oberkommando Heeresgruppe C) Ia Nr. 2295/44 g. Kdos. vom 4.3.44 sowie das Fernschreiben AOK 10 Ia Br.B. Nr. 804/44 g. Kdos. vom 6.3.44 an das Generalkommando XIV. Pz.Korps aus dem Aktenbestand RH 20-14/110. Letztere beide als Kopie im Archiv des Verfassers.

66 Vorstehende Ausführungen nach dem Besprechungsprotokoll des OB Südwest, siehe Fußnote zuvor. Das Inf Lehr Rgt hatte sich inzwischen „gefangen". Es wurde zunächst nicht zum Ersatzheer zurückgeführt, sondern verblieb bei der 14. Armee.

67 Einen guten Eindruck über das Geschehen aus der Sicht der „einfachen Soldaten" geben zwei persönliche Berichte: Raleigh Trevelyan, „The Fortress. A diary of Anzio and after" (London 1956) sowie Karl Feldhahn, „Ein Tagebuch aus Kriegszeiten", Genf 1959. Trevelyan kämpfte ab dem 02.03. in den „Wadis" (Fosse) südlich von Aprilia. Feldhahn, Soldat der Pz Div „HG", geriet zwar schon am 29.02. am Zweigkanal in US-Gefangenschaft, dennoch sind seine Erlebnisse übertragbar auf die Zeitperiode ab dem 01.03. Ein Auszug aus seinem Tagebuch wurde von seiner Tochter, Frau Doris Scheuermann, zur Verfügung gestellt.

68 Die bei der Ausarbeitung des Abschnittes „2. Cassino-Schlacht" verwendeten Quellen/Literatur werden wieder in einem Überblick aufgeführt: Böhmler, Kapitel „Die Zweite Cassino-Schlacht" und „Die Verteidiger von Stadt und Kloster"; Christensen, Kapitel 36-41; Ben Arie, III. Kapitel, S. 226-307; Gundelach, Kapitel 15. Hinzu kommen die mehrfach erwähnten Darstellungen von Wilhelmsmeyer, Schimak, Schick, v. Senger und Kesselring.
    Für die alliierte Seite sind zu nennen die amtlichen Darstellungen, Molony, Kapitel XX, S. 777-808; Blumenson, „Salerno ...", Kapitel XXI; Philipps, a.a.O., Band I, S. 241-265 bzw. S. 270-348. Zu nennen sind die Ausarbeitungen von Buckley, Linklater, Parker, Mordal, Charpentier, Majdalany, Atkinson, Adleman/Walton. Brigadier E.D.Smith hat neben „The Battles for Cassino" einen beeindruckenden Tatsachenbericht geschrieben, „Even the Brave falter", London 1978. Hieraus behandelt das Kapitel I („In at the Deep End") die Kämpfe um Cassino, an denen Smith als Offizier im II./Gurkha Schtz Rgt 7 teilgenommen hat. Auch Ellis, a.a.O., gibt in den Kapiteln 10-11 eine eindrucksvolle Darstellung (S. 199-212 und S. 221-263) der 2. Cassino-Schlacht. Der ehemalige Bürgermeister von Cassino (ab 1959 für 34 Jahre), Antonio Grazio Ferraro, erlebte die 2. Cassino-Schlacht als junger Mann, zwangsverpflichtet von den Deutschen, in seiner Heimatstadt. In seinem Buch, „Cassino, dalle distruzione della guerra alla rinascita nella pace" (Cassino, 2007), vermittelt er wertvolle Einblicke, eine außenstehenden naturgemäß verschlossen sind. Er verfügt über die unmittelbare Personen- und Ortskenntnis. Siehe dort das Kapitel II.4, „15 Marzo 1944. La terza battaglia".
    An KTB-Unterlagen wurden verwendet: RH 20-10/99, Armee-Oberkommando 10, KTB Nr. 5 1.1. bis 31.3.1944 mit den Anlagebänden RH 20-101/101-106 sowie RH 24-14/90, Generalkommando XIV. Pz. Korps, KTB Nr. 6 1.1. bis 30.6.1944 und zusätzlich die Anlagebände RH 24-14/97-98 bzw. /110.

69 Die Angaben der Artillerie bei der 1. FschJg Div beruhen auf dem Gliederungsbild, „Einsatz der Artillerie XIV. Pz Korps", Stand 1.4.1944, in RH 24-14/111, Anlagenheft 5, 1.4. bis 30.4.44 sowie auf Böhmler, S. 385. Böhmler schreibt den Namen des Kdr Stab z.b.V. 553 als „Denzinger". Die Gliederung der 1. FschJg Div im März 1944 ist in der Übersicht 18 im Anhang abgebildet.

70 Herr Quien, der wie bereits genannt als Gefreiter in der "San Kp 7" im Kloster eingesetzt war, berichtete, dass neben dem Truppenverbandplatz der I./FschJg Rgt 3 wohl auch noch ein Hauptverbandplatz der Sanitätskompanie im Kloster eingerichtet gewesen sein soll. Sein Vorgesetzter sei Unterarzt Dr. Klein gewesen. Chefarzt des Verbandplatzes war Dr. Althoff. Interview mit Herrn Quien am 04.07.2007. Bataillonsarzt des I./Fsch 3 war Stabsarzt Dr. Köhn, siehe Böhmler S. 325. Divisionsarzt war der bereits auf Kreta innerhalb der Division zur Legende gewordene Oberstabsarzt Dr. Eiben. Wir können davon ausgehen, dass sich Herr Quien hinsichtlich seiner Einheit irrte. Die ursprüngliche San Kp 7 existierte nicht mehr. Inzwischen war die San Abt 7 aufgestellt worden, die bei der Umbenennung der Division in FschSan Abt 1 umbenannt worden war. Wahrscheinlich betrieb eine der Kompanien der Abteilung einen Hauptverbandplatz im Kloster.
    Zum Einsatz des I. Btl: Am Klosterberg waren die 1. und 3. Kp unter Leutnant Hellmann und Oberleutnant Häring eingesetzt. Die 2. Kp unter Oberleutnant Maul hielt den Raum Rocca Janula. Oberleutnant Voigt führte die 4. (schwere) Kp.

71 Es wird berichtet, dass Oberst Heilmann gegen Hauptmann Foltin starke Vorbehalte hatte, da er „nur" aus dem Stab und nicht aus dem FschJg Rgt 3 „aufgewachsen" war. General Heidrich hatte seine Besetzung als Bataillonskommandeur durchgesetzt. Während der Kämpfe revanchierte sich Heilmann, indem er Hauptmann Foltin „wegen Erschöpfung" ablöste und Hauptmann Rennecke, seinen Adjutanten, als „Kampfkommandanten" einsetzte. Wie später, als mehrere Bataillone aus verschiedenen Regimentern im Stadtgebiet eingesetzt waren, die Befehlsverhältnisse geordnet waren, darüber gibt es in der Literatur keine Angaben. Führung durch Heilmann?
    Vergleichbar wie beim I. Btl, sollen die Namen der Kompanieführer, welche die Last des Kampfes in der Ortschaft zu tragen hatten, genannt werden: Chef der 5. Kp war Oberleutnant Moskopp, der 6. Kp Oberleutnant Jamrowski. Chef

der 7. Kp war Oberleutnant Schuster. Für den vorübergehend abwesenden Oberleutnant Kempe der 8. (schweren) Kp war Jamrowski zusätzlich mit deren Führung beauftragt worden. Richtigerweise sah J. dort seine Führungsaufgabe, während er die Führung der 6. Kp seinem vertrauten Oberfeldwebel Neuhoff übertrug. Die 1./FschPi Btl 1, etwa noch 50 Mann stark, wurde durch Leutnant Cords geführt. Die ebenfalls nur noch zugstarken 2. und 3. Kp dieses Bataillons bildeten beim Cle St. Angelo eine Art Reserve. Angaben nach Böhmler, Ben Arie und Christensen, jeweils a.a.O.

72 Im anfangs nicht besetzten Raum, nach der scharfen Biegung der Via Casilina, lag der Gebäudekomplex des Palazzo Barone, maximal 300 Meter vom Hotel „Continental" entfernt. Mit diesem Hinweis soll erneut eine in der Literatur weit verbreitete falsche Geländeangabe korrigiert werden. Bei den meisten Autoren liegt der Palazzo Barone angeblich weit außerhalb der Stadt in der Nähe des antiken Anfiteatro, auch als Kolosseum bezeichnet. Siehe dazu beispielsweise die Lagekarten bei Molony, S. 709, oder Majdalany, S. 173.

Am Ort des Palazzo Barone wird das „Hotel des Roses" angegeben. Ein solches Hotel gab es jedoch nicht. Die Verwechslung rührt daher, dass der Palazzo nach seinem Besitzer, „Baron de Rosa", bezeichnet war. Vergleiche zu „Hotel des Roses" die Karte nach der S. 240 bei Ben Arie. Also: Am angegebenen Geländepunkt „Hotel des Roses" lag tatsächlich der Palazzo Barone.

73 Die Kompanien des FschMG Btl 1 waren auf Zugstärke abgesunken. Da Major Schmidt während der 1. Cassino-Schlacht schwer verwundet worden war, führte das Bataillon in dieser Phase Hauptmann Laun, normalerweise Chef der 1. Kp. Die drei Kompanien waren am Bahnhof, am Coloseum und an der Grenze zur 15. PzGren Div eingesetzt.

74 Ab Mai 1943 bis November/Dezember 1943 waren durch fortlaufende Ausgliederungen und Teilungen, zunächst aus der 1. FschJg Div, dann sofort aus den gerade aufgestellten Divisionen, die 2.-4. FschJg Div gebildet worden. Das qualitativ überdurchschnittliche Personal an Führern und Unterführern bei den Fallschirmjägern konnte dadurch natürlich nur weiter verteilt, aber nicht vermehrt werden, das innere Gefüge wurde fortlaufend gebrochen und musste immer wieder neu aufwachsen. Zum Teil waren diese raschen Aufstellungen auf die Großmannssucht Görings zurückzuführen, der seine rapide schwindende Reputation durch möglichst viele „Fallschirmjägertruppen" aufpolieren wollte. Bis Kriegsende wurden so der Zahl nach 11 „Fallschirmjägerdivisionen" geschaffen. Kaum eine dieser Divisionen war voll aufgestellt. Fallschirmjäger waren sie nur dem Namen nach, wenn ihre Soldaten auch einen Springerhelm trugen. Die Einsatzstärke der 1. FschJg Div war ohnehin auf nur noch etwa ein Drittel des Solls abgesunken. Beim konkreten Auftrag, und was dabei künftig zu erwarten war, reicht die Bewertung „fahrlässig" für den Abzug von zwei Bataillonen gar nicht aus, selbst wenn dies nur zwei schwache Bataillone waren. Es war ein Schlag gegen alle Führungsprinzipien.

75 Mündliche Mitteilung von Monsignore Völk am 16.07.2007.

76 Blumenson, „Salerno ...", Seite 435.

77 Die korrekte geografische Bezeichnung lautet so wie oben beschrieben, in den lokalen Karten wird diese Höhe auch als Mt Venere bezeichnet. Von den Briten wurde die Höhe 435 „Hangman's Hill", „Galgenberg", bezeichnet, nach den Resten eines Mastes der zerstörten Seilbahn zum Kloster, der die Form eines Galgens hatte.

78 Der häufiger angegebene „Rocca Janula" hatte die Höhenbezeichnung „Höhe 193". Von den Engländern wurde er, wegen der Reste der alten Burg „Castle Hill" bezeichnet, in der deutschen Rückübersetzung „Burgberg". Ein Teil der Anlagen auf dem Rocca Janula reichte bis an das Stadtgebiet heran. Die Burg auf dem Rocca Janula war im Mittelalter Teil einer Befestigungsanlage gewesen, die den Klosterberg einschloss.

79 Im Laufe der Kämpfe erhielt ein durch die 7. (IND) Inf Brig angesetzter Vorstoß gepanzerter Kräfte aus der Ortschaft Caira heraus zwischen dem Phantomrücken und dem Schlangenkopf eine gewisse Bedeutung. Von verschiedenen Autoren wird angeführt, dass dieser Panzervorstoß Bestandteil des Operationsplanes von General Freyberg gewesen sei.

Wenn die Phasenlinie Jockey noch am Abend des 15.03. genommen sein sollte, und man berücksichtigt, dass der Angriff gegen die Klosterruine noch in der Nacht 15./16.03. zu führen war, dann ist es unwahrscheinlich, dass dieser Panzerangriff ein Element der ursprünglichen Planung war. Welchem Zweck hätte er dienen sollen? Zur Beschreibung des Operationsplanes des NZ-Korps Ende Februar 1944 vergleiche Ben Arie, S. 226-231, S. 241 f., S. 263 sowie Molony, S. 777, S. 781-784. Zur Gliederung des NZ-Korps siehe nochmals die Übersicht 16 im Anhang.

80 Die 7. (IND) Brig war Stellungstruppe, die 11. (IND) Brig leistete Unterstützungsdienste, die 5. (NZ) Inf Brig wurde zur Verfügung gehalten.

81 Ellis, S. 208 f.; Mordal, S. 129 f.; Juin, "Mémoires", S. 279.

82 Blumenson, S. 418 und Mordal, S. 131; „88th Infantry Division and Combat Excellence", Aufsatz von N.N. in „Military Review", Ausgabe Oktober 1987. Verstärkungen für die 8. (BR) Armee auf längere Sicht wie die 5. (CA) Pz Div werden nicht angeführt.

83 Das CEF hatte ab Anfang Februar eine Kampfpause gehabt. Das VI. (US) Korps führte die 1. (BR) Inf Div, trotz der möglichen Probleme der „Interoperabilität". So hätte das X. (BR) Korps am Garigliano zur verbliebenen eigenen 46. (BR) Inf Div auch die 88. (US) Inf Div führen können. Eine Alternative wäre gewesen, dass das II. (US) Korps in einem schmalen Gefechtsstreifen mit der unterstellten 88. (US) Inf Div Bindungsangriffe gegen die 15. PzGren Div geführt hätte.

84 Das X. (BR) Korps sollte für Bindungsangriffe in den Abruzzen der 8. (BR) Armee zugeführt und unterstellt werden. Das V. (BR) Korps verblieb, dem Stabe A.A.I. unmittelbar unterstellt, an der Adria-Küste.

8. Angriffe gegen den Brückenkopf – die 2. Cassino-Schlacht

Das Verhältnis Clark-Alexander war zunehmend von Spannungen gekennzeichnet, obwohl es nach außen von Höflichkeit und Kameraderie geprägt war. Die Ursachen dazu lagen sicherlich auf der Seite Clarks. Während des Einsatzes des NZ-Korps konnte sich Clark jedoch übergangen fühlen. Alexander besuchte weit häufiger den Gefechtsstand Freybergs als den der 5. Armee. Dabei nahm er unmittelbaren Einfluss auf die Operationsführung des Korps.

85 Ellis, S. 210.

86 E.D. Smith, „Even the Brave …", S. 12.

87 Bei den Kämpfen in der Normandie kam es zu vom Umfang der beteiligten Flugzeuge her gesehen, noch zu größeren Unterstützungsoperationen für die Landstreitkräfte: Im Rahmen der Operation „Goodwood" am 18./19.07.44 bei Caen kamen 1 700 Flugzeuge zum Einsatz, bei St. Lo am 24.07.44 rd. 1 000 Maschinen. Der größte Einsatz der Kriegsgeschichte allerdings wurde am 16.11.44 im Raum Hürtgenwald/Eifel einschließlich der Städte Düren, Jülich und Eschweiler geflogen. Die britischen und amerikanischen Bomberflotten setzten fast 2 700 Flugzeuge ein.

88 Blumenson, „Salerno …", S. 440.

89 Molony, S. 786.

90 Ben Arie, S. 255.

91 Die Angaben über die Überlebenden nach Christensen und Böhmler. Die Zahl über die 5. Kp bestätigte in einer schriftlichen Mitteilung Herr Bähr aus Dresden, seinerzeit Gefreiter in der 5. Kp.

92 Christensen, S. 438.

93 Ebendort, S. 423 f. Die Schilderungen auf deutscher Seite erwecken den Eindruck, dass die 2. Kp mit einer Ausnahme bis zum letzten Mann aufgerieben worden sei. Christensen zeigt auf, dass von 43 Mann der Kp Maul (in dieser Lage eine eher starke Kompanie!) sieben gefallen waren. 35 Mann wurden – zum großen Teil verwundet – gefangen. Die späteren Gefangenen waren im Castell eingeschlossen und hatten nach hartem Kampf keine andere Möglichkeit, als sich zu ergeben, ungewohnt für Fallschirmjäger, aber keine Schande. Nichts muss dabei verborgen werden.

94 Vorangegangene und nachfolgende Einzelheiten bei Ben Arie, Christensen, Majdalany, jeweils a.a.O.

95 Zu der Reaktion auf deutscher Seite siehe die Tagesmeldung des Generalkommandos XIV. Pz. Korps Ia an AOK 10 vom 15.3.44 im Aktenbestand RH 24-14/97 sowie den Eintrag vom 15.3. im KTB XIV. Pz Korps Nr. 6, RH 24-14/90. Den Einsatz des III./Fsch 3 beschreibt Christensen, S. 429. Böhmler erwähnt diesen Einsatz nicht. Wegen der Unverantwortlichkeit einer solchen Entscheidung? Dementsprechend findet er sich bei Ben Arie, Molony u.a.m. keine Erwähnung.

96 Die „Cavendish Road" war ursprünglich durch Pioniere im Auftrag des Kommandeurs der 4. (IND) Div, General Dimoline, als Versorgungsweg ausgebaut worden. General Freyberg hatte angeordnet, den Weg so zu erweitern, dass er mit Panzern befahren werden konnte.
Die Panzerkampfgruppe setzte sich zusammen aus der Aufkl Kp der 7. Brig, der C-Kp/20. (NZ) Pz Rgt und der B-Kp/760. (US) Pz Btl. Der Führer der Kampfgruppe war erstaunlicherweise Oberstleutnant Adye, ein Artillerieoffizier. Infanterieeinheiten waren nicht zugeteilt worden. Unterschiedliche Angaben über Gliederung und Einsatz siehe bei Philipps, a.a.O., S. 310 f., Molony, S. 797 f., Smith, S. 147 ff., Ben Arie, S. 276 bzw. 280 f.

97 Zum vorangegangenen Text siehe u.a. die Tagesmeldung 1. Fs.Jg.Div vom 17.3.44 (RH 24-14/98), die Tagesmeldung 1. Fallsch.Jg.Div vom 19.3.1944 und die Tagesmeldung A.O.K. 10-Ia Nr. 3979/44 geh. III. Ang vom 17.3.44 (RH 20-10/105).

98 Der Ablauf des Gegenangriffs I./Fsch 4 mit allen Folgen wird geschildert bei Böhmler, S. 389, S. 411 f. und Ben Arie, S. 277 ff. und S. 282 ff. Zum Einsatz des Oberleutnants Eckel und seines Melders, Gefreiter Kammermann, vergleiche Böhmler, S. 412-416.

99 Der Entschluss, dieses „Bataillon" überhaupt in den Kampf zu schicken, wurde mehrfach kritisiert. 20 Mann sollen von den anfänglich 170 Mann übrig geblieben sein. Wenn das Bataillon, wie Christensen bei seiner Schilderung auf der S. 452 f. angibt, insgesamt 114 Gefangene verlor, dann müsste die Zahl der Verwundeten und Gefallenen fast 40 Mann betragen haben.
Auf die Führungsprobleme im Zusammenhang mit den verschiedenen Bataillonen, ob hier nicht ein erfahrener Regimentskommandeur nötig gewesen wäre, wird zurückgekommen. Zur Lage am 21./23.03. im Kampfraum Cassino, siehe Generalkommando XIV. Pz. Korps, Kommandierender General, Ia Nr. 851/44 geh. Vom 20.3.44, „Beurteilung der Lage auf Grund Truppenbesuch bei Fallsch.Jg.Rgt 3 am 20.3.44".

100 Die Besorgnis auf der Ebene der HGr C und der 10. Armee spiegelt sich in der schriftlichen Dokumentation von Telefongesprächen wieder, die im Zeitraum 23. bis 24. März zwischen dem Chef der HGr C, dem Chef der 10. Armee, Chef des XIV. Pz Korps, dem OB der 10. Armee und dem KG des XIV. Pz Korps geführt worden sind. Kopien aus dem Bestand RH 20-10/106 im Archiv des Verfassers. Über die Evakuierungsoperation berichten ausführlich Ben Arie, Molony und Smith, „The Battles …", jeweils a.a.O.
Die Zahlenangaben über die Anzahl der geborgenen britischen Gefallenen auf der Höhe 435 und über die dort gefundene Ausrüstung/Waffen müssen sehr zurückhaltend bewertet werden. Die Zahl der geborgenen Gefallenen von 105 bzw. 165 Mann erscheint sehr hoch. Vergleiche hierzu die Angaben aus den Tagesmeldungen vom 29.3. und 30.3. des XIV. Pz Korps, RH 24-14/98.

101 Christensen, S. 419.

102 Ellis, S. 228.
103 Böhmler, S. 325 f.; Munding, S. 30 ff.; Bericht Herr Quien vom 04.03.2007.
104 Christensen, S. 451.
105 Ben Arie, S. 282 f.
106 Ebendort, S. 283.
107 Smith, "The Battles ...", S. 150 f.
108 Christensen, S. 443.
109 Smith, „Even the Brave ...", S. 26.
110 Ellis, S. 235.
111 Smith, „The Battles ...", S. 123 f.
112 Sohn des im Widerstand agierenden und später hingerichteten Generalmajors Oster aus der Abwehr, selbst nach dem Kriege Wehrbereichsbefehlshaber in Mainz und damit Zwei-Sterne-General.
113 Siehe erneut die Lagebeurteilung KG 14. Pz. Korps vom 20.3., Aktenbestand RH 24-14 /110.
114 Die angeführten Panzerabschüsse finden sich in der Tagesmeldung XIV. Pz Korps vom 30.3.44, RH 20-24/98.
115 Ben Arie, S. 283 ff.
116 Philipps, S. 341.
117 Smith , „The Battles ...", S.158.
     Die Übersetzung des englischen Textes: „Aber Mut und selbstlose Pflichterfüllung haben nicht ausgereicht, den ent-schlossenen Kämpfern der 1. Fallschirmjägerdivision eine Niederlage beizubringen. Unterlegenheit in der Zahl, Un-terlegenheit in der Zahl der Artilleriegeschütze, nur wenige Panzer zur Unterstützung und eine kümmerliche Luftun-terstützung in unregelmäßigen Abständen – die Deutschen waren die Sieger der Dritten Cassino-Schlacht."
     Hier ist wieder anzumerken, dass anglo-amerikanische Autoren von der 3. Schlacht sprechen, wenn es sich auf deut-scher Seite um die 2. Schlacht handelt.
118 Die vorstehende Aussage gilt grundsätzlich für die „alten" Verbände, also die 1. FschJg Div, das LL Sturm Rgt und die aus ihren Stämmen aufgestellten Divisionen. Bei den Divisionen 5-11 gab es in der Normandie, während der Ardennen-Offensive und bei den Endkämpfen an der Oder/um Berlin 1945 auch gegenteilige Beispiele in Leistungsvermögen. Dies lag am schlechten Ausbildungsstand des Personalersatzes, aber auch daran, dass Führer von der Position Batail-lonskommandeur, wo sie durchaus noch kompetent waren, zum Divisionskommandeur „hochgeschossen" wurden.
119 Aus dem Bestand der Unteroffiziere und Mannschaften waren 37 Mann gefallen, 111 Mann waren verwundet worden, die außerordentlich hohe Zahl von 267 Mann galt als vermisst – eine Folge vor allem des Luftbombardements. Angaben über die Verlustzahlen aus einer Nachmeldung zur Tagesmeldung I. Fsch.Jg.Div. vom 21.03.44, Aktenbestand RH 24-14/98.
120 Angaben nach Molony, S. 770 und Boog, MGFA, Band 8, S. 75, 88 f. und 99 f. Für den Angriff am 25.02. gibt Boog die Zahl von 179 angreifenden Maschinen, von denen 33 abgeschossen worden seien. Dies wäre immer noch ein Verlust von 19 Prozent, jede Besatzung würde bei einer solch andauernden Verlustrate nur fünf Einsatzflüge überleben.
121 Verschiedene deutsche Autoren behaupten, Feldmarschall Kesselring habe als Führer einer Heeresgruppe, um sich deutlich mit den Heeresverbänden zu identifizieren und um ebenso deutlich seine „Distanz" zur Teilstreitkraft Luft-waffe herauszustellen, eine besondere Form der Sommeruniform getragen, die ihn weniger als Luftwaffenoffizier kenntlich machte.
122 Anmerkungen zu Strangle: Molony, S. 809-816, Ellis, S. 279-282, Blumenson, „Salerno ...", S. 451, KTB OKW Band IV/2, Nachtrag, S. 42 f., S. 52-54. Der damalige Oberstleutnant i.G. Albert Schnez war in der Bundeswehr der 5. Ins-pekteur des Heeres. Seine Angaben entstammen aus einem Vortragsmanuskript vom 19.11.2000, Kopie im Archiv des Verfassers.
123 Die angegebenen Verlustzahlen der alliierten Luftstreitkräfte führt Molony, S. 809, an. Die mit dem Heer zusam-menarbeitenden oder zugeteilten Flak-Verbände der Luftwaffe wurden schwerpunktmäßig zum Schutz der Verbin-dungslinien eingesetzt, beispielsweise im Zuge der Via Casilina. Regelmäßig wurden die den Divisionen unterstellten Flak-Abteilungen im begleitenden Einsatz bei Marschbewegungen verwendet. In der Stellung schützten sie vorwiegend Feuerstellungsräume der Artillerie, teilweise wirkten sie auch gegen Erdziele.

9

Der alliierte Durchbruch auf Rom – die 3. Cassino-Schlacht

Die Neuordnung der Kräfte bei der HGr C bis zum Mai 1944 (Lagekarte 22)

Die Einstellung der Kämpfe im Raum Cassino bis Ende März und die danach eintretende Kampfpause hatte zu einer Entspannung auf allen Führungsebenen vom OKW bis zu den Divisionen geführt, in erster Linie bei den Kommandobehörden der 10. dt. Armee. Wie lange diese Kampfpause andauern würde, wusste niemand, obgleich man auf deutscher Seite davon ausging, dass die Alliierten nicht wieder unmittelbar zum Angriff antreten würden. Im Laufe der Zeit erwartete man eine Fortsetzung der alliierten Angriffe nicht vor Ende Mai. Im Bereich der Luftkriegführung hatte die Operation Strangle in voller Stärke eingesetzt. In den Korps wurde damit begonnen, die Ordnung der Kräfte und die vorgegebene Struktur wieder herzustellen. Die Stellungen wurden verbessert, Personalersatz wurde zugeführt. Damit war es aber nicht so gut bestellt, wie das Beispiel der 1. FschJg Div zeigt: Bis zum Beginn der alliierten Offensive im Mai war die Gefechtsstärke der gesamten Division nur auf 2 000 Mann angewachsen – normalerweise die Stärke eines Fallschirmjägerregiments. Trotz Strangle wurde alles daran gesetzt, um die Bevorratung mit Versorgungsgütern, vor allem Munition und Betriebsstoff wieder aufzufüllen. Im Kapitel 5 war erwähnt worden, dass das OKW immer wieder bemüht war, eine zentrale Reserve zu schaffen. Dies konnte nur durch Abzug von Kräften von den einzelnen Kriegsschauplätzen geschehen. Nach längeren Überlegungen im WFSt wurde entschieden, von den Divisionen in Italien einzig die Pz Div „HG" in den Status einer OKW-Reserve zu nehmen. Sie verblieb in Italien, durfte aber nur mit Zustimmung des OKW eingesetzt werden. Die Division war ohnehin ab März aus der Front bei Anzio herausgezogen und im Küstenschutz bei Livorno eingesetzt worden. Kurzfristig war nochmals durchgerechnet worden, ob es nicht kräftesparender sei, auf die Apennin-Stellung zurückzugehen, auch um die Empfindlichkeit gegenüber Seelandungen zu verringern. Wie aber schon im Herbst 1943 gezeigt, war die Stellung südlich von Rom mit weniger Kräften zu verteidigen, im Wesentlichen entschied aber die operative Absicht, die Abhaltung des Feindes möglichst weit entfernt vom Reichsgebiet. Nach dieser Entscheidung zur Fortsetzung der Verteidigung südlich von Rom blieben einige Fragen offen: Gegen welchen Abschnitt der Front der 10. Armee würde sich die zu erwartende feindliche Offensive mit Schwerpunkt richten? Würde der feindliche Angriff zunächst gegen die Front des Einschließungsringes bei Anzio oder gegen die Hauptfront angesetzt werden? Für die mit Sicherheit erwarteten Seelandungen stellte sich die Frage des Raumes – wo könnte eine solche Seelandung stattfinden? Wegen der Fortsetzung der Verteidigung südlich von Rom hatte die HGr C über 1 200 Kilometer Küste zu überwachen.[1]

Auf Grund einer Lagebeurteilung Kesselrings, die von den Armeen geteilt wurde, ging man davon aus, dass die alliierten Armeen unverändert mit Schwerpunkt gegen den rechten Flügel der 10. Armee angreifen würden. Diese Annahme legte sowohl das Gelände nahe als auch das Zusammenwirken mit den Kräften im Landeraum von Anzio. Den Angriffsbeginn vermutete man an der Hauptfront, erst wenn sich dort ein Erfolg abzeichnen würde, wäre der Ausbruch aus dem Brückenkopf zu erwarten. Da der Schwerpunkt des Angriffs im Zuge der Westküste angenommen wurde, war eine Seelandung im Verlauf der Adria-Küste unwahrscheinlich. Auch eine als möglich bewertete Seelandung an der südfranzösischen Küste wurde wegen der weiten Entfernungen, des „zu weiten Sprungs", als wenig wahrscheinlich bewertet. Dagegen wurde die Landung feindlicher Kräfte in größerer Stärke im Raum Livorno als eine sehr realistische Option für die Alliierten eingeschätzt.[2] Noch während der 2. Cassino-Schlacht waren der 10. Armee die 71. Inf Div und die 114. Jg Div zugeführt worden. Die 71. Inf Div hatte einen Gefechtsstreifen an der Gustav-Linie zwischen der 15. PzGren Div und der 44. Inf Div bezogen, die 114. Jg Div war unter dem Befehl des LI. Geb Korps in den Abruzzen eingesetzt worden. Mit Stand Anfang Mai verfügte die 10. Armee über neun Divisionen, die durch – von rechts – das XIV. Pz Korps, das LI. Geb Korps und die Korpsgruppe Hauck geführt wurden. Die 14. Armee hielt unter der Führung des I. Fsch Korps und des LXXVI. Pz Korps mit fünf Divisionen das VI. (US) Korps eingeschlossen, die 92. Inf Div sicherte die Küste nördlich der Tiber-Mündung. Die operativen Reserven der HGr C umfassten die 29. und 90. PzGren Div sowie die 26. Pz Div. Die Armeegruppe v. Zangen sicherte mit dem LXXV. Korps, dem Korps Witthöft, und dem Kommando Adriatisches Küstenland die Verbindungslinien nach Süden, schützte die Ost- und Westküste nördlich von Rom und bekämpfte Gruppierungen jugoslawischer Partisanen auf der Halbinsel Istrien, alles dies mit insgesamt vier Divisionen. Wie ausgeführt stand die Pz Div „HG" unter dem Führungsvorbehalt des OKW.[3]

Der deutschen Aufklärung war nicht entgangen, dass das CEF aus der Front herausgezogen worden war, dass polnische Verbände im Raum Cassino zum Einsatz kamen und dass die 8. (BR) Armee ihren Gefechtsstreifen nach Westen erweitert hatte, wohl bis einschließlich zur Via Casilina. Innerhalb der 10. Armee waren im April bis zum 7. Mai Umgliederungen in erheblichem Umfange vorgenommen worden, die nicht in ihrem zeitlichen Ablauf, sondern mit dem Stand 10. Mai, einem Tag vor dem Beginn der alliierten Offensive, wiedergegeben werden. Mit einer Lagebeurteilung vom 24. April hatte die Führung des XIV. Pz Korps das vermutliche Feindverhalten, wie hier beschrieben, beurteilt: Ein feindlicher Angriff würde sich vor allem gegen die 94. und 71. Inf Div richten. Gleichzeitig sei ein weiterer Angriffsstoß gegen den Eckpfeiler Cassino aus der Linie Mt Castellone – Cle S. Angelo in Richtung Villa S. Lucia – Piedimonte zu erwarten. Gravierende Folgen befürchtete das Korps bei einem gleichzeitigen Angriff auf breiter Front, anstelle des bisherigen Verfahrens, Angriffe gegen einzelne Frontabschnitte zu führen.[4] Auf Befehl der 10. Armee wurde der bisherige Gefechtsstreifen des XIV. Pz Korps verengt. Das LI. Geb Korps dehnte seinen Gefechtsstreifen bis zum Zusammenfluss Liri-Gari aus. Es führte nun (von links) die 114. Jg Div, die 5. Geb Div, die 1. FschJg Div und die 44. Inf Div. Die 15. PzGren Div war aus der Front herausgezogen worden, die 44. Inf Div übernahm ihren Gefechtsstreifen. Der bisherige Gefechtsabschnitt der 44. Inf Div wurde zwischen der 5. Geb Div und der 1. FschJg Div aufgeteilt, dabei trat das Gren Rgt 134 unter den Befehl der 5. Geb Div, das Gren Rgt 132 unter der 1. FschJg

Div. Das XIV. Pz Korps führte nur noch die 71. Inf Div, die 94. Inf Div und die 15. PzGren Div, die als Reserve zurückgenommen wurde. Beide Kommandierende Generale, General Hartmann, als vorübergehende Vertretung für General von Senger, und General Feurstein, als Führer des LI. Geb Korps, hatte keinerlei Erfahrung in der Führung ihrer Großverbände auf der operativen Ebene. Mit einem Hinweis auf die Truppenteile, die durch die 44. Inf Div und die 71. Inf Div zu führen waren, soll auf die Missachtung des Prinzips, gewachsene Truppenkörper nicht auseinander zu reißen und das innere Gefüge zu erhalten, eingegangen werden: Neben einigen originären Divisionstruppen führte die 44. Inf Div kein einziges ihrer Stammregimenter. Ihr waren unterstellt das Gren Rgt 576 (Kampfgruppe „Bode"), das DivFüs Btl 305, beide aus der 305. Inf Div, und zwei Bataillone des PzGren Rgt 115 der 15. PzGren Div, jedoch ohne den Rgt Stab 115. Neben den eigenen Rgt 191, 194 und 211 führte die 71. Inf Div die AA 114 der 114. Jg Div, das DivFüs Btl 194 der 94. Inf Div sowie die Kampfgruppe „Nagel" (Kdr des GrenRgt 131), die sich aus dem Gren Rgt 131 und der AA 44 aus der 44. Inf Div, dem DivFüs Btl 171 und dem II./PzGren Rgt 115 zusammensetzte. Die Gliederung und der Einsatz der 1. FschJg Div wird im Zusammenhang mit dem Angriff des II. (POL) Korps auf das Höhengelände von Cassino behandelt.[5]

Planung und Vorbereitungen für die alliierte Frühjahrsoffensive – Operation „Diadem" (Lagekarte 22)

Im vorangegangenen Kapitel wurde einleitend beschrieben, dass ab dem 22. Februar zeitgleich zu den Vorbereitungen zur 2. Cassino-Schlacht ein neuer Entscheidungs- und Planungsprozess zur Fortsetzung des Feldzuges in Italien und seines Zweckes begonnen hatte. Alexander beabsichtigte eine große Offensive, diesmal gleichzeitig mit seinen beiden Armeen, mit dem Ziel, bei einem Vorlauf von drei Wochen vor Overlord (der genaue Zeitpunkt des Beginns des Landeunternehmens war ihm nicht bekannt) so viele deutsche Divisionen wie möglich zu zerschlagen, um damit die deutsche Führung zu zwingen, Kräfte aus Frankreich nach Italien abzuziehen. Als das am ehesten wahrscheinliche Ergebnis der *laufenden* Operation nahm er an, dass die deutschen Verteidiger die Gustav-Linie halten könnten und eine Vereinigung mit den alliierten Truppen im Landeraum von Anzio nicht gelungen sei.[6] Als Zeitbedarf für die nötigen Angriffsvorbereitungen einschließlich des Eintreffens neuer Divisionen und der Umgliederung seiner Armeen nahm er mehrere Wochen an. Das Zieldatum für den Beginn der Operation, die den Codenamen „Diadem" erhielt, plante er den 15. April. Später stellte sich heraus, dass die Offensive erst am 11. Mai beginnen konnte. Da gleichzeitig General Wilson die britischen Generalstabschefs, seine Vorgesetzten, gebeten hatte, ihm eine neue Weisung zu geben, mit welchen Kräften und mit welchen Zwecken die Operationen fortzusetzen seien, ergab sich schnell einer der üblichen Auffassungskonflikte zwischen den US- und dem BR-Generalstabschefs, der ebenso schnell auf die politische Ebene getragen wurde. Im Zusammenhang mit der Schilderung der Konferenzen von Teheran/Kairo[7] war dargestellt worden, dass, vor allem auf Insistieren Stalins, zeitgleich zu Overlord ein weiteres Ablenkungsunternehmen an der Küste von Südfrankreich durchgeführt werden sollte, um damit die riskante Landung in Nordfrankreich zu unterstützen. Planungsarbeiten danach bis in den Januar/Februar 1944 hinein hatten aufgezeigt, dass die Seelandungskapazitäten im Mittelmeer maximal für die

Landung einer Division ausreichen würden. Die vorgesehenen zehn Divisionen (dabei die Landung von zwei Divisionen in 1. Welle) konnten nur vom Kriegsschauplatz Mittelmeer kommen. Wenn von den 30 Divisionen auf dem Kriegsschauplatz zehn Divisionen für eine zusätzliche Operation verplant würden, dann war klar, dass der Feldzug in Italien nicht wie vorgesehen fortgesetzt werden konnte. Eisenhower, der ursprünglich in Anvil ein Konkurrenzunternehmen zu Overlord gesehen hatte und dagegen eingestellt war, hatte zusätzlich mehr Landungsschiffe für Overlord gefordert. Sowohl die britischen Generalstabschefs als auch Wilson und auch Alexander waren der Auffassung, dass es Anvil gar nicht bedürfe, und die beste Unterstützung für Overlord die Fortsetzung des Feldzuges in Italien sei, wobei es nicht auf den Raumgewinn, sondern die Zerschlagung deutscher Kräfte ankomme. Der von den unterschiedlichen Auffassungen der US-Generalstabchef herrührende Meinungsstreit – die Amerikaner wollten unter allen Umständen an Anvil festhalten – schloss unvermeidlich die bekannten Verdächtigungen und militärpolitischen Argumente ein. An dieser Stelle können nicht die einzelnen Schritte der Auseinandersetzung dargestellt werden, sondern wiederum nur das Ergebnis. Am 26. Februar entschieden die britischen Generalstabschefs, dass bis zum Beginn von Overlord die Fortsetzung des Feldzuges in Italien Vorrang vor allen Operationen im Mittelmeer-Raum haben sollte. Auf einen Kompromissvorschlag Eisenhowers hin sollten die vorhandenen Landungskapazitäten bis zum 20. März im Mittelmeer verbleiben. Die Planungsarbeiten sollten weitergeführt werden, nun war aber eindeutig klar, dass eine zeitgleiche Landung mit Overlord in Südfrankreich nicht mehr möglich war. Nach dem Ergebnis der 2. Cassino-Schlacht musste Eisenhower am 21. März auch formell zugestehen, dass eine zeitgleiche Durchführung Overlord-Anvil ausgeschlossen werden musste. Ein Ergebnis der geplanten Frühjahrsoffensive war nicht vor Juni 1944 zu erwarten. Am 18. April stimmten die US-Generalstabschefs dem zu, was faktisch schon längst zwingend geboten war: Alle verfügbaren Ressourcen sollten für die Operation Diadem eingesetzt werden, Anvil war auf unbestimmte Zeit zu verschieben. Je nach dem Erfolg der Operation Diadem war zu entscheiden, ob und zu welchem Zeitpunkt Anvil überhaupt noch durchzuführen war. Die US-Generalstabschefs waren fest entschlossen, dem Feldzug auf der italienischen Halbinsel nicht den Vorrang einzuräumen.[8] Wie zu erwarten, unterlagen die Planungsarbeiten auf der Ebene des HQ A.A.I. und den Stäben der beiden Armeen verschiedenen Änderungs- und Anpassungsschritten bis General Alexander am 7. Mai seine endgültige schriftliche Weisung herausgab. Sie wird nachfolgend auf einige Befehlsziffern beschränkt auszugsweise angeführt:

„3.a. Absicht

    Vernichtung des rechten Flügels der 10. dt. Armee; Zurückwerfen der Reste dieser Armee sowie der 14. dt. Armee in den Raum nördlich von Rom; Verfolgung des Feindes zur Linie Rimini – Pisa und Zufügung größtmöglicher Verluste im Verlauf dieses Prozesses.

3.b. 8. (BR) Armee

    durchbricht die feindlichen Stellungen im Liri-Tal, geht vor in der allgemeinen Richtung im Zuge der Straße Nr. 6 in den Raum ostw von Rom,

    verfolgt den Feind in allgemeiner Richtung Terni – Perugia,

    geht danach in Richtung Ancona und Florenz vor, wobei das eigentliche Angriffsziel später festzulegen ist.

3.c. 5. (US) Armee

    nimmt die Enge von Ausonia und geht vor südlich der Flüsse Liri und Sacco, in einer allgemeinen Richtung parallel zur 8. (BR) Armee,

    führt durch Angriff aus dem Brückenkopf von Anzio im Zuge der allgemeinen Richtung Cori – Valmontone und verhindert dabei die Versorgung und das Ausweichen der Truppen der 10. dt. Armee, die dem Vorstoß der 8. (BR) und der 5. (US) Armee entgegenstehen,

    verfolgt den Feind im Raum nördlich von Rom und nimmt die Flugfelder im Raum Viterbo sowie den Hafen von Civitavecchia,

    stößt danach in Richtung Livorno vor.

3.d. 5. (BR) Korps – HQ A.A.I. unmittelbar unterstellt –

    … hält mit einem Minimum von Kräften die gegenwärtige Front,

    stört den Feind durch begrenzte Aktionen,

    verfolgt entschlossen die feindlichen Truppen im Falle eines Rückzuges und fügt ihnen dabei ein Höchstmaß an Verlusten zu."[9]

Obgleich die Absichten des Oberbefehlshabers der A.A.I. aus dieser Weisung klar erkennbar sind, ist es zweckmäßig, einige ergänzende Anmerkungen anzufügen: Im Gegensatz zur bisher praktizierten Operationsführung werden nunmehr alle Angriffshandlungen ostwärts des Hauptkamms des Apennins im Zuge der Adria-Küste eingestellt. In Gefechtsabschnitten, in denen bisher Divisionen angegriffen hatten, werden nunmehr Korps mit mehreren Divisionen angesetzt. Auf der gesamten Breite der beiden Armeen wird gleichzeitig angegriffen und nicht zeitlich gestaffelt nacheinander. Das VI. (US) Korps hatte sich darauf einzustellen, ab dem vierten Angriffstag aus dem Brückenkopf auszubrechen.

Aus Gründen der Logistik, so begründet es Alexander, nahm er eine Neuordnung der Kräftezuteilung vor. Mit Ausnahme des VI. (US) Korps in Anzio wurden den Armeen Korps unterstellt, die entweder über amerikanische oder über britische Bewaffnung und Ausrüstung verfügten. Die 5. (US) Armee führte dabei unverändert das CEF, dies war durch die Amerikaner aufgestellt und ausgestattet worden. Die 8. (BR) Armee führte britische, polnische und Commonwealth-Truppen, weil diese durch die Briten ausgestattet worden waren. Ob die Zuweisung des Schwerpunktabschnittes, das Liri-Tal und das Höhengelände von Cassino, an die 8.(BR) Armee auf Zweifeln an den operativen Fähigkeiten Clarks beruhten oder er eine höhere Dichte im Angriff erreichen wollte, indem er die 8. (BR) Armee nach Westen verschob, kann offen bleiben. Aus den angestellten Überlegungen ergab sich folgende Gliederung der Angriffskräfte: Das VI. (US) Korps in Anzio führte an Großverbänden zwei britische Infanteriedivisionen, drei US-Infanteriedivisionen und eine US-Panzerdivision. Das II. (US) Korps führte zwei Infanteriedivisionen und eine gepanzerte Gruppe, das CEF vier Infanterie- bzw. Gebirgsdivisionen und drei Tabor-Gruppen. Diese drei Korps unterstanden der 5. (US) Armee. Als Reserve verfügte die Armee über das HQ IV. (US) Korps und die 36. (US) Inf Div. Dem XIII. (BR) Korps unterstanden drei Infanteriedivisionen, eine Panzerdivision und eine Panzerbrigade, das I. (CA) Korps führte je eine Infanterie- und Panzerdivision und eine Panzerbrigade. Das X. (BR) Korps mit einem Bindungsauftrag führte die 2. (NZ) Div und vier selbstständige Brigaden. Die genannten Korps gehörten zur 8. (BR) Armee, die als Reserve noch eine Panzerdivision zurückhielt. Das

V. (BR) Korps, dem HQ A.A.I. unmittelbar unterstellt, umfasste zwei Infanteriedivisionen und eine Panzerbrigade.[10]

Der Angriffsbeginn am 11. Mai 1944

In die Angriffsvorbereitungen war durch die alliierten Armeen eine umfangreiche Täuschungsoperation einbezogen worden. Neben vielen weiteren Maßnahmen gehörten dazu Funktäuschungen in großem Stil oder die Vortäuschung von geplanten Seelandungen durch Scheinübungen im Golf von Neapel. Die Truppe musste ihrer normalen Einsatztätigkeit nachgehen, Ablösungen oder das Heranführen neuer Kräfte durften nur nachts erfolgen. Nach der Ablösung blieben Teileinheiten der bisherigen Stellungstruppe in exponierten Stellungen, um die bisherige Besetzung vorzutäuschen. Selbstverständlich lässt sich eine Offensive, an der mehrere hunderttausend Mann teilnehmen, nicht in vollem Umfang geheim halten. Hinsichtlich zweier wichtiger Teilaspekte war die Täuschung allerdings besonders erfolgreich: Wegen befürchteter Seelandungen wurde ein Teil der Reserven der Heeresgruppe, die Masse der 90. PzGren Div, in den Raum Tiber-Mündung und die 29. PzGren Div in den Raum von Civitavecchia verlegt. Als Angriffszeitpunkt nahm man ein Datum nicht vor dem 24. Mai an, eine unangebracht genaue Prognose!

Da die Anspannung der vergangenen Monate gerade im höheren Führerkorps groß gewesen war, glaubte man, sich nun eine Entspannung leisten zu können: v. Senger und v. Vietinghoff waren aus dienstlichen Gründen in Deutschland, v. Vietinghoff kehrt am 14. Mai zu seiner Armee zurück, v. Senger am 17. Mai, als schon alles (negativ) gelaufen war. General Hartmann, der vorübergehend das XIV. Pz Korps führte, hatte den erfahrenen Chef des Stabes, Oberst Schmidt von Altenstadt großzügigerweise noch in Urlaub geschickt. Generalmajor Westphal, der Chef Kesselrings, war wegen einer längeren Krankenbehandlung ebenfalls abwesend. Schmidt von Altenstadt kehrte am 15. Mai auf seinen Dienstposten zurück, Westphal am 18. Mai. Bereits im Zusammenhang mit der Einsatzgliederung der Truppe wurden die teilweise unverständlichen Führungsentscheidungen bemängelt, die dieser Einsatzgliederung zugrundelagen. Ein gewisser Leichtsinn ist aus der Abwesenheit so vieler hoher Führer zur selben Zeit abzuleiten. Feldmarschall Kesselring musste wissen, dass General Hartmann ohne einen starken Chef einer Krisenlage auf Grund seiner vorangegangenen Laufbahn nicht gewachsen war. Trotz seines hohen Dienstgrades war Hartmann nur Befehlshaber in einem rückwärtigen Heeresgebiet gewesen und danach mit einer Sonderfunktion im Stabe Kesselrings Führer einer „Auskämmaktion" in der Truppe. So glänzend bisher die Führungsleistungen in der Heeresgruppe bis hin zum OB Südwest selbst im Verlaufe der bisherigen Kampfhandlungen gewesen waren, so deutlich würden bei den bevorstehenden Operationen Mängel in der Bereitschaft zu weitreichenden Entscheidungen hervortreten. Die alliierten Truppen waren im vollen Umfange personell aufgefüllt worden. Was dies im Vergleich zu den abgekämpften und nur unzulänglich aufgefüllten deutschen Divisionen bedeutete, kann aus folgenden Zahlen abgeleitet werden: In ihrem Gefechtsabschnitt standen der 44. Inf Div mit knapp zwei Regimentern zwei alliierte Divisionen gegenüber. Allein die 4. (BR) Inf Div hatte eine Einsatzstärke von 22 400 Mann. Die 3. (POL) Inf Div gegenüber der 1. FschJg Div hatte eine Einsatzstärke von nicht ganz 14 000 Mann. Das CEF mit nunmehr vier Divisionen umfasste fast 72 000 Mann.

9. Durchbruch auf Rom – die 3. Cassino-Schlacht

Am 11. Mai, um 23.00 Uhr, auf das Zeitzeichen von BBC hin, eröffneten 1 700 Geschütze zwischen dem Golf von Gaeta und den Ausläufern der Abruzzen das Feuer. In den nächsten 12 Stunden wurden umgerechnet 420 Schuss pro Rohr verschossen. Während der ersten Stunde richtete sich das Feuer fast ausschließlich gegen die aufgeklärten deutschen Artillerie- und Mörserstellungen. Die Infanteristen erhoben sich aus ihren Deckungen und stürmten zu den festgelegten Angriffszielen vor. Die Operation Diadem, in die die 3. Cassino-Schlacht eingebunden war, hatte begonnen. Die Korps hatten unterschiedliche Angriffszeitpunkte festgelegt. Das II. (POL) Korps zum Beispiel begann seinen Angriff im Raum Cassino um 01.00 Uhr am 12. Mai. Mit Helligkeit griff die alliierte Luftwaffe in die Operationen ein. Bei Angriffen gegen aufgeklärte Führungsstellen fiel der Gefechtsstand der 10. Armee aus, die Fernmeldeverbindungen zur 1. FschJg Div, 15. PzGren Div und 44 Inf Div wurden unterbrochen. Gemessen an den hohen Erwartungen entwickelten sich die Angriffserfolge in allen Korpsabschnitten aber nur enttäuschend.

Bevor der Ablauf der Operationen in den einzelnen Abschnitten geschildert wird, ist auf eine Aktion auf deutscher Seite einzugehen, die man heute unter „spezielle Operationen" einordnen würde. In den Gesamtdarstellungen auf anglo-amerikanischer Seite über den Krieg im Mittelmeer-Raum und in Italien findet diese Unternehmung keine Erwähnung. Ziel der deutschen Führung war, die latenten Spannungen zwischen den westlichen Alliierten und der Sowjetunion und die in erster Linie zwischen Großbritannien und der Sowjetunion bestehenden unterschiedlichen Vorstellungen über eine politische Ordnung in Europa nach dem Kriege für ihre Zwecke auszunutzen. Vor einigen Jahrzehnten wurde diese spezielle Operation zwar in der Fachliteratur in Deutschland behandelt und kurzfristig hatte sie wegen bestimmter Umstände ein gewisses publizistisches Echo, mittlerweile dürften nur noch Spezialisten wissen, dass es diese Operation im Zusammenhang mit den Kämpfen um Cassino gab.

Das Unternehmen „Südstern"

Die Verwendung propagandistischer Mittel und der Einsatz psychologischer Maßnahmen zur Beeinflussung der gegnerischen Streitkräfte oder des inneren Gefüges der eigenen Truppe war im 2. Weltkrieg keine Neuigkeit, erreichte aber durch den Einsatz moderner technischer Mittel eine neue Qualität. Mittel der Kriegspropaganda waren spezielle Rundfunksender, die Nutzung von Funkfrequenzen, von denen man wusste, dass sie auch vom Gegner gebraucht wurden, die Verbreitung von Flugschriften und Flugblättern, die gezielte Verbreitung gewünschter Informationen über die eigenen Presseorgane oder die Presse neutraler Staaten. Als Beispiel gelungener Propagandasender können der Wehrmachtssender Belgrad („Lilli Marleen") oder der Soldatensender „Calais" auf der Seite der Alliierten dienen. Die Wehrmacht verfügte über eigene Propagandaeinheiten, die anfangs fast ausschließlich zur Beeinflussung oder Betreuung der eigenen Truppe eingesetzt wurden, in den Verbänden wurde Truppeninformation mit eigenen Mitteilungsblättern betrieben. Der Mangel an „Kampfpropaganda", also der Einflussnahme auf die gegnerischen Truppen, wurde vor allem von einigen Experten in der Waffen-SS empfunden. Die Waffen-SS stellte ab 1940 eigene Propagandaeinheiten auf. Mit der Zunahme der Anzahl der Einheiten wurde im Sommer

1943 eine eigene Standarte (Regiment) mit dem Namen „Kurt Eggers" aufgestellt. Kurt Eggers war Freikorpskämpfer gewesen, er stand der NS-Bewegung nahe, galt als völkischer Schriftsteller. Unter der Führung von Gunter d'Alquen, dem Herausgeber des „Schwarzen Korps", der Zeitung der SS, betrieb die Propagandaeinheit der Waffen-SS zunehmend Kampfpropaganda. Ab Dezember 1943 wurde unter dem Codename „Wintermärchen" im Raum Leningrad eine Propagandaaktion als Test gestartet, mit der russische Soldaten zum Überlaufen veranlasst werden sollten. Im Februar 1944 wurde die Standarte Kurt Eggers nach Süditalien verlegt. Dort wurde eine Propagandaaktion mit dem Codenamen „Südstern" gegen das polnische Armeekorps vorbereitet, von dem man wusste, dass es auf den italienischen Kriegsschauplatz verlegt wurde. Die Aktion „Südstern" erhielt in den 1970er Jahren eine gewisse Publizität, als bekannt wurde, dass der Herausgeber und Chefredakteur der Illustrierten „Stern", Henri Nannen, als Leutnant in einer Luftwaffen-Propagandaeinheit an diesem Propagandaeinsatz beteiligt war und von verschiedenen Seiten behauptet wurde, dass das Markenzeichen der Illustrierten, ein besonders geformter Stern, ein Plagiat des Sterns sei, der auf Flugblättern der Propagandaaktion als Synonym für „Südstern" aufgedruckt war. Um diesen Sachverhalt wurden Prozesse geführt, wir wollen uns daher zur angeblichen Ähnlichkeit nicht äußern. Bemerkt werden muss nur, dass die Aktion „Südstern" nicht ihren Namen von dem Symbol auf den Flugblättern ableitete, vielmehr umgekehrt, der Codename der Aktion das Symbol auf den Flugblättern bestimmte. Was versprach man sich von einer Propagandaaktion gegen das polnische Korps? Vordergründiges Ziel war, wiederum eine große Zahl polnischer Soldaten zum Überlaufen zu bewegen und durch die Zersetzung der inneren Moral einen nicht unbedeutenden Truppenkörper bei den anstehenden Operationen auszuschalten. Das politische Geschehen der vergangenen Jahre erlaubte es, „Propaganda mit der Wahrheit" zu betreiben. Die Rolle der Sowjetunion bei der Zerschlagung Polens im September 1939 war dem polnischen Soldaten nur zu bewusst. Schließlich waren sie beim Einmarsch der Roten Armee in Gefangenschaft geraten. Nun war die Sowjetunion Verbündeter der westlichen Alliierten, die vordergründig für die Befreiung der besetzten Länder von der „Nazi-Tyrannei" kämpften. Auf Grund der demütigenden Bedingungen in der sowjetischen Gefangenschaft hatten sich die polnischen Soldaten zur „Emigration" in westliche Staaten entschlossen. Wegen dieser Erlebnisse in der Gefangenschaft wussten sie auch, dass die ermordeten polnischen Offiziere, deren Massengräber im April 1943 bei Katyn entdeckt worden waren, nicht auf das Konto der Faschisten, sondern des jetzigen Verbündeten gingen. Schließlich war davon auszugehen, dass Stalin beim Lavieren zwischen der polnischen Exilregierung in London und dem „Lubliner Komitee", in dem er willige, dem Kommunismus ergebene Polen gesammelt hatte, nach dem Kriege für Polen nur den Status eines Moskauer Satelliten im Auge hatte. Neben den historisch gewachsenen antirussischen Einstellungen bei allen Polen war ein weiterer Faktor, der die Motivlage im polnischen Korps bestimmte, das zunehmende Misstrauen gegenüber dem britischen Verbündeten, dem man politische Arrangements mit der Sowjetunion auf Kosten Polens unterstellte. Zur Propaganda wurde vor allem ein Rundfunksender „Wanda" eingesetzt. Radio Wanda strahlte Sendungen für die polnischen Soldaten aus, die zu regelmäßigen Zeiten über den Tag verteilt waren. Die erste Ausstrahlung erfolgte am 3. März 1944. Neben Nachrichten, Berichten über das militärische Geschehen und ansprechender Musik wurde gezielt versucht, den einzelnen Soldaten zu erreichen und zu gewinnen. So bewegte man Familien in Polen dazu, durch „Grüße aus der Heimat" über das Geschehen in den Familien oder das Leben im Ort sich an den Ehemann, Vater oder Sohn zu wenden. Wichtig war eine Kampagne „Da domu" („nach Hause"), mit der man Überläufern die Rückkehr nach Polen auf dem schnellsten Wege versprach. Die Sendungen waren psychologisch geschickt aufgebaut. Wie ausgeführt, bedurfte man keiner zusätzlichen propagandistischer Themen, die Wirkung der Wahrheit war besser, beispielsweise als nach der Konferenz von Teheran der wahrscheinliche Ausverkauf Polens an den sowjetischen Diktator bekannt wurde. Die Propagandaaktion war nicht auf den Frontbereich von Cassino beschränkt, sie dauerte bis in das Frühjahr 1945 an. In der Literatur werden als besonders bemerkenswerte Sendungen die Ausstrahlungen am 3./4. Oktober 1944 nach der Niederschlagung des Warschauer Aufstandes oder zum Treffen von Jalta im Februar 1945 genannt. In der Sendung am 18. Mai 1944 wurde der Fall von Cassino selbstverständlich überspielt. Die Rundfunksendungen wurden durch die Flugblattaktionen „Südstern" ergänzt, mit denen beispielsweise auf den Missbrauch der polnischen Soldaten für die Zwecke der westlichen Alliierten verwiesen wurde. Die Wirkung der Propagandaaktion ist nach dem verfügbaren Zahlenmaterial schwer zu beurteilen. Als Spanne für die Zahl der Überläufer werden mindestens 50 und maximal 1 900 Personen angegeben. 50 Überläufer wären wenig, 1 900 wären sehr viel, obgleich eine solche Zahl keinesfalls realistisch sein kann. Der Erfolg muss unter anderen Aspekten bewertet werden: Durch die Verwendung der realen politischen Fakten gelang es nicht nur, Spannungen zwischen den westlichen Verbündeten und der Sowjetunion sowie zwischen den Exilpolen und der Sowjetunion aufzubauen, sondern vor allem Zweifel und Misstrauen am Einsatz für die polnische Sache zu wecken. So richtete sich die Propagandaaktion, obwohl sie auch die Motivationslage im II. (POL) Korps negativ beeinflusste, in ihrem Kern gegen Großbritannien und die Sowjetunion. Nach dem Schock von Jalta äußerte General Anders in einem Gespräch mit Feldmarschall Alexander: „Ich erinnerte ihn daran, dass die Deutschen mit ihrer Propaganda für die Polen immer behaupteten, dass Polen den Russen ausgeliefert werde. Dieser These sind wir erfolgreich mit der Aussage entgegen getreten, diese Behauptung sei falsch. Nun hat es sich herausgestellt, dass sie der Wahrheit entspricht."[11]

Das II. (POL) Korps gegen die 1. dt. FschJg Div (Lagekarte 23)

Wenn die etwas dramatischen Berichte stimmen, dann meldete sich am 24. März der KG des II. (POL) Korps, General Anders, begleitet von seinem Stabschef beim Oberbefehlshaber der 8. (BR) Armee, General Leese.[12] Dieser informierte ihn über die Lage bei Cassino, der Angriff des NZ-Korps stünde vor dem Abbruch, es wären Planungen angelaufen zu einer großen Offensive vom Tyrrhenischen Meer bis in den Raum Cassino. Aufgabe der 8. (BR) Armee würde es sein, den Weg nach Rom zu öffnen, dabei sei der gesamte Geländekomplex von Cassino einzunehmen. Für die schwierigste Aufgabe innerhalb seiner Armee, die Einnahme des Klosterbergs und des umgebenden Höhengeländes, beabsichtige er, das II. (POL) Korps einzusetzen. Angeblich gab Leese den Polen zehn Minuten Zeit, sich zu überlegen, ob sie diese Aufgabe übernehmen sollten. Nach einem kurzen Studium der Lagekarte waren Anders sowohl die mit dem Auftrag verbundenen Schwierigkeiten klar – sie lagen vor allem in der Natur des

Geländes – andererseits aber auch die psychologische Tragweite für den Respekt und das Ansehen der polnischen Truppen, wenn ihnen hier, wo bisher so viele andere gescheitert waren, ein Erfolg gelänge. Nach Amerikanern, Briten, Neuseeländern, Maoris, Indern und Gurkhas würden nun Polen mit deutschen Fallschirmjägern um den Besitz des Höhenblocks von Cassino kämpfen. Wie geschildert, war der 1. FschJg Div im Laufe des April/Mai in beschränktem Umfange Personalersatz zugeführt worden, Verwundete waren zur Truppe zurückgekehrt. Auf Grund einer Anordnung vom 16. April waren jedoch das III./FschJg Rgt 3 und das III./FschJg Rgt 4 für Neuaufstellungen abgezogen worden.[13] Auf Grund der personellen Stärke war das FschJg Rgt 4 etwas kampfkräftiger einzuschätzen. Deswegen hatte General Heidrich eine Neuordnung seiner Kräfte vorgenommen. Die folgende Beschreibung geht vom Stand 11. Mai aus. An den Hängen unterhalb des Mt Cairo stand unverändert das HochGebJg Btl 4. Da die bisher fehlenden Einheiten zugeführt worden waren, umfasste das Bataillon nun fünf Gebirgsjägerkompanien und eine Gebirgsartilleriebatterie. Am 20. April war der Division als Verstärkung das II./GebJg Rgt 100 zugeführt worden. Es wurde rechts neben Hoch 4 zur Verteidigung des Raumes Mt Castellone – Cle S. Angelo eingesetzt. Aus beiden Bataillonen wurde unter dem Befehl des Kdr Hoch 4, Major von Ruffin, die Kampfgruppe „v. Ruffin" gebildet.[14] Auch hier ist wieder die Zufälligkeit des Krieges zu vermerken. Der Zufall oder die Bestimmung hatte alte Kampfgefährten zusammengeführt. Das II./GebJg Rgt 100 war das erste Bataillon der 5. Geb Div gewesen, das am 22. Mai 1941 auf dem noch unter Feuer liegenden Flugplatz von Maleme auf Kreta gelandet war, das I./GebJg Rgt 100 unter Major Schrank hatte einige Tage später durch einen Angriff bei Galatas das FschJg Rgt 3 aus einer kritischen Lage befreit – Schrank war nun als Generalmajor der Kommandeur der 5. Geb Div, dem Nachbarn der 1. FschJg Div. Rechts neben der Kampfgruppe v. Ruffin war das I./FschJg Rgt 3 eingesetzt, es hielt den Raum Cle S. Angelo, den Taleinschnitt zwischen dem Phantomrücken und dem Schlangenkopf und die Massa Albaneta. Das II./FschJg Rgt 3 hatte Stellung auf den Höhen 593/569 bezogen. Das I./FschJg Rgt 4 verteidigte den Klosterberg und das II./FschJg Rgt 4 hielt den verbliebenen Nordteil des Ruinenfeldes der Stadt Cassino besetzt. Im Raum westlich des Bahnhofs standen Pioniere, Teile der DivKradSchtz Kp und Teile der FschPzJg Abt 1. Das FschMG Btl 1 südlich des Klosterberges unterstand als drittes Bataillon dem FschJg Rgt 4, am Eingang zum Liri-Tal bildeten die Masse der FschPzJg Abt 1, Kräfte der StuGesch Brig 242 und Teile der Regimentseinheiten der Regimenter 3 und 4 einen starken Panzerabwehrriegel. Das FschJg Rgt 1 mit nunmehr allen dreien seiner abgekämpften Bataillone lag als Reserve im Raum Piedimonte.[15] Das II. (POL) Korps bestand aus der 3. „Karpaten" Div und der 5. „Kresowa" Div, die jeweils über zwei Infanteriebrigaden verfügten, die 1. und 2. Karpaten Brig bzw. die 5. Wilna Brig und 6. Lwow Brig. Dem Korps unterstand die 2. Pz Brig und die üblichen Korpstruppen an Artillerie, Flak, Pionieren oder Panzerjäger, darunter auch ein selbstständiges Aufklärungsregiment, das Karpaten Ulanen Regiment. Die Divisionen waren nach britischem Vorbild mit den gewohnten Divisionstruppen, wie Artillerie, Pioniere etc. ausgestattet. Die Ablösung der britischen Verbände in der Stellung wurde in den Nächten zwischen dem 24. und 27. April durchgeführt, die Befehlsübernahme war am 27. April. Die 8. Armee hatte dem Korps folgenden Auftrag erteilt, der in zwei Phasen zu erfüllen war:

9. Durchbruch auf Rom – die 3. Cassino-Schlacht

Phase 1
- Abriegelung des Raumes Klosterberg – Cassino aus nördlicher und nordwestlicher Richtung und Beherrschung der Straße Nr. 6 bis zum Herstellen der Verbindung zum XIII. (BR) Korps.
- Wegnahme des Klosterberges.

Phase 2
- Aufschließen zum Senger-Riegel nördlich der Straße Nr. 6 und Weiterführung der Operationen mit dem Ziel, ihn von Norden zu umgehen

Im Operationsplan hatte das Korps den Divisionen die folgenden Stoßrichtungen zugewiesen: Die 5. Div hatte im Zuge des Phantomrückens über die Höhe 706 den Cle S. Angelo zu nehmen und danach auf den „Balkon" (Höhe 575, 509, 452, 447) vorzustoßen, mit dessen Besitz man die Via Casilina beherrschte. Diese Aufgabe erhielt die 5. Wilna Brig, während die 6. Lwow Brig mit zwei unterstellten Aufklärungsregimentern den Schutz der rechten Flanke des Korps und der Division sicherstellen musste. Die 3. Div griff über den Cle S. Cumeo in Richtung Höhe 593/569 und Massa Albaneta an, beide waren durch die 1. Brig zu nehmen. Die 2. Brig hatte nachfolgend Richtung Südosten einzudrehen und den Klosterberg sowie die Klosterruine zu erobern. Anfangs wurde die linke Flanke der Division durch das Ulanen Rgt 12 (Aufklärer) geschützt. Die Einnahme der beiden Höhenrücken hatte in abgestimmten Schritten zu erfolgen, damit ein gegenseitiger Flankenschutz sichergestellt wurde. Der Angriff des Korps wurde durch über 270 Artilleriegeschütze unterstützt.[16] Das Ruinenfeld von Cassino gehörte nicht zum Gefechtsstreifen des polnischen Korps.

General Anders hatte einen Tagesbefehl an seine Soldaten herausgegeben:
„Soldaten!
Der Augenblick des Kampfes ist gekommen. Wir haben lange auf den Moment der Rache und der Vergeltung gegenüber unserem Erbfeind gewartet …
Die uns gestellte Aufgabe wird den Namen des polnischen Soldaten in der ganzen Welt mit Ruhm bedecken. In dieser Zeit weilen die Gedanken und Herzen unserer gesamten Nation bei uns. Im Vertrauen auf die Gerechtigkeit der göttlichen Vorsehung gehen wir vorwärts mit dem heiligen Wahlspruch im Herzen: Gott – Ehre – Vaterland.
11. Mai 1944   Wladislaw Anders"[17]

Ab 01.30 Uhr begann das 2. Btl[18] der 1. Karpaten Brig den Angriff auf die Höhe 593/569. Gegen den heftigen Widerstand des II./FschJg Rgt 3 wurde die Höhe morgens um 02.00 Uhr eingenommen. Die Fallschirmjäger hatten an den steilen Südabbrüchen der beiden Höhen das Artilleriefeuer relativ unbeschadet überstanden. Jeder Division war eine Panzerschwadron zugeteilt worden, so wurde der Angriff des 1. Btl in Richtung Massa Albaneta von Panzern unterstützt. Das Bataillon war von heftigem deutschem Artilleriefeuer getroffen worden, nun geriet es in das Kreuzfeuer der Infanteriewaffen der Fallschirmjäger, da die 5. Brig noch nicht in Richtung Cle S. Angelo vorgegangen war. Panzer wurden durch Artilleriebeschuss zerstört oder liefen auf Minen. Von dem begleitenden Pionierzug zum Räumen von Minen fielen 18 Mann aus einer Gesamtstärke von 20 Mann. Die Nachrichtenverbindungen brachen zusammen. Nachdem die Führer von Einheiten und Teileinheiten ausgefallen waren, löste sich die kampfunerfahrene Truppe auf. Auch das 2. Btl auf den Höhen 593/569 lag unter dem Kreuzfeuer von der Höhe 575, vom Cle S. Angelo und aus Richtung Klosterberg. Die Deutschen setzten Gegenstöße mit Reserven des I. und II. Btl des Rgt 3 an. Morgens, um 08.30 Uhr, waren der Major, der die Stellung auf der Höhe 593 hielt, und zwei seiner Kompaniechefs gefallen. Spätestens bis zum Abend, die Zeiten differieren bei unterschiedlichen Autoren, war durch den Gegenstoß des Oberfeldwebel Schmidt der 14. (PzJg) Kp des Rgt 3 mit einem Stoßtrupp von 22 Mann die Höhe wieder eingenommen worden. Das 1. poln. Btl wurde aus der Albaneta-Schlucht zurückgenommen. Die Kräfte der 1. Brig gingen am Abend des 12. Mai auf die Ausgangsstellungen zurück.[19]

Nach der Besetzung des Phantomrückens sollte die 5. Brig den Cle S. Angelo und die Höhe 575 nehmen und danach weiter in Richtung Balkon angreifen. Der Angriff zum Flankenschutz der 6. Brig auf der Höhe 706 wurde durch das II./100 der Kampfgruppe v. Ruffin abgewiesen. Nach dem vorgegebenen Zeitplan wollten die beiden Bataillone (13. und 14.) der Wilna Brigade ab 02.30 Uhr in Richtung Cle S. Angelo angreifen. Das zugeteilte 18. Btl hatte in zeitlicher Abstimmung mit dem linken Nachbarn, 1. Btl der 1. Brig der Polen, den Angriff in Richtung Balkon zu führen. Von Beginn an lagen die beiden Bataillone unter starkem deutschen Artilleriefeuer. Zeitverluste traten ein. Als die polnischen Einheiten auf dem Phantomrücken versuchten, in die deutschen Stellungen einzubrechen (II./100, I./Fsch 3) hatten sie bereits Verluste von etwa 20 Prozent. Wegen Überschreiten des Zeitplans befahl der stv Kdr, Major Gnatowski, die deutschen Stellungen „rechts" liegen zu lassen und weiter in Richtung Höhe 575 vorzugehen. Zerstreut, abgekämpft und mit starken Verlusten blieben das 13. und 15. Btl auf dem Phantomrücken liegen. Sie mussten sich deutscher Gegenstöße erwehren. Das nachfolgende 18. Btl lief auf, die dichten Truppenansammlungen boten ein gutes Ziel für die deutsche Artillerie. Mittlerweile war der Morgen angebrochen. Unter dem Eindruck von „Tartarenmeldungen" begann die Truppe geschockt fluchtartig zurückzugehen. Der Divisionsstab hatte wegen schlechter Nachrichtenverbindungen keinen zutreffenden Lageüberblick. Mit dem 16. Btl (bisher Divisionsreserve) und dem angeblich unverbrauchten 18. Btl sollte der Angriff erneuert werden. Gegen Mittag am 12. Mai wurde entschieden, den Angriff auf den Abend zu verschieben. Das inzwischen eingetretene Führungschaos ist mit wenigen Sätzen nicht zu beschreiben. Gingen Verbände oder Einheiten zurück, dann war dies ein Zeichen für noch haltende Kräfte, ebenfalls die Stellung zu verlassen. Noch bevor der Angriff durch das 16. und 18. Btl vorbereitet worden war, wurde entschieden, ihn abzusagen. Beim Geschehen des 12. Mai waren fünf polnische Bataillone aufgerieben worden, sie waren für weitere Angriffe nicht mehr zu verwenden. „Die Polen hatten keinen Zentimeter Boden gewonnen." Die Verluste des Korps betrugen 1 800 Mann.[20]

Angriff der 8. (BR) Armee im Liri-Tal (Lagekarte 22)

Das XIII. (BR) Korps, im Schwerpunkt der 8. (BR) Armee eingesetzt, hatte den Auftrag, nach dem Schaffen und Sichern eines Brückenkopfes über den Gari zwischen Cassino und dem Zusammenfluss von Gari und Liri den Raum Cassino von Westen abzuschließen und eine Verbindung mit dem II. (POL) Korps herzustellen. Nach dem Säubern des Raumes Cassino von stehen gebliebenen Feindteilen und dem Öffnen der Straße Nr. 6 hatte das Korps zum

Senger-Riegel aufzuschließen und die Operationen mit der Absicht, ihn zu durchbrechen, weiterzuführen.[21] Da General Leese befürchtete, dem XIII. Korps könnten bei dem Säubern von Cassino Kräfte nach Norden abgezogen werden, behielt er sich vor, seine Reserve, das I. (CA) Korps, frühzeitig links neben dem XIII. Korps, das heißt im Raum südlich von S. Angelo, in die Operationen einzuführen, das dann am XIII. Korps vorbei im Liri-Tal vorstoßen konnte. Wie dargestellt, verfügte das XIII. Korps über drei Infanteriedivisionen, eine Panzerdivision und eine selbstständige Panzerbrigade. Leese hielt es für möglich, mit vier Divisionen nebeneinander im Liri-Tal angreifen zu können, unter der Voraussetzung, das Höhengelände von Cassino sei von eigenen Kräften besetzt. Schon hier ist die Frage zu stellen, wenn noch je eine kanadische Infanterie- und Panzerdivision hinzugerechnet wird, wie das Liri-Tal die Panzer- und Fahrzeugmassen aufnehmen sollte, die aus diesen Verbänden zusammenkamen. Dem XIII. Korps stand ab dem 8. Mai die 44. Inf Div mit maximal sechs Bataillonen gegenüber, nur das Gren Rgt 576 im Raum von S. Angelo und südlich davon befand sich schon länger in Stellung. General Ortner, der Kdr der 44. Inf Div, hatte am 10. Mai, einen Tag vor dem Angriff, die Befehlsführung im Liri-Tal übernommen. Aufgabe der beiden zunächst angreifenden Divisionen, der 4. (BR) Inf Div und der 8. (IND) Inf Div, war es, in der Nacht 11./12. Mai beiderseits von S. Angelo über den Gari zu gehen und einen nicht allzu tiefen Brückenkopf zu bilden. Beiden Divisionen war je eine Panzerbrigade zugeteilt. Bis zum Morgengrauen hatte die 4. Div vier Bataillone über den Gari gebracht. Die schwierigen Verhältnisse am Gewässer sind im Zusammenhang mit dem gescheiterten Übergang der 36. (US) Inf Div Ende Januar noch in Erinnerung. Ein Brückenschlag glückte im Gefechtsstreifen der 4. Div nicht, er sollte in der kommenden Nacht unter allen Umständen erzwungen werden. Im Stadtgebiet von Cassino wurde nicht angegriffen. Im Lauf der Zeit gerieten jedoch Kräfte der rechts übergehenden 10. Brig in Gefechte mit Teilen des FschMG Btl 1. Bei der 8. Inf Div konnten unterhalb von S. Angelo zwei Brücken geschlagen werden. Über sie wurden sofort fünf Panzerkompanien zur Sicherung des Brückenkopfes nachgezogen. Die konzentrierte Schilderung des Übergangs vermittelt den Eindruck nicht allzu großer Schwierigkeiten für die angreifenden Verbände. Dies entspricht keinesfalls der Wirklichkeit. Die Grenadiere der Regimenter 576 und 115 setzten sich erbittert zur Wehr, jede einzelne Stellung musste niedergekämpft werden. Ellis schildert Szenen beim Übergang, die sich von denen am 20. Januar nicht unterscheiden.[22]

General Feurstein, der KG des LI. Geb Korps, hatte keine Zweifel, dass sein Korps, wie auch das XIV. Pz Korps, einem feindlichen Großangriff ausgesetzt war. Aus dem FschJg Rgt 1 unter Oberst Schulz wurde eine Kampfgruppe gebildet, der nach und nach die AA 85 und je ein Bataillon aus den beiden Jägerregimentern der 114. Jg Div, die StuGesch Brig 242 sowie Pioniere und Artillerie zugeführt wurden. Die KGr Schulz hatte bis zum Morgen des 13. Mai versammelt zu sein. Am 10. Mai erst hatte General Ortner mit der 44. Inf Div die Befehlsführung im Liri-Tal übernommen. Am 12. Mai wurde sie nun General Heidrich übertragen, damit der kritische Raum unter einer Führungsverantwortung stand. In der Nacht zum 13. Mai gelang der Bau einer Brücke auch bei der 4. (BR) Div. Im Laufe des Tages wurde der Brückenkopf auf etwa 1,5 Kilometer erweitert. S. Angelo wurde nach heftigen Kämpfen von der 8. (IND) Div im Laufe des Tages eingenommen. Die beiden Brückenköpfe wuchsen zusammen. Oberst Schulz ging mit seiner Kampfgruppe im Zuge der Straße Pignataro – Cassino in Stellung. Das Gren Rgt 576 ging, nachdem S. Angelo gefallen war, ebenfalls auf diese Straße zurück und fand Anschluss an die Kampfgruppe Schulz. Mit dem Ablauf des 13. Mai hat das XIII. Korps also eine Lücke in die Gustav-Linie in der Liri-Ebene geschlagen. Am Abend des 13. Mai fällte der KG des XIII. Korps den Entschluss, am Morgen des 14. Mai die 78. (BR) Inf Div im Gefechtsstreifen der 8. Inf Div übergehen zu lassen, sie sollte dann nach Norden eindrehend im Zuge der Straße Nr. 6 vorgehen. Hier war das Zusammenwirken mit dem II. (POL) Korps vorgesehen, das seinen Angriff wieder aufnehmen sollte. General Leese zögerte, ob er auf Grund der Lageentwicklung beim linken Nachbarn, dem CEF, überhaupt noch im Höhengelände angreifen sollte oder ob nicht der Höhenblock Cassino durch das Vorgehen im Liri-Tal ausflankiert werden könnte. Am 14. Mai gelang jedoch nur der Übergang einer Brigade der 78. Div. Organisatorische Mängel in der Gewässerzone und beginnende Verkehrsbehinderungen führten zu Zeitverlusten. Deswegen wurde der Angriff auf den 15. Mai verschoben. Kesselring hatte die 90. PzGren Div aus der Küstenüberwachung frei gegeben. Das PzGren Rgt 200 der Division war zur 71. Inf Div abgestellt worden. Ab dem 16. Mai übernahm General Baade mit seiner Division die Führung im Liri-Tal. Der dritte Führungswechsel innerhalb weniger Tage spricht nicht für wohl überlegte Entschlüsse auf deutscher Seite. Bevor General Ortner für andere Aufgaben herausgezogen wurde, hatte er in einer Lagebeurteilung empfohlen, auf den Senger-Riegel zurückzugehen. Dieser Empfehlung waren jedoch Feurstein – der dies nicht entscheiden konnte – und auch Kesselring nicht gefolgt.[23] Wozu war der Senger-Riegel festgelegt und vorbereitet worden, wenn nun versucht wurde, vorwärts des Senger-Riegels mit allen Mitteln eine neue Stellung aufzubauen? Die 78. (BR) Div überschritt am 15. Mai die Straße Pignataro – Cassino, die zunächst übergesetzte Brigade ging, wie vorgesehen, in Richtung Straße Nr. 6 vor. In der Nacht 15./16. Mai wurde Pignataro genommen. Am Abend des 15. Mai hatte Leese noch entschieden, das I. (CA) Korps in die Schlacht einzuführen und dabei die 8. (IND) Div abzulösen.

Durchbruch des CEF durch die deutschen Stellungen, Vorstoß des II. (US) Korps entlang der Küste

Um den Operationsplan der 5. (US) Armee hatte es innerhalb des Stabes der Armee und zwischen Clark, General Keyes, dem KG des II. (US) Korps und General Juin ausführliche Diskussionen gegeben. Diese hatten unterschiedliche Gründe. Zunächst hatte General Alexander der 5. (US) Armee nur eine Nebenrolle zugedacht zur Unterstützung des Hauptstoßes der 8. (BR) Armee, dann bot der Gefechtsstreifen für die Armee nur eine natürliche Achse zum Vorgehen auf Rom im Zuge der Straße Nr. 7, diese war aber sehr schmal, während der weit überwiegende Teil des Gefechtsstreifens aus einer anscheinend unzugänglichen Gebirgslandschaft bestand, durch die es kaum Bewegungsachsen gab. Ein Vorteil dagegen war, dass durch den Brückenkopf, den das X. (BR) Korps im Januar geschaffen hatte, ein Übergang über den Garigliano nicht mehr nötig war.[24] Erstaunlicherweise hatten sich Clark und sein Stab bei den ersten Überlegungen zum Operationsplan auf den nördlichen Teil des Gefechtsstreifens konzentriert: Hatte das CEF aus dem Brückenkopf heraus Durchgänge durch die Aurunci-Berge geöffnet, sollte anschließend im Zuge der Achse Esperia – Pico – Pontecorvo – Ceccano weiter angegriffen werden, dabei hatte das II. (US) Korps das CEF im Angriff abzulösen. Noch eine Ergänzung: Clark wollte sich mit der Unterstützungsrolle für die 8. (BR) Armee auch aus Gründen des persönlichen Ehrgeizes nicht abfinden. Die untergeordnete Rolle seiner Armee wurde nicht nur im vorgegebenen Operationsziel deutlich (allerdings hatte Alexander für das VI. (US) Korps im Brückenkopf von Anzio eine sehr bedeutsame Aufgabe vorgesehen), sondern auch in der Zuweisung der Luftunterstützung. Hier hatte der britische General eine Rate 70:30 zu Gunsten der 8. (BR) Armee eingeplant. Auch Juin gefiel die Aufgabe nicht, die Clark für das CEF vorsah. Die Stärke des französischen Korps mit mittlerweile vier Divisionen, vor allem die speziellen Fähigkeiten beim Kampf im Gebirge, wurden dem nicht gerecht. Juin drängte auf einen Ansatz beider Korps nebeneinander, wobei das CEF auch in der Achse Esperia – Pico angreifen würde, mit einer zweiten Achse aber auch direkt über das Massiv Mt Petrella. Auch das II. (US) Korps würde nach seinen Vorstellungen nicht nur im Zuge der Küstenstraße, sondern auch südlich des Petrella-Massivs durch die Aurunci-Berge vorgehen. Keyes, der schon im Januar einen Angriff durch das Gebirge vorgeschlagen hatte, teilte die Gedanken Juins, beide überzeugten Clark von den Vorteilen dieses Operationsplans. Clark stimmte auch deswegen zu, weil aus der Unterstützungsaktion eine eigenständige Operation geworden war, mit der er sich im Vergleich zur 8. (BR) Armee ebenso gute Chancen ausrechnen konnte, dass er derjenige sein könnte, der Rom, die italienische Hauptstadt, das Prestigeobjekt, einnehmen würde. Clarks Absichten wurden hier so ausführlich dargestellt, weil er sie in den nächsten Wochen mit außerordentlicher Konsequenz verfolgte und durchsetzte. Das II. Korps führte die 88. (US) Inf Div und die 85. (US) Inf Div, beide seit Februar beziehungsweise März auf dem Kriegsschauplatz, sie waren aber noch nicht im Kampf gestanden und würden im Rahmen der Operation Diadem ihre Feuertaufe erleben. Juin verfügte über die beiden erfahrenen Divisionen der 2.D.I.M. und 3. D.L.A., mittlerweile waren ihm die 4. D.M.M. (eine Gebirgsdivision) und ab Ende April/Anfang Mai die 1. D.M.I. zugeführt worden. Für den Vorstoß durch das Gebirge bildete er ein provisorisches Gebirgskorps, das aus der 4. D.M.M. und den Tabor-Gruppen bestand. General Guillaume führte die Tabors, General Sevez, der Kdr der 4. D.M.M., das Gebirgskorps. Die 1. D.M.I. gedachte Juin im bewegungsgünstigeren Gelände im Nordteil des Gefechtsstreifens, im Zuge der Ausgänge zur Liri-Ebene, einzusetzen. Die 5. Armee wurde durch 600 Artilleriegeschütze unterstützt. Die 1.D.M.I. war, wie ausgeführt, erst spät auf dem Kriegsschauplatz eingetroffen. Im Kapitel 4[25] wurde über die Schwierigkeiten bei der Aufstellung dieser Division berichtet. Sie setzte sich aus freifranzösischen Verbänden (Forces Françaises Libres, F.F.L.) der de Gaulle-Bewegung zusammen, die bereits im Rahmen der 8. (BR) Armee in Nordafrika gekämpft hatten. Das CEF dagegen bestand fast ausschließlich aus Truppen, die der Vichy-Regierung unterstanden hatten und lange Zeit bestand ein Dissens darüber, wer die „richtigen" Franzosen gewesen waren.[26] Dieser Dissens spielte offenbar nach kurzer Zeit im CEF keine Rolle mehr. Trotz amerikanischer Ausrüstung war die Division noch nach britischem Vorbild in Brigaden gegliedert.

Der Angriff der 5. Armee am 11./12. Mai traf auf die 94. Und 71. dt. Inf Div, den Bataillonen des II. (US) Korps standen dabei die Regimenter 267 und 274 gegenüber, die Front gegenüber den Franzosen im Brückenkopf wurde im Wesentlichen durch die Kampfgruppe Nagel und das Rgt 191 gehalten. Nach der Wegnahme eines Höhengeländes um die Ortschaft S. Maria Infante zur Öffnung des Tales Richtung Ausonia mussten die beiden Divisionen des II. Korps, die 88. Div rechts, die 85. Div links, nach Westen einschwenken und südlich von Spigno parallel zur Küste angreifen. Nach der Wegnahme des Höhenblocks Mt Maio – mit der Wegnahme beherrschte man das Ausonia-Tal – wollte Juin im Zuge der Achse Mt Fuga – Pico angreifen, wobei das provisorische Gebirgskorps sofort Angriffsrichtung nach Westen über den Mt Petrella zu nehmen hatte, in Richtung der Lateralstraße Itri – Pico. Hatte man diesen Raum gewonnen, dann stand man bereits vor dem Senger-Riegel. Die Artillerieunterstützung am 11. Mai im Abschnitt der 5. (US) Armee war so, wie einleitend insgesamt beschrieben. Einer Lagebeurteilung am Abend des 12. Mai, nach dem Angriff der Infanterieverbände zufolge, war der Angriffserfolg wie bei den anderen Korps enttäuschend. Die beiden US-Divisionen hatten ihre ersten Angriffsziele nicht genommen. Die 94. Inf Div leistete nachhaltigen Widerstand, der auch die deutsche Führung überraschte. Der Schwerpunkt des Angriffs des CEF mit der 2. D.I.M. zur Wegnahme des Mt Maio hatte sich gegen den linken Flügel der 71. Inf Div. gerichtet. Durch die alliierte Artilleriewirkung hatte diese Division bereits schwere Verluste erlitten. Dennoch war es den Franzosen nicht gelungen, den Mt Maio einzunehmen. Im Gegensatz zum LI. Geb Korps wurde beim XIV. Pz Korps der Angriff nicht schon als der Beginn einer alliierten Großoffensive eingeordnet. Der abwesende Chef des Stabes wurde durch Major i.G. Oster, den 1. Generalstabsoffizier, vertreten. Für das folgende Geschehen ist eine Anmerkung in Bezug auf die 15. PzGren Div nötig. Lange war geplant gewesen, mit der Ablösung dieser Division durch die 71. Inf Div eine bewegliche Reserve für die Armee oder das Korps zu schaffen. Nun hatte man die Division sozusagen bataillonsweise aufgeteilt, zwei Bataillone des PzGren Rgt 115 waren bei der 44. Inf Div eingesetzt, ein weiteres Bataillon bei der Kampfgruppe Nagel. Die Division selbst stand in der Küstenüberwachung zwischen Gaeta und Terracina (!), an größeren Verbänden führte sie nur das PzGren Rgt 104. Im Prinzip hatte das XIV. Pz Korps daher keine Reserve. Für den 13. Mai hatte General Juin mit Nachdruck befohlen, die vorgegebenen Angriffsziele zu nehmen. Dieser Tag wurde auch ein erfolgreicher Tag für das CEF: Bis zum Nachmittag wurde durch die 2. D.I.M der Mt Maio genommen, der 1. D.M.I. gelang die Einnahme von S. Andrea und S. Ambrogio, gegen Teile der Kampfgruppe Nagel, die bereits zurückgingen, stieß man auf S. Appolinare vor. Rechts neben den Amerikanern war es der 3. D.I.A. gelungen, Castelforte einzunehmen. Noch lagen die Amerikaner des II. (US) Korps gegenüber der 94. Inf Div fest. Mit der Beherrschung des Ausonia-Tales setzte Juin für den 14. Mai neue weitreichende Ziele: Um den Einbruch in die Gustav-Linie zum Durchbruch zu erweitern, musste das Gebirgskorps, wie geschildert, in Richtung Petrella abdrehen, die 2. D.I.M. griff zusammen mit der 1. D.M.I. in Richtung Esperia und zu den Ausgängen zur Liri-Ebene an. Wesentliche Teile des linken Flügels der 71. Inf Div waren zerschlagen, trotz der Ankündigung, dass der 71. Div das PzGren Rgt 200 der 90. PzGren Div zugeführt würde (regimentsweiser Einsatz auch hier!), kündigte General Raapke, der Kdr der 71. Inf Div, dem Korps an, dass er innerhalb von 24 Stunden auf die Dora-Linie zurückgehen müsse.

Am 14. Mai gab die Kampfgruppe Nagel S. Giorgio am Liri auf. Das PzGren Rgt 200 wurde zum Auffangen eingesetzt. Der gesamte linke Flügel der 71. Inf Div war nun zerschlagen. In den Morgenstunden dieses Tages hatten die Amerikaner S. Maria Infante genommen und setzten ihren Angriff südlich des Petrella-Massivs fort. Begünstigt wurde ihr Angriff dadurch, dass die 94. Inf Div nicht die bisherigen Stellungen halten konnte, wenn der linke Nachbar zurückging. Bisher war man davon ausgegangen, dass man eine neu aufzubauende Front noch vorwärts des Senger-Riegels an den Stellungen der 94. Inf Div verankern konnte. Dies war nun nicht mehr möglich. Kesselring verlor die Kontrolle über sich, er machte General Steinmetz heftige Vorwürfe, dieser wurde später von seinem Kommando abgelöst. Im ehemaligen Gefechtsstreifen der 71. Inf Div verteidigten am 14. Mai von Nord nach Süd die Kampfgruppe Nagel, das PzGren Rgt 200 und die Kampfgruppe Matthes, gebildet aus Restteilen der Regimenter der 71. Inf Div. Kesselring gestattete auch der 94. Inf Div das Zurückgehen auf die Dora-Linie. Die Lage entwickelte sich dramatisch zu Ungunsten des XIV. Pz Korps. Am 16. Mai stand die 3. D.I.A. vor Esperia, am Morgen erreichte die 12. Tabor-Gruppe den Mt Revole, wenige Kilometer ostwärts des Senger-Riegels, am Ausgang der Aurunci Berge. General Guillaume operierte im freien Raum! Er hatte zunächst keinen Gegner mehr vor sich. Am 15. Mai hatte Kesselring angeordnet, die 305. Inf Div und die 334. Inf Div aus der Adria-Front herauszulösen und sie durch die 278. Inf Div, die von der Armeegruppe von Zangen antransportiert wurde, zu ersetzen. Zudem waren einzelne Bataillone der 26. Pz Div zur Stabilisierung bestimmter Frontabschnitte herangeführt worden. Wenn Kesselring angeordnet hatte, dass man nun auf den Senger-Riegel zurückgehen wollte, dann wäre es Zeit gewesen, eher einen „großen" operativen Entschluss zu fassen, als weiterhin Flickschusterei mit dem Einsatz einzelner Bataillone und Kompanien zu betreiben. Dabei war auch zu entscheiden, ob es sinnvoll war, eine neue Front im Zuge des Senger-Riegels aufzubauen. Je länger die 10. Armee im Süden hielt, desto mehr stieg die Gefahr, dass das VI. (US) Korps mit einem Angriff aus dem Brückenkopf heraus ihr in den Rücken stoßen würde.

Massaker in den Aurunci-Bergen

Schon im Kapitel 4 wurde berichtet,[27] dass die Auffassungen der nordafrikanischen Stammeskrieger von ihrer Art, Krieg zu führen, sich auch im modernen Krieg nicht geändert hatten. Von der Genfer Konvention zum Schutz der Kriegsgefangenen wusste man nicht viel, mit dem Besitz, dem Leben und im extremem Umfange mit den Körpern der „befreiten Bevölkerung" konnte nach Gutdünken verfahren werden. Widerstand steigerte noch den Willen, das Gewünschte mit Gewalt durchzusetzen. Die Gewaltaktionen breiteten sich geradezu epidemisch aus, den Höhepunkt hatten sie in der zweiten Hälfte des Mai, nachdem gerade die nordafrikanischen Truppen den Durchbruch durch die Aurunci-Berge herbeigeführt hatten, sie erfolgten aber auch in den Bergen von Ausonia und in den Tälern der Ciociaria. Für die schlagartige Zunahme werden verschiedene Erklärungen gegeben: Von ihren alliierten Kameraden waren die Franzosen lange Zeit in ihren Beiträgen zu den Operationen missachtet worden, nun waren sie die Sieger! Da man die schwierigste Aufgabe aller Korps zu erfüllen hatte, kann es sein, dass man der

Truppe für den Erfolgsfall Versprechungen gemacht hatte, vor allem in der Art, die Vorgesetzten würden nicht so genau hinsehen, wenn man sich das nahm, von dem man glaubte, es würde einem zustehen. Bruno d'Epiro gibt einen angeblichen Befehl Juins wieder (dieser war mit der Motivationslage der eingeborenen Truppen sehr gut vertraut), mit dem er seinen Goumiers für 50 Stunden freie Hand versprochen hatte.[28] Dieser Befehl kann nicht belegt werden. Auffällig ist aber, dass Juin die Vorfälle in den Aurunci-Bergen an keiner Stelle erwähnt. Vielleicht bedurfte es eines Aufrufs nicht? General Sevez soll die Soldaten des ad hoc zusammengestellten „Corps de Montagne" aufgerufen haben: Vorwärts im Namen Allahs! In Esperia, wo sich ein Großteil der Schandtaten ereignen sollte, war allerdings die 3. D.L.A. eingesetzt.

Atkinson gibt an, dass italienische Regierungsstellen mehr als 5 000 Verbrechen aller Art, die an der italienischen Bevölkerung begangen worden seien, dokumentiert hätten. Verbrechen an deutschen Kriegsgefangenen wurden natürlich durch die Italiener nicht dokumentiert. Über 700 Notzuchtverbrechen unterschiedlicher Intensität seien alleine in der Provinz Frosinone verübt worden. Die Art der Verbrechen reichte von Diebstahl, Plünderung und Raub zu Vergewaltigungen (das übliche Verbrechen, das oft weitere nach sich zog) bis zum Mord, wobei häufig Verwandte, welche der Vergewaltigung von Familienangehörigen entgegentreten wollten, umgebracht wurden. Auch der Pfarrer von Esperia, Don Terilli, verlor sein Leben, als er zwei junge Mädchen schützen wollte. „Unsere Soldaten erleiden seelische Qualen, und sie berichten, lieber würden sie marokkanische Goums erschießen als die Deutschen".[29] Penacchi gibt an, gestützt auf das, was heute noch in der Erinnerung der Bevölkerung lebt, und von Generation zu Generation weitergegeben wird, 2 000 Frauen sowie 800 Männer seien durch „I marocchini" vergewaltigt worden, die Dunkelziffer würde bei 60 000 Vergewaltigungen liegen, weitere 800 Männer seien ermordet worden, weil sie für ihre Frauen, Töchter oder Mütter eingetreten waren, um sie vor Gewalthandlungen zu schützen.[30] Wie eine Abbildung im Bildteil zeigt, wurden auch Frauen von weit über 80 Jahren nicht verschont. Ähnlich wie beim Einmarsch der Roten Armee 1945 in Ostdeutschland fielen bis zu 40 Mann über ein Opfer her. Manchmal rächten sich die Dorfbewohner, indem sie einzelne Soldaten überfielen, kastrierten und dann erschlugen. Die Beschwerden der alliierten Offiziere waren zahlreich: „Einige französische Offiziere reagierten mit einem ‚na und – Achselzucken'" (so schildert es ein amerikanischer Offizier), andere schlugen vor, es sei als gerechte Strafe für die Italiener anzusehen, die gemeinsame Sache mit Hitler gemacht hätten. Juin wendete sich gegen Aktionen von Banditentum und meinte, „Wir müssen eine Haltung von Würde bewahren, wie stark auch unsere Gefühle gegen eine Nation eingestellt sind, die Frankreich verbrecherisch betrogen hat." John Glenn Craig, ein amerikanischer Leutnant: „Die Beschwerden wurden dem zuständigen General vorgetragen, der nur lachte und sagte, ‚das ist der Krieg'". Nur wenn es gar nicht anders ging, wurden Gewaltverbrecher, wenn sie gefasst werden konnten, exekutiert oder mit Gefängnisstrafen bis zu fünf Jahren belegt. Von den vielen Autoren, die den Vorstoß der Alliierten auf Rom schildern, gehen nur wenige auf die Verbrechen der nordafrikanischen Truppen ein. Ausführlich und mit aller Deutlichkeit berichten nur Rick Atkinson und Michael Parker. Selbst die literarische Aufbereitung in Alberto Moravias Buch „La Ciociara", auf deutsch übersetzt mit „Cesira", in den fünfziger Jahren hat nicht dazu geführt, diesem Ereignis in der breiten Öffentlichkeit ein dauerndes Gedenken

Fallschirmjäger bereiten einen Gegenstoß vor

*Oberleutnant Eckel, Chef der 14. (PzJg)
Kp des FschJg Rgt 3*

IWM MH 6352

Fallschirmjäger im Feuerkampf

Polnische Soldaten
im Angriff

Oberst v. Behr, Kdr des PzGren Rgt 200/
90. PzGren Div

Jäger Fries, der im Raum Pontecorvo 22 Panzer
abgeschossen hat

Häuserkampf
in Cassino

Fallschirmjäger in der Gegend Cle d'Onofrio

Major v. Uslar,
Kdr der Pz Abt 190/90. PzGren Div

Sherman Panzer im Ruinenfeld

*Deutsche Fallschirmjäger
bergen einen
verwundeten Gegner*

*Maj. Fitz, Führer einer
Kampfgruppe „HG"*

*Mussolini mit General Bessell, der den Ausbau der Gustav-Linie und
der Goten-Linie leitete*

zu verschaffen. Parker und Malaparte geben an, dass Papst Pius XII. darauf gedrungen habe, dass die „Goumiers" nicht mit einer Delegation von Truppen am triumphalen Einmarsch der alliierten Verbände in Rom teilnehmen durften.[31] Die Liberazione, an der man angeblich selbst so stark mitgewirkt hatte, überdeckt alles. Wie will man Truppen, die Italien vom Nazi-Terror befreit haben, weit verbreiteter Verbrechen beschuldigen? Ein Ermittlungsverfahren und wenigstens eine Anklage müsste, wenn man nur wollte, ebenso möglich sein, wie man ehemalige deutsche Soldaten, in der Regel im 90. Lebensjahr, wegen Kriegsverbrechen vor Gericht stellt. Die nordafrikanischen Truppen wurden nach der Einnahme von Siena zum Landeunternehmen nach Frankreich verlegt, sie marschierten das Rhône-Tal nach Norden hinauf und drangen im Frühjahr 1945 in Süddeutschland ein. Ebenso wie in Italien wurde der Begriff „Marokkaner" zu einem Schreckenswort. Die Verbrechen nordafrikanischer Truppen in Süddeutschland sind in den Heimatchroniken der Dörfer und Städte dokumentiert. In einer Chronik, die dem Verfasser zur Verfügung stand, wird über umfangreiche Notzuchtverbrechen und Morde berichtet. Allerdings sei Oberst Gandoet, der Erstürmer des Cle Belvedere, mittlerweile Regimentskommandeur, mit drastischen Strafen dagegen vorgegangen. Von anderen „weißen" französischen Offizieren kann man eher das Gegenteil sagen.[32] Alle Truppen in allen Kriegen und auf allen Kriegsschauplätzen begehen trotz der Erziehung zur Einhaltung ethischer Standards und trotz verbindlicher internationaler Regeln Kriegsverbrechen. Im Kapitel 11 werden deutsche Kriegsverbrechen behandelt. Wie stand es mit den Alliierten? Gerade von US-Autoren werden Kriegsverbrechen in einem erstaunlichen Umfang eingeräumt. Sie reichten von Raub und Plünderung gegenüber Italienern bis zur Erschießung deutscher Kriegsgefangener. Im Kapitel 3 wurde als spezieller Vorfall das Massaker von Biscari angesprochen, bei dem durch eine US-Einheit insgesamt 72 Kriegsgefangene ermordet worden sind, die Masse Italiener, darunter aber auch einige Deutsche. Einer der Täter, ein Feldwebel, wurde formell zu einer lebenslangen Freiheitsstrafe verurteilt, nach einem Jahr aber amnestiert und – degradiert – wieder an die Truppe überführt. Der zweite Täter, ein Kompaniechef, wurde freigesprochen und kehrte sofort zu seiner Division zurück. Später fiel er im Einsatz. Für den Feldwebel hatte General Eisenhower persönlich in das Verfahren eingegriffen.[33]

Die Polen auf dem Cassino-Berg[34] (Lagekarte 23)

Im Zusammenhang mit dem nur langsamen Vorrücken des XIII. Korps in der Liri-Ebene war die Fortsetzung des Angriff des polnischen Korps mehrfach verschoben worden, zuletzt vom 16. Mai auf den 17. Mai, weil man erwartete, dass dann die 78. (BR) Div die Via Casilina erreicht haben würde. Im Operationsplan blieben General Anders nicht viele Änderungen übrig: Beide Divisionen griffen unverändert mit den gleichen Stoßrichtungen an. Einige Änderungen wurden jedoch vorgesehen. Die 5. Div nahm mit fünf angreifenden Bataillonen eine tiefere Gliederung ein, bei der Wegnahme von Zwischenzielen sollten keine Konsolidierungen mit der Ablösung von Verbänden erfolgen, nach der Wegnahme der Höhe 593/569 hatte ein Bataillon der 3. Div auch südlich der Höhe 569 vorbei auf die Massa Albaneta anzugreifen. Sobald die Massa Albaneta genommen war, sollte im Tal zur 78. (BR) Div Verbindung gesucht werden, die Wegnahme des „Balkons" würde erst danach erfolgen. Schließlich war der Zeitpunkt des Angriffs auf den Klosterberg durch General Anders selbst festzulegen.[35] Der Angriff der 5. Div wurde durch den stellvertretenden Divisionskommandeur geführt. Entgegen der eigenen Absicht entwickelte sich aus einem Vorausangriff in der Nacht 16./17. schon der Kampf um den Phantomrücken. In der Nacht wehrten sich die Gebirgsjäger so erbittert gegen die Wegnahme ihrer Stellungen, dass die Polen keinen einzigen Deutschen gefangen nahmen. In den Morgenstunden des 17. Mai setzten Gegenangriffe des II./100 ein. Um die Einnahme des Cle S. Angelo entstand Konfusion. Mehrfach wurde gemeldet, die Polen hätten ihn genommen. In Wirklichkeit blieb der Gipfel der Höhe im Besitz der Fallschirmjäger und Gebirgsjäger, nur einige Hänge wurden vorübergehend besetzt. Das angeschlagene 13. Btl der 5. Div weigerte sich im starken Artilleriefeuer weiter anzugreifen. „Einige Soldaten verweigerten den Befehl mit den Worten: ‚Es ist mir gleich, wo ich sterbe!'"[36] In die Kämpfe um den Cle S. Angelo haben offenbar auch Teile von Hoch 4 eingegriffen, die vom linken Flügel der Division herangezogen worden waren. Auf polnischer Seite wuchsen die Verluste, angeschlagene Verbände wurden zusammengefasst und aus den Divisionstruppen ad hoc Bataillone gebildet. Wenn beschrieben wird, dass das 13. Btl der Wilna Brig nach „drei Wochen Hauptkampflinie" völlig erschöpft war, dann muss man fragen, von welchem Zustand man beim FschJg Rgt 3, das seit Ende Februar im Raum Cassino eingesetzt war und das Martyrium der 2. Cassino-Schlacht erlitt, ausgehen musste? Am Abend des 17. Mai hatte die 5. Div kein einziges ihrer Angriffsziele erreicht. Ein angesetzter Panzerangriff im Zuge der Cavendish Road wurde abgewiesen. Das I./FschJg Rgt 3 behauptete die Kuppe des S. Angelo. Die Verluste unter den Führern auf polnischer Seite waren sehr schwer gewesen. Oberst Kurek, der Kdr der Wilna Brig, war gefallen, ebenso der Kdr des 13. Btl und die Stellvertreter bei den Btl 13 und 17. Verwundet wurden die Kdr des 15. und des 18. Btl. Am Abend des 17. Mai informierte Anders seine Divisionskommandeure, dass er erwarte, der Feind würde sich in der kommenden Nacht zurückziehen. Mittlerweile hatten Kesselring/Vietinghoff den Befehl zur Räumung des Raumes Cassino erteilt. Möglicherweise wurde dieser Befehl über „Ultra" abgehört und an die Korps weitergegeben. Anders befahl der 5. Div für die Nacht, zur Verteidigung überzugehen. Die 3. Div hatte ebenfalls schon in der Nacht 16./17. Mai einen Stoßtrupp des 4. Btl auf die Höhe 593 angesetzt. Dieser Stoßtrupp wurde abgewiesen, verblieb aber am Feind.[37] Mit dem Morgengrauen des 17. Mai griff das 4. Btl auf die Höhe an. Da es der Wilnaer Brigade nicht, wie geplant, geglückt war, gegen den Cle S. Angelo vorzugehen, gerieten die Polen in ein fürchterliches Kreuzfeuer von diesem Hügel her, wie ihre Vorgänger am 12. Mai. Auch beim Kampf um diese Höhe entstand durch Angriff und Gegenstoß ein unüberschaubares Durcheinander. Der Bataillonskommandeur, Oberstleutnant Fanslau, fiel am Nachmittag. Major Veth, der Kdr des II./Fsch 3., schrieb über die Verhältnisse auf diesen Höhen in seinem Tagebuch: „Verwundetenabtransport unmöglich – Feind schießt dauernd Nebel – Sehr viele Tote vor den Höhen – Gestank – Kein Wasser – Kein Schlaf seit drei Tagen – Amputationen im Gefechtsstand …"[38] Der Angriff der 2. Karpaten Brig scheiterte erneut. Auch die Deutschen hatten fürchterliche Verluste erlitten. Von der 1. Kompanie, welche die Höhe 593 mit verteidigt hatte, waren nur noch ein Offizier, ein Unteroffizier und ein Mannschaftsdienstgrad einsatzfähig. Auch die beiden Angriffe mit

Panzerunterstützung auf die Massa Albaneta waren gescheitert. Sobald das angreifende 6. Btl aus dem Sichtschutz der Höhe 593 herausgetreten war, geriet es in den Wirkungsbereich aller Waffen, auch schwerer Waffen.

Wie von General Anders richtig vermutet, hatte die 1. FschJg Div in der Nacht 17./18. Mai den Befehl erhalten, die Cassino-Stellung aufzugeben. Mit einem etwas sonderbaren Stolz wird in der Nachkriegsliteratur bei den Fallschirmjägern hervorgehoben, dass General Heidrich es nicht eilig hatte, diesem Befehl nachzukommen. So verständlich es war, das Gelände nicht preisgeben zu wollen, das von Anfang Februar nun bis Mitte Mai auch durch seine Division gehalten worden war, und das so viele blutige Opfer unter seinen Soldaten gekostet hatte, man muss von einem Divisionskommandeur mehr als Prestigedenken erwarten: Die taktische Lage in der Liri-Ebene war eindeutig, die Division war praktisch umgangen, ein weiteres Halten, das über den Zwang hinausging, den Rückzug zu decken, würde nur weitere Opfer kosten, die bei späteren Einsätzen fehlen würden. Wie Kesselring äußerte, musste Heidrich der Befehl zur Räumung aufgezwungen werden.[39] Am Vortage waren bereits die Kräfte, die im Südteil der Stadt und in der Nähe Bahnhof eingesetzt gewesen waren, zurückgenommen worden. Sie mussten über Bergpfade ausweichen, soweit das Gerät und die Ausrüstung dies gestattete, ansonsten wären sie bereits abgeschnitten gewesen. Das II./FschJg Rgt 4 aus dem Nordteil der Stadt musste über den Klosterberg zurückgehen, der noch vom I. Btl besetzt war. Die 1. (BR) Garde Brig und die 10. (BR) Brig der 4. Div säuberten das Stadtgebiet von einigen abgeschnittenen Feindteilen und von einigen Trupps, die beim Rückzug „vergessen" worden waren und die sich nun den Briten ergaben. Ab 10.00 Uhr morgens war das Trümmerfeld von Cassino in britischer Hand. Die polnischen Brigaden, die das Ausweichen der Deutschen erkannt hatten, stießen nach. Ben Arie spricht in einem Kapitel über den Abschluss der 3. Cassino-Schlacht in seinem glänzend geschriebenen Buch von einem „Sieg" der Polen. Man mindert die Leistung der polnischen Soldaten keine Sekunde, wenn man Zweifel darüber äußert, ob der zweite Angriff am 17. Mai mit einem Sieg geendet hatte. Die Schützen und Panzersoldaten der polnischen Divisionen besetzten ihre Angriffsziele, die Höhe 593, die Massa Albaneta, den Cle S. Angelo, nachdem sie von den abziehenden Fallschirmjägern nur noch im Verlauf von Rückzugsgefechten verteidigt worden waren. Dies geschah im Laufe des Vormittags des 18. Mai. General Duch, der Kdr der 3. Div, hatte gegen 08.00 Uhr dem Podolsker Ulanen Rgt 12 den Auftrag gegeben, mit einem Stoßtrupp zur Klosterruine vorzugehen. Der Stoßtrupp erreichte kurz vor 10.00 Uhr die Ruine und besetzte sie kampflos. Nach den Angaben des verantwortlichen Offiziers, des Oberleutnants Gurbiel, fand er dort nur 17 deutsche Verwundete vor, die nicht transportfähig gewesen waren. Im Klosterhof stießen die polnischen Soldaten auf die kopflose Statue des Hl. Benedikt. In seiner Nähe lag die halb beerdigte Leiche eines deutschen Soldaten, „der Gestank der Verwesung lag über dem Hügel, und ein leichter Wind machte ihn noch weniger erträglich." Bis 10.20 Uhr wurde die weiße-rot Fahne mit dem polnischen Adler über der Ruine gehisst.[40] Beim Nachdrängen auf den Phantomrücken, auf der Höhe 706, und auf dem Mt Castellone stieß die 5. (POL) Div auf den nicht erschütterten Widerstand des II./GebJg Rgt 100 und des Hoch-GebJg Btl 4, die den Rückzug ihrer Kameraden deckten. Stellvertretend für alle Soldaten sollen die Namen der beiden Kommandeure genannt werden: Es waren Hauptmann Zwickenpflug vom

II./100 und Hauptmann Schönleben von Hoch 4. Drehpunkt beim Absetzen auf den Senger-Riegel waren Passo und Pizzo Corno unterhalb des Mt Cairo. Sie mussten zunächst gehalten werden. Zur Absicherung des Rückzuges wurde ein Zug unter dem Oberfähnrich Keck eingesetzt. Er hatte sich schon am 12. Februar beim Gegenangriff auf dem Mt Castellone trotz seiner Jugend als besonders mutiger und zuverlässiger Soldat erwiesen. Ihm sollen die letzten Sätze der Schilderung über die 3. Cassino-Schlacht gelten. Seinem Einsatz ist es zu verdanken, dass die Gebirgsjäger und Fallschirmjäger geordnet zurückgehen und der Senger-Riegel im Raum Piedimonte, wie geplant, besetzt werden konnte. Als die Munition verschossen war, das Sperrfeuer der Artillerie zur Unterstützung ausblieb und die Stellung Kecks umgangen war, musste sich der Oberfähnrich schweren Herzens dem angreifenden polnischen Regiment ergeben. Die abgekämpften polnischen Bataillone kamen im Gebirge nur langsam voran. Bis zum 25. Mai wurde der Raum Piedimonte gewonnen. Man könnte geneigt sein, an dieser Stelle eine Würdigung über die drei Cassino-Schlachten einzufügen. Dies wird erst später geschehen.

Noch heute streiten sich die Spezialisten der Operationsführung darüber, ob nicht andere Lösungen als die Wegnahme des Höhenblocks als Voraussetzung für den Vorstoß im Liri-Tal möglich gewesen wären. Die Leistung der Soldaten auf beiden Seiten berührt die Frage nach Sinn oder Unsinn nicht. Wenn man aber eine Frage stellen will, dann ist sie sicherlich in Bezug auf den zweiten Angriff des polnischen Korps gerechtfertigt. Wie erwähnt, war die Stellung der 1. FschJg Div am Morgen des 17. Mai umgangen. Das CEF stand südlich des Liri schon vor dem Senger-Riegel. Auch bei etwas mehr Geduld auf Seiten des OB der 8. (BR) Armee, General Leese, wäre die Aufgabe der Cassino-Stellung unabwendbar gewesen. Etwas anders muss die Verteidigung noch am 17. Mai auf deutscher Seite beurteilt werden. Im Raum Mt Cairo-Terelle lief der Senger-Riegel aus Richtung Piedimonte ansteigend aus. Ein zumindest zeitlich begrenztes Halten vor dem Senger-Riegel für das Aufschließen der Verbände im Liri-Tal war durchaus zweckmäßig.

Durchbruch des Senger-Riegels (Lagekarte 24)

Bevor im letzten Abschnitt dieses Kapitels der Durchbruch nach Rom und dessen Einnahme behandelt wird, gilt es, im Zusammenhang mit dem Durchbrechen des Senger-Riegels eine kurze Betrachtung über die Operationsführung der Deutschen im Zeitraum Mitte Mai bis Anfang Juni einzufügen. Hierbei müssen einige Gegebenheiten wieder in die Erinnerung gerufen werden. Der Senger-Riegel war befohlen worden, damit der Gegner, wenn er, was zu erwarten war, mit Schwerpunkt westlich des Apennin angreifen würde, südlich von Rom drei Stellungen zu überwinden hatte. Anfang März, nachdem der deutsche Gegenangriff auf den Brückenkopf von Anzio gescheitert war, wurde durch den OB Südwest angeordnet, die Cäsar-Linie südlich von Rom mit hoher Dringlichkeit auszubauen. Sie erstreckte sich von Küste zu Küste. Auch wenn man entlang der Adria-Küste keine weiteren Angriffe der Alliierten erwartete, ausschließen konnte man sie nicht. So waren hier zwei Divisionen gegenüber dem V. (BR) Korps belassen worden. Kesselring war in seiner Operationsführung nicht frei, er war ständigen Eingriffen aus dem FHQ ausgesetzt.

Beim Vorstoß auf die Pontinische Ebene und den Brückenkopf durchbrach das II. (US) Korps am 21. Mai den Senger-Riegel. Im Zentrum wurde er vom CEF am 22. Mai durchstoßen und vom I. (CA)

Korps im Liri-Tal am 23. Mai. Von der Verteidigung hatte sich die Führung der HGr C und der 10. Armee mehr erwartet. Dass nicht länger verteidigt worden ist, war jedoch nicht Schuld der Truppe. Es war die Schuld der Führung, dass man sich bei Kämpfen vorwärts des Senger-Riegels verzettelte und dass die herangeführten Bataillone und Kompanien nicht zur zeitgerechten Besetzung der Stellung und zur Aufnahme der zurückgehenden Kräfte eingesetzt wurden. Die Verbände kannten die zu besetzenden Abschnitte nicht, Aufnahmetruppen standen nicht zur Verfügung, mit den Bataillonen, die sozusagen kehrt machen sollten, um dann sofort den Riegel zu verteidigen, lief gleichzeitig der Feind auf.[41] Trotz der demoralisierenden Lage hatte die Truppe aufopferungsvoll gekämpft. Aus den vielen Hundert möglichen Beispielen werden zwei herausgegriffen. Am 21./22. Mai schoss der 17-jährige Herbert Fries als Richtschütze eines fest installierten Panther-Turms (auf einen Betonsockel montiert) in der Nähe von Pontecorvo als Angehöriger der FschPzJg Abt 1 22 feindliche Panzer ab. Die Verbände führten aber das Gefecht auch aktiv. Aus eigenem Entschluss führte der Major von Uslar, Kdr der Pz Abt 190, am 17. Mai ebenfalls im Raum Pontecorvo einen Gegenangriff, bei dem eingeschlossene Kräfte in der Stärke von zwei Bataillonen frei gekämpft wurden und deckte dann das Ausweichen auf eine neue Widerstandslinie. Beide Soldaten, der Jäger und der Major, wurden mit dem Ritterkreuz ausgezeichnet.[42]

Kesselring hatte, wie ausgeführt, angeordnet, dass die beiden Divisionen der Korpsgruppe Hauck zur Verteidigung des Raums südlich von Rom herangezogen werden sollten. Trotz des Heranführens einer (unerfahrenen) Division wurde damit der Raum ostwärts des Apennin aufgegeben. Die Tragweite dieser Entscheidung wird klar, wenn man sich die Lage vor Augen führt, die eingetreten wäre, wenn die angreifenden alliierten Armeen in der Senger-Stellung wirklich aufgefangen worden wären. Die 10. Armee war in einer Verteidigungsstellung von maximal 60 Kilometern Breite konzentriert, der übrige Raum nach Osten war nicht besetzt, im besten Falle überwacht, und im Rücken drohte der Brückenkopf von Anzio. Wie lange glaubte man, eine solche Lage beibehalten zu können? Welche Kräfte sollten die Cäsar-Linie besetzen, wenn die Lage weiter östlich dies doch erfordern würde? Nachdem der eigene Angriff auf Anzio im März gescheitert war, konnte auf deutscher Seite eine angemessene Operationsführung nur darin bestehen, aus eigenem Entschluss auf die Cäsar-Linie zurückzugehen und sie mit beiden Armeen nebeneinander zu besetzen. Dem Ziel, weiterhin Zeit zu gewinnen, hätte dieser Entschluss nicht entgegen gestanden. Nun war der Senger-Riegel durchbrochen, und die einzige Möglichkeit bestand darin, geordnet auf gesamter Breite mit der 10. Armee auf die Cäsar-Linie auszuweichen, sie zum Teil mit der 14. Armee aufzunehmen und dann zu versuchen, südlich von Rom weiter zu verteidigen.

Der Ausbruch des VI. (US) Korps aus dem Brückenkopf (Lagekarte 25)

Nach dem Einstellen des deutschen Gegenangriffs gegen den Brückenkopf von Anzio waren der 14. Armee unter dem I. Fsch Korps und LXXVI. Pz Korps die bereits benannten fünf Divisionen für die Einschließungsfront verblieben. Im Hinblick auf gepanzerte Kräfte verfügte nur die 3. PzGren Div über eine Panzerabteilung und einige leicht gepanzerte Einheiten in der Pz AA 129 der Division. Offenbar ist auch zunächst die s Pz Abt 508 in Italien verblieben, wo und in welcher Stärke aber die Kompanien eingesetzt waren, ergibt sich aus den verfügbaren KTB-Unterlagen nicht. Die 4. FschJg

Div hatte zumindest von der Zahl her ihre Fallschirmjägerregimenter aufgestellt, wenn es auch an schweren Waffen, insbesondere bei der Artillerie, noch fehlte. General v. Mackensen schätzte richtigerweise die Gefahr, die von einem Angriff aus dem Brückenkopf ausging, realistischer ein als Kesselring. Auf ständige Mahnungen hin erhielt er die Zusicherung, dass die Heeresgruppenreserven, die fast ausschließlich zur Abwehr von Seelandungen bereit gehalten wurden, auch zur Verstärkung seiner Armee herangezogen werden konnten, falls die Lage dies erforderte. Hinsichtlich der Einschätzung des Schwerpunktes eines feindlichen Angriffs stand die Armee vor zwei Möglichkeiten: Für einen direkten Vorstoß auf Rom war aus Gründen der Entfernung ein Angriff aus dem Westteil des Landeraums günstiger, die operativ gefährlichere Stoßrichtung aus dem Landeraum heraus war durch die Lücke zwischen den Albaner Bergen und den Monti Lepini in Richtung Artena – Valmontone gegeben. Dennoch waren drei Divisionen (4. Fsch, 65. Inf Div und 3. PzGren) gegen die Westfront des Landeraums eingesetzt und zwei Divisionen (362. Inf Div, 715. Inf Div) an der Nord- und Nordostfront. Die beiden Divisionen hatten überdehnte Frontabschnitte zu halten.[43]

Der Auftrag, den General Alexander der 5. (US) Armee erteilt hatte, war alles andere als unbedeutend. Der Angriff, den die Armee mit dem VI. (US) Korps in Richtung Valmontone führen sollte, entsprach dem Kerngedanken, möglichst viele Divisionen in Italien im zeitlichen Vorlauf zur Landung in der Normandie zu zerschlagen. Die ursprüngliche Planung hatte vorgegeben, mit dem VI. (US) Korps frühestens vier Tage nach dem Angriffsbeginn an der Hauptfront den Ausbruch anzusetzen. Da dies aber von der gegebenen Lage abhängig war, hatte Alexander sich den Befehl dazu vorbehalten. Am 22. Mai, der Senger-Riegel war gerade durchbrochen, wurde entschieden, am 23. Mai mit der Ausbruchsoperation zu beginnen. General Truscott, der KG des VI. (US) Korps, erhielt zu seinen fünf Infanteriedivisionen (1. (BR), 5. (BR), 3. (US), 34. (US), 45. (US)) und der 1. (US) Pz Div ab dem 22. Mai noch die 36. (US) Inf Div zugeführt. Sein Korps umfasste mehr als Armeestärke. Sein Angriffsplan bestand aus folgenden Elementen: Im Zentrum des Vorstoßes in Richtung Cori – Valmontone hatte die 3. (US) Inf Div Cisterna zu nehmen. Über die 3. Div hinweg hatte danach die 36. Div bis Cori anzugreifen. Die 45. Div führte einen Ablenkungsangriff in Richtung Campoleone. Die 1. Pz Div schützte die linke Flanke der 3. Div, sie sollte bis Velletri vorgehen. Zum Schutz der rechten Flanke war die 1. (US/CA) SSF vorgesehen. Nachdem die Angriffskräfte im Raum Velletri/Cori stehen würden, sollten die 1. Pz Div, die 36. Div und die 3. Div nebeneinander weiter in Richtung Angriffsziel Valmontone vorstoßen. General Clark hatte seinen vorgeschobenen Gefechtsstand in den Raum des Brückenkopfes verlegt. Er war darauf bedacht, vor den Medienvertretern aus aller Welt den Angriff seiner Armee als eine „All-American-Show" erscheinen zu lassen. Die Überlassung eines Teils seines früheren Gefechtsstreifens an die 8. (BR) Armee hatte in ihm den Verdacht verstärkt, dass damit durch Alexander unausgesprochen auch das Nehmen des Angriffsziels Rom durch die 8. (BR) Armee vorgesehen war. Er war fest entschlossen, dies nicht zuzulassen. Neben seinem persönlichen Ehrgeiz spielte dabei – sicherlich zu Recht – eine Rolle, dass seine Armee, die so hart über mehrere Monate um den Durchbruch auf Rom gekämpft hatte, es einfach „verdient" habe, dass sie dieses Prestigeobjekt einnahm.[44]

Am 23. Mai begann mit einem außerordentlich starken Artilleriefeuer, dabei war auch die Schiffsartillerie der vor Anzio liegenden Kriegsschiffe beteiligt, der Angriff des VI. (US) Korps. Der Hauptstoß traf die 362. Inf Div und den rechten Flügel der 715. Inf Div. Die Führung der 14. dt. Armee wurde durch die Richtung des Angriffs überrascht. Die Stellungen der beiden deutschen

Divisionen waren gut ausgebaut worden. So kam der Angriff, gerade der 3. (US), Inf Div nur schwer voran. Unterstützt wurde der Angriff wie üblich durch pausenlose Angriffe der alliierten Luftwaffe. Nach Abschluss der Kämpfe war Cisterna ein ähnliches Trümmerfeld wie die Stadt Cassino. Teile der 362. Inf Div, das Gren Rgt 954, wurden in Cisterna eingeschlossen. Nachdem die Führung der 14. Armee den feindlichen Schwerpunkt erkannt hatte, wurden bei den Truppenteilen des I. Fsch Korps Kräfte abgezogen und vor allem der 362. Inf Div zugeführt: Das Gren Rgt 145 der 65. Inf Div, das FschJg Rgt 12 (ohne ein Bataillon), die Pz AA 129 und Pz Abt 103 der 3. PzGren Div. In den harten Kämpfen am 23. Mai erlitten sowohl die Angreifer als auch die 362. Inf Div starke Verluste. Der Antrag des LXXVI. Pz Korps, der durch die 14. Armee unterstützt und weitergeleitet wurde, die östliche Front des Einschließungsringes zurückschwingen zu lassen und südliche der Albaner Berge Anschluss an herangeführte Verstärkungen zu gewinnen beziehungsweise zu Kräften der 10. Armee, wurde von Kesselring abgelehnt. Am Abend des 24. Mai wurden bei der Fortsetzung des Angriffs die Regimenter der 715. Inf Div abgeschnitten und zerschlagen.

Am 25. Mai stieß eine kampfstarke Aufklärungspatrouille vom 36. (US) Pi Rgt nach Südwesten vor, bei Borgo Grappa südwestlich von Littoria traf sie auf eine Aufklärungseinheit der 85. (US) Inf Div, die mittlerweile Terracina genommen hatte: Die Verbindung zwischen dem VI. (US) Korps und dem II. (US) Korps war 125 Tage nach der Landung hergestellt worden. Nach dem Überwinden des entsprechenden Widerstandes konnte nun das II. (US) Korps rechts neben dem VI. (US) Korps weiter angreifen. Cisterna wurde aufgegeben, die Front der 362. Inf Div auf Velletri zurückgenommen. Damit besetzte man die C-Stellung. Zwei Regimenter der 362. Inf Div waren aufgerieben, nur noch das Gren Rgt 956 verteidigte am Westflügel der Division. Die Front der Division wurde weiter gehalten durch das Gren Rgt 145 und das FschJg Rgt 12, der Ostflügel hing in der Luft, dorthin, also in den Raum Lariano – Velletri sollte die Pz Div „HG", aus dem Raum Livorno kommend, vorgeführt werden.

Am 25. Mai war auch die 34. (US) Inf Div in die Operation eingeführt worden. Sie kämpfte um Cisterna, Teile der 3. (US) Inf Div drangen auf Cori vor. Truscott hatte die Überzeugung, am nächsten Tag, den 26. Mai, die Rückzugslinie der 10. dt. Armee bei Valmontone abschneiden zu können. Am Abend erschien auf seinem Gefechtsstand der Operationsoffizier der 5. Armee, General Brann, und überbrachte den folgenden Auftrag von General Clark: Die Straße Nr. 6 sei nur mit der 3. (US) Inf Div und der 1. SSF zu unterbrechen, mit der Masse des Korps habe er nach Nordwesten durch die Albaner Berge abzudrehen. Der Feind vor der Front des VI. (US) Korps sei geschlagen, zunächst sei die Linie Bahnhof Campoleone – Lanuvio zu nehmen und von dort mit aller Kraft auf Rom vorzustoßen. Truscott protestierte heftig, der Feind sei keinesfalls geschlagen, im Raum Valmontone würden außer der Pz AA „HG" keine Kräfte stehen. Dennoch musste er die Schwenkung seines Korps um nahezu 90 Grad vorbereiten.

Rücknahme der 10. Armee (Lagekarte 24)

Nach dem Durchstoßen des Senger-Riegels ging die 10. Armee kämpfend nach Norden zurück. In der Front wurde sie unverändert angegriffen durch das II. (US) Korps, das CEF, das I. (CA) Korps und das XIII. (BR) Korps. Für die abgekämpften und zerschlagenen Divisionen war der Armee zunächst die 26. Pz Div unterstellt worden, später auch die 29. PzGren Div, die anstelle der nicht mehr einsatzfähigen 94. Inf Div im Raum der Pontinischen Ebene zum Einsatz kam, die Masse der 305. Inf Div stand im Gefecht. Die Operationsführung war stark beeinflusst durch die absolute Dominanz der alliierten Luftwaffe, durch ihre ständige Präsenz über dem Gefechtsfeld waren weitere Bewegungen bei Tage unmöglich und auch eine Instandsetzung der zerstörten Infrastruktur. Zeitberechnungen für Ablösungen, Nachschub und Bewegungen waren wegen der Auswirkungen der ständigen Luftangriffe kaum möglich und immer wieder Makulatur. Die Angriffe der alliierten Korps richteten sich zwischen der Küste und der Straße Nr. 6 vor allem gegen das XIV. Pz Korps. Gegen das LI. Geb Korps war der Angriffsdruck nur auf dessen rechten Flügel stärker. In Bezug auf die Einsatzstärken der Truppe ist eine Meldung vom 25. Mai zu erwähnen: Die Divisionen waren teilweise ununterbrochen seit dem 11. Mai im Einsatz. Die Kampfstärken der 26. Pz Div betrugen beim PzGren Rgt 9 60 Mann, beim PzGren Rgt 67 100 Mann, beim Pz Rgt 26 150 Mann, bei der Pz AA 26 9 Mann. Bei der 305. Inf Div waren die Gefechtsstärken ebenfalls schon stark abgesunken, sie betrugen beim I./Gren Rgt 577 140 Mann, beim II./Gren Rgt 578 60 Mann. In einer späteren Meldung im KTB der 10. Armee wird angemerkt, dass die „94. Inf Div abzuschreiben sei", sie hatte noch eine Einsatzstärke von 200 Mann, die 305. Inf Div „verbrauche sich". Auch Anmerkungen über das Führungsverhalten sind bemerkenswert. Am 29. Mai suchte der Chef des Stabes der 10. Armee den Gefechtsstand des LI. Geb Korps auf, um „selbstständiges Handeln zu unterbinden"! Mit einem Armeebefehl vom selben Tage legte die Armeeführung fest, dass „durch hartnäckigen Widerstand Zeit zum Ausbau der C-Stellung zu gewinnen (sei). Jede Absetzbewegung muss vom OB AOK 10 genehmigt sein. Nächste Widerstandslinien werden festgelegt." Man muss allerdings zur Entschuldigung anführen, dass mehrfache Anträge der Armee, beispielsweise am 26. Mai, die Stellungen, die zu dieser Zeit noch südlich von Frosinone lagen, aufzugeben und auf die C-Linie zurückzugehen, durch den OB Südwest abgelehnt worden waren. Kesselring musste wissen, dass zu diesem Zeitpunkt die Amerikaner bei Cori standen, nur noch etwa zehn Kilometer von Valmontone entfernt. Zu diesem Zeitpunkt musste es schon zweifelhaft sein, ob die C-Linie überhaupt noch besetzt werden konnte.[45]

Am 31. Mai nahm das I. (CA) Korps Frosinone. General Leese hatte mittlerweile sein XIII. Korps ostwärts der Straße Nr. 6 eingesetzt, im Tal des Sacco beiderseits der Straße Nr. 6 griffen das I. (CA) Korps, die 6. (BR) Pz Div und später auch noch die 6. (SA) Pz Div an. 20 000 Fahrzeuge ballten sich in dieser Angriffsachse, neben dem Feindwiderstand wurde das Vorankommen der 8. (BR) Armee vor allem durch die entstehenden Fahrzeugstaus zeitlich verzögert. Westlich der Armee stießen das CEF und das II. (US) Korps überholend vor. Am 02. Juni stand das CEF mit dem Gebirgskorps vor Colleferrero, etwa neun Kilometer von Valmontone entfernt. Auf Seiten der 10. dt. Armee hatte man natürlich die Bedeutung des Raumes Valmontone erkannt. Im Ausweichen nach Norden sollte sich das XIV. Pz Korps in Richtung Palestrina-Tivoli orientieren, das LI. Geb Korps über Sora auf Avezzano.

Kampf durch die Albaner Berge; die Einnahme von Rom (Lagekarte 25)

Clark hatte ursprünglich vorgesehen, die Schwenkung in Richtung Rom erst am 27. Mai zu beginnen, zog sie aber dann um einen Tag vor. Er sorgte auch dafür, dass die Bewegungen bereits eingeleitet waren, bevor über seinen Stabschef General Alexander informiert wurde. Vordergründig entsprach Clark den Absichten Alexanders, indem er die 3. (US) Inf Div und die 1. SSF weiter in Richtung Valmontone angreifen ließ. Auch das II. (US) Korps mit seinen beiden Divisionen schloss links gestaffelt zur 3. Inf Div auf, griff aber später dann auch durch die Albaner Berge in westlicher Richtung an. Unter den verschiedenen Autoren wird die Reaktion Alexanders auf Clarks Ungehorsam sehr unterschiedlich kommentiert. Alexander schien nach General Gruenthers Meldung unbeeindruckt zu sein. Adleman/Walton meinen, dass Alexander nur den relativ unbeeindruckten englischen Gentleman vorgab, er aber in Wirklichkeit nicht so unberührt war, wie er nach Aussen erschien. Sie führen ein späteres Zitat Alexanders als Beleg für ihre Auffassung an: „In Gesprächen hatte ich General Clark immer wieder versichert, dass es seine Armee sein würde, die Rom zuerst betrat. Und ich kann nur annehmen, dass der unmittelbare Köder wegen der Publicity-Wirkung es war, der ihn veranlasste, die Richtung seines Vormarsches zu ändern." Beim üblichen „understatement" Alexanders, so meinen Adleman/Walton, sei dies schon ein deutlicher Vorwurf an Clark.[46]

Am 2. Juni wurde Valmontone eingenommen, gegen nur schwachen Widerstand. In Clarks neuer Hauptangriffsrichtung griffen nunmehr das VI. (US) Korps an mit den beiden britischen Divisionen, mit der 45., 34. und 36. (US) Inf Div sowie der 1. (US) Pz Div und später noch mit dem II. (US) Korps mit der 85. und 88. (US) Inf Div. Dabei wurde nun auch das I. Fsch Korps angegriffen, gegen das sich anfangs nur Bindungsangriffe gerichtet hatten. Am 27. Mai übernahm dieses Korps auch noch die Führung über die 362. Inf Div. Erst am 23. Mai war die Pz Div „HG", die als Heeresgruppenreserve und zugleich zum Küstenschutz im Raum von Livorno eingesetzt war, nach Süden in Marsch gesetzt worden.[47] Trotz der Proteste des Divisionskommandeurs wurde der Verlegungsmarsch über 350 Kilometer bei Tage durchgeführt. Die alliierten Jagdbomberangriffe waren so wirkungsvoll, wie man es erwarten musste – 30 Prozent des Fahrzeugbestandes, 20 Prozent der größeren Waffensysteme gingen verloren. Der Betriebsstoffvorrat der Division hatte nicht ausgereicht, deswegen musste im Raum Viterbo nördlich von Rom eine improvisierte Betriebsstoffversorgung durchgeführt werden. Die Truppe kam verzettelt und in Teilen an, das PzGren Rgt 1 „HG" (Kampfgruppe „Fitz") beispielsweise erst am 27./28. Mai. Bemerkenswert ist, dass trotz der dringenden Lage die Division um Rom herum in die Albaner Berge vorgeführt wurde, wegen des Charakters von Rom als Offene Stadt. Hinsichtlich des Einsatzes der Division gab es unterschiedliche Auffassungen zwischen Heeresgruppe und Armee. Mackensen drängte auf einen schnellen Einsatz, Kesselring beharrte auf dem Bereithalten als Heeresgruppenreserve. Schließlich wurde die Division in der Nacht 27./28. Mai dem LXXVI. Pz Korps unterstellt. Ein Angriff, mit dem Anschluss zum I. Fsch Korps herzustellen war und der über Lariano in Richtung Korpsgrenze geführt wurde, blieb liegen. Die am weitesten vorgedrungene Kampfgruppe Fitz wurde mit den anderen Verbänden auf die Ausgangsstellung zurückgenommen. So blieb die Lücke zum rechten Nachbarn, der 362. Inf Div, offen. Am 31. Mai war es Teilen der 36. (US) Inf Div gelungen, durch diese Lücke von den Deutschen unbemerkt auf den Mt Artemisio vorzudringen und ihn zu besetzen. Von dort aus konnte in die Flanken der verteidigenden Deutschen gestoßen werden. Von weiteren geplanten Angriffen musste abgesehen werden. Es gelang aber, Feindangriffe im Raum Lariano abzuwehren. Ab dem 1. Juni konnte die Front nur noch stützpunktartig gehalten werden. Am 4. Juni schloss sich die Pz Div „HG" dem allgemeinen Rückzug an.

Wie ausgeführt, hatte die verstärkte 362. Inf Div ab dem 27. Mai die C-Stellung im Raum Nemi – Velletri besetzt. Mehrfach gelang es, Angriffe von Teilen der 34. (US) Inf Div abzuwehren. Bedingt durch die Wegnahme des Mt Artemisio musste die Stellung in der Nacht 31. Mai/1. Juni aufgegeben werden. Die Division verteidigte zunächst aus einer Stellung im Raum Nemi-See gegen den im Zuge der Straße Lanuvio – Albano (Via Appia) sowie der Straße Velletri – Marino – Grottaferrata/Frascati angreifenden Feind, immer wieder in der Gefahr umgangen zu werden. Am 2. Juni wurde die Front auf die Linie Albano – Mt Cavo zurückgenommen. Wurde sie hier durchbrochen, musste über Frascati in einem Zuge auf Rom zurückgegangen werden. Im Rahmen dieser Kämpfe waren auch zwei Kompanien des Polizeibataillons Bozen eingesetzt worden, auf eine der Kompanien war am 23. März 1944 der Anschlag in der Via Rasella[48] verübt worden. Die Polizisten dieses Bataillons waren militärisch nicht ausgebildet, unzureichend bewaffnet und die Männer auf Grund ihres physischen und psychischen Zustandes sowie wegen ihres Alters nicht einmal in der Lage, Wehrdienst zu leisten. Es kam, wie es kommen musste, sozusagen beim ersten Schuss ging das Bataillon fluchtartig zurück.[49]

Am 27. Mai waren die Divisionen des I. Fsch Korps in die C-Stellung zurückgenommen worden. Wegen der Abgabe von Verbänden an die 362. Inf Div mussten die Verteidigungsabschnitte erweitert werden. Die 4. FschJg Div beispielsweise hielt nun den Raum bis zur Via Anziate. Der Schwerpunkt der Angriffe des VI. (US) Korps mit der 1. (BR) Inf Div, der 45. (US) Inf Div und der 34. (US) Inf Div war gegen den Abschnitt Aprilia – Campoleone – Lanuvio gerichtet. Er wurde von der 65. Inf Div und der 3. PzGren Div verteidigt. Bei der 4. FschJg Div griff die 5. (BR) Inf Div an. Rom sollte nicht verteidigt werden. Offizielle Angebote an das alliierte Oberkommando wegen einer Respektierung als „Offene Stadt", über den Vatikan weitergegeben, blieben unbeantwortet. Auf die gesamte Problematik der später geübten Praxis durch den OB Südwest, italienische Städte als offene Städte zu behandeln, damit sie nicht den Kriegszerstörungen anheim fielen, wird zusammengefasst im Kapitel 11 eingegangen werden. In Rom sollte nach dem Willen der deutschen Führung keinesfalls gekämpft werden. So dienten die deutschen Stellungen im Süden der Stadt nur zur Koordinierung der Bewegungen der Truppen, damit diese ohne Friktion durch das Stadtgebiet geschleust werden konnten. Nachtruppen verteidigten diese Stellungen, um ein Nachstoßen des Feindes zu verhindern. Unvermeidbar kam es beim Verlassen der Stadt nach Norden zu Stauungen der abziehenden Truppe, ein willkommenes Ziel für feindliche Jagdbomber. Die 362. Inf Div ging am Vormittag des 4. Juni über Frascati auf das Stadtgebiet zurück. Die 65. Inf Div wurde am 4. Juni nachmittags durch die westlichen Außenbezirke Roms zurückgeführt.

Als Nachtruppe deckte die 4. FschJg Div das Zurückgehen des rechten Flügels der 14. Armee. Nur vereinzelt kam es zu Kampfhandlungen, bei scharf nachstoßendem Feind. Feuerstellungen der schweren Waffen lagen dabei im Stadtgebiet. General Alexander hatte die Bevölkerung zum Aufstand gegen die abziehenden Deutschen aufgefordert. Aber nur wenig geschah. Es ist eine Legende, die auch von Katz verbreitet wird, dass sich Partisanenformationen bei der Befreiung von Rom hervorgetan oder beteiligt hätten. Am Abend des 4. Juni kamen die ersten amerikanischen Einheiten auf der Piazza Venezia an. Um Mitternacht war das ganze linke Tiber-Ufer besetzt. Vereinzelte deutsche Formationen, die den Anschluss verloren hatten, auch einzelne Soldaten, wurden gefangen genommen. Die Bevölkerung strömte auf die Straßen, sobald sie der amerikanischen Truppen ansichtig wurde.[50]

9. Durchbruch auf Rom – die 3. Cassino-Schlacht

General Clark, so beschreibt es E.D.Smith, folgte am 5. Juni den Truppen seiner 88. Inf Div, die am Vortage die Stadt besetzt hatten. „Dies ist ein großer Tag für die 5. Armee und für die französischen, britischen und amerikanischen Truppen dieser Armee, die diesen Sieg möglich gemacht haben", so äußerte er sich vor den Vertretern der Weltpresse und gegenüber der italienischen Bevölkerung, die ihn ringsum bejubelte. Für die 8. (BR) Armee, die um Rom herum angegriffen hatte, fand er keine lobende Erwähnung.[51] Majdalany hat einen recht treffenden Kommentar zum Einmarsch der Alliierten in Rom geschrieben[52]: „So endete eine Reihe von Schlachten, die beinahe fünf Monate zuvor in Cassino ihren Anfang fanden. Sie hatten begonnen in den kalten, nassen Stürmen des Winters in den Abruzzen, und sie fanden ihr Ende an einem brennenden Mittag im römischen Sommer. Das Glück hatte mehrmals die Seiten gewechselt, und die Kämpfe hatten vielen Nationen viele Menschenleben gekostet. Sie hatten beide Seiten in hohem Maße zu Mut und Ausdauer inspiriert, oft schien es so, als seien die Opfer sinnlos. Aber als zwei Tage nach dem Fall von Rom eine neue Armee den englischen Kanal überquerte, um in Frankreich zu landen, schuldete sie mehr als sie wusste General Sir Harold Alexander und seinen alliierten Armeen in Italien, die durch ihre vereinten, aber wenig anerkannten Mühen dazu beigetragen hatten, den Weg hierfür zu bereiten."

Anmerkungen

1 Zu den vorangegangenen und folgenden Überlegungen vergleiche u.a. Kesselring, S. 276-283.

2 Wie bei den vorangegangenen Kapiteln meist praktiziert, wird zu Beginn des Kapitels ein Überblick auf die verwendete Literatur und die ausgewerteten Akten gegeben.
Umfassende Darstellungen von Relevanz bieten OCMH (Hrsg.), Mediterranean Theater of Operations, Ernest F. Fisher jr., „Cassino to the Alps", Washington D.C. 1977; hier die Teile 1 „The Spring Offensive", Teil 2 „Breakout from the Beachhead" und Teil 3 „Drive to Rome" sowie im britischen Generalstabswerk, „Mediterrranean and Middle East" der Band 6, „Victory in the Mediterranean", von C.J. C. Molony, u.a., Teil 1, „1st April to 4th June", die Kapitel I-V. Hinzu kommt der bisher mehrfach zitierte Abschnitt in MGFA, Band 8, über das Ende des Feldzugs in Nordafrika und über den Feldzug in Italien.
Von besonderer Bedeutung ist das Kapitel IV, „Die dritte Schlacht (11.-18. Mai 1944)" in Ben Aries, „Die Schlacht bei Monte Cassino ...", da der Autor in großem Umfange die polnischen Akten ausgewertet und verwendet hat. Die Abschnitte über die 3. Cassino-Schlacht stützen sich wesentlich auf ihn.
Aus den entsprechenden britischen und amerikanischen Darstellungen wurden erneut die Ausarbeitungen von Adleman/Walton, Atkinson, Ellis, Parker, E.D. Smith und Majdalany herangezogen. Das CEF spielte eine entscheidende Rolle beim Durchbruch auf Rom. Aus diesem Grunde waren die Ausarbeitungen/Erinnerungen von Mordal, Charpentier, Juin, Robichon und Goyot eine unverzichtbare Quelle. Aus der großen Anzahl bisher zitierter Divisionsgeschichten ist erneut auf die Ausarbeitungen über die 1. FschJg Div, die 4. FschJg Div, die 5. Geb Div, die 15. PzGren Div, die 44. Inf Div, die 65. Inf Div, die 71. Inf Div, die 94. Inf Div, die 305. Inf Div, die 362. Inf Div und die Pz Div „HG" zu verweisen. Hinzu kommt der bereits zitierte Bericht über das GebJg Rgt 100 von H. Köhler. Außerordentliche wertvolle Einblicke erlaubt ein Bericht von Herrn Oberst Erwin Fitz (des österreichischen Bundesheeres), den er über seinen Vater vorgelegt hat. Oberstleutnant Fitz, Eichenlaubträger, war Kommandeur des I./Fallsch. PzGren Rgt 1 in der Pz Div „HG" und als solcher häufig Führer von Kampfgruppen, die in der Division gebildet wurden. Von Oberst Fitz (Sohn) liegt eine spannende Darstellung über den Einsatz der Pz Div „HG" Ende Mai in den Albaner Bergen und bei Valmontone vor. Dafür ist dem Autor zu danken. Neben den Erinnerungen von Kesselring und von Senger wurden die Darstellungen von Schick, Böhmler und Wilhelmsmeyer verwendet. Aus dem Buch von Antonio Grazio Ferraro, a.a.O., wurde bereits zitiert. Hinzuzufügen ist Bruno d'Epiro, „Linea Dora: La Battaglia di Esperia 15-16-17 Maggio 1944", Esperia 1994.
Aus den Aktenbeständen wurden verwendet das KTB OKW, IV/1, 5. Abschnitt, „Der italienische Kriegsschauplatz (1. April bis 31. Oktober 1944), das KTB Nr. 6 der 10. Armee, 1.4.-31.05.44, RH 20-10/113; das KTB Nr. 3 der 14. Armee, 1.4.44-30.6.44, RH 20-14/32; das KTB Nr. 6 des XIV. Pz Korps vom 1.1.44-30.6.44, RH 24-14/90; das KTB Nr. 2 des LXXVI Pz Korps vom 3.2.44-30.6.44, RH 24-76/9. Zu den angegebenen Akten gehören die entsprechenden Anlagenbände. Überdies wurden herangezogen die schon erwähnten Ausarbeitungen für die Historical Division im Militärarchiv,

mit der Signierziffer ZA/1 2309, T-1b, hier die Ausarbeitungen in den Kapiteln 2 und 3 von Generalmajor a.d. Hauser und Generaloberst a.d. von Vietinghoff.

3   Kräftegliederung der HGr C im Mai 1944 siehe Übersicht 19 im Anhang.

4   Gen.Kdo. XIV. Pz. Korps, Abt Ia, Nr. 335/44 g. Kdos. vom 24.4.44 "Betr: Beurteilung der Lage", RH24-14/111 (Anlagenheft 5 zum KTB Nr. 6).

5   Einzelheiten der Gliederung wurden der Darstellung Molonys, S. 71 f. entnommen. Dabei ist wahrscheinlich, dass Molony eine Gliederung wiedergibt, die erst im Laufe der Kämpfe eingenommen wurde. Nach dem KTB Nr. 6, 10. Armee, Eintrag vom 14.5. wurde das DivFüs Btl 305 erst an diesem Tage dem XIV. Pz Korps zugeführt und unterstand nicht schon am 11. Mai der 44. Inf Div.

6   Die beiden anderen (unwahrscheinlichen!) Varianten in seinen Überlegungen waren gewesen, dass die Linie Rimini – Pisa eingenommen sei bzw. dass die Vereinigung mit den Kräften im Landeraum vollzogen wäre, aber die HGr C ihre Front südlich von Rom im Verlauf der Cäsar-Linie stabilisiert hätte.

7   Siehe Kapitel 4, Abschnitt Die Konferenzen von Kairo und Teheran.

8   Die Überlegungen zur Durchführung und schließlich zur Verschiebung der Operation Anvil werden sehr klar dargestellt bei Molony, Band 5, S.835-864 bzw. in Band 6, S. 5 und 8 f. Die weitere Entwicklung bis zur Durchführung von Anvil wird im Kapitel 10 behandelt.

9   Molony, S. 57 f.; Mordal, S. 165.

10   Einen Überblick über die Kräftegliederung der A.A.I. Anfang Mai gibt die Übersicht 20 im Anhang.

11   Die Ausführungen über „Südstern" stützen sich auf den Aufsatz von Ortwin Buchbender und Julius Mrosik, „Die Vierte Waffe. Deutsche Kampfpropaganda gegen das Anders-Korps 1944/45", in „Deutsche Studien", Vierteljahresheft der Ost-Akademie Lüneburg, Sonderheft 90 (1985) sowie Heft 94 (1986), eine Ergänzung mit Dokumenten.

12   Vergleiche Ben Arie, S. 315.

13   KTB Nr. 6 10. Armee, Eintrag vom 16.4.1944, RH 20-10/113.

14   Köhler, S. 368-383.

15   Über den Einsatz der Division liegen unterschiedliche Angaben bei Böhmler, Wilhelmsmeyer und Ben Arie vor, ebenfalls im KTB der 10. Armee. Der Einsatz des durch die Aufteilung des Gefechtsstreifens der 44.Inf Div der Division unterstellte Gren Rgt 132 wurde nicht behandelt, es griff auch nicht in die Kämpfe um das Höhengelände ein. Offenbar wurden Teile des GebPi Btl 818, eines Heeresverbandes, zur Verstärkung der Stellungen der Fallschirmjäger im Höhengelände eingesetzt. In den Gefechtsberichten wird das Bataillon jedoch nicht erwähnt. Die Gliederung, nicht der Einsatz der 1. FschJg Div, ist bei Ben Arie, Anlage 5, aufgeführt, dabei ist allerdings die Zuführung von Verstärkungen bis zum 22. Mai abgebildet. Die Artillerieunterstützung für die Division hatte sich nicht wesentlich geändert.

16   Molony, S. 85-88, Ben Arie S. 320-327.

17   Wilhelmsmeyer, S. 301. Der Tagesbefehl wird vom Sinngehalt her gleich, aber in einer anderen Wortwahl und wesentlich gekürzt, auch bei Ben Arie, S. 385 f. angegeben. Der aggressive Hinweis auf den „Erbfeind" ist hier nicht aufgeführt. Der Satz wird aber von anderer Seite bestätigt.

18   Die vier Brigaden des Korps hatten in der Grundgliederung jeweils drei Infanteriebataillone. Die 1. Brig, die Btl mit den Nummern 1-3, die 2. Brig, die Bataillone mit den Nummern 4-6. Die 5. Brig gliederte sich in die Btl mit den Nummern 13-15, die 6. Brig in die Btl Nr. 16-18. In der Truppeneinteilung war das 18. Btl der 5. Brig unterstellt worden, das 17. Btl musste zur Korpsreserve abgestellt werden, das 16. Btl zur Reserve der Division. Die 6. Brig führte daher nur die beiden zugeteilten Aufkl Rgt. Im Gegensatz zu Ben Arie werden die Btl-Nr. nicht mit römischen Ziffern geschrieben, sondern wie bei Molony im arabischen.

19   Wilhelmsmeyer, selbst Fallschirmjäger in Italien und damit mit entsprechenden Verbindungen zu den Verteidigern von Monte Cassino zitiert Aussagen, dass die Höhe nie in vollem Umfange durch die Polen eingenommen worden sei. Schilderungen über die Kämpfe am 12. Mai bei Böhmler, S. 451 f.

20   Der Ablauf des Angriffs wird bei Ben Arie auf den Seiten 335-352 dargestellt, bei Molony auf der Seite 109 ff. und wie ausgeführt, bei Böhmler.

21   Die Beschreibung dieses Abschnittes folgt im Wesentlichen Molony, S. 76-84 und S. 111-123. Hinsichtlich der Entscheidungen auf deutscher Seite Ben Arie, S. 355-359 und der Geschichte der 44. Inf Div, S. 297-302.

22   Ellis, S. 297-302.

23   General Ortner mit seinem Stab übernahm wieder im Höhengelände die Führung der Gren Rgt 132 und 134 – eine erstaunliche Entscheidung! Nagel verblieb noch bei der 71. Div.

24   Zu den Ausführungen in diesem Abschnitt vergleiche unter anderem die Darstellungen bei Fisher, Kapitel II-IV; Molony, S. 89-95, 99-104, 135-141 und 145-147; Mordal, Kapitel XVII, „La Percée"; die angeführten KTB-Unterlagen der 10. dt. Armee und der XIV. Pz Korps mit ihren Eintragungen zwischen dem 12.5. und 17.5.44 sowie die Divisionsgeschichten der 71. und 94. Inf Div.

25   Kapitel 4, Abschnitt Das Französische Expeditionskorps – CEF.

26   Beim Aufbau der den Alliierten zugesagten 11 Divisionen wurden von den Franzosen überwiegend Truppen aus Nordafrika und den Kolonien herangezogen. Für das „Frankreich nach dem Kriege" kam es de Gaulle darauf an, dass seine Bewegung, die F.F.L., einen angemessenen Beitrag für die Befreiung Frankreichs vorweisen konnte. Deswegen war es

348

wichtig, dass in Italien die 1. D.M.I. zum Einsatz kam, bei der Landung in der Normandie die 2. Pz Div unter General Leclerc, ebenfalls eine freifranzösische Division.

27 Siehe Fußnote 25.

28 D'Epiro, S. 147-151.

29 Atkinson, S. 357 f. Auch die folgenden wörtlichen Zitierungen stützen sich auf ihn.

30 Pennacchi, S. 434.

31 Parker, S. 265. Malaparte schildert in einer längeren Passage, wie er am Tage des Einmarsches eine Zeitlang bei den Truppen General Guillaumes verbrachte, und wie diese mit dem „Bann" des Papstes umgingen. Malaparte, S. 256-269.

32 Walter Stolzenberg/Klaus Stecher/Hubert Bläsi, „Bruchsal 1945. Ende und Anfang", Bruchsal 1971.

33 Schilderung der Vorfälle bei Biscari nach Atkinson, S. 118-121. Der Autor berichtet trotz der Schilderung vieler weiterer Erschießungen von Kriegsgefangenen von keinem weiteren Verfahren.

34 Zur Ausarbeitung dieses Abschnittes wurden herangezogen Ben Arie, S. 359-387; Molony, S. 129-134; Böhmler, S. 452-457; Christensen, S. 329-337; Ellis, S. 329-337; Köhler, S. 369-373 und S. 378-383.

35 Einzelheiten über die geplanten Angriffe der 3. und 5. polnischen Division sind den Operationsbefehlen der beiden Divisionen zu entnehmen, die Ben Arie auf den Seiten 402-408 wiedergibt, siehe dort die Anlagen 7 und 8.

36 Ebendort, S. 371.

37 Bei den Autoren gibt es immer wieder unterschiedliche Angaben darüber, wer die Höhen 593/569 zu verteidigen hatte, das I./Fsch 3 oder II./Fsch 3. Wilhelmsmeyer behauptet mit Entschiedenheit, das I. Btl habe den Raum Massa Albaneta – Cle S. Angelo gehalten. Der Verfasser schließt sich ihm an. Eine Verwirrung könnte dadurch eingetreten sein, dass die 1./Fsch 3 unter Oberleutnant Hellmann zur Verstärkung des II. Btl auf der Höhe 593 abgestellt war.

38 Böhmler, S. 452.

39 Kesselring, S. 285. Auf die bereits eingetretenen negativen taktischen Folgen für den Rückzug des LI. Geb Korps durch diese Verzögerungen weist Kesselring auch hin. Wir haben aber schon angemerkt, dass auch Kesselring in dieser Phase dazu neigte, den Kampf um „verlorene Stellungen" weiter zu führen.

40 Parker, S. 351 f.

41 Bericht eines Stabsoffiziers des XIV. Pz Korps vom 20.5.44, RH 24-14/116, Anlagenband 6 zum KTB Nr. 6.

42 Zum Einsatz Fries, siehe KTB Nr. 6 der 10. Armee, Eintrag vom 25.5. sowie Christensen, S. 484, zum Einsatz von Major von Uslar Kopie des Vorschlags zur Verleihung des Ritterkreuzes vom 12.6.44 durch Generalmajor Baade, freundlicherweise überlassen durch Brigadegeneral von Uslar, einem Verwandten des Ausgezeichneten.

43 Bei der 3. PzGren Div war unverändert das InfLehr Rgt eingesetzt, als zusätzliches Inf Rgt bei der 65. Inf Div das PzGren Rgt 1027 des Ersatzheeres.

44 Zu den vorangegangenen wie den nachfolgenden Ausführungen vergleiche Fisher, Teil 2, „Breakout from the Beachhead" (Kapitel VI-VIII) sowie im Kapitel IX der Abschnitt „Clarks Decision"; Molony, S. 219-235; Greiner, S. 32-75; Velten, S. 130-153 (der Autor schildert vor allem den Einsatz der bei der 362. Inf Div eingesetzten Verbände seiner Division); E.D. Smith, S. 192-197; bei Ellis das Kapitel 17 und den Epilog, S. 408-478; Adleman/Walton, Kapitel VIII-IX. Von den KTB-Unterlagen wurden verwendet das KTB Nr. 6 des XIV. Pz Korps (RH 24-14/90), das KTB Nr. 2 des LXXVI. Pz Korps und das KTB Nr. 3 dieses Korps (RH 24-76/9 bzw. RH 24-76/10), das KTB Nr. 6 der 10. Armee (RH 20-10/113) sowie das KTB Nr. 3 der 14. Armee (RH 20-14/32) mit den jeweiligen Tageseintragungen zwischen dem 17.5.-4.6.44.

45 Zum Vorstehenden: KTB 10. Armee (RH 20-10/113), Eintragungen vom 25.5.-30.5.44.

46 Adleman/Walton, S. 231.

47 Siehe den bereits angesprochenen Bericht von Oberst Erwin Fitz, S. 96-111.

48 Dieser Anschlag ist vor allem durch die anschließende Repressalie mit der Erschießung von 335 Personen in den Fosse Ardeatine bekannt geworden.

49 Im KTB 14. Armee ist die Kopie eines Ferngesprächs zwischen dem Chef der Armee und dem Dt. Kommandanten von Rom vom 1.6.44 wiedergegeben. „Chef AOK 14 befiehlt die Alarmierung des Pol. Btl. Bozen zum Einsatz in der Lücke zwischen I. Fallsch. Korps und LXXVI. Pz. Korps. Eine Kp soll sofort verladen werden, die verbliebenen Kpn im Laufe des Tages folgen. Die Armee ist darüber klar, daß das Btl auf Grund seiner Zusammensetzung und des Fehlens schwerer Waffen nur wenig geeignet ist, hat jedoch keine anderen Kräfte zur Schließung der Lücke."

50 Eindrucksvolle Schilderungen über die Gefechte südlich von Rom und über das Ausweichen durch die Stadt geben Velten, Greiner und Brehde (4. FschJg Div), jeweils a.a.O..

51 Smith, S. 197.

52 Majdalany, S. 259.

10

Fortsetzung des Krieges in Italien

Lagebewertung zur Fortsetzung des Krieges in Italien[1]

Die Einnahme von Rom am 4. Juni 1944 und die zwei Tage später erfolgte Landung der Alliierten unter General Eisenhower in Nordfrankreich musste für beide Seiten eine Zäsur darstellen. Konzentriert man sich bei der Lagebewertung zunächst auf die deutsche Seite, dann kann man feststellen, dass die HGr C das erfüllt hatte, was man ihr vorgegeben und von ihr erwartet hatte: Einen Zeitgewinn für die Oberste Führung zu schaffen, den Feind möglichst weit vom Reichsgebiet fernzuhalten und ein Überspringen der Alliierten auf den Balkan zu verhindern. Was von den abgekämpften Truppen in Italien nun noch zu fordern war, musste davon abhängen, wie sich die Lage an den anderen Fronten, insbesondere im Westen bei der Abwehr der Invasion, entwickeln würde. Dort war nach wenigen Tagen klar, dass das Ziel, die Landung noch in der Küstenzone zu zerschlagen, nicht zu verwirklichen war. Eine gemeinsame Lagebeurteilung aller Befehlshaber im Westen kam bereits am 30. Juni/1. Juli 1944 zu dem Schluss, dass eine Beseitigung des Landeraumes in der Normandie durch Angriff nicht mehr erwartet werden konnte.[2] Die im Wortlaut angekündigte „unabsehbare Folge" aus der Weisung Nr. 51 vom 3. November 1943 war damit eingetreten.[3] Noch dringlicher wurde es, die Frage nach dem Zweck eines Aushaltens in Italien zu stellen, als die Rote Armee am 22. Juni 1944 ihre Sommeroffensive gegen die HGr Mitte eröffnete und deren Front nach wenigen Tagen zusammenbrach. Die Rote Armee stieß mehrere hundert Kilometer nach Westen vor. Welchen Sinn eine Stabilisierung der Front und ein weiteres Abhalten der alliierten Armeen in Italien machte, war eine Frage, die nicht durch die Führung der HGr C zu beurteilen war. Gelang es allerdings nicht, die Front in Italien zu festigen, dann würde auch hier sehr schnell eine Krisenlage entstehen, mit einem möglichen Vorstoß der Alliierten auf das Reichsgebiet oder – über den Nordteil des Balkan – in den Rücken der noch im Osten verteidigenden deutschen Kräfte. Ist es jedoch wahrscheinlich, dass die militärische Führung der westlichen Alliierten, die Vereinigten Stabschefs, von einer solchen Option selbst bei der angenommenen Variante der vorausgegangenen Zerschlagung wesentlicher Teile der 10. dt. Armee bei den Kämpfen Anfang Juni südlich von Rom, Gebrauch gemacht hätten? Eine Fortsetzung der Verteidigung auf deutscher Seite konnte frühestens im Zuge der vorbereiteten Apennin-Stellung, der „Grün-Stellung", erfolgen – hier ist der Lagebeurteilung Kesselrings uneingeschränkt zuzustimmen. Im Gegensatz dazu stand die Auffassung im OKW, weiter südlich die Verteidigung wieder aufzunehmen.[4]

Von den verschiedenen Zwecken, deren Verwirklichung sich die alliierte Führung von einem Feldzug auf dem italienischen Festland versprochen hatte, war das Ziel, mit der Stationierung

von strategischen Bombern im Raum Foggia zu einer Diversion der deutschen Jagdabwehr bei-
zutragen, schon seit Anfang Oktober 1943 erfüllt. Auch das Ziel, deutsche Kräfte in Italien zu
binden und abzunutzen – zunächst mit Priorität zur Unterstützung des sowjetischen Verbündeten, später vor allem zur Unterstützung der Invasion – war mit der tatsächlichen Landung am 6.
Juni erfüllt. Mit der Einnahme von Rom war für die Verbündeten des Deutschen Reiches, die
eigenen Verbündeten und die (noch) neutralen Staaten ein Zeichen gesetzt worden. Die Absicherung des Raumes bis zur Linie Pisa-Rimini und damit das Schaffen weiterer Luftbasen für
den strategischen Luftkrieg oder das Gewinnen wichtiger Hafenkapazitäten mit den Häfen von
Civitavecchia oder Livorno schien keine größeren Schwierigkeiten mehr zu bereiten.

Für die Generalstäbe der beiden westlichen Alliierten kam es nun nicht mehr darauf an, deutsche Kräfte aus Frankreich abzuziehen, sondern zu verhindern, dass aus Italien Divisionen nach
Frankreich verlegt würden. Im Verlauf des Juni stellte sich heraus, dass eine schnelle Ausweitung
des Landeraumes in der Normandie zunächst Wunschdenken war. Dies gilt noch mehr für einen
Ausbruch aus den Landeräumen mit Operationen in Richtung deutscher Reichsgrenze. Unter-
stützung für Frankreich durch die Fortführung der Operationen in Italien war also geboten. Im
Kapitel 9 wurde schon die Operation „Anvil" behandelt, die vorgesehene zusätzliche Landung in
Südfrankreich zur Unterstützung des Unternehmens Overlord. In diesem Zusammenhang wurde
auch dargestellt, aus welchen Gründen Anvil nicht, wie vorgesehen, zeitgleich mit der Operation
Overlord stattfinden konnte. Auf alliierter Seite stand nun zur Debatte, mit welchem operativen
Ansatz zu einer Entlastung im Westen beigetragen werden konnte. Nur durch ein Vorgehen bis
zur Linie Pisa-Rimini mit anschließenden Bindungs- und Abnutzungsangriffen? Oder durch die
Zerschlagung der beiden deutschen Armeen südlich der „Goten-Stellung" (so wurde die Grün-
Stellung bei den Alliierten immer noch genannt)? Durch die bisher verschobene Landung Anvil,
zu der wesentliche Kräfte vom Kriegsschauplatz Italien abgezogen werden mussten? Wollte
man Optionen verfolgen, die sich aus dem Zerschlagen der Armeen der HGr C ergeben konnten
und die in den Bereich neuer militärstrategischer Entscheidungen hineinreichten? Bevor diesen
Fragen weiter nachgegangen wird, müssen die Operationen zur Festigung der deutschen Fronten
behandelt werden, die zeitgleich zu den genannten Überlegungsprozessen abliefen.

Neuaufbau der Front HGr C, Nachstoßen der Alliierten (Lagekarte 26)

Teile der 14. Armee waren durch das Stadtgebiet von Rom zurückgenommen worden. Dabei
hatte die einengende Wirkung dieser Großstadt dazu geführt, dass Teile der Armee, wie das
LXXVI. Pz Korps, das ohnehin ostwärts und nordostwärts von Rom gekämpft hatte, im Osten
um das Stadtgebiet herumgeführt wurden. Dieses Korps wurde der 10. dt. Armee unterstellt. Die
Führung der 14. Armee verfügte nur noch über die dezimierten Divisionen, die durch das I. Fsch
Korps geführt worden waren. Die Bezeichnung „Division" für die abgekämpften Großverbände
ist jedoch irreführend. Die 65. Inf Div beispielsweise hatte noch eine Gefechtsstärke von 900
Mann. Die Kampfgruppe des Rgt 145, bislang der 362. Inf Div unterstellt, verfügte noch über
60 Mann und einige Pak. Das einzig einigermaßen intakte Bataillon bei dieser Division war das
II./Gren Rgt 956. Die Artillerieregimenter der Divisionen waren noch in einigermaßen guter

Verfassung.[5] Sie bildeten nun den Rückhalt für die Kampfgruppen, die aus den Divisionen zu bilden waren. Der rechte, innere Flügel der 10. Armee zur 14. Armee war durch den Angriff der 8. (BR) Armee gegen das Gebirge gedrückt worden, vor allem der linke Flügel der Armee bis zur Adria mit dem LI. Geb Korps, hing noch zurück. Zum Schutz der rechten offenen Flanke musste sich die 10. Armee nach Westen staffeln. Unglücklicherweise musste die zerschlagene 14. Armee in dem Geländeabschnitt im Westen zurückgehen, der dem Gegner einen breiten Ansatz und gute Bewegungsmöglichkeiten für seine Kräfte bot. Kesselrings Bestreben war, mit beiden Armeen wieder eine geschlossene Front zu bilden, hierzu musste die 10. Armee zur 14. Armee aufschließen. Der Raum, durch den sich die beiden deutschen Armeen zurückzogen, wurde durch den fast parallel zur Küste nach Süden fließenden Tiber geteilt. Ostwärts des Tiber war das Gelände günstiger für eine Verzögerung oder Verteidigung.

Zur schnellen Verstärkung der beiden Armeen in der Front standen in erster Linie die Divisionen der HGr C, die von der Armeegruppe v. Zangen abgezogen wurden, zur Verfügung. Nachdem die Gustav-Linie im Mai durchbrochen worden war, waren der HGr C im Zeitraum 18. Mai bis 2. Juni insgesamt vier Divisionen zugeführt worden: Die 19. und 20. LwFeld Div, die 42. Jg Div und die mittlerweile aufgestellte 16. SS-PzGren Div, die eigentlich aus dem Befehlsbereich OB Südwest stammte. Der Kampfwert der beiden Luftwaffenfelddivisionen war nicht als sonderlich hoch einzuschätzen. Die Divisionen waren zunächst bei der Armeegruppe v. Zangen eingesetzt worden beziehungsweise zum Küstenschutz an der Westküste.

Um die 14. Armee zu verstärken, wurden ab dem 4. Juni die 162. (Turk) Inf Div, die 356. Inf Div und die 20. LwFeld Div der Front zugeführt. Am 18. Juni folgte die 16. SS-PzGren Div. Man könnte argumentieren, dass mit der Zuführung von vier Divisionen durch das OKW der von den Alliierten angestrebte Abnutzungseffekt eingetreten sei. Ein Blick zeitlich voraus zeigt aber, dass ab dem 11. Juni die Pz Div „HG" in den Osten verlegt wurde, ebenso dass Ende Juli die 15. PzGren Div und am 21. August die 3. PzGren Div beide in den Bereich des OB West abgestellt werden mussten. Weitere Maßnahmen zur Wiederherstellung der Kampfkraft waren die Zusammenlegung von Divisionen, so wurde beispielsweise die 92. Inf Div zur Wiederauffrischung der 362. Inf Div herangezogen.[6] Schon lange hatte es Spannungen zwischen Kesselring und v. Mackensen wegen unterschiedlicher Auffassungen über die Operationsführung gegeben. Am 7. Juni wurde v. Mackensen von der Führung der 14. Armee entbunden, General Lemelsen wurde sein Nachfolger.

Das Stadtgebiet von Rom hatte sich für die Alliierten – obwohl in eigener Hand – als „Prellbock" für das Nachführen von Kräften und damit für die Verfolgung der 14. dt. Armee durch die 5. (US) Armee erwiesen. Rom hatte eine solche Sogkraft entwickelt, dass sich im Umkreis von nicht viel mehr als 50 Kilometern zwei US-Korps, das CEF, das XIII. (BR) und das I. (CA) Korps konzentriert hatten. Das X. (BR) Korps, das V. (BR) Korps und das II. (POL) Korps hatten noch nicht aufgeschlossen. Bedingt durch die Entspannung und die Euphorie nach dem großen Sieg, in erster Linie aber deswegen, weil die im engen Raum versammelten Truppen wieder aufgefächert werden mussten, wurde kein großer Druck auf die ausweichenden Deutschen ausgeübt. Es wurde nicht versucht, im Gefechtsstreifen der 5. (US) Armee gegenüber der 14. dt. Armee zu einer überholenden Verfolgung anzusetzen mit der Absicht, nach dem Gewinnen einer gewissen Tiefe nach Nordwesten einzudrehen und die noch räumlich zurückhängende

10. dt. Armee abzuschneiden. Auch auf alliierter Seite war die natürliche Trennungslinie zwischen den Armeen der Tiber. Zur Verfolgung traten zunächst das VI. (US) und das II. (US) Korps sowie das XIII. (BR) Korps an, mit der Öffnung des Raumes nach Norden wurden das CEF und das X. (BR) Korps eingeführt.

Zur Bildung der Front beider Armeen hatte Feldmarschall Kesselring eine „Versammlungslinie", die „Dora-Linie", befohlen. Diese verlief vom rechten Flügel her von Orbetello nach Terni, von dort nach Süden abknickend über Rieti und Aquila bis zur ehemaligen Cäsar-Linie und von dort bis nördlich von Pescara zur Adria. Kesselrings Absicht war es, die Kräfte zu ordnen, die Verstärkungen in der Front zu integrieren und dann auf breiter Front verzögernd kämpfend zurückzugehen, wie im Herbst des Vorjahres, diesmal um Zeit für den Ausbau der Grün-Stellung zu gewinnen. Kesselring hat in seinen Erinnerungen geschrieben, dass keine größeren operativen Entschlüsse zu fassen waren. Das notwendige Vorgehen lag auf der Hand. Seine Absichten legte er in zwei Weisungen vom 4. Juni und vom 9. Juni nieder.[7] Zwei Befehlsinhalte sind hervorzuheben: Er hatte angeordnet, das Generalkommando des XIV. Pz Korps von der 10. Armee abzuziehen, um es am rechten Flügel der 14. Armee einsetzen zu können. Wie sehr Kesselring inzwischen in die Anwendung operativer Prinzipien des Heeres hineingewachsen war, zeigt eine Formulierung am Ende seiner Weisung über den Einsatz von Pionieren: „In einem ganz anderen Umfange als es bisher geschehen ist, muss das Vorgehen des Feindes durch Zerstörung aller für ihn wichtigen Objekte aufgehalten werden. Keine Brücke, kein Tunnel, kein E-Werk oder ähnliche wertvolle Objekte dürfen dem Feind unzerstört in die Hände fallen. Der letzte Pionier muss für diese Aufgabe eingesetzt werden." Diese Weisung, durch „militärische Notwendigkeiten" begründet, wird ihm wieder als die übliche Rücksichtslosigkeit gegenüber der italienischen Bevölkerung vorgeworfen.

Bei beiden Befehlen fällt auf, wie sehr der Feldmarschall seinen Befehlshabern das Halten von Raum vorschreibt, obwohl seine Absicht eine andere war. Denn inzwischen hatte sich der übliche Streit mit dem FHQ über die Aufgabe oder das Halten von Stellungen sowie die Art und Weise des Ausweichens nach Norden ergeben. Hitler hatte nach einer Überprüfung des Ausbaustandes der Grün-Linie kein Vertrauen in eine erfolgreiche Abwehr im Zuge dieser Linie und ordnete an, schon weiter südlich zur Verteidigung überzugehen. Dazu gab er am 12. Juni eine Weisung heraus.[8] In weiteren Diskussionen stimmte man sich ab, dass spätestens in der Höhe des Trasimenischen Sees eine Verteidigungslinie liegen sollte. Die „Anton/Albert"-Linie verlief von Piombino aus nach Chiusi, übersprang den Lago Trasimeno und erstreckte sich dann über Perugia bis südlich Ancona an der Adria.

Das Vordringen beziehungsweise Zurückgehen bis zu dieser Linie wird in einigen Zeitschritten nachvollzogen: Der Hafen von Civitavecchia wurde am 7. Juni durch das VI. (US) Korps eingenommen, Viterbo und Orte waren am 9. Juni in alliierter Hand. Bis zum 14. Juni stieß das CEF am Bolsena-See vorbei, Orvieto wurde am 14. Juni aufgegeben. Das XIII. (BR) Korps stieß nun auf den Raum beiderseits des Lago Trasimeno vor, das X. (BR) Korps noch weiter östlich über Spoleto und Foligno und nahm am 17. Juni Assisi. Perugia wurde am 20. Juni aufgegeben. Ab dem 11. Juni war das VI. (US) Korps durch das IV. (US) Korps abgelöst worden. Aus Gründen, auf die im nächsten Abschnitt eingegangen wird, wurden am 22. Juni, 24. Juni und 27. Juni die 45. (US) Inf Div, die 3. (US) Inf Div und die 36. (US) Inf Div ebenfalls herausgelöst.[9]

Die Ausweichbewegungen der deutschen Divisionen nach Norden waren durch Partisanenaktionen behindert worden, die sich in erster Linie gegen die Verkehrsverbindungen richteten. Am 17. Juni waren französische Kolonialtruppen auf Elba gelandet, das von den Deutschen am 19. Juni evakuiert wurde. Ab dem 20. Juni stand das CEF vor der Albert-Linie. Nun waren auch die 1. D.M.I. und die 3. D.I.A. herauszulösen. Am gleichen Tag gingen die beiden Armeen der HGr C mit ihren Korps in der Reihenfolge von West nach Ost XIV. Pz Korps, I. Fsch Korps, LXXVI. Pz Korps und LI. Korps zur Verteidigung über.

Die Anvil-Debatte

Mit der Einnahme von Rom und der Frage, wie die Operationen in Italien durch die Alliierten fortgesetzt werden sollten, lag die Entscheidung über Anvil, die Landung alliierter Divisionen in Südfrankreich, wieder auf dem Tisch.[10] Wir erinnern uns, dass im Zusammenhang mit der alliierten Frühjahrsoffensive eine Entscheidung über die Durchführung dieser Operation bis zu Einnahme von Rom hinausgeschoben worden war und damit ein Zieldatum für die Durchführung nicht vor Ende Juli 1944 zwangsläufig geworden war. Von einem „Amboss" (=Anvil) für den „Hammer" der in der Normandie gelandeten Kräfte konnte dabei natürlich nicht mehr die Rede sein. So wurde die Aktion später in „Dragoon" umbenannt. Schon am 7. Juni wies Feldmarschall Wilson, der in dieser Angelegenheit eine ambivalente Rolle spielte, Feldmarschall Alexander auf seine Weisung vom 22. Mai hin, mit der er die Abgabe von sieben Divisionen und entsprechenden Korpsstäben zum 17. Juni bereits vorgegeben hatte. Als Termin für die Abgabe des VI. (US) Korps mit drei Divisionen gab Wilson nun schon den 10. Juni an. Alexander stimmte mit einer Meldung vom 8. Juni der vorgesehenen Herauslösung zu, drückte aber die Hoffnung aus, dass über die Gesamtproblematik noch nicht endgültig entschieden sei. Seine Auffassung über die Fortsetzung der Operationen meldete Alexander in einem Telegramm an die britischen Generalstabschefs noch am 7. Juni. Ein Auszug daraus wird hier wiedergegeben, weil er in aller Klarheit die eigentlich naheliegende Lösung deutlich macht: „Mein Ziel ist es, die Zerschlagung der deutschen Streitkräfte in Italien zu vollenden und damit den Gegner zu zwingen, ein Höchstmaß seiner Reserven heranzuziehen. Auf diese Weise werde ich die größtmögliche Unterstützung für die Invasion im Westen herbeiführen … Nunmehr verfüge ich über zwei hoch befähigte und bestens organisierte Armeen, die in der Lage sind, in engstem Zusammenwirken Angriffe größeren Umfangs und mobile Operationen durchzuführen … Die Moral ist unwiderstehlich hoch. Weder die Apenninen noch sogar die Alpen werden sich als ernsthaftes Hindernis für ihren Enthusiasmus und ihre Fähigkeiten erweisen."[11] Von den zeitlichen Vorstellungen her nahm Alexander an, die Armeen Kesselrings in der zweiten Hälfte des August aus der Grün-Stellung herausgedrückt zu haben, um sich nach dem Gewinnen der Po-Ebene entweder nach Westen in Richtung der französischen Alpen oder – vorzugsweise – nach Osten über Istrien in Richtung der Laibacher Lücke zu wenden, bevor das Herbstwetter größere Operationen behindern würde.

Alexanders operative Idee beruhte auf der richtigen Erkenntnis, dass eine Gefährdung der Südflanke die deutsche Führung zu weitreichenden Maßnahmen zwingen würde, und dass es somit keiner weiteren Operationen bedurfte, um die Deutschen dazu zu veranlassen, Divisionen, die gegen den Landeraum eingesetzt werden konnten, abzuziehen. Alexanders geplante Operationsführung wurde von allen unterstellten Befehlshabern und Kommandierenden Generalen geteilt, auch von Clark und von Juin. Das Operationskonzept von Alexander beruhte selbstverständlich auf optimistischen Annahmen sowohl über den Kampfwert und das weitere Verhalten der deutschen Armeen in Italien als auch über das Leistungsvermögen der eigenen Truppe. Der bereits gezeigte Elan bei der Verfolgung der deutschen Armeen gab eigentlich zu Optimismus weniger Anlass. Sicherlich blieben die operativen Überlegungen der oberen Führung auf der Ebene der Truppenführung nicht verborgen. Und die eingeleiteten Ablösungsprozesse waren ungewollt auch ein Hinweis, welcher Stellenwert dem italienischen Kriegsschauplatz künftig zukommen würde.

Am 7. Juni war General Marshall in London eingetroffen, voller Begeisterung über die geglückte Landung in der Normandie. Der Vorsitzende der US-Generalstabschefs sah keinen Anlass für eine Neubewertung der getroffenen Entscheidungen, die ausdrücklich noch eine Landung in Südfrankreich vorsahen. Je mehr die Operationen in der Normandie hinter dem Zeitplan zurückhingen, desto mehr unterstützte Eisenhower General Marshall in dessen Eintreten für Anvil. Am 16. Juni erhielten Wilson/Alexander eine Weisung der Vereinigten Stabschefs über die sofortige Abgabe von sieben Divisionen vom italienischen Kriegsschauplatz. Am 17. Juni traf sich Marshall zu Besprechungen mit Wilson. Am Vormittag dieses Tages hatte eine Planungsbesprechung im Stabe Wilsons stattgefunden, mit Alexander und den Befehlshabern der Luftstreitkräfte im Mittelmeer. Hierbei wurden verschiedene Sachverhalte klargestellt: Die alliierten Luftstreitkräfte im Mittelmeer konnten nicht in gleicher Intensität die Fortsetzung der Kampfhandlungen in Italien unterstützen und eine Landung in Südfrankreich. Nach Zerschlagung der Divisionen der HGr C würden die Deutschen zwischen 10 und 15 frischer Divisionen bedürfen, um die Po-Ebene zu halten und einen Vorstoß der alliierten Armeen über die Laibach-Lücke auf das Wiener Becken zu verhindern. Falls die deutsche Führung nicht in der Lage sein sollte, diese Kräfte bereit zu stellen, so die Annahme Alexanders, konnte er Mitte Juli in der Po-Ebene und Ende August in der Laibach-Lücke stehen.[12]

Marshall war sich im Klaren darüber, dass in der Verfolgung einer solchen Option langfristige Absichten, die durch die Briten bisher nicht durchzusetzen waren, doch noch realisiert werden konnten. Deswegen hatte sich Churchill auch vehement für Alexanders Pläne eingesetzt. Marshall hatte die Rückendeckung Roosevelts. Aus verschiedenen politischen Gründen verweigerten die Amerikaner strikt die Verwirklichung britischer imperialer Ziele. Vordergründig wurden aber andere Argumente vorgebracht. Marshalls erster Einwand war, in den USA stünden weitere 50 Divisionen für einen Einsatz in Europa bereit, dazu benötigte man Hafenkapazitäten in Frankreich. Bisher war es Eisenhower nicht gelungen, in der Normandie leistungsfähige Häfen einzunehmen. Heftige Stürme zwischen dem 19. und 22. Juni würden außerdem die künstlichen Hafenanlagen beschädigen. Eine weitere schwerwiegende Begründung gegen Alexanders Pläne war, dass die französischen Autoritäten wünschten, französische Truppen an der Befreiung des Landes mitwirken zu lassen. Für diesen Zweck standen nur die französischen Truppen in Italien zur Verfügung. Auf keinen Fall könne man diese Truppen für einen untergeordneten operativen Zweck „verschwenden". Eisenhower sprach sich mit großer Bestimmtheit für die Durchführung von Anvil/Dragoon aus. Ein weiterer Versuch Churchills bei Roosevelt scheiterte. Am 2. Juli gaben die Vereinigten Stabschefs ihre Weisung für die Durchführung der Landung in Südfrankreich mit einem Durchführungsdatum um den 15. August heraus. In erster Welle sollten drei Divisionen landen, insgesamt waren 10 Divisionen für das Unternehmen vorgesehen, darunter die sieben Divisionen, die aus Italien abgezogen wurden.

Bei der Beschreibung der Auswirkungen der getroffenen Entscheidung muss im Hinblick auf einige Aspekte dem zeitlichen Ablauf vorgegriffen werden. Der Abzug von sieben kampferfahrenen Divisionen, vor allem der französischen Divisionen, musste sich nicht nur psychologisch auf den weiteren Verlauf einer im Augenblick äußerst erfolgreichen Operation auswirken. Zwar versuchte Alexander alles, Ersatz für die abgezogenen Kräfte zu finden. Mehr als ein paar britische und griechische Brigaden waren aber nicht verfügbar. Die US-Generalstabschefs führten dem Kriegsschauplatz die 92. (US) Inf Div zu, deren Personal ausschließlich aus schwarzen Soldaten bestand. Drei italienische Divisionen des „Corpo Italiano di Liberazione" (C.I.L.) konnten ebensowenig einen Ersatz darstellen wie die Zuführung eines brasilianischen Expeditionskorps im Umfange einer Division ab dem 14. September 1944.[13] Nachdem sich die deutschen Truppen wieder geordnet hatten, waren im Sommer/ Herbst 1944 monatelange Kämpfe erforderlich, um die Grün-Linie zu durchbrechen. Auf dem italienischen Kriegsschauplatz war ein Patt eingetreten, entscheidende Auswirkungen im Hinblick auf den Kriegsausgang waren hier nicht mehr zu erwarten.

Nach der Landung am 15. August stieß die 6. (US) HGr in wenigen Wochen durch das Rhône-Tal bis zur Burgundischen Pforte vor. Am 10. September fand sie Anschluss an die 12. (US) HGr, die mittlerweile bis nach Lothringen vorgedrungen war. Entgegen der Absicht hatte der Einsatz der 6. (US) HGr mit dem Landeunternehmen Dragoon keinen Einfluss auf den Ablauf der Operationen in der Normandie. Schon am 31. Juli waren die Amerikaner bei Avranches durchgebrochen, die Masse der deutschen HGr B war bis zum 19. August, vier Tage nach der Landung in Südfrankreich, im Kessel von Falaise zerschlagen worden. Ein gewisser Erfolg war dem Angriff durch das Rhône-Tal dadurch beschieden, dass die HGr C gezwungen wurde, Kräfte zum Schutz gegen die französischen Alpen einsetzen zu müssen. Auch das Gewinnen von Hafenkapazitäten im Bereich Marseille/Toulon brachte den Amerikanern keine Vorteile ein. Erst im Oktober 1944 wurden über die Häfen drei US-Divisionen in Frankreich angelandet.[14] Kein anderer Entschluss ist in der Nachkriegszeit so kontrovers bewertet worden wie die Entscheidung über Anvil/Dragoon. Der mittlerweile eingetretene Kalte Krieg spielte dabei selbstverständlich eine Rolle. Während General Marshall der Auffassung war, der durch ihn herbeigeführte Beschluss sei „one oft he most successful things" gewesen, „we did", ist General Clark der Meinung, dass gerade dies ein „außerordentlicher politischer Fehler" gewesen sei. Einer der großen Historiker des 2. Weltkrieges, J.F.C. Fuller, bewertet die Operation als einen der größten strategischen Fehler des Krieges.

Der Partisanenkampf

Die deutschen Truppen standen in Italien nicht nur im Kampf gegen die alliierten Streitkräfte, sondern auch gegen Formationen der italienischen Partisanenbewegung. Die Bedeutung der vereinzelten Gruppierungen blieb weit bis in das Jahr 1944 relativ unbedeutend, wuchs aber nach dem Fall von Rom sehr stark an und stellte schließlich eine Gefährdung der militärischen Operationsführung dar. Hier muss eine Anmerkung über regionale Unterschiede eingefügt werden: Istrien und das Kommando „Adriatisches Küstenland" gehörten zum Operationsgebiet des OB Südwest. Durch die jugoslawischen Partisanenformationen war die Bedrohung in dieser Region schon 1943 relativ hoch. Partisanenbewegungen wurden durch die westlichen Alliierten, vor allem durch die Briten, als legitimes und wirkungsvolles Kriegsmittel erachtet, ihr Einsatz war Bestandteil aller strategischen Planungen. Jugoslawien wurde bereits genannt, auch in Kreta hatten die Briten gezielt das Entstehen einer Partisanenbewegung unterstützt, ein anderes Beispiel ist der „Maquis" in Frankreich, später anspruchsvoll als „Force Francaise Interieur" bezeichnet.

Auch in Italien wurden Partisanenformationen unabhängig von ihrer Zielsetzung durch die Alliierten unterstützt. Wenn immer möglich, wurden die größeren Partisaneneinsätze mit den normalen militärischen Operationen harmonisiert. Als ein Beispiel sind die Partisanenaktionen südlich von Bologna im Herbst 1944 im Zusammenhang mit dem Versuch der Amerikaner durch die Grün-Stellung zu stoßen, zu nennen. Bis zu diesem Zeitpunkt hatte die italienische Partisanenbewegung eine gewisse Entwicklung zu durchlaufen. Badoglio, der Ministerpräsident des Königs, und Alexander, der Befehlshaber der A.A.I. beschränkten sich nicht auf Aufrufe an die Bevölkerung, selbst Maßnahmen zur Vertreibung der Deutschen zu ergreifen. Die Partisanengruppen wurden mit Personal (alliierte Offiziere), Führungsmitteln und durch den Abwurf von Waffen und Versorgungsgütern unterstützt. Die Beweggründe der Partisanen waren weit gefächert: Sie reichten vom Ziel, die Befreiung des Landes durch die Alliierten zu unterstützen über die Abrechnung mit den Faschisten oder die Schaffung eigener politischer Machtpositionen für die Nachkriegszeit (Kommunisten!) bis zu kriminellen Motiven – Bereicherung, Raub und die Ausbeutung der Bevölkerung. Die italienische Partisanenbewegung war maßgeblich durch die Kommunisten und radikale Sozialisten bestimmt, die ihrerseits durch die Faschisten verfolgt und unterdrückt worden waren. Als Agent des Komintern wurde Palmiro Togliatti durch Stalin 1944 nach Italien zurückgeschickt, um die Verhältnisse in Italien in seinem Sinne zu beeinflussen.

Auch die personelle Zusammensetzung der Partisanenbanden war vielschichtig: Neben national eingestellten Italienern kämpften eingeschleuste Agenten oder Partisanenexperten aus anderen Ländern, beispielsweise aus Jugoslawien, alliierte Offiziere als Führungs- oder Verbindungsorgane, Überläufer aus Ostbataillonen und der Turkmenischen Division und deutsche Deserteure. Wie in anderen Ländern auch, operierten Einzelgruppen oder größere Formationen aus dem Schutz der Bevölkerung heraus, die sie zu Unterstützungen vielfältiger Art zwangen (unter anderem auch zur Aufklärung oder zu Verbindungsdiensten). Ihre Taktik bestand aus verdeckten Aktionen, wie Sabotage, Spionage und Ausspähung, schnellen Aktionen, oft überfallartig aus Hinterhalten heraus und ebenso schnellem Zerstreuen, niemals sich stellend einem Kampf mit dem in der Regel überlegenen Gegner. Um die Besatzungsmacht in ihren Bekämpfungsmaßnahmen zu diskreditieren, wurde auf den Einsatz von Frauen Wert gelegt, auch von Jugendlichen und sogar von Kindern, für Spitzeldienste oder zur Übermittlung von Informationen.

Von den Einzelaktionen ab 1943 bis zu den quasi militärischen Einsätzen am Ende des Krieges war es ein weiter Weg. Nötig war dazu ein organisatorischer Aufbau über die Zeit, eine anwachsende Motivation durch den Vormarsch der Alliierten mit absehbaren Erfolgsaussichten, die Unterstützung der Bevölkerung und in zunehmendem Maße auch die der Alliierten. Führungsorgan der verschiedenen Partisanengruppierungen in Süd- und Mittelitalien war das „Comitato di Liberazione Nazionale", das Nationale Befreiungskomitee, in dem viele Nachkriegspolitiker der Linken eine Rolle spielten, unter anderem der spätere Staatspräsident Sandro Pertini.[15]

Auch Partisanenverbände als Irreguläre können Kriegsrechte für sich beanspruchen, sofern sie sich an die drei Legalvoraussetzungen des Artikels 2 der Haager Landkriegsordnung halten. Dies war bei bestimmten Partisanenverbänden in den letzten Kriegsmonaten der Fall. In der Regel wurde dagegen aber insbesondere durch die hinterhältige Kampfweise verstoßen.[16] Im Rahmen der inner-italienischen Auseinandersetzungen wurden von den „Partisanen" Verbrechen und Mordtaten begangen, die mit Kriegsführung und Kriegsrecht nichts zu tun hatten. Die Partisanenformationen in Italien waren in der Regel als Freischärler anzusehen, bei deren Bekämpfung und Gefangennahme nach Kriegsbrauch verfahren werden konnte. Sie hatten die Schutzbestimmungen des Kriegsvölkerrechts verwirkt. Andererseits wurden durch die Besatzungstruppen Übergriffe gegen die Bevölkerung verübt. Da die Partisanen bewusst im Schutze der Zivilbevölkerung operierten, stand die Truppe vor dem kaum lösbaren Problem der Identifikation: Wer war nachgewiesener Partisan, wer unbeteiligter Zivilist? Generell neigte die Truppe dazu, hier nicht im rechten Maß auf Unterschiede zu achten.

Wie ausgeführt breiteten sich Partisanenaktionen großen Stils, die schnell zu einer Beeinträchtigung der Operationen anwuchsen, nach dem Fall von Rom und dem Rückzug der Deutschen nach Norden aus. In dieser Phase gab es überdies auch Auflösungserscheinungen in der Truppe und elementare Verstöße gegen die Disziplin und das soldatische Ethos. Die Rückzugsbewegungen wurden durch Unterbrechung der Verkehrswege durch die Partisanen in außerordentlichem Maße behindert. In erster Linie im gebirgigen Gelände hatten sich Partisanengruppen in Stärke von mehreren hundert Mann gebildet, die oft unter der Führung ehemaliger italienischer Soldaten standen. Sie waren teilweise gut bewaffnet.[17] Als Beispiel für die Auswirkungen der Partisanenaktionen muss eine Meldung des LI. Geb Korps vom 13. Juli 1944 genügen, in der von einer ernsthaften Gefährdung der Abzugsbewegungen gesprochen wurde.[18] Zur Bekämpfung wurden schärfere Maßnahmen angeordnet. Damit sich der Leser selbst ein Urteil erlauben kann, werden im Anhang zwei Befehle zur Partisanenbekämpfung auszugsweise aufgeführt.[19] Aus dem bekannten Befehl von Kesselring vom 17. Juni 1944 ist auch die Zuständigkeit für alle Maßnahmen unter der Verantwortung des OB Südwest und die räumliche Aufteilung zwischen den militärischen Befehlshabern und dem Höchsten SS- und Polizeiführer zu entnehmen. Unter anderem wegen dieses Befehls, der seiner Truppe Straffreiheit bei Übergriffen gegen die Zivilbevölkerung und auch bei Exzess-Taten gegen Partisanengruppen eingeräumt habe und damit die Truppe quasi aufgefordert habe, solche Taten zu begehen, wurde Kesselring 1947 von einem britischen Militärgericht in Verona angeklagt und zum Tode verurteilt. Später wurde er durch Feldmarschall Harding, den früheren Chef des Stabes bei Alexander und nun Militärgouverneur in Italien, begnadigt. Kesselring verteidigt sich in seinen Erinnerungen mit dem Argument, dass er keinesfalls Straffreiheit zugesichert habe, sondern nur zu einer schärferen Vorgehensweise „über das bei uns übliche zurückhaltende Maß" auffordern wollte. Man kann dies so verstehen, aber auch anders. Noch gravierender ist das im Anhang beigefügte Fernschreiben, das eindeutig gegen die seinerzeit gültigen völkerrechtlichen Bestimmungen zur Verhängung von Repressalien verstieß und auch gegen die mittlerweile in der Wehrmacht geltenden Bestimmungen, die bestimmte Repressal-Maßnahmen mindestens an die Führungsebene eines Divisionskommandeurs gebunden hatten. Auch die Tatsache, dass inhaltsgleiche oder inhaltsähnliche Befehle durch die militärischen Befehlshaber der westlichen Alliierten bei der Besetzung von Deutschland im April/Mai 1945 erlassen worden sind, ändert an dieser Bewertung nichts.[20]

Wegen dieser Befehlsgebung und den erwähnten Disziplinmängeln im Juni/Juli 1944 kam es zu weit verbreiteten Übergriffen in der Truppe, ob unter dem Vorwand der Partisanenbekämpfung oder durch individuelle Verbrechen bis hin zum Mord oder zur Vergewaltigung. Alle Kommandeure bemühten sich, durch entsprechende Interpretationen und selbst erlassene Befehle solche Übergriffe abzustellen. Man kann davon ausgehen, dass ab dem Herbst 1944 die Partisanenbekämpfung unter einigermaßen rechtmäßigen Umständen ablief. Welche Verluste sind im Partisanenkrieg auf beiden Seiten entstanden? Kerstin v. Lingen nennt, gestützt auf eine von Schreiber erstellte Statistik, für den Zeitraum 21. Juli bis 25. September 1944 insgesamt 624 Gefallene, 933 Verwundete sowie 872 Vermisste/durch die Partisanen Verschleppte auf deutscher Seite und folgert daraus, dass die Verluste nicht übermäßig hoch gewesen seien. Dieser Zahl stellt sie 9 250 getötete Partisanen in demselben Zeitraum gegenüber.[21] Immer wieder wird bei solchen Zahlenvergleichen auf das vordergründige Missverhältnis zwischen getöteten Soldaten und getöteten Partisanen verwiesen und daraus abgeleitet, dass dies nur eine Partisanenbekämpfung „unter Vorwand" gewesen sei. Solche Aktionen hat es in der Tat gegeben. In der Regel war es aber so, dass sich die Partisanengruppen dem Kampf entziehen wollten und dann – wenn sie gestellt wurden, häufig noch eingekreist –, keine Chance gegen gut bewaffnete reguläre Truppen hatten. Niemand hat bis heute ermittelt, welche personellen und materiellen Verluste die Partisanen den deutschen Truppen zugefügt haben. Die „Enciclopedia dell' Antifaschismo et della Resistenza" gibt für die Jahre 1943/45 die Zahl von 44 720 gefallene oder getötete Partisanen an. Niemand kann wiederum exakt belegen, wie diese Zahl zustande gekommen ist. Post stellt dazu fest: „Die Autoren der ‚Enciclopedia' machen keinerlei Angaben dazu, wie viele dieser Opfer auf das Konto von Einheiten der Wehrmacht, der Waffen-SS oder von deutschen Polizeiverbänden ging, und wie viele den regulären Streitkräften der RSI, der Republikanischen Nationalgarde oder den ‚Schwarzen Brigaden' zuzurechnen sind."[22]

Zur Apennin-Stellung, Kampf um die Apennin-Stellung (Lagekarte 26)

Die Weisung der Vereinigten Stabschefs vom 2. Juli hatte klar die Prioritäten für die Fortsetzung des Krieges im Mittelmeer-Raum herausgestellt. Die Operationen in Italien waren nur noch mit einer begrenzten Zielsetzung zu führen. Konsequenterweise gehört der schärfste Kritiker an der Anvil/Dragoon-Entscheidung, J.F.C. Fuller, auch zu den schärfsten Kritikern des weiteren Geschehens in Italien: „Anstelle dessen, was sehen wir? Einen Feldzug mit unzureichenden Mitteln; ohne strategisches Ziel und ohne ein politisches Fundament. Der Krieg in Italien wurde sinnlos…."[23] Man kann in dieser Behauptung eine gewisse Logik erkennen. Zuvor wurden die

Folgen eines Zusammenbruchs der Front in Italien für die deutsche Seite angeführt. Der Zweck der Fortsetzung des Krieges in Italien konnte auf deutscher Seite also durchaus Sinn machen, sofern die Oberste Deutsche Führung fähig war, der katastrophalen Lage nochmals eine Wende zu geben oder – was eigentlich zwangsläufig war – die nötigen politischen Schritte zu einer Kriegsbeendigung einzuleiten.

Ähnlich wie bei der Beschreibung der Operationen in Sizilien, der Vorphase zum Feldzug in Italien, kann die Fortsetzung der Operationen bis in den Herbst 1944 nur in großen zeitlichen Sprüngen dargestellt werden. Eine detaillierte Abhandlung wie bei den Cassino-Schlachten würde den Rahmen des Buches sprengen. Dass hierbei eine Würdigung der Leistungen deutscher Soldaten bis zum letzten Kriegstage unterbleibt, ist sicherlich ein Nachteil. Für den einfachen Soldaten sind seine Mühen und Entbehrungen, die niederdrückenden persönlichen Lasten, Verwundung und Tod reale Wirklichkeit, unabhängig davon, ob sie die Konsequenz besonders erfolgreicher oder nachträglich als sinnlos deklarierter militärischer Aktionen sind.

Am 2. Juli war mit der Aufgabe der Albert-Stellung die Schlacht um den Trasimenischen See abgeschlossen worden. Beiderseits des Sees waren dabei das XIII. (BR) Korps und das X. (BR) Korps, auf deutscher Seite Divisionen des I. Fsch Korps und des LXXVI. Pz Korps beteiligt gewesen. Schon am 17. Juni war auf alliierter Seite das II. (POL) Korps als Ablösung für das V. (BR) Korps in die Front eingeführt worden. Sprungweise gingen die deutschen Truppen auf die verschiedenen Verteidigungsstellungen zurück, die nun noch südlich von Florenz und im Zuge des Arno befohlen worden waren. Immer noch kämpfte Kesselring darum, gegenüber dem FHQ Handlungsfreiheit für seine Operationsführung zu bekommen. Ein Einschub zur Luftwaffe: Auf deutscher Seite waren beim Ablauf dieser Kämpfe nicht viel mehr als 60 Flugzeuge einzusetzen gewesen. Im Zusammenhang mit dem beschriebenen zähen Festhalten an Linien muss auf das zwiespältige Verhalten der deutschen Führung verwiesen werden: Wenn im Herbst 1943 ein mögliches strategisches Konzept auf dem Halten der Apennin-Stellung beruhte, warum konnte dann jetzt nicht aus dieser Stellung heraus eine erfolgreiche Abwehr geführt werden?

Am 3. Juli wurde Siena, nachdem es durch die Deutschen als offene Stadt behandelt worden war, durch das CEF besetzt. Am 22. Juli wurde hier auch das CEF formell aufgelöst, die letzten Divisionen waren für das Landungsunternehmen in Südfrankreich abgezogen worden. Am 19. Juli war Livorno durch die Amerikaner eingenommen worden und zuvor am 15. Juli Ancona an der Adria-Küste durch das II. (POL) Korps. Ab dem 25. Juli wurde auch das II. (US) Korps, zuvor in Reserve, zur Vorbereitung des Angriffs auf die Arno-Stellung herangezogen. Inzwischen waren auf deutscher Seite die Vorbereitungen für das Landungsunternehmen in Südfrankreich erkannt worden. Als Landeraum nahm man aber die Ligurische Küste an. Nachdem ab Mitte Juni das LXXV. Korps (General Dostler) unter dem Befehl der 14. Armee den Küstenschutz bis zur italienischen Riviera übernommen hatte, wurde unter dem italienischen Marschall Graziani am 3. August die „Armee Ligurien" gebildet. Graziani war zugleich Kriegsminister in der Regierung der R.S.I.. Die Armee Ligurien war aus dem Kern der Armeeabteilung v. Zangen (LXXXVI. Korps) aufgestellt worden, sie umfasste neben zwei deutschen Divisionen und den beiden bisher neu aufgestellten italienischen Divisionen ein Sammelsurium der unterschiedlichsten Truppenteile.

10. Fortsetzung des Feldzugs

Anfang August war an der Front südwestlich von Florenz die Lage für die deutschen Truppen so kritisch geworden, dass die Aufgabe der Arno-Stellung bevorstand. Damit war auch die Aufgabe von Florenz unvermeidbar geworden. Schon bei der Schilderung der Einnahme Roms durch die Alliierten wurde darauf hingewiesen, dass auch die Aufgabe von Florenz in einem längeren Abschnitt im Zusammenhang mit der Problematik der „offenen Städte" behandelt werden würde. Weitere Ausführungen können hier daher entfallen.[24] Im Zusammenhang mit der vorangegangenen Darstellung des Partisanenkrieges ist es angebracht, eine Szene wiederzugeben, die sich nach der Besetzung der Stadt abspielte. In Florenz standen sich wie in den anderen großen italienischen Städten Faschistengruppen und Partisanen in einer hasserfüllten Konfrontation gegenüber. Dabei kam es nach der „Befreiung" zu blutigen Abrechnungen durch die Partisanen, die auch von den Alliierten nicht unterbunden werden konnten. Curzio Malaparte, der als Verbindungsoffizier mit einem kanadischen Oberst in die Stadt gekommen war, beobachtete die Erschießung junger Burschen der faschistischen Miliz durch kommunistische Partisanen. Zahlreiche blutbedeckte Körper lagen bereits auf dem Pflaster: „Ich will die Lebendigen", sagte ich…, „diese Jungen werden von einem Kriegsgericht abgeurteilt werden." „Von einem Kriegsgericht?", fragte der Partisan. Er zündete sich eine Zigarette an. „Was für ein Luxus!"

„Du hast kein Recht, sie zu richten."

„Ich richte sie gar nicht", sagte der Partisan, „ich töte sie."

„Weshalb tötest Du sie? Mit welchem Recht?"

„Mit welchem Recht?"

„Warum wollen Sie diese Jungens umbringen?", fragte Jack.

„Ich bringe sie um, weil sie ‚Hoch Mussolini' schreien."

„Sie schreien ‚Hoch Mussolini', weil Du sie umbringst", sagte ich.[25]

Nach der Landung der Alliierten vor Toulon und Marseille und dem Vordringen der Alliierten durch das Rhône-Tal war Kesselring gezwungen, zur Sicherung der Po-Ebene die Alpenpässe in den Westalpen zu schützen. Es entstand eine neue Front. Sie wurde ab dem 15. August der Armee Ligurien übertragen. Am 26. August hatten sich die alliierten Armeen so weit an die Grün-Stellung heran gekämpft, dass der Angriff auf sie beginnen konnte. Zunächst trat die 8. (BR) Armee auf dem Ostflügel mit dem I. (CA) Korps an. Schwieriger als der Durchbruch durch die Grün-Stellung war die Einnahme eines Höhengeländes südwestlich von Rimini. Nach Auffassung der 8. (BR) Armee entwickelten sich hier die härtesten Kämpfe, welche die Armee während des ganzen Feldzuges zu bestehen hatte. Bis zum 21. September wurde Rimini eingenommen. Da Pisa schon im Zusammenhang mit den Kämpfen um die Arno-Stellung an die Alliierten gefallen war, stand man endlich in der lange angestrebten Linie Pisa-Rimini. Hartnäckiger Verteidiger gegen die britische Armee waren die Divisionen des LXXVI. Pz Korps gewesen. Man hatte beim Zurückgehen auf die Grün-Stellung das LI. Geb Korps und das LXXVI. Pz Korps in ihren Gefechtsstreifen ausgetauscht. Als die 5. (US) Armee wenige Tage nach den britischen Nachbarn im zentralen Apennin zum Angriff angetreten war, blieb sie im Gebirge hängen. Bis zum Frühjahr 1945 kam die Front zu einem Stillstand.

Anmerkungen

1   Wie in anderen Kapiteln zuvor wird zu Beginn ein Überblick über die Literatur gegeben, auf die sich die Ausführungen stützen. Es handelt sich um:
Matloff, a.a.O., Kapitel XVIII, S. 412-426, S. 466-475; Fisher, a.a.O., Teil 4,5 und 6, insbesondere die Kapitel XII-XVI; Ehrman, a.a.O., Kapitel VII und Kapitel IX, S. 249-270, S. 345-367; Grand Strategy, Band VI, John Ehrman, „Oktober 1944-August 1945", Kapitel I und Kapitel II; „The Mediterranean and Middle East", Band VI, William Jackson, „Victory in the Mediterranean", Teil II und Teil III, Juni 1944-Kriegsende, Uckfield 2004 (Nachdruck der 1986 in London erschienen Originalausgabe); KTB OKW, Band IV/1, 1. Januar 1944-22.Mai 1945, 5. Abschnitt, „Der italienische Kriegsschauplatz (1. April-31. Dezember 1944)" und Band IV/2, 2. Abschnitt, II. Teil, „Die einzelnen Kriegsschauplätze", C. „Der Südwesten"; MGFA, a.a.O., Band 8, Sechster Teil, „Krieg an den Nebenfronten", Abschnitt IV, Gerhard Schreiber, „Das Ende des nordafrikanischen Feldzuges und der Krieg in Italien", S. 1100-1162.
Im Hinblick auf den Zustand der Truppe nach dem Fall von Rom stützen sich die Ausführungen in diesem Kapitel auf die vielfach genannten Divisionsgeschichten, wie die Ausarbeitungen über die 15. PzGren Div, 44. Inf Div, 1. FschJg Div oder 29. PzGren Div; für den vorstehenden Inhalt in erster Linie auf die besonders beeindruckenden Ausführungen in den Divisionsgeschichten der 65. Inf Div (Velten) und der 362. Inf Div (Greiner).
Für die Überlegungen über die Jahre im Juni 1944 und die Fortsetzung des Feldzuges sei wiederum auf die Erinnerungen Kesselrings verwiesen, diesmal auch auf den II. Teil, Abschnitt 21, „Der Bandenkrieg in Italien".
Aus der Reihe der zahlreichen Einzeldarstellungen müssen wiederum (nicht erschöpfend) genannt werden Baum/ Weichold, Katz, Hümmelchen, Origo, Wilhelmsmeyer, Post und Gundelach.
In den letzten 10-15 Jahren sind in Deutschland und Italien zahlreiche Publikationen über den Partisanenkrieg und die deutsche Besatzungsherrschaft in Italien herausgebracht worden, siehe u.a. Klinkhammer, Staron, Woller. Eine ausführliche Literaturangabe findet sich in einem anderen Zusammenhang in der Fußnote 3 des Kapitels 11. Zusätzlich seien erwähnt Lutz Klinkhammer, „Morgengrauen in der Toskana. Worin unterschied sich die Kriegführung der Wehrmacht in Italien von der im Osten?", FAZ 22.04.97, und Carlo Gentile „Politische Soldaten. Die 16. SS-Panzer-Grenadier-Division ‚Reichsführer-SS' in Italien 1944", QFIAB 81 (2001).
An militärischen Aktenbeständen des BA-MA wurden herangezogen die KTB-Unterlagen des OB Südwest mit den Kennziffern RH 19X/... mit den betreffenden Anlagebänden, die Aktenbestände RH 20-10/... und RH 20-14/... der 10. Und 14. dt. Armee sowie die des XIV. Pz Korps bzw. LXXVI. Pz Korps mit den Kennziffern RH 24-14/... und RH 24-76/... Hierbei wurde die Auswahl auf den Zeitraum Juni bis August 1944 konzentriert. Hinzu kommen einzelne Dokumente aus den Aktenbeständen des I. Fsch Korps, des LI. Geb Korps und des Korps Witthöft.
2   Vergleiche hierzu Dieter Ose, „Entscheidung im Westen 1944. Der Oberbefehlshaber West und die Abwehr der alliierten Invasion", Stuttgart 1982; u.a. die Anlage 13, Lagebeurteilungen, S. 327 ff.
3   Vergleiche Kapitel 4, Abschnitt „Kesselring OB Südwest/Weisung Nr. 51".
4   Siehe hierzu die Ausführungen Kesselrings, a.a.O., Abschnitt „Abwehrkämpfe in Italien Sommer 1944 bis Frühjahr 1945", S. 287-294. Die Garantie, die Kesselring in diesem Zusammenhang dem FHQ Ende Juli gab, das Vorgehen der Alliierten am Apennin zum Stehen zu bringen, „und damit Kampfbedingungen für 1945 (zu) schaffen", muss bei einem General mit diesem Lageüberblick aber sehr verwundern.
5   Greiner, S. 83-90; Velten, S. 154 ff.
6   Greiner, S 94. Es muss daran erinnert werden, dass die 92. Inf Div sozusagen „behelfsmäßig" in Italien aufgestellt worden war.
Zur Gliederung der HGr C Anfang Juni 1944 vergleiche die Übersicht 22.
7   Im Befehlsbeispiel 7 ist ein Auszug der Weisung vom 9. Juni 1944 wiedergegeben.
8   Fisher, S. 242; Jackson schildert die unterschiedlichen Auffassungen zwischen Kesselring und dem FHQ auf der S. 20 ff.
9   Zur Gliederung der A.A.I. vergleiche die Übersicht 21.
10 Zur anstehenden Problematik vergleiche Ehrmann, a.a.O., S. 259-270; Fisher, a.a.O., S. 256-259; Matloff, „Coalition Warfare", S. 466-475. Von demselben Autor verfasst ist der sehr informative Aufsatz in „Command Decisions", a.a.O., Maurice Matloff, „The Anvil Decision: Crossroads of Strategy", S. 283-400. Vergleiche auch Jackson, S. 1-3, 51-56. Berechtigterweise sehr kritisch im Hinblick auf die getroffene Entscheidung ist W.I. Stanton, „Could WW2 have ended in 1944: Was Anvil a big mistake?", in „Army Quarterly and Defence Journal, Heft 122, 03.07.1992, S. 347-359.
11 Jackson, S. 2.
12 Stanton, S. 351 ff.
13 Einzelheiten bei J.B. Mascarenhas de Moraes, „The Brazilian Expeditionary Force by its Commander", Rio de Janeiro 1965.
14 Coakley/Leighton, a.a.O., S. 374-384.
15 Hans Werner Neulen, „Die Vergangenheit des Sandro Pertini", „Criticon" Nr. 93, S. 24.
16 Zur Freischärlerproblematik vergleiche Telford Taylor, „Die Nürnberger Prozesse", Zürich 1951; insbesondere die

10. Fortsetzung des Feldzugs

Ausführungen zum Prozess gegen die Südost-Generale (Fall 7), S. 100 f.

17 Im Monatsbericht einer Gruppe der Geheimen Feldpolizei für den Monat Juli 1944 heißt es über eine bestimmte Partisa-
nengruppe: „... daß es sich bei der Hauptbande um die Sturmbrigade ‚Garibaldi' handelt. Sie setzt sich zum großen Teil
aus Italienern aufgerufener Jahrgänge zusammen. Dazu gehören in größerer Zahl Jugoslawen und vereinzelt Engländer,
Russen, Polen, Franzosen und deutsche Fahnenflüchtige ... Die Bewaffnung besteht aus einigen überschweren MG's,
s.M.G., l M.G., M. Pi., Gewehren, Pistolen und Handgranaten ... Vereinzelt sind englische und amerikanische Waffen
vorhanden, die durch Flugzeuge abgeworfen wurden." Gruppe Geheime Feldpolizei 741 ... Tgb.Nr. 515/44 geh., 30.
Juli 1944; Kopie im Archiv des Verfassers.

18 Im KTB 10. Armee, RH 20-10/126, Eintrag vom 13.6. ist angeführt: LI. Geb Korps: ... Die Bandentätigkeit sowohl
im Bereich des LI. Geb Korps wie im rückw. Armeegebiet, insbesondere im Raum von Macerata, verstärkt sich von
Tag zu Tag. Kampfgruppe Hettinger hatte Gefechtsberührung mit stark bewaffneten Banden. Straßenbrücken werden
planmäßig zerstört, die Instandsetzung durch Feuerüberfälle mit schweren Waffen, anscheinend Artl. bis zu Kal. 10,5
cm, verhindert. Die planmäßige Durchführung der Absetzbewegung des LI. Geb Korps ist ernstlich gefährdet.

19 Siehe Befehlsbeispiele 8 und 9.

20 Vergleiche dazu die weiteren Ausführungen im Kapitel 11.

21 v. Lingen, S. 69.

22 Post, S. 49.

23 Fuller, S. 235. Als weitere Literatur- oder Quellenangabe ist auf die wiederholt zitierten Ausarbeitungen von Fisher,
Jackson und von Schreiber im Band 8 des MGFA zu verweisen sowie auf das KTB OKW, Band IV/1.

24 Siehe hierzu das Kapitel 9, Abschnitt „Der Fall von Rom" und das nachfolgende Kapitel 11.

25 Malaparte, S. 289.

11

Die Wehrmacht auf dem Kriegsschauplatz Italien – Verhältnis zur Bevölkerung, Kriegsverbrechen

Vorwürfe ...

„Die Geschichte, so sagt man, besteht aus Reputation; und wenn der Ruf einer Armee ein Maßstab für Qualität ist, so ist das deutsche Heer mit Sicherheit unübertroffen", so schreibt Martin van Creveld, um im Schlusskapitel seiner Studie „Kampfkraft" sein Urteil mit den Worten zusammenzufassen: „Das deutsche Heer war eine vorzügliche Kampforganisation. Im Hinblick auf Moral, Elan, Truppenzusammenhalt und Elastizität war ihm wahrscheinlich unter den Armeen des zwanzigsten Jahrhunderts keine ebenbürtig."

Bei der Suche nach den Gründen für die Kampfkraft und das Leistungsvermögen des deutschen Soldaten im 2. Weltkrieg führt er aus: „Normalerweise kämpfte er auch nicht im Glauben an die nationalsozialistische Ideologie – tatsächlich kam in vielen Fällen wohl eher das Gegenteil der Wahrheit näher. Statt dessen kämpfte er aus den Gründen, aus denen Männer schon immer gekämpft haben: Weil er sich als Mitglied einer einheitlichen, gut geführten Gemeinschaft empfand, deren Struktur, Verwaltung und Funktionieren im großen ganzen trotz der unvermeidlichen Existenz von Drückebergern und ‚Goldfasanen' als recht und billig erkannt wurde."[1]

Im militärischen Schrifttum in der ganzen Welt findet die deutsche Wehrmacht Bewunderung, und im Bereich der Militärorganisation, Militärsoziologie, der Ausbildung oder der Führungslehre gilt sie als Vorbild und Referenzobjekt, wenn es um die Bewertung des Leistungsvermögens eigener Armeen bzw. um das Erkennen oder die Beseitigung grundsätzlicher Mängel geht.

Dagegen galt bis vor wenigen Jahren in Deutschland, dass die normalerweise anzuerkennenden Leistungen der Wehrmacht im letzten Kriege keinen Bezugspunkt darstellen könnten und kein Beispiel, da diese Leistungen im Zusammenhang gesehen werden müssten mit dem übergeordneten politischen System, dem sie dienten, mit den Verbrechen, die dieses System zu verantworten hatte und mit den Zielen, die es verfolgte. Wir wollen hier die Frage nicht weiter behandeln, ob die politischen Ziele des Systems oder gar seine Verbrechen die Beweggründe zum militärischen Handeln waren beziehungsweise zur militärischen Zweckbestimmung wurden. Dies erübrigt sich auch, denn inzwischen haben die Vorwürfe gegen die Streitkräfte des Dritten Reiches eine andere Dimension erreicht: Nicht nur mit den Verbrechen des Systems habe sich „die Wehrmacht" identifiziert, sie habe selbst ungeheuerliche Verbrechen begangen, sei Stütze des nationalsozialistischen Systems gewesen und an allen dessen Verbrechen beteiligt.

11. Die Wehrmacht auf dem Kriegsschauplatz Italien

Im Laufe der Zeit wurde deutlich, dass der behauptete „verbrecherische Charakter" der Wehrmacht sich nicht allein mit dem Ostfeldzug beweisen ließ, bei dem es in gewissem Umfang durch den Zusammenprall zweier ideologisch antagonistischer, totalitärer Systeme zu besonders brutalen Kampfweisen und zu Vernichtungsmechanismen kam. Es galt, den menschenverachtenden, verbrecherischen und rassistischen Charakter der deutschen Kriegführung auch auf anderen Kriegsschauplätzen nachzuweisen und als generelles Grundmerkmal herauszustellen. Nun begann eine Reihe so genannter „kritischer" Historiker, vor allem aus Deutschland und Italien, sich mit dem Italien-Feldzug zu beschäftigen. Weil die westlichen Alliierten, die der Kriegsgegner in Italien waren, in der Nachkriegszeit nie Vorwürfe gegenüber den Deutschen erhoben hatten, vielmehr der deutschen Führung und dem deutschen Soldaten bestätigen, den Krieg in Nordafrika und Italien sauber und fair geführt zu haben, blieben als Objekte und Opfer deutscher Verbrechen oder Unterdrückungshandlungen nur die italienische Bevölkerung, die Formationen der italienischen „Resistenza" oder die angebliche „Marionettenregierung" Mussolinis.

Aus Gründen, auf die später noch einzugehen ist, wurde ab den 80er Jahren durch die italienische Justiz eine Reihe von Verfahren zur Aburteilung deutscher „Kriegsverbrecher" eingeleitet, die heute noch andauern – fast 70 Jahre nach der behaupteten Tat. Nachgewiesene Kriegsverbrechen, die italienische Streitkräfte in Abessinien, in Nordafrika oder auf dem Balkan auch in größerem Ausmaß verübt haben, sind niemals geahndet worden. Verbrechen, die im Zeitraum nach dem Seitenwechsel Italiens im September 1943 bis in die Phase nach dem Kriegsende 1945 durch beide Seiten – durch Faschisten und durch die sogenannte Befreiungsbewegung – begangen wurden, wurden durch zwei Rechtsakte vom 22. Juni 1946 und vom 7. Februar 1948 amnestiert.[2] Die Prozesse wurden in der italienischen wie in der deutschen Öffentlichkeit stark beachtet und als Ausdruck der Gerechtigkeit gefeiert. Die Einseitigkeit der Prozesse scheint das Bild des „verbrecherischen Feldzuges" der Wehrmacht in Italien zu bestätigen.

Eine im Rahmen dieses Buches angemessene Überprüfung des behaupteten „Bildes" ist Zweck dieses Kapitels. Darüber hinaus bestimmte natürlich das Verhalten der deutschen Streitkräfte zum italienischen Staat, zur Regierung und Verwaltung, zur Bevölkerung – die vordergründige Deklaration eines nicht besetzten Landes, gleichzeitig aber die Verweigerung des Status eines wirklichen Verbündeten – den Ablauf der Operationen.

… und ihre Exponenten

Zu den Wissenschaftlern, die sich daran gemacht haben, nach Widerlegung der angeblichen „Legende von der sauberen Wehrmacht" nun den Beweis zu führen, dass das Bild vom „anständigen deutschen Italienkämpfer" grundfalsch war, gehören vor allem Gerhard Schreiber, Friedrich Andrae, Lutz Klinkhammer, Manfred Funke, Jens Petersen sowie neuerdings auch Joachim Staron, Kerstin v. Lingen oder Gabriele Hammermann. Als italienischer Repräsentant wäre Carlo Gentile zu nennen, wobei diese Aufzählung nicht erschöpfend ist.[3] Zusammengefasst und etwas generalisierend können die Behauptungen aus dieser Denkrichtung etwa so ausgedrückt werden: Italien wurde nicht nur für strategische Zwecke als Vorfeld von deutschen

Truppen besetzt und gehalten, sondern auch zur wirtschaftlichen Ausbeutung für die deutsche Kriegswirtschaft. Die Besatzungsstreitkräfte hatten sich zudem aus dem Lande zu versorgen. Die Bedürfnisse der Bevölkerung wurden dabei den Interessen der Besatzungsmacht untergeordnet. Zur Erfüllung dieser Zwecke und zur Sicherung der eigenen Position hatte man ein erbarmungsloses Unterdrückungssystem errichtet, das den Widerstand der Italiener hervorrufen musste. Diesen Widerstand habe man dann mit rassistischen Motiven, überzeugt von der Minderwertigkeit des „romanischen Menschen", ergänzt durch Rachegefühle wegen des angeblichen Verrats, bekämpft. Terror und unangemessene Vergeltung seien die Instrumente für die Unterdrückung gewesen, die unter Anwendung grausamster, jedem zivilisatorischen Fortschritt widersprechender Methoden sowie unter Missachtung des Rechts, des Völkerrechts, moralischer Prinzipien und der Forderungen nach Humanität, Sitte und Anstand erfolgte.

Unter den genannten Autoren gibt es zum Teil erhebliche Unterschiede in der Spezifizierung und dem Ausmaß der Vorwürfe. Frau von Lingen beispielsweise konzentriert sich auf die Banden- oder Partisanenbekämpfung und die Verantwortung, die Feldmarschall Kesselring dabei hatte. Klinkhammer führt ein äußerst repressives Besatzungssystem an, schätzt aber, dass allenfalls fünf Prozent aller auf dem italienischen Kriegsschauplatz eingesetzten Soldaten an solchen Verbrechenshandlungen beteiligt gewesen sind (auch dies wäre noch eine bemerkenswert hohe Zahl!) während Schreiber den Eindruck erweckt, solche Verbrechen hätten nicht nur zum allgemeinen Verhalten deutscher Soldaten in Italien gehört, sie seien auch immanenter Bestandteil der Kriegführung gewesen – letzten Endes sogar Selbstzweck. Mit der Behauptung, es gäbe keinen Grund anzunehmen, dass „das Gros der Truppe, wäre es mit solchen Weisungen (Anm. des Verfassers: gemeint verbrecherische Befehle) konfrontiert worden, sie nicht ausgeführt hätte", diffamiert er das Italien-Heer bis zum letzten Mann, ohne über verlässliche Anhalte der moralischen Einstellung einzelner Soldaten zu verfügen.[4]

Gerhard Schreiber, ehemals Fregattenkapitän im MGFA, kann als besonderer Exponent der selbsternannten Ankläger und Richter der Wehrmacht in Italien gelten. Beschäftigt man sich mit seinem genannten Buch, dann fällt einem ein Zitat von Heiner Müller ein. Dieser sagte in einem Gedicht, „Wer mit dem Meißel schreibt/Hat keine Handschrift". Schreibers Anklage ist maßlos. Dies beweist er bereits bei der Sprache. Da werden deutsche Soldaten (in Anlehnung an einen Ausspruch von Thomas Mann) als „Mordmaschinen" bezeichnet, Begriffe wie „Crescendo der Vernichtung", „Choreografie des Grauens", „Bilderbuch-Nazi", „Schlächter", „enthemmte Soldateska", „Kaskade des Todes und der Gewalt" werden aneinander gereiht. Was soll man von der wissenschaftlichen Seriosität der Untersuchung dieses Autors halten, wenn man folgende Passagen liest: „Das Deutschlandbild in der italienischen Widerstandsliteratur zeigt den deutschen Menschen als ‚Inkarnation des Bösen, als Bestie, als Peiniger, als Mörder.' Ein *derartiges Bild entstand nicht ohne Grund.*" Oder:

„Don Enrico Macera, Pfarrer von Mondragone, … hat … in seinem Tagebuch *mit Scharfblick festgehalten*, dass die Deutschen sich unmittelbar nach dem Waffenstillstand ‚von Verbündeten in wilde Bestien verwandelten' und ‚keine Gelegenheit ausließen', italienische Menschen ‚zu töten, zu zerstören, zu verelenden'."[5]

Einschätzung durch den Gegner

Es liegt nicht im Interesse der Kritiker der Wehrmacht, positive Beurteilungen über sie anzuerkennen, selbst wenn sie vom ehemaligen Kriegsgegner kommen. Als unverzichtbarer Bezugspunkt sollen diese Beurteilungen dennoch angeführt werden. Die positiven Beurteilungen von alliierter Seite für den deutschen Gegner, das Lob und die Wertschätzung, die häufig über Respekt und Bewunderung hinausreichen, beziehen sich sowohl auf die angewendete Strategie der Deutschen, auf die Führungs- und Operationskunst, auf das deutsche Führerkorps über alle Ebenen hinweg und auf die Truppe, mit der Hervorhebung einzelner Formationen. Oft sind es nur einzelne Passagen im Kontext mit der Schilderung von bestimmten Kampfhandlungen, nicht selten aber sind es eingehende Bewertungen, die ihr besonderes Gewicht haben, wenn sie Bestandteil sogar der amtlichen Geschichtsschreibung auf der Seite der ehemaligen Kriegsgegner sind und Eingang in die Literatur nach dem Kriege gefunden haben.

So schreibt Molony nach dem Abschluss der 2. Cassino-Schlacht Ende März 1944 (3. Cassino-Schlacht für die Alliierten): „Die drei Schlachten von Cassino endeten mit einem klaren (wenn auch vorübergehenden) Fehlschlag für die alliierte Offensive in Italien und mit einem brillanten Abwehrerfolg für die deutschen Streitkräfte."[6] Brigadier E.D. Smith beurteilt in seinem Resümee über die drei Cassino-Schlachten die gegenseitigen Strategien: „Es gibt nur Wenige, die an der deutschen Taktik bei Cassino und wie sie umgesetzt wurde, etwas zu kritisieren haben. Die überwiegende Mehrheit der Soldaten, die bei Cassino kämpften und überlebten, hegten eine uneingeschränkte Bewunderung für ihre Gegner – und, damit wir es nicht vergessen lassen, eine außerordentliche Hochachtung für die ‚saubere Art', mit der die Deutschen kämpften. Krieg ist zu brutal und eine zu Menschen verachtende Angelegenheit, als dass man den Begriff ‚Sport' in diesem Zusammenhang verwenden könnte. Aber die (deutsche) Fallschirmjägerdivision kam in ihrer Haltung sehr nahe an diesen Begriff heran."[7] General Alexander, der von 1942 an ununterbrochen Deutschen gegenüber gestanden hatte, urteilte in Bezug auf den italienischen Feldzug: „… der Feind ist schneller als wir: Schneller in der Neugruppierung seiner Kräfte, schneller in der Ausdünnung einer Front, um Truppen zum Schließen von Lücken an entscheidender Stelle zu gewinnen, schneller in der Ablösung, schneller im Ansatz von Angriffen und Gegenangriffen und vor allem – schneller in der Entschlussfassung auf dem Gefechtsfeld. Im Vergleich dazu sind unsere Führungsverfahren oft zu langsam und schwerfällig und dies trifft zu für alle unsere Truppen, Briten und Amerikaner in gleicher Weise."[8]

„Ein Meisterstück an Führungskunst", so überschreibt John Ellis das abschließende Kapitel seines Buches, „Der hohle Sieg". In diesem Kapitel behandelt er die Führungsfehler, die es den beiden deutschen Armeen im Juni 1944 ermöglichten, nach Norden auszuweichen, bevor sie südlich von Rom abgeschnitten werden konnten: „So fundamental Clarks und Alexanders Fehler auch waren, so sollte man trotzdem den beeindruckenden deutschen Anteil daran (Anm. des Verfassers: an diesem Erfolg) nicht unterschätzen. Dies gilt vor allem für den Beitrag v. Sengers. Obgleich auf dem Gefechtsfeld und aus der Luft von Beginn der Mai-Offensive an hoffnungslos unterlegen, bewiesen die Deutschen erneut, dass sie unter dem Kommando befähigter Führer zu den glänzendsten Truppen der Welt gehören."[9]

Über die Lobpreisungen des deutschen Führerkorps könnte man seitenlang zitieren. Da heutzutage Feldmarschall Kesselring für alles verantwortlich gemacht wird, was es natürlich auch an dunklen Flecken auf der deutschen Seite gab, wollen wir uns mit zwei Zitaten über ihn begnügen. In der Beurteilung des Italien-Feldzuges im US-Generalstabswerk heißt es: „Als ‚Architekt' der Strategie, ganz Italien zu verteidigen, bestimmte Feldmarschall Albert Kesselring kraft seiner Persönlichkeit und seiner Fähigkeiten weitgehend den hartnäckigen Charakter der deutschen Abwehr. Bedacht mit dem Spitznamen ‚Smiling Al' hielt Kesselring den ganzen langen Feldzug hinweg jenen unbeirrbaren Optimismus aufrecht – obwohl er alle Gründe zur Verzweiflung gehabt hätte – der so ausschlaggebend für den Führer von Truppen ist. Jedoch, brillanter Soldat der er war, machte ihn dieser Optimismus niemals blind gegenüber den Realitäten des Schlachtfeldes."[10]

Ein wenig später wird uns noch das Faktum „Rom, offene Stadt", die Räumung der Stadt und die Rolle, die Kesselring dabei spielte, beschäftigen. So soll hier mit einem weiteren Zitat vorgegriffen werden: „Die 14. Armee wich über den Tiber aus und der Oberbefehlshaber der deutschen Truppen, Kesselring, befahl seinen Männern, Rom zu räumen, ohne jeden Versuch, eine einzige der vielen Brücken über den Tiber zu zerstören. In dieser Stunde der Niederlage hat Kesselring strikte Befehle gegeben, Rom ohne Kampf, ohne Sprengungen und Zerstörungen zu übergeben. Wenig Anerkennung ist ihm während seines Prozesses nach dem Krieg zuteil geworden. Verspätet wenigstens wollen wir uns an den humanen Akt des Oberbefehlshabers der deutschen Truppen in Italien erinnern, der die alt-ehrwürdige Stadt von Rom von den Schrecken des Krieges aussparte und so sinnlose Zerstörungen verhinderte."[11]

Die Hinweise auf die deutsche Führungskunst und die Leistung deutscher Truppen beziehen sich auf alle Phasen des Feldzuges, eine weitere Anzahl von Aussagen soll dies deutlich machen. Über die Evakuierung Siziliens wird geschrieben: „Die Evakuierungsaktion der Achsentruppen war ein glänzender Erfolg. Mancher Soldat, Matrose oder Flieger stellt sich vielleicht die Frage, welche Möglichkeiten es gegeben hätte, diese zu unterbinden, welcher Einsatz und welcher Preis aber auch dafür aufzubringen gewesen wäre." Der gleiche Autor bewertet die deutsche Räumung von Korsika so: „Die Räumung, ausgeführt mit der üblichen deutschen Effizienz, wurde am Abend des 3. Oktober abgeschlossen." Bei Salerno wird bewundert, in welchem Ausmaß die 16. Pz Div drei alliierten Divisionen Widerstand geleistet hat.[12]

Die Entwaffnungsaktion der italienischen Streitkräfte bewertet E.D. Smith ohne jegliche moralischen Erörterungen als einen „sorgfältig vorbereiteten und brillant ausgeführten Plan" der Deutschen, der israelische Historiker Ben Arie schreibt zu diesem Thema: „Die Deutschen handelten blitzschnell, mit beispielhafter Effizienz und nach einem detaillierten Plan."[13] Smith findet auch ein hohes Lob für die deutschen Truppen bei ihren Rückzugskämpfen zwischen Kalabrien und Cassino: „Die 10. dt. Armee war fortwährend gezwungen, Löcher in der Front zu stopfen, indem Truppenteile von einem Brennpunkt zum nächsten geworfen wurden. Nur eine Division, die 94. ID, war ausgeruht und auf voller Stärke, als der Kampf um Cassino begann. Alle anderen waren weit unter der Sollstärke und körperlich erschöpft. Aber die Moral war selbst nach den fortgesetzten Rückzügen auf einem beeindruckend hohen Niveau. Die deutschen Soldaten kämpften in jeder folgenden Schlacht genauso hart und tapfer wie in den Schlachten zuvor."[14]

General Alexander, General Anders,
KG des II. (POL) Korps,
polnische Soldaten

Major (später Oberst) Gandoet,
Führer des III./4. R.T.T..
Erstürmer des Cle Belvedere

In Gefangenschaft geratene deutsche Fallschirmjäger – ungebrochen

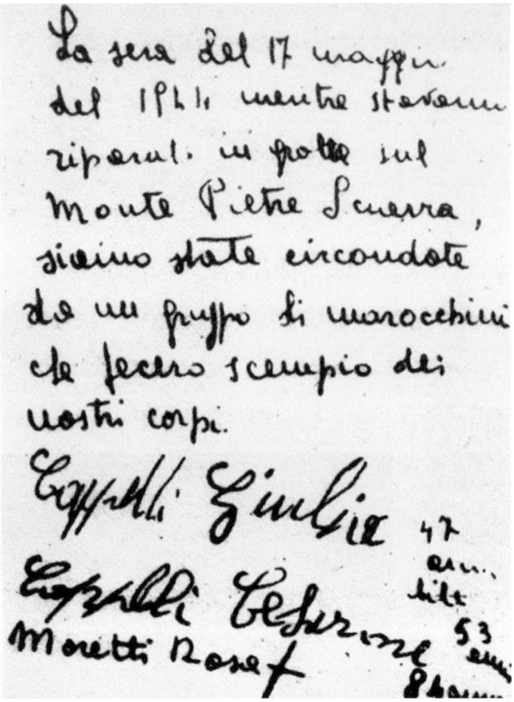

La sera del 17 maggio
del 1944 mentre stavamo
riparati in grotta sul
Monte Pietre Scuerra,
siamo state circondate
da un gruppo di marocchini
che fecero scempio dei
nostri corpi.

Cappelli Giulia 47
ann.
Cappelli Celerina 53
ann.
Moretti Rosa † 84 ann.

Schriftliches Zeugnis der Opfer von Vergewaltigungen;
Opfer zwischen 47 und 84 Jahre alt

Nordafrikanische Schützen auf dem Marsch
in den Aurunci-Bergen

Truppenbesuch General de Gaulles (links), v.l.n.r:. General Montsabert, General Juin, General de Lattre

Soldaten eines deutschen Pionierbataillons mit italienischer Bevölkerung

*Jugendliche und Frauen
bei den Partisanen*

*Appell einer
Partisanenformation*

Erschießung General Dostler am 1. Dezember 1945 in Caserta

Gedenkfeier auf dem deutschen Soldatenfriedhof in Caira

Die Führungsleistung der Deutschen bei Anzio sieht Ben Arie so: „Die Militärmaschinerie der Deutschen reagierte mit der Effizienz und Geschwindigkeit, die ihre Gegner immer wieder in Erstaunen setzte."[15]

Recht häufig wurde und wird das Geschehen im italienischen Feldzug auf die Kämpfe um die Gustav-Linie und damit die Cassino-Schlachten verengt. Damit rückten zwangsläufig in den Mittelpunkt der Anerkennung auf alliierter Seite die Fallschirmjäger der 1. deutschen Fallschirmjägerdivision. Die geradezu enthusiastischen Urteile der höchsten alliierten Führer sind vielleicht weithin bekannt, doch soll eines der vielen Urteile von General Alexander wiederholt werden. In Bezug auf die Bombardierung der Stadt Cassino hat er geschrieben: „Unglücklicherweise kämpften wir gegen die besten Soldaten der Welt. Was für Männer! ... Ich denke, keine andere Truppe konnte dem (Anm. des Verfassers: gemeint die Bombardierung) widerstehen, mit Ausnahme dieser para boys."[16]

Wichtig im Zusammenhang mit dem Thema dieses Kapitels erscheint ein anderes Zitat, das vom Kapitel 8 wiederholt wird. Mit ihm wurde auf die Behauptung reagiert, die Verteidiger von Monte Cassino konnten nur „fanatische Nazis" gewesen sein: „Um jeden Meter wurde gekämpft und kein Pardon gegeben und doch wurden, trotz des verzweifelten Ringens um den Sieg, die Regeln eines anständigen Kampfes in einem erstaunlichen Ausmaß beachtet … Solche Phrasen wie ‚fanatische Nazi-Fallschirmjäger' machten auf die Männer des Neuseeländischen Korps keinen Eindruck. Sie hatten ihre Gegner als überragende Soldaten im Gedächtnis. Selbst in der Hitze des Gefechts verloren die Streiter nicht den gegenseitigen Respekt und das Verständnis für die Lage, in der sich die andere Seite befand."[17]

Aber auch die Leistung der anderen deutschen Truppen wurde gewürdigt. General Alexander sparte nicht mit anerkennenden Worten, ungewöhnlich für einen alliierten Führer, für die Soldaten der 16. SS-PzGren Div.[18] Die Bewunderung für die namenlosen Infanteristen, Pioniere oder Artilleristen soll mit einer letzten Anmerkung deutlich gemacht werden: „An keiner Stelle wurde ihre Fähigkeit (Anm. des Verfassers: der Deutschen) so demonstriert, aus dezimierten Bataillonen und anderen zerschlagenen Elementen Nachhuten mit unerschütterlicher Tapferkeit zu formieren, wie unter den dramatischen Bedingungen während der letzten Tage vor dem Fall von Rom. Unter den 377 Gefangenen bei Velletri waren Anteile aus 50 unterschiedlichen Kompanien und diese gehörten zu einer ganzen Bandbreite verschiedener Bataillone, Regimenter oder Divisionen. Doch sie kämpften als fest zusammengehörendes Ganzes, bis sie überwältigt wurden."[19]

Die deutsche militärische Führung in Italien und ihre Einstellung zur italienischen Geschichte und Kultur

Die Anmerkungen über den „italophilen" Feldmarschall Kesselring allein in der angelsächsischen Literatur können gar nicht vollständig wiedergegeben werden. Dass es auf dem Kriegsschauplatz Mittelmeer überhaupt zu einer gedeihlichen Zusammenarbeit zwischen dem Comando Supremo und dessen nachgeordneten Befehlsstellen einerseits und dem eigenwilligen, hochfahrenden und egoistischen Oberbefehlshaber der „Panzerarmee Afrika", General Rommel, andererseits, der vor allem vom höheren italienischen Führerkorps nichts hielt, gekommen war, ist Kesselrings ausgleichender und diplomatischen Art zu verdanken, seitdem er Ende November 1941 zum Oberbefehlshaber Süd ernannt worden war. Kesselring hatte den Italienern nie das Gefühl gegeben, in ihrer Bedeutung unterschätzt und für deutsche Zwecke ausgenutzt zu werden.

Nur Kesselrings mäßigendem Einfluss ist es zu verdanken, dass in den chaotischen Tagen nach dem Sturz Mussolinis die deutsche Oberste Führung nicht zu überstürzten Maßnahmen griff, die sich in der gegebenen Lage mit Sicherheit kontraproduktiv ausgewirkt hätten. Kesselring, zusammen mit maßgebenden Persönlichkeiten seines Stabes, vertraute immer noch den Versicherungen der Italiener. Er setzte dabei seine Reputation und seine Karriere aufs Spiel. Als dann der italienische Abfall Wirklichkeit wurde, warf Hitler ihm Vertrauensseligkeit und Naivität vor, noch bis Mitte Oktober 1943 schien seine Ablösung vom Kommando und die Umgliederung des Stabes OB Süd in einen weiteren Armeestab eine feststehende Absicht zu sein.[20]

Kesselrings „italophile Einstellung", die Bewunderung der Geschichte, der Kultur, aber auch des italienischen Menschen, wurde von vielen maßgebenden Soldaten in der Italien-Armee geteilt: v. Senger, v. Alvensleben, Steinhoff, auch SS-General Wolff, der „Höchste SS- und Polizeiführer in Italien" können hier als Beispiele genannt werden. Kein einziger der vom Verfasser befragten Veteranen des italienischen Feldzuges hat sich mit Vorbehalten über die italienische Bevölkerung geäußert, über die italienische zivile und militärische Führung dagegen schon.

Dennoch gab es rechtswidrige und ethisch nicht vertretbare Handlungen gegenüber der italienischen Bevölkerung in den ersten Wochen nach dem Waffenstillstand vom 8. September. Neben ihrer moralischen Fragwürdigkeit waren sie darüber hinaus noch unklug, weil sie das Vertrauen zerstörten, die Bereitschaft zur Unterstützung und Mitarbeit langfristig untergruben und die Bevölkerung innerlich an die Seite der Alliierten und der entstehenden Partisanenbewegung brachten. Hierzu gehören der Abtransport oder die Zerstörung von Anlagen oder Gütern, die für das Weiterleben der Bevölkerung unverzichtbar waren, die Verschleppung von Arbeitskräften, das teilweise rücksichtslose „Leben aus dem Lande" oder die Behandlung entwaffneter italienischer Soldaten.

Auf der anderen Seite kann der Zerstörung militärisch wichtiger Infrastruktur, die sich zwangsläufig auch wieder gegen die Bedürfnisse der Zivilbevölkerung richtete, wie die totale Zerstörung des Hafens von Neapel oder der weitflächigen Verkehrsinfrastruktur eine „militärische Notwendigkeit" nicht abgesprochen werden. Ein Hinweis auf die Gegenseite ist hier nötig: Die andauernden Luftangriffe der Alliierten gegen die Verkehrsinfrastruktur werden (mit Recht?) als militärische Notwendigkeit begründet, da damit die Verbindungslinien der Deutschen unterbrochen und ihre Operationsführung beeinträchtigt werden sollte. Die Zerstörung des Eisenbahnnetzes wirkte sich aber unmittelbar auf die Versorgung der italienischen Bevölkerung und ihre Überlebensfähigkeit aus. Beim Angriff auf die „Verschiebebahnhöfe" Roms im Juli 1943 waren über 700 italienische Zivilisten getötet worden. Der alliierte Luftkrieg gegen den oberitalienischen Raum, gegen militärische oder als solche deklarierte Ziele soll über 40 000 italienischen Zivilpersonen das Leben gekostet haben. Je weiter sich jedoch die Kampfhandlungen im Herbst 1943 nach Norden ausdehnten, desto mehr sind die geschilderten kontraproduktiven Übergriffe auf deutscher Seite unterblieben und desto mehr wurde auf die

Lebensbedürfnisse der Zivilbevölkerung geachtet und notfalls hierfür auch militärische Mittel eingesetzt. Dies war vor allem für die Bevölkerung in den Großstädten nötig. Durch Kriegseinwirkungen, Evakuierungen oder Flucht und die Verschleppung eines Teils der männlichen Bevölkerung waren die Produktion nötiger Güter, vor allem in der Landwirtschaft, Handel und eine ordnungsgemäße Verwaltung nicht sicher gestellt.

Von Anfang an war die deutsche Führung bestrebt, das italienische kulturelle Erbe, das zum Erbe der Menschheit gehört, trotz der Kriegseinwirkungen zu erhalten. Sehr häufig wurden dabei militärische Belange zurückgestellt. Selbstverständlich war es nicht möglich, alle kulturellen Schätze oder die bedeutende Bausubstanz unversehrt vor den Auswirkungen der Kampfhandlungen zu bewahren. Hierbei sei darauf verwiesen, dass trotz mittlerweile verbesserter Genfer Abkommen zum Schutz von Kulturgut während des 2. Irak-Krieges ab 2003 auch die antiken Stätten von Babylon in Mitleidenschaft gezogen worden sind. Man kann aber festhalten, dass als einzige bewusste Zerstörung durch deutsche Truppen nur die Zerstörung des Staatsarchivs von Neapel zu verzeichnen ist. Selbst dabei ist nicht sicher, ob es sich nicht um ein Missverständnis eines untergeordneten deutschen Pionierführers gehandelt hat.[21] Als Italien-Liebhaber, der er war, setzte Kesselring alles daran, die italienischen kulturellen Werte zu erhalten.[22] Dabei wurde auch sehr eng mit der wieder funktionierenden Administration der R.S.I. zusammengearbeitet.

Die Rettung der Schätze von Montecassino und Teano[23] hatte gezeigt, dass auch auf unteren Ebenen das Bewusstsein und die Bereitschaft zum Erhalt der italienischen kulturellen Substanz ausgeprägt war. Aber ein „Rettungssystem", das auf dem Zufallsprinzip beruhte, oder der Initiative bewusster Führer vor Ort, konnte keine Lösung sein. Ab Oktober 1943 wurde innerhalb der Militärverwaltung und damit dem Bevollmächtigten General der Deutschen Wehrmacht unterstehend, eine „Abteilung Kunstschutz" aufgebaut. Leiter war anfangs der Professor für Kunstgeschichte Evers. Im Februar wurde dieser abgelöst durch den SS-Standartenführer Alexander Langsdorff, Professor für Frühgeschichte und Ministerialrat im Reichsministerium des Innern. Einzelheiten der weiteren Entwicklung und der personellen Besetzung sollen hier vernachlässigt werden.[24] Auf alliierter Seite war eine ähnliche Organisation „Monuments, Fine Arts and Archives Branch" (Abkürzung MFA&A) gebildet worden. Teilweise wurden zu Ende des Krieges gerettete Bestände direkt von der Abteilung Kunstschutz an MFA&A übergeben.

Die deutsche Abteilung hatte zwei Einsatzorte: Rom und als eine Zweigstelle Florenz. Die Abteilung Kunstschutz ist nach dem Kriege von italienischer Seite verleumderisch als verkappte Organisation zum Raub von Kunstschätzen bezeichnet worden. Wir werden später auf das Ergebnis der Tätigkeit der Abteilung Kunstschutz zurückkommen. Bedingt durch die militärische Lageentwicklung und den Aufbau der Abteilung begann die Rettungsarbeit im Wesentlichen erst 1944 und bekam nach dem Fall von Rom, mit dem Vorrücken der Front nach Norden, eine hohe Dringlichkeit. Ein Schwerpunkt war es davor gewesen, durch italienische Behörden ausgelagerte Sammlungen, Archive etc. an sichere Orte zu bringen, so auch in die „Offene Stadt" Rom, zum großen Teil in die Obhut des Vatikans: „Bis zum 4. Juni 1944 ... wurden beispielsweise unersetzliche Kunstobjekte aus Viterbo, Velletri, Tarquinia, Civita Castellana, Urbino, Gaeta etc. sowie Kunstwerke aus römischen Kirchen und Museen, wie dem Museum Palatino und der Galleria Borghese in die Ewige Stadt mit Hilfe der Deutschen zurückgebracht."[25]

Andere Aufgaben der Kunstschützer waren es, bedeutende Bauwerke mit Schutzschildern zu versehen, gezielte Maßnahmen zu treffen, welche Gebäude und Kunstwerke konkret zu schützen waren (dazu gehörte auch die Beratung der Truppe, bei der Unterbringung die Belegung bestimmter Geländeräume oder Gebäude zu vermeiden) und schließlich: Die Unterstützung der Italiener, bereits eingetretene Schäden an Bauwerken zu beseitigen.[26] Eine weitere große Aufgabe bis Kriegsende war die Rettung der Kunstschätze aus dem Raum Florenz. Durch die italienischen Behörden waren ca. 25 Depots für Kunstwerke, Bücher und Archivalien eingerichtet worden. In der Diskussion über die Räumung der Depots und die mögliche Verlegung an einen zentralen sicheren Ort spielten verschiedene Argumente eine Rolle: So die Gefährdung während des Transports, die Frage, was als „sicherer Ort" anzusehen war – etwa die Offene Stadt Florenz oder eine andere Stadt, die den Alliierten als solche angezeigt werden würde – oder das Misstrauen der Italiener gegenüber den Deutschen. Diese würden unter dem Vorwand, die Kunstschätze in sicheren Alpentälern zu verwahren, sie nur in eigenen Besitz bringen wollen. Andererseits waren die Italiener daran interessiert, die Schätze aus den Depots in der Toskana nicht in die Hände der Alliierten fallen zu lassen, weil man fürchtete, sie würden als Faustpfand für Reparationsleistungen behandelt.

Ein Großteil der Schätze aus der Toskana wurde schließlich nach Südtirol in das Schloss Neumelans in Sand/Taufers und in ein nicht benutztes Gefängnis in S. Leonhard evakuiert. Die verantwortlichen Leiter der Abteilung Kunstschutz achteten damit darauf, dass die Kunstgüter formell italienischen Boden nicht verließen. SS-General Wolff unterstützte sie dabei. Die Transporte wurden mit Mitteln der Truppe, in diesem Falle vor allem der 362. Inf Div und der 305. Inf Div bestritten. Die Rettung erfolgte unter abenteuerlichen Bedingungen, teilweise bereits unter dem Artilleriebeschuss von beiden Seiten. 19 deutsche Soldaten sind bei dieser Rettungsaktion gefallen.

Versucht man eine Wertung über die Bemühungen, italienisches Kulturgut vor den Auswirkungen des Krieges zu schützen, dann kann man die Aussage E. v. Weizsäckers – seit April 1943 Botschafter des Deutschen Reiches beim Vatikan – und Kesselrings Aussage vor dem Internationalen Militärtribunal in Nürnberg, dass von deutschen militärischen und zivilen Stellen alles versucht wurde, um die unersetzlichen, vor allem mit immateriellen Werten verbundenen Kulturgüter zu retten, nur bestätigen.[27] Von deutscher Seite wurde dabei absolut selbstlos gearbeitet, eine „Raubabsicht" ist – abgesehen von einigen Parteigrößen – auszuschließen. Unter Zurückstellung militärischer Belange wurden ohnehin knappe Transportmittel eingesetzt und noch knappere Betriebsstoffvorräte verbraucht. Eine Anerkennung ist den beteiligten Stellen auch nicht versagt geblieben.[28] Die Vertreter der alliierten MFA&A urteilten nach dem Kriege, „es muss zugestanden werden, dass, was die Schutzfunktion angeht, der Kunstschutz sehr hart arbeitete und sehr gute Ergebnisse erzielte."[29] Nach der Rückgabe der ausgelagerten Kunstobjekte über die Alliierten an die italienischen Behörden und nach entsprechenden Nachforschungen in der Nachkriegszeit blieb schließlich nur der Verbleib von etwa 600 Kunstwerken ungeklärt, meist waren diese von untergeordnetem Wert. Eine Bezugszahl, wie viele Kunstwerke auf Grund der deutschen Maßnahmen vor Kriegsschäden bewahrt und erhalten wurden, ist nicht zu ermitteln. Sie dürfte bei mehreren Zehntausend liegen. Zu einem Beispiel soll eine Vergleichszahl gegeben werden: Von 307 geborgenen Kunstwerken aus den Beständen der Uffizien und der Galerie des Palazzo Pitti konnten nach dem Kriege 297 Werke unversehrt an die Italiener zurückgegeben werden. Dies ist eine beeindruckende Zahl, wenn man die Wirren des Krieges bedenkt und die Anzahl der Hände, durch die diese Bilder im Laufe der Zeit gegangen sind. Entgegen anderer Behauptungen steht keineswegs fest, dass die fehlenden Bilder durch deutsche Soldaten entwendet worden sind.[30] Dagegen hat die Teilaufstellung über „Verlorene Werke der Malerei" aus dem Gebiet des Deutschen Reiches (eine Gesamtaufstellung über verlorene Kunstgegenstände von deutschem Gebiet aus gibt es nicht) mehr als 12 000 während des Krieges verloren gegangene Bilder erfasst. Außerdem werden beispielsweise aus dem ehemaligen Bestand des Dresdner Kupferstichkabinetts über 4 800 Zeichnungen vermisst.

Neben der Sicherung, Bergung oder Evakuierung von Kunstschätzen und Archivalien wurden durch die deutsche militärische Führung im großen Umfang Anstrengungen unternommen, italienische Städte, Monumente, Bauwerke oder andere kulturelle und religiöse Anlagen wie Kirchen und Klöster aus den Kampfhandlungen heraus zu halten und so eine Zerstörung zu verhindern. Oft geschah dies durch die Erklärung zu Lazarettstädten oder durch die einseitige Erklärung zu „offenen Städten". Dies bedeutete, dass diese Städte von deutschen Truppen ausgespart wurden, über den Vatikan eine entsprechende Erklärung an die Alliierten weiter gegeben wurde und dass man deutscherseits hoffte, die Gegenseite würde auf eine solche Erklärung in gleicher Weise reagieren. In vielen Fällen erfolgte der Schutz von Kulturgütern einfach dadurch, dass um solche Orte oder Städte nicht gekämpft wurde. Feldmarschall Kesselring hält zu Recht fest, dass solche Maßnahmen kein einziges Mal von der Gegenseite angeboten oder vorgenommen worden sind. Allenfalls wurde auf ein entsprechendes Angebot der deutschen Seite reagiert, Beispiele hierfür sind Siena und, eingeschränkt, Pisa.

Kesselring und sein Stabschef nennen eine Reihe von Orten, die auf diese Weise unbeschädigt den Krieg überstanden bzw. nur leichte Beschädigungen erlitten. Zu Lazarettstädten wurden Anagni (südlich von Rom), Tivoli, Siena (später offene Stadt), Assisi und Meran erklärt. „Neutralisiert" oder aus den Verteidigungsvorbereitungen ausgespart wurden Ferrara, Verona, Orvieto, Perugia, Urbino, Parma, der Stadtkern von Bologna, Reggio, Modena, Venedig, Ravenna, Vicenza oder Padua. Zu den auf diese Weise geretteten Klosteranlagen gehörten u.a. die Klöster Camaldoli (bei Arezzo) und S. Ereno (Toskana) oder die Klosteranlage Certosa di Pavia in der Nähe von Mailand.[31]

Wie eine solche Erklärung zur offenen Stadt ablief, wird am Beispiel der Stadt Chieti (südwestlich von Pescara) erläutert: Der Erzbischof von Chieti hatte sich an das zuständige LI. Geb Korps gewandt mit einem Antrag, das Stadtgebiet von militärischen Handlungen auszusparen, weil die Stadt zusätzlich zu den Einwohnern mit 40 000 Flüchtlingen überfüllt war. Der Antrag des Korps und des Erzbischofs wurde durch das AOK 10 am 17. März 1944 befürwortend und mit einem Formulierungsvorschlag für eine Erklärung an den Erzbischof an den OB Südwest weiter geleitet. Nach der Zustimmung durch den OB Südwest am 19. März wurde das LI. Geb Korps ermächtigt, dem Erzbischof gegenüber die folgende Erklärung abzugeben: „In der Stadt Chieti befinden sich außer Lazaretten und der Orts-Kdtr. (Anm. des Verfassers: Ortskommandantur) keinerlei deutsche Truppen. Die deutsche Führung wird auch so lange keine deutschen Truppen in die Stadt verlegen, wie der Gegner ihren Charakter als offene Stadt respektiert. Die deutsche Führung muss sich aber das Recht des Durchmarsches von Truppen durch Chieti vorbehalten." Das Korps wurde darüber hinaus informiert, dass „Die gleiche Erklärung ... durch den deutschen Botschafter beim Heiligen Stuhl dem päpstlichen Staatssekretariat übermittelt werden (wird)." Die Auflage an das Korps lautete: „Durch Gen.Kdo. (Anm. des Verfassers: Generalkommando) LI. Geb. Korps ist schärfste Innehaltung der hiermit eingegangenen Verpflichtung sicherzustellen. Verteidigungsanlagen zum Schutz einer etwaigen Ausweichbewegung über Chieti dürfen auf keinen Fall innerhalb des Stadtgebietes angelegt oder dazu Bauten der Stadt herangezogen werden."[32]

Wegen der Bedeutung in der Sache, der speziellen Umstände der Lage, und der Publizität, die Rom und Florenz bei den Versuchen erhalten haben, italienische Städte aus den Kriegswirren herauszuhalten, erscheint es gerechtfertigt, ihre Problematik als offene Städte gesondert zu behandeln.[33] Als Prüfstein für die Bereitschaft des Eingehens der Alliierten auf italienische Belange während der Geheimverhandlungen über einen Waffenstillstand, hatte die Regierung Badoglio am 15. August 1943 Rom als offene Stadt im Sinne der Haager Landkriegsordnung (HLKO) erklärt[34]. In den folgenden Monaten wurden im OKW/WFSt Überlegungen angestellt über die Frage des Einbeziehens der Stadt in das Verteidigungssystem, die kampflose Aufgabe und die Maßnahmen, die dabei zu treffen wären. Da bereits am 4. Oktober 1943 die Weisung ergangen war,[35] in der Linie Gaeta – Ortona, also in der Bernhard-Linie, die Verteidigung aufzunehmen, waren diese Erörterungen anfangs theoretischer Natur. Eine Konkretisierung der Überlegungen oder das Treffen vorsorglicher Maßnahmen hätte sich psychologisch nachteilig auf die Einstellung der Truppe zum Halten der Bernhard-Linie auswirken können.

Als die Frage nach der Landung der Alliierten am 22. Januar 1944 bei Anzio und Nettuno aktuell wurde, war klar, dass eine Verteidigung Roms und die Hinnahme dabei entstehender Zerstörungen auch angesichts der zu erwartenden Reaktion in der Weltöffentlichkeit nicht in Frage kommen konnten. Ein Vorschlag aus dem Stab OB Südwest am 4. Februar 1944 aus rein militärischer Sicht hatte umfangreiche Zerstörungsmaßnahmen bei einer Aufgabe der Stadt zum Inhalt. U.a. sollten die Tiber-Brücken zerstört werden sowie alle außerhalb des engen Stadtgebietes gelegenen Industrie- und Eisenbahnanlagen. Erhalten bleiben sollten die Anlagen zur Wasser- und Gasversorgung für die Zivilbevölkerung. Hitler stimmte den Vorschlägen des OB Südwest am 8. Februar zu, untersagte aber die Zerstörung der Tiber-Brücken.[36] Am 11. März 1944 – also kurz vor Beginn der 2. Cassino-Schlacht – wandte sich der Vatikan mit einer Verbalnote an die Deutsche Botschaft beim Heiligen Stuhl und ersuchte nochmals darum, dem Schutz von Rom die nötige Aufmerksamkeit zuwenden zu wollen. In Rom befanden sich zu diesem Zeitpunkt außer einigen Stabs- und Versorgungseinheiten vor allem Lazaretteinrichtungen und die Stadtkommandantur. Die polizeiliche Sicherheit wurde durch das III./Polizeiregiment „Bozen" aufrechterhalten. Nach der Landung bei Anzio war der Stadtkommandant von Rom der 14. Armee unterstellt worden, weil das Stadtgebiet im Operationsgebiet der Armee lag. Es muss wiederholt werden, dass zu diesem Zeitpunkt bereits entschieden war, Rom auf keinen Fall zu verteidigen, sollte eine entsprechende Lageentwicklung eintreten. Am 13. März erließ der Stab der 14. Armee einen Befehl, der zusätzlich zu den bereits getroffenen Maßnahmen für alle Wehrmachtsangehörigen die Erlaubnis zum Betreten der Stadt nur mit Spezialausweisen gestattete, der militärische Verkehr war um Rom herumzuführen. Damit waren prinzipiell die Bedingungen einer offenen Stadt nach der HLKO erfüllt.[37] Anzufügen ist an dieser Stelle, dass von der deutschen Führung alles in dieser Lage Mögliche unternommen wurde, die Versorgung der Bevölkerung nicht nur von Rom, sondern auch von Mittelitalien sicherzustellen. Dazu gehörten neben der nötigen administrativen Arbeit auch die Bereitstellung von Verpflegungsmitteln aus den Beständen der Truppe, der Transport mit militärischen Mitteln (Lastwagen und Eisenbahn), dazu kam die Instandsetzung wichtiger Einrichtungen der Wasser- und Energieversorgung nach alliierten Luftangriffen.[38]

Von alliierter Seite wurde in der Folge nicht auf die getroffenen Maßnahmen reagiert. In den vorangegangenen Monaten waren die alliierten Luftangriffe auf die Verschiebebahnhöfe Roms fortgesetzt worden.[39] Bei Luftangriffen auf Verkehrsverbindungen im Raum Albano war am 1. und 2. Februar 1944 auch die päpstliche Enklave Castelgandolfo getroffen worden – die Proteste des Vatikans führten auf alliierter Seite zu keiner großen Betroffenheit.[40] Auf die Bitte des irischen Ministerpräsidenten de Valera, Maßnahmen zu ergreifen, um Rom vor einer Vernichtung zu bewahren, antwortete Präsident Roosevelt am 19. April 1944, dass das Schicksal Roms ausschließlich durch die Deutschen bestimmt würde, die Rom für ihre militärischen Zwecke nutzen würden: „Wenn die Deutschen nicht in Rom in Stellung liegen würden, bräuchte man kein Wort hinsichtlich der Schonung der Stadt zu verlieren." Eine weniger zutreffende und zynischere Antwort ist kaum vorstellbar.[41]

Dass die alliierte Seite wie bisher schon gewillt war, stets dem Gesichtspunkt des militärischen Vorteils Vorrang vor humanen Erwägungen einzuräumen, zeigten die nächsten Schritte. Am 15. Mai 1944, also noch vor dem Ausbruch des VI. (US) Korps aus dem Brückenkopf bei Anzio, ließ das US-Außenministerium bei General Wilson, dem Oberbefehlshaber auf dem Kriegsschauplatz Mittelmeer, über dessen Auffassung nachfragen, Rom zur offenen Stadt zu erklären. Im Sinne der früheren Feststellung Roosevelts wies Wilson diesen Vorschlag kategorisch zurück. In der gegenwärtigen Lage würde die Erklärung zur offenen Stadt nur dem Gegner Vorteile bringen. Die Aussparung Roms aus den militärischen Operationen, verbunden mit dem Wegfall der Nutzung der Tiber-Übergänge, wäre von entscheidendem Nachteil für die Fortführung des Angriffs nach Norden. Erhellend für die Einstellung der Alliierten ist auch eine Erklärung aus dem Hauptquartier General Alexanders vom 27. Mai an den Vatikan, dass der Kirchenstaat „natürlich" als neutraler Staat behandelt werde, dies gelte auch für Enklaven des Vatikan außerhalb der Stadt, aber nur in dem Maße, dass sich dieser Status „nicht störend auf die Operationen auswirken würde."[42]

Relativ spät, am 3. Juni, als der Fall von Rom kurz bevorstand, richtete der OB Südwest – mit Zustimmung des OKW – über den Vatikan einen Antrag an das alliierte Oberkommando, formell Verhandlungen über Maßnahmen zur Schonung der Stadt, zu beginnen. Im Kontext mit dem bisherigen Verhalten erhielt Kesselring dazu keine Antwort von alliierter Seite. Vielmehr wurde die Bevölkerung von Rom in zwei Radio-Aufrufen aufgefordert, sich gegen die abziehenden deutschen Besatzer zu erheben und die Einnahme der Stadt zu unterstützen.[43] Das Angebot, das Kesselring an den Vatikan übermittelt hatte, enthielt die Zusicherung, dass keine Zerstörungen im Stadtgebiet vorgenommen werden würden, das Aufrechterhalten des Betriebes der

Anlagen für die Elektrizitäts-, Gas- und Wasserversorgung sicher gestellt würde und verfügbarer Vorräte dem ausschließlichen Verbrauch durch die Zivilbevölkerung vorbehalten bleiben sollten.

Dadurch, dass Kesselring von alliierter Seite keine Reaktion erfahren hatte, waren die Deutschen nicht mehr an ihr Angebot gebunden. Truppenteile der 14. Armee, die nicht mehr westlich oder ostwärts an Rom vorbei ausweichen konnten, nutzten das Straßennetz Roms, um sich über den Tiber zurückzuziehen. Dabei besetzten Nachtruppen Stellungen südlich und südostwärts der Stadt außerhalb des Stadtgebietes, um ein Abfließen der Verbände zu ermöglichen. Die nächste Verteidigungsstellung befand sich dann nördlich der Stadt. Beim Abzug der Truppe wurde im Sinne des Angebots verfahren. Zu Gefechten der Nachtruppen mit alliierten Panzerspitzen, die auf breiter Front nachdrängten, kam es nur vereinzelt. Trotz der damit verbundenen Nachteile (den Alliierten wurde ein schnelles Nachstoßen ermöglicht) wurden die Tiber-Brücken nicht gesprengt. Es ist ein Märchen, dass die Brücken nur deswegen nicht zerstört wurden, weil sie durch alliierte Vorausabteilungen im schnellen Zugriff in Besitz genommen wurden. So stellt das KTB OKW mit Recht fest: „Von der deutschen Führung ist bis zum Schluss *einseitig* alles getan worden, um Rom ... vor den Schäden des Krieges zu bewahren. Demgegenüber sind die Alliierten bewusst jeder Verpflichtung zum Schutz Roms ausgewichen.'[44]

Nach dem Fall Roms und dem Ausweichen der deutschen Armee nach Norden trat immer stärker das Problem in den Vordergrund, wie auch Florenz bei den bevorstehenden Kämpfen vor den Kriegsauswirkungen geschützt werden könne. Trotz der im Zusammenhang mit Rom gemachten schlechten Erfahrungen war die deutsche Führung entschlossen, Florenz bei den Verteidigungsmaßnahmen auszusparen. Angeblich war Florenz schon im November 1943 so etwas wie ein unerklärter Status zur offenen Stadt zugestanden worden.[45] Über den Heiligen Stuhl wurde dem Gegner im Juni mitgeteilt, dass die deutsche Führung Florenz militärisch nicht nutzen werde. Wie üblich gab es auf diese Ankündigung hin auf alliierter Seite keine offizielle Reaktion. Allenfalls kann das Ausbleiben größerer Luftangriffe als eine solche Reaktion gedeutet werden. Am 12. Juni 1944 wurden jedoch Flugblätter über Florenz abgeworfen, die Bevölkerung möge Schutzvorkehrungen für bevorstehende Luftangriffe treffen. Offenbar waren auf deutscher Seite auf den unteren Ebenen die befohlenen Schutzmaßnahmen für die Bevölkerung und die Stadt nach und nach unterlaufen worden. So wurde im Juni erneut befohlen, deutsche Dienststellen aus der Stadt zu verlegen, vor allem aber wurde die Durchfahrt durch die Stadt für alle Truppen gesperrt. Anfang Juli wurden auf Befehl Kesselrings Einheiten der Feldgendarmerie und des Wehrmachtsstreifendienstes sowie eine Abteilung eines Feldjägerregiments in das Stadtgebiet verlegt mit dem Auftrag, den Aufenthalt und den Durchzug einzelner Soldaten bis hin zu militärischen Formationen zu unterbinden. Dies wurde auch rigoros durchgesetzt. Dabei wurden auch strenge Befehle gegen Plünderungen herausgegeben, da ein Teil der Bevölkerung die Stadt verlassen hatte. Am 23. Juli wurde der Kommandeur eines Fallschirmjägerregiments der 4. FschJg Div zum Stadtkommandanten ernannt.[46]

Bis zum 20. Juli waren die Verbände der 14. Armee westlich von Florenz auf den Arno zurückgedrückt worden. Am 19. Juli (also einen Tag vor dem Attentat) war Kesselring zum Lagevortrag im FHQ gewesen. Hierbei hatte Hitler erneut befohlen, Florenz aus den Kampfhandlungen heraus zu nehmen, insbesondere hatte er verboten, die Arno-Brücken beim Rückzug zu sprengen. Die HGr C erhielt den Auftrag, 10 bis 12 Kilometer südlich der Stadt noch eine Stellung zu halten, damit der Gegner der 10. Armee, die ostwärts von Florenz noch wesentlich weiter im Süden stand, nicht in den Rücken stoßen konnte. Mit dem Halten dieses Frontabschnitts wurde das I. Fsch Korps beauftragt.

Am 30. Juli erließ Feldmarschall Alexander einen ähnlichen Aufruf an die Bürger von Florenz, wie er dies bereits im Falle von Rom getan hatte. Damit war klar, dass die Alliierten auch Florenz nicht als offene Stadt respektieren würden.[47] Auf Antrag Kesselrings genehmigte Hitler die vorgeschlagene Stellung südlich von Florenz und erlaubte nun Sprengvorbereitungen an den Arno-Brücken. Die Auslösung der Sprengungen behielt er sich vor. Die nächste Verteidigungsstellung sollte nördlich von Florenz liegen. Insgesamt gab Hitler der HGr C eine Kampfführung vor, bei der die Verantwortung für eintretende Zerstörungen ausschließlich auf alliierter Seite liegen würde. Gegenüber den nachdrängenden alliierten Divisionen wurde die Position des I. Fsch Korps unhaltbar. Am 3. August wurde die Genehmigung zum Ausweichen erteilt. Inzwischen hatte die Beschießung der Stadt durch die Alliierten, zunächst mit Störfeuer, begonnen. Die Elektrizitäts- und Wasserversorgung für die Bevölkerung war unterbrochen. Dies führte angesichts der sommerlichen Witterung sehr schnell zu unhaltbaren Zuständen. Da sich das feindliche Artilleriefeuer inzwischen auf den Südteil der Stadt und die Arno-Brücken gesteigert hatte – auch Jagdbomber griffen das Stadtgebiet an – war klar, dass der Gegner den ausweichenden Verbänden über die Arno-Brücken nachstoßen würde. In den Morgenstunden des 4. August wurden daher die Arno-Brücken mit Ausnahme der Ponte Vecchio gesprengt. Bis zum 10. August hatte der letzte deutsche Soldat das Stadtgebiet auch nördlich des Arno verlassen. Bedrängt unter anderem durch den Schweizer Konsul Steinhäuslin hatte Oberst Fuchs, der Stadtkommandant, alles daran gesetzt, dass mit Hilfe militärischer Transportmittel Vorräte zur Versorgung der Bevölkerung für zwei Tage zurückgelassen werden konnten. Zu Kampfhandlungen um Florenz kam es nicht. Iris Origo schildert die vorzügliche Tätigkeit des deutschen Konsuls in Florenz, Herr Wolff, und seines Vizekonsuls, Herr Wildt, die sich im Frühjahr 1944 mit ganzer Kraft für den Schutz der italienischen Bevölkerung eingesetzt haben.[48]

Der Umfang deutscher Kriegsverbrechen

Die meisten der einleitend genannten Autoren haben einen gemeinsamen Ausgangspunkt, nämlich, dass das Bild der „sauberen Wehrmacht in Italien" sich tatsächlich als „Legende" erwiesen habe. Die Widerlegung dieser „Legende" ist das Fundament, von dem aus sich die unterschiedliche Kritik entwickelt. Hier könnte schon provokativ die Frage gestellt werden: Wenn, wie Lutz Klinkhammer ausführt, höchstens fünf Prozent der deutschen Soldaten in Verbrechen verwickelt waren und die Verantwortung für rechtswidrige und inhumane Befehle in den hohen und höchsten Führungsebenen zu suchen ist, ist dann das Bild von der „sauberen Wehrmacht" schon widerlegt?

Bei der Beschreibung und Beurteilung der Verhältnisse auf dem italienischen Kriegsschauplatz werden von den Autoren gemeinsam einige Grundpositionen vertreten, die dann zum Beleg der oben ausgeführten Behauptung dienen:

- Das Recht einer Besatzungsmacht, sich im bestimmten Umfang der Ressourcen eines besetzten Landes zu bedienen, wird vernachlässigt. Bei der Besetzung Deutschlands ab dem Herbst 1944 haben die Alliierten allerdings von diesem Recht in unvergleichlich höherem Maße Gebrauch gemacht.[49]

- Kaum einer der Autoren hat Verständnis für die Einstellung bei der Führung und in der Truppe, dass Deutschland durch eine imperial und aggressiv ausgerichtete italienische Politik in nachteilige militärische Entwicklungen hineingezogen wurde, dass die italienische politische und militärische Führung stets an Erfolgen beteiligt sein wollte, ohne zuvor etwas dazu beigetragen zu haben und schließlich, als die Kriegswende sich abzeichnete, Deutschland als Bündnispartner „im Stich gelassen" wurde.

- Die Partisanenbewegung oder die „Resistenza" wird ohne angemessene Differenzierung als eine Bewegung von „Patrioten", „Widerstandskämpfern", „Rebellen" oder gar als „legitimes Kampfinstrument" der Regierung Badoglio dargestellt. Ohne den völkerrechtlichen Status von Partisanen oder Aufständischen zu beachten, liegt die Sympathie auf deren Seite, beim Kampf gegen eine „illegitime" Besatzungsmacht.

- Auch die rechts- und völkerrechtswidrige, kriminelle und inhumane Kampfweise der Partisanenformationen, meist der Auslöser für deutsche Gegenaktionen, wird in unzulässiger Weise ausgeblendet. Dies hat sich erst in jüngerer Zeit, aber nur bei bestimmten Autoren, geändert. Joachim Staron gibt für die Ausblendung zwei Gründe: Zum einen habe die Resistenza-Geschichtsschreibung „ein Interesse daran, einen möglichen Zusammenhang zwischen Aktionen der Partisanen und Massakern der Wehrmacht zu leugnen", zum anderen würde damit die „Opferrolle" Italiens, der „Mythos des guten Italieners", gewahrt. Durch ihre Operationen zum Schutz der Zivilbevölkerung geriet die Truppe bei ihren Bekämpfungsversuchen in ein unauflösbares Dilemma, das Überreaktionen gegen Unbeteiligte als Folge hatte – dies wird dann in der Regel nicht als zwangsläufige Folge eines Partisanenkrieges, sondern als bewusste Mordaktionen gegen die Zivilbevölkerung eingeordnet. Ebenso unzulänglich wird dem Faktum Raum gegeben, dass sich die Aktionen der Partisanen nicht nur gegen deutsche Truppen richteten, sondern auch der Unterdrückung vorwiegend der Landbevölkerung dienten und dass die Bewegung der Resistenza keine homogene, von patriotischer Gesinnung getragene Gruppierung war. Ab dem Sommer 1944 herrschte in Italien ein Bürgerkrieg zwischen konservativen, faschistischen und kommunistischen Gruppen, bei dem es unter Missachtung jeglicher rechtlicher Regeln in einem von Hass und Rache getragenen Kampf um künftige politische Macht ging. Die Mordaktionen der Partisanen gegen eigene Landsleute gingen in die Tausende, sie endeten auch nicht mit der Kapitulation der Wehrmacht und der Besetzung des Landes. Woller schreibt über den Zustand, in den die deutschen Truppen bei ihren Rückzugskämpfen zwangsläufig einbezogen waren: „Nördlich von Rom … wurden 1944/45 gewissermaßen drei Kriege gleichzeitig ausgefochten: der Zweite Weltkrieg, ein blutiger Bürgerkrieg zwischen Faschisten und Nichtfaschisten und zunehmend auch ein Klassenkrieg proletarischer und kleinbäuerlicher Schichten gegen Besitzbürgertum und Großagrarier. In diesen außer Rand und Band geratenen Verhältnissen brach sich ein von juristischen und humanen Rücksichten kaum gedämpftes Abrechnungsbedürfnis Bahn, das mit einem aus dem Gefühl jahrzehntelanger Unterdrückung und Frustration gespeisten klassenkämpferischen Umsturzwillen und rein kriminellen Beweggründen zu einem Rache- und Vergeltungstaumel ... verschmolz."[50]

• Generell wird Italien als Opfer des ehemaligen Bündnispartners beschrieben, ohne den eigenen Anteil am Entstehen des Weltkonflikts zu würdigen. Dabei spielen dann auch italienische Kriegsverbrechen, wie während des Krieges in Abessinien 1935/36, oder als Besatzungsmacht nach 1941 auf dem Balkan keine Rolle. Marschall Badoglio kann als Verantwortlicher für den Giftgaseinsatz in Abessinien zweifelsohne als Kriegsverbrecher bezeichnet werden, in der Literatur wird die Zahl von 350 000 Opfern als Ergebnis der italienischen Besatzungsherrschaft auf dem Balkan genannt.[51] Die italienischen Kriegsverbrechen in Äthiopien waren bekannt, sie waren auch der Grund für die Vorbehalte auf alliierter Seite, mit einer Regierung Badoglio zusammenzuarbeiten. Sie waren auch der italienischen Öffentlichkeit bewusst, als ein Beleg ist der Roman von Ennio Flaiano anzuführen, „Tempo di Uccidere" (Zeit des Tötens), der 1947 erschienen war. Die Belege wurden aber nicht nur in der Öffentlichkeit verdrängt, sondern auch amtlich unterdrückt und verheimlicht. Die Aufarbeitung dieser Thematik hätte die wahre Rolle und Stellung Italiens im 2. Weltkrieg enthüllt, die man – um wieder der genannten Opferrolle gerecht zu werden – gerne auf den Zeitraum September 1943 bis April 1945 begrenzt. Auch hier ist bei einigen der angeführten Autoren ein Einstellungswandel zu erkennen. Ungeachtet dessen bleibt durch den Verweis auf die angeblichen Relationen die „Unvergleichlichkeit" des deutschen Verhaltens erhalten.[52]

• Schließlich wird, um das Ausmaß deutscher Verbrechen noch beeindruckender zu gestalten, mit Opferzahlen gearbeitet, die wissenschaftlich keinesfalls abgesichert sind. Einige Autoren gestehen dies auch ein. In den letzten Jahren mussten beispielsweise die Opferzahlen bei zwei besonders bekannten „Fällen", Marzabotto und Kephalonia, fortlaufend nach unten korrigiert werden.

Als unangreifbare Autorität unter den Anklägern der Wehrmacht gilt Gerhard Schreiber, wie zuvor erwähnt, Historiker und langjähriges Mitglied des MGFA in Freiburg/Potsdam. Aus seiner Abrechnung mit der militärischen Führung und der Truppe in Italien „Deutsche Kriegsverbrechen in Italien" wurde bereits zitiert. Als dieses Buch 1996 erschien, wurde es geradezu enthusiastisch begrüßt: „Mit den feinsten Sonden archivalischer Wahrheitssuche erschließt Schreiber die von Verklärung, Verharmlosung und Vertuschung begrünten Deponien deutscher Erinnerungen an den italienischen Kriegsschauplatz" oder: „Schreiber, der als einer derjenigen gelten kann, die der deutschen Militärgeschichte in den letzten Jahrzehnten Glanz verliehen ..."[53]

Von einem Wissenschaftler solchen Grades können besonders verlässliche Belege über die Behauptung der verbrecherischen Wehrmacht in Italien erwartet werden. Im Kapitel II seines zitierten Buches beschäftigt er sich mit dem Verhalten deutscher Truppen bei der Besetzung Italiens nach dem Seitenwechsel, mit dem Mord an italienischen Kriegsgefangenen, mit Plünderungen oder Gewalttaten der Soldaten bei der „Versorgung aus dem Lande" und mit den Vergewaltigungen italienischer Frauen und Mädchen. In einer Aufstellung, in der er fortwährend räumlich und zeitlich springt – hierbei werden auch Vorfälle geschildert, die bis zu zwölf Monate nach dem September 1943 liegen – und die daher nur sehr schwer nachvollziehbar ist, schildert Schreiber Vorfälle, mit denen er weit verbreitete Plünderungen und Vergewaltigungen belegen will und führt solche Gewalttaten auf das „Enthemmtsein" gegenüber italienischen Menschen auf Grund der Geringschätzung der Italiener, das Rachegefühl wegen des „Verrats" und auf die Billigung durch die militärische Hierarchie zurück. Bereits an anderer Stelle haben wir darauf hingewiesen, dass Schreiber bei der Auswahl der Belege für seine Behauptungen sogar bei demselben Autor nur die Passagen nennt, die seinen Thesen entsprechen. Mit Zitaten aus den Erinnerungen des Ic-Offiziers der 16. Pz Div, des Rittmeisters bzw. Majors v. Alvensleben mit dem Titel „Lauter Abschiede" beweist er anscheinend gebilligte Plünderungen und Vergewaltigungen deutscher Truppen sowie die Menschenjagd auf „Arbeitssklaven" aus der männlichen italienischen Bevölkerung.[54] Überprüft man jedoch die fraglichen Textpassagen bei Alvensleben, dann kann man lesen: „Die Hungersnot ist bereits so groß, daß alte Menschen im Rinnstein verenden, *während die Umwelt in ihrer Lebenslust den hemmungslosen Leichtsinn der Mittelmeerwelt demonstriert … Es wird geplündert und vergewaltigt, so weit Frauen und Mädchen sich nicht selbst anbieten* … Für die eigene Truppe besteht Gefahr der Verrohung, Räuberei und Aufhebung der Disziplin, trotz *aller Befehle, die dagegen erlassen werden*, und aller *eingesetzter Offiziers- und Feldgendarmeriestreifen* … Regimenter sind mit der Bekämpfung der sich überall zusammenrottenden, noch bewaffneten Italiener, dem Abtransport der waffenfähigen Zivilisten, der Bergung von Heeresgut und Vorräten aller Art beschäftigt."[55]

Einige Tage später schrieb v. Alvensleben: „Der Kommandeur des Regiments 79 begibt sich mit einem Bataillon zum Männerfang nach Neapel … Der Kommandeur steht auf dem Marktplatz und schaut sich *das von ihm innerlich scharf abgelehnte Desaster an* … die Bevölkerung bisher im Privaten freundlich, gute Miene zum bösen Spiel machend, bäumt sich auf. Ein Aufstand, angeblich von englischen Offizieren geführt, bricht los. Alle Luken öffnen sich, und konzentriertes Feuer von Maschinengewehren, Granatwerfern und Handwaffen aller Art prasselt auf die deutschen Truppen ein. Es wird widergeschossen, man wälzt sich im Blut…."[56] Und am 18. Oktober vermerkt er: „Während die Fronttruppe Disziplin hält, *ist es das Plündern der rückwärtigen Dienste,* was uns das Volk zu Feinden macht. Schuld daran sind die Plünderungsbefehle, die die Führung unter den Stürmen des Verrats im Affekt ergehen ließ." „Die Mannschaften weigern sich schließlich, angesichts von so viel Elend und Verzweiflung, den Räumungsbefehl weiter auszuführen. Die Versuchung, die verlassenen Häuser zu plündern, ist groß … Diese Situation belastet die kämpfende Truppe stark."[57]

Vergleicht man die Behauptungen Schreibers mit den Bezugsstellen, dann kann man konstatieren, dass Alvensleben im Zusammenhang mit *Vergewaltigungen* deutsche Soldaten überhaupt nicht erwähnte. Bei den Schilderungen von Vergewaltigungen, die sein ganzes Buch durchziehen, bezieht sich Schreiber durchgängig auf italienische Aussagen, die in der Regel mit starken Zweifeln behaftet sind. Gewiss haben auch deutsche Soldaten in Italien Vergewaltigungen verübt, in jeder Millionenarmee gibt es kriminelle Elemente oder Menschen, die sich eine Situation, in der sonstige Regeln missachtet werden, zunutze machen. Notzuchtverbrechen wurden in der Wehrmacht nicht nur als ziviles Strafdelikt, sondern oft auch als militärische Straftat, als ein Verstoß gegen die Manneszucht, sehr streng bestraft, häufig mit dem Tode.[58] Ohne jegliche kritische Würdigung zitiert Schreiber Frau Iris Origo, die Verfasserin des „Toskanischen Tagebuches 1943/44", die *beziehungsvoll* feststellen würde, „dass die nordafrikanischen französischen Truppen, die Goums, das ‚Werk vollendet' hätten, das die ‚Deutschen begonnen hatten', wobei sie sich auf ‚Plünderung und Vergewaltigung' bezog." Schreiber bekräftigt seinen impliziten Vorwurf der Massenvergewaltigung durch deutsche Soldaten in den letzten Absätzen seines Buches, wenn er bei der Zusammenfassung des Leidens der italienischen Bevölkerung „von den – *nicht ausschließlich durch deutsche Soldaten* – vergewaltigten Frauen" spricht.[59] Dies heißt doch mit anderen Worten, dass die Massenvergewaltigungen an italienischen Frauen und Mädchen ursprünglich und überwiegend von deutschen Soldaten begangen worden sind.

Im Februar/März 2001 kam es in der Süddeutschen Zeitung zu Gegenvorstellungen mit Leserbriefen zu einem Artikel, der in dieser Zeitung abgedruckt worden war. Kritiklos hatte der Autor des Artikels dabei Formulierungen aus dem so genannten „Chavez-Bericht" von 1996 übernommen, in dem deutsche Soldaten des 1. und 2. Weltkrieges systematischer von oben tolerierter Massenvergewaltigungen als ein Mittel des Terrors beschuldigt worden waren. Frau Linda Chavez war US-Sonderbotschafterin bei den Vereinten Nationen. Gegen den Bericht hatte das Auswärtige Amt 1996 Protest erhoben, in der endgültigen Fassung des Berichts von 1998 war daraufhin die entsprechende Behauptung unterblieben. Die Süddeutsche Zeitung entschuldigte sich bei den Lesern.[60] Es kann nicht sein, dass Schreiber der oben geschilderte Sachverhalt bei seinen Forschungen entgangen ist.

Im Gegensatz zu Schreiber belegt Alvensleben auch, dass die Deportation von Arbeitskräften keinesfalls Zustimmung in der Truppe fand und nur widerwillig auf Grund der gegebenen Befehle vollzogen wurde. Gerade der Kommandeur des PzGren Rgt 79, Oberst v. Doering, wird von Zeitzeugen als ritterlicher, von seiner Gesinnung her im abendländischen Soldatentum verwurzelter Edelmann beschrieben. Die teilweise inhumanen Befehle der obersten Führung haben die Truppe starken Spannungen ausgesetzt, gerade die Führer auf mittlerer und unterer Ebene haben verhindert, dass aus ihr eine wilde Horde wurde.[61]

Schreiber verfälscht auch die Textpassagen Alvenslebens über *Plünderungen*. Natürlich musste sich die obere Führung im Klaren darüber sein, dass die Übergänge zwischen angeordneten Requirierungen und persönlichen Bereicherungen fließend waren. Die Geschichte des Krieges ist voll der Problematik, gegen Plünderer und Marodeure einzuschreiten. Der erneute Verweis auf das Verhalten alliierter Truppen bei der Besetzung Deutschlands soll nicht das Verhalten deutscher Soldaten entschuldigen, sondern nur die Versuchungen deutlich machen, die auf Soldaten zukommen, wenn zivile Verhaltensweisen nichts mehr gelten und bürgerliche Gesetze faktisch aufgehoben sind. Alvensleben weist darauf hin, dass Plünderungen vor allem dort vorkamen, wo die Disziplin von Haus aus weniger ausgeprägt war und die Kontrolle weniger strikt. Als ständige Erinnerung an das Verbot der Plünderung war in der Ziffer 7 der „10 Gebote für die Kriegsführung des deutschen Soldaten" ausgeführt, „Der Soldat darf nicht plündern und mutwillig zerstören." Sicherlich war dies in erster Linie als Appell an die Ehre und das Gewissen des einzelnen anzusehen.[62] Der Autor dieses Buches hat sich mit genügend italienischen Zeitzeugen unterhalten können, die von einem durchweg korrekten Verhalten deutscher Soldaten bei den Kampfhandlungen berichteten. In seinem Armeebefehl Nr. 26 vom 3. Juli 1944 verwies Generaloberst v. Vietinghoff darauf, dass Ausschreitungen gegen die italienische Zivilbevölkerung mit der Todesstrafe oder hohen Zuchthausstrafen geahndet würden. Bereits am 21. Juni 1944 war im Armeebefehl Nr. 24 auf ein Kriegsgerichtsurteil verwiesen worden, nach dem zwei Soldaten wegen des Raubes von Fingerringen zu einer Gefängnisstrafe von zweieinhalb Jahren verurteilt worden waren.[63] Wenn Schreiber Italien „als Eldorado unbeschränkter Willkür und Ausplünderung" bezeichnet, dann schreibt er wieder einmal an der Realität vorbei, denn dies hätte ein schrankenloses Gewährenlassen über alle Führungsebenen hinweg zur Voraussetzung gehabt.[64]

Ein weiterer Fall. Unter den tatsächlichen oder angeblichen Kriegsverbrechen der Wehrmacht in Italien hat der Fall „Boves" nach dem Krieg eine gewisse Publizität gewonnen, weil darin das SPW-Bataillon (III. (gep.)/SS-PzGren Rgt 2) der SS-Panzerdivision „Leibstandarte Adolf Hitler" (diese Division galt als Hitlers Leibgarde) unter seinem Kommandeur Sturmbannführer (Major) Peiper verwickelt war.[65] So berichtet auch Schreiber in seinem Kapitel III 2 über das Geschehen in Boves. Vom 9. September 1943 an war die Panzerdivision „LAH" (so die Abkürzung) an der Entwaffnungsaktion der italienischen Armee in Norditalien, schwerpunktmäßig in Piemont, beteiligt. Unter welchen Spannungen und unter welchen Risiken die Truppe gegenüber den weit überlegenen italienischen Streitkräften stand, soll mit einer Zahl deutlich gemacht werden: Zwischen dem 9. und 12. September wurden durch die SS-Panzerdivision rund 68 000 Gefangene gemacht, dies war die vierfache Stärke der Division. Zu den Truppen, die entwaffnet worden waren, gehörten auch die Garnisonen von Boves und Cuneo. Boves liegt knapp zehn Kilometer südlich von Cuneo.

Was ist nun in Boves am 19. September 1943 geschehen? Zwei Unteroffiziere der 14. (schweren) Kompanie des III./SS-PzGren Rgt 2 hatten den Auftrag erhalten, die Materiallager der Kaserne in Boves zu untersuchen, ob es dort verwertbare Ersatzteile gäbe. Sie wurden durch italienische Soldaten gefangen genommen und in das gebirgige Gelände außerhalb des Ortes verschleppt. Durch den italienischen Polizeiposten in Boves wurde der Kompaniechef der 14. Kp, Obersturmführer Dinse, in Cuneo über die Entführung seiner Soldaten informiert. Peiper erteilte ihm den Auftrag, seine Soldaten zu befreien. Wahrscheinlich mit mehreren Schützenpanzern machte sich Dinse auf den Weg nach Boves – der Ort schien verlassen zu sein, die Fensterläden verschlossen, nur einzelne Personen auf der Straße. Von Polizisten in Boves erfuhr Dinse, dass die beiden Unteroffiziere in ein Tal außerhalb der Stadt verbracht worden wären. In dem engen Taleinschnitt bemerkte Dinse, dass er immer tiefer in eine von italienischen Soldaten besetzte Stellung hineingefahren war. Nach einer Funkmeldung an Peiper befahl ihn dieser zurück an den Südrand der Ortschaft, dorthin würde er mit Verstärkungen kommen. Beim Ausweichen eröffneten die Italiener das Feuer, ein Soldat wurde getötet, weitere verwundet. Durch die Stadt konnte Dinse nicht zurück, aus den Häusern wurde auf ihn geschossen, offensichtlich auch von Zivilisten. Gegen Mittag traf Peiper mit den weiteren Teilen der 14. Kp und der Masse der 13. Kp (eine SPW-Kp) südlich von Boves ein. Die 14. Kp verfügte über „Grillen", so genannte schwere Infanteriegeschütze, 15-cm-Geschütze auf Selbstfahrlafette. Peiper befahl dem Untersturmführer Gührs, dem Kompaniechef der 13. Kp, die Ortschaft zu umgehen, er selbst würde durch die Ortschaft angreifen, um zu dem abgeschnittenen Dinse durchzustoßen. In der Ortschaft geriet Peiper in heftiges Feuer, auch von den umgebenden Höhen wurde geschossen. Peiper musste zurück. Wieder gab es einen Gefallenen und Verwundete, auch Gührs war in heftiges Feuer geraten. Nun ließ Peiper auf die Gebäude am Ortseingang durch die „Grillen" das Feuer eröffnen, um die Passage zu erzwingen. Das Feuer der brennenden Häuser breitete sich in Richtung der Taleinschnitte aus. Unter dem Schutz der Rauchwolken räumten italienische Soldaten und Zivilisten den Ort, so konnte Peiper zu Dinse vordringen. Bei der Bergung eines Gefallenen geriet der Verband Peipers auch außerhalb der Ortschaft wieder unter Feuer. Inzwischen war es den beiden Unteroffizieren gelungen, während des entstandenen Gefechts ihren Bewachern zu entkommen. Unter der Deckung von Nachttruppen, die zudem den Auftrag hatten, erbeutete Waffen und Munition zu zerstören, brach Peiper den Einsatz ab und kehrte nach Cuneo zurück.

Wir haben das Geschehen so ausführlich geschildert, um beschreiben zu können, wie man einen Kampfeinsatz zur Bekämpfung von Partisanen und italienischen Soldaten uminterpretieren kann.[66] Schreiber macht das Geschehen in Boves zu einem verbrecherischen Massaker an der Zivilbevölkerung. Er behauptet zwar in seinen Anmerkungen, auch deutsche Quellen ausgewertet zu haben, aber sie haben für ihn keine Relevanz. Er folgt ausschließlich den Darstellungen der italienischen Seite: „Italienische Untersuchungen gehen davon aus, daß sich Peiper und seine Männer gegen 13.00 Uhr in … Boves befanden. Sie bezogen sofort eine Position, die ihnen zweierlei garantieren sollte: erstens, die Einwohner daran zu hindern, bei Verwirklichung des verbrecherischen Vorhabens, das dem SS-Sturmbannführer als von Anfang an geplant unterstellt wird, zu fliehen; und zweitens, einen Angriff von Partisanen … erfolgreich abwehren zu können." Schreiber schildert dann eine Repressalie, die an den Dorfeinwohnern begangen worden sein soll, bei der 24 Zivilisten ermordet, teilweise bei lebendigem Leibe verbrannt worden seien. Er schreibt weiter: „Hunderte Bovesaner starben außerdem bei den Kampfhandlungen oder wurden obdachlos." Lassen wir unberücksichtigt, wer denn den Auslöser für die Kampfhandlungen gegeben hat, dann erhebt sich immer noch die Frage, wie viele der Hunderte von Bovesanern gestorben sind oder „nur" obdachlos wurden.[67]

Im Falle Boves gibt es jedoch eine neutrale Instanz. Von 1965 bis 1968 lief vor dem Landgericht Stuttgart eine Klage wegen Mordes gegen Peiper, Dinse und Gührs. Die Klage war durch italienische Behörden und von Nebenklägern eingelegt worden. Das Verfahren wurde im Dezember 1968 eingestellt: „Es liegen trotz umfangreicher Zeugenvernehmungen … keinerlei Anhaltspunkte dafür vor, dass einer der Angeschuldigten einen Befehl für die Brandlegung oder Erschießungen erteilt hat oder dass dies mit ihrer Billigung geschehen ist … Bemerkenswert ist, dass keiner der 127 ehemaligen Bataillonsangehörigen, die im Zuge dieses Verfahrens vernommen wurden, einen der Angeschuldigten der verbrecherischen Befehlsausgabe beschuldigt hat, obwohl einige von ihnen immerhin Angaben über Brandlegungen gemacht haben." Das Gericht hat dabei befunden, dass die Zeugen deswegen keinesfalls voreingenommen zugunsten der Beschuldigten angenommen werden können, „zumal eine Absprache so vieler Zeugen über einen solch umfangreichen Tatkomplex ausgeschlossen erscheint."[68] Die Schlussfolgerungen des Gerichts verschweigt Schreiber dem Leser und behauptet, dass Peiper „lediglich eine Gelegenheit suchte, um ein besonders brutales Exempel zu statuieren." Dabei wird er auch nicht durch die Logik unterstützt: Mussten dazu noch zwei Befreiungsversuche „simuliert" werden, hätte nicht als Auslöser die Entführung der beiden Unteroffiziere genügt?

Schließlich sei ein drittes Beispiel erwähnt: Sehr häufig waren zur Partisanenbekämpfung Truppenteile der 16. SS-PzGren Div „RFSS" eingesetzt. Als „Feuerwehr", sowohl für kritische Aufgaben an der Front als auch für nicht sonderlich geschätzte Aufträge in rückwärtigen Gebieten zur Partisanenbekämpfung galt offenbar die SS-PzAufkl Abt 16 unter dem Befehl des Sturmbannführers Reder. Nach dem Kriege wurde Reder als einer der wenigen vor einem italienischen Gericht angeklagt und zu einer lebenslangen Freiheitsstrafe verurteilt, die er bis 1985 auch in der Festung Gaeta verbüßte.[69] Würde man die Ausführungen Schreibers zur SS-Pz AA 16 als gegeben annehmen, dann hätte dieser Verband – unterbrochen durch Kampfeinsätze zur Verzögerung der Alliierten eingesetzt – im Zeitraum 11. August bis Ende September 1944 zwischen über 2 950 bis max. 3 300 Menschen unter der Vorgabe der Bekämpfung von Banden mit teilweise grausamsten Methoden ermordet.[70] Zwar meint auch Carlo Gentile, dass 2 000 unschuldige Menschen von Verbänden der 16. SS-PzGren Div unter dem Vorwand des Partisanenkampfes umgebracht worden seien (das wären etwa 20 Prozent von angeblich über 10 000 ermordeten italienischen Zivilisten), immerhin bezieht er diese Zahl aber auf die gesamte Division.[71]

Die Großaktionen zur Bekämpfung stärkerer Partisanengruppen, vom 24. bis 26. August 1944 gegen die „Brigade Lunense" im Raum ostwärts von La Spezia und vom 29. bis 30. September 1944 gegen die „Brigade Stella Rossa" behandelt Schreiber nur an der Oberfläche, so werden von ihm bei den oben genannten Opferzahlen auch keine Unterschiede zwischen im Kampf gefallenen bzw. nachträglich erschossenen Partisanen und tatsächlich ermordeten Zivilpersonen gemacht. Welche Verluste hatten die deutschen Truppen zu beklagen, wie viele Menschen wurden durch die Repression der Partisanen ums Leben gebracht? Als die vier ausschlaggebenden Tatkomplexe für behauptete Verbrechen der SS-Pz AA 16 nennt Schreiber das Dorf Sant' Anna Stazzema (Provinz Lucca), verschiedene Orte in der Provinz Massa-Carrara, dabei den Ort Bardine di San Terenzio, den Raum Vinca (nordostwärts von Marina di Carrara) sowie das Gebiet zwischen dem Reno- und Settatal südlich von Bologna (Gemeinde Marzabotto).[72] Seriösere Autoren als Schreiber wie v. Lingen und Gentile gestehen ein, dass das Thema Partisanenbekämpfung in Italien, der Umfang der dabei getöteten Menschen, die Verluste der Truppe und die Relation tatsächlich getöteter Partisanen zur Anzahl der Opfer unter der Zivilbevölkerung noch keinesfalls wissenschaftlich untersucht und geklärt ist.[73] In seiner Version über den Gesamtablauf der Bekämpfungsaktion der Brigade Stella Rossa im Gebiet von Marzabotto gibt Schreiber eine Aufstellung von Opferzahlen an 25 verschiedenen Ereignisorten (Einzelgehöfte, Weiler, Dörfer), die eine Bandbreite von mindestens 1 800 bis max. 2 150 ermordeter Menschen umfasst. Dabei würde er etwa im Bereich der lange Zeit als offiziell behaupteten Größenordnungen von 1 830 Opfern liegen. H.J. Fischer, jahrzehntelang Italienkorrespondent der FAZ, hat über das Entstehen solcher Opferzahlen geschrieben: „Man erstellte lange Listen, in denen alle diejenigen eigenmächtig eingetragen wurden, welche zwischen dem 8. September 1943 und dem 25. April 1945 im Sotta(!)- oder Renotal (bei Marzabotto) aufgrund einer Krankheit starben, durch englisch-amerikanische Bombenangriffe oder durch Minenexplosionen getötet wurden, welche als Faschisten oder mutmaßliche Faschisten von Partisanen ermordet oder als nichtkommunistische Partisanen von kommunistischen Partisanen getötet wurden."[74]

Inzwischen wurden die Opferzahlen im Bereich der Gemeinde Marzabotto auf ungefähr 770 Menschen reduziert, wobei aus den Literaturangaben nicht klar wird, welche Anteile dabei (rechtmäßig) im Kampf getöteten Partisanen der Brigade Stella Rossa umfassen und wie viele Zivilisten absichtlich durch deutsche Truppen ermordet worden sind. Auch Schreiber nennt abschließend diese Zahl von 770 Opfern, ohne dem Leser Aufklärung zu verschaffen, welche der vorher von ihm genannten Tatorte und Opferzahlen nun zwangsläufig revidiert werden müssten.[75]

In seinem Prozess von 1951 in Bologna war Walter Reder auch in den Tatkomplexen angeklagt, die wir zuvor genannt haben – Sant' Anna Stazzema, Bardine S. Terenzio/Valla, Raum Vinca di Fivizzano und Raum Marzabotto.[76] Mit dem Urteil vom 31. Oktober 1951 wurde Reder wegen der Tatkomplexe Bardine und Valla, für den Tatkomplex Vinca in Bezug auf einige Ortschaften und für den Tatkomplex Marzabotto ebenfalls in Bezug auf einige Ortschaften schuldig gesprochen. Wegen des Anklagepunktes Sant' Anna, eine Reihe von Tatorten im Raum Marzabotto sowie der Ortschaft Bergiola Foscalina (s. unten) wurde Reder wegen Mangels an Beweisen, wegen einer Reihe von Tatvorwürfen im Zusammenhang mit Vinca und Marzabotto wurde er, weil er die vorgeworfenen Taten nicht begangen hatte, überhaupt frei gesprochen. Das heißt anders ausgedrückt: Im Hinblick auf die 25 Tatorte beim Tatkomplex Marzabotto, bei denen Schreiber in allen Einzelheiten grausamste Verbrechen schildert, die von Reder und den Soldaten der Pz AA 16 begangen worden seien, wurde der Beschuldigte in vier Fällen verurteilt, in allen anderen Fällen aber frei gesprochen! Im Urteil des Berufungsgerichts vom 16. Mai 1954 wurden die Freisprüche mangels an Beweisen in Freisprüche umgewandelt, weil Reder die Tat nicht begangen habe.[77] Nun gibt Gerhard Schreiber an, sich in seinen Recherchen auf die Akten des Prozesses gegen Reder abgestützt zu haben.[78] Was ist von einem Wissenschaftler zu halten und wie sind seine Absichten einzuordnen, wenn er in Kenntnis des Urteils einen Verband und dessen Führer Taten beschuldigt, für die dieser freigesprochen worden ist?

Nur weil es sich beim zweiten und dritten Beispiel um bekanntere „Fälle" handelt, über die auch genügend andere Literatur vorliegt und nur weil sie in die bisherigen Forschungen des Verfassers eingebunden waren, war er in der Lage, eigene Bewertungen vorzunehmen und eigene Erkenntnisse einzubringen. Es könnten weitere „Fälle", in denen die wissenschaftliche Beweisführung Gerhard Schreibers ebenfalls in Zweifel zu ziehen wäre, angeführt werden. Hierzu gehört beispielsweise seine Version über das Attentat in der Via Rasella in Rom mit der nachfolgenden Repressalie in den Fosse Ardeatine, die Ereignisse auf der griechischen Insel Kephalonia sowie der Vorfall in der Ortschaft Bellona bei Capua, den Schreiber (wie in zahlreichen anderen Fällen) zur Kritik an der westdeutschen Justiz benutzt, die angeblich kein Interesse gehabt habe, begangene Verbrechen in Italien aufzuklären.[79]

Ohne ein einziges Mal auch nur einen Vorbehalt anzumelden, übernimmt Schreiber aus italienischen Schilderungen die widerlichsten Grausamkeiten, die von deutschen Soldaten und vor allem der Pz AA 16 des Majors Reder begangen worden sein sollen: Sie reichen von Verbrennungen bei lebendigem Leibe über die aufgeschlitzten Bäuche schwangerer Frauen und gepfählter Frauen und Kinder bis zu Babies und Kleinkindern, die in die Luft geworfen wurden, um sie dann wie Tontauben abzuschießen. Solche Taten hätten ihre Vorbilder bei Dschingis Khan und Timur-Lenk, auch Ivo Andric hat solche Taten in seinem Buch „Die Brücke über die Drina", im Grenzbereich zwischen christlicher und mohammedanischer Welt geschildert.[80] Eine ganz besonders widerwärtige Tat, angeblich begangen durch Reders Soldaten, schildert Schreiber in Bezug auf das kleine Dorf Bergiola Foscalina im Raum La Spezia, bei der – neben dem Niedermetzeln von 72 Menschen – einem jungen Mädchen bei lebendigem Leibe die Brust abgeschnitten worden sein soll.[81] Schreiber musste bei der Abfassung seines Manuskriptes 1996 wissen, dass dieser Sachverhalt, der erst während des laufenden Prozesses gegen Reder in die Anklage aufgenommen worden war, „einer kritischen Bestandsaufnahme" nicht stand gehalten hatte, und der Angeklagte schließlich wegen erwiesener Unschuld frei gesprochen wurde.[82] Unsere Überzeugung, dass solche Gräueltaten von deutschen Soldaten nicht begangen wurden, wird zumindest durch die Zweifel einiger Autoren unterstützt. Staron schließt sich einem italienischen Autor an, „wonach sich die … in und nach dem Reder-Prozess beschriebenen Gräuel vermutlich nicht ereignet haben … Schilderungen dieser Art entsprechen den … Stereotypen, mit denen die jeweils andere Seite im Partisanenkrieg stets charakterisiert wird."[83]

Was kann man aus den Ausführungen in diesem Abschnitt folgern? Es ist unzulässig, gestützt auf die umfangreiche Partisanen-oder Resistenza-Literatur ein Verdikt in dem Ausmaße zu sprechen, wie Gerhard Schreiber dies tut. Auch die Prozessakten, die mittlerweile herangezogen werden – gegen Truppenführer wie General Simon, den Kdr der 16. SS-PzGren Div, oder General Crasemann, den Kdr der 26.Pz Div (beide verurteilt durch ein englisches Militärgericht), oder gegen „Täter an der Front", wie Major Reder oder Rittmeister Strauch (beide verurteilt durch ein italienisches Militärgericht) – bilden die tatsächlichen Sachverhalte nicht zutreffend ab, weil die jeweiligen Verfahren mit einer bestimmten Zielsetzung und in einer bestimmten Atmosphäre in der unmittelbaren Nachkriegszeit abgewickelt wurden. Andererseits würde der Nachweis, dass neben Boves auch in Marzabotto ein Kriegsverbrechen nicht begangen wurde, die Behauptung nicht rechtfertigen, die deutschen Truppen in Italien hätten keine Kriegsverbrechen begangen. In jedem Kriege werden spezielle Kriegsverbrechen begangen, die heutige Zeit ist nicht ausgenommen.

Wenn die SS-Pz AA 16 nicht verantwortlich für das Verbrechen in Sant' Anna Stazzema war, dann heißt dies ja nicht, dass nicht eine andere deutsche Einheit es begangen hat. Und in der Tat wird dieses Verbrechens heute ein anderer Truppenteil der 16. SS-PzGren Div beschuldigt, das SS-PzGren Rgt 35.[84] Es finden jedenfalls Prozesse vor italienischen Gerichten gegen ehemalige Angehörige dieses Regiments statt. Es gab schreckliche Massaker unter dem Vorwand der Partisanenbekämpfung wie jene Aktion der Fsch Pz AA „HG" unter dem Rittmeister von Loeben am 17./18. März 1944 im Raum Savoniero-Costrignano. Sie lasten auf der Truppe in Italien und sind eine Schande für jeden anständigen Soldaten. Hier ist die Frage zu stellen, warum nicht nach dem Gefechtsbericht der Abteilung Vorgesetzte eingeschritten sind.[85] Selbst wenn andere Autoren aber inzwischen mit größerer wissenschaftlicher Sorgfalt vorgehen und zu wesentlich zurückhaltenderen Urteilen kommen als Schreiber oder Andrae, ist die Frage zu stellen, welche Rechtfertigung bei einem wissenschaftlich so unzureichend abgesicherten Forschungsstand die Behauptungen über den Umfang deutscher Kriegsverbrechen in Italien in der Größenordnung von bis zu 40 000 getöteten Partisanen und fast 10 000 getöteten Zivilisten haben.

Wertung

Fasst man die vorstehenden Inhalte des Kapitels zusammen, dann stehen sich zwei „Bilder" gegenüber: Auf der einen Seite eine Kriegführung der Wehrmacht gegenüber den Alliierten unter Beachtung der Gebräuche des Krieges und des Völkerrechts sowie die Schonung und der Respekt für den italienischen Kulturraum und die Fürsorge für die Bevölkerung. Andererseits ein hartes Besatzungssystem mit schärfsten Maßnahmen und Mitteln zur Unterdrückung der Partisanenbewegung, verbunden mit Übergriffen auch gegen die unbeteiligte Zivilbevölkerung. Soweit der Verfasser dies überblicken kann, wurden in Italien von den Truppenführern Feldmarschall Kesselring und die Generale v. Mackensen, Mälzer, Simon und Crasemann vor Gericht gestellt und verurteilt. Alle wurden wegen Kriegsverbrechen, begangen an der Bevölkerung, wegen Exzessen im Partisanenkampf und Verstößen gegen das Repressalienrecht zur Verantwortung gezogen. Dabei muss man anmerken, dass die alliierte Führung in Italien eine Verschärfung des Partisanenkampfes bewusst gefördert hat. Nur ein einziger deutscher General wurde in Italien wegen einer Völkerrechtsverletzung gegen die alliierten Truppen verurteilt und auch hingerichtet. Es war General Dostler, der KG des LXXV. Armeekorps. Er wurde am 1. Dezember 1945 wegen der Anwendung des Kommandobefehls von den Amerikanern erschossen. Während die deutschen Truppen in Italien – wie von den anglo-amerikanischen Autoren noch heute gerühmt – den Krieg gegen die Alliierten unter Beachtung des Völkerrechts führten, begingen sie gleichzeitig umfangreiche Völkerrechtsverstöße gegen die Italiener?

Bestreben sowohl der „kritischen" wie auch der so genannten „revisionistischen" Geschichtswissenschaftler hätte es sein müssen, solche Widersprüche aufzuklären und Ursachen für die gegensätzlichen Verhaltensweisen herauszufinden. Das Gegenteil war und ist der Fall: Vor allem von Seiten fortschrittlicher Wissenschaftler, die angeblich moralische Anliegen verfolgen (ist dies eine Aufgabe für Historiker?) und deren vordringliches Ziel darin besteht, die Verbände der Wehrmacht als die einzigen Schuldigen herauszustellen. Dabei geht es vor allem nicht darum, in der Vergangenheit liegende Sachverhalte zu erforschen und aufzuhellen, sondern die gewonnenen „Erkenntnisse" im politischen Meinungsstreit von heute zu benutzen.

Eine solch einseitige Betrachtungsweise ist nur möglich, wenn die Realitäten der damaligen Zeit, die politischen und militärischen Umstände ausgeblendet werden und moralische Kriterien von heute und nicht von damals zu Grunde gelegt werden. Zu diesen Realitäten gehörte die Lage nach dem Seitenwechsel Italiens, das Verhalten und die Ziele der italienischen Resistenza und die allgemeine Situation, in der sich die Wehrmacht im Frühjahr 1944 befand. Keine andere Armee während des 2. Weltkrieges hat vor dem Problem gestanden, über Jahre hinweg ein Besatzungssystem auf gegnerischen Territorien aufrecht erhalten zu müssen und dabei Widerstandsbewegungen nieder zu halten, die, je mehr sich die deutsche Niederlage abzeichnete, immer umfangreicher und aggressiver in ihrer Kampfweise wurden.

Je nach dem Standpunkt gibt es zwei Thesen: Ein repressives, ausbeuterisches Besatzungssystem habe die Partisanenbewegung erst verursacht. Umgekehrt heißt es, völkerrechtswidrig und grausam kämpfende Partisanenformationen hätten zwangsläufig zur Repression durch die Besatzungsmacht geführt. Wir meinen, dass sich beide Verhaltensweisen gegenseitig ergänzten.

Wohl haben auch die Erfahrungen auf anderen Kriegsschauplätzen zu immer schärferen Befehlen zur Partisanenbekämpfung in Italien ab Juni 1944 beigetragen: Die Partisanenformationen in Russland hatten zur Vorbereitung der sowjetischen Sommeroffensive (Operation „Bagration") in der Nacht 19./20. Juni 1944 10 500 Sprengstoffanschläge im rückwärtigen Gebiet der HGr Mitte verübt, ein neuer Höhepunkt der mittlerweile im Stile militärischer Truppen operierenden Partisanenverbände. Nach der Landung in der Normandie am 6. Juni 1944 hatte die von den Alliierten gesteuerte Partisanenbewegung des „Maquis" Anschläge in großem Umfang gegen deutsche Truppen geführt, durch welche die Operationen stark beeinträchtigt und Truppen zur Abwehr gebunden wurden. Zusätzlich standen der militärischen Führung in Italien die mittlerweile mehrere Tausend Mann umfassenden Banden jugoslawischer Partisanen in Istrien vor Augen.

Überprüft man die Befehle Kesselrings und seiner unterstellten Befehlshaber und Kommandeure, dann kann man sagen, dass sie in den Grundzügen den völkerrechtlichen Gegebenheiten der damaligen Zeit entsprachen. Sie enthielten aber auch Vorgaben, die mit Recht durch alliierte Gerichte nach dem Krieg als unverhältnismäßig und rechtswidrig klassifiziert wurden und die nicht erst aus heutiger Sicht einen Verstoß gegen die Humanität und gegen das Ethos abendländischer Soldaten darstellen. Dabei sollen die – im Übrigen auch heute noch gegebenen – Probleme regulärer Truppen bei der Bekämpfung irregulärer Kräfte, die aus dem Schutz der Bevölkerung heraus operierten und bei denen auch Frauen und Jugendliche für den Einsatz missbraucht wurden, nicht gering geschätzt werden. Damit sich der Leser selbst ein Bild machen kann, werden einschlägige Befehle Kesselrings zur Partisanenbekämpfung in den Anhang aufgenommen. Bei der Besetzung Süddeutschlands haben zumindest französische Truppenkommandeure ähnlich harte Repressalien angeordnet. In einer Bekanntmachung des Bürgermeisters von Überlingen wird auf Weisung des französischen Militärs angedroht: „Wenn ein Einwohner auf einen französischen Soldaten schießt oder diesen angreift, werden 50 Bürger erschossen und die Stadt angezündet." Zur Ausführung einer Repressalie ist es nicht gekommen, weil sich die deutsche Bevölkerung anders verhielt als die Partisanen in Italien.[86]

Eine weitere Konsequenz der rechtlichen Fragwürdigkeit war, dass diese Befehle auf der Grundlage des persönlichen Erlebens bei bestimmten Truppen das moralische Wertgefüge zerstörten, das trotz der Verrohung und Abstumpfung durch den Krieg noch bestanden hatte und dadurch zu grausamen Übergriffen gegenüber unschuldigen Menschen führten. Dies diskreditierte nicht nur gerechtfertigte Maßnahmen gegen Partisanen und führte zu neuen Steigerungen in der Spirale von Gewalt und Gegengewalt sondern brachte den Partisanen auch neuen Zulauf.

Bereits die durch das OKW im April 1944 erlassene, moderate Kampfanweisung zur Bekämpfung von Banden[87] trug der Erkenntnis Rechnung, dass mit brutaler Abschreckung, die unterschiedslos Schuldige und Unschuldige traf, nur das Gegenteil bewirkt wurde. Die Befehle von Kesselring und den Armeebefehlshabern vom August und September 1944 zur Eindämmung von Übergriffen zeigten, dass es doch weiter verbreitet, als dies die Verteidiger der Wehrmacht wahrhaben wollen, zu verbrecherischen Handlungen gekommen war. Sie hatten ihren Schwerpunkt in den Monaten Juni, während des chaotischen Rückzugs durch die Toskana nach dem Fall von Rom, bis Ende September. Ab Oktober wurden sie eingedämmt. An dieser Stelle werden nochmals zwei Zitate des Militärsoziologen Martin van Creveld angefügt: „Von den Tagen des alten Roms bis heute sind stets die diszipliniertesten Armeen die besten gewesen." Und: „Wenn eine Streitkraft über einen längeren Zeitraum hinweg gegen Konventionen verstößt, wird sie sich nach und nach auflösen."[88] Das innere Gefüge der Wehrmacht in Italien blieb bis zum Kriegsende und auch danach intakt.

Damit sind wir bei der Frage, wie typisch rechtswidrige Handlungen durch Truppen der HGr C gegen die Zivilbevölkerung waren. Verlässliche Zahlen, auf wissenschaftlicher, unvoreingenommener Basis sind bisher nicht ermittelt worden. Die Kritiker der Wehrmacht verfolgen mit überzogenen Zahlenangaben, die nicht bewiesen werden können, wie ausgeführt ihre Ziele von heute. Auf italienischer Seite dienen solche behauptete Grausamkeiten – dies sei wiederholt – der Verschleierung der italienischen Rolle im 2. Weltkrieg, der Verfestigung des eigenen Opferstatus und der Überdeckung des inner-italienischen Bürgerkrieges ab 1944 mit exzessiven Verbrechen auf beiden Seiten.

Die angeblichen Zahlen von 30 000 bis 40 000 getöteter Partisanen und ungefähr 10 000 ermordeter Zivilpersonen werden vor allem aus zwei Gründen kaum zu überprüfen sein: Einmal aus praktischen Gründen, wer will nach fast 65 Jahren noch genau abgrenzbare Zahlen zwischen Partisanen und unbeteiligten Zivilisten in den Archiven ermitteln, noch gravierender dürfte aber sein, dass mit korrekten Zahlen die Italiener ihren eigenen Mythos zerstören würden.

Die Kritiker der Wehrmacht behaupten, die Alliierten hätten bei ihrem Vormarsch, mit den deutschen Verbrechen konfrontiert, erste Ermittlungen aufgenommen und mit der Registrierung von Kriegsverbrechen begonnen. Umso mehr muss verwundern, dass eine weit verbreitete verbrecherische deutsche Kriegführung, wie sie von Schreiber, Andrae und italienischen Autoren behauptet wird, weder Eingang in die amtlichen Generalstabswerke noch in die gängige Sekundarliteratur gefunden haben. Wir kommen noch einmal zum Schätzwert von Lutz Klinkhammer zurück: Nur fünf Prozent aller deutschen Soldaten in Italien seien in Kriegsverbrechen verwickelt gewesen. Fünfundneunzig Prozent hatten folglich nichts damit zu tun. Dabei meint Klinkhammer, dass die Zahl Unbeteiligter, also unschuldiger Soldaten, die tatsächlich sauber und anständig gekämpft haben, noch größer sei, da sich verbrecherische Handlungen bei gewissen Truppenteilen konzentrierten.

Für diejenigen, welche an der Widerlegung von der „Legende der sauberen Wehrmacht" mitgewirkt haben, wird auch der Anteil von weniger als fünf Prozent „Täter" kein Argument zu einer Revision der eigenen Position sein.

Anmerkungen

1   Zitiert nach Martin van Creveld, „Kampfkraft ...", Graz 2005; S. 18 und 189 f.
    Creveld hatte zum Höhepunkt der inneren Krise der US-Streitkräfte nach dem Desaster in Vietnam den Auftrag erhalten zu untersuchen, warum das innere Gefüge, vor allem im US-Heer, zusammengebrochen war und warum – trotz einer immer katastrophaler werdenden Gesamtlage – die deutschen Streitkräfte im Gegensatz dazu bis zur Kapitulation im Mai 1945 Widerstand leisteten und ihren inneren Zusammenhalt bewahrten.

Der Krieg in Italien 1943 - 45

Mit dem Hinweis, dass das Durchhaltevermögen des deutschen Heeres keinesfalls auf eine nationalsozialistische Gesinnung zurückzuführen war, nimmt Creveld Ergebnisse von Studien auf, die auf Befragungen beruhten, welche die Amerikaner mit deutschen Kriegsgefangenen durchgeführt hatten und die bereits 1948 veröffentlicht worden sind. Siehe dazu Edmund A. Shils/Morris Janowitz „Cohesion and Disintegration in the Wehrmacht in World War II", „Public Opinion Quarterly", 12 (1948).

Mit dem Begriff „Goldfasan", als Symbolbegriff für unangenehme Parteibonzen soll auf das Wirken dieser Funktionäre im rückwärtigen Gebiet und in der Heimat verwiesen werden, für das man in der Armee nur Verachtung übrig hatte.

2   Woller, a.a.O., u.a. S. 378-391.

3   Siehe dazu u.a. Gerhard Schreiber, „Deutsche Kriegsverbrechen in Italien. Täter, Opfer, Strafverfolgung", München 1996; Friedrich Andrae, „Auch gegen Frauen und Kinder. Der Krieg der deutschen Wehrmacht gegen die Zivilbevölkerung in Italien, 1943-1945", München/Zürich 1995; Lutz Klinkhammer, „Stragi Nazisti in Italia. La Guerra contro i civili", Rom 1997; Manfred Funke, „Die deutsch-italienischen Beziehungen ...", Kronberg 1978; Jens Petersen, „Der Ort der Resistenza in Geschichte und Gegenwart", QFIAB, Heft 72 (1992); Joachim Staron, „Fosse Ardeatine und Marzabotto: Deutsche Kriegsverbrechen und Resistenza", Paderborn 2002; Kerstin von Lingen, „Kesselrings letzte Schlacht", Paderborn 2004; Gabriele Hammermann, „Zwangsarbeit für die ‚Verbündeten'. Die Arbeits- und Lebensbedingungen der italienischen Militärinternierten in Deutschland 1943-1945", Tübingen 2002; Carlo Gentile, „Der Krieg gegen die Partisanen in Italien 1943-1945", Köln 1993.

4   Sowohl die Annahme Klinkhammers als auch die Behauptung Schreibers nach v. Lingen, S. 69 bzw. S. 22. Der Schätzwert Klinkhammers über die Beteiligung deutscher Soldaten ist auch in seinem Aufsatz „Eine Blutspur in der Toskana" angeführt; siehe FAZ vom 22.04.97.

5   Schreiber, S. 127 bzw. 55 (Hervorhebungen durch den Verfasser).

6   Molony, S. 803.

7   E.D.Smith, "The Battles ...",S. 201.

8   Ellis, S. 465.

9   Ebendort, S. 463.
    Eine weitere grundlegende Studie neben der von Martin van Creveld über die Leistungsfähigkeit deutscher Truppen hat Trevor N. Dupuy vorgelegt. Der deutsche Titel dieser Arbeit lautet: „Der Genius des Krieges", Graz 2009. Im Teil C über den 2. Weltkrieg, der uns hier interessiert, weist er nach, dass auf Grund des überlegenen Kampfwertes deutsche Truppen ständig ihre Gefechte mit alliierten Truppen zu ihren Gunsten entschieden haben. 60 der 78 ausgewerteten Gefechte auf westlichen Kriegsschauplätzen beziehen sich auf Italien. A.a.O., Anlage C, S. 415-421. In einem anderen Abschnitt behandelt er die Führungsleistung General v. Sengers, der nur deswegen nicht Führer einer Armee geworden sei, weil seine religiöse Einstellung und seine Ablehnung des NS-Systems bekannt waren, S. 365-376.

10 Fisher Jr., S. 540.

11 E.D.Smith, a.a.O., S. 197. Erwähnt werden sollte an dieser Stelle, dass das schon so häufig angeführte Buch von Brigadier Smith 1975 erschienen ist, 1989 wieder aufgelegt wurde und – dankenswerterweise – 1996 in einer Übersetzung auch im Motorbuch-Verlag Stuttgart publiziert worden ist.

12 Molony, S. 168, S. 327 und S. 376.

13 E.D. Smith, a.a.O., S. 12 bzw. Ben Arie, S. 55.

14 E.D. Smith, a.a.O., S. 21.

15 Ben Arie, S. 118.

16 Parker, S. 261. Mit Absicht wurde die Bezeichnung Alexanders für die jungen Fallschirmjäger nicht übersetzt, um zu zeigen, wie sie auf der „anderen Seite" angesehen wurden.

17 E.D. Smith, a.a.O., S. 150 f.

18 F. J. P.Veale, „Verschleierte Kriegsverbrechen", Wiesbaden 1959; S. 167 f.

19 So der Kriegsberichterstatter F. Sheehan in „Anzio: Epic of Bravery", zitiert nach Ellis, S. 465.

20 Zum Vorstehenden siehe Golla, S. 29-35. Die geplante Auflösung des Stabes OB Süd findet sich beispielsweise in einem Eintrag vom 24.09.43 im KTB OKW, S. 1137.

21 Lutz Klinkhammer, „Die Abteilung ‚Kunstschutz'", „Quellen und Forschungen aus italienischen Archiven und Bibliotheken" (QFIAB), Band 72 (1992); S. 498-501.

22 v. Lingen, S. 57 f.

23 Stabsarzt Dr. Becker, der angibt, unabhängig von Oberstleutnant Schlegel auch den Plan verfolgt zu haben, die Schätze der Abtei von Montecassino zu retten, hatte zuvor schon zusammen mit den Mönchen des Klosters Teano (nordwestlich von Capua) die Wertgegenstände dieses Klosters in Sicherheit gebracht. Böhmler, S. 243.

24 Siehe hierzu Klinkhammer, S. 489 ff. sowie Ernst Kubin, „Raub oder Schutz? ...", Graz 1994; S. 101 f.

25 Ebendort, S. 103.

26 Ebendort, S. 102.

27 Ebendort, S. 123.

28 Klinkhammer, S. 541 ff.

29 Zitiert nach Kubin, S. 102.

30   Vorstehende Zahlen und Angaben nach Klinkhammer, S. 543 bzw. Kubin, S. 116 ff. und S. 195.

31   Kesselring, S. 447 ff.; Westphal, „Heer in Fesseln", S. 258.
      In diesem Zusammenhang sei eine Anekdote erzählt, die von Oberst i.G. Beelitz, dem Ia der HGr C ab Dezember 1943, stammt. Den Hinweis darauf verdanke ich dem Historiker Dr. Georg Meyer, Freiburg. Als Beelitz aus Russland kommend sich bei Kesselring meldete, habe dieser ihn darauf hingewiesen, er möge sich schnell auf die – im Vergleich zur Ostfront – „gemäßigten" Verhältnisse in Italien einstellen. Wenige Wochen später von Kesselring nach seiner Eingewöhnung befragt, hätte er diesem gemeldet, er habe sich noch immer nicht damit abgefunden, dass hier „Kriegführung nach dem Baedeker", d.h. unter Aussparung der kulturhistorisch bedeutenden Städte Italiens, praktiziert würde.
      Der Anstoß zur Aussparung von Assisi erfolgte durch einen Oberstabsarzt, Dr. Valentin Müller, nach dem heute eine Straße in Assisi benannt ist („Südtiroler Kamerad", Nr.3/2003), zur Rettung des Klosters Camaldoli durch General Hauck, den Kommandeur der 305. Inf Div. Die Kopie einer Dankurkunde des Abtes und des „Generals der Kongregation der Camalduenser" vom Dezember 1947 befindet sich im Archiv des Autors.

32   Siehe aus dem Archivbestand BA-MA den Band RH 20-10/105 mit dem Antrag des AOK 10 (Nr. 3667/44 geheim), die Antwort des OB Südwest (Nr. 6884/44 geheim) und den Fernspruch des AOK 10 an das LI. Geb. Korps (Nr. 4035/44 geheim).

33   Es ist zweckmäßig, auch an dieser Stelle einen generellen Hinweis über die Quellen/die Literatur zu geben, die sich mit der Problematik um Rom und Florenz beschäftigen.
      Hierzu gehören das KTB OKW, Band III/2 mit verschiedenen Eintragungen in den Monaten August bis November 1943; das KTB OKW, Band IV/1 mit den einschlägigen Abschnitten auf den Seiten 501-507 und den Seiten 532-536; das KTB Nr. 3 der 14. dt. Armee (01.04.44-30.06.44) im Bestand BA-MA, RH 20-14/32; aus dem US-Generalstabswerk der Band von E. Fisher Jr. im Kapitel XI die Seiten 203-206 sowie im Kapitel XVI die Seiten 291-294; die Ausführungen von Kesselring (S. 286, 288 und im Kapitel 24 die Seiten 445-450) und von Westphal („Heer in Fesseln", S. 257 ff.; „Erinnerungen", S. 238 und S. 255-260); die Ausarbeitung von Gerhard Hümmelchen, „Die Kämpfe um Florenz ...", Bonn 1965; v. Lingen, S. 58 und S. 116-121. Als äußerst einseitig ist, wie schon erwähnt, Robert Katz mit seinem Buch „Rom 1943-1944" anzusehen. U.a. behauptet er, der Status Roms als offene Stadt sei ständig durch deutsche Truppenbewegungen durch das Stadtgebiet verletzt worden.

34   Grundlage für eine Nichtverteidigung von Städten etc. und damit die Herausnahme aus militärischen Handlungen bilden die Artikel 25 und 27 der HLKO. Der Artikel 25 verbietet u.a. den Angriff auf oder die Beschießung von „unverteidigten Städten".

35   Siehe das Befehlsbeispiel 1 im Anhang.

36   Wie die Wasser- und Gasversorgung der Bevölkerung sichergestellt werden sollte, wenn die Tiber-Brücken gesprengt würden, kann nicht nachvollzogen werden, da die wichtigen Versorgungsleitungen auch durch den Unterbau der Brücken führen. Aus dem Verhalten Hitlers wird auch deutlich, dass Kesselring die Verdienste um die Rettung Roms nach dem Kriege unangemessen ausschließlich auf seine Person bezogen hat, so verdienstvoll seine Bemühungen um die Bevölkerung und den Erhalt des historischen Stadtbildes auch gewesen sein mögen. Anderseits sind die Vorschläge des OB Südwest aus rein militärischer Sicht verständlich. Wir werden nachfolgend sehen, in welchem Maß die Alliierten immer wieder der „militärischen Notwendigkeit" Priorität einräumten. Zu den Quellen siehe KTB OKW, Band IV/1, S. 503 f.

37   Mit dem ebenfalls im Kapitel 4 erwähnten Befehl vom 18.09.43 über den Schutz kultureller Güter und die Respektierung von Kirchen, Krankenhäusern oder Lazaretten war gleichzeitig angeordnet worden, dass das Hoheitsgebiet des Vatikanstaates durch deutsche Soldaten nicht betreten werden durfte. Ein Zeitzeuge, Dr. Bonnet, hat dem Verfasser geschildert, wie strikt das Verbot zum Betreten Roms ab dem 13.03.44 überwacht wurde. Von seinem Vorgesetzten war der damalige Leutnant in die Stadt geschickt worden, um Ersatzteile für Funkgeräte zu besorgen. Da er keinen Spezialausweis hatte, wurde er durch die Feldgendarmerie aus der Stadt gewiesen. Mitteilung Dr. Bonnet vom 28.11.2007.

38   Kesselring, a.a.O., S. 445 f. Der Feldmarschall hat sich um die nötigen Abläufe und den Kräfteeinsatz persönlich gekümmert. Er gibt in seinen Erinnerungen auch an, er habe sich einverstanden erklärt, den Hafen von Civitavecchia zu neutralisieren und ausschließlich für Lieferungen des Roten Kreuzes zur Verfügung zu stellen. Ob dies auch realisiert worden ist, konnte nicht festgestellt werden.

39   Molony, u.a. S. 768.

40   Ebendort, S. 741. Bei dem Angriff waren ein Nonnenkloster und andere religiöse Einrichtungen getroffen worden. Dabei waren zahlreiche Personen getötet oder verletzt worden, u.a. wurden 17 Bewohnerinnen des Klosters getötet.

41   Fisher Jr., S. 204; KTB OKW, Band IV/1, S. 504 f.

42   Vorstehendes nach Fisher Jr., S. 204 f. Die Erklärung Wilsons hatte die volle Zustimmung der britischen Generalstabschefs gefunden.

43   KTB OKW, Band IV/1, S. 505 f. Ein Auszug des Aufrufs ist dort angeführt; BA-MA, RH 20-14/32, KTB Nr. 3 14. Armee vom 01.04.44 bis 30.06.44, Eintrag vom 04.06.44; Katz, S. 365; Katz schildert in den folgenden Passagen die heroische Rolle von Formationen der Resistenza beim Abzug der Deutschen. In Wirklichkeit ging es um die rasche Einnahme von Machtpositionen und um die wüste und grausame Abrechnung mit Faschisten, Kollaborateuren und denen, die sich dem Machtanspruch der „Resistenza" entgegenstellen wollten.

44 KTB OKW, Band IV/1, S. 507. Hervorhebung bereits im Text.

45 Vorstehendes nach KTB OKW, Band IV/1, S. 533 f. sowie Hümmelchen, S. 30 f.

46 Ebendort, S. 31 ff., dazu die Anlagen 4 und 5 (S. 73-76) sowie 7 und 8 (S. 78-87). Eine erneute formelle Erklärung von Florenz zur offenen Stadt durch Kesselring ab dem 23.06.44, wie sie Fisher Jr. angibt und mit einem Befehl belegt (AOK 14, Ia Tgb.Nr. 4695/44 geheim, vom 23.06.44) wird aus den deutschen Quellen nicht bestätigt.

47 Hümmelchen, Anlage 11, S. 91 f. U.a. wurde die Bevölkerung aufgerufen, mit den alliierten Truppen dem Feind eine Niederlage beizubringen, Sperrmaßnahmen der Deutschen zu erkunden und an die einrückenden Truppen zu melden, Sperrmaßnahmen zu verhindern und ggf. Hindernisse, Barrikaden oder Sperren von den Straßen zu entfernen. Die Gefahr, die der Bevölkerung drohte, wenn sie sich als Nicht-Kombattanten an kriegerischen Handlungen beteiligten, schien das Hauptquartier Alexanders nicht sonderlich berührt zu haben.

48 Einzelheiten bei Hümmelchen, S. 46-61 und vor allem die Anlagen 15-17 (S. 96 ff.) und 19 (S.100); KTB OKW, Band IV/1, S. 535 f.; Fisher Jr., S. 292 f. Die Zugänge zur Ponte Vecchio waren durch großflächige Gebäudesprengungen versperrt worden. Fisher Jr. gibt an, dass durch ein Missverständnis auf deutscher Seite auch die Ponte della Vittoria nicht gesprengt worden sei.
   Zu den beiden Konsuln gibt Frau Origo folgenden Hinweis: „Wolff und Wildt ... haben in den letzten paar Monaten der deutschen Besatzung wahrscheinlich mehr getan als jeder Italiener, um Unschuldige aus den Klauen der Deutschen zu befreien, aber auch zum Schutz von italienischen Kunstwerken und kunsthistorisch wertvollen Gebäuden. Sie haben großen Mut bewiesen und setzten sich damit schweren Verdächtigungen ihrer eigenen Landsleute aus." Vergleiche Iris Origo, „Toskanisches Tagebuch 1943/44 ...", München 1991; S. 198.

49 Als einer von vielen, aber besonders prägnant, beschreibt Burkhard Schöbener in seiner Dissertation „Die amerikanische Besatzungspolitik und das Völkerrecht" (Frankfurt/Main 1991) die Maßnahmen der Besatzungsmächte in Bezug auf den Arbeitseinsatz der Kriegsgefangenen und Zivilinternierten, der Reparationen, der Demontage von Industrieanlagen und der Beschlagnahmung bzw. Enteignung von Grundbesitz.

50 Woller, a.a.O., S. 166.

51 Zum Giftgaseinsatz siehe Franz W. Seidler/Alfred M. de Zayas (Hrsg.), „Kriegsverbrechen ...", Hamburg 2002; S. 50-53. Zur Zahl der Opfer italienischer Besatzungsherrschaft siehe „Der Spiegel", Nr. 38/2001 sowie Staron, S. 18 (Fußnote 37). Staron gibt hier die Schätzungen Brunello Mantellis aus „Die Italiener auf dem Balkan 1941-1943" an. Aus dem ehemaligen italienischen Besatzungsgebiet kamen nach dem Kriege Anträge auf Auslieferung mutmaßlicher italienischer Kriegsverbrecher: Aus Jugoslawien 729 Gesuche, aus Griechenland 112, aus der Sowjetunion 12, aus Frankreich 30 und aus Albanien 3. Selbstverständlich wurde kein Italiener an eine ausländische Macht ausgeliefert. Die Alliierten beschuldigten 833 Italiener der Kriegsverbrechen, davon wurden bis 1948 600 vor Gericht gestellt. Vergleiche v. Lingen, S. 108.

52 Vor zwei Jahren ist ein Sammelband von Lutz Klinkhammer (Hrsg.) mit dem Titel „Die Achse im Krieg", Paderborn 2010, erschienen. Der Sammelband beschäftigt sich mit der Neubewertung des Verhältnisses der beiden Achsenmächte. Dabei wird auch nachgewiesen, dass die R.S.I. viel weniger eine Marionette des Deutschen Reiches gewesen sei, als in Italien bisher gerne dargestellt. Im obigen Kontext ist der Aufsatz von Nicola Labanca mit dem Thema „Kolonialkrieg in Ostafrika 1935/36: Der erste faschistische Vernichtungskrieg?" bemerkenswert. Der Autor gesteht zwar Vernichtungsmechanismen ein, behauptet aber, dass sie keinesfalls mit den nationalsozialistischen Vernichtungsmaßnahmen vergleichbar seien.

53 Die beiden Zitate stammen aus Rezensionen von M. Funke, FAZ vom 21.10.96, bzw. von H. Woller, SZ vom 18.12.96.

54 Siehe Schreiber, „Deutsche Kriegsverbrechen ...", in Kapitel II auf der Seite 54 die Fußnoten 45, 46 und 53 sowie im Kapitel III, Seite 112, die Fußnote 51. Als Belegstellen bei Alvensleben gibt Schreiber die Seiten 334, 339/340 sowie die Seite 344 mit den Tagebucheintragungen zwischen dem 23.09.43 und dem 18.10.43.

55 v. Alvensleben, S. 334 f.

56 Ebendort, S. 339.

57 Ebendort, S. 344 und 345. Alle Hervorhebungen in den angeführten Zitaten wurden durch den Verfasser vorgenommen.

58 Als Belege hierfür siehe Franz W. Seidler, „Die Militärgerichtsbarkeit der Deutschen Wehrmacht ...", (München 1991), insbesondere im Abschnitt 1 die Ausführungen über die Wehrmachtskriminalstatistik, S. 40-48. Zu den Urteilen wegen Notzuchtverbrechen siehe Alred M. de Zayas, „Die Wehrmachtuntersuchungsstelle" (München 1980), S. 68-79 sowie von demselben Autor den Aufsatz, „Die Rechtsprechung der Wehrmachtgerichtsbarkeit zum Schutze der Zivilbevölkerung in besetzten Gebieten 1939-1944", in „Humanitäres Völkerrecht" (Heft 3/1994) vor allem die Ausführungen über den Kriegsschauplatz Italien, S. 123 f.

59 Schreiber, a.a.O., S. 54 bzw. S. 217. (Wiederum Hervorhebungen durch den Verfasser.)
   Welche Hinweise Frau Origo über Plünderungen oder Vergewaltigungen durch deutsche Soldaten auch gibt, es bedarf schon der gewohnten Interpretation von Schreiber, um daraus Belege für weit verbreitete Verbrechen zu machen, die noch dazu von den Vorgesetzten toleriert worden wären. Ein Beispiel muss genügen: Die Autorin gibt die Schilderung eines deutschen Offiziers wieder, der mit der Waffe gegen einen deutschen Soldaten vorging und diesen – als er von seinem Vergewaltigungsopfer nicht abließ – auf der Stelle erschoss. Origo, S. 220.

60 Die Stellungnahme des Auswärtigen Amtes hatte gelautet: „Die Bundesrepublik äußert die Erwartung, dass die Sonder-

botschafterin ihre Behauptung bezüglich systematischer Vergewaltigungen durch deutsche Soldaten zurücknimmt und sie in ihrem Schlussbericht nicht wiederholt." Im Bericht der SZ vom 23.03.2001 hatte es dagegen geheißen: „So haben laut UN deutsche und japanische Truppen in den Weltkriegen systematisch Frauen vergewaltigt oder zur Prostitution gezwungen."

61 Schriftliche Beantwortung von Fragen durch Oberst a.D. v. Lucke, ehemaliger Regiments-Adjutant im Pz Rgt 2 an den Verfasser.

62 BA-MA, MSg 2/2215, zitiert nach Gustav-Adolf Caspar „Ethische, politische und militärische Grundlagen der Wehrmacht", in Hans Poeppel (Hrsg.), „Die Soldaten der Wehrmacht …", München 1998; S. 56.

63 Siehe Armeebefehl Nr. 26 vom 03.07.44 in BA-MA, RH 20-10/134, Anlagen zum KTB Nr. 7 vom 04.-09.07.44 sowie den Armeebefehl Nr. 24, Az Nr. 7707/44 geh. vom 21.06.44 im Band RH 20-10/131.
    Auch der Tätigkeitsbericht der Gruppe Geheime Feldpolizei 741 (zugeordnet zur 10. Armee) vom Juli 1944 führt auf, dass gegen Plünderung und Diebstahl streng vorgegangen wurde und sogar das Aufbrechen von Reisegepäck einer italienischen Reisenden als meldewürdiges Ereignis angesehen worden ist, s. Gruppe Geheime Feldpolizei 741, Tgb. Nr. 515/44 geheim vom 30.07.44.

64 Schreiber, „Deutsche Kriegsverbrechen", S. 55.

65 Sturmbannführer Peiper übernahm im Winter 1943, nachdem die 1. SS-Pz Div „LAH" von Italien nach Russland zurückgekehrt war, die Führung des Panzerregiments der Division. Im Dezember 1944 nahm dieses Regiment im Rahmen der Division an der Ardennenoffensive teil. Hierbei wurde der Verband in das angebliche oder tatsächliche Kriegsverbrechen bei Malmedy verwickelt. Peiper wurde für die Ermordung von 71 US-Kriegsgefangenen verantwortlich gemacht. Von einem US-Gericht 1946 zum Tode verurteilt, 1951 zu lebenslänglicher Haft begnadigt, wurde Peiper 1956 aus dem Gefängnis von Landsberg entlassen. Auf Grund seiner Vergangenheit, die immer wieder in die Öffentlichkeit gezogen wurde, gelang es ihm nie, ein normales Leben zu führen. 1976 wurde er in seinem Haus in Vesoul in den Vogesen ermordet. Die Täter wurden nicht ermittelt.

66 Siehe Rudolf Lehmann, „Leibstandarte", Band III, Osnabrück 1982; S. 313-320; Patrick Agte, „Jochen Peiper …", Winnipeg (Canada) 1999; S. 208 ff.

67 Zitate nach Schreiber, a.a.O., S. 131 und S. 132.

68 Lehmann, S. 319 f. Das Aktenzeichen der Einstellungsverfügung des Landgerichts I Stuttgart wird nach Schreiber, a.a.O. zitiert: ZSL, 518 AR-Z 14/64, I ARs 62/68.

69 Weil Reder in der einschlägigen Literatur im Wesentlichen als erbarmungsloser Mörder dargestellt wird, sei hier erwähnt, dass er wegen Tapferkeit bereits in Russland mit dem Ritterkreuz ausgezeichnet worden war. Auf Grund einer schweren Verwundung war ihm der linke Unterarm amputiert worden.
    In Italien wurde Reder wegen des Einsatzes seiner Kampftruppe als „Feuerwehr" in kritischen Lagen mehrfach in den Tagesbefehlen vorgesetzter Kommandobehörden erwähnt. Es sei angemerkt, dass Reders Vorgesetzter, General der Waffen-SS Simon, u.a. wegen des Einsatzes bei Marzabotto (den er verantwortlich führte) von einem britischen Kriegsgericht im Mai/Juni 1947 zum Tode verurteilt worden war. 1948 wurde dieses Urteil in eine lebenslange Haftstrafe umgewandelt. 1955 wurde Simon aus der Haft in Wesel entlassen, wohingegen sein Untergebener faktisch die lebenslange Haftstraße verbüßte.

70 Siehe Schreiber, „Deutsche Kriegsverbrechen", S. 181-199.

71 Carlo Gentile, „Politische Soldaten …", QFIAB 81 (2001); S. 534.

72 Siehe Fußnote 70.

73 Gentile schreibt allgemein über das Geschehen: „Die Zahl der im Zuge der ‚Bandenbekämpfung' v.a. durch deutsche Truppen getöteter italienischer Zivilisten ist bisher nicht genau untersucht worden." Im Zusammenhang mit Marzabotto stellt Gentile fest: „Obwohl die Zahl der Veröffentlichungen zum Thema Marzabotto nicht weniger als einhundert Titel umfasst, steht eine quellengesättigte wissenschaftliche Rekonstruktion der Ereignisse nach wie vor aus." Beide Zitate nach Gentile, „Politische Soldaten", S. 534, Fußnote 12 bzw. S. 541, Fußnote 32.
    Im gleichen Sinne v. Lingen: „Noch immer sind grundlegende Daten nicht gesichert, Opferzahlen bei den verschiedenen Massakern nicht zweifelsfrei festgestellt, Tätereinheiten unbekannt, Hintergründe und Abläufe der Kriegsverbrechen nicht erhellt und insbesondere die Kollaboration faschistischer Einheiten an deutschen Kriegsverbrechen erst ansatzweise erforscht." S. v. Lingen, S. 22. Im Hinblick auf die Verwertbarkeit amerikanischer und britischer Ermittlungen unmittelbar bei der Besetzung Italiens für die Kriegsverbrecherverfahren gegen deutsche Soldaten schreibt sie: „Dabei bezweifelten die britischen Ermittler, dass in vielen Fällen ‚höchst farbige und übertriebene Darstellungen aus italienischen Quellen' einer Prüfung nicht standgehalten' hätten und man viele Mitarbeiter der 78. Spezialuntersuchungs-Abteilung persönlich in die fraglichen Gebiete habe entsenden müssen, um herauszufinden, ‚ob die Grausamkeiten überhaupt stattgefunden hatten'…", v. Lingen, S. 110 f.

74 H.J. Fischer, „Der Sündenbock in der Festung Gaeta", FAZ vom 14.01.85. Fischer zitiert dabei einen Auszug aus der italienischen Zeitschrift „Gente", Datumsangabe nicht genannt.

75 Die Zahl der 770 getöteten Personen ist aufgeführt bei Gentile, a.a.O., S. 540; bei v. Lingen, S. 69 (Fußnote 245) und eben bei Schreiber selbst, S. 197. Auch über die Zahl der bei den Kämpfen mit den Partisanen ums Leben gekommenen deutschen Soldaten gibt es unterschiedliche Zahlenangaben. Sie reichen von 9 bis zu 24 Gefallenen, 40 Verwundeten

und 6 Vermissten. Unklar ist auch, ob diese Verluste nur bei der SS-PzAufkl Abt 16 zu verzeichnen waren oder bei den beteiligten deutschen Truppen insgesamt. Die ungewöhnlich hohen Verlustzahlen deuten auf heftige Kämpfe mit den Partisanen hin. S. Kunz, „Der Fall Marzabotto – Analyse eines Kriegsverbrechens", S. 7. Diese analytische Studie wurde in der Reihe „Würzburger Wehrwissenschaftliche Abhandlungen", einer Schriftenreihe des Instituts für Wehrrecht der Universität Würzburg, 1967 veröffentlicht. Als Herausgeber fungierte der seinerzeit sehr bekannte Völkerrechtler Prof. Dr. Freiherr von der Heydte.

76   Die Anklagepunkte waren jeweils „doppelt": Einmal wegen Mordes, zum anderen wegen gleichzeitig vorgenommener Brandstiftungen/Zerstörungen.

77   Zur Anklage und zum Urteil im ersten Verfahren vom 31.10.51 s. wiederum Kunz, S. 9-14. Zum Urteil im Berufungsverfahren vor dem Obersten Italienischen Militärgericht, s. Veale, S. 185, darüber hinaus die ausführliche Darstellung über den Prozess in Bologna bei Staron, S. 188-204. Im Gegensatz dazu steht eine Dokumentation zum Falle Reder von I. Sporket von 1962. Kopie des unveröffentlichten Manuskripts im Archiv des Verfassers.

78   Schreiber, „Deutsche Kriegsverbrechen ...", S. 184. In den Bezug auf den Tatkomplex Vinca, die Bekämpfung der Brigade Lunense, schreibt er: „Der Sachverhalt ist in den Akten nachzulesen, die den Prozess gegen Reder dokumentieren."

79   Das Attentat in der Via Rasella im März 1944 schildert Schreiber auf den Seiten 120-126, die Ereignisse auf Kephalonia auf den Seiten 76-85 und das Geschehen bei Bellona auf der Seite 140 f.

80   Siehe die Textpassagen auf den Seiten 181 f, 184 oder 196.

81   Ebendort, S. 192 f.

82   Siehe Staron, S. 194 f.

83   Ebendort S. 100.

84   Gentile, „Politische Soldaten", S. 545 f.

85   Fsch. Panzer-Aufklärungs-Abt. H.G. Ia, 19. März 1944, „Gefechtsbericht für den Einsatz der Abt. gegen Banden am 18.3.1944". Kopie im Archiv des Verfassers.

86   Kopie der Bekanntmachung des Bürgermeisters von Überlingen vom 25. April 1945 im Archiv des Verfassers.

87   Zur Problematik des sogenannten Merkblatts 69/2 zur Bandenbekämpfung und seiner angeblichen Übersteuerung durch Befehle Kesselrings vergleiche Kerstin v. Lingen, „Partisanenkrieg und Wehrmachtsjustiz am Beispiel: Italien 1943-1945", „Zeitschrift für Genozidforschung 2/07", S. 20-22.

88   Martin van Creveld, „Die Zukunft des Krieges", München 1991; S. 140 bzw. 299.

12

Schlussbetrachtung

Das Kriegsende in Italien

Am 29. April 1945, einen Tag, bevor sich der Oberste Befehlshaber der Wehrmacht, Adolf Hitler, in Berlin das Leben nahm, unterzeichneten im Alliierten Hauptquartier in Caserta der Oberstleutnant i.G. von Schweinitz für den Oberbefehlshaber Südwest und der HGr C sowie der Sturmbannführer und Major der Waffen-SS Wenner für den Höchsten SS- und Polizeiführer in Italien (SS-General Wolff war auch noch Bevollmächtigter General der Deutschen Wehrmacht in Italien geworden) die Kapitulation der in Italien stehenden deutschen Streitkräfte. Von alliierter Seite unterzeichnete Generalleutnant Morgan für Feldmarschall Alexander, den Oberbefehlshaber der Alliierten Streitkräfte auf dem Kriegsschauplatz Mittelmeer. Mit dieser – zunächst noch geheim gehaltenen – Kapitulation waren die Kampfhandlungen am 2. Mai 1945 einzustellen.[1] Die Kontaktaufnahme zu den Alliierten über die Beendigung der Kampfhandlungen reichten bis in den Januar 1945 zurück, sie wurden mehrfach unterbrochen, schienen eigentlich schon gescheitert und wurden dann doch fast 10 Tage vor der Gesamtkapitulation der Wehrmacht in Reims beziehungsweise in Berlin-Karlshorst unterzeichnet. Treibende Kraft hinter dieser Kontaktaufnahme war SS-General Wolff, der selbstverständlich nur in Abstimmung mit Generaloberst v. Vietinghoff-Scheel, dem Nachfolger Kesselrings als OB Südwest, handeln konnte.[2] Für die Initiatoren und Beteiligten auf deutscher Seite waren die Einleitung und die Durchführung der Kapitulationsverhandlungen nicht ohne große persönliche Risiken gewesen – in einer Zeit, in der man wegen des Zweifels am Endsieg vor einem Erschießungskommando oder vor dem Reichskriegsgericht in Torgau landen konnte.[3]

Noch im Herbst/Winter 1944/45 war es der 8. (BR) Armee nach harten Kämpfen gelungen, den linken Flügel der HGr C aus der „Grün"-Stellung herauszudrängen und bis Mitte Januar 1945 in den Raum nördlich von Ravenna zurückzuwerfen. Auch die 5. (US) Armee hatte sich mit ihrem rechten Flügel durch die Grün-Stellung hindurch gekämpft, war aber auf halbem Wege nach Bologna im Bergland hängen geblieben. Die alliierte Frühjahrsoffensive in Italien hatte am 09. April 1945 begonnen. Der Sinn eines weiteren Durchhaltens auf deutscher Seite war nicht erkennbar. Am 12. April waren die Kräfte der 12. (US) HGr in Norddeutschland bis zur Elbe vorgedrungen, es war absehbar, dass der russische Endangriff auf Berlin in wenigen Tagen beginnen würde. Der Zusammenbruch des Reiches stand bevor. Die Truppen der HGr C waren abgekämpft, die Front wurde auf gesamter Breite durchstoßen, der Versuch, im Zuge des Po eine neue Verteidigungslinie aufzubauen, musste scheitern. Am Tage der Beendigung der Kämpfe waren US-Truppen bis zur französischen Grenze in den Westalpen vorgestoßen, im Wettlauf mit Partisanenverbänden Titos hatten die Kämpfer von Cassino, die 2. (NZ) Div, Triest besetzt. Ein Feldzug, der von der Landung in Sizilien am 10. Juli 1943 bis zum 2. Mai 1945 immerhin 670 Tage lang angedauert hatte, war zu Ende – es war der längste ununterbrochene Feldzug, den die alliierten Truppen während des gesamten Krieges geführt hatten. Für die deutschen Truppen hatte natürlich der Feldzug gegen die Sowjetunion länger angedauert. Vom Cap Passero auf Sizilien bis zum Gardasee hatten die alliierten Truppen fast 1 900 Kilometer zurückgelegt. Die alliierten Verluste betrugen 312 000 Mann, darunter rund 40 000 Gefallene. Die Gesamtverluste auf deutscher Seite betrugen über 415 000 Mann, darunter fast 39 000 Gefallene, von den fast 210.000 Vermissten dürfte der weit überwiegende Teil in Gefangenschaft geraten sein. Da die Verluste unter der italienischen Bevölkerung und den italienischen Streitkräften – auf beiden Seiten – als Mittel politischer Agitation eingesetzt werden, ist es schwierig, eine zuverlässige Zahl anzugeben. Die Verluste der am Krieg beteiligten Streitkräfte und der italienischen Bevölkerung durch die Kampfhandlungen könnten bei 150 000 Personen gelegen haben.[4]

Stellenwert des Krieges in Italien

Welchen Stellenwert im Gesamtgeschehen hatte der Feldzug in Italien für beide Kriegsparteien, was waren die jeweiligen Ziele und welche Ergebnisse können festgehalten werden? Die Auseinandersetzung zwischen den politischen und militärischen Führern der westlichen Seemächte, mit welchem strategischen Ansatz der Germany first-Entschluss umgesetzt werden sollte, erhielt seine entscheidende Vorgabe dadurch, dass Präsident Roosevelt noch im Jahre 1942 amerikanische Bodentruppen im Einsatz gegen die Wehrmacht sehen wollte. Entgegen der optimistischen Annahmen in den früheren Planungsphasen hatte die Arcadia-Besprechung im Dezember 1941/Januar 1942 schon gezeigt, dass ein großes Landungsunternehmen an der Gegenküste der USA erst im April 1943 möglich war. Erst eineinhalb Jahre nach dem Kriegseintritt nennenswerte Aktionen gegen das Deutsche Reich zu beginnen, war aus verschiedenen Gründen nicht möglich. Neben der Tatsache, dass damit die Absicht der Verwirklichung des genannten Entschlusses gegenüber dem amerikanischen Volk überhaupt in Frage gestellt würde, war auch die Lage des britischen Verbündeten im Mittelmeer-Raum äußerst kritisch, zudem würde man die gesamte Last des Kampfes gegen Deutschland der mittlerweile verbündeten Sowjetunion überlassen, dadurch würde man in einem nicht hinnehmbaren Maße Reputation in der Weltöffentlichkeit verlieren. Wenn man den Kampf des „Guten" gegen das „Böse" propagiert hatte, dann konnte man nicht längere Zeit beiseite stehen.

Die unvermeidbare Konsequenz des Entschlusses, die Operationen gegen Deutschland im Mittelmeer-Raum zu beginnen, wurde im Kapitel 1 angesprochen: Die Verschiebung der Invasion auf das Jahr 1944 und damit Schritt für Schritt die Fortsetzung des Feldzuges bis zur Landung auf dem italienischen Festland. Neben den militärpolitischen und militärstrategischen Erfolgen, die man in diesem Raum erringen konnte, war wiederum auch der befürchtete Makel der „Inaktivität" der westlichen Alliierten ein entscheidender Beweggrund zum „Weitermachen".

Mit großer Wahrscheinlichkeit ist es auch so, dass sich die Verschiebung der Landung in Nordfrankreich auf das Jahr 1944 als glücklicher Umstand erwiesen hat. Trotz der fortlaufenden deutschen Niederlagen auf dem russischen Kriegsschauplatz ab 1943 und der Abnutzung der Wehrmacht im Osten muss die erfolgreiche Landung der Alliierten in Frankreich als das entscheidende Ereignis für die endgültige Niederlage Deutschlands angesehen werden. Wäre dies auch 1943 so gewesen? Nicht nur der Umfang und die Qualität der Truppen, mit denen sich Deutschland im Jahre 1943 einem Landungsunternehmen entgegenstellen konnte, geben Anlass zu begründeten Zweifeln. Der Umfang, die Qualität, der Ausbildungsstand und der Kampf-wert der US-Truppen, deren erster Kampfeinsatz die Landung gewesen wäre, verstärken die Zweifel noch. Jedes Landeunternehmen ist mit starken Risiken behaftet, selbst wenn man sie auszuschließen trachtet, wie die Alliierten es auf Sizilien, bei Salerno und bei Anzio/Nettuno versuchten. Die Beinahe-Niederlage bei Salerno und die reale Gefahr der Zerschlagung des Lan-dekopfes bei Anzio zeigten Langzeitwirkung. Die abgestimmten Einsätze der Seestreitkräfte (Schiffsartillerie!), der Landungskräfte, der Luftwaffe oder von Luftlandetruppen wurde von Mal zu Mal verbessert. Die Landungsunternehmen in Italien waren die Lehrwerkstatt für die Normandie. Die Gefechtsfelder in Tunesien, auf Sizilien, bei Salerno, bei Cisterna oder Cassino waren die Ausbildungsplätze für das „Üben im scharfen Schuss", so makaber dies auch klingt. Martin Blumenson schreibt über diesen Sachverhalt: „Overlord lieferte den tödlichen Schlag. Aber die alliierten Armeen in Italien hatten die Deutschen anfällig gemacht für den Angriff über den Kanal und die darauf folgenden Operationen. Ohne die in der Tat herzbrechenden Erfahrun-gen in Süditalien ist es gut möglich, dass die entscheidende Aktion des Feldzuges in Europa zu denselben niederdrückenden Ängsten und Enttäuschungen geführt hätte, die so charakteristisch für das Schlachtfeld bei Anzio und die Kämpfe im Sumpf und in den Bergen zwischen Salerno und Cassino waren."[5]

Berücksichtigt man die Zwangsläufigkeiten, die Kettenreaktion, die mit der Entscheidung für das Mittelmeer verbunden war, dann erscheint die Frage, ob der Feldzug im Mittelmeer und in Italien fortgesetzt werden sollte, überflüssig gewesen zu sein. Der Strategiestreit war nutzlos, er verstärkte nur die Spannungen zwischen den Verbündeten. Selbst Kritiker des britischen Pre-miers und der britischen Generalstabschefs können nicht übersehen, dass die Fortsetzung des Feldzuges im Mittelmeer-Raum und die Invasion nicht eine Frage des Entweder-Oder, sondern eine Frage der Reihenfolge waren. Anders als bei den Amerikanern wurden von den Briten aber auch die weitreichenden politischen Implikationen erkannt, die grundsätzlich für eine Fortfüh-rung der Operationen im süd- und südosteuropäischen Raum sprachen.

Nach dem Verlust des Brückenkopfes von Tunis waren die Absichten für die deutsche Seite im Mittelmeer-Raum leicht zu definieren. Sie waren seit 1941 unverändert, nun allerdings war die Initiative auf die Alliierten übergegangen, und zudem war vom Kräftedispositiv her eine ganz andere Bedrohung aufgewachsen. Zur Verwirklichung der eigenen Absicht – strategischer Flankenschutz und Zeitgewinn durch die Abhaltung des Gegners an der Peripherie, um die Ent-scheidung des Krieges an anderer Stelle herbeizuführen, Stärkung des Bündnispartners sowie Sicherung wichtiger Rohstoffquellen und Bodenschätze für die Kriegswirtschaft – konnte die Oberste Führung auf die Aktionen der Gegenseite nur mit einer Defensivstrategie reagieren. Ausschlaggebend für einen deutschen militärstrategischen Ansatz musste das Verhalten des Achsenpartners Italien sein. Gelang es nicht, Italien zu stabilisieren und gemeinsam mit den italienischen Streitkräften die Abwehr zu führen oder schied Italien gar aus dem Krieg aus, dann musste wegen der Sicherung der Südflanke des von Deutschland beherrschten Territoriums das Deutsche Reich in die Rolle des bisherigen Bündnispartners eintreten. Weil davon ausgegangen werden musste, dass man von Seiten der Alliierten Italien nicht gestatten würde, einfach aus dem Krieg auszuscheiden, sondern es zwingen würde, die Fortführung der Operationen auf dem italienischen Festland hinzunehmen beziehungsweise langfristig an der Seite der Alliierten in den Krieg einzutreten, bedeutete dies neben der Übernahme des Schutzes der bisherigen italienischen Besatzungsgebiete auf dem Balkan und in Frankreich auch das Halten der italienischen Halbinsel selbst. Damit kam man allerdings der Diversionsabsicht der Alliierten entgegen, dies war jedoch nicht zu vermeiden. Die Kräfte, die verstärkt auf dem Balkan und nun vor allem in Italien einzusetzen waren, würden an anderer Stelle fehlen.

Auch der kurzzeitige „Strategiestreit" auf deutscher Seite um die Frage, Aufgabe von Süd- und Mittelitalien, Rückzug auf eine Apennin-Stellung oder eine Verteidigung südlich von Rom, war im Grunde überflüssig. Der Streit war wohl auch durch die unübersichtliche Lage im Zusammenhang mit dem italienischen Seitenwechsel bedingt. Als nach Salerno die praktizierte Operationsführung der Alliierten deutlich wurde – methodisches Vorgehen auf breiter Front, Vermeidung jeglicher Risiken – und als nach einer Kräfteabschätzung offensichtlich war, dass die Verteidigung in der Linie Gaeta-Ortona mit begrenzten Kräften möglich sein musste, konnte ein Rückzug auf eine Apennin-Stellung keine wirkliche Option sein. Je weiter die alliierten Truppen nach Norden vordringen würden, je mehr mussten die beiden Heeresgruppen des OB Südost in der Flanke und schließlich sogar im Rücken bedroht werden. Und dies im Herbst 1943!

In den einleitenden Kapiteln wurde beschrieben, wie die Ziele, die mit der Fortführung des Krieges im Mittelmeer-Raum auf alliierter Seite verfolgt werden sollten, von Erfolg zu Erfolg angepasst wurden. Nach der Kapitulation der Achsenmächte in Tunesien sollten mit der Einnahme Siziliens die Seeverbindungen im Mittelmeer abgesichert und das westliche wie das östliche Mittelmeer (bis auf geringere Reste, zum Beispiel die Ägäis) als Operationsraum für die eigenen Zwecke geöffnet werden. Nach der Einnahme von Sizilien wurde angestrebt, mit der Fortsetzung der Operationen auf dem Festland als primäres Ziel Italien zum Ausscheiden aus dem Kriege zu veranlassen. Für den strategischen Luftkrieg waren zumindest die Basen um Foggia, danach weitere nördlich von Rom zu gewinnen. Mit einem Vorstoß möglichst bis zur Linie Pisa-Rimini sollte Druck auf das Deutsche Reich, vor allem zur Entlastung des sowjetischen Verbündeten, ausgeübt werden. Durch den Druck und die Abnutzung deutscher Kräfte sollte einerseits der Abzug deutscher Divisionen in erster Linie auf den Kriegsschauplatz Frankreich unterbunden werden, andererseits war das deutsche Oberkommando zu zwingen, weitere Kräfte nach Italien zu verlegen. Letzteres, so kann man in einer nachträglichen Bewertung sagen, konnte nur gelingen, wenn sich die Lage der deutschen Streitkräfte so nachteilig entwickeln würde, dass Rückwirkungen auf die Gesamtkriegführung zwangsläufig waren. Der Einsatz von Landstreitkräften auf der Balkan-Halbinsel wurde wegen der Vorbehalte der Amerikaner zu keiner Zeit in Betracht gezogen.

An dieser Stelle soll eine, sicherlich spekulative, Betrachtung eingeschoben werden: Die ungefähren Zeitvorstellungen General Alexanders mit seiner Weisung vom 21. September 1943[6] waren so, dass die Truppen der 15. alliierten HGr am 07. November im Raum Rom -Terni und am 30. November in der Linie Lucca-Ravenna an den Eingängen zur Po-Ebene stehen sollten. Unberücksichtigt dabei, wie die deutsche Seite auf diese Lage reagiert hätte, ist davon auszugehen, dass die alliierten politischen und militärischen Führer auch dann unverändert an der Fortsetzung des Nebenstoßes zur Diversion festgehalten hätten, und der Krieg in Südeuropa nicht mit einem grundsätzlich anderen Ansatz fortgesetzt worden wäre? Am 30. November 1943 stand die Konferenz von Teheran noch vor ihrem Beginn. Die Invasion in Frankreich lag noch ein halbes Jahr voraus. Blumenson ist der Auffassung, dass selbst noch im Januar 1944 ein „schneller Erfolg" bei Anzio, das heißt die Zerschlagung des rechten Flügels der 10. dt. Armee und die Einnahme von Rom mit einer gewissen Wahrscheinlichkeit die Alliierten „auf den Balkan" gezogen hätten.[7] Auf die Möglichkeit und die Auswirkungen eines solchen neuen Ansatzes wird in einem der nächsten Abschnitte eingegangen.

Wurden die angestrebten Ziele der Alliierten bei der Fortführung des Feldzuges in Italien erfüllt? Diese Frage ist nach der früheren Darstellung der Zwänge auf alliierter Seite eigentlich gegenstandslos. Wenn die westlichen Alliierten mit Bodentruppen gegen die Deutschen kämpfen wollten, dann war das – wenn man den Balkan aus bestimmten Gründen für Operationen ausschloss – nur auf dem italienischen Festland möglich. Zwischen dem 09. November 1942, der Landung in Nordafrika, und dem 06. Juni 1944, dem Beginn der Invasion in Frankreich, war über fast volle zwei Jahre der Mittelmeer-Raum die einzige Front, an der die Anglo-Amerikaner mit Landstreitkräften im Einsatz gegen das Deutsche Reich waren. Italien wurde aus dem Krieg gezwungen, die 15. Alliierte Luftflotte konnte nach und nach einen wesentlichen Beitrag zum strategischen Luftkrieg gegen das Reichsgebiet leisten. Ab September 1943 waren die Deutschen gezwungen, fast 20 Divisionen zur Absicherung des italienischen Raumes einzusetzen. Sicherlich setzten die Alliierten alleine in Italien mehr Divisionen ein als die Deutschen. General Alexander bemerkte gelegentlich, dass nicht eindeutig sei, „wer wen in Italien binden würde". Im Zusammenhang mit Anzio wurde eine einzige deutsche Division aus Frankreich nach Italien verlegt. Umgekehrt wurden ab August 1944 die 3. PzGren Div und die 15. PzGren Div zum OB West nach Frankreich überführt. Der Abzug von Luftwaffenverbänden ebenfalls nach Frankreich zur Vorbereitung der Abwehr der Invasion wurde im Kapitel 8 angesprochen. Führungsfehler, die im nächsten Abschnitt behandelt werden, und der Abzug eigener Kräfte zur Operation „Anvil" haben verhindert, dass die alliierten Armeen in Italien in größerem Ausmaß deutsche Truppen zerschlagen haben. Ungeachtet davon, haben die alliierten Truppen in Italien einen unverzichtbaren Beitrag zum erfolgreichen Ausgang des Krieges geleistet. Dem im Vorwort wiedergegebenen harten Verdikt J.F.C. Fullers kann, was die angebliche strategische Sinnlosigkeit des Italienfeldzuges betrifft, so nicht zugestimmt werden.

Vergleichbares lässt sich für die deutsche HGr C sagen. Den Auftrag, der ihr vorgegeben war, unter möglichst sparsamen Einsatz von Kräften und begrenzter Raumaufgabe Zeit zu schaffen für die Entscheidungen auf anderen Kriegsschauplätzen, hat sie voll erfüllt. Dass die Möglichkeiten, die der Obersten Führung u.a. durch die Leistungen der HGr C geschaffen wurden, nicht genutzt, sondern verspielt wurden, kann nicht ihren Soldaten und ihren Führern vorgeworfen werden. Ihr Auftrag war immer ein Defensivauftrag, selbst das einzig größere Angriffsunternehmen, der Gegenangriff bei Anzio, diente einem defensiven Zweck. Die hartnäckige und mit großem operativem und taktischem Können durchgeführte Verteidigung im Verlauf der Bernhard-/Gustav-Linie verhinderte über fast sechs Monate hinweg den Vorstoß der alliierten Armeen über Rom hinaus nach Norden. Die damit verbundenen Kämpfe waren bestimmend für den Verlauf und das Ergebnis des Krieges in Italien.

Operative Betrachtung

Die nachfolgende Betrachtung wird sich darauf beschränken, welche Operationsführung auf beiden Seiten im Rahmen der vorgegebenen Zwecke praktiziert wurde und welche operativen Faktoren sich maßgeblich auf das Ergebnis des Feldzuges auswirkten.

Schon bei den Endkämpfen um Sizilien wurde festgestellt, dass mit einer jenseits der Straße von Messina angesetzten Seelandung in Kalabrien deutsche Divisionen, die später für die Verteidigung auf dem Festland von großer Bedeutung waren, abgeschnitten und zur Kapitulation hätten gezwungen werden können. Dies ist unbestreitbar. Auch die Tatsache, dass die alliierte Schlachtflotte nicht zur Unterbrechung der Evakuierung über die Straße von Messina eingesetzt wurde, zeugt von einem hohen Risikobewusstsein oder von einer Unterschätzung der Bedeutung dieser Evakuierungsoperation. Die Operationsführung während der gesamten Kampfhandlungen von der Landung in Kalabrien bis zum Vorstoß in die Po-Ebene ist von der gleichen Zurückhaltung, Risiken einzugehen, gekennzeichnet: Wegen des zeitaufwendigen, langsamen Vorgehens des XIII. (BR) Korps in Kalabrien konnten die Deutschen die Schlacht bei Salerno abbrechen und geordnet den Rückzug auf breiter Front antreten. Zusätzlich zu den schwierigen Geländeverhältnissen und den Witterungsbedingungen im Herbst 1943 verschaffte Montgomerys methodisches, abschnittsweises Vorgehen entlang der Adria-Küste der 10. dt. Armee immer wieder Atempausen, um sich neu zu organisieren. Mit einer entschlossenen „überholenden Verfolgung" nach dem Fall von Rom und einem Eindrehen der 5. (US) Armee nach Nordosten hätte das Versäumnis von Valmontone, die 10. Armee südlich von Rom abzuschneiden und zu zerschlagen, noch kompensiert werden können. Die mangelnde Risikobereitschaft der alliierten Führer auf dem Kriegsschauplatz Italien kam vor allem bei der Planung und Durchführung von Seelandungen zum Tragen, dem Mittel, mit dessen Einsatz das zeitaufwendige und verlustreiche Durchkämpfen der italienischen Halbinsel hätte vermieden werden können.

Die „Tiefe einer Operation", die Entscheidung also, wie weit im Rücken der feindlichen Front ein Landeunternehmen angesetzt werden sollte, wurde nicht durch die taktischen Absichten bestimmt, sondern durch den Schutzschirm, den die eigene Jägerwaffe sicherstellen konnte. Sofern die Geländeverhältnisse es gestatteten, und der operative Zweck es nahelegte, hätte nichts dagegen gesprochen, die Landung von Salerno in den Golf von Gaeta zu verlegen. Dies ist auch von den Planern bei der 5. (US) Armee diskutiert worden. Bei der alliierten Dominanz zur Luft und zur See waren die Seeverbindungen sicher und damit eine ununterbrochene Logistik und das stetige Nachführen von Kräften nicht gefährdet. Die Sorge des rechtzeitigen Entsatzes der gelandeten Truppen durch Kräfte der Hauptfront war bei Anzio gegeben, nicht aber bei Salerno oder später in Südfrankreich. Selbstverständlich musste von einer Gegenreaktion des Feindes ausgegangen werden. Durch einen genügend großen Umfang der Landungskräfte und durch rechtzeitige Verstärkungen konnte diesem Risiko begegnet werden. Es mag sein, dass man sich dem Organisationsaufwand derart großer Seelandungen seinerzeit noch nicht gewachsen fühlte. Man stand vor einer neuen Form der Operationsführung, Erfahrungen waren erst noch zu gewinnen. Wie dem auch sei: Der Landekopf bei Anzio geriet in die Gefahr, zerschlagen zu werden, nicht wegen zu großer operativer Kühnheit, vielmehr wegen der mangelnden Bereitschaft, auf einen Überraschungserfolg zu reagieren und wegen der fehlenden Initiative, die der 14. dt. Armee einen zeitaufwendigen Kräfteaufbau zum Gegenangriff ermöglichte.

Vom Einsatz der überlegenen eigenen Luftstreitkräfte versprach man sich auf alliierter Seite sehr viel, nicht nur für die Unterstützung der eigenen Bodenoperationen, sondern auch vom Ausmaß, in dem die Luftstreitkräfte unmittelbar zur angestrebten Abnutzung des Feindes beitragen konnten. Diesen Erwartungen konnten die alliierten Luftwaffen nicht gerecht werden, schon nicht wegen der Geländeverhältnisse auf der italienischen Halbinsel, den Witterungsverhältnissen im Herbst/Winter 1943/44 und wegen der aufgelösten Kampfweise, in der sich gerade die Gegner bei den Kämpfen um Cassino gegenüberstanden. Bei Anzio war dies etwas anders.

Wir hatten ausführlich geschildert, mit welchem Zögern die US-Generalstabschefs den Vorschlägen ihrer britischen Kollegen gefolgt sind. Wie gesagt: Der Italienfeldzug war ein britisch dominiertes Unternehmen. Der Ablauf des Feldzuges im Herbst und Winter hatten den operativen Erfolg immer mehr entschwinden lassen. Ein Scheitern oder Abbrechen des Feldzuges musste mit einem nicht hinnehmbaren Gesichtsverlust verbunden sein. Der Zeitdruck, vor Beginn der Landung im Westen noch einen „plakativen" Erfolg vorzuweisen, wurde der militärischen Führung auferlegt. Es ist nicht gerechtfertigt, Clark und Alexander das frontale Anrennen bei Cassino und mangelnde operative Flexibilität vorzuwerfen. Die angeblich günstigere Alternative, die General Juin vorschlug, erweist sich auch im Nachhinein gesehen nur als eine Spekulation. Einige Fakten sind jedoch kritisch zu hinterfragen: Die Leichtigkeit, mit der ein möglicher Erfolg durch Clark bei Anzio aus der Hand gegeben wurde (und die Nonchalance, mit der Alexander dies hinnahm) oder die wenig durchdachten, phasenweise aufeinanderfolgenden Angriffe der 5. (US) Armee Ende Januar/Anfang Februar 1944 mit dem X. (BR) Korps, dem CEF und dem II. (US) Korps. Sie gaben General v. Senger immer wieder die Gelegenheit, Reserven aus nichtangegriffenen Frontabschnitten herauszuziehen und im Brennpunkt einzusetzen.

Im April/Mai 1944, bei der Planung der Operation Diadem, wurde wieder der Schwerpunkt für einen Durchbruch an der offensichtlich stärksten Stelle der Gustav-Linie gesetzt. Wie so oft, wurde die Lösung im Prinzip „Masse" gesucht. Wo im Februar oder März eine Division angegriffen hatte, wurde nun die doppelte Anzahl eingeplant. Im Liri-Tal sollten zwei Korps hintereinander angreifen, obgleich das nur 11 Kilometer breite Tal solche Truppenmassen gar nicht aufnehmen konnte. Den Durchbruch erzielte in einem äußerst schwierigen Geländeabschnitt das CEF, im am schwächsten besetzten Sektor der Gustav-Linie. Das gespannte Verhältnis zwischen General Alexander und General Clark wurde mehrfach erörtert. Persönliche Befindlichkeiten und Prestigedenken bestimmten General Clark, ab dem 25. Mai 1944 wesentliche Teile seiner Armee durch die Albaner Berge in Richtung Rom abzudrehen, weil er in die Geschichte des Krieges als der Eroberer dieser Stadt eingehen wollte. Wiederum kann man nur spekulieren, ob im anderen Falle die 10. dt. Armee südlich von Rom zerschlagen worden wäre. Den Verlust einer Armee hätte die deutsche Oberste Führung nicht mehr ausgleichen können. Eine Festigung der Front im Apennin wäre außerordentlich schwierig geworden. Ob diese Tatsache etwas an den verfestigten Plänen, vor allem der US-Generalstabschefs, geändert hätte, sei dahingestellt.

Die Einschätzungen der Alliierten über die Führungsleistung und die Leistung im Kampf der Soldaten der HGr C wurde auf den vorangegangenen Seiten wiedergegeben. Bemerkenswert im Hinblick auf die erzielten Erfolge während der gesamten Operationen ist, dass die Divisionen der HGr C generell in Unterlegenheit kämpfen mussten. Dabei ist ein Zahlenvergleich in Bezug auf die Divisionsäquivalente nicht aussagekräftig genug. Die tatsächlichen Einsatzstärken der deutschen Kompanien, Bataillone oder Regimenter betrugen in der Regel weniger als die Hälfte der Einsatzstärke der gegenüberstehenden Truppenteile. Ein konkreter Fall: Während Hauptmann Foltin im Stadtgebiet von Cassino maximal 300 Mann einsetzen konnte, betrug die Stärke des 24. (NZ) Inf Btl allein fast 740 Soldaten. Zu Beginn der 1. Cassino-Schlacht standen 11 Divisionen der 10. Armee nahezu 21 Divisionen der 15. HGr gegenüber.

Der Totalausfall der Teilstreitkraft Luftwaffe ab dem März 1944 konnte nur unvollkommen durch Aushilfsmaßnahmen ausgeglichen werden. Es wurde versucht, die Unterlegenheit in der Zahl und in der Kampfkraft sowie den Ausfall der Luftwaffe durch die Auswahl günstigen Geländes und durch den Kampf aus befestigten Stellungen zu kompensieren. Angriffsoperationen größeren Umfangs konnten nur in Zeiträumen erfolgen, in denen die Flugbedingungen für die alliierten Luftstreitkräfte reduziert waren. Zu Angriffsunternehmungen großen Stils kam es daher nur bei Salerno (10. Armee), am Garigliano (I. Fsch Korps) und bei Anzio (14. Armee). Für den Ablauf der Kampfhandlungen auf der operativen Ebene gibt es nur wenige Anmerkungen.

Die Angriffe bei Anzio unterlagen starker Vorgaben durch das FHQ, die den Bedingungen vor Ort nicht gerecht wurden. Der verfrühte Einsatz der operativen Reserven der HGr C (I. Fsch Korps mit zwei Divisionen) am 18. Januar beim Angriff des X. (BR) Korps ist auf eine Fehlbeurteilung Feldmarschall Kesselrings zurückzuführen. Bei einer angemessenen Ausnutzung des Überraschungserfolgs des VI. (US) Korps hätte sich daraus eine Krise mit gravierenden Folgen entwickeln können. Nachdem das CEF seinen Durchbruch durch die Gustav-Linie bis zum 17. Mai 1944 ausgeweitet hatte und starke Kräfte des XIV. Pz Korps zerschlagen waren, konnte das Halten des Senger-Riegels mit Einsatz der Reserven der Heeresgruppe nur eine zeitlich begrenzte Maßnahme sein. Mit dem Ausbruch des auf sieben Divisionen verstärkten VI. (US) Korps aus dem Landeraum drohte erneut ein Abschneiden des rechten Flügels der 10. dt. Armee. Die Zurücknahme der 10. Armee auf die Cäsar-Stellung, wo Anschluss zur 14. Armee gesucht werden musste, war unvermeidbar. In dieser Phase zeigte sich Kesselring mit seinem Klammern an Zwischenstellungen nicht auf dem Höhepunkt seiner Führungskunst. Ob das FHQ einer Rücknahme aller Kräfte auf die C-Stellung gebilligt hätte, ist eine andere Frage.

Andere entscheidende Faktoren

Bei der Schilderung des Ablaufs der Kämpfe wurde immer wieder betont, in welchem Maße vor allem die Führung auf der US-Seite auf die materielle Überlegenheit und die technische Ausstattung der Truppe setzte. Dass deren Wirkung wegen der Gelände- und Witterungsverhältnisse und den Bedingungen des Kampfes auf dem italienischen Kriegsschauplatz nicht dem erwarteten Ausmaß entsprach, wurde bereits beim Luftwaffeneinsatz abgehandelt. Auf die Belastungen, die sich daraus für den Kämpfer in der ersten Linie „on the sharp end", wie man es auf englischer Seite nannte, ergaben, hatte man die Soldaten während der Ausbildung nicht vorbereitet. Lange Einsatzdauer in schlechten Stellungen ohne Ablösung, keine angemessene Bekleidung angesichts der Witterungsbedingungen und eine reduzierte Versorgung (die aber immer noch weit besser als auf der deutschen Seite war) führten zu Ausfällen „ohne Kampfeinwirkungen", die in die Tausende gingen, zu psychischen Zusammenbrüchen und zu hohen Desertionsraten.[8]

Allerdings ist das Bild im Hinblick auf den materiellen Überfluss vielschichtig: Ein enormer Munitionseinsatz erzeugte langfristig doch Wirkung, selbst wenn Verbrauch und Erfolg in keiner Relation zueinander standen, es kam nicht darauf an. Der Ersatz für den Ausfall von Waffensystemen, von Transport- oder Kampffahrzeugen bedeutete kein Problem, auf deutscher Seite dagegen war bei solchen Ausfällen sehr bald die Kampffähigkeit in Frage gestellt. Der Unterlegenheit in der Zahl und beim Material wurde auf deutscher Seite der überlegene Kampfwert und die Kampfmotivation einer in vier Kriegsjahren erfahrenen und abgehärteten Truppe entgegengestellt. Führer und Truppe kannten sich, waren zusammengewachsen und vertrauten einander. Bereits im Zusammenhang mit der 2. Cassino-Schlacht wurde der Wert dieser „Primärgruppen" beschrieben. Je mehr der Sinn des Krieges in Frage zu stellen war, desto mehr bekamen Zusammenhalt und Kameradschaft ihren ausschlaggebenden Wert, wurde für das Überleben in diesen Primärgruppen gekämpft. In ihren Führern fanden die Soldaten ein Beispiel. General Hube, der Vorgänger als KG von General v. Senger, ist während des Krieges noch gefallen, ebenso wie General Pfeifer, der Kdr der 65. Inf Div, General Baade, der Kdr der 90. PzGren Div, General Rodt, der Kdr. Der 15. PzGren Div, oder General Sieckenius, der Kdr der 16. Pz Div.[9]

Das Land und die Bevölkerung wurden im üblichen Maße von den Auswirkungen des Krieges betroffen. Keine der beiden Kriegsparteien war bei der Durchführung der Operationen auf eine besondere Schonung der Bevölkerung bedacht. Auf einem Gebiet bestand allerdings ein wesentlicher Unterschied: In der Behandlung der Bevölkerung in den rückwärtigen Gebieten, in der Praktizierung des Besatzungsregimes und in der Ausnutzung der Bevölkerung für die Zwecke der Kriegswirtschaft. Auch in den „befreiten Gebieten" wurde die Bevölkerung für die Zwecke der Alliierten benutzt, notfalls auch zwangsweise. Verpflichtungen zur Zwangsarbeit in dem Maße, wie sie auf deutscher Seite angeordnet wurde, eine Deportation von Zivilpersonen oder von Militärinternierten in das Reich gab es auf alliierter Seite nicht.[10] Auch Gewaltmaßnahmen zur Aufrechterhaltung von Sicherheit und Ordnung oder zur Aufrechterhaltung der Operationsfreiheit mussten auf alliierter Seite nicht ergriffen werden, in den befreiten Gebieten gab es keine Partisanenbewegung und keinen gewaltlosen Widerstand.

Besonders hart gingen die Deutschen im Kampf gegen die Partisanenbanden vor, hier ließ man sich in die verhängnisvolle Spirale von Gewalt und Gegengewalt hineinziehen. Mit der Begründung einer militärischen Notwendigkeit nahmen auf der anderen Seite die Alliierten bei Luftangriffen und der Beschießung von Ortschaften keine Rücksicht auf die zivile Bevölkerung. Die Zerstörungen ziviler Ortschaften waren umfangreich in den Räumen der lang andauernden

Kämpfe. Städte und Dörfer wie Cisterna, Aprilia, Ortona, S. Pietro Infine, Castelforte oder Cassino waren nach dem Kriege Ruinenfelder. Hier auch hatte die Bevölkerung durch Evakuierung und Flucht zu leiden. Was das systematische Verüben von Kriegsverbrechen betrifft, spricht einiges für die Annahme, dass sich die Truppen der beiden Kriegsparteien insgesamt in nichts nachstanden.

Eine alternative militärpolitische und militärstrategische Option?

Im Kapitel 10 wurde ein Plan des gerade beförderten Feldmarschalls Alexander vom Juni 1944 vorgestellt[11], den er Feldmarschall Wilson und den britischen Generalstabschefs vorgelegt hatte. Dabei ging es um die Frage, auf welche Weise nach der Einnahme von Rom, als sich die zerschlagenen deutschen Armeen auf die Apennin-Stellung zurückzogen, die Operationen in Italien fortgeführt und abgeschlossen werden sollten. Für den Fall, dass ihm keine Kräfte für Anvil abgezogen würden, beabsichtigte er durch einen Angriff nicht später als Mitte August die beiden deutschen Armeen im Kampf um die Grün-Stellung zu zerschlagen. Nach dem Vorstoß in die Po-Ebene und einer Wendung nach Osten nahm er an, Ende August in der Lücke von Laibach stehen zu können, bereit für ein weiteres Vorgehen in Richtung Wiener Becken. Alexanders überzeugendes Argument war, je mehr Divisionen er in Italien zerschlagen würde, je mehr sich eine konkrete Gefahr unmittelbar gegen das Reichsgebiet aufbauen würde, desto mehr würde dies dem weiteren Vorstoß Eisenhowers in Frankreich dienen. Alexander dachte im Rahmen militärstrategischer Kriterien, politische Überlegungen zu verfolgen, die in der gegebenen Lage naheliegend waren, entsprach nicht seinen Vorstellungen von den Aufgaben des Befehlshabers einer Heeresgruppe. Neben der Unterstützung der Operationen in Frankreich, so einige Autoren, hätte die Realisierung dieser Option durchaus noch zu einem Kriegsende 1944 führen können. Dies sahen Wilson und Alexander wohl auch so. Wie bekannt, wurde Alexanders Vorschlag zurückgewiesen, es blieb bei der Durchführung von Anvil, ab dem 16. Juni musste die A.A.I. zwei Korpsstäbe und sieben Divisionen abgeben. Die Gründe sollen hier nicht wiederholt werden. Die hier zu behandelnde militärpolitische Option kann nur knapp und auf wenige Argumente beschränkt vorgestellt werden.

Ende August, zum Zeitpunkt als Alexander spätestens in der Lücke von Laibach stehen wollte, hatte das Oberkommando der deutschen HGr E in Griechenland (Generaloberst Löhr) Planungen abgeschlossen, die den längst fälligen Rückzug der Heeresgruppe aus Griechenland und von den griechischen Inseln vorsahen. Immer größer war durch das Vorgehen der Roten Armee zwischen Karpaten und Donau, insbesondere nachdem Rumänien am 23. August einen Waffenstillstand mit der Sowjetunion eingegangen war, die Gefahr des Abgeschnittenwerdens geworden. Vorausgesetzt Alexanders Planungen wären aufgegangen, also der Vorstoß seiner Heeresgruppe in den Rücken der auf dem Balkan stehenden Kräfte des OB Südost geglückt, dann hätte die Rücknahme der deutschen Truppen auf dem Balkan viel früher als Ende August erfolgen müssen. Alexanders Absicht war vor allem von Präsident Roosevelt aus politischen Gründen zurückgewiesen worden. Dabei lagen die gegebenen politischen Implikationen auf der Hand. Mit dem Auslaufen der russischen Sommeroffensive stand die Rote Armee ab Ende Juli an der Weichsel. In Teheran war Polen quasi aufgegeben worden. Nun drohte mehr als ein

Griff Stalins nach Südosteuropa. Jugoslawien war von kommunistischen Partisanen beherrscht, in Griechenland standen den (zahlenmäßig starken) kommunistischen Partisanen (zahlenmäßig schwache) nationale Partisanen gegenüber. Der später ausgebrochene griechische Bürgerkrieg wurde erst 1949/50 entschieden. Stalins Absichten reichten in das Mittelmeer. Ein Vorstoß westlicher Armeen in das Wiener Becken wäre von ihm als Affront bezeichnet worden. Dabei war eine solche strategische Bewegung aus Italien heraus von äußerster Bedeutung für eine europäische Nachkriegsordnung. Noch aber glaubte Roosevelt, auf Stalin angewiesen zu sein. Eine Wiederherstellung der früheren imperialen Stellung der Briten im Mittelmeer-Raum war nicht in seinem Interesse.

Bevor abschließend auf die Sicht des Krieges in Italien siebzig Jahre nach den Ereignissen eingegangen wird, hier ein Einschub in diesem Zusammenhang: In seiner sehr kritischen Bewertung, die im ersten Kapitel wiedergegeben wurde, hat der englische Historiker John Charmley[12] darauf hingewiesen, dass es den politischen Führern in den USA nicht nur darum ging, das Aufkommen eines möglichen Konkurrenten Deutschland zu verhindern, sondern den bereits existierenden Konkurrenten, das Britische Empire, auszuschalten. Die geschilderte Entscheidung Roosevelts, die britischen Interessen zuwiderlief, war nicht die erste, die von ihm getroffen wurde, sie würde auch nicht die letzte sein.

Durch amerikanische Zugeständnisse wurde die Sowjetunion zur dominanten Macht in Zentraleuropa. Bis zum Zusammenbruch des Warschauer Paktes und der Sowjetunion bedurfte es der dauerhaften Präsenz der Amerikaner, um die russischen Machtpositionen einigermaßen auszubalancieren. Dominierende Macht im Mittelmeer-Raum wurden die Vereinigten Staaten, ausgedrückt durch die andauernde Präsenz starker See- und Luftstreitkräfte. Die in Mittelmeer-Häfen stationierte 6. (US) Flotte – mit einer starken Atomwaffenkomponente – war ein eindeutiges Mittel zur Machtprojektion.

Der Krieg in Italien – siebzig Jahre danach

Ist der Krieg in Italien zwischen 1943 und 1945 ein Ereignis, das nur noch die Historiker interessiert? Welche Wirkungen hat er im Leben der Menschen hervorgerufen und welche Spuren hat er im Gedächtnis der Betroffenen hinterlassen? Wie wird er heute noch wahrgenommen? Siebzig Jahre nach den Ereignissen sind die äußeren Zeichen, die an die kriegerischen Ereignisse erinnern und sie damit präsent machen, nicht sehr zahlreich. Dies ist auch in Deutschland so, wenn man an die Kämpfe denkt, die auf dem eigenen Territorium ausgetragen wurden. In der Eifel, in der Pfalz und im Saarland gibt es noch Reste des Westwalls, im Oderbruch und auf den Seelower Höhen wird der militärische Fachmann noch Spuren der erbitterten Kämpfe erkennen. Architekten, Heimatkundler, Historiker oder noch lebende Zeitzeugen können die Ergebnisse des strategischen Bombenkrieges in den großen deutschen Städten ohne Mühe nachvollziehen.

Als unübersehbare Hinterlassenschaft des Krieges fallen auf Sizilien oder dem Festland die riesigen Gräberfelder der zentralen Friedhöfe der verschiedenen Nationen ins Auge. Für uns Deutsche die Kriegerfriedhöfe in Cassino/Caira, in Pomezia oder am Futa-Pass, im Raum der ehemaligen Apennin-Stellung. Alleine in Cassino sind über 20 000 Gefallene des 2. Weltkrieges bestattet. Hin und wieder erinnert ein Gedenkstein oder eine Gedenktafel an ein bestimmtes militärisches Ereignis, dann gibt es noch die Militärmuseen in Catania, Cassino, Anzio oder anderswo. Italienische Städte wurden nicht in dem Ausmaß bombardiert, wie im Reichsgebiet. So ist das historische Stadtbild der großen italienischen Städte nahezu uneingeschränkt erhalten. Mit Ausnahme der Kämpfe um den Landeraum, die Gustav-Linie und die Grün-Stellung, fand in Italien ein Bewegungskrieg statt, der zwar Schäden an der Infrastruktur anrichtete, die aber nach siebzig Jahren nicht mehr erkennbar sind. Anders in den genannten Räumen, aber auch hier bedarf es eines geübten Blicks, historischer Kenntnisse und einer guten Geländekenntnis. Die Reste von Feldstellungen auf dem Schlangenkopf gegenüber dem Kloster, Beobachtungsstellen auf dem Mt Cifalco sind der Öffentlichkeit schwer zugänglich, der „Neumann-Weg" zwischen Belmonte und Terelle, heute eine schmale geteerte Straße, sagt nur den Ortseinwohnern etwas. Einfacher ist es mit dem zerstörten S. Pietro Infine, das als „Freilichtmuseum" erhalten wurde oder mit verrotteten Bunkeranlagen bei Ponte Olivo an der Straße nach Gela an der Südküste Siziliens.

Die Landschaft im Raum Anzio – Aprilia – Cisterna ist so verbaut, dass ihr früherer Charakter kaum mehr erkennbar ist. An anderen Stellen ist es aber exakt so, wie es vor siebzig Jahren war: Die „Wadis" südlich von Aprilia, westlich der Via Anziate, die Landschaft um den Torre Astura oder den Torre Caldara, wo in der Nacht zum 22. Januar 1944 die Landungsschiffe der Briten und Amerikaner am Strand aufliefen, der schilfverwachsene Pantano-Graben, der Steilhang zwischen dem Pkt 165 und dem Kloster, der Schauplatz der Kämpfe zwischen den Fallschirmjägern, den Rajputanis oder den Essex-Soldaten. Auch wenn man kein Kriegsteilnehmer ist und sich alles nur angelesen hat, kann man sich der Stimmung, die über diesen Orten liegt, nicht entziehen.

Im Hinblick auf die Lage nach der Beendigung der Kämpfe und beim Wiederaufbau wollen wir uns auf das Gebiet von Cassino und die Pontinische Ebene beschränken. Die Dörfer und Städte waren mit wenigen Ausnahmen vollkommen zerstört, die Verkehrsinfrastruktur nicht zu benutzen, das Rapido-Tal versumpft ebenso wie die Pontinische Ebene, die durch Aufstauungen wieder in eine Sumpflandschaft verwandelt worden war, aus der man sie erst wenige Jahre zuvor gewonnen hatte. Sie waren wieder zu einer Brutstätte für die Malaria geworden. Das Elend der Bevölkerung, die ohnehin nie reich gewesen war, die Relikte des Krieges, eine Trümmerlandschaft, verrostete Drahthindernisse, zerstörtes Kriegsgerät, Blindgänger und nicht explodierte Sprengladungen. In einer akzeptablen Zeit gelang es, die Kriegsschäden so weit zu beseitigen, dass ein Leben der zurückgekehrten Bevölkerung wenigstens unter eingeschränkten Bedingungen möglich wurde. Heute ist Cassino eine Stadt, der es ökonomisch nicht schlecht geht, viele aber sagen, sie habe ihren Charakter verloren, es gibt kaum ein Haus, das älter als 60 Jahre ist. Castelforte, Terelle, Belmonte oder die Dörfer im Garigliano-Tal sehen so aus, als hätte es keinen Krieg gegeben.

Dennoch ist der Feldzug in Italien in dieser Region tief im Gedächtnis der Menschen verankert. Dabei bleiben die jährlichen Erinnerungsfeiern zur „liberazione" mit ihren üblichen Ritualen an der Oberfläche. Die Massaker, welche die nordafrikanischen Truppen in den Aurunci-Bergen angerichtet haben, werden auch in hundert Jahren nicht vergessen sein. Mit großer Hartnäckigkeit hat dagegen der Bürgermeister von Esperia nach dem deutschen Verteidiger seines Ortes gesucht, um ihn dorthin einzuladen. Dies war der ehemalige Kommandeur des PzGren Rgt 200, Oberst Baron von Behr, der in der Bundeswehr noch zum Stellvertretenden Kommandierenden General des III. Korps aufgestiegen war. So, wie man die Benediktiner kennt, wird ein Segment an einer gehämmerten Tür am Eingang zur Basilika, das mit einem britischen Stahlhelm und einem Flugzeugpropeller an die vierte Zerstörung der Abtei erinnert, die nächsten Jahrhunderte überdauern. Das Bild, das in den einschlägigen Medien in Italien und in Deutschland von deutschen Soldaten wiedergegeben wird, wird im Raum Cassino nicht auf Zustimmung stoßen: Hier erinnert man sich an die harten, aber anständigen Kämpfer, die, selbst einem niederdrückenden Schicksal ausgesetzt, inmitten des Chaos des Krieges keine Mühe scheuten, ein unersetzliches kulturelles Erbe der Menschheit wenigstens teilweise vor der Vernichtung zu bewahren.

Die „Rezeption", wie man heute sagt, des Krieges in Italien oder der Cassino-Schlachten war und ist in den verschiedenen Nationen unterschiedlich. Für die neuseeländische oder indische Armee wurde der Feldzug in Italien zu einem Ereignis in ihrer Geschichte, das zu Stolz Anlass gibt, die Cassino-Schlachten sind ein wichtiger Bezugspunkt in der Tradition. In der britischen Armee werden die Ereignisse vor allem in der Tradition der Regimenter bewahrt, so weit es sie noch gibt. In den Vereinigten Staaten überdeckt der Feldzug nach der Landung in der Normandie die Bedeutung des italienischen Feldzuges, obwohl für die Divisionen, die zuerst in Italien und später in Zentraleuropa eingesetzt waren, beispielsweise die 3. Inf Div, die „Campaign in Italy" ein Ruhmesblatt in ihrer Geschichte darstellt. Für die Polen ist der Einsatz ihres Korps innerhalb der westlichen Armeen zu einem Ereignis geworden, das die nationale Identität mit bestimmt. Der polnische Friedhof von Cassino ist für die Polen ein heiliger Ort.[13] Der Beitrag Italiens zum Ausgang des Krieges war auf Grund der gegebenen Umstände gering. Daran ändert auch der Mythos der Resistenza, der Kult um den Beitrag zur Befreiung des Landes, nichts. Die Lebenslüge, mit der Italien in Bezug auf seine Rolle im 2. Weltkrieg lebte und die mit einer Dämonisierung des ehemaligen Bündnispartners noch verstärkt wurde, beginnt sich aufzulösen. Jüngere Autoren sind dabei, notwendige Korrekturen anzubringen.

Und in Deutschland? Der Ruf der „grünen Teufel von Monte Cassino" wurde ein Baustein zum Mythos der Fallschirmtruppe in der ganzen Welt. Die Einschätzung des anständigen und sauberen Italienkämpfers wird von den ehemaligen Gegnern nicht in Frage gestellt. Auch die Kampagne zur Widerlegung dieser „Legende" wird langfristig keinen Erfolg haben.

Zuerst trafen sich die Veteranen der Kämpfe in Italien im nationalen Rahmen auf den Erinnerungsstätten der verschiedenen Schlachtfelder. Dann vollendeten sie ihre Aussöhnung durch gemeinsame Feiern. Am Aufbau europäischer Streitkräfte oder der Streitkräfte der NATO wirkten an entscheidender Stelle ehemalige Kämpfer auf beiden Seiten mit. Wenige Namen müssen genügen: Die amerikanischen Generale Lemnitzer, Norstad (Leiter der Operationsabteilung im HQ MAAF) und Gruenther waren Oberbefehlshaber der Alliierten Streitkräfte in Europa, General Juin war zeitweise Befehlshaber der Landstreitkräfte Mitteleuropa, General Steinhoff war Vorsitzender des Militärausschusses der NATO. General Trettner stieg zum Generalinspekteur auf. Er führte zuvor ein Armeekorps, ebenso wie die Generale Schnez, Lüttwitz oder Pöschl, die an der Seite der Korps der anderen NATO-Staaten Europa verteidigen sollten und dies auch getan hätten.

Die Zeiten sind vergangen. Die Häuflein der Veteranen, die sich alljährlich zum Gedenken an ihre gefallenen Kameraden auf den Friedhöfen im Raum Cassino versammeln, werden immer kleiner, nicht gerade häufig beteiligt sich die aktive Truppe der Bundeswehr daran. Aber auf dem Klosterberg steht wieder die Abtei, die unwiederbringlich verloren schien, und jeden Morgen um 05.00 Uhr hallt der Klang der Glocken über die Landschaft und die ehemaligen Schlachtfelder. Die Mönche gehen zur ersten Andacht.

Ecce labora et noli contristari – geh an die Arbeit und lass Dich nicht entmutigen.

Anmerkungen

1   Der Wortlaut der Kapitulationsbedingungen und der entsprechenden Maßnahmen zur Ausführung durch den OB Südwest ist dem Dokumentenanhang im KTB OKW, Band IV/2, S. 1663-1666 zu entnehmen.

2   Einen Überblick über die Kapitulationsverhandlungen geben Fisher, a.a.O., Kapitel XXX, S. 513-534 und John Ehrman in „Grand Strategy", Band VI, S. 121-128. John Toland nimmt eine mehr journalistisch geprägte Abhandlung vor in, „Das Finale …" (München/Zürich 1968), S. 235-244, S. 458-474 und 514-522. Eine Seite immerhin für das gesamte Geschehen wird von den Verfassern des MGFA, Band 8, auf der Seite 1160 aufgebracht. Eine umfangreichere Darstellung über die Kapitulationsverhandlungen und ihre Hintergründe ist neuerdings von Kerstin v. Lingen erschienen, „SS und Secret Service …", Paderborn 2010. In beiden Publikationen wird als Antrieb für die vorzeitigen Kapitulationsverhandlungen weniger das Motiv herausgestellt, das Schlimmste zu verhüten und sinnlose Kämpfe mit Menschenverlusten und materiellen Schäden zu vermeiden. Nach Auffassung der Verfasser kamen die Versuche, eine Waffenruhe zu erreichen, in jedem Falle zu spät und der wahre Beweggrund sei gewesen, angesichts der eigenen Verwicklungen in das NS-System sich für Nachkriegsabrechnungen gegenüber den Alliierten eine gute Ausgangsposition zu verschaffen.

3   Die Vorfälle, bei denen auch hohe Generale wegen Defätismus, eigenmächtiger Aufgabe einer Stellung durch Standgerichte exekutiert wurden, sind zahlreich. General v. Lüttwitz, der frühere Kdr der 26. Pz Div, und General Fries, der frühere Kdr der 29. PzGren Div, beide Schwerterträger, waren als Führer einer Armee bzw. als KG eines Panzerkorps an der Ostfront wegen einer realistischen Lagebeurteilung über den Ausgang des Krieges (v. Lüttwitz) durch den Gauleiter Greiser denunziert worden bzw. wegen Ungehorsams (Fries) durch Feldmarschall Schörner von ihren Verwendungen abgelöst und vor dem Reichskriegsgericht in Torgau Ende März 1945 angeklagt worden. Zumindest Fries wurde wegen des couragierten Verhaltens der Richter, des Anklägers und des Verteidigers vor dem durch Keitel geforderten Todesurteil bewahrt. Auch Lüttwitz hatte Glück und die Vorwürfe wurden zurückgewiesen.

4   In Bezug auf italienische Kriegsverluste, siehe Schreiber, „Deutsche Kriegsverbrechen …", S. 8 und S. 217 sowie MGFA a.a.O., Band 8, S. 1161.
    Wenn man die angegebenen Verluste bei Partisanen, bei den Militärinternierten/Deportierten, bei ums Leben gekommenen Kriegsgefangenen (auf die reduzierten Zahlen im Falle Kephalonia wurde hingewiesen) und die durch den Luftkrieg getöteten Zivilpersonen als gegeben unterstellt, dann ergibt sich in etwa die durch den Verfasser genannte Zahl.

5   Blumenson, „Salerno …", S. 456.

6   Siehe Kapitel 4, Abschnitt „Grundlegende Weisungen".

7   Blumenson, „Anzio …", S. 204.

8   Van Creveld, „Kampfkraft", S. 163. Bezogen auf den gesamten Kriegsschauplatz Europa betrug die Desertionsrate für die US-Streitkräfte 1944 ca. 45 Fälle pro Tausend und stieg 1945 auf 68 Fälle pro Tausend an. In der Wehrmacht hatte die Desertionsrate 1944 21,5 Fälle pro Tausend betragen, umgerechnet auf die gesamte Kriegsdauer allerdings nur rd. 8 Fälle pro Tausend.

9   Hierzu ist anzumerken, dass die Generale nicht auf dem Kriegsschauplatz Italien gefallen sind. Ins Auge fällt die hohe Anzahl von Regimentskommandeuren und Bataillonskommandeuren, die in den Divisionen in Italien fielen und die in ihrer Vorbildfunktion hinter den Divisionskommandeuren nicht zurückstehen wollten. Durch Partisaneneinsatz ist in Italien nur General Crisolli, der Kdr der 20. LwFeld Div, getötet worden. Er kam in einem Hinterhalt am 12.09.44 ums Leben.

12. Schlussbetrachtung

10 Für das Verhalten der Truppe zur Zivilbevölkerung kann ein Bericht von General Trettner, dem Kdr der 4. Fsch-Jg Div herangezogen werden: „Gegen Übergriffe der Partisanen, die sich durch Raubzüge bei der Zivilbevölkerung verproviantierten, wurde diese geschützt. Ich kannte die Auffassung des Feldmarschall KESSELRING, dass wir in einem verbündeten Land mit befreundeter Bevölkerung Krieg führten, hatte mehrfach diesbezügliche Äußerungen und Anordnungen persönlich von ihm gehört und richtete mich danach, indem ich die Truppe zu gleichen Anschauungen erzog. Sie sah im italienischen Volk auch nach der Schwenkung Italiens eine verbündete Nation." Freiwillige Aussage des Kriegsgefangenen LD 1482 Generalleutnant Heinz Trettner vom 16. August 1946 in einem Lager bei London, „Kurzbericht über den Einsatz der 4. Fallschirm. Jäg. Div in ITALIEN unter besonderer Berücksichtigung des Partisanenkampfes."
Kopie zur Verfügung gestellt von seiner Tochter Dr. U. Steinhauer, im Archiv des Verfassers.

11 Siehe Abschnitt „Die Anvil-Debatte".

12 Kapitel 1, Fußnote 14.

13 Auf der Säule des polnischen Denkmals auf der Höhe 593 ist folgender Vers geschrieben:
Wir polnischen Soldaten gaben –
Für Eure Freiheit und unsere –
Unsere Seelen Gott,
Unsere Körper der Erde Italiens,
Und unsere Herzen für Polen.

A.A.I.	Allied Armies Italy
AA	Aufklärungsabteilung
Abt, Abt.	Abteilung
AK, A.K.	Armeekorps
Anl.	Anlage
AOK	Armeeoberkommando
Arko	Artilleriekommando
Art, Art., Artl.	Artillerie
Aufkl	Aufklärer, Aufklärungs-
BA-MA	Bundesarchiv-Militärarchiv
BdE	Befehlshaber des Ersatzheeres
BEF	British Expeditionary Force
Bfh, BfH.,Befh.	Befehlshaber
BR	britisch
Brig, Brig.	Brigade
Btl, Btl. Batl.	Bataillon
Bttr, Batt., Battr., Bttr.,	Batterie
CA .	Kanada, kanadisch
CC	Combat Command
CEF, C.E.F.	Corps Expéditionnaire Francais
Chef GenStdH	Chef des Generalstabes des Heeres
ChefdSt	Chef des Stabes
Chefs.	Chefsache
Cle	Colle
D.I.A.	Division d'Infanterie Algérienne
D.I.M.	Division d'Infanterie Marocaine
D.M.I.	Division Motorisée d'Infanterie auch Division de Marche d'Infanterie
D.M.M.	Division Marocaine de Montagne
d.R.	der Reserve
Div, Div.	Division
dt.	deutsch
f.,ff.	folgende
F.Btl.	Festungsbataillon
Fest.	Festung(s)
FH	Feldhaubitze
FHQ, F.H.Qu.	Führerhauptquartier
FK	Feldkanone
Fl.Korps	Fliegerkorps
Flak	Flieger-/Flugabwehrkanone, Flakartillerie
FS	Fernschreiben
Fsch, Fsch., Fallschirm.	Fallschirm
FschJg Div, Fallsch.Jg.Div	Fallschirmjägerdivision
FschJg Rgt, Fsch.Rgt	Fallschirmjägerregiment
FschJg, Fsch.Jg.	Fallschirmjäger
Fso	Fosso
Füs	Füsilier
g.Kdos.	geheime Kommandosache
Geb, Geb.	Gebirg(s)
Geb Div, Geb.Div.	Gebirgsdivision
Geb Korps	Gebirgskorps
GebJg, Geb.Jg.	Gebirgsjäger
GebJg Rgt, Geb.Jg.Rgt.	Gebirgsjäger-Regiment
geh.	geheim

Gen	General
GenStdH	Generalstab des Heeres
GenStOffz.	Generalstabsoffizier
GFM, Gen. Feldm.	Generalfeldmarschall
GFP	Geheime Feldpolizei
Gren.	Grenadier
Gren Rgt, Gren.Rgt.	Grenadierregiment
Grp	Gruppe
H, H.	Heeres
HG, „HG"	Hermann Göring
HGr, H.Gr., Hgr	Heeresgruppe
HKL, H.K.L.	Hauptkampflinie
HLKO	Haager Landkriegsordnung
HQ	Hauptquartier
i.A.	im Auftrag
i.G.	im Generalstab
IG	Infanteriegeschütz
IND	Indisch
Inf	Infanterie
Inf Btl, Inf. Btl.	Infanteriebataillon
Inf Div, Inf.Div.	Infanteriedivision
Inf Rgt, I.R., IR	Infanterieregiment
IT, it.	Italien, italienisch
Jg, Jg.	Jäger
Kdo	Kommando
Kdr, Kdr.	Kommandeur
Kdt	Kommandant
Kdt.r.A.	Kommandant des rückwärtigen Armeegebietes
KG, KdrGen	Kommandierender General
KGr	Kampfgruppe
Kp	Kompanie
KPz	Kampfpanzer
KTB	Kriegstagebuch
le	leicht(e)
Lkw, Lkw.	Lastkraftwagen
LL	Luftlande
LST	Landungsschiff, Panzer
Lw	Luftwaffe
MB	Militärbefehlshaber
MG	Maschinengewehr
mot, mot.	motorisiert(e)
Mt	Monte
NZ	Neuseeland, neuseeländisch
OB	Oberbefehlshaber
OBdH, Ob.d.H.	Oberbefehlshaber des Heeres
OBdL, Ob.d.L	Oberbefehlshaber der Luftwaffe
OBdM, Ob.d.M.	Oberbefehlshaber der Marine
ObKdo, Ob.Kdo.	Oberkommando
OKH	Oberkommando des Heeres
OKL	Oberkommando der Luftwaffe
OKM	Oberkommando der Kriegsmarine
OKW	Oberkommando der Wehrmacht
Op. Abt.	Operationsabteilung (des Generalstabes des Heeres)

Op., Op, op.	Operation(s), operativ
OQu, O.Qu.	Oberquartiermeister
OT	Organisation Todt
OTL, Oberstlt, Obstlt.	Oberstleutnant
Pak	Panzerabwehrkanone
Pi, Pi.	Pionier
POL	Polen, polnisch
Pz, Pz.	Panzer
Pz Abt, Pz. Abt.	Panzerabteilung
Pz Div, Pz.Div.	Panzerdivision
Pz Korps, Pz.Korps	Panzerkorps
Pz Rgt, Pz. Rgt.	Panzerregiment
PzGr, Pz.Gr.	Panzergruppe
PzAA	Panzeraufklärungsabteilung
PzAufkl	Panzeraufklärer
PzGren, Pz.Gren.	Panzergrenadier
PzGren Div, Pz.Gren.Div.	Panzergrenadierdivision
PzJg, Pz.Jg.	Panzerjäger
Qu	Quartiermeister
R.A.F., RAF	Royal Air Force
R.S.A.R.	Régiment de Spahis Algériens de Réconnaissance
R.S.I.	Repubblica Soziale Italia
R.T.A.	Régiment de Tirailleurs Algériens
R.T.M.	Régiment de Tirailleurs Marocains
R.T.T.	Régiment de Tirailleurs Tunisiens
Rgt, Rgt.	Regiment
s	schwer, schweres
S.	Seite
SA	South Africa
Schtz	Schütze, Schützen
Sfl	Selbstfahrlafette
SSF	Special Service Force
St.G., St.Gesch., StGesch	Sturmgeschütz
StabsQu, StQu	Stabsquartier
stellv.	stellvertretend(er)
Stuka	Sturzkampfbomber
t, to	Tonne(en)
Tgb.	Tagebuch
US	United States
USA	United States of America
VO	Verbindungsoffizier
W.B., WB, Wehrm.Befh.	Wehrmachtsbefehlshaber
WFSt	Wehrmachtsführungsstab (des OKW)
zbV, z.b.V.	zur besonderen Verwendung
zit.	Zitiert
II./GrenRgt 71 (Bsp.)	II. Bataillon des GrenRgt 71
1./Fsch 4 (Bsp.)	1. Kompanie des FschJg Rgt 4
I./67 (Bsp.)	I. Bataillon des PzGren Rgt 67
I./Gurkha 9 (Bsp.)	I. Bataillon des Gurkha Schtz Rgt 9

Personenregister

A

Abele, -- 214, 215, 254

Adye, -- 318

Agis, -- 210

Alexander, Harold R.L.G. 30, 32, 70, 74, 75, 86, 91, 92, 99, 104, 105, 108, 109, 113, 114, 116, 118, 119, 123, 128, 133, 135, 143, 148, 149, 165, 166, 173, 174, 175, 176, 177, 179, 184, 190, 206, 217, 221, 225, 233, 234, 235, 256, 258, 272, 273, 280, 281, 285, 286, 288, 289, 298, 302, 317, 321, 322, 323, 327, 332, 333, 342, 344, 345, 346, 347, 354, 355, 356, 357, 367, 369, 375, 377, 392, 395, 398, 399

Allen, Frank A. 131, 286

Alvensleben von, Udo 370, 380, 381

Ambrosio, Vittorio 89

Anders, Wladislaw 327, 329, 337, 338, 339

Anderson, Kenneth 29, 32

Andrae, Wolf 284,

Andrae, Friedrich 365, 386

Arnim von, Hans-Jürgen 32, 39

Arnold, Henry H. 36, 67, 134

Auchinleck, Claud 25, 30

B

Baade, Ernst-Günther 77, 118, 215, 216, 218, 332, 349, 403

Badoglio, Pietro 76, 105, 357, 378, 379

Baque, -- 213

Bateman, D.R.E.R. 237

Becker, Maximilian 226, 227, 255, 390

Beelitz, Dietrich 391

Behr von, Heinrich 220, 407

Bell Bischof, George 246

Ben Bella, Mohammed Achmet 142

Bellairs, R.M. 36

Benedikt 157, 156

Benz, -- 245

Berne, -- 213, 214

Bessell, Hans 156

Beyer, Herbert C.K. 296

Block von, Eberhard 275, 276, 314

Boatner, Mark W. 208, 209, 233

Bode, Ernst 236, 260, 321

Böhlein, Rudolf 296

Böhmler, Rudolf 284, 300, 301

Bonifatius 157

Bonin von, Bogislaw 75, 77, 160, 161

Bornscheuer, Paul 313

Bourke-White, Margaret 121

Bradley, Omar N. 74, 79

Brann, Donald W. 175, 176, 343

Brooke, Alan 36, 66, 67, 87, 79, 86

Buchheim, Lothar 121

Buckley, Christopher 121, 290

Burrough, H. M. 29

Butler, Frederic B. 233

C

Canaris, Wilhelm 50, 168, 186, 193, 249

Cannon, John K. 285

Capa, Robert 120, 121

Carpentier, Marcel 253

Carter, Paul D. 201, 252

Castellano, Guiseppe 86, 89

Chavez, Linda 381

Churchill, Winston 11, 18, 22, 23, 26, 27, 28, 30, 33, 35, 36, 52, 58, 65, 66, 68, 77, 83, 86, 92, 117, 123, 124, 142, 147, 148, 149, 159, 173, 176, 179, 235, 250, 355, 356,

Ciano, Galeazzo 48

Clark, Mark W. 28, 85, 90, 91, 92, 96, 102, 107, 108, 110, 111, 114, 118, 120, 121, 122, 125, 126, 127, 132, 134, 148, 149, 159, 161, 164, 172, 173, 174, 175, 176, 178, 177, 179, 183, 185, 187, 189, 193, 194, 195, 200, 202, 203, 204, 213, 215, 216, 218, 223, 232, 233, 234, 239, 248, 250, 255, 260, 272, 278, 284, 287, 288, 301, 309, 315, 316, 322, 331, 332, 341, 343, 344, 346, 354, 355, 366, 400

Conrath, Paul 226

Cords, Walther 315

Corvin von, Lothar 171, 192, 248

Craig, John Glenn 335

Crandall, -- 165

Crasemann, Peter 385, 386

Creveld van, Martin 363, 388

Crüwell, Ludwig 145

Cunningham, Andrew 22, 29, 69, 78, 79, 147

D

Daiber, -- 237, 244, 256
D'Alquen, Gunter 326
Darby, William O. 274, 313
Darlan, Jean François 31, 35, 58
Dawley, Ernest J. 103, 176, 273
Denkinger (auch Denzinger geschrieben) -- 284, 315
Devers, Jacob L. 235, 262, 273, 289
Diamare, Abt, Gregorio 226, 228, 230, 241, 244, 246
Dimoline, Harry K. 223, 238, 242, 243, 317
Dinse, Otto 382, 383
Dobson, Jack 183
Doering von, Berndt 381
Dönitz, Karl 57, 64, 152
d'Onorio, Abt, Bernardo 228
Dostler, Anton 170, 360, 387
Drinkall, M.R. 294, 295
Duch, -- 339
Dyroff, Adam 204, 252

E

Eaker, Ira C. 235, 285, 289, 290
Eckel, Raimund 296, 317
Eden, Anthony 15
Egger, Reinhard K. 283
Eggers, Kurt 326
Eiben, Adolf 315
Eisenhower, Dwight D. 29, 32, 58, 70, 84, 85, 93, 94, 104, 114, 117, 134, 135, 148, 228, 229, 322, 350, 355, 404
Embick, Stanley D. 36
Ens, Karl 171, 177
Ertl, Hans 121
Evans, Bradford A. 239
Evelegh, V. 273
Evers, Wilhelm 371

F

Fanslau, Karol 338
Fernau, Joachim 121
Ferraro, Antonio Grazio 315
Feurstein, Valentin 321, 331, 332
Fitz, Erwin 347, 349
Fitz, Josef August 345, 347

Foltin, Ferdinand 284, 292, 297, 315, 402
Franco, Francisco 42, 47, 48, 50
Franek, Friedrich 208
Franke, - 294, 295, 305
Frazior, David M. 200, 201, 202
Fredendall, Lloyd R. 29
Freyberg, Bernard 93, 217, 223, 224, 226, 232, 233, 234, 235, 238, 239, 242, 243, 272, 286, 287, 288, 289, 291, 293, 294, 297, 302, 303, 304, 316, 317
Freytag von Loringhoven, Berndt 138
Fries, Walter 122, 230, 256, 280, 314, 349
Fries, Herbert 341
Fuchs, -- 377
Funke, Manfred 365

G

Galland, Adolf 82
Galloway, -- 297, 304
Gandoet, Paul 212, 215, 337
Gaulle de, Charles 31, 38, 127, 142, 333, 348
Gavin, James M. 81
Gellhorn, Martha 121, 240
Gentile, Carlo 384, 393
Gericke, Walther 171, 179, 187
Gerow, Leonard T. 36
Ghormley, Robert L. 36
Giordano, Luca 158, 236
Giraud, Henri 30 31, 127, 133, 142
Glennie, J. 242, 243
Gnatowski, -- 330
Gonzaga von, Fürst, Ferrante 136
Göring, Hermann 159
Graeser, Fritz-Hubert 182, 260, 265, 309
Graffen von, Karl 313
Graziani, Rodolfo 47, 105, 360
Gregorio, --, Pater 227
Greiffenberg von, Hans 43, 44
Greiner, Heinz 278
Gröschke, Kurt 295
Gruenther, Alfred M. 226, 233, 234, 256, 345, 407
Gührs, Erhard 382, 383
Guillaume, A. 333, 335
Gurbiel, Kazimeircz 339
Guzzoni, Alfredo 71, 72, 73

H

Haen, -- 274, 313

Halder, Franz 43, 47

Hammermann, Gabriele 365

Harding, John 233, 234, 358

Häring, -- 293, 295, 315

Härle, Josef 309, 313

Harmanson, Selsar R. 200

Hartmann, Otto 321, 324

Hauber, Friedrich 171, 187

Hauck, Friedrich-Wilhelm 118, 138, 341

Hauser, Wolf Rüdiger 187, 188

Hawkesworth, J.L.T. 194, 249

Hays, George P. 313

Hecker, -- 309

Heidrich, Richard 283, 284, 285, 294, 296, 297, 298, 304, 305, 306, 315, 328, 331, 339

Heilmann, Ludwig 283, 284, 285, 294, 304, 315

Heistermann von Ziehlberg, Gustav 138

Hellmann, Erich 315, 349

Hemingway, Ernest 240

Herold, Kurt 300

Herr, Traugott 116, 260

Hewitt, Henry Kent 29, 72

Hildebrand, Hans-Georg 309

Hitler, Adolf 26, 40, 42, 43, 44, 45, 46, 47, 48, 49, 52, 54, 57, 59, 61, 62, 76, 81, 101, 104, 110, 145, 146, 181, 263, 279, 282, 353, 370, 374, 376, 377, 395

Hoffman, Paul 245

Hopkins, Harry 28

Howard, Edwin 232

Hube, Valentin 75, 76, 107, 138, 403

Hull, Cordell 15, 36

Huston, John 121

I

Ismay, Hastings 36

J

Jahn, Kurt 313

Jamrowski, Siegfried 292, 301, 302, 305, 315, 316

Jodl, Alfred 41, 42, 46, 62, 89, 167, 181, 263

Juin, Alphonse 31, 93, 129, 131, 133, 142, 195, 205, 206, 211, 214, 216, 217, 225, 240, 250, 253, 288, 332, 333, 334, 336, 355, 401, 407

K

Kaifel, Oskar 240, 251, 257

Kammermann, -- 317

Kamptz von, Gerhard 77, 82

Keck, -- 340

Keightley, C.F. 297

Keitel, Wilhelm 64

Kesselring, Albert 52, 59, 71, 76, 78, 80, 89, 99, 100, 101, 110, 111, 112, 116, 138, 139, 144, 145, 146, 151, 156, 168, 169, 172, 175, 177, 178, 182, 184, 186, 187, 193, 227, 249, 252, 259, 260, 263, 273, 277, 278, 279, 282, 283, 318, 320, 324, 332, 335, 338, 339, 340, 341, 342, 343, 345, 350, 352, 353, 354, 358, 360, 361, 368, 369, 370, 371, 373, 376, 377, 388, 391, 395, 402

Keyes, Geoffrey 122, 194, 195, 197, 201, 219, 233, 249, 251, 332, 333

King, Ernest J. 28, 36, 67

Kinzelbach, Hans 214

Kippenberger, Howard 221, 224, 243, 245, 284

Kirby, Billy E. 202

Kleye, O. 171, 179, 183, 187, 266, 275

Klinkhammer, Lutz 365, 366, 389

Knöchlein, -- 260, 309

Knox, Frank 19, 20, 21, 36

Knuth, -- 218, 245

Kratzert, Rudolf 103, 219, 242, 285

Kühl, Claus 313

Kuhn, Joachim 138

Kühn, Walter 313

Kurek, -- 338

L

Langsdorff, Alexander 371

Laun, Otto 316

Laval, Pièrre 48

Laycock, Robert 135

Leccisotti Don, Tommaso 157, 161, 228

Leclerc, -- 349

Leese, Oliver 289, 327, 331, 332, 340, 344

Lemelsen, Joachim 118, 352

Lemnitzer, Lymann 221, 407

Liebenstein von, Gustav 77

Lingen von, Kerstin 365, 366, 384, 393

Loeben von, Kurt Christian 386

Lovett, O. 237, 242

Lowry, Frank J. 162

Lucas, John P. 103, 162, 165, 166, 173, 174, 175, 176, 177, 178, 179, 180, 197, 262, 271, 272, 273, 279, 310

Lucke von, Christian 138, 393

Lüddeke, -- 304

Lüttwitz von, Smilo 309, 408

M

Mack, Stephen B. 286

Mackensen von, Eberhard 139, 178, 184, 188, 259, 263, 271, 273, 279, 342, 345, 352, 387

Maglione, Kardinal 228

Mahan, Alfred Thayer 16

Majdalany, Fred 222, 301

Mälzer, Kurt 387

Manstein von, Erich 52, 53

Marcks, Erich 44

Marshall, George C. 20, 21, 28, 36, 65, 66, 67, 85, 93, 208, 355, 356

Martin, William H. 201, 202, 203, 252

Matronola Don, M. 237, 241, 244

Matthes, -- 335

Maul, Peter 293, 315

Mauldin, Bill 121

Mc Creery, Richard L. 130, 191, 194

Mc Nair, Lesley J. 93, 195, 249

Mc Narney, Joseph T. 36

Meitzel, H. 123

Mellenthin von, Friedrich Wilhelm 146

Messe, Giovanni 32, 33

Miller, Alvah 183

Moll, Josef 309

Molotow, Wjatscheslaw 27, 45, 46, 62

Montgomery, Bernard L. 30, 32, 58, 70, 79, 91, 109, 116, 119, 135, 400

Montsabert de, Goislard 211, 213, 214

Moorehead, Alan 121

Morgan, William D. 395

Moskopp, B. 292, 305, 315

Mountbatten, Louis 36

Munding, Elmar 226, 300

Murphy, Robert 30

Mussolini, Benito 40, 47, 48, 49, 57, 76, 81, 85, 87, 88, 104, 185, 282, 370

Mussolini, Vittorio 104

N

Nagel, Willi 321, 334, 335, 348

Nangle, G. 293, 295, 301

Nannen, Henri 121, 326

Neuhoff, Karl 292, 295, 316

Neumann, Horst 214, 254

Norstad, Lauris 407

O

O'Daniel, John W. 273

Ortner, -- 331, 332, 348

Oster, Achim 303, 318, 334

P

Pius XII., Papst 76, 337

Parkinson, G.B. 224, 295, 297

Patton jr., George S. 32, 70, 74, 79, 92, 93

Paul VI., Papst 156

Paulus, Friedrich 44, 55

Pavolini, Alessandro 104

Peiper, Joachim 382, 383, 393

Pelagalli Fra, Carlomanno 244, 300

Penney, W.R.C. 163, 179, 182, 183

Pertini, Sandro 358

Pétain, Henri Philippe 31, 47, 48, 58, 127

Pfeifer, Helmuth 178, 182, 260, 266, 309, 403

Philipp, Julian H. 202

Pino, da Vincenzo 137

Pittacio, Toni 240

Podewils von, Clemens 121

Pohl von, Erich 80, 169

Pöschl, Franz 142, 408

Portal, Charles 36

Pound, Dudley 36

Pyle, Ernie 119, 121, 141

Q

Quien, Heinz 257, 300, 315

R

Raapke, -- 334
Raeder, Erich 53
Rahn, Rudolf 52, 104
Ramsey, Bertrand 72
Reder, Walter 384, 385, 386, 393
Reischenbacher, Rudolf 292
Rennecke, Rudolf 297, 304, 315
Ressijac, Louis H. 201, 252
Ribbentrop von, Joachim 45
Richthofen von, Wolfram 72, 80
Rintelen von, Enno 48
Roatta, Mario 89
Rodt, Eberhard 197, 403
Rommel, Erwin 24, 27, 28, 29, 30, 32, 38, 52, 55, 56, 57, 58, 59, 60, 64, 88, 110, 139, 369
Roosevelt, Franklin D. 11, 15, 16, 18, 19, 20, 21, 22, 25, 26, 27, 28, 34, 35, 36, 65, 66, 123, 124, 125, 127, 142, 149, 355, 356, 375, 396, 404, 405
Roux, -- 211, 213, 214
Ruffin von, Franz 328, 330
Ryder, Charles W. 29, 208, 209, 210, 216, 217, 233, 234, 252

S

Sanctis de, G. 247
Schlegel, Julius 226, 227, 300, 390
Schlemm, Alfred 309
Schlemmer, -- 169, 171, 186
Schmalz, Wilhelm 80
Schmidt von Altenstadt, Johann 161, 324
Schmidt, Werner 231, 237 316
Schmidt, Oberst 268
Schmidt, Oberfeldwebel 330
Schmitz, Feldwebel 299, 300
Schnez, Albert 307, 318, 408
Schönfeld, Henning 171, 177, 266
Schönleben, -- 340
Schrank, Max-Günther 328
Schreiber, Gerhard 365, 366, 379, 381, 382, 383, 384, 385
Schulz, Karl-Lothar 172, 183, 218, 220, 242, 260, 283, 331, 332

Schuster, Heinz 292, 305, 316
Schweinitz von, Viktor 395
Senger und Etterlin von, Fridolin 71, 73, 90, 107, 122, 138, 142, 145, 146, 147, 159, 193, 197, 203, 213, 215, 216, 244, 246, 249, 292, 294, 296, 297, 304, 306, 321, 323, 367, 370, 401, 403
Senger und Etterlin von, Ferdinand Maria 159
Sevez, F. 333, 336
Sieckenius, Rudolf 403
Simon, Max 387, 393
Slessor, J.C. 36
Smith, E.D. 147, 148, 301, 367, 368
Smith, Walter Bedell 29
Sonnie, -- 301
Spellman Kardinal, Francis, Josef 246
Stahel, Rainer 72, 80
Stalin, Josef 44, 46, 53, 66, 125, 321, 405
Stark, Harold R. 19, 20, 21, 36
Staron, Joachim 365, 378, 386
Stauffenberg von, Claus 39
Steinhäuslin, -- 377
Steinhoff, Johannes 78, 82, 261, 370, 407
Steinmetz, -- 191, 249, 335
Stimson, Henry L. 20, 21, 22, 26, 36
Strahammer, Martin 308
Strauch, Joseph 386
Strom, Carl 200, 252
Strong, George V. 85
Suner, Serrano 47

T

Tedder, Arthur 70, 134, 135, 148
Terilli Don, -- 336
Tito, Josip 396
Tittman, Harold 228
Togliatti, Palmiro 357
Toussaint, Rudolf 104
Trettner, Heinrich 187, 309, 407
Troubridge, Thomas H. 29, 162
Truscott, Lucian K. 165, 179, 183, 273, 280, 310, 342, 343
Tuker, F.S. 223, 224, 225, 233

U

Urban V., Papst 158
Uslar von, Horst 341, 349

V

Valera de, Eamon 375
Veth, Kurt 338
Vietinghoff von, Heinrich 88, 94, 96, 97, 130, 139,
142, 187, 249, 324, 338
Voigt, -- 315
Völk, Monsignore H. 240, 257, 285, 316

W

Walker jr., Fred L. 198, 201, 203, 220, 249, 251
Walker, Frederick L. 197
Ward, -- 208
Warlimont, Walter 64, 77, 188, 263
Wavell, Archibald 23
Weichold, Eberhard 64
Weizsäcker von, Ernst 229, 244, 372
Wenner, Eugen 203, 252, 395
Werner, -- 203
Westphal, Siegfried 78, 89, 101, 138, 172, 186, 188,
279, 280, 282, 304, 324
Wikriwhi, Monty 245
Wilbur, William H. 200, 203
Wildt, Vizekonsul -- 377, 392
Wilson, Henry Maitland 79, 148, 235, 285, 288, 321,
322, 354, 355, 375, 391, 404
Wilson, Woodrow 16
Witthöft, Joachim 320
Wolff, Karl Gerhard 104, 370, 372, 377, 392, 395
Wolf, Konsul 377, 392
Woller, Hans 378
Wyatt, Aaron A. 200

Z

Zangen von, Gustav-Adolf 170, 282, 352, 360
Zapf, Albert 250
Ziegler, Peter 168
Zwickenpflug, Johann 339

1. Ungedruckte Quellen

1.1 Kriegstagebücher

BA-MA RH 19X/.... Aktenbestände des OB Südwest/HGr C, Kriegstagebücher mit Anlagebänden

BA-MA RH 20-10/54, 87, 99, 113, 126, Kriegstagebücher 10. dt. Armee im Zeitraum September 1943-Juli 1944 mit Anlagebänden

BA-MA RH 20-14/10, 24, 32, 41, Kriegstagebücher 14. dt. Armee im Zeitraum November 1943-September 1944 mit Anlagebänden

BA-MA RH 24-14/90, Kriegstagebuch Nr. 6 XIV. Pz Korps vom 1.1.44-30.6.44 mit Anlagebänden

BA-MA RH 24-76/9, Kriegstagebuch Nr. 2 LXXVI. Pz Korps vom 3.2.44-30.6.44 mit Anlagebänden

Im Anmerkungsapparat ist auf einzelne Dokumente aus den o.a. Akten verwiesen, ebenso auf Dokumente aus den Aktenbeständen des I. Fsch Korps und des LI. Geb Korps.

1.2 Studien für die Historical Division der US Army

ZA/1 2300 MS T-1a und ZA/1 2309 MS T-1b, Gesamtdarstellung des Italienfeldzuges durch eine Bearbeitergruppe, Siegfried Westphal und andere

ZA/1 86, Walter Fries, Einsatz der 29. Panzergrenadierdivision während des deutschen Gegenangriffs zur Bekämpfung des Landekopfes Anzio-Nettuno im Februar 1944

ZA/1 1321, Fridolin v. Senger und Etterlin, Der Kampf um Sizilien

ZA/1 2311, Walter Fries, Der Kampf um Sizilien

2. Gedruckte Quellen

Görlitz, Walter (Hrsg.), Paulus „Ich stehe hier auf Befehl!" (Aus dem Nachlass des Feldmarschalls), Frankfurt a.M. 1960

Halder, Franz, Kriegstagebuch. Tägliche Aufzeichnungen des Chefs des Generalstabes des Heeres 1939-1942, 3 Bände, Band II: „Von der geplanten Landung in England bis zum Beginn des Ostfeldzuges (1.7.1940-21.6.1941)", bearbeitet von Hans-Adolf Jacobsen, Hrsg. Arbeitskreis für Wehrforschung, Stuttgart 1963

Heiber, Helmut (Hrsg.), Hitlers Lagebesprechungen. Die Protokollfragmente seiner militärischen Konferenzen 1942-1945, Stuttgart 1962

Hubatsch, Walter (Hrsg.), Hitlers Weisungen für die Kriegsführung 1939-1945. Dokumente des Oberkommandos der Wehrmacht, Koblenz 1983

Jacobsen, Hans-Adolf (Hrsg.), 1939-1945. Der Zweite Weltkrieg in Chronik und Dokumenten, Darmstadt 1960

Schramm, Ernst Percy (Hrsg.), Kriegstagebuch des Oberkommandos der Wehrmacht/Wehrmachtführungsstab. Geführt von Helmuth Greiner und Percy Ernst Schramm, 8 Halbbände, I/I-IV/2, Nachdruck München 1982

3. Literatur

Adleman, R.H. und Walton, George Colonel, Rome Fell Today, Boston 1968

Agte, Patrick, Jochen Peiper. Commander Panzerregiment Leibstandarte, Winnipeg (Kanada) 1999

Alvensleben von, Udo, Lauter Abschiede. Tagebuch im Kriege, herausgegeben von Harald von Koenigswald, Frankfurt a.M.-Berlin 1971

Andrae, Friedrich, Auch gegen Frauen und Kinder. Der Krieg der deutschen Wehrmacht gegen die Zivilbevölkerung in Italien 1943-1945, München-Zürich 1995

Atkinson, Rick, The Day of Battle. The War in Sicily and Italy 1943-1944, New York 2007

Avagliano, Faustino (Hrsg.),Il Bombardamento di Montecassino. Diario di Guerra di E. Grossetti – M.Matronola con Altre Testimonianze e Documenti, Montecassino 1980

Battistelli, Pier Paolo, Formationsgeschichte und Stellenbesetzung der Streitkräfte der Italienischen Sozialistischen Republik (R.S.I.)1943-1945, in: Schmitz/Thies/Wegmann/Weng, Die Deutschen Divisionen 1939-1945, Band 1

Baum Walter und Weichold Eberhard, Der Krieg der „Achsenmächte" im Mittelmeerraum. Die „Strategie" der Diktatoren, Göttingen 1973

Bavendamm, Dirk, Roosevelts Krieg 1937-45, München-Berlin 1993

Beevor, Antony, Crete-The Battle and the Resistance, London 1992

Ben Arie, Katriel, Die Schlacht bei Monte Cassino 1944, Freiburg/Breisgau 1986

Berberich, Florian, Anzio-Nettuno, Abriegelung und offensive Abwehr einer Landung von See durch LXX-VI. Panzer-Korps und I. Fallschirmkorps von Januar bis März 1944; nicht abgeschlossenes Manuskript, Freiburg/Breisgau 1983

Beyer, F., u.a., Die 71. Infanterie-Division 1939-1945. Gefechts- und Erlebnisberichte (herausgegeben von einem Autorenkollektiv aus Angehörigen der Division), Eggolsheim 1973

Bishop, Leo V. und Fisher Frank J. (Hrsg.), The Fighting Forty-Fifth, the Combat Report of an Infantry Division, Baton Rouge 1946

Bliss, Heinz und Bosshammer, Bernd, Geschichte des Fallschirmjäger-Lehr-Regiments, Witzenhausen 1992

Block von, Eberhard, Zur Verantwortung des militärischen Führers, Anforderungen im Krieg und Frieden, in: Treue Kameraden 3/2010

Blumenson, Martin, Bloody River. The Real Tragedy of the Rapido, Boston 1970

Blumenson, Martin, Anzio: The Gamble that failed, New York 1991

Böhmler, Rudolf, Monte Cassino, Darmstadt 1955

Bond, Harold L., Return to Cassino. A memoir of the fight for Rome, New York 1964

Boulle, Georges, Le Corps Expéditionnaire Français en Italie 1943-44; 2 Bände, Paris 1971-1973

Brehde, Dietrich, Der Blaue Komet. Geschichte des IV. Bataillons des Luftlande-Sturmregiments, München 1986

Brill, Heinz, Bogeslaw von Bonin im Spannungsfeld zwischen Wiederbewaffnung-Westintegration-Wiedervereinigung, Baden-Baden 1987

Broder, Gerhard, Guerre mondiale contre moi 1938-1948: Weltkrieg gegen mich. Norwegen-Kreta-Rußland-Italien, Dornstadt/Ulm 2007

Bryant, Arthur, Kriegswende. 1939-1943, Düsseldorf 1957

Buchbender, Ortwin und Mrosik Julius, Die Vierte Waffe. Deutsche Kampfpropaganda gegen das Anders-Korps 1944/45, in: Deutsche Studien Vierteljahresheft der Ostakademie Lüneburg, Sonderheft 90 (1985) sowie Heft 94 (1986)

Buchner, Alex, Der deutsche Griechenlandfeldzug, Heidelberg 1957

Buckley, Christopher, The Road to Rome, London 1945

Busch, Erich, Die Fallschirmjäger-Chronik 1935-1945, Friedberg 1983

Butler, James Ramsay Montagu (Hrsg.), History of the Second World War, United Kingdom Military Series; Teil: Grand Strategy, Band II: J.R.M Butler, September 1939-June 1941, London 1957; Band III: J.M.A. Gwyer und J.R.M. Butler, June 1941-September 1942, London 1964; Band IV: Michael Howard, August 1942-September 1943, London 1972; Band V: John Ehrman, August 1943-September 1944, London 1956; Band VI: John Ehrman, October 1944-August 1945, London 1996. Teil: Campaigns, The Mediterranean and Middle East, Band IV: I.S.O. Playfair, The Destruction of the Axis Forces in Africa, London 1966; Band V: C.J.C. Molony, The Campaign in Sicily 1943 and the Campaign in Italy 3rd September 1943 to 31st March 1944, London 2004; Band VI (Teile 1-3), C.J.C. Molony und W.Jackson, Victory in the Mediterranean, London 2004

Canzani, Mario, Il Fronte di Cassino, Formia 2009

Capa, Robert, Das Gesicht des Krieges, Düsseldorf 1965

Carpentier, Marcel, Les Forces Alliées en Italie; la campagne d'Italie, Paris 1949

Chambe, René, La Bataillon du Belvédère, Paris 1953

Charmley, John, Churchill: The End of Glory. A Political Biography, London 1993

Charmley, John, Der Untergang des Britischen Empire. Roosevelt-Churchill und Amerikas Weg zu Weltmacht, Graz 2005

Christensen, Ben, The 1st Fallschirmjäger Division in World War II, Volume II: Years of Retreat, Atglen (PA), USA 2007

Churchill, Winston, The Second World War (6 Bände), Band 4: The Hinge of Fate, Band 5: Closing the Ring, London 1950-1955

Clark, Mark, Calculated Risk, New York 1950

Cousine, André, La participation française a la campagne d'Italie et au debarquement de Provence 1943-

1944; Bericht des Colloque International: Les Armées Françaises pendant la Seconde Guerre Mondiale 1939-1945, Paris 1986

Creveld van, Martin, Kampfkraft. Militärische Organisation und Leistung 1939-1945, Graz 2005

Creveld van, Martin, The Art of War. War and Military Thought, London 2000

Creveld van, Martin, Die Zukunft des Krieges, München 1991

Diedrich, Torsten, Paulus. Das Trauma von Stalingrad, Paderborn 2008

Dönitz, Karl, 10 Jahre und 20 Tage, München 1980

Dreessen, Carl, Die deutsche Flottenrüstung in der Zeit nach dem Vertrag von Versailles bis zum Beginn des Zweiten Weltkrieges…, Hamburg 2000

Dupuy, Trevor N., Der Genius des Krieges, Graz 2009

Eksteins, Modris, Rites of Spring, London 1998

Ellis, John, Cassino, the Hollow Victory. The Battle for Rome January-June1944, London 2003

Epiro d', Bruno, Linea Dora: La Battaglia di Esperia 15-16-17 Maggio 1944, Esperia 1994

Feldhahn, Karl, Ein Tagebuch aus Kriegszeiten, Genf 1959

Ferguson, Nigel, The Pity of War, London 1998

Ferraro, Antonio Grazio, Cassino dalle distruzione della guerra alla rinascita nella pace, Cassino 2007

Fischer, H.J., Der Sündenbock in der Festung Gaeta, in: Frankfurter Allgemeine Zeitung (FAZ) vom 14.01.1985

Flaiano, Ennio, Tempo di uccidere, Milano 1947

Fremeaux, Jacques, La participation des contingents d'Outre-Mer aux operations militaries (1943-1944); Bericht des Colloque International: Les Armées Françaises pendant la Seconde Guerre Mondiale 1939-1945, Paris 1986

Friedrich, Jörg, Das Gesetz des Krieges. Das deutsche Heer in Russland 1941 bis 1945. Der Prozess gegen das Oberkommando der Wehrmacht, München 1993

Fuller, J.F.C., The Second World War 1939-45. A Strategical and Tactical History, New York 1993

Funke, Manfred, Die deutsch-italienischen Beziehungen…, Kronberg 1978

Gaulle de, Charles, Kriegserinnerungen, Band 1: L'Appel 1940-1942; Band 2: L'Unité 1942-1944, Paris 1955 bzw. 1956

Gentile, Carlo, Politische Soldaten. Die 16. SS-Panzer-Grenadier-Division „Reichsführer-SS" in Italien 1944, in: Quellen und Forschungen aus italienischen Archiven und Bibliotheken (QFIAB), Heft 81 (2001)

Gentile, Carlo, Der Krieg gegen die Partisanen in Italien 1943-1945, Köln 1993

Golla, Karl-Heinz, Zwischen Reggio und Cassino, Bonn 2004

Golla, Karl-Heinz, Der Fall Griechenlands 1941, Hamburg 2007

Gorodetsky, Gabriel, Grand Delusion. Stalin and the German Invasion of Russia, New Haven-London 1999

Goutard, Adolphe, Le Corps Expéditionnaire Français dans la campagne d'Italie (1943-44), Paris 1947

Greenfield, Kent Roberts (Hrsg.), Command Decisions. Washington D.C. 1960
Louis Morton, Germany First: The Basic Concept of Allied Strategy in World War II; Leo J. Meyer, The Decision to invade North Africa (Torch); Richard M. Leighton, Overlord versus the Mediterranean at the Cairo-Tehran Conferences; Ralph S. Mavrogordato, Hitler's Decision on the Defense of Italy; Martin Blumenson, General Lucas at Anzio; Sidney T. Mathews, General Clark's Decision to drive on Rome; Maurice Matloff, The Anvil Decision: Crossroads of Strategy

Greiner, Heinz, Kampf um Rom-Inferno am Po. Der Weg der 362. Inf Div 1944/45, Neckargemünd 1968

Gruchmann, Lothar, Völkerrecht und Moral. Ein Beitrag zur amerikanischen Neutralitätspolitik 1939-1941, in: Vierteljahresheft für Zeitgeschichte (VfZG), Heft 4/1960, München

Gundelach, Karl, Die deutsche Luftwaffe im Mittelmeer 1940-1945, 2 Bände, Frankfurt a.M. 1981

Hammermann, Gabriele, Zwangsarbeit für die „Verbündeten". Die Arbeits- und Lebensbedingungen der italienischen Militärinternierten in Deutschland 1943-1945, Tübingen 2010

Hapgood David und Richardson David, Monte Cassino, Cambridge M.A. (USA) 2002

Hart, Liddell, Geschichte des Zweiten Weltkrieges, Wiesbaden o.J.

Hauck, Friedrich-W., Eine deutsche Division in Russland und Italien. 305.Infanteriedivision, Dorheim, 1979

Heuer, Gerd F., Die deutschen Generalfeldmarschälle und Großadmirale 1933-1945, Rastatt 1988

Hillgruber, Andreas, Hitlers Strategie, Politik und Kriegführung 1940-1941, Bonn 1993

Hinz, Thorsten, Viktoria kommt aus Übersee, in: Junge Freiheit, Ausgabe 14/07

421

Quellen und Literatur

Historical Division, Anzio Beachhead. Serie: American Forces in Action, Washington 1947
Hoffmann, Peter, Stauffenbergs Freund. Die tragische Geschichte des Widerstandskämpfers Joachim Kuhn, München 2007
Höhne, Heinz, Canaris. Patriot im Zwielicht, München 1976
Höhne, Heinz, Der Orden unter dem Totenkopf. Geschichte der SS, München o.J.
Howe, George F., The Battle History of the 1st Armored Division, Washington D.C. 1954
Hümmelchen, Gerhard, Die Kämpfe um Florenz im Sommer 1944, Bonn 1965
Irving, David, War between the Generals, New York 1981
Irving, David, Rommel. Eine Biographie, Hamburg 1978
Jadecola, Constantino, Vallerotonda 1943. La Strage dimenticata, Vallerotonda 2006
Jars, Robert, La Campagne d'Italie 1943-45, Paris 1954
Jodl, Luise, Jenseits des Endes, Wien 1976
Juin, Alphonse, Mémoires, Band 1: La Campagne d'Italie, Paris 1962
Katz, Robert, Rom 1943-1944. Besatzer, Befreier, Partisanen und der Papst, Essen 2006
Kesselring, Albert, Gedanken zum Zweiten Weltkrieg, Schnellbach 2000 (Nachdruck der Ausgabe von 1955)
Kesselring, Albert, Soldat bis zum letzten Tag, Schnellbach 2000 (Nachdruck der Ausgabe von 1953)
Kilian, Dieter E., Elite im Halbschatten, Generale und Admirale der Bundeswehr, Bielefeld/Bonn 2005
Klinkhammer, Lutz, Morgengrauen in der Toskana. Worin unterschied sich die Kriegführung der Wehrmacht in Italien von der im Osten? in: FAZ vom 22.04.1997
Klinkhammer, Lutz, Stragi Nazisti in Italia. La Guerra contro i civili, Rom 1997
Klinkhammer, Lutz, Die Abteilung „Kunstschutz", in: QFIAB, Band 72 (1992)
Klinkhammer, Lutz (Hrsg.), Die „Achse" im Krieg. Politik, Ideologie und Kriegführung 1939-1945, Paderborn 2010
Köhler, Hermann, Geschichte des Gebirgsjäger Regiments 100, München 1993
Kratzert, Rolf, Vom k.u.k. Offizier zum Ritterkreuzträger, o. Ortsangabe 1991
Krautkrämer, Elmar, Generalfeldmarschall Albert Kesselring, in: Gerd R. Ueberschär (Hrsg.), Hitlers militärische Elite, Darmstadt 1998
Krautkrämer, Elmar, General Giraud und Admiral Darlan in der Vorgeschichte der alliierten Landung in Nordafrika, in: VfZG Nr. 30 (1982), München
Kubin, Ernst, Raub oder Schutz? Der deutsche militärische Kunstschutz in Italien, Graz 1994
Kunz, Wolfgang, Der Fall Marzabotto – Analyse eines Kriegsverbrechens, in: Würzburger Wehrwissenschaftliche Abhandlungen, Würzburg 1967
Kurowski, Franz, Das Tor zur Festung Europa, Neckargemünd 1966
Laurie, Clayton D., Rapido River Disaster, in: World War II, Juli 1996
Leccisotti, Tommaso, Montecassino, Basel 1949
Lefèvre, Eric, Les panzers, Normandie 1944, o. Ortsangabe 1978
Lehmann, Rudolf, Die Leibstandarte, Band 3, Osnabrück 1982
Lemelsen, Joachim, 29. Division, Bad Nauheim 1980
Lewis, Samuel J., Albert Kesselring – Der Soldat als Manager, in: Ronald Smelser und Enrico Syring: Die Militärelite des Dritten Reiches, Berlin 1997
Lingen von, Kerstin, SS und Secret Service „Verschwörung des Schweigens":Die Akte Karl Wolff, Paderborn 2010
Lingen von, Kerstin, Kesselrings letzte Schlacht, Paderborn 2004
Linklater, Eric, The Campaign in Italy, London 1951
Magenheimer, Heinz, Die Militärstrategie Deutschlands 1940-1945.Führungsentscheidungen, Hintergründe, Alternativen, München 1997
Magenheimer, Heinz, Entscheidungskampf 1941. Sowjetische Kriegsvorbereitungen, Aufmarsch, Zusammenstoß, Bielefeld 2000
Magenheimer, Heinz, Kriegsziele und Strategien der großen Mächte 1939-1945, Bielefeld-Bonn 2006
Majdalany, Fred, Cassino. Portrait of a Battle, London 1957
Malaparte, Curzio, Die Haut, Karlsruhe 1950
Manitz, Hans Kurt u.a., Das Erinnerungsbuch der 94. Infanterie Division an die Kriegsjahre 1939-1945; Lieferung 4, Italien (herausgegeben von einem Autorenkollektiv aus Angehörigen der Division), Bergisch Gladbach o.J.

Manstein von, Erich, Verlorene Siege, Frankfurt a.M. 1964

Mascarenhas de Moraes, J.B., The Brazilian Expeditionary Force by its Commander, Rio de Janeiro 1965

Maser, Werner, Der Wortbruch. Hitler, Stalin und der Zweite Weltkrieg, München 1994

Maier-Welcker, Hans, Aufzeichnungen eines Generalstabsoffiziers 1939-1942, Freiburg/Breisgau 1982

Militärgeschichtliches Forschungsamt (MGFA), Das Deutsche Reich und der Zweite Weltkrieg. Band 1: Ursachen und Voraussetzungen der deutschen Kriegspolitik; Band 2: Errichtung der Hegemonie auf dem europäischen Kontinent; Band 3: Der Mittelmeerraum und Südosteuropa. Von der „non belligeranza" Italiens bis zum Kriegseintritt der Vereinigten Staaten; Band 4: Der Angriff auf die Sowjetunion; Band 5/1 und Band 5/2: Organisation und Mobilisierung des deutschen Machtbereiches 1939-1944/45; Band 6: Die Ausweitung zum Weltkrieg und der Wechsel der Initiative 1941-1943; Band 7: Das Deutsche Reich in der Defensive. Strategischer Luftkrieg in Europa, Krieg im Westen und in Ostasien 1943 bis 1944/45; Band 8: Die Ostfront 1943/44. Der Krieg im Osten und an den Nebenfronten; Band 9/1 und Band 9/2, Die deutsche Kriegsgesellschaft 1939 bis 1945, Stuttgart 1979-2007

Moravia, Alberto, Cesira, Gütersloh o.J.

Mordal, Jacques, Cassino, Paris 1952

Morrison, Samuel E., Sicily-Salerno-Anzio January 1943-June 1944, History of US Naval Operations in World War II, Band IX, Boston 1954

Müller, Christian, Oberst i.G. Stauffenberg. Eine Biographie, Düsseldorf 1971

Münch von, Ingo, Geschichte vor Gericht: Der Fall Engel, Hamburg 2004

Münch von, Ingo, „Frau komm!" Die Massenvergewaltigungen deutscher Frauen und Mädchen 1944/45, Graz 2009

Munding OSB, Emanuel Pater, Der Untergang von Montecassino, Beuron 1954

N.N., 88th Infantry Division and Combat Excellence, in: Military Review, Ausgabe Oktober 1987

Neulen, Hans Werner, Die Vergangenheit des Sandro Pertini, in: Criticon Nr. 93 (1986)

Nicolson, G.W.L., Official History of the Canadian Army in Second World War, Band 2: The Canadians in Italy 1943-1945, Ottawa 1957

Office of the Chief of Military History United States Army (OCMH), United States Army in World War II.
Teil: The War Department.
Mark Skinner Watson, Chief of Staff, Prewarplans and Preparations, Washington D.C. 1950; Maurice Matloff und Edwin M. Snell, Strategic Planning for Coalition Warfare 1941-1942, Washington D.C. 1953; Maurice Matloff, Strategic Planning for Coalition Warfare 1943-1944, Washington D.C. 1959; Richard M. Leighton und Robert W. Coakley, Global Logistics and Strategy 1941-1943, Washington D.C. 1955; Robert W. Coakley und Richard M. Leighton, Global Logistics and Strategy 1943-1945, Washington D.C. 1968
Teil: The Western Hemisphere.
Stetson Conn und Byron Fairchild, The Framework of Hemisphere Defense, Washington D.C. 1960
Teil: The Mediterranean Theater of Operations.
George F. Howe, Northwest Africa: Seizing the Initiative in the West, Washington D.C. 2002; Albert N. Garland und Howard McGaw Smyth, Sicily and the Surrender of Italy, Washington D.C. 1991; Martin Blumenson, Salerno to Cassino, Washington D.C. 1993; Ernest F. Fisher jr., Cassino to the Alps, Washington D.C. 1977
Teil: The European Theater of Operations.
Forest C. Pogue, The Supreme Command, Washington D.C. 1989; Gordon A. Harrison, Cross-Channel-Attack, Washington D.C. 1989
Teil: Special Studies.
Henry L. Coles und Albert K. Weinberg, Civil Affairs: Soldiers become Governors, Washington D.C. 1964; Marcel Vigneras, Rearming the French, Washington D.C. 1957

Oshausen, Klaus, Zwischenspiel auf dem Balkan. Die deutsche Politik gegenüber Jugoslawien und Griechenland von März bis Juli 1941, Stuttgart 1972

Origo, Iris, Toskanisches Tagebuch 1943/44. Kriegsjahre im Val d'Orcia, München 1991

Ose, Dieter, Entscheidung im Westen 1944. Der Oberbefehlshaber West und die Abwehr der alliierten Invasion, Stuttgart 1982

Otte, Alfred, Die weißen Spiegel. Vom Regiment zum Fallschirmpanzerkorps, Bad Nauheim 1982

Parker, Matthew, Monte Cassino, London 2003

Penacchi, Antonio, Canale Mussolini, München 2012

Petersen, Jens, Der Ort der Resistenza in Geschichte und Gegenwart Italiens, in: QFIAB, Heft 72 (1992)

Philipps, N.C., Official History of New Zealand in the Second World War 1939-1945, Band 1: Italian Campaign, The Sangro to Cassino, Wellington 1957

Piekalkiewicz, Ianusz, Die Schlacht von Monte Cassino, Bergisch Gladbach 1980

Poeppel Hans u.a. (Hrsg.), Die Soldaten der Wehrmacht, München 1998

Pöschl, Franz, Das Rätsel der Standhaftigkeit, in: Von der Verantwortung des Offiziers, Beiträge aus der evangelischen Militärseelsorge, Heft 30, Mai 1979

Post, Walter, Der Krieg in Italien 1943-1945, in: Deutsche Geschichte Nr. 3/2009

Post, Walter, (Herausgeber und Übersetzer), George Morgenstern, Pearl Harbor. Eine amerikanische Katastrophe, Gilching 2012

Pyle, Ernie, Brave Men, New York 1944

Ringel, Julius, Hurra, die Gams (Geschichte der 5. Geb Div), Graz/Göttingen 1956

Robichon, Jacques, Le Corps Expéditionnaire Français en Italie 1943-44, Paris 1981,

Rust, Albert Kurt, Der Weg der 15. Panzer Grenadier Division von Sizilien nach Wesermünde, Teil 1: Sizilien-Florenz 1943-1944, Berlin 1991

Schick, Manfred, Monte Cassino. Ein Rückblick nach 60 Jahren, Nürnberg 2004

Schickel, Alfred, Der Krieg – Die Wahrheit – Und der Papst, Ingolstadt o.J.

Schickel, Matthias, Wilsons Vision, Amerikas Mission, in: Die Zeit Nr. 51 vom 04.12.2006

Schimak Anton/Lamprecht Karl und Dettmer Friedrich, Die 44. Infanterie Division. Tagebuch der Hoch- und Deutschmeister, Wien 1969

Schmitz, Peter; Thies, Klaus-J.; Wegmann Günter und Zweng Christian, Die deutschen Divisionen 1939-1945: Heer, landgestützte Kriegsmarine, Luftwaffe, Waffen-SS. Band 1-4: Die Divisionen 1-25

Schöbener, Burkhard, Die amerikanische Besatzungspolitik und das Völkerrecht, Frankfurt a.M. 1991

Schreiber, Gerhard, Deutsche Kriegsverbrechen in Italien. Täter-Opfer-Strafverfolgung, München 1996

Schröder, Josef, Italiens Kriegsaustritt 1943. Die deutschen Gegenmaßnahmen im italienischen Raum: Fall „Alarich" und „Achse", Göttingen 1969

Schultze-Rhonhof, Gerd, 1939. Der Krieg, der viele Väter hatte. Der lange Anlauf zum Zweiten Weltkrieg, München 2003

Seidler, Franz W. und Zayas de, Alfred (Hrsg.), Kriegsverbrechen in Europa und im Nahen Osten im 20. Jahrhundert, Hamburg 2002

Seidler, Franz W., Die Militärgerichtsbarkeit der Deutschen Wehrmacht, München 1991

Senger und Etterlin von, Frido, Krieg in Europa, Köln-Berlin 1960

Senger und Etterlin von, Ferdinand Maria, Die deutschen Panzer 1926-1945, München 1968

Sheehan, F., Anzio: Epic of Bravery, New York 1994

Shils, Edward A. und Janowitz, Morris, Cohesion and Desintegration of the Wehrmacht in World War II, in: Public Opinion Quarterly 12 (1948)

Silvestri, Enio und Sottoriva, Pier Giacomo, The Beach Head (Angelita of Anzio), Anzio 1984

Smith, Lee Carraway (L.C.), A River swift and deadly. The 36th "Texas" Infantry Division at the Rapido River, Austin (Texas) 1989

Smith, E.D., The Battles for Cassino, Trowbridge (GB) 1989

Smith, E.D., Even the Brave falter, London 1978

Speer, Albert, Erinnerungen, Frankfurt a.M.-Berlin 1970

Staiger, Gerd, 26. Panzer-Division. Ihr Werden und Einsatz 1942-1945, Bad Nauheim 1957

Staiger, Jörg, Anzio-Nettuno. Eine Schlacht der Führungsfehler, Neckargemünd 1962

Stanton, W.I., Could WW 2 have ended in 1944: Was Anvil a big mistake? in: Army Quarterly and Defence Journal, Heft 122, Juli 1992

Staron, Joachim, Fosse Ardeatine und Marzabotto: Deutsche Kriegsverbrechen und Resistenza, Paderborn 2002

Steinhoff, Johannes, Die Straße von Messina. Tagebuch des Kommodore, Kulmbach 1969

Stimpel, Hans-Martin, Die Deutsche Fallschirmtruppe 1942-45, Einsätze auf den Kriegsschauplätzen im Süden, Hamburg 1998

Stinnett, Robert B., Pearl Harbor, Frankfurt a.M. 2003

Stolzenberg, Walter/Stecher Klaus und Bläsi Hubert, Bruchsal 1945. Ende und Anfang, Bruchsal 1971

Stoves, Rolf, Die Gepanzerten und Motorisierten Deutschen Großverbände (Divisionen und selbständige Brigaden) 1935-1945, Friedberg 1986

Straub, Eberhard, Die Stunde des enttäuschten Faschisten. Dino Grandi und der Sturz Mussolinis im Juli 1943, in: FAZ Nr. 194 vom 01.09.1984

Taggart, Donald E. (Hrsg.), History of the Third Infantry Division in World War II, Washington D.C. 1947

Taylor, Telford, Die Nürnberger Prozesse, Zürich 1951

Tessin, Georg, Verbände und Truppen der deutschen Wehrmacht und Waffen-SS im Zweiten Weltkrieg 1939-1945, 14 Bände, Osnabrück 1977-1980

Toland, John, Das Finale. Die letzten hundert Tage, München-Zürich 1968

Tompkins, Peter, Mord für Frankreich. Machtkampf um die Tricolore: Darlan, de Gaulle, Giraud, Eisenhower, Pétain, Churchill, Wien-München 1965

Tompkins, Peter, Verrat auf Italienisch. Italiens Austritt aus dem Zweiten Weltkrieg, Wien-München, 1965

Trevelyan, Raleigh, The Fortress. A diary of Anzio and after, London 1956

Ulrich, Hans Uwe, Konradin von Hohenstaufen. Die Tragödie von Neapel, München 2004

Veale, F.J.P., Verschleierte Kriegsverbrechen, Wiesbaden 1959

Velten, Wilhelm, Vom Kugelbaum zur Handgranate. Der Weg der 65. Infanterie-Division, Neckargemünd 1974

Warlimont, Walter, Im Hauptquartier der deutschen Wehrmacht 1939-1945. Grundlagen, Formen, Gestalten, Frankfurt a.M.-Bonn 1962

Werthen, Wolfgang, Geschichte der 16. Panzer-Division 1939-1945, Bad Nauheim 1958

Westphal, Siegfried, Heer in Fesseln. Aus den Papieren des Stabschefs von Rommel, Kesselring und Rundstedt, Bonn 1952 (2.durchgesehene Auflage)

Westphal, Siegfried, Erinnerungen, Mainz 1952

Wilhelmsmeyer, Helmut, Der Krieg in Italien 1943-1945, Graz-Stuttgart 1995

Woller, Hans, Abrechnung mit dem Faschismus in Italien 1943-1948, München 1996

Zayas de, Alfred M., Die Wehrmachtuntersuchungsstelle, München 1980

Zayas de, Alfred M., Die Rechtsprechung der Wehrmachtgerichtsbarkeit zum Schutze der Zivilbevölkerung in besetzten Gebieten 1939-1944, in: Humanitäres Völkerrecht, Heft 3, 1994

Zielmann, Rainer, Hitler. Selbstverständnis eines Revolutionärs, München 1990

4. Befragungen und Auskünfte

Mündliche Auskünfte (während eines Interviews) gaben: Dr. Fritz Bonnet (Ordonnanzoffizier im Stabe Ritter von Pohl), Herbert Fries (Soldat der FschPzJg Abt 1), Josef Härle (Soldat in der 16. SS-PzGren Div), Oskar Kaifel (Soldat in der PzJg Abt 33), Heinz Quien (Sanitäter in der FschSan Abt 1) und Monsignore H. Völk (Kompanieführer im FschJg Rgt 4). Telefonische Auskünfte erteilten Generalleutnant a.D. Franz Pöschl (Kommandeur des I./GebJg Rgt 100) und Brigadegeneral a.D. Udo Ritgen (kommandiert vor der Generalstabsausbildung in verschiedene Stäbe der HGr C). Schriftliche Auskünfte gaben Siegfried Bähr (Soldat im II./FschJg Rgt 3) und Christian von Lucke (Adjutant im Pz Rgt 2).

Bildnachweis und Dank

Bildnachweis

Die auf den Bildseiten wiedergegebenen Aufnahmen stammen zum größten Teil aus privaten Beständen oder aus dem privaten Archiv des Verfassers.

Der Abdruck des Fotomaterials aus den Bildarchiven des Imperial War Museums (IWM) London, des Gurkha Museums in Winchester/England und aus dem Bildarchiv der dpa (picture alliance) erfolgt mit deren Genehmigung. Entsprechende Nachweise sind vermerkt.

Weiteres Bildmaterial aus der privaten Fotosammlung von Sig. Antonio Velardo, aus dem Bildarchiv von Sig. Alberto Mangiante und aus dem Archiv des Museo dello sbarco in Anzio wird mit deren Erlaubnis wiedergegeben. Für die Wiedergabe der Kriegsbilder des Malers Herbert Agricola stand dem Verfasser die Sammlung im Bayerischen Armeemuseum zur Verfügung. Obergefreiter Agricola war als Kriegsberichterstatter (Zeichner) an den Fronten in Frankreich, Russland, Norwegen und Italien eingesetzt.

Für gewünschte Auskünfte steht der Verfasser jederzeit zur Verfügung.

Dank

Das Entstehen dieses Buches wurde auf vielfältige Weise von einer großen Anzahl von Personen unterstützt. Im Rahmen einer nicht vollständigen Aufzählung sollen besonders genannt werden: Generalmajor a.D. Georg Bernhardt, Manfred Dumann, Oberst Prof. Erwin Fitz, Dr. Klaus Goebel, Wilfried Härle, Klaus Hartenstein, Dr. Dieter von Kamptz, Dr. Manfred Kehrig, Wolf Kittel, Gerhart Klamert, Familie Dr. Ansgar Lerch, Michele Di Lonardo, Friedrich Wilhelm von Massenbach, Gabriel Mauthe, Marita Moggert, Dr. Walter Post, Familie Hubert Scheuermann, Martin Stehböck, Dr. Ute Steinhauer, Dr. Caterina Tarantino, Familie Paolo Tarantino, Rainer Thesen, Brigadegeneral a.D. Hasso von Uslar, Antonio Velardo, Lt Col (ret.) Michael Young

Dem ehem. Direktor des Bayerischen Armeemuseum, Dr. Ernst Aichner, wird besonders für die Überlassung der Bilder von H. Agricola zur Reproduktion gedankt. Die an anderer Stelle namentlich genannten Interviewpartner stellten sich bereitwillig mit ihren Auskünften zur Verfügung. Die Lagekarten wurden in zeitaufwendiger, sorgfältiger Arbeit durch Bruno Klöckner erstellt.

Während der Herstellung des Manuskripts habe ich von vielen Menschen, die von meiner Arbeit wussten, Zuspruch, Ermunterung und moralische Unterstützung erfahren. Dies war ein Ansporn zum Weitermachen, gerade, wenn ein „toter Punkt" erreicht war oder wenn die Sinnfrage aufkam, was mit einem Buch dieser Art in der heutigen Zeit noch bewirkt werden könnte. Dafür ist zu danken und zu hoffen, dass diese Personen nun mit dem Endergebnis zufrieden sein können.

Stärke der Kriegsflotten nach Tonnage-Zahl
Unterschieden nach Kriegskoalitionen; Stand September 1939

Alliierte		
GB	1.371.000	(1) [1]
USA	1.264.000	(2)
FR	533.000	(4) [2]
SU	250.000	(6) [3]

Achsenmächte		
DR	240.000	(7)
IT	490.000	(5)
JAP	940.000	(3)

1) Zahl in ( ) = Reihenfolge der Staaten nach Tonnagezahl (= ca. Zahlen)
2) Bis Juni 1940
3) Ab Juni 1941

Quelle: Carl Dreesen, „Die deutsche Flottenrüstung", S. 144

427

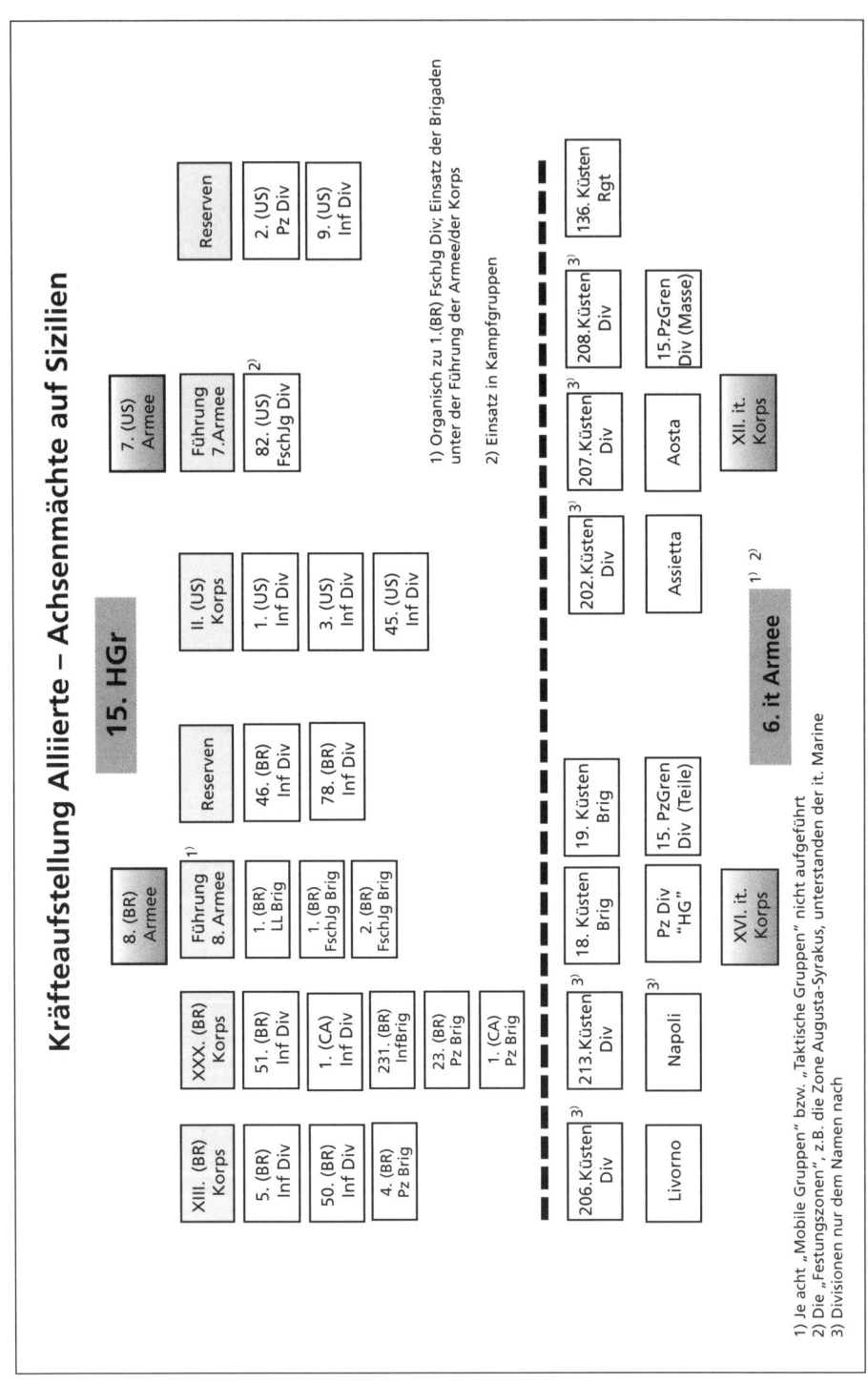

Kräfteaufstellung Alliierte – Achsenmächte auf Sizilien

15. HGr

8. (BR) Armee

XIII. (BR) Korps
5. (BR) Inf Div
50. (BR) Inf Div
4. (BR) Pz Brig

XXX. (BR) Korps
51. (BR) Inf Div
1. (CA) Inf Div
231. (BR) InfBrig
23. (BR) Pz Brig
1. (CA) Pz Brig

Führung 8. Armee [1]
1. (BR) LL.Brig
1. (BR) FschJg Brig
2. (BR) FschJg Brig

Reserven
46. (BR) Inf Div
78. (BR) Inf Div

7. (US) Armee

Reserven
2. (US) Pz Div
9. (US) Inf Div

Führung 7.Armee
82. (US) [2] FschJg Div

II. (US) Korps
1. (US) Inf Div
3. (US) Inf Div
45. (US) Inf Div

1) Organisch zu 1.(BR) FschJg Div; Einsatz der Brigaden unter der Führung der Armee/der Korps

2) Einsatz in Kampfgruppen

6. it Armee [1] [2]

XVI. it. Korps
206.Küsten [3] Div
Livorno
213.Küsten [3] Div
Napoli [3]
18. Küsten Brig
19. Küsten Brig
Pz Div „HG"
15. PzGren Div (Teile)

XII. it. Korps
202.Küsten [3] Div
Assietta
207.Küsten [3] Div
Aosta
208.Küsten [3] Div
15.PzGren Div (Masse)
136. Küsten Rgt

1) Je acht „Mobile Gruppen" bzw. „Taktische Gruppen" nicht aufgeführt
2) Die „Festungszonen", z.B. die Zone Augusta-Syrakus, unterstanden der it. Marine
3) Divisionen nur dem Namen nach

428

Alliierte Seestreitkräfte Operation „Husky"

Schiffstypen	BR	US	Andere Nationen
Schlachtschiffe	6	---	---
Flugzeugträger	2	---	---
Kreuzer	10	5	---
Flugabwehr-Kreuzer	3	---	---
Andere Flugabwehrschiffe	1	---	---
Fliegerleitschiffe	2	---	---
Monitore	3	---	---
Kanonenboote	3	---	2 (NL)
Minenleger	1	3	---
Führungsschiffe	5	4	---
Zerstörer	71	48	6 (GR), 3 (POL)
Eskort- und Begleitschiffe (wie Fregatten oder Korvetten)	35	--	1 (GR)
Minenräumer	34	8	---
Landungsschiffe	8	---	---
Große Landungsboote	319	190	---
Kleine Landungsboote	715	510	---
Küstenlandungsboote	160	83	---
U-Boote	23	---	1 (NL), 2 (POL)
Verschiedene Schiffe/Boote	58	28	---
Transportschiffe/Frachter	155	86	7 (NL), 4 (POL) 1 (BE), 4 (NOR)
Gesamt	1.614	943	31

= 2.590

Quelle: Molony, Band V, „The Campaign in Sicily 1943", S. 30

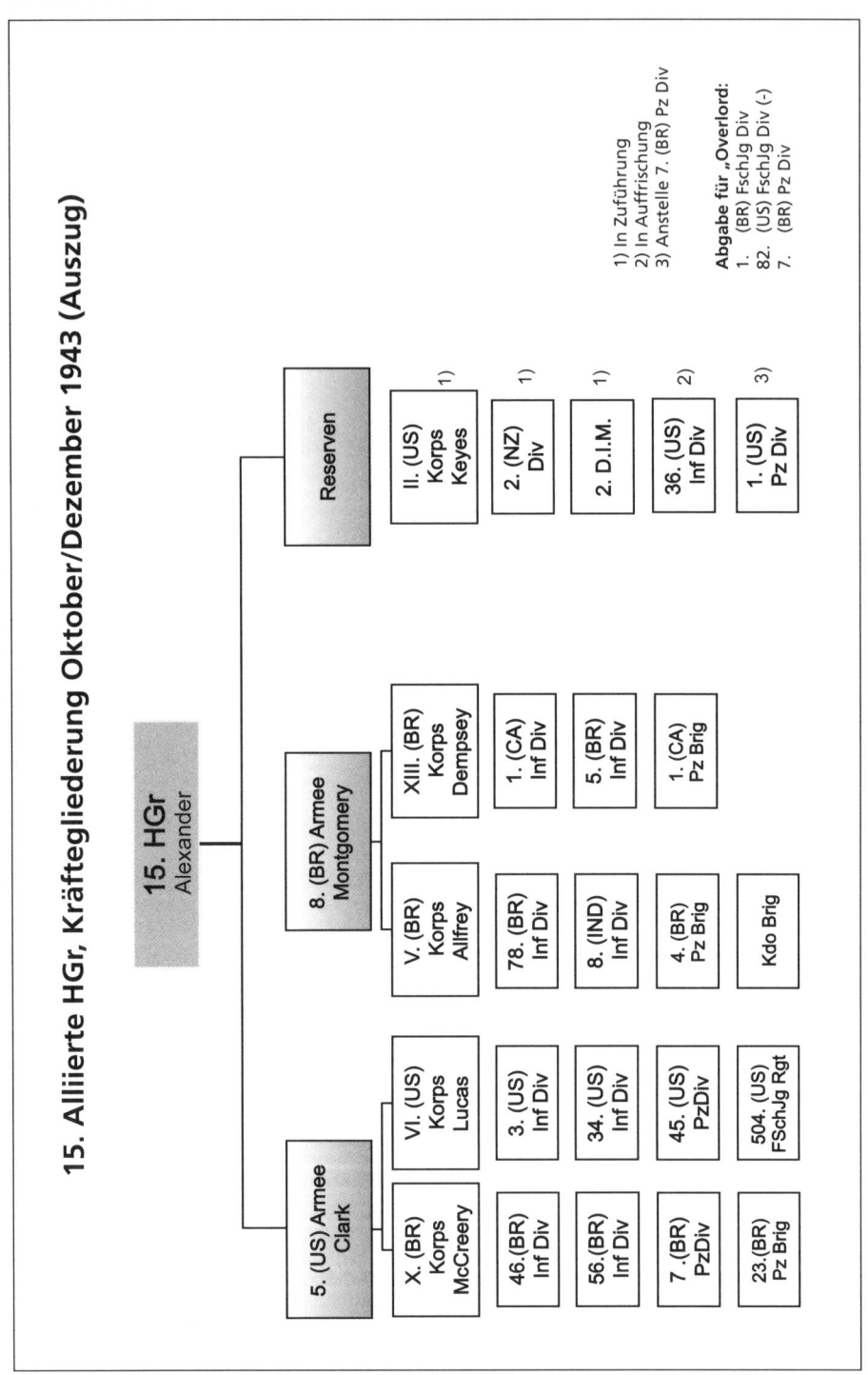

15. Alliierte HGr, Kräftegliederung Oktober/Dezember 1943 (Auszug)

15. HGr
Alexander

5. (US) Armee
Clark

X. (BR) Korps McCreery	VI. (US) Korps Lucas
46.(BR) Inf Div	3. (US) Inf Div
56.(BR) Inf Div	34. (US) Inf Div
7 .(BR) PzDiv	45. (US) PzDiv
23.(BR) Pz Brig	504. (US) FSchJg Rgt

8. (BR) Armee
Montgomery

V. (BR) Korps Allfrey	XIII. (BR) Korps Dempsey
78. (BR) Inf Div	1. (CA) Inf Div
8. (IND) Inf Div	5. (BR) Inf Div
4. (BR) Pz Brig	1. (CA) Pz Brig
Kdo Brig	

Reserven

II. (US) Korps Keyes ⁱ⁾

2. (NZ) Div ¹⁾

2. D.I.M. ¹⁾

36. (US) Inf Div ²⁾

1. (US) Pz Div ³⁾

1) In Zuführung
2) In Auffrischung
3) Anstelle 7. (BR) Pz Div

Abgabe für „Overlord":
1. (BR) FschJg Div
82. (US) FschJg Div (-)
7. (BR) Pz Div

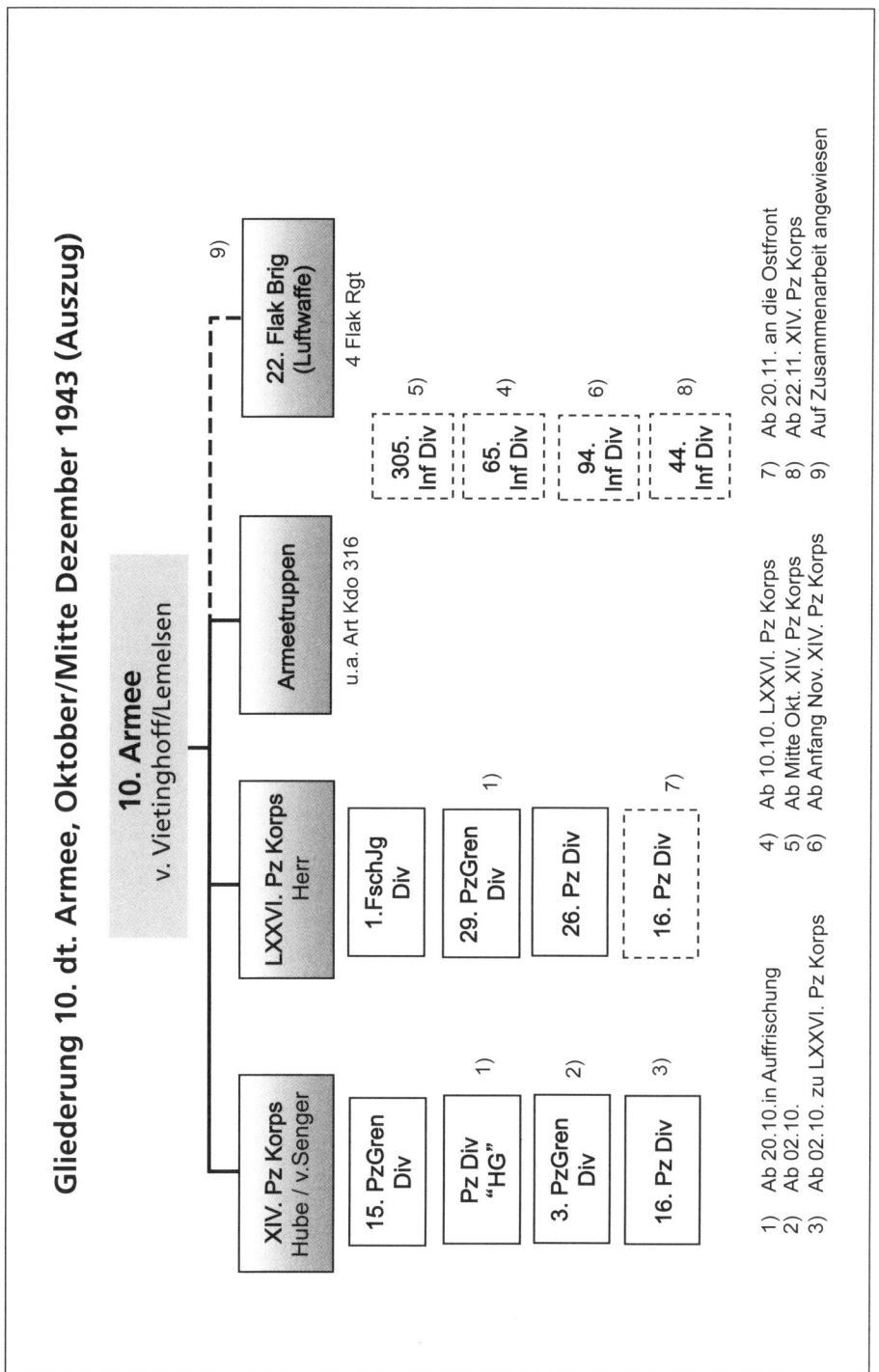

Gliederung 10. dt. Armee, Oktober/Mitte Dezember 1943 (Auszug)

10. Armee
v. Vietinghoff/Lemelsen

XIV. Pz Korps
Hube / v.Senger

15. PzGren Div

Pz Div "HG" 1)

3. PzGren Div 2)

16. Pz Div 3)

LXXVI. Pz Korps
Herr

1.FschJg Div

29. PzGren Div 1)

26. Pz Div

16. Pz Div 7)

Armeetruppen

u.a. Art Kdo 316

22. Flak Brig (Luftwaffe) 9)

4 Flak Rgt

305. Inf Div 5)

65. Inf Div 4)

94. Inf Div 6)

44. Inf Div 8)

1) Ab 20.10.in Auffrischung
2) Ab 02.10.
3) Ab 02.10. zu LXXVI. Pz Korps

1) Ab 20.10. in Auffrischung
2) Ab 02.10.
3) Ab Anfang Nov. XIV. Pz Korps

4) Ab 10.10. LXXVI. Pz Korps
5) Ab Mitte Okt. XIV. Pz Korps
6) Ab Anfang Nov. XIV. Pz Korps

7) Ab 20.11. an die Ostfront
8) Ab 22.11. XIV. Pz Korps
9) Auf Zusammenarbeit angewiesen

431

Typen-Aufstellung Landungsschiffe/Landungsboote

Bezeichnung	Abkürzung	Bezeichnung in Deutsch	Maße	Ladung	Höchstgeschwindigkeit	Anmerkungen
Landing ship infantry (large)	L.S.I. (L)	Landungsschiff Infanterie (groß)	----	zum Transport von L.C.A. und L.C.P.	----	umgebaute Frachter
Landing ship infantry (small)	L.S.I. (S)	Landungsschiff (klein)	----	----	----	im Frieden u.a. im Fährbetrieb über den brit. Kanal
Landing ship tank	L.S.T.	Landungsschiff Panzer	----	bis zu 2.150 t	10 Knoten	bis zu 50 Fahrzeugen; alternativ: 22 Panzer, 20 Fahrzeuge
Landing-craft assault [1]	L.C.A.	Sturmlandungsboot	12 ½ m	13 ½ t oder 35 voll ausgerüstete Soldaten	8 ½ Knoten	----
Landing-craft personnel (large)	L.C.P. (L)	Landungsboot (groß)	----	9 t oder 25 voll ausgerüstete Soldaten	10 ½ Knoten	----
Landing-craft tank (4)	L.C.T. (4)	Landungsboot Panzer (Typ 4)	knapp 60 m	bis zu 350 t	10 Knoten	300 t Ladung; 10 Fahrzeuge oder 6 Panzer
Landing-craft infantry (large)	L.C.I. (L)	Landungsboot Infanterie (groß)	etwa 48 m	250 t; bis zu 250 voll ausgerüstete Soldaten	14 Knoten	200 Mann unter Deck und 50 Mann an Oberdeck
Landing-craft Gun (large)	L.C.G. (L)	Landungsboot Kanone (groß)	knapp 60 m; 515 t	----	10 ½ Knoten	2 mal 11,9cm Kanone; 2-4 Oerlikon Flak-Geschütze
DUKW [2]	----	Amphibienfahrzeug 2 ½ t	----	3 ½ t oder 25 voll ausgerüstete Soldaten	im Wasser: knapp 11km/h an Land max: 80 km/h	----

Quelle: Leighton/Coakley, „Global Logistics and Strategy 1940-1943". Anhang A-7. Molony, Band V, Anhang 3.
1) Craft = u.a. Sammelbegriff für Schiffe und Boote. Wegen ihrer Größe/Tragkraft waren die „crafts" deutlich kleiner als die angegebenen „ships". Deswegen wurden die angeführten Typen durchgängig in der Übersetzung mit „Boot" bezeichnet.
2) Die Bezeichnung (Abkürzung) für das Fahrzeug ist von der Abkürzung des Firmennamens abgeleitet. Dieser wurde nicht übersetzt.

HGr C Kräftegliederung Mitte Januar 1944 (Auszug)

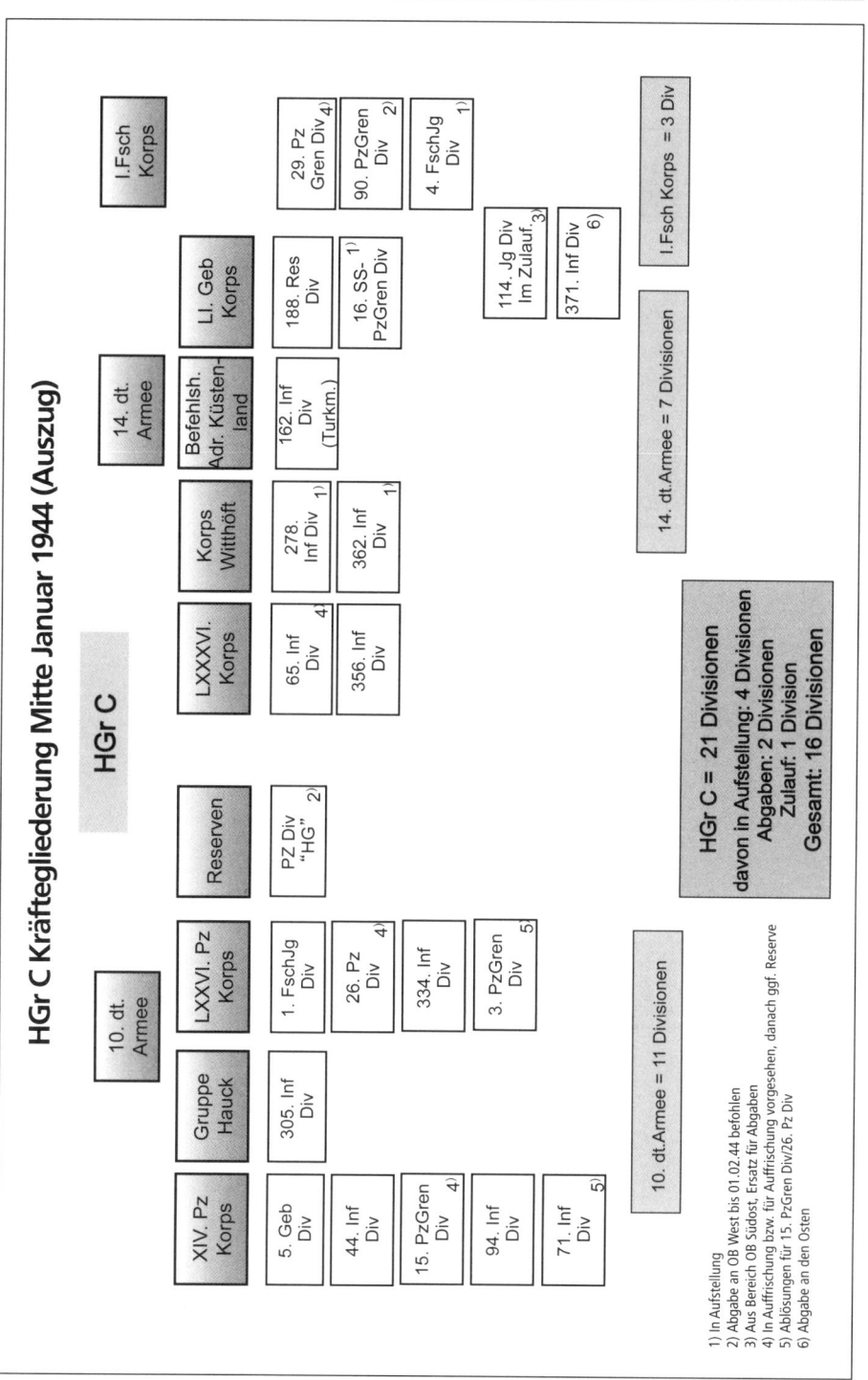

HGr C

10. dt. Armee

XIV. Pz Korps	Gruppe Hauck	LXXVI. Pz Korps	Reserven
5. Geb Div	305. Inf Div	1. FschJg Div	PZ Div "HG" 2)
44. Inf Div		26. Pz Div 4)	
15. PzGren Div 4)		334. Inf Div	
94. Inf Div		3. PzGren Div 5)	
71. Inf Div 5)			

10. dt. Armee = 11 Divisionen

14. dt. Armee

LXXXVI. Korps	Korps Witthöft	Befehlsh. Adr. Küsten-land	LI. Geb Korps
65. Inf Div 4)	278. Inf Div 1)	162. Inf Div (Turkm.)	188. Res Div
356. Inf Div	362. Inf Div 1)		16. SS- PzGren Div 1)

114. Jg Div Im Zulauf 3)

371. Inf Div 6)

14. dt.Armee = 7 Divisionen

I.Fsch Korps

| 29. Pz Gren Div 4) |
| 90. PzGren Div 2) |
| 4. FschJg Div 1) |

I.Fsch Korps = 3 Div

HGr C = 21 Divisionen
davon in Aufstellung: 4 Divisionen
Abgaben: 2 Divisionen
Zulauf: 1 Division
Gesamt: 16 Divisionen

1) In Aufstellung
2) Abgabe an OB West bis 01.02.44 befohlen
3) Aus Bereich OB Südost, Ersatz für Abgaben
4) In Auffrischung bzw. für Auffrischung vorgesehen, danach ggf. Reserve
5) Ablösungen für 15. PzGren Div/26. Pz Div
6) Abgabe an den Osten

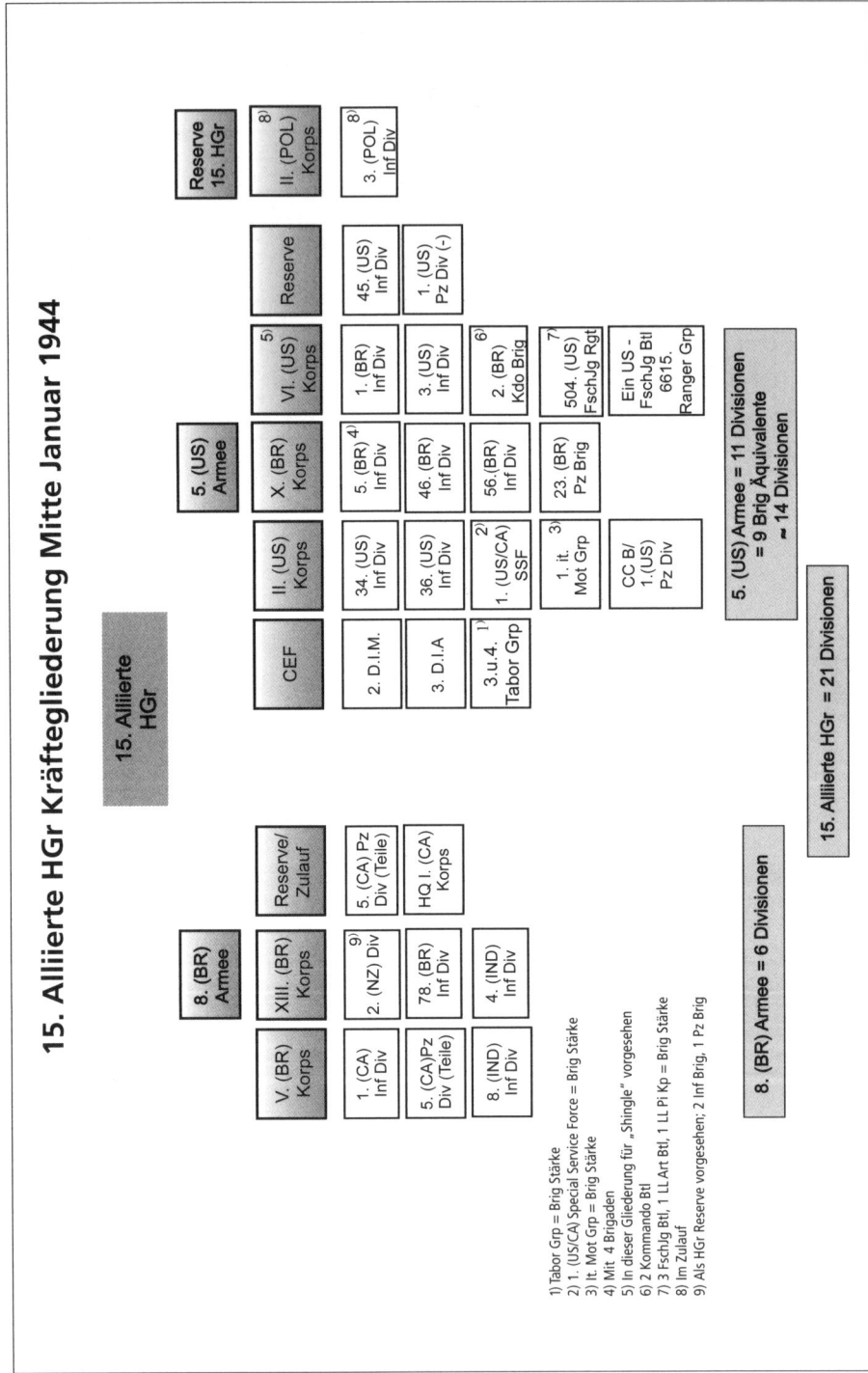

Gliederung 5. (US) Armee, Januar 1944 (Auszug)

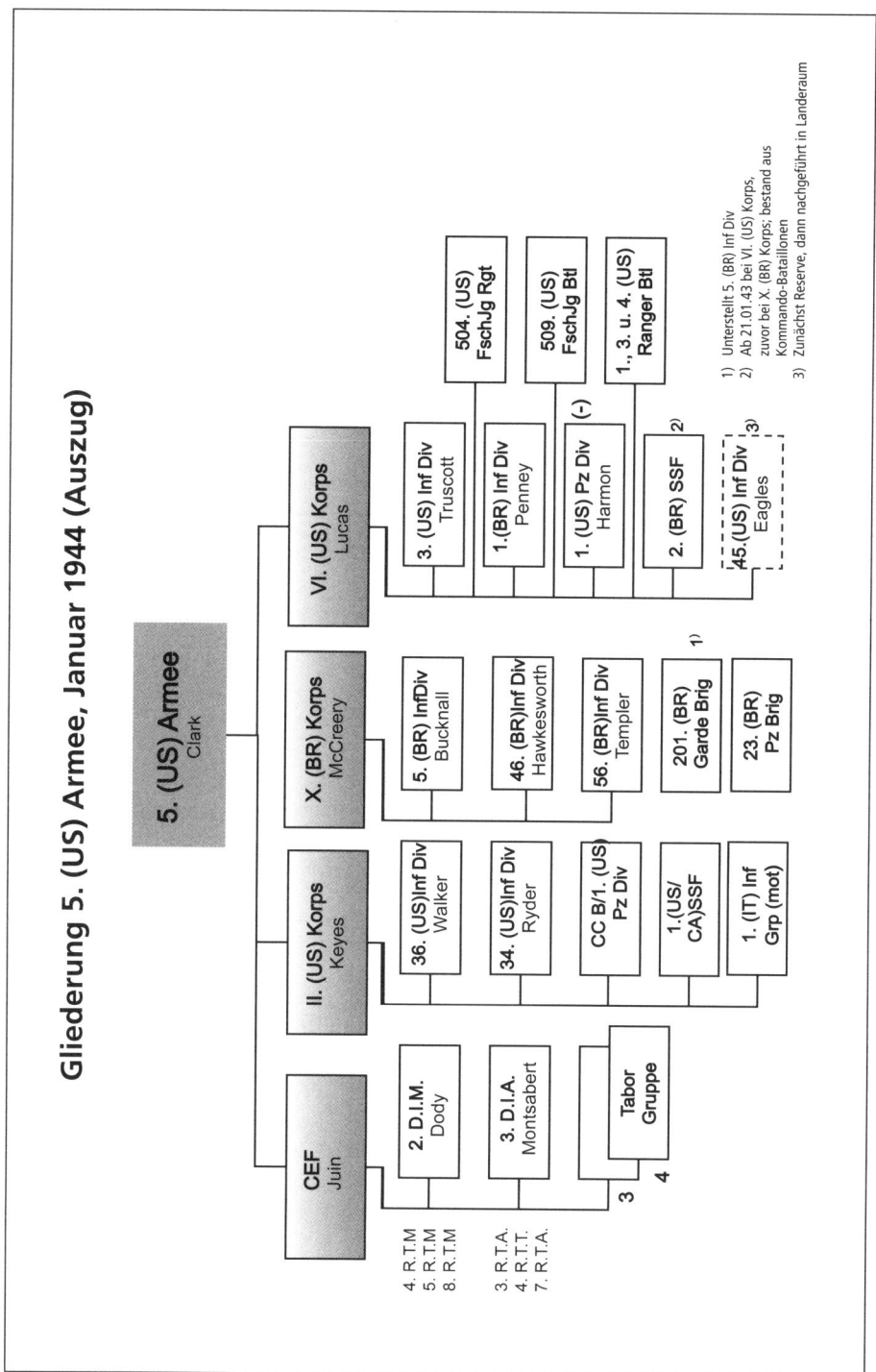

5. (US) Armee
Clark

CEF
Juin

- 2. D.I.M. Dody
- 3. D.I.A. Montsabert
- Tabor Gruppe

4. R.T.M
5. R.T.M
8. R.T.M

3. R.T.A.
4. R.T.T.
7. R.T.A.

3

4

II. (US) Korps
Keyes

- 36. (US)Inf Div Walker
- 34. (US)Inf Div Ryder
- CC B/1. (US) Pz Div
- 1. (US/CA)SSF
- 1. (IT) Inf Grp (mot)

X. (BR) Korps
McCreery

- 5. (BR) InfDiv Bucknall
- 46. (BR)Inf Div Hawkesworth
- 56. (BR)Inf Div Templer
- 201. (BR) Garde Brig
- 23. (BR) Pz Brig

1)

VI. (US) Korps
Lucas

- 3. (US) Inf Div Truscott
- 1.(BR) Inf Div Penney
- 1. (US) Pz Div Harmon (-)
- 2. (BR) SSF 2)
- 45.(US) Inf Div Eagles 3)

- 504. (US) Fsch.Jg Rgt
- 509. (US) Fsch.Jg Btl
- 1., 3. u. 4. (US) Ranger Btl

1) Unterstellt 5. (BR) Inf Div
2) Ab 21.01.43 bei VI. (US) Korps, zuvor bei X. (BR) Korps; bestand aus Kommando-Bataillonen
3) Zunächst Reserve, dann nachgeführt in Landeraum

435

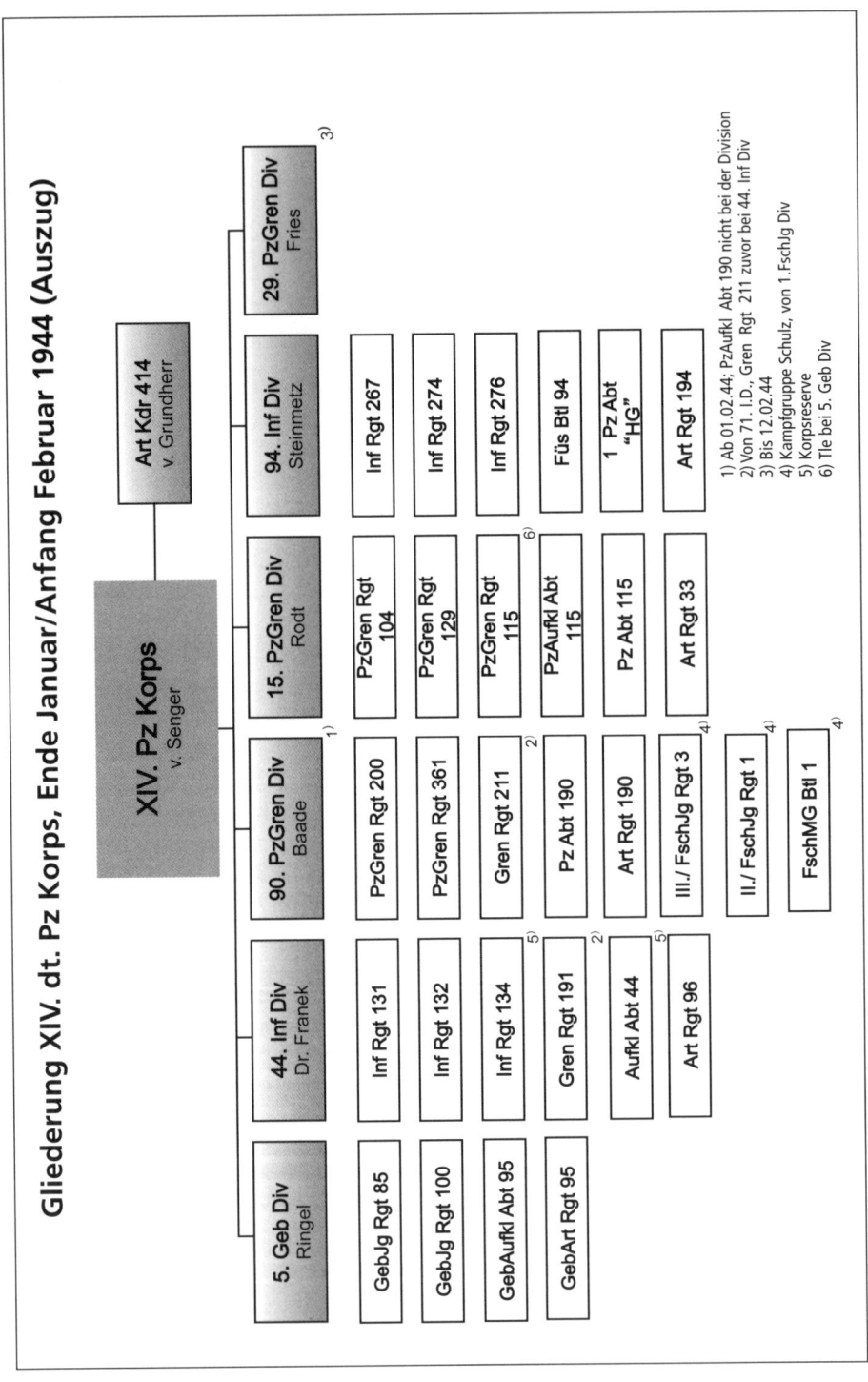

Gliederung XIV. dt. Pz Korps, Ende Januar/Anfang Februar 1944 (Auszug)

XIV. Pz Korps v. Senger

Art Kdr 414 v. Grundherr

5. Geb Div Ringel
- GebJg Rgt 85
- GebJg Rgt 100
- GebAufkl Abt 95
- GebArt Rgt 95

44. Inf Div Dr. Franek
- Inf Rgt 131
- Inf Rgt 132
- Inf Rgt 134 [5)]
- Gren Rgt 191 [2)]
- Aufkl Abt 44
- Art Rgt 96 [5)]

90. PzGren Div Baade [1)]
- PzGren Rgt 200
- PzGren Rgt 361
- Gren Rgt 211 [2)]
- Pz Abt 190
- Art Rgt 190
- III./ FschJg Rgt 3
- II./ FschJg Rgt 1 [4)]
- FschMG Btl 1 [4)]

15. PzGren Div Rodt
- PzGren Rgt 104
- PzGren Rgt 129
- PzGren Rgt 115
- PzAufkl Abt 115 [6)]
- Pz Abt 115
- Art Rgt 33

94. Inf Div Steinmetz
- Inf Rgt 267
- Inf Rgt 274
- Inf Rgt 276
- Füs Btl 94
- 1 Pz Abt "HG" [4)]
- Art Rgt 194

29. PzGren Div Fries [3)]

1) Ab 01.02.44; PzAufkl Abt 190 nicht bei der Division
2) Von 71. I.D., Gren Rgt 211 zuvor bei 44. Inf Div
3) Bis 12.02.44
4) Kampfgruppe Schulz, von 1.Fschlg Div
5) Korpsreserve
6) Tle bei 5. Geb Div

Gliederung VI. (US) Korps vom 22. Januar bis Mitte Februar 1944 (Auszug)

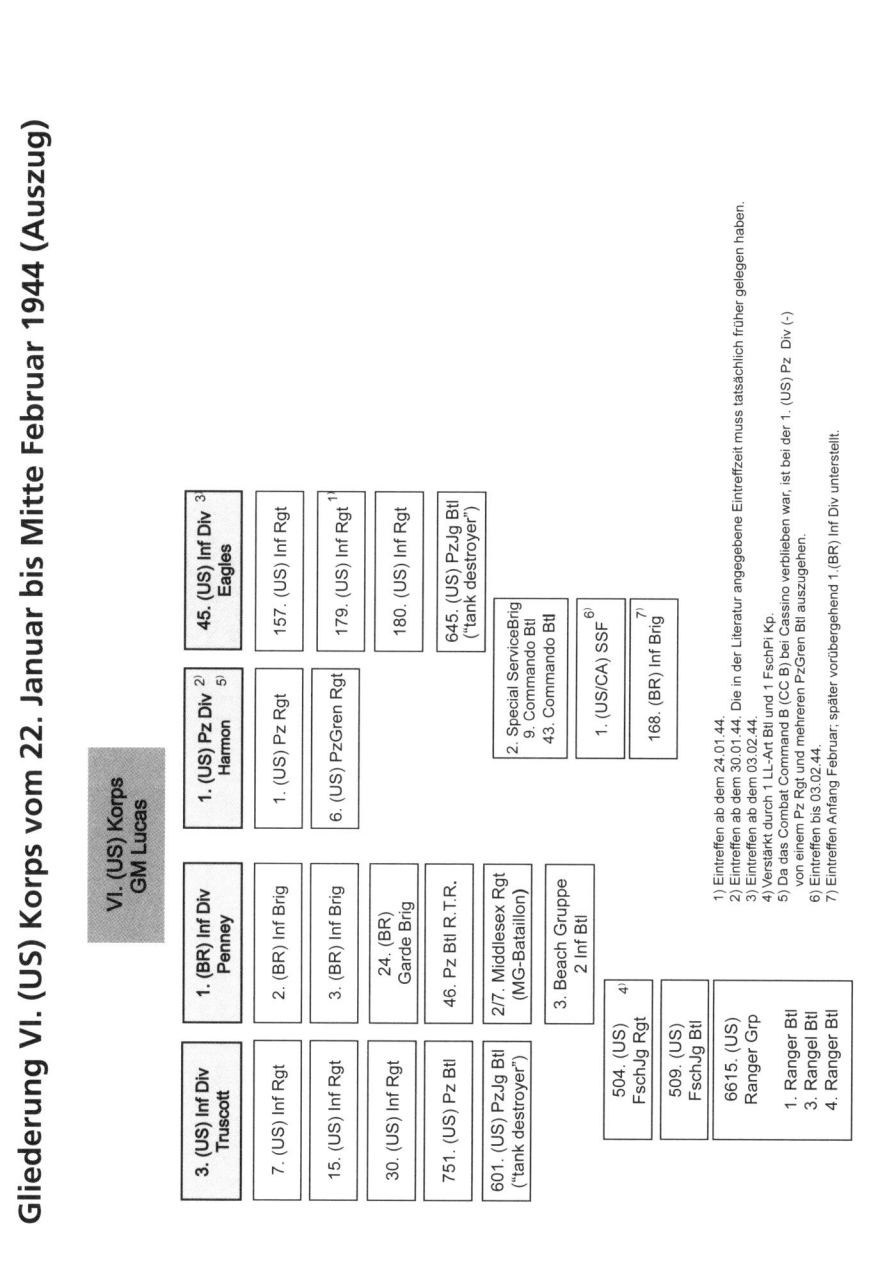

VI. (US) Korps
GM Lucas

3. (US) Inf Div Truscott	1. (BR) Inf Div Penney	1. (US) Pz Div [2)] [5)] Harmon	45. (US) Inf Div [3] Eagles
7. (US) Inf Rgt	2. (BR) Inf Brig	1. (US) Pz Rgt	157. (US) Inf Rgt
15. (US) Inf Rgt	3. (BR) Inf Brig	6. (US) PzGren Rgt	179. (US) Inf Rgt [1)]
30. (US) Inf Rgt	24. (BR) Garde Brig		180. (US) Inf Rgt
751. (US) Pz Btl	46. Pz Btl R.T.R.		645. (US) PzJg Btl ("tank destroyer")
601. (US) PzJg Btl ("tank destroyer")	2./7. Middlesex Rgt (MG-Bataillon)	2. Special ServiceBrig 9. Commando Btl 43. Commando Btl	
	3. Beach Gruppe 2 Inf Btl	1. (US/CA) SSF [6)]	
504. (US) FschJg Rgt [4)]		168. (BR) Inf Brig [7)]	
509. (US) FschJg Btl			
6615. (US) Ranger Grp			
1. Ranger Btl 3. Rangel Btl 4. Ranger Btl			

1) Eintreffen ab dem 24.01.44.
2) Eintreffen ab dem 30.01.44. Die in der Literatur angegebene Eintreffzeit muss tatsächlich früher gelegen haben.
3) Eintreffen ab dem 03.02.44.
4) Verstärkt durch 1 LL-Art Btl und 1 FschPi Kp.
5) Da das Combat Command B (CC B) bei Cassino verblieben war, ist bei der 1. (US) Pz Div (-)
   von einem Pz Rgt und mehreren PzGren Btl auszugehen.
6) Eintreffen bis 03.02.44.
7) Eintreffen Anfang Februar; später vorübergehend 1.(BR) Inf Div unterstellt.

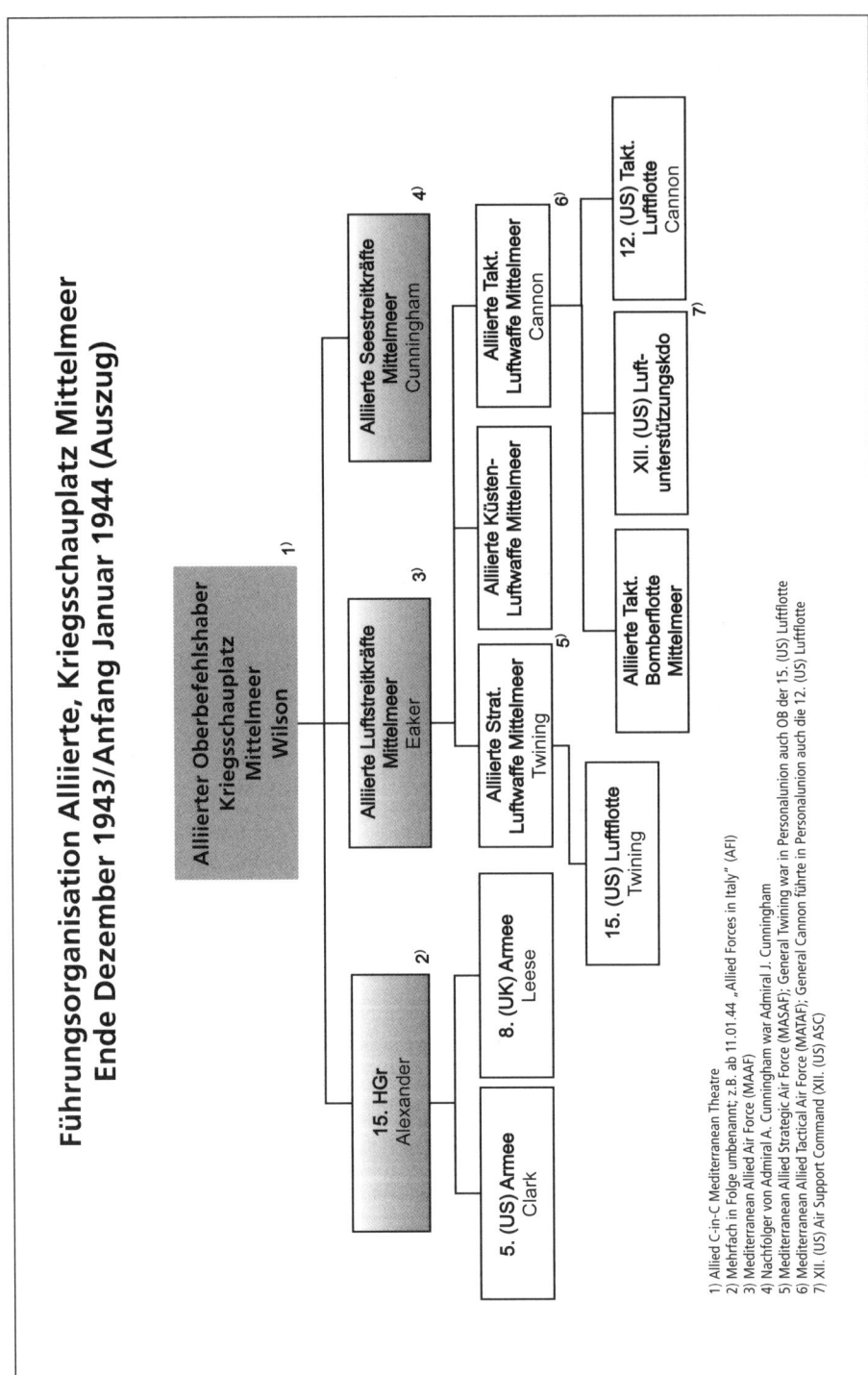

Führungsorganisation Alliierte, Kriegsschauplatz Mittelmeer Ende Dezember 1943/Anfang Januar 1944 (Auszug)

Alliierter Oberbefehlshaber Kriegsschauplatz Mittelmeer Wilson [1]

15. HGr Alexander [2]

5. (US) Armee Clark

8. (UK) Armee Leese

Alliierte Luftstreitkräfte Mittelmeer Eaker [3]

Alliierte Strat. Luftwaffe Mittelmeer Twining

15. (US) Luftflotte Twining

Alliierte Küsten-Luftwaffe Mittelmeer [5]

Alliierte Takt. Bomberflotte Mittelmeer

Alliierte Seestreitkräfte Mittelmeer Cunningham [4]

Alliierte Takt. Luftwaffe Mittelmeer Cannon [6]

XII. (US) Luft-unterstützungskdo [7]

12. (US) Takt. Luftflotte Cannon

1) Allied C-in-C Mediterranean Theatre
2) Mehrfach in Folge umbenannt; z.B. ab 11.01.44 „Allied Forces in Italy" (AFI)
3) Mediterranean Allied Air Force (MAAF)
4) Nachfolger von Admiral A. Cunningham war Admiral J. Cunningham
5) Mediterranean Allied Strategic Air Force (MASAF); General Twining war in Personalunion auch OB der 15. (US) Luftflotte
6) Mediterranean Allied Tactical Air Force (MATAF); General Cannon führte in Personalunion auch die 12. (US) Luftflotte
7) XII. (US) Air Support Command (XII. (US) ASC)

Gliederung 14. dt. Armee, ab 28.01.1944 (Auszug)

14. Armee
v. Mackensen

I. Fsch Korps
Schlemm

Gruppe
Pfeifer

4. FschJg Div	65. Inf [8] Div	3. PzGren [8] Div	71. Inf Div	Pz Div "HG"
KGr "Gericke"	I.-II./ Gren Rgt 145	I.-III./ Gren Rgt 29	I.-II./ Gren Rgt 194	I./Pz Rgt "HG"
II./FschJg Rgt 12	I.-II./ Gren Rgt 147	I./II./ PzGren [3] Rgt 104	Div Füs Btl 171	KGr "Corvin" (2 PzGren Btl)"
I./FschJg Rgt 11	Div Füs Btl 165	Pz Abt 103		KGr "Schulz" [4] (III./FschJg Btl 1 FschMG Btl 1)
II./Gren Rgt 71 [1]				verst. [6] AA 356
II./PzGren Rgt [2] 200 StuGsch Abt 11				KGr II./ [5] SS Pz Rgt 35
				KGr II./ [5] SS Pz Rgt 36
				LwJg Btl 7 [7] z.b.V.
				Pz AA 129
				Fsch Lehr Btl

1) Von 29. PzGren Div
2) Von 90. PzGren Div
3) Von 15. PzGren Div
4) Von 1. FschJg Div
5) Von 16. SS-PzGren Div
6) Von 356. Inf Div
7) Aus einer LwFeld Div? Das Btl war eine Bewährungs-Einheit
8) Die 65. Inf Div und die 3. PzGren Div hatten jeweils ein Rgt bei der 10. Armee belassen müssen.

439

Zeitphasen der Schlacht von Cassino

	Alliierte Quellen/Literatur	Deutsche Quellen/Literatur
1. Schlacht	17. Januar – 12. Februar 1944	17. Januar – 18. Februar 1944 *)
2. Schlacht	15. Februar – 19. Februar 1944	15. März – 23. März 1944
3. Schlacht	15. März – 26. März 1944	11. Mai – 18. Mai 1944
4. Schlacht	11. Mai – 18. Mai 1944 **)	

*) In der deutschen militärischen Geschichtsschreibung ist die erste Schlacht unterteilt in eine „amerikanische Phase" (17.01.-12.02.) und eine „britische Phase" (12.02. – 18.02.).

**) Die vierte Schlacht wird in der Literatur verbunden mit der Operation „Diadem", der alliierten Offensive im Mai 1944 zwischen dem Golf von Gaeta und dem Höhengelände von Cassino. In der korrekten Bezeichnung bezieht sich die vierte Schlacht jedoch nur auf den Angriff des II. (POL) Korps gegen die 1. dt. Fschlg Div im Raum Cassino.

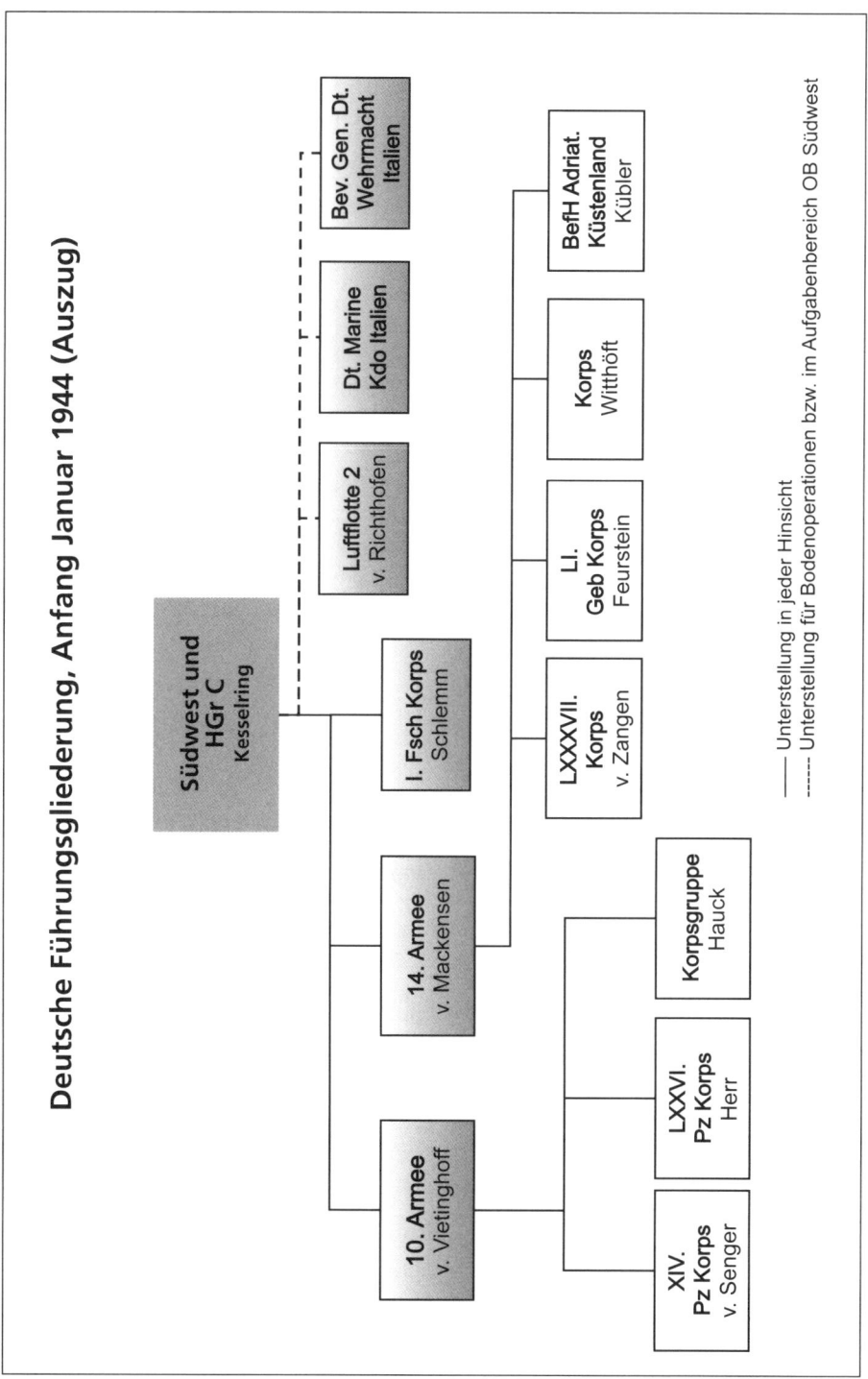

Deutsche Führungsgliederung, Anfang Januar 1944 (Auszug)

— Unterstellung in jeder Hinsicht
----- Unterstellung für Bodenoperationen bzw. im Aufgabenbereich OB Südwest

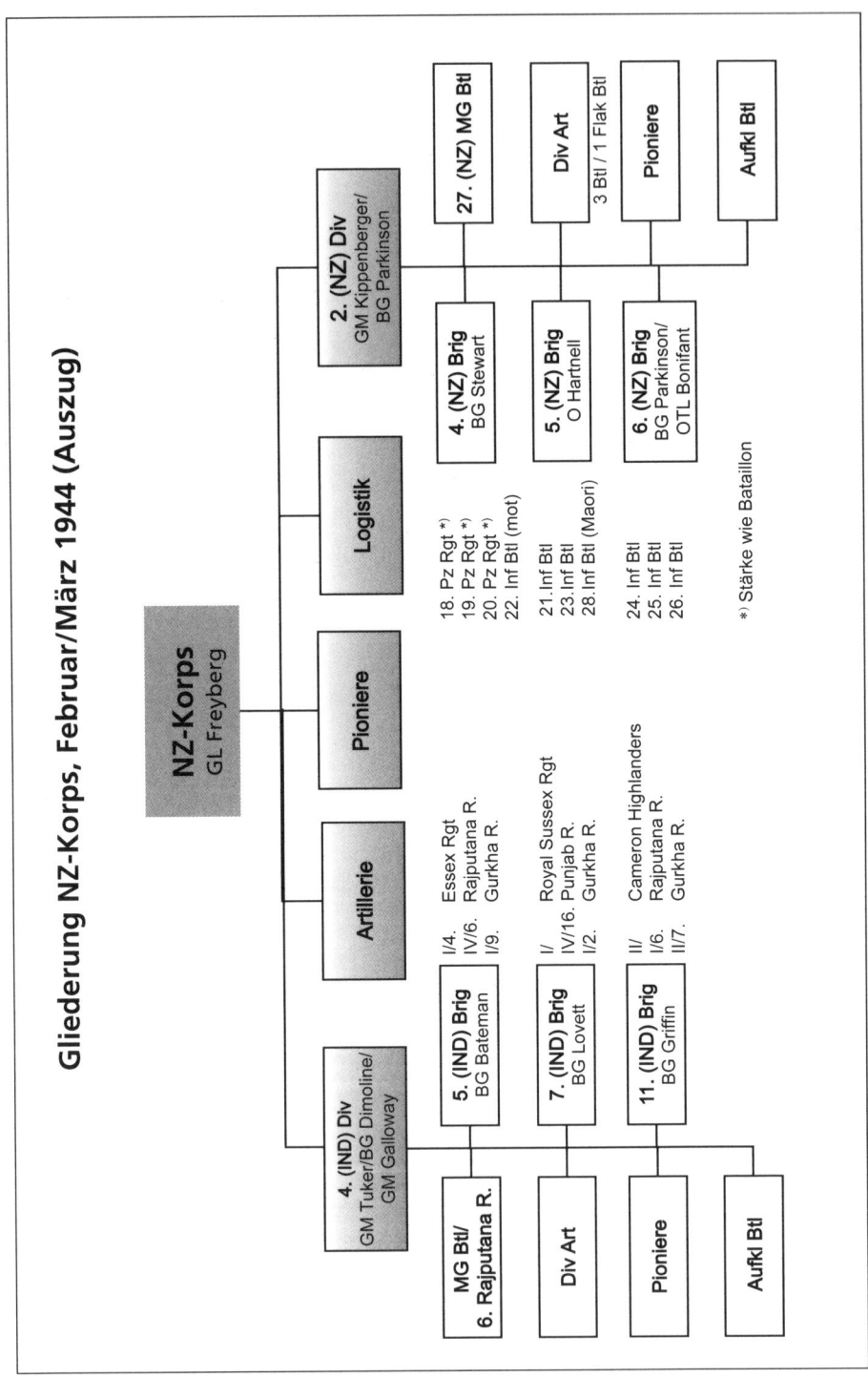

Gliederung NZ-Korps, Februar/März 1944 (Auszug)

NZ-Korps
GL Freyberg

Artillerie

Pioniere

Logistik

2. (NZ) Div
GM Kippenberger/
BG Parkinson

4. (IND) Div
GM Tuker/BG Dimoline/
GM Galloway

5. (IND) Brig
BG Bateman
I/4. Essex Rgt
IV/6. Rajputana R.
I/9. Gurkha R.

7. (IND) Brig
BG Lovett
I/ Royal Sussex Rgt
IV/16. Punjab R.
I/2. Gurkha R.

11. (IND) Brig
BG Griffin
II/ Cameron Highlanders
I/6. Rajputana R.
II/7. Gurkha R.

MG Btl/
6. Rajputana R.

Div Art

Pioniere

Aufkl Btl

4. (NZ) Brig
BG Stewart
18. Pz Rgt *)
19. Pz Rgt *)
20. Pz Rgt *)
22. Inf Btl (mot)

5. (NZ) Brig
O Hartnell
21. Inf Btl
23. Inf Btl
28. Inf Btl (Maori)

6. (NZ) Brig
BG Parkinson/
OTL Bonifant
24. Inf Btl
25. Inf Btl
26. Inf Btl

27. (NZ) MG Btl

Div Art
3 Btl / 1 Flak Btl

Pioniere

Aufkl Btl

*) Stärke wie Bataillon

Gliederung 14. dt. Armee, Ende Februar 1944 (Auszug)

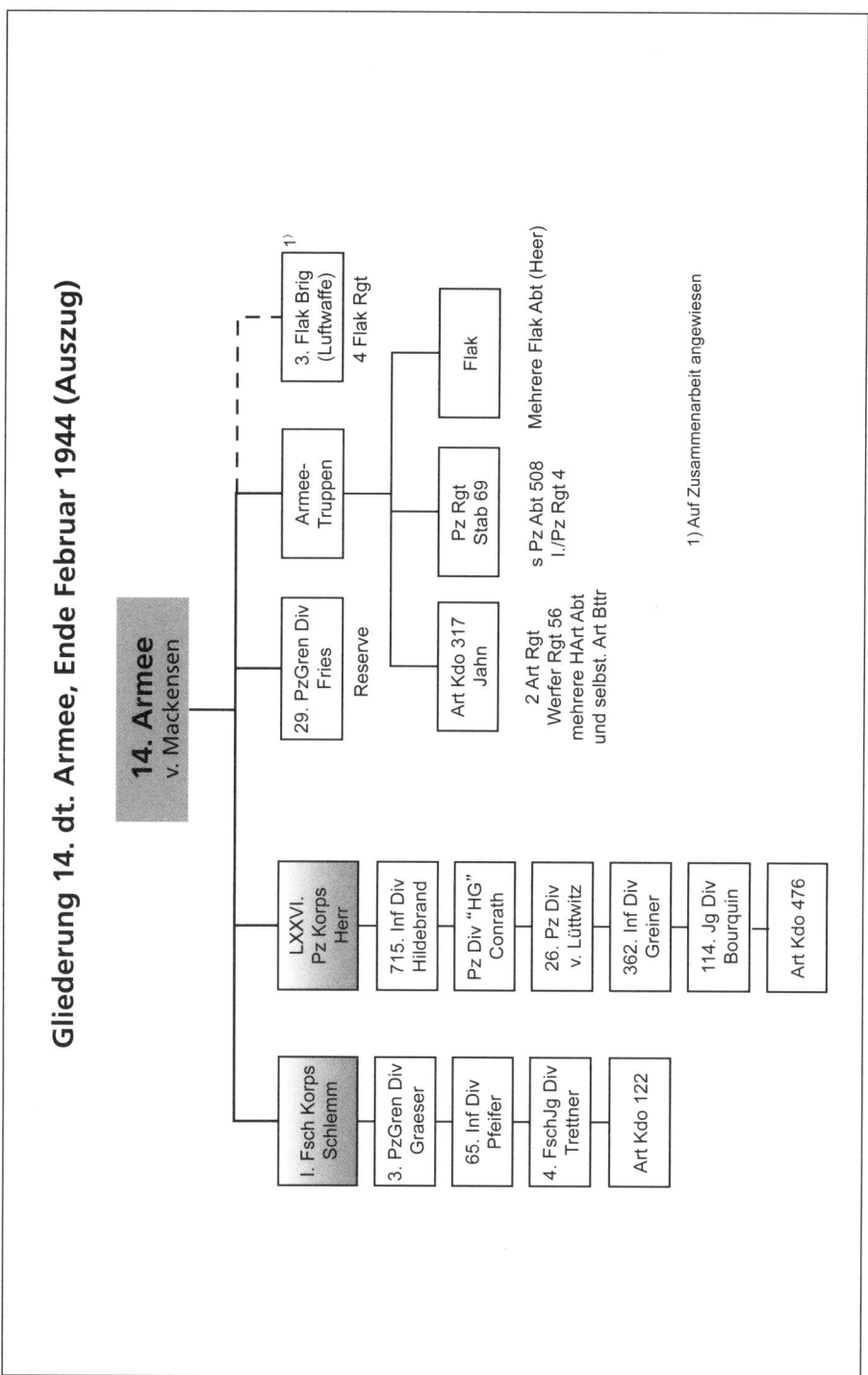

14. Armee
v. Mackensen

I. Fsch Korps
Schlemm

3. PzGren Div
Graeser

65. Inf Div
Pfeifer

4. FschJg Div
Trettner

Art Kdo 122

LXXVI.
Pz Korps
Herr

715. Inf Div
Hildebrand

Pz Div "HG"
Conrath

26. Pz Div
v. Lüttwitz

362. Inf Div
Greiner

114. Jg Div
Bourquin

Art Kdo 476

29. PzGren Div
Fries

Reserve

Art Kdo 317
Jahn

2 Art Rgt
Werfer Rgt 56
mehrere HArt Abt
und selbst. Art Bttr

Armee-
Truppen

Pz Rgt
Stab 69

s Pz Abt 508
I./Pz Rgt 4

3. Flak Brig 1)
(Luftwaffe)

4 Flak Rgt

Flak

Mehrere Flak Abt (Heer)

1) Auf Zusammenarbeit angewiesen

Gliederung 1. FschJg Div, Februar/März 1944 (Auszug)

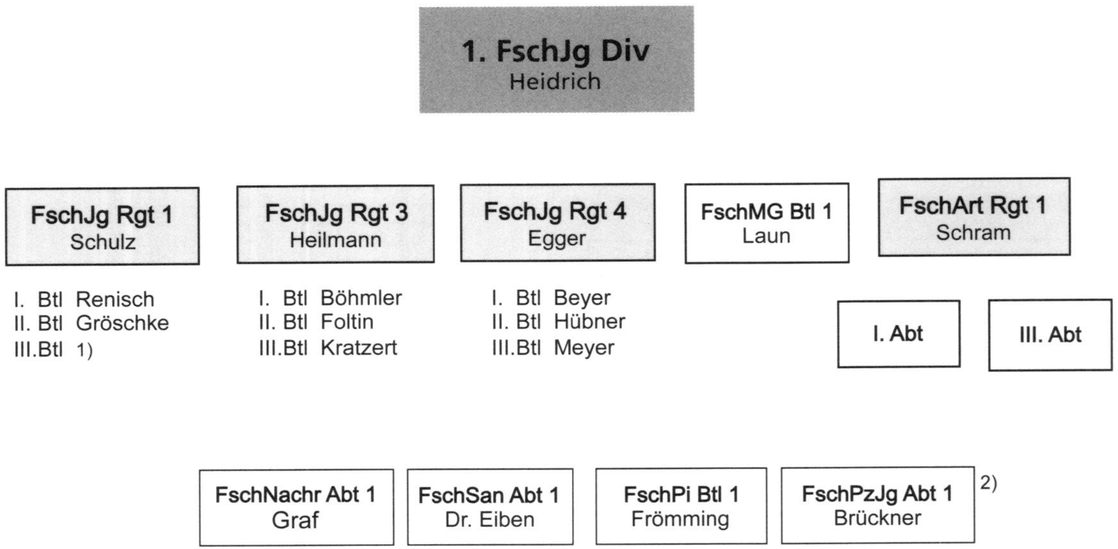

1. FschJg Div
Heidrich

FschJg Rgt 1
Schulz

I. Btl Renisch
II. Btl Gröschke
III.Btl 1)

FschJg Rgt 3
Heilmann

I. Btl Böhmler
II. Btl Foltin
III.Btl Kratzert

FschJg Rgt 4
Egger

I. Btl Beyer
II. Btl Hübner
III.Btl Meyer

FschMG Btl 1
Laun

FschArt Rgt 1
Schram

I. Abt

III. Abt

FschNachr Abt 1
Graf

FschSan Abt 1
Dr. Eiben

FschPi Btl 1
Frömming

FschPzJg Abt 1
Brückner 2)

Verstärkung:

Infanterie: HochGebJg Btl 4; II./PzGren Rgt 8
Artillerie: Rgt Stab z.b.V. 553; Art Rgt 190 (2 Abt); II./Art Rgt 51;
Art Abt 602; s Art Abt 988
Auf Zusammenarbeit angewiesen: Werfer Abt 71

1) Noch bei Anzio eingesetzt
2) Masse der Abt noch bei Ortona eingesetzt

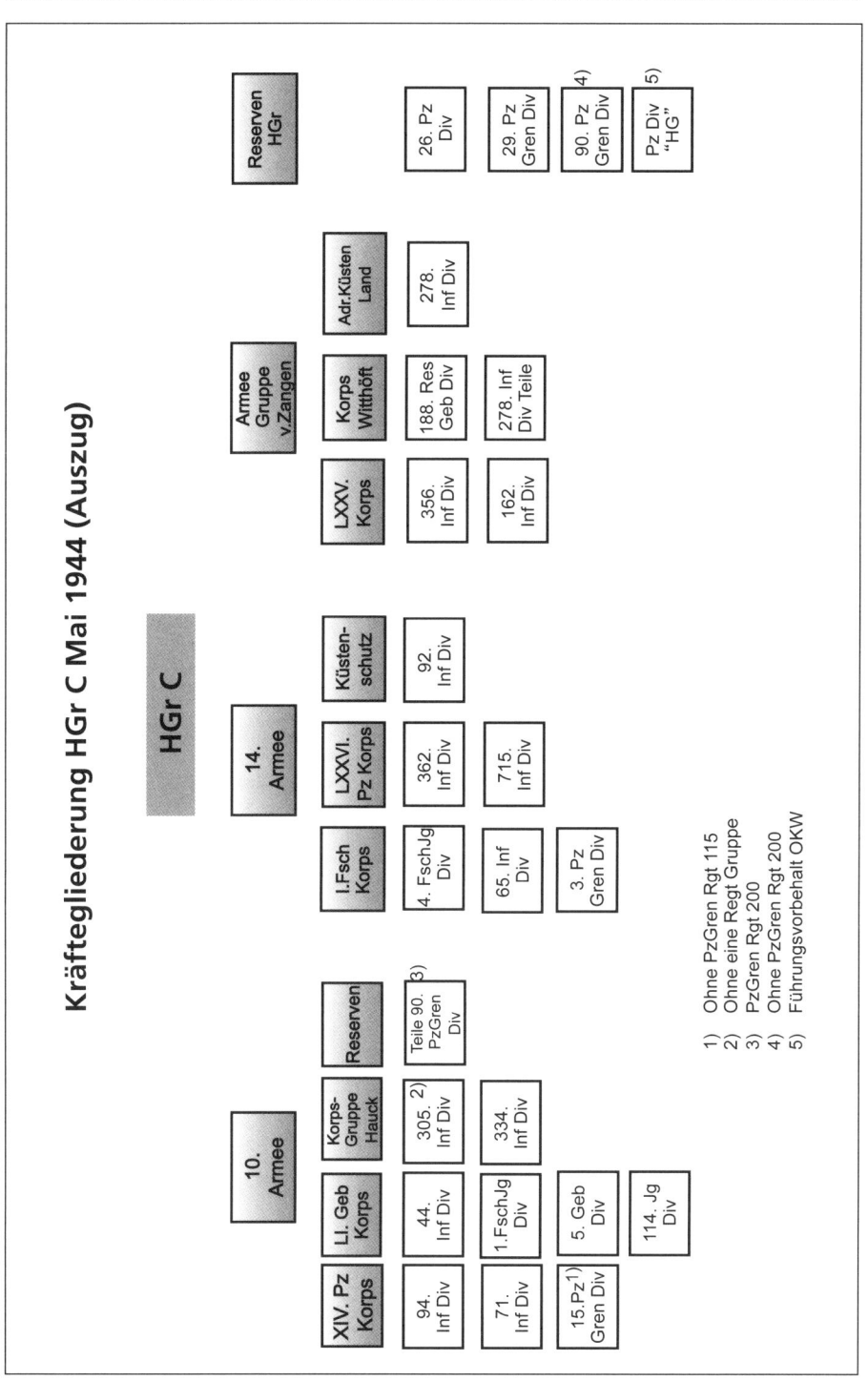

Kräftegliederung HGr C Mai 1944 (Auszug)

1) Ohne PzGren Rgt 115
2) Ohne eine Regt Gruppe
3) PzGren Rgt 200
4) Ohne PzGren Rgt 200
5) Führungsvorbehalt OKW

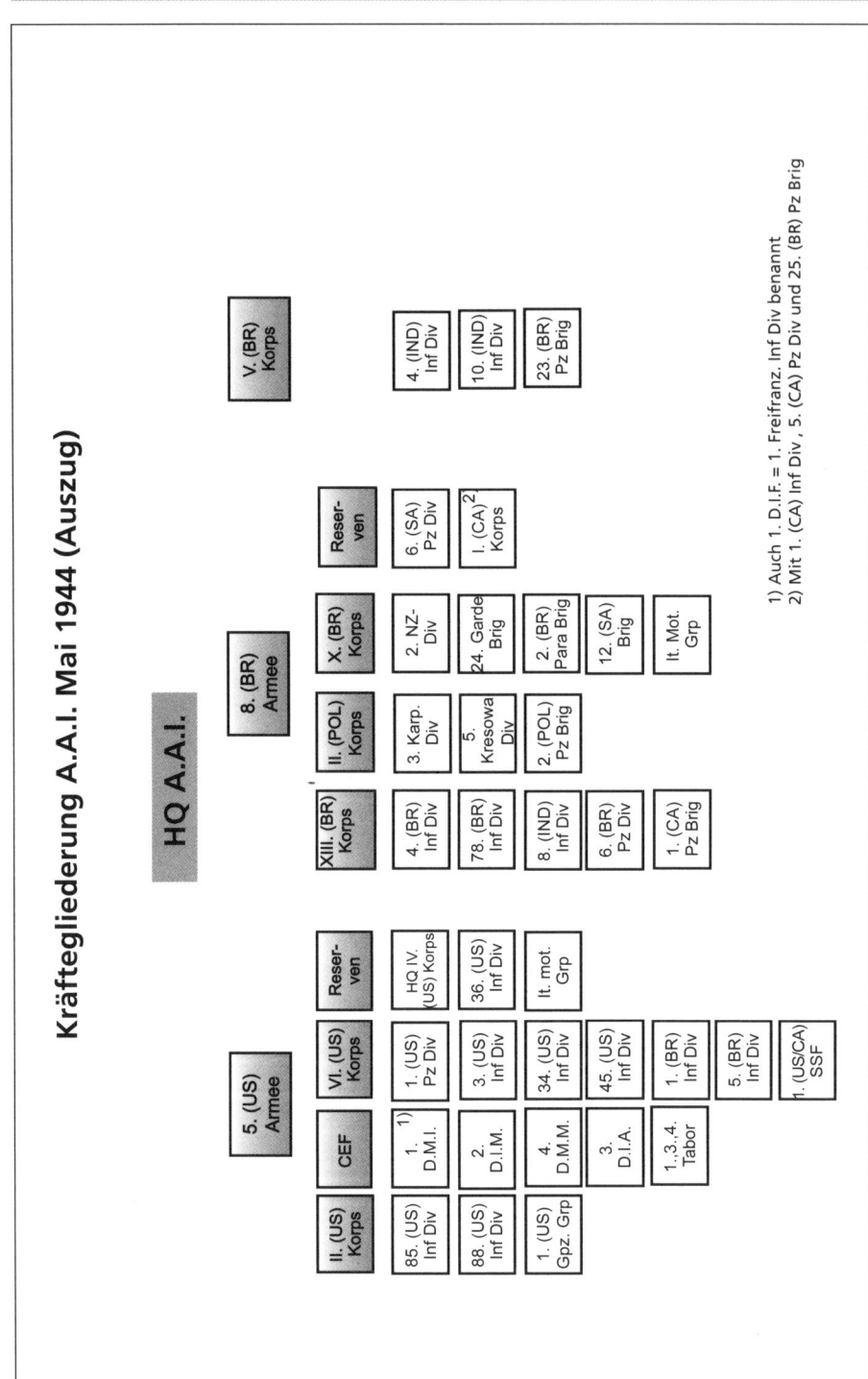

Kräftegliederung A.A.I. Mai 1944 (Auszug)

1) Auch 1. D.I.F. = 1. Freifranz. Inf Div benannt
2) Mit 1. (CA) Inf Div, 5. (CA) Pz Div und 25. (BR) Pz Brig

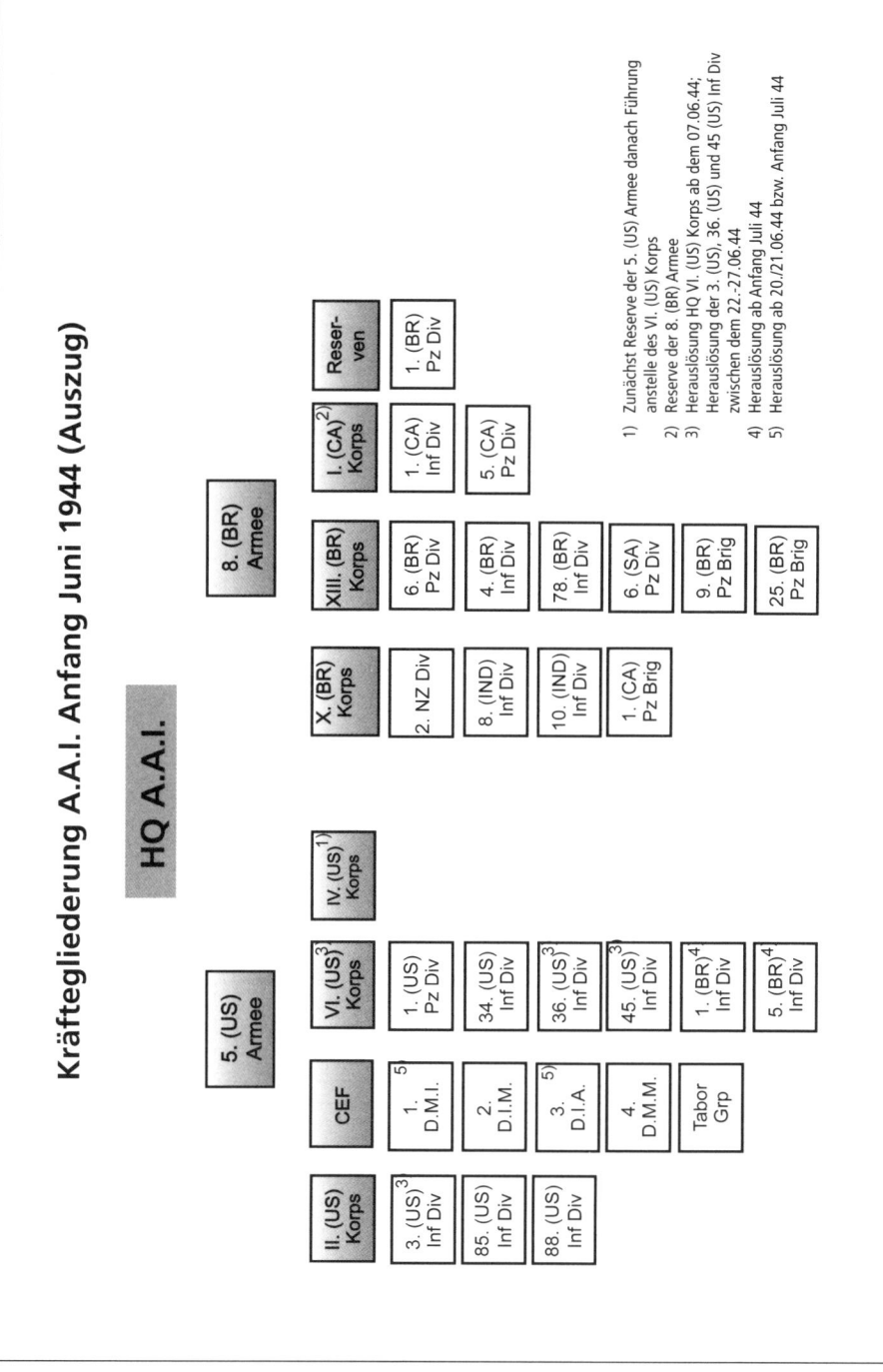

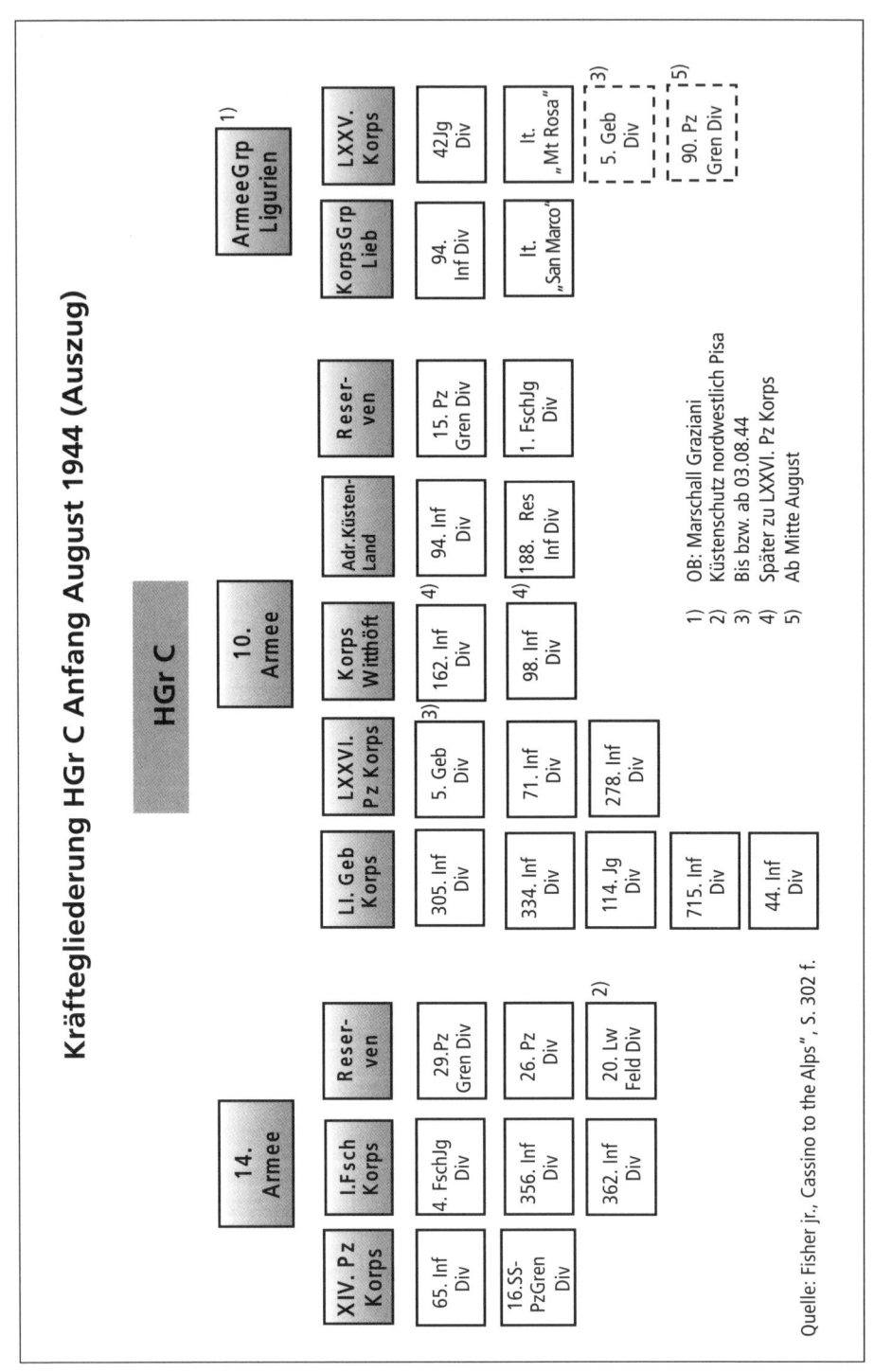

Kräftegliederung HGr C Anfang August 1944 (Auszug)

HGr C

ArmeeGrp Ligurien [1]

- **LXXV. Korps**
  - 42 Jg Div
  - It. „Mt Rosa" [3]
  - 5. Geb Div [3]
  - 90. Pz Gren Div [5]
- **KorpsGrp Lieb**
  - 94. Inf Div
  - It. „San Marco"

10. Armee

- **Reserven**
  - 15. Pz Gren Div
  - 1. FschJg Div
- **Adr.Küsten-Land**
  - 94. Inf Div
  - 188. Res Inf Div
- **Korps Witthöft**
  - 162. Inf Div [4]
  - 98. Inf Div [4]
- **LXXVI. Pz Korps**
  - 5. Geb Div [3]
  - 71. Inf Div
  - 278. Inf Div
- **LI. Geb Korps**
  - 305. Inf Div
  - 334. Inf Div
  - 114. Jg Div
  - 715. Inf Div
  - 44. Inf Div

14. Armee

- **Reserven**
  - 29. Pz Gren Div
  - 26. Pz Div
  - 20. Lw Feld Div [2]
- **I. Fsch Korps**
  - 4. FschJg Div
  - 356. Inf Div
  - 362. Inf Div
- **XIV. Pz Korps**
  - 65. Inf Div
  - 16. SS-PzGren Div

1) OB: Marschall Graziani
2) Küstenschutz nordwestlich Pisa
3) Bis bzw. ab 03.08.44
4) Später zu LXXVI. Pz Korps
5) Ab Mitte August

Quelle: Fisher Jr., Cassino to the Alps", S. 302 f.

448

Kampfführung des Ob. Süd und der Heeresgruppe B vom 4.10.1943
(Auszug)

Fernschreiben vom 4.10., 17.30 Uhr
an Nachr.: OKM/Skl.

G l t d.: Ob. Süd, H.Gr.B, OB.d.L./Lw.Fü.Stab, Nachr.: Wehrm.Transportchef, Nachr.:
WNV (Anna).

Geheime Kommandosache
Chefsache!
Nur durch Offizier!

B e t r: Kampfführung des Ob. Süd und der H.Gr. B

A) Ich erwarte, daß der Feind seine Hauptoperationen von Italien, gegebenenfalls auch mit Teilkräften
von Afrika aus, gegen den Südostraum richten wird. Es ist jedoch noch nicht zu übersehen, ob sich der
Gegner aus dem von ihm besetzten Süditalien gegen Albanien/Montenegro/Südkroatien wenden wird,
oder ob er anstrebt, die deutschen Kräfte in Italien zunächst weiter nach Norden zurückzudrängen,
um sich dadurch in Mittelitalien eine Ausgangsbasis für den Angriff gegen Nordkroatien und Istrien zu
schaffen.

B) **Für die weitere Kampfführung befehle ich:**
1) a) OB. Süd setzt hinhaltende Verteidigung nur bis zu Linie Gaeta – Ortona fort. Diese ist in der er-
kundeten Linienführung zu halten. Die notwendige Zeit zur Organisation der Verteidigung und
zum Heranführen der Infanterie-Divisionen muß durch die Kampfführung vorwärts der zu hal-
tenden Kampflinie gewonnen werden.
  b) In der Front der Stellung Gaeta – Ortona sind 5 Divisionen, darunter die beiden Infanterie-Divisionen (305. und 65. I.D.) einzusetzen, hinter beiden Flügeln je eine Division als Armeereserve zu
staffeln.
Die übrigen Divisionen sind zur Sicherung der rückwärtigen Küstenabschnitte und des Raumes
um Rom mit Schwerpunkt an der Westküste Italiens zu gruppieren und dabei diejenigen Divisionen, die am meisten gelitten haben, am weitesten nördlich unterzubringen.
  c) Die mit diesem Auftrag notwendigen Umgruppierungen sind dazu auszunützen, um sämtliche
Divisionen, ihrer Kriegsgliederung entsprechend, wieder zusammenzuführen. Jedes Zerreißen
von Verbänden bedarf meiner Genehmigung.
  d) Für den Fall, daß der Gegner seinen Angriff nach Norden nicht oder nur mit schwachen Kräften
fortsetzen sollte, um aus dem Gebiet südlich der Verteidigungsstellung den Balkan anzugreifen,
ist durch OB. Süd eine Studie für einen Angriff gegen Apulien auszuarbeiten. Absichten des OB.
Süd hierzu, einschließlich der benötigten Kräfte zur Erde und in der Luft, des Zeitbedarfs für die
Umgliederung, und des Bedarfs an Versorgungsgütern sind zu melden.
  e) Elba bleibt weiterhin mit 1 Fest.Rgt zu 2 FestBtl. besetzt.
2) **Aufgabe der H.Gr.B ist:**
  a) Befriedung ihres Gebietes, wobei möglichst starke Kräfte anzusetzen sind, um den Aufstand in
Istrien und Slowenien niederzuschlagen.
  b) Sicherung der rückwärtigen Verbindungen und der tiefen Küstenflanken des OB. Süd mit
Schwerpunkt am Ligurischen Meer.
  c) Organisation der Verteidigung Oberitaliens, hierzu Erkundung, Festlegung und Ausbau einer

Verteidigungsstellung im Apennin und an den anschließenden Küsten mit Schwerpunkt an der Ligurischen Küste. An Kräften sind die Divisionen des OB. Süd und der H.Gr. B zu Grunde zu legen. Mit dem Abzug von 2-3 Divisionen in diesem Fall nach dem Südostraum ist zu rechnen. Da in der nächsten Zeit mit großen Operationen des Feindes gegen die Küstenabschnitte der H.Gr. B nicht zu rechnen ist, muß die Küstensicherung unter Konzentration auf die wichtigsten Abschnitte und Hafenstädte zu Gunsten eines Ansatzes starker infantristischer Kräfte in Istrien und Slowenien vermindert werden.
......

C) **Zuführung und Abgabe von Kräften:**
   a) **H.Gr. B** gibt ab:
      24. Pz. Div. an die Ostfront, 305. und 65. Div. an OB.Süd.
      305. I.D. ist durch OB. Süd, 65. I.D. durch die H.Gr. B für den Einsatz im Gebirgsgelände auszustatten. Die Artl.Abt 764 (17 cm Kanonen) und 450 (s.F.H.) sowie die I./Werfer-Rgt 56 sind an OB. Süd sofort zuzuführen. Die Zuführung der übrigen Teile des Werfer-Rgts. 56 aus dem Westen ist beabsichtigt.....

D) **Kriegsmarine......**

E) **Luftwaffe**
   Die Hauptaufgabe der Luftwaffe....bleibt die Bekämpfung von Schiffszielen, insbesondere im Falle weiterer Landungsoperationen des Feindes im Rücken der 10. Armee oder an der Adriatischen Küste des Balkans.
   Daneben muß die Unterstützung des Heeres,....der Schutz größerer Marschbewegungen der eigenen Truppe und der Schutz der wichtigsten Versorgungsstraßen sichergestellt sein.

      gez. Adolf Hitler
      OKW/WFSt/Op Nr......

Quelle: KTB OKW, Band III/2, Dokumentenanhang Nr. 28, S. 1461 ff.
Anmerkung: Hervorhebungen durch den Verfasser. Geringfügige Anpassungen an die heutige Schreibweise.

Befehlsregelung in Italien vom 6.11.1943

(Auszug)

Fernschreiben vom 6.11.1943, 18.15 Uhr
an OKM/Skl.
Eingegangen am 6.11. um 22.02 Uhr

G l t d.:Ob. Süd, Heeresgruppe B, Generalstab des Heeres, Ob.d.L./Lw.Fü.Stab, H.P.A., Nachr. Ob. West, Nachr. Ob Südost, Nachr. Reichskom.f.d.Seeschiffahrt, nachr. Organisation Todt.

Geheime Kommandosache

Der Führer hat folgende Befehlsregelung in Italien befohlen:
1) Mit dem Erreichen der Bernhard-Linie, die endgültig gehalten werden muß, ist es notwendig, die gesamten in Italien befindlichen Kräfte unter einheitlichen Befehl zu stellen. Hierfür wird der Feldmarschall Kesselring bestimmt, der mit Heeresgruppe B die erforderlichen Vorbereitungen für die Befehlsübernahme trifft. Der Zeitpunkt der Befehlsübernahme ist durch Ob. Süd zu melden, sie wird sodann gesondert befohlen.

2) **Der Ob. Süd** erhält nach der Befehlsübernahme die Bezeichnung „OB Südwest" (Heeresgruppe B).[1]

3) Vom Zeitpunkt der Befehlsübernahme durch Ob. Südwest ab tritt folgende Befehlsregelung in Kraft:
   A) Dem Ob. Südwest unterstehen:
      a) Alle im Erdkampf eingesetzten Verbände der 3 Wehrmachtteile und der Waffen-SS.
      b) Der Bevollmächtigte Mittelmeer des Reichskommissars für die Seeschiffahrt in allen Fragen, die die militärische Kriegsführung berühren.
      c) Die im ital.Raum eingesetzten Teile der O.T.
   B) Das deutsche Marine-Kommando Italien und die Luftflotte 2 unterstehen in der operativen See- und Luftkriegsführung dem Ob.d.M. und Ob.d.L. unmittelbar. Sie unterrichten Ob. Südost laufend über ihre Absichten.
      In allen die Kampfführung auf dem Festland und den Küstenschutz betreffenden Fragen sind sie an die Weisungen des Ob. Südwest gebunden.
      Bei Gefahr im Verzuge hat Ob. Südwest das Recht, dem deutschen Marine-Kommando Italien und der Luftflotte 2 unter sofortiger Meldung an OKW/WFSt und an Oberbefehlshaber der Kriegsmarine und Luftwaffe bindende Befehle zu geben.
   C) Der Bevollmächtigte General der deutschen Wehrmacht in Italien ist an die Weisungen des Ob. Südwest gebunden in allen Fragen, die in den Aufgabenbereich des Ob. Südwest fallen und unmittelbar oder mittelbar die Kampfführung des OB. Südwest berühren. Begrenzung im Einzelnen wird noch festgelegt.
   D) Der Ob. Südwest erhält die Befugnis zur Ausübung der vollziehenden Gewalt in den italienischen Operations=Gebieten nach Maßgabe des Erlasses OKW/WFSt/Qu (Verw) Nr. 00 5995/43 gKdos vom 10./10.43.

4) **Auftrag für den Ob. Südwest:**
   Die am 4/10.43 befohlene „Kampfführung des Ob. Süd und der Heeresgruppe B" bleibt für Ob. Südwest sinngemäß in Kraft. Demnach erhält Ob Südwest folgende Aufgaben:
   A) Verteidigung des mittelitalienischen Raumes in der Linie Gaeta – Ortona.

B) Schutz der Küsten am Tyrrhenischen, ligurischen und adriatischen Meer mit Schwerpunkt am tyrrhenischen Meer und im Golf von Genua.

C) Befriedung der noch von Aufständischen besetzten Teile Nordostitaliens. Hierzu schwerpunktmäßige Sicherung der Eisenbahn= und Kabellinie Villach – Tarvis – Udine – Triest, ferner ist die Bahnlinie Laibach – Fiume zur Durchführung der Versorgung des Ob. Südost zu sichern. Der Übertritt von Banden auf reichsdeutsches Gebiet ist zu verhindern.

D) Studienmäßige Vorbereitung eines Angriffs gegen Apulien für den Fall, dass feindliche Angriffsvorbereitungen aus dem Raum südlich der Verteidigungslinie Gaeta – Ortona gegen den Balkan erkennbar werden.

5) Die Trennungslinie des Ob. Südwest zum Ob. West bleibt bestehen, Trennungslinie zum Ob. Südost:….

6) Durch Gen.St.d.H. und H.P.A. sind folgende Neu- bzw. Umbildungen an Stäben durchzuführen:

A) Ausbau des jetzigen Stabes des Ob. Süd entsprechend den neu hinzutretenden Aufgaben auf Grund der unmittelbar an Gen.St.d.H. vorzulegenden Anforderungen des Ob. Süd im Einvernehmen mit den anderen Wehrmachtteilen.

B) Aufstellung eines Führungsstabes aus bisheriger H.Gr.B für Feldmarschall Rommel. Über die Aufgaben dieses Stabes ergeht Sonderbefehl.

C) Aufstellung des neuen AOK 14 in Oberitalien aus der bisherigen H.Gr.B.

7) Die Befehlsübernahme ist so zu regeln, daß keine Unterbrechung in der Führung eintritt.

8) Der Befehl für die bisherige Regelung der Befehlsverhältnisse in Italien (OKW)/WFSt/Op (H) Nr. 00 5058/43 gKdos v. 7/9.43) wird hiermit aufgehoben.

Gez. Keitel
OKW/WFSt/op Nr. ….…..

---

[1] Muss heißen: Heeresgruppe C. Sonstige Schreibfehler des Originals wurden nicht berichtigt.

Quelle: KTB OKW, Band III/2, Dokumentenanhang Nr. 31, S. 1465 f..
Anmerkung: Hervorhebungen durch den Verfasser. Geringfügige Anpassungen an die heutige Schreibweise.

HQ 5th Army   **24 nov 43**

5th Army Operation Instruction No. 11*

The **Fifth Army** will resume the offensive by phases, Phase I beginning on or about Dec. 2nd. In order that the maximum air and artillery support may be used against the most difficult terrain, the operation will be divided into the three phases as follows:

1. **Phase I: Capture of the critical terrain features M. Camino – M. La Difensa – M. Maggiore.**
   a. **X. Corps**
      (1) To capture the M. Camino hill mass…
      (3) Feint…to indicate to the enemy intentions to force a crossing of the lower R. Garigliano…
   b. **II. Corps**
      (1) To capture M. La Difensa and M. Maggiore…
   c. **VI. Corps**
      (1) To harass enemy…along entire Corps front, with particular emphasis on the Corps right flank…

2. **Phase II: Capture of M. Sammucro [Sambucaro] simultaneously….**
   with an attack west along the Colli – Atina – road….
   a. **X. Corps**
      (1) Consolidate positions on M. Camino, M. La Difensa, and M. Maggiore…
      (4) Continue offensive activity along the River Garigliano.
   b. **II. Corps**
      (1) Capture of M. Sammucro….
   c. **VI. Corps**
      (1) Assist II. Corps in capture of M. Sammucro.
      (2) Launch an attack with one division west via the road
          Colli – Atina in the direction of the hill mass N. and N.W. of Cassino.
      (3) Make a secondary attack west along the Filignano - S. Elia road, towards the same objective….

3. **Phase III: the main attack into the Liri valley….**
   a. **X. Corps…**
      (2) When the advance of the II. Corps is such as to permit the bringing up of bridging materials, to force a crossing of the River Liri, occupy a bridgehead in the general vicinity of S. Ambrogio and from that bridgehead be prepared to conduct further operations to cover the left flank of II. Corps ….
      (4) Continue offensive activity along the River Garigliano.
   b. **II. Corps**
      (1) To attack N.W. along Highway No. 6 with the mission of enveloping the enemy defences in the vicinity of Cassino.
      (2) To be prepared at a favourable opportunity to attack to the west with additional elements and create an opening for armoured attack….
   c. **VI. Corps**
      (1) Continue attacks outlined in Phase II and, assisted by II. Corps, seize the high ground north and N.W. of   Cassino….

* Auszug aus dem ebenfalls nur auszugsweise wiedergegebenen Operationsbefehl der 5. (US) Armee bei Molony, S. 514 f..
Die Phasen II und III hatten auf Befehl der Armee zu beginnen.
Anmerkung: Hervorhebungen durch den Verfasser.

Weisung Nr. 52
(Auszug)

Fernschreiben von + + + FRR WNOF 0914 28.1.44 0110 = FRR an Nachr.:
O.K.M.Skl.
G e h e i m e K o m m a n d o s a c h e – C h e f s a c h e – N u r d u r c h O f f i z i e r
Gltd: An den Oberbefehlshaber Südwest Generalfeldmarschall Kesselring,
An Nachr.: Ob.d.L. Luftwaffenführungsstab, an Nachr.: O.K.M.Skl.

In den nächsten Tagen wird der „Kampf um Rom" entbrennen. Er entscheidet über
die Verteidigung Mittelitaliens und über das Schicksal der 10. Armee.

Die Bedeutung des Kampfes geht aber darüber noch hinaus, denn mit der Landung bei Nettuno
hat die für das Jahr 1944 geplante Invasion in Europa begonnen.

Möglichst weit von der Basis in England entfernt, wo nach wie vor die Masse der Invasionstruppen
bereitsteht, sollen starke deutsche Kräfte gefesselt, verbraucht und Erfahrungen für die zukünftigen
Operationen gesammelt werden.

....

Der Kampf muß ein harter und erbarmungsloser sein, nicht nur gegen den Feind, sondern
auch gegen jeden Führer und jede Truppe, die in dieser entscheidenden Stunde versagen sollten.

So wie bei den Kämpfen auf Sizilien, am Rapido-Fluß und bei Ortona muß der Feind erkennen,
daß die deutsche Kampfkraft ungebrochen ist und daß die Großinvasion des Jahres 1944 ein
Unterfangen ist, das im Blute der angelsächsischen Soldaten ersticken wird.

(gez.) A d o l f H i t l e r, OKW/WFSt/Op Nr. 77 232/44 g.K. Chefs.

Quelle: Hubatsch, „Hitlers Weisungen für die Kriegführung…", S. 241f..
Anmerkung: Hervorhebungen durch den Verfasser.

HEADQUARTERS FIFTH WING (US)   **APO 520**   **14 February 1944**
INTELLIGENCE ANNEX
Operations Order No 341

The target is a huge ancient monastery which the Germans have chosen as a key defense point and have loaded with heavy guns. It is located about 1 mile West of Cassino on a hill and stands out as a perfect target for heavy bombers. Those crew members who have served through the African campaign will remember, how we did not bomb mosques because of the religious and humanitarian training all of us have received from our parents and our schools. Because of that and because the Krauts1) and the Eyties1) know this they lived in these mosques. They knew we would not bomb these places. The Germans are still capitalizing on this belief in our avoiding churches and hospitals. In the past few days this monastery has accounted for the lives of upwards of 2.000 American boys whomfelt the same as we do about church property and who paid for it because the Germans do not understand anything human when total war is concerned. This monastery MUST be destroyed and everyone in it as there is no one in it but Germans.

Arthur M. CLARK, Lt.Col., Air Corps, C. of S., A-2

Übersetzung Intelligence Annex, Befehlsbeispiel 5

Das Ziel ist ein gewaltiges antikes Kloster, welches die Deutschen zu einem Schlüsselobjekt ihrer Verteidigung bestimmt haben, mit schweren Geschützen bestückt. Es liegt etwa eine Meile westlich von Cassino und stellt ein perfektes Ziel für schwere Bomber dar. Die Besatzungen, die schon während des afrikanischen Feldzuges im Einsatz waren, werden sich erinnern, dass Moscheen durch uns nicht bombardiert wurden wegen der religiösen und humanitären Erziehung und Schulung, die wir alle durch unsere Eltern und Lehrer erfahren haben. Wegen dieser Tatsache und weil die Krauts[1] und die Eyties[1] dies wussten, nutzten sie die Moscheen für ihre Zwecke aus. Sie waren sicher, dass wir solche Plätze nicht bombardieren würden.
Die Deutschen ziehen immer noch ihren Nutzen aus dem Wissen, dass wir Kirchen und Krankenhäuser als Ziele aussparen. In den vergangenen Tagen kostete dieses Kloster das Leben von mehr als 2000 amerikanischer Jungens, die hinsichtlich ihrer Einstellung zu religiösen Stätten ebenso dachten wie wir und die dafür bezahlten, dass den Deutschen humanitäre Prinzipien gleichgültig sind, wenn es um den totalen Krieg geht. Das Kloster MUSS zerstört werden und jeder, der sich darin befindet, denn nur Deutsche halten sich darin auf.

---

[1] Herabsetzende Bezeichnung für Deutsche und Italiener, hergeleitet von den ersten beiden Buchstaben bei „Italiener".

HEADQUARTERS FIFTH WING (US)
APO 530
14 February 1944
1230A

Operations Order 341 Bomber

PS: Italy, 1 : 100,000, Sheets Nos. 160, 161 and 172

a. See attached Intelligence Annex:

b. No change.

Thirty-six (36) B-17's each of the 2nd, 99th, 301st and 97th Bomb Gps will attack and destroy at 15 minute intervals, the MONASTERY (41 deg 39 min N 13 deg 49 min) (G843209), _mile due west CASSINO, ITALY on 15 February 1944.

SLT COURSE FROM FOGGIA: 0830A – 2nd Bomb Gp at 10,000 ft.

                                            0845A – 99th Bomb Gp at 10,000 ft.

                                            0900A – 301st Bomb Gp at 10,000 ft.

                                            0915A – 97th Bomb Gp at 10,000 ft.

ORDER OF FLIGHT: 2nd – 99th -301st – 97th Bomb Gps.

ROUTE OUT: FOGGIA to BENEVENTO to I.P. to TARGET

INITIAL POINT: (VAIRANO (H-110035) (41 deg 20 min N 14 deg 08 min L).

POIIS (?) OF TARGET: 305 degrees.

TARGET TIME: On arrival.

BOMBING ALTITUDE: Above 16,000 ft.

TARGET ELEVATION: 1750 ft.

RALLY: Right turn.

ROUTE BACK: Direct

a. The 97th Bomb Gp will load M47-A1 Incendiary with the M126-A1 fuse.

X.(1) The bomb load for the 2nd, 99th, and 301st will be 500's with 1 second nose fuse and .01 second tail fuse.

(2) It is important to set course at prescribed time.

(3) Must be sure of target before bombing as target very close to (?) front line.

(4) Initial point and axis are planned so as to make bombing run generally up Highway 6.

(5) The bend in the VOLTURNO RIVER where it is joined by the over…(?) high hill should be good land marks for identification of I.P.

(6) If necessary, "stage" around over friendly territory until target is clear and definitely identified.

(7) Target is a group of buildings on a hill approximately ¾ mile due West of CASSINO.

(8) This is a definite pin point target and intervalometer setting should be minimum.

No change. No change.

By Order of Colonel LAWRENCE

                                (Confirmed)

                                Stephen W. Henry

                                Major, Air Corps,

                                Ass't A-3 Officer

Quelle: Mario Canziani, "Il Fronte di Cassino", S. 129 f..

Anmerkung des Verfassers: Offensichtliche Schreibfehler durch die mehrfache Übertragung des Textes wurden – wo erkennbar – korrigiert, zusätzlich wurden Ergänzungen vorgenommen, die vom Sinn her geboten erschienen. Nicht zu klärende Abkürzungen oder Auslassungen wurden mit einem Fragezeichen versehen.

Oberbefehlshaber Südwest
und
Oberbefehlshaber der Heeresgruppe C
Nr. 246/44 gKdos.Chefs.

H.Qu.,den 9.6.1944
C h e f s a c h e !
Nur durch Kurier!

Befehl für die Kampfführung

Für die Gesamtkampfführung im Mittelmeerraum kommt es, vornehmlich im Hinblick auf die Absprungmög-
lichkeiten des Feindes aus Italien nach dem Balkan, entscheidend darauf an, möglichst weite Teile Italiens in eigenem Besitz zu behalten. Die Heeresgruppe hat daher den Auftrag, in zähem Kampf ein weiteres Vordringen
des Feindes nach Norden zu verhindern. Sie verteidigt hierzu zunächst die Dora-Linie und wird nur gedrängt
vom Feind sich weiter nach Norden absetzen. Bei weiterer Verstärkung des Feindes oder grundlegender Änderung der Lage kann jedoch ein allmähliches Absetzen auf die Goten-Stellung erforderlich werden. Auch diese
Ausweichbewegung erfolgt sodann nur unter zähem Kampf über mehrere Widerstandslinien, die jeweils möglichst lange zu halten sind. Zwischen diesen Widerstandslinien sind durch die Armeen Zwischenlinien derart
festzulegen, dass die Ausweichbewegung jeweils sich höchstens bis zu 15 km erstreckt. Widerstandslinien und
Zwischenlinien sind umgehend zu erkunden und der Heeresgruppe laufend zu melden.

A) Kampf um und nördl. Dora-Stellung.
    Während des Kampfes um und nördl. der Dora-Stellung kommt es darauf an, unter Erhaltung der eige-
    nen Kampfkraft dem Feinde weiterhin möglichst grosse materielle und personelle Verluste zuzufügen.
    Hierzu ist es erforderlich, durch immer erneutes Vorlegen, Bildung von Panzerabwehrschwerpunkten
    an den Hauptangriffslinien, sowie Sperren der Gebirgspässe das Feindvorgehen zu verzögern. Von ent-
    scheidender Bedeutung ist die rechtzeitige und ausreichende Sperrung der Enge von Orbetello sowie
    engste Verbindunghaltung zwischen den inneren Armeeflügeln. Auf eine weitgehende Ausnutzung der
    abstossenden Feuerkraft der eigenen schweren Waffen, insbesondere der weittragenden Artl., wird er-
    neut hingewiesen (...).
    J e d e s A b s e t z e n bedarf auch weiterhin der Genehmigung durch den O.B.Südwest. Daher sind
    Absichten für den nächsten Tag spätestens bis 12 Uhr des Vortages O.B.Südwest zu melden.
    XIV.Pz.Korps, 90. und 29. Pz.Gren.Div. werden durch 10. Armee der 14. Armee auf das Westufer des
    Tiber zugeführt und ihr mit Überschreiten des Tiber unterstellt. 26.Pz.Div. ist als Heeresgruppen-Reserve
    durch 10. Armee an der Naht 14. zu 10. Armee zurückzuführen.
    Soweit es die Kampflage – ohne entscheidende weitere Schwächung der eigenen Kampfkraft – irgend
    gestattet, ist die Dora-Stellung zu v e r t e i d i g e n, um das Vordringen des Feindes aufzufangen und
    das Ordnen der eigenen Verbände zu ermöglichen. 14.Armee zieht umgehend mindestens 2 ange-
    schlagene Div.Verbände (möglichst 65. und 362. Inf.Div., später auch 92. Inf.Div.), 10. Armee wenigs-
    tens einen Verband (94. Inf.Div.) aus der Front und verlegt sie zur Auffrischung, zugleich als Sicherheits-
    besatzung in die Goten-Stellung. Ausserdem ist durch 14. Armee Abtransport der 715.Inf.Div. nach
    dem Westen mit allen Mitteln zu beschleunigen.

B) Kampfführung nördl. der Dora-Stellung bis Goten-Stellung
    Falls die Entwicklung der Kampflage es unbedingt erfordert, wird die Heeresgruppe das weitere Aus-
    weichen befehlen. Stichwort hierfür: A l a r i c h.
    a) ....
    b) Das Ausweichen erfolgt abschnittsweise möglichst in überschlagendem Einsatz über die in anlie-
       gender Pause festgelegten Widerstandslinien und von den Armeen im einzelnen festzulegenden

Zwischenlinien...Zur Sicherstellung des engen erforderlichen Anschlusses beider Armeen sind ausreichend starke Nahtkommandos bereit zu halten...Auch für dieses Absetzen gilt, dass jede Widerstandslinie nur nach hartem Kampf, bei dem der Feind möglichst hohe Verluste erleiden muss, auf Befehl O.B. Südwest aufgegeben werden darf.

c) ....

d) Räumung der Insel Elba und der Insel Pianosa ist so vorzubereiten, dass sie mit Beginn der Absetzbewegung aus dem Frieda-Riegel West durchgeführt werden kann...Einzelheiten der Räumung sind unter Zugrundelegung einer Vorwarnung von 4 Tagen sofort im Einvernehmen Armeeabt.v.Zangen mit Dt. Marine-Kdo.Italien festzulegen.

C) Gliederung und Kräfteeinsatz für die Kampfführung in der Gotenstellung

....

D) Allgemeines

a) Z-Massnahmen. Alle militärischen Objekte, die für den Feind von Bedeutung sein können, einschließlich der Häfen an der West- und Ostküste sind in größtmöglichem Umfange zu zerstören. Einzelanordnungen sind durch die Armeen zu befehlen....

In einem ganz anderen Umfange als es bisher geschehen ist, muss das Vorgehen des Feindes durch Zerstörung aller für ihn wichtigen Objekte aufgehalten werden. Keine Brücke, kein Tunnel, kein E-Werk oder ähnliche wertvolle Objekte dürfen dem Feind unzerstört in die Hände fallen. Der letzte Pionier muss für diese Aufgabe eingesetzt werden. Ich verweise daher noch einmal auf meinen Befehl, dass die Pioniere nicht zu inf. Kampf, sondern für diese Aufgaben einzusetzen sind.

....

b) ....

Unterschrift:
Kesselring
Generalfeldmarschall

Quelle: Kopie des Originalbefehls im Archiv des Verfassers.
Der Befehl wurde durch den Verfasser auf die wesentlichen
Absätze gekürzt. Hervorhebungen und Schreibfehler wurden übernommen.

Befehl OB Südwest zur Bandenbekämpfung vom 17.6.44

Bezug: Fernschreiben OB Südwest Ia T.Nr. 0402/44 g.Kdos.

Betr.: Neuregelung der Bandenbekämpfung

OB Südwest hat hierzu folgendes befohlen:

1.) Die Bandenlage im ital. Raum, insbesondere in Mittelitalien, hat sich in kurzer Zeit derart verschärft, daß sie eine ernste Gefahr für die kämpfende Truppe und ihre Versorgung sowie die Rüstungswirtschaft bildet.- Der Kampf gegen die Banden muß daher mit allen zur Verfügung stehenden Mitteln und mit größter Schärfe durchgeführt werden. Ich werde jeden Führer decken, der in der Wahl und Schärfe des Mittels bei der Bekämpfung der Banden über das ein uns übliche zurückhaltende Maß hinausgeht. Auch hier gilt der alte Grundsatz, daß ein Fehlgreifen in der Wahl der Mittel, sich durchzusetzen, immer noch besser ist, als Unterlassung und Nachlässigkeit.

Nur sofortiges schärfstes Eingreifen ist geeignet, als (Straf- und Abschreckungsmaßnahme)Ausschreitungen größeren Umfanges von Anfang an im Keime zu ersticken. Alle im Zuge der Bandenbekämpfung anfallenden Zivilpersonen, die im Rahmen von Vergeltungsmaßnahmen festgenommen werden, sind den hierfür durch OB Südwest, O.Qu. einzurichtenden Sammellagern, zum Abschub ins Reich als Arbeiter zuzuführen. Standorte der Sammellager werden noch befohlen.-

2.) Der Kampf gegen die Banden gliedert sich in den passiven und aktiven Kampf, wobei der Schwerpunkt auf der „aktiven" Kampfführung liegt. Der „passive" Kampf besteht in dem örtlichen Schutz wichtiger Kunstbauten, an Eisenbahnen und Straßen, sowie von lebenswichtigen Anlagen wie Kraftwerke, Fabriken usw.

Auch der passive Kampf muß örtlich begrenzt um die zu schützenden Objekte aktiv geführt werden, ... Der aktive Kampf in den bandenverseuchten Gebieten wird besonders dort zu führen sein, wo es gilt, den Lebensnerv der Wehrmacht zu erhalten. Die Banden sind anzugreifen und zu vernichten.

....

3.) Die „Verantwortlichkeit für die gesamte Bandenbekämpfung im ital. Raum und die grundlegenden Anordnungen gemäß obigen Bezugsbefehl bleiben nach wie vor mit folgenden Abänderungen in Kraft.: A.O.K. 10 und 14 sind innerhalb ihrer Armeebereiche, Armeeabteil. von Zangen innerhalb der Küstengebiete in einer Tiefe von 30 km verantwortlich für die gesamte Bandenbekämpfung. Die Aufgaben des Befh.i.d.Operationszone Adriatisches Küstenland für die Küstenverteidigung (gemäß Führeranweisung 40) werden durch diese Regelung nicht berührt.-

Im übrigen ital. Gebiet führt der Höchste SS- und Polizeiführer verantwortlich nach meinen Weisungen die Bandenbekämpfung durch.

....

4.) Truppen zu Bandenbekämpfungen:
Hier sind zu unterscheiden:
A) „Truppenteile" (Polizeikräfte, Regierungstruppen, Böhmen und Mähren usw.)die ausschließlich für den aktiven oder passiven Bandenkampf eingesetzt werden. Sie unterstehen dem Höchsten SS- und Polizeiführer Italien.-

B) Jagdkommandos und Bewachungskräfte.
Hierzu sind von allen zurückgezogenen Verbänden, Stäben und Dienststellen Jagdkommandos auf-zustellen, zu bewaffnen und zu schulen, die den örtlichen Kommandobehörden, Kommandantu-ren, Kampfkommandanten, SS-Dienststellen auf Anforderung vorbehaltlos zur Verfügung zu stellen sind. Ausserhalb der Armeegrenzen und des 30 km breiten Küstenstreifens sind sie auf Antrag dem Höchsten SS- und Polizeiführer, soweit es die Lage und ihre sonstigen Aufgaben zulassen, weitest-gehend für die Bandenbekämpfung zur Verfügung zu stellen. Die örtliche Führung der einzelnen Bandenunternehmen im Bereich des Höchsten SS- und Polizeiführers, bei denen auch Teile der Wehr-macht zum Einsatz kommen, obliegt je nach dem Kräfteverhältnis und der Beteiligungsstärken der Wehrmacht oder der Polizei. Verantwortlich für die Gesamtleitung selbst ist der Höchste SS- und Po-lizeiführer Italien.-

C) ...

D) ...

5.) ...

<u>Zusätze Bev. General:</u>

....

Bev.Gen.d.Dt.Wehrm.i.Italien
Abt. Ia Az.II/26 Nr.12099/44 geh.

Anmerkung:
Das Dokument stellt die Weitergabe des Befehls des OB Südwest zur Bandenbekämpfung durch den Bevoll-mächtigten General der Deutschen Wehrmacht in Italien dar. Ein Original des Befehls OB Südwest war dem Verfasser auch in Kopie nicht verfügbar. In der Wiedergabe des Befehls wurden offensichtliche Schreibfehler korrigiert. Eine Kopie des Befehls Bevollmächtigter General ist im Aktenbestand RH 31 VI/10 enthalten.

Befehl OB Südwest zur Bandenbekämpfung vom 1.7.44

Abschrift

Fernschreiben

an   AOK 10
       AOK 14
       Armeeabt.v.Zangen
       Bev.Gen.d.dt.Wehrm.i.Italien
       Luftfl.2
       Dt.Marine-Kdo-Ital.
       Höchster SS u.Pol.Führer
       General d.Transp.Wesens Ital.
       Stab Ruk
       Bev.Gen.des Grossdt.Reiches b.ital.Reg.

Bezug: FSOBSüdwest Ia T Nr.0402/44 g.Kdos.v.17.6.44
„ „ IaT Nr.0627/44 g.Kdos.v.22.6.44

<u>Betr.:</u> Bandenbekämpfung

In meinem Aufruf an die Italiener habe ich den Bandenkampf mit den schärfsten Mitteln angekündigt. Diese Ankündigung darf keine leere Drohung sein. Ich mache es allen Soldaten u. Polizeisoldaten meines Befehlsbereichs zur Pflicht, im Tatfall die schärfsten Mittel zur Anwendung zu bringen.
Jeder Gewaltakt der Banden ist sofort zu ahnden. Aus der eingereichten Meldung muss auch die eigene Gegenmassnahme zu ersehen sein.
Wo Banden in grösserer Zahl auftreten, ist der in diesem Bezirk wohnende, jeweils zu bestimmende Prozentsatz der männlichen Bevölkerung festzunehmen u. bei vorkommenden Gewalttätigkeiten zu erschiessen.
Dies ist den Einwohnern bekanntzugeben.

Werden Soldaten usw. aus Ortschaften beschossen, so ist die Ortschaft niederzubrennen. Täter oder Rädelsführer sind öffentl. aufzuhängen.

Für Kabelsabotage u. Ausstreuen von Reifenzerstörern sind die in unmittelbarer Nähe befindl. Ortschaften haftbar zu machen. Sicherung durch Streifen aus den Ortsbewohnern ist das beste Gegenmittel.
....
Jeder Soldat hat sich ausserhalb von Ortschaften durch Tragen einer Schusswaffe selbst zu schützen. Ausserdem sind durch die Territorialbefehlshaber die Städte festzulegen, in denen auch innerhalb der Stadtgrenzen ständig eine Schusswaffe getragen werden muss.
Jede Art von Plünderung ist untersagt u. wird aufs Strengste geahndet.
Jede Massnahme soll hart, aber gerecht sein. Das Ansehen des deutschen Soldaten verlangt dies.

gez.Kesselring
OB Südwest (Obkdo.H.Gr.C)
Ia T Nr.0864/44 g.Kdos.

Quelle: Das Dokument ist die Wiedergabe eines Fernschreibens, mit dem der OB Südwest am 1.7.44 erneut Regelungen für Bandenbekämpfung befohlen hat. Kopie im Archiv des Verfassers. Der Befehl wurde geringfügig gekürzt, Schreibfehler wurden beseitigt.

Meldung wegen der Übergriffe französischer Kolonialtruppen

17. (US) Feldartillerie Bataillon
A.P.O. 464 Stab   28. Mai 1944
Oberkommando 5. (US) Armee A.P.O/464 US Army

Betreff: Rechtsverstöße französischer Kolonialtruppen

Den Offizieren und Mannschaften des 17. (US) Feldartillerie Bataillons sind zahlreiche, in höchstem Maße gegen die Prinzipien der Moral gerichtete Angriffe gegen italienische Zivilpersonen und gegen ihren Besitz, begangen durch die französischen Kolonialtruppen, bekannt geworden.

Diese Angriffe sind neuerdings so zahlreich geworden, so gewalttätig, ungerecht, obszön und gegen die Disziplin verstoßend, dass sie nunmehr zu einer Gefährdung der Kriegsanstrengungen der Alliierten geworden sind. Die französischen Kolonialtruppen verletzen und kompromittieren darüber hinaus in ihrem Gefechtsstreifen den glänzenden Ruf, den amerikanische Soldaten (bei der Bevölkerung) haben.

Man hatte gehofft, dass die Beschwerden, die durch amerikanische Zivilpersonen und Soldaten einer Kommission von Offizieren der französischen Kolonialtruppen vorgebracht worden sind, zu Disziplinarmaßnahmen gegen die Verantwortlichen dieser Truppen geführt hätten. Unglücklicherweise war dies nicht der Fall, den Beschwerden wird zunehmend mit Ablehnung begegnet. Einige der Beschwerden wurden mit einem „Na und?" oder mit einem Achselzucken abgetan. Andere mit dem Kommentar, es sei offenbar die Strafe für italienische Zivilisten, die mit den Deutschen zusammengearbeitet hatten, und dies würde wiederum die Stimmung gegen die Deutschen beeinflussen.

Italienische Bürger in diesem Gefechtsstreifen haben wiederholt erklärt, dass sie Schutz vor den Gewalttaten der Kolonialtruppen nur in der Nähe amerikanischer Soldaten gefunden haben oder wenn sie welche herbeirufen konnten.

Sobald die verantwortlichen Stellen die gegenwärtigen Zustände hinsichtlich des Verhaltens der betreffenden Truppen zur Kenntnis nehmen und dies in Form einer Klage an die höhere (französische Führung) weitergeben, könnten die den französischen Verbänden zugeordneten amerikanischen Offiziere und Soldaten die Sache mit noch mehr Aufmerksamkeit verfolgen und die nordafrikanischen Truppen in ihrem Verhalten überwachen.

Die Soldaten des 13. (US) Feldartillerie Bataillons haben häufig Personen und den Besitz italienischer Zivilisten gegen Gewalthandlungen, Grausamkeiten, Raublust und sexuelle Gier (einschließlich perverser Handlungen und homosexueller Übergriffe) der französischen Kolonialtruppen geschützt. In vielen Fällen wurden die Namen und die Wohnorte der Überfallenen und Beleidigten nicht genannt. Dies bei besonderen Gewalthandlungen, um das verletzte Schamgefühl der Opfer zu schonen und deren Bestreben, die Übergriffe vergessen zu machen, nachdem ihnen die Aussichtslosigkeit ihres Vorbringens bei den abschließenden Zeugenaussagen bewusst geworden war.

Raymond F. Copeland Hauptmann
(Militärgeistlicher) 17. (US) Feldartillerie Bataillon

Quelle: Andrea Grazio Ferraro, „Cassino…".Der Autor stützt sich auf einen Bericht, den der amerikanische Historiker John Lepre in militärischen Archiven gefunden hatte. Nach Andrea Ferraro zufolge ist dem Schreiben ein Bericht mit der Beschreibung von Fällen brutaler Gewaltanwendung beigefügt, auf deren Wiedergabe er aus christlichem Empfinden verzichtet. Das 17. (US) Feldartillerie Btl gehörte zur 13. (US) Feldartillerie Brig, die dem CEF zugeordnet war. Der Kommandeur der Brigade meldete General Clark, dass alle 13 Bataillonskommandeure gleichlautende Berichte abgeben könnten. Der o.a. Text wurde vom Englischen ins Italienische und vom Verfasser ins Deutsche übersetzt. Er kann daher Fehler im Vergleich zum Originaldokument enthalten. Der Sinngehalt jedoch entspricht der abgegebenen Meldung.

Flugblatt der 5. (US) Armee zur Warnung der Zivilbevölkerung
vor der Bombardierung am 14.02.1944

Amici italiani,

ATTENZIONE!

Noi abbiamo sinora cercato in tutti i modi di evitare il bombardamento del monastero di Montecassino. I tedeschi hanno saputo trarre vantaggio da ciò. Ma ora il combattimento si è ancora più stretto attorno al Sacro Recinto. E venuto il tempo in cui a malincuore siamo costretti a puntare le nostre armi contro il Monastero stesso.

Noi vi avvertiamo perché voi abbiate la possibilità di porvi in salvo. Il nostro avvertimento è urgente: Lasciate il Monastero. Andatevene subito. Rispettate questo avviso. Esso è stato fatto a vostro vantaggio.

LA QUINTA ARMATA.

Bestätigung des Abt Diamare in deutscher und italienischer Sprache, dass sich in der Abtei zu keiner Zeit deutsche Soldaten aufgehalten haben.

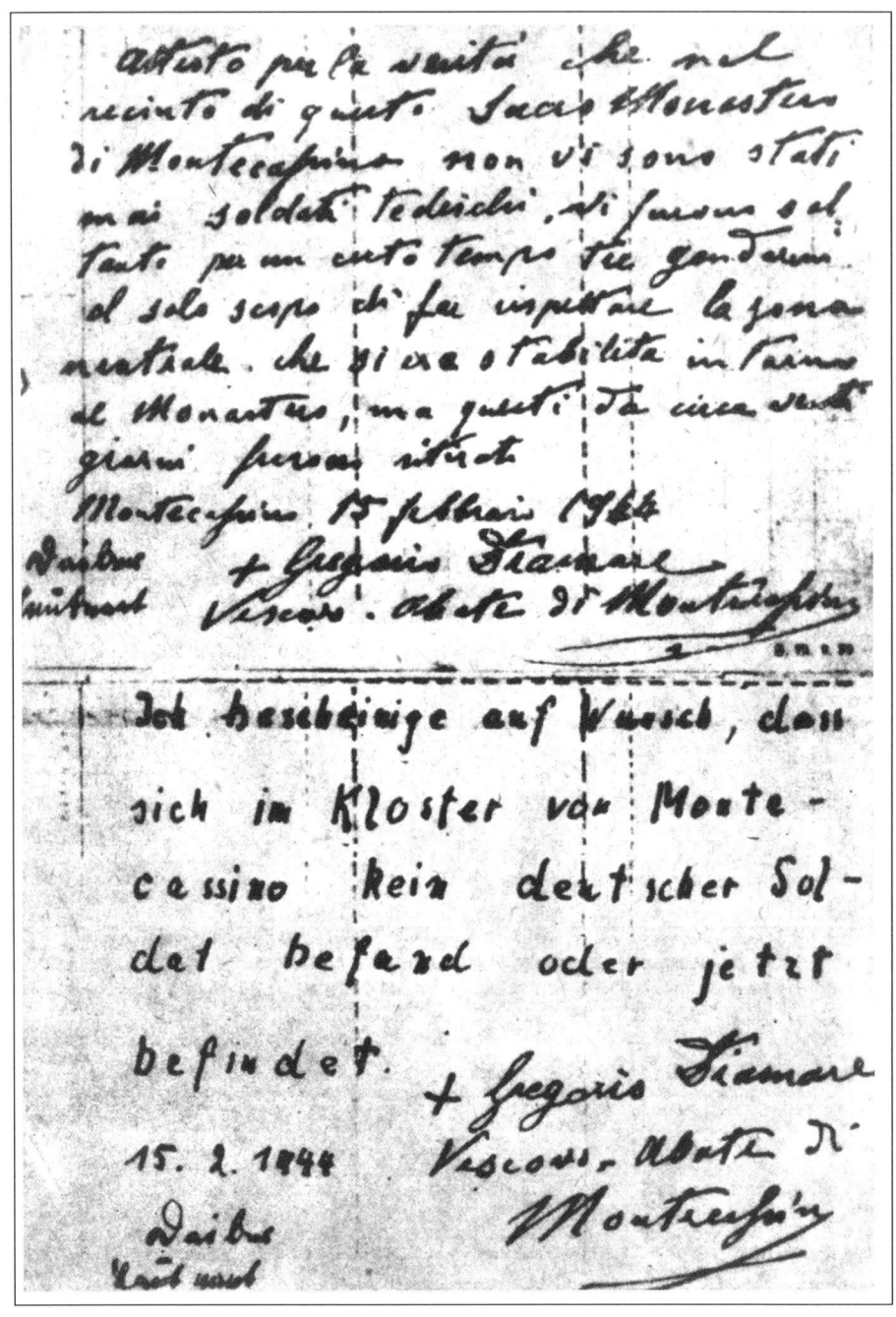